智本论

（第一卷）

劳动与思想

俞鼎起　著

中国经济出版社
CHINA ECONOMIC PUBLISHING HOUSE
·北 京·

图书在版编目（CIP）数据

智本论：全3册 / 俞鼎起著.
北京：中国经济出版社，2017.5
ISBN 978-7-5136-4255-2
Ⅰ.①智… Ⅱ.①俞… Ⅲ.①《资本论》—马克思著作研究 Ⅳ.①A811.23
中国版本图书馆 CIP 数据核字（2016）第 135052 号

责任编辑　李煜萍
责任印制　马小宾

出版发行　中国经济出版社
印 刷 者　北京九州迅驰传媒文化有限公司
经 销 者　各地新华书店
开　　本　710mm×1000mm　1/16
印　　张　63.25
字　　数　985千字
版　　次　2017年5月第1版
印　　次　2017年5月第1次
定　　价　198.00元
广告经营许可证　京西工商广字第8179号

中国经济出版社 **网址** www.economyph.com **社址** 北京市西城区百万庄北街3号 **邮编** 100037

谨以此书诚挚纪念马克思
劳动价值论创立和《资本论》第一卷
发表150周年！

领袖和导师语录

十八世纪的伟大思想家们，也和他们的一切先驱者一样，没有能够超出他们自己时代所给予他们的限制。

——恩格斯：《社会主义从空想到科学发展》

世界形势日新月异，特别是现代科学技术发展很快。现在的一年抵得上过去古老社会几十年、上百年甚至更长的时间。不以新的思想、观点去继承、发展马克思主义，不是真正的马克思主义者。

——邓小平：《结束过去，开辟未来》

要立足我国国情和我国发展实践，揭示新特点新规律，提炼和总结我国经济发展实践的规律性成果，把实践经验上升为系统化的经济学说，不断开拓当代中国马克思主义政治经济学新境界。

——习近平：《在中共十八届中央政治局第二十八次集体学习时的讲话》

一个没有发达的自然科学的国家不可能走在世界前列，一个没有繁荣的哲学社会科学的国家也不可能走在世界前列。坚持和发展中国特色社会主义，哲学社会科学具有不可替代的重要地位，哲学社会科学工作者具有不可替代的重要作用。坚持和发展中国特色社会主义，必须高度重视哲学社会科学，结合中国特色社会主义伟大实践，加快构建中国特色哲学社会科学。

要加快构建中国特色哲学社会科学，按照立足中国、借鉴国外，挖掘历史、把握当代，关怀人类、面向未来的思路，着力构建中国特色哲学社会科学，在指导思想、学科体系、学术体系、话语体系等方面充分体现中国特色、中国风格、中国气派。

——习近平：《在哲学社会科学工作座谈会上的讲话》

内容简介

相对于“资本”，本书所言“智本”是指符合经济规律的投资思想等；本书认为，在社会经济活动中，资本只是载体和条件，智本才是灵魂和核心。国家智本包括劳动者技能、科学家队伍、发展战略和自主创新能力等；企业智本包括人才、技术、品牌、企业文化等；个人智本包括智力、知识、品行、创新能力\和合作精神等。

思考是人类劳动的根本方式，思想是人们劳动的源头成果，而动手操作只是思想的表达和实现。思想产生、思想传播、思想运用和思想实现就是人类劳动的四种形式，都具有其现实价值。精英人物具有思想创造和引领作用，劳动大众是思想运用、思想实现和社会财富创造的主力军。

价值概念是经济学的理论基石。作者提出：“价值是以商品物性为基础、以人们认知为条件、与消费者需求相关联的人们对商品珍贵性的心理评价。”商品价值量主要由凝结在商品中的人的思想成果（科技、文化等）所决定。思想决定劳动的动因，思想决定劳动的方式方法，思想决定劳动成效。马克思天才地发现“活劳动是创造价值的唯一源泉”，作者把活的劳动分解为纯脑劳动和纯体活动，即思考和操作，发现体力作用大多可以通过机器用能源替代，因而只能转移价值，唯有运用智能创造的思想成果凝结在商品之中，才能产生价值增值。作者遂认定思想创新是价值增值的根本源泉，从而建立起“思想价值论”及其经济理论体系。

现代第三产业的产品主要是科技成果、设计方案、编制程序、策划文书、文化艺术作品等，都是人们智力运化的成果，即“智果”。智果成为商品上市贸易就形成“智果经济”，具有科技文化含量的实体性产业本质上也是“智果经济”。因为先有“智造”，后有“制造”，且“智造”决定“制造”，本书对智果经济的运行规律进行了深入探索。认为：品性自私的经济，牺牲环境的增长，都违背人们的发展初衷；人类必须培育厚道品性，建设共生文明。

推荐序一

思想指方向 科技为动力

中共中央党校教授　陈云奎

三十多年前，我的同乡学子，俞鼎起同志，初出茅庐，首次提出“思想价值论”的创意，顿时引发我的内心共鸣。

这跟我本人的一段亲身经历有关。一是，一九七七年春，胡耀邦同志来中央党校主持工作，在着手复校的繁忙工作的同时，亲自组建中共中央党校经典著作选编组。几十位阅历丰富的理论工作者，夜以继日，通读当时能够收集到（包括正式出版和内部版）的经典作家所有文献。他又亲自过问，意欲从老祖宗那里寻觅拨乱反正中指引新航向的灯光和开辟新航道的坐标。今天，似乎可以讲，这一宏旨为思想解放、改革开放，尤其是市场经济、科技是第一生产力的理论自信，提供了最为本真的经典依据。历时八年，我从头至尾处身其中。二是，20 世纪 70 年代末 80 年代初，胡耀邦同志提议，在中南海举办新科学技术革命讲座，由科学界一流学者主讲，数十位高层领导聆听。余，又有缘应邀参与有关讲座的组稿与审编工作。其时，讲稿当即由新华社、《红旗》杂志、《人民日报》、《光明日报》刊发。三是，那时我也正在课堂上讲解，回响于大洋彼岸的《星球大战》和欧洲《尤里卡计划》有关内容。

“思想是行动的向导。”正是这种背景，使我不能不深深意识到，“思想价值论”研究乃是一个有着历史性意义的选题，其理论价值与现实作用不容置疑。因此，一直鼓励俞鼎起同志不畏艰辛、不懈求索、坚持努力。如今，不负所望——在广泛调研基础上，万余个日月穿梭夜晚的深入思考，伏案十八载寒暑的辛勤笔耕，从《资本论》原始点出发，终于孕育出近百万字的鸿篇巨制——《智本论》。

其间，几多艰辛，几多心血，几多才思，几多勇毅。通观全书，感触良多。在此，想借用吾乡乡贤、南宋状元陈亮的两句诗话，略表感想：俞鼎起同志此举，虽全无“推倒一世之智勇”的本意，却颇具“开拓万古之心胸”的气概；似乎，包含着“欲传春信息，不怕雪埋藏”的胆识。相信有缘开卷展目的诸君，是会有共鸣之感悟的。

2017年，是马克思“劳动价值论”和《资本论》第一卷发表150周年。借此，说句实在的话，这位千年思想家的学说，深刻而系统地阐释了资本、科学（自然科学）与社会主义三者的历史性关联。一百多年前的生动描述，至今仍然亲切而自然，恍如昨日的交谈、目下的情景。

一是，马克思点破资本的巨大的文明推动作用（无须否认，他也讲过“每个毛孔滴着鲜血”之类的话）。资本，它创造了这样一个社会阶段，此前，一切社会阶段都只表现为人类的地方性发展，而今，它要克服民族界限和民族偏见，摧毁一切阻碍发展生产力、扩大需求、使生产多样化、利用和变换自然力量和精神力量的限制。“一方面要造成以全人类互相依赖为基础的世界交往，以及进行这种交往的工具，另一方面要发展人的生产力，把物质生产变成在科学的帮助下对自然力的统治。”① 资本既推动世界范围的经济发展，又为科技进步和人的全面发展提供物质基础。

二是，马克思点出了科学跟资本的历史纽带关系，他连用五个“第一次”加以描述：“只有资本生产方式才第一次使自然科学为直接的生产过程服务”，科学成为生产财富的手段，成为致富的手段。“只有在这种生产方式下，才第一次产生了只有用科学方法才能解决的实际

① 《马恩全集》第9卷第252页，人民出版社1961年12月版。

问题。只有现实，实验和观察，以及生产过程本身的迫切需要，才第一次达到使科学的应用成为可能和必要的那样一种规模。”① 这种生产，第一次在相当大的程度上为自然科学创造了进行研究、观察、实验的物质手段，发明也成了一种职业。科学因素，第一次被有意识地和广泛地加以发展，应用并体现在生活中，其规模是以往的时代根本想象不到的。“随着大工业发展，现实财富的创造，较少地取决于劳动时间和已耗费的劳动量，……而是取决于科学在生产上的应用。”②马克思已经认识到商品价值很大程度上取决于凝结在商品中的科技含量，科技成果本身就具有重大价值。

三是，站得高看得远的马克思，把科学首先看成是历史进步的有力杠杆。科学新发现，往往对历史发展产生革命性影响。他指出：“科学是一种在历史上起推动作用的、革命的力量。”③ 同时，他称科学成果“蒸汽、电力、自动纺机甚至是比巴尔贝斯、拉斯拜尔和布朗基诸位公民更危险万分的革命家。”④指明科技是把双刃剑，科技运用需要有正确思想指导。既要运用科技发展经济，更要运用科技保护环境。唯有如此，人们才能更美好地生活。

考察人类文明发展史，可划分为石器时代、青铜时代、铁器时代，接着先后是蒸汽机时代、内燃机时代和电力时代，时下为电子时代。人们以光速传递信息，以前所未有的快节奏生活于地球村。《智本论》就是研究在光速时空中运行的现代经济规律的学说。

马克思以其敏锐的知觉，一百多年前，就清晰地指出了，“自然科学日益在实践上进入人的生活，改造人的生活，并为人的解放作准备”，他进而指明，“全部历史是，为了使‘人’成为感性意识的对象和使‘人作为人’的需要成为（自然的、感性）需要而作准备的发展

① 《马恩全集》第47卷第570－571页，人民出版社1979年10月版。

② 《马恩全集》第46卷下第217页，人民出版社1980年8月版。

③ 《马恩全集》第19卷第372－375页，人民出版社1963年12月版。

④ 《马恩全集》第12卷第3页，人民出版社1962年8月版。

史。……自然科学往后将包括关于人的科学，正像关于人的科学包括自然科学一样：这将是一门科学”①。《智本论》深入研究了人的智能开发、创造力发挥和全面发展问题。

站在科学和社会主义立场上的人都知道，只有在国际资本发展了劳动的物质技术的前提下（这种劳动是大规模的，是建立在科学成就的基础上的，因而也是建立在造就出大批科学上有造诣的专家的基础上的），才能实现社会主义。“只有社会主义才可能广泛推行和真正支配根据科学原则进行的产品的社会生产和分配，以便使所有劳动者都过上最美好的、幸福的生活。只有社会主义才能实现这一点，而且我们知道，社会主义一定会实现这一点。”②

讲到科学和社会主义，不可不提到同是犹太人的爱因斯坦这位二十世纪最伟大的科学家，余在五十年前求学于浙大，专门攻读的即是相对论，深切感受到，其思想真正的博大精深。

《给国际知识界和平大会的贺信》（1948 年 8 月 25 日）中指出，透彻的研究和锐利的科学工作，对人类往往具有悲剧的意义。一方面，它们所产生的发明把人从精疲力竭的体力劳动中解放出来，使生活更加舒适而富裕；另一方面，给人的生活带来严重的不安，使人成为技术环境的奴隶，而最大的灾难是为自己创造了大规模毁灭的手段，这实在是难以忍受的令人心碎的悲剧。人类至今还没有完全建立起能够保证世界各国联合起来的科学精神和联系桥梁。这是知识分子必须担负起来的最重要和最紧迫的历史使命。

《为什么要社会主义?》（1949 年 5 月）一文，这样写道：“我深信，要消灭（资本主义）这些严重祸害，只有一条道路，那就是建立社会主义经济，同时配上一套以社会目标为方向的教育制度，应当保障每一个人，无论男女老幼，都能生活，对个人的教育，除了要发挥他本

---

① 《马恩全集》第 42 卷第 128 页，人民出版社 1980 年 8 月版。

② 《列宁全集》第 34 卷第 356 页，人民出版社 1985 年 10 月版。

人天赋的才能，还应当努力发展他对整个人类的责任感。”就是在开发人的智力的同时，必须提高人的道德素养，必须培育经济的厚道品性。

《我的信仰》（1920 年）中，爱因斯坦深情地表述：“我强烈向往着俭朴的生活，我相信，简单淳朴的生活，无论在身体上还是精神上，对每个人都是有益的。叔本华说：‘人虽然能够做他所想做的，但不能要他所想要的。’这是一个深刻的启示，照亮我的道路，并且不断地给我新的勇气去愉快地正视生活的理想是善、美和真。要让每一个人都作为‘人’而受到尊重，让每个人的聪明才智都得到充分发挥，努力创造出更多高尚和卓越的东西……”人们应当节约资源，过上有精神高度的文明生活。

以和平与发展为主题的时代，其上空始终游荡着两个幽灵——一个是 20 世纪 40 年代初降临人间的核武；另一个就是愈演愈烈的“纸醉金迷”的金融扩张。这是当代科学和理论工作者所必须严正面对的课题。本书深入研究了这些问题，指出“科学是工具，资本是载体，都需要正确思想的支配”。《智本论》一书既继承了马克思经济学说，又有很大的理论突破和现代发展。

盛意难违，年逾古稀，弄斧班门，尚来弹拨上千年数尊圣贤的心弦，也只好企盼各位看官、众聆听者，体察为怀了。

在下期待，作者正值盛年，当日新月异、继续奋进，正像爱因斯坦所言（他始终相信），发明科学概念，并且在这些概念上建立起理论，这是人类精神的一种伟大创造特色；也望作者学习“原是学医的周树人，终究成为大文豪鲁迅”那样的勇气、决心和精神。

芹斧之言，谨致以诚。

2017 年 5 月

推荐序二

思想价值论展示未来世界的美好前景

哈佛访问学者　郎遥远

150年前，马克思《资本论》在德国汉堡问世，提出“劳动是剩余价值的唯一源泉”，其逻辑红线是“从商品批判到资本批判”，点燃了世界无产阶级革命的熊熊烈火。随着科技进步和时代发展，马克思经济理论需要保持生机和活力，必须与时俱进，在百家争鸣中完善发展。习近平指出：“人类社会每一次重大跃进，人类文明每一次重大发展，都离不开哲学社会科学的知识变革和思想先导。”① 改革需要不断革除旧法之弊，而立新法。世界政治学研究表明，社会变革通常不是一种利益战胜了另一种利益，而是一种主义战胜了另一种主义。许多变革看上去是利益制胜，本质上是思想制胜。

本书是作者三十余年研究探索的思想结晶，学境立意高远、观点坦豁新锐、见解独到达观。分四篇：《劳动论》《思想论》《思想价值论》《智果经济论与共生文明》，近百万字。作者有“承”的真诚，有“破”的胆识，有“立”的睿智。从重读《资本论》破题，结合世界趋势和中国现实，抽丝剥茧，对人类经济活动进行系统、深刻的思辨。既推崇《资本论》的卓越历史贡献，也客观剖析《资本论》的条件缺陷和历史

① 习近平：《在哲学社会科学工作座谈会上的讲话》，载《人民日报》2016年5月18日第1版。

局限，研究了思想创造在社会经济发展中的源头性、主导性和决定性作用，揭示经济客观规律。超越了“效用价值论”“供求价值论”和“劳动价值论”等，系统地创立了“思想价值论”。提出“价值是对人类生活和发展的作用与意义，商品价值量由凝结其中的思想成果决定，价值是心理量而不是物理量”。指出“商品构成三要素：物质、能量和思想（科技、文化等），唯有思想创新是价值增值的唯一源泉”。阐释了思想成果交流交换的重要性和必要性，构建了智果经济理论体系，揭示了“智能、智慧、智量”的价值创造功能，强调“皈依厚道品性，走向共生文明”。

“思想价值论”照亮创新路，实现中国梦，展示未来世界的无限美好前景。

2017 年 5 月

推荐序三

思想价值论导引人类走向共生文明

全球共生研究院院长　钱　宏

1867年，马克思创造性阐释“劳动价值论”的《资本论》第一卷出版。今天，值“劳动价值论”诞生150周年之际，以“思想价值论”为理论基石、凝聚俞鼎起先生数十年智慧结晶的力作《智本论》，即将付梓。这是对马克思经济学说的继承和发展，也是对马克思的最好纪念。

长期以来，人类进行生产和发展经济时强调“生产要素”，即：劳动力、土地、资本、企业家等。随着现代科技的发展和知识产权制度的建立，技术、文化、策划、程序、信息等思想成果已直接成为商品进入市场。已故诺贝尔经济学奖得主科斯，在五年前曾指出：“如今的中国经济面临着一个重要问题，即缺乏思想市场，这是中国经济诸多弊端和险象丛生的根源。”如果把思想市场理解为思想成果的交易平台，那就是本书所述的智果经济。如果把思想市场理解为交流思想、催生思想的机制，那就是要增加思想供给，用思想成果及时预防、发现和解决经济社会发展中的各种问题。

从“劳动价值论”到“思想价值论”，是信息革命或工业4.0时代的理论深化和价值跃迁。俞鼎起先生创立“思想价值论”，可谓是人类价值认知体系的补缺之作，其学术意义不可低估。

一种新的经济理论，必有严格的历史梳理与严密的逻辑建构。首先，作者把活的劳动，分解为纯脑劳动（即思考）与纯体劳动（即操作）。作者发现，体力劳动可以用机器和能源代替，只能转移价值；唯独思想成果凝结在商品之中，才能实现价值增值。创新思想的价值是由市场评估确定的。这为全社会各领域创新找到了理论依据。在此基础上建立了一整套新的经济理论体系。

其次，作者构建了智果经济理论体系，揭示了“智能、智慧、智量”的价值创造功能。如果把人脑智力运化的所有成果都理解为智果，那么未来经济就是智果经济。事实也已愈加雄辩地证明了这个趋势。

再次，劳动价值论、效用价值论、供求价值论、要素价值论，都是舶来品。思想价值论超越了西方所有价值理论，不仅揭示当代经济规律，而且指导人们创新实践，向世界发出了中国思想、中国理论和中国声音。

思想的产生和完善，必定需要相交碰撞、互补融通。交流交换是促进价值增值和智果经济发展的重要途径。人与人、人与社会、人与自然的和谐共生，是发展智果经济的初衷与依归。《智本论》凸显人的思想价值，推动人的全面发展，开辟了人类价值的新体系，点亮了共生文明的一盏智慧明灯。

2017 年 5 月

自　序

未遭战乱，共享太平，是我们这一代人的幸运。经历波澜壮阔的经济社会大变革是我们的福分和荣光！

在我们的青少年时代，以单一公有制和平均主义分配制为特征的计划经济体制，严重阻碍了生产力发展和劳动者积极性发挥，人们普遍过着物资短缺的拮据生活；在青壮年时期，我们亲历了中国改革开放和市场经济体制建立，见证了人民勤劳致富奔小康的奋斗历程，体验了国家富强和民族复兴的豪迈与尊严。网络信息和出国考察让我们对发达国家的经济发展情况也比较了解。

而今，我们将从中年逐步迈向老年，以吾辈的不薄阅历放眼全球、统观大局，回眸往事、反思反省，即惊讶地发现：在经济跃升的同时，资源紧缺了，环境损坏了，甚至经常为空气浑浊、水质污染和食品不安全所困扰，粗放开发已经影响人们的生存根本。物质富裕的同时，一些人诚信缺失了，道德滑坡了，乃至见到广告担心受骗、面对商品怀疑遇假。金钱至上、为富不仁已经有损社会文明根本。

鉴于此，中共中央提出了科学发展观和社会主义核心价值观为指导。尤其是在中共十八大以后，以习近平同志为核心的党中央加大了依法治国和深化改革的力度，社会面貌已焕然一新，大大增强了国人实现中华民族伟大复兴的壮志、信心和豪情。时值千年一遇之大变局，正当思潮澎湃，新说风起，百家争鸣，学术繁荣。治理环境、立德修业、发展文明，路在何方？中央已英明指引。然而，理论工作者也应尽心谋划。

习近平指出："历史表明，社会大变革的时代，一定是哲学社会科学大发展的时代。当代中国正经历着我国历史上最为广泛而深刻的社会变革，也正在进行着人类历史上最为宏大而独特的实践创新。这种前无古人的伟大实践，必将给理论创造、学术繁荣提供强大动力和广阔空间。这是一个需要理论而且一定能够产生理论的时代，这是一个需要思想而且一定能够产生思想的时代。一切有理想、有抱负的哲学社会科学工作者都应该立时代之潮头、通古今之变化、发思想之先声，积极为党和人民述学立论、建言献策，担负起历史赋予的光荣使命。"①

人云亦云、困惑担忧，都无补于事，唯有冷静观察、鸟瞰全球、思接千载，不为私心所蒙蔽，不为物欲所迷惑，不为惯性所驱使，方可把握大局大势，谋划大方大略。

20 世纪末叶，邓小平领导的中国招生制度改革让我考上大学。毕业后先从事高中物理教学，尔后，在基层多个领导岗位上工作，直接为广大民众和经济社会发展服务，对价值创造和经济规律有许多体悟与感受。1998 年底调入浙江行政学院工作，上班勤勉履职，每年完成公务写作十几万字，且受邀校内外讲课近百场次，研究工作主要在夜晚、周末和假日进行。七八十万字的专著，工作量之大不言而喻，然笔者怀着党的理论工作者的责任意识，心中始终亮着"为人类、利民生"的一盏明灯，就有足够的勇气和力量坚持完成这一理论工程。承蒙领导支持，近几年让我相对集中精力修改，使书稿得以付梓。

本书内容是独立思考的成果，有用且不难懂。作者研究揭示智本的源头作用、主导作用和决定作用，并不否认资本的价值增值职能，只是认为投资思想是决定价值增值的灵魂要素，而资本只是表达和实现投资思想的载体。

---

① 习近平：《在哲学社会科学工作座谈会上的讲话》，载《人民日报》2016 年 5 月 18 日第 1 版。

2017年，是马克思“劳动价值论”创立和《资本论》第一卷出版150周年，“思想价值论”创立和《智本论》完稿出版是对马克思经济学说的继承和发展，也是对他的最好纪念！

“古人学问无遗力，少壮工夫老始成。”（陆游：《冬夜读书示子聿》）著作表述的一些重要原理和基本公式，我是经过几十次甚或上百次思考的，真可谓：您只看一眼，我已磨多年。书中内容基本属原创，尽管笔者抱着为人类文明负责的情怀，作了不遗余力的苦心探索，但还不敢保证其中的一些感觉、发现，观点、思想和论断没有偏差。著作只已完成，而尚未完美。若能再花二三年时间反复推敲，肯定会更准确、更精致些。但笔者又想，个人的智量是有限的，在把思想价值论或称智果价值论的概念、原理、框架基本创立以后，补充和完善的工作就依靠同行专家和广大读者了。学术不属于个人，一经发表就是人类共同的精神财富。在这大变革时代，文明飞速发展，人类必须用创新思维去解决所面临的各种问题，创新成了各领域的首要任务和热门话题。本著作出版也许对人们打开思路、推进创新有所裨益，为人类智慧之花绽放增添一束亮光。尽己之力，推进文明，虽不能至，心向往之。鉴于此，笔者愿把不够成熟的著作先行试版，权当引玉之砖、试矢之的。笔者一定怀着欢迎和感谢的心情，接受读者诸君的指教和批评，并在再版时纠正。

作 者

2017年5月1日

总 论

当今世界，文明发展突飞猛进，科学技术威力空前，“创新”成为人们生活的高频“热词”，人类智能得到了前所未有的充分发挥。然而另一方面，世界经济增长乏力，专家们殚心竭虑、建言献策，试图寻求救治良方。

“智本”是本书最重要的关键词之一。经典理论定义：资本是带来剩余价值的价值。资本具有生产经营的组织职能、增值职能和享利职能。在工业经济时代，资本是核心，知识、技能和高智人才为资本所用，给资本打工。在当今时代，知识、技能和高智人才在生产经营中发挥了组织、增值和享利等职能，成为经济体的核心和价值增值的源泉和根本，所以，称其为“智本”。

很多人在疑惑：决定经济发展的根本要素是资本还是智本？两者是什么关系？要回答这些问题，首先要认知什么是智本。

就国家而言，智本包括国民素质、劳动者技能、科学家队伍、科技文化创新能力、教育培训水平、战略理念、方针政策、思想供给、信息传媒，及产权制度、分配制度、政治和法律制度、各类智库建设等等。美国、德国、日本、新加坡等国的经济发达不就是依靠其国家智本的实力优势吗？中国近40年改革开放、经济高速发展，不是依靠邓小平理论“以经济建设为中心”“科技是第一生产力”等先进思想的引领吗？

就企业而言，智本主要是指人才、技术、品牌、商标、企业文化、管理制度等，关键是核心团队建设。就产品和产业而言，所有的技术、工艺、信息、数据、策划、设计、研究报告、咨询服务等全部都是人们的思维成果，可叫“智果”或“智品”，通俗地说就是思想。凡是创造思想成果的产业都可以称为“智造业”。制造的灵魂是智造，制造业的上游是智造业。制造业发达本质是智造业强大，是科技、文化、信息等产业的发达，是技术创新和思想供给的充足。苹果公司强大不是依靠科技创新吗？微软公司的资产不是都在科技人员的脑袋里吗？

就个人而言，智本就是智力、知识、品行、经验、才干、创造力和合作精神等。谁也没有带来先天资本，但智本却既有与生俱来，又靠后天学习、训练和积累。人的智能、智慧、智量都是可以通过学习和实践开发培育的。为什么有的研发人才和职业经理人开出几百万元年薪还请不动？为什么有的人只求月薪 2000 元也找不到工作？原因在于其智本不同。当年，作为大二学生的比尔· 盖茨有多少资本？但他编制软件出售就可以赚大钱；当年，做英语教师的马云有多少资本？但他讲述创办阿里巴巴淘宝网的构想仅 6 分钟，孙正义就决定投资 2000 万美元。

只有用符合经济规律的正确投资思想去支配资本，才能够使资本增值。投资思想是灵魂和核心，资本只是实现投资思想的载体和条件。有人说，货币是经济体的血液，没有血液就没有生命。我说，思想是经济体的基因、灵魂和神经。思想支配货币，智本决定资本。基因优良经济体必定由小到大、逐步增强——大象的基因就决定其小不了，老鼠的基因就决定其大不了。智本是资本的灵魂，灵魂丢失，经济体就变成一个僵硬躯壳，没有生机和活力，甚至可能即刻倾倒；神经是经济体的指挥和传导系统，神经麻痹就会运转失常。

自从有人类就开始有交换。交换的原则是平等互利、双方自愿。有货币以后，市场商品就开始有了价值或价格的概念。人们在市场上平等交换是以什么为依据的呢？价值是什么呢？从英国古典经济学创始人威廉·配第（1623—1687 年）开始，人类对经济规律的研究持续了 300 多年。经济学家们倾注不少心血，创立了多种价值理论，但无一能够圆满解答复杂多变的经济现象，根子在于对人类最基本的实践活动——劳动的本质没有真正搞清楚。本书作者不辞劳苦，从头开始，从基础研究做起。

——智能是劳动的灵魂。现代科技进步使人类大量体力劳动和手工劳动被机器和生产流水线所替代，人们劳动主要转向动脑思考。电脑和互联网的普及使用，使“指工劳动”成为当代劳动的主流方式。本书通过对脑力劳动与体力劳动的剥离分析，彻底认清了人类劳动的智能本质：思考是人类劳动最根本的方式，思维成果是人类劳动最源头、最根本的成果，进而得出了“人类劳动是思想产生、思想传播、思想运用和思想实现”的新劳动观。实践证明，勤于思考、善于思考是人们提高劳动成效的根本和关键。

——智力是思想的根基。以社会实践为基础、以智能运化为机制的思想产生过程就是智造。知识、信息和数据等是智造业的原材料，人的大脑就是智造的车间，思想成果就是智造业的产品。把思想从思维科学中分离出来，专门研究思想的产生、传播、作用及其价值评估等方面的规律，为社会各行各业的创新思维提供了价值依据和科学方法。智造以智力为根基，智造以思考为方式。智力通常指人脑思考问题的单向强度，习惯上用智商表示，而智量是指人脑运用智能的数量和规模。一般而言，专才者智商高，通才者智量大。许多人在一起搞研究，智商不能叠加，但智量是可以叠加的。正因为如此，一些重大科研项目常由许多科学家组团攻关，整合众人智力就是为了扩大智量。

——智造是价值的源泉。要建立有效指导经济实践的经济理论体系，就必须找准“价值是什么”这一理论基石。本书从当代经济现实出发，定义：“价值是对人们生存、生活和发展的作用与意义，是人们对商品珍贵性的心理评价。”思想决定商品的结构、功能和质量，思想是一切价值的发端、内质和源泉。马克思天才地发现活的劳动是价值增值的唯一源泉，作者把活的劳动分解为纯脑劳动和纯体活动，把人力分解为智力和体力，就立即发现体力作用大多可以通过机器用能源替代，只能转移价值，唯有运用智能创造的思想成果凝结在商品之中，才能产生价值增值，思想创新是价值增值的根本源泉。“思想价值论”及其理论体系一经建立，就把经济学界长期困惑的疑难问题解决了，同时，也从理论上证明创新是保持经济稳定增长的根本动力。

——智果是经济的本体。人类的思想、能力、技艺、品行、计谋、设计、创意、预测、信息、制度等均难以纳入知识范畴。其中：能力、技艺、谋略等是智能的表现形式；计划、创意、信息、制度等都是智力运化的成果，我们将它们定义为智果。如前所述，智果就是智造业的产品。当今社会，任何商品生产都是先有规划、筹资、组织、设计、研发、工艺训练、产品宣传、市场开拓等，即先有智造，后有制造的，且智造决定制造。现代第三产业生产出售的主要是科技成果、规划方案、编制程序、预测报告、品牌商标、信息数据、文化作品、创意设计、艺术成果等智果。智果成为商品直接上市交换就形成智果经济，具有科技文化含量的实体性产业本质上也是智果经济。因此，笔者创立智果经济理论，对智果智造和智果经济运行规律作了深入探索。

从长远看，一国经济发展与其国民素质和劳动者技能密切相关。因为，产品是人做的，经济靠人发展。企业家是企业的组织者和领导人，必须具有更高的素质，经济持续发展需要培育大批高素质的企业家。发展科学技术、增强自主创新能力是经济持续发展的根本动力。目前，一些中小企业缺乏技术力量和研发机构，直接影响技术创新和新产品开发。必须健全完善激励创新的用人体制和利益机制，充分尊重创新型人才，鼓励一流人才从事专职研发工作。对创新贡献大者应予重奖，当以创新业绩论英雄，不以职位级别分高低。科技人才依靠教育培养，国家是高度重视了，但受传统观念和分配体制影响，国民家庭教育中，鼓励子女学科学、学技术，掌握一技之长的比例并不高，这直接影响科技发展的后劲。应当调整分配体制，营造良好氛围，鼓励人们学习科技、运用科技。

必须健全完善公平的法治体制，严格规范经济行为。企业应当守法律、重诚信，根据市场需求提供好产品、好服务，以便“让人们生活得好一点”。乔布斯创造了苹果占领国际手机市场；马云开淘宝网既为中小企业提供销售平台，也让消费者得到实惠。更多的人是发挥自己的一技之长服务他人和社会，虽然平凡却自食其力，得到社会的普遍尊重。遗憾的是少数人“一切向钱看”，践踏法律，不讲道德，损害市场秩序，损害社会和谐。对这样的人，必须依法惩处。

要警惕因贫富悬殊而阻碍经济持续发展。经济学原理告诉我们，合理分配是经济持续发展的重要条件。如果占总人数70%的一线劳动者收入偏低，想买而没钱买，就会造成产品压库，企业资金不易回笼，生产就难以为继，影响经济持续发展。对于农村人口占半的中国，切实加强新农村建设和小城镇建设，实现城乡统筹发展，是关键性的环节。要发展现代农业就必须提高农民的科技水平和劳动技能。一部分从农村转移到城市或集镇定居的新市民，还必须转业，由原来的农业转变为工业、商业或其他服务业，真正由村民变为市民。所以，必须切实加强对农民和市民的培训。

冷眼看热潮：现代化不可避免地反自然，但必须防止反人类。品性自私的经济，牺牲环境的发展，都违背人们的发展初衷。人类必须培育厚道品性，建设共生文明。

本书所说的“智”，是指仁德立身、普利世人、尊重规律、珍爱自然的大智慧，而不是利己自私的小技巧。大智者必然谋求人与人的和谐、人与自然的和谐以及个人内心的和谐。

总目录

目录|卷一

第一篇　劳动论

第二篇　思想论

第一篇

劳 动 论

开篇词

凡有创造力的学子无不带着崇敬和审视的眼光聆听大师传道，试图发现学说内容的破绽；凡有大家风范的导师无不鼓励学子养成独立思想和批判精神，以期培育出超越自己的新人。探索真理、追求卓越、富有责任感的学者，只相信实践和事实，不迷信权威和教条。著名商业思想家郎遥远说："人类所有思想先知，都无法穷知一切，无法精准预见未来，何能句句是真理？"① 正是毛泽东突破苏俄"首先夺取中心城市"的经验束缚，提出了"农村包围城市，武装夺取政权"的道路，才有中国人民解放斗争的伟大胜利；正是邓小平发展马克思主义，创立"中国特色社会主义理论"，才将中国引向改革开放的振兴之路，取得富民强国的巨大成就！

然而，在经济学界，尤其是劳动理论和价值理论方面长期缺乏大的创新。千年思想家卡尔·马克思，于1867年9月发表《资本论》第一卷，创立了劳动价值论，指出"商品价值是人类劳动的凝结"，"劳动首先是人与自然的关系"，并对劳动作了简单分类，即体力劳动和脑力劳动，简单劳动和复杂劳动，具体劳动和抽象劳动，一般劳动和特殊劳动等，发现了劳动创造价值的原理，为人类劳动理论建立奠定了坚实基础。遗憾的是，一个半世纪过去了，人类对劳动的研究没有多少深入，对商品价值的研究也没有建立起足以解释当代经济现实的理论体系。敢于质疑的现代人有许多善意而好奇的诘问：

除了人和自然的关系以外劳动还反映什么？

劳动的目的、方法和绩效由什么决定？

人类劳动的本质特征是什么？

自然物到底有没有价值？

---

①郎遥远：《中国涅槃》第8页，上海三联书店出版社，2013年7月版。

机器人能不能创造价值？

科学理论如何转化出经济价值？

大数据本身有没有价值？

决定经济发展的首要因素还是资本吗？

为什么全世界都在倡导创新？

……

令人困惑的问题太多太多。思想者应当保持良知，恪守责任，担当使命。对劳动的认识，我们不能只停留在“劳动是人类有目的的实践活动”上，而不去深化。科技改变了世界，科技改变了人类的生产劳动方式，大量劳动者从肩扛背驮变为动动手指。研究劳动当从劳动起源、劳动发展、劳动效率、劳动器官联用、劳动中智能和体力的关系等方面着手，明确概念、理清关系，以便准确把握劳动本质，切实提高劳动者技能和劳动成效。

习近平在哲学社会科学工作座谈会上说：“马克思主义是随着时代、实践、科学发展而不断发展的开放的理论体系，它并没有结束真理，而是开辟了通向真理的道路。把坚持马克思主义和发展马克思主义统一起来，结合新的实践不断做出新的理论创造，这是马克思主义永葆生机活力的奥妙所在。”①

《中庸》有云：“唯天下之至诚能胜天下之至伪，唯天下之至拙能胜天下之至巧。”现代人也说：“学历可以低一点，阅历可以浅一点，但‘认真’两字决不可打折扣，‘认真’永远都是事业成功的保证。”② 要遍察细枝末节，深究大本大源；决不投机取巧，施以大智大勇；勿图小绩小利，追求大成大功！

①习近平：《在哲学社会科学工作座谈会上的讲话》，载《人民日报》2016 年 5 月 18 日第 1 版。

②施振强：《摸摸我们的胸口，心中是否还有正气在!》，载《金华日报》2015 年 2 月 5 日第 1 版。

第一章 重读《资本论》景仰马克思

人们对商品、价值和劳动本质的探索，持续了数百年历程。该项研究之所以重要，是因为直接关系到人类的生存和发展，关系到社会的文明和进步。在商品价值探索的征途中，许多先哲用汗水换取了累累硕果，可是，任何成果也比不上马克思的鸿篇巨制《资本论》那样影响深远、光照千秋。

一个半世纪过去了，人类社会发生了翻天覆地的变化，有的学者著文说：《资本论》描述的许多概念和原理与当今社会现实相距较远，已不合时宜；同时，也有许多学者认为《资本论》光华不退、价值永恒，毅然决然地参与文争笔辩，勇敢捍卫。两种观点尖锐对立。面对此情此景，笔者怀着无比崇敬的心情，从当今社会经济现实出发，用探索与比照的眼光重新阅读青年时期就已熟悉的《资本论》。

第一节 倾心力作成为不朽巨著

伟大的思想家和理论家马克思一生著述数千万字，在社会科学各个领域几乎涉猎无余，《资本论》是其一生中最辉煌的经济学著作，对人类社会历史进程产生了巨大影响。

一、经济学说史上的巍峨丰碑

1843 年，马克思开始研究政治经济学时，欧洲的资本主义经济学已初成体系。然而，马克思以敏锐和犀利的眼光，重新审视、剖析了当时的经济现实。他以审慎和批判的精神，继承了 17 世纪英国古典经济学创始人威廉·配第（1623—1687 年）的劳动创造价值的基本观点，并深入研究了 18 世纪中叶到 19 世纪初的亚当·斯密（1723—1790 年）和大卫·李嘉图（1772—1823）的较为系统但仍有一定局限性的劳动价值学说。马克思从经济事实出发，深入剖析了商品的两重性，再从商品两重性中发现劳动的两重性，从而克服了前人仅仅看到商品二重性的局限，创立了劳动二重性理论。他说："经济学家们毫无例外地忽略了这样一个简单的事实：既然商品有二重性——使用价值和交换价值，那么，体现在商品中的劳动也必然具有二重性，而像斯密、李嘉图等人那样只是单纯地分析劳动，就必然处处碰到不能解释的现象。实际上，这就是批判地理解问题的全部秘密。"① 这一秘密同时又是"理解政治经济学的枢纽"②。他提出了"商品价值由人类抽象劳动凝结而成"，"商品的价值量等于社会必要劳动时间"的论断，从而创立了劳动价值论和剩余价值理论；建立了包括生产、流通、分配和消费等环节在内的政治经济学理论大厦，成功地解释了当时资本主义经济中的多数经济现象。劳动价值论和剩余价值论成为人类经济学说史上一座辉煌无比的里程碑，既描述了资本主义社会的经济规律，又揭露了资本家剥削工人的秘密。《资本论》因其对经济规律揭示的深刻性、逻辑性和严密性赢得了全世界的瞩目，尤其是在整个东方世界风靡了一个多世纪。影响了东半球的经济、政治和社会生活的方方面面乃至历史发展进程。《资本论》成为政治经济学划时代的经典。20 世纪末，英国剑桥大学组织网民推选千年思想家，马克思仍以高票雄居榜首。诚然，对《资本论》的理论价值，怎么评估也不为过。

二、工人阶级的锐利思想武器

马克思出生于普鲁士特里尔城的一个律师家庭。家乡莱茵省是当时德

①《马克思恩格斯全集》第 32 卷，第 36 页，人民出版社 1974 年 10 月版。

②《马克思恩格斯全集》第 23 卷，第 55 页，人民出版社 1972 年 9 月版。

国经济和政治比较活跃的省份。他后来上大学的城市波恩和柏林是政治、经济和文化中心。年轻的马克思对当时社会经济和政治上的不合理性，有着深刻的感受。从青少年时代起他就立志要为社会上饱受压迫的贫苦民众的利益服务。当年的马克思完全可以凭借其本人才华和家庭背景跻身上流社会，过上富裕而舒适的生活，但他毫不犹豫地放弃了这一切。他宁肯清贫一生，受尽统治者的迫害，始终和广大劳动群众站在一起。[①] 正是这一政治立场使马克思成为工人阶级坚定的代言人，并历经各种困难与险阻创立代表工人阶级利益的政治经济学理论体系。细读马克思劳动价值论中不变资本与可变资本的划分，剩余价值论中雇主对工人的剥削等内容，均能深切感受到其对资本主义社会阶级关系的深刻剖析和对剥削秘密的无情揭露。这就注定他的思想与学说会成为工人阶级革命的锐利武器，成为20世纪许多国家的主流意识形态，成为世界共产主义运动的光辉旗帜。马克思代表广大人民群众利益的立场观点，必然地成为世界各国共产党建党建国的理论基础。

恩格斯在《资本论英文版序言》中写道："《资本论》在大陆上常常被称为'工人阶级的圣经'。任何一个熟悉工人运动的人都不会否认：本书所做的结论日益成为伟大的工人运动的基本原则，不仅在德国和瑞士是这样，而且在法国，在荷兰和比利时，在美国，甚至在意大利和西班牙也是这样；各地工人阶级越来越把这些结论看成是对自己的状况和自己的期望所做的最真切的表述。"[②] 毫无疑义，马克思必然成为全世界工人阶级的革命导师。

三、世代景仰的大家风范

作为社会科学的一代大师，马克思的思想成果、学术成就及其对人类文明进程的影响是前无古人、难以估量的。

---

①顾海良、张雷声：《马克思劳动价值论的历史与现实》第21－22页，人民出版社2002年10月版。

②《马克思恩格斯全集》第23卷，第36页，人民出版社1972年9月版。

身为马克思最亲密的战友，恩格斯最了解马克思。他一再称赞马克思认真负责的科学态度、严谨缜密的治学精神、挑战权威的理论勇气和立志求真的意志品格。马克思既为人类留下了光辉的著作，也为后世树立了做人、求知和治学的榜样。

辩证唯物主义、历史唯物主义以及辩证唯物论的认识论是马克思研究资本主义经济规律，创作《资本论》的根本方法。正是从经济事实出发，深入地研究客观对象，才使他突破了亚当·斯密和大卫·李嘉图的学说的局限，构建了严谨、宏伟和辉煌的政治经济学理论体系。

在方法论方面马克思善于运用抽象的思维方法。他说："因为已经发育的身体比身体的细胞容易研究些。并且，分析经济形式，既不能用显微镜，也不能用化学试剂。二者都必须用抽象力来代替。"① 马克思的抽象思维能力是令人惊叹和敬佩的。《资本论》叙述的逻辑性和严密性简直可以与数学、物理等自然科学相媲美。

四、《资本论》研究简述

大思想家也在一定的社会历史条件下认识真理，不可能不受当时历史条件的局限。人类对真理的认识总是随着实践发展而深化的。《资本论》在20世纪成为东方一些国家的经济指导思想，但是，同时也存在各种不同观点的争论。

英国伦敦大学国王学院克瑞斯·汉姆那特说：对于马克思，不论你赞成他也好，漠视他也好，反对他也好，只要碰到必须解决的社会历史问题，就不得不向他请教。②

奥地利学派的主要人物弗·冯·维塞尔（1851—1926）对劳动价值持否定态度。"价值本来源于效用，而非劳动，"他说，"边际效用则系我的建议，随后为大家所普遍接受了。"③

---

①《马克思恩格斯全集》第23卷，第8页，人民出版社1972年9月版。

②杨珍：《如何研读〈资本论〉》，浙江行政学院讲学课件，2016年1月7日。

③弗·冯·维塞尔：《自然价值》第114页，商务印书馆1982年6月版。

既任过比德曼银行行长，又任过哈佛等多所大学教授的熊彼特（1883—1950）认为劳动价值论忽视了商品的效用，主张用边际效用价值论取代马克思的劳动价值论。他认为：“马克思使价值理论成为他的理论结构的基石，这和他同时代和较晚的理论家们的做法是一致的，他的价值理论是李嘉图式的价值理论。”①

1970年诺贝尔经济学奖得主保罗·萨谬尔森（1915—2009）主张要素价值论。他在《经济学》一书中说：“劳动是唯一的属于人类的生产要素并且能流汗、欢笑、啼哭和祈祷，确实如此。而然，即使泥土不能出汗或啼哭，它还是有助于马铃薯的生长，而当它处于稀缺状态时，良好的社会必须以最经济的方式利用它。”“获得报酬的是土地的生产能力。”②

英国的卡特勒著有《马克思的〈资本论〉与今天的资本主义》一书，认为“直接劳动者现在已不是生产过程的主体，劳动价值论的基础已不复存在”。美国的丹尼尔·贝尔在《后工业化社会》中说：“由于电子计算机时代，技术起着决定性作用，因此，马克思阐述的价值观念也要改变。”“过去是劳动创造价值，现在是知识、技术创造价值。”未来学家奈斯比特在《大趋势》一书中说：“在信息经济社会里，价值的增长不是通过劳动，而是通过知识实现的。劳动价值论诞生于工业经济初期，必须被新的知识价值论取代。”③

法国经济学家托马斯·皮凯蒂的新作《21世纪资本论》在全球经济学界产生很大影响。他通过大数据分析，从宏观上分析资本对财富（价值）分配的影响，提出了“资本主义中心矛盾定理”，认为从长期看，资本收益率将大于经济增长率，世界将变得越来越不公平，可称不平等铁律。④

也有高度赞扬马克思研究方法的。曾经为莫斯科“马克思恩格斯研究院”工作多年的罗曼·罗斯多尔斯基（1898—1967）说：“我们视《资本

①熊彼特：《资本主义、社会主义与民主主义》第32－33页，商务印书馆1998年3月版。

②萨谬尔森：《经济学》中册，第255页，中国发展出版社1992年3月版。

③转引自：赵振华：《国外劳动价值论研究综述》，《28位专家学者谈劳动价值论再认识》第334页，中共中央党校出版社2001年9月版。

④何帆：《21世纪资本论导读》第272页，中信出版社2015年1月版。

论》的方法为马克思整个经济学大厦中最有价值和持久的要素，并且基于同样理由，学习和运用此方法被视作当代马克思主义研究的中心任务。”①

自《资本论》发表以来，全球经济学界对其研究从未间断，争论也从未休止，这恰恰说明其理论深刻，影响深远。

第二节　经济发展超越一些经典论断

劳动价值论是马克思所处时代的产物，必然受到当时历史条件的局限。《资本论》发表至今已有一个半世纪，恰恰这一个半世纪又是人类文明史上发展变化最快的时期。劳动价值论堪称经典，但对照当今社会，我们发现经济事实变化已经超越了许多具体结论。这些变化主要有：

变化之一：劳动对象扩展了，劳动不只是反映人与自然的关系

劳动是人类社会最基本的实践活动。要建立科学的价值理论，首先必须科学地认识劳动。马克思说：“劳动首先是人和自然之间的过程。”② 他又说：“如果整个过程从其结果的角度，从产品的角度加以考察，那么劳动资料和劳动对象表现为生产资料，劳动本身则表现为生产劳动。”③ 在《资本论》第一卷，他说：生产劳动“作为使用价值的创造者，作为有用劳动，是不以一切社会形式为转移的人类生存条件，是人和自然间物质变换即人类生活得以实现的永恒的自然必然性”。④ 在马克思看来，劳动首先是人与自然的关系，也即首先是人对于对象物的作用，这当然是对的。但当今社会现实会提出这样一些问题：医生给病人诊病和治病是不是劳动？教师给学生传授文化科学知识是不是劳动？软件工程师编制程序是不是劳动？政治家处理复杂的国家和社会事务是不是劳动？学者们思考问题创立

①罗曼·罗斯多尔斯基著，张开译《评马克思〈资本论〉的方法及其对当代马克思主义研究的重要意义》，载中国人民大学复印资料《理论经济学》2014 年第 6 期，第 10 页。

②《马克思恩格斯全集》第 23 卷，第 201－202 页，人民出版社 1972 年 9 月版。

③《马克思恩格斯全集》第 23 卷，第 205 页，人民出版社 1972 年 9 月版。

④《资本论》第 1 卷，第 56 页，人民出版社 1975 年 6 月版。

理论是不是劳动？如果都不是劳动，他们凭什么拿报酬？如果都不是劳动，又为何公认他们对人类文明贡献巨大而备加推崇？现代劳动大量地表现为劳动者对于对象的思考，对于他人的服务，反映为人与人之间的关系。经典作家说的生产劳动，主要是指“直接生产过程的劳动”以及“直接生产过程在流通领域继续”的劳动，即备料、生产、包装、运输、保管等。然而，当今社会，产业结构已发生了根本性变化，发达国家服务业已占国民生产总值的70%以上，中国也已超过50%①。不把第三产业劳动和管理纳入生产劳动范畴已是不可思议的了。当然，马克思也注意到了劳动的服务形式。他说：“任何时候在消费品中，除了以商品形式存在的消费品以外，还包括一定量的以服务形式存在的消费商品，……”②“这种劳动的特殊使用价值在这里取得了‘服务’这个特殊名称；是因为劳动不是作为物，而是作为活劳动提供服务的，可是这一点并不使它如同某种机器有什么区别。”③“对于提供这些服务的生产者来说，服务就是商品，服务有一定的使用价值（想象的或现实的）和一定的交换价值。”④同样是价值和使用价值的统一。然而，其服务性劳动的价值又等于什么呢？怎样计算社会必要劳动时间呢？他没有明确解答。马克思以其远见卓识注意到了科技和管理在生产过程中的作用。他认为“生产力中包括科学”。“自然界没有创造任何机器，没有创造出机车、铁路、电报、走锭精纺机等等。它是人类劳动的产物，……是物化的知识力量。”⑤他还说，一切规模较大的社会劳动或共同劳动，都需要指挥，以协调个人的活动。一个单独的提琴手是自己指挥自己，一个乐队就需要乐队指挥。社会发展到了今天，科技创新、软件开发、数据分析、发展规划、投资决策、市场开拓和经营管理等在价值创造中的作用，已经远远超出了当年马克思的想象。这些并非直接面对自然物的劳动，超越了经典理论的劳动概念。

---

①朱剑红：《6.9%，是个不低的速度》，载《人民日报》2016年1月20日第10版。
②《马克思恩格斯全集》第26卷，第160页，人民出版社1972年6月版。
③《马克思恩格斯全集》第26卷，第435页，人民出版社1972年6月版。
④《马克思恩格斯全集》第26卷，第149页，人民出版社1972年6月版。
⑤《马克思恩格斯全集》第46卷下册，第219页，人民出版社1980年8月版。

如今大量就业者在互联网终端，即电脑上作业。网络和电脑是人类知识和智慧的结晶，是人类创造的高级工具，不再是自然物，这是第一层次；人们利用互联网和电脑这种高级工具获取或传输信息，处理文字图表等，文字图表又是人类创造的符号，属文明成果，这是第二层次；这些符号排列运用，表达和传输的是人类的思维成果，反映的是人对自然、社会及人自身客观规律的认识，这是第三层次。可见，大量劳动并不是直接反映人与自然的关系。此外，资本运营、信息服务、策划咨询、专业培训、文化娱乐、旅游服务、体育产业、养生保健、美容美体等都是创造价值的重要产业，这些产业都难以纳入经典理论的劳动概念之中。现代劳动的对象已经间接化和非物质化了。或许马克思已经意识到这一问题，才在“劳动首先是人和自然之间的过程”中用了“首先”两字，暗示还有“其次”，只是没有来得及细说。为我们留下了从新的社会经济现实出发，重构劳动概念的空间和任务。

如果不能从本质特征上来理解和定义劳动，就不利于人的智能发挥，不利于科技、文化以及社会各领域的创新，不利于社会的文明进步。

变化之二：需求基于商品的有用性，价值不完全由劳动量所决定

《资本论》把价值定义为“人类一般劳动的凝结”，认为“价值量就等于劳动量”。这样的价值定义，在当代经济现实中已暴露出一些问题：

第一，《资本论》定义的价值概念与人们习常语言中的价值词义相差太远，不便融入人们的实际生活。人们普遍认为，凡是对人的生活和发展具有作用和意义的事物都有价值。价值表示客体对主体需求的满足，反映的是主体与客体之间的关系，即人与对象的关系，具体的是人与物、人与事、人与人的关系。价值的核心内涵是满足人的需要。价格是价值的市场表现，是市场对价值的量化评估。经济学的价值概念应当是一般价值概念的具体化和专业化表达。价值反映的应当是一种关系，而《资本论》却将其定义为一种实体，说价值只是劳动的凝结，这让非专业人士较难理解。

第二，未经劳动的自然物没有价值，这不符合经济事实。人类祖先是依靠自然养活的。他们获取的野果、野菜、野兽和野鱼等都不是劳动产品，而是自然物品，原始交换的也是这些物品。按马克思的解释，野果的价值就是摘取过程中付出的劳动量。但实际经济活动中自然物是有自身价值的。比如，同样一棵树，砍了送到购买者指定地要价200元，让购买者自己上山砍伐运走只付120元，说明砍伐和运输的劳动费用是80元。客户自伐树价120元中扣除山的产权转移中分摊费用和护林费用外，多数当属自然力作用形成的价值。然而，马克思却肯定地说："劳动是唯一的价值源泉"①，"价值本身除了劳动本身，没有任何别的物质。"② 在他看来，自然界中的森林、矿藏、原油、钻石等未凝结人类劳动的物品都没有价值，但又不得不承认其为财富，具有使用价值。这样就有了一个问题，一些资源国家劳动的数量和质量都不高，为什么他们的人均收入却很高呢？在人们的习惯中，在经济学语境里，财富、商品与价值是相统一的。若按照马克思的价值定义，自然所创造的财富，只有使用价值，而没有价值，即使被人所使用也不能计量价值。这不仅违背事实，而且也存在语义上的矛盾。人们不禁要问：作为财富的自然品，是否可以在市场上交换呢？没有价值又怎么交换呢？

第三，市场上的消费者关注的主要是商品效用，而不是商品生产者投入的劳动量。生活常识告诉我们，交换是需求引起的。是因为有某种需要，而自己又没有，于是，就向别人购买。城市居民不种地，但必须一日三餐用膳，于是，从市场购粮、买菜；乡下农民自己不织布，但又需要穿衣，所以，必须从市场买衣。十分显然，消费者需要的是商品的效用，利用的也是效用，想从市场上购买带回家的也是商品效用。生产商调查和预测的是市场所需求的效用，没有需求的东西商家是不会去生产的。厂家生产劳动中付出的是脑力和体力，创造的是效用。而消费者所需要的也是效用，他们不大计较商品中内含劳动量的多少。一只老虎从悬崖上摔下，被

①《马克思恩格斯全集》第26卷，第1分册，第75页，人民出版社1972年6月版。
②《马克思恩格斯〈资本论〉书信集》第132页，人民出版社1976年8月版。

猎人发现获取，同样卖个好价钱，并不会因为没有费力打虎而降低价值。野山参买主怎么会审查挖参者花了多少劳动时间呢？土地、矿产不是劳动产品，但它物有其主，你若需要就得购买。由此可见，交换必须有三个条件：一是商品有效用，能满足人的某些需要；二是商品稀缺且有主，不可随意取用，必须购买；三是需求方有支付力，能够购买。商品交换的目的和实质是效用交换，而不是抽象劳动的等量交换。古代两名猎人，甲用弓箭射中一只大天鹅，乙射中一只小麻雀，两人劳动量是一样的，甚至可以说射麻雀更难，但谁愿意用天鹅换麻雀？如今，某农民在水沟中捉了只野生甲鱼，其劳动量绝没有养殖一只甲鱼的大，但野生甲鱼比养殖的价格要高得多。价值量不等于劳动量的例子比比皆是。所以，“价值等于劳动量”的论断难以成立。

第四，许多商品价值与劳动量无关，无法用劳动价值论解释。比如，由于山体滑坡而埋于地下的秦代陶碗，如今意外出土，其价值惊人，这是为什么？其中凝结的人类劳动并没有增加呀。为什么名人用过的东西成为文物，凡人用过的只是弃物？劳动价值论也无法解释！为什么每年投入同样劳动量的农民，丰年可增产增收，荒年必然减产减收？虽然马克思解释农业生产与气候有关，但这种解释是超出劳动价值论原理范围的。

科学概念对现象的概括应当具有穷尽性，科学原理应当具有可验证性。但大量事实说明商品的价值量并不取决于劳动量。所支付劳动量的多少，主要由生产商关心，因为，劳动力有价值，是重要的生产成本。消费者主要关心商品的性能和质量。市场上生产商数量少，而消费者却成千上万。揣着钱来的消费者是交换活动的多数方，且拥有消费选择权。因而，商家都说“顾客是上帝”。从市场角度看，经济学家不应离开消费者视角定义价值。

变化之三：商品智果化个性化了，价值难以用社会必要劳动时间度量

我们定义：人们智力运化，即思维活动的一切成果均称为智果。

在农业社会和工业化初期，生产劳动以体力劳动和手工劳动为主，劳动产品绝大多数是实物产品，且同名产品同质化的现象比较普遍，生产同名产品可能存在社会必要劳动时间，但实践中也难以计量。而今，知识经济社会，大量劳动是脑力劳动，劳动产品本身就是思维成果，可称为智果。大量智果是直接作为商品投放市场进行交易的。如策划公司出售策划方案、软件公司出售编制程序、工程师出售自己发明的专利，其价值几乎完全由思维成果决定。承载思维成果的纸张、光碟、优盘和邮件等成本极低。咨询服务公司可能连一张纸、一片光盘也不给，只回答客户的提问，把专家的想法告诉客户。汽车、彩电、手机等现代产品，品牌不同，价格大不相同，但同类产品所消耗的材料差别并不大！原因在于其中所包含的科技、文化、理念、艺术等智果大不相同。创造科技、文化等智果需要一定时间，但智果价值大小难以用劳动量或劳动时间衡量。

应用软件、策划文书、投资决策、创意设计、治疗方案等都是高度个性化的智力产品，很多是独一无二的，根本没有社会平均劳动时间可言。灵感澎湃的软件天才一个晚上编制的程序可卖几十万元，换另一个人或许半年也搞不成。“微信之父”张小龙回忆微信创造时说，“整个过程就是一两个小时”,① 以其运用广泛带来的价值之巨难以估量。一名作家的创作速度也大不相同，词坛泰斗乔羽创作《难忘今宵》仅用两小时，创作《思念》却酝酿了26年。人的思维有时如滔天巨浪，有时像长流细水。在物质产品生产领域就难以测算社会必要劳动时间，在科技、文化、信息等智果产品生产领域就更加无法测算了。在新科技领域，由于产品批量小、个性化，且更新频繁，产品寿命周期短，其价值往往取决于新产品的先发优势，而与劳动时间长短关系不大。一项拍卖百万元的专利产品设计花了多少工作日？可能是几年，也可能是富有灵感的几个晚上。一项亿万回报的投资决策折合多少工作日？可能是企业家个人的一时直觉。同一个上午几名记者同时采访同一事件，所写作品可以大不相同，有的是直接的情况罗

①萧萧：《“微信之父”张小龙》，载《报刊文摘》2016年1月20日。

列，有的是颇有参考价值的研究报告，有的是可流传千古的警世名作，不同文章的价值差距很大。人与人之间的劳动成果比较是难以用时间计量的。唯有同一个人，在状态稳定时，一天比半天能做的事要多。以持续时间来计量劳动是有前提的。对个体来说，只有当人的体力和脑力支出保持匀速时，劳动方可用时间计量。对一个社会来说，只有当所有劳动者的劳动能力、劳动效率相同或相近时，方可用时间计量劳动。

随着社会文明进步，人们一周的劳动时间呈减少趋势。在工业化初期的19世纪，英国工人每周劳动6天，每天劳动12小时，即周劳动72小时。后来，经工人斗争减少到50小时。20世纪后，世界上多数国家普遍实行每周劳动48小时。实行5日工作制后，发达国家工人多数每周劳动30～35小时。也就是说在劳动者人数不变的假设下，各国每年投入的劳动量越来越少。根据劳动价值论原理，各国创造的价值总量也应越来越少。但事实恰恰相反，发达国家的经济总量随着工人劳动量减轻而增加。由此可见，劳动价值论在宏观经济领域也陷入困境。此外，在微观经济领域，机械化生产使产品更精致了，而产品中所包含的活劳动却减少了。流水线生产使财富创造速度加快了，人工消耗却节省了。现代化大生产实践表明，劳动时间节省与科技运用程度成正相关，即科技运用愈充分，所需劳动时间就愈短。科技文化含量高的商品价值更难以用社会必要劳动时间衡量。

变化之四：信息、文化产业化了，非物质生产部门也创造价值

按照《资本论》的价值定义，非物质生产部门是不创造价值的。这些部门的人员通过国家的再分配获得收入。然而，一个半世纪的发展，越来越多的非物质生产部门产业化了，创造利润，缴纳税收。诸如文化产业、信息产业、旅游产业、体育产业、科研产业、策划咨询业等。“美国大数据在医疗领域每年产生3000亿美元的潜在价值；在公共管理部门，每年产生2500亿美元的潜在价值；在制造业部门，能够降低50%的产品开发及装配成本。大数据在欧洲国家公共管理部门创造1500到3000亿欧元价值。

其经济价值主要通过政府公共管理机构开支的减少、转移支付的下降及税收的增加来实现。”① 依靠国家拨款运行的科研、教育、行政管理等部门是否创造价值？不可轻易否认。发达国家的经验表明，它们的富裕无一不是得益于科教兴国战略。科学家在实验室里工作，不直接生产物质产品，其科学理论成就也没有直接进入市场交易，而是无偿公布于社会，他们的劳动是不是创造价值？工程师的专利技术发明可在市场上拍卖，是有很大价值的，大科学家的基础理论创造反而没有价值吗？教育部门不直接生产物质产品，但却传授知识、提升人的创造能力，其产出的是人才和智力，教育工作者的劳动是不是创造价值？政府官员没有从事物质资料生产，却在管理公共事务、产出公共产品、提供公共服务，他们的劳动有没有创造价值？一国的法律制度、国防安全、市场秩序和宏观经济调控不是对该国经济发展关系重大吗？中国的改革实践表明，一市、一县的经济发展与当地政府的发展战略、经济政策与管理效能直接相关，甚至与市长、县长的工作思路、战略决策和领导能力直接相关。事实上，科技产业、文化产业、金融产业、医疗产业、培训产业，旅游产业、服务产业等在 GDP 中占有很大份额。

由此可见，科学家、政治家、思想家、教育家、文学家、艺术家等人类精英虽然身处非物质生产部门，但其创造的价值是有目共睹的，而且是巨大的。邓小平“以经济建设为中心”思想的贯彻实施，其价值就是难以估量的！“非物质生产部门不创造价值”的结论，既不符合事实，更不利于人类精英的创造力发挥。

变化之五：资源紧缺并不断涨价了，表明自然物品本身具有价值

根据“商品价值是人类劳动的凝结”原理，马克思得出一个推论，就是活的劳动是价值增值的唯一源泉。他认为生产资料、机器设备，只会转

---

①杨珍：《如何研读〈资本论〉》，浙江行政学院讲学课件，2016 年 1 月 7 日。

移价值，而不会增值，唯有活的劳动才能创造出比自身更大的价值。然而，事实却令人疑惑。既然活的劳动是价值增值的唯一源泉，那么，企业岂不是雇工越多则创造价值越大？企业为什么不愿过量招工而是尽力精减人员呢？

自然界到底有没有价值增值能力？渔民世世代代在海里捕鱼，海鱼不是自生自长的吗？大山上的天然林也未经人工种植和施肥，为什么林场主指树卖木，也能获得收益呢？为什么矿山所有者指地卖矿，也能获得巨额利润呢？难道其价值产生就在他那一“指”吗？“活的劳动是价值的唯一源泉”的结论值得质疑！

考察人类发展史，先祖们最早的劳动是采集、狩猎和捕鱼。自然界的野果、野兽、野鱼等都不是人类的劳动成果，人类只是动手取用而已，原始人是靠野生食物养活的，自然物怎么会没有价值？人类生产劳动都是从自然界获取材料的，人的劳动只是按照自己的想法给予移位、变形、分解和组合罢了。劳动不能创造物质，只能创造人所需要的效用。自然物、自然力、自然界的价值怎么能否认呢？人类怎么可以无视生于斯、长于斯的大自然的价值呢？那种无视自然的价值观不仅不符合事实，而且，也不利于建立人与自然的和谐关系。风行过一段时期的“人定胜天”和“劳动是价值的唯一源泉”的观念，使许多人忽视自然保护。忽视对人类共同家园——地球的精心守望。以至滥伐森林，破坏植被，使气候反常；水土严重流失，使70%的旱地土质退化；过量采矿使地面塌陷；大量燃烧矿物燃料，引发“温室效应”；过量运用氟利昂致使太空臭氧层穿孔。人类赖以生存的星球果真出现了杞人所忧的“天塌地陷”。疯狂食用野味，使一些珍稀动物濒于灭绝；环境恶化使植物种类逐年减少。人们为了眼前利益贪婪索取，而不懂得加以保护，已使这个养育我们的蓝色星球伤痕累累、遍体疮痍。一些人出于自私、愚昧和无知的所谓“致富”固然创造了些许商业价值，但是，由此带来的自然环境破坏和公共价值损失又不知要高出多少倍。可悲的是一些人明知其“致富”创造的私人价值远远补偿不了被破坏的自然价值，却还是不肯罢手。即使政府明令禁止，仍会偷偷进行。受益的是个人，受害的是公众。“劳动是价值的唯一源泉”的结论，忽视了自然物和自然界价值，不利于自然资源和环境的保护。

变化之六：智能设备大量采用了，无人车间也能创造价值

马克思从商品价值等于凝结在商品中的劳动量这一结论出发，得出一个推论“商品价值量与劳动生产率成反比”。这一推论是否正确，需要推敲。从生产过程看，劳动生产率提高了，生产单件产品的劳动成本降低，销售价格是有条件下降的。但这并非必然，只要产品畅销，生产商决不会降价。马克思曾这样举例，在技术革新前工人每天生产 10 件上衣，技术革新后工人每天生产 20 件上衣，若工人劳动量不变，那么一天创造的价值是不变的。而技术革新后的每件上衣的价值增值降为技术革新前的一半，这样，价值增值总量是没有增加的。生产商是以追求利润为目的的，若商品价值与劳动生产率成反比，生产率提高了，价值就下降，生产商怎么会愿意投资更新技术和改造设备？马克思的解释是：商品的价值由全社会平均和必要劳动时间决定，是技术先进的企业占了技术落后企业创造的价值。这貌似有理，其实不然。因为，只有在不同技术水平企业的产品同质同价的前提下，才可这样分析。而客观事实是只要技术不同，产品质量和价值也必然不同。另外，若独家生产或几家技术装备一样的企业生产又如何解释呢？为什么自动化程度越高，雇工越少，企业效益却越好呢？为什么一些高度自动化智能化的无人车间能创出高效益呢？社会经济现实通常是技术革新后，工人劳动量减轻，企业效益也提升了。现代生产中，工人数量和劳动量的减少，很大程度是新科技运用的结果。一条生产流水线可以顶上几十乃至上百名工人劳动。生产率大幅度提高，工人劳动量大幅度减轻，工厂创造的价值也大幅度上升。发达国家有些生产性企业操作工人数量极少，一些无人车间完全依靠智能化机器在自动生产，厂家却赢得巨额利润。他们以优质产品奉献给社会，其巨额利润也没有人说是通过市场从设备落后的生产者那里获取。再从一国看，国家科技水平越高，工人的总劳动量就越少。2013 年中国销售工业机器人 3.7 万台，约占全球销量的 1/5，

是全球最大的工业机器人市场。中国的“机器换人计划”还在稳步实施中。[①]在工业4.0时代，智能化生产将是常态，车间中工人必定越来越少。根据劳动价值论原理该国国民生产总值也应当越来越少，经济就应当倒退。这种说法不符合事实。由此可见，商品价值与劳动生产率成反比的推论并不成立。先进设备不能创造价值，“只有活的劳动是价值的唯一源泉”的论断不利于技术创新和劳动生产率提高。

变化之七：社会制度公平了，资本可以大众化

按照马克思的剩余价值学说，“资本是带来剩余价值的价值”，资本是资本家榨取工人血汗的工具。因此，马克思愤怒地控诉：“资本来到世间，就是从头到脚，每个毛孔都滴着血和肮脏的东西。”[②] 马克思考察资本主义私有制下的资本原始积累，是采用血腥手段把农民从土地上赶出来、变成城市贫民而实现的。在马克思生活的时代和国度中资本来自对工人的剥削与掠夺。而今不同，社会发展了，经济政治制度变更了，资本可以通过劳动积累，可以通过合伙集资，也可以通过金融借贷等途径获得。20世纪80年代以后崛起的中国工商巨子，其创业资本，有的是靠自己打工积累，有的是靠开发软件赚取，有的是靠转让专利获得，更多的是依靠集资和借贷筹集。总之，绝大多数老板的资本都是通过合法正当途径获得的，并非依靠剥削。对资本的本质和功能的认识必须随着社会发展而转变和深化。试想，如果资本都是血淋淋的，那么，世界各国政府和各地方政府为什么要采取各种优惠政策予以吸引？难道各地政府和各开发区管理机构都要与民众过不去吗？不突破对资本的陈旧认识，对建立“现代产权制度”和“发展混合经济”都是不利的。在市场经济条件下，资本具有不可替代的功能。因为，各种生产要素是分散在市场上的，若没有生产资本，就不能将生产要素聚集起来；没有商业资本，就不能根据消费者需要组织货源；没

①参见《2015年中国工业机器人市场销量、保有量及应用领域分析》，数据来源：IFR，中国产业信息网。

②《资本论》第1卷，第839页，人民出版社1975年6月版。

有金融资本，就不会有适应工商业需要的银行借贷。总之，没有资本就几乎没有经济的正常运转。试想一名企业家有了成熟的生产经营思想，却没有资本去购置土地、厂房、机器、材料和雇佣工人，他何以组织生产经营呢？其思想价值又何以转换成现实价值？其天赋和才干又何以得到发挥？再从资本的前身考察，资本是上一轮生产、分配和消费中的剩余劳动。对资本的爱惜，实际上是对劳动成果的爱惜；对资本的珍重，实际上是对劳动的珍重；对资本的保护，实际上是对生产力的保护。况且，当股份制日益成熟和完善以后，资本也不是为少数人所特有了，很多工人持自己剩余资金在企业入股成为股东，他们既是劳动者，又是股份所有者。许多城镇居民购买股票，成为股民，十分关注相关企业的业绩与发展，并从中获利。资本平民化已经改变了其原有的许多性质。诚然，资本是实现大规模生产经营的基础条件，资本客观上使资源消耗加快、环境危机加剧、贫富差距拉大，然而这是资本的过错，还是资本使用者的过错呢？即使资本存在可恶的一面，在新的时代背景下，其表现形式也与工业化初期不同。对资本的仇视不利于社会财富积聚，不利于经济规模化发展。

变化之八：劳动用工市场化了，雇工不一定是剥削

马克思把资本划分为可变资本和不变资本：用于购买土地、机器和原材料的是不变资本，用于购买劳动力的是可变资本。他认为不变资本只能转移价值，可变资本才能增值价值。被资本家无偿占有的剩余价值就是工人创造的价值中超出其工资的部分。马克思认为，资本家之所以愿意雇工就是因为工人能创造剩余价值，雇工的目的和作用就是剥削。如果雇工就可以剥削，可以榨取剩余价值，那么，企业主为什么不愿多雇工人？难道他们不愿多赚钱吗？各国政府为什么鼓励企业招工，增加就业呢？难道政府鼓励企业主剥削吗？大量农民为什么不惜离乡背井，千里迢迢寻求做工？难道是主动送上门去让人剥削？经典理论确实陷入了尴尬境地，到了非创新不可的地步了。

当代政府都懂得“就业乃民生之本”。扩大就业是增加个人和家庭经

济收入，解决民众生活困难的基本途径；扩大就业让职工手中有钱，是增强购买力、实现以消费促生产的有效措施；扩大就业、开发利用人力资源，是推进经济社会发展的重要手段；扩大就业、使劳动者各得其岗，是实现社会稳定的重要保证。如此理解，政府能不重视就业吗？对社会和公民来说是就业，对企业来说就是雇工。雇工剥削问题已经到了必须作现实分析的时候了。

马克思当年分析剥削时，提出工人出卖劳动力必须具备二个条件：一是工人自己没有生产资料，只有出卖自己的劳动力才能活命；二是工人必须有人身自由，自己能做主出卖自身的劳动力。其实，马克思还从社会政治条件上分析过，最为重要的还是社会政治和经济制度。政府代表资本家利益，是剥削存在的政治根源。当年马克思所揭露的是在资本主义私有制下用暴力剥夺农民土地，使其成为彻底的无产者，为了生存不得不就范于不平等的雇佣制度。如今，社会已发生了根本变化，农民拥有自己的土地，城市居民也有多种谋生手段，出卖劳动力已不是他们的唯一选择；公民有了法律保证的自主权，就有供职和辞职的自由；有了比较健全的法律制度和政治制度，打工者的合法权益就能得到保护。在就业中，劳动报酬及劳动保障是在经过协商、双方自愿的基础上签订劳动合同确定的。在企业内工人可以参股成为股东，在社会上工人可以参选人民代表而参政议政。工人是自己的主人，也是社会的主人，已经不是马克思当年所指的被压迫被剥削者。马克思当年分析认为，资本家剥削的实施形式通常是两种：一是延长工作日，二是压低工资。当今时代，多数国家以劳动法的形式规范工作日及劳动时数，以最低工资标准确保工人的基本工资底线。在执行《劳动法》和《安全生产条例》，个人拥有择业自由的前提下就业，业主对工人是否存在剥削，归根到底看劳动报酬是否合理。实践表明，劳动报酬的合理程度又与资本市场和劳动力市场供求状况直接相关。资本越紧缺，劳动力越富余，就业竞争就越激烈，工人报酬低的可能性就越大；反之，资本供给越充足，劳动力越相对紧缺，业主给员工支付较高报酬的可能性也就越大。由此可见，在经济政治制度平等的前提下，资本对劳动力的剥削，与其说是由资本造成，还不如说是由市场供求造成。就整个社会而言，资本积累后总要投资，有投资就增加就业岗位，工人就有更多的择业机会，劳动报酬会更趋于合理。所以，资本积累未必“导致贫困化积累”。邓小平说得好——“发展是硬道理”。应当承认：资方处在组织者和管理者的位置上，劳方处在被雇佣和被管理的位置上，资方处在组织结构的高端，劳方处在组织结构的低端；当两者利益发生矛盾时，往往是资方处在主动和有利的地位上。因此，工人们往往会建立起自己的工会组织来捍卫自己的正当权益，同时还有司法机关和行政管理部门在依法监管，还有新闻媒体等社会监督。现代企业管理者大多懂得员工心态直接影响企业命运的道理，因而，未必着眼于剥削，而是致力于双赢。至于企业家的作用和贡献，如今人们也有了新的认识：没有企业家就没有企业创办和企业发展，企业家是经济组织的掌门人和领导者。“雇工剥削”观念不利于企业创办和壮大，更不利于就业扩大。

变化之九：劳动趋于脑力化了，按绩分配成为主要方式

根据劳动价值论基本原理，马克思相应地提出根据劳动量的大小实施分配，这似乎是顺理成章的事。然而，如前所述，劳动量的度量是不容易做到的。在体力劳动为主的情况下，以劳动时间长短作为劳动的度量已经相当不准确；在脑力劳动为主的情况下，劳动量的度量就更难。20 世纪中叶，东方一些社会主义国家实行“按劳分配”，而衡量劳动量的尺度就是劳动持续时间。在农村生产队，不管劳动技能强弱、效率高低，只要参加一天劳动，成年男性农民即记工分 10 分，女性农民即记 7 分。工厂里同年毕业分配的大学生，不论水平高低、贡献大小，工资待遇都一样。这种干多干少一个样的平均主义大锅饭，最后必然挫伤水平高、能力强、贡献大者的劳动积极性，直接阻碍生产力的发挥和发展。

马克思设想的按劳分配是公平、理想的分配制度，但同时也是有条件的。只有当劳动者由劳动技能、积极性决定的劳动功率恒定输出时，劳动量才由劳动时间决定，即：劳动量 = 劳动功率 × 劳动时间。有此前提，按

劳分配是可操作的。然而，人的劳动技能、工作能力是相差很大的，劳动积极性是受情绪影响的，劳动量是难以用时间长短来衡量的。如果真用劳动持续时间来衡量劳动，就容易导致一些人磨洋工，劳动效率降低。对价值创造而言，劳动绩效才是真正起作用的，且直观、易于考核。因此，按绩分配才是切实可行和有利于积极性发挥的。

价值增值的复杂性和劳动方式的多样性决定了分配方式的多样化。所有制结构变更，使人们进一步认清了生产要素在价值创造中的作用，从而出现按生产要素分配的方式。用工制度改革，使人才从单位所有变成社会所有，人才社会化导致劳动力价值和报酬确定市场化。分配制度改革，打破了平均主义大锅饭，逐步推行按绩分配和按贡献分配等分配方式。不同智能等级的劳动者单位时间内的劳动成效不同，创造的价值量也不同。现代分配的基本规律是以业绩为依据，经市场机制定报酬。一名专业技术人员年薪 20 万留不住，就得花 30 万、40 万。美国一些企业集团总经理年薪达上千万美元，普通员工年薪却只有数万美元。就上班时间而言，小车司机比其老总每天通常要多一小时以上——司机早上要提前一定时间去接老总，晚上又要把老总送到家后再把车开到公司车库然后回家；但其年薪只有老总的百分之几。这除了岗位责任和贡献不同外，很大程度是市场机制作用的结果，因为，驾驶员易招，总经理难聘。新产品开发、经营决策和生产管理均需依靠高智人才，“智力出价值”“创新出效益”成了多数企业的信条，企业之间争夺的是高级人才。于是，就有利润分成、管理者占股等分配形式产生。值得注意的是，当今的年薪制和月薪制并不是计时工资制，而是以业绩贡献为依据的阶段性报酬。

总之，劳动价值论“人的劳动创造价值”这一基本原理虽然正确，但社会经济实践变化太大了，一些具体结论已被实践超越。吾辈有义务去创新、去突破、去发展，只有创新和发展，才能使理论充满生机和活力，才是对马克思经济学说的最好继承。

第三节　研究背景与分析前提

马克思的哲学功底和创造性思维能力都是无与伦比的。然而，存在决定意识，客观决定主观，无论怎样伟大的思想家也同样受到当时历史条件的局限。要求马克思预想到今天的社会经济状况是过于苛刻的，也是不可能的。

一、当时的生产力水平决定马克思的分析前提

任何科学理论都有其分析前提，马克思创立的劳动价值论也不例外。当客观事实尚能符合这些前提的时候，其理论就显得比较正确；当事实发生了重大变化、原先的分析前提缺失时，其理论就难以解释现实问题了。

（一）劳动者直接作用于自然物的生产方式是马克思建立劳动概念的分析前提

创立劳动价值论，首先要建立劳动概念。马克思所处的时代，是欧洲工业革命初期，社会生产力水平还不高，直接作用于劳动对象是生产劳动的主流方式。农业生产是农民对土地和种子的作用；畜牧业生产是人们对畜牧、饲料、围栏等的直接作用；手工业生产是手工业者对加工对象的作用；在工业上，要么是直接对劳动对象作用，要么是通过工具对劳动对象作用。如纺纱是工人用机器对棉花进行加工，制衣是工人用机器对布料进行加工，炼铁是工人用炉火对铁矿石进行加工，制斧头是工人用榔头和锉对铁进行加工。总之，大多是人对自然物的作用。当时，世界上没有什么科技产业、文化产业、信息产业等。所以，马克思认为，“劳动首先是人和自然的关系”。而今不同，在生产车间里，技术员处理电脑中的数据，再由电脑控制机器制造产品；医生通过分析网络传输的病情资料为病人诊断，然后提出治疗方案；软件工程师掌握用户要求后，编制出所需的程序；等等。劳动对象已经从以往的实物变成信息，从直接变为间接了。劳动对象的信息化要求我们拓展“劳动”这一概念。

（二）无偿取用自然资源是马克思建立价值概念的分析前提

在农耕文明之前，人类依靠直接获取自然物品而生存。在农业社会和工业化初期，由于人口增多，人类必须通过种植养殖和对自然物加工改造满足自身需要。在人类刚开始跨入工业社会门槛的时候，生产工业品的种类还是有限的。能够用棉花纺纱，用棉纱织布，用棉布制衣，而棉花又是农民种植的，种棉的土地是农民开垦的。就是对棉纺行业产业链作全程分析也容易忽略处女地的自然价值，或者说，土地是无偿占用的。再如，用铁矿石炼钢铁，铁矿石是矿工开采的，矿山通常是矿主的，因此，容易忽略矿藏的天然价值。正是在这种背景下，马克思才定义“价值是人类抽象劳动的凝结”。而今，人类对自然资源的价值日益认清：土地不可再生，城区地皮是十几万元一个平方米，石油储藏量逐渐减少，各种矿产资源日益紧缺，必须高价有偿使用。无视自然物价值的“价值”定义已难以解释现代经济事实了。

（三）以体力劳动和手工劳动为主是“用劳动时间计量劳动量”的分析前提

马克思所处的时代，主要产业是农业、畜牧业、手工业和初级工业。农业生产和家庭作坊都是以手工劳动为主的。在工业上尽管有了蒸汽机和纺织机，但体力劳动和手工劳动仍然是主流劳动方式。从事脑力劳动的人在社会上比例很低。人的体力劳动和手工劳动的能力差异是不大的。优秀铁匠一天打造 5 把斧头，一般铁匠可能打造 3 把。优秀纺织工每小时织布 6 尺，普通女工也许能织 4 尺。若劳动速度稳定的话，工人的劳动功率可取平均值，劳动量与劳动时间成正比，是劳动时间的函数。据此，马克思认定人的劳动是可以用时间计量的了。于是，就有了“价值量由劳动量决定，劳动量由劳动持续时间计量”的原理发表。事实上，这一原理可以解释当时的绝大多数经济现象。而今不同，脑力劳动已成为社会主流劳动方式，劳动成效主要取决于人的知识、智慧和毅力。而人脑的思维能力是千差万别的，同是百万资金，有人只能做到保值经营，有人能数日翻番，也有人可能全部亏损；智力决定能力，“思路决定出路”。脑力劳动变量多、变数大，根本无法取平均值。**脑力劳动需要时间，但脑力劳动成果主要由知识、智力和毅力决定，而不只是由时间决定。**在以脑力劳动为主的当今社会用时间计量劳动是行不通的了。

此外，更为重要的是，人类创造价值的劳动应当是质与量的统一。在以知识运用和知识创造为特征的脑力劳动中，劳动品质对价值创造起着更为关键的作用。劳动量中只有其中的有效成分才是创造价值的，我们称之为劳功。用时间计量劳动，既反映不了速度，也反映不了质量，更无法反映劳动功效和价值创造。这样，社会必要劳动时间决定商品价值的论断必定不能解释当代经济事实！

（四）初级劳动产品交换是“按劳动量相等交换”的分析前提

马克思在分析商品交换时，始终是分析小麦、上衣、麻布、茶叶等以手工劳动生产的初级商品。基本上没有研究由思维成果决定的科技产品、文化产品、知识产品和服务产品，更没有研究新产品开发和更新换代。并且，总是假设供给与需求大体平衡。当 20 码麻布与一件上衣相交换时，他就判断生产 20 码麻布的社会必要劳动时间与生产一件上衣的社会必要劳动时间相等。可是，当与贝壳、牛角、钻石、野山参等天然品相交换时，又哪有社会必要劳动时间可言？设计图纸、信息资料、应用软件、艺术作品等知识产品，歌星演唱、名家字画等文化艺术产品，价格是那样高，其社会必要劳动时间又如何计算？大额股票的收购和炒作者，一夜之间成为巨富，其社会必要劳动时间又该如何计算？这一系列问题在一个半世纪之前是无法想象的。

总之，劳动价值论是那个时代的产物。在马克思自己设定的分析前提下的论证和推理是相当严谨的。然而，当今社会现实离马克思的四个分析前提①已经很远了，其理论就是解释不了现实问题也不影响马克思的伟大。

---

①晏智杰认为马克思的分析前提有三个暗含条件：即物物交换、简单劳动和劳动以外的要素无偿。见王志华《大系统价值学说》第 17 页，广东经济出版社 2004 年 3 月版。

卢瑟福（1871—1937）是一位大科学家，于 1908 年获诺贝尔化学奖。1911 年他通过实验发现原子核，提出了原子结构的行星模型，被誉为“第二太阳系”。这是人类有史以来第一次揭示原子内部的复杂结构。他还预言原子核内隐藏着巨大能量。然而，受当时实验条件的局限，他竟在人类走向核能时代前夕发布了人类永远开发不了核能的错误结论。尽管如此，他仍然是备受人们尊敬的科学巨匠。人类对真理的认识总是逐步深化的。

二、当时的经济运行方式决定其研究视野

马克思所创立的劳动价值论，是从生产、交换、分配、消费四个环节上展开论述的。在当时的历史条件下，这已经是足够前瞻和伟大的了。但现代经济的深度发展和运行方式变化不断超越经典理论所描述的范围，表明经典学说的理论视野不够开阔。在生产领域中，劳动价值论忽略了原材料价值与自然界相关这一基础性因素；在交换环节中，忽视了天然品的功能效用并非人造这一事实；在分配环节中，对脑力劳动的贡献估量不足；在消费环节中，注重物质性消费，对服务、文化、信息等非物质消费研究有限，这是由当时的历史条件决定的。总之，从分析视野上看，马克思参照了“物理学家是在自然过程表现得最确实、最少受干扰的地方考察自然过程的”的方式，他说：“我要在本书研究的，是资本主义的生产方式以及和它相适应的生产关系和交换关系。到现在为止，这种生产方式的典型地点是英国。因此，我在理论阐述上主要用英国作为例证。”① 他着重研究了人，而忽视了自然，尽管他知道劳动是人与自然的关系；侧重研究了体力劳动，而对脑力劳动研究尚浅，尽管也谈到了科技和管理的作用；侧重研究了物质产品，而较少研究文化和服务产品。马克思在研究商品生产和商品效用的时候，不自觉地让人和社会游离于自然之外。事实上，人是离不开自然的，是自然的一部分。物有规律、能量、物质三要素，人也有思想、能量、肌体三要素，思想是事物及规律在人们头脑中的反映，两者统

①《马克思恩格斯全集》第 23 卷，第 8 页，人民出版社 1972 年 9 月版。

一于人的实践。任何人都生活在自然和社会这两重时空中，并将自然和社会作为其思维的对象与环境。因此，研究价值问题必须在自然和社会的大视域中进行。只有研究大本大源，才能建立一套科学、普适和恒久的理论体系。

三、作者的政治立场决定其理论动机

任何理论研究都不是无目的的行为。在开展研究之先，试图探索什么规律，解决什么问题，起到什么作用，都是有所考虑的，这就是理论动机。理论动机决定理论研究的出发点、方向与归宿。

马克思所处的时代，正是欧洲工业革命蓬勃掀起之时。工业革命极大地提高了劳动生产率，自1770年到1840年间，英国工人的劳动生产率平均提高了20倍，使工场手工业生产变为机器大工业生产。产业革命使英国在经济上居于世界领先地位。马克思恩格斯在《共产党宣言》中指出："资产阶级在它不到一百年的阶级统治中所创造的生产力，比过去一切世代创造的全部生产力还要多，还要大。"① 但是，生产力发展没有给当时的工人带来生活上的改善，尤其是女工童工受剥削的情况，以及居住和营养条件之恶劣令人触目惊心。深受剥削与压迫的工人阶级纷纷起来反抗和斗争。马克思站在工人阶级的立场上，把号召和指导工人斗争当作自己的历史使命。因此，他致力于探究资本主义社会经济运行规律，发现并揭露资本家剥削工人的秘密；分析社会矛盾，理清阶级关系，指明革命道路，为工人斗争提供思想武器。研究动机决定研究方法。他必然着重分析和证明资本主义社会工人阶级、资本家阶级、土地所有者阶级等阶级之间存在的经济利益上的对立关系。这样，马克思着重关注人与人的关系，对人与自然的关系就关注得少一些。他的哲学功底使他善于作矛盾分析，容易看到矛盾与斗争，不易看到妥协与合作，用阶级论完全替代人性论。这种分析方法决定其研究结论与后来列宁的研究结论相同，就是认为"资本主义是腐朽、

---

①钱俊生主编：《当代科技简明教程》第11－12页，当代世界出版社2000年12月版。

垂死的制度”，然而，资本主义发展至今尚未完全验证马克思和列宁的预言。

总之，马克思的劳动价值论首先是革命的武器，其次才是建设的理论。他着重探索的是产业资本家、商业资本家、金融资本家和土地所有者的剥削秘密，用以指导无产阶级革命。

第四节　继承大师创新理论

如何坚持和发展马克思主义经济理论呢？中国改革开放的总设计师邓小平说：学习马克思主义，主要是学习掌握马克思的立场、观点和方法。

一、坚持代表最广大人民群众利益的根本立场

第一，坚持马克思代表广大人民群众利益的根本立场。人民群众是国家的主人，是历史的创造者，离开了人民群众就离开了根本。理论研究一定要代表、维护和发展人民群众的利益。只有按照科学发展观推动经济社会发展，才符合人民群众的根本利益。

第二，坚持马克思主义的唯物史观，坚持实事求是的认识路线，坚持实践是检验真理的唯一标准的基本观点。马克思认为“生产力是社会上最基本、最革命、最活跃的因素”，理论创新要有利于充分调动人们的劳动积极性，有利于促进生产力发展和财富创造。坚持“人的劳动是价值增值的主要源泉”的基本观点，正视作为劳动资料的天然品自身就有价值，懂得在人们认知的前提下自然力具有创造价值的能力。

第三，学习和继承马克思追求真理的科学精神，以及灵活多样的科学方法。在研究工作中，马克思始终坚持求实和公正的态度。他说：“我决不用玫瑰色描绘资本家和地主的面貌。不过这里涉及的人，只是经济范畴的人格化，是一定的阶级关系和利益的承担者。我的观点是把经济的社会形态的发展理解为一种自然史的过程。”① 我们只有从历史事实和新的实践

①《马克思恩格斯全集》第23卷，第12页，人民出版社1972年9月版。

出发，从不断变化的客观事实中去总结规律、构建理论，才能掌握真理、解释现实、指导未来。马克思发表《资本论》以来的一个半世纪，经济社会变化太大了，依靠宽泛理解已经解决不了问题。不从基础开始，任何伟大的建筑师都无法构建雄伟壮丽的大厦。必须以自然、社会和一切经济事实为对象，从基本概念研究开始。

恩格斯说："马克思的整个世界观不是教义，而是方法。它提供的不是现成的教条，而是进一步研究的出发点和供这种研究使用的方法。"① 他还深刻地预言："我们还差不多处在人类历史的开端，而将来会纠正我们的错误的后代，大概比我们有可能经常以十分轻蔑的态度纠正其认识错误的前代要多得多。"② 可见，纠正错误、发展理论，是先贤的心愿。他们希望后辈学子的认识更加接近真理。

二、现实反省与学术革命

学术是什么？学术应当是学者们对自然、社会、人生等规律的研究活动和研究成果，是人的思维成果的表达。学术的作用、价值和意义何在？在于指导人类的生产实践、社会实践和生活实践。人类实践是不断发展的，人们对规律的认识是不断深化的，学术更应走在前列。有学者说，学术的生命在于创新。创新不只是求异，更是求真、求是。学术的任务是不断深化对规律和真理的认识。然而，有实干家认为，人的认识取决于实践，只有社会实践发展，才有学术的发展。笔者以为并不尽然。二者应是互为因果、相辅相成、相互促进的。说不清哪个在前、哪个在后。即使是以实践为前提的专业学科理论，也应站在实践的前沿，学者应当成为人类文明的排头兵。若学术老是跟在实践的后面，成为实践的尾巴，学术还有多少价值与指导意义呢？

纵观学术发展的历史和现实，笔者以为学界应当反思反省，发起风气整肃和方法革命，并致力于解决以下问题：

---

①《马克思恩格斯全集》第39卷，第406页，人民出版社1974年11月版。

②《马克思恩格斯全集》第26卷，第91页，人民出版社2014年8月版。

其一，对象错位，本末倒置。社会科学研究的对象是社会，事实及其规律是社会科学工作者必须面对的客体。既有理论是学者研究社会所获得的成果，是社会现象和社会规律的摹写和表述。社会规律纷繁复杂，且非肉眼可见，要在充分占有材料基础上进行抽象、概括和提炼。理论成果不过是描述社会规律形成的“影子”，可以作为新一轮研究的参考材料。可是一些学者把对象搞错位了，他们不去研究社会现实，而是专门去研究“影子”——文字材料。他们不深入社会，不考察社会，不研究社会，纯粹地继承和研究别人的成果。于是，就出现了一些怪现象：说是社会科学专家，却对当今社会知之甚少，即使熟悉一些社会科学的基础理论和书本知识，也对许多社会问题提不出解决办法。他们搞科研，仅仅局限于看书和上网，善于寻章摘句，罗列这本书这样说、那本书那样说，就是说不出当今社会客观实际怎么样、为什么这样、客观规律怎么样，一本几十万字的书近半引用他人原话和资料。同病相怜的编辑还称赞其读书多，有积累，有学问，又诚实。殊不知这种毫无创意的剪辑和粘贴真的没有多少价值，既浪费印刷发行经费，又浪费读者时间。有人批评这种学者是理论脱离实际，其实，如此做学问，理论也不能深究。学术研究是一定要读书的，但是，只读书而不考察社会和研究社会，就是写出文章，也无大用。从书本到书本是不够的。因为，他人的著述是他人观察和研究社会的成果，即使不乏真知灼见，也包含着主观成见，而不是客观事物本身；是从某一视角看社会的一己之见、一家之言。他人的著述可做参考，社会及其规律还需要自己去考察。这与找对象必须相亲、必须交往是一样的道理。人家给你介绍对象，你看了对方照片、视频、档案材料，听了媒人介绍，听了其同学、同事、老师和领导的评价，都说很好；然而，见面和交往后，你可能发现完全不是那么回事。“纸上得来终觉浅，绝知此事要躬行。”（陆游：《冬夜读书示子聿》）直接交往才能获得真切的感觉和体验，才能发挥人脑思维的个性化功能。搞研究的怎么可以脱离对象呢？更为重要的原因是，社会一日千里地发展，在社会科学领域里，当时是光灿鲜果，至今可成枯叶黄花。社会科学不以社会为对象，不深入社会，不紧跟时代步伐，肯定出不了优秀成果。古人尚知“读万卷书、行万里路、历万桩事”，当今学者怎么可以只凭书本和网络研究社会呢？

其二，崇拜权威，滥用引证。一些学者读名人之书，不是学习其立场、观点和方法，而是视名家为神明，崇拜盲从，把名作等同于真理，把名家的话视为金科玉律。具体表现为：一是对名家讲过的结论不敢突破，视为千古不变的教条。当结论与事实不符时，不是去发现，去创新，而是用牵强附会的方法和削足适履的手段来歪解事实，或是曲解学术概念，无限扩大概念的含义范围，使其能容纳现实。可悲的是已将作者原意篡改得面目全非了也还不能圆满地解释现实问题。一些虔诚的维护者对理论的阐释经常达到连理论创立人自己都无法理解的地步。很难说这些好心的崇拜者是对作者的尊重，还是对作者的亵渎。二是人云亦云，以引证代替论证。写文章没有自己的想法，甚至说不出一点自己的理解。若问本观点为什么正确，他们就引证世界名人这么说，本国专家也这么说，所以就正确，即使社会变化了，也应相信其正确。全篇都是名家怎么说，就是不谈自己怎么看。三是以名家研究为止境，不敢探索新领域。错误地认为名家研究了，必定到顶了，没有必要再研究，也没有可能再深入下去了。比如，对劳动的研究，马克思提出了简单劳动、复杂劳动，体力劳动、脑力劳动等一系列概念，但尚未深化。劳动是人类社会最基本的实践活动，应当成为社会科学研究的一个重大领域，然而，成千上万的社会科学工作者为什么没有几人去研究？这与权威崇拜分不开。四是明知名家错误，也不敢予以纠正。世纪巨人毛泽东在 1957 年写给《诗刊》的一封信中，将“贻误青年”的“贻”字误写成“遗”字。这封信手迹公开发表之前，编辑、主任、主编都应该看过吧，但没有人指出这一笔误。信发表之后，看过的人何止万千，却只有北京大学一位涉世不深的学生敢写信给毛泽东直言指出“遗误青年”的“遗”应当是“贻”。毛泽东欣然接受这个意见，并要求《诗刊》编辑部予以更正。伟人和名人都是乐意接受指正的，是旁人为尊者讳①。在我看来，在学术

①赵化南：《莫为尊者讳》，载《报刊文摘》2003 年 9 月 5 日。

领域里，要真正解放思想、促进创新，就必须平视权威。因为学术领域与管理领域不同。管理领域需要统一认识、统一意志、统一步调，全局一盘棋，需要下级服从上级。在学术领域中，只有地位平等、心理平等、思想自由，才能有所发现、有所发明、有所创造。有的学人为了维护权威，宁肯曲解事实，他们只对权威和定论负责，而不对事实和真理负责。这样，他们只会注释权威、论证权威，永做权威的奴仆，绝不可能有自己的发现和创造。

其三，心理浮躁，浅尝辄止。市场经济体制把国人引向富裕，同时，也导致人们对物质利益看得过重。由于管理体制和社会环境等多方面原因，许多学人经不住即时利益的诱惑，耐不住深研久磨，尽搞一些短、平、快的作品。注重产量、忽视质量，学术“注水”现象十分突出。一句话详述为一论文，一论文稀释为一部书。有的书籍名为学术著作，洋洋洒洒数十万字，大多是杂志和网上整合的东西，“要说有功夫，全在剪贴上”；毫无新意，更无价值，却借此可以评出高级职称来。这种种行径，哪里还顾得上学术研究遵循“钻井原理”、钻得深才能钻出水！

学人心气浮躁表现为不愿深入研究社会，而是在书斋里闭门造车，也不愿广泛阅读、筛选材料、分别真伪。有的浮躁者，文章观点全无新意且不说，就是句子也没有拉通顺就付梓了，对己对人皆不负责任。

中国之学人，原本是很看重道德、气节和功业的，现今，有的人是为了眼前的经济利益，把学术良知遗忘了。数量巨大的文字垃圾，把他人金子般的好文章也给淹没了，把读者的好时光也浪费了，罪过不小。

其四，概念套叠，故弄玄虚。有的学者喜欢靠制造概念来做学问，用概念来解释概念，好像概念越多、越抽象就越有学问，硬是把简单的道理复杂化。明明可用一句通俗的话讲清楚的问题，硬要用一段难懂的话来讲。句子个个都正确，概念个个都深奥，但就是不知道在说什么。他们忘记了“真理朴素”“大道至简”的常识。写书和做文章总要让众多读者看的，若全是一些常人看不懂的概念，又有几人能读呢？

其五，急功近利，抄集整合。有些人做学问不是出于一种责任，也不是凭兴趣，而是出于功利。下半年要评职称，上半年就赶几篇文章。古人说不是有感而发的文章是“无病呻吟”；今人的一些应景文章，就连呻吟也没有，只是看看目前什么话题比较热门，就找几本相关的杂志，网上下载几篇相关文章，整合一下就当作成果予以发表。这些“快餐”作品，有点小火花就很好了，不可能有很大的理论意义和历史价值。

这种急功近利的学风与当前的学术制度不无关系。年度考核以当年发表的文章篇数和论文字数作为尺度，并以此为依据核发奖金与补贴。这种管理引导学人只求产量不顾质量。评职称看你是否有著作，却没人管你是否粗制滥造。一部著作又要求有多少万字以上。认为著作部数越多越该评上高职称。古代学人只求一生一部书，而今人却是一年能出几部书，就是“神来之笔”也难免劣质。老子的《道德经》堪称经典，全书约五千言。孔子弟子为其整理的《论语》，实为千古名作，全书 20 篇也仅 15900 字。怎么可以用篇幅长短来评判学术著作的价值呢？此外，学术界的行政化、等级化和官本位也严重禁锢了人们思想，阻碍了创造力发挥。

三、致力创新经济理论

> 伟人们之所以看起来伟大，
> 只是因为我们自己在跪着。
> 站起来吧！①

这是青年马克思在他的著作《神圣家族》一书中引用的一个警句。

马克思当年就是敢于站起来，敢于独立思考，大胆突破古典学派鼻祖威廉·配第及其后的亚当·斯密和大卫·李嘉图劳动价值学说的局限，才创立了科学的劳动价值论。马克思伟大，不仅在于他创立了辉煌的理论，还在于他为理论发展开辟了广阔空间。要“看得更远”，就须“站在伟人的肩头上”。在继承伟人学说的基础上，能够不断拓展思想和理论的空间。

①《马克思恩格斯全集》第 2 卷，第 104 页，人民出版社 1957 年 12 月版。

习近平指出：“我国广大哲学社会科学工作者要自觉坚持以马克思主义为指导，自觉把中国特色社会主义理论体系贯穿研究和教学全过程，转化为清醒的理论自觉、坚定的政治信念、科学的思维方法。”① 有识之士说：“思维方式的历史感要求我们正确地对待前人，包括对历史做出杰出贡献的人物。要如实把他们放到当时的历史条件下去评价，肯定他们的功绩，认识他们的局限，既不要神化他们，也不要苛责他们。评价前人实际上也是对自身水平的检验和鉴定。”② 这话说得公道、辩证、充满哲理！马克思的学说是开放、发展的理论体系。笔者研读《资本论》，学习马克思，旨在继承和发展他的经济理论。发展是最好的学习和继承，因此，笔者奋力求索，试图创立新的经济学说，以适应新时代对新经济理论的迫切需求。坚持马克思主义不能拘泥于个别词句，而是要坚持马克思主义的立场、观点和方法。

科学研究是怎样的一个过程？科学家能起到怎样的作用？1986 年诺贝尔化学奖得主波拉尼在一封信中谈到这个问题：“科学是人类理解世界的许多途径之一。它是一项从错误中不断提高认识，但永远不会抵达终点的人类活动。因为我们科学家总是处于寻求真理的过程中而不是到达真理，所以我们需要相互帮助，以便找到正确的道路。自然科学的合作没有界限，科学的领先者只是暂时的，我们必须聆听新的声音，无论这些声音来自何处，因为它们将是明天智慧的源泉。没有新的观点，科学就失去了生命。”③

世界无限，事物无限，实践无限，人的认识无限。人类思想发展原本就有无限空间。多数人具有思想创造的能力，但由于受私心蒙蔽、利益诱

---

①习近平：《在哲学社会科学工作座谈会上的讲话》，载《人民日报》2016 年 5 月 18 日第 1 版。

②张绪文：《思维方式的历史感——〈反杜林论〉的方法论启示》，载《学习时报》2004 年 5 月 15 日。

③廖红、王恒：《科学家也有可能阻碍科学发展》，载《学习时报》2004 年 8 月 30 日。

惑、观念束缚，以及知识与信息的局限，有时屈服于权威和教条的影响，才变得盲从、僵化和呆板，因而创造力锐减。

读书、实践和思考是追求真理征途中的三段崎岖小道，缺少其中一段探索就少得许多真理的瑰宝！

宋惠昌说："我们比前人有一个优越性——我们有着前人一开始所没有的，由他们所造成的最高的理论起点。所以，我们不应当没有勇气和信心。因为这样一个事实是不能否定的：前人留下的空白，只能由后人去填补！""只为和前人平分秋色，就需双倍于前人的才华。"①

我们欣逢变革时代，又有从前人创造的最高理论起点出发的机会。我心凌九霄，鸟瞰天下；我始于基层，熟知社会；我阅历丰富，感悟深刻；我眺望远方，冥思苦想，试图穿越历史迷雾透视真理内核，并予以粗略描绘……

①宋惠昌：《谈谈社会科学理论创新的几个问题》，载《理论动态》1489 期，第 8 页。

第二章　劳动起源及与自然的关系

人有思维和语言。个人能进行观察和思考，人与人之间能够进行交流和协作。人能认识、利用和改变自然物。人类是在能动、积极地生活，而不是像其他动物那样凭本能生存。习近平说：“劳动是财富的源泉，也是幸福的源泉。”① 人类要生活、要发展就必须开展生产劳动。要研究人类劳动的特点和本质，就必须考察人类劳动的起源和发展历程。

第一节　人类劳动起源

人为什么能自主劳动呢？

一、人脑进化是劳动的智能前提

中国科学家陈均远、侯先光和舒德干等人二十年磨一剑，在世界上首次揭示了“寒武纪大爆发”的整体轮廓。证实距今5.3亿年前的浅海里，生命经历了一次革命性的大规模演化，各种各样的动物在“寒武纪大爆发”时期迅速起源和出现，现在生活在地球上的各个动物门类几乎都已同时存在。证实几乎所有动物祖先都曾经站在同一起跑线上。②

漫长演化和基因变异使各门类动物之间拉开了距离。尤其是灵长类动

①习近平：《在全国劳动模范代表座谈会上的讲话》，载《人民日报》2013年4月29日第1版。

②张景勇：《揭秘“寒武纪大爆发”》，载《浙江日报》2004年2月27日第10版。

物中的猿，通过生物进化变成了人，成为万物之灵而主宰地球。

从四脚爬行到直立行走是生物进化过程中的关键一步，起码具有三方面的重大意义。第一，直举头颅，便于思维。爬行时代的人类以细长的脖子横挑着沉重的头颅，颈椎承受着很大的负荷和力矩，神经和肌腱都处于拉伸和压迫状态，严重妨碍着大脑的正常思维。一旦直立行走，实现了颈椎对头颅的竖直支撑，横挑造成的力矩消除了，身体以最小的力量和能耗克服了地球对头颅的引力。大脑能在平衡，放松状态下思考。第二，直立行走，人体高度比爬行时增加近两倍，眼睛和耳朵伴随头颅被高高举起，大大扩展了人的视听方野，显著增加了来自外界的信息，不仅为大脑思维提供了更多材料，而且增强了人对环境的反应与适应能力，同时，还刺激和促进了人类大脑进化。第三，直立行走，实现了前后肢的明确分工，把支撑身体的任务落到下肢上。将上肢从身体的重压下解放出来，使之进化为劳动的主要器官——手。于是，两腿变得粗壮，两臂变得灵活，尤其是手指灵巧到了随心所欲的程度。

语言运用是人类祖先从猿进化为人的根本标志。语言产生是猿人大脑进化的结果。语言作用主要表现为三个方面：其一，语言产生促进了人类思维。语言是思维的工具。有了语言，人类更加便于将外界感觉转换成印象和概念；有了语言，人类可以进行更有条理的思维；有了思维，人类才超越一般动物的本能及条件反射，语言运用就好比在原始人脑中装上了软件，使大脑能够按一定程序运行；有了语言，人就有了真正意义的思维，人就与其他动物有了本质的区别。其二，有了语言才能更好地进行思想、情感和信息的交流与传播，才能把同类的生命个体有效地联系起来。交流与传播极大地促进了人脑思维的发展。交流和传播不仅给人们提供了更多的思想材料，并且，促进了人类思想方法改进和思维能力提升。自然界中许多动物聚居并能群体行动，但难以相互准确理解；人类却能通过语言交流，让有关的同类个体准确理解其目的和要求，并联合起来共同与困难和危险做斗争。其三，语言使人类的经验、知识得以传授、传播和传承。动物仅凭其本能养育后代，不会进行教育和传授，虽然一代一代地新生，但其进化却微乎其微。而人类社会总是“长江后浪推前浪，世上后人超前人”。人类素质的逐代提高，除了基因遗传外，与经验、知识的积累和传承是分不开的，甚至是起关键性作用的。

有了语言和思维，猿人就进化成了真正意义上的人。语言与思维是人区别于其他动物的本质特征。

动物皆有生存本能。饿时寻找食物充饥，雨天躲于树冠之下，冬天藏身山洞之中。远古时期的人类则不同，他们有思维，能按自己的意志行动：能够采集、生产和储存粮食，并有计划地安排用粮；能构筑房子遮风避雨；能用兽皮、棉、麻等材料制造衣帽御寒。人类为了自身生存、生活和发展，在大脑支配下有目的地作用于对象物的行动，就是劳动。人类劳动与动物活动的根本区别在于动物活动凭本能，人的劳动以思维为指导，并且，思维本身就是劳动。

二、人类劳动起源及发展

人类劳动是有目的的实践活动，这是人所共知的。那么，人类劳动的动因是什么呢？人为什么要进行劳动呢？发展成哪些类型呢？

第一，出于生存需要进行撷取性劳动。原始人的本能与一般动物有相同之处：为充饥摘取野果、捕鱼狩猎；为御寒用树叶、兽皮裹身；为砍树枝以石斧、石刀作为工具。这类劳动的特点是直取性，所得到的都是野生、原生和天然的物品。

第二，由于自然界中野生物品不够食用而进行生产性劳动。随着人口增多，野生食物不够人的食用就开始搞农业生产；狩猎的野味不够人们享用就开始搞畜牧业。人类观察动植物的生长规律，为动植物生长创造条件。诸如：把种子播入土中，给农作物施肥；给禽畜以围栏圈养，为其提供草料等。其生产遵循动植物的生长规律。

第三，因野生原生物品的效用不能满足人的需要而开展加工性劳动。谷物壳糙不便食用，就开始舂米、碾米；动物毛皮过硬穿着不舒适，就作柔软性加工；棉花含籽不便编织，故而作去籽加工。就棉织品而言，去籽、纺纱、织布、成衣等，均属以棉花为基础的逐级加工。加工业是制造业的基础。铜铁冶炼制造出金属工具，有力促进了手工业和加工业发展。

第四，因所需要的东西自然界中没有，人们就开动脑筋动手去制造。比较简单的制造，是由同种材料加工组合而成的。譬如，将木头加工组合成木质家具，如木桌、木凳、木床等；将毛竹加工成篾质家具，如竹篮、箩筐、竹椅、竹床等。复杂一点的制造，是由多种原生材料加工后组合而成。譬如古人造房子，用石头砌墙基，用砖块砌墙体，用木头做梁柱，用茅草或瓦片盖房顶，用木板做房门。这个阶段当属手工业和加工业时代，是初级制造。人类的工业大生产是从工业革命以后开始的，人们制造机器，再运用机器制造产品。

第五，以科学技术为基础，创造现代产品。由于劳动分工细化和科技文化发展，人们对客观规律的认识不断深化，大量精英从事创造性劳动。现代产品的构成已不是原生材料的初级加工件，而是经过人们多道工序加工的成品配件。诸如：用钢筋、水泥、砖块、玻璃、铝合金等造房；用钢铁件和合金零件组装机器；用电子元件、金属件、塑料件制造彩电、冰箱、洗衣机和手机等。现代制造业通常由原材料生产、零配件生产、整机装配和调试等多级厂家协作完成。

与上述五种方式的生产劳动相对应，我们可将实物商品分为五大类，即：野生原生物品，农副产品，加工产品、工业品和科技产品等。在原始社会人类主要取用自然界的野生原生品；在农业社会主要生产农副产品、加工品和初级工业产品；进入工业化和信息化社会后，才大量生产创造性的科技产品。

第二节　人类劳动与自然的关系

一、认知深化促进劳动发展

对象物在人类劳动过程中起什么作用呢？这是我们研究人类劳动必须

面对的问题。我们可以从人类生产劳动发展中对于对象物的认知变化来分析自然物的作用。这个问题不搞清楚，就很难理解自然物的价值。人类对劳动对象物的认知变化，大体可以分为五个阶段。

（一）采集渔猎以认知为前提

旧石器时代，人类祖先主要依靠获取自然界中自生自长的东西维持生存。他们用于采果、狩猎、捕鱼的工具，如树枝、竹叉、骨刺、尖劈、石斧、藤蔓等也是取于自然，或是自然物的简单打磨。在漫长的旧石器时代，人类劳动主要是撷取性劳动。采撷需要勤劳和耐心，妇女往往在采撷野果野菜中成效更大，因而有母系氏族社会。撷取性劳动的前提是要认知野果、野菜，知道哪些可吃、哪些不可吃；认知兽类和鱼类，知道哪些野兽温顺容易捕获、哪些野兽凶猛难以捕获，懂得捕鱼的方法和要领。缺乏认知、不得要领，就难有收获。那时，过着游牧生活的人类主要是依靠大自然养活的，因此，在原始社会人对自然的依赖是不言而喻的，自然物对于人类生存生活的作用和价值是不容置疑的。

（二）种养殖业和手工业是对规律的认知和运用

新石器时代以后，随着人类人口数量增多，单靠自然界中野果野味已经难以养活人类了。环境逼迫使具有思维和创造能力的人类逐步开发了农业和畜牧业，以生产自身生存所需物品，并且，由游牧生活转为定居生活。从此，人类逐步扩大了农耕劳动，诸如：松土、播种、浇水、施肥、收割等；开展养殖性劳动，如采料、饲养、配种、栏护、屠宰等。在农业和畜牧业发展的同时，人类手工业也随之产生。最早的手工业是制陶和纺织。分析这一阶段人类劳动我们可以发现：耕种离不开土地、种子、阳光和水分；养殖离不开禽畜父母本，饲料主要是野草；制陶以土为料，以木柴烧火；纺织以棉麻为料，以木材制机，且前期的棉麻来自野生。这一阶段，人类劳动绝大多数是直接作用于自然物。自然物在使用价值形成中的基础性作用十分突出。人类劳动不能没有对象，不能离开自然物，劳动只是改变自然物的形状、结构、性能和位置而已。况且，农业生产的收成很大程度取决于土质、粮种和气候等状况；养殖业的成效也与禽畜品种和饲料有关；陶器的质量则与陶土的质量有关。因此，农民不会忽视土地的作用，牧民不会否认草料的价值，陶工必然注重陶土的品质。可见，种植业、养殖业和手工业劳动的开展都是以对规律的认知为前提的，缺乏必要的知识和经验就难以进行有效劳动。考察这一阶段历史，人们不可能得出劳动是商品价值唯一源泉的结论。

（三）工业生产是对自然物的加工和整合

18 世纪 60 年代起，英国开始了技术革命和产业革命。1764 年，纺织工人哈格里沃斯在他妻子珍妮启发下，发明了“珍妮纺车”，这种人力纺车使生产效率提高了近百倍①。随后，瓦特发明了性能比较完善的蒸汽机，并得到大规模推广应用。动力问题的解决，使加工业、制造业和运输业得到快速发展。

由于工业迅猛发展，工业生产的产值和利润很快超过了农业和畜牧业，成为社会主导产业。城镇工业以其大规模和分工细密而雇用招收了大量工人。以体力劳动和手工劳动为主的制造业是由多道工序劳动来完成的。比如，打造一把斧头，要经过锻料、炉烧、敲打成形、锉制锋口和热处理等工序。制造上衣要经过画线、裁剪、缝制、熨烫等程序。从材料角度看，斧子是工人用钢铁打造的，钢铁是炼钢工人用铁矿石提炼的，铁矿石是由矿工从矿山挖出的，而矿山通常是矿主自家的。从斧头的价值形成过程看，其中劳动是大量的，而矿物是几乎不支付成本的。上衣是工人用布制造的，棉布是工人用纱织成的，棉纱是工人用棉花纺制的，棉花是农民在土地上种植的，而土地是地主无偿圈占的。同样道理，生产小麦，不计土地成本；放养牛羊不计草地成本等。当假设劳动的首轮对象即自然资源是无偿占用的，就自然而然地把劳动作为了价值的唯一源泉。在这一阶段，由于科学技术和认知水平较低，人类对自然资源的认识和利用还相当有限，而陶土和铁矿石等资源在当时都是储藏量足够大的，暂时感觉不到

①钱俊生主编：《当代科技简明教程》第 11 页，当代世界出版社 2000 年 12 月版。

稀缺，这是马克思假设自然资源可以无偿占用的一大原因。而今不同，日益稀缺的铁矿石价格不低，而采矿、炼铁、制造斧头等人工劳动均被能源推动的机器所替代。资源成本很高，资源价值不得不被承认了。

（四）工业化导致资源紧缺和环境损坏

工业化的显著特征是能源推动生产，并加速消耗资源。在第二次工业革命以后，由于科学技术发展，人类对自然资源的认知和利用大幅度扩大。人们用水力和风力发电；用石英石制造玻璃；用石灰石烧制石灰和水泥；用泥土烧制砖瓦；用铁矿石炼铁制造各种机器；用石油作能源推动汽车、火车、飞机和机器运行。在工业化社会里，人们逐渐认识到上苍为人类安排的一切自然物都是那样的有用，那样的富有价值，都可以加工成人类所需要的物品。自然物是人类的劳动对象，离开了对象，人类劳动就无从发挥。

另一方面，由于工业化大生产规模扩展，许多资源消耗过快。使人类顿感资源稀缺。“整个 20 世纪，人类消耗了 1420 亿吨石油、2650 亿吨煤、380 亿吨铁、7.6 亿吨铝、4.8 亿吨铜。占世界人口 15% 的工业发达国家，消费了世界 65% 的石油、60% 以上的天然气和 50% 以上的重要矿产资源，全球各国各民族间出现严重的不平衡。”① 发达国家的工业化和现代化是以巨大的自然资源消耗来支撑的。自然资源在工业化过程中起着基础性的作用。于是，一门新的经济理论——“资源经济学”应运而生。一些资源富有国家，仅靠出口资源就可保持国民的富裕生活。一些国家为争夺资源而屡发战争。中东地区常为水资源而发生冲突，波斯湾地区多次为石油和天然气而发生局部战争。正如迈克尔克莱尔在《资源战争》一书中所说：“未来的战争绝不是由于意识形态的分歧而爆发，而是为确保最宝贵并日益减少的自然资源的供应而爆发。”② 假如自然物没有价值，聪明的人类怎么会不惜流血牺牲为资源而战呢！据《环球》报载：“俄罗斯大公司的石

①潘岳：《直面中国资源环境危机——呼唤以新的生态工业文明取代旧工业文明》，载《环球时报》2004 年 2 月 6 日。

②兰克：《水资源，中东和平绕不过的坎》，载《浙江日报》2004 年 2 月 16 日第 10 版。

油收入中，采油成本为16%，国家征税为24%，余下的60%居然全是利润！怪不得石油大亨能一夜暴富！”“所以，俄罗斯非国有化的第一条教训就是，应明确规定矿藏等自然资源不得私有化，在油气工业中，可实行私有化的仅是采油炼油设备，占用油气田要付租金”①，决不许将地下油气资源无偿拿走，它具有很大的天然价值。

除了天空和海面，土地便是地球上最大的东西。工业化、城市化使人们备感土地的稀缺和珍贵。土地是自然物，绝非人类能造，即使是填海造地的也必先有海涂、海湾，以及石头和泥土。

工业化让人们认清资源价值，但担忧资源枯竭和环境恶化。

（五）智能化时代人们懂得高效利用资源

知识经济是崭新的经济形态，它是相对于物质经济而言的。两者的根本区别在于：农业经济和工业经济均以物质为基础，因而称为物质经济；知识经济却以知识和信息为基础。当今世界，科学前沿不断延伸，高科技领域突飞猛进。生物技术、纳米技术、氢能技术、光伏技术等广泛应用，“互联网 +”、3D打印、大数据和云计算等迅猛发展，正以威力空前、不可抗拒的神奇力量改变人类社会原有的生产生活方式。大量商品实现智能化生产，进一步减轻人的劳动量；动物实现单亲繁殖，人体器官可以克隆生产，将大大促进医疗事业发展；清洁能源代替煤炭和石油，将大大减轻矿物能源消耗所带来的环境污染。现代技术点石成金的威力，极大地扩展了自然资源的可利用范围。科学知识告诉人们：地球上的几乎所有物质都有利用价值。

在知识经济社会里，由于科技的进步和发展，一般的生产能力已经不成问题。重要的是要知道生产什么、怎样生产得好。因此，市场需求信息、工艺技术和新材料技术等均成为价值的重要源泉。值得注意的是知识经济不是不要物质，而只是改变了劳动方式和物质变换方式。若没有物质，无论有多少知识和信息都生产不了物质产品。但是，科技发展能够使

---

①盛世良：《俄罗斯：国企转制八条教训》，载《环球》杂志2004年第3期。

人们高效率地利用物质资源，并减少对环境的危害。在知识经济时代，一张小小的光盘，只要承载有用信息，就可以实现很大价值。

综上所述，在旧石器时代，人类祖先直接依靠自然物生存；在农业时代，生产劳动以自然物质为基础；在工业化时代，人类的生存和发展依靠资源支撑；在知识经济时代，人类极大地扩展了自然资源的利用范围，同时，也证明自然物的有用性和宝贵性。而马克思恰恰生活在工业化初期，他所研究的也只是所处时代的经济现象，并且，把分析重心定格在劳动者身上，没有把人的劳动摆放到整个大自然中来分析。他说："一切未经人的协作就天然存在的生产资料，如土地、风、水、矿脉中的铁、原始森林中的树木等等，……（由于）它本身不是人类劳动的产品，那么，它就不会把任何价值转移给产品。"① 这是马克思在当时历史条件下所做的论断，不能要求其反映当今经济现实。

二、机器发明和进步逐渐增加能源利用量

由于人类有思维，在生产实践中，为提高劳动效率而创造各种工具。工具是人手与劳动对象之间的中介，既能提高劳动效率，又对手起保护作用。挖土用锄头，敲打用榔头。工具仅是手的延伸，机器是工具的飞跃性进化，凝结着人类更多的智力成果，具有系统化结构和相对完整的功能，能代替若干环节的人工作业，并且准确可靠。工具和机器的先进程度代表着生产力水平和文明程度。

人类的劳动工具制造，经历了漫长历史。据史书记载，约在四五万年以前，考古学上称为"河套文化"和"山顶洞文化"时期，就有石器、骨器、角器、牙器等。原始人就用这些器具劳动和改善生活。在原始社会人类用物的天然特性作为工具使用。用竹尖扎鱼，用树枝摘果，用木棍敲击野兽。那时，石头是最坚硬的东西，所以，石斧石刀是加工木器骨器的工具。有了炼铁技术后，石头成了被铁器加工的对象。石头从加工他物的工

---

①《资本论》第1卷，第230页，人民出版社1975年6月版。

具变为被铁器加工的对象，标志着人类生产力的一次飞跃。机器是工具发展的结果，它以系统化结构功能协助人完成劳动任务，稳定地表达和实现人的想法与要求。工具、机器的进步与革新是人们对生产规律认识深化的结果。人类工具和机器的发展大体可以分为四个阶段。

第一，简单工具阶段

这一阶段相当漫长，大约经历了四五万年时间，从原始社会至农业社会的前期。此时人类的简单工具主要有刀、斧、凿、碗、筷、扁担、锄头等。原始人先以木、骨、角、石为材料制造工具，有了金属冶炼后则以铜铁为材料。制作这些简单工具，不自觉地运用了一些科学原理。挖土的锄头运用了杠杆原理，射兽的弓箭利用了弹性原理。简单工具使用就可以省力和方便，明显提高了劳动生产率。

第二，简单机械阶段

农业和手工业时代，在粮食加工实践中发明了人力石臼和石磨。纺纱织布采用了人力纺车和织布机。机械运用了很多科学原理，发挥了人类的更多智慧，大幅度提高了劳动效率。在简单机械时代，人们还利用了牲畜的体力，利用了风、水等自然力。农业上用牛、马或驴拉犁翻耕土地，交通上以马车载人和运输货物。粮食加工由人力推磨改为马或牛拉磨。人类还发明风车和水车等带动石碾子碾米。1768 年，英国阿克赖特制成了水力纺纱机，1785 年卡特赖特发明了水力织布机，这些机械均大幅度提高了劳动生产率。

由此可见，机器的作用和意义不仅仅是给人的劳动提供方便，更为重要的是让牲畜力和自然力代替了人的部分体力。这种替代启发人类，人完全可以从繁重的体力劳动中解放出来。

第三，动力机械和电气化阶段

1774 年，英国格拉斯哥大学机械师瓦特将纽可门蒸汽机加以改进，制造出比较完善的蒸汽机，人称瓦特蒸汽机，拉开了人类机动化的序幕。1807 年美国富尔顿把蒸汽机用来作船舶的动力，人类有了机动轮船；1814

年英国的斯蒂芬逊又把蒸汽机作为火车动力。从此，人类进入了蒸汽机时代。1867 年，被誉为“德国科学技术之父”的西门子根据法拉第·麦克斯韦电磁理论，发明了发电机。后来，美国科学家又发明了电动机。有实用价值的发电机和电动机制成以后，电力的应用日益广泛。于是，19 世纪 70 年代开始了以电力应用为主要标志的第二次技术革命[①]。电灯、电话、电车、电影等成了人们生活中不可或缺的设施和内容。电力运用迅速改变了人类的生产方式。工厂里有了更多的机动设备，后来还有了自动化的生产流水线。工人劳动由强体力劳动变成了看仪表和揿按钮。

在瓦特蒸汽机发明 100 年后，19 世纪 80 年代德国的卡尔·本茨设计出轻型内燃发动机。19 世纪末，德国工程师鲁道夫·狄塞尔又设计了一种用柴油作燃料的高效内燃发动机，又称柴油机。内燃机轻便高效，被广泛用作交通车辆的动力设备，大力促进交通事业发展。

蒸汽机的动力是由煤燃烧的热能转换而成的，内燃机动力则由石油化学能转换而成，电动机的机械能是由电能转换的。发电机既可以由蒸汽机、内燃机带动，也可由水轮机和风车带动。电的运用实现了能的多种形式转换。通过能量转换，用自然能代替人的体能消耗，这是人类生产力的一次划时代飞跃。因为，这一飞跃为自然力代替人类体力劳动开辟了广阔前景与空间。人类对自然力的运用是随着科学技术的发展而发展的。人对自然力的运用程度从一个侧面表明人类社会生产力的发展程度。

一台大功率挖土机可顶替几十名工人挖土，一条生产流水线可以节省上百名工人劳动。机器发明和能源利用大量减少了人类的手工劳动和体力劳动。马克思认为只是提高劳动生产率，价值还是活的劳动创造的，这种解释并不圆满。

第四，信息化和智能化阶段

电信发展和互联网应用使人类进入信息化时代，计算机广泛运用使大量生产和管理实现智能化。

---

①钱俊生主编：《当代科技简明教程》第 13 页，当代世界出版社 2000 年 12 月版。

智能化生产不仅是利用自然能来代替人类的体能消耗，更重要的是以电脑代替人类一些重复性、可程序化的脑力劳动。其载体是一些智能化的设备，如生产性机器人、电脑控制的生产流水线等。机械化时代，是在工人大脑支配下操纵机器；电气化时代，是工人按动电钮，何时开或关也靠人脑指挥；信息化智能化时代，是工人操作电脑键盘，电脑控制机器运行。凡是程序化或逻辑性的要求都输入了电脑，电脑代替了人类大量重复性的思维。这样，人就不仅减轻了体力劳动，而且，减少了大量脑力劳动，从而可以集中精力进行创造性思维活动。在未来工业4.0时代，人类还将迎来高度智能化阶段。

至此，我们可以进行小结了。简单工具和简单机械阶段是人力阶段，机械化、电气化、智能化阶段是非人力阶段，但每一阶段又各不相同。从人力到直接利用自然力，再到转换利用自然力，电气化使能的转换有了更多形式。智能化不仅用非人力代替人力，并且，以电脑代替了人脑的部分思维，每一步都是一个新的台阶，其工具机器发展阶段与劳动智能结构变化如表2-1所示：

表2-1　工具机器发展阶段与劳动智能结构变化

工具机器发展阶段	劳动的智能和能量结构
1. 简单工具 2. 人力机械	人脑 + 人体力
3. 自然力直接推动机器 4. 能源转换推动机器	人脑+非人力（牲畜力、水和风力） 人脑+非人力（油、煤、电等转换）
5. 智能化设备	人脑 + 电脑 + 能源
6. 高智能设备	人脑+高智电脑 + 清洁能源

从表2-1中可以看出，使牲畜力和自然力进入生产领域，不仅意味着劳动条件的改善，更意味着以非人力代替人的体力劳动，这种替代成效显著，但必须经过机器这一物化劳动起作用。机器是人造的，是人的智慧和劳动的结晶，自然力是人认知利用的，发端于人的智力。一个无人车间，依靠能源推动下的机器人源源不断地生产出产品，精度高、性能好，深受消费者欢迎，赢得大量利润。而劳动价值论却认为机器只提高人的劳动生

产率，机器只能转移价值，但不能创造价值。

其实，人对自然力的运用不只限于工业，自然力在农业上的作用更普遍。在农业生产中，人们松土、播种、施肥、拔草、灌水等，仅是提供了作物生长所必需的各种条件。而农作物的发芽、生根、生长、开花、结果过程中的光合作用，制造碳水化合物等，均是植物吸收地力和阳光能量完成的。从农业生产的整个流程看，人力作用的时间是不多的，自然力作用持续着更长的时间。正是自然力作用，使森林和草原自生自长。畜牧业生产也与农业类似，人只是给安排场所、提供饲料、防御天敌等。食料、消化、呼吸、生长、孕育、繁殖等都是靠动物本身来完成。饲养过程中，人虽然付出了劳动，但促使禽畜生长的能源却来自草料，草料能源来自太阳和地力，所以，其产品形成过程、特点与工业生产是截然不同的。野生动物、海洋鱼类没有人的劳动注入也能自生自长。此外，还有酿酒业、化学工业等均是人们认知和掌握了自然力的作用规律后加以运用的。拜读《资本论》可以发现，马克思也感觉到自然力作用的存在。他指出：农业劳动的生产率是和自然条件联系在一起的；并且，由于自然条件不同而决定生产率不同，同量劳动会体现为较多的或较少的产品或使用价值。这里描述的就是自然力的作用，但讲得比较笼统。土质、水分、肥料、阳光、气候是条件，植物生长的内因是种子的基因。袁隆平研究品种，真是抓住了根本。基因决定的生物力也是自然力。农民劳动创造的只是植物生长的条件，而不能代替其生长。农业和畜牧业生产与工业生产的机理是有根本区别的。人工舂米可以增值，牛马碾米难道就不增值？手工磨麦能使价值增值，风车水车带动磨麦怎么就不增值呢？自然力创造价值的客观事实是明摆着的，至于其深层次的理论根据，我们将在卷二中深入论证。

三、自然界是人类的生活和劳动场所

环境是指人类生存的外部客观条件，如土地、山脉、河流、阳光、空气、气候、森林和绿色植被等等。在原始社会，人类尚无农耕文明，更无工业文明。人类原始生活虽然也给自然环境造成些许破坏，但是，完全是

在自然的恢复能力范围内的，因此，人类完全没有环境恶化之忧。农耕文明对环境的损害已日渐明显，有的已超出了自然补偿能力。诸如：大规模开荒使水土流失；过度放牧使草原沙漠化；滥伐林木破坏植被使气候反常；等等。工业化对环境造成严重损害并逐渐恶化：大量挖掘地底矿产致使地面塌陷；矿物燃烧污染空气致使气候反常；工业排放使水体污染和耕地重金属化；电器产品广泛使用使空间充满电磁辐射；生物种类减少使自然界生态失衡；等等。环境恶化严重威胁着人类生存和发展。

于是，人们不得不正视环境问题，重新认识自然环境对人类生存不可替代的特殊价值。

首先，自然环境是人类的生存基础。人类生活在地球表面上，时刻呼吸空气，每天饮水用餐，需要温暖的阳光。人们无高楼可以住草房，无汽车可以步行，无化纤可种桑麻；但是，绝对离不开土地、空气、阳光和水等自然条件。糟蹋自然环境，就是糟蹋自己的生存基础，就是糟蹋人类的共同家园。

其次，自然环境是人类提高生活质量的重要前提。人类为什么要发展生产、繁荣经济？目的是创造更多的物质文化产品，最大限度地满足人的物质文化需求。一句话，是为了提高人的生活质量和水平。倘若经济繁荣了，环境却恶化了，那就得不偿失。试想重霾的天空见不到阳光，呼吸的空气严重污染，生活用水含有毒素，食品中残留过量农药，生活还有什么质量可言？吃名宴、开名车、住高楼，又有什么意义？因此，经济发展当以环境保护为前提。文明进步包括对自然环境的保护。以损害自然环境为代价的经济发展是违背人类发展初衷的，必须彻底改变一部分人只注重室内环境、不爱惜自然环境，只追求经济价值、不珍惜自然价值的错误倾向。

其三，优质的自然环境是实现经济可持续发展的基本条件。人类的物质生产必然是以自然物为材料的，不可避免地会影响自然环境。重要的是应当把对环境的损害控制在自然的恢复和补偿能力范围之内。对可再生资源要计划取用，对不可再生资源更要控制使用，以实现经济的可持续发展。美国曾因农业大开发而招致黑色风暴，苏联因盐湖干涸而遭白色风暴。许多国家因植被破坏而遭沙尘暴。其实，自然环境恶化，对农业、畜牧业和部分工业都会造成不良影响。土壤板结和重金属污染使作物难以生长；酸雨暴发必然大面积损害庄稼；生态失衡导致禽畜瘟疫，如疯牛病、禽流感等。水质污染就酿不出好酒，鱼类也难以存活。只顾发展经济，不注意保护环境，到头来经济也难以持续发展。

其四，自然环境保护是人类生存安全的需要。人类生产安全、交通安全、医疗安全等即使出纰漏也是个别或少数的，然而，在环境安全上一旦出事，即危及大量人群。气候反常会带来全球性灾难；生态平衡破坏会导致传染病肆虐；水、空气和食品污染将使人类健康遭受严重威胁；天空臭氧层穿孔将使人类遭受太阳紫外线杀伤。

自然环境价值与即时经济价值孰大孰小不是一清二楚吗？人类要劳动，经济要发展，但决不能破坏环境！

第三节　劳动观与自然观

一、劳动过程与生产过程的异同

要正确理解价值概念，还必须搞清楚价值是在生产过程中形成，还是在劳动过程中形成的。这样，我们就必须分析生产过程与劳动过程的异同和特点。

生产过程是指生产要素结合而产出新产品的过程，劳动过程是指劳动者怀着一定目的以自己的智能和体能作用于劳动对象的过程。商品生产过程与人类劳动过程密切相关，两者既有相同点，又有不同点。

首先，生产过程与劳动过程具有相同点。第一，两者均是人类有目的的活动，是自觉的活动。第二，生产和劳动均遵从思想或规律的支配，均是表达和实现思想的过程。第三，总体而言，是人类劳动决定生产，是思想决定劳动方式、支配劳动行为，规律决定着生产过程与结果。

其次，生产过程与劳动过程的不同点。一是从时间上看，既可重合又可分离。如加工、制作、组装等，其劳动过程就是生产过程，而调研论证、投资决策、招募人才、购物备料等只是劳动过程。在种植业养殖业中：种菜几十天都是生产时间，而人的劳动只是播种、施肥、浇水、除草等时间；养鸡几个月都是生产时间，但喂食、栏护、防疫等断断续续的劳动时间是有限的；山中林木自生自长几十年，砍伐只是一会儿；海洋鱼类生长时间以年月计，拉网只是一会儿。二是从主体看，劳动过程是人完成的，人是劳动的唯一主体；但生产过程却既可由人完成，又可由物完成，比如种植业中播种、施肥、浇水等环节是由人在思想支配下完成的，而农作物生长壮大过程是植物按其生长规律自我完成的。养殖业也类似，生产的大部分环节是动物自身在基因控制下完成的。工业自动化生产基本上由能源推动下的机器完成。三是从能耗上看，劳动必定是消耗人自身的精力和体能的；而生产既可用人的精力和体能，也可大量运用非人力。森林和农作物生长依靠阳光和地力，禽畜生长靠吃饲料，海洋鱼类生长靠吃海生动植物。

再次，生产过程与价值的关系。生产过程与劳动过程是如此的不同，而商品是经生产过程创造或形成的，许多情况下劳动只是生产过程的部分环节，即人工环节。仅仅关注劳动，又怎么能真正弄清价值概念和价值增值原理呢？我们应当从更广阔的视野出发重新认识价值。

二、劳动产品与自然物品的异同

劳动创造财富，劳动创造生活，劳动创造世界。这种积极进取的劳动观对推动人类社会的文明进步具有不可估量的作用。劳动价值论指引人们用劳动创造自己所需要的一切，不是消极地依赖于大自然的恩赐。正是因为人类开动脑筋，奋发劳动，才有现代高楼和繁华城市，才能发明创造出令古人想象不到的高科技产品，诸如彩电、冰箱、空调、手机、汽车、高铁、飞机、电脑和网络等等。

然而，马克思的自然观是受当时社会条件局限的。他虽然承认人是自然的一部分，但没有充分认识自然物、自然力和自然环境的价值，这使大量经济现象无法解析，必须纠正过来。

其一，天然与人造相统一。实践表明，自然物的价值不可否认，自然力的作用不可低估。在一些领域里，即使人类能掌握规律进行生产，也达不到自然物的质量水平。比如野山参、钻石、水晶、温泉等，天然品总是比人造品质量要好，虽然其包含的劳动量较人造品要低，但在市场上价值较高。这就与劳动价值论相矛盾。天然与人造，天工和人工，其价值在市场上是可以统一的，并非“只有活的劳动才能使价值增值”。

其二，价值与财富相统一。马克思一方面说，“商品价值除了包含劳动以外，不再有任何东西”，另一方面，他又承认财富有两个源泉，一方面来自劳动，另一方面来自自然。如果，价值与财富不相统一，财富不能价值化，那么，财富交换以什么为尺度呢？在人们心目中，无论是物质财富，还是精神财富，都具有使用价值，“使用价值是价值的物质承担者”。无论是劳动创造的财富还是自然造就的财富，都一定有价值，两者是相统一的。经济事实也是这样，从沙石、树木、矿藏，石油到土地、湖泊、山丘都在买卖。世界上一些集团公司就购买湖泊、高山、林地和港湾开发旅游。

三、工业化初期人们对自然物的价值认知

马克思看到了自然物交易的事实，但他认为自然物一经取用，就有了人的劳动，该物价值量就是获取过程中的劳动量。石油的价值就是开采和运输石油过程中消耗的劳动量；矿石的价值是开矿和运输过程中的劳动量。而事实绝非如此，未经开采的矿藏不是照样在卖吗！况且，用同样的劳动量去开采不同的矿，获得的价值是不同的。开采金矿比开采同量铁矿收益要高，开采富矿比开采贫矿利润要丰厚。马克思看到自然条件的作用，他说，“同一劳动量用在富矿比用在贫矿能提供更多金属”，但他又接着举例，“金刚石在地壳中是很稀少的，因而发现金刚石平均要花很多劳动时间。因此，很小一块金刚石就代表很多劳动。”[1] 这在当时，也许可以

---

①《马克思恩格斯全集》第23卷，第53页，人民出版社1972年9月版。

算作是一种解释方法，而现在已显得苍白无力了。除了非洲落后国家，世界上绝大多数国家均已将本国的地下资源勘探清楚；知道哪里有煤、哪里有油、哪里有玉、哪里有金刚石，并查明了储藏量。开采者不需要花时间在地表上寻找，即使把飞机航测成本计算进去，也没法用劳动价值论解释矿产价值。由于设备和技术进步，采矿劳动时间不断节省，而矿石价值不断上升，两者呈反向变化。

马克思积极的劳动观呼唤着人类的劳动热情，使人的创造能力得到充分发挥。但若对其自然观理解不当，即容易使人们对自然物、自然力和自然环境尊重不够，保护不够，从而损害人与自然的和谐关系。

人类一定要尊重自然、认知自然、利用自然、珍惜自然和保护自然。

第三章　劳动类型与劳动计量

人乃万物之灵，能够有目的、有计划地进行为满足自身物质、文化需要的实践活动，这就是劳动。劳动是人类社会赖以生存和发展的基础。如果说，离开劳动人类也能与其他动物一样勉强生存的话，也绝对不是如今这样文明意义上的生活，至于发展就更谈不上。

在自然科学和社会科学研究相当深入的今天，人类对自身最基本的实践活动——劳动的研究相对肤浅。在劳动本质内涵和规律的研究上，一百多年以来没有多少深化和突破。马克思曾说过，他的研究并不是最后结论，而是为后人的研究开辟广阔的空间。我们只有不断深化劳动理论研究，才能指导人们更有效地劳动。

第一节　劳动概念新解

一、人类劳动释义

劳动是人们为了一定的目的，把自己的脑力和体力作用于外界对象的活动过程，是创造物质财富和精神财富的社会实践。从劳动者自身的角度看，劳动是脑力和体力的支出；从对象角度看，是劳动对象被认知、作用和改变的过程。人类劳动对外界对象的作用包括自然物、他人和客观规律。

狭义的劳动概念包含三层含义：

第一，劳动是以认知和改变对象为目的的人类实践活动。以认知对象为目的的观察和思考是劳动，以改变对象为目的的行为也是劳动。若是无意识的行为，即使产生某一效果也不认为是劳动。比如，火车站候车室的低窗台，清洁工把它揩干净是属于劳动，旅客在无意之中把它坐干净了，没有人承认其为劳动。劳动目的是劳动者在劳动之前思考设定的，是劳动的动因和期望实现的目标。

第二，劳动是以人脑思维为主导的活动。劳动是人类所特有的实践活动，牲畜中的牛、马、驴、骆驼等体力超过人，动物中的猫、狗、鹰等都比人机敏。人的优势和特长是具有认知、记忆、思维和创造能力。人类劳动的肌体行为是在大脑支配下进行的。比如，扫地是一种较为简单的普通劳动，对技能要求不高，但其速度和效果却因人而异。因为，支配肌体活动的思想不同，就决定扫地效果不同。只想应付一下就不可能认真，追求干净的绝不会大意。乒乓球运动员只有理解贯彻教练“反应快、抽打狠，转速高、落点准”的要求，才能击败对手。排球、篮球和足球运动员除了发挥个人技能外，要贯彻整体协作思想，去实施教练的战略战术，才能取得胜利。在思想支配下行动是人类劳动的根本特征。

第三，劳动必须作用于外界对象并建立和反映相互关系。劳动或是作用于自然物和人造物，或是作用于他人和动物，或是对于对象物作出反映和认知。人类一切有目的的作用于外界对象物的活动均是劳动。清洗自身躯体、做自我保健按摩等通常不称作劳动，为他人清洗、为他人按摩就是劳动；检讨自身、反省自我不算作劳动，但把经验或教训介绍出来指导他人就是劳动；心理调适、自我安慰不算劳动，向他人提供心理咨询、疏导他人情绪，则属于劳动。人类的初始劳动都是作用和改变对象物，并建立关系。同时，劳动和服务也反映一种社会关系。同样是洗头，为不同的对象洗，其付出的体力和脑力是相差不多的，但目的不同，投入的思想情感也不完全相同。给自己洗是出于自我呵护；给家人洗表示亲情和关爱；在理发店为顾客洗，则是一种有偿服务，属商业行为；去敬老院免费为老人洗头洗脚，是义务劳动，是一种奉献。可见，作用对象不同，反映的社会关系不同，虽然物理效用一样，但其价值不同。开山修路便利他人，既反映人与自然的关系，也反映人与社会的关系。

依据对象性所定义的劳动是狭义劳动。而广义劳动，应当包括劳动者改变自我，服务自我的活动。包括学习、训练、反省和自我呵护等一切作用于主体自身的行为。因为，人是自然的一部分，只要生存就必然与自然和社会发生联系。通过学习训练提高素养，自我呵护、整饬面貌，反躬自省、修正错误，均能改变主体与社会及自然的关系。改变自我、增强自我就是提升自身在人才市场上的身价，可见，学习、训练和体悟其实是增加自我价值的。因此，一切作用于主体自身的行为均可视作广义劳动，其意义和价值在于改善主体与客体的关系，增强主体的劳动能力。

二、人类劳动的基本特性

生产性劳动、服务性劳动和研究性劳动是人类社会最基本的劳动形式。

为什么蚁穴决堤是一种灾害，而人类掘堤就是排洪劳动呢？应该承认，蚂蚁搬土与人工挖土，从力的作用上看，都是使泥土发生位移，只有力量大小的区别。其根本不同在于人类劳动是有大脑支配的有目的活动，思维伴随着劳动的全过程。有思想支配是人类劳动区别于其他动物活动的根本特性。

我们可以从以下几方面来认识人类劳动的基本特性：

一是劳动的思维性。人的本质特征是有智力有思维，智能是人类劳动的根本前提，没有思维就没有劳动。因此，人的劳动关系是由思想决定的。这种关系也可以从四方面来理解：其一，劳动以人脑的感觉、反映和思维为起点，人的思想贯穿劳动的全过程。其二，人们的劳动动机形成、劳动热情培育、劳动目标确定、劳动方法选择等都取决于思想。劳动产品的性能是由指导劳动的人的思想决定的。其三，商品交换主要是思维成果的交换，因为，商品中凝结的思想决定商品的功能，而人的肢体动作是表达和实现思想的手段。其四，劳动者之间的关系，本质上是思想关系。有人说，人的言行决定其与他人的关系，但是人的言行是由思想决定的。思想相通的人，一接触则相见恨晚；思想相悖的人，长期在一起也情志相离。利益论者认为，是利益关系决定人们之间的关系。那么，利益分配是由什么决定的呢？当然是由思想决定的。唯利是图者见利忘义，损人利己；品德高尚者重义轻利，礼让他人。

二是劳动的对象性。劳动是劳动者对于对象的作用。大凡作用于外界对象的，都可以视为狭义劳动。劳动对象大体可以分为三类。一是物质对象。即是脑力或体力作用于其上的东西，或称为承受物。这种劳动反映的关系是劳动者与物质对象的关系。劳动对象的客观物质性，决定了劳动的物质性。若是生产性劳动，则是劳动者在其思想支配下以体力作用于劳动对象，改变物质形态和性能，使之形成特有的实用价值或欣赏价值。修理类劳动是恢复产品功能的过程。物质对象包括可以感知而不可触摸的对象，如天文观察的天体和太空等。二是同类对象。服务性劳动即是劳动者以思想、情感、技能技巧来满足他人的某种需求的劳动。这种服务性劳动也必须有对象，就是劳动者的同类——人。诊疗、理发、推拿、泡脚等都是直接服务于人的劳动。另外，不直接触摸他人人体的，如讲授、演唱、说书、答疑、舞蹈等也是服务于同类的劳动，下章还要细述。三是概念性对象。也许有人问，独立思考时的劳动对象是什么？也是有对象的，思考的内容就是对象，诸如生产、生活中的问题，理论、实践上的问题，科学、文化方面问题等等，都是对事物的概念、关系、规律等进行思考。并且，当思考有了结果时，就可以传输出来，传输离不开人的器官，如口说、手写、指击键盘等。任何劳动都离不开物质，思维器官——人脑也是一种物质。人脑思维离不开对象，如同手工劳动离不开对象一样。总之，任何劳动均离不开对象。

三是劳动与自然、社会的关联性。劳动从本质而言反映的是劳动者与自然和社会的关系。这种关系可以从三方面来理解。首先，服务性劳动，发生的是人与人之间的直接关系。比如知识传授、心理咨询、保健推拿等等，劳动服务的过程就是建立和深化关系的过程。其次，面对物的劳动也不仅是与物的关系，同时有社会成员间的关系。商品流通到消费者手中，满足消费者需要，从而建立生产者与消费者的关系，也即厂方与用户的关系。修路架桥等改造自然的劳动，给社会成员带来方便和舒适，而受益者也从其他方面服务他人。再次，劳动者与自然和社会之间是一种信息和能量的交换关系。劳动者在社会上付出智力、体力和情感，同时，也从社会上获取物质和精神的回报。劳动者挣取工资，用工资购买自己所需消费品，换取别人的商品和服务。也因为劳动，而获得职务、荣誉和尊重等精神报酬。

四是劳动主体与客体的互动性。劳动通常是改变对象、创造效用，满足人们的物质文化需要的社会实践。劳动是指有益于人们生存和发展的思维与行为。一切损害他人利益、破坏自然环境和损害社会秩序的言行均不是劳动。偷盗、抢劫、剽窃他人成果，残酷施暴和侵略战争等均不是劳动，而属于社会病，是人类文明的毒瘤。劳动过程中主体与客体之间的作用是相互的。劳动者改变了对象物，如车工把毛坯加工为精品件，清洁工搬走垃圾，医生解除患者病痛等。在此同时，劳动过程也改变了劳动者自身，比如：劳动者对劳动对象的认识深化了，劳动技能提高了，肌体得到锻炼了，当然，也可能受损伤。一些研究性劳动的对象物几乎没有变化，只是研究者自身认识深化。比如，用天文望远镜观察天象，天体不因观察而变化，但观察者自身是获得了信息，深化了认知。

五是劳动的主体协作性。劳动实践的过程，也就是劳动者表达和实现自己的思想或他人思想的过程。劳动主体可分为两种状况。一种是单一主体，即思想由劳动者个体表达和实现，此种情况相对简单，不必细述。第二种是多个主体，横向需要多主体协作，如医疗手术，需要麻醉、主刀、助手、监护等几方面密切配合。也有纵向需要多级主体衔接的。例如建筑业，建筑单位提出总的目标思想，是造教学楼，还是造图书馆；投资是500万，还是5000万；要达到什么总体要求。这些思想必须经单位主管用语言或文字清楚地表达出来，这是第一级。接着设计师在领会建筑单位总体要求的基础上，创造性地进行构思，运用专业知识进行思考，形成几个设计方案草图，供建筑单位挑选，然后，再进行具体设计，成为正式图纸。设计的图纸不同，造出的建筑物功能就不同，这是第二级。图纸经建筑单位认可以后，再交工程队施工。工程师、施工员和建筑工人在理解设计思想的基础上，按图纸施工，实施工程方案，实现设计思想，这就是第三级。建筑工人对砌砖、粉墙等具体操作要领理解掌握不同，或者说是技能不同，干活的质量和效果也就不同，这是第四级。只有纵向衔接好，才能有优异的工程质量。

六是劳动的实践发展性。人类劳动推动社会文明进步。社会文明进步又改变人类的劳动方式。尤其是科学技术的发展使人类劳动的对象、内容、方式、方法和手段都发生革命性的变化。从体力劳动为主变为脑力劳动为主；从手工劳动为主变为操作设备为主；从生产性劳动为主变为服务性劳动为主。

分析人类劳动特性可以发现，决定劳动成效的首要因素是人的知识、智力和技能。

第二节　人的劳动类型

人们根据主体支出智力和体力的不同侧重，把劳动划分为脑力劳动和体力劳动；根据劳动对象和结果的不同，把劳动划分为生产性劳动和服务性劳动。生产性劳动的对象是实物，即人把劳动加于其上，改变物质的效用，从而生产出新的产品；服务性劳动，其对象可以是人，也可以是物。主要是为了满足客户的需要，产生客户所期望的效果。

一、体力劳动及其分类

体力为主的劳动按成效可分四类：

其一，变形性劳动。就是在人的体力作用下使劳动对象的实物形态发生变化的劳动。如铁匠把铁条敲打成铁锹，木匠把木头做成家具，铸工把废钢铸成钢件，金工把毛坯加工为成品等等。

其二，变位性劳动。就是使实物发生位移或实现组合。如搬运工搬运货物，农民挖土填方，装配工进行整机装配，修理工进行零配件拆换等。

其三，变质性劳动。就是改变物质的物理化学性质的劳动。如酒厂工人用粮、麯和水酿酒，钢厂工人以渗碳热处理增强钢铁硬度，农民施肥促使庄稼生长，烹饪师傅对食材烹炒煎炸等。

其四，服务性劳动。以智力、体力、技术和感情投入服务以满足他人需要。如理发、推拿、伴舞、导游、陪聊、机器修理调试等。现在，人们把策划、咨询、办事代理、中介事务等也纳入广义服务业，其实，这些是以脑力为主的劳动。

二、脑力劳动分类及其产品

脑力劳动的类型大体可以分为四类：

其一，研究性脑力劳动。研究客观对象，认识事物规律，实现创造发明，或面对问题提出对策措施。科研人员、各级官员、企业高管等主要是这类劳动。

其二，传播性脑力劳动。采集和传播新闻，传授知识和经验，传播各种有用信息等。传媒、教育、信息产业等都是这类劳动。

其三，运用性脑力劳动。运用科学技术开发实用产品，结合当地实际运用基础理论制定一市（县）发展规划，根据医疗原则结合病情制定用药方案等等。

其四，施行性脑力劳动。根据目标要求和具体方案予以实施。如中下层干部对上级指令的贯彻，金工按图纸要求加工零配件等。具体方式下文将陆续讨论。

脑力劳动的成果通常表现为知识产品。知识产品是指具有一定的物质载体，其价值却主要由所包含的知识所决定的产品，物质外壳只是知识的承载者。知识产品大体可以分为四类：一是理论类。如自然科学、社会科学、人文科学、思维科学的实验结果和研究成果。基本理论表述形式有论文、专著、学术报告等，可以是纸质版、电子版或真人演讲。二是应用类。如计划书、研究报告、应用软件、咨询文件等，通常当作方案、办法和工具使用。三是娱乐欣赏类。这类产品的功能是给人们带来文化和精神上的享受，满足人的文化和精神生活需要。比如小说、电影、电视、电子游戏等。四是教育开智类。这类产品主要是传授知识和经验，开发人的智力。比如基础知识、专业知识方面的文章，成功事迹报告、励志文章，学习软件、科教电视、科教电影等。

三、劳动者类型及特长发挥

凡是生长发育正常、经过一定教育和训练的人，均具有以其智力和体力为基础的劳动能力。然而，由于遗传、发育、成长、教育、训练和经历的不同，其劳动能力的结构和特点大不相同。与他人相比可能有特长，也可能没有特长，但与自己相比，是必定存在强项的。一个人用其特长往往就是人才，用其弱项就是庸才。就个人而言，只有在自己感兴趣并且擅长的行业领域内劳动，才能创造出辉煌业绩。一个组织只有人尽其才、才尽其用，发挥每个人的特长，才能创造最大业绩。然而，组织职能对人才的需求结构与组织中人才的构成状况未必一致。因此，一个组织中不可能给每人均安排最佳职位，这就免不了要埋没一些人才。人才浪费是最大的浪费。正因为如此，政府鼓励人才流动，以便让人才找到合适岗位。一般来说，人才流动空间越大，越有可能找到最佳岗位。

劳动者类型细分是可以相当多样化的。粗略地可以划分为体力型、智力型和智情综合型三大类：一是体力型。这类劳动者智能一般，体能良好。分派给体力劳动，胜任愉快，分派给脑力劳动，就感到伤脑筋。这类劳动者既喜欢也适合从事体力劳动。二是智力型。体力是智力的基础，这类劳动者体能正常、智力较强。凡智能型劳动者，首先选择动脑筋的活。他们认为用脑子解决一个又一个问题具有成就感，这些劳动者相信自己的大脑具有创造力，喜欢承担具有挑战性的任务。三是智情综合型。这类劳动者体魄健康、智力优良，且情商较高，对他人的感受、思想、情绪变化比较敏感，擅长沟通、协调和组织管理。通常成为各种组织机构中的领导人。

要让劳动者根据自身不同特点，从事适合自己的劳动。心灵手巧者宜从事工艺品生产；反应敏捷者宜操作机械；热情耐心者宜从事服务性劳动；知觉灵敏、反应快速且富有主见者宜从事应急事务处理；勤学善思者宜从事研究性劳动；体能特强者宜从事体力劳动。

当劳动者各得其所、充分发挥各自特长时，劳动成效就较高。这是人力资源使用和调配的要旨所在。

第三节　劳动指标与效率方程

一、劳动的基本指标

劳动是复杂的，许多学者感到难以研究，而劳动人民在生产实践中却总结出许多衡量指标。

（1）劳动能力。指劳动者能够承担和完成劳动任务的本领大小。主要取决于劳动者的身脑素质、基础知识、劳动经验、劳动技能及专业素养等。是劳动者身上的一种潜能，是反映劳动者自身状况的主体性指标。

（2）劳动态度。指劳动者对待劳动的用心和卖力程度，就是人们常说的劳动积极性，可以用态度指数衡量。态度指数与劳动者对该劳动的兴趣、责任心、利益机制等相关，也是劳动的主体性指标。

（3）劳动质量。指劳动所产生成效的好坏程度，可以用质量系数衡量。劳动质量与劳动者的智能水平、技术素养和性格特点等因素相关。高质量的劳动需要知识、经验、技能和耐心。人们已习惯于通过检测劳动产品或成果的品质来鉴定劳动质量，确定质量系数。这是反映劳动对象变化状况的客体性指标。

（4）劳动数量。指劳动者完成劳动任务量的多少，是一个不保证质的量化指标，描述的是客观事实。劳动数量 = 劳动速度 × 劳动时间。而劳动量即不同，应当包含质的内容，也属客体性指标。

（5）劳动时间。指劳动进行的持续时间，就是主体与客体相互作用的时间。劳动时间是一个极为基本和重要的劳动指标。劳动时间长了，就是一般强度的劳动也可以让人感到疲劳。在劳动者不有意窝工的情况下，劳动时间能在一定程度上反映劳动量。劳动时间的计量单位主要是时、分、秒，若用年、月、日计量就是指该时段中的有效劳动时间累计。

（6）劳动速度。反映劳动任务完成的快慢程度，即劳动者在单位时间内完成的劳动任务数量，或说是单位时间内完成的劳动数量。可以理解为劳动的数量性效率，但不能反映劳动的质。可以表达为：劳动速度 = 劳动数量/劳动时间。属劳动的客体性指标。

（7）劳动难度。指该劳动的难易程度，用难度系数表示。难度低的劳动，绝大多数人均能适应；难度高的劳动，对劳动者的素质要求较高，并且需经必要训练，素质不高者难以学会，更难学好。同样的劳动数量，其价值大小主要取决于难度系数。难度系数大小决定着对劳动者所需知识和技能的要求。比如运载火箭研究，没有相关的专业知识就绝对干不了；又如外科手术，没有纯熟的技能和必要的经验就做不好。在体操比赛中已经运用了难度系数，而在最基本最普遍的劳动中却只有难度的定性分析，没有作量化比较，可见，我们对劳动研究的严重滞后。劳动难度是由劳动任务决定的，属客体性指标。

（8）劳动强度。通常指劳动时人体承受的负荷大小和肌体运动的剧烈程度，可用强度系数衡量。比如：在工厂里普遍认为铸工、锻工的劳动强度大，开磨床、铣床的劳动强度小；体育竞赛项目中，跑步运动强度大，射击运动强度小；足球运动强度大，台球运动强度小。深入研究发现，脑力劳动也同样存在强度高低的差别。高难度和高速度都会给人带来精神和肌体上的紧张与压力，劳动强度与劳动难度、劳动速度成正比。可以表述为：劳动强度 = 劳动难度 × 劳动速度。战地指挥与诗歌创作都是脑力劳动，但战地指挥又难又急，必须紧张思考，快速决定；诗歌创作可以从容为之，成熟发表。两者相比前者劳动强度大。劳动强度是劳动者的感受，属主体性指标。

（9）劳动绩效。就是劳动的业绩或效果。在以脑力劳动为主的时代，劳动的时空得到很大扩展，难以区分劳动时间与非劳动时间，劳动场所与非劳动场所，也难以对劳动过程进行监督。于是，就定期对劳动者的绩效进行评估和考核，作为计酬依据。劳动绩效属客体性指标。

二、劳动效率方程

劳动效率就是单位时间内完成的品质合格的劳动任务量，简单地说就是单位时间的劳动成效。其表达式为：劳动效率 = 有效劳动（劳功）/劳动时间。

从劳动主体方考察，劳动效率是劳动者能力输出的功效，其表达式为：劳动效率 = 劳动能力 × 辛劳指数。辛劳指数反映的是由劳动态度决定的劳动者智力、体力、注意力等方面的付出，也可理解为劳动的努力指数（程度）。或者说，人体生理上表现为辛劳指数，主观心理上表现为努力指数。这样，表达式可以改为：劳动效率 = 劳动能力 × 努力指数。从客体方考察，劳动效率可以理解为劳动速度与劳动质量的积。若劳动速度很快，但多有次品和废品，劳动的有效功率就不高。客体性表达式为：劳动效率 = 劳动速度 × 质量系数。

劳功指有效劳动量，马克思劳动价值论所说的劳动本应理解为有效劳动，即劳功。包括质和量两个方面，是质和量的统一。作为客体性指标的劳功可表述为：

劳功 = 劳动数量 × 质量系数 = 劳动速度 × 劳动时间 × 质量系数

因为

劳动效率 = 劳动速度 × 质量系数

所以

劳功 = 劳动效率 × 劳动时间

客体性表达式与物理学原理相一致。

作为主体性指标的劳功可表述为：

劳功 = 劳动能力 × 努力指数 × 劳动时间

因为

劳动功率 = 劳动能力 × 努力指数

所以

劳功 ＝ 劳动功率 × 劳动时间

主体性表达式同样符合物理学原理。

劳动对象发生形质变化是劳动者作用的结果，主体与客体应当相互衔接并统一。若设主体做功到客体受功的转换率为 100%，也即主体输出的劳功与客体接受的劳功相等。于是，就有：

劳动能力 × 努力指数 = 劳动速度 × 质量系数

上式表明，劳动者的能力和努力决定劳动的质量和速度，即决定劳动效率的大小。此等式可以称为**劳动效率方程**。

式子“劳动效率 = 劳动能力 × 努力指数”表明，当劳动能力确定时，劳动效率与努力指数成正比，能力一般的人肯刻苦努力一样富有成效。

式子“质量系数 = 劳动能力 × 努力指数 / 劳动速度”表明，当劳动效率确定时，劳动质量与劳动速度成反比，说明过分追求快速必然影响质量。要从根本上提高劳动效率，就必须增强劳动技能、提高努力指数。方程启示人们：通过教育培训增强劳动技能、激励劳动热情、培养认真习惯，都是十分重要的。

式子“辛劳指数 = 劳动功率 / 劳动能力”表明辛劳指数与劳动能力成反比，即完成同样的劳动任务，能力强者相对轻松，能力弱者必须付出更多辛劳。

第四节　劳动计量和绩效评估

一、经典理论的劳动计量

前文分析，即使在市场经济时代，劳动的直接目的也是为了效用，因为没有效用就不可能有市场价值。

马克思也认识到价值以效用为基础，但不同性质的效用本身是难以比较的，然后，他想到了商品中包含的人类一般劳动。与效用创造相关联的是有效劳动，窝工或盲目劳动则功效甚微，有时甚至降低价值。有效劳动就是前文所述的劳功，马克思的劳动价值论实质上是劳功价值论。

如前所述，决定劳动量的不只是劳动时间一个变量，还与劳动速度、劳动质量相关联。比如：甲乙两位泥工同时在砌砖墙，甲每小时砌砖 200 块，垂直度和砂浆饱满度都高；乙每小时砌砖 150 块，且垂直度和砂浆饱满度不如甲。劳动一天，甲创造价值比乙大。又如，A 和 B 两人均在三小时内写了一篇五千字的文章，A 只是整合了报纸、网络上的一些内容，B 却开动脑筋，精思巧作，富有新意，两篇文章价值大不一样。上述两个例子说明，无论是体力劳动还是脑力劳动，相同时间内不同人的劳动成果是不同的。

人的脑力劳动与体力劳动是难以完全分离的。我们假设劳动中脑力作用恒定功率为 p_k ，体力作用恒定功率为 p_E ，劳动持续时间为 t ，在 t 时段的劳动量为 L 。那么，劳动量与脑劳功率、体劳功率和时间三个因素的关系可以表达为：

劳动量 = ［脑劳功率 + 体劳功率］ ×时间

其字母式为：$L = (p_k + p_E)t$ (1)

劳动量是劳动者付出脑力、体力所持续时间的综合计量。式子（1）所反映的只是劳动主体方所付出的一定时间内智力和体力做的劳功，不等于劳动对象（客体）受到作用发生变化所产生的功效。前文已谈到过，主体的输出劳功与客体变化的效果劳功两者之间尚存在一个转换率，可用 η 表示。这个转换率在农业生产中就是种子、土质、气候等客观因素，在工业劳动中就是工具、材质、环境等条件因素，在教科领域就是教学实验设施和政策制度等因素。而劳动价值是应当从劳动受体（对象）改变的功效来定义的。效果劳功 = 输出劳功 × 转换率。

若用 L' 表示效果劳功，即有字母式改为：

$$L' = L \cdot \eta = (p_k + p_E)t \cdot \eta \qquad (2)$$

在现代劳动尤其在二、三产业中，劳动的环境与条件也是由人创造的，转换率高低归根结底取决于人思维周密性和技术熟练程度。因此，式（2）中效率 η 可以理解为包含在脑力劳动功率 p_k 之中，也就是主体输出劳功与客体效果劳功相一致。于是，式子就简化回到式（1）：

$$L' = L = (p_k + p_E)t$$

现在，我们来讨论体力劳动与脑力劳动在价值创造中的不同特点。

其一，体力劳动的价值创造。

体力劳动的价值创造应当与效果劳功成正相关，用 W 表示价值，即可表达为：

$$W \propto L' = (p_k + p_E)t \qquad (3)$$

式（3）中"$\propto$"读作"相关于"。

工人农民创造商品价值的普通劳动是在某一时间内输出一定的脑功率和体功率实现做功的。或者说，任何普通劳动都在普通思想支配下付出体能改变对象。就是最简单的扫地也要大脑指挥：必须有"扫帚按地、定向用力，帚帚相连、集中垃圾"的要领思想支配，其清洁效果就是这种思想的表达和实现。因此，我们在任何时候都不能忽视普通劳动。没有思维就没有劳动，同样，没有肢体行动，人们的思想就无法表达和实现。

其二，脑力劳动的价值创造。

能源推动的机器日益替代了人的体力劳动和手工劳动，人的劳动方式日益智力化。脑的潜能得到了前所未有的发挥，知识和智力进一步成为劳动的主要因素。人的体力和手工能力作用差异表现得越来越微小。因而，绝大多数单位招工不考察体力，而是考察思想品德、知识素养、智力状况和沟通协调能力等。就是对就业者脑力劳动功率 p_k 要求较高，对体力劳动功率 p_E 要求不高，即 $p_k \gg p_E$，故 $P_k + P_E \approx P_k$。这样，劳功就主要取决于脑功率与时间两个变量。也即：

$$W \propto L = (p_k + p_E)t \approx p_k \cdot t \qquad (4)$$

式（4）表明，脑力劳动者的劳功与脑功率（思维能力）和劳动时间成正比。这样，我们就不难理解为什么素质高、能力强的员工薪酬要高一些了。事实上也是素质高、能力强的人劳动成效明显要高。因为，人的劳动过程是思维过程，是思想成果创造的过程，高素质者的价值创造当然要大些。

人类动脑筋发明了机器，并用能源推动机器运转，既减轻了人的体力劳动负担，又保证了标准，加快了速度，提高了生产效率。现代生产中人所做的功主要是脑力之功。我们熟知能源推动的机械化生产创造出巨大价值，这些价值中大部分是人的思想成果价值的转换形式。

把经典理论的价值概念从由劳动凝结改为由劳功凝结，是一项有意义的理论进步，是理解和认识的深化。经典理论难以解释一些现实问题，一个重要原因就在于简单地以劳动代替劳功。因为，劳动是一种行为和过程，而劳功是劳动的结果和成效，两者是有很大差别的。劳动是从劳动主体方考察，劳功则侧重从劳动对象（受体）方考察。其实，经典理论的创立者也意识到这个问题，马克思在“体现在商品中的劳动的二重性”一节中分析生产上衣的特定种类生产活动决定上衣的使用价值时说道：“从这个观点来看，劳动总是联系到它的有用效果来考察的。”① 这里的“有用效果”已经是效果劳功的意思了。

二、劳动计量的历史发展

人类劳动目的实现的过程就是劳动成果形成的过程。若是为劳动者自己劳动，只要取得劳动成效就行。但是，随着社会发展，人类劳动更多的是为了交换。这就必须评估，没有评估，交换就没有尺度；没有评估，就无法确定劳动报酬。所以，劳动评估是劳动报酬计量的基础和前提。

（一）农业社会劳动计量尚可以时间为尺度

在农耕文明前期是奴隶社会。土地被奴隶主占有，奴隶也属奴隶主所有。奴隶没有人身自由，奴隶主让奴隶们吃一定的食物，以维持生命，并

①《马克思恩格斯全集》第23卷，第55页，人民出版社1972年9月版。

强迫他们满负荷或超负荷地劳动。奴隶们这种没有报酬的劳动也要接受奴隶主对他们的劳动评估。当劳动成果显著、劳动评价较高时，该奴隶可以少挨鞭子；当劳动成果不显著、劳动评价不高时，该奴隶就要受到奴隶主的惩罚。

在封建社会，大量土地集中于地主手中，多数农民少有土地或没有土地。因此，地主必须雇佣缺地农民种地。全年雇佣的叫长工，短期雇佣的叫短工。当时农业劳动均为体力劳动和手工劳动，正常劳动力的劳动能力差异较小。一般中等劳动力每天割稻一亩或插秧1.5亩，上等劳动力略高于此，体能较差者略低于此。农业劳动种类较多，难度不大，绝大多数农民均能掌握。因此，其劳动量是以劳动时间计量的，报酬就是一天多少工钱，若是长工，则以年计酬。

农业时代还伴随着手工业生产。木匠、篾匠、泥水匠也是手工劳动和体力劳动，其技艺传承是以师徒相授的方式进行的。并且也有比较公认的行业技术和速度标准，未达到标准者一般不出师门。劳动计量也是以时间为单位，比如，一天支付多少工资。只是技术水平较高的工匠比较受社会欢迎，技术水平较低的工匠较难找到活干。铜匠、铁匠、锡匠通常以计件工资制获得报酬，打一只铜壶、一把锄头、一只锡罐各得多少钱等。

农业时代就有教书匠受聘于私塾教导弟子读书，账房先生受聘于各类商铺或大户家中管理账务。这些知识分子都以传授知识和运用知识的方式谋生。其劳动特点是知识传播和简单运用，一般没有多大创造性，稍有创新即成为行业中的佼佼者。因此，当时均与农业和手工业者一样以计时工资制获取报酬。

总之，在整个农业时代，不论农民、手工业者，还是知识分子都是以时间作为劳动计量尺度的。

（二）工业化中后期劳动价值难以用时间衡量

在工业化初期，工人以体力劳动和手工劳动为主，劳动绩效与劳动技能有直接关联，但决定劳动功量的主要因素是劳动时间。劳动价值论尚能够解释大多数经济现象。

随着工业化的发展，劳动分工日益细密，劳动工种和方式方法更加多样化个性化，技术工人的个人特长和潜能得到进一步发挥。劳动者的个体差异表现得越来越大。技艺差别导致的速度差别、质量差别愈加明显。干得好的质量高、速度快；干不好的质量差、速度慢。有的人时间充裕也干不了，技能起到更加关键的作用。劳动绩效不是简单地由持续时间决定了，于是，在生产车间，就出现计件工资制。在激烈的竞争中，技术革新和新产品开发成为企业发展的决定性因素。而创新和开发主要依靠技术人员的专业素养和创新能力，并不取决于劳动时间。创新能力强者可以较快开发出新产品，创新能力弱者时间再长也搞不出有价值的新东西。此时，在技术人员中实行级别工资制，以技术水平为依据，适当拉开档次。

在工业化中期，产品推销、市场占领成了企业发展的关键因素。营销活动是一种智力、情商和体力相结合的劳动，难以用时间尺度衡量。因此，就用业绩作为劳动的衡量尺度，通常以销售额的百分比提成作为营销员的劳动报酬。

在工业化社会中后期劳动价值论就遭遇到很大困难。

（三）知识经济时代的劳动价值根本无法用时间衡量

首先，在企业中决策性、技术性、营销性的劳动绩效是难以用时间衡量的。进入知识经济和信息化社会以后，工业上的一般生产能力不再缺乏，难点在于以高新技术为基础的新产品开发，或称高新技术产业化。还有对人们消费需求的新调查和判断，以及适应消费需求的新产品设计。市场调查和产品设计固然需要时间，但更为重要的是专业知识和创新能力。不具备这种能力的人，不管花多少时间都不会有大的成效。总之，项目选择、资本运作、产品创新、市场开拓、经营管理等，这些从根本上决定企业发展和命运的脑力劳动都是无法用时间衡量的。

其次，应急性劳动的成效与时间成反比。尤其值得注意的是，经营管理者应对市场变局采取保值增值措施的劳动不是与时间成正比，而是成反比。在应对市场变局的决策和行动中，通常是反应越慢，耗时越多，可以赢得的价值就越少，甚至可能造成重大损失；反应越快，历时越短，应对措施越得力，可以赢得的价值就越大。医生抢救病人，方案正确，速度越快，成功就越有保证；如果犹豫不决，行动迟缓，就可能耽误治疗。这些问题使劳动价值论陷入困境，难以解答。产品创新者和企业管理者的创造性劳动，既不能用计时工资制，也不能用计件工资制。因而，在20世纪中后期开始就有总经理年薪制，其年薪是董事会根据总经理的业绩和贡献确定的。职业经理人的身价是通过人才市场竞争形成的。随着“人才是第一资源”观念的强化，企业之间争夺尖端人才的竞争日趋剧烈，于是，逐步出现利润分成、管理者入股等报酬形式。

再次，科研、文化、教育、医疗等领域的劳动量更难以用时间衡量，其成果价值不一定与投入的时间成正比，而主要取决于从业者的专业水平、实际能力和责任意识。

总之，随着体力劳动和手工劳动的逐渐减少和脑力劳动的不断增多，劳动量评估越来越困难，人们只有依靠市场和社会来做价值评估了。

三、劳动价值评估的绩效原则

当年马克思用劳动时间来衡量劳动量，不是毫无理由的，在简单劳动领域现在还在沿用。劳动是劳动主体对劳动对象的作用，是劳动把主体与对象联系起来。劳动时间既是主体支付体力和脑力所持续的时间，又是对象受到作用而改变性状的时间。故而，在马克思看来时间联系着主体和对象，用时间来表示劳动量及其价值是最恰当的。

然而，深入思考可以发现，劳动与价值之间的关系是很复杂的，用“社会必要劳动时间表示价值”，描述的只是特殊规律，而不是普遍规律。

经受了市场经济洗礼的人们，越来越讲求实际。消费者购买商品主要看商品的性能和质量，而不大追问生产者的劳动消耗。

需求决定生产，市场评估原则决定了劳动评估原则。现代劳动评估，侧重从劳动绩效上评，而把劳动付出仅作参考，一句话，就是看成果！竞争以成败论英雄，劳动以绩效见高低，考核以业绩为根本。是产业工人就看你干活的质量和数量；是技术人员就看你创新成果和解决难题的成效；

是营销人员就看你营销业绩大小；是管理人员就看你实现目标和调动下属积极性的状况。生活享受过程，劳动只看结果。

“绩效原则”不只是劳动评估的原则，同时，也是人才评估的原则。社会通常不承认一个人的潜质与能力，只承认成果和业绩，唯有成果和业绩是才华的最好证明。你说自己有才干，那就拿出成果来！这正是：满腹经纶无人识，一旦功成天下知！曾国藩说：“真才与假才有别，真才实而有成，假才虚而多败。”事实证明，“绩效原则”是一条比较可靠、可信和可行的辨才原则。

第四章 劳动器官与劳动方式

体力劳动和手工劳动日益被能源推动的机器所替代后，人们的劳动更加智力化了，学习、思考、研究成为劳动的主要形式。基于思维成果即智果的表达、传播、运用和实现的需要，嘴工和指工劳动成为劳动的主流方式。

第一节 劳动环节与器官运用

劳动主体是人，劳动必须运用人体器官。

一、劳动过程三环节

任何劳动过程都可以分成许多片段，一个片段里可以分许多子段，一个子段里又可分许多微段。我们定义：微段就是劳动的最小单位，指农民锄草一锄头，工人榔头敲一下，记者采访问一句，秘书写稿用一词，画家动手描一笔等等。无论是全程劳动、片段劳动，还是劳动过程中最小的微段都存在三个环节，就是获取信息、思考反应和作用于对象。比如农民准备在一块地上种庄稼，首先要用眼观察土质和水利条件；接着大脑根据以往的知识和经验分析决定；然后，买种子播种。必须经历这三个环节。具体播种时必定是边看、边想、边干，即看清种坑、决定播下、放入种子，也是三个环节。再如作家创作，宏观上也可分体验生活、构思情节、写出文稿三个环节；写作过程中还会不断调整情节，那也必定存在觉得不妥、思考重构、修改调整三个环节；改稿时也有看、想、改三环节，连续改稿就是连续不断地看、想、改。无论是举大事，还是办小事，哪怕是像取一张纸那样的最小微段劳动也存在看、想、干（拿）这三个环节，大片段劳动就是大量的三环节的持续连接。

值得注意的是："看"是基础，是了解情况，是获取信息；"想"是关键，定目标、找办法、出方案；"干"是根本，是思想的表达和实现，所有业绩都是干出来的。要提高劳动绩效就必须看清、想透、干够。作风漂浮者不深入，看不清；急于求成者不耐心，想不透；毅力缺乏者不坚持，干不成。三个环节三个关，劳动坚持闯三关者必然绩效显著，办事坚持闯三关者必然获得成功。

二、劳动器官的职能分工

对应于劳动过程三环节，劳动中器官职能分工有三类：

第一类是信息接收器官。信息接收以眼、耳为主，以鼻舌肤辅之，通过这些感觉器官把劳动对象的有关信息接收，输入大脑。信息接收器官是劳动信息的捕获工具和输入通道，是劳动得以进行的基础条件。农业、工业方面的劳动主要以眼睛视觉来获取劳动对象的信息；机器修理工常常通过听取机器运转声音来判断是否正常；西医大夫主要通过仪器检查和听诊器判断病人的病情；乐队指挥通过听音判断队员奏出音调是否相和；厨师、酒师常以舌尝、鼻嗅来判断酒和菜的味道；化工工程师则以成分分析和肌肤感觉判断护肤品的质量。没有灵敏的感觉系统，难以有聪明的大脑，即使有聪明的脑袋，也没有材料处理和加工。所以，感觉器官正常是劳动的第一条件。在社会上，残疾人也参加劳动，但是若既目盲又耳聋，其劳动能力和绩效提高就受到很大限制。

第二类是劳动的中枢器官。劳动中枢器官是信息处理、分析决断和指挥行动的器官，就是人的大脑。可见，大脑才是劳动的灵魂和主导器官，起关键性作用。实践告诉我们，没有经受教育和训练的人，即使所有器官良好，也较难承担复杂的创造性劳动。而教育和训练的作用，主要是武装知识，开发大脑功能。一个人是否能干也主要取决于大脑里的知识和智慧，就是我们常说的脑力。脑力在劳动中主要起三方面作用：一是信息接收和储存作用。外界信息被感觉器官捕捉后，经神经系统传递将信息接收并储存。人脑是电脑的原型，电脑是人脑的模拟。若以电脑相比，眼睛具有摄像功能，耳朵具有麦克风功能，它们只起捕捉和传输信息的工具作用，且需要脑指挥。人脑走神时，就会视而不见、充耳不闻。真正接收、储存和积累信息，为处理加工提供材料的，是大脑中的接收和记忆区，就像电脑中的"硬盘"。二是信息处理加工作用。正常健康的人，头脑中具有一定的知识和经验。在劳动中，能够运用头脑中的知识、经验对外来信息进行处理和加工，这就是我们常说的思维。思维过程又分为分析、推理、判断、决定等诸多环节，最后得出结论，其功能就像是电脑中的"中央处理器（CPU)"。但是人的思维差别很大，有些人思维很有创造性，有的人只会作重复性思维。三是指令输出和支配作用。在劳动中，人的手、嘴、指、肩、脚等都是在大脑支配下行动的，就像电脑控制播放、打印和机器运行一样。劳动目标、劳动环节、劳动方式方法等都是由思想决定的。劳动者素质高低首先取决于大脑功能和知识储备。只要大脑聪慧，肌体强健，其劳动能力就会在学习和实践锻炼中逐步增强。

劳动效率主要取决于人的劳动能力和努力程度，而能力和努力都是由人脑思维决定的，因此，大脑是劳动的核心器官。

第三是劳动的行动器官。在劳动过程中，手、嘴、指、肩、脚、头、眼、嗓子等器官执行大脑的指令，按一定的要求作用于劳动对象。长期以来，人们认为双手是劳动的主要器官，双手改变对象，双手创造财富，双手创造生活。其实，劳动通常是人体多器官的联合作用，其中，脑所起到的是最根本最重要的支配作用。在多数工种中劳动者以手行动，如木工、泥工、金工、钳工、洗碗、扫地等。也有用脚、肩、头、嘴进行劳动的，如三轮车夫用脚踩踏板，农民用肩挑担子，一些民族习惯于用头顶竹篓，用嘴说话、唱歌、咬东西等。所有这些器官，都是按大脑指令行动的。但其功能发挥也与训练有关，只有经过必要的训练，方可得心应手。

为什么双手成为行动的主力器官呢？在第二章已作了分析，就是手能很准确地执行大脑的指令，表达和实现人的想法。

三、三类器官的循环作用

人是怎样开展劳动的？首先是人脑根据感觉器官传入的信息或以往储存在头脑中的信息，由脑做出判断和决定，然后指挥执行器官行动。同时，中枢也可以控制大脑的思维指向。执行器官以某种方式，用一定能量作用于劳动对象。当劳动对象发生变化后，又将变化信息输入大脑，大脑再做出分析判断，指挥执行器官以新的方式再次作用于劳动对象。如此循环往复，使劳动一步一步推进，达到劳动目的，实现劳动目标。劳动过程中智能作用循环如图 4 －1 所示。

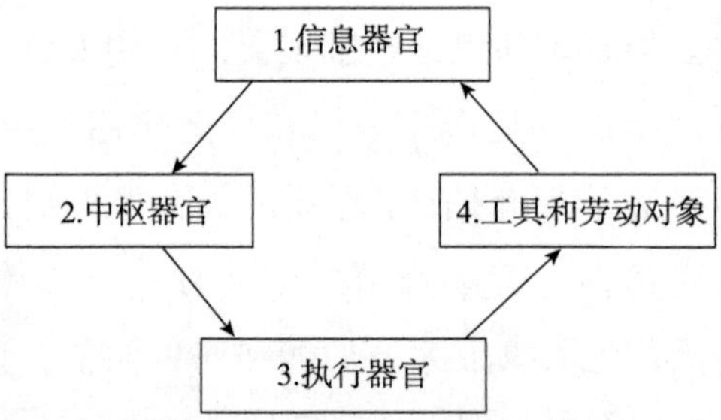

图 4 －1　智能作用循环

这里有三个问题，一是劳动目标的确定问题。有的是开始就设定，有的是劳动过程中逐渐确定。即使是劳动中渐定的，前期也应当有模糊目标。二是劳动的起点问题。人脑思维以外界事物信息接收为起点，思维起点即是劳动的起点。办一件事的劳动不是行动时才算开始，而是思考开始即为劳动开始。三是劳功归属问题。以往人们普遍认为劳动主要是手的功劳，然而，根据上述分析，劳动是三类器官的联合活动，且头脑起着核心和主导作用。所以，“双手创造生活”的说法并不全面，虽然指明了行动的重要性，但忽视了中枢器官的灵魂作用和信息器官的基础作用。

四、劳动器官的联用类型

从主体方面考察，劳动是人的大脑活动或大脑与肌体协调活动的过程。虽然劳动效果与肌体的强健和灵敏度直接相关，但是，最为根本的是劳动者经验、知识和智能的运用状况，因为，支配人的言行的是思想。我们可以把劳动的器官联用状况划分为以下几种类型：

（一）“脑手联用”型劳动

就是在大脑支配下主要用手进行劳动，人体其他器官只起辅助作用。如产业工人操纵机器或手工作业，农民拿工具干活，清洁工扫地，建筑工人砌砖粉墙，作家写作，画家作画，雕塑家雕刻等等。劳动的主导器官是脑，行动的主要器官是手。凡参加劳动，劳动者头脑中首先要知道做什么、怎么做，然后，支配手行动。手是表达和实现思想的操作器官。然而，“脑手联用”型劳动，也随着科技进步而不断变化。农业时代，手经农具作用于劳动对象；工业化初期，手通过操作机器作用于劳动对象；电气化时代，手按电钮进行自动化生产；信息时代，则通过操作电脑键盘用智能化设备生产产品。这样，在劳动中人的手工作业量不断减少，并且，越来越间接，越来越轻巧。这里本质的规律是：随着思想的一步步发展，并把思想成果转化为机器设备，人类逐渐通过机器设备表达和实现自身劳动要求或目标。

（二）“脑嘴联用”型劳动

就是在大脑支配下主要用嘴巴进行劳动，人体其他器官在劳动中只起辅助作用。如讲课、说书、歌唱、节目主持、法庭辩论、发布指令等。劳动的一般过程：首先是运用大脑学习、获取信息，接着以知识为工具、信息为材料进行思考，然后把思考结果通过嘴巴用语言表达出来。此类劳动者需要思维敏捷、嘴巴灵巧。

（三）“脑嘴腿联用”型劳动

在大脑支配下，主要用腿和嘴进行劳动。如营销人员想尽千方百计，走访千家万户，说上千言万语，推销产品，其中最重要的是用脑想尽千方百计。社会活动家为了宣传和实现自己的政治主张到处奔走，游说各方；导游一边走，一边介绍胜景概况；三轮车夫边踩车，边与顾客聊天；等等。此类劳动皆脑要灵光、腿要勤快、嘴要能说。

（四）“脑嘴手联用”型劳动

在大脑支配下，主要用嘴和手劳动。如售票员一边回答旅客询问，一边卖票找钱；商店营业员一边介绍产品，一边包装商品；教师嘴在讲课，手在板书或操作键盘；等等。

（五）“脑眼手联用”型劳动

在大脑支配和协调下，用眼睛获取信息，为大脑思考提供材料，手有时是协助获取信息，有时是输出大脑的思维成果。作家、财务人员、资料员等基本上属于此类劳动。

（六）“脑体综合运用”型劳动

这种类型的劳动，在大脑支配下眼、耳、手、脚同时协调使用。要求劳动者肌体的协调性比较好，并且，信息器官反应灵敏。如飞行员，耳要听、眼要看、嘴要说、手脚动作要协调。演员、记者、节目主持人、汽车驾驶员、体操运动员等均属此类劳动。

以上几种类型的劳动，无论哪一类都离不开感觉器官的作用。没有感觉器官的信息获取，大脑就没有加工处理的材料，就无法作出判断和指挥。当然，信息获取和利用状况，也由大脑决定。

第二节　现代劳动的主流方式

指工劳动和嘴工劳动已然成为劳动的主流方式。

经济社会发展，首先表现为思想成果生产的发展。因此，思想的表达、传播和运用必须充分发展。与之对应的嘴工劳动和指工劳动已经成为社会劳动的主流方式。在普遍意识到脑力劳动是价值创造主要源泉的今天，人们深知脑力劳动的产品从本质上看是思想成果，而嘴和指是最能精细、准确地表达思想的器官，人们头脑中的思想成果，大多数是经过嘴和指表达出来的。因此，嘴工劳动和指工劳动日益成为劳动的主流方式，并处于主导地位。

当体力劳动和手工劳动被能源推动的机器大量代替，可重复性脑力劳动大量被电脑所代替后，人们必然更多地从事复杂的脑力劳动。就业结构表明，在知识经济时代，约有80%的人从事知识生产、知识传播和知识运用。人们的一切创造均始于思维、源于实践。然而，冥思苦想的成果，只有表达传输出来才有价值和意义，而准确表达思想，最为灵便的器官就是嘴巴和手指。嘴巴可说、可唱、可叫、可嚎、可吹、可咬；手指可点、可按、可勾、可捅，可发短信，可揿按钮。数指联动可作、可书、可画，可按键盘，可奏乐曲，可打手语。目前的先进设备不能直接显示人脑的思维成果，必须经过人的嘴和指进行条理化的表达。最能打动人、最有说服力的是嘴；最巧夺天工、最具艺术表现力的是指。令人陶醉的歌声是嘴唱的艺术，震撼人心的演奏是指上的功夫。相声、说书、演讲等艺术家必须有一张灵巧的嘴；雕刻家、演奏家、手术医生必须有一双灵敏的手。但是，要有辉煌成就都一定要具备功能优异的大脑。人体器官中，嘴和指与人脑配合最默契，是大脑最忠诚、可靠，最能精确表达、传输和实现思想的搭档和伴侣，是最重要、最优秀、最有魅力和威力的行为器官。

一、指工劳动

劳动和进化使人的手指变得越来越灵活。手指能制作出巧夺天工的精品，可以弹奏出沁人心脾的乐章。有文字以后，作家用手写出流传千古的文学故事，有了电脑以后，作家用指击键盘写作。随着智能化设备的大量采用，尤其是电脑、网络在社会各行业领域的广泛运用，手指成为人类劳动作业主要器官已成现实，且尚有继续发展的趋势。

（一）指工劳动的历史发展

指工劳动就是手指在大脑支配下，单指独动、多指联动或十指协动的劳动方式。其根本特征是以单指为行动单位、执行大脑指令、作用于劳动对象。

由于手指的灵活与精巧，人类在农业社会及其之前就有了少量的指工劳动。诸如：结绳记事，把脉诊病，拨算盘珠计账，弹奏管弦乐器和键盘乐器等。

工业社会增加了许多指工劳动。机械化电气化生产，不再是人手直接作用于劳动对象，而是用手指按动电源开关，用手指拨动控制按钮，用手或指操控大型机械，利用自然之能改造自然、移山填海，是单指行动与多指联动相结合。

信息化社会指工劳动普及了。机器大多数已智能化、可遥控，人们可以离开机器一定距离甚或较远距离操控。从工厂到商店，从机关到学校，从车站到机场，大量工作人员坐在电脑前点击鼠标和指弹键盘。许多生产是先操作电脑，再由电脑控制设备，然后，由设备生产出产品。候车室、候机厅、汽车火车上、医院注射室等公众场所，到处都是低头拨弄手机的人们。大数据时代人们在大脑支配下指点信息，指点情感，指点财富，“指点江山”。如此态势发展，人类手指将越来越灵巧，但须防止臂力退化。

指工劳动与手工劳动的区别有三：一是行动单位不同，指工劳动以单指为单位执行大脑指令，手工劳动以臂和掌为单位执行指令。二是指的作用状态不同。指工劳动是十指分工分别执行指令，协调配合，手工劳动是以四指联合与拇指配合共同执行同一指令。三是时序关系不同。指工劳动的十指协调动作是有严格时序排列的，而手工劳动中十指执行的是同一指令，统一行动，并无时差。指工劳动对大脑要求更高，脑潜能发挥得更好。键盘打字、钢琴演奏等属指工劳动，握笔写字、举槌擂鼓等属手工劳动。当然，任何指工劳动均以臂和掌为依托。

分析指工劳动的发展历程，可以发现一些特点：第一，现代指工劳动出现，未使传统指工劳动消失。比如中医把脉、乐师弹奏等在信息社会仍然存在，而工业社会中的电按钮等却部分地被鼠标和键盘所替代。第二，随着技术进步，指对劳动对象的作用越来越间接。在信息化社会，可以用控制器遥控设备，尤其是在无线互联网产生后，克服了原先的所有空间限制。第三，指工劳动的范围不断扩展，工业生产、商务活动、财务管理、网上诊断、远程教学等，几乎适用所有行业领域。第四，指工劳动的知识、思想、信息含量不断增加。

电脑和网络以其数字化、全球化和即时性传播信息，但须经手指在键盘上操作。查阅资料、网上聊天、电脑写作、绘制图纸、软件编制、网上广告、网上教学、预约挂号、网上医疗、网上销售、网上付款等均是指工劳动。信息化时代，极大地扩展了指的作用范围，十个手指，几乎无所不能。

（二）指工劳动的简单分类

指工劳动成为当代主流劳动方式，这是人所共知的事实。从大的方面划分，主要有以下几类：

一是商业服务类。车站、机场、剧院、电影院的售票员，商场、超市的收银员，银行、保险公司的营业员等都是操作电脑，联网服务的。

二是文字处理类。作家、记者、编辑、文字秘书等人员几乎每天在用电脑写作，表达其思维成果。

三是机关办公类。政府机关和管理机构的办公人员，作公共政策发布、电子政务处理、机关事务和财务管理等都是电脑键盘上的指工劳动。

四是信息传输类。击键发报、网上报纸、网上杂志、网页更新、网上聊天、邮件发送及手机短信编发等都是指工劳动。

五是教科文体类。教师的电脑备课、教材编写、课件制作和播放等都是电脑键盘上的指工劳动；科研人员的数据分析、学术论文的撰写、学术成果报送等离不开电脑运用；文化界的资料查阅、作品创作、音像播放等也离不开指工作业；网上对弈、网上玩牌等智力较量也用鼠标点击。

六是工农业生产类。工业生产中大量新代机床操控，生产流水线控制等都是通过电脑键盘和鼠标操作实现的。现代农业、生物科技也是运用电脑操控和管理的。

七是医疗类。中医的诊脉、点穴，西医的指检、手术，检查设施如 B

超、CT 等操作，理疗仪使用等均为指工作业为主。

八是乐器演奏类。凭借手指灵巧善变，表达思想情感，既可描述巨浪滔天之壮美，又可叙发高山流水之深情。无论是弦乐、管乐，还是键盘乐器的演奏，其功夫均在十指上。苏东坡《琴诗》云："若言琴上有琴声，放在匣中何不鸣？若言声在指头上，何不于君指上听。"明代黄龙山在《新刊发明琴谱序》中也说："夫琴音之所由生，其本则吾心之出也。"说明心是音乐源头，指是行动器官，琴是表达工具。现代电子琴也只是增加了一项存储和播放功能而已。

总之，电脑和网络的出现，极大地改变了世界事物的联系方式和时空状况，指工劳动成为现代社会最常用最普遍的劳动类型。

（三）指工劳动成为主流劳动方式的原因

为什么指工劳动得到如此广泛运用，并快速发展呢？

除了手指灵巧的生理因素外，主要有三方面原因。

一是生产方式变化。工业社会使手工生产变为机动生产，信息社会又使机器的人工控制变为电脑控制。这样就把原来繁重的体力和手工劳动转换为轻巧的指工劳动。或者说，生产的电气化和信息化把人的体力劳动变换为智力活动。

二是劳动内容变化。当今社会人们已经从体力劳动和手工劳动的重负中解放出来，知识学习、信息收集、数据处理、思想生产、思想传播、思想运用成为人们劳动的主要形式。

三是文字生成和传播方式变化。电脑发明以前，人们用笔和纸写字，速度缓慢，且辨认困难。有了电脑以后，则指击键盘打字、用鼠标绘图。有了电脑、网络和手机后，信息即时可达，还有多少人愿意鸿雁传书呢？

前辈人是在亲人好友圈中生活；这代人是在网络世界中生活，眼睛获取信息，手指回馈信息，实现了个人大脑与网络系统的互动。

如此劳动和生活，手指能不忙碌吗？

（四）指工劳动的重要内容：e 劳动

计算机和网络的普及应用，覆盖了几乎所有生产经营领域和社会生活的方方面面。除了那些计算机信息处理技术专业工作（包括程序编制、数据库和数学模型建立等方面的专业人员）以外，承担各行各业一般工作的员工也必须熟练掌握计算机操作和应用技能。计算机和网络应用以其普惠、便捷、共享等优势，成为人们工作生活中最基本最重要的手段。CNNIC（中国互联网络信息中心）公布的《第37次中国互联网络发展状况统计报告》显示，截至2015年12月，中国网民规模达6.88亿，互联网普及率为50.3%，半数中国人已经常利用互联网。其中，手机网民规模达6.20亿，90.1%的网民通过手机上网；网站总数为423万个；中国网民人均每周上网时长达26.2小时，主要从事信息、商务、娱乐、游戏、金融、教育、医疗、打车等方面活动。[①] 由此可见，网络在国民工作、生活中运用是何等广泛。人们习惯于把从事电脑和网络专业的劳动称为e劳动。其主要内容是程序编制、数据采集、数据分析、数据运用等，其根本特征是数据的时序化编码。从这一意义上说，面对显示屏操作电脑的劳动都可以视为e劳动，这是广义的理解。

e劳动的对象与传统劳动对象不同。e劳动是以知识和信息为实质对象的，e劳动的任务、内容是研究探索事物关系和客观规律，而劳动者面对的键盘和显示器，只是e劳动的形式对象，是辅助思考以及思想成果表达和传输的工具。大数据、云计算技术的广泛运用，又使e劳动的范围得到进一步拓展。

e劳动的成果及其作用也与传统劳动不同。e劳动的直接成果是思想，通常表现为数字化、时序化的信息编码，以符号形态存在。此类信息用于管理即可代替人们大量常规性、重复性脑力劳动；用于控制机器即可大量代替人的体力劳动。思想成果的显著特征是可以无限量地被复制而不减其功效。复制利用过程是低成本的价值增值过程，是经济增长的重要途径。

二、嘴工劳动

“嘴为吐纳器官”，吐的是语言，纳的是食物和水。嘴的两大功能是进

---

①《第37次中国互联网络发展状况统计报告（全文）》，《搜狐新闻网》，2016年1月22日。

食和说话。嘴的进食功能差异是很小的，但其言语能力却有天壤之别。然而，决定语言能力差别的根源是大脑的思维功能及其发挥状况，因此，人们说“有口才者必为人才，人才却未必都有口才”。以嘴作为劳动器官，指的主要是说话、唱歌、吹奏、口技等劳动形式，人类有时也用嘴咬或叼某种东西，那毕竟是偶尔为之。不像虎、狼、鸟类必须以嘴作为攻击或搬运实物的器官，因为，人拥有灵敏的双手。

嘴的说唱能让人认知、让人领悟、让人动心、让人生发忘我的工作热情，也可让人喜不自胜、如痴如狂。嘴工劳动范围较广：诸如学术成果发布与宣传，学术研讨与交流，新产品广告与传播，专业咨询与服务，导游讲解，学习指导，心理辅导，思想教育等均为嘴工劳动。电话、手机以其高度辨声率，使人能听清对方个性化的语音语调，使相距千里的两人只有隔帘之感。

（一）嘴巴功能运用分类

从目的和作用上分，嘴巴功能运用可以分为三个层次：即生存性运用、生活性运用和劳动性运用。

1. 生存性运用：包括用嘴吃饭、喝水、服药，为人类生存之必需。吃饭是为了补充能量，喝水是为了提供水分，服药是为了解除病痛。

2. 生活性运用：包括品尝美味、品茶消闲、品酒助兴等都是人们生活的重要内容。家庭成员间亲情沟通，同事间思想交流，同学间信息传递，朋友间互致问候，说笑歌唱、自娱自乐，青年男女间谈情说爱等，均为人类生活性用嘴。

3. 劳动性运用：是指为了达到一定的社会效果和商业目的而运用嘴巴。诸如：产品推销、咨询服务、心理辅导、专业讲学、学术研讨、主题演讲、行政指令，及文艺界的相声、说书、快板等等，当然，多数情况下是嘴与其他器官联用的。

（二）劳动性用嘴的价值功能

嘴巴是人类最早发育成熟的器官之一。但是，长期以来，人们只注重手的劳动作用，而没有把嘴视为劳动的重要器官。其实，嘴在价值创造中具有许多功能作用：

一是嘴对思想和信息的传输功能。这是嘴巴最为重要和基本的功能。人有想法、有愿望、有创见都要经嘴表达。生活在社会中的人，无论是工作，还是生活都必须进行沟通。尤其是在社会化大生产中，更离不开必要的信息传递和交流。总经理的指示要一级一级下达，一线工人的意见和建议要一级一级上呈，部门与部门之间要保持经常性的联络与沟通，才能使企业各个部分联结成一个有机的整体。企业应当是一个开放的系统，必须与市场、客户及相关协作单位保持经常性的沟通。生产性企业干部员工的口头沟通能力非常重要，营业性、服务性公司干部员工的沟通能力就更为重要。思想表达能力是一种极为重要的能力。中国古代《完璧归赵》的故事介绍，蔺相如以其巧嘴和强嘴传递了赵国不畏强秦的信息，不仅完璧归赵，而且阻止了秦国的侵略图谋。

二是嘴对经验和知识的传播功能。人类帮助后辈成长的基本手段是传授经验和知识，父子相传，师徒相授都离不开嘴的讲解。社会各领域都有一些精英在前沿探索，当他们取得了某些思想成果和有用信息时，就要传播给相关人员和公众，同时，也传授给后辈子孙。新闻发布、数据公布、决定宣布、学术成果公布、新产品宣传介绍等均属传播。课堂讲学、答疑解惑等则属传授，是人类思想成果和精神财富的传承。在这些活动中，嘴说言传仍是最基本的方式和手段。

三是嘴对思想情感的表达功能。管理者说："工作开展很大程度上靠感情基础，靠他人理解与支持。"营销员说："顾客接受产品之前，先是对人品的接受。"可见，无论是组织管理，还是商品营销，要么以思想情感沟通为先导，要么用思想情感掺和其中。人乃情感动物，任何行为均以思想为指导。商业活动中，受众不仅要求物质上得所需，而且，希望情感上得所愿。你有好产品不介绍，你有真诚不表达，他人何以得知？这就需要发挥嘴的功能。沟通交流是工作的重要内容，如果关系不协调就会降低工作成效。恋人们也用嘴表达自己的爱慕之情，一段发自肺腑的内心表白，往往能开启她（他）人心灵的情感之门，获得她（他）人的真诚回应。

四是嘴对情绪和斗志的激励功能。人的思想和情感，既可从观察外界事物而生，更易于受人启发和激励产生。二战期间丘吉尔声泪俱下的广播讲话，唤起英国人民抗击法西斯侵略的战斗激情。毛泽东主席在天安门城楼庄严宣告：“中国人民从此站起来了！”以人民领袖的非凡魅力激起全体人民建设新中国的壮志豪情。

总之，嘴巴不仅具有思想和信息的表达、传播和交流作用，还有相互启发和思维激荡作用。

（三）耳嘴配置的生物学原理

上天给人配置的耳和嘴，为人与人之间的思想、信息、情感交流建立了循环回路。嘴能准确地表达思想和信息，耳能准确无误地接收他人说话所表达的思想和信息。我说你听，你说我听，就实现了二颗大脑之间的链接。如同电脑之间的联网一样，既实现了双方自愿基础上的思想沟通、信息共享，又可在相互交流、相互启发中产生新思想，达到人与人之间互相开发智力的作用和目的。配接电脑的麦克风和扬声器就是模拟人的耳和嘴的功能。

当人类发明和运用了电信技术后，就突破了语言交流的时空局限，极大地扩展了语言交流的时空范围。

在生产领域大量的体力劳动和手工劳动被智能化的机器所代替，在商业领域大量的业务被电商所代替。于是，大量劳动力转向专业化服务业。这样“脑嘴联用”型劳动就成为最重要的劳动方式之一。

大凡以脑力为主的劳动，均属复杂性劳动，必须具有较高的综合素质。从幼儿园到大学的各级各类教师，就其劳动方式而言，属于“脑嘴联用”型劳动。但是，他们必须以眼看书、看作业、看学生表情和表现，用耳听学生的提问和回答。教师必须以自己所储备的知识，并根据学生实际回应做出分析、判断，通过口述、书写、演示，给学生传授知识和答疑解惑。教学质量和效果，取决于教师的知识水平、工作态度和思维能力。一些大学教师，科研任务较重，用笔或电脑写作所占的时间较多。研究工作之艰辛，不在手的负荷，而在脑和眼的疲劳。中医看病，“望、闻、问、切”，也是综合运用眼、耳、嘴、手等器官，先捕捉病情信息，再运用医学知识进行分析判断，然后决定治疗方案。并运用口述介绍医疗和用药知识，对病人作心理安慰，鼓励其与疾病做斗争。脑还指挥手用笔或电脑写病历、开处方和手术操作。

政治家、社会活动家、事业单位管理者和企业白领等，都是以脑为主的综合性劳动。他们不仅要用眼观察，用耳倾听，更重要的是要全面深入地思考，做出正确判断，拿出正确决定，采取正确行动。他们常常通过动口或动指（写字或操作电脑）来表达他们的决定和思想。正是政治活动的这个特点，才使罗斯福总统不因下肢瘫痪而坐困轮椅，最终成就政治伟业、成为政治巨人。

营销员劳动也是综合性程度较高的劳动。是他们把商品推介到消费者手中，使厂方的生产得以为继。对他们有什么特殊的素质要求？必须腿勤、脑勤、嘴勤、手勤；用自己的热情唤起他人热情，用自己的认知启发他人认知，用自己的思想改变他人思想。无论是沿途推销，还是设摊营销，他们都必须热情与顾客招呼，主动与顾客攀谈，耐心介绍和推荐产品；要眼观顾客表情，耳听顾客反映，体察顾客心理，引导顾客意向；并叫价要价，争取较高利润。营销的目标是说服顾客购买，难点是改变顾客想法。所以，经营性公司招收营业员的要求是“人热情、脑子灵、嘴巴巧”。

三、指工和嘴工劳动对文明发展的特殊意义

人乃万物之灵，脸有表情，眼更传神，体态姿势也能表达思想和情感，故有“情人飞眼暗送秋波，演员变脸表达意情”之说。但是，从表达思想的全面和准确程度上看，总归比不上嘴和指。嘴能发出上百种音素，以这些音素为元素，用系统化的语言来准确地表达思想。人之十指，能屈能伸，能击能点，能快能慢，千变万化，且协调配合，能真切地表达思想。一名优秀的手语专家能向聋哑人传输思想达95%以上。人类发明了电

脑后，键盘输入文字比笔写文字更加规范和清楚，网络以光速传输，且遍布世界每一个角落。手机更是消除了一切时空界限，让人们随时随地以指和嘴尽情对话。现代技术能使指动、字幕和声音三者互相转换，从而，可准确表达和传输思想。当然，其中的一部分内容属于生活，未必可列入劳动范畴。

指工劳动和嘴工劳动对推进人类文明的意义主要有四个方面：

第一，生产力意义。指工劳动和嘴工劳动的发展，极大促进了思想成果的广泛传播，从而，使更多的人掌握和运用思想成果，并使思想成果更快更好地转化为现实生产力，促进经济社会发展。只有充分的信息交流，才能催生更多思想成果，促进社会生产活动的协调、配合和发展。可以说，人类文明是在人们的思想、经验、知识和信息交流中进步的。

第二，社会学意义。指工劳动和嘴工劳动的发展，加强了社会成员间的信息交流和情感联络。从而，把社会成员更紧密地联系起来，既有利于相互了解，配合互助，又有利于建立信任，促进和谐，提高社会精神文明建设水平。

第三，思维学意义。指工劳动和嘴工劳动的发展，促进了人们的信息和思想交流，增加了思维材料，激活了思维神经，强化了研究氛围。人们在信息、思想、方式方法交流中深化了对思维规律的认识，从而，促进了人们创新创造能力的提升。

第四，生物学意义。指和嘴的灵巧与大脑功能有关，但指和嘴的频繁使用又倒逼人脑进化，从而，促进人的素质提升和全面发展。

上述分析表明，指工劳动和嘴工劳动发展，不仅促进当前经济社会快速发展，同时，也有力推动人类智力素质和思维能力增强。当指工劳动和嘴工劳动成为人类社会主流劳动方式时，知识、思想、信息的交流、传播和利用将转换出更多的物质和文化财富，更快推进社会文明进步。

第三节 人类劳动演变及发展趋势

一、三种劳动的成效形式

现代劳动如果从工种上划分，可以分为几百种，甚至上千种。但是，从脑力与体力的结合状况和成果形式上分，即可划分为三大类：

（一）实现性劳动创造物质财富

在目标思想和方法思想指导下直接改变对象的劳动，是将思想成果转换为实物成果的过程。其行为是思想的表达，其结果是思想的实现。如工人根据图纸要求制造工件、农民根据经验完成农活等等。其特征有三：一是这种实现性劳动主要表现为通过操控机器设备实施，或体力和手工劳动进行，其价值通过行动来创造。二是实现性劳动创造的价值大小取决于思想，思想等级越高越新，同量体能付出创造的价值就越大。三是倘若没有行动，目标思想和方法思想的运用价值就不能实现。文化产品和精神财富创造也遵循同样原理。

（二）传输性劳动形成信息流与物流

将基础知识、思想成果、有用信息和实物产品进行传播和输送的劳动称为传输性劳动。主要有教育培训、新闻传媒、出版发行、产品推销、广告宣传、邮政、交通、运输、中介服务等等。其特点是以知识、信息、物质为对象，并把对象传送于各地或各种不同的客户面前。其价值创造在于思想信息传输，或使物品发生位移，以满足人们的需要。这种劳动必然在社会上形成一种信息流和物流。

（三）创造性劳动先产生思想成果

以客观事物为对象，在研究认知的基础上，理解掌握事物的规律，提出有别于现有经验和知识的新观点、新思想、新理论和新方法，诸如科学研究出成果、文艺创作出作品、行政管理出对策等等。其特征：一是具有创造性，是此前所没有的，或有别于现有成果的新创意。二是以思想成果的形式公布于社会。未经应用的思想成果自身就有价值，一经运用即转换出更大的运用价值。

三种成效的劳动之间具有密切关系。首先，三者有先有后，从广阔的时空范围看，三者的逻辑顺序一般是先有创意性劳动，后有传输性劳动，再有实现性劳动，当然，其创意也从社会实践中得来。其次，三者有分有合，有时创意与传播结合，有时创意与实现结合。第三，三者有源有流，创意是一切新价值的发端和源泉，物品和信息传输是价值的流动。

二、人类劳动的现代嬗变

近一个半世纪以来，人类社会的生产方式发生了显著变化。这些变化反映在劳动上，主要表现为以下三个方面：

（一）劳动分工日趋细密，生产联系日益广泛

在手工业时代，一把斧头是由铁匠师傅个人打造完成的。而今，在社会化生产条件下，却分为锻料、炉烧、制坯、砂口、热处理等环节和工种，由若干车间、若干工序来完成。分工细密的目的在于提高专业化程度和产品质量。斧头生产是较简单的商品生产，若是彩电、汽车、飞机等结构复杂的商品，则零配件几百只、上千只，协作厂几十家或上百家，分布于世界上许多个国家。联系广泛而紧密，相互依赖性强，协作显得尤为重要。一个配件质量低下都会影响产品的整体质量，一家分厂工时延误都将给总装厂带来经济损失。在社会化大生产的背景下，每一个工人的劳动都是社会总体劳动的一部分或一个环节。每个劳动者都将个人劳动融于社会总体劳动中，体现其作用、价值和意义。

（二）脑力劳动增多，体力劳动减少

由于机器不断发展和能源广泛运用，在社会总体劳动中，人的体力劳动日益减少，脑力劳动不断增多。在工业化初期，从事体力劳动和手工劳动的蓝领工人是大部分。“1956 年美国的劳动力结构中出现了以脑力劳动为主的‘白领’人数超过了以体力劳动为主的蓝领人数。在 20 世纪 80 年

代美国‘蓝领’降到30%左右；90年代进一步下降到10%。西欧一些经济发达国家‘蓝领’比例也相应降到15%，这一进程仍在持续。美国预计在21世纪‘蓝领’持续下降至5%，表明了不可阻挡的历史大趋势。至于农业劳动力美国已只占全部劳动力的2%，而欧洲各国也均在5%以下。这一变化是从工业革命开始的社会化大生产的必然。”① 在美国从事知识生产、知识传播和知识运用的脑力劳动者，已占劳动者总量的80%以上。因此，全社会绝大多数人都将转入以脑力劳动为主的思维性劳动，并成为价值创造的主要力量。

（三）智力要求提高，体力要求下降

在农业经济时代和工业化初期，农民和工人主要从事体力和手工劳动，因此，对劳动者的体力要求较高，而对智能要求一般。随着劳动岗位素质要求结构的变化，社会对劳动者的知识、智能要求不断提高，而对体力要求有所下降，仅仅要求具有良好的体质。因为，当今多数岗位的劳动效率不是取决于体力的大小，而是取决于智力的高低。许多公司创造价值和效益，不在于劳动者的数量，而是在于劳动者的智力。银行业、证券业、信息业、广告策划、规划设计、决策咨询等行业均是凭借为数不多的高智员工创造人均极高的产值和利润的。全社会教育程度提高，不仅要求脑力劳动者高智能，而且，要求体力劳动者也具有良好智能。从总体上看，高智能的劳动者不仅易就业，而且薪酬高；体力型劳动者即便就业了，薪酬也不会高。

三、人类劳动的发展趋势

近代以来人类劳动的内容和方式都正在发生难以想象的变化，在21世纪，这种变化还将继续下去，也许会变得更快。

一是劳动方式脑力化。随着智能制造时代的到来，人类劳动中体力劳动的比例将进一步减少，脑力劳动和知识服务还将继续增多。在生产领域

---

①刘吉：《论与时俱进》，载《学习时报》，2003年8月25日第3版。

的体力劳动绝大多数将被智能化机器所代替，在定价销售、存款取款、问题咨询等服务领域也部分地被高智电脑所代替。因此，人们所从事的劳动绝大多数将在创新型脑力劳动领域内，包括科研、教育、医疗、设计、咨询、文化、传媒、艺术、保健和休闲服务等行业中。

二是劳动用脑高端化。由于电脑的广泛运用，简单重复性的脑力劳动已被电脑所替代。因此，脑力劳动者有了更多的时间精力从事创新性的高端脑力劳动。商务计算用电脑，营业员可注重从知识、态度、精神上提高服务质量；文学创作用电脑，作家避免了誊写的辛劳，有条件在主题、情节、话语上做得更精彩；制造性企业大量采用智能化设备，显著提高了生产能力，更有条件集中人才开发新产品。由于脑力劳动向高端转移，对人的素质要求不断提高，知识学习和智能训练就成为一种社会化的需求。所以，进行学习能力训练、记忆能力训练、逻辑思维能力训练、创新能力训练的机构和职业应运而生，并逐步发展成为一种新兴行业，展现了广阔的发展前景。

三是劳动对象同类化。马克思所处的时代，社会生产力尚不发达，人们必须共同或分头面对自然，获取自然物进行加工改造，使之成为人类的有用物品。人类忙于获取物质生活资料，顾不得予以同类更多的知识、信息、健康、人文、艺术等方面的关怀。同时，对人类自身智能开发的重要性也没有充分认识。因此，马克思侧重关注“劳动首先是人与自然的关系”。在当时的历史条件下，人们的劳动对象主要是自然物。而今不同，物质资料生产大部分已被能源推动的机器所承担，人的劳动大量地转向直接为他人服务、为自己的同类服务；服务者是人，服务对象也是人。

面对同类的服务性劳动，无论是以机构为主体，还是以个人为主体，都可以分为几种类型。

一是为他人提供生活服务。这种劳动的目的是提高他人的生活质量。如为他人理发、美容，给他人介绍生活知识。手工服务一般需要直接面对，咨询服务可用电话、手机或网上交流。

二是为他人提供健康服务。这种劳动的目的是促进对象健康。当面诊病治疗，介绍医疗知识，实施保健推拿，也有远程诊断、网上咨询等。

三是为他人提供享受服务。这种劳动的目的是让对象愉悦。如音乐演唱、舞蹈表演、导游解说、陪聊解闷等。

四是为他人提供发展服务。为了提高对象的素质，予以教育培训，传授各种知识；施以技能训练，提高实际能力；提供信息服务，增加发展机会；接受对象咨询，解决发展难题。既可以面对面进行，也可通过电话、网络和其他形式进行。对他人和后辈进行智力开发服务，已经成了人类劳动的重要内容。

五是对部属实施各种指导。开展谈心交流，传递相关信息，征询部属意见，指导工作方法，训导行为规范等。

根据上述分析，对象同类化的劳动可以分为三个层次：一是直接作用于他人肌体的劳动，如推拿、泡脚、手术等。二是影响他人思想的劳动，如教学、指导、咨询等。三是协调人际关系的劳动，对人们个体、群体和社会各方关系的协调，如劳动关系、工作关系、感情关系和利益关系的协调。当然，从事上述三个层次劳动都必须对相关规律进行学习、研究、掌握和运用，也就是说必须在相关知识和思想指导下进行。

劳动对象同类化对劳动者的素质提出了新的更高要求。诚然，制造物质产品也是服务于同类，但生产者直接面对的是物。只要劳动产品质量好，消费者对劳动者的涵养、态度、礼仪、表情等都没啥要求。但是，当把人作为自己直接的服务对象的时候，对劳动者的形象、涵养和表达能力的要求就明显提高，劳动者只有态度真诚、知识渊博、专业精通，才能使服务对象感到满意。

四、劳动对象同类化的原因分析

人类劳动原本是以自然物作为主要对象的，反映的主要是人与自然的关系。为什么到了现代社会，人们的劳动和工作就主要以自己的同类，即他人，作为服务对象了呢？劳动反映的就主要是人与人之间的社会关系了呢？服务对象同类化原因何在呢？

其一，社会对劳动者素质要求提高，需要大量有知识懂专业者从事教育培训工作，他们的工作对象当然是人。人们已经充分认识到了人才的重要性，个人、家庭和单位都空前地重视劳动者和后备劳动者的教育培训。原先直接面对自然物的劳动，由电脑控制、能源推动的机器所代替了。但是，生产流水线和机器人的设计者、制造者和操作者，都需经过许多教师的知识传授、技术指导和技能训练，必须经过同行专家的带授、指导和点拨。由此可见，一名智力型劳动者的成才是若干智力型劳动者参与塑造的共同成果。

其二，人们对信息消费和文化生活的热切期盼，需要大量的人从事传媒和文化艺术产业，他们的服务和工作对象也是人。人生处处有选择，要正确选择就需要有信息。信息是重要资源，信息和信息利用可以带来很大价值。所以，人们每天需要获取信息。然而，大多信息是劳动的产物，报社、电台、电视台和网站每天派出大量的记者采访收集信息，记者的工作就是获取信息、筛选信息、整理信息，再传播于更多的人。人们生活离不开文化哺育和艺术熏陶，这又需要大量文化艺术工作者面对观众开展文化艺术服务。

其三，社会化大生产要求多方配合，需要很多人从事协商和调度工作，他们必须联系各方人士。现代生产劳动分工相当细密，一架波音客机三千多个零配件，分散到多国生产，质量标准、时间期限、成本控制等都要通过沟通协商来实现，其协调工作的对象就是人。机械化生产使一线工人显著减少，管理人员明显增多，管理者的工作对象主要是人，这些白领工人就主要是做人的工作。

其四，市场拓展需要大量人员从事联络和营销，供销人员天天与人打交道。在市场经济背景下，生产经营要素分散在市场上，企业产品销到千家万户。采购、批发、零售等商业网点大量人员在服务，商品是载体和媒介，服务对象是人，因为是否购买是人决定的。任何经济体都必须与大量的客户和协作单位打交道。市场化实质上是经济上的民主化，人是市场运行的实际主体，除了产品优质，还要求服务优良，才能赢得较大市场份额。企业中公关部、营销部的人员几乎全部是做联络工作的。

其五，利益关系复杂化，需要大量人员从事管理和协调工作。分工细化后管理难度增加。工种多样化，作用交叉化，人的劳动贡献差异增大，使利益分配关系也复杂化。作为分配依据的考核评估就增加了许多工作量。社会上，分配可以借助市场机制，但是，单位中还是靠人事管理和绩效考核部门来统筹。管理者的大量工作是沟通协调，处理人际关系能力成为管理人员素质的重要方面。基于此，人们说“情商比智商还重要”。另外，由于公共服务和社会利益调节的需要，国家选拔了适量的公务员，他们都是为民众服务的。

其六，人们对健康和生活质量要求提高，需要很多人从事医疗、保健、休闲和娱乐行业。现代社会，健康不只是应对紧张工作的需要，而且是人们的一种生活目标追求，绝大多数人希望自己活得健康、开心和长寿。休闲和娱乐既有身体保健、精神蓄养和提高生活质量的作用，也对人的思维能力增强具有基础性和辅助性作用，这些服务性劳动都是直接作用于人的。

令人振奋的是人与人之间智力的相互开发受到了前所未有的重视，成为人类劳动的首要部分，“教育强国论”就是一项佐证。智力开发是人类知识生产和文明进步的根本动力。人们懂得智力开发和利用是价值创造的根本源泉，于是，努力通过人与人之间的影响和作用来开发智力、激活思维、加快对事物规律的认知和掌握。教育是一种知识传播式智力开发；咨询是一种启发指导式智力开发；学术研讨是一种交流互动式的智力开发；思维训练是一种强化性的智力开发。物质产品生产和创新依靠人，人类的智力开发更依靠人自身。人的智力开发，越来越成为人们劳动的根本内容。为什么基础教育、职业教育、高等教育和技能训练等行业迅速发展？因为，不仅是新生代劳动者需要教育培训，而且，全社会就业者也需要继续学习、培训和进修，就是过退休生活的老年人也需要学习养生保健、娱乐活动、身心调适、延年益寿等方面的知识和技能。总之，培训学习、信息获取和保健益智是人人需要、终身需要的，这些行业产业的前景绝不亚于食品、服装等恒需产业；因为，后者主要出于人的生活需要，前者则是人的发展需要。

第五章　脑体关系与劳动本质

人类劳动表现为大脑支配下的肌体或器官活动。脑力劳动与体力劳动难以截然分开。然而，人们习惯于把以体力为主的劳动称为体力劳动，把以脑力为主的劳动称为脑力劳动。本节讨论劳动中脑力与体力的关系，进而揭示人类劳动的本质特征。

第一节　体力劳动和脑力劳动的强度等级

无论是体力劳动还是脑力劳动，均可分为许多强度等级。

一、体力劳动的强度等级

体力劳动工种很多，大致可以划分为四个等级。

（一）重体力劳动

这类劳动要求劳动者体能较强、体力较大，有一定的劳动经验，而对智力、知识要求不高。如装卸货物、搬移家具、堆砌石头、拉双轮车等。

（二）一般体力劳动

要求具有良好体能，劳动要领和方法比较简单，只要大脑和肌体正常，经过简单学习就会干。比如挖土、拔草、扫地等。

（三）初级技术劳动

要求劳动者具有一定的智能和体能，并经师徒相授、技校培训之类的专业技能练习，掌握基本要领和技巧，不然，难以开展有效劳动。比如一般技术水平的木匠、篾匠、吊车、推土机、铸工、泥水工、油漆工等。劳动方式以动手为主，虽有技术要求，但多数属重复性思维。

（四）高端技术劳动

表面看是技术性的体力劳动，但要求特别高，普通技工干不了，必须动脑筋创造性地运用方法和技巧。劳动者属能工巧匠，甚或工艺大师。虽然是手工劳动，其实，时时都在动脑筋、求创意，可以说是以手工劳动表达的脑力劳动。如铸造、制瓷、雕塑、雕刻，吊车、推土机、挖土机操纵等方面的高级技师，劳动体力消耗较大，但其价值创造主要取决于智力。虽然人们习惯上视为体力劳动，但从价值来源上看当属脑力劳动。

二、脑力劳动中的知识运用与知识创造

脑力劳动的基本特征是运用知识和智能，其能量消耗在于大脑的剧烈思考。紧张思考使大脑血流量增加，耗氧量增大，使头颅升温、精神疲倦。根据用知用智和价值创造的不同可以分为三种类型：知识直接运用为主的劳动，知识创造性运用为主的劳动和新知识创造为主的劳动。

其一，知识直接运用为主的劳动。就是把头脑中所储存的知识直接传输出来，如照本宣科的诵读，文字材料的抄写、输入，一般性的教学，常用知识的简单答问，常见病的常规用药等，其特征是基本上不需要创造性思维。

其二，知识创造性运用为主的劳动。就是以知识为材料和工具，用于解决具体问题的劳动。如教师富有艺术性的因材施教；医生在深入分析和准确判断病情基础上的治疗方案制定；工程师、技术员解决生产中的技术问题以提高生产效率；等等。

其三，新知识创造为主的劳动。以客观事物为对象，以信息为材料，以知识为工具，经大脑分析、判断、整理、提炼，发现客观规律并予以描述，创造思想成果，成为新的知识。如：科学家的科学发现和理论创立；发明家的技术发明与产品创新；政治家的制度和政策创新；教育家对教育

和成才规律的发现、总结以及创造性的教育实践；记者有典型意义的新闻报道；运用理论和经验的实际管理工作；文学艺术家创作出反映时代精神的源于生活而高于生活的艺术作品等。

可见，同是脑力劳动者，其劳动难度和强度也是大不相同的。

三、体力劳动与脑力劳动的主要区别

体力劳动和脑力劳动多数情况下难以完全分离。但深入分析两者主要有下列区别：

一是劳动对象和作用方式不同。体力劳动是脑子关注并肌体直接作用于劳动对象，而脑力劳动则把对象作为思维对象和材料；体力劳动一般作用于有形对象，脑力劳动的对象可以是有形的实物，也可以是无形的概念和规律。

二是劳动成果表现形式不同。体力劳动成果通常表现为对象物的形变、质变、位移、分离、组合等；脑力劳动成果表现为对现象、规律等的发现、表达、传播和运用等。

三是成果来源主因不同。体力劳动成果主要取决于体力持续投入多少；脑力劳动成果则主要取决于劳动者的观察能力、记忆能力、联想和想象能力，及其思维的方式和方法，也即创造力。

四是消耗的能量形式不同。体力劳动以消耗体能为主，消耗脑能为辅；脑力劳动则以脑力消耗、精神疲惫为主，消耗体能为辅。

五是劳动的时空要求不同。体力劳动直接作用于劳动对象，对象在何处劳动就在何处，具有确定的时空。离开劳动场所就离开了对象，不能继续该项劳动，所以，劳动者的劳动时间与生活时间可以截然分开。脑力劳动则不同，只要思考的对象已入脑，则任何时空均可思考。因而，脑力劳动者的工作时间与生活时间、工作场所与生活场所是难以完全分开的，就是说，脑力劳动不受时空限制。一次爱因斯坦在路边等一位朋友一个多小时，朋友一到就道歉，爱因斯坦却说："不要紧，我正工作得很好。"多数科研人员、领导人和管理者在离开办公室后仍然在思考问题。

六是脑力劳动和体力劳动两者相互依赖的程度不同。任何体力劳动皆离不开动脑子，因为没有脑的指挥，肌体是不能有目的地活动的；脑力劳动在其非传输阶段，也即纯脑劳动阶段，基本上没有肌体行为，但也要消耗能量。在收集思维材料阶段，眼、耳、手都要用，表达思维成果就必须动嘴动手，当然还有其他方式。

我们可以对体力劳动与脑力劳动的不同特点进行比较，如表 5 - 1 所示。

表 5 - 1　体力劳动与脑力劳动特点比较

	体力劳动	脑力劳动
能耗结构	体力消耗为主，脑力消耗为辅	精力消耗为主，体力消耗为辅
劳动对象	以原材料为劳动直接对象；以物化知识（机器设备）为劳动的工具对象；以知识、经验等为方法和手段	以客观事物及其信息为材料对象；以知识和经验为分析工具，以表达工具（纸笔、电脑键盘）为直接对象；以信息、规律等为内容对象；在咨询等服务领域里，以客户为直接服务对象
劳动方式	动手（或其他肌体）为主	思维为主
劳动工具	实物工具、机器设备	知识经验、思维方法、表达工具
劳动成效	改变劳动对象	产生思想成果
成果表现	实物产品	知识、信息、文化和服务产品

四、体力劳动者与脑力劳动者的潜能发挥差异

体力劳动者与脑力劳动者的能力和劳动成效差异特点是不同的。我们可以作如下分析：

第一，劳动者体力劳动能力和成效差异较小。与许多大动物相比，人类的身高、体重都是不大的，人类的体力是很有限的。劳动者之间体力劳动能力通常只有一两倍的差别，很少有超过三倍的。比如一般人能扛 60 公斤，最能扛的人也只不过扛 100 多公斤；一般农民一天手工收割稻谷半亩，速度最快的农民一天也仅能收割稻谷一亩多。

根据这一规律，在体力劳动领域，让劳动者之间的收益分配适当有些差别是可以的，但是，若分配收入差距大于平均值的三倍，就不合理。

第二，劳动者脑力劳动能力和成效差异很大。由于遗传基因、成长环境、教育程度、工作经历等因素的不同，劳动者脑力劳动的能力差异是相当大的。一些人的大脑能创造价值巨大的思想成果，但也有的人只能适应简单劳动。脑力劳动能力的差别是数十倍甚至千百倍的。三国时代，孙权殿下的文官皆属名儒，然而刘备阵营的诸葛亮学胜一筹，故能舌战群儒。20 世纪 50 年代著名物理学家钱学森要回中国时，美国国防部一位副部长说："钱学森不管放在哪里都顶得上五个机械化师。"人才学家说："论绘画，十万个普通人也顶不上一个齐白石。"

根据脑力劳动者的能力和成效差异原理，国家和社会对有突出贡献的脑力劳动者应予以充分尊重和表彰。

体力劳动者与脑力劳动者不仅能力差异特点不同，而且，两者潜力发挥的弹性空间也大不相同，可以用发挥曲线来表示。

劳动者在不同的环境和精神状态下，其发挥劳动潜能的状况是不一样的。我们可以通过研究来比较劳动者体力劳动发挥曲线与脑力劳动发挥曲线的差别。

劳动者在正常状态下的劳动能力发挥，称为常态发挥；在高昂情绪下的劳动能力发挥称为高态发挥；在情绪低落时的劳动能力发挥称为低态发挥；当情绪低落到停止工作时，即为零值。然而，我们若分别绘出体力劳动和脑力劳动两种类型劳动的发挥曲线，则可发现其曲线差异很大，并可发现不同的特点和规律。

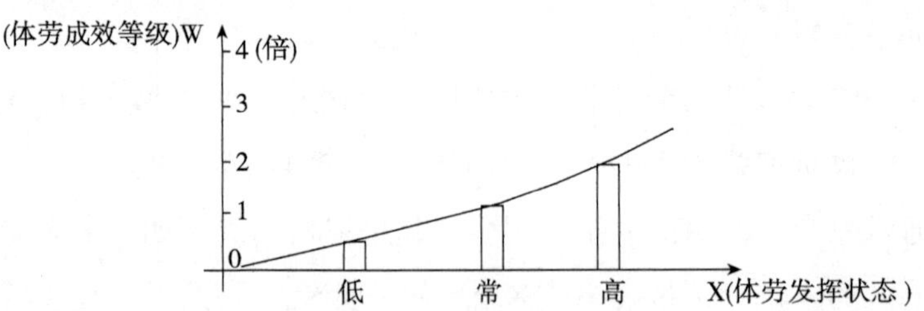

图 5－1　体劳发挥成效

如图 5－1 所示是体力劳动的发挥状态（强度）曲线。X 轴表示体劳发挥状态，W 轴表示体劳成效等级。曲线表明当劳动者情绪高昂时，单个劳动者发挥的作用可以顶上两倍的常态发挥，甚至更大一点；当劳动者情绪低落时，可能会显著降低劳动效果，甚至可能降低为零值。至于劳动者有反抗情绪时，可能达到破坏机器的程度，那就不属于劳动范畴了。

图 5－2 所示，是脑力劳动成效发挥状态曲线。Y 轴表示脑劳发挥状态，W 轴表示脑劳成效等级。曲线表明当劳动者情绪高昂、积极思考时，脑力劳动的成效比常态下可以提高几十倍、上百倍；当情绪低落时，其作用甚微，甚至为零值。若引发对立情绪，启动破坏性思维并付诸实施，则后果更加严重。当然，破坏性思维不能算作劳动。

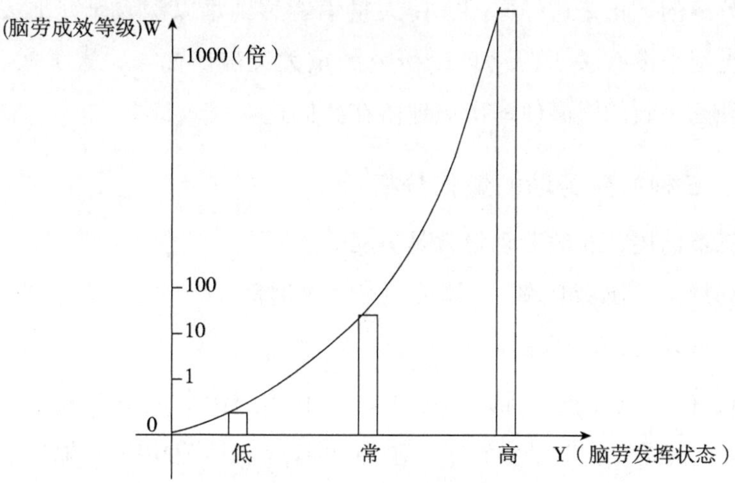

图 5－2 脑劳发挥成效

因此，劳动组织者和管理者，既要重视制度化管理，又要加强人性化管理。只有充分激发劳动者的劳动热情，才能使劳动者发挥最大创造力。

第二节 脑力与体力剥离分析：思维两段结构理论

人所共知，在实际劳动中体力劳动和脑力劳动是难以完全分离的。没有基本的大脑智能，体力再大也不能进行有效劳动。牛、马、骆驼、大象等即使经受过训练，能受人支配活动，也不能进行自主意义上的劳动；反之，人类若没有基本的体能，大脑又怎么能正常思考？口不能言，手不能动，纵然有很宝贵的思想成果，又怎么能表达出来呢？被卢伽雷病禁锢在轮椅上的霍金几乎是与牛顿、爱因斯坦齐名的大物理学家，其脑力劳动的能力和成就属人类顶尖水平，然而，其一般意义上的体力劳动能力却几乎为零，但又绝对不为零。如果，他连一个手指也不能动，肌体活动能力绝对为零的话，就无法把他的思想成果从大脑中传输出来。霍金就是依靠其尚且会动的两个指头按动电键，用电脑表达和传输其思想成果的。

实践表明，脑力劳动和体力劳动在实践中是相互交叉、相互依存，难以完全分离的。正是这一原因，使大量学者感到难以深入研究下去，以致一个半世纪来没有关于劳动理论研究的重大突破。如今，人类实践发展，使劳动理论突破的崇高使命历史地落在我们这一代人身上。

一、三种特殊劳动的量化分析

第三章已述，有效劳动量就是劳功。

劳动量 = ［脑劳功率 + 体劳功率］ ×时间

其字母式为：$L = (p_k + p_E)t$ (1)

公式（1）适用的前提是脑劳功率 p_k 和体劳功率 p_E 输出稳定，劳动时间 t 连续。但是，在劳动实践中，脑劳功率 p_k 和体劳功率 p_E 输出总是不稳定的，随着时间变动，是时间 t 的函数。劳动通常是一个微段接一个微段地进行，劳动时间 t 也难以连续的。设劳动微段时间为 Δt，该微段内的脑劳功率 p_k 和体劳功率 p_E 均为确定量。随着时间 t 变化，某一段时间内的有效劳动量，即劳功，就应当通过求和计算。

作为一种简化的研究方法，我们先把人类劳动抽象出三种典型的劳动类型作初步讨论。

第一种是一般体力劳动。这类劳动工种很多，只要求一般性智能，发挥的脑功率是基本稳定的，可以把脑功率 p_k 视为常量。在式子 $L = (p_k + p_E)t$ 中，其劳动绩效主要决定于体劳功率 p_E 和劳动时间 t 两个变量。若体力付出是不同或不稳定的劳动，即需要将在时间 t 内的 n 个微段体力劳动量用数学公式求和。可以表述为：$L = p_k \times t + \sum p_E(t_i)\Delta t_i$（$i = 1, 2, 3, \cdots, n$），如第三章所述的工地上拉斗车，其智能投入是相近的，但每人每车拉的重量可不同，劳动绩效是付出体能和时间两个变量的函数。

第二种是一般脑力劳动。这类劳动工种也不少，体力投入是很接近的，即在 $L = (p_k + p_E)t$ 中体劳功率 p_E 可以视为常量。劳动成效主要取决于投入思考的脑力 p_k 与劳动时间 t 两个变量。若脑力付出是不稳定的劳动，即需要将在时间 t 内的 n 个微段脑力劳动量用数学公式求和。即：$L = p_E \cdot t + \sum p_k(t_i)\Delta t_i$（$i = 1, 2, 3, \cdots, n$），如第三章所述，写5000字的文章，可以抄一篇，也可以拼凑一篇，最好是创作一篇。动手的差别并不大，但用脑的程度大不相同，文章的质量和价值也不同。若用电脑在网络上下载一篇他人的文章充数，劳动量就更小，其价值也小，充其量只有传播价值。

第三种是脑体并用型劳动。这类劳动中操作的每个环节均需动脑子分析并作出判断，思维的每一结果都需要肌体去表达、贯彻和实现。在时间 t 内其劳动绩效由 p_k、p_E、t 等三个变量共同决定，脑劳功量和体劳功量都必须求和，可表达为：$L = \sum p_k(t_i)\Delta t_i + \sum p_E(t_i)\Delta t_i$（$i = 1, 2, 3, \cdots, n$），如外科医生做手术，科学家做实验，高级工程师修理复杂机器等都是边看边想边干的复杂劳动。

值得注意的是：脑力劳动量（$p_k \cdot t$）和体力劳动量（$p_E \cdot t$）的单位是不同的。体力劳动量可用物理量描述，脑力劳动量却难以用物理量描述，两者难以比较，更难叠加。好在不论是体力劳动成果，还是脑力劳动成果，一进入市场就有了价值评估。当两者均转换成商业价值时就便于比较和叠加了。况且，人们所关注的主要是成果和绩效。一般来说，体力劳动价值与劳动强度成正相关，脑力劳动价值与劳动绩效成正相关，两类劳动最后都落实到绩效上。所以，有效劳动的强度、绩效和价值三者是相统一的。

二、脑体剥离分析与劳动工种排序

现在考察体力劳动和脑力劳动中脑体剥离分析的情形。为研究方便，我们分别考察以体力劳动为主和以脑力劳动为主这两大类劳动的不同排序。

我们采用从个别到一般的方法来研究这一问题。扫地、拌沙灰、搬砖块等三种劳动是体能消耗程度不同的劳动。搬砖块体能消耗较大，拌沙灰次之，扫地较轻松。三种劳动都必须有大脑支配，即需要投入一定量的智能，但运用智量不大，要求也不高，且比较接近。三种工种的劳动，均可以分解为纯脑劳动和纯体活动两部分。其劳动工种强度排序于 X 轴，W 轴表示劳动强度或绩效，如图 5－3 所示。

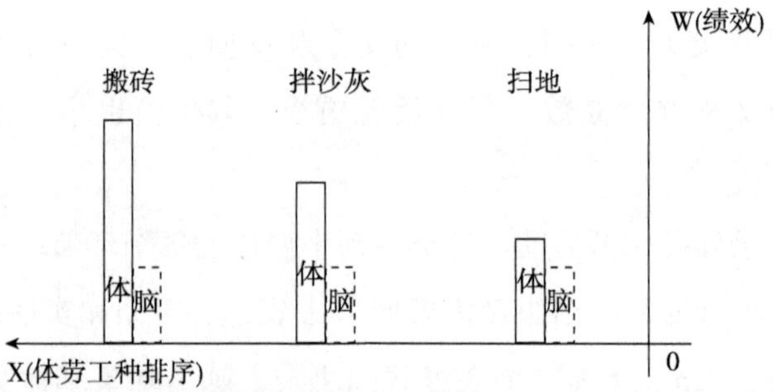

图 5－3　三种体劳工种排序

在人类的体力劳动中，扫地、拌灰、搬砖只是千百样工种中的三项。设想此三项以外的其他体力劳动工种可以按其强弱排列分插其间，使之“连续”，即可描出脑体分离后反映纯体活动工种与强度（绩效）关系、纯脑劳动工种与强度（绩效）关系两个分项构成的二条图线。假设体劳绩效与强度正相关，如图 5－4 所示。

若用 E 表示体劳中变动较大的纯体活动强度，$\underline{K}$ 表示体劳中的纯脑劳动基础强度，K 表示体劳中差别不大的纯脑劳动强度。图 5－4 可以理解为：实线 OE 表示体力消耗强度工种变化曲线，其绩效是随工种中体力消耗增强而增大的。虚线 $\underline{K}K$ 表示脑力消耗强度工种变化曲线，强度变化不大，近似直线。表明在体力劳动领域内，脑力消耗是很接近的。实践中，

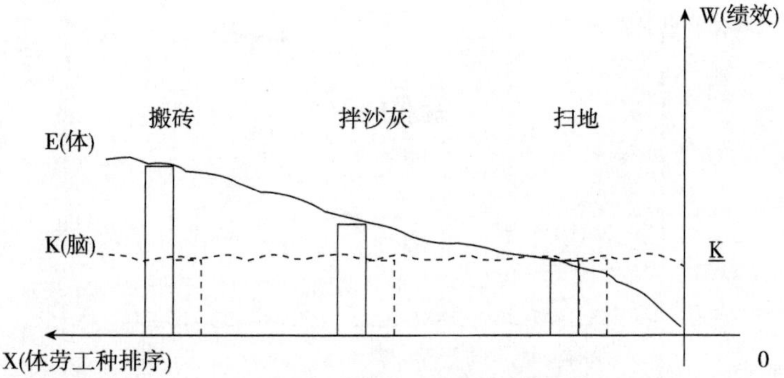

图 5－4　所有体劳工种排序

纯体活动与纯脑劳动的价值是可以通过市场评估用统一的价值单位进行叠加的，那么，体力劳动价值就等于纯脑劳动与纯体活动价值之和：$W = E + \underline{K}$，画成价值图线就是图 5－5 所示。

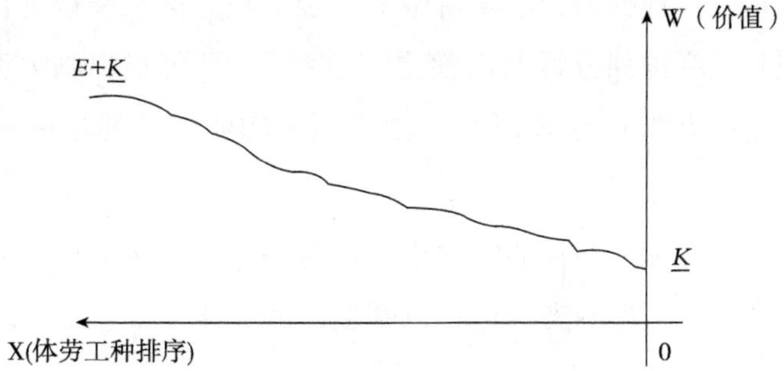

图 5－5　所有体劳价值排序

现在，我们来分析脑力劳动的状况。

设想有三个项目的脑力劳动：一是一部书稿排版后的文本校对，二是一条生产流水线的创新设计，三是一个新学科的理论创立。三项劳动均由纯脑劳动和纯体活动两部分构成。假设三项脑力劳动经历了相同的时间，三项脑力劳动的难度、强度和市场价值量差异很大，但体力支出的差别却较少。其脑力劳动项目强度排序于 Y 轴，绩效或价值表示于 W 轴，即有图 5－6。

若用 $\underline{E}$ 表示脑劳中纯体活动消耗，图 5－6 可以解释为：文本校对、流

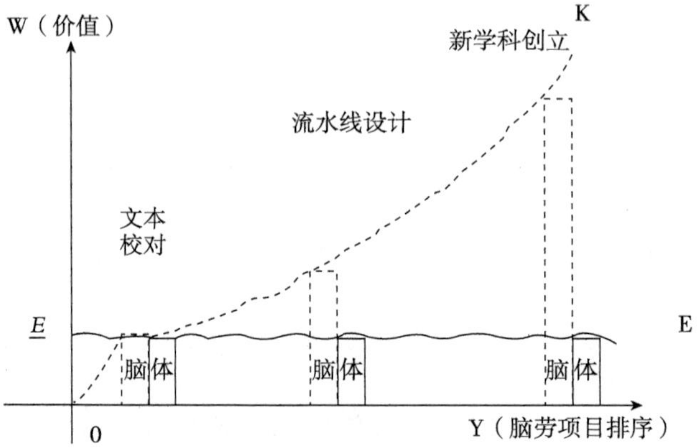

图 5-6　三种脑劳项目排序

水线设计、新学科创立三项劳动所付出的纯体力活动是相近的，但脑力劳动强度及其市场价值差距却很大。可以想象文本校对、流水线设计和新学科创立，只是千百种脑力劳动项目中的三项。设想此三项以外的其他脑力劳动项目按其强度排列分插其间使之"连续"，即可描出脑力劳动项目排序曲线，即图中虚线 $O \sim K$ 所示。排序项目的体力消耗相近，如图 5-6 中实线 $\underline{E} \sim E$ 所示。

与体力劳动同理，在社会实践中，体劳与脑劳的绩效价值可经市场评估换算成相同单位，即两者价值可以叠加，就有 $W = \underline{E} + K$，如图 5-7 所示。

经过以上分析，我们发现：以体力为主的所有工种劳动均需要一定的脑力支配，但脑力支付的劳动量差别不大，我们称其中的脑力部分为普通纯脑劳动。在该领域内较大的差别在于体力付出，体力付出越大，通常价值越高。而在以脑力为主的劳动项目中，脑力做出的绩效价值差异却是巨大的，但所支付的体力是较为接近的。我们称其中体力部分为人类普通纯体活动，在此类工种中纯脑劳动绩效越大，价值也就越大。因此，**有结论：如果是普通思想指导下的体力劳动，就是体力大小和作用状况决定劳动成效；如果是一般体力支撑下的脑力劳动，则由大脑思维成果决定劳动成效**。技艺类劳动，表面看是体力劳动，而实质性差别在于脑力。纯体活

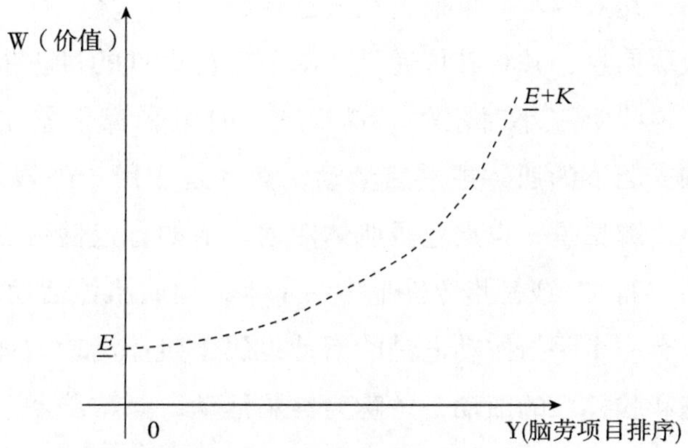

图 5－7　所有脑劳价值排序

动是剥离了脑支配的一种假设，所以，暂且不称其为劳动。

三、人类全部劳动的构成分析

在分析了体力为主的劳动和脑力为主的劳动以后，可以利用前面的基础进一步分析人类几乎全部劳动的工种构成状况。

（一）体劳与脑劳的分界点

长期以来人们苦于体力劳动与脑力劳动的交叉并用，以为无法分离，致使研究工作难以深入下去。难道体力劳动和脑力劳动真的无法分离研究吗？两者之间不存在任何界点吗？

首先，我们撇开体力劳动和脑力劳动的社会内涵，单从生物学意义上对人的活动进行分析。人在大脑中枢支配下的活动可以分为存在本质区别的两大类：第一类是脑支配的非脑器官的活动。大脑支配肌体活动是包括人在内的一切动物的共同特性。就是脑反映和思维指令经由神经系统传导，支配肢体和器官活动。这一过程，于脑来说是对外界信息刺激的反映，是脑的生物功能作用，对肌体来说是受脑支配的行动。诸如肩扛、手提、指抓、腿蹬、头顶、嘴说等等，均属脑支配的肌体活动。一般动物虽然也有脑，但主要是本能反应。第二类是脑的思维活动。脑的思维是生物学意义上的脑细胞和脑神经递质活动，是对外界信息的感知、整理、加工和创造性反映，是人的本质特征。在人运用眼、耳、鼻、舌、肤等感觉器官，从外界获取信息，并将其传递至大脑，进行思维的过程中，能量消耗也是很大的。连续听三小时报告、观看三小时电影都很累。现在我们定义：**凡在人脑支配下的肌体或器官活动，尤其是作用于外界对象的行动，不论强度大小，哪怕是一点点也属肌体活动。**诸如肯定性地点一下头，表态性说一个字“行!”或是指令性地挥一下手，均属肌体活动范畴。甚至，像霍金一样只有一个手指按动电键的活动也属于肌体活动。现在定义：**只有纯粹脑细胞和脑神经的活动，才称为纯脑活动，简称脑动。当动脑的结果，即思想表达传输出来，并具有社会意义和价值时，就是脑力劳动。**享受性地看和听，身体也会疲劳，若动脑筋就更疲劳。集中注意力地听和看等获取信息的劳动应归入脑力劳动范畴，因为，获取信息既有脑的作用，同时又作用于脑。这样，我们就从生物学和思维学角度上找到了纯体活动与纯脑劳动的分界线。剥离了脑支配的纯体活动只是一种概念，人类的绝大多数肌体活动都是大脑支配的有目的的行动，而专事思考的纯脑劳动是很普遍的。但人类大部分劳动都是纯脑劳动与纯体活动的叠加和结合。

（二）脑力劳动与体力劳动的拼合分析与段类划分

为了利用前面的研究基础，我们把体力劳动工种排序曲线图 5 -4 和脑力劳动项目排序曲线图 5 -6 拼合起来，就得到人类体力劳动工种和脑力劳动项目排序全图，如图 5 -8 所示。

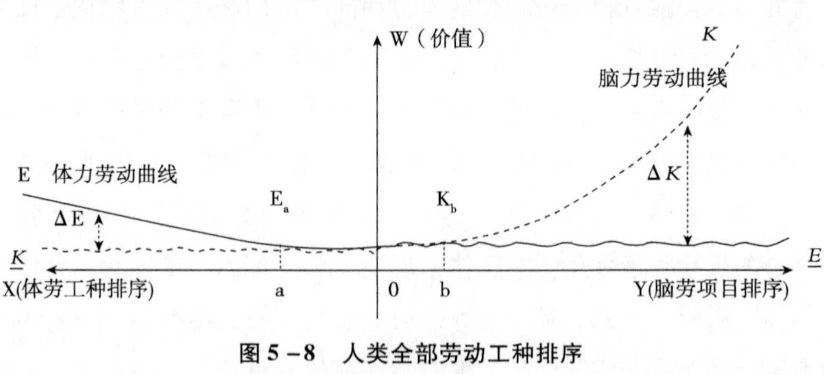

图 5 -8　人类全部劳动工种排序

我们现在设想不论是脑力劳动还是体力劳动，只要有动，就不能为 0，这样，就可以使脑力劳动曲线与体力劳动曲线能左右相连。图中实线曲线 $\underline{E} \sim E$ 就是人类劳动纯体活动部分；虚线曲线 $\underline{K} \sim K$ 就是人类劳动纯脑劳动部分。人类任何劳动均由横轴上该点所对应的纯脑劳动和纯体活动叠加构成。可表达为：

$$W = E + K$$

至此，我们可以把人类全部劳动分为四大段类：

第一段类。如图 5－8 中所示，0～a 之间为一般体力劳动，是在人类普通思想指导下以劳动的执行器官作用劳动对象的工种。如工人的一般性车间作业，农民的一般田间劳动，扫地、洗衣、洗碗之类的家务性劳动等，只要经过基本要领学习和训练就能从事，劳动强度也不是很大，没有特别的体力要求。这里所说的普通思想是指凡智能正常的人均具有的思想，普通思想指导下的就是普通劳动。价值表达式：$W = \underline{K} + E$，其中 $E \leqslant E_a$。

第二段类。如图 5－8 所示的 a ～X 之间，是人类在普通思想指导下的强体力劳动工种。若将其体力分解为常规部分“$\underline{E} \sim E_a$”与超常部分“$E_a \sim E$”，后者即为强体力劳动工种，价值可以表达为：$W = \underline{K} + E_a + \Delta E$。此式可以解释为：人类强体力劳动等于人类一般体力劳动加超常体力付出部分。装卸、搬运、砌石等劳动，均属重体力劳动工种。

第三段类。0～ b 之间是人类普通脑力劳动工种（项目）。指在人类普通思想（没有明显创造性）指导下的可重复性脑力劳动，如车站、机场的售票员、旅客咨询解答员，文化、教育、医疗普通从业者等工种。其特征是能够掌握和运用专业基础知识，但不要求具有解决难题的能力。价值可以表达成：$W = \underline{E} + K$，其中 $K \leqslant K_b$。

第四段类。b～Y 之间是人类高端脑力劳动工种，实为产生高级思想并予表达或实现的劳动。若将高端脑力劳动分解为普通脑力劳动与创造性脑力劳动两部分，即高端脑力劳动可以表达为 $W = \underline{E} + K_b + \Delta K$。如新产品开发、新产业开辟、新理论创立、新制度创建等，劳动者必须具备相应的专业知识或经验，并有较强思维能力，能动脑筋想办法，取得创造性成果。这种劳动首先以思想成果的形式出现，或予以表达或直接指导实践。这一类劳动是人类价值创造的主要源泉，笔者将在第二篇进一步论述。

除了以上四个段类以外，人类劳动中还有高智强体型劳动，如足球赛、为了实现和平的正义战争等。

（三）普通思维与高端思维的分界点及“思维两段结构”理论

读者也许会问，一般体力劳动与强体力劳动之间的分界点 E_a 如何确定呢？体力不同的人 E_a 点还真不同。对一位大男人来说是普通体力劳动的活，对于一位弱女子已经是强体力劳动了。但是，就脑力劳动而言，普通思维与高端思维是存在明显界点的。

前面研究表明，人类普通劳动是在普通思想指导下的一般体力劳动。或表述为：普通劳动等于普通思想与一般肌体活动的叠加。即：$\underline{W} = \underline{E} + \underline{K}$。

若把人类思想分解为普通思想 $\underline{K}$ 与高端思想（创造性思想）ΔK 之和，那么，人类复杂的脑力劳动等于一般劳动与创造性思想的叠加。

即：$W = \underline{W} + \Delta K$

人类复杂的思维活动客观上存在明显的分界点和两段结构。只是这一规律以往没有被人发现。

棋牌赛事中棋手在观察棋局形势，分析对方意图，做出自己的对策决定“下某一颗棋子”，这一阶段是复杂的高端思维。接下来在一般思维支配下抓子下子就是简单劳动，只是对高端思维成果的表达了。拿定主意与动手抓子之间的中点就是界点。

作家在构思情节和选择词句时是冥思苦想、绞尽脑汁的，那是一段剧烈的脑细胞活动的过程。当其完成一段感人至深的创作构思时，可以使自己激动得泪流满面，这一段属于高端思维，属文化成果创造。接下来在普通思维支配下默录出来，这与小学生默写课文或打字员按稿打字已没多少差别了，属于一般劳动。构思与默写的中间点就是两段之间的界点。想一段写一段，想一句写一句，也同样存在这一界点。

政治家、军事家在遇到难题时，紧皱眉头、猛烈吸烟、来回踱步，脑细胞激烈活动，苦苦寻求解决问题的方案。当其心头一亮，豁然开朗，头脑中找到满意方案时，就会愁眉顿展，轻松微笑，这一段属于思想创造的高端思维。宣布决定，念出腹稿，即是思想表述，属一般劳动了。两段之间也存在界点。

希腊科学家阿基米德聪明过人，国王给他出了一道难题，要他计算形状极不规则的皇冠体积。阿基米德苦想多天，不得其法。因为凹凸不平、“枝丫”甚多的皇冠根本无法用“长×宽×高”的公式计算。在身心疲惫之际，阿基米德去浴池洗澡去了。在浴池中，他受启发想到“淹没于水中的物体体积等于排水量”，他为自己的发现激动得立刻冲出浴池。这种冥思苦想后的伟大发现，是辉煌的思想成果，属于高级思维。接下来用排水法测算皇冠体积，是实验员也会做的事了，属于一般劳动。

思维两段结构规律，在用电脑写作过程中也表现得极为清楚。构思内容、遣词造句是高级思维，属思想创造；与打字员一样经手指将脑中的思考内容传输出来属普通劳动；敲击键盘属一般肢体动作，语音输入和手写输入等同样属于普通劳动。

思维两段结构在社会实践中表现得极普遍。股民考察企业业绩、分析股票行情后选定股票是高级思维，买卖操作属普通劳动；医生分析病情、构思医疗方案是高端思维，书写处方和口述指导是普通思维。高端思维是分析、构想、决定等创造，普通思维只是传输和表达。

必须看到，任何脑力劳动或思想创造都不能离开人的一般劳动，尽管可以相当小，但绝对不能无。不然，思想成果就只能停留在脑袋里，无法向外传输和表达。而头脑中的思想成果，若不传输和表达出来就几乎没有社会价值和意义。

普通思维与高端思维之间存在的界点，把思维分为两段，从而，把思维成果也分为普通思想与创造性思想两类。普通思想是通过学习可以获得的，创造性思想是经过思考得出的。创造性脑力劳动中肯定附带着普通脑力劳动，因为，创造性思维成果需要传输和表达。

（四）“思维两段结构”理论的意义

上面我们研究的脑力劳动过程中“思维两段结构”理论，对深化劳动理论研究具有多方面的基础性作用，其价值和意义不可低估。

第一，“思维两段结构”理论是对劳动理论的一项突破性发展，是阶段性的深化。根据人类劳动付出体力和脑力的不同侧重，马克思把劳动划分为体力劳动和脑力劳动。长期以来，人们苦于脑力劳动和体力劳动的交叉并用，始终没有认识清楚脑力劳动的内部结构，仅仅知道脑力为主的劳动也包含体力劳动，两者结合好像是无法分离的，甚至不敢去剖开看看。上述研究表明，人类脑力劳动可分解为创造性思维、普通思维、纯体活动等三部分，其结构如图 5 – 9 所示。普通思想与纯体活动构成一般劳动，普通思想与创造性思想构成人类思想，三者结合才构成创造性劳动。

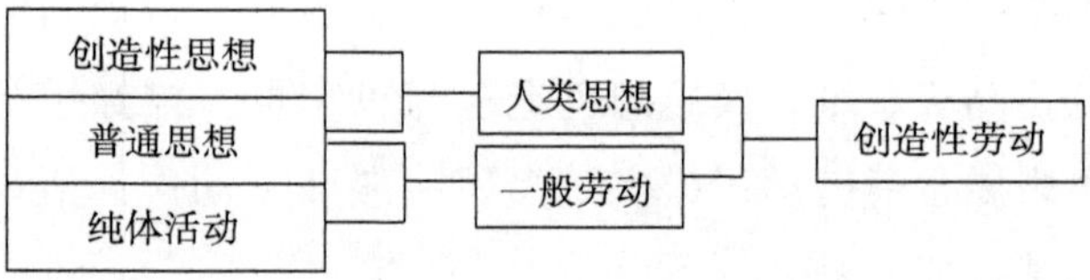

图 5 – 9　创造性劳动构成

生物学和医学还告诉人们，人除了用于作用劳动对象的外用力，还必须具有用于维持大脑正常运转的内支力。外用力是指人在思想支配下，经口、手、脚、肩、头等肌体和器官作用于外界对象，用于表达、传播、实现思想的体力。内支力人们常称之为精力，是人们智力的基础。它不仅作用大，而且消耗大。人脑一般只占人体重量的 2.5%，但是，消耗了人体葡萄糖和氧气的 25%。可见，人脑虽然存在于头颅之中，但其活动是极为活跃和剧烈的。人脑是人体中最高级、最复杂的部分，也是最有创造力的部分。

当体力分为内支力和外用力，脑力分为普智脑力和高智脑力时，就有一个人力构成四分图。其中，内支力是基础，直接影响另外三个力；高智脑力是总指挥，是灵魂，是创造之源泉，且与普智脑力联合支配外用力；高智脑力也可影响和改变内支力，可以发出意识性指令，提醒自己通过锻炼、理疗和食补等增强内支力。四者关系如图 5 – 10 所示。这种分解让我们认清了一般人力的内在结构。

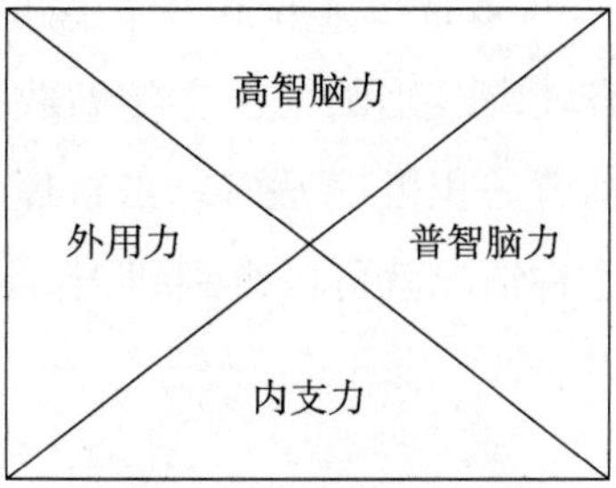

图 5-10　人力四分构成

第二，揭示了普通劳动与创造性思维之间的关系。有了普通劳动，人类就能生存。但是光有普通劳动，没有创造性思想，人类就难以发展。创造性思想是科技、文化、艺术等发展的根本源泉。另一方面，普通劳动又是创造性思想发挥作用的基础和条件，没有普通劳动，创造性思想就不能实现，甚至不能传输和表达，因此，两者不能偏废。就全社会而言，工人农民普通型、基础性的劳动是表达、运用和实现科学家、工程师思维成果的基本途径，是社会经济价值创造的主要力量，是人类社会生存和发展的基础和支撑。任何组织和个人都不可轻视基础性劳动。

第三，为思想研究开辟了广阔空间。“思维两段结构”理论把创造性思想从人类思想中分离出来，成为研究的独立对象。在人类思维能力日益增强、思想成果日益增多的今天具有特别重要的意义，为脑力劳动研究开辟了广阔前景和空间。在下一篇我们将专门研究人类思想，尤其是创造性思想。

第四，为劳动者分工定级提供了理论依据。劳动者人格上是平等的，但其劳动能力和价值创造能力却存在很大差别。仅能从事普通劳动的劳动者，创造性思想要少一些。有一定思想创造能力的人通常被称作人才。思想创造能力越强，其人才就越宝贵，价值也越大。有无思想创造能力是区分人才与普通劳动者的根本标志。我们培养人才，与其说是武装知识，倒不如说是培育思维能力和思想创造能力。

第五，为收益分配合理化提供了价值依据。以往人们习惯于把非体力劳动视为脑力劳动，对脑力劳动中普通部分和高端部分又不加区分，这就使收益分配严重不合理。许多企事业单位中，岗位责任轻、工作难度小，不需要创新思维，但定有较高级别的职位，年薪收入就很高，使一线员工心中不服，严重影响劳动者的积极性发挥。当管理者搞清该岗位是普通思维还是高端思维以后，这种情况就可以得到纠正。

第三节　智能活动是人类劳动的本质特征

作了上述分析以后，我们就有条件研究人类劳动的本质特征了。

一、思想是人类劳动的核心和灵魂

建立了“思维两段结构”理论后，我们就清楚地看到思维可分为普通思维和高级思维两段。普通思维加纯体活动就是普通劳动，高级思维加普通劳动就是创造性的脑力劳动，其产品是反映客观规律的思想成果。

思维与劳动的关系，其根本内容是：思维属于劳动范畴，是劳动中的灵魂部分，没有思维就没有劳动。在信息既定的条件下，思维成效与人脑智能相关，通常是普通智能产生普通思想，高级智能产生创造性思想。

根据人们的语言习惯，也为表达方便，我们把创造性思想简称为思想，把普通思想称为想法。

思想支配下的肌体活动是劳动，纯粹思维也是劳动。人类思维的高级部分，即思想，日益成为价值的主要部分和增值源泉。天下万物无一不是规律决定物性，人间万事无一不是思想支配行为。劳动者素质高低，主要在于知识、智力和毅力。

商品价值主要由其凝结的思想决定，这并不是说体力劳动不重要，而是说思想决定着劳动的目的、物耗、能耗、质量和效果。强调思想价值就是要求劳动者多动脑子，多用科技，使同样的物耗能耗创造出更多价值。

接下来，我们研究思想创造与普通劳动两者之间的关系。

（一）思想对劳动的决定作用

思想是行动的先导，任何人的劳动都是受思想支配的。其作用可以从以下几方面来理解：

其一，思想决定劳动的动力。人为什么要劳动？为什么愿意劳动？其中必有思想根源。劳动是要付出体力和投入智力的，从生物学角度看，人容易厌恶劳动和害怕劳动。但从社会学和心理学的角度看，人都有其从事劳动的意愿和思想动力。有的人是为了生存，以其劳动换取物质生活资料；有的人是为了得到尊重，展现自己的杰出才华；有的人是为了实现自我价值，为人类文明进步做贡献；有的人是对职业的钟爱，工作就乐在其中。

其二，思想决定劳动目标。劳动是人们有目的的实践活动。一位智力正常的劳动者在开始劳动之前，就会有自己的劳动目标，或是清晰、定量的，或是模糊、定性的。这一目标直接决定劳动指向，也决定劳动者的积极性发挥。

其三，思想决定劳动的方式和方法。劳动者往往根据自己的价值判断和喜好来选取劳动的方式和方法。一个人的知识、经验和性格是决定这种判断和喜好的基础。因此，思想是决定其方式方法选择的根本因素。

其四，思想决定劳动的质量和效果。有的人无论从事什么劳动都粗心大意，不讲究质量和效果；有的人是完美主义者，做什么事都认真细致，尽心尽力。这取决于一个人的价值观、人生观、责任感和习惯，也就是取决于思想。

（二）思维成果的首次发布必须由思想者表达

思想是劳动的统帅和灵魂。劳动是思想产生、表达运用和实现的过程，也即通过大脑感觉、分析、判断，然后支配肌体活动的过程。

农民给庄稼地松土，用锄头一锄一锄地挖；驾驶员想提速，支配脚用力踩油门；画家、书法家以其对生活的感受，用线条、图形和色彩表达思想；政治家的工作更复杂，在了解世情国情民情基础上，以自己的政略、战略、策略思想和方法思想去实施自己的政治主张，实现建设目标，以造福于人民；科学家、思想家把自己的研究成果或书面或口头发布出来，推动人类文明进步。值得注意的是：思想成果的首次发布必须由思想者自己表达，别人无法替代。或者说，思想者和思想成果首次发布者必定是同一主体，思想的复述、传播、运用和实现都可以由不同主体承担。比如，工程师设计了一种新产品，如果他不用语言、图纸或电脑表达出来，就谁也不知道他怎么想，并且，谁也不能代替他表达。即使让助手帮他绘图，也必须有他的口头介绍。设计思想的实现就不同，可以是他自己动手去做，也可以让工人按照图纸做。由此可见，思想产生与思想首发表达是不能分离的，思想表达与思想实现是可以分离的，思想实现可以理解为思想的行为表达或物化表达。

一些特殊的思想表达方式往往只对特定的人和特定场合才有效。眼（神色）、脸（表情）、身（体态）也能表达思想，但相对有限，且不准确，只有特别亲近的人才能理解。

（三）经典理论中的“劳动三要素”均有思想内涵

第一，“三要素”与思想成果。

马克思在分析人类劳动时，提出劳动三要素，即：劳动对象、劳动工具和劳动者。这里的劳动是人类的一般劳动。三要素中，每一要素都以思想为灵魂或浸透着思想。

一是劳动者，指具有思维、语言和行为能力的人。人类劳动是有目的、有计划、有步骤、有应变、有创意的行为。劳动者，首先有劳动的目标思想，即懂得把自然物加工成什么形态，使之具有什么性能。其次，要有程序思想，也就是经过什么环节和步骤来实现，搞清先做什么、后做什么。再次，要有方法思想。用什么工艺、手段或技巧等。

二是劳动工具，是人类劳动器官的延伸，是上一轮的劳动产品。劳动工具是人们劳动的程序思想、方法思想的实物表达。人们为了快速切菜，就制造坚硬、锋利的菜刀；为了使机器的铁皮壳一次成型，就制造压机和模具。工具之所以能大幅度提高劳动效率和质量，绝不仅仅是“人类手的延伸”，而是由于工具在发挥作用中能有效帮助人们表达和实现思想，而且，工具自身就是人的思想表达和实现的产物。

三是劳动对象，是“人类劳动加于其上的东西”。任何劳动都有其特定的对象，而劳动对象的选定，是以人对该对象的物性认知为前提的，不知该物的性能和作用，就不会选其为劳动对象。因知道钢铁坚硬才以其为材料打造刀具，因知棉花保暖才用棉布和棉花做棉袄。随着人类科学技术的发展，劳动对象在不断增多和扩展。况且，现在的劳动对象大多已不是自然品，而是产业链中某一环节的产品，有的甚至是经过好多级加工的产品。机器成套厂采购使用标准件厂的垫片，标准件厂用冷轧薄板冲垫片，轧钢厂采用钢铁厂的钢材压薄板，钢铁厂购买矿业公司的铁矿石炼钢。通常一物品对于生产厂家是劳动产品，而对下一厂家是劳动对象和生产资料。其中，包含着人类普通劳动和思想成果。生产环节的第一级材料是自然物，但这自然物的运用是以人的认知为前提的。由此可见，三要素中，每一要素都包含着人类思想成果。

第二，科技进步推动“三要素”轮番进步。

劳动工具改进从一个侧面反映了人类文明发展，这种发展是轮番推进的。先进工具才能生产出先进产品，要生产新一代产品，就必须研制新一代工具。通常是前一轮产品，成为后一轮工具。当这一轮产品成为工具的时候，往往能推出新一代产品。就像建筑工地的吊车铁塔，每一高度的顶节都会成为新一节的下垫和着力点一样，工具的轮番改进，推动着物质产品生产的更新换代。电脑和网络是人类科技研究的重大成果，现今成了科学工作者乃至其他劳动者的常用工具。它不仅强有力地推动生产发展，更为重要的是推进人们的思想交流和思想创造，加快了人类社会的文明进程。

综观人类发展史，不只是思想进步与工具进步轮番互动、相互促进，劳动的“三要素”也是轮番进步的，其中，思想成果生产是本质和核心。在原始社会，人们对客观规律的认知很有限，用的工具是树枝和石斧，劳动就是获取野果、野兽和鱼类；到了农业社会，人类懂得了较多的农业知识，能够制造使用铜铁工具，于是就有了种植业、养殖业和手工业；在工业社会，劳动者受到良好教育，创造性劳动能力增强，劳动工具变为机器，生产过程实现机械化、电气化和自动化；进入知识经济和信息化时代，工厂里普遍采用生产流水线和工业机器人作业，员工主要是操作使用电脑。人类科技水平提高，不仅使机器不断智能化，而且，使劳动对象不断扩展。别说是矿产，就是泥土、空气、海水、垃圾等等都成为宝贵资源。生产自动化、机器智能化、社会信息化后，学习、思考、创新就成为劳动者的主要任务。

二、劳动的“缺一不可定律”

能够承担复杂劳动的人，只要愿意，绝大多数都能从事简单劳动。如前所述，我们可以把复杂劳动分解为创造性思维、普通思维和纯体活动三部分，可以发现只要缺少其中一部分，就不可能实现复杂的脑力劳动价值。对此，可以称为“缺一不可定律”。

一是没有创造性思想内容就没有创造性价值。复杂脑力劳动的价值取决于创造性思想的新度、深度、规模和市场需求状况。毫无创新的思想当然没有新价值。比如：一份设计图纸完全是抄袭的，等于复制一份，就没有新价值，只有一点复制价值，其劳动也就算不上复杂脑力劳动。

二是普通思想缺失也不能实现创造性价值。普通思想是指一般性的智能活动，经过普通学习和训练就有的指导纯体活动的思想，属于普智范畴。“思维两段结构”理论认为普通思想是直接支配体动的，创造性思想经过普通思想和纯体活动进行传输和表达。普智缺失通常表现为两种情况：一是劳动者未能理解和掌握基本的操作要领，致使劳动作业达不到设计标准，也即设计思想实现失败。比如车工误读了图纸等。二是因态度和心理因素导致操作失败。在基本技能具备的情况下，是态度决定劳动成效，劳动态度不端正也不能有效实现思想价值。人的态度和精神既与后天的教育磨炼有关，又与先天的脑额叶功能有关。

三是纯体活动缺失导致思想成果得不到表达、传输或实现。任何思想，无论是创造性思想，还是普通思想，都要经体动来表达和实现。但若人的肌体和器官不能表达高级思想和普通思想，也难以创造价值。其一，训练不够，心想与体动不能完全协调，从而导致思想表达和贯彻失败。其二，肌体系统临时故障，比如，受伤、急病等使肌体不听使唤，也就难以正常劳动。其三，先天性肌体功能不全，导致行为能力缺失。

总之，构成复杂劳动的高端思想、普通思想与纯体活动三者缺失一种，其价值就可能得不到实现。若是扫地、洗碗之类的简单劳动，即当普通思维与纯体活动两者结合便可创造价值。

其实，企业要正常运行和发展也必须具备配套思想：第一，产品思想要创新，缺乏创新就适应不了市场需求。长期生产的老产品虽然具有一定实用价值，但是缺乏竞争力，难以占有大的市场份额。第二，营销思想要创新，要紧跟时代发展。若产品本身不错，但缺乏市场开发思想和能力，好产品压在仓库或产地，只能中止生产，也不能实现企业发展。第三，管理思想要创新，以适合本企业发展需要。原本是好产品，由于管理不善，造成材料浪费、人员窝工、资金呆滞、报废率高等，在管理环节上损失了太多价值，必然影响企业的生存和发展。第四，要有持续创新思想。产品更新换代要及时，创新设计要跟进，以适应市场需要变化。产品创新不成熟，就不要投入批量生产。还有一些失败的试验，从研究的角度看具有借鉴价值，但从经营角度看没有现实价值。企业的各个方面都必须具有与之对应的人才和思想成果，哪一方面缺失都会影响企业发展，同样遵循“缺一不可”定律。

三、思考是人类劳动的根本方式

作了上述分析后，我们可以从本质特征上来定义人类劳动了。

劳动是人对对象，即主体对客体的感知、思考、作用和改变的过程，其目的是使对象能更好地满足人的生存、生活和发展需要。任何劳动都必须具备思想（智能）、物质、能量三种要素。劳动的本质特征是智能活动，主要形式是劳动者的思想生成、思想传播、思想运用和思想实现，

成效表现为主体改变客体或深化对客体的认知。

譬如，科学家以既有知识为基础和工具，通过实验、观察、分析、想象、假设和验证，发现客观规律并予以表述，这就是思想成果的生成；教师和媒体人即是传播自己掌握的知识、信息和思想，供他人学习和利用；工程师、技术员是运用基本理论解决技术问题，并指导工人劳动；工人是发挥自己的技能和经验，按照设计要求改变对象，实现工程师的思想……

若从主体与客体关系上认识劳动的智能本质，主要是：首先，从劳动主体看，劳动是主体的一种思维活动和思想支配的肌体行为，是主体的脑力和体力付出，是思想的输出和实现。其次，从劳动客体看，劳动是在主体的思想、体能作用下，或者说是对象接受了主体的思想和能量而改变位子、形态和性能，表现为变化和成效。再次，从两者关系看，是劳动者与劳动对象，即主体与客体之间的相互作用。在主体改变客体的同时，客体作为对象物深化了主体的认知，使主体进一步认识规律并积累经验。

思想不仅是行动的先导，而且是劳动的核心和灵魂。人类劳动的根本方式是感知和思考，思考贯穿于劳动的全过程。思维只是脑细胞和脑神经的活动，思考比思维又深一步。著名学者曹文彪说，“思考，要有考量”，还要考察、考证，要想象、假设、求证，要比较、选择、决定。这种智能本质可以从以下几方面理解：

第一，从劳动发端看，感觉到某事应该做，是一切劳动的始点。这种感知可分三个层次：一是触感，就是事物出现，接触到后才感到应当去做；二是直感，也称为直觉，就是接触到事物的表面现象就感知其本质内容；三是预感，就是根据前期的一些征兆预感到会发生的事物，并予以妥善处置。感知是一切劳动的首要环节：工地观察、基层调查、看书阅览、进行试验等都是为了获得感知。

第二，从劳动过程看，是由劳动者关注、认知、作用对象并改变对象的多环节过程，每个环节都离不开思想指引。常识告诉我们，只有脑子知道怎么做，双手才能做得到，是谓“得心应手”。成语“胸有成竹”是指先有胸中竹，才有纸上竹。技能虽是手上功夫，但是其要领、经验、方法却全在大脑之中，手的灵巧依赖脑的聪慧。任何劳动都是先有思想，再有行为，后有成果。

第三，从劳动结果看，只有脑中想象到目标，才能通过劳动实现目标。所谓“如愿以偿”，首先是要心中有愿。或许有人说，许多劳动结果是事先没有想到的，那也必须能够认知，这种认知是脑的作用。如若心不识宝，就会捡到翡翠也作顽石扔掉。

从现代人才选拔看，不是比手脚粗壮体力超强，而是比头脑的创造力。别人感觉不到的你能感觉到，别人犹豫不决的你能下决心，别人没有办法的你有办法，别人做不好的你做得好，就是棋高一着、计胜一筹。人才不仅需要专业基础扎实，而且需要敏于感知，勤于学习，善于思考，富有创造力，能很快利用信息材料加工生成新思想，并善于表达和实现思想。

对于一个国家、一个民族来说，思想创造能力决定其生产力，进而决定其综合国力。国民素质和创新能力是根本中的根本。也正因为如此，国际上将一个国家的科技创新能力列为国际竞争力的主要指标之一。

第二篇

思 想 论

开篇词

思维是人区别于其他动物的本质特征，也是人的尊严所在。

学生一思考，教师就发笑，知道其听懂会用，能够解题了！

徒儿一思考，师傅就发笑，知道其悟出道理，掌握要领了！

人类一思考，上帝就发笑，知道其识破天机，将有行动了！

骗子怕你思考，你一思考，就可能不会上当了！

对手怕你思考，你一思考，他就难对付了！

问题怕你思考，你一思考，问题就被破解了！

智力决定能力，态度决定力度。

思维是文明之始，思想是经济之源。

本篇主要研究思想及其产生、传播和运用的规律，属思想论。

经前一篇讨论，我们已经了解人类全部劳动无非是人的思想产生、思想传播、思想运用和思想实现。因此，我们有必要研究人类思维成果——思想或称为智果的相关规律及其价值评估。这是深化人类劳动研究，把握人类劳动本质的必然要求。在哲学社会科学和人文学科中，有许多“新大陆”未被发现，有大量“处女地”等待开垦，思想论就是其中一片待垦之地。本篇主要研究思想概念内涵，思想的产生、传播、运用、实现，以及思想价值评估等内容。

人有思想才成为万物之灵，一旦丢失了思想就只留下动物一般的躯壳！即使有生物学意义的生命，也没有人类学意义的灵性。

现代经济的本质内涵是思想成果。科学技术是思想成果，文化产品是思想成果，各类服务是思想成果，指导企业管理和市场开拓的也是思想成果。绝大多数企业不缺资金，不缺人员，不缺场地，不缺生产能力，唯独缺乏新思想、新技术和高智慧。市场竞争的本质是科技文化竞争、思想成果竞争、高智人才潜能发挥的竞争。

思想论应当是开启人类智慧之门的一把新钥匙，应当有力促进社会各领域的创新，应当加快推进人类经济和文明发展的历史进程。

“有之以为利，无之以为用。”（《道德经》第十一章）有形之物利益有限，无形之智功用无穷。思路决定出路，思维决定作为，思想决定影响！

思维乃文明之始，思想乃文明之源，道德乃文明之魂，经济乃文明之基，生态乃文明之本，自然乃文明之母，学术乃文明之光，文化乃文明之脉，科技乃文明之花，制度乃文明之纲，公平乃文明之要，创新乃文明之道。

第六章　思想论基本概念

如前所述，人类劳动的本质内容是思维。是思维决定劳动的目的、动力、步骤和方法。思想既指人的思维活动，又指人的思维成果。思想决定产品性能，思想决定管理效果，思想决定营销成败；思想创新已成为价值增值的根本源泉。思想内涵丰富，十分值得研究。

第一节　思想与思想论

一、思想概念

“思想”一词在汉语中可作动词，也可作名词。作为动词的“思想”是指理性认识的过程，生物学上表现为脑细胞活动，对于劳动主体——人来说就是思维或思考，主要包括形象思维和抽象思维。思想是在人们实践活动基础上发展的，同时又是实践活动的发端和指导。语言是思维的载体和工具，是思想的概念符号。思想既能动地反映客观世界，同时也反映着主观世界的特点。

“思想”作为名词，就是思维活动的成果，属于理性认识，通常具有系列化概念和系统化的内涵。人们的社会存在，决定人们的意识。一切符合客观事实和规律的思想即为正确思想，正确思想指导下的行动对社会发展起推动和促进作用；一切不符合客观规律的思想为错误思想，它对事物认识和社会发展起阻碍作用。

思想应包含如下含义：

（1）思维是人脑的机能，是人脑对外界事物的反映。人脑的思维能力与遗传基因、生长发育、大脑结构、知识储备、生活经历和思维训练等因素直接相关。人脑思维既有生物属性，又有社会属性。

（2）思想的对象是自然、社会包括思想主体自身在内的一切客观实在。虚幻的感觉也可以成为思想内容和思维对象，只是没有意义和价值。对人类社会整体来说，是社会存在决定意识，但对个体来说，面对同一客体的不同主体可以产生不同的反映。这是由思想主体的脑功能特征、思维方式、知识和经验储备状况决定的。

（3）思想的内容是对自然、社会和思维主体自身在感性认识的基础上，对客观事物的抽象、概括的反映和描述，是人的思维活动的成果。

（4）思想的作用是指导和支配人的活动，决定人的言行。思想一经形成，就对主体自觉或不自觉地发生作用，一旦传输出脑外就对他人和社会发生作用，重要思想即对世界、历史和人类文明进步产生不同程度的影响。

二、思想构成

人们在生产生活实践和学习中思考的结果就是思想，但多数是普通思想，我们习惯于称之为想法。在学界、政界和实业界，只有把较为系统和高深的想法才称为思想，属高级思想。这种思想由一系列相互关联的概念、观点、定律、原理、论断、论证、描述等构成。概念或观点是构成思想的基本单位。概念含义中，通常有许多内容，但不宜说有许多思想。概念分为具体概念和抽象概念。具体概念有对象，抽象概念有内涵。具体概念多数源于人脑对外界对象的反映，抽象概念源于人脑对事物的概括。许多思想都是从一个闪念、一点创意、一个观点开始的。在头脑中一个观点闪现后，思维的浪潮就逐渐向更广更深的意态空间扩展延伸，形成许多层次的观点、共同构成思想。当在思维的空间里，发现一系列的概念、观点和原理，感觉到它的存在，发现它的结构、内涵、关系和作用后，予以命名，排出时序，再行表达，这一过程就是思想创造。然而，意识是存在的反映，思想空间当以现实空间为基础。一般地说，思想由一个或若干个核心观点加许多相关观点及其表述和论证等内容构成，表达式为：

思想 = 若干核心观点及论证 + 许多相关观点及论证

每一套思想均有其核心观点。核心观点通常成为其他相关观点的纲领和灵魂。而相关的辅助观点通常是说明或支撑核心观点的基础和材料，核心观点就好比树木的主干，辅助观点就好像枝丫和树叶。因此，辅助观点必然与核心观点相关联，并在核心观点的前后左右展开。这样就以核心观点为基石建立起思想体系。

思想涵量与观点数量直接相关。思想中包含的观点越多，思想涵量就越大。一部教材，其涵量大小，不是单看其字数，主要是看其中包含的内容，也就是教师们通常说的包含知识点的多少。仅有少数几个观点，就难以形成系统化、整体性的思想体系。评价社会科学思想，要看其正确性、深刻性和现实性；评价自然科学思想，要看其客观性、真理性和实用性，但其共同的价值评价尺度均在于揭示规律的深度和广度。

广义的思想是指人类一切思维活动的成果。工人农民支配其劳动的具体想法就是普通思想，因此，思想也不是思想家的专利。本书所说的思想概念为广义的思想。人们习惯于把研究自然规律所获得的思想成果叫作科学；把以小说、诗歌、散文等形式表达的思想成果称为文化；把音乐、舞蹈、美术、雕塑等方面的思想成果称为艺术；把工人、农民、营业员在劳动和生活中形成的思想成果称为想法。仅仅把社会科学、人文学科和政治主张等方面概念化、系统化的想法称为思想，指的是狭义的思想。

三、思想论创立的缘由

前文已述，思维是人脑细胞的活动。作为思维成果的思想，是人脑对客观事物的反映，是大脑细胞和神经活动的结果。无论是作为活动过程的思维，还是作为活动结果的思想，都有许多规律。我们为了专门研究这些规律才创立思想论这一学科。思想论与心理学、思维学不同：心理学主要研究思维主体的特点和规律；思维学主要研究思维的过程和规律；思想论则主要研究思维的结果，即思想的产生、传播、传承、作用、运用和评价等方面的一般规律。

如何理解创立思想论的必要性呢？

第一，有思想是人类区别于其他动物的本质特征，是人类主宰地球的根本理由。在动物世界中，人类除了智力优势，不得不承认自己的弱小。人者，体不如象，力不如牛，敏不如猫，还有寿难逾百年的遗憾。造物主对人类的格外垂青，在于赋予人类以智能，让人脑能思维。是思想使人类具有独立意志和人格尊严，是思想使人变得强大，驯服了象、驾驭着牛、豢养着猫和狗。人类能认知并利用整个自然，包括动物世界，成为万物之灵，靠的就是思想。人脑研究万事万物，为什么不研究自己最本质的特征，思维所产生的成果——思想呢？

第二，研究思想及其产生和作用的规律能更好地发挥人的思维潜能，更好地认识自然和利用自然，更好地理解人性，构建和谐社会。人是自然的一部分，地球是人类和其他动物的共同家园。尽管人类靠自然养育，但是，人类能够能动地利用自然物、自然力和自然环境。尽管其他动物也在利用自然，但与人对自然的利用是不可比拟的。因为，动物对自然的利用只局限在条件反射的范围内被动适应，而人类由于有思维，能透过纷繁芜杂、光怪陆离的表象，认识事物的本质，把握事物的规律。认识自然、利用自然、珍惜自然和保护自然，使自然更好地为人的生存和发展服务。

第三，思想研究能更好地认清价值创造之源头和文明发展之动力。任何商品生产和社会事务，只有想到，才会去做；只有想好，才能做好。整个人类社会，是在发现问题、研究问题、解决问题中把文明不断推向前进的。研究思想规律，能使人类创造更多的优秀思想成果，大力促进优秀思想有效运用，有力推进人类文明进步。

第四，创立思想论还能有效促进自然科学、社会科学和人文学科的发展。任何学科理论都是思想成果。当我们把思想产生的条件，思想产生的规律真正掌握以后，就能强有力地推进各学科的发展。思想规律是自然科学、社会科学、人文学科的共同规律。思想论与思维学有一部分内容交叉，但更多的是它的独立性。创立思想论能够推动和促进各学科研究的深化、融通和综合，从而产生更多思想成果。思想论与哲学有共同特征，均能涵盖自然科学、社会科学和人文学科；思想论与哲学又有很大区别，哲学研究自然和社会最根本的规律，而思想论即是研究人类思想的规律。

思想与科学、技术、社科、文学、艺术和宗教等具体学问之间是什么关系呢？在笔者看来，对于各学科而言，人脑与思想就是大地、阳光和水。大地生长万物、承载万物、包容万物，人脑就是人类知识和学问的生长之地，没有人脑的思维就不会有任何知识和学问的产生；阳光普照天下，才温暖万物、催生万物、助长万物，没有思想之光照耀，人类所有学科（行业）领域都将“寸草”不长；水乃生命之源，滋生万物、润活万物、养育万物，没有新思想的滋养，所有学科都将失去生机和活力，甚至干枯而死，说思想是百学之源并不为过。

什么是经济？经济通常指人类物质文化生产和再生产的活动。经济是人类社会生存和发展的基础，既反映生产状况和分配关系，也反映人对自然物的利用状况。价值是事物对人们生存发展的作用和意义，是人对商品效用的珍贵性评价，既反映人与物的关系，也反映人与人、物与物的关系。因此，世界上凡是与人们的生存和发展相关的事物都有价值，基本上都属经济范畴或与经济相关。所以，本书把许多不属狭义经济学范畴的内容也放到广义经济学视域中讨论，唯其如此，方能全面深入地把握经济规律。

第二节　思想成果类型

人类之所以能够创造文明，主要是由于具有思维能力。思维是进步之始，思想是文明之源。人类的思想成果是十分丰富的，可以按一定方式进行分类。

一、按反映对象划分的思想成果类型

人的思维活动总是以一定的事物为对象的。对象不同，思维所得的成果内容就不同。从大的方面看，我们可以将其划分为以下几类：

一是反映自然规律的思想成果，也即人们惯常所称的自然科学。这是人脑以人类实践为基础探索认知自然规律的思想成果，是对客观规律的正确反映和描述，诸如物理、化学、生物、数学、天文等。它是人类开展生产斗争和科学实验的强大武器。

二是反映生产实践中工艺方法的思想成果，也就是人们常说的技术。工艺方法方面的思想成果主要解决科学理论在生产实践中的运用问题，它是将科学基础理论在生产实践中进行创造性运用的成果。通常表现出应用性、技术性和方法性等特点。诸如：工程学、电工学、无线电学等，金工、钳工、铸工技术等。这些技术运用，直接决定着人类的生产能力和工艺水平。工程师，包括设计工程师、研发工程师和生产工程师，都是研究科学技术在工程和生产中应用的，从而推动工程建设和物质文明建设的发展。

三是反映社会关系和社会规律的思想成果，也即人们常说的社会科学。这是人脑对社会关系、社会发展规律和社会管理规律的认知和描述。它通常是以对社会现实和历史的认识研究为基础、以对人性的探索和认识为路径建立的知识体系。诸如经济学、政治学、社会学、法学、伦理学、管理学、教育学、市场学等，是提高人的素质、调整人际关系、实现合理分配、建立社会秩序、维护社会稳定的思想武器。

四是反映为人处事原则和方法的思想成果，也就是人们常说的规矩、礼仪、人际交往能力和技巧等。它以人脑对人、对事、对社会的正确认知为前提和基础，是社会科学、人性认知等知识的运用。有学者在这方面进行研究，著书立说，但更多的人将其长期思考的结果保存于脑中，内化并表现为个人素质和本领。人们常说“想好后再做”，说明行动是思想的表达和实现。见事高明在学识，办事高效在方法。人们要在实践中获得成功，首先要想法正确。革命家陈云说：要用 90% 的时间精力抓调查研究，用 10% 的时间精力抓决策。深入调研的目的是要达到正确认知，正确认知是正确决策的前提，是正确思想的重要组成部分。无论是有为的政治家，还是成功的实业家，无论他们是否善于表达，都必须有一整套正确的想法。通常情况下，知识精英如教授、研究员、博士很有学问，但政治家、实业家办事能力更强。知识是靠学习、理解、记忆来掌握的，而办事能力则主要来源于实践的锻炼、体会和感悟。办事能力包括预见、组织、决断、指挥、沟通、协调等方面。能力已不是知识本身，而是知识的灵活运用。

五是由故事、情节、语言、旋律、形象、图画、色彩等表达的思想成果，就是人们通常说的文学艺术。这是文学艺术工作者表达其对社会、人生、事物、生活的体悟和感受的思想成果。以其创造性方式传播其想法、理念和观点，以满足人们文化和精神需要，满足求知和审美需求。诸如以故事情节表达思想情感的小说；以优美语言表达思想情感的诗歌；以音符旋律表达思想情感的音乐；以图形色彩表达思想情感的美术作品等。艺术类思想成果大多是对真善美的讴歌和颂扬，对假恶丑的批评与鞭笞。艺术作品以轻松、愉快的欣赏方式，通过审美与认知的选取，对人起到潜移默化的教育作用。欣赏者通过汲收与内化，修正本能，塑造灵魂，强化道德，健全人格。任何艺术都是思想的表现形式，没有思想含量的艺术，永远不可能产生震撼人心的效果。

六是研究提高人类自身活动技能的思想成果，通常表现为技能要领和训练方法。许多人把技能归结为肌体上的功夫，看不到大脑的特殊作用及技能与思想的密切联系。其实，其中道理可想而知，因为，人的肌体是脑支配的。学习一种技能，首先，要理解掌握其要领。其次，要求组织者有正确的训练方法。再次，训练中的提高也是一种体会、感受，进步快慢主要由受训者的悟性和理解力所决定。要领和技巧都是思维的内容和成果，当然，同时也要训练肌体、神经与脑的协调性。熟练的技能，近乎本能，即刻反应，似乎不需要大脑的刻意指挥，其实是大脑的快速指挥和灵敏反应。因此，技能训练中，训练肌体的同时，也是训练脑和神经的反应能力。虽然表现为手上功夫，但实际是脑的功能。同样是一双手，高级技工能使粗糙的毛坯变成标准的零件，让普通的材料变成精美的产品。技工也是原先不会，学习训练后会。关键是掌握要领，理解要求，并经训练达到得心应手。所谓技术能手就是，同样的活，他们能做得更精细；同样的理，他们悟得更透彻；同样的技术问题，他们处理得更巧妙。技能水平高低表现在手上，差别在脑上，依靠脑的分析、判断和处置。

七是反映人类心理和思维规律的思想成果，就是人们常说的心理学和思维科学。它把人类心理活动过程和规律作为研究对象，研究人脑思维的规律和方法。心理学、思维学、思想论的作用和意义是指导人们充分发挥思维潜能，创造更多更好的思想成果。

二、按功能划分的思想成果类型

（一）认知思想

人类大量的思想成果都是认知性的，是人们生产实践、生活实践和科学实验的概括和总结，是人脑对事物及其规律的反映、认识和描述。认知性思想成果回答的大多是“是什么？”“为什么？”之类的问题。自然科学、社会科学和思维科学等都属于认知类思想成果，也就是人们常说的知识。

（二）价值思想

也称价值观，就是喜欢什么、厌恶什么、看重什么、轻视什么、追求什么、放弃什么，等等。这与一个人的先天禀赋、成长经历和知识结构有关。价值思想是根本，决定一个人的追求取向。当一个人的价值思想发生偏差时，其目标思想必然错误，即使采用有效方法也是实现错误目标。一些很有能力而最后失败的人，往往是价值观出了问题。许多学者认为科技是一柄双刃剑，用得好可以造福人类，用不好可以危害人类，这就需要有科技理性，也就是正确的科技价值观。对科技不仅要有工具理性，更需要有价值理性。

（三）目标思想

所谓目标思想是指主体根据主客观条件，提出由价值观所指向的目的和要求。主要指明做什么事、解决什么问题、达到什么目的等。目标包括主要目标、次要目标及相关要求，包括长远目标、中期目标和近期目标。有时是多项目标，有时是单一目标。具体的有经济目标、政治目标、产品质量目标、市场占有目标等等。目标确定受一个人的价值观的影响和控制。人们在形成目标思想的时候，通常会审视自己的综合实力和外部条件，所形成的目标思想一般是依据其价值观，又以相应的条件为基础。

（四）方法思想

所谓方法思想就是实现目标的途径、手段、程序、方式、技巧等方面的想法。主要解决怎么做的问题。诸如：建国治国的政略、策略；企业投资经营的基本思路，产品营销战略和市场占领策略；军事上的战略战术；生产的工艺技术；工作的方式方法，等等。这是实现目标过程中的操作步骤和具体方法。思路决定道路，方法决定效果。方法性思想通常与目标性思想相配套，并为目标思想服务。目标比较宏观，许多人都能想到。方法具体细致，且多种多样。通常是细节展示精彩，细节决定成败。老子曾说，“天下难事，必做于易；天下大事，必做于细”，伟大目标往往通过做一些平平淡淡的小事来实现。故而有为人生当从做好小事开始。政治家的思想体系，既包含目标性思想，也包含方法性思想，但所占份额更多的是方法性思想。因为，其目标性思想只是描述其政治理念和政治目标，而实现目标的道路、策略、方法和手段都是十分具体、丰富和个性化的。比如邓小平理论，富民强国是他的目标，但是怎样富民强国呢？他提出的“解放思想、实事求是”，“把工作重心转移到经济建设上来”，“允许一部分人先富起来”，“发展社会主义市场经济”，“摸石子过河”，“扩大开放，吸收人类一切优秀文明成果”等全部都是方法性思想。

中国人说的智慧，通常是指高明的方法和手段。智慧的内容和形式都很多，然而，不管以何种形式出现，有一点始终不变，那就是都是动脑筋获得的思想成果。正如徐兆仁所说：“在以天人合一、中和为贵、推崇人伦、务实重智等为特征的中国传统文化土壤中，智慧之树根深叶茂，内涵丰厚，其中有启迪心灵悟性的智慧、提升精神力量的智慧，也有把握历史命运的智慧、解决冲突对抗的智慧。中华传统文化中的智慧，是中华民族奋斗不息的力量源泉，是建设美好未来无尽的精神动力。”①

（五）动力思想

所谓动力思想，就是激励人们持续行动的思想基础。通常表现为理想抱负、雄心壮志、意志毅力等。人们在追求目标的过程中，即使方法对头，也必然会遇到各种困难和阻力。只有排除困难、冲破阻力、抗击挫折，才能取得成功。这种意志毅力表现为一种坚持精神和攻坚克难的勇气，但是，从内部看是一种以思想为基础的性格。一位思路清晰、是非分明、性格刚强的人，如果以为某事极为重要、非办成不可，就自然而然地表现出坚强的意志和毅力。一个人的动力思想固然与其先天性格有关，但更为重要的是与其知识、经历与人生感悟直接相关。通常情况下，经受苦难历程磨炼的人，把问题想透，把方法想好，具有更坚强的行为动力。

目标思想和方法思想是怎样的关系呢?

目标是人们期望达到的目的性标的。一个国家、一个地区、一个单位和一个个体，没有目标不行，目标要求太高而达不到也不行，恰当的目标思想对走向成功至关重要。方法思想是人们走向目标过程中的行动指导，是实现目标的关键因素。确立恰当的目标思想固然不易，形成确保目标实现的方法思想则更难。目标错了一切皆错，但即使目标对头，而方法思想不当，同样也难以成功。

为什么许多正确可行的事却办不成?原因是方法不对路。为什么明摆的好事却办不好?就因为缺乏好的方法。为什么一些高学历者虽然很聪明，却不能干?因为热衷清谈，眼高手低。根本原因在于其明了目标，而未有方法，或缺乏意志和毅力。总之，是方法思想不具体、不恰当、不周

---

①徐兆仁：《走近中国传统智慧》，载《人民日报》2004 年 8 月 13 日。

全所造成。《三国演义》中曹操煮酒论英雄说："夫英雄者，胸有壮志，腹有良谋者也！"胸有壮志，乃目标思想，腹有良谋就是方法思想。"我国的科技成果转化率仅有10%左右，而发达国家高达40%"①，发生这种状况，只有两种可能：一是中国的科研成果远离市场需求，不便转化为现实生产力。二是中国对科研成果的转化能力低。多数学者认为其原因在后者。进一步分析可以发现，科技成果转化率低无非是这么几种原因：或是应用性研究不够；或是新产品开发能力不强；或是对营销信心不足而不开发。归根结底是科研成果的应用性思想、新产品开发思想和市场营销思想缺乏所致。

值得注意的是目标和方法具有层次性和相对性。对上一层次是方法的，对下一层次就是目标。对于总公司来说，增加利润总额是目标，扩大经营规模是方法；对于公司业务部来说，扩大经营规模是目标，多设营业网点是方法；对于营业网点来说，做好本店经营是目标，开展促销活动是方法。

总之，无论是企业，还是个人，只有目标思想、方法思想相互配套，才能使获得成功更有保证。

三、按来源划分的思想成果类型

任何思想成果产生都有基础和来源。按其来源特点划分，思想成果可分经验性、实验性、调研性、多源性和积累性等五类思想成果。

（一）经验性思想成果

人民群众身处生产劳动第一线，长期实践中必然产生感觉和感受，逐步形成概念，有的虽然不能进行表达，但在头脑中明白了道理、总结了要领，并经操作训练达到得心应手。脑子想怎么样就能做到怎么样，表现为一种高超的技能，凝结在劳动成果中。但是，只有把头脑中总结的要领用词汇表达出来，使之成为知识，才能传授给同伴和后人，并实现传承和发展。

---

①资料来源：360百科／编辑词条／科技成果转换率，2016年3月5日。

（二）实验性思想成果

人们为了探求事物的规律，用选择特定对象、控制变化过程的办法，来演示事物的发展变化，认知和把握事物的本质和规律。这就是实验。现代科学研究的重要手段之一是依靠实验来深化认知。物理、化学、生物等自然科学研究都依靠实验。电灯、电话、电影、电视等发明，伦琴射线、光电效应、J粒子等发现都依靠实验。现在，许多社会问题的研究也经常运用实验，行政改革试点其实就是实验。实验性思想成果，通常表现为实验报告、试点经验等形式。

（三）调研性思想成果

一些社会问题，不是思想者凭个人生活感受所能正确认知的，必须经过许多社会调查方可把握全面系统的情况，得出正确结论。毛泽东早年名作《中国社会各阶级的分析》，就是在广泛调查的基础上形成的思想成果。邓小平“允许一部分人先富起来”“发展才是硬道理”的科学论断，也是在广泛社会调查的基础上得出的思想成果。作家体验生活、搜集素材其实也是一种调查性的思想成果。

（四）积累性思想成果

音乐、诗词、数学、物理等方面的思想成果创造都曾经涌现过许多少年天才，他们虽然年轻，却有一定的专业知识积累。在社会管理、为人处世等方面的学问就更离不开必要的阅历和积累。有许多思想成果还不仅依靠一代人的积累，还依靠人类世世代代的积累。诸如地球演变史、人类发展史以及人类文明进步规律等方面，都必须通过学习接受人类既有知识，进行大量积累，再经过观察思考，方能有所发现、有所成就。一些作家、思想家、理论家在中年后才获取显著成就，就是来源于积累效应。

（五）综合创新性思想成果

创造重大思想成果，必须学习掌握自然科学、社会科学、思维科学等多方面基础知识，需要多渠道获取信息材料，采用多样化的研究方法和手段，对知识和信息进行分析、组合，联想、想象，论证、判断，得出正确结论。

思想成果的产生大多不是即时完成的，需要信息不断刺激，需要感知不断积累，需要体悟不断深化，待到一定时候发生积累效应，就自然产生联想、想象和验证，尔后总结出新思想。思想创造大多是长期积累性的渐悟，即使是顿悟也是一定积累后的触发。

四、按作用形式划分的思想成果类型

（一）理论性思想

就是用概念、观点、原理和论断等表述的知识体系。通常由基础理论科学家、哲学社会科学家、思想家和理论家的头脑中传输出来的，是一些基础性、普适性、系统化的知识，可以供人学习和应用。理论性思想通常表述为：是什么、含什么、为什么、会怎样等形式。

（二）应用性思想

指对基础理论在实践中的应用性转换，或者虽不源于基础理论但是可以直接指导生产、生活实际的思想成果，如技术发明、新产品研发成果等都属于应用性研究成果。

（三）实务性思想

政治家、企业家、社会活动家等用于解决实务问题的想法。他们每天忙于处理事务，有一整套思想和办法指导其行动，是用行动表达的思想成果。凡是功绩卓著的政治家和业绩重大的企业家都有自己的一套独特思想，每个领域的大家都首先是思想家，尽管他们中许多人没有著述，甚至沉默寡言。因为，没有一套正确的思想指导，就不可能取得重大成就。实务性思想通常表达为会怎样、怎样做等形式。

（四）操作性思想

通常表现为一种操作要领和技能。为什么用同样一台车床，有的车工车的精度高，有的车工车的精度低？同样一架钢琴，名家演奏得精彩，初学者难以成调？其原因除了对主题理解不同外，最为根本的是对动作要领掌握不一。训练的目的就是强化脑对要领的理解和手与脑之间的协调性。

若按专业分，思想可以分为更多的类型，诸如：哲学思想、经济思想、政治思想、文化思想、社会思想、军事思想、法治思想、教育思想、科技思想……

思想人人皆有，并非思想家独有，只是思想的深度、容量、新度、作用和价值不同而已。

第三节　思想与相关概念

人做什么事、采用何种方法做，都由人的思想决定。思想又与许多概念密切相关，比如知识、经验、信息、科学、情感、信念、精神、创新等。

一、思想与知识

知识是人类认识世界的成果或结晶。包括经验知识和理论知识，经验知识是知识的初始形态，系统的科学理论是知识的高级形态。人的知识是后天在学习和实践中逐渐掌握的。正如爱因斯坦对少年儿童说的：“要记住，你们在学校里所学到的那些奇妙的东西，都是多少代人的工作成绩，都是由世界上每个国家里热忱的努力和无尽的劳动所产生的。”[①] 知识借助一定的语言、文字、图形等符号表达，或物化为某种劳动产品，可以传授和遗留给下一代，成为人类共同的精神财富。

第一，思想与知识的共同点。人们在社会实践中获得的感悟和经验概念化后就是自己的思想，也可以说是自己总结的知识，可以指导自己的实践。当把头脑中的思想以文字、声音、图形，或以他人能理解的实物或行动表达出来，就是传播知识。可见，知识是思想的定型化表述，是交流、

①转引自：钟沛璋《从爱因斯坦的成功看教育的局限性》，载《人民日报》2004 年 4 月 1 日。

运用或凝结在产品中的思想。思想是知识的原型或前身，知识是思想的表述形态。任何知识都是思想成果的转换形式，知识与思想有许多共同点。其一，知识和思想反映的对象相同，都是外界事物及其客观规律。其二，知识和思想的源头相同，都源于外界事物对人们头脑的刺激。其三，知识和思想包含的内容相同，即是对事物及其规律的认知、概括和描述。其四，知识和思想产生的机理相同。知识和思想的产生基于人脑这一特殊物质的机能，没有这一机能就不会有思想和知识。

第二，知识和思想的区别。知识与思想，其本质和内容是一致的，但两者还存在一些差别。其一，初始主体不同。对某一事物的反应和认识，就研究者来说，他投入时间精力，经思维活动，发现了规律，既是取得了思想成果，同时又是直接获得知识。当把思想成果传输出来，让他人学习掌握，就是他人获得知识。如前所述，知识是思想成果的定型化，是思想成果的一般表现形式。相对论是爱因斯坦的思想，也是他所创造的知识。经他口述或著述，就成为别人及后人学习和运用的知识。其二，序位不同。如前所述，从逻辑顺序上看是先有思想主体的认知，然后，才有知识性的描述。从这个意义上说，思想是知识的本源，知识是思想的符号化表达。没有思想就绝对没有知识。其三，表现方式不同。知识表现力求清晰明白，可称为显性表达。教师上课要讲明白，作者著书要写清楚，因为，知识是要传授予人的。但思想表达既可以显性，也可以隐性。思想显性表达就成为人们便于理解和接受的知识。许多情况下又属于隐性表达，必须经细心观察，并加以分析才能理解。有人为某事心潮澎湃，表面却声气平和，“怒于中而不形于外”，有些想法未必是知识。社会上有许多人尚不愿意用符号（语言、文字、图形等）表达其思想，而是习惯于用行动来表达和实现其思想。有的企业家言语不多，但在投资、营销和管理等方面均搞出一整套独创性的办法，成效十分显著。他们以其思想指导行动，产生效益。若自己不宣扬，他人不总结，那么，其思想虽经运用，也不能成为知识传播。为了人类的文明进步，人们必须把自己有价值的思想及时传输出来，符号化成有形知识，以便传播、运用和传承。

国学大师、一代儒宗马一浮说：“国家生命所系，实系于文化，而文化根本则在思想。从闻见得来的是知识，由自己体究，能将各种知识融会贯通，成立一个体系，名为思想。”

二、思想与经验

“经历是人生的宝贵财富。”因为离开必要的经历，许多道理难以透彻理解。政府官员、企业高管都十分需要历练与经验。“捷克总统克劳斯拒绝任命一批法官，司法部提交的55名法官候选人中，32人没有通过总统任命，原因只有一个：年龄不到30岁。”① 的确，司法审判不仅要熟悉法律条文，而且要有经验和资历。经验是人们在实践中的感受和体悟，是书本上难以得到的一种自悟性思想，用于传播交流就成为知识。

一个人在实践中获得成功时就有愉悦感受，也称高峰体验。当在实践中犯错误、受挫折甚至失败时，则会痛心疾首、痛哭流涕，留下刻骨铭心的教训。当这些知觉、感受、体验被多次验证时，在头脑中就会逐步疏理、概括、提炼出一些概念和理性认识。这种思想成果就是经验，可称作自悟性知识。由于自悟性知识的概念、实质和内涵都是人们从切身感受中总结的，是自身亲身体悟和验证的真理，因此，可理解得更透彻，运用得更自如。自悟性知识甚至会成为一个人的世界观和思考问题的原则和方法，显得特别管用，是一个人素质的构成要件。实践表明，经验是人类思想成果的重要源泉，是特别管用的实际知识。

三、思想与信息

知识经济论者把思想、知识和信息三者混同起来，不加区分。这对相关学科研究的深入是不利的。

信息原本是信号、音讯和消息的总称。现代信息概念的内涵更宽泛，认为新进入思维主体的一切思维材料都是信息。

我们可以从人们认识的顺序来分析信息与思想的关系：

---

①任鹏：《法律的生命不在逻辑在经验》，载《法律与生活》2009年第20期。

其一，头脑中的既有知识和思想是获取信息的工具和条件。当人们关注某一对象时，首先要观察对象。观察的角度和方法不同，捕获的信息就不同。观察的质量，也即捕获信息的效果，受到既有知识和思想的影响。因而，面对同一事物，有的人能敏锐地感受其变化，有的人却毫无知觉，就是感觉到的也内容不同。我们可以某一时刻为界，称信息入脑之前的思想为原思想，或称之为既有思想。这临界点后进来的知识、感觉、数据均是信息。

其二，信息是新获得的思维材料。古人云，“一叶落知天下秋”，一叶脱落就是一条信息，树叶开始干枯了，人就根据这条信息，结合已有的经验和知识，在头脑中做出判断，形成一条新思想：“树叶落了，秋天到了。”信息能够刺激新的思想产生。在经济领域，人们可因信息灵通而获利；在军事上实力不对称尚可周旋，而信息渠道不通畅，往往坐以待毙，因此，有学者认为现代战争是信息战。

其三，信息处理结果与既有知识、思想相关。“一叶落知天下秋”是文人的一种比喻，其中包含着深刻、复杂的内容。要达到知的目的，必须具备相关的知识和思想。试想：一位在封闭囚室中长大、从未见过树叶春生秋落的人，又怎么能做出落叶知秋的判断呢？经历不同、知识不同，对“落叶”信息加工处理所产生的新思想也不同。一位木匠看到落叶就想：“今后砍伐的木头，材质好，不易蛀了。”若是一位清洁工就想：“今后，每天扫的树叶要多起来了。”正是由于人脑中既有知识、思想的差异，同样的教育材料，对不同的人，教育效果也不同。以前学习比较扎实的人，学习新材料的效果也好些，因为学习效果与基础有关。统计数字、情况描述似乎是一种非思想性信息，其实不然。因为，数字统计的口径、事物观察的角度必然带有人的主观色彩，反映人的思想观点。数据获取、情况收集等无一不是思维活动的成果，所取信息体现着人的思想。

其四，信息描述和传递离不开思想。信息传递分作两类，一是原形传递，二是描述性传递。当然，两种方式之间没有绝对的界限，两种方式均离不开思想。原形传递如录像、录音、传真、电话和卫星拍摄等均必须运用现代科技。现代科技本身就是人类的思想成果，镜头选取、录音剪辑、电话和传真的内容都与人的思想有关。描述性传递如记者新闻采写、体育赛场广播员解说等，采写和直播者必须有一定的专门知识，内容中蕴含着记者的思想和观点。一般来说，原形传递运用现代全真技术，信息失真度小些，但怎么选取就取决于个人观点了。描述性信息传递所夹杂的个人观点往往更明显。

其五，思想是信息传输的重要内容，信息是思想的传输形态。上线思想成果传递到下线就是信息和知识。人类的思想成果总是在传播和传承中运用和发展的。传播过程是思想内容承继性与信息概念相对性的统一。从传播和传承的关系上看，上线是宣布和报告自己的思想成果，对下线来说就是获得信息和知识。也可以解释为：思想成果外化以后，成为符号化的思想产品，如录音、文章、图纸、软件等，对思想创造主体以外的接受者来说，就是信息和知识。当接受了这一信息后，又丰富并部分地改变接受者的思想。人们习惯于把原始直观、非人为加工的材料视为信息，把首次接受的思想成果也视为信息。可以说，对于接受者来说，一切新的感觉材料、新的思想成果都是信息。任何信息进入人脑以后，则以不同档次和类型的思想材料进行储存。任何新思想，对接受者来说都是信息。由此可见，思想与信息是相对性和同一性的统一。然而，在产生新思想的过程中，外来信息起材料作用，头脑中的知识和思想起工具作用。

其六，数据信息与思想的关系。信息社会的一个主要特征就是世界和社会的“数据化”（datifying）。那么，数据与思想是什么关系呢？数据是对事物的一种量化表达，在网络时代，人们把那些非量化的信息也称为数据。数据是以人们认知为前提的思想信息，其表达的是人们的认知性思想。具体说，观测视角、统计口径就是人的思想观点和倾向，因此，数据即使是量化表述，也不是完全的客观信息。只有原始自然信息才是客观信息，凡经人采集的就包含主观成分。在信息化背景下，数据信息或数字化通信均是传输各种思想内容的载体或工具。

四、思想与科学

科学是反映自然、社会和思维的客观规律的知识体系。这些知识从何而来？是人们从生产实践、科学实验、社会生活体验中总结出来。当人们在生产实践和科学实验获得材料基础上，经思维总结发现规律并反复得到验证时，就确立了反映某一方面规律的思想。当研究者以口头或书面形式表达和传输且可供人学习和应用时，就发布了科学知识。由此可见，科学的内容就是人们的思维成果，是人类一代代科学工作者和非专业人员承先启后、不断探索、不断创新的思想成果。值得一提的是现有科学知识既为新的科学思维奠定了知识基础，又为思维提供了方法和经验。

总之，科学从其本质看是对客观事物规律的揭示和描述，从来源看是人们对事物信息材料的思维结果，没有反映规律的思想就没有科学。

五、思想与情感

情感是人对外界事物信息刺激的心理反应和态度表现，诸如喜欢、厌恶、愤怒、悲伤、恐惧、爱慕等，是伴随人的感受和认知的心理活动过程。思想和情感之间有着密切联系。

一方面，思想是情感的基础。通常是先有思想认识，再有情感体验。比如，一位纯真善性的儿童，遇到一位素昧平生的成年人，先前没有任何联系，自然也没啥好恶。若成年人善待儿童，给予关怀照顾，儿童就产生一种“此人友善”的认识，同时，也产生要给予亲热回报的思想，尔后，才产生喜欢和亲近的情感；相反，成年人若欺负他，儿童就会在头脑中产生“这是个坏人”的判断，从而产生厌恶和反抗的情绪。面对一个事物，产生怎样的情绪，是乐观还是悲观？取决于一个人的思想和观察问题的视角。思路开阔的人遇到危难时，肯动脑筋想办法，善于在危难中看到机遇；反之，则免不了情绪沮丧！情感虽然以相应的思想为基础，但它又是一种心灵感受，超然于思想之上。思想尚可条理化表述，情感的内涵和结构更为复杂，其形其态、其影其踪较难描述。

另一方面 ，情感也影响着思想。情感影响人们对事物的判断和认识，因为情感影响人的注意力和兴趣。比如喜欢上一个人，当然就认为他好，注意的兴奋点就集中在其优点方面，因而往往不注意其缺点；而当厌恶一个人时，注意的兴奋点通常在其不好的一面，就越容易看到其缺点。中国有句俗语叫“情人眼里出西施”，说出了情感影响思想的道理。

六、思想与信念

信念是人们内心深处认为完全可以确信的看法与想法，是一种情感化、内在化的认知和思想。信念的产生和确定，是人在认识、实践、再认识、再实践的反复过程中，检验并坚定了的认识；信念以一个人想通、想透得出的思想成果为根据和依托，是一种个体自认为不可动摇的坚定态度，具有一定的稳定性。

信念一旦形成，就会成为行动的精神力量。在为自己目标奋斗的过程中，表现出行为的主动性、坚定性和一贯性，同时，表现为强烈的自信心，产生坚强的意志和毅力。哥白尼因始终不渝地坚持其“日心说”而被教会活活烧死，伽利略因宣传哥白尼的“太阳中心说”而被罗马宗教裁判所判处终身监禁。但是，他们坚信自己观点的正确性，毫不动摇地坚持自己的看法，这就是信念的力量。“古之立大事者，不惟有超世之才，亦必有坚忍不拔之志”。

人生如果没有信念就会降低生命的质量，失去生活的光彩。信念不仅是一个人追求人生目标的持续、稳定的动力，而且也是维持人的健康和生命的精神支柱。得了绝症的病人，当其抱有生的信念时，因心情愉快，治疗效果就好，就能较快康复；当其失去生的信念时，就精神崩溃，药石不灵，每况愈下。网载：二战期间一名盟军士兵落到德国纳粹分子手中，一纳粹医生用该士兵做了一个心理暗示试验。他们将士兵绑在手术床上蒙上眼睛，并说：“今天要放干你的血，让你慢慢死去。”然后，用手术刀背在其胳膊上划了一下，同时，就让床边水龙头发出“滴答滴答”的响声，好像在“滴血”。第二天，医生跑去一看，被绑士兵果然死亡。因为，士兵经医生一划，并听到“滴血”声，就失去了生的信念，是心灵死亡导致肉体死亡。

由此可见，信念与思想直接相关，信念是对看法和想法的确信，信念以主体确信的思想观点为基础。

七、思想与精神

精神是什么？作为哲学概念的精神是指人的意识、思维活动和自觉的心理状态，包括情绪、意志、良心、想法的精髓和风貌神采等等。哲学家把世界上一切事物划分为物质和精神两大类。思维是人脑的机能，精神是思维成果的精华，是思想的精髓和要义。

人类低级、普通、粗浅的想法和行为不称作精神。精神以思想为基础，是思想的积淀、浓缩、结晶和升华。当一个民族遭受到外强侵略、承受亡国之痛后，迸发了抗争图存的思想和决心，并将这种思想和决心转换成坚强有力的抗争行动时，就体现出爱国主义精神。当一个人通过学习和实践真正认识到人类社会的进步依靠全体社会成员的努力奋斗，形成、确立并坚定了为社会发展和人类文明做贡献的思想之时，就会表现出奋力拼搏、艰苦创业的精神。

当人们确立了体现某种精神的思想之时，思想就会内化为追求某一目标的实际行动，并激发坚定的决心、坚强的意志、巨大的动力和持久的毅力。在外部即表现为人的干劲、风貌、神采和韵味。南宋文天祥为什么能为国家而英勇就义，高吟“人生自古谁无死，留取丹心照汗青”，毅然而然，视死如归？这必须具有以“忠君爱国”思想为基础的精神支撑。孟子曰：“生亦我所欲也，义亦我所欲也；二者不可得兼，舍生而取义者也。”文天祥慷慨就义后人们发现，在他的腰带上写道：“孔曰成仁，孟曰取义，惟其义尽，所以仁至。读圣贤书，所学何事？而今而后，庶几无愧。”① 文天祥这种舍生取义的精神从何而来？主要是其头脑中确立了坚定的爱国思想和成仁取义思想。

体育赛事和竞技表演门票为何能卖出高价？因为它不仅是力与美的珠

①转引自：钱逊《养浩然之气与弘扬民族精神》，载《人民日报》2004 年 8 月 27 日。

联、勇与谋的璧合，更是一种个性的张扬，是信念、斗志、气势、激情、韧性的生动展现。而这恰恰是任何人都需要并渴望拥有的，最珍贵、最有用的精神产品。竞技体育是专业运动员们的技能较量，这种境地不是所有人都能达到的；然而，大众体育却是人人都可以参与，也是有条件参与的。大众体育用以健身，增加生活乐趣，同时，也可以培养和磨炼人的勇气、斗志、毅力和拼搏精神。

由于大众体育和竞技体育均有如此多的功能，对人的生活和社会进步具有不可忽视的作用和意义，所以，人们普遍喜爱。

八、思想与创新

创新是一个国家和民族持续发展的不竭动力，因而，国际社会通常把创新作为评价一个国家综合竞争力的重要指标。

创新是构成企业核心竞争力的关键因素。技术、文化、商标等智力成果在商品价值中占有越来越大的比重。在高新技术产业中，数字化、网络化、智能化成了未来生产的主要特征，而这些均需以技术创新为支撑。

其实，创新的本质和核心是思想创新。无论是技术创新、产品创新，还是理论创新、制度创新，归根结底都是思想成果的创造。技术创新离不开科学实验对规律的总结，产品创新离不开对市场需求的调研，理论创新离不开对社会实践的研究，制度创新必须依据社会变迁和民众需求变化……这一切都离不开思维活动。此外，还有一项基本的要求就是要善于观察，勤于思考，使主观符合客观，得出正确的思维成果。敢于质疑，提出问题，是取得突破所必需的精神品质；专心思考，善于破疑，是逼近真理的有效途径；虚心好学，借鉴经验，是增强创新能力的不二法门；淡泊名利，戒骄戒躁，是保证潜心思考的有效措施；锲而不舍，刻苦坚持，是思维深化、获取硕果的重要保证。

第七章　创新思维的主体特质

思维是人脑的机能，思想是思维的成果，认识是外界事物在人们头脑中的反映。思想产生既需要人脑的功能基础，又需要人的社会实践基础。外界事物是客观存在，健康人脑可能反映，主体努力加速反映，专业精通便于反映。

第一节　人脑是思想产生的生物基础

一、思维是人脑的机能

思想论认为思想是思维的成果，思维是人脑的机能，思想是人脑对客观事物的反映。

什么是思维呢？感觉、反应、记忆、分析、推理、判断、联想、想象等都是思维的具体形式。何谓意识？心理、情感、意志、精神等均属意识范畴。

意识和思维是人脑这种高级物质的功能，这一命题是不难理解的。因而思想的物质性和客观性也是可想而知的。

第一，自然界许多物质有感觉、反应和记忆功能。水银、酒精、铁条等受热膨胀、受冷缩小；物体受到压力就会发生形变而产生弹力；受到振动即会发出声音。镍钛合金、铜系合金、铁系合金均有记忆功能。录音磁带、录像磁带就是利用磁性物的记忆特性所制造的产品。人们利用电和磁方面的物理性质，就是电脑的物质基础。

第二，计算机是一种原理深奥、结构复杂的电子产品。它不仅具有接收信息、储存信息的能力，而且，能代替人脑处理大量程序化、重复性的运算，有强大的信息处理功能。在数据的程序化处理中，大大超过人脑的能力。因此，人们也称计算机为电脑。然而，无论计算机有如何强大的功能，都仅是一种电子产品，无论第几代计算机都只是人脑设计和人工制造的产物。

第三，人脑是电脑的原形。人脑由生物细胞构成，结构比电脑复杂得多。人脑是一个生命体，电脑是一种人造设备。人脑运行是一种生物活动，是一种生命体的意识；电脑运行是人所编排的物理活动，是程序运行。因此，电脑是难以有情感、意志和精神的。从这个意义上讲，电脑无论怎样发展也取代不了人脑。

从简单的物质性能到复杂的计算机功能，虽然有革命性的物性改进，但都属物理性能提升。然而，人脑意识却不同，是一种高级生物功能。脑是人体内新陈代谢最旺盛的器官，正常人脑的重量约占身体重量的2%，而脑的耗氧量却占全身总耗氧量的20%，脑供血量约占心脏搏血量的1/6。在人体中，脑是一个消耗能量较大的器官。在物理学上，能的转换和传输遵循能量守恒定律。但是能量经人脑转换成了意识和思想，变成了意志能量以后，就超越了物理世界的法则，而进入精神世界。意识和思想也就不再可以用物理量进行描述。因此，也就不再适用能量守恒定律，而是表现为一种不确定性。同样的能量在某人头脑中消耗可能产生没有多少价值的意识和思想，但在另一人头脑中就可能产生难以估量的巨大价值的思想。虽然物质能量和意志能量之间可以互相转换，也即“物质变精神、精神变物质”，但这种转换却不存在量的比例关系，而转换的中介和器官就是人脑这一生物体。

物质第一性，物质决定意识表现为两个方面：其一，意识是高级物质的功能，没有人脑这一物质，就没有意识存在的基础；其二，意识是客观事物在人们头脑中的反映，没有客观事物也就不会有意识的内容。

二、人脑神经系统与电脑比较

从感知和运动功能看，人脑神经系统连接着大脑、神经、感官、运动器官等四个部分。

大脑如同电脑的中央处理器，具有记忆、分析、联想、想象、推理、判断等处理信息的功能。科学家们发现人的左脑主要从事逻辑性、条理性的思维，右脑主要从事形象思维，是创造力的源泉，是艺术和经验学习的中枢，右脑的存储量是左脑的 100 万倍。爱因斯坦、达·芬奇、居里夫人等都有超强的右脑。95% 的人一生只用大脑 3% 的潜能，其余的 97% 都蕴藏在右脑的潜意识中。①

感官是信息捕捉器官。眼如探头，捕获印象和光波信息；耳如麦克风捕获声波信息，经感觉神经传递到大脑。手、脚、嘴、肩等主要是运动器官，负责执行经运动神经传递的大脑指令。手脚就像电脑控制的打印机、刻字机一样；嘴如扬声器，输出声音表达思想。说话、写字、打字、操作、做事等均是表达和输出思想的具体方式。运动器官同时具有信息捕捉功能，及时将运动过程中所得信息反馈给大脑。

中枢神经、周围神经系统把大脑与全身器官连接起来，如同计算机上的电路和导线一样，起到信息传导和功能调节作用。

站在大脑这一“主机”的角度看，思维是人脑的功能，进去的信息是思维的材料，是人的智能作用的对象。出来的是思维成果，也就是思想。思想一旦表达和传输出来就对外界产生影响和作用。对外传输不会减少自身思想，只会促使思想更加条理化。思想不一定要立即表达和传输出来，也可以就地保存，其效果是丰富自身的思想储备，提高自身素质和水平，最终以某种方式表现和表达出来。一个人经过一段时间的痛苦思考，就会发生一些变化，或更加成熟、更加坚毅，或是失去信心、消沉下去，甚或彻底崩溃，原因就在于其思想变化。

---

①沈伟红：《右脑动一动，宝宝更聪明》，载《钱江晚报》2005 年 2 月 24 日。

三、人脑“5＋1”功能及相互关系

任何伟大创造都源于人脑的思维，任何伟大人物都因具有聪明的头脑。人脑智能是世界上最重要、最宝贵的资源。大脑具有五项具体功能和一项核心功能。

（一）信息感知功能

人的感觉器官接收信息只是一种物理和生物活动过程，如事物在视网膜上成像，声波使耳膜振动等。只有通过神经把信息传递到大脑，发挥大脑的感知功能，才能真正感知信息。经人的感觉器官从外部进入大脑的信息，可以分为两大类：第一类叫直接信息，就是主体自己亲身感知的信息，是对象物经人的感觉器官在人脑中的直接反映；第二类叫间接信息，就是通过文字、声音或图形等符号的时序性排列，再经感觉器官进入人脑的信息。间接信息既一定程度地反映着客观实际，又不可避免地包含着信息编制者的主观色彩，由于经过多环节转换存在一定程度的失真。

（二）信息记忆功能

信息进入人脑后，或深或浅，被人脑所记忆。由于人有语言，在感官接受信息，经神经传导进入大脑皮层的瞬间，就自觉不自觉地对信息作了语言化程序编制，然后，再作分区储存。这一过程就是记忆。记忆的内容可以分为两大类，第一类是人脑感知的原信息记忆；第二类是人脑对原始信息进行分析、整理后的思维成果记忆。通常情况下，人脑对自身加工产生的思想成果印象更深，更容易记住。记忆功能使人脑具有信息数据库的作用，这数据库不断为人脑思维提供材料。回忆则是对储存信息进行检索并再现。记忆是联想的前提，联想是想象的基础，是创造性思维的基本方式。因此，记忆功能低下，不仅会影响学习效果，而且，也会妨碍创造活动的展开。记忆功能是人脑的一项关键功能。

（三）信息整合功能

大脑具有信息整合功能。零星分散的信息经感觉器官和神经传入大脑，必须经过分析、比较、分类、整合，把各信息元素联系起来，才能整合出事物的整体印象，达到对事物及其规律的认知。为什么这样呢？因为人的信息接受器官是做功能分工的，眼只能看，耳只能听，鼻只能嗅。比如山羊是一种动物，但其信息传入人脑过程中是分散为山羊的形状、毛色、体味、鸣叫声等分别刺激人的眼、鼻、耳，再分别经神经传导进入大脑的，若不做信息分析整合，就无法认知山羊的全面特征。这种认知与脑功能有关，脑功能越强，其认知就越全面越深入。人脑的这种信息整合功能仅限于普通认知，而不是创造。

（四）想象和创造功能

人脑还有想象和创造功能。能对既有信息进行整合和重构。这是人脑在对客观规律认知基础上的最高智能。当人脑认知了许多客观规律后，就会想象自己所需要的一种新事物，比如汽车，要求它跑得快、拉力大、并控制方便。此时，人脑就能联想到能量转换和守恒定律，发动机原理、机械传动原理、控制原理、减振原理等，并运用思维进行设计和论证。这种联想、想象和论证所新构想出的汽车，是结构新、功能新，且自然界中所没有的新事物。这是人脑对物理定律、原理、规律的灵活运用，是一种创造性思维。人类总是先有思想创造，而后，才有物器创造，进而推动人类文明进步。

（五）表达和传输功能

人脑除了感知信息、分析整理、记忆和创新功能以外，还有表达和传输功能。倘若人脑没有表达传输功能，那么思维创造的成果就不能外传，思想成果就无法转换成文明成果。人脑对思想成果的表达传输是通过大脑指挥人体器官来实现的。比如：把思想信息作时序排列，以语言形式表达。或嘴说，或手写，或经手指操作键盘，或用手势语和体态语表达思想和情感。若用思想支配人的行为，直接体现在行动之中，也可以理解为支配功能。值得注意的是语言是人脑思想成果表达和传输最基本也是最重要的载体和工具，语言概念不仅可以表达实体性内容，而且也能表达抽象性内容。

此外，大脑还有一项神奇高超、特别重要的核心功能，就是中枢调控功能，包括对大脑自身及肌体的调控。调控的最高任务是对脑思维本身的调控，就是大脑思维能力的使用和定向，包括注意力分配、意志、毅力等，直接影响其他五项具体功能的发挥。具体表现为：思考什么？怎么思考？坚持什么？放弃什么？等等。就是智力使用的选向，是思维运用的控制。这种调控能力的强弱既与先天性格有关，更与后天的知识结构有关。正如陀思妥耶夫斯基（Fyodor Dostoevsky）所说："最重要的不是头脑，而是指导头脑的东西——性格、心灵、崇高的品性、教养。"① 强迫症未克服的人，明知自己的手已洗干净了，还不由自主地继续洗，就是调控功能降低的结果和表现。

人脑"5 + 1"功能不是线性单联的。任何功能间都可以直接联系，也可以跳过其中一些环节。大脑的神奇就在于其功能间的非线性关系，是一种复杂的交叉联系，其中，中枢调控功能更是起到灵魂和主导作用的。可以用"脑功能关系图"说明，如图 7 - 1 所示。一位不习惯深思熟虑的人，会跳过一些思维环节，直接将自己的原始感知作为思想成果表达出来，他人就觉得其人简单肤浅；而一位深沉的思想者必然把感知材料在大脑中经整理、加工、创新和反复论证的一番功夫，然后，才表达出来，他人就觉得见解独到，有新意，有深度。两者思想深度不同，指导行动的效果也必然不同。

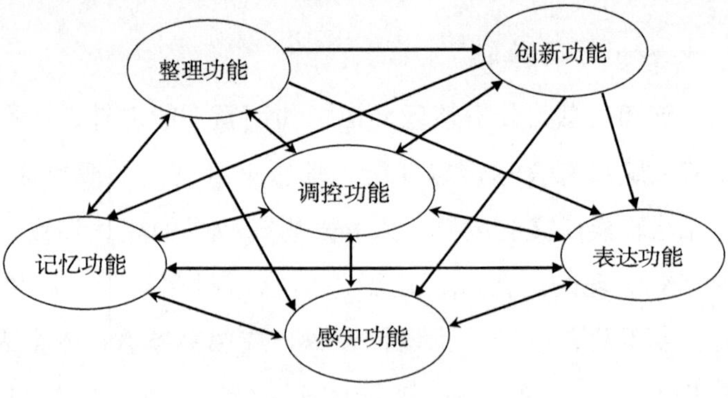

图 7 - 1　脑功能关系

①[英] 约翰·坎尼编，徐进夫、宋碧云、匡晓林译：《最有价值的阅读》肖像图注语，天津教育出版社 2006 年 7 月版。

人脑具有强大的复合功能，它既是思维器官又是思维的控制器官。一些产生了心理疾病的人就是失去或退化了思维控制能力。六项功能可以按程序全部使用，即按部就班地进行思考；也可以跳过某项功能，按简化程序思考。分析问题中，六种功能可以按序使用，也可以交替使用。还可进行记忆、整理和创新，使几种功能同时发挥作用。①

全脑功能可分为四大部分：一是中枢脑。负责全脑调控，具有感觉、感知、用脑选项，注意力分配，思考内容选择等功能。二是处理脑。负责定向思考，围绕某一问题做深入研究，形成系统化的研究成果。三是存储脑，负责保存各种信息数据。四是传输表达脑。指挥口说、手写或用行动表达思想。如此看来，感觉敏锐，把握全局，依靠中枢脑，以平面横向思维为主；定向思考，纵向深化，业务专精则依靠处理脑，以立面纵向思维为主。一般来说：管理干部多用平面横向思维，以达到统筹兼顾；技术专家多用立面纵向思维，以求专业精深；两种思维方式并用的人才，其创造力更强。

第二节　思维与概念符号

思维需要有工具、载体和条件，本节进行讨论。

一、思维必须有概念而未必一定有语言

长期以来，人们都说“语言是思维的工具”，理由是因为思维的对应概念和逻辑顺序都是与语言相一致的。一位长期在家乡工作的人，回到省城同学面前讲普通话不顺口，因为，他用家乡语言思维，须经脑子翻译后才用普通话表达出来。初通外文的学人也一样用母语思维，尔后在脑中自我翻译后才说出外语。但是，这绝不能证明“语言是思维的工具”这一结论的正确性。

---

①参见：王志华著《大系统价值学说》第 52 – 60 页，广东经济出版社 2004 年 3 月版。

说起来也简单。先天聋哑的人是没有声音语言学习能力和体验的，他们有没有思维？回答是肯定的。未上学识字的聋哑人可能成为较好的裁缝、木匠和泥水匠。他们不仅能模仿，而且能动脑筋解决很多问题。聋哑人虽然没有语言，但是，他们头脑中有一系列概念。木头、斧子、锯子、桌子这些实体概念，劈木、锯木、组装等动作性概念，父子、母女、师徒等关系性概念等等，聋哑人头脑中都有。但若不上学的话，聋哑人对高尚、光荣、情操等抽象概念的建立就难些。其实思维是对脑中概念之间的关系认识与审定，是对一系列概念的排列组合。概念是什么呢？概念是人脑对客观事物感知所形成的印象。功能正常的大脑，只要获得感知材料，就能形成概念，进行思考。进入人脑的信息有的成为思维的材料，有的成为思维的工具。人脑就像一只煮食品的热锅，既有存储功能，又有烧煮功能。人脑也像一块肥沃的土地，只要撒落种子就有长出庄稼的可能，当然要给予水分和阳光。个人体验和感悟是思想（想法）产生的主流方式，而概念是归纳和表达体悟成果的元素和载体。没有概念就无法构建意识世界，就不可能有思维。有了概念后，就是没有声音语言和文字语言的表达，也可以用手语和肢体语言表达，只不过手语和肢体语言对抽象概念的表达要困难得多。

综上所述，人的思维可以没有语言，但是不能没有概念。我们把没有语言的思维称为原始概念思维，把以语言或其他符号为载体的思维叫符号概念思维。

二、思想记录和传输必须使用符号

脑细胞和神经既能传导符号，也能储存符号，再通过这些符号的不同组合来承载思想。这里的符号包括：语言、文字、图形、色彩、音符和动作等。语言等符号以其不同的排列组合记录思想。“语言是思维的工具”，这种讲法不很确切，因为工具是不能融入劳动对象或产品之中的。规律和思想是一种意态的东西，这意态的东西在头脑中必须用概念来表达。而包含一定内涵的概念必须用一定的符号来表示，语言等符号都是思想的载体，但概念却是思想元素。

概念与符号的关系，也即思想和语言的关系，实质就是内容与形式的关系，两者不能分离。思维是在人脑之中进行的，是脑细胞和神经递质的活动，其中的参与要素就有：主体即大脑，对象即事物及规律，方式方法即是思考问题的习惯和技巧。

值得注意的是作为载体的符号，又不同于思维材料，思维材料是信息。信息进入人脑时先被转换成符号并进行排序，才被大脑记忆整理和分析。不同种族的科学家研究同一事物，吸收的信息基本相同，因其语言符号不同，对信息的表述形式不同，研究以后对规律表述语言形式就不同。但是，经翻译后我们发现，他们表述的规律是一致的。这就好比不同的电波频率可以区分不同的电波来源、不同频道的电波可以传播相同内容是一样的道理。

符号是任何思想者都必须运用的表达和传输工具。思想家和文学家用文字表达其思想和情感；演说家用口头语言表达其思想和情感；作曲家以音符创造的旋律表达思想情感；数学家用一系列数学符号表达演算思维的深化；建筑设计师用点、线、面等表达其设计思想；画家以线条、图形和色彩来表达其审美思想和情感。但是，这些符号全部都是概念表达和思想表达的承载者，而不是思想本身。

三、语言是思维的形式和载体

语言产生确实对思维起到了十分重要的促进作用。这是因为：一是语言使形象概念名词化，使抽象概念符号化。在语言产生以前，事物形象只能直接以原形摄入人脑中建立概念，但抽象概念却无形无体无法建立。语言运用使抽象概念有了相应的符号，可以使这一符号包含许多内涵，这就使思维的领域和空间大大扩展。二是语言使一切概念边界清晰化，比如把有血缘关系的祖孙几代人组成的群体称为家庭；把同源同宗同地域同语种的人群称为民族，这就显著减少了概念占用的脑空间，也给表达带来了极大的方便。同时，也使概念关系明确化，大大减轻了思维的运行负荷，从而加快思维速度。并且，由于概念关系准确而大幅度提高思维的质量和效果。语言学家索绪尔说："意义其实是被语言创造出来的。"① 三是由于有了语言，思维成果便于表达和传播，使甲的思想成为乙的思维材料，乙的思想碰撞甲的思维，从而，促进人类思维成果快速增加。

四、儿童学习语言何以比成人容易

幼儿有没有思维？是先有概念，还是先有语言？为什么幼儿学习语言很快？有学者认为儿童并不完全从听到的话语中学习语言，而是运用与生俱来的模式对听到的东西进行检验后习得语言。笔者以为这种理解不对。正确的观点应当是：人脑先天具有感知事物、建立印象、形成概念的功能，并且具有听音和仿音能力。当事物多次刺激，在孩子头脑中形成概念后，必然要寻找词语来表达概念。十多个月的幼儿，什么事都离不开母亲。亲密和相依使他（她）很快建立母亲概念，有母亲概念后就在寻找"对应"的声音符号。每次哭闹时母亲就哄他："妈妈来了！""妈妈抱！"没几次他就把母亲概念与"妈"这声音符号对应上了，因此，几次出现就掌握了。成人学外语就不同，要把"mather"与"妈"对应，死记硬背，需要克服母语与对应概念确定所带来的排他性。

这样，我们可以明白孩子学习语言特别快的原因：第一，健全人脑具有感知事物和建立概念的功能。客观有事物，主观有概念，就迫切需要有词语来对这事物和概念进行表达，就像生了一个娃，需要起个名一样。幼儿看到一件新的东西，脑子里就有印象和概念，会忍不住问"那叫什么？"你告诉他"是虎"，物、概念、词三者就统一起来，一次就记住了，他就掌握了这个词。第二，健全人脑对其所反映的事物很快能感觉到关系，但没有语言就难以描述。有了自我感知能力的幼儿，知道自己饿，要吃饭。妈妈教"宝宝吃饭"，他马上对应上"宝宝指我"，"饭指我要的东西"，"吃是我和饭的关系"。幼儿是在理解概念关系的基础上寻找声音符号的，

①转引自：王乾荣《翻译的问题》，载《学习时报》2005年4月18日。

学习语言当然快。第三，建立抽象概念以具体概念为基础，等幼儿掌握了大量具体概念后，抽象概念也就容易建立了。抽象概念通常是先有相关体验和感受，然后形成概念，再在相同情境中，运用脑的仿音功能向成人学习词汇来表达概念。

成年人头脑中事物、概念、对应词汇都有了，已不存在因缺位而生的需求。就个人思维和表达需要而言，第二套词汇和语言是可有可无的，甚至可以说是多余的。越到年长，这种对应关系越牢固，对新词的排斥性也越强，所以，成人学外语要累得多。由此得到启示，成人学外语，最好是设想把母语忘掉。

然而，当一个人掌握了两门以上外语之后，事物、概念、词汇之间已是多项对应了，其对应关系不再像单一对应那么强，排他性也会明显减弱。所以，学第三门、第四门外语反而要感到容易一些。这是词汇和语言学习的一条重要规律。

五、不同语种之间为何可以翻译

人类不同种族，其语言通常是不同的。然而，这仅仅是表达思想的声音符号和排序规律不同而已。人类的基因体系、基本生理尤其是脑功能的共性决定其对自然、对事物、对外界的认知特点和规律是大体一致的。不同种族的人对外界事物的态度与认知的差异比起他们语言符号上的差异要小得多。当然，其中存在着文化与传统的差异。

关于汉语和英语，台湾作家龙应台说："对中国人而言，汉语是灵魂的语言，英语是工具的语言。"语言特点决定思维特点，学习了一种外语就便于了解一个民族的思维特征。在19世纪中期，雅克布·格林曾经呼吁建立语言的法则，他认为："构成民族界限的，不是河流，也不是山脉，而只能是跨越河流和山脉的语言。"①

翻译将语言进行转换，使不同种族的人的思想得以交流。在全球一体

---

①转引自：《寻找文化中国》，载《学习时报》2005年2月17日。

化背景下，使各国之间相互学习、相互促进。英国哲学家罗素有一段精辟论述："不同文明之间的交流，过去已经多次证明是人类文明发展的里程碑。希腊学埃及，罗马借鉴希腊，阿拉伯参照罗马帝国，中世纪的欧洲又模仿阿拉伯，而文艺复兴时期的欧洲则仿效拜占庭帝国。"① 世界各国的思想成果，经过交流、融合、互补、激荡和交生，强有力地推进人类文明进步。

语言使思维成果即思想得以精确表达，传播使更多人掌握和运用思想成果，传播使思想与思想碰撞产生更多的新思想。这就是语言推动人类文明进步的作用机理。

第三节　思维主体及相关因素

一、思想产生与思维主体

人类文明成果是劳动大众共同创造的。然而，不得不承认精英分子在人类思想成果创造中所起到的特殊作用。在物理学发展中，牛顿、麦克斯韦、爱因斯坦、霍金等做出了卓越贡献。在人类思想史上，孔子、苏格拉底、柏拉图、马克思等都谱写了他们的光辉篇章。

劳动大众是思想创造的基本主体，人类精英是思想创造的重要主体。

"实践出真知"，民众是最广大的实践者，同时，也是思想成果生产的最基本主体。劳动大众事事亲手做，天天在体验，必然有感悟和发现，大量新点子、新思路、新方法都不是高层人士的发明，而是基层民众的创造。正如毛泽东所说："卑贱者最聪明，高贵者最愚蠢。"思想成果不是思想家的专利，而是实践者的体悟。以直接操作为主要任务的劳动者，通常是专业化、重复性地作业，其感悟、其发现一般是在本行业领域，往往缺乏系统性、宏观性和理论性；但是，劳动者人数众多，他们的智力之和成

①转引自：朱耀光《全球化·文化与翻译》，载《学习时报》2005 年 1 月 3 日。

为最巨大的社会智量。他们遍布社会各行业领域，能够获得各种发现，创造各种思想。他们边观察、边思考、边操作，是思想创造最广大和最基本的主体。人类精英有的在生产第一线做技术性作业，有的在搞科学技术研究，有的在作知识、技术的传授和传播。一些思想精英虽不动手作业，却有两项优势：一是可以得到不受时空限制且源于实践的广泛材料。二是具有经长期训练获得的专业基础、思维能力和研究方法。因此，他们能对实践者大量零碎、分散的想法，即思想材料进行汇总、归纳、整理和加工，从而使之成为系统化思想和规范化论述。正是上述两个优势的存在，才使重视调查、观察和生活体验的书生成长为思想家。他们必须深入民众之中，亲身参加实践，把握社会脉搏，将社会生活的鲜活材料作为大脑加工的素材，使自己的思想成果反映时代特征，体现时代精神，适应时代需要。

人类思想精英的主要作用有：一是召唤作用。就是以其深刻思想呼吁、启发大众思考，从而引发产生更多的思想成果。孙中山的“天下为公”思想、康有为的“世界大同”思想就唤起了千百万仁人志士的爱国热情，为推翻帝制、创立共和而努力奋斗。二是引领作用。就是引导人们的思想朝着文明健康方向发展，在一定程度防止出现歪邪、错误的思想。这对建立经济秩序、营造稳定的社会环境意义重大。然而，以思想引领思想当以正确性为前提。倘若邪恶思想占统领地位，必然产生严重恶果。三是保证作用。当人类精英的思想表现为政策、法律和制度时，即对社会成员的思想创造和发表，对人类文明进步起到保证作用。应该承认，精英和先哲们为人类的思想发展是做出了卓越贡献的。

值得注意的是，人们在学习、尊重思想精英的同时，不能盲目崇拜，不能因敬畏而束缚自身，不敢突破前人的不当论断就不可能有大的发展。社会现实问题的解决，人类文明的向前推进，都需要有充足的思想供给。要为先进思想、正确思想的产生、发布和传播营造良好的环境和氛围。人类社会务必使前人的思想成果成为后人思想发展的台阶，而不可成为框框与枷锁。

二、知识在思维中的基础作用

在人的思维过程中，知识起什么作用？一方面是起信息作用，为思维提供材料；另一方面起工具作用，影响思维的方式和方法。人们头脑中的既有知识就好比是电脑C盘中的软件，具有程序约束功能，决定着人脑的思维方式。对于一个人来说，其学历、履历、经历和兴趣决定其知识结构，知识结构和先天特性决定其思维方式。

知识对于思维发生作用的机理主要可以从三方面来分析：

其一，知识影响着对信息材料的判断和汲取。当新的信息材料进入人脑时，大脑是通过联想和检索，把头脑中相关知识联系起来思考的。在新旧材料的比较中对材料进行加工。

其二，知识缩短思维历程。头脑中的一些知识是基础性的规律。当从外部环境中汲取相关信息时，头脑中立即反射出相应的结论，而成为再思考的基础和升级台阶。一个未知者需要经过一定过程的研究才可能明白，而知者则省略了这一环节。

其三，知识的类比性启发作用。一些知识是对某一客观规律的描述，当类似信息输入时，大脑中枢神经就自发地作类比性分析，从而，有效加快思维速度，提高思维质量。其启发作用有两方面：一是结果或目标的启发，二是方法和途径的启发。

知识是思维的工具，能有效提高思维的效率。但是，如果在知识的陈旧结论中打转，知识就对思维起束缚作用。比如一架木梯子可以帮人登高，但同时也限制了攀登者的途径，对一位善用钩绳的特警而言，木梯反而是障碍。毫无疑问，知识是有用和宝贵的，但必须正确使用。

三、影响主体思想的因素和途径

《三字经》说："人之初，性本善。"人的性格脾气具有先天差别，比如温和、暴躁、急性子、慢热型等，先天因素影响后天思想发展；但笔者认为，起决定作用的是后天的学习、实践和体悟。相关因素很多，影响最直接的主要有五个方面：

其一，父母教育是启蒙性影响。父母是孩子的首任教师。由于血缘和亲情关系，孩子也特别信任父母，什么事都问父母。父母在孩子面前是有意无意地传播着自己的思想观念。孩子观察、模仿父母的处世方式，其实就传承了父母的思想观念，即使是一名叛逆性的孩子，也多少受到一些父母和家庭的影响。

其二，学校教育是最基本的影响。现代人接受过不同程度的教育培训。教师对学生、教练对学员、师傅对徒弟都产生深刻的影响。中国有句古语："名师出高徒"，说的是师徒之间的传承关系。当然，程度有不同，有的部分继承，徒不如师；有的几乎一样，叫继承衣钵；有的有继承又创新，叫超越其师。读书人从幼儿园、小学、中学到大学、研究生教育，承师众多，总有其中一位或几位教师对其思想影响特别深刻。

其三，传媒视听是自选性影响。现代传媒包括电视、网络、手机、微信等，已经成了人们视听选择的日常渠道。尤其是网络，具有海量信息，人们从中学到许多知识，获得许多信息成为思维材料，进而影响思想。书是一种传统传媒，对人具有最普遍最广泛的影响，许多很有成就的人都钟爱读书。读了一些书，人就有意无意地掌握和运用书中知识。有的好书，让人一生反复诵读，不愿丢弃，无论是搬家还是逃难都带着，成为人生命中的一部分，融入人的血液，成为人的精神和灵魂。可以说书不同程度地影响人，人不同程度地受书影响。然而，受书影响，因人而异。人们通常根据自己兴趣选择书籍，这种影响是自选性的。

其四，社会实践是体悟性影响。学习主要是增长知识，实践才能增长才干。亲身实践中获得感受和体悟，是自己对规律的发现和总结，是自己头脑中产生的思想成果，特别管用。人们受亲身经历事件的影响，特别直接和深刻。例如，遭灾之际得到社会和他人救助，便有铭记终生的感激；投资失误导致血本无归，得到刻骨铭心的教训；信任他人而遭骗，容易导致怀疑一切；等等。

其五，所处时代是环境性影响。马克思恩格斯曾经说过："一切划时代的体系的真正内容都是由于产生这一些体系的那个时期的需要而形成起来的。”[①] 任何思想家的理论体系，都是那个时代社会实践在其头脑中的反映。只有这些回应时代和社会需要的思想成果，才能产生和实现其巨大价值。

人的世界观、价值观和人生观是多方因素影响的综合结果。而且与其个体因素有关。同样的教育、同样的经历、同样的环境，因个体差异，形成的思想也很不相同；同样的个体心理品质，其教育不同、经历不同、环境不同，形成的思想就必定不同。

四、创新者的心智模式

人人都有思维能力，都有自己的想法。但是，并不是每个人都有创造新思想的能力。一个人也并不是时时均能创造新思想，新思想产生需要特定的心智模式。

一是“兴趣导引”。常言道，兴趣是最好的老师。倘若对探究对象不感兴趣，那么，冥思苦想是很累的。孔子云：“知之者不如好之者，好之者不如乐之者。”只有对思考对象怀有浓烈兴趣，对其中奥秘充满好奇，才能以思为乐，感到“思考着是幸福的”，才能将思考不断引向深入，创造出思想成果。

二是“静而生慧”。古人云：“静以修身”、“宁静致远”。一个人只有在心态平和、头脑冷静的时候，才能使智慧、灵感和悟性处于巅峰状态，使创造的潜能得到充分发挥。中国的名山古刹乃清静无为之地，却高僧辈出，他们著经布道，智慧圆通。保持内心平静实为一种能力，一种素养，一种境界，一种悟的状态。故而平静心境是思想成果创造的内在条件。思想者应当保持恬淡心态，远离名利之争。

三是“急中生智”。这是一句中华成语，意思是人在紧急情况下能够产生常态下不能产生的智慧。因为人脑在受到外界强烈信息刺激时，脑细胞高度激活，使大脑迅速产生联想、想象，并以极快速度进行比较和选

①《马克思恩格斯全集》第3卷，第544页，人民出版社1960年12月版。

择，形成一个应急方案。然而这种急中生智不是每个人都能做到的，有的人心里一急，神经僵硬，思维停滞，呆若木鸡，什么也想不出来。“急中生智”者必须有一定的经验积累、知识储备和实际训练。面临紧急状况，保持方寸不乱、头脑清醒，做到急而不惊、急而不躁、急中有静，方能生出智慧来。

四是“匠心专一”。无论是科学巨擘、文学巨匠，还是理论大师，其心必定专一。牛顿专注于数学物理，不懂人情世故；爱因斯坦专注于物理学，对于祖国人民推举其担任总统，予以拒绝。一个人的注意力和精力分散，就不可能专心致志地进行思想创造，就不可能有重大成就。专注的心境下是最有创造力的，就好比是体育竞技，若想东想西，牵挂太多，怎么能发挥好呢？

五是“谋深虑远”。人们对弈，多谋多胜，少谋少胜，不谋不胜。谋思得越深入，虑及就越久远。凡是系统化的理论学说都是思想者长期研究的结果，而非一时灵感所能成就。因此，要形成勤思、多思、深思和善思的习惯，抓住重点、反复思考，把事理琢磨透，才能有所发现、有所创造。思想成果产生不可急于求成，而是要给予必要的“生长期”，国外的说法是搞学问“悠着点”。

五、创新者的思维特质

善于创新者往往具有良好的思维特质。主要有以下四个方面：

第一，敏感和注意。注意是心理活动对一定对象的指向和集中。思维主体应当不只具有广泛的兴趣，而且，能从众多事物中选择一定事物作为心理活动的对象，使自身的注意朝着活动对象集中，并保持兴奋点稳定持久，对该事物作细致观察。一般来说，思维主体所注意的事物，就是其大脑所敏感的事物。任何创新都是以对于对象的深入感知为前提的，没有深入感知就不可能把握规律。创新是对事物规律掌握和运用的产物。要获得准确的感知并把握规律，就必须具有良好的注意。集中注意力观察事物和认知事物是思维主体宝贵的心理品质。正是思维主体的这种敏感和专注，使他们能感知一般人难以感知的信息，发现一般人难以发现的规律，创造一般人难以创造的成果。

第二，怀疑与批判。许多创新都是从对事物的怀疑和不满开始的。有怀疑才会提出问题，有不满才会产生新的企望。创新者必须具有挑战传统、平视权威、痛恨保守、怀疑定论的心理品格。他们的思想不为成见所局限，决不把既有结论当作教条。在发挥创造才能时，通常是先有否定，再有创新。他们反叛“守旧”传统，崇尚“求异”精神，尊重现实，相信自己的观察、感觉和判断，通常凭自己的直觉判断来创造新概念。“爱因斯坦的传记作家克拉克说，爱因斯坦总是对权威有一种本能的反感。……毕加索也是反对所有类型的权威。马蒂斯曾说过，毕加索想挑战这个世界、震撼这个世界、毁灭和重建这个世界。”① 人类创新实践表明：不敢怀疑成见和定论，就不可能有突破，没有批判就没有创新。

第三，想象与求证。在怀疑定论、试图突破时，心中自然要追问正确结论是什么。这就必须展开想象的翅膀，在广袤的思维空间展开搜索，以求得到新的正确结论。爱因斯坦说，“想象比知识更重要”；克拉克也说，“他的天才很大成分上在于他的想象力，想象力给予他敢向定论挑战的勇气”。真理是客观存在，尽管想象是宝贵的，但想象还不是真理本身。找到真理要依靠运用正确方法进行试错和验证。真理的空间是立体的，搜索需要纵向到底、横向到边。一是纵向搜索。通常纵向深想一步就有惊人的结果。同样是看到苹果从树上掉下，有人只想到苹果熟透了，或喜于免除摘取的辛劳，牛顿却发现了“万有引力”定律。同样面对“0”和“1”，多数人是熟视而麻木，而冯·诺依曼却发明了采用“二进位制”代码表示数据和指令的电子计算机。可见，同样的思维材料，搜索深度不同，结果就不同。二是反向搜索。猫懂得往前走不通就往后退，人的思维有时却老回不了头。许多事情正向搜索没结果，一旦反向搜索就找到了解决办法。

---

①吉恩·N. 兰德勒姆著，张军等译《改变世界的13位男性》第4页，四川人民出版社1997年8月版。

当若干人试图发明永动机失败后，反向搜索就发现了能量守恒定律。不论政府计划怎样严格周密还是不能保证经济平衡协调，反向搜索就发现市场经济体制在资源配置中的特殊作用。三是横向搜索。就像 CT 切片一样，在整个横断面上寻找，通常会有所发现。如何发展循环经济？一位垃圾场的工人提出几个“变”：变废为宝，废气有余热、废水有动能、垃圾有宝物；变害为利，风是动力，雨是水源，潮涌是资源；变闲为用，闲置的土地、闲存设备、闲休中劳动力都必须开发利用。四是纵向横向反复交叉搜索。纵向搜索有成效后要迅速横向扩展，横向真理点找到后又要纵向延伸，这样循环往复推进就能使思想成果不断扩大。凡是有伟大成就的科学家、政治家和思想家，均具有富于想象、善于搜索的思维品质。想象和搜索的成果是否正确，需要进行求证，包括学理上的论证、实验结果的验证和客观事例的实证。只有求证成立的结论，才是真正有价值的思想成果。

第四，自信和坚韧。创新者必须具有必胜的信念。他们懂得事物的结构规律：大由小构成，难由易构成，复杂由简单构成。遇事当有分解意识，大者分解就变小，难者分解就变易，复杂事物一分解就变得简单。只要肯坚持，什么大事、难事、复杂事都一定能做好。现代计算机是多么复杂！但其理论基础就是依托电路的通和断运用了“二进位制”计算原理①。创新者均是高度自信的人，没有这必要的自信，就是已经闪现的智慧灵光也会因其自行放弃而泯灭。许多创新家在信心上都是敢于以自己的一生命运作赌注的。爱因斯坦“自信到这个程度，他能蔑视牛顿力学以及当时的所有科学学说”②。“把精力投放到一个认定的目标去实现梦想，排除万难就是成功的秘诀”。创新者不仅要凭借意志力去克服探索道路上的艰难险阻，而且要顶住世俗的偏见与压力，有时甚至要有冒险精神，才能在探求真理的崎岖小道上攀登高峰。1978 年 12 月在中国尚且实行计划经济和集体化的大环境下，安徽省凤阳县小岗村的 18 户农民按了红指模，以准备坐

①王道华讲座：“辩证智慧心理学”内容材料。

②吉恩 · N. 兰德勒姆著，张军等译：《改变世界的 13 位男性》第 6 页，四川人民出版社 1997 年 8 月版。

牢为赌注自发订立了“大包干合同”。凭这敢为天下先的创新精神，他们开创了中国农村家庭联产承包责任制先河，拉响中国经济体制根本转型的悲壮前奏。思想创新者对自己思维成果的认定，一方面凭直觉，另一方面依靠反复求证。在无边的思维空间搜寻真理是艰辛的历程，会经受失败和挫折的痛苦。思想创新者必须具有坚强的意志和毅力，有屡败屡试的勇气。这种意志、毅力和勇气又来源于高度自信。意志和自信互为因果、互为动力，共同推进创新的曲折历程。

六、思维主体的创新障碍

人脑在创新方面具有巨大潜能，但是，在心理、传统、习俗等方面往往存在一些障碍。

（一）熟知不疑

面对熟知的事物，往往不怀疑、不深思，总以为熟悉的事物必是认识透彻的事物，于是，放弃一切研究和探索。这就不可能再有所发现、有所创造。正如黑格尔所言：“一般说来，熟知的东西所以不是真正知道的东西，正因为它是熟知的。有一种最习以为常的自欺欺人的事情，就是在认识的时候先假定某种东西是已经熟知了的，因而就这样地不去管它了。”这是影响人们思想创新的习惯性障碍。

（二）成见束缚

有识之士说：“我们每一个人都容易为轻信和成见俘虏而不自知。”（黄钟）这话很有道理。因为，当人接受这成见的时候就虔诚地相信它就是定论，就是真理。一种先入为主的心理，容易把一切有别于现成见解的想法视为异端邪说而加以拒斥。人们常常将成见作为真理，满怀真诚地投入捍卫和战斗，殊不知自己所捍卫的成见很可能是谬误，从而阻碍了探索深入和真理发现。

（三）思维定式

由于受到某些先入成见的影响，人的思维会形成一种惯性，也叫思维定式，严重限制人的思路，使思维空间变得狭小，从而不能深入研究某一事物，容易贸然得出结论。因此，只有打破思维定式，大胆设想、小心求证，才能在别人认为不可能的领域内实现创新。

（四）历史局限

伟大的思想家，即使是圣贤，也只是凡身俗体，其感觉、发现和思维未必全是客观事物在其头脑中的正确反映。因其生存时间、生活空间、交往范围所能获得的信息均是有限的，他们无法突破当时社会历史条件的局限，也就决定其对真理的认识有限。培根算是16、17世纪顶尖的思想家，尽管其热爱科学，也“曾嘲笑那些否认太阳和星辰绕地球运行的自明性真理的人，因为地球显然是静止的”，他当时未能接受“日心说”的科学道理。

（五）权威迷信

思想、理论和学术界的权威，以其成就、方法和经验，培育和影响着许多人。在开拓思想和理论空间，创造研究方法方面他们做出了贡献。但任何事物都有两面性。权威者，影响大，也吓人，他们的一些论断往往禁锢人们的思想。权威人士的一些受历史局限的观点和结论，往往被当作教条，妨碍人们思维展开。所以，思想创造者，一定要破除迷信，发扬独立思考精神。因为，在真理世界里没有通晓是非标准的裁判官，检验真理的唯一标准只能是实践。诚如爱因斯坦所说：“谁要是把自己标榜为真理和知识领域里的裁判官，他就会被神的笑声所淹没。”

（六）习俗障碍

一些陈旧过时的思想和观念，常常以传统和习俗的形式遗留下来。不可否认这些思想曾经有过积极作用，但是，随着社会发展，有的已不合时宜了。然而，这些陈规陋习常常约束着人们，纯朴天真的人们还将其当作天条信奉，于是，思维的翅膀受到束缚。当创新者敢标新立异、背叛传统时就会受到一些恋旧的人们以习俗为武器进行指责和攻讦，使创新者承受沉重的社会压力而不敢想不敢说，从而阻碍思想创新。如果全体社会成员都厌恶保守、喜爱创新，创新成为受人羡慕的时尚，人类思想发展就会一日千里、奔腾向前。

（七）过度管控

任何社会都必须有制度，没有制度就必然引起无序和混乱。“以制度禁止错误思潮的表达、蔓延和泛滥，是为了给真理的发布、传播和发展创造良好条件。”这话本身并没有错。可是，控制过度，令思想者如临深渊、如履薄冰的话，就会阻碍思想创新。更为可怕的是权力往往假借制度的名义，从私利出发给思想者分发是非标签，可能颠倒黑白、混淆是非，致使“黄钟毁弃、瓦釜雷鸣、真言噤声、假话盈宇”。封建王朝的“文字狱”就是这方面的典型史例。要解除苛严制度对思维的管控就必须确立先进制度。在遵守法律和纪律的前提下用制度保证思想者的人身、权利及言论自由，保护知识产权，保护思想者的合法收益，以政策制度保护和鼓励创造。

第八章 思想创新的规律和方法

思想是人类社会一切价值创造的发端和源头。思想在人类文明进程中起着灵魂般的根本性作用。在市场经济背景下，新思想更是成了市场价值和社会财富的根本源泉。恩格斯把思维喻为“地球上最美丽的花朵”。思维是人脑对外界信息的反映和加工，思维以人既有的知识、经验为工具，概括地反映事物，并得出创造性的成果。人们平时的想法多数是习惯性重复性的思想，创造性思想成果是更珍贵、更有价值的。

思想成果创造要经过艰辛历程，并遵循一些基本规律，需要运用正确方法。

第一节 创造性思想的特征和类别

一、思想成果产生的两大源头因素

思想成果是人脑思维的结果。决定人脑思维结果的因素无非是内因和外因两个方面。内因就是人脑的思维特征，外因就是外界的信息刺激。人脑与信息就是生成思想成果的两大源头因素。

人脑的思维特征与哪些因素相关呢？首先，是先天因素，人脑机能是与基因和孕育有关的。大脑天生就对数字特别敏感的，解决数学问题就比较方便；大脑对数字不敏感的就苦于运算。其次，与人的知识结构有关。

人的知识构成状况决定人的思维方式，知识有时是思维的材料，但更多时候是思维的工具。再次，还与人的经验和训练有关。当面对经历过的问题时，人脑作出判断和选择就要快得多，同时也感到有把握得多。

信息是影响思维结果的外部因素，是头脑加工的材料。当思维主体确定时，通常是给予什么样的信息刺激，就得到什么样的思维结果。当然，信息要素也很多，比如信息量、准确程度、及时程度、实用程度、时间地点等。

在分析了决定思维结果的两大因素后，我们就能回答“为什么人才具有巨大价值”，“为什么信息是具有重大价值的资源”这两个问题了。

一个单位为什么要重金聘用人才？因为，需要人才来解决问题和创造价值。现代人才通常不在于其力能扛鼎，而在于其具有较强的思维能力。这些人才一般都是先天素质好、知识面广、有一定阅历和较强能力的。面对同样信息，别人感觉不到，他能感觉到；对事态发展和后果，别人预见不到，他能预见到；面对同样困难，别人没有办法，他能想出办法；面对同一难事，别人操作不好，他能操作好。人的才干差别在于大脑，在于人的思维能力和行为能力。

信息为什么成了资源呢？因为人脑这个加工厂必须有材料。如果没有市场信息，就是最懂经营的商人也做不成生意；如果没有及时准确的军事情报，就是最多谋善断的将军也无法指挥打胜仗。至于知识性信息，本身就有价值；知识运用即是不断复制价值或说是实现应用价值。

二、创造性思想价值更大

人脑对某一对象进行思考就能得到一定的思维成果。社会成员人人在想，天天在想。但是，无论从个人还是从全人类来看都是创新性思想成果少，重复性思想成果多。有的问题对你个人来说是一个新想法，然而对社会来说并不新奇，可能已有许多人在这么想，甚至已经这么做了。这对人类来说，是重复性思想成果。

何谓新思想呢？是指全社会甚至全人类尚未有人发表过，更没有人运用过的思想成果。

所有思想成果，包括简单、重复性的思想成果，均有价值，思想成果运用又进一步实现价值，这是思想价值论的理论基础。而创新性思想成果即具有更大价值。因为，创新性思想成果比之于既有思想成果应当具有更多的优越性。比如，新产品设计比原来更合理，新教育思想比原来更先进、更有效等等。另外，在商业领域，创新性成果由于自身的稀缺性，往往具有先发优势，能够获得超额利润。创新性思想成果不仅有应用价值，而且有原发价值和传播价值。一项新创思想成果，人无我有，在市场上稀缺、抢手。因为是新成果，需要者更愿意花成本来学习，培训公司把它作为重点教学资源来吸引学员；媒体把它作为炒作内容和新闻卖点。更重要的是思想成果在广泛传播中可以得到更多次运用，这就是传播价值的实现。总之，创新性思想的价值是巨大的。

因此，敢于想、勤于想，用正确想法指导行动就有价值；敏于想、善于想，用创造性思想指导行动就有更大价值。

三、新思想的主要特征

新思想与人类既有思想（知识）比，具有许多鲜明特征：

第一，真理性。新思想必须揭示事物的客观规律、发现并描述客观世界的真理，这是新思想的本质特征。凡是违背规律、缺乏真理性的思想，都将在社会实践检验中被淘汰。本书所述的新思想是指新的正确思想。我们倡导创新，但创新的本质不只是求异，而是求真求是。

第二，创造性。从差到优，谓之改良；从无到有，谓之创造；从初级到高级，谓之进步。改良、进步和创造，均为创新。新思想是指人类以往所没有过的思想内容。所以，有作为的思想家，总是既不重复别人，也不重复自己，他们不是顺着别人的脚印走，而是在广袤无际的真理空间，开辟新领域。

第三，独特性。新思想必须以其独特的个性特征，反映其与人类其他既有思想（知识）的区别。没有独特性的思想往往是旧思想的罗列和拼凑。新思想通常从其鲜明的独特性来体现和实现其价值和作用。

第四，价值性。所有反映规律性的思想都有学术价值和实用价值。但其对社会实践的指导作用价值有大有小。人类研究的对象是无限的，应当选择急需且价值大的先行研究，以便尽早在社会实践中发挥指导作用。

第五，精要性。真理朴素，大道至简。通常是技术越先进，结构越简单。思想越成熟，表述越精练。如同一位漫画或简笔画专家，观察事物越仔细、越深入，发现事物特点越鲜明、越典型、越集中，就越能抓住事物最本质的特征，勾画的作品就越简洁。创新关键是思路正确，客观规律未必都很复杂，往往是一经揭示就明了。

思想成果的根本要求是正确地认知事物，并揭示事物本质。所谓科学就是对客观事物规律的正确描述，并经得起实践的一再验证。创新是对事物本质认知的深化，是对既有认识的突破，是人类思想的发展。

人类对事物的认知总是由浅入深逐步发展的。就全人类而言，那是积累、传承、发展进步；就个人而言，是学习研究、增加知识。

四、创新成果类别

人类思想创新大体可分为自然科学、社会科学、思维科学三个大门类，稍分细一点则可分为：

（一）科学发现

通过对大量现象的观察，经过严密的分析、推理、验证得出正确结论。发现新事物的客观存在或找到事物的本质特征和规律。伦琴发现 X 射线、丁肇中发现 J 粒子、屠呦呦发现青蒿素等，均属科学发现。实验员们为什么没发现？其他科学家为什么也没发现？可见，其差异不在肉眼，而在于头脑，在于思维。头脑中要能判断那是一种新的物质，是一种客观存在。做出这种判断，并验证其真实性，这就是思想成果。科学发现的价值在于其有用性。人类只有认识规律方能利用规律。比如人类发现了自己的基因图谱，就可以方便地找出与某些疾病相关的基因突变，采取有效的医疗措施，以增进健康和延长寿命。据英国《星期日泰晤士报》报道，美国基因产业巨子克雷格·文特尔表示，任何人只要能承受40万英镑的费用，就可以在一星期内得到自己的基因图谱，许多阔佬愿出40万英镑得到自己的基因图谱。

（二）理论突破

当科学家们从众多现象中发现客观事实与现有理论相冲突时，就会总结大量新现象，在不断探索的基础上创立新的学说，并以此作为新的武器解决科学中的大量问题，其理论的正确性不断地被新实验和大量实践所证实。这种理论就是基础性、学说性的科学思想。爱因斯坦在用经典力学计算水星轨道时，出现15度偏差，发现近光速运动的物质，其规律不能用经典力学描述，于是，就提出两个基本假设：一是相对性原理，即在任何惯性系中，自然规律都相同；二是光速不变原理，即在任何惯性系中，真空中光速C都相同。在此基础上他创立了相对论，为现代物理学开创了重大基础理论体系。①

（三）技术和方法发明

这种发明就本质上说是一种方法性的规律发现，是一种途径、方式、手段的发现、发明和创造。应该说其方式、环节、步骤的设计和安排都是思想。综观科技发展史，人类技术发明可以分为两大类：一类为原创性发明，就是其主要和关键技术是全新的创造。比如，纳米技术、克隆技术就是属于原创性技术发明。另一类是组合性发明，是人类各种原有技术的恰当组合和应用。“航天飞机”是举世公认的高科技产物，但是，美国航天局负责人却解释说：“阿波罗”航天飞机的技术实际上没有一项是新的突破，相反，全部都是已经发明的现有技术。关键是进行恰如其分的有机组合，并且，实行“系统管理”。组合性发明，虽然没有原创性发明那么难得，但同样具有很大的实用价值。技术发明还是组合性发明居多。现在由于组合的元素数量越来越多，人们已把它称作集成性创新。

①喻言：《诺贝尔奖的遗憾——遗漏的五大发现》，载《新华文摘》2002年第5期，第155－156页。

（四）社会规律和思维规律发现

哲学社会科学成果可以分为基础理论科研成果和应用性研究成果。社会科学基础理论创立能解释社会现象并指导社会实践和应用性研究。如马克思科学社会主义理论创立，在20世纪就影响了东方许多国家。应用性研究则是为国家、地区、单位建立必要的秩序，调整社会成员关系，调动社会成员的劳动积极性服务的。比如合理的政策法规、分配方案、管理办法等。在金融、税务、企业管理中的大量行之有效的方法与生产领域中的实用技术是相类似的。只不过是面对物的处理技巧称为技术，其运用主体被称技术员；面对人的处理技巧称作方法，其运用主体称作管理者。社会科学研究及其成果采用，尤其是制度研究和确立直接关系到自然科学的发展。一个社会缺乏合理的科研体制、分配制度和稳定的社会环境，就会阻碍自然科学研究的开展。

人类社会的一切文明成果都源于思维。思维机理、思维规律和思维方法等都是人类科学研究的重要对象。思维科学在近几十年取得了重大进展，但是，与自然科学和社会科学相比，还是相对落后的。似乎有这么一条规律，人类对事物的关注是由远至近的。自然科学研究的对象是自然规律，反映的是人与自然的关系，人类取得的成就最多；社会科学研究的是人类社会人与人之间的关系，其研究成果比自然科学成果要少；思维科学研究的是人类脑力劳动的规律，且主要是人类自身大脑思维活动的规律，属对自身的研究，这一领域最为薄弱。然而，从研究对象的范围看，自然科学的研究对象最为繁多，社会科学的研究对象次之，思维科学研究对象相对单一。但是，思维是研究其他一切的基础和工具。人类对思维科学研究的肤浅，直接阻碍着其他方面研究的深入。笔者认为，开展思想论研究，对促进人类思维质量和效果提高具有重大意义。

（五）操作技术突破

面对劳动对象和工具操作是人类的基础性劳动，操作技术改进可直接提高生产力。如工人操作技术上总结出新要领；体育竞技研究创造新方法等。技能是依靠训练掌握的本领，虽然表现为肌体上功夫，但是，根本还在于其对规律的理解和领悟。凡是技术能手，他对工艺、对操作均有自己的独到理解。训练实践表明，技能提升依赖于对规律和要领的认识深化。

（六）工作方法创新

随着人类生产力发展，人们的生产生活方式和价值观正在发生深刻变化。人类社会的行为、风俗和习惯也在逐渐地发生变迁。人们的工作方式和为人处世方式也需进行改革创新。工商界人士身处商海，成效和利益直接，善于观察社会、研究人性，在沟通协调方面富有创造性。他们首创的一些新的方式方法往往能引领社会潮流。

行业性的思想创新就更多，诸如教育、医疗、传媒、保健等领域不断有新的思想成果推出，不能一一细述。

五、思想成果的存在和表现形态

人的大脑具有无限潜能。它能创造出各种各样的思想，指导人类生产生活的方方面面，经济、政治、文化、社会、外交、工业、农业、服务、科技、教育、医疗、传媒、行政、体育、军事等等，无处不包含人的思想，并且每时每刻都在继续产生新的思想。

思想在人脑中形成，在尚未表达和传输出来前，均以意念形态存在于人脑之中。然而，一旦表达和传输，则有别于意念形态的存在，思想接受者可以从其存在形态中，不同程度地读懂思想或接受思想。人的思想成果大体有以下存在和表现形态。

（一）意念形态

思想存留于大脑中，以意念形态存在，成为思想主体或接受者大脑皮层中的记忆，如同信息在电脑硬盘中储存一样。说思想是意念形态，就是这些思想只有通过主体口述、手输（书）或行为才能表达出来。目前尚且不能用物理方法把它取出，当主体生命终止时就不再存在，这是人脑与电脑的根本区别之一。人脑按生物原理运行，电脑按物理原理运行。

（二）符号形态

也即以音像符号形态而存在。声音形态是人们思想表达和传播的最常见方式。朋友交流、领导讲话、专家报告、歌手唱歌、乐器演奏等，都是思想表达和传输的重要方式。现代科技能将人们表达思想所发的声音符号转换成电磁符号保存，以备播放，就是我们常说的音像制品，如录音磁带、光盘等。

思想家、理论家、文学家著书立说，作曲家作曲，设计师画图，书画家作字画，交叉路口的红绿灯等，都是人们思想的符号形态。人的思想以文字、图形、色彩等符号形态存在时，便于保存和传播。因此，文稿、书籍、画册、图纸、电脑的硬、软件都是思想保存的形式和载体。

（三）行为形态

行为是人们思想表达的重要方式之一。工人、农民、手工劳动者等都是用行动表达和实现想法的。当你提出某项要求时，对方点点头，是表示同意，摇摇头是表示拒绝。仅仅见面一次的小伙子主动找到姑娘面前示好，并送上一束鲜花，是表达小伙子的爱慕之情。姑娘接受鲜花是表示愿意与之交往，继续深入了解；姑娘拒绝鲜花就是表示不愿再保持联系。

（四）实物形态

每一种商品中都包含许多思想成果。越是复杂、高档的商品，其中包含的思想含量就越多。手艺人可以用纸剪出造型优美的纸花，用废包装盒折出千姿百态的动物造型，其中凝结着作者的思想。汽车、彩电、冰箱更是包含大量科学思想、设计思想和工艺技术思想等。二战结束时，苏联为什么要搬走美国人投在日本但没有爆炸的原子弹？因为其中包含大量的科学技术，拆看后能得到大量科技信息，缩短苏联的原子弹研究历程。

为什么古桥、古庙、古董和出土文物十分珍贵？因为其中饱含历史文化、工艺技术。一切人造品都是人类思想存在的形态和载体。

（五）制度形态

政治家及其他管理者以各种方式和手段管理社会、机构、组织和部属，制度是必不可少的。制度就是系列化的规则，可分制度思想、制度文本、制度认知、制度执行、制度监督等五个层面。制度思想是制度文本的内容，制度文本是制度思想的载体和符号表达，熟悉制度条文是人们认知制度的基本途径，制度认知是制度执行的前提条件，制度监督是制度执行的重要保证。政治家把自己的治国理政思想体现在制度、方针和政策之中。国家的政治体制、经济体制、科教文卫体制、法律制度、分配制度和社会保障制度等影响全国全民，其作用巨大。实行制度创新、推动制度进步、推进制度文明是政治家对人类社会历史发展最伟大的贡献。先进的制度，不仅惠及万民，而且影响久远。正是制度的这种根本性作用和巨大影响，才使人们对大政治家特别崇敬。

第二节 思想创新过程

思想成果产生与物质成果生产之间，存在共性，都必须经过一定的历程，都与当时的生产力水平和社会历史条件相关联。但也存在很大差别：直觉的差别就有物质生产过程有形，而思想产生过程无形；物质生产成果是实物产品，思维产生的是思想成果。

一、由信息和知识加工生成新思想的逻辑历程

虽然人的思想可以超越时间，但是从整体上看，脑力劳动的逻辑顺序与时间顺序是一致的。在前面研究劳动的篇章里，笔者在撇开知识积累和信息获取的假设下，把脑力劳动分解为思想创新和普通劳动，在高级思想产生时普通劳动的功能仅仅是表达思想。整个思想创新的逻辑过程可以分为三个阶段。

第一阶段，获取和吸收外界信息并转化为头脑中的知识

首先，一个人的信息获取和吸收状况与其思维特性有关。思维特性又主要取决于两方面的因素：一是脑的智能，二是既有知识。这两方面因素又决定于天赋、积累和训练。后天勤奋的人，积累了知识，训练了脑智

能，丰富了思想的材料，强化了思维的工具。为什么学生时代刻苦学习能够受益终生？因为努力学习不只是得到知识本身，而且是受到思维训练，强化思维工具，从而增强了思维能力，培养了奋斗精神和优良习惯。人的思维能力是工作能力的核心要素。思维能力提高是长期知识学习、经验积累和实际训练的结果。人的大脑是在无意控制和有意控制中运行的。当脑中枢决定对某一对象进行研究的时候，就调动全脑神经，并经人的所有感觉器官，包括眼、耳、鼻、舌、手等捕捉对象信息，学习和汲收与对象相关的知识。至于用什么方法捕捉对象信息和获取相关知识，汲取哪些信息和知识，则与大脑功能及头脑中既有知识直接相关，或者说与人的思想方法、工作方式和行为习惯相关。就是在同一时间、地点对同一对象进行调研，获取同一材料，不同的人所吸收的信息内容也不同。原因在于脑智能存在差别，脑中既有知识不同，决定其观察事物的视角不同。另外，对同一思维主体，信息材料进入的先后，所起作用和效果也不同。比如有内容不同的 A 和 B 两项信息，若其头脑中既有思想对 A、B 两信息的接纳不存在倾向性的话，则 A 先进入，就对 B 不利；B 先进入，则对 A 不利。因为先入者占据空间并已影响主体的思维方式，此时，后入信息必然处于被动地位，受到先入信息影响的既有思想起主导作用了。比如不相上下、各有差错的 A、B 两员工，找总经理反映情况，总经理在周一听了 A 的苦诉，觉得 A 有理，等到周二 B 再去告状，住往就很难灌进去了。B 怪总经理片面、不公正，是“先入为主”。其实，就是信息接纳的“先入为主”的偏向在作怪。选取材料是人的新思想生成过程中的第一个环节，也是基础性的环节。

其次，吸收信息和知识不断改变脑的思维状况。从传播的角度看，无论是知识、思想、经验、技术，还是政策、制度、习惯和风俗，一切材料都是信息。当这些材料以原形原质保存于大脑皮层时，就变成了知识。知识积累在人脑中有三大作用：一是增加头脑中的知识财富；二是改变知识接受者的理念和观点；三是改进和提高人的思维方式和方法。因此，知识在人脑中有的是思维的材料，有的是思维的工具，也有的既是材料又是工具。

再次，信息吸收和整理变为头脑中的新知识。当人们研究某一客观对象时，就观察和搜集该对象的有关信息，这些信息被吸收的过程，同时也是大脑对信息分类、整理和加工的过程，所形成的知识既可以保存在研究者的头脑中，也可以传输出来传授他人。研究者同时也学习吸收与该对象相关的他人总结的知识。从当事人头脑角度看，信息和知识皆从外界输入，均属信息。所有这些信息进入人脑后，都成为知识，会与头脑中的既有知识并列保存。

第二阶段，信息和知识经加工生成新的思想成果

思想成果生成，就是思想创新。思维主体所吸收的对象信息、相关知识与主体头脑中的既有思想先要相容。两者的相容相接是以两者间的共同点为基础的，两者若无共同点，就会互相排斥，无法吸纳。这时大脑对新的信息，必定认定为伪，而认为既有思想为真，这可以说是脑中枢的“本位性”。那么，与之相悖的新材料就不易被接纳。若新材料更有说服力，能够反复证明既有思想是错误的，则会出现新材料把既有思想否定的情况。这么一个分析比较的过程就是形成新判断的过程。多数情况是：新的对象信息和相关知识是头脑加工的材料，头脑中的既有思想有的是材料，有的是工具。因为，储存于人脑中的知识，必然要对人的世界观、价值观、思维方式和思维能力产生影响。所有新材料在人脑中整理、重组、融合、加工、再造的过程，就是我们后面将研究的思想交生的具体过程，也可以称作思想创新的过程。经历这一过程产生的新思想既有新材料的元素，也有原思想的印记，但却已经是一套新思想了。这些新的思想成果就是人们常说的科研成果。经过研究，主体训练了思维能力，积累了思维经验。可见，个人成长与事业成功通常是同步的。但也有业未成功人已成长的，即从失败中吸取教训使其成熟起来的。

第三段，思想成果的多形态表达和传输

头脑中的思想成果不予表达和传输，旁人就无从知晓，思维主体自身

也只感觉其主旨和大略；因为，在思想的表达和传输之际，还伴随着高级思维，给予系统化、学理化和精准化加工，有的还在自我审定中作一些调整，这些都是复杂、高级的创造性劳动。思维产生的思想成果在人脑中是以意识态保存的，同时也表现为能力和经验。思想成果的表达和传输是思想创新过程中必不可少的环节。思想一经表达传输就不再是意态，一般变成符号态，如文字、语言、图形等，有时直接表现为行为、决定或结果。科学家将其思想成果表述为概念、定理、公式和理论；政治家将其治国理政思想表述为讲话、政策或文件；设计师将其设计思想表述为设计图纸；企业家将其思想付诸生产经营的实际行动。

任何新思想的产生都必须经历获取和吸收材料、生成思想和表达传输三个阶段。

二、具体思想形式

任何思想成果都是人脑对信息加工的产物。根据加工方式的不同，可以分为八种具体思想形式：

（一）应想、映想

应想就是反应性思想，是受外界信息刺激而引起的即时反应，具有反射性质。如遇下雨想到撑伞，感到天凉想到添衣等。映想是外界事物经过感觉器官映入大脑，经一定编码在头脑中留下印象。应想和映想都可以用语言或行动表达出来，其思维成果属认知性思想。这是人通过感觉、知觉和思维对事物认知后的反映和描述。通常感觉还不是思想，而感觉感知经过脑的加工对信息进行综合后就得到整体印象。如问题描述、情况概括、初步评价等都是属于认知性思想。认知性思想主要反映人对事物表象、结构和特征的基本认知。

（二）感想、联想

感想一般是对增量信息的加工，联想是由此及彼、由表及里、由今到古对头脑中存量信息的提取、融合与利用。联想以记忆为前提，对以前的材料失忆，就没有联想的基础。感想所产生的是新信息刺激生成的新想法，联想产生的是联系相关新老信息而形成的新的综合想法。

（三）回想、念想

回想是回忆检索已存在大脑中的材料，念想是指不断忆起经历过的事物，并指望再次出现的想法。回想和念想都是对头脑中旧材料搜寻和追忆，但也与当前新感知的信息刺激有一定关联。

（四）遥想、愿想

遥想是穿越一定空间和时间对于事物的追想，对以往事物的遥想就是忆想，对未来事物的遥想就是预想。愿想是以反映内心愿望为内容的思想。遥想与联想能力相关联，愿想与目标思想相关联。

（五）预想、推想

预想是对事物发展过程、阶段和后果的预见性思考及所做的事先安排。推想是以前期信息为基础的合乎逻辑的思想延伸，通常也叫作推理，是想象的一种类型。

（六）设想、构想

设想是在现有信息条件下对事物现状和发展态势的假设性想象。构想是对尚未存在的新事物构建性形象性的设想，如机器构造，房屋结构等。

（七）猜想、验想

猜想就是根据残缺要素和隐约线索，凭想象寻找答案的思维过程，是科学研究中经常运用的思维方法。验想是当头脑中有了猜想后寻找材料进行验证的思维过程。验想过程中必然包含判断性的思维活动，叫断想，包括是非判断和程度判断两类。比较和判断是选择的前提，没有比较和判断就没有选择。判断必须以事实材料为依据，进行由此及彼、由表及里的推理。这种分析、推理和判断的思维深化过程就是验想和断想。因果分析、逻辑推理是思维深化的重要方式。

（八）狂想、妄想

狂想是指任性猛烈、放浪不羁甚或结果虚幻的思维活动，几近幻想。

妄想是指狂妄地提出不可能实现的想法的思维过程。

这八种想法有时是单种使用，有时是多种联用。不同的人运用状况也不同，所以，思维的能力和结果也不同。

三、创想的一般程式

创造性思想成果产生的思维过程叫作创想。

创想是利用既有知识和经验构建现实和人的头脑中还没有的事物的思维活动，是将头脑中既有的信息材料重新排列组合后构想成新事物的过程，其中，关键的是发挥人脑的想象能力。蓝图设计、方案筹划、技术发明等都需要创想。科学决策中需要恰当地确定目标，需要想象设计多个方案，然后进行比较选优。无论是目标性思想还是方法性思想的产生，都首先要有想象。想象是一切创造性思维的源泉，但是，人们想象到的思想成果，未必都正确，因此，必须进行求证。得到证实的就予以确认，得到证伪的就予以剔除。这种有想象、求证和选择的思维活动就是创想。科学研究、理论创立、文学创作等均需要创想。任何思想成果的产生都得经过一定的历程。创想的一般程式是：观察—质疑—分析—想象—比较—求证等。

（一）观察——发现的起点

中国有句俗语："处处留心皆学问"，说明细心观察的重要性。

早在500多年前，有一名叫科尔迪的阿拉伯牧羊人无意中发现，有一只山羊异常兴奋，在那蹦来跳去尽情撒欢。他感到非常奇怪，决定弄清楚原因何在，于是便开始留意观察。通过一连几天的仔细观察，他发现那只与众不同的山羊特别爱吃山坡一棵树上的红浆果，一吃就兴奋起来。科尔迪怀着探索的勇气，吃了那种红浆果，一会儿后便体验到那种精神振奋的感觉，情不自禁地跳起了欢快的舞蹈。从那以后，科尔迪每次在山坡上放牧都要品尝红浆果。并将此事告诉一名过路的传教士。传教士听后，摘了一把红浆果回家用水煮出了咖啡色的汤，饮之果然神清气爽。传教士于是热心宣传，广为传播。这就是咖啡的发现。后来传教士在布道中多次提到偶然发现咖啡妙用的经过，并说了下面一段饱含哲理的话：“一个人能否有所发现的关键，并不在于自己眼睛的大小，而在于是否善于用自己的眼睛观察。对微小事物的仔细观察，是艺术、科学、事业和生命等获得成功的伴侣。”①

现代科学研究的实践也证明，细心观察是一名科学工作者的基本素质。只有细心观察，才能获取那粗心难见、稍纵即逝的信息；只有细心观察，才能有所感知，有所发现。观察是发现的起点。观察的要旨是：一要深入细致，认识事物的本质特征；二要持续一段时间、重复一定次数，以便发现其变化规律；三要同时观察一定数量的事物，以便作同类比较。观察不只在开始时重要，而且必须坚持到研究的全过程。可以说，观察得深入就是发现，描述得独到就是创造。

（二）质疑——思考的动因

质疑就是感到不明白或不以为然的想法。不明白就想弄明白，不以为然就要寻找正确答案。可见，质疑是思考和探索的动因。

质疑就会提出问题。问题是研究的起点，是创造的发端。问题在教育学语境中是提问的题目；问题在经济学、政治学和社会学语境中是直接条件与目标之间的差距。解决问题就是寻找条件与目标之间的通道。需要研究通道是否存在：若存在多条通道要比较哪条为最佳，若不存在，要研究如何创造。所以，质疑和提问在思想创造中有着重大的作用和意义。问题和疑点往往就是新思想的生长点，因此，要大胆质疑，层层设问，推进思维深化。诚如爱因斯坦所说，“重要之事是不要停止问问题”，每一轮提问，都使分析深入一步。他就是怀疑牛顿力学在高速运动和微观领域的适用性才创立了相对论的。

（三）分析——思维的电钻

分析是对事物的细分明析，就像 CT 扫描切片一样，是对事物认知深

①光宇：《发现在于观察》，载《生活之友》2004 年第 10 期。

化的过程。分析层层推进，认知步步深入。分析可以分为静态分析和动态分析：静态分析主要分析事物的结构和性质，动态分析主要分析事物的成因、过程、阶段、趋势和结果；静态分析以性状分析为主，动态分析则以变量分析为主。

分析过程中包括推理。推理是以人类已有的经验、知识为基础的合乎逻辑的推断。侦查人员破案，就经常运用推理。推理是科学分析的重要方法。

报载，某农宅室内经常莫名其妙地发生自燃现象，村中谣言四起，迷信抬头。专家进场调查分析：既会自燃，必有可燃气体和超标磷化物。经检查化验，该农宅许多老鼠洞中不断冒出磷化氢和甲烷进入室内，只要温度稍高必定自燃。再分析推理：这磷化物和甲烷必有来源。尔后，查到宅后有堆了十年之久的孵化蛋壳在细菌分解下产生磷化氢气体，屋边有两口废弃的沼气池还在产生甲烷气体。经过检测和分析，农宅自燃的神秘面纱就被揭开了。

（四）想象——思维的翅膀

人脑的一个神奇功能就是能够想象。想象是以人的现有知识和经验为基础、构想出新事物的思维过程。因有想象，才有技术发明，才有理论创造；因有想象，才有小说构思，才有浪漫诗作；因有想象，才有蒙太奇画和寓意深刻的雕塑；因有想象，才会有出人意料的解决问题的方法。所以，爱因斯坦说，“想象比知识更重要”。想象是整个创想过程中的关键环节。

想象可以分为三个层次：

一曰联想。联想就是当人脑受到某一信息刺激时，引起对相关信息内容的回忆和联系。联想是把一些相关的知识和信息联系起来思考的思维方法。联想能够跨越时间距离把过去的事物与现在的事物联系起来；联想能跨越空间距离，将此事与彼事联系起来，思考分析相关事物之间的关系，得出整体结论。联想的作用主要是提供进行联系和概括的机会。运用联想方法最为关键的是寻找关联点，代数、几何、物理等题目的解答均需要这种联想能力；案件侦破也需要这种联想能力。

联想是想象的基础部分。联想将不同的信息和知识联系起来为新思想产生创造条件。倘若不会联想，不能将相关的事物联系起来，那怎么有机会产生新思想呢？

二曰设想。设想就是在联想的基础上将原本没有或可能没有的事物假设出来。这种假设的基础通常是根据以往经验或逻辑推理。设想的东西可能是不现实或不可行的。设想是否合理、科学，必须进行自我论证和检验。建筑设计师依靠想象设想出一套创新方案，但方案是否合理需要认真论证，在论证和调整中，使方案不断完善。此外，设想是无限的，论证则力求圆满，因此，这种想象能不断产生新的知识。猜想是在不完全信息条件下对事物可能性的想象，是一种怀疑和猜测。猜想通常是对原因或结果的假设，是设想中的一种类型。科学猜想一经证实，科学认知就深化一步。猜想在科学发展史上发挥重要作用。

三曰延想。就是联想和设想的延伸与深化。是由此及彼、由表及里、由近及远、由浅入深，使得思维的潮头一浪一浪向前推进的过程。一百多年前，天才的爱因斯坦在想：物体接近光速运动怎么样？以光速运动怎么样？超光速运动又怎么样？结果，创造了划时代的物理学理论——相对论。

想象的基础是信息与知识的交合。交合新生的成果越多，表明想象力越强。

（五）比较——选优的手段

人的思维想象是极为丰富的。有时可以设想出多个方案。不同的人思维方式不同，思维结果也不同。因此，面对同一事物，可以有许多不同见解。要对这许多不同意见进行比较，才能选取其中最佳意见。比较是人们认识世界的一种重要的思维方法。毛泽东曾讲："有比较才能有鉴别。"陈云讲："各种意见要进行比较。所有正确的分析，都是经过比较的。这是'试金石'的方法。通过比较，可以弄清楚事物的本质。""研究问题，制定政策，决定计划，要把各种方案拿来比较。在比较的时候，不但要和现行的作比较，和过去的作比较，还要和外国的作比较。这样进行多方面的比较，可以把情况弄得更清楚，判断得更准确”。[①] 任何时候，任何事物，没有比较就不知优劣，没有比较就难以判断和选择。

比较已经成为学科门类。诸如比较哲学、比较文学、比较政治学等。在实施比较中应当注意的是：一要深入研究各个比较对象，在熟悉对象的基础上作比较；二要集中对决定事物性质的重要要素进行比较，不然，就容易在比较中抓不住重点；三要作全面比较和整体比较，以便得出正确结论。

《羊城晚报》曾载一故事：

因暴雨成灾沧州城南一座寺庙山门倒塌，两尊石兽也冲入庙前的河里。10 年后重修山门，寻找石兽。寺僧分析：河水东流，石兽理应顺流东下。众人听之似乎当然！谁知向下游一直找了十里地，仍不见踪影。庙中讲学的先生分析：石兽不是木头，而是石头，石重沙轻，必沉于下落之处，众人听来此言有理，撅之却不见。此时，守河堤的老渔夫插话：“凡大石落入河中，水急石重而河床沙松者应求之于上游。”众人愣而不解。渔夫解释道：“我长年守堤于此，深知河中情势。石兽重、河沙松，西来河水冲不动石兽，反把石兽下方的沙冲走了，成一个坑，时间一久，石兽必向西倒去，落在坑中，如此年复一年地倒着，就像向河上游翻跟斗一样。”众人听之，无不信服。依其指点，果然在上游找到那两头石兽。[②]

三个人的分析哪个正确？经过比较和验证就一清二楚了。

（六）求证——审定的依据

人们在对事物进行观察、质疑、分析后，想象出一系列方案，并在比较的基础上做出选择以后，还要进行认真求证。经求证得以证明，则可坚

①曹应旺：《陈云的八种比较与粮食统购统销》，载《学习时报》2005 年 6 月 20 日。

②高低：《石兽在哪》，载《羊城晚报》2004 年 12 月 19 日。

持结论；若证伪，则推翻结论。因此，求证是思想审定的依据。

“假设、求证；再假设，再求证”，成了科学发展的基本途径。胡适说：“大胆设想，小心求证。”大胆设想就是扩大想象，拓展思想的空间，丰富设想的方案；小心求证，就是论证和选择正确结论，目的是使设想合规合理、符合逻辑。大胆设想是打开思路的前提，小心求证是正确选取的条件。

求证既是整个思维过程的最后环节，同时，也需融入前面的所有环节之中。观察是否客观全面需要查证；质疑是否合理科学需要辨证；分析是否正确到位需要考证；想象是否丰富和穷尽需要论证；比较是否正确妥当需要验证。可见，求证是关系思维科学性和真理性的一个关键性环节。

求证方式最常用的有三种，即论证、引证和验证。论证是以人类的现有知识为基础，摆事实、讲道理，进行合乎逻辑的分析、推理，从已知探索未知的手段和方式；引证是引用他人言论或其他材料进行求证的证明方式；验证则是将结论运用于社会实践，以实践进行检验的证明方式。三种求证方式中，论证是最基本的费脑筋的求证方式；引证是最简便、省力的证明方式；验证是最可靠最权威但也最费力的证明方式，所以说实践是检验真理的唯一标准。遗憾的是学界一些人做学问，少有论证，更不验证，专以引证代替求证。“谁是这样说，谁也这样说，多人这样说，所以就正确……”可是，如果这些人都说错了呢？

比较是一种重要的思维方法，在分析时要比较，在论证时也要比较。

以上六个步骤就是创想的一般历程。

四、创想的简化程式

并不是所有创想都这样复杂，实际思维过程中也可以跳过某些环节，采取简化程式。

科学主要解决认知问题，以求对自然规律和社会规律的洞悉；技术则主要解决应用问题，以促进生产发展；管理主要解决资源有效配置问题，以提高价值创造的效率。自然科学家侧重于准确地认知和揭示自然规律，社会科学家侧重于揭示社会规律和协调人的相互关系，人文学者则侧重研究和描述人生体验和主观感受。

人类对客观世界的探索和认知过程，同时也是一个知识创造的过程，也就是思想成果产生的过程。人们产生思想，创造知识，通常有三种简化程式：

其一，观察分析产生思想。客观事物存在于人的心理之外，但经人的深入、细致、全面的观察，获得该事物的诸多信息，然后，经人脑的分析加工，得出认知结论，形成思想，创造知识。在人们的观察和分析过程中，对象是客观的，但方法是主观的，因此，不同的观察者可能有不同的认知和发现。在观察者与对象物之间是一种以方法为中介的透视，这种透视多少有点儿失真。正因为这样，主观认识与客观事实之间总是存在一定差异。随着人们的认识水平提高，这种差异将越来越小。

其二，假设验证创造思想。人们在反复观察和分析的基础上，总会归纳和提炼出一些理论。初期这些理论都是一种假设，是人脑的想象。不同的学者，根据自己不同的理解，建立不同的理论。理论建立以后，就将用理论去解释同类现象，以期验证该理论的正确性。如果理论能将现象概括穷尽，解释圆满，验证正确，那么，这一理论就被公认为科学理论。但是，任何理论都不是绝对真理，都有其限制条件和适用范围。可见，科学理论也是人类文明发展某一阶段的产物。

其三，比较修正完善思想。知识是人类对客观事物规律的主观认知。在生产实践和生活实践中人们在应用理论知识的同时，必将理论描述的内容与客观实际进行比较，找出差距、深化认识、修正理论。人类总是在批判和修正中深化自己对客观事物的认知。

总之，不管运用哪种方法，人类生产知识的途径，诚如柏拉图所说，是通过审慎的思考获得的。①

①［美］斯蒂文、小约翰著，陈德民、叶晓辉译《传播理论》第17页，中国社会科学出版社1999年12月版。

五、创新的主要方式

人类思想创造，即创新性思想成果的产生有一些基本形式。了解这些形式有助于在思维过程中选择正确的思路。这些形式主要有原创式与改良式，组合式与分解式，除因式与补缺式等。

其一，原创式与改良式

原创式就是从全新的思路出发，创造思想成果，填补一个领域的空白。改良式即是在前人基础上进行改进完善的方式。原创式创新的特点：一是没有同类型基础作铺垫，而必须从最基本的事实出发，从无到有，开创性强，难度大，是对客观规律的新发现、新认识、新描述，具有革命性意义。二是原创性研究一旦成功，就往往引发出一系列相关的新成果，开辟出广阔的新领域。因为原创必须在思维空间的空白地带上想象，构建一个合乎规律的东西。如爱因斯坦创立相对论，贝尔德发明电视机，冯·诺依曼发明电子计算机等等。改良式创新要相对容易一些，因为有了同类基础，只是对不满意的部分进行改进，满意的给予保留。如果是理论领域，则是在原基础上作拓展、延伸、深化。但是，即便如此，也必须花费大量心血。

其二，组合式与分解式

组合式创新就是把前人或他人的若干项思想成果按一定比例结构有机组合，形成新的思想成果，产生 1 + 1 + 1 > 3 的效果。分解式创新即是对一个整体进行分解。凡符合客观规律的细分就是创新。无论是分类、分辨，还是分割、分解，都是对事物认识的深化。细分深入一层，认识深化一步。细分分出新事物，细分分出新功效。

组合式创新是最为常见的创新方式之一。天文学与物理学组合而成天体物理学；经济学与数学组合而成数理经济学；生物学与化学组合而成生化学。红外线控制器与门组合成为自动门；红外线控制器与水龙头组合就成自动水龙头。这些都是一对一组合而生出另一种新事物的实例。然而，也有多元组合的就更加复杂、更加多样化。一定数量的电子元件，包括集成电路、电阻、电感、电容等，可以组装不同的电器产品，完全取决于怎么设计。世上万事万物都是由不同的组合构成的，组合原理决定事物性质。

与组合式创新对应的是分解式创新。分解式创新就是将事物从混沌、整体的状态和复杂结构中作条分缕析，从大系统中分析出小系统，再从小系统中分析出各个既联系又独立的个体，并加以认知和利用的创新方法。此法的特征和意义是：首先，分解是对整体认识的深化。要对一事物进行分解，必须对该事物的整体有深刻的认识，不仅要认识事物的全貌，而且要认清事物的局部和元素。要认清事物的本质属性，内部结构和基本规律。比如对劳动的认识，能认识到劳动必须经观察和思维，或是在思维支配下的肌体活动。劳动由脑动与体动构成，脑动就是思维，是一个层次。那思维又由感知、储存、分析、推理、比较、想象、论证等构成，就是认识的深化。其次，分解是对分体和元素的认识与利用。分解法创新，仅仅知道可分解还是不够的，还要能够认识分体的性质和属性。如前所述，在了解思维过程中有感知、分析、推理等后，还要对这些思维方法有深入的认知，掌握其本质属性和规律。

在科学史上，有许多发现属于分解式发现，比如粒子发现、光谱排列等。

其三，去因式与缺补式

去因式创新就是用分析和寻找原因的办法来解决问题的创新方式。缺补式创新就是寻找缺损对象并设法予以补正的创新方式。当把造成问题的原因找到后，只要把原因或叫根源消解了，问题也就不再存在了。其思维特征是：一要整体对比，寻找差异。把问题对象与正常的同类对象进行比较，认清问题对象与正常对象有何不同。二要逐项分析，寻找原因。经对比，问题对象与正常对象可能存在多项不同，但这些不同项未必都是造成问题的原因，要分析判断哪个项是造成问题的原因。三要寻求办法，消除原因。在找出造成问题的原因后，必须设法消除。找准原因是关键，消除原因是目的。

青海省卫生防疫站一位名叫田青春的医生看到许多牧民的毡房扎在低湿的草滩上住宿，85%的牧民患关节炎。田医生分析睡草滩是牧民患关节炎的主要原因。他设计出一种适合于游牧生活、方便拆装、搬家时能用牦牛驮走的木床，让几个关节炎重症者试试。十天后，睡木床的牧民发现关节炎不发作了。于是，睡木床在草原上很快流行起来。①

不吃药、不动刀治关节炎，这是医疗方法的重大创新，同时，也是牧民生活方式的创新。

补缺式是一种难度较大的创新思维。因为，要认清缺项已不容易，再寻找合适的补缺材料则更难。比如，人年纪大了为什么多病？因为，人的衰老使免疫功能减退。但寻找药物来抗衰老、保持良好的免疫功能，实施起来很难。补缺式思维需要坚持采用以下一些方法：一要想象。要大胆想象，大胆试验。爱迪生为了寻找通电会发光的金属材料，做过千百次试验，猜想众多金属或合金中，必有一种或几种能通电发光。二要求证，有了各种想象后要小心求证。科技领域还要实验验证。爱迪生就用实验的方法找到了能通电发光的金属材料钨、铱等。三要鉴别。将在验证中的诸多对象作认真比较。在比较的基础上，鉴别出其中的最优者。爱迪生对能通电发光的几种金属进行比较试验，发现其中的钨最佳。

六、创新的思维范式

思维科学教科书罗列了诸多思维方式，诸如：形象思维、抽象思维，直线思维、发散思维，平面思维、立体思维，横向思维、纵向思维等。这里再介绍几种。

（一）正向思维

就是朝着想象中的目标，一步一步向前推进，每一步骤都要思虑周全。“陈平巧施连环计，帮助刘邦脱荥阳”就是正向思维。楚汉战争中，刘邦所率数千残兵被项羽优势楚军围困在荥阳城中，韩信大军远水救不了

①白剑峰：《“木床治病”的启示》，载《人民日报》2005年4月11日。

近火。必须设法让刘邦逃出城去。想让刘邦突出西门，就必须把西门楚军主力引开。陈平建议：一是派出使者谈判表明愿意投降的态度；二是必须在东门外广场举行隆重的受降仪式；三是东门打开后先让打扮得花枝招展的两千多名女子缓缓出城；四是让与刘邦长得很像又愿做替身的纪信乘坐皇车出场。目的是要将南北西三门楚军吸引到东门，以便刘邦在诸将护卫下突出西门，而且要拖延较长时间，让刘邦出城后走得远一些。

（二）反向思维

当正向思维找不到理想结果时，就可以倒过来思考。东周春秋时代，秦国国君秦穆公丢失了一匹马，岐山下的三百多个老百姓捕获了这匹马并且把它分吃了。官吏追捕到这些人，准备绳之以法。秦穆公想，重罚这些人，被吃的马也照样没有了，不如做件好事。就说："有道德的人是不因为牲畜的缘故而伤害人的，我听说吃马肉不喝酒会伤身体。"于是，就给他们酒喝。后来秦穆公带兵攻打晋国，那三百人得知秦穆公被晋军围困，个个拿起武器，为秦穆公拼死作战，用以报答秦穆公当初让他们食马饮酒的恩德。于是，秦穆公大胜，俘获了晋侯回到秦国。① 以德报怨的反向思维往往起到感化他人的作用。

（三）双向思维

就是对相互关联的两个方面同时思考，在行政或商业领域就是双赢思维。如南方某市，三个邻近县并入市区，六车道大马路修建完工时，预算的钱花光了。路两边预留20米宽绿化带工程无钱实施。有位充满智慧的官员说："这事没钱也能办。分段引进几家花木公司，地让他们用五年，然后，由他们负责按设计要求绿化就是了。花木公司是免费利用了运输方便的这些好地块，政府不花钱达到绿化目的。而且，一搬进来路边就绿了，公司买卖也开始了，是互利双赢的好事。"

（四）拐弯思维

就是不直接到达目标点，而是先经第三地间接到达的思维方式。

①百度文库/ 教育专区/ 初中教育/ 语文/ 秦穆公尝出而亡其马。

越战期间，美国一些人在好莱坞举行了一场募捐晚会。当时反战情绪比较强烈，因此募捐晚会很不成功，晚会快结束的时候，还没有募集到一分钱。举办人十分着急，但也没有想出更好的办法。这时，被冷落在后台的青年卡塞尔突然想出一个主意，站起来向主持人走了过去，请求让他上台试一试。卡塞尔上台后，不是直接募捐，而是让大家推选出一位晚会上的第一美女，然后，由他来拍卖这位美女的一个亲吻，最后募到了一元。这一元的收获，不仅创下了好莱坞的一个吉尼斯纪录，而且还使卡塞尔一举成名。当好莱坞把这一元寄往越南前线时，美国各大报纸争相报道。

1972 年卡塞尔移居德国，受聘于奥格斯堡啤酒厂。他不负众望，天马行空地开发出美容啤酒和浴用啤酒，使该啤酒厂一时之间成为全世界销量最大的啤酒厂。1990 年，卡塞尔以德国政府顾问的身份主持拆除柏林墙，这一次他使每一块砖都变成收藏品，进入了全世界 200 多万个家庭和公司，创造了墙砖售价的世界之最。①

拐弯思维，威力无比。

（五）逻辑思维

就是利用事实材料信息，依据客观规律和逻辑关系，进行分析推理、得出结论的思维方式。网载：

从前有位阿拉伯人走过一片农地寻找他的伙伴。找到下午，遇上一位正在地里干活的贝都印农民，他就马上打听。农民说："我也刚来这里，没见过你的伙伴。"随后，农民瞧了瞧地上，就问："你的伙伴是不是一个胖子，又是腿瘸的？""是的。"商人回答。农民再问："是否牵着骆驼，而且骆驼左眼瞎的？""是啊，你知道得这么清楚，肯定见过他了，他在哪里？快告诉我！"阿拉伯人迫不及待。农民说："我还知道他离开这里 2 小时了，但是我确实没有见过他。"阿拉伯人愤怒了，以为农民不说实话。农民不紧不慢地说："我是从地上看出来的：你看那脚印，比你和我的脚

①《一美元的创意，一个吻的智慧》，新浪博客。

印都深，说明他身体胖、体重大；再看，左脚脚印深，右脚脚印浅，且有拐杖痕，这说明是个瘸子。你再看骆驼走过的地两边，右边的草被吃掉了，左边的草长得好好的，说明骆驼左眼是瞎的。”阿拉伯人又问：“那你怎么知道他离开这里2小时呢?”农民说：“这边棕榈树旁留着他的脚印，应该是当时纳凉的树荫下，现在树荫转过这样角度了，应该是2小时过去了。”①

这就是逻辑思维。

（六）类比思维

有许多大问题与一些小问题是类似的，运用解决小问题的原理和方法，进行类比放大就可以解决大问题。

意大利西北部有个叫维加内拉的小村子，位于阿尔卑斯山腹地。由于地势低洼，该村每年从11月11日到次年2月2日的83天时间里，得不到阳光照射，村民只能生活在阴暗寒冷的环境里。偶然一天，当村长米达利照镜子时，忽然灵光闪现——想到用镜子反射光线的原理来借用阳光。他们先做试验，效果不错。然后，筹资10万欧元，在村对面海拔约1000米的科尔马山上安装了一面宽约8米、高约5米的大镜子，并由电脑根据太阳光角度自动调整镜子的方向，把光线反射到村中的广场上，照亮了约250平方米的空地。这一奇思妙想让村民享受到温暖的阳光。②

第三节　创新思维的相关因素

创新思维并不单纯由主体的聪慧程度所决定，还与许多因素相关联。

一、社会需求是创新的动力

社会实践发展，对人类思想成果不断产生新需求，这种需求是人类思

①资料来源：《阿拉伯人找他的伙伴》/百度文库/教育专区。

②苇笛：《引进阳光》，载《中外文摘》2007年12期。

想发展的根本动力。人类文明史上，大量发明和发现都是顺应这种需求而产生的。

战争给人类带来深重灾难，但是，电子计算机的产生却与第一次世界大战有关。当时，枪炮弹道计算和火力表测试日趋重要，各种参数计算非常复杂，人工计算已经难以承受，迫切需要生产出一种有计算功能的机器，于是，计算机应运而生。

又如：在19世纪后期，世界上许多国家都长时间、大面积流行疟疾，使百姓不能生产，国力日渐衰落。疟疾危害如此之巨大，研究疟疾发病原因和传播机理成了人类的迫切需求。法国军医拉弗朗经过仔细研究，终于在1880年认定疟疾是由“疟原虫”引起的。但这种原虫是怎样进入红细胞里去的，这种疾病又是如何由一个病人传给另一个病人的，尚不清楚，这个研究的接力棒传到了英国医生罗纳德·罗斯手里。罗斯首先把疟疾与蚊子联系起来，他捕捉、解剖、观察，做了无数实验，于1897年在一种“按蚊”的胃里找到了拉弗朗报告里所描述的那种疟原虫，并且证实只有雌性按蚊才会传播疟疾。后来一群意大利医生证实蚊子在吸吮疟疾患者时，把疟原虫吸到胃里，在叮咬健康人时，又把疟原虫注入健康人的血液中，使健康人患上疟疾。诺贝尔基金会为了表彰拉弗朗、罗斯所做的杰出贡献，分别在1907年、1902年授予了他们诺贝尔生理奖与医学奖。尽管疟疾起因与蚊子相关的秘密被揭开，但怎样治疗及预防的问题还未解决。1930年，疟疾再次使1000万人患病，300万人丧生。消灭蚊子、控制疟疾仍是紧迫的需求，后来瑞士化学家米勒博士发明了DDT杀灭蚊子，在1948年获得了诺贝尔生理和医学奖。①

二、实践和实验深化人的认知

人类思想为什么能逐步发展？因为人不仅有探索未知的天性，而且具有推进探索的基础和手段，其中，实践是基础，实验是手段。实践不仅产

①欧阳军：《蚊子带来的诺贝尔奖 》，载《海南特区法制报》2004年7月12日。

生了对思想发展的需求，并且为思想发展创造了条件。实践是认识的基础，离开了实践，认识就成为无源之水。实验是实践最为典型集中的体现，实验直接以探索规律、验证结论为目的。人类科学思想的发展离不开实验。实践推动认识步步深入，具体表现为以下三个方面：其一，实践揭开和展示自然和社会的各种规律，为人们认识和研究提供材料。没有实践，许多规律不可能自动展现在人的面前。其二，实践的过程就是认识深化的过程。人们总是从事物发展过程中认识和掌握其变化规律的。人的认识由浅入深，逐步发展，因而，必须反复实践。其三，实践检验人的认识。人们对规律的认识，不是必定正确的，必须经受实践检验。经反复检验被证明是正确的认识方可视为真理。

实践发展与思想发展是相辅相成、相互促进的，两者之间依靠思维联系。实践和实验只是展示事实，其中深刻道理还需依靠人脑思考。因此，联系实践与认识的中间纽带是思维。另一方面，新一轮实践，或实践发展当以思想为引领，这就是认识对于实践的指导作用。

三、思维材料获取和实践体悟的三个层次

人脑思维必须要有材料，这些材料就是来自外界的信息。这些信息又直接或间接地来自人们的实践。实践出真知，实践出思想，实践是人类创新之源。

人们要深化对实践第一观点的理解，就必须了解实践的几个层次和形式：

第一，亲身经历，直接实践。有许多客观规律的认识、理解和掌握是离不开亲身经历的。“纸上得来终觉浅，绝知此事要躬行”。只有直接投身社会实践，经历真切的人生体验，才能获得深刻感悟，从而，有所发现，有所创造，诚如毛泽东所说，“一切真知都从直接经验发源”。

第二，调查研究，了解实践。人类的实践活动广泛无比，一个人无论怎么勤奋也不可能事事亲为。但是，在某一领域要想获得正确认识，形成正确思想就必须真正了解该事物。这就必须调查研究，要去看、去听、去问，拜第一线的实践者为师，虚心向他们学习。了解他们的实践体验，汇

总他们的感受和发现，并加以归纳、总结和提炼，才产生新观点和新思想，然后，进行系统化和理论化的表述。有时，没有作调查研究也可以提出一些想法，但是，往往不能了解变化情况和认清事物本质。故而，毛泽东强调，"一切结论，来自调查研究的末尾，而不是之前"，"没有调查研究就没有发言权"。

第三，研究材料，总结实践。专家学者尤其是从事理论研究的专家学者，未能亲力亲为搞生产，走到一线调查研究也有限，但他们能创造许多思想成果。他们的头脑所加工的材料，表面看是来自书籍、杂志、网络及人际交流，但实质还是来源于实践。人类不是一人实践，而是全社会的人在实践。人类也不是一时实践，而是成千上万年的长期实践。况且，这些实践都有不同形式材料所反映和记录。亲身实践往往只处于一个岗位，调查研究通常只有几个点，局限性均很大。而学者们的研究却可以超越任何时空界限，可以从中国到外国，从古代到现代，从宏观到微观，从全局到局部，统观社会各界别和行业。他们从历史和全局的视野出发，对大量的实践材料进行去粗取精的筛选，进行分门别类的归纳，进行合乎逻辑的分析，进行抽象概括和理论提炼，从而，产生一些系统化的学术思想。

总之，思想产生和理论创造，离不开实践材料和实践检验。然而，实践材料的获取和利用具有多种途径和方式，思想产生和理论研究具有相对独立性。唯其存在相对独立性，才使在书斋中的学者也能从间接材料中概括提炼出思想和理论。

四、思想创造的必要环境

当人们懂得思维是人类劳动的本质，思想是一切价值的发端和源泉后，就更应保证思想自由，珍惜思想成果。应当从政策、法律和制度等方面鼓励和促进国民解放思想和自由创造，使国民的创新精神充分张扬，创造能力充分发挥。

第一，营造研究的宽松氛围

"学术，是人类对自然、社会以及人自身真谛的探求与认识。按梁漱溟先生的观点，学术是人类在不同时代关于‘人对物的问题’‘人对人的问题’和‘人对自己的问题’在认识领域所达到的最高境界。……学术活动以探究性、自由性、自主性的特点，有其独特的内部逻辑。这意味着学术活动可以‘对任何事物进行无条件追问，对任何真理进行无条件的质疑，对任何权威进行无条件的反抗’（德里达）。”① 学术的这些特性和学术界的这些特殊要求应当得到全社会的认可和尊重。学术界切不可仿照组织管理原则“下级服从上级”，也不宜实行市场化的等价交换。要使学术繁荣，须让学术界保持应有的清高和相对独立性。若实施学术专制，必然损害学术发展，严重时会使学界成为寸草不生的大漠荒野。

学界不只有自己的尊严，还需有自己的涵量与秩序。人的解放，首先是思想解放。打破旧体制旧观念的束缚，营造宽松的环境与氛围，新思想、新事物才会出人意料地涌现出来。中国春秋战国时期，诸子百家、放言无忌，新说风起、学派林立。欧洲文艺复兴，不仅带来文艺大繁荣，而且推动科技大发展。当年大教育家蔡元培出任北京大学校长，坚持“兼容并包，思想自由”的办学理念，为北大的学术繁荣提供了优良的治学环境与学术氛围，陈独秀、鲁迅、胡适、刘半农等风格迥异的大家各领风骚，一时俊才如云，个性飞扬，群星灿烂。②

第二，倡导学者自由思想

学者的使命和责任是探求真理，既需要有奉献精神，也需要有独立人格和自由意志。倘若与功利性事务相牵连，就必然利欲熏心，心浮气躁，从而，动摇学术信仰，丧失学术气节。一切强权和暴力的影响，甚或喝令和驯化，都是对学术人格的施暴和对学术自由的剥夺。一些学人就只能随波逐流而苟且偷生。或者冷眼相看，笑而不言；或者保持沉默，无声对抗。利欲熏心和高压环境均不利于学术发展。

尊重学人，应当倡导思想自由，容许个性张扬。学术价值在于创新，

---

①胡红华：《各领风骚数十年——世界学术重心转移初探》，载《学习时报》2004 年 12 月 20 日。

②贾永生：《名师是造出来的吗?》，载《人民日报》2005 年 1 月 22 日。

要有创新就必须有鲜明个性和充分自由。如果摧毁个性，剥夺自由，学者成了强权的奴仆和附庸，那么，最有才华的学者也产生不了有价值的新思想。思维活动的探索性，要求包容各种不同观点。学术研究中不同观点的存在不仅是正常现象，而且是学术发展的必要条件和推动力量。正因为如此，世纪伟人毛泽东才倡导“百花齐放，百家争鸣”，推动学术的繁荣和发展。“对立物的存在是自身存在和发展的根本条件”，这是哲学的一条基本原理。在动物世界，天敌存在才使相克物不致退化。在学术领域，也只有对立观点存在，才使学术思想不断深化和发展。对立观点是一种挑战，一种鞭策，一种激励。依靠特殊保护生存的学术必定没有生命力。当年爱因斯坦和普朗克围绕光是粒子还是波的问题作了长时间的激烈争论，唯其争论，才促进量子理论的完善。思想探索和科学研究也有失败，但是失败了的研究也有价值，因为它验证了该研究方向行不通，同样是对人类学术事业的贡献。

尊重学者，需在管理上保持其自由空间。学者的劳动是脑力劳动，分不清上班与下班，分不清在岗与工余。学术成果价值也不能用字数衡量，难以进行泰勒管理的定量考核。重大学术成果的产生周期较长，有的需要十年，有的需要二十年、三十年，有的甚至需要一辈子。马克思研究著述《资本论》历时四十年，第二卷、第三卷还由恩格斯整理完成；曹雪芹毕生创作《红楼梦》，后四十回也由高鹗续写。世界上许多学术大家的经验是“悠着点”。一些单位进行学期考、年度考，并以字数计报酬，只能逼研究人员搞短平快，甚至制造学术垃圾。由于思想价值的恒久和宝贵，国家本应花钱养一批专心学术的人，让他们衣食无忧地“胡思乱想”。

第三，珍惜一切文明成果

学者的劳动产品是学术成果。一个充分珍惜思想成果的社会，才能充分发挥思想者的创造积极性。

一要允许发表和表达个性化的思想。就是贯彻“百花齐放，百家争鸣”的方针，切不可强求一律。荷花纯洁、梅花抗寒、牡丹富贵，各有优点，各有所值。思想领域要鼓励标新立异，先有求异，才有求真求是。要充分肯定一切新思想的价值。

二是政府要加大基础性研究的投入。基础研究影响和决定着整个学术事业的繁荣和发展。基础性研究需要大量的设施和材料，需要大量的尖端学术人才投入大量的时间和精力，所创造的是巨大的社会共享价值，但又不是立即转换成市场上的商业价值，因此，没有企业愿为埋单，又不能申请专利进行拍卖。基础性研究关联性指导性强，通常经学术发布，让全社会来共享其思想成果。基础性研究一般由专业研究机构或高校来承担。因此，国家要给研究机构和高校拨发必要的研究经费。

三是应用性研究要与市场需求紧密衔接。科技领域的应用性研究一般较快转化成新工艺、新产品，转换成为现实生产力。所以，企业应当成为应用技术研究的重要主体。这一方面可以更好地把握应用性研究的市场需求，另一方面便于解决应用性研究的经费问题，更重要的是可以使科研成果更快地转化为现实生产力。在文学艺术和部分社科领域，可实行产业化经营，如电影、电视、报刊、网站、出版等，虽然使学术和文化减少了几分纯粹与清高，但这种以文养文、以学养学、以智养智的制度设计，却承认了思想成果的应有价值，可以依靠市场力量推动文化的繁荣与发展。专利技术成果与资本相结合在市场竞争中往往取得巨额利润，这些利润多数为投资经营者所获取。倘若制度安排不合理，一味强调知识分子奉献，使专利成果创造者报酬过低，就会使技术成果创造者的积极性大为下降。更有甚者，使智力成果创造者所得报酬，不足以补偿其所消耗的智能体能成本，就会造成其创造能力的严重退化和萎缩。一些一流的专家学者积劳成疾、英年早逝是国家和民族的重大损失。因此，为了人类文明进步，社会应善待、厚待创造型人才。使脑力劳动者得到应有的报酬和爱护，使其智力体力付出得到充分的价值补偿，这是分配制度改革的重要目标之一。

四是应当健全智力成果创造、保护、利用的相关制度。日本是在二战废墟上崛起的经济发达国家，在20世纪中叶，他们就尝到了实施科技兴国战略的甜头。2002年7月3日，日本颁布《智慧财产战略大纲》，2002年12月4日颁布《智慧财产基本法》并于2003年3月实施。2003年7月8

日通过《与智慧财产的创造、保护以及利用相关的推进计划》①。其立法目的就是为了有力推进创造新的智慧财产，并通过有效利用这些智慧财产而产出巨额附加值，进而增强国际竞争力。这里所讲的智慧财产就是思想成果。他们制定的有关智慧财产创造、保护、利用的计划、方略和规定，主要目的是维护智慧财产生产者的应有权益，保护他们从事智慧财产创造的积极性，保证对智慧财产的有序有效利用。从制度上保证思想成果创造者的权益，并营造鼓励创新的社会环境和氛围。

2016 年 11 月，中国政府发布《关于实行以增加知识价值为导向分配政策的若干意见》，旨在进一步激发广大科研人员的积极性、主动性和创造性，鼓励多出成果，快出成果，出好成果。

第四节　思想创新理论

近二百年来，人类哲学得到了长足发展，最近几十年人类思维科学研究也有了较大进展。物质与意识、思维与存在等关系，理论家们作了深入的探讨。本节研究思维的相关理论。

一、脑功能差异理论

哲学家指出：意识是客观物质世界在人们头脑中的反映，人的正确思想来源于社会实践。然而，为什么同样的客观现实在不同人的头脑中反映不同？为什么同样的实践，不同人有不同的感受？面对这些问题哲学家们往往避而不答。其实，类似的问题很多。接受同样教育的人因个体不同，思想观点就不同；成长于同样环境的人思维能力和思想观点也不同；即使几乎同时出生的孪生兄弟，其能力和观点也大不一样，一生业绩也相差很大。究其原因无非来自两个方面：一是脑功能的先天差异；二是人的后天学习、训练和生活实践的差别。

①杜颖、王国立：《日本〈智慧财产基本法〉略观》，载《学习时报》2004 年 12 月 20 日。

（一）脑功能的先天差异

必须承认由于遗传、孕育、教养、成长环境等因素的影响，人的脑功能是存在差异的。人的感觉是对外界事物的反映，但不等于摄影，即使是摄影也存在角度、比例和色彩的差别。人的思维是对外来信息的加工，脑功能不同，其加工结果就不同。面对同一景象，普通相机与数码相机的拍摄效果是不同的，而人脑的反映差异比这还要大。

一个刚出生的婴儿，不能说其有思想，但其脑功能是有的。脑功能直接关系其对外界信息的接收和储存。出生后的养育和教化，不仅影响其知识储备和思想，并且，也影响其大脑发育和脑功能开发。人脑是电脑的原形，电脑是人脑的模拟。人脑和电脑可以作以下比较。第一，刚出生婴儿的大脑近似于未安装任何软件的出厂电脑。只是电脑若不更新的话，其主板、容量、速度是装毕即定，而人脑是随人发育而发育，随人衰老而衰老的，并且，与人的健康状况直接相关。第二，电脑安装软件，使其成为电脑的储存信息，同时，也成为储存和处理信息的工具。汉字输入中，一个词用多次后，电脑会产生记忆，将其放置于同音词的前列，优先出现。信息传入人脑，既成为经验和知识储存于脑中，又成为选择、处理，储存和检索其他信息的工具，从而与人脑的先天机能一起共同决定人脑的现实功能。正是这一原因，使不同的人对同一事物的看法和判断不同。第三，电脑中的工具性信息（软件）与非工具性信息相对清楚；而人脑中的所有既有信息均对新受信息的处理发生作用，无法截然分开。第四，电脑对已存信息必须经过一定程序操作方能调出，而人脑却凭借其联想能力做自发检索和综合。当然，因智能不同，其检索和综合的结果也不同。

（二）脑功能的后天差异

人脑由于后天发育和训练不同，掌握知识不同，采用的思维工具和方法不同，因此，表现出功能和思维效果也不同。为什么同样一堂道德教育课，有人听了深受教益，有人听了无动于衷，有人听了甚至反感呢？因为，对一种思想的接受状况与接受者头脑中的既有思想直接相关，这一点前面已述。既有思想对外来信息来说，就像电脑中的软件一样，起到工具和方法的作用。当外来信息与既有思想具备共同基点的时候，就出现呼应性接收。外来信息与既有思想缺乏共同基础点的时候，就反响不大。外来信息与既有思想相悖时，就有对抗性反应。这就是产生“仁者见仁，智者见智”现象的深层机理。因此，传授知识也好，道德教育也好，协商沟通也好，要想取得良好效果，就必须寻找共同基点，只有从此点切入才能产生良好的沟通交流效果。这可称为人脑信息接受的“同质效应”原理。这个基点是双方的连接点，是思想沟通交流的接口。

由于人的脑功能差异和既有思想不同，决定不同的人面对同一对象的思维结果不同。首先，由于既有思想不同，观察事物的态度和视角就不同，对信息获得和取舍的侧重点也就不同。其次，思维方法不同，决定其对情况的判断和对原因的分析也不同。再次，对解决问题的目标及路径的确定以及对办法和手段的选择也不同，也就是所产生的思维成果不同。

脑功能差异理论告诉我们，无论是德育还是智育，是传道还是授业，其效果均与对象的既有思想直接相关。要提高传播效果，就必须了解对象的认识基础，寻求连接点，争取其呼应性接受。

根据脑功能差异理论，人们必须不断学习和训练，以改进自己大脑的功能。为什么能改变大脑功能呢？深入研究发现：第一，学习训练了大脑的思维能力。学习的过程是理解和记忆的过程。要把各种知识汲收到大脑当中，不动脑筋是不可能的。而人的大脑是潜能很大的器官，用得越多，它就越灵光，功能也得到开发和加强。第二，知识结构决定思维方式。当有新的信息输入大脑时，大脑能以现有知识为工具对信息进行分析和处理，这就是思维。既有知识就如同电脑中的软件，决定着信息处理的原则、程序和结果。人的思维方式固然也与人的先天禀赋有关，但更为主要的是由其知识结构所决定。

长期从事某一方面的研究，就使这方面的兴趣得到强化，脑的专业功能也得到局部增强。许多科学家只热衷自己的专业，对别的事情不屑一顾。逐渐失去了世俗的精明和圆滑，变得单纯、执着和坚毅。

事实表明，学习和训练可以改变人类大脑的软结构，从而改变大脑的功能，正像更换软件可以改变电脑的操作系统一样。人脑的软结构也是动态的，随着人学习掌握的知识和本领的增多而变化。也正是由于这一原因，一些人经过特殊训练能够掌握一些不可思议的技能。人脑的先天特点、知识、经验等就像电脑的硬件和软件系统，共同决定一个人的思维方式。

二、思想交生理论

学界人士常说，学术交流、意见交锋、观点碰撞都将产生新的思想火花。学术观点、信息和知识，其本质内容均是思想。因此，我们可以得出结论：思想与思想交融则可产生新的思想。具体可以分为几种情况。

（一）信息与思想交生

企业家在做投资决策前，要做广泛的市场调查，以获取必要的决策信息，为做出正确的投资决策提供信息条件。政治家在做政策调整前也要做广泛的社会调查，以求全面掌握社会需求和反映。这些信息与政治家头脑中的施政思想结合，就制定出其施政方针，并做出具体的政策和决定。这些投资决策和施政决策，就是信息与思想交融而生的新的思想成果。

（二）知识与思想交生

教师、医生、公务员和企业白领都坚持在职进修，以提高专业素养和管理水平。进修学习何以能推动工作？是因为工作实践会产生许多思想，当与新学习获得的知识交融时就产生新思想，从而，提高了思想水平。学者著书，需要大量阅读他人著作，吸收各种知识，目的是启发自己思维，激发新的思想观点。这是知识与思想交融，产生新的思想成果。

（三）思想与思想交生

思想者与思想者交流，是产生新思想的重要方式。对某一个体而言，思想与知识是有区别的。思想是自身头脑思维的成果，知识是通过学习掌握从外界进入头脑的他人思想。知识丰富的学问家未必就是思想家，而成果卓著的思想家也未必是最有知识的人。思想成果的价值主要取决于其独创性和有用性。科学家、企业家、政治家、文学家、艺术家，凡是在行业内顶尖的人物，不一定有很丰富的知识，但一定有自己的独特思想。科学家之间的争论往往推动科学发展；企业家之间交流可以改进经营和管理；政治家之间协商可以完善双方想法达成政治共识；文学艺术家之间的切磋可促进作品质量提高。萧伯纳说：“如果我们是朋友，各拿一个苹果彼此交换，交换后仍然是各有一个苹果；如果你有一种思想，我也有一种思想，交换思想后每一个人就有两种思想了。”显然他已看到思想交换与实物交换的显著区别。但根据思想交生理论萧伯纳的说法仍存在很大局限性，因为两种思想交换和结合，可能产生第三种，甚至第四种思想。

思想交生的条件：一是开放。开放是思想交生的环境条件。任何思想都要在一定的环境里孕育产生，开放是思想交汇最起码的环境要求。若把思想封闭起来，就会使其失去交生的机会。思想一开放就激活，一封闭就窒息。二是交流。交流是思想交生的机制条件，交流才能实现思想的碰撞与共振，从而使思想得到增生；开放只是消除了思想主体或外来思想内容之间的环境隔离，为思想交生提供了可能。但交流必须消除时空上的距离，实现思想与思想的接触。这就必须创造实物和技术上的条件。比如：课堂面授、会议研讨、促膝深谈等均是主体之间缩小空间距离的交流方式；电话、传真、网聊、短信和微信则是主体间跨越空间距离的交流方式；读古人之书、研究古董工艺，则属跨越时间距离的交流方式。现代物质条件的优越和科学技术的发展，为思想交流创造了前所未有的有利条件。电信和网络的真正意义在于它把全世界数十亿人的大脑联系起来，成为“人脑云”，使人类开始了云计算和云思考，从而极大促进了思想交生。三是自由。自由是思想交生得以实现的关键条件。就一般情况而言，思维的过程和结果是他人看不见摸不着的，似乎思想的自主和自由是不成问题的，然而事实并非如此。因为，人是社会中人，是制度中人，是利益中人，社会压力、制度约束、利益支配，常常使人“想都不敢想”，那还谈什么交流？中国的隋炀帝曾给予不曾参与奉承拍马的官员以“腹诽罪”，推测该官员“口虽不说，腹中却在诽谤”，并据此处以重刑。可见，在封建统治下，朝臣不仅没有言论自由，而且没有思想自由，何况百姓乎！故而，传统文化中有教诫人们“不多说一句话，不多走一步路”“ 不想不该想的事”的经典名言。没有思想自由，人们就会拒绝思想和信息的交流，就会自动地封闭和阻隔，以自己的思想窒息为代价，换取有限的生存安全。思想自由是思想得以产生的条件，剥夺了思想自由，就使思想之泉枯竭。世界上一些文明古国的中途衰落都与专制制度、极权主义所带来的思想管制和思想封杀密切相关。对思想的管制和封杀确实是人类文明进步的头号杀手。

思想创造与个性解放密切相关。思想创造与艺术创作一样，是十分个性化的创新活动。要求神经舒展放松，需要有宽松的环境，让脑细胞充分激活，完全处于自由奔放之状态，以便思想之泉喷泻而出。王羲之酩酊大醉之时把《兰亭序》一挥而就，创下中华书法史上行书一绝，醒后连自己都感到惊讶；李白、陶渊明醉后作诗文思泉涌。这是为什么？因为清醒的人有感于社会生活的各种压力，总是存在不同程度的拘束，只有酒醉之时才能彻底放松。可见，哪怕是一点点微小的压力，都会给思想创造带来束缚和障碍。

当然，为了社会生活的有序，为保证思想创新的健康和先进，必须建立法律和制度。而在法律和制度的框架内，必须给予人们充分的思想自由，并以法律和制度保证其自由，使人的个性得到张扬和延伸，这是促进思想创造的重要措施。

（四）复数交生

具备两项以上既有成果是思想得以交生的条件。思想交生可以用交生坐标来说明。

我们先来研究最简单的交生。如图 8－1 所示，A 与 B 交融成生 AB，这就是一级交生。AB 再与 A 交融生成 ABA，AB 与 B 交融生成 ABB，就是两级交生，如图 8－2 所示。ABA 又可以与 ABB 交生，ABA 也可以分别再与 A 和 B 交生，就是第三级。……如此不断交生下去，以至无穷。交生理论就是对老子“一生二，二生三，三生万物”论断的科学论证。在科学研究之中，思想之间的碰撞和激荡，最容易产生新的思想。已有的思想成果越多，发生碰撞与交融的机会也就越多，产生的新思想也就越多。

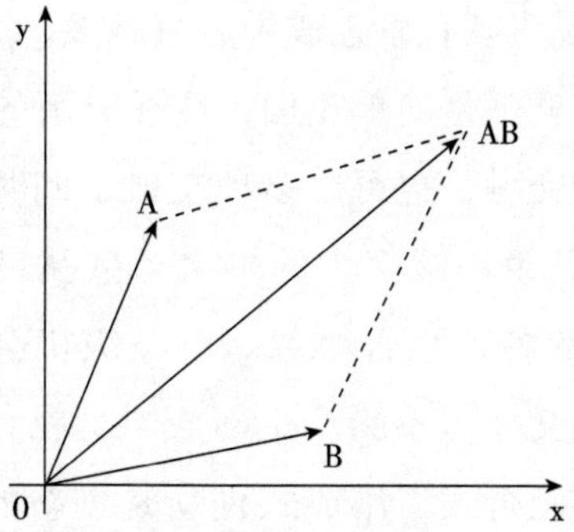

图8-1 一级交生

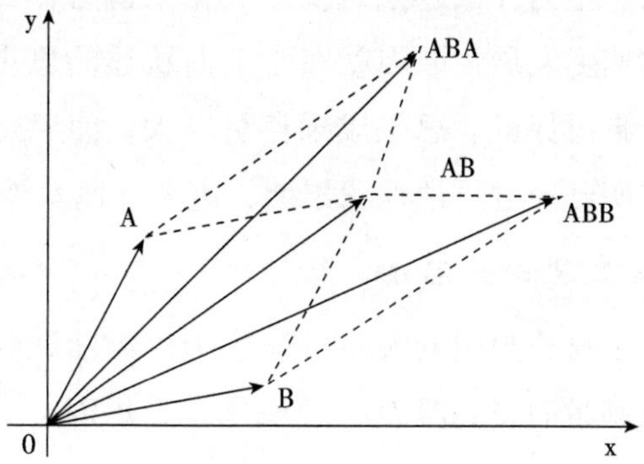

图8-2 二级交生

我们再来研究较多项交生的结果。

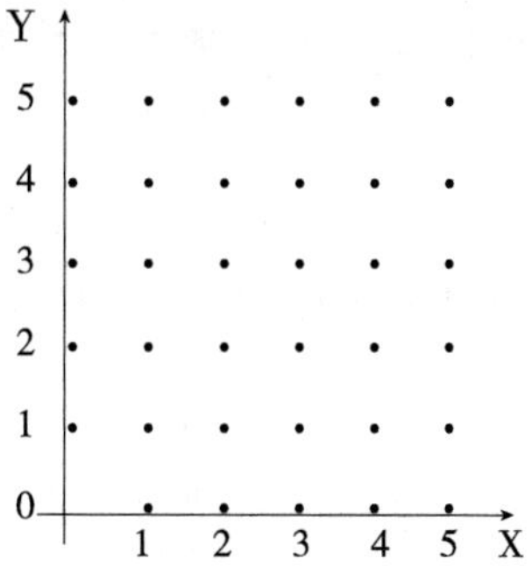

图8-3 多项交生

就一级交生而言，若X和Y均为2项思想，至少有产生4项新思想的机会；若X和Y均为5项思想，则一级交融至少有产生25项新思想的机会，如图 8－3 所示。说明既有思想成果数量越多，交生机会也就越多。再看两级交生。一级交生就不是简单相加，往往有新的突破。一级交生的 25 项新思想之间可以两项交融，也可以多项交融，同时也可与 X 轴、Y 轴上共 10 项元思想相交融。第二级交生的机会个数就是（25＋10）的排列个数加上小于 35 的元素的各种组合个数。第三级机会又要多得多。由此可见，思想成果可以多级交生，不断产生新成果。在科技领域、文化创意领域、新产品开发领域，组合式、集成式创新是创新的主流方式，其根源在于大量思想成果均来源于交生。

人类思想成果产生为什么越来越快？人类知识为什么爆炸性增长？人类文明为什么以加速度发展？原因就在于上面所述的思想交生原理。开放加大、交流加强、自由保证、思想成果存量增大，使思想成果产生的速度大大加快。人类文明已经过了慢性积累期，进入飞速发展期。

（三）思想交生理论的启示

启示之一：一个自我封闭的人不可能成为思维活跃的人才。人的思想创造潜能是靠信息刺激而得到激发的。凡是有思想创造力的人，都必须是既勤于敏于采集信息，又乐于善于思考问题的人。一个自我封闭的组织不可能成为兴旺发达的组织。组织是在精神、物质、能量的代谢和补偿中生存和发展的。因此，具有生机和活力的组织应当建立并保持与外界始终畅通的渠道。一个闭关锁国的民族不可能强大地屹立于世界民族之林，一个包容性强的国家和民族才有巨大的发展潜力。因此，凡是不甘落后于人类文明进程的国家，凡是对自己政权稳定有基本自信的国家，都必然选择开放作为基本国策。因为只有开放才能实现不同民族之间的思想交流而催化本国的思想新生。

启示之二：一个勤于调研、乐于交流的学者才会有更多的新思想，其学术文章才有更多的创新内容。一个开放型的研究机构，才能让信息和人才有进有出，使科研成果层出不穷。只有突破学科局限，兼融文理、学贯东西，方能创建系统宏大的理论体系。

启示之三：城市发展之所以比农村快，是因为人才集中、思想交汇。

就物质资源来说，城市是土地资源、矿产资源、水资源等相对缺乏的地方，其生产资料和生活资料都从外地运入。但是城市的思想产生、思想传播和思想实现能力很强，因此，城市总是成为文明中心。普天之下，人才和智力资源是最根本最宝贵的资源。

三、思想产输理论（井水原理）

思想传输与思想产出密切相关，互为条件。思想产输类似于井水产输，可以用“井水”原理加以说明。

（一）高流低积原理

井水之源在于泉，泉水能否自动流溢灌溉田地，主要取决于水位与井圈及外围的高度比。若水高圈低则自流灌溉，若水低圈高则积水不流。思想者好比是一口井，给予应有尊重，承认其应有高度，使其没有心理压力，其思想就能顺畅地流淌和传输。开明的管理者均十分重视听和问的价值，懂得“听比说重要”，在善听善问中把他人思想呼唤出来。善听者往往低位进入，虚怀若谷，把讲述者尊重到应有高度。以大海一样的低位和博大容纳百川之水。只有在心理上让思想者处高位、聆听者取低位，形成一定落差，才有利于思想的流淌。课堂中学生虚心聆听，讲台上的教师才进入高昂状态尽情发挥；政府官员真正把民众当作主人，民众才愿吐露自己的心声。思想的单向导流，需要一定落差；思想的双向交流，需要宽松平等。

（二）取增存止原理

一口深井，抽取部分水后，很快生产补回，其水常取常新；若常年不取，也不致溢上地面，因为，积水深度产生的压力抵消了泉脉的张力，使泉眼不再产水。一位思维能力强、很有思想的人，社会将其摆放到适当位置，予以发表思想和运用思想的机会，就是对其思想创造的最好鼓励；若无视其思想，或封闭其思想，就会阻碍其思想产出。这就是取增存止原理。无论是国家还是单位，充分运用他人思想成果，既可以创造更多的财富，又可以把人们更新的思想成果呼唤出来。一名专利技术的发明者，当其前项成果卖出了好价钱时，研究后项的积极性就更高；一名作家，当其首部作品备受读者欢迎时，其后的创作热情就特别高涨。可是旧思想往往沉淀下来形成一种习惯势力，怀疑或拒绝新思想。伟大的发明家、巨型计算机之父，西蒙·奎因曾经说过，他在没有成名的时候，提出一个新的思想，人们经常回答说："can not do!"（"做不成的！"）① 这种简单的否定和拒绝，往往导致新思想的熄灭，其中，也可能熄灭一些具有重大价值的思想，从而给人类造成损失。因此，我们在用制度保证思想创造和思想发表自由的同时，要中肯地告诫后人：年轻人，人们没有接受你的思想的时候，也要先把想法表达出来，不然会使思想之泉堵塞和枯竭。

（三）用进废退原理

水井的产水能力是由泉脉决定的。正常使用的水井，水质新鲜，水脉通畅，产水能力较强。若长期不用，则水质不鲜，淤沙存积，水脉堵塞，有的甚至会退废为枯井。人脑的运行机理也与水井一样，遵循用进废退原理。脑细胞越用越活跃，脑神经越用越灵敏。使用是一种开发，受使用者往往情绪高昂、精神焕发，在使用中思维能力得到锻炼和提高。若不予使用，即人脑处于闲置和废弃状态，一方面脑中思想得不到发挥，另一方面缺乏外来信息刺激。由于这两方面因素的作用，脑中信息、知识和思想的总量得不到增加，思维的工具和方法得不到改进，相比于社会进步，个人的思维能力就相对退化。从生物学上看，动脑方能促进脑细胞的新陈代谢、延缓大脑衰老。不用脑则造成脑组织的废用性退化，这是脑力的绝对退化。这种退化，无论对个人还是对社会，无疑都是损失。勤学多用是维护脑健康的重要方法和途径。

（四）深强浅弱原理

水井的产水能力与井的深度有关，浅水井是浅层水，水量少；深水井是深层水，水量多。而且，水质也与井深有关，通常是深井水源于深层，水质好；浅井易搅动泥沙而水质差。因此，为维护水井产水能力和水质水

---

①王选：《我一生中的八个重要抉择》，载《在北大听讲座——思想的声音》第 8 版，中国城市出版社 2000 年 5 月版。

平，必须定期清理井底泥沙；为增强产水能力和提升水质，必须加大水井深度。人的思维能力与人的知识水平和实践状况直接相关。对同一个人来说，学习勤和实践多，思维能力就强，思想成果的价值也就大；学习和实践都缺乏，其思维能力就不强，思想成果的价值也就相对小。不同的个体则较难比较。要保持一个人的思维能力和思想水平就必须坚持知识更新和参加社会实践。要提高一个人的思维能力和思想水平，就要不断进修深造和加强实践锻炼。许多人经两年深造，专业水平得到明显提高；有的人经三年重任担当，实际工作能力显著增强。

思想产输理论，也称水井原理，具有相当丰富而深刻的内容。研究和运用此理论，有助于大脑功能的开发和利用。

四、认识平台理论

某方面新思想的产生，必须具备一个首要条件，就是思维主体对该事物的基本认识。一辈子不离开大山的猎人想不出捕鱼的新方法；劳作田间的农夫提不出城市规划新方案；教授几何的教师必须自己懂得几何学；将军指挥打仗必先了解敌情和自己的兵力状况。我们把这些必须听懂、看懂、初会的认知基准，称作认识平台。认识平台理论的基本要点有：

一是登台基础。认识平台是产生新思想的认知基础。只有跨上了这一基础平台，才能听懂、看懂、读懂某事物，才能发现问题，想象目标，提出新的思路和措施。能跨上这一平台者未必都能产生新思想，但可以与同行交流和对话；跨不上这一平台者，则难以与同行对话，更不可能产生新思想。

二是知识学习。学习可以掌握某方面知识，实践体验也能增长和积累某方面知识。这初期知识积累有两大作用：一是以知识为台阶，一步步地跨上认识平台；二是为观察事物、研究问题、创造新思想准备材料和工具。登上认识平台的基本途径就是学习和实践。

三是关键因素。登上认识平台后，就有基本均等的机会获取新信息。创造力与知识有关，但是，创造力的大小并非完全由知识多少决定，更不是成正比。此时，先天敏感性、责任意识、刻苦精神、意志和毅力就成了关键因素。诚如爱迪生所言："天才是99%的汗水加上1%的灵感。"① 一些知识渊博的教师，善于培养学生，而自身却没有多少创造性成果。

四是成见排他。没有必要的知识，跨不上认识平台，思想创造无从谈起；然而，跨上认识平台后，对思想者个体来说，并不一定知识越多创造力就越强。这里还有一个怎样运用知识的问题。有的人只会照搬书本知识，而不研究客观对象，结果是理论脱离实际，使自己的工作毫无创造性。所有新学科的创始人，牛顿、达尔文、马克思、爱因斯坦等，都是在知识不太多的年轻时期，最富有创造力。在世界著名实验室里，经常是助手比主任更敏于发现问题，在研究所中博士生比博导创意更多。为什么进入同一平台后，知得相对少些的年轻人更具创造力呢？为什么经验和知识竟然成为创造的障碍呢？许多学者将其归咎于年长者勇气不足、思维能力减退。其实这是很次要的，很多年轻的老行家也没有创造力。究其原因主要有三：一是"久处麻木"。人刚跨入一个新领域时，最有敏感性，长期从事某一职业，就麻木不仁，感觉不到问题，类似于"久入芝兰之室而不闻其香"。二是"视点重复"。熟悉的视点往往能再次吸引人的目光，从而妨碍对新点的审视，就像在人流如潮的大街上，第一眼就看到熟人一样。因为熟，目光容易被吸引停留。三是"路径依赖"。当人的头脑中有了一些既有认识后，就容易顺着老思路去思考。"老话顺口，老路好走"就是"路径依赖"的具体表现。年轻人缺乏这些知识，或未理解这些知识，就只有自己来探索，于是，就创造出新学问来。这就好比祖孙两人分头登山：爷爷曾经来过，有经验，坚信自己比孙子熟悉，总是寻找从前走过的隐约可辨的老路走，尽管躲过了一些荆棘和藤蔓，也只是沿着弯弯曲曲的老路前行；而孙子初见高山，不知哪里有路，只懂"人走过了就成为路"，坚定地朝着峰巅方向，披荆斩棘，开拓向前，结果不仅浏览一路风光，领略一方胜景，而且，较快登上光辉

---

①吉恩·N. 兰德勒姆著，张军等译：《改变世界的13位男性》，四川人民出版社1997年8月版。

顶点。孙子比爷爷花的汗水要多，但其收获也更大。由此可见，人脑中既有的观点、知识、成见，对于人的思维既是材料和工具，也有可能成为框框和枷锁。

一家中美合资企业上一条新的生产流水线。中方经理认为老流水线的职工有经验，稍加培训就可适应新岗位。美方经理反驳说："应该选用新员工。老员工也许很优秀，但他们的动作已经定型，可能会给新上马的生产流水线以致命的危害。"

美国著名的麦当劳公司有一项规定，优先招募没有任何从业经验的新员工。正因为新员工没有从业经验，所以最能接受麦当劳公司企业文化。一种习惯一旦在脑海中"先入为主"，就将影响一个人的职业生涯。要对一个有工作经验的员工进行企业文化理念的改造，首先要彻底消解他原先的理念和观点。因此，接受新理念，老员工比新员工要困难得多①。

经验、知识既是学习和创新的基础，同时，也可能成为创新的障碍。所以，我们必须虚心学习知识，灵活运用知识；切不可以学习代替研究，用模仿代替思考。学习是掌握别人发现的规律，研究是自己探索规律。知识是以往经验的总结，思考是解决现实问题的途径。照搬书本知识、不研究现实问题的教条主义者是很难有创造和成功的。有时，业外人士具有"旁观者清"的敏感性，就是因为其头脑中没有"既定结论"的局限。

五是平台高度。不同事物的认识平台高度是不同的。在高平台上提出创新思想，必须有系统化、理论化的专业知识。缺乏必备知识就跨不上平台，就难以进行观察和分析，难以与同行对话和交流，更难以有所创造。一些科学前沿领域就属于高平台行业。如生物工程、航天工程、网络技术、纳米技术等领域内，中低文化者，或远离其专业的高学历者，难上其认识平台，所以，不可能在该领域中创造新思想。在高科技领域，能一步步学习并跨上平台者就是智商较高的优秀分子。然而，能在此平台上，以

①《职场观察：谁更喜欢使用新员工?》/ 易铺网 / 商业地产招聘 / 人才快讯 / 2004 - 08 - 14

天资、勤奋和正确方法三者结合，创造辉煌者，就更难能可贵，实乃人类之精英。在低平台上提出创新思想，则对教育程度的要求相对低些。低平台创新，不是不需要知识，而是对知识的系统化、理论化要求较低。这些知识是绝大多数人都能学习和理解的。因此，跨上平台并不难，但创新却不容易，主要依靠思维主体的敏感、悟性、责任意识、刻苦精神、意志毅力和行动能力。操作技术、基层领导、企业管理就属于这些类型。对商机的捕捉、对市场的判断，所需的文化程度和专业知识的要求也不很高，但准确判断却不容易，必须具有对商机的敏感性。“浙江省湖州市的潘阿祥，是一位不识字的企业家。拥有 12 家工业企业和两家科研机构。他的企业 2001 年销售额达到 1.2 亿美元。他每天都十分专注地看电视听广播，寻找新的商机，正是借助广播电视，潘在 1999 年得知政府将开始治理白色污染。潘因此决定向一家印刷厂投资 300 万美元兴建垃圾处理装置。……2001 年 7 月，北京获得 2008 年奥运会主办权之后，潘认为这将带来建筑材料市场的繁荣。于是，他与一家比利时公司合资开发出一种新的铝型材，受到市场广泛欢迎。”① 由此看来，工商企业经营管理成效与接受教育程度没有必然联系。《改变世界的十三位男性》一书所列的工商界巨子中，只有五人大学毕业，其中二人有本科学位，但其学位专业与其产业没有直接联系。在一些从事实际运作的职业中，依靠结合实际思考所得感悟比理论知识更有用。对一家待管企业，不同管理者思想方法不同。一名工商管理硕士，首先想到的是书本上学的知识，套用老师讲授的管理模型，即使略有修改也不会有大的创意。正如爱迪生所说：“大学训练出来的科学家只会看到老师教他们要寻求的东西，反而会忽视自然的伟大秘密。”② 套用经典模型、不愿花心血深入思考的书生，往往在市场竞争中败北；而接受教育不多的实业家，头脑中几乎没有理论知识储备，没有任何模型可供套用，只能从企业实际出发，发挥自己的聪明智慧，创造出一套方案来，并

①参见：《参考消息》，埃菲社北京 2002 年 10 月 5 日电。

②[美] 吉恩·N. 兰德勒姆著，张军等译《改变世界的十三位男性》，四川人民出版社 1997 年 8 月版。

在实践中不断完善。前者以套用代替创造，后者是不得不创造，两者成效不同。这是因为知识怂恿了人的惰性，妨碍了创造潜能发挥。

认识平台理论，既肯定学习知识的必要性，又强调实践和思考的重要性。思想创造是知识论与怀疑论的统一——只讲怀疑论，不讲知识论，就不可能掌握必要的基础知识，跨不上认识平台；只讲知识论，不讲怀疑论，就只能照搬照抄前人定论，尽受前人束缚，在前人特别是巨人阴影下，见不到真理的阳光，泯灭了自身的创造力。

五、环境逼迫理论

舒适安闲的环境往往出不了新思想，只有在富有挑战性的环境中，脑细胞才被激活，脑神经才会振奋，因此，思想创新需要激励。

为什么需要激励？因为思维是人脑的机能，是一种生物属性。人是万物之灵，是高级动物。凡是动物都会疲劳，这是由细胞特性决定的。会疲劳就需要休息，只要有休息的需求，细胞就会表现出不同程度的惰性。人类主宰整个世界，政治家领导各个国家。同样道理，大脑指挥全身所有其他器官，而人脑中决定精神、意志、毅力的脑中枢支配着整个大脑的运转。当环境安闲舒适时，中枢乐不思危，大脑惰、肌体怠，百无聊赖，松松散散，怎么能出新思想呢？当环境充满挑战时，人脑感到危及生存，就会激奋起来。生命细胞是“自立自强”的，它们渴望生存，渴望分裂和繁殖，渴望永久延续。为了生存和繁衍，中枢神经会动员全脑细胞激烈活动，捕捉信息、运用知识、整理加工，创造出新思想来，应对环境挑战、这就是环境挑战，逼出新思想的机理所在。

挑战不就有压力吗？是不是与前面讲的自由宽松氛围要求相矛盾？环境挑战与创新自由是同一事物的两个侧面，两者是辩证的统一，两者有根本区别。

第一，作用方向不同。抑制思维的压力不可有，激励创新的动力不可无。抑制性压力与激励性动力，其作用方向和作用效果都是不同的。抑制性压力阻碍思想的产生和传播，激励性动力催生思想创新。一般来说，凭借强权控制会给人类思想繁荣带来损害，但是，有时也会适得其反，收不到控制者所期望的效果。越控制就越产生激愤思想，控制压力转化成激励动力。

第二，作用空间不同。通常挑战性压力在外围，自由宽松氛围在周边。外围挑战给予思想者以决心和动力，周边宽松氛围为思想产生和传播创造有利条件。二战期间，欧洲战场甚为惨烈，传说德国法西斯已研究出原子弹，这对美国组织的科学家团队无疑是一种激励性挑战，但研究基地必须有思想自由的氛围，不然就不能冷静地思考，就搞不出成果来。一名职工在充满挑战的单位上班，感到了巨大压力，需要家人和亲友给予宽慰，方可出色应对，如若家人与亲友同样施以压力，说不定就会使其精神崩溃。

第三，作用时效不同。一般激励性压力在中枢神经起作用后，即使压力撤去，仍然在起作用，也就是说其时效较长。而控制性压力通常是时效有限的，即使当时被控制不去思考，事后也会思考，撤去压力就放开思考，甚至，有的是压力最大的时候，最勇于思考。所以，控制思想产生，时效是有限的，有时是无效甚至是起反作用的。

环境挑战压力转换为创新动力，催生思想成果的事例俯拾皆是：

——逆境出思想。孔子流亡述《论语》；孙膑足刑著《兵法》；屈原遭贬作《离骚》。逆境是天才成长的最好环境，当然也有一些意志薄弱者在逆境中沉沦。

——矛盾出思想。一方面机器大工业生产带来经济繁荣，另一方面工人贫困化加剧。为寻找这一社会矛盾的深刻原因，马克思创立了劳动价值论和剩余价值论。20 世纪初，美国连续出现火车相撞等严重事件，引起管理专家思考，从而引发管理革命和科学管理理论诞生。

——困难出思想。地球人口快速增长，出现食物困难，逼迫农业科学发展，尔后，才有袁隆平高产杂交稻之类的科研成果。

——贫困逼出思想火花 。人的需要是思想创造的动力。

来自四川眉山市的打工仔金徐凯，八年中，共取得58项发明成果，其中，有23项发明成果获国家专利。1998年，被团中央授予“全国十大杰出务工青年”光荣称号。2002年底，获得了第一笔知识产权收入30万元，可是，他全部捐给了贫困学生。

金徐凯在谈他的创造发明体会时说：小时候家里穷，买不起玩具，弟弟常看着别的孩子的玩具出神。于是，自己找来木头、皮筋之类的东西，制作风车、鸟笼和武侠小说里说的“袖箭”“回弓弩”等供弟弟玩，自制玩具让他第一次尝到了创造的快乐。

六七岁时，每天天刚蒙蒙亮，母亲就要下地干活，金徐凯则被叫醒起床照看煮粥的锅。童年贪睡，常因粥溢而浇灭炉火，母亲回家见了总是一顿责备，心疼浪费的每一粒米。金徐凯经反复试验，做成了一个简易装置，当粥沸时能自动打开锅盖。从此，煮粥再不需要照看。此类小发明很多，而灵感几乎都是被贫困生活逼出来的。

1992年金徐凯在海南打工。一天有个朋友抱怨说，刚有急事打车，在路边拦了半天，都是满车。那时出租车尚无显示器。他听了，心头一震，如果能设计一种出租车载客显示器，那必定有不小的市场。于是，他到电器修理铺当下手，多看、多干、多问，学习电子电路知识。几个月下来，把电子电路摸了个透。1994年11月，他发明的出租车载客显示器终于获得国家专利。金徐凯最深切的感受是：“贫困逼我冒出思想火花！”①

——危机出思想。人类面临健康危机的时候就出医学思想成果；世界遭遇经济危机的时候就诞生经济学理论；人类面临战争危机之时，就呼唤和平主义和人道精神。为了应对危机的挑战，人们总得开动脑筋，想出办法，以求消解危机，这样就逼出了思想。

一个人由于某种原因落到绝境时，只要提起精神，脑细胞处于高度激活状态，也可以使智慧之花突然绽放，这就是人们常说的急中生智。

---

①《贫困逼我冒出思想火花——“全国十大杰出务工青年”金徐凯的故事》，载《报刊文摘》2003年9月5日。

沙俄时代，一位不会游泳的人失足掉进河里，无论他怎样大喊“救命”，在岸边值勤的警察都无动于衷。落水人拼死挣扎，慌乱中高喊“打倒沙皇!”这还得了！在当时的俄国，辱骂沙皇是要坐牢的。两名警察立即跳入河中，把落水者拉上岸送到警察局，使其因此得救。①

爱迪生、罗斯福、霍金等伟大人物，都在与疾病斗争中创造自己的辉煌成就。政治家只有在富有挑战的复杂局面中，才能表现其非凡能力。企业家在市场激烈竞争中，经历挫折和失败，才磨炼出判断力，使经营管理思想日渐成熟。这些都是外部挑战，激发了人的思维潜能的例证。其实，人们早已感觉到这一规律，诸如“反败为胜”“愤怒出诗人”“置之死地而后生”等格言，讲的都是这一道理。

六、思想树理论

系统化理论化的思想成果总是以主题、分题、概念、定义、定律、定理、原理、观点等构成的。马克思的经济学巨著《资本论》，分为七篇五十二章，每章又分若干节和目，各条目中又分段叙述。这就好比一棵树一样，主干上长许多粗枝，粗枝上又生许多细枝，细枝头再长叶，枝头叶下才生鲜果。思想求索者就好比是站在树下的小矮人，看清树干容易，看到枝叶就难，摘到思想鲜果就更难。思想树理论的要点是：

其一，学术价值。应该说，凡是思想成果均有学术价值，凡是有学术价值的思想均具有或大或小的实用价值。一棵树树干粗大、枝繁叶茂，价值才较大；若只有干，无枝叶，干也粗不了，也长不得硕果。思想也一样，提出一个好的总题目不易，但深入下去做具体文章则更难，而有实际应用价值的往往是具体的概念、观点、定理、原理。比如现代化建设是个总题目，但是，不在工业、农业、教育、科技、文化等领域提出一整套方针政策加以实施，现代化建设就成为一句空话。

其二，创立顺序。怎样创立系统化的思想呢？通常有三种方法：一是

---

①谢隆艳：《悬崖边上的智慧》，载《报刊文摘》2003 年 7 月 14 日。

沿干生枝法。即先确立总题，再列分题，层层细化。二是一叶知树法。就是从一个闪光点出发，由小到大，步步提升，最后，研究出系统理论。三是果实追踪法。人们有时会由一个偶然机会，获得惊人成功，但深层道理却并不知道，通过寻找成功的根源，往往可以发现一片真理的天地，建立起理论体系。

其三，整体关系。系统化思想是一个整体，就像同时具有树干、树枝和树叶一样。缺乏枝丫叶，就不会成为大树。没有大量的具体观点论证，主题就不可能厚实。枝繁才能叶茂，叶茂才能果丰。思想只有研究深细，才有实用价值，才能指导社会实践。但基础理论研究也不可或缺，不然，会使应用性研究成为无本之木。树木不能没有粗壮发达的根系，没有根系就会被风吹倒，就不能汲收养料和水分；同时，树的叶和皮沐浴空气和阳光，也是汲取大自然的能量。思想创造也一样，必须面向社会实践，离开实践思想就成无源之水，离开实践思想就没有价值和意义。根、干、枝、叶是相辅相成协调发展的，人类的基础性研究，应用性研究和社会实践也是相互促进、协调发展的。

其四，多种形态。一棵树有真实树体，有阳光下的影子，也有人们头脑中的印象。一套思想往往也有人们头脑中的意态思想，纸面或电脑中的符号态思想，还有与之对应的实物、行为或结果态思想。比如电视机的设计思想，在工程师头脑中保留着，在技术科图纸资料中表达着，在成品电视机中实现着，或者说电视机就是物化思想。再如邓小平的富民强国思想，先在其头脑中形成，再表述为邓小平理论并体现在路线、方针、政策和改革发展实践之中，最后结出中国全面建成小康社会的巨大成就。

思想树理论的启示：一是要将一点思想火花扩展成系统化思想；二是基础性研究和应用性研究同样重要；三是必须在实践中推进思想发展。

第九章　思想表达和传播

生产思想的车间是人的头脑。但思想只有表达和传输出来才能对他人对社会产生作用和影响。准确、全面、精练地表达，既有利于传播，也有利于接受。本章讨论思想的表达和传播。

第一节　思想表达

思想在人的头脑中是一种意念形态的存在，若不表达，只有本人知晓。

一、思想表达的重要性

人的头脑不管经过多么长期刻苦的思考，不管其头脑中已经装有多少思想成果，只要尚未以某种方式和途径表达出来，就没有社会作用和现实价值。不表达，人不知，这就不能被他人汲收和运用，更没有碰撞和交生的可能。尚未表达和传输的思想仍限于个人，不属于社会。有资料介绍说，爱因斯坦在一道世界数学难题旁写了“已解”两字，但没有具体步骤，结果该道难题至今尚无人能解。人们相信爱因斯坦当时已解，但其解法没有从他的头脑中传输出来，给人类留下了一份遗憾。然而，表达的“已解”两字，告诉世人该题是可解的。

诚然，我们应当承认思维尤其是创新思维是一个复杂且艰辛的历程，其间必然消耗大量的心血。剧烈的脑细胞活动是思想创造者工作的突出特点。尚未表达的思想其成果只有潜价值，要使这潜价值转换成现实价值，就必须表达和发布。对于一个人，表达能力和表现能力都是很重要的，因为，只有准确表达思想才能让别人理解你的愿望和要求；只有准确表达思想才能说服别人；只有良好表现力才能吸引别人，赢得别人的信任和支持。

二、思想表达的一般方式和途径

人的思想从头脑中传输出来一般有以下几种方式与途径：

（一）语言表达

主要指声音语言表达。语言表达是最常用的方式，因为语言是在人的成长过程中自然而然地掌握的，而文字等形式的表达则需经过专门学习和训练。人与人交谈，一方为思想信息的发送者，另一方为思想信息的接收者。当主体的思想介绍给人的时候就通常给人以有益的启迪。故有“听君一席话，胜读十年书”之说。学者讲学是思想表达和外输的具体方式之一。语言的元素是词汇，思想的元素是概念。所有概念都用词汇表达，所有词汇都是概念的形式，概念是词汇的内容。思想与语言的关系是内容与形式的关系，是一个统一体，两者是不可分离的。没有语言工具的精当使用，就不能表达深刻的思想。人类思想表达，以有声口语为主，同时也用手势、体态、眼神等表达思想，聋哑人交流用手语表达。西方人说话往往辅以体态语。眼睛也是人类表达思想的重要器官，情人之间暗送秋波，朋友之间会心一笑，仇敌之间怒目相视，故言“眼睛会说话”。科学家发现，世界上最可怕的武器，往往不是动物的爪子和头上的利角，而是眼睛。眼神的可怕足以击退许多天敌的攻击。人们友爱的眼光充满善意，凶狠的眼神足以让人不寒而栗，终生难忘。传神的眼睛可以表达深刻而丰富的思想内涵。另外，表情、体态、动作等在人们思想表达中起到辅助作用。语言表达的特点是准确、明了、直接、易懂，是人类思想表达的主流方式。

（二）符号表达

也就是文字、图形、色彩等表达和记录思想的形式。书信、报告、著作、曲谱、设计图纸、书画作品以及图标、红绿灯等都是符号表达。其特点是易于保存，并便于广泛传播，让更多人受益。因为报告、著作、曲谱、设计等并不会因多份复制而减少其思想内容。

文字乃视觉语言，通常比口语表达得更加严谨、准确且便于保存。掌握运用文字工具的人大多努力以生动、优美、精练的句子来记录和表述思想。思想与文字是紧密关联的，思考深透才能用词精当，同时，提炼文字也有利于思想深化。曾国藩说：“作文当以意为主，辞副其意，气举其辞。”① 就是说意和辞两者相辅相成，不可偏废。符号是人们设定的关于其对应事物的概念代码，人们运用概念和符号去思考和想象，使思维更加条理化，用概念在头脑中构建一个属于自己的心灵世界，并用来指导自己的行动，去创造一个适合自己需要的现实世界。概念被人们用来指代事物、简化事物、拉近事物，从而便于人脑对事物进行研究和认识，并得出正确结论。因此，概念是思想与事物之间的中介，是代表事物、构成思想的载体。

表达的思想与头脑中的思想又常常存在差距。人们有思想总要表达，故“因意而言”。意是思想、内容，言是形式、载体，即“以言达意”。然而，通常有“言不尽意”，其意则无论用何种语言、文字、图形均无法完全准确地表达。

汤用彤说：“盖言不尽意，所贵者在意会；忘象忘言，所贵者在得意，……然如言不尽意，则自可废言，故圣人无言，而以意会。王氏谓言象为工具，只用以得意，而非意之本身，故不能以工具为目的，若滞于言象则反失本意，此则两说均终主得意废言也。”②

表达思想与原质思想之间的差距，是传输中的第一次失真。通常接收

---

①唐浩明：《曾国藩》第三部，第229页，湖南文艺出版社1994年8月版。

②转引自邢贲思：《“言”“意”之辩》（下），载《学习时报》2002年9月23日。

者的理解与表达思想又有差距，这是第二次失真。这就需要“意会”这一功夫，说明理解思想需要思想基础，所以，有“圣人无言而以意会”之说。

（三）动作表达

许多人的想法不是通过语言说出来，也不是通过文字写出来，而是直接用双手创造产品来表达。如：车间工人要先看懂图纸，理解工程师的设计思想，然后动手制作来表达和实现工程师的思想；农民根据祖辈流传的劳动经验和劳作要领开展农业劳动；外科医生按事先制定的手术方案实施手术等等。这些都属于动作表达。

（四）结果表达

即思想表达体现在思维主体的决策、决定、行为和事务处理之中。许多人尤其是一些政治家、实业家、军事家，更习惯于用决定说话，用行动说话，用结果说话。他们事事深思熟虑，招招充满创意，满脑子都是思想；而且，要等成功了、胜利了，人们才理解他的决策思想和行动思想。这种以行为和结果方式表达的思想，如果要传播，就必须用语言或文字表述，不然，不了解全程的人就难以知晓其思考历程。

（五）艺术表达

艺术家们通常通过作品来表达自己的思想。英国作家王尔德曾说：“倾注感情的肖像画，画出来的全是那位艺术家的精神内涵，而不是坐在那里的模特儿的内涵。”① 米开朗琪罗说：“杰出的艺术家怀有的任何心思，都有本事通过一块大理石表现无遗。”② 书法家用线条布白表达思想，舞蹈演员用姿态造型表达思想和情感。

思想的表达形式直接决定传播效果。要使国学经典大众化，让更多的人了解，就必须以浅显的方式来表达深奥的内容。蔡志忠先生的漫画《论语》，即以生动形象、通俗易懂的艺术形式来表达孔子的思想观点，具有便于传播、普及和推广的优良效果。

---

①②转引自：王宏甲《我的报告文学观》，载《学习时报》2005 年 5 月 2 日。

第二节　思想传播

在新闻传播领域，人们深入地研究了传播规律，许多大学专门开设“传播学”（或名“传播理论”）。传播学是研究人类运用语言、文字、表情、手势、图像等符号载体传播信息的学科。因为专家们已对传播规律做了大量研究，而笔者却初涉此域，谈不上研究，只介绍一点个人浅见。

一、传播的含义

《辞典》解释“传播”是广泛散布、传送。传播是以思想为主要内容的信息传送，也就是传播者把思想和信息传送给他人或公众的过程。其含义可以从以下几方面来理解。

其一，传播的目的是让人了解，是人对人的影响。无论是通常所用的书信、电话、广播、电视、短信等方式，还是其他手段，都是发端于人且作用于人的。中间的信道均是载体、途径，而目的是信息传递。

其二，传播内容通常是以思想为主要内容的信息。任何信息都不能离开思想，无论是自然信息，还是社会信息，多少包含着信息捕捉者和传播者的思想观点。

其三，传播通常借助或利用某一载体或媒介。传播是信息从发送者传递给接受者的过程，其间必有中间环节。

二、人类传播方式和手段的历史演变

人类文明进步与传播直接相关，文明进步史同时也是传播方式进化史。回顾人类进步历程，我们可以把人类社会的传播手段进化划分为以下几个阶段和类型。

第一，口语传播。从原始社会到奴隶社会的漫长岁月中，人类进步相当缓慢，经历了很长时间的语言进化，仍然没有文字。因此，人们在生产生活中有什么想法、经验也只是人与人之间口语传播。师徒相授、父子相传均以口头语言作为传递方式。口语传播是远古时代最基本的传播方式，

汉字“古”为十口，意思是经十口传留下来的事则为古。口语传播，传播面窄，传播力弱。

第二，写刻文字传播。文字发明给人类经验、知识、思想传播带来了第一次飞跃。因为有了文字记录，就可以抄送异地的识字者，开始突破空间阻隔；有了文字记载，可以留存给后人看，从而，突破时间期限。有了文字以后，人们用竹简写字，逐步有了书卷概念，并开始了私塾办学，用教育的方式来传播传承文化知识和生产生活经验。东汉蔡伦发明了造纸术，用这种轻巧柔薄之物来记录文字，极大地方便了文字传播。然而，手写文字，复制效率低下，较难形成规模化传播。

第三，印刷文字传播。公元11世纪，中国人毕昇发明了胶泥活字印刷术，但当时中国社会尚且缺乏规模化传播的需求，致使毕昇印刷术得不到推广。1450年前后，德国人约翰·古登堡重新发明活字印刷术，并得到广泛应用。1448—1450年间欧洲246座城市建立了1099个印刷所，印刷了4万种，共1200万册书。[①] 印刷技术发展强有力地推动了传播。机印文字和报纸创办是人类传播史上的第二次革命。当人类采用机器进行印刷以后，就大大提高了文字复制的效率。19世纪30年代，因城镇化、文化发展和宣传的需要，产生了第一种类型的大众传媒，也就是报纸。当地球上第一张报纸出现之时，人类就开始有了大众传媒概念。识字的人们争相传阅报纸，如饥似渴地汲取报纸传播的内容。这说明人们内心都有一种渴望，总想了解他人怎样、社会怎样，今天发生了什么、明天将发生什么。从此以后，新闻传媒成了一种富有生命力的朝阳产业。在此同时，课堂教学、学校教育也蓬勃地发展起来。教育传播、媒体传播日益成为人类传播的主流方式。

第四，普通电信传播。在麦克斯韦创立的电磁理论指导下，人类的电信传播得到了迅猛发展。先有电报、电话，尔后有传真等。电信的产生改

①陈力丹：《传播媒介如何影响社会结构——从古登堡到“第五媒体”》载《学习时报》2004年10月18日。

变了人类的传播历史。人类传递信息一直有快的需求，古时以信鸽传递、快马传递都能超越人的速度。然而，快马和飞鸟都不能与电信相比，因为电信是以光速传递的。

第五，现代电子传播。20 世纪 70 年代以后逐步发展了电视、无线电话、电脑和网络等。电视和网络的巨大功能与威力是发明者始料未及的。网络不仅可以获取大量新闻和数据，而且包含着大百科全书般的各类知识，是知识和信息的海洋。网络和电脑正以人们无法想象的巨大力量，强有力地推动传播事业发展。说网络给人类带来了一场前所未有的革命，改变了人们的工作和生活方式，这一点也不夸张。它囊括了报纸、书籍、杂志、影视、电信等方面的内容，全面地调动了人的视觉和听觉，具有无比广阔的覆盖面并可以触及世界的每一个角落，成为企业、学校、机关、家庭、个人不可或缺的必需品，极大地提高了人们的工作效率，丰富了人们的生活内容。眼下，网络正不断抢占传统传媒——报纸的地盘，迫使传统媒体步步退缩。美国西北大学梅迪尔新闻学院院长、美国报纸编辑协会前主席罗瑞·盖格涅尔尼教授描绘过传统媒体的惨淡图景：40 年来美国人读报走过的是一条步步下跌的不归路。美国报纸协会的调查表明：40 年前，80% 的美国成年人每天都要读报；30 年前，这个比例下降到 72%；20 年前，下降到 65%；10 年前，这个比例只有 61%；2004 年，这个比例已跌到 50%，每天看报的未成年人更少，只有 39%。读报的人越来越少，最主要的原因之一是人们纷纷转向网络。[①] 尤其是在手机上网以后，人们普遍用手机看新闻了。

在现代社会，人们已经充分认识到信息和思想的重要性。信息服务已产业化，全国已有大量的信息公司。人际沟通电子化，多数人用电话、手机的短信微信、网络 QQ 等作为信息交流工具。

三、当代传播的主流方式

人类的信息传播方式是多种多样的。从传播载体分，可分为人工传播

---

①转引自：唐勇《老媒体再牵网络手》，载《人民日报》2005 年 3 月 2 日。

和设备传播；从传播意图上分，可分为有意传播、无意传播和恶意传播；从传播主体分，可分为组织传播和个人传播；等等。然而，从全社会看，当今主流传播方式主要有以下几种：

一是教育传播

教育传播就是以教育和培训的方式把前人和今人的重要思想成果传授给受教育者。从全球看，教育传播是人类最基本和最重要的传播方式。在古代，没有学校，主要依靠父子相授的家庭教育来传播和传承生产知识及生活经验，以师徒相授的方式传播传承工艺技术。有了文字以后，不久就有私塾，有条件的家庭就聘师教子。当人们创办学堂、设班讲学后，教育传播的作用就得到更充分的发挥。现在，我国基本普及了高中教育，绝大多数人 19 岁前都在中小学里接受基础教育；高等教育毛入学率达 40%，近半青年在高校里学习自己喜欢的专业课程，为今后就业打好基础。

教育传播的特点：一是传播内容的选择性。教育传播文化科学等方面的知识都是最基础、最重要、最经典、最有用的思想成果，是经过专家们反复筛选的文化科技精品。基础教育和高等教育是这样，实用技术和职业能力培训也是选用社会公认最有用的内容进行教学。二是传播对象的特定性。教育有它自身特殊的规律，不同的对象要求也不同。因此，基础教育以年龄段分级实施，比如：幼儿园、小学、中学等，大学和研究生教育主要按专业分类施教，如理科、工科、文科、农林、商贸、音乐、美术等。三是传播主体的专业性。教育和培训是专业性要求很高的职业，从业者必须经过相应的专业培训和技能训练，以便取得良好的教育培训效果。四是传播效果的可靠性。教育和培训是有明确目标要求的。一般以大纲为纲，以课本为本，经过讲授、自学、作业、复习、考试等方式，把内容输入受教育者头脑中，效果有基本保证。

二是媒体传播

媒体就是传播信息的载体，通常也称大众传媒，即面向大众的信息传播媒介。现代传媒已形成强大阵容，在社会生活中发挥重大作用。几乎可以说，当今社会成员，无论从事何种职业均不能离开传媒。传媒是社会生活的教科书，是文明社会的精神纽带。现代传媒主要有报纸、期刊、广播、电台、电视、网络等，其中电子传媒使人与人之间的空间距离消失，便于了解整个世界，而人类新生代对现代传媒具有特别的喜好和学习使用能力。从前年轻人只能在父母、朋友、师傅等生活圈中感知社会。有了现代传媒后，青少年就通过网络等传媒来感知社会，观察世界，贯通古今，理解人生，从而加快了他们的成长和成熟。

所谓新传媒时代是指多种媒体叠加并高度融合的多维传播时代。“媒体事件”构成“媒体世界”，而人们普遍生活在媒体构建的世界中。这种多维传播在很大程度上改变了人们传统的生产生活方式、管理方式，改变了人们对世界的认识理解方式。①

传播的内容主要是信息、知识和思想。信息、知识和思想均具有运用价值，在交流中创造出新思想就产生更大价值，因而传播是创造价值的。大众传媒能力是国家综合实力的重要方面。大众传媒及时有效地将各种新情况、新观念、新思想、新文化和新技术传输到人们头脑中，这对经济社会发展的推动作用是非常重大的。企业开发了新产品，靠大众传媒介绍，让公众知晓；科研出了新成果，靠传媒推广，让更多人运用；医疗有了新技术，靠传媒宣传，让更多患者受益。这些功能使传媒逐步成为一种新兴的强劲产业。全世界信息服务业，包括信息咨询业，在21世纪初的年产值就已达数万亿之多。信息一旦进入有知识储备的头脑，就能产生出新思想、新价值。自然资源是“石”，信息、知识和思想即是点石成金的“催化剂”。

当前影响最大的电子传媒主要是互联网、移动互联网和电视。人们上网走进“虚拟世界”，最初只是浏览新闻、收发电子邮件等，进而扩展到网上交友、网络游戏、网上购物、网上银行、网校培训等，互联网已深入人们生活的方方面面。在现代青年中，手机上网以其方便、快捷、低成本

①冯婷：《公共行政与媒体沟通》，载《浙江行政学院精品课课件集》，2012年12月。

而备受欢迎，成为一种时尚新潮的传播方式。

三是读物传播

随着教育普及，绝大多数社会成员均具有阅读能力。读物传播成了现代传播的主流方式之一。文化事业发展使读物不断增多，其中印刷读物有书籍、期刊、报纸、传单卡片等，电子读物有网文、电子书等。

四是文化娱乐传播

娱乐传播是指信息和思想通过一些文化娱乐活动得以传播的方式。主要有电影、音乐、演艺、故事会、猜谜活动等娱乐性活动。娱乐性传播有许多不同于其他传播的特点：一是传播内容以文化艺术形式为载体；二是受众通常在不自觉中接受信息和思想；三是因为群众喜闻乐见而有更大传播力。抗战期间中国的一首《大刀向鬼子们的头上砍去》自发地在人民群众中广为流传，成为鼓舞人民斗志的强大动力。

五是组织系统传播

组织系统传播是指政府、企事业单位和其他社会机构以组织架构为载体的传播，包括纵向和横向的传播。这种传播与教育、传媒、读物、娱乐的传播不同，它以组织系统为载体，借用权力推动，具有一定的强制性，因此，传播效果比较有保证。

六是民众自发传播

民众自发传播也叫人际传播，是社会成员相互交流中产生的传播，是民众个人根据自己的意愿将信息传递给他人的行为。“传播行为是人类与生俱来的。没有不传播的人，没有人不传播。”① 这虽然是一种自由自主的行为，但却可以有十分广阔的传播面。可以一传十、十传百、百传千地扩散拓展。个人传播可分为有意传播和无意传播。凡是出于各种目的的有意识的传播，皆称为有意传播，包括捏造虚构信息的恶意传播；凡是无意中

①戴元光、金冠军主编：《传播学通论》（第二版）第 1 页，上海交通大学出版社，2008 年 1 月版。

说出而引起扩散的，皆称为无意传播。

四、现代传播的突出特点

与传统传播相比，由于理念、方法、载体和设施的不同，现代传播具有许多突出特点：

一是海量信息，几乎无所不有。现代网络传播信息内容十分广泛，新闻、经济、政治、文化、艺术、教育、卫生、体育等无所不包，无所不有。网上购物具有高速度、低成本、不受时间和地域限制等特点。社会信息化引发了商业模式与经营方式变革。

二是速度极快，几乎即时到达。现代电子传播的快速性是令古人无法想象的。白天发生的事，晚报登载；深夜发生的事，次晨见报。广播、电视、网络和手机则更快，可以现场直播，即时知晓。许多重大新闻和体育赛事，从广播和电视上可即时收听收看。手机上网后可拍摄街头热闻立即挂到网上，公告全社会。

三是传播面广，几乎遍及世界每个角落。无线电波有极强的空间穿越能力，美国与中国虽然横隔着太平洋、处于地球的两侧面，但是通过卫星转播，中国人可以即时看到美国总统的国务活动。研究国际政治的专家，可以在自己家里即时点击进入世界各国网站，网络和电波把整个世界联为一体。信息化让人们进入了一个足不出户而知天下事的新时代。

四是终端到人，普遍实现双向互动。手机到人，电视到家，网络到办，电话互通、邮件互传、短信微信互发，就是广播电台和电视台也开通听众观众热线，可以双向互动、任由点播节目，以满足消费者需求。

五是自由度大，人人都可成为媒体人。登报、出书还有责任编辑把关，挂条消息或发表言论在网上都是个人自由，所以，虚假报道、偏激言论也时有出现。在自媒体时代，做传媒事，当负传播责，不可以任性妄为。

六是信息即资源，传媒成为新产业。电视集视听功能于一体，对受众的文化基础要求低，既传播新闻和信息，又提供文化娱乐节目，是影响面最广的传媒之一。20 世纪 90 年代初的中国，手机是富豪和权贵的身份象征，而今已成大众消费品。电视、电脑、手机均已平民化了，尤其是手机短信和微信，以其方便、快速、经济而备受消费者喜爱。故而，有人称手机短信、微信为“新民间文化运动”。电视广告、网页广告、网络通讯、网上支付、节目点播、付费资料等，传媒已经成为关乎其他产业发展的特种产业。电商颠覆了传统商业模式，越来越多地占取市场经营份额，成为主流贸易通道。“互联网 +” 更是潜力巨大不可限量。

大众传媒是依靠受众生存的，因此，它要千方百计寻找一些吸引眼球的材料进行报道，这一方面有力地推动了信息和思想传播，另一方面也对媒体管理提出了新的更高要求。

五、传播的作用

传播到底有何作用呢？

传播作用之一：推广运用思想成果。传播把信息、知识和思想传授给他人或公众，实现共享。把局部经验进行总结，推广到全社会。传播使个别人对客观规律的先知变为大量人的认知，其意义非常重大。比如蒸汽机发明，固然是重大贡献，而将蒸汽机发明的信息及原理在全球传播，其意义和作用也不亚于蒸汽机发明这件事本身。当时的传播媒介将此事从曼彻斯特向全球传播，立刻引起巨大反响，受益者不仅是英国，而且是全世界，靠的是传播作用。瓦特蒸汽机原理一传播，世界各地立刻有许多人仿造出同样的机器。科学道理一点就通，难点是在发现，推广运用依靠传播。许多信息内容，传播者不能利用，而一些受众却能利用。人类思想成果传播在文明进步中起着重要作用。在蒙昧时代末期人类就已经知道了用火，但由于传播手段落后，要经过五六万年才真正学会钻木取火。没有充分可靠的传播就大大减少传承的机会，许多早已发现的规律就需重复研究。近代以来，社会为什么加速度发展？很大程度上得益于快速广泛的传播。

传播作用之二：激发与催生新思想。瓦特蒸汽机产生后很快就有许多改进性机型，可见，思想传播可以激发新的思想。这里反映的其实是前面谈到的思想交生原理。许多人都有创新能力，当一种新思想输入头脑时，就与其原思想发生碰撞而产生出新思想。中国的面条制作技术传播到意大利，意大利人加以改进，形成空心面条生产技术，并把空心面条销向中国。东西方文化的传播、交流，催生了许多新的思想。中国先哲老子、孔子的思想就对托尔斯泰产生过深刻影响。托尔斯泰在读了《大学》《中庸》的英文译本后在日记中写道："孔子的中庸之道妙极了，同老子一样——顺应自然法则即智慧、即力量、即生命……"①

传播作用之三：引导和警醒社会成员。传播正确思想，引导主流意识，构建和谐关系。在社会上，几乎每个社会成员都有自己的思想意识，多数社会成员均有判断思想正确与否的能力，但是，能够高瞻远瞩提出新观念新思想、引领时代潮流的只有少数伟人，比如孙中山、毛泽东、邓小平、习近平等。他们的先进思想通过传播，被民众接受，成为社会主流意识。"撒下几颗种子，长出一片森林。"传播常常产生人们意想不到的社会效果。当某地有不良情况出现时，公告民众可以引起人们的注意和警觉，并及早采取防范措施。

传播作用之四：促进相关学科融合。生化学就是生物学与化学之间相互融通和结合的产物。学科之间互相渗透，使之产生更多的科研成果。文化的传播必然导致各种文化因素的交叉和重组，使之产生边缘学科和交叉学科。人类科技和文化已经进入交叉融合发展的新阶段，知识的广泛传播是学科融合的基础条件。

传播作用之五：使思想成果加速转化成现实生产力。大众传媒传播，促进科研成果转化为经济效益。社会各单位各忙各的，若没有传播，科技成果往往很难与合适的厂家对接。传播促进了技术应用和推广，也促进了科研与生产的结合。大众传媒本身就是一种生产力。传播通过扩大商品名气、商标名气和企业名气，增加商品价值，其实，这就是广告价值功能的

①杨建民：《老子对托尔斯泰的影响》，载《学习时报》2003 年 10 月 27 日。

依据所在。

传播作用之六：促进人们创造力提升。人的本质特征是有灵魂、有思维。人对物质财富创造有热情，对思想成果传播也有愿望。既希望自己的想法得到他人的接受和认同，也希望别人的高见为我所用。专利制度不是阻止传播，而是将传播约束进规范渠道，使成果运用不断给创造者带来利益，以保护专利创造者的积极性。传播是对思想创造者的肯定和鼓励，传播是对信息接受者的给予和启发。

至此，我们可以从思想产生和传播角度来讨论一下会议的作用和价值了。汇报会能够汇总情况、信息和想法；座谈会可以了解各个方面的反映情况和思想动态；研讨会可以交流思想和创新思想；报告会可以传播思想和统一思想；工作会议是为了确立目标思想，探讨方法思想。因为，思想是行动的先导，所以，具有思想创新、思想传播、思想交流和思想统一作用的会议，就成为人们重要的工作方式。

六、文字传播与文明发展的关系

史学家认为，人类有文字只有三五千年历史，语言却存在了上百万年。在有语言没有文字的历史阶段人类发展相当缓慢，是文字的出现大大加快了人类的文明发展进程。因为，人们思想的传播、交流、积累都与文字记录相关。人类文字记录方式的变化是社会发展进步的产物，然而，文字记录方式的一次次进步，又带来一次次新的文明浪潮。

（一）写刻文字催生农耕文明

人类创造文字的初期，一般书写或刻制在竹片、木板、陶瓷、石板等平面或局部平面上。对思想成果的交流尤其是传承起到了很大的作用。与这种文字记录方式相对应的是农耕文明。此时，文字写刻和文字载体搬运都不很方便，文化传输的数量扩张受到较大限制。

（二）印刷文字催生工业文明

纸具有记字清楚、携带轻便、成本低廉等优点。当人类发明了纸以后，就给印刷文字带来了良好载体，为文字传播量上扩张创造了条件。工业文明与农耕文明不同，这一阶段所记录的不光是文字材料，还有各种图形符号。特别是社会化大生产，需要大批人员统一认识、统一标准、统一行动，并且，需要大范围、远距离传递。无论从量之多还是从面之广、途之远看，没有纸的发明都是难以实现的。

（三）电传文字催生现代文明

现代文明的基本特征是生产自动化、经济市场化、社会信息化、价值智果化。有了电话、传真、电视、手机、电脑和网络以后，就大大加快了信息、知识和思想的传播速度，也极大地提高了思想交流和碰撞的频率。正是高频率的思想交流与碰撞，催生了更多的新思想，引发了人类知识大爆炸。尤其是电脑与网络的出现，把市场和世界联成一体，网上商店、网上银行、网上大学、虚拟公司等应运而生。电信和交通发达，使地球变小，而使个人视野和生活圈扩大，人类文明进入了一个崭新的阶段。

第三节　思想传播的规律

研究传播总是要研究传播过程、传播载体、传播模式、传播效果等方面的传播规律。

一、传播效果的衡量尺度

对于传播效果，我们可用广度、深度、速度、持久性等指标来衡量。

（一）广度

指的是传播的受众面，可以理解为受到传播人数的多少。通过大众传媒传播，通常能获得比较大的广度。

（二）深度

指受众对所传播内容理解、记忆和受影响的程度。有的传播影响极为肤浅，使受众似知非知、转身即忘；有的传播却刻骨铭心，影响人的一生，甚至不仅影响一代，而是代代相传。世界各国的一些宗教思想，不仅传播面广，而且影响极为深远。

（三）速度

指传播受众量与时间的比，也可以理解为传播广度与传播时间的比。这个速度与物理学的运动速度概念有所不同，但又密切相关。几百年前快马传递也仅日行800里，而今无线电波以每秒30万公里的速度传播。当代电子传媒光速传播，极大扩展了受众面。

（四）持久性

思想传播与传承，通常只有普适、常用和精髓部分才能恒久不衰。大半数是流传一时而逐渐衰弱，但半衰期却有长短。有的思想只有当代价值，很少有历史价值，那就很难持久传播。而有的思想成果揭示基本和普遍的真理，因而，具有恒久价值。比如中国的国学精髓，自然科学中的数学、物理、化学、生物、医学等，皆因成为人类文明的基础而获得传播的恒久性。宗教依靠其向善性和自愿性而持久传播。优秀文学艺术作品因人们喜爱而获自觉传播。凡是符合广大民众长远利益的合理制度，都可以在不断修正完善中得到广泛传播和长久传承。

二、传播分类

人类的信息和思想传播种类繁多。按不同方式分，主要有以下几类：

（一）首播与重播

思维主体产生思想，或传播主体获得独家信息后，第一次面向社会传播，称为首播。同一传播主体，在首播以后，根据需要所做的一次次重复传播，称为重播。首播通常有首播效应，受众有新鲜感，容易产生深刻印象。一次次重播，重复着同样内容，对人的认知起到强化作用，能够加深传播内容在受众头脑中的印象，从而巩固传播效果。这种重播效应就是电视广告反复播放的理由和依据。

（二）直播与制播

直播也称现场直播，就是对现场材料的即录即放，不经过室内制作处理；制播即是取得原始材料后，先回工作室经一番制作后再进行传播。直播有时间上及时、内容上原始等特点，其中包含录制和导播的主观意志要小些。制播时间相隔长一些，包含作者的主观意识要多些。但是，由于制播有了充分时间作选择性剪辑，经过加工制作，材料的内容、结构、形式均能更合理些，也就是更加艺术化一些。

（三）原播与转播

一条信息或思想成果在社会上由第一个主体传播叫原播。原播的受体认为该内容有价值，才向社会传播叫转播。社会上的一些重要事件，起初是某一媒体的独家新闻，继而又有许多媒体跟着转播。原播者对信息的真实性和可靠性当负更大责任，转播可以有效提高信息传播的广度和深度。

（四）独播与众播

独播就是指一条信息或思想成果由一个人或单家传播；众播就是同一信息或思想成果由众人或多家媒体分别传播。独播效果如何，与传播主体的行业信誉、社会影响等直接相关。众播能够强化传播效果，加强受众信任，使受众更乐意接受。因为，人们有从众心理，认为大家都这么说、一般不会错，于是，相信材料具有真实性和客观性。

三、传播得以实现的基本条件

传播是人与人之间的信息和思想传递，即使是通过一系列的物理载体，也还是始于人的思想信息发送，达到人对思想信息的接收。从传播的单向流程看，主体的发送是起点，受体的接受是终点。因此，传播活动得以进行必须具备以下基本条件：

一是传播主体必须有传播意愿、传播能力和传播行为，不然就没有信源。这是传播的启动条件。

二是传播主体和受体双方必须具有共同的符号使用规则。传播通常以符号为媒介和载体，把概念、思想、情感带入受体的头脑中；不然，即使得到了信号，受体也不理解。

三是传播主体和受体双方共同掌握媒介和载体使用技术。比如：手机短信，一方要会发，另一方要能打开读；电子邮件也要求一方会发送，另一方会接收。

四是受体具有接受的意愿，至少不回避。倘若闭目不视、充耳不闻，传播就是进行也成效甚微。

四、传播生效的一般步骤

从受体方面考察，接受传播产生效果一般要经历以下步骤：一是吸引注意，传媒面对的是大众，而不是特定对象，吸引注意是首要的。因此，重要新闻要放在头版头条。电视广告要精心设计，并配特别的音像效果。二是受体要能认同和接受，尔后才能融入受体思想之中。若不赞成、不接受，即会出现排斥现象，不会产生应有效果。三是影响受体和指导行动。思想传播后，接收者产生精神变物质的作用和效果。四是受体根据自己的判断，认为自己接受思想成果还有再传播的价值，愿意与他人分享，于是就自觉地进行再传播。五是受体因受传播思想启发而产生新思想。接受、行动、再播和创新是传播产生效果的四种表现形式。

五、思想传播的增益和损耗

思想传播中不可能毫无失真，要么增益，要么损耗。

（一）思想传播过程中的增益

当一项思想成果在传播过程中被人接收时，若接收者具有思维能力，则在接收该思想材料后，大脑会对该材料进行加工。这一加工的过程，往往就是思想碰撞、产生新思想的过程。两个或多个大脑思考比一个大脑思考总要丰富一些，于是，思想就得到发展。一些优等生，在听完教师的课后，就在某些方面超过教师了，这就是思想的增益。有时，师生讨论，教师也受到启发，这样教学相长，共同推动思想发展。据此，可以得出一个重要结论：思想传播越广泛，成果接受利用范围就越大，思想增益和发展的机会也越大。因此，电信发展，电视和网络的普及运用，对人类文明的推动作用确实不可低估。

（二）思想传播中的失真和损耗

当受体对思想信息的接受能力较低或热情不高时，或传播主体不善于表达传输时，在该传播支线上的信息就会损耗减弱。究其原因是传播过程中要经历两次失真和损耗。

第一次失真，是表达性“失真”。由于人类语言、文字、图形等表达工具的局限性，任何思想主体均不可能绝对准确地表达思想。虽然语言是思维的工具，但是，人脑经常制造出超乎语言工具的思维成果。这就好像一般的工具可以制造出相当精致的产品一样。最善于言辞的思想者也常常找不到恰当的词汇表达思想。在用一系列符号来表述头脑中的思想向外传输时，就免不了些许失真。也就是说符号表达的思想与脑中意态思想存在一定差别。以行为或实物形态表达思想也难以克服类似的局限性。大量定型化的自然科学知识和社会科学知识，其实是经历反复研究后克服了传输和表述缺陷的思想成果。但是，也很难说其表述就绝对准确。总之，表达传输的思想不等于主体头脑中的意态思想，这就是我们所讲的表达性失真和损耗。

第二次失真，就是接受性失真。无论怎样聪明的人也无法直接接受储存于他人大脑的思想。只能经过符号、行为或实物来解读和认识他人思想。然而，同样的思想表达，比如一份文字材料，不同人的解读所得到的结果是不完全一样的。这就说明绝对准确地解读符号存在一定困难。思想传播者与思想接受者在符号的使用与理解上难以完全一致。或者说，思想接受者的认识理解与思想者的本意必然存在一定差距，这就是接受性失真和损耗。当人们不能克服理解上的障碍、消除认识差距的时候，就表现为误解。一些人学习效果不佳，考试成绩不理想，接受和理解上的障碍是一项重要原因。

要借助符号，超越符号，准确地解读真实而鲜活的思想，必须做到心灵相通，思路衔接。然而，这不是每个人都可以做到的。故而先哲要选择年轻英才而教之，如黄石公授《素书》于张良、诸葛亮传道于姜维等。教授带博士要严格选拔，说明接受和传承思想要有一定的素质条件。

六、影响传播效果的相关因素

传播总是要追求效果的，但是影响传播效果的因素相当复杂。传播主体、传播内容、传播的语言运用、传播受众的接受能力、传播的形式和载体、传播的社会环境等因素都影响传播效果。

（一）传播主体的影响力

传播主体是决定传播效果的重要因素。传播主体的公众形象好、社会信誉高，受众就愿意相信，形象差、信誉低者受众就不相信。尤其像中国这样具有优良道德传统的国家，受众不仅看你传播什么，同时，也看谁在传播。中国古代文人的“道德文章”是先道德后文章，先做人后作文。一位道德败坏、臭名昭著的人，传播的思想即使正确，也会引起许多人的怀疑和唾弃。倘若理论传播者说一套做一套，言行不一，受众也会嗤之以鼻。

企业做商品广告，为什么要请名人？因为，名人效应能够增强传播力。名人者，有名气之人也！一般人不会无缘无故成为名人。或有功，或有为，或有德，或有才，或有位，因媒体宣传或人们传颂而成名，比如救灾英雄、竞赛冠军、各界成功人士、政府要员或热衷于慈善事业者。人们信任他们、尊敬他们、崇拜他们，一项信息与他们联系在一起就容易让人相信和接受，甚至有许多人喜欢模仿名人。因此，以名人之名为信息载体，就会大大增强信息的传播力。

传播形式关系传播效果。对于思想单纯的受体是有意传播效果好，对多疑的受体通常是无意传播效果好。中国古代反间计，就常用看似无意实为有意的特殊方式传播。

（二）传播内容与受众的相关性

传播效果好坏与传播内容同受众的相关性有关。受众对信息的判断总是以自己的价值观为参照系：凡是与自己利益直接相关或有利用价值的内容，受众就特别关注，传播效果就好；反之则不好。反映受众心理需求，或符合受众兴趣特点的，受众往往能自觉吸收，传播效果也就好。

（三）语言表达的准确性

语言是信息表达、传播的符号和工具。语言虽然不是思想本身，但是，思想离不开语言。怎样的语言才有传播力呢？

第一，准确。不准确就不足以反映思想者的本意。词汇含义是人们约定俗成的，具有鲜明的民族性、历史性和社会统一性。若不遵从这种统一性，他人就听不懂、看不懂，还谈什么传播呢。

第二，简明。明快简洁的语言有助于传播。唯其简洁才易记易传。大道至简，一部老子《道德经》仅五千言，几近韵文，简约爽口。杭州宋城广告语“给我一天，还你千年”，多么精辟，多有魅力！

第三，富有文采。古人云“言而无文行之不远”。中国文人对语言运用是十分讲究的，故有“语不惊人死不休”的誓言。范仲淹名句“先天下之忧而忧，后天下之乐而乐”因境界崇高、言辞优美而流传千古。

第四，语言通俗。通俗则易懂，同时，也易行易传。运用人们熟悉的语言和贴近生活的表述方式也有利于传播。凡是面对大众的传播都必须运用通俗语言，把深刻道理作通俗表达。只有把事实摸清，把道理想透，才可能做出精当概括和通俗表述。中国改革的总设计师邓小平是通俗语言简洁表达的典范。“发展是硬道理”“允许一部分人先富起来”“科技是第一生产力”等这些通俗话语，耳熟能详，便于在民众中传播，成为国家建设的精神力量。① 习近平说，“打铁先要自身硬”“把权力关进制度的笼子里”“鞋子合不合脚，穿着才知道”等，都说得十分经典。此外，系统化思想必须提炼命题，才便于传播。比如，马克思经济理论是一个庞大体系，被提炼命名为“资本论”，一切围绕资本增值展开论述。

（四）传播的形式与载体

思想情感传播其内容还常承载于不同的文化形式之上，承载形式不同，传播效果也不同。比如以小说表达思想内容，即在读者群体中传播；

①林治波：《真理是朴实的》，载《人民日报》2004 年 8 月 22 日。

若以童谣承载思想内容，即在儿童中传播；以音乐承载思想内容，即在歌手和听众中传播。此外，选择恰当载体也关系传播效果。比如对工地上劳动的民工，宜用广播传播，民工们可以边干边听；对居家养老者宜用电视传播，收视者可以足不出户；对青少年学生和公务员，适宜用网络传播，可以随点随看。

（五）传播受众的接受能力

传播效果与受众的解读和接受能力直接相关。受众个体特征不同、接受能力不同，传播效果也不同，故而同一教室听课的学生，听课效果是不同的。同一受体又可分有意接受和无意接受，比如：进课堂听课、攻读专业著作均为有意接受；乘车沿途看广告、公园散步听广播等均为无意接受。有意接受所做的主观努力多，无意接受通常是在轻松愉悦、潜移默化中进行。有的内容适宜于有意接受，比如高深的科学理论；有的内容宜于无意接受，比如一些人生哲理和生活常识。因此，一定要根据受众的接受特点来选择传播形式和方法。

传播经过一定的媒介后，最终还是靠受体自身的目睹耳闻来接受信息。然而，对同一信息，受体的不同态度会产生截然不同的接受效果。具体有以下几种情况：其一，充耳不闻，视而不见。有的人面对信息心不在焉，对信息接而不受。比如：面对教师讲课，脑子走神，不知讲什么；面对电视走神，不知电视里播放什么。这主要是受体心理或注意方面的问题所造成的。其二，见闻粗浅、印象不深。通过听或看，朦胧知道该事的大概，脑子中印象不深。既未产生强烈的同感和共鸣，也未产生特别的反感。平时一般记不起这件事，只有当他人提起，才想起好像听到或看到过。这种情况，通常是由于受体没有集中注意所造成的。其三，理解信息、反应强烈。面对同一信息，不同的人会产生不同的反应。这主要由人的利益立场和个性特征决定。比如：国家调高所得税税率，低收入者认为完全应该，赞其可以遏制两极分化；一些高收入者认为不妥，并能找出很多理由反对，诸如减慢资本积累、阻碍经济发展等。为什么面对同一信息刺激，不同的人反应会不同呢？从社会学角度看是因为不同受体利益立场不同，决定其观点和反应不同。从思想论视角看，是由于各人头脑中的原思想不同，所以反应不同。富人与穷人头脑中都有一定的思想倾向，面对增税两者反应就不同。其四，引发思考，产生新思想。当外来信息传入人脑时，不同人的脑子会发生不同反应。因此，传播受体产生的效果与传播者的意图是往往不一致的。比如一则商品广告，广告者的目的是让人们认知其产品进而购买其产品，然而，不同受众却可以产生不同效果：有的相信广告，决定购买；有的怀疑广告，不予理睬；有的受其启发，开发出新的产品；有的从中学到广告艺术，改进自己的广告形式等。一种思想传播通常可以产生多种新思想。

（六）传播的社会环境

传播的受体是人，而人的接受和反应与环境相关。当年在全国抗战的背景下，一首《松花江上》，不知唱得多少人泪眼汪汪、救国热情高涨。传播有时又遵循逆反定律。一项本可自由传播的正常信息，由于种种顾虑加以屏蔽和封杀，其结果往往是适得其反——使该信息披上神秘色彩，引起人们的兴趣和好奇，因而使人千方百计从各种渠道去获取。当有人突破封锁获得信息时，就会一传十、十传百，犹如洪水决堤一般地冲溢出来。一本书宣布禁售，购买者反而蜂拥而至。这种由于逆反心理促进传播的现象，学者们称之为“禁果效应”[①]。控制传播，多数情况下是有效的，但是，有时越控制，思想传播就越有市场。同理，一些本属正常的事情，如果刻意渲染倡导，往往偏偏没人响应。禁止传播与交流，会使大众失去接受新思想的机会，同时也失去产生新思想的机会，妨碍社会文明发展和进步。

总之，思想传播与交流具有四个方面作用：一是普知开智，使人们懂得更多；二是引发共鸣，促发思想认同；三是碰撞激发，催生新的思想成果；四是升华晋级，使人的认识更加接近客观真理。思想和信息传播是促进新思想产生的有效途径。现代文明社会应当依法保证思想自由，坚持学

---

①陈力丹、胡森林：《传播的“禁果效应”》，载《学习时报》2004 年 10 月 4 日。

术研究无禁区，只要是有益于人类生存和发展的思想成果，均可发表和传播。当然，思想者和传播者要以推动人类文明进步为己任，努力为社会添彩，不为社会添乱。

第四节　思想传承

传承是指人类后辈对前辈思想成果和实物成果的传用和承继。传播通常是指思想文化的横向推广和散布，而传承主要是指纵向传递和延续。

一、传承方式的历史发展

思想是人们对外界事物的反映和认识。这些正确思想总是在一些人类先知头脑中产生，尔后以社会学习的方式进行传播与传承。传播与传承的方式可以分为以下几类：

第一类，模仿式传承。在尚未有语言的时代，人类生产实践的经验主要依靠后辈观察与模仿前辈做法来实现传承。然而，那时的生产生活经验还不能称为思想。后辈对前辈的模仿，使经验不仅得到传承，而且得到积累，有效促进人脑进化。

第二类，言传式传承。在语言产生以后、文字产生之前，人类就与其他灵长类动物拉开了距离。首先，有了语言，人类就开始了以语言为工具的正常思维，有了思维就更能发现问题、思考问题和解决问题。其次，有了语言，就不只是依靠观察和模仿，还以语言传播把一些想法、观念、经验传递给同伴和后辈，让后辈子孙继承运用。再次，由于经验和知识的传承，既避免了后辈的重复研究，又实现了人类经验和知识的积累。传承还启发后辈思想成果的产生，加快了人类文明进步的进程。

第三类，符号式传承。文字是表达和记录思想的符号，图形、色彩、标识等都是辅助性符号。文字等符号的产生，方便了人类对思想成果进行记载和保存，这大大推进了思想成果的传播、交流和传承。

第四类，实物式传承。任何人造物都体现着人的需求、思想和工艺。

物品的流通传播着思想、文化和艺术。物品留存就传承着人类的思想文化成果。为什么联合国要搞世界遗产保护？因为一切文物、遗产、古董都凝聚和积淀着人类的思想、智慧和文化。“观乎人文，以化成天下。”文化遗产通常是通过耳濡目染来实现教化和传承的。遗产保护，可以让自身穿越时间隧道，以古人的智慧，启发今人的创造。创新离不开传承，思想成果传承是人类文明的积累性发展的基本途径。离开传承就是放弃了前人的铺垫和积累，一切从头开始，那是多么愚蠢！

二、传承的本质与意义

人类文明进步必须依靠世世代代人的创造和积累。积累就是人类思想成果与物质成果的传承。是传承使人类后代总能站在前辈的肩头上，使人类文明沿着世代延续的广阔大道向前迈进。

（一）传承的重点和本质

从表层看，祖先给后人留存的是房子、器具、道路、桥梁、田园等物质文明成果；然而，从本质上看，传承的都是思想成果，因为，任何物质成果均发端于思想，并凝结着思想；况且，物质成果是有使用寿命的，房屋会倒塌，器具会损坏，道路会塌陷，桥梁会风化，田园会荒芜，先辈留下这些财富的根本意义不只是享用，而在于留下再造的方法、经验和样品。只要后辈子孙继承了设计原则、构思方法和工艺技术等，就会不断创造出新的物质财富。秦始皇组织修建了万里长城，但若没有人类烧砖、浆砌技术的传承，没有历代劳动人民的修缮，那肯定破损不堪，甚或找不到遗址了。由此可见，传承的重点是思想成果传承，而且，本质也是思想成果传承。传承中不光是人类的正确思想和成功经验富有意义，就是前人留下的错误、失败和教训也同样具有借鉴作用和参考价值，可以警示后人少犯错误，选择正道。德国柏林墙的砖块何以价格昂贵？因为它可告诫后人，战争给人类带来深重灾难，人类应当告别战争！

（二）传承对于人类文明发展的意义

其一，实物传承为后辈留下物质基础。比如房屋、桥梁、道路等是代代人都需要的，先辈留下，后代享用。其二，科技文化成果的代际传承和符号传承，使人类的思想成果得以积累。其三，先辈思想成果的传承是后辈思想创造的基础。没有这一基础作铺垫，人类就只得一代代从头探索，文明成果就不可能代代叠加，更不可能加速度发展。传承是创新的基础，传承与创新同样重要。人们在注重创新的同时，决不能忽视传承。中国有个成语叫“推陈出新”，“推陈”是“出新”的基础。若无“陈”可推，常无“新”可出。遗憾的是人类还是有许多宝贵的知识、技术和经验失传，由于环境、条件的变化，再研究发现也相当困难。其四，知识和经验的传承还给后辈以信心和勇气，鼓舞后人不断探索和创新，故有“长江后浪推前浪，世上后人超前人”之进步。

三、传承的载体与形式

做好文明成果传承是每个人尤其是有所成就的人对社会、对历史、对人类后辈的应尽义务和责任。传承的载体和形式主要有以下几种：

第一，实物传承。人们某一方面的构想、技术和经验等思维成果，经手制作成实物作品，留给后代。其物既有使用价值，又有传承价值，因为作品记录着技艺、历史和文化。比如中国古代宫殿建筑，既体现其设计思想，又反映其工艺技术。即使其工艺有所失传，但后世工匠研究一下前人遗作就能知其大概，为后人建筑艺术发展保存研究基础。其优点是传播久远，缺点是表达模糊。实物载体所表达的工艺思想，有许多还得靠后辈去破译。

第二，符号传承。各行各业的专家要把自己的研究成果留给后世，很多人选择著书立说，也就是用文字、图形等符号形式记录思想保留下来。李时珍著《本草纲目》记录其医药方面思想成果；孙武以《孙子兵法》传承其军事思想成果；一些武术家以绘图绣像记述其练功、技击的方法和技巧。符号传承不仅比较久远，而且比实物表达要清楚明了，又可通过复制广为传播，同时，也为史学研究、考古研究提供资料。倘若没有符号形态和实物形态的文明成果，就不会有人类的历史学和考古学。符号传承，还为后辈自学提供了学习读本。

第三，教育传承。学校教学、工场学艺，师生相授、师徒相传等都属于教育传承。就是教师和师傅将自己所学和经验、体悟、发现传授给他人及后辈。中国古代的师徒传艺，继承者少则一人，多则数人，在学术、工艺、文化、艺术的传承中起到了很大作用。但是，继承者少，会由于健康、灾祸等原因而失传。一些极为宝贵的武术功法、祖传秘方都是因类似原因而失传。现代教育突破了师徒相授的局限，以课堂讲授、印书发行、函授教育和网上大学等形式，对千百万人进行传授，知识失传几乎已不可能。师徒相授的突出优点是双向互动，特别真切，能以语言、表情、示范等方式综合运用，且可请教、提问和主动交流。现代教育中的硕导带硕士、博导带博士，就是师徒传授传统方式的延续和发展。在经济全球化背景下，高等教育日益国际化。有多元文化背景的大批学生承继多元文化思想成果，他们通常思路开阔、适应性强，具有较强的解决问题能力和思想创造力。

第四，媒体传承。大众传媒也是思想文化传承的重要方式和载体。新闻学界普遍认为大众传媒具有监测社会环境、协调社会关系、传承思想文化、提供娱乐服务四大职能。大众传媒不仅及时传播人类思想文化的最新成果、颂扬时代精神，而且，择精选要传播历史文化知识，使广大受众自觉或不自觉地成为思想文化的接受者，使人类优秀思想文化成果得以传播和传承。因此，大众传媒每日每时都在履行其思想文化传承的基本职能和历史责任。电脑和网络也当属思想传播和传承的现代手段和载体。然而，当今的书籍传承、电媒传承等都建立在人们自觉阅读与观看的基础上。

第五，家族传承。家庭教育是人类思想、文化、技艺传承的重要途径。家庭是孩子成长的第一课堂，家长是孩子学习的首任教师。亲子之间朝夕相处、耳濡目染，即使不做有意识教育，孩子也会从父母身上学习、模仿和继承许多东西。因为有血缘关系，孩子坚信父母的良好用心，对父母的动机有天然信任。这在教育尤其是品德教育方面起着特别重要的作用。心理上背叛家庭的孩子毕竟是少数。不只是郑成功、林则徐、张自忠等英雄人物影响着后辈思想，每个家庭都影响着其后辈子孙的成长。古时孟母三迁、孔融让梨的故事影响深远。“德若水之源，才若水之波；德若木之根，才若木之枝。”德是社会有序的基础，德是人生立世之根本，德优方能事业兴旺。社会不能把品德教育的责任单方面落实到学校身上，而是应当着眼发挥家庭教育的作用。要切实加强家长教育，尤其要加强母亲培训。要知道当母亲也不是不教自会、不学自通的。初为父母，常犯错误。在家长教育方面，世界各国都做得相当不够，于是，有多半家长很不称职，有小半家长“自学成才”。人类“家长教育”和“母亲培训”的落后，严重阻碍了人类新生代的抚育、教养和成长。

家庭教育的动力不只来源于父母望子成龙、望女成凤的热切期盼，而且，也把子女成才与自身晚年生活相联系。中国历代大家族对教育传承十分重视，修建家族祠堂、修订宗族家谱、记录氏族世系人物和事迹，记载人口繁衍、家族迁移、记传、族训、家训等内容。中国民间家谱与正史、方志等是构成中华民族历史的三大支柱。①

四、影响传承效果的相关因素

影响传承效果的因素很多，主要有：

（一）广泛传播是传承的重要基础

思想成果的传承始终与传播程度相关联。当时传播得越广泛，传播受体越众多，人际再播和传承的机会也越大。比如：农历五月初五，爱国诗人屈原悲愤投江，而端午节，把屈原的故事广泛传播而永久传承；中国历代圣贤把道德学问广布天下、教化人们，不会失传；数理化等自然科学基础知识已广为普及，必然为人类所传承。而中国中医中的一些偏方秘方，出于一些医家的毕生研究，临床十分灵验，但为家族利益，将其视为子孙后代安身立命、养家糊口的保证，保密于族人之内。这往往导致后世虽有传承之心，但容易因传人中断或秘方丢失而失传，成为医药史上的憾事。

---

①彭友茂：《家谱热的冷思考》，载《人民日报》2005 年 3 月 22 日。

（二）传承方式关系传承效果

传承效果与传承方式密切相关。通常情况是符号传承比较可靠和久远，比如书籍、石刻等方式传承思想不易失传；师生相授，传得真切，就是人们常说的得了真传，但传人中断即失传；大众传承与家族传承相比，是大众传承容易延续；多方式传承与单方式传承相比，是多方式传承比较可靠。譬如，中国古代戏剧名作相传几百年，是以多种方式传承的结果：符号形态的是剧本传承；师徒相授的是艺术传承；观众传播给予后人是自发传承。因传承方式多样化，中国众多戏剧均能传承发展。

（三）民众喜爱是传承的保证

人民群众喜闻乐见的文化形式，易于传承。许多民间歌谣，流传千百年，经久不衰，其原因在于百姓的喜爱。如同著名作家余秋雨所说："昆剧能使这个民族的重要人群进入了整整两百年的审美痴迷状态。戏剧综合了文学、表演、声乐、器乐，是中国文化的'最高范型'。"2001 年 5 月 18 日，联合国把昆曲评定为人类文化遗产，并以评委会的最高票，列于同类文化遗产的首位。① 这说明受世界各民族共同喜爱的文化形式，具有巨大的传承力和生命力。

五、传承推动人类文明加速发展

人类从类人猿进化为人已经历了几百万年。初级的史前文明演进相当缓慢，进入公元纪年以后，人类文明发展才逐步快起来。16 世纪下半叶，人类进入了一个新时代。意大利物理学家伽利略为近代科学发展做了奠基性的工作，尔后，英国大科学家牛顿创立了以运动三定律和万有引力定律为主要内容的经典力学体系。在近代短短三百多年历史中，人类经历了蒸汽机时代、电力时代和电子信息时代，而且，发展速度越来越快。人类智能的生物进化是相当缓慢的，供人类取用的自然资源是日渐减少的，而社会生产力却以越来越快的速度发展。这是什么道理呢？分析发现原因主要

---

①余秋雨：《守护》，载《浙江日报》2004 年 8 月 6 日。

有四个方面：

第一，传承与积累。人类文明程度与社会成员素质、思想成果生产和传承、实物成果剩余积累等三大因素密切相关。实物成果剩余是指生产与消耗的差额积累。近几百年来，传承积累越来越多，所以，文明进步也越来越快。有恒定的动力就有恒定的加速度；有增大的动力，就有增大的加速度。学者们认为人类文明主要依赖于科技推动。科学研究进入尖端领域，越来越深奥，但是，没有证据证明科研推进速度变慢。而人类文明进步推动力的增大是可以证明的。诸如，教育普及和提高；国民素质不断提升；各种人才越来越多；思想成果及其转化为现实生产力的能力不断增强；人类具有的知识总量和物质财富不断增多；等等。所以，人类文明推动力具有增大之势，故而，加速度发展就是必然结果。但是，环境毁坏和资源短缺是影响文明发展不可忽视的问题。

第二，传承与教育。人类文明归根到底要依靠人的推动。由于生产力发展，人们不再需要将少年儿童推向第一线去用劳动获取生活资料，而是有条件让他们接受学校教育。教育是人类思想成果传承的一种最基本最重要的方式和途径。教育普及和提高，使人的素质得到快速提升，使越来越多的人有机会学习继承前人和当代人创造的思想成果。只有当代人学习借鉴了前人经验和知识，并总结当代社会实践后，方能有所发现、有所发明、有所创造。站在前人肩头上，方能超越前人。现代教育是群体教育和大众教育，是文明进步的根本动力。诚如梁启超云："欲求进化之迹，必于人群。使人人析而独立，则进化终不可期，而历史终不可起。盖人类进化者，一群之进也，非一人之进也。"（《新史学·史学之界说》）思想空间广袤无际，任人遥思遐想，创造力有多强，思想成果就有多大。但是，也必须具备一定的基础知识和实践体悟方可创造和延伸。教育的作用在于：一是继承前人的思想成果；二是训练思维能力，也即提高创造力。这就是教育推动文明进步的机理所在。不言而喻，知识传承积累了教育内容，教育又强化了人类传承。

第三，传承与交生。不同思想成果在智力作用下的融合交生，是新思想产生的重要途径。因此，既有思想成果数量越大，交生的机会就越多。传承、传播和交流越频繁，产生新思想的可能性也就越大。因此，从总体上说，传承得越多，产生新思想的基础就越好。思想生产、思想传播和思想成果运用是推动社会生产力发展的三大因素。

第四，传承与文明进步。社会实践的经验积累使人们越来越认识到思想是金，思想是宝，思想是最珍贵的财富，思想是一切价值的发端和源泉。人们越来越重视智力开发和思想成果创造。世界各国均喊响科教兴国的口号；企业界深知创新是企业的生命；政府机关日益重视观念创新、政策创新和制度创新。总之，一切成功均始于开动脑筋，提出正确想法。因此，思想成果创造能力是人类文明进步最根本的动力。

第十章 思想作用和实现

人类区别于其他动物的最本质特征是具有高度发达的大脑。正常人脑先天就有对事物的感知和思维能力。人的活动并不是像其他动物那样基于条件反射，而是基于认知、分析、判断等一系列思维活动。

第一节 思想作用的先导性

具有思维能力，不断产生各种思想是人成为万物之灵的根本理由，也是人的尊严所在。因此，对于人来说，思维能力是最根本最重要的素质。每个社会成员的工作和生活实践均有这种感受。

一、只有想到，才会去做

行为科学理论家认为，人因有需求而存在动机，有动机而后才有行动。然而，笔者认为低层次的生活需求是以本能为基础的，高层次的心理需求却以认知为基础。今人在衣食住行等条件基本满足以后，仍然在做许多重要的事，这是由于人的大脑想到了这些事。倘若没有感知，没有想到，怎么可能去做呢？人们想到要蓄水，才去造水库；想到要储粮，才去建粮仓。若想不到，那就只能与多数野生动物一样，饿时寻食，渴时找水。人的能干程度不同，通常表现为其预想能力的不同。现在，人类的制造能力已很强，许多事不是做不到，而是想不到。正因为如此，我们才鼓励创新，要求人们大胆想象，追求卓越，创造非凡。中国明代神魔小说《封神榜》中就有了“千里眼”“顺风耳”“风火轮”的描述，表达了古人对遥感、速行的强烈愿望。当时，虽不能至，心向往之。而今，电视、网络、手机、汽车、火车、飞机等现代产品的功能，远比古人期望的要好，并普及使用了。愿望是探索的动力，想象是创造的起点。

低温生物技术，从20世纪60年代起逐步形成和发展。然而，冷冻复活思想是1931年在美国的科幻小说中首先提出的：一个叫詹姆斯的人去世后，遗体被发射到太空中，寒冷和真空的环境使遗体无限期地保存。后来，詹姆斯被外星人复活。物理学和数学硕士罗伯特·埃廷格在看了这篇小说后想，人类自己干嘛不去做呢？他在1962年写出《长生不死的前景》一书，他列举大量的科学事实，证明了冷冻复活的可能。比如，许多昆虫和低等生物冬天冻僵以后，春天又自动复活。该书出版之后许多科学家成功开展了动物冷冻和复活试验，接下来运用到精子和人体。一些患了不治之症的病人希望在未来技术发展后得到根治，而将病体冷冻起来。[①] 世界上许多科学成果都是先由某个人提出想法，然后，许多人投入研究，对想法进行修正、充实和完善，最后才取得圆满成功。

二、只有想好，才能做好

思想是行动的向导。人的任何行为都是思想支配的。人们要么事先想好，然后去做，比如搞建筑，总是先设计后施工；要么边想边干，“摸着石子过河”，这一步已可行，下一步再试着做。许多人干得出色，首先源于其想得深入、细致、巧妙和周全。一名企业家在市场竞争中取胜，靠的是他的想法正确。企业投资靠的是调查深入，决策正确；技术进步，靠的是试验基础上的科技创新；市场开发依靠摸准消费者需求，抓好质量且定价合理；人才竞争，依靠事业吸引和报酬合理；管理高效，依靠掌握规律和制度创新。总之，企业家必须事事开动脑筋，形成正确想法。企业经营

①东仁：《释放猛犸和我们冰冻的灵魂》，载《瞭望》周刊2003年第36期。

依靠正确想法，国家发展依靠正确方略。许多富裕国家并不靠物质资源，而是依靠人才和智力，依靠人的思想成果。瑞士不仅国土面积狭小，且资源贫乏；然而，他们在“穷山恶水”上做文章、开发旅游，培养大批世界顶尖科学家、创造大量科技成果和名牌产品，依靠其对金融规律的正确认知和优质服务成为世界金融中心，最终发展成为全球人均收入第一的国家。

许多思想成果的价值在于其为解决问题提供正确的思路和方法。垃圾是城市的负担和处理难题，但思想可以“变废为宝”，思想可以“点石成金”。世界各国都在探索变垃圾为宝贝的路子。德国将破纸、破布等垃圾搅入混凝土，铺于公路，既能消声又能增加弹性。法国巴黎焚烧垃圾发电居世界之最，年处理垃圾达1700万吨。①

策划界有一句名言，叫“思路决定出路”，意思是只有想法正确，才有做法正确。可以毫不夸张地说，企业家的经营管理思想决定企业命运。每一位成功的企业家都是思想家。在市场判断、产品选择、工艺采用、人才任用、经营管理等方面均有自己的一套想法。没有思路拓展，就不会有企业发展；没有思想成熟，就不会有事业成功。企业家的思想特点决定着企业特点。

韩国三星集团创始人李秉哲从其自身的实践中总结出创家立业的四大原则：一是必须敏锐地调查时代的动向；二是必须抑制贪心，不能超越自己的能力去经营企业；三是必须绝对避免投机心理；四是办企业要有上、中、下策多种准备，当上策受挫或失败时，就要果断地放弃上策，依次采取中策或下策，做到有备无患。凭着这四大原则的指导，李秉哲使“三星企业”不断发展壮大。他还提出“无终点创业”理论，要求企业突破现状，不断创新，不断开拓新的经营领域。正因为如此，他经过50年奋斗，把一个小本经营的贸易商行，发展成为一个拥有24个大企业的世界性大财团。其本人也因业绩辉煌被美国巴比森大学授予最高经营奖，被波士顿学

---

①资料来源：《浙江日报》2004年12月30日。

院授予名誉博士称号，逝世后还被韩国政府追授一级国民勋章！①

三、想法错误必然导致行为及结果错误

正确思想能指导做事成功，错误想法必导致办事失败。视守法勤劳为美德者，走向富裕；以商业欺诈为能事者，必犯罪坐牢。正确认知、正确判断、正确决定是办事成功的前提。2005 年 5 月 31 日《人民日报》报道：宁夏某县组织过一次大规模的植树活动。可两年过去了，当年种的树没有一棵活下来，原因是地下水位太高，树苗全被泡死了。一位林业部门的负责人说："树种不对。"花费几百万，出动数千人，耽误两年多时间，就换来这四个字。② 种树是好事，但不化验土质，不考察水位，不正确选择树种，不遵循客观规律，结果是白白浪费资金、人力和时间。不动脑筋，必定不行。

一些错误理论曾给人类社会带来灾难性的后果。《现代性与暴力》一书的作者特拉维尔索教授指出：希特勒对犹太人和斯拉夫人的大屠杀的根源在于西方文明发展中的理论偏差。在 19 世纪后半期和 20 世纪初叶，随着著名科学家达尔文《物种起源》和《人类的起源及性的选择》等著作的出版，自然选择和物竞天择的理论很快就被一些所谓的学者移植到社会领域，发展成为"社会达尔文主义"，并广泛流传于欧美各国，成为欧美帝国主义和殖民主义政策的重要理论根据。希特勒之所以要灭绝犹太人和斯拉夫人，就是因为他认为这些"劣等种族"理应从世界上消失③。学者们研究发现，法西斯集中营采用"流水作业"的方法高效率地杀人，是运用现代管理原理"泰勒制"的结果。属于中性的科学成果被不同的人掌握就会产生不同的后果，反动的思想和理论危害就更大。

四、学术的特殊作用

人们的正确行为必定基于其正确认识。获得对事物规律的真切认知，

---

①卢旭东主编：《创业学概论》前言，浙江大学出版社 2002 年 4 月版。

②杜峻晓：《树种不对的教训》，载《人民时报》2005 年 5 月 31 日。

③江建国：《社会达尔文主义的喧嚣——二战历史笔记之二》，载《人民日报》2005 年 4 月 12 日。

是人类思想成果中最重要最有用的内容。学术包括自然科学、哲学社会科学和人文学科，都是人类认识世界的思想成果。

学术是人类对自然、社会以及人自身真谛的探求与认识。学术活动具有探究性、崇高性和自主性的特点。

其一，探究性。自然科学探究自然规律，社会科学探究社会规律。探究要求有相对独立的环境。自然科学关注社会生产，并为生产服务，但关注生产并不等同于生产。生产处于前沿，科研处于后方；生产要求快节奏，科研却是时间服从效果。哲学社会科学和人文学科研究社会和人性，研究者需要深入社会，深刻体悟人性。然而，学术活动又不能等同于社会生活。学术需要沉思，于是，也就需要躲避社会的嘈杂和喧哗。学术工作者不深入实际就无法获取第一手客观材料，但是，学术工作者又必须超越实践，不超越实践就不可能探索在实践前沿。探究性要求学者做到深入实际和超越实际的统一。

其二，崇高性。学术研究是崇高而神圣的事业。无论是自然科学还是社会科学，都不追求眼前的即时利益，而是为人类文明进步的长远利益而奋斗。学术大师为人类创造精神财富，具有巨大的理论价值和现实价值，并且在运用中不断释放和发挥价值。学术成果，除了专利保护，一般均无私地公开发表，供人类社会共享共用。学者以探求真理为己任，创造巨大的共享价值，却不计较个人报酬。他们也懂得，就获取报酬而言，直接在市场上搞生产和经营要快得多；然而，他们甘愿为了人类利益而放弃个人利益，为了恒久价值而放弃即时价值。

其三，自主性。学术研究必须有充分的自主自由，让思维之鹰在思想空间中自由翱翔。“学术在本质上必然是独立的自由的，不能独立自由的学术，根本不能算是学术。学术是一个自主的王国，它有它的大经大法，它有它神圣的使命，它有它特殊的范围和领域，别人不能侵犯。”（贺麟）①这就是学术领域与管理系统的根本区别。

---

①《哲学家贺麟对学术自由的论述》/360doc 个人图书馆/2014－05－07/闲之寻味。

实践表明，很多学术成果以改进技术的方式转换为现实生产力。社会实践中通常是先有思想成果，尔后才有物质产品，思想成果创造的速度和程度决定着人类文明进步的进程。世界的学术重心，通常就是人类文明重心。学术重心转移，文明重心也随之转移。①

第二节　思想作用类型与作用线路

一、思想作用分类

思想成果与实物成果不同，其对人们生存和发展的作用可分为五类。

一是认知性作用。他人和前人的思想成果，被吾辈或后人所接受，即充实和丰富吾辈和后人头脑中的知识。我们前面已经分析人类所创造的一切思想成果对于所有接受者和继承者来说都是知识。让人知道“是什么?”“为什么?”也就是提高了一个人对世界事物的认知水平。接受教育，读书学习，主要就是这一作用。青少年学习数、理、化、生，主要是了解自然奥秘，掌握自然规律；学习哲学社会科学和人文学科知识就是认知社会规律，掌握为人处事的要旨，规范人的行为，提高人的品位。正是人类的思想成果能以知识和信息形态广泛传播和远久传承，才使人类新生代的素质逐步提高，进而推动人类文明的快速进步。

二是启发性作用。学习掌握他人创造的思想成果，通常能激发接受者的思维，从而，创造出新的思想成果。比如，1987 年，挪威首相布伦特兰夫人在联合国世界环境与发展委员会的报告《我们共同的未来》中，首次提出了“可持续发展”概念，并将其定义为：“既满足当代人的需要，又不对后代人满足其需要的能力构成危害的发展。”从此，环境问题成了各国普遍关注的问题。人类总有一些先知先觉者首先发现问题并提出问题。当人们认识到环境的重要性和资源的有限性时，就会研究提出可持续发现

①胡红华：《各领风骚数十年——世界学术重心的转移初探》，载《学习时报》2004 年 12 月 20 日。

理论。美国经济学教授芭芭拉·沃德女士和微生物学家勒内·杜博斯合著的《只有一个地球》，法国社会学家佩鲁所著的《新发展观》等，在全球引起强烈反响①。这不仅促使人们深沉思考，同时也促进了人类发展方式的转变。多数学者是受他人思想启发创造思想成果，又以自己的思想成果去启发他人的。

三是指导性作用。认知并不是人们的最终目的，认知的目的是指导行动。一个人理解掌握了一种思想成果后，要么有意识地指导自己的行动，要么无意中影响自己的行动。思想成果对创造主体以外的人来说是信息和知识。一般地说，学习者习惯把前人或他人的思想成果视作知识，实践者习惯于把前人或他人的思想成果视作经验和信息。正是思想成果以知识和信息形态广泛传播，才使由个别人创造的思想成果被大量的人所接受和运用，才使思想成果在人类生产生活中发挥指导作用。人们常常看到：告诉工人一种方法，就使生产中的难题迎刃而解；告诉经营者一个思路，就使一家企业起死为生。这就是思想成果的指导作用和巨大威力。

四是化物性作用。用思想指导行动，用行动实现思想，思想就融入劳动对象之中，从而，改变劳动对象的物性和功能。思想以操作为媒介可以起到化物作用。为什么几十吨重的铝合金飞机能在空中飞行？因为飞机已是人类航空技术思想的物化成果。为什么巴掌大的苹果手机有那么多功能？因为，有大量的数字技术凝结其中。人类劳动的本质是智能运用，制造业劳动就是以智化物；服务业劳动就是以智悦人；教育培训就是以智化人和以文化人。

五是精神性作用。人是具有情感和精神的高级动物。如前所述，人的精神是以思想为基础，并体现在思想之中的。思想创造者在生成思想的同时，也在提炼精神。在传播知识的同时，也在传播精神。对于思想接受者而言，接受一种思想，就是接受一种精神，并改变自身的思想和灵魂。为什么优秀的文化艺术作品价值无量？因为它传播思想和精神，是人们的精

①吕鸿：《科学发展观与世界潮流》，载《人民日报》2005年3月21日第7版。

神食粮，哺育人们的心灵成长。一部《钢铁是怎样炼成的》激励着千百万年轻人成长。

二、思想作用线路

多数学者把人类活动划分为两大领域：生产领域和生活领域。生产活动是人类最基本的实践活动，主要反映人与物的关系。其实，人类最重要最根本的生产是思想生产，人类最根本最重要的活动是思维活动。因为无论是生产活动还是社会活动，其核心都是思维活动。思维活动是人类一切活动的本质内容。遵循逻辑顺序，我们可以分析思想的作用线路。

我们首先分析生产领域的思想作用线路。

第一，思想者创立思想。思维主体产生思想，无论外传与否都改变着思想者自身的素质。有的人因一段时间深沉思考而奋发进取，有的人因遭受挫折而一蹶不振；有的人因遭受侵害而学法自卫，有的人却因遭遇不公而仇视社会……因为个人是社会的一份子，思想改变导致言行改变，从而影响社会。后面我们将做专门研究。为了使思想成果发挥更大作用，除了专利以外，思想者均愿将自己的思想成果表达出来，并公布于社会。

第二，思想传播者接受和再传播思想。思想者公布思想成果以后，也有被直接接受运用的，但更普遍的是被职业传播者先行接受，再经他们作广泛传播。这些职业传播者包括出版、传媒、教育等领域的人员。一项思想要首先得到传播领域的审稿、编辑、教员们的认可，方能得到广泛传播，得不到认可就较难进入社会化传播渠道。在传播过程中，传播者也在思考，并运用接受的思想和改进自己的思想。但是，多数围绕提高传播效果进行，而不是修改被传播的思想。

第三，思想运用者接受并运用思想。生产劳动者和后备劳动者从书籍、刊物、报纸、电视、网页上接受思想成果或经学校、单位培训接受思想成果后，即变成指导生产劳动的思路、方法和技能，并运用于生产劳动中。这种生产又分两个层次：一是用于制造产品的机器生产；二是产品生产。机器是一种特殊产品，它不仅表达和实现人的思想，而且能固定人的想法和要求，反复地复制人的想法。因此，用机器制造产品比手工制造产品，不仅速度快，而且精密、可靠和稳定。机器忠实地贯彻人的要求，比人手还要精确和高效。制造产品的过程是人的思想运用和实现的过程，生产者必须贯彻设计思想，运用工艺技术思想，才能使产品达到设计的功能和质量。

第四，产品凝结并实现设计思想，服务于消费者。有形的实物产品凝结着无形的设计思想，设计思想的实现决定产品的功能；工艺思想的运用和实现决定产品的质量。从表面看，是高性能高质量的产品满足消费者的需求；从本质看，是产品设计者和生产者的思想对接了消费者的需求思想。这种对接给消费者带来了满足、愉悦和欢欣。这种对接越好，产品就越受消费者欢迎。新产品开发一定要摸准消费者的需求，所依据的就是这一“思想对接”原理。

基于上述分析，我们可以画出思想在商品生产领域中发生作用的线路，如图 10－1 所示。

值得注意的是：图中人与人的关系、人与物的关系以及物与物的关系都是不同的。人们接受的思想通常不能完全等同于发表或传播的思想，因为各人的理解能力和接受能力不同。同一产品，不同的人，认知程度不同，发挥的效用也不同。但物与物作用，变数就不像人的思想那么大。

值得一提的是：机器固定并反复复制人的想法和要求，相当忠实可靠，只可能出现故障而不会发生情绪变化。在社会生活领域的思想作用线路与生产领域的思想作用线路是近似的。社会生活领域的制度就类似于生产领域的机器，制度反映人的秩序思想，属于人的思想成果。制度在调节人与人之间关系、规范约束人的行为等方面均发挥其独到作用。这是因为制度具有普适性，是为绝大多数人设计的；具有防范性，即向大家预先告知的；具有公开性，是为大多数人所监督的。因此，公正的制度比公正的管理者要有效得多、可靠得多。最优秀的管理者也会有情绪变化，而制度由众人执行，由大家监督，故而比较可靠。配套完备的制度一旦施行，就能深入人心，融入人的思想，成为人的观念，约束人的行为。

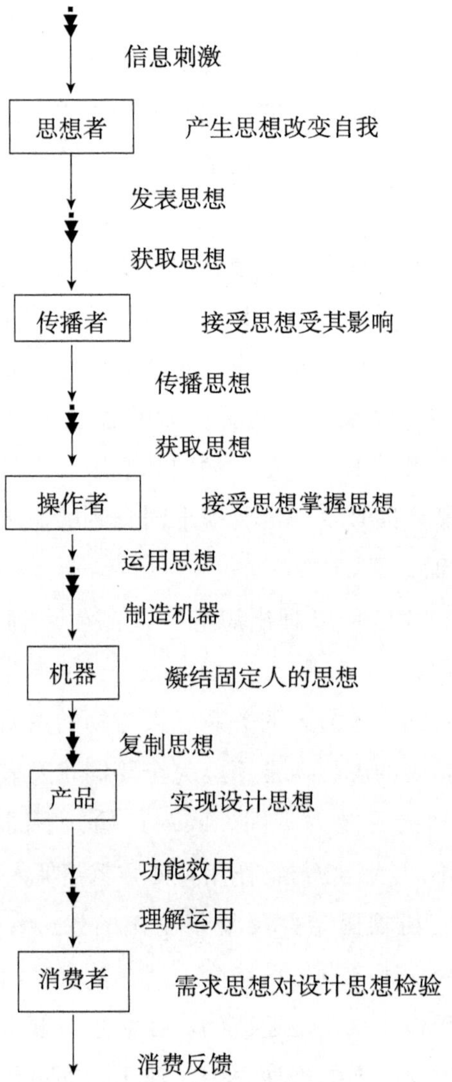

图 10－1　思想作用线路

经典理论认为生产力决定生产关系、经济基础决定上层建筑，其实并不尽然。因为，社会文明进步，源于人，为了人，依靠人。只有社会制度制定好，方可理顺关系、调动积极性，也就是说，只有适时解决好上层建筑问题，方能强化经济基础。同理，只有调整好生产关系，方能解放生产力。邓小平推行市场经济体制，是从意识形态开始的：解放思想、实事求是，打破僵化、与时俱进，调整所有制结构，从根本上改变分配方式，调动了生产积极性、经营积极性、科研积极性和教育积极性；从而，使生产力得到大解放、大发展。这改革归根结底是制度变革。

第三节　思想作用和实现的形式

思想产生作用具有一定的形式，必须具备一定的前提。

一、思想作用发挥的前提

思想保存于头脑之中，以意识状态存在。只要没有外输，对社会就不发生作用，因此，思想外输是思想发挥作用的前提。何谓外输呢？就是把头脑中的思想表达传输到脑外。其方式主要有：一是符号型输出，也就是思想主体用符号表达和传输思想，比如讲话、书写、电脑打字、画图等。思想家、理论家通常用符号发表思想。思想一经外输就对他人、对社会产生作用和影响。二是行为型输出，人的许多思想是直接表达在行动上的。思想通过支配行动产生对他人、对社会的影响。实干家通常是用行为表达和实现思想的。一名失去了行为能力躺在病床上的坏人，即使其头脑中充满邪恶思想，也难以对社会造成实际危害。另外，人类的一些行为与结果是可以等同的，就是头脑中决定的表达。比如下棋，他吃你一颗子，你就少一颗子；又如按表决器，或赞成或反对，其决定、行为与结果都是同一的，均是思想、态度的表达和实现形式。

二、思想作用的方式与途径

思维主体以其思想影响社会，除了以自身行为发生作用以外，必须历经一定的途径，采用适当方式。

一是直接指导。思想者除了自己践行外，可以言传身教的方式指导他人。如领导者指导下属，教师指导学生，农民将农业生产劳动经验传给后代等。

二是间接指导。就是思想者将思想成果发布于书籍、刊物、报纸、电视、网络等媒体后，被大量的人学习接受，或通过教师讲授让人接受，从而，影响接受者的言行。

三是成为再次创新的基础、材料和工具。许多思想成果虽然没有直接被人运用于生产生活实践中，但在他人或本人的再次创新中却起到了启发作用。

四是以政策制度的方式发挥作用。政治家和领导人的一些社会管理思想体现在政策制度之中，通常表现为一种利益机制，强有力地调整着体制中人的利益关系，进而影响人们的思想和行为。

总之，思想除了直接支配主体行为以外，通过各种途径传播进入他人头脑，从而，不同程度地改变他人思想，进而影响他人言行。这就是思想传播产生作用的一般机理。正是由于这一原因，精神可以变物质，思想工作和精神激励可以产生巨大威力。

斯托夫人著的《汤姆叔叔的小屋》为什么被选为“影响世界历史的16本书”之一。为什么当年林肯总统要亲自写信邀请她去白宫叙谈，并说“我们都想听听你是怎样写了那部导致一场伟大战争的书?”① 原因在于斯托夫人以小说的形式，生动、鲜明、深刻地反映了其“解放黑奴，反对种族歧视”的思想。这种思想在当时发挥了三大作用。一是号召动员作用。“当时林肯正领导着捍卫美国统一的南北战争，非常需要白人兄弟和黑人兄弟团结起来。在这决定美国统一的关键历史时刻，《汤姆叔叔的小屋》比任何军令和政府文件产生的作用都更大”，她的作品使投入林肯将军部队的黑人不断增多。事实上，她的作品不仅代表黑奴利益，也代表美国白人利益。她的作品扩大了林肯将军“正义之师”的战斗力。那场战争胜利了，那时人们还想不到，有一天美国著名作家查尔斯·萨姆纳会这样写道:“要是没有斯托夫人的《汤姆叔叔的小屋》，林肯也就不可能当选为美国总统。”二是统一认识作用。《汤姆叔叔的小屋》一书使美国白人和黑人共同认识到必须废止奴隶制之作。长期持续的奴隶制度，使得按人种划分

①刘燕玲：《一位影响了美国历史的女子》，载《报刊文摘》2002年10月16日。

贵贱成了许多国民的心理定见。尽管当时已有一些民主先驱提出“人生而平等”的思想，但还没有斯托夫人的《汤姆叔叔的小屋》那样深刻有力地批判奴隶制之作。作者以文学作品的特殊魅力吸引千百万读者，在民众和士兵中间引起强烈的思想共鸣，唤醒了人类沉睡已久的良知，统一了废止奴隶制的思想。三是推进旧制度覆灭和平等制度建立。腐朽的奴隶制把百万黑人推向了苦难深渊，同时也养肥了一批奴隶主。要变更制度、剥夺奴隶主特权、使黑奴翻身解放，南方奴隶主必然要抵抗；推翻旧制度、创立新制度需要经过血火战争和生命代价。斯托夫人的《汤姆叔叔的小屋》为政府决策提供了依据和舆论，为作战士兵提供了精神力量和战斗勇气。

三、思想作用的对象分析

思想者头脑中的思想除非特别克制，总是要表露或表达出来的。只要表达出来就会在或大或小的范围内发生影响。不刻意传播，影响范围会小些，刻意传播，影响范围就大些。当然传播面也与思想的内容、质量等因素直接相关。思想者对他人对社会的影响总是通过他人的思想变化起作用的。思想作用可以分为以下几种对象：

（一）思想对思想者自身的作用

人的正确思想是思想者的大脑对外来信息进行处理和加工的结果。但是，当某一思想成果形成，就首先对思想者自身产生诸多影响。

其一，影响和决定思想者观察问题的视角和对相关事物的态度。大脑是人体所有器官的指挥中枢，一个人有什么样的思想，就会有什么样的高度和角度来观察事物和认识问题。在经历了领导职务上“三落三起”以后，充分了解民众疾苦和生活需求的邓小平，经长期思考坚定了富民强国思想。认准中国社会当时的主要矛盾是人民群众日益增长的物质文化需求与落后的社会生产力之间的矛盾；认定中国处在社会主义初级阶段，确定社会主义的根本任务是发展生产力。在改革过程中新事物、新现象层出不穷，邓小平持什么态度？他提出了“是否有利于发展社会主义社会的生产力，是否有利于增强社会主义国家的综合国力，是否有利于提高人民的生活水平”的“三个有利于”的改革判断标准。政治家总是依据自己的政治理念，发挥自己的政治智慧，运用各种政治手段，实现自己的政治目标。

其二，影响思想者自身的思维方式。一个人头脑中的思想传播出来，对接受该思想的他人来说就是知识，在思想者自己头脑中同样也起知识作用，直接影响其对相关问题甚或其他问题的看法和思维。邓小平确立了富民强国思想后，就决定了他对国际事务处理的“冷静观察、韬光养晦、决不当头”的基本原则，就必然有“一国两制、和平统一”的战略构想，为现代化建设创造平安的国际国内环境。

其三，影响思想者的行为。思想是行动的向导，通常是有什么思想就有什么行为。邓小平为了实现其富民强国思想，恢复工作后即在教育系统发起招生制度改革，恢复全国高考；继而发起农村改革，推行“联产承包”生产责任制；然后，一步步开展经济体制改革，实行对外开放，逐步建立健全社会主义市场经济体制。

（二）思想对他人和社会的作用

思想者的思想一经表达和传输必然会对他人和社会产生影响。具体分为三种情形。

其一，思想进入他人头脑，影响他人言行。

思想成果表达出来，只要被他人认同和接受，就存入他人大脑之中改变其知识结构，进而改变人的思想和行为。邓小平的富民强国思想不仅为全国各级官员所接受，而且受全国人民所拥护。从上到下照着做，就推动中国经济迅速振兴。北宋宰相赵普说：“半部论语治天下 。”的确，一部好书往往成为指导人生成功的黄金宝典。蒋介石自己熟读《曾文正公文集》，还嘱咐蒋经国毕生研读。受体接受了思想之后，就会发生一些变化。首先，因接受他人思想深化其对外界事物的认知，从而使价值观和思维方式发生变化，也即知识增加、素质提高、能力增强。正因为有如此大的作用，社会才需要有那么多人从事教育和传播工作。其次，受体接受正确思想、认知水平提高后，就能比较正确地决策和行动。书籍是思想传播的重要载体，比如：马克思的学说在 20 世纪成为一些东方国家的主流意识形态，《圣经》从其诞生之日起就成为教徒们的金科玉律。然而，同一本书对不同人的吸引力和作用却不相同。人的先天特质、教育背景、社会阅历、工作岗位和生活目标等不同，因此，选择的书和关注书中重点内容也不同。美国第46届总统小布什热衷读的书是《最高统帅：战争期间的将士、政治家与领袖》。该书是约翰·霍普金斯大学尼采高级国际关系学院教授、前美国国防部政策规划办公室官员埃利奥特·科恩撰写的历史专著，据说前后花了15年才完成，于2002年7月由美国自由出版社出版。该书分析了4位杰出的战时领导人——美国总统林肯、英国首相丘吉尔、法国总理克里孟梭、以色列首任总理本·古里安在处理军政关系时的高超技巧，强调政治领袖对军队的领导是决定战争胜负的关键。2002年8月，正在热议美国是否攻打伊拉克的当口，作为总统的小布什阅读此书，更惹人关注。《纽约观察家》认为："布什读书，世界都在等结果"；布什"喜欢丘吉尔"，想学丘吉尔。英国《卫报》曾宣称："要想知道身为美军最高统帅的美国总统乔治·布什的想法，答案不在白宫或国防部，也不在报章的独家'泄密'报道中，而是在布什床头柜上的《最高统帅》这本书里。"读《最高统帅》一书，希望取得丘吉尔那样的成就，布什就肯定要下决心攻打伊拉克①。书籍影响着人的思想，书籍可以重塑政治家的政治理念，进而影响其所作决策。书籍可以多语种出版发行，实现全球性思想文化传播，成为人类文明进步共同的精神财富。比如：《安徒生童话》在世界各国广为传播；我国清代思想家魏源的《海国图志》传入日本，影响和推动了日本的明治维新。再次，接受了思想后，一个人的意志、精神和状态会发生改变，这当然也以人的认知为基础。医学上的话疗就是以谈话的方式，通过让病人学习抗病治病知识使其精神振作起来，树立生的信念和战胜疾病的信心，更积极地配合医生治疗。事实证明，精神状态影响人的睡眠和食欲，影响人的内分泌和免疫功能。医疗实践表明病人对肿瘤的恐惧以及信心的丧失，其危害并不亚于肿瘤本身，因为人是靠精神支撑

①张里文：《影响布什的四本书》，载《美国大观》2002年第11期。

的，仅仅恐惧就可导致病人死亡。其实，其他的事也一样，最可怕的莫过于丧失信心。只要有信心，只要敢去做，就有成功的可能。所以，可以说：“成功起始于心！”

其二，思想进入他人头脑，激发产生新思想。

面对一些思想，许多人未必认同和接受。然而这并不阻碍实现思想碰撞，刺激和启发头脑的思维，从而产生新思想。心理咨询师的本领就在于其不是直接告诉你一种观点，而是启发、引导你自己去正确思考，得出正确结论。1900 年德国科学家普朗克提出了一个能与实验结果相吻合的经验公式，即 $E = h\nu$。按照这个公式的原理，黑体辐射或吸收的光能量应该是一份一份的。这就意味着光也像物质一样具有粒子性，由光量子组成。其发现者普朗克本人一开始并不情愿接受光量子这种似乎违反常理的新概念。这却给爱因斯坦以深刻启发，他深信光量子概念的革命性，并于 1905 因量子概念成功地解释了光电效应，提出了为后来实验所证实的光量子理论。①

思想的启发作用并不局限于本专业。比如：牛顿的经典力学绝不只是影响了自然科学界、工业和技术界，更重要的是它唤醒了人们对科学真理的认知，从而推动了社会变革和人们的思想革命，清末康梁变法和辛亥革命，无不从牛顿学说中寻找革故鼎新的根据。②

当俄国工人阶级在沙皇统治的苦难中挣扎的时候，列宁面对广大工人的一场演讲，立刻使他们群情激昂，焕发推翻旧制度的革命力量。思想对思想的激发，就如同高速粒子对原子核的撞击一样可以裂变出巨大能量。

其三，以行为表达思想，刺激和唤醒他人思想。

人们头脑中的思想不只可用语言和文字表达，也可以用行为表达。举手表决就是个人意志的简捷表达。中国清朝末年的谭嗣同等六君子，为了坚持并传播其变革思想，能逃而不逃，宁肯死在封建统治者的屠刀下，不

①钱俊生主编：《当代科技简明教程》，第 33 页，当代世界出版社 2000 年 12 月版。

②戴念祖：《牛顿学说影响中国社会变革》，载《科学新闻》2003 年第 4 期。

惜以鲜血和生命去唤醒民众。其忠其勇，其品其行，其德其功，震撼人心！精神不死，思想永存，英名永生！

在许多名牌中学里都设有校史展览馆，把该校培养出来的最有成就的校友照片和事迹陈列馆中，挂在墙上，其中，必有科学家、思想家、文学艺术家、教授、将军、工程师、高级干部、企业家等。教师们皆记忆犹新地讲述那个科学家和教授就坐在那个教室的那个座位上。这样做，使全校师生感到离杰出人物并不遥远，自己与这些成就卓著者也不太陌生，一下子缩短了与成功和辉煌的距离；感到自己与这些成功校友并没有多少区别，只要发奋努力都会有大成就，成为成功校友中的一员。于是，在默默之中形成一种见贤思齐的力量，使师生精神面貌焕然一新。

思想传播通过人脑起作用，这是思想作用发挥的根本途径与方式。思想支配人的一切活动，人的劳动创造美好生活。生产劳动的唯一主体是人，思想创新的唯一源泉是人，经济发展的根本动力在于人，决定社会文明进步的关键因素是人类智能的高效发挥。这就是人本原理，或叫智能决定论。正因为如此，人类社会必须加强学习、实验和研究，不断推进科技文化创新；必须大力发展教育，开发智能培养人才；必须发展传媒产业，促进思想碰撞与交生；必须促进产学研一体化，使思想成果更快转化为现实生产力。

四、思想作用的职业特点

无论从事何种职业的社会成员都是思想支配行动的，并且由思想决定行动的成效，但是，职业不同思想作用方式也不同。我们可作如下分析：

一是操作型劳动者的思想作用特点。工人、农民等操作型劳动者以经验、习惯和即时思想支配行为，以动手的方式发生作用。在长期的生产实践中，劳动者学习知识，积累经验，掌握了本行业的操作要领，并且，逐步形成有个人特色的操作习惯和技能，其中的习惯和特色决定着人的操作手法。操作者的个人想法决定其对重点环节的判断和认定；决定其对操作程序、方法的选择和运用；决定其劳动的成效和质量。

二是知识和信息传播者的思想作用特点。教师和传媒工作者是传播从业者。教育事业发展状况很大程度上决定着社会发展速度和文明进程。从幼儿教育、基础教育，到高等教育和职业教育，教师已成为一项就业岗位较多的职业。教师不仅要掌握准备传播给学生的知识，而且，必须具有一定的教育学专业知识和教学经验，并以此为基础形成具有职业特点的个人思想和职业思维。但是，这种个人思想、职业思维包含着其对教育规律的理解与体悟，从而决定其教学特点和习惯。教师的个人想法决定其对教学重点内容的认定；决定其对教育对象特点的分析判断；决定其对教学方式方法的选择和运用，进而决定教学成效和质量。

媒体人以其传播思想支配其传播行为。其从业者通常具有较高的文化基础和专业素养及思维能力。他们的个人思想与职业素养决定其对传播内容的价值判断和取舍；决定其对传播方式方法的选择；决定其传播效果和影响力。

三是职业研究者的思想作用特点。研究人员是人类最主要的思想生成群体。他们通常在本专业领域内有比较丰富的知识和一定的研究经验。其知识、经验和个人想法决定其研究的选题视角，决定其研究思路和研究方法。这些思路和方法既是主体的思维工具，又是主体的思维成果，是主体思想的重要内容。当主体运用这些思路和方法研究对象时，就会取得专业性的思想成果。研究的思路和方法是直接影响研究成效的，也就是说方法性成果的运用状况，直接影响专业性成果的生成。

四是各类管理者的思想作用特点。管理的职能是计划、组织、领导和控制。管理者从事的主要是配置资源的脑力劳动，他们既要运用思想，又要生成思想。身为管理者必须学习管理理论，积累管理经验，并由此形成自己的个人思想和管理风格。但是，面对具体事务，管理者必然根据任务、时间、地点、条件做出处置决定。事务处理就是管理者思想的表达和实现：若是企业家，即表现为市场判断、投资决策、产品开发、人才聘用、工艺选择等；若是政治家，其个人思想则体现在其政治理念、政治目标、治国理政总方略，以及制度、方针和政策的变革之中。

第十一章 思想价值评估

前面我们已经阐述，人脑利用外界信息加工所得的思维成果叫思想成果。以自然规律为内容的成果就是科技成果，以社会规律为内容的成果就是社科成果，表现为文学艺术作品的叫文化成果。人类所有的物质、文化和服务产品中都包含思想成果。然而，思想成果与实物成果比，具有许多不同的特征。思想成果的价值评估不能像实物产品一样用成本加利润的方法测算，而是应当使用特殊的方式方法。此外，有大量思想成果是不作评估而直接作为社会共享价值被广泛应用的，也应当肯定其价值存在。

第一节 思想价值的特征

实物产品的价值源于其有用性，思想成果的价值来源于其对规律的揭示。思想成果价值特点与实物产品大不相同。

一、思想成果的价值特性

（一）价值的源头性

思想是人们行动的起源和指导，或者说人的一切实践活动均在思想支配下进行。思想是源，思想是金，思想是根本。人们的各种思想决定着生产生活的各个方面和各个环节。比如，在生产领域，无论是产品设计、材料选择、机器采用还是流程优化、质量监管等等，无一不是先想到，才去做；先想好，后做好。不仅是工程师、技术员需要有良好的思维能力，就是一线工人，也需要在观察、分析、判断中处理问题和生产作业，因此，同样必须具有良好的思维能力。思想是人类一切实践活动的灵魂。

（二）可重复使用性

一项思想成果，一次次地重复使用，并不会因为使用多次而减少和消耗。一名软件工程师为某设计院开发了一套绘图软件，如性能好，其他设计院也可购买使用，不会因使用单位多而使软件功能降低；一部优秀的文学作品，无论发行量如何扩大，不会降低其思想性和艺术性，相反，可以让更多人受到启迪和教益。物质成果总是在使用中消耗和磨损的，一只面包给孙子吃了，爷爷就没有了；石油、电能消耗了就被转化了；一块砖用在这里，就不能用在那里。思想成果却可以广为传播，反复运用，共享共用。接受和掌握的人越多，应用得越广泛，发挥的作用也就越大。

（三）价值的恒久性

许多思想成果不仅可以重复使用而不减效，而且，可供后人学习运用，发扬光大，永不贬值。如老子、庄子、墨子、孔子、孟子等大家学说，数千年来作为国粹传承，哺育着中华民族一代代仁人志士。思想成果不因时间而磨损，不因风雨而侵蚀，具有恒久价值。美国第三任总统杰弗逊一生辉煌，成就巨大，当过州长、国务卿、副总统，后来成为总统。而他生前交代在他的墓志铭上只提及三桩事："此处安息着杰弗逊。美国《独立宣言》的作者；《弗吉尼亚州宗教自由法》作者；弗吉尼亚大学创办人。"① 杰弗逊认为总统只是一种工作经历，而他起草的《独立宣言》和《宗教自由法》是不朽的思想成果，不仅影响当代人的思想和价值观，并且，持续不断地影响后人，影响美国的文明发展史。创办大学是为人类思想生产、思想传播和思想创新开辟一块圣地，持续有力地推进人类文明进程。

---

①武夷山：《杰弗逊的墓碑》，载《报刊文摘》2005 年 6 月 13 日。

思想的运用、传播与传承可以无限地超越思想者的生命。最优美的物质产品也会陈旧，甚至腐坏；优秀的思想成果却万古长青，永远不朽！进一步深入分析可以发现，优秀思想成果不仅为当代人和后人所运用，而且哺育人们成长，启发人们不断产生新思想。一些世界级大师的作品，诸如《道德经》《论语》《红楼梦》《安徒生童话》等经典哺育着世世代代的人，具有恒久价值。

（四）价值的衍生性

一项思想成果，其本身的价值等级是客观的，但其发挥的作用和价值实现，却取决于推广应用状况。推广应用得越广泛，其作用和价值发挥就越大，思想成果的价值因传播和应用而得到衍生。一项思想成果可以同时参与无限多的同类生产过程，从而，使思想成果的价值得到反复复制和扩张，产生巨额的价值增值。袁隆平发明了高产杂交水稻，发明本身就是对人类的伟大贡献，但在此同时，他不遗余力地在全国，乃至世界许多国家推广，就使其作用和价值得到衍生和扩张，以致难以估量。而有的科研成果，原本是可以产生很大经济效益的，但束之高阁，没有运用，其价值就得不到较好发挥和实现，几年过去后就被新的成果所替代了。可见，思想价值衍生具有不确定性。

（五）价值的再生性

根据前述思想交生理论，一项思想与另一项思想交融时，就可能生出一种以上新的思想成果。这种新思想假如有巨大价值，那么，其中新增部分价值就是再生价值，这就是价值的再生性。多数思想成果以前人的经验或思想为基础，同样，现有的思想成果也将启发自己或者他人再次创造出新成果。当原有思想成为新思想的基础并包含在新思想中时，新增思想价值就可理解为原思想的再生。某项思想被其新一代思想所取代时，其商业价值是大为下降；但其理论意义、学术价值、基础作用却仍然存在，是人们同类课题研究的基础。因此，任何科技突破与发明，不管其商业价值和经济效益如何，在科技史上都有其自身的应有地位。也就是说思想成果具有启发再生的潜在功能。

（六）价值认知的差异性

思想成果价值大小，社会和市场有着客观评价。但不同的评估者所做评估结果是存在很大差异的，这就是价值认知的主体差异性问题。要客观评价思想成果，评估主体必须具备相应的认识水平。比如，应用于财务管理的一种软件，懂得其作用的财务人员和软件开发人员才知道其价值，一位木匠师傅是难以认同的；一幅意境深远的印象派绘画，售价数十万元，不懂书画的老农无论如何不愿购买。

二、思想价值作用的时效类型

思想成果并不是都有恒久价值，其价值作用的时效性具有几种类型：

（一）瞬时型

一些思想成果是根据当时的条件和信息，经头脑即时思考所作判断，或叫反应。而这种判断经人的语言或行动传输，作用于对象在瞬间生效，过后失效。诸如：司机根据路况对汽车所做的反应操作，人们对自己过错的一句道歉，棋手对于棋局的一着处置等等。这种瞬时型思想作用的特点是在很短时间内就能产生效果，其作用多数是一时性的，一些有典型意义的处置方法得到传播和传承，就具有恒久价值。

（二）短期型

指一些采用后在短期内就能产生成效的思想成果。如：节假日值班安排；企业年终奖金分配方案；为办某事所做的筹划等等。只有想法正确，才会行动妥当；只有行动妥当，才有预期结果。这类思想成果短期见效，也很快无效。特别成功或遭受惨败的短期型思想成果被当作经验或教训传播传承，让后人引以为鉴，也有恒久价值。

（三）中期型

就是指采用后产生成效可以持续一定时间，再过后又作用不大的思想成果。诸如：地方政府出台的阶段性调控政策；科技产品的更新换代方案；经济社会发展的阶段性计划等等。此类思想成果往往具有较丰富的内涵，并有一定的系统性，运用所产生的经济效益和社会效果，往往需要经历一定的时间方能显现，且有一定的有效期。即使方案过时不用了，其思想内容尚有一定参考价值。

（四）长效型

指深刻反映事物客观规律，人们在生产生活实践中必须遵循和运用，并长期有效的思想成果。诸如自然科学、社会科学、思维科学和各类文化艺术经典作品等，以其强大生命力，发挥持久作用。伟大的政治家、思想家、理论家、教育家以其思想引领着大众思想，触发、激发和开发着千百万人的智慧和潜能，其作用和价值是随着指导实践发展而持续发挥的，是潜力无穷、难以计量的。

三、思想成果与实物成果的价值区别

在研究了思想成果的突出特征后，我们可以比较实物成果价值与思想成果价值的诸多不同了：

第一，包含价值内质不同。实物成果是具有效用的客观实物，其价值包含规律运用价值、实物材料价值和劳动能耗价值等；思想成果是主体对客观事物及其规律的认知和描述，或是合乎规律的科学构想，其价值包含的是对规律的认知价值和部分运用价值。

第二，价值存在形态不同。实物成果是占据一定空间的有形物质，该实物就是价值载体。思想成果价值存在形态可以有许多种：在未传输到外界时以意念态存在于人脑之中，无形无体不占空间，要说占空间即以脑袋体积为空间；当以文字、图形、色彩或行为等形式表达时也只占极少空间，且所占空间大小与思想成果涵量、等级未必成正比。一个图书馆可以藏下千百万册图书，几乎记录人类文明史上所有思想成果，一只小小的电脑硬盘可以储存千万部书籍的信息，其自身商业价值不大，但包含的学术信息价值可以很大。

第三，价值作用寿命不同。实物成果除了钻石、黄金等以外，多数使用寿命有限，衣服会破旧，电器会用坏，机器会磨损，其价值随之减小或消失；而思想成果可经符号、实物、传人等方式永久传承，只要不失传，就有价值。

第四，废品价值作用不同。实物成果一旦毁坏报废，在市场上立即贬值或成负值。破碎瓷器变成垃圾需要搬运，危房拆除需要资金。思想成果即使是失败研究的教训总结也对以后的研究工作具有借鉴价值。所以，失败的科研虽然经济上负效益，但在科学发展史上也有重要意义。研究者谈振辉说："科研成功必定建立在失败的基础上，大量的科研是失败的，但却是有价值的。可是，目前搞科研的人，包括研究生，有几个说自己的研究失败了？"①

任何付出努力的科学实验和科学研究，即使达不到预期的目标，也必定取得或多或少的思想成果。公告社会的失败研究，等于在科学海洋的暗礁上插上醒目的航标，警示后来者拨正航向、避免触礁。如果说成功的科研是人类文明的里程碑，那么，失败了的研究是人类文明大道的铺路石，虽然没有里程碑耀眼，但却成就着道路的延伸和拓展。具体分析，未成功的科学研究至少有三方面的作用。其一，对研究者自身来说，不成功的科研，用事实证明此路不通，或错或险，使研究者得到经验、教训，受到锻炼，同样可以写出分析失败的论文，是走向成功的基础。其二，对他人来说，是一种警示性指导。他人读了你失败教训的总结论文，就可以少走弯路。一次次失败的教训构成通向成功的一步步台阶。其三，对于人类文明进步来说，走向真理王国的征途，本来就由成功与失败两部分构成，失败研究具有警示作用。就像盲人手上的盲人棒，既敲打前边的路面，又敲到两边的水沟，此时他才能最放心地往前走，若在大操场上敲敲哪边都一样，才真不知怎么走呢！失败研究的作用就像探到水沟一样。

---

①蔡闯：《加强自律，科学考评——高校负责人谈根治学术腐败》，载《新华文摘》2002 年第 5 期，第 180 页。

第二节　思想成果的度量指标

如何度量思想成果？需要有一定的度量标尺，我们把它统称为指标。

一、思想成果的内质性指标

（一）涵量

指思想内容的量。具体地说是构成体系框架的规模和观点要点的数量。譬如，马克思政治经济学思想，主要著述是三卷《资本论》，其结构框架十分宏伟，内容观点相当丰富，这就是涵量大。

（二）是度

就是反映规律的客观程度，也可以称作正确程度。思想是行动的先导，行动成败取决于指导思想的对错。思想正确程度不同，指导行动的成功程度也不同。想法不聪明，行动不成功；想法较高明，行动较成功；想法很高明，行动很成功。人们总是千方百计寻找一个相对好些的方案，力求达到满意效果。自然科学必须做是非判断，技术、艺术、社科和人文等方面成果往往是好坏程度不同的价值判断。

（三）难度

指思想成果的创立难度和学习难度。难度是由思想理论的复杂程度和抽象程度决定的。凡是概念、命题、观点和原理都深奥、抽象、复杂的思想成果，研究创立的难度均很大，对研究者，甚至对学习者的智力要求很高。智力平平者，别说研究，就是学习也难以理解。创立难度大的思想成果尤其宝贵。

（四）深度

在哲学社会科学和人文学科领域中，常常用到深度这个词。指的是思想、理论、见解的深刻和透彻程度。与之相对应的近义词是高度，指的是思想、理论和精神的境界，包括高尚、高明、高超、高远，不同凡响。由此可见，深度体现智力，高度反映品位。

（五）新度

即新鲜程度。新度是一个衡量创新时效性的指标。人类文明进步依靠持续创新，新发现、新发明、新理念、新观点、新思想、新理论、新技术、新方法等具有更大价值。尤其是应用性技术价值，更是强调一个“新”字。新设计、新工艺、新产品在市场上更有竞争力。技术和产品更新周期在缩短，新产品用不了多久就被更新的产品所替代。当有更新产品出现时，原产品的新度就降低，其市场价值也随之下降。新度通常以产品代别来评判，看其是最新代还是次新代。新度是时间的负函数，评估时刻为最新代的，过一段时间后就变为次新代。

（六）精炼度

精炼度是指思想和理论表述的精要程度，即思想涵量与符号量的比，或者说是单位符号所表达的思想量。思想涵量是指表达和传输思想观点的多少，符号是记录和传播思想内容的载体。在思想涵量确定且表述明白的前提下，思想价值与其精炼度成正相关。其理由：一是思想涵量使接受者受益，当然是越多越好。所用符号虽不可或缺，但以节约为好，因为受体解读符号是要消耗时间和精力的。可以说，受体收获与思想涵量成正相关，与符号篇幅成负相关。二是人们在评价思想文化成果时，认为作品以精为好，这就好比是名酒，掺了水味道就降低，并且，掺水越多其味越淡。中国古代经典名著《孟子》只有三万多字；黄石公授予张良，使其成为帝王师的《素书》仅 6 章 132 句 1360 字。

（七）奇妙度

人们认知的是相对真理，大量掌握相对真理后就逐步接近绝对真理。智慧和思想是奇妙的，但奇妙程度却不一样。在各种设想方案中最佳的方案就是最美好的，有时令人拍案叫绝。比如《三国故事》中诸葛亮“草船借箭”的计谋就巧妙极了。他不用工匠造箭，而是在曹操不自觉中借得十万余支箭。人类思想成果即智果的价值与思想的奇妙度直接相关。评价思想价值最终要看社会效果，方法奇妙就决定效果奇妙。

二、思想成果的效用性指标

（一）效用

指思想成果对人类生存和发展的实际作用及效果，就是对社会实践的指导作用，也可以说是思想成果的实用价值。思想成果大体可分为两类：一类是纯学理的，只有理论价值；另一类是应用性的，具有实用价值。但也有些思想成果，虽然是脑力劳动的结晶，却没有多少实际用处，只有科研上的借鉴意义。例如某些专利成果，设计思想并不粗陋，但无实际用途，无推广必要，实用价值就小。思想成果的商业价值与效用和新度密切相关。

（二）传播力

思想的传播力是指其自发传播的能力。不包括权力推动的强制性传播。思想自发传播能力的大小，主要取决于其真理性、普适性、时代性和大众性。真理性是指思想内容揭示客观事物规律的深刻程度；普适性是指思想内容不仅正确健康且普遍适用；时代性是指体现时代精神，适应时代需求，反映时代主题，引领时代潮流；大众性是指既代表大众利益，又为大众所喜闻乐见。具备上述要求的思想成果如春风、似甘霖，深受人们喜爱和接受，传播力自然就很强。

（三）传承度

是指思想成果被后世继承、传播和运用的状况与程度，也就是指该思想成果的历史价值。决定思想传承度的主要因素是该思想的正确性、深度和用度。正确性高的思想成果具有恒久性，对后人研究工作具有指导作用，人们离不开它；凡有深度的思想必有其独到之处，就有部分使后人难以超越；用度大的思想，因被广泛、经常运用，就在运用中得到传承。中国古代老子庄子的思想、儒家学说、孙子兵法等，都是一些富有传承力的思想成果。任何思想成果在传承过程中，都要经受三大检验。一是实践检验。检验其是否真正反映客观规律。经实践验证，证明是正确的获得传承，证明不正确的则被淘汰。二是市场检验。许多思想成果，尤其是实用技术成果，转换成商品投放市场，且长期畅销、代代流行，其传承度就要强些，否则就弱些。三是时间检验。有的思想成果只适宜解决当时的问题，时效极短，不能在漫长的历史长河中持续作用，那就难以传承。只有那些在人类历史上不同阶段均具有指导意义的思想，才具有恒久价值，为人类世代相传。

三、各类思想成果的计量单位

思想成果（智果）的商业价值可由市场评估确定，而思想成果的学术价值的量化评估就要难得多。笔者以为，用量级作尺度还是比较切实可行的，尤其是在难以市场化评估的情况下更是这样。然而，要评估其量级，也必须有一个标杆作为参照基准，或确定单位。在此，提出一些可供参考的思路和方法。

（一）科学理论成果的量级单位

中国南北朝时期的杰出数学家祖冲之，发现圆周长与直径之比是一个恒定值，从而，得出了圆周率。我们定义：发现圆周率的智果价值为 1 冲之，简称 1 冲。那么，牛顿－莱布尼兹的微积分数学理论就相当于 8 冲之，或称 8 当量的圆周率价值。同理，可以评估牛顿经典力学体系的价值量级。这样，对任何科学理论都可以作量级式评估。如果让一个专家团来实施评估就会更好些。

（二）科学发现成果的量级单位

英国细菌学家亚历山大·弗莱明发现了具有广谱抗菌作用的青霉素，这是医药抗生素研发上的重大突破。我们定义：青霉素发现的成果价值为 1 弗。然后，我们就可参照评估 X 射线发现的成果价值约为 3 弗，同理可以评定 J 粒子发现、DNA 发现等成果价值量级了。

（三）技术发明成果的量级单位

电灯、电影、电视、电脑和手机等发明，给人类社会带来了巨大实用价值。实用技术发明可经专利拍卖来定价。技术价值的大小始终与社会需要程度有关，一些高难度的发明，因市场不甚需要，就拍卖不了，但是，在科技史上仍然很有学术价值，这就只能用标杆法作量级评估了。我们定义：爱迪生发明电灯技术成果价值为1爱，那么，电影放映机发明就相当于3爱。但市场拍卖电灯发明专利可能超过电影机的价值，因为，市场上电灯需求量要大得多。可见，技术发明的学术价值与商业价值是两码事。

（四）人文学科成果的量级单位

北宋政治家、文学家范仲淹所著《岳阳楼记》中“先天下之忧而忧，后天下之乐而乐”的名句传诵千古，成为后世仁人志士的座右铭。若定义：该名句的人文价值为1仲淹，简称1仲，则整篇《岳阳楼记》可评估为3仲淹。其他人文学科类成果均可据此参照评估其价值量级。

（五）行为智慧成果的量级单位

“曹冲生五六岁，智意所及，有若成人。时孙权尝致巨象，太祖欲知其斤重，访之群下，咸莫能出其理。冲曰：‘置象于船上，刻其水痕所至。称物以载之，则校可知矣。复称他物，则象重可知也。’太祖大悦，即施行焉。”① 利用了船载物重相同，即排水量相同的浮力原理。现定义：曹冲称象的智慧价值为1曹。那么，诸葛亮草船借箭的计谋约为4曹，其他的行为智慧也就可以评定量级了。

有了上述这些单位我们就可以用类比的方法来评估思想成果，得出一个大概的价值量级。

第三节 思想价值体系

思想成果既表现出价值等级的大小不同，又反映出价值类型的多样性。

---

①资料来源：百度文库/ 教育专区/ 初中教育/ 曹冲称象。

一、思想成果的价值等级

人的智能发挥差异很大。同样条件下，有的人可能毫无作为，有的人可以大有作为，有的人可能造成损失。其结果完全取决于其思想和行动的状况。

人们动脑创造的思想成果价值不能用传统的时空概念描述，因为虽与时间有关，但不成比例。虽在空间中进行，却无对应关系。且人的智能千差万别，高度个性化。这样，我们只能按思想价值和作用的不同分为若干等级。其中，应包含涵量、是度、难度、实用价值、学术价值等要素。

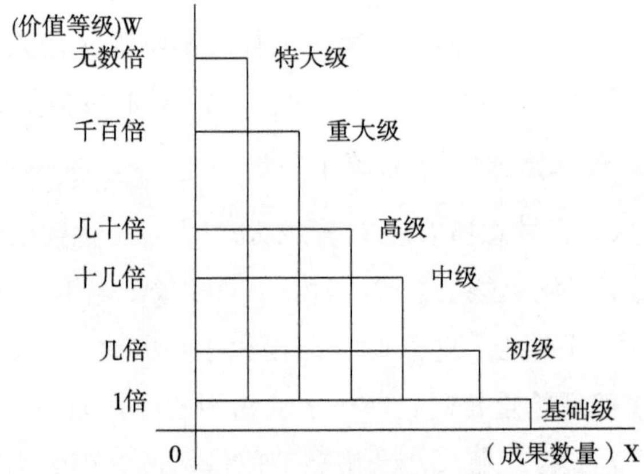

图 11－1　思想成果价值等级

我们把未经专业训练的员工的一般想法定为基础级。将受过不同程度专业训练的各类思想成果分为五个等级，即初级、中级、高级、重大级、特大级，如图 11－1 所示。这样，我们就可以分析在相同或相近体能付出操作情况下，所表达和实施的思想成效等级的不同价值。假设在毫无创新的普通思想支配下的劳动成效价值为 1 个单位，那么，具有初等创新思想指导并凝结在产品中的劳动价值量为几倍，中等的则有十几倍，高等的为几十倍，重大的千百倍，特大的即是难以计量的无数倍。“思想是金”绝不是夸大其词。不同等级思想的特征是：其一，普通思想是简单重复性的，几乎毫无新意。其二，初级思想成果是根据实际情况动脑筋作具体处置，具有一定的改进或应变性。其三，中级创新思想成果是具有一定的创造性，如科技小发明、小型技术革新、合理化建议等。其四，高级创新型思想成果，具有较大的创造性，如较大科技发明、工业生产流水线等。其五，重大思想成果，即是直接影响人类生产生活、有效推进文明进程的创造发明，如袁隆平培育杂交稻、比尔·盖茨开发电脑软件、乔布斯创造“苹果”品牌等。其六，特大思想成果是划时代的理论创造，具有里程碑意义的贡献，诸如科学基础理论创立、重大制度变革等，牛顿、达尔文、爱因斯坦、华盛顿、马克思、毛泽东、孙中山、邓小平、习近平等伟大人物都是为人类文明做出了特大贡献的。

图 11－1 说明，越是基础和初级的成果，数量就越多；越是高档次、高价值的思想成果，数量就越少。

二、思想成果的多种价值及其特点

思想成果与实物成果相比，具有显著区别。同一成果，也有多种价值，即学术价值、应用价值、复制价值、商业价值和传播价值等，并且，这些价值具有不同特点。

（一）思想成果的学术价值特点

思想成果的学术价值是指理论创新价值，或称首创价值。就是思想成果在对客观事物规律进行揭示、描述、解释及其在学术发展中的作用和意义。它是人类认识世界进程中表现出的历史性价值。

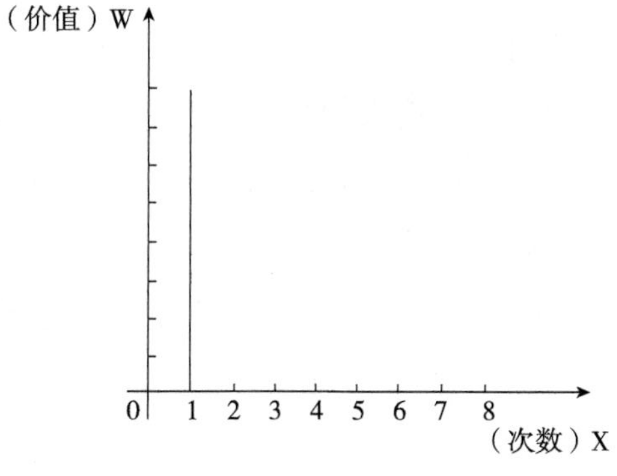

图 11－2　学术价值

就学术价值或理论价值而言，在人类信息可及范围内，只承认思想成果的首创价值，其转抄和复制，哪怕仅一次，也没有任何理论创造价值。从传播作用看，虽有一定价值，但已不属理论创造价值范畴。正因为如此，理论创立、科学发现、科技发明只承认第一，不承认第二。第二次就属于重复性研究，即使真正是独立思考的结果，也被视为重复性劳动，没有创新意义。其价值特点是，只有第一次很大，其后的第二次、第三次……全为零。如坐标图 11 -2 所示。因此，科研工作者、理论工作者必须掌握信息，力避重复研究。力求既不重复别人，也不重复自己。个性化和独特性是原创性思想成果的显著特征。

（二）思想成果的运用价值特点

思想成果所描述的原理，被当作一种工具和方法，用于指导实践，解释现象，答疑解惑，解决问题，在此过程中表现出的价值就是运用价值。就运用价值而言，思想成果不会因为运用多次而减少和损耗，相反，只会使其表述更完善。虽然由于运用者和作用对象不同而效果不同，但其原理的作用是一样的。牛顿经典力学、麦克斯韦电磁理论等被人们反复运用，但价值不减。又如按同一设计电路图制造的电器产品，无论是造一百个、一千个、一万个，只要质量合格，其功能是一样的。运用价值不因重复次数多而改变。如图 11 -3 所示。哈佛新经济综述指出："对技术加以应用所创造的价值，将远远高于创造技术本身的价值。"① 工业化大生产的显著特征是模具定型、机器制造、能源推动。模具和机器的作用就是根据人的要求，固定标准，不断重复运用人的想法，使之融入产品之中，变成产品的功能。从这个意义上说，思想成果的运用价值是无限的。科学理论永远为人们所运用，为人类后辈子孙的生产生活服务。

值得注意的是，各行各业第一线的劳动者是人类思想成果的运用主体，是他们直接创造社会物质文化财富，他们才是推动人类文明进步的主力军。

---

①《新经济时代解读哈佛》编委会编写：《The times of new economy Elaboration of Harvard 知本扩张》封面语，中国工商联合出版社 2001 年 4 月版。

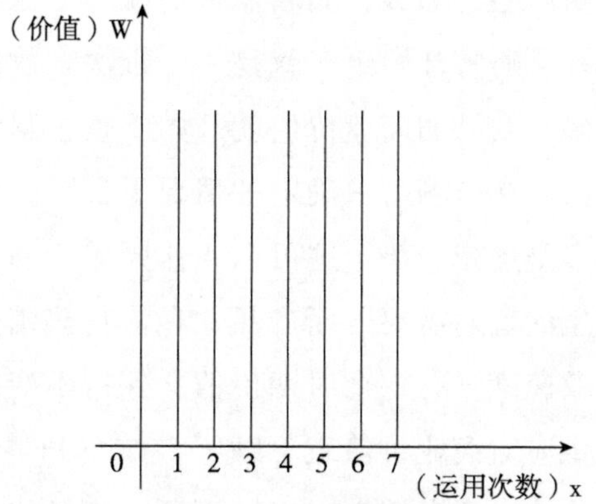

图 11-3　运用价值

（三）思想成果的复制价值特点

人们的脑力劳动和体力劳动凝结成价值。思想成果表达，或是符号态，或是实物态，均有价值。文化艺术作品的原件价值与复制品价值是相差很大的。原件价值就是思想成果的首创价值，由新创思想价值、表达中的能耗价值和承载物价值三部分构成；而复制品通常只有传播作用和传播价值。复制品价值主要由复制成本价值和传播价值两项构成。正是由于这一原因，一幅字画名作，真品价值高，赝品价值低。复制品的市场价格随复制量增多而快速下降。如图 11-4 所示。

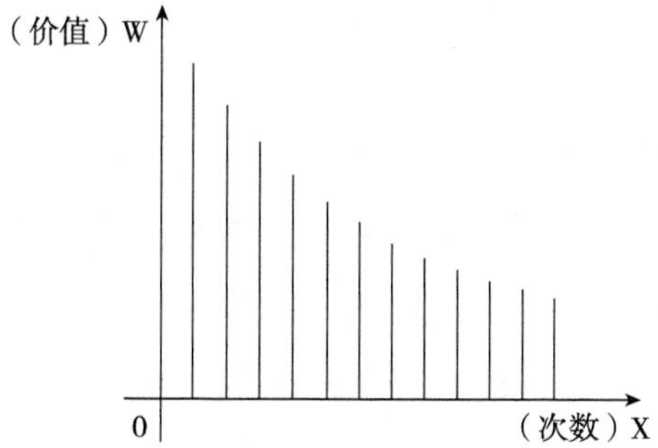

图 11-4　复制价值

（四）思想成果的商业价值特点

商业价值是指思想成果以某种形态在市场交换中体现出的价值量。如果是只造一件的绝版产品，那么，其商业价值就等于原创价值，一定是很高的。但是，现代社会通常开始生产就是一个批次。数量不是特别大时价值不下跌，数量一多，商品的商业价值就开始下跌，制造数量越多单件商品价值下跌就越厉害。在市场需求确定的情况下，同一思想成果复制品的交换价值随数量增多呈递减趋势。这可以叫作同质产品单价递减原理。若是发明人们工作和生活普遍需要的新产品，在流行热销的前期，由于生产速度跟不上推广普及速度，有一个时期价值会保持不变，但等生产速度提高、产品可以保证供应时商业价值就下跌了，如图 11－5 所示。正是这一原理，决定企业产品均有寿命周期，必须不断更新换代，比如电脑不断推出新的配置和款式，以弥补原款式的价格递减趋势。然而，当市场规模得到不断拓展的时候，产品认知人群不断增多，商业价值也可能不递减。正因为如此，必须抓好市场拓展，以减慢商业价值的下跌速度。

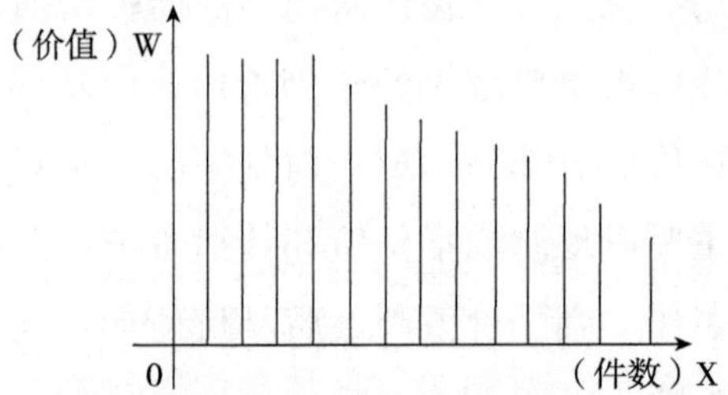

图 11－5　商业价值

（五）思想成果的传播价值特点

传播是通过受体产生作用的。用英文播音，其信息对不懂英文者基本不起作用；用文字材料传播，对文盲没有效果。传播的价值在于使思想成果为传播受体所掌握、所运用，或为产生新思想提供信息、材料、工具和动力。从总体看，传播的这些作用对多数受体都会产生。譬如数、理、化、生等科学基础知识在每届中学生中传播，人人都在学习运用，但运用能力却不同，其中一些人会有新的发现和创造。我们把通过传播使受体认知而产生的价值称作传播价值，如接受广告宣传而购买商品、接受保健宣传改善生活习惯等，就包含传播价值；把受体运用传播的思想成果所创造的新价值叫作运用价值；把传播引发的新思想价值称作创新价值，如受广告启发设计出新产品等。这种以传播为基础的运用价值和创新价值，都是传播的再生价值；传播价值总量是与传播面（受体量）成正比的。对同类受体而言，其传播价值是大体一样的，可以视为近似相等，如图 11 -6 所示。但是，相同的思想内容对不同的受体，传播效果是不一样的。比如：语言知识传播对青少年比较有效；美容知识传播对女孩子比较有效；市场信息传播对商人比较有效。但这些都是传播的再生价值。

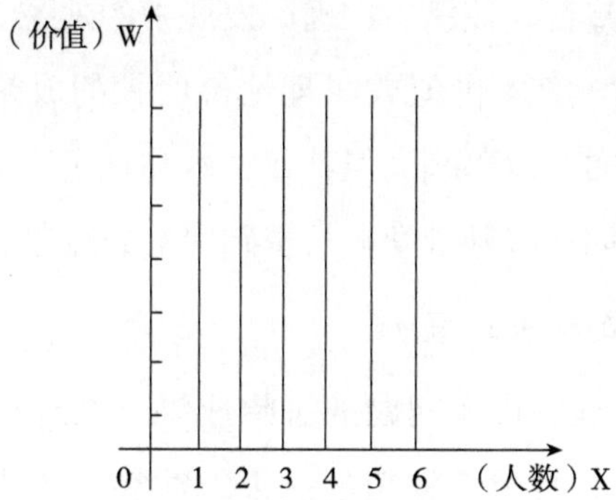

图 11 -6　传播价值

三、思想成果的价值范畴

思想的价值体系具有较为复杂的结构。思想运用的社会效果如何，要经受社会实践的检验。为深化对思想价值的认知，我们提出一些关于思想的对应性价值范畴。

（一）直接价值与间接价值

思想成果的直接价值是指成果本身所具有的价值，比如应用性成果中的专利项目、新产品设计书、企业发展计划书等均需花钱向作者购买，这就是直接价值。间接价值是指要经过中间环节转换而陆续产生的价值。比如一些基础理论研究成果，通常是通过应用性研究，才能转换成现实生产力和商业价值。思想成果的间接价值与其推广应用的程度有关。

（二）商业价值与学术价值

商业价值一般是指思想成果运用性价值的市场评估。比如：一种新开发的高科技产品，顺应消费者的需求，就能卖出个好价钱；一份新研制并办理了专利登记手续的新产品图纸可以拍卖出高价；一种适应实际需要的营销指导思想可以带来显著的营销业绩等。思想价值的大小主要取决于效用，效用越大，就越受市场欢迎。新度高，人无我有，在市场上就有先发优势，从而，可以得到先发利润，获得更大效益。然而，一些基础性、学理性的思想成果，概念新、原理深、是度高，可以解释和解决大量的问题，为理论和学术的进一步发展奠定基础，为学术研究开辟广阔空间，甚或成为学术发展过程中无法绕过的理论基石。该思想在理论发展中的地位、作用和影响必然很大，这就是学术价值。学术价值或叫理论价值大的成果有时商业价值并不大，就是发表时获得的一点稿酬。但其在学术和理论发展史上地位、作用和贡献是不可忽视的，如一些基础学科、基础理论的经典著作等。

（三）近期价值与长远价值

有许多是研究和解决现实问题的思想成果，在运用中很快表现出其价值和作用，但是，有些时效性较短的成果，往往没有大的长远价值。有的思想成果因其基础性、理论性和专业性，近期价值不大，但长远价值却很大。也有的思想成果不仅有近期价值，而且有长远价值。凡是思想成果，均有近期价值和长远价值两方面，只不过是大小不同而已。这也可以理解为思想成果的当代价值和历史价值。

（四）本人价值与社会价值

一项个人创造的思想成果，对创造者自身也是具有价值收获的。因其所做贡献，或上司给予肯定，或给予适当报酬和奖金，或给予社会荣誉等等。本人价值收获的大小首先与成果的商业价值直接相关；其次，与上司及社会对其评价相关。“不经一番寒彻骨，怎得梅花扑鼻香？”思想成果要靠努力思考获取。只有先付出，尔后才有回报。付出多少心血，求得多少真理，同时也就创造多少价值。社会价值是指成果对推动社会文明进步的作用和意义，它主要取决于思想成果揭示客观规律的深刻程度以及人们的接受程度，当然也与思想本身的传播力直接相关。若思想没有真理性内容，或不为人们普遍接受，社会价值就会小些；若思想能深刻地反映真理，并被人们所普遍接受，甚或成为社会主流思想，直接影响社会意识和社会行为，那么，该思想成果的社会价值就很大。比如：邓小平南方谈话，提出"社会主义的本质是解放和发展生产力"，"社会主义也有市场，资本主义也有计划"等内容，进一步解放思想，消解困惑，打破僵化，就很快成为全社会的主流意识，有力推动中国改革开放和经济社会发展。毫无疑问，南方谈话的社会价值是巨大的。思想成果的社会价值除了思想内容因素以外，还与思维主体的身份、地位、威望和影响力直接相关。也有学术价值和社会价值大，而本人价值收获小的。如有的大学教授花了几十年时间撰写了一部专业性很强的著作，在全国只有几个同行看得懂、感兴趣、评价高，学术价值不可低估，但对本人来说，除了单位承认工作量外，因发行量小还得补贴出版。

（五）专利价值与公共价值

专利价值是指思想成果作为专利拍卖的直接价值，公共价值是指思想成果供社会成员共享的价值。专利价值是由市场机制定价的，公共价值是由社会成员学习、运用后逐渐发挥的。专利成果有专利价值，基础知识有公共价值。但是，大多数专利成果也有公共价值，这主要可以从两方面看：其一，对专利成果宣传、推广、营销得好，专利使用者就可以获得大大超过专利价值的商业效益。其二，即使法律保护专利产品不许仿造，专利产品的广泛传播，按照思想交生理论，也将启发他人产生更多新思想。新的思想成果或许具有重大的理论价值和实际价值，然而，许多思想者未必能获得相应的价值回报，而是无私地奉献给社会成为共享价值。许多自然科学、社会科学和人文学科的经典内容被选入教科书，教育一代又一代人，不断应用于工农业生产实践，一直是谁学习谁受益，谁运用谁获利，何曾向科学家和作者们支付费用？这就是学者的无私、高尚和慷慨。各行业的师傅们把生产实践中获得的经验性成果，毫无保留地传授给门徒和后人，也是无偿奉献的，所创造的公共价值也不小。只有专利性技术发明，才是根据各国知识产权保护法进行有偿转让的。

第四节　思想价值评估的原则与方法

思想成果的反复运用并不会降低其运用效果，运用次数越多，实现价值越大；思想的传播面越广，其社会影响面就越广；接受思想的人越多，受其刺激产生新思想的机会就越大；思想传承的人数越多，所造就的后辈人才也就越多。思想成果利用的可重复性和不确定性使思想成果价值评估比较困难。

当今时代，改革前沿快速延伸，高科技领域突飞猛进。经济社会发展中出现的新问题、新困难，必须依靠新理念、新思路、新制度和新方法来解决。如何审定思想成果，如何检验思想成果，如何评价思想成果，不只关系到思想创新者的积极性，同时，关系到科技进步和经济发展，关系到人类文明的历史进程。

一、思想价值的评估难度

思想价值评估和人才价值评估一样难以准确量化，因为其价值有不确定性。从思想交生理论可以看出，思想成果价值大小是与利用状况相关的，且由利用的范围、程度、数量和时间等因素决定。比如一项专利发明，就是不考虑其对他人思想的启发作用，也还与该专利产品的营销状况有关。

发现某种规律，创立一套理论，想出某个点子，制定一套公平合理的制度，文化艺术方面的一项创作等都是思想成果。大量的思想成果不是通过市场作量化评估的，但是，绝不能说其没有价值，相反，往往是价值巨大，难以估量。

诺贝尔奖是世界科学界的最高荣誉。其评委会应该是具有公正性、权威性和公信力的，但是，其评奖照样留下诸多遗憾，这说明思想成果评估确实困难。“科学是一项精美的人类活动，而不是机械地收集客观信息。在人们习惯用流行的理论解释事实时，只有少数杰出的人有勇气打破旧框架，提出新理论。”并且，“一种正确的理论在其萌芽阶段常常被当作谬误抛弃，或是因其与经典论断对立被否定，后期阶段则被当作信条来接受。”① 科学巨擘爱因斯坦最伟大的贡献是创立了相对论。可是，让其获得1921年诺贝尔奖的却是另一项研究成果——光电效应。事实上在20世纪的头20年里，由于爱因斯坦创立相对论，几十位著名科学家一直提名他为诺贝尔物理学奖的候选人。但评审团的科学家中有人认为相对论应该经受时间的考验，致使爱因斯坦连年落选。② 由诺贝尔遗嘱的奖励对象范围所限，以及诺贝尔奖评选委员会采用的一些不甚合理的评选原则所致，在整个20世纪中，除了爱因斯坦的相对论以外，还有美国天文学家埃德温·哈勃的“哈勃定律”、罗伯特·麦克阿瑟和爱德华·威尔逊的“岛屿生物地理学”、物理学家韦格纳的“大陆漂移”理论、心理学家弗洛伊德的“意识与无意识”理论均与诺贝尔奖无缘。③

为什么思想成果的价值评估会如此困难呢？

首先，思想成果本身的复杂性，使其难以量化评估。脑力劳动与体力劳动不同：体力劳动的成果数量一清二楚，如收割了多少亩稻谷、搬运了多少吨沙石；脑力劳动的成果是揭示客观规律，是思想者对真理认知的表述，难以量化评估。再从主体方面看，脑力劳动付出多少心血自己也难以计量。“智慧宝贵”，“思想无价”，一套辉煌的思想成果，很难用一个数字予以评估。人类目前已有的价值评估方法是很有局限性的：工程师的一项技术革新或专利发明，可以在市场上拍卖几百万乃至上千万元；而大科学家的理论创造，却因不投入市场，常常被视而不见。科学家乃人类精英之极品，既伟大又崇高，他们将自己的思想成果无偿公布于社会，成为人们学习和享用的公共财富。科学理论在被掌握和运用中不断衍生出新价值。

其次，思想价值作用的发挥还与推广运用状况相关，是面上传播运用量和持续时间两个变量的函数。科学研究即使是失败的也有借鉴价值，需

---

①喻言：《诺贝尔奖的遗憾——遗漏的五大发现》，载《新华文摘》2002年第五期，第155－156页。

②③同上。

要予以公正评价。然而，这些因素均增加了评估难度。

再次，思想成果的市场定价虽然令人信服，但与时机、地点密切相关。通过投标、拍卖的方式确定交易价格的成果，其标价和拍价也只是反映该项成果在当时当地的市场价值。事实上标价或拍价除了与成果的等级有关以外，还与拍卖地的市场发育、经济基础、项目前景宣传状况以及人们对其认知程度等因素密切相关。一项专利发明在西部拍不出好价钱，在东部就可能拍出好价钱。

另外，评审者的局限性。人的思想成果只能靠人来评。然而，最伟大的科学家、学问家也都有其认知范围，最公正的评委也有其认识盲区和误区，即使不受偏心干扰也难以保证评审的客观和准确。主要原因是：第一，担任评委的科学家并不是全知全能的上帝，在做跨专业的科学成果鉴定和评估时，会遇到一些认知上的困难，“隔行如隔山”，听听介绍后似懂非懂，难以做出客观评价。第二，担任评委的科学家在对本专业成果评审时，会遇到超出自身认识能力的专业成果，对其价值作用未必能透彻理解，难以克服“曲高和寡”的局限。越是卓越的成果，理解的人就越少。爱因斯坦曾说：“广义相对论只有两个半人懂。”这让诺贝尔奖评委们怎么评呢？第三，任何制度和规则都不是完美无缺的“天条”，都有其片面性和缺陷，免不了有的人因规则得利，有的人因规则吃亏。好在科学家、思想家和文学家们并不是为获奖搞研究和创作的。

二、思想价值的评估原则

思想成果有它自身的许多特点，其评价也应坚持一些基本原则。

（一）注重思想成果的原创性

思想成果的价值，源于其对自然、社会和思维等规律的科学认知，在于其对社会生产力发展，对人的素质提高，对人的精神生活满足等方面发挥积极作用。因此，思想成果无论是学术价值还是商业价值，都主要来源于原创性。原创性的思想成果是最难得、最珍贵的。我们所说的原创性成果是指别开生面、独树一帜、没有同类先例并且经实践检验是正确的思想成果，包括：开辟新的学科领域的基础理论创立，能推动学术突破性发展；应用性技术的重大发明，可直接转换成现实生产力；震撼人心的文化艺术新作，有力纠正人们的观念偏差；等等。原创性创新是知识创新中最高层次的创新，是人类思想成果中的极品。通常情况下，一项原创性创新之后，会有大量的与之相关的后续性创新。因此，原创性创新除了其自身的巨大价值外，还将再生出巨大的后续价值。例如：牛顿建立了经典物理学体系后，以其为基础必然迎来人类的技术革命、工业革命和机械化时代。又如瓦特蒸汽机发明后，很快就有蒸汽动力纺车、蒸汽动力火车、蒸汽动力轮船等。当门格尔、维塞尔、庞巴维克组成的奥地利学派和以杰文斯、瓦尔拉斯为代表的数理经济学派先后用不同的表述，创立了边际效用价值论后，经济学家们就一拥而上，陆续提出边际成本、边际收益、边际生产力等理论。因此，原创性成果是价值之源，可以引发价值的扩张与繁衍。评价学术成果，首先要看原创性内容的多少，而不是看刊物衙门大小和级别高低，更不能只看篇幅和字数。陈寅恪先生在清华大学上课时曾对学生承诺："前人讲过的，我不讲；近人讲过的，我不讲；外国人讲过的，我不讲；我自己过去讲过的，也不讲。现在只讲未曾有人讲过的。"① 国学大师、文史泰斗的讲课内容句句新鲜、字字金玉，其课价值就高。许多学界名流都坚持听陈寅恪讲课，并称其为"教授中的教授"。

（二）注重思想成果的正确性

评价一项思想成果，首先要作是非判断，而后，才可作价值大小的评估。以错误思维获得错误结果，所形成的是异端邪说，传播出来必然毒害他人，危害人类文明进步。希特勒的"生存空间扩展"理论煽动了当年大批德国青年加入战争，宗教"生命轮回说"诱使一些教徒放弃宝贵生命等，都是给人类社会带来严重危害的。所以，我们对思想成果进行评价的时候，首先要判断其正确还是错误，是先进还是落后，是进步还是反动。对那些错误、落后和反动的东西，要进行批驳和澄清，并阻止其传播。

①转引自：孟祥海《陈寅恪的"四不讲"授课风格》，载《收藏快报》2012 年 1 月 11 日。

（三）注重思想成果的实用性

任何思想成果，最后的目的都在应用。如果一项思想成果虽然深奥且能自圆其说，但是，没有多少实用价值，那么，它对人类文明进步所产生的作用就不大，因此，其价值也就小些。一些实用技术，学理并不高深，但对人类文明进步意义重大，因而，其价值就很大。赵梅等翻译的美国麦克·哈特著《影响人类历史进程的100名人排行榜》把牛顿排在第二位，因为牛顿创立的经典物理学改变了人类的生产生活方式。把发明造纸术的中国发明家蔡伦排在第七位，对蔡伦的排名，哈特解释说："我们很难想象，如果没有纸，世界将会怎么样。"① 思想成果的价值不完全与复杂深奥程度成正比，有的虽然并不复杂，但却实用，同样有很大价值。有许多宝贵的原理，当被发现后，人们就觉得其平常和简单。问题是这些平常而简单的原理往往又迟迟未被发现。绝大多数人，只有当他人揭开真理神秘面纱时才恍然大悟："原来是这样简单！"

（四）注重思想成果的基础性

所谓基础性，指的是该思想成果能够成为后续研究的前提、基础和条件。正是因为后人会经常用到它，所以，其价值会在使用中不断得到发挥和扩展。没有法拉第发现电磁感应原理，就不可能有人类对电的广泛应用；没有莱布尼茨发明的二进位制，就不可能有今天的计算机和网络；没有拉马克创立的"用进废退学说"，达尔文的"自然选择学说"就会推迟诞生。基础性研究特别艰难，但基础性成果应用广泛，因此，基础性的思想成果通常要比应用性的思想成果具有更大的价值和潜价值。

（五）注重思想成果的简约性

科学成果是对大量现象研究后，经千锤百炼而提取的精华，要求表述准确、简练、明了。鲁迅曾说："人类的血战前行的历史，正如煤的形成，当时用大量的木材，结果却只是一小块。"思想成果大多用文字语言表达。

①罗马：《智慧与学术比权力和统治者更持久——影响人类历史进程的100名人排行榜的启示》，载《学习时报》2004年11月1日。

评估成果价值，首先看“是度”，即真理性。主要看“涵量”，但还要看其思想密度，也就是“精炼度”。同量思想内容若表达得紧凑简约就是精品，若又长又臭就索然无味。因此，在没有增加内容的情况下拉长篇幅只会降低价值。《老人与海》是海明威著名的中篇小说，原来是他写的一个长篇的最后一章，长篇小说已经完成了，但他担心前面的4/5会损害后面的1/5，最后毅然把前面的全都砍掉，只作中篇小说发表。作品精缩可以节省读者时间，降低传播成本和接受成本，提高传播效果。海明威自我舍弃的决心和勇气是难能可贵的。

人们体力劳动和手工劳动的成效差距是不大的。然而，人们创造性思维的差别却不能与此相提并论。一位设计工程师发明的一条生产流水线可以顶替300多名工人的手工劳动，如果这样的生产流水线建两套，就可顶替600多名工人的劳动。这比马克思讲的“复杂劳动可以折换成多倍的简单劳动”肯定要显著得多。这里使我们得到启发，既然单个工人的劳动价值可以计量，那么，工程师创造性的思想价值，在特定条件下也可以通过类比的方法进行估量。譬如，该流水线可用五年，其创造的总价值就是300工人五年创造的价值减去流水线制造成本及五年的运行成本。即：流水线价值 = 使用期内创造总价值 - 制造成本 - 使用期内运行成本。手工制造的产品和流水线生产的产品效用是一样的，且一般来说流水线制造的产品规格统一、质量更好。为什么创新设计的流水线有如此威力呢？因为，工人是在常识性思想支配下的普通操作，工程师所做的是创造性思维活动且运用了许多前人的科研成果，两者体力付出差异不大，但其思想等级却截然不同，创造价值也就大不相同。

经典理论用劳动时间来计量工人劳动，这是一项伟大创举。虽然人的脑能差异较大，不像体能那样相近到可取平均值，然而，经典理论用劳动时间计量普通劳动的原理，为我们的思想成果评估，提供了方法上的借鉴。因为，以人类普通劳动来表达的人类普通思想可以进行价值计量，就使人类的初级、中级、高级、重大和特大的创造性思想价值评估也有了参照系和尺度，哪怕只是一种量级评估。

三、思想价值的评估方法

前面我们已经阐述，从理论上分析，思想成果价值应与思想涵量与思想是度两个要素相关联。其中，思想是度是指其反映客观规律的程度。在社会实践中，思想是度应当体现为有用性，可以用效用系数表示。可写为：

思想价值 ∝ 思想涵量 × 效用系数（思想是度）

式中“ ∝ ”读作“相关于”。思想涵量指内涵容量，“是”比较容易把握；效用系数却不易确定，因为与运用者的智能有关。

在市场和社会上，新的思想成果更受欢迎，具有更大价值。然而，任何一套思想成果通常不是全新的，必有部分继承前人成果。就是说，被评估的思想成果中只有一部是新思想，这就存在一个新度问题。新度，我们用创新指数表示。这样，上述式子修改为：

新思想价值 ∝ 创新指数 × 效用系数 × 思想涵量

新旧是相对的，当更新的思想成果产生时，先前的思想成果就变得相对陈旧。因此，实用技术成果价值在市场上是随时间推移呈递减趋势的。当新一代产品上市时，老一代产品就要降价。

式子所反映的只是定性分析的框架和要素。有的思想成果价值难以作量化评估，硬要作量化评估，就必须采用评委打分之类的方法。有时也会因定量分析与定性分析明显不符而闹出笑话。爱因斯坦说，“世界是定性的，而不是定量的”，这话有一定的道理。

人们的思想创造具有价值，结论对不对呢？这是不言而喻的，因为人类的一切文明成果无一不是源于思想，人类文明进程中的每一进步无不依赖于思想成果的指导、凝结和累积。然而，由于思想成果的复杂性、传播性和可再生性，思想成果价值只能采用类比和概算的方法进行估量。

第一，绩效比较法。脑力劳动成效是否可以通过与体力劳动成效比较进行评估呢？完全可以。比如一名电焊工，用传统焊法每天焊接缝 80 米，但他接受了工程师发明的新工艺培训后，每天可以焊接缝 160 米。显然，此项成果的价值就是将焊接的劳动生产率提高了一倍。同样是人力纺车，哈格里沃斯在其妻子启发下，发明了“珍妮纺车”，劳动生产率提高近百倍。这增加的90多倍就可理解为思想成果的价值。同一工厂，在其他条件不变的情况下，引入一套管理体制，一年增收500万元，那么，其增量500万元就是此管理方法的单家应用价值。思想成果的突出特点是可以不断重复使用，推广的面越广，发挥的作用也就越大。评价一名智能型人才，人们总是从其知识、智能和智果三方面来衡量。知识，是指该人掌握专业学问的多少，通常用学历、学位和经验来代表；智能，是指一个人的智力潜能，或叫聪明程度；智果，是其大脑思维所创造的思想成果，很大程度上表现为个人业绩，比如学者的学术成果。一个人的智果创造及其实现状况，最终决定其对人类社会的贡献。

第二，市场评估法。就是通过市场直接检验或引入模拟市场来评估思想成果价值等级的方法。比如，同一企业生产的科技含量更高的新一代产品到底比老一代产品价格可上涨多少，消费者的欢迎程度或叫市场竞争力增强多少，可以有比较确切的反映。又如，一项科技成果，申请专利后，在广泛宣传的基础上拍卖出200万。虽不能说这成果的价值就是200万，或许在另一场合即可拍到230万，但可以说这项成果比卖50万的成果价值等级要高。就是说，拍卖评估的也只是大概值，且是当地当时价。书画作品拍卖定价、明星出场费市场定价等都是弹性价格。因为，那是根据市场供求状况由市场机制确定的，不以个人意志为转移，比较令人信服。以思想情感表达为主要内涵的文化艺术品，容易受到人的心理偏好影响，因此，各人出场费价格也具有鲜明的个性特征。明星为什么需要包装和炒作？因为任何商品价值都是人们认知的函数，好的产品认知的人越多、越深入，需求就越强烈，从而价值也会增大。

第三，同行评定法。实物商品价值与思想成果价值评定的原则有很大不同。实物商品一般消费者都能认知，而一些专业性很强的思想成果非同行专家是难以认知、无法评价的，只能依靠同行评价。据陈哲三《陈寅恪先生轶事及其著作》介绍：梁启超向清华大学校长曹云祥力荐陈寅恪。曹问："陈寅恪是哪国博士？"梁答："他不是学士，也不是博士。"曹又问："他有没有著作？"梁答："也没有。"曹说："既不是博士，又没有著作，这就难了！"梁大怒："我梁某算是著作等身了，但总共还不如陈先生寥寥数百字有价值！"曹一听，十分震惊，才同意聘请陈寅恪来清华任教①。若是外行就很难看出陈寅恪的学术水平和价值。同行评价操作要点有三：一是实行团体评价。一项思想成果其价值等级应当是客观的，但不同的人评价结果不一样。让一定数量的同行专家来集体评定，有助于弥补个人认识的主观片面性。所以，通常是组织几名以至几十名专家，由这个团体对思想成果进行等级评定。自然科学成果和社会科学成果评审均通常采用此种方式。二是采用匿名评审。为了避免人情与关系的干扰，以便使评估结果更加公正，主管部门常常采取匿名评审。三是采用标杆参照法。也就是取其中一项成果为某一等级，然后，以此为参照进行对比。比如，同是哲学社会科学论文，遴选出其中普遍认为最好的为一等奖后，就能对比出哪几篇为二等奖、哪几篇为三等奖。此法虽然未必准确，但确能区分出相对的档次差别。

第四，跨行类比法。在不同学科，不同行业领域之间，只能用对应的经济效果和社会效果进行比较。比如，技术科长的技改成果与销售科长的市场拓展成效比较，其贡献大小，可以通过考查经济效益估算出来。某文学家的创作成果与某数学家的研究成果如何比较，这就要复杂得多。通常是先在行业内同比，分出层次品级，再作跨行类比，才能判断其在社会文明进程中的作用、价值和贡献。比如，大科学家爱因斯坦、大思想家马克思、大政治家华盛顿、大艺术家达·芬奇等无疑都是各领域的顶尖人物。

第五，公众评议法。有许多思想成果，专家也很难评估，只有让社会公众去评价。比如：一项政策是否合理？一届地方政府官员政绩大小？出台的一项制度是否科学？……只有让社会各界人士去评价。多数人的评价，一般来说是比较客观公正的，通常视之为公论。中国历代文学作品浩如烟海，然而，人们公推《红楼梦》为名著之首。随着现代传媒和通信技

① 转引自：刘梦溪《陈寅恪的学说》第12页，生活书店出版有限公司，2014年8月版。

术的发展，社会公众评价的方法越来越普遍地被采用。比如，评选最叫座的电影、最有影响的电视剧、最受欢迎的歌曲等，均可以通过检测收视率、收听率，采用报纸回寄、手机短信投票等方式，汇总社会公众评价。

第六，历史评价法。一些思想成果，其价值当时还未充分显示出来，随着时间的推移，其巨大价值日益彰显，从而，确立其重要历史地位。《红楼梦》完稿之初，遭到封杀，稿子保存下来已历尽艰难险阻。恐怕连曹雪芹本人也未估计到其在中国文学史和世界文学史上的特殊地位和巨大价值。政治家在制度创新上的贡献也是在经受历史检验中证实其价值的。

目前，许多单位以学术刊物等级、课题立项级别及论文转载率为评价依据，免不了受到一些人情因素的干扰。以同行引用率为评价依据就要客观公正得多。

四、思想成果创造者的报酬形式

对脑力劳动者一般采取工资加奖金的报酬形式。工资确定通常以专业技术职务等级以及既有成绩为依据，奖励性报酬即以单件成果或当年绩效为依据。具体的还有：

（一）课题（项目）结题付费法

具体有三种类型：其一，指定课题和项目。根据课题（项目）要求，选择相关专业的研究机构和专业人员承担研究任务，课题审结通过后，按协议支付课题经费。其二，招标课题和项目。把研究的内容、目标、要求和补助金额标明，让研究机构或个人设计方案，提出纲目，做出承诺，经评审竞争中标后，就安排部分资金到位，结题审核通过后才全部付清。其三，自选课题和项目。研究机构或研究者个人觉得某方面探索有意义、有价值，愿意承担研究，请求相关部门补助资金。通常是结题以后，由发标机构组织同行专家审查通过。上述方法存在明显缺陷：一是先定经费，再让人做，虽言资助，实有交易之感。容易引发科研人员按酬付劳的思想偏向，甚或以最少劳动换取最大效益的做法。二是契约定做之研究，不像实物定做那样有样品或模型可供参照和比较，确实难以判断其合格或不合格。故而，结题审议，通常是草草通过的。三是课题（项目）均有限定时间，却没法作程序约束，易导致讲速度而不讲质量，搞成短平快的成果。甚至有许多人做课题的目的就是为了评职称和赚取国家科研经费。站在国家角度看，对思想者的创造性劳动必须给予应得报酬，以鼓励并促进创造力再生；但从思想者角度看，其研究创造绝不只是为了报酬，因为，报酬金额是有限的，思想价值是无限的。若将无限的思想屈尊低就于有限的报酬，甚至按酬付智，就必然束缚想象的翅膀，缩小思维空间，不可能创造出优秀的思想成果。绝大多数重大科研成果的获得都不是从个人私利出发的，学者应当具有崇高的境界。

（二）业绩折算法

由主管部门将思想成果折算为劳动业绩，然后给予报酬。对既搞教学又搞科研的大学教师通常采用此法。但往往看形式，不看实质。以刊物级别作为文章的质量级别，以字数多少作为内容多少计算工作量。其实，核心期刊未必都是好文章，普通刊物也未必全是一般文章。长文章也不一定有新见，短文章也未必没分量。按刊物级别和数字定报酬，是操作简便而不够科学的方法。企业高管从事市场分析、投资决策、营销策划、内部管理等复杂的脑力劳动，通常据其业绩定年薪，或搞考核指标超额提成。

（三）评比奖励法

在一定的区域内，把某一时期中申报的思想成果进行集中比较，并经同行专家推荐评审，提出获奖名单和等级，授予荣誉和奖金。同行专家评审法，若不受非正常因素干扰，则比较有公信力。

（四）成果采购法

研究内容由研究者自主决定，在思想成果生成后，经审定、协商由政府、企业或其他有需要的机构购买。技术专利拍卖就是这种方法。工程师出售其开发的软件由市场定价，策划公司对策划方案作有偿转让，这些都是以市场为平台进行交易的。

智本论

（第二卷）

思想价值论

俞鼎起　著

中国经济出版社
CHINA ECONOMIC PUBLISHING HOUSE
·北京·

目录 | 卷二

第三篇　思想价值论

第三篇

思想价值论

开篇词

为什么成本一元的光碟拷入一些数据就卖几万元？

为什么材料不多的苹果手机价格超过一般台式计算机？

为什么策划大师每小时要收上万元咨询费？

为什么白手起家的软件天才二十多岁就身家过亿？

为什么手艺精湛的厨师也年薪数十万？

为什么世界各国都日益重视本国的数据库安全？

为什么创新成为价值增值的根本源泉而备受热捧？

因为，现代商品的功能效用主要不是取决于物质，而是取决于其设计、技术和文化，物质材料只是表达和实现人的想法的载体。商品价值已不再取决于凝结商品中的劳动量，而是取决于技术、文化等知识含量。人的价值创造能力不在于体力，而在于智力。人的社会贡献不只取决于劳动付出，更取决于智果创造。人类经济要创新、协调、绿色、开放、共享地持续发展，就必须充分发挥人的大智慧和创造力！

习近平说："没有思想就没有灵魂，没有理念就没有方向。"①在理念、思路、科技、文化等对经济发展作用越来越大，脑力劳动成为主流劳动方式的今天，概念创新、理论创新、技术创新、文化创新、产品创新、商业模式创新、经营管理方式和制度创新成为价值增值的主要源泉。商品价值已经难以用劳动时间衡量了。同时，人与人相比，创造能力差距很大。解决一个技术问题，创造力强者可能半天完成，创造力弱者可能半年也不行，因此，劳动报酬计量也不能以时间为尺度。

---

①转引自徐伟新：《关系我国发展全局的一场深刻变革》，载《学习时报》2015年11月30日第1版。

经济是人们生活和社会发展的基础，价值理论是经济学研究中不可回避的基本问题，是经济学理论大厦的基石。古往今来，有大量理论先驱在探索：价值到底是什么？价值量到底由什么决定？他们的不懈努力在价值学说史上取得过不少理论成果。比较有代表性的主要是：劳动价值论、效用价值论、要素价值论、供求价值论等等。东方学者普遍推崇劳动价值论，因为它毕竟比较符合多数商品是劳动创造的这一客观事实。但遗憾的是，所有这些价值理论都未能圆满解答纷繁芜杂的社会经济问题，经济学家自己也感到不能自圆其说，致使有的经济学家怀疑到底是不是存在“价值”这一东西。理论研究受阻，使许多经济学家转向直接研究经济现实问题，试图以自己的成果促进社会经济持续稳定地发展。但是，价值本质、价值内涵、价值来源、价值要素都没有搞清楚，又如何分析经济问题，如何谋划经济发展，如何预测未来经济？

当今时代，教育、传媒、出版等事业发展的推动，使科技、文化、策划、医疗、服务等方面的思想成果层出不穷，并直接促进相关产业的发展。人类社会的生产生活方式发生了根本变化。社会经济事实快速变化，展现出更多经济规律，使人们对价值的本质、源泉和要素看得更加清楚。新时代、新经济，一方面热切呼唤经济新理论诞生，另一方面也为新理论创立提供了更深厚的实践基础。

习近平指出：“构建中国特色哲学社会科学……要体现原创性、时代性。我们的哲学社会科学有没有中国特色，归根到底要看有没有主体性、原创性。只有以我国实际为研究起点，提出具有主体性、原创性的理论观点，构建具有自身特质的学科体系、学术体系、话语体系，我国哲学社会科学才能形成自己的特色和优势。”①

①习近平：《在哲学社会科学工作座谈会上的讲话》，载《人民日报》2016年5月18日第1版。

“思想是世界上最美丽的花朵”，也是最珍贵的花朵。创立新的经济理论定然艰难，但不付出汗水和辛劳又怎么能指望有大成呢？如同马克思所说：“在科学征途上没有平坦的大道可走，只有那些不畏劳苦在崎岖小路上攀登的人，才有希望到达光辉的顶点。”①

唯有平视权威、冲破教条、不畏艰辛、立志创造，才能细察经济现实，认清大本大源；重建基本概念，找准理论基石；求得大道大法，创立大乘学说。

“唯天下至诚，为能尽其性”；“能尽人之性，则能尽物之性。”② 笔者并不期盼有重大理论建树，但愿自己的思想如同一只智慧小鸟，在广袤无际的思维天空自由翱翔，通体沐浴真理的阳光，尽情观赏真理世界中的奇珍异宝。真理的殿堂，翡翠遍布，珠光夺目，令人流连忘返……

①《马克思恩格斯全集》第23卷，第26页，人民出版社1972年9月版。
②孔子等：《四书》，《中庸·二十二》第58页，中国文史出版社2003年5月版。

第十二章　现代消费与需求变迁

前书已述，任何商品中都凝结着劳动，而劳动的本质特征是智能的运用。那么，消费者是否如此看待商品呢？人们的消费已经发生了什么变化呢？本章探索现代消费结构和需求变迁。

第一节　现代消费解构

哲学家是睿智的，他们始终从自然、社会和思维等方面辩证地分析事物，坚持从物质和精神、存在和意识两个方面来认识世界。马克思在研究经济学时，时刻不忘社会关系，这完全得益于其哲学功底。人与人之间之所以形成这种社会关系是因为人有利益、思想和情感。思想、精神和情感是人区别于其他动物的最本质特征。消费必须付钱，只有当有某种需要时，人们才决定消费。

一、人们消费的多样性

人的生命存在，可分为肉体生存与心灵生活两个方面。就肉体生存而言，与动物世界差别不大，主要是充饥、御寒、性的满足等。人有智能、语言和思维，于是有意志、精神和情感。人的充饥、御寒和性满足都是受思想支配的，是智慧化和个性化的。马斯洛需求层次理论中所提出的五项需求是“生理需求、安全需求、社交需求、尊重需求和自我实现的需求”，其中后三项皆是心理、精神和情感方面的需求。而第一项中饿时求食、寒时求衣是生理上的物质需求，性需求既是生理需求又是情感需要。安全需求中劳动安全、居住安全和交通安全等属生理性的物质需求，至于信息安全、婚姻安全、名誉安全等又是心理、情感方面的需要。因此，五项需求中，大约只有两个半项属于纯物质需求，四项属于心理和精神方面的需求。当然，我们不能否认物质资料对人们生活的基础性作用。物质消费可分为外用消费和内服消费。外用消费包括穿戴舒适漂亮的服饰；居住坚固宽敞的房子；乘坐安全快速的车辆；等等。内服消费包括用膳、饮酒、喝茶、抽烟、服用药品等。人们生活的物质世界精彩纷呈，但以其智能和思维为基础的内心世界更为丰富，决定着需求的多样性。诸如：有求知需求，探索自然和社会奥秘；有审美需求，欣赏音乐、美术和其他作品；有情感需求，需要亲情、友情和爱；有发展需求，渴望在组织系统中升迁、个人事业进步；有自我实现需求，探索研究、著书立说，创造精神财富，在人类文明史上留下自己的印记；人的内心深处，还渴望得到他人的尊重、肯定和赞赏。

人是有思想、有精神、有情感的高级动物。多少人为坚持信仰而宁死不屈！多少人为主持正义而牺牲自我！多少人为忠于爱情而坚贞不渝！在物质需求之外，人们具有精神和情感需求，并且是更为重要的需求。精神和情感的渴求不是物质资料满足得了的。纵有豪宅千间、名车百辆、存款数亿，全然是身外之物，未必融入个人心中。毕生追求的信仰、生死相依的情感却如春雨、似甘露，点滴滋润人的心灵，是人们永恒的需求。梁山伯祝英台的悲情戏剧一直在演，文天祥舍生取义的英雄之歌代代传唱。

人类这种思想精神价值是超越任何商业价值的。

无论是凡人还是伟人均需要文化精神的滋养。平民需有尊重、亲情、娱乐和休闲；帝皇对精神生活的要求则更高，他们掌握大权、管理国家，不只要求物质生活富裕，文化精神生活也必须富有。历代君皇中爱好文化艺术者颇多：南陈后主陈叔宝工诗词、通音律；南唐皇帝李煜作词登峰造极；宋徽宗赵佶精于书画；慈禧太后爱听戏。人民领袖毛泽东在诗词、书法等方面均有很高成就。

喜爱文化艺术，并非帝皇奢侈。对文化生活的需求，从根本上说是人的天性，也是人区别于其他动物的显著特征。对文化艺术的需求除了人的个性特征外，主要取决于三个因素：一是基本物质生活条件具备；二是个人先天禀赋的智能特质；三是后天对文化艺术素养和兴趣的培养。人的艺术欣赏能力主要是通过学习训练获得的。

人的文化和精神消费种类较多：视觉消费是指对视觉艺术品的观赏，作品如美术、书法、舞蹈等；听觉消费是指对听觉艺术品的欣赏，作品如音乐、相声、说书等；视听消费，指对视听艺术品的欣赏，如戏剧、电影、电视剧等；触觉消费，指经皮肤或其他器官接触来感受愉悦的消费，如按摩、推拿等。视听作品的价值来源是作品中包含思想和情感内容，按摩、推拿的价值在于其具有通经、活血、美容、保健等功效。精神消费中很大一部分是审美消费，如工艺品和文艺表演的观赏；健康消费包括食品药品食用、医疗健身器械使用等；还有传情消费，如购买鲜花用于情感表达。现代人生活普遍追求健康、美丽、开心，其消费必然多样化。

既然人们如此需要心理、情感、精神的满足，那么，我们有什么理由去否认文化精神产品的价值呢？怎么能忽视物质产品中的思想、文化的内涵呢？

二、消费结构与需求层次

如果把人的需求划分为两部分的话，就是生活需求和发展需求。生活需求又包括两方面内容，即生存需求和心理需求。这样就可以把人的需求划分为生存需求、心理需求、发展需求三部分。

（一）居民消费项目结构

我们暂且将人们的消费划分为衣、食、住、行、信、学、健、娱八大类，每类划分低、中、高三档，共有 24 项。再把每一项归属到生存需求、心理需求、发展需求三个层次的满足上，若有交叉的粗略定为各占 1/2 项，如表 12－1 所示。

表 12－1 消费项目结构与需求层次满足（单位/项）

		生存需求	心理需求	发展需求
衣	遮体保暖	1		
	美观		1/2	1/2
	名贵		1	
食	充饥	1		
	营养	1/2		1/2
	品味		1	
住	容身	1		
	宽敞		1/2	1/2
	富丽堂皇		1/2	1/2
行	安全快速	1/2		1/2
	舒适	1/2	1/2	
	豪华		1/2	1/2
信	快捷		1/2	1/2
	丰富		1/2	1/2
	高档		1	
学	基础性		1/2	1/2
	职业性			1
	名牌		1/2	1/2
健	常规保健	1/2		1/2
	益寿保健	1/2	1/2	
	享乐保健		1	
娱	自娱自乐		1	
	社交娱乐		1/2	1/2
	贵族娱乐		1	
合计		5.5	11.5	7

表（a）
生存需求满足
以物质、服务产品为对象的生存需求消费项目为5.5项约占23%

表（b）
心理需求满足
以物质、文化和服务产品为对象的心理需求消费项目为11.5项，约占48%

表（c）
发展需求满足
以物质、文化和服务产品为对象的个人发展性消费项目为7.0项约占29%

对24项消费作分类统计，满足生存需求的项目为5.5项，占23%，分表（a）所示；满足心理（精神）需求的项目为11.5项，占48%，分表（b）所示；满足发展需求的项目为7项，占29%，分表（c）所示。诚然，这仅仅是一个消费项目结构。

（二）居民消费价值结构分析

我们分析居民的消费价值结构，以苏州市为例①。

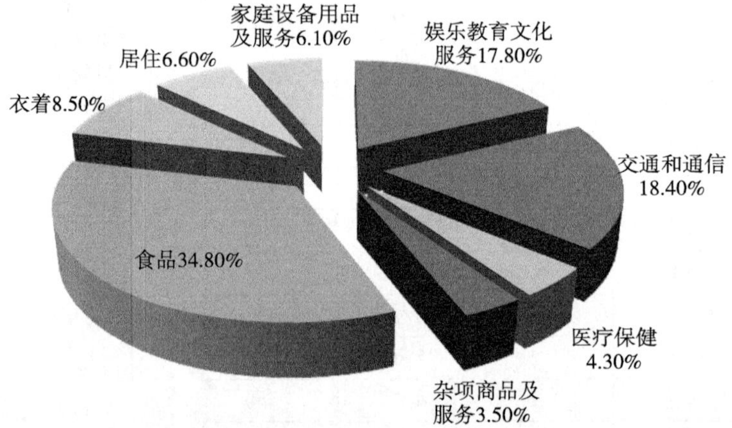

图 12－1　2013 年苏州市区居民人均消费性支出结构图

如图 12－1 所示，2013 年苏州市区居民人均消费性支出达 25197 元。娱乐教育文化服务支出占 17. 8%，交通和通信支出占 18. 4%，医疗保健支出占 4. 3%，杂项商品及服务支出占 3. 5%，这些支出大多数是非物质消费。另外，食品支出占 34. 8%，衣着支出占 8. 5%，居住支出占 6. 6%，家庭设备用品及服务支出占 6. 1%。其中也半数以上是满足心理需求和发展需求的。

考察上述消费项目结构和消费价值结构后，我们可以对消费现状和发展趋势作进一步分析。

其一，物质消费是一种基础性消费。

满足生存需要的项目占比不到 1/3，其价值占比也不是很高。物质消费虽然是人们消费中必不可少的基础部分，但其弹性空间很大。因为，物质消费中只有一部分是满足生存需求的，更多部分是满足心理需求和发展需求。如今，非物质消费和发展消费呈快速增长之势，逐步成为人们消费

①数据来源：《苏州统计年鉴 2014》。

的重要部分。发展社会生产力，抓好物质资料生产是改善民生的必然要求。彩电、冰箱、洗衣机等逐步向高档次发展，但一般可用很多年，年均消费并不高。物质消费中数额最高的是住房消费，但是，住豪宅主要是满足心理需求和发展需求。完成了城市化历程的国家居民住房消费支出较低。因为，多数家庭都续用祖上留下的房子，只修缮和装潢就比新买房省钱得多。家庭汽车消费既是生存需要、发展需要，同时又是心理满足的需要。

怎样看待以高物质消耗为代价的精神消费呢？比如：富豪们耗巨资修建规模宏大的豪宅，虽多空置，却显示其富有和排场；宴请宾客上满汉全席108道菜，吃得少、倒得多，却表示招待的高规格；购买上万元一套的西装并非比千元西服好十倍，只是感觉穿名牌，以示身贵。在基本物质生活保证后再往上提升，就是心理满足，属于精神消费。人们追求高档、豪华、奢侈的生活，更多的是心理和精神上的满足。值得注意的是，物质化的豪华生活是以高物耗和高能耗为代价的，有损社会可持续发展。因为，住豪宅占地大、耗材多、耗能高；开名车排量大、能耗高、排污多。此种生活方式，碳足迹高，对当代有公害，对子孙后代是资源透支。资源枯竭和环境恶化将给后人带来灾难性后果。

其二，文化娱乐消费较快增长。

一是文化娱乐消费增加。随着经济社会发展和文明进步，衣食无忧后居民生活方式和消费结构发生转变：吃饭钱占总支出比重越来越少，恩格尔系数逐步下降；服装消费进入成衣商品化时期；居住从追求住大房转向追求住环境好的房。用于文化、娱乐、休闲的费用逐渐增加。人们讲究生活质量，追求文化精神满足。城乡居民文化消费的普遍内容是：看电视和电影、上网、阅读、欣赏音像制品、观看歌舞戏剧演出、参加社区文体活动，参观画展、邮展、瓷展等。文化消费源于人们心灵对知识、信息、艺术等方面的精神需求，其功效在于增长知识、激活思维，培育道德、净化灵魂，提振精神，提升生活品位。国民旺盛的文化需求，是我国文化产业大发展的市场条件。

二是医疗保健和旅游消费成为家庭消费的重要组成部分。健康是人生根本，没有健康什么事也做不成：有职有权者无力为百姓做事即耽误地方发展；满腹文章无力写作者就不能供天下人共享；亿万财富无力做成自己企盼的慈善事业，是很大的遗憾。衣食无忧后人们更加重视健康，定期体检成为惯例。健康文化广泛传播，保健书籍空前畅销，保健讲座听众爆满；健康生活方式普及，走路、跑步、爬山、广场舞等群众性体育活动广泛开展；健康服务成为新兴行业，推拿、泡脚、教健美操等生意兴隆。人们花钱走进健身场馆，目的在于接受健康理念，学习健身技巧，进行健身锻炼，并从健身者集体中得到交往、鼓励，以便长期坚持。健身增强了身体素质，提高了工作精力和效果，同时，提高了生活质量。健身热的兴起，也促进了运动器材和运动服饰的热卖，健身消费从多方面推动经济发展。从西方发达国家的经验看，体育健身产业的成熟，一般是在工业化的中后期。在美国，保健产业占全国 GDP 高达 15%，而中国目前尚不足 5%。健康管理正在逐步兴起，其功能主要是根据人们的体检信息、病历记录、遗传基因、生活习性等，对个人健康状况进行综合分析，提出身体各部分发病可能的预测报告和预防措施。让专业医生对管理对象的饮食营养结构、运动锻炼方式和强度进行指导，对心理问题进行疏导，对睡眠等生活习惯进行优化调整，从而，保证人有充沛精力，少生病或不生病。人们消费从重身外之物转向对自己的身心关爱，这是一项重大进步。

三是传情消费逐步增长。人的心灵需要情感滋养。人需要有所爱，也需要被爱。缺乏爱，即使物质上富有，心灵也会干枯、苍凉和失落。对于人，爱是一种善念，是一种力量，是人的精神支撑。人们都在情和爱中生活。热情友善、敬老爱幼，乃同类之情；相近相知、互敬互助，乃朋友之情；朝夕挂念、关心爱抚，乃亲族之情；相互倾慕、心心相印，乃男女爱情。情感的产生和强化，固然需要回应互动，或者说是以心换心、以诚换诚；然精神高贵，感情无价。纯真的情感通常不追求商业价值。唯其非商业价值，更显得弥足珍贵。人类天生具有释放自己内在情感的潜在需求，同时，也有获取情感的需求，这种情感的交流需要对象、环境和氛围，同时，情感表达也需要媒介。语言、文字、图像、信物等一些特殊商品充当情感传递者和表达者，于是，就表现出特殊价值。物质生活条件改善后，人们越来越懂得亲情、友情和爱情的重要和珍贵。传情商品成了一种新的消费对象，诸如赠送鲜花、保健品、艺工品和绿色食品等，点歌祝贺、问候电报、空中贺卡等，其含义与价值大大超越了物品本身价值。爱心是人类最为珍贵的精神品质，情感表达是社会人际关系的润滑剂。

从长远看，人类本应从文化、艺术、保健、娱乐和情感交融等方面获得愉悦，提高生活质量。现在，人们已经开始转向文化、精神方面消费了，唯其如此，才能有效地减少对自然资源的取用，减少经济发展过程对环境的损害。

其三，发展性消费快速增加。

发展性消费，是指以人的素质提高为目的，以个人事业发展为目标的消费。诸如个人进修、技能训练、子女教育培养、身体保健、信息获取等方面。当今居民家庭教育消费、新媒体消费、通信消费发展迅猛，这是社会加快发展的重要动力和条件。人们大多数具有发展需要，希望自己成为行业中的佼佼者，如：提升自己的职位，发挥自己的作用，更好地为民众服务；通过自己的经营赢得更大的效益，增加自己的财富；通过刻苦学习取得更高的学历和学位，成为某方面专业人才；希望自己的成果成为人类社会文明进步的铺路石，并为越来越多的人所接受；等等。在发展的征途中，人们只有充分发挥自己的智慧和能力，克服各种困难，才能赢得竞争的胜利。然而，现代竞争不是体力的较量，而是知识、智慧和创造力的比拼。职位、财富、声誉的分配是以知识、智慧、创造力和业绩为依据的。这就必须有发展性经费投入：

一是增加教育进修消费。社会对劳动者素质要求的提高，需要人们通过学习、进修、训练增加知识，增强技能。教育是人类社会进步和公民素质提升的基本途径。近些年来，教育消费成为家庭消费的重要组成部分。基础知识、生活知识、保健知识、专业知识和职业技能等，都成了人们学习掌握的热门内容。人们已经普遍认识到人才的巨大价值和教育的先导性、基础性和决定性作用。大量国家实施科教兴国战略，把教育作为战略重点。许多企业确定了人才发展战略，确信人才是事业发展的根本因素。大多数家庭把子女的教育培养确定为家中头等大事，在家庭经费开支中，子女的教育费用优先保证并呈现大幅度增加态势。在中国，相当一部分民众家庭在若干年时间里，家庭收入的主要部分用于子女的教育培养。正在就业的年轻人深知自身发展与进修培训密切相关。要在激烈的职场竞争中胜出，不断赢得新发展，就得提高自身素质，增强自身实力；就得自觉参加相关培训。无论是国家和企业，还是家庭和个人，教育消费均呈快速上升之势。

二是增加通信和信息消费。追求个人发展必须及时掌握大量信息，以便及时正确地作出决定。传媒与信息成了家庭中不可或缺的消费项目。通过有线电话、移动电话、网络、报纸、杂志、电视等，及时、快速、高效的通信和信息获得，提高了工作效率，提高了生活质量。手机成为人们须臾不可或离的伙伴，可以时刻保持与他人的联系，给人们带来了空前的便利。互联网终端遍布世界每一个角落，成为生活和工作的重要平台：网上购物、网上银行、网上学校、远程诊疗等，大量工作生活事务均可足不出户地在网上完成；电影、电视、音乐、文学、游戏等在网上应有尽有，一旦上网，让人流连忘返；工作生活中的问题在网上几乎可以有问必答，网络成为人们的良师益友。可见，通信和信息消费共处于生存消费、心理消费和发展消费三个层面中。

三是增加强身和健脑消费。人们发展必须具有强壮的体魄和清醒的头脑。锻炼强身、营养保健、健康管理等都成为必要开支。思维能力训练、大脑潜能开发、旅游观光增广见闻等都是增强个人能力的有效途径，其开支也必不可少。

结论：人们必不可少的生存性物质消费是有限的，中高档物质消费大多为了满足心理需求和发展需求。文化娱乐、教育培训、传媒信息、体育保健、休闲旅游等非物质消费可以充分满足心理需求和发展需求，人们大可不必从高物质消费中获得心理满足。

第二节 消费结构变因分析

一、非物质消费增加的原因

当人们的消费转向求知、习艺、娱乐、保健、旅游和休闲等方面时，必然促进文化消费和文化产业大发展。原因有三：其一，人类属精神性、情感性动物，在物质资料基本满足后，主要追求精神满足。日本从1995年开始，娱乐产业成为第一大产业；美国从1998年开始，文化产业成为第一大产业。其二，地球上自然资源有限，物质生产不可能无限制地扩张。大家都追求住宽敞高楼，则土地和建材占用太多；追求人人有汽车，则钢材消耗多，能源更紧缺；追求物质财富涌流，则资源消耗太快。从长远看，人类的物质追求要适可而止，而转向文化消费为主的生活方式。因为，文化是人创造的，文化繁荣所消耗的资源、能源很少。这是人类消费发展的正确方向和基本趋势。其三，文明发展的本质是要求人自身的全面发展。文化消费过程，既是欣赏、享受的过程，同时又是学习、感悟和自身素质提高的过程。健康、丰富的文化生活必然有利于国民道德素质、文化艺术修养的提高，有利于人的全面发展。科学文化进步需要文科和理科同步发展，文科解决方向和理念问题，理科解决科技和方法问题。

人不仅需要有吃、穿、住、行等方面的物质生活，同时，必须有一定的文化精神生活。物质资料不够，人会感到痛苦；精神补给不足，更会感到痛苦。饥饿寒冷可能导致死亡，精神崩溃同样致命。现代社会饿死、冻死者极少；但精神滋养不足，无以抵御外界压力，引起焦虑、抑郁直至自杀以逃避痛苦者却非个别。因为，精神垮了心就死，心死即人亡。人必须有精神支撑。在有了基本物质生活资料的同时，需要有丰富的精神养料。

二、财富观和消费观变化

随着经济社会发展和社会保障体系的完善，人们无须担心教育、医疗和养老的费用，尤其是在国家征收物业税、不鼓励人们购置非营业性产业后，人们的许多观念都会发生变化。

新观念之一：占有财富多，不等于生活质量高。

高质量的生活必须包括物质生活和精神生活两方面。在现代社会，人们解决基本的物质生活问题已经不难。在一些福利国家，就是失业也能在政府救济金补助下过上温饱有余的生活。

当基本的物质条件具备以后，生活质量的高低，主要取决于精神需求是否得到满足，人的心情是否愉悦。而心理上的幸福感主要取决于两个方面因素：一是从外部获取的物质和精神产品的充足程度。二是个人心理的期望值高低。两者差距越小，幸福感就越强；差距越大，幸福感就越弱。

高质量的生活，并不存在固定模式。有人追求以诗书为伴的恬淡生活；有人追求日进万金的财富增加；有人追求名垂千古的丰功伟绩；有人追求超越世俗功利的从容、宁静与安然。社会本应是一个和谐的整体，应当允许芸芸众生的多样化追求；强求一律，必然会破坏多样化的社会生态。

新观念之二：经济报酬是生活的基本保障，而不是全部。

逸士名家，俊杰英才，虽然从事不同职业，但都在充分发挥自己的聪明才智，在本行业内作出自己的特有贡献，为人类社会的文明进步作出努力。

许多人宁可经济报酬低一点，也要从事自己所喜欢的职业，做自己爱做的事。一个人只有在自己感兴趣的领域内才能不知疲倦，努力工作，做出成绩，并从中获得一种成就感，使内心感到快慰。科学家不为利不为名，几十年如一日地刻苦研究，就是要有自己的发现、发明和理论建树，同时从中获得成功的喜悦。他们视自己的研究成果为最好的精神回报。科学成果具有巨大价值，被人类科学史所永久记载和传承。科学家的无私奉献赢得人们的普遍尊敬；实业家以创造物质财富服务于社会，利润是市场给予其所付的智慧和辛劳的回报，财富数量是其事业兴旺程度的重要尺度，其所追求的是产品质量、企业规模、市场份额和企业在行业中的排名；叱咤风云、影响历史的政治家，其薪金并不高，但是，能掌握国家权力，支配大量人力资源和其他资源，施行自己的政治主张，为国家和人民服务，赢得公众敬重并在历史上留下功绩，他们视其政绩及历史评价为报酬；教育家以传授知识、开发智力、塑造人才为最大收获和慰藉；艺术家通过创造人们喜爱的艺术作品服务于社会，他们视自己的艺术成就赢得人们肯定和赞誉为回报；舞台上的表演者视观众的掌声为最重要的奖赏。

在社会生产力尚未充分发展的年代，人们为了保证正常生活，必须看重经济报酬，这是一定历史阶段的产物。但是，人决不是仅仅为了钱而工作。如果人人都是为了物质报酬，或者说只是为了经济待遇的话，那么，为什么大量的优秀人才不去直接赚钱，而是去从事工资待遇不高的科学、政治、教育、新闻、考古等职业呢？事实表明，许多政治家、科学家、教育家都具有较高的经商天赋，能够在市场竞争中赢得自己的一席之地，使自己成为一方富豪的。然而，他们毅然决然地选择并不赚钱的职业，那么，他们的动力在哪里呢？是因为他们要发挥自己的特长为人类文明进步做出贡献！

新观念之三：从重置业转向做有意义的事。

从贫穷年代刚走向富裕的那一代人总是习惯于把钱用于购置资产和实物上，如买房、买车、买家具等。因为曾经穷怕过的人总觉得有产业有家底心中才踏实，即使失业也可变卖物业另谋生计。新时代，生产力发展了，社会保障体系健全了，人们就从用钱置业转向用钱做事，做有意义的事。衡量人生价值的已不再是平生置了多少产业，而是人生过程的意义和感受。人们把钱用于学习培训，提高知识和技能水平；用于旅游观光，获取见闻和体验；用于欣赏音乐等文化艺术，以陶冶自己的性情；用于公益和慈善事业，实现助人的人生价值；用于人的健康管理，提高自己的健康水平。这种消费观念转型，可以减少物质资源消耗，且更好地发挥智力成果的作用，促进知识经济和服务业的发展。现代服务业靠的是技术、智力和情感，其价值源于服务的内容和质量，故而要求始于真诚、精于专业。

新观念之四：新增消费用以提高生活质量。

居民生活开支最基本的是日常消费，如：吃饭、穿衣、医疗、交通、通信等费用，以及水费、电费、物业费等。居民消费增长主要在两方面：一是新辟性消费，即家庭中新的消费项目。当看到电视、冰箱、汽车、网络等确能提高生活质量、为现代家庭所必需时，居民纷纷购置。除了购买汽车、电器的费用以外，还要月月支付运行费用。有的妇女报名参加了瑜伽训练班，身体是健美了，但新消费项目也开辟了。二是更新性消费，就是已有商品的更新换代。譬如：黑白电视机换成彩电，彩电又换成液晶彩电；电脑也随市场产品更新换代不断更换；手机新产品层出不穷，许多年轻人是一年一换。产品换代扩大了消费，也推动了经济发展。

第三节　需求变化导致消费转型

信息时代人们的认知途径和视野比以往任何时候都宽广。广泛认知不可抑制地扩展了人们的消费需求。

一、现代人的求知需求

教育学家说："每个孩子都是天生的科学家，他们自觉地探索周围的未知世界。"因而，孩子总是喜欢不停地东走西走、左看右看，缠住大人问这问那，抱着玩具横摸竖摸。孩子对什么都感到新鲜和好奇，这是出于一种求知的天性。进入成年，人开始有了生活负担和社会责任，面临着生存与竞争的压力，有了情感和关系的困扰。因而，一方面感到需要探索的领域更多，另一方面感到时间精力有限，无法进行全面探索，于是，不得不集中精力在自己职业发展的相关领域进行求知深造，以便增强竞争力，而对其他方面的探索予以缩减或放弃。当然，有的是已疲于生活奔波和家庭重负；也有的由于难以获得求知成功体验和快乐而渐渐变得麻木和冷漠。

或有读者认为，孩子勤学乃源于父母望子成龙的鼓励，成人求知的动力来自应对生存竞争的挑战。不可否认这是一种相关的因素，但不是唯一因素。退休以后的老年人，不需再就业，不再有名利之争，为什么在老年大学里学习照样兴趣盎然呢？可见，求知是人们的一项源于生命本性的需求。故古人云："朝闻道，夕死可矣！"说明求知需求贯穿人们生命旅程的始终。

当今社会，人们就是不为了赚钱和发展，也离不开电视、网络、报纸、手机等。增加知识、获取信息、了解世界是人们自身生活的需要。

二、新产品新服务唤起新需求

古典经济学理论认为生产决定需求，因为，生产不仅创造产品，而且使劳动者获得收入。生产决定消费，即产品品种结构决定了消费品种结构。生产是消费的前提，没有商品生产出来，拿什么消费？凯恩斯理论认为需求决定生产，即商品消费需求的数量和结构变化决定了商品生产的数量和结构变化。因为，商品消费多，卖得好，资金回笼快，企业才可以连续不断地生产和扩大再生产。相反，消费少，产品卖不出去，其生产就难以为继。其实两者是相辅相成、互相依存的。

凯恩斯提出的总需求决定经济总量理论是有条件的：一是企业以生产定型化传统产品为主；二是企业生产能力充足；三是资源尚不缺乏。在满足上述条件的前提下，企业是只怕产品卖不掉，而不怕产品产不出。就像一个供水能力足够强、管路系统完善的水厂，用户能用多少水，水厂就能提供多少水。水是好东西，可以饮用、洗涤、做饭做菜，适度多用水可以提高生活质量。要使用户多用水必须解决两个问题：其一，有钱支付水费，没钱就只好关住水龙头了；其二，深化对水的用途认知以扩展使用范围，比如：睡前热水泡澡、阳台花木浇灌、客厅玻璃缸养鱼等。这里我们可以得到两点启示：扩大需求，一要增加消费者收入；二要不断创造出适应人们消费需要的新产品。要让消费者增加收入就必须让他们更充分地就业；要提供新产品和新服务就必须创新。注意到了这两点，我们就发现归根到底还是生产决定消费，创新决定消费，在资源日渐匮乏的背景下就更需要创新。

一是以技术突破创造的新产品、新服务，能引发新需求。人类原本没有汽车、彩电、冰箱、洗衣机、电脑、手机等商品，当企业生产出这些商品后，很快被人们所喜爱，当今人们已离不开这些东西，存在巨大需求。经济发展史表明：每次新的系列产品创造都开辟出大量新需求，带来若干年的经济高增长。企业若能创造出真正有利于人的生存和发展的新产品，就能再次拓展需求。比如：根治癌症的药物、有效葆春的产品、延年益寿的服务等都必然受到市场欢迎。

二是以理念创新引领生活方式转变，扩展消费范围。在经济尚不发达的年代，人们的奋斗目标是解决温饱。而今，经济繁荣，人们追求健康、开心、有为。于是，保健养生普遍重视，美容成了女性所爱，旅游业继续发展，休闲成为国民生活的重要内容。这些方面都将大大增加需求和消费。

三是以创新促进传统产品升级，提升消费水平。老产品的改良性创新，使功能效用有所突破，审美效果有所提升，使新代产品明显优于老代产品，也能够带动消费增加。比如：食品营养结构更合理，衣着更舒适且有品位，住房更安全和环保等。这些，一方面提高国民生活质量，同时，也增加市场需求和消费总量。

四是新的文化产品创造，引发新的需求。优秀的歌曲新作、有影响的文学作品、深受观众喜爱的影视剧目等等，都可以激发消费者的需求，吸引居民的消费，增加文化产业的营业额和效益。

总之，优质的产品和服务人人需要。一些人是因为一般物品已有，又没有遇到更喜欢的产品，而不得已将钱储蓄。在有储蓄或可贷款的条件下，主要是解决消费者的意愿问题，产品和服务创新就是解决这一问题。

创新可以创造需求是什么原理呢？生产任何适销对路的好产品的同时，也就创造了购买力。因为，产品生产过程就是劳动者获得收入的过程，卖出产品使老板增收、国家增税。商品生产能力与社会购买力一般是同步增长的。另外，人们若因喜欢商品而贷款消费，往往能激起其求职和赚钱热情。所以，扩大需求和消费主要依靠产品和服务的创新。需求扩大依靠产品创新来启发和引导，就业增加依靠产业创新来开辟和实现。这就是创新创造需求的原理。中国政府提出从供给侧发力，创造需求，拉动消费，保持增长，这是非常积极的发展战略和政策措施。凯恩斯的消费函数和需求理论也有其局限性。

由此可见，生产与消费两者相辅相成，不可偏废。然而，由于地球上资源的有限性，消耗物质资源的产品均不宜鼓励过量消费，更不应浪费，而应倡导节约。

三、消费需求从共性化转向个性化

在市场经济初期与中后期，消费者的心理追求是不同的。

市场经济初期，消费者绝大多数还不富裕，购物要求是经济实惠。在此阶段以物质效用为重，文化和精神内涵次之。此时，生产经营者的市场战略也是薄利多销，寻求规模效益。消费者购买到共性化产品就满足了，很少有产品的个性化要求，生产商也乐于生产共性化、标准化产品，以降低生产成本。

在市场经济的中后期则不然。人们逐渐富裕起来，中产阶层比例增高，消费者购买商品力求称心如意。在此阶段，既重物质效用，也重文化、精神内涵。人们购物关注品牌，喜欢名牌。购物是买个开心，只要商品喜欢，就是明知商品价高利厚，也一笑买之。一些女士坦言："家里什么都不缺，购物是一种享受！"在富裕社会，许多消费者对产品有个性化要求，以满足自己的特别需要。现代商品应当具有满足消费者一种或多种需求的价值和内容。在有电信和网络沟通的现代社会，运用电脑控制生产客户特别要求的个性化产品较为方便，且利润率高，企业乐意接受。

四、需求变化决定消费转型

传统观点认为，多数人的人生追求目标是两个方面，即权力和金钱，就是古人说的追求"荣华富贵"。在法治、民主和富裕的社会，这两方面追求意识都将逐渐淡化。

在原始社会、奴隶社会和封建社会，人们崇尚武力和权力的根本原因，除了人的支配欲外，更重要的是由于生产力落后，生活资料匮乏，吃、穿、住均难以满足。拥有武力和权力后，就拥有物质资料的支配权，可以保证自己的充足。哪有武功盖世的强人和掌控国家权力的封建帝王忍饥受寒的？在中国，持续了三千多年的封建社会，少数家族成了统治者，绝大多数家族世世代代受统治、受奴役。极权统治愈森严、压迫愈残酷，权力愈张狂、社会愈不公，人们求权的愿望就愈强烈。随着民主、法治的平等社会到来，人们只要遵纪守法就能平安生活，并不需要强权的特殊保护。这样，许多人求权的热情就会逐步降低。只有那些真心愿意为民众服务的政治家才出来执掌公共权力。

从世代贫穷的家庭中走出的新生代，吃够饥寒交迫之苦、穷怕过的人，对财富有着特殊渴望，所以市场经济前期，人们拼命追求财富；但是，到了富二代、富三代，那时国家社会保障体系完善，正常生活不用愁了，他们还会刻意追求财富吗？

二十年后，也许不需要二十年，国民中的大多数人将以健康、快乐作为生活追求目标。健康、快乐将成为人们的主要消费目的。今后，健康产业将会大发展，诸如：健康文化发展和传播，健康食品生产和供给，保健器材的生产和经营，健康管理、咨询和训练，等等。

人们的愉悦性消费将大幅度增加，所以，文化产业发展不可估量。人们将以更多的书籍阅读、音乐欣赏、书法练习、影视观看等充实生活。文化消费为主的时代很快到来，这是人类的理性选择。因为，高物质消费消耗太多自然资源，地球已经供应不起；而文化资源是无穷无尽的，它源于人类自身智能，只要有充足的智力就会有人类生活所需要的文化。

随着人类物质产品生产的发展，人们吃饱、穿暖、住安、行速的要求大多已得到满足。现代产品应更注重消费者的心理和精神满足。新产品不能只满足人们的生存需求，同时，要满足人们的心理需求。人们的消费观念在转变，不只满足于基本物质生活消费，而更加重视文化、教育、健身、娱乐、旅游等精神消费。消费方式也发生重大变化，许多转向网上消费、服务消费。

许多人将工作在城市，生活回乡村。他们发现：绿化得再好的社区也不如自然山水风光；装饰得最现代的豪宅也只是遮风挡雨；高科技床垫与木板床相差无几；高级轿车也只是代步而已。当人的认识到了如此境地，就更加平视权力和财富，淡化物欲，开始注重文化和精神生活，注重内心感受，真正返璞归真。

需求和消费变迁，必然引导产业结构变化；科技、文化发展，必然推动生产生活方式变更。新时代、新经济使经典理论的一些论断面临现实挑战。

第十三章　经济变局呼唤理论创新

能够解释当时多数经济现象的理论一经创立，就被人们奉为经典。先哲名著代代读，作者逝去不再改。岁月无情，社会变迁。在科技、文化、经济发展突飞猛进的今天，百年经典也必然暴露出它的历史局限性。当经典理论说明不了许多现实经济问题时，时代就呼唤新理论的诞生。

第一节　人类生产生活方式嬗变

一、人类劳动方式的百年巨变

（一）工业化前期用初级机器代替人的体力劳动

在茹毛饮血的远古时代，人类祖先赤手空拳与野兽搏斗，用相对灵巧的双手摘取野果。为了减少对双手的伤害，他们把树枝、石刀作为简单工具。在农牧业时代，人类制造普通工具以提高劳动生产率；训练牛马等畜牧代替人的部分体力劳动；动脑子创造风车和水车用于碾米，以风和水的动能来代替人的体能。以蒸汽机发明使用为标志，人类开始步入工业时代，用蒸汽机推动火车、轮船等，开创了用机器代替人力的历史。但生产劳动还是以手工劳动和体力劳动为主。

（二）工业化时代实现机器大工业生产

继蒸汽机以后，人类又发明了内燃机。用这些动力设备带动织布机等工作机械，以矿物燃烧的能量代替人的体能。尤其是在电磁学理论指导下，人们发明了发动机、电动机等电气设备后，就创造了生产流水线大量取代人类体力和手工劳动，把人从繁重的体力劳动中解放出来。

（三）后工业化时代利用智能化设备进行自动化生产

信息化时代，人们制造了电脑、网络和机器人。电脑控制的流水线和机器人代替了人的车间劳动，电脑与网络成了人们管理的重要辅助设施。电脑被广泛应用于工业、商业、教育、卫生和公共服务等领域，取代了人的大量简单重复性脑力劳动，以便让人脑可更专注地从事创造性思维。在劳动中，人类脑力劳动的作用和份额越来越大，体力劳动的份额将越来越少。因重复性脑力劳动日益被电脑所代替，人们把更多精力用于思考与创新。学习型劳动、研究型劳动、服务型劳动、传输型劳动和艺术型劳动等成为劳动的主流方式。劳动成效与价值主要取决于思维的成效和质量。因人类劳动已日益脑力化，思考成为最根本的劳动方式。现在，大量人员的劳动都是坐在电脑前深入思考，点击鼠标了。

人类总是先有想法，尔后才有行动。思维总是处在行动的前头，思维逻辑和行为逻辑是同序同步的。时代不同，生产力条件不同，人们择业的要求也不同。在短缺经济时代，为了挣钱，人们不得不从事自己并不喜欢的职业。在衣食无忧时代，人们择业更加注重自己的特长发挥进而实现自己的人生价值。

综上所述：人类劳动对象从对物作用，扩展到对人、对事、对问题的研究和处置；作用方式从直接对物作用，变为通过工具、机器和遥控的间接作用；劳动付出从体力为主，变为脑力为主；生产劳动从手工为主，变为机器和流水线生产为主。

在人类社会发展的不同历史阶段，财富的来源是不同的。在原始蛮荒时代，野物是财富，暴力夺取财富；在农牧业时代，土地是根本，劳动创造财富；在工业时代，资源是基础，技术创造财富；在信息时代，思想是源泉，知识变成财富。

二、商品价值构成变化

在农业社会和工业化初期，商品生产以体力劳动和手工劳动为主。此时，商品价值主要与人的一般劳动相关联，价值量主要取决于劳动量的理论尚能解释当时的多数经济现象。然而，随着教育、科技发展和劳动者的素质提高，科技产品、文化产品、信息产品、服务产品、艺术产品等在商品中的比例日益增多。其价值量主要取决于技术、文化、商标、品牌等思想成果。许多技术产品其材料费和人工费都不高：办公软件、财务软件、游戏软件等价值较大，但都是智力成果；一只质量上乘的产品贴上一张国际名牌商标就价格倍增。甚至有的商品依靠广告宣传、引导想象、强化认知，就可以变废为宝、实现增值。比如，烧制破裂、不能盛水的瓷壶，若形状奇特、妙趣横生，艺术眼光独到者或能顿生想象，愿出高价收藏。这就是由废弃的日用品变成了奇特的工艺品，这些商品价值都是难以用经典理论解释的。

三、贸易与付款方式变化

人类商品交易方式演变大体分为三步：一是自然经济时代的集市贸易，主要由生产者自己拿商品去卖；二是商品经济时代的商场贸易，是经销商向生产商进货营销；三是网上商品贸易，是经销商与网商结合构建不受时空局限的全球市场，成为最快速、最低碳的现代商业模式。在商品交易方式变化的同时，付款方式也经历了多个阶段的演变：一是物物交换阶段；二是统一货币阶段（黄金、白银）；三是符号货币阶段（纸币）；四是转账支付阶段；五是电子货币阶段，先是刷卡网上付款，现在运用“支付宝”付款，由客户自己用电脑或手机随时随地都可操作，且即时到达。应当看到：从物物交易到货币交易是一次显著的飞跃，因为，用符号代替实物交易说明人们已经对价值本质有了深入理解，懂得价值是人们对商品珍贵性的心理评价。从转账到网上付款和手机付款，又是一次新的飞跃，是一种跨越空间的即时付款方式，说明人们对于价值内质的认识又深入了一层。然而，这种付款方式的运用当以技术可靠和市场信用为条件。

四、人们生活方式变化

在生产力欠发达、社会成员的温饱问题尚未解决之时，人们所关注的首先是衣、食、住、行等最基本的需求满足。在逐步实现小康以后，居民在教育、文化、娱乐、保健、信息、休闲、旅游、亲情联络等方面的生活开支大幅度增加，恩格尔系数逐步下降；汽车、高铁、飞机的普及大大扩展了人们的活动半径，常常跨越千百里路回老家与亲人们共度假日和周末；手机等通信技术发展让人们可随时找到需要联系的人；传媒发达让人们每天了解世界上所发生的大事；大山名川、文化名胜、著名寺庙、历史遗迹等旅游胜地吸引了大量人群；城郊爬山、浅海游泳、操场晨跑、健身操、广场舞等，到处可见人们为健康而炼的身影。在时间消费方面，上网和交友占用了年轻人的多半业余时间；观看电视节目占用了中老年人的大量生活时间；手机成为网络的移动终端，消费了人们的大部分零碎时间。人们生活方式的变化，决定其消费结构变化。

第二节　新经济减轻了物质依赖

随着人们价值观念的变化，出现了许多过去物质经济时代所未曾发生过的新事物和新现象。

一、科技文化成果直接转换成经济价值

现代社会的商品，其价值量主要不是取决于所包含的劳动量，也不是取决于其中的原材料，而是取决于商品中包含的科技、文化等思想成果含量，也有学者称为知识含量。科技产品价值取决于包含的科技含量和由其决定的运用效果。软件里面包含的是作者的程序思想；规划方案包含的是未来发展项目和步骤安排；文化作品价值主要取决于作品内容的思想性和艺术性。大量的技术产品、文化产品等思维成果都直接投放市场进行评估

和交易。一项专利技术发明，可以直接拍卖；一件书画作品可以直接上市；一部电影文学剧本可以卖给制片商，或者折价参股享受放映收入分成。经济的大规模增长依赖于技术成就和文化成果，一款苹果手机替换了大量老手机，拉动许多消费；一部电影大片可创造数十亿票房价值。

二、物质产品衍生出文化经济

美国有一个摄制组到中国某地农村拍一部有关中国农民生活的纪录片。他们找到一位柿农，说要向他买 1000 个柿子，谈好价格共 20 美元。他们请柿民把柿子从树上摘下来，并演示贮存过程。柿农让找来的帮手爬到树上用绑有弯钩的长杆一个一个摘柿子。下面的人手忙脚乱地在地面草丛中捡柿子放在竹筐里，并不忘高声地拉家常。美国人感到很有意思，拍摄了全过程，付了钱就要走，把柿子留给农民自己。农民先是不从，经翻译解释后，农民摇头感叹说："没想到世界上还有这样的傻瓜！"他们怎么也不能理解，美国人拍的反映中国风土人情的纪录片可以在美国反复播放，大量复制，赚很多钱，而一个柿通常只能卖一次。①

本案例前半部分所举为物质经济，是传统价值理论所研究的现象；后半部分是知识经济的事实，传统理论无法解释。由于人们生活方式和生活需求变化，使消费结构变化，从而引起了经济形态变化。美国人需要吃柿子，但他们本国也有。他们更需要了解东方人摘取柿子的方法，视其为一种东方文化。柿是一种物质之果，录像为文化之花。吃柿乃人的生理需要，观看录像乃人的精神需要。

三、生态观光派生出思想经济

浙江省奉化市滕头村科技兴农，搞效益农业，抓生态经济，农业亩产收入一万多元。出名以后，参观者络绎不绝，他们干脆搞起观光农业。一

①徐迅雷：《买卖柿子》，载《报刊及文摘》2004 年 9 月 6 日。

年生态旅游观光门票收入就达3000多万元，是蔬菜瓜果收入的几倍。观光农业的价值从何而来？来自科技农业的活生生现场具有的典型性、示范性和启发性。良好的生态环境不仅给人以感官的享受，而且能使参观者转变观念、确立理念、坚定信念，促进绿色经济发展，能使人拓展视野，打开思路、发现门路、找到出路，能让参观者学到一些极其宝贵的经验和做法，使人产生一些有用的思想或想法。因此，观光农业的价值来自传经、开智和精神享受，也就是来自思想创新。

果菜农业只有数百万元，观光农业收入数千万元，按劳动价值论是无法解释的。这就是思想经济超过物质经济的典型例子。

四、团队活动潜藏机会经济

珍珠馆让旅游团参观，并热情耐心作介绍，丰富了旅游活动的内容，不仅不收钱，相反还要按游客人数给旅游公司支付费用。免费参观、免费介绍、免费服务，付出劳动还要贴一笔钱，似乎不大公平，但业内都是这样做的。细想起来却有道理，因为，这些人不是来学习珍珠加工制作的。珍珠馆工作人员只介绍产品的性能、用途和效果，使珍珠馆陈列的商品得到宣传和推销的机会。导游为公司带旅游团，历尽千辛万苦，说尽千言万语，不但没有工资，反而要上交一点点管理费。因为，公司给了导游带团购物、赚取回扣的机会。当劳动价值小于机会价值时，劳动者就得给机会提供者付费，而机会是旅游公司创造的，所以，应当给旅游公司付钱。这也是人们对价值来源认识深化的结果。

编辑印刷成本一元钱一份的报纸为何卖五角？因为，报社要用亏本发行扩大订户。只有订户多、读者众的报纸广告读者才多，才有大量客户愿意前来做广告，媒体称之为两次售卖。第一次亏本卖出报纸以扩大读者群，第二次卖版面做广告再赚钱。扩大读者群是创造商业广告的机会价值，做广告传播产品是创造商品销售的机会价值。

机会就是时间、地点、对象、资源等各方面要素聚集在一起，使之结合的可能时机。机会的潜价值是客观存在，它以人们的正确认知、理性判断和有效利用为条件转换成现实价值。正因为机会为人的思想作用发挥提供恰当时机和条件，所以，经济学上要核算机会成本。同时，机会也是人们认知判断的结果，也属思想成果。

五、闲暇时间转换成现实经济

报载：美国和加拿大的机场均接受电话订票，考虑到电话订票者又会有部分人到不了，为尽力减少空废，机场的受订票数总要超过实际座位，若订票者果然到齐，飞机就会出现超员。人多座少，怎么办呢？机场就召集该班机的所有乘客协商，愿退出此班、改乘下一班的奖励50美元，若没人响应就加到100美元，如此一直加上去，总有人不需要赶时间的，就会站起来乘下一班机。前后班机时间耽搁值多少钱？无急事者这时间价值不太高，有急事者此时的时间价值就高些，干大事的人时间价值就更高，完全因人而异。机场报价多少才站起来？是人的主观反应和思考结果，但主观反应是以各自的客观情况为依据的。只要站起来就可以将自己的闲暇时间转换成为现实价值。

人的时间是宝贵的，不同的人单位时间价值是不一样的。同一人不同时候的时间价值也是不一样的。

总之，大量的经济新现象无法用劳动价值论解释。经济事实的百年巨变呼唤新理论的产生。

第三节　一些经典论断难以解答现实问题

社会经济状况快速变化，而经济理论研究却难有突破，大量现实问题得不到科学解答。

一、劳动价值论的历史局限性

劳动价值论的理论贡献在于其揭示了人类劳动对于社会财富增加和价值创造的作用和规律。其重大意义在于揭示了劳动者在推进文明、创造历史过程中的主体性作用，能引导和鼓励人们积极劳动，创造美好生活。

笔者与许多学人一样出于对马克思的崇敬和劳动价值论的维护，千方百计对劳动价值论进行现代解读，有的甚至到了牵强附会的地步，但还是不能解释许多经济现实问题。我们应当理解，劳动价值论毕竟创立在150年前，不可能不受当时社会历史条件的局限。马克思是足够伟大的，我们不能苛求他预知当今经济现实。在卷一第一章论述的基础上，我们作深入分析和讨论：

一是“价值是凝结在商品中的劳动”的论断难以反映现代商品价值的全部含义和关系。首先，人们理解的价值应当以商品的有用性为基础。如果是没有用处的东西即使凝结了劳动也没有价值。比如，瓷器制造者烧制一把瓷壶，从拌泥、抟壶、晾干、上釉，到最后烧制，前期都做得很好，但在炉烧时，底部裂缝了，按照劳动价值论，这过程中劳动一点也没减少，其价值与合格壶应当是一样的。但不能盛水了，谁还买呢？还有什么价值可实现呢？其次，人类任何物质生产都离不开自然资源，生产劳动当以物质材料为对象，人只是改变物质的形状、结构和性能而已。若是化学反应，人工只是使物质掺和在一起，改变性质的反应是由化学性质决定的，是由物自身完成的。怎么能否认自然物在劳动中的载体性作用呢？再次，“未经劳动的自然物没有价值”不符合经济事实。大山每年为人类产出木材，大海每年为人类产出海鲜，草原每年为人类饲养牛羊。正因为自然物有价值，自然界有价值增值能力，所以，村与村之间要争夺河流和山地，国与国之间要争夺疆土和海域。在自然资源日益匮乏和生存环境仍在恶化的时代，更加迫切需要确立正确的价值观。

二是“商品价值量由劳动量决定”的论断已存在许多现实例外。养猪场花半年时间饲养的一只猪劳动量不小，还要投入饲料等其他成本；而猎户在山上打一只野猪劳动量少，成本也低，但野猪肉的价格常常比养殖猪肉还贵。“价值量由劳动时间决定”的论断，难以解释经济领域中一些最普遍、最基本的现象。比如大米，中国古代是作为商品定价参照物的，因为它是最基本的生活必需品。随着品种改良、技术改进和农业规模化经营，生产一担大米的劳动量是大幅度减少的，尤其是在袁隆平院士研究推广超级杂交稻后，稻谷亩产量大幅度提高。但是，在社会经济与粮食生产同步增长的条件下，米的价格却是逐步增高的。古墓中的随葬品，如陶品、青铜器等，除当时制造和放置的劳动外，再无劳动投入，但却历年越久，出土价值越高，这是为什么？

三是“价值量由社会必要劳动时间决定”在脑力劳动领域难以测算。在农业社会和工业化初期，人们生产的麦、布、斧子等，绝大多数是人类社会的初级产品。不同农户、不同作坊、不同厂家，经常生产同种产品。在尚无品牌概念的时代，同名产品同质化现象很普遍，这是测算商品社会必要劳动时间的基本前提。在文化产业、科技产业、信息产业和现代服务业等领域，产品都是个性化、异质化的，只有单个产品的劳动时间，难以确定社会必要劳动时间。当今时代，新产品开发层出不穷，通常是个别企业独家生产，这样就只有本企业生产产品的平均劳动时间，而不存在许多企业的社会必要劳动时间。

四是“用时间计量劳动”难以反映劳动的质量和效果。劳动量测算原本就是一件比较复杂的事。在体力劳动和手工劳动为主的年代，马克思试图用劳动时间来计量劳动，这必须基于劳动功率稳定输出的假设。如卷一第一章所述：当劳动功率 P 恒定时，有效劳动量即劳功为：$W = P \cdot t$ 就是时间 t 的函数。事实上人的劳动功率不能长时间稳定，上午、中午、下午不一样，劳动过程中的分段和微段也不一样。由于生物钟的作用，一天中人脑发挥状态也有高峰和低谷，有时高智，有时中智，状态特差时是弱智。思维处于巅峰状态时工作效率就特别高，很有创造性；处于低谷状态时，工作效率低，缺乏创造性，是谓智者也有糊涂时。不同的人智能、技能、体能不同，决定其劳动效率和质量不相同。王羲之酒醉书就《兰亭序》，成为行书一绝，价值连城；吾辈聚精会神，半天写几字，也成垃圾。有人耗时少而创造价值大，有人耗时多而创造价值少。劳动态度不认真，或者劳动技能不过关，劳动持续时间长，只会多出次品和废品，从而造成损失。深入分析发现，保证质量的劳动功率与劳动态度、劳动技能密切相关。劳动技能是基础，劳动态度是关键。由此可见，在工具和设备确定时，有效劳动即劳功与劳动技能、劳动态度、劳动时间等三个变量相关联。我们所说的劳动量应该是包含质的量，仅仅劳动时间是无法反映劳动的质量和价值的。

人的体能差异较小，但智能差异却很大，而且难以测定。脑力劳动者的劳动态度更难考察，脑力劳动成果与劳动时间也不像体力劳动那样简单成比例。牛顿、爱因斯坦、麦克斯韦、马克思、达·芬奇、爱迪生等人，一生贡献之大、创造价值之巨实在难以估量。在脑力劳动为主的现代社会中，更应看重劳动成果，而不能看重劳动消耗。况且，市场上的消费者也主要看劳动成果，即商品效用的。

在实际劳动中，从劳动者角度测定劳动量是很困难的。马克思后来也感觉到了这个问题的存在。于是，他在《哲学的贫困》中进一步提出，“花费在某种物品生产上的时间将由这种物品的社会效用大小来确定。”① 这说明，马克思试图从产品效用上来确定劳动量了，这无疑是一条比较合理的思路。把劳动成果投放市场，让消费者去审定和评价是最简便、最现实也最有效的方法。这样，劳动者的劳动技能、劳动态度和劳动时间的估测，就只留给管理者在确定劳动报酬时作参考了。

马克思当时把商品价值视为劳动时间的一元函数是把一些变量简约化的结果。这固然给分析带来了方便，但在复杂的经济现象面前就显得不够准确。马克思从社会平均化角度，提出社会必要劳动时间就是商品价值。认为生产者劳动技能越强，熟练程度越高，劳动时间越少，劳动成本越省，就越可以获取低于社会必要劳动时间那部分差额的利润。在工业化初期，上述解释似乎还可以。但在知识经济时代，人类劳动以脑力劳动为主，尽管脑力劳动离不开时间，但价值量显然不只取决于时间。因而，劳动价值论解释不了知识经济时代的大量问题。

二、其他价值理论的先天缺陷

除劳动价值论外，比较有影响的还有效用价值论、要素价值论和供求

①《马克思恩格斯全集》第4卷，第105页，人民出版社1958年8月版。

价值论等。这些价值理论虽然都有其合理成分，但也有明显缺陷。

（一）效用价值论的缺陷

效用价值论认为商品的价值是由效用决定的。物品效用与物品数量相关的规律是较早被学者们发现的。瑞士数学家丹尼尔·伯努利（Daniel Bernoulli，1700—1782）早在1738年就提出了效用递减和边际效用的概念。在此基础上，德国人赫尔曼·戈森（Hermmann Heinrich Goossen，1810—1858）描述了“物的效用随物的数量增加而递减”的原理，称作戈森第一定理。1871年，由奥地利学派门格尔（Karl Menger，1840—1921）等人创立了边际效用价值论①。其理由是没有效用的东西不会有人要，就是说明没有价值。效用是价值存在的前提，价值的大小由其边际效用决定，这似乎极有道理。但是，各种商品的边际效用极难确定，并且，各种商品边际效用的比价也与事实不符。因为通常的情况是效用大的商品价值较低，如大米、棉花、水等；相反，效用不大的商品，却价值较高，如钻石、翡翠、黄金饰品等。不同的商品有不同的用途，能够满足不同的需要。不同类型的商品，很难比较其用途的大小，比如，是食品用途大，还是药品用途大？无法比较，只能说饿时需要食品，病时需要药品。在智力成果商品化的现代市场上，政策建议、规划方案、投资策略等都可直接买卖，但难以确定边际效用。与实物商品不同，思想成果的重要特征是反复运用而不减其效，哪里存在边际效用呢？效用价值论正遭遇现实困境。效用价值论与劳动价值论的区别在于，劳动价值论站在劳动者角度，用付出体力和脑力劳动量来定义价值；效用价值论则从消费者所感受到的效用来定义价值。实践表明价值大小是要由消费者认可确定的，生产方付出的劳动和成本，只是价格的底线。效用价值论虽然难以解释大量现实问题，但是，已经站在消费者的角度来定义价值了，这不能不说是一种进步，因为，商品价值只有消费者接受才能实现。然而，这种理论又忽视了生产者方面的

①转引自：郑克中《客观效用价值论——重构政治经济学的微观基础》第48－50页，山东人民出版社，2003年8月版。

因素。

（二）要素价值论的缺陷

要素价值论认为商品的价值由生产商品的所有要素共同决定，即资本、土地、设备、技术、人力等。提出要素价值论，意义是为资本的利润、土地的地租、设备折旧、技术回报、劳动报酬等寻找到了分配上的理论依据。但是，各要素对价值贡献的比例是如何确定的呢？无法回答，更为麻烦的是天然品，如木材、钻石、石油、矿藏等的价值从何而来？如何确定价值？更是无法解释。要素价值论是从商品生产的条件与机制角度来定义价值的。

（三）供求价值论的缺陷

供求价值论认为，价值大小是完全由供求决定的。商品价值不是一种实体，而是一种关系，即供求关系。价值大小与商品中包含的劳动量无关，与商品效用也无关。价值大小完全取决于其在市场上的稀缺性。因此，在茫茫大海中漂泊的小船上，富翁为了生存，愿意用一根金条换取穷人手中的半只黑面包。这种从市场角度出发定义价值的方法，固然已经把生产者和消费者双方都联系起来，但是，同样存在一些问题。比如：既然供求决定价值，就是商品越紧缺，价值就越高，那么，生产商为什么不限量生产以提高价格，而是努力扩大生产规模呢？为什么同样是供求两旺的商品，一本书的价格低，一只苹果手机的价格高呢？供求平衡时的商品价值由什么决定呢？

其他价值理论还很多，都有严重缺憾，不能将经济现实问题解答圆满。

三、21 世纪中国学者对价值理论的有益探索

在中国的计划经济时代，经济学界信奉马克思劳动价值论，经济体制学习苏联，所以，经济学者对价值理论讨论不多。随着改革开放深入，许多专家和学者发现马克思政治经济学的一些论断与经济现实不符，并以中国改革发展实践为基础逐步建立起社会主义市场经济理论体系。

在20世纪90年代，对劳动价值理论展开了充分的讨论，但大多数集中在如何理解“社会必要劳动时间”上，没有多少突破。

进入21世纪，学者们的思想更解放，思路也更开阔了。一些学者敏锐感觉到，要彻底解决经济理论中的诸多矛盾和问题，必须从经济学的理论基石上找原因。

北京大学教授晏智杰说：“我主张重建现代经济学价值论，经济学价值论的中心课题是揭示市场价值和价格的决定和变动规律，以便为发展社会生产和实行合理分配制度提供一般的理论依据。”“我认为，基于传统价值论的局限和缺陷始于对价值定义的不当规定，所以价值论的重建应从重新规定经济学价值概念开始，然后及于价值源泉、价值规律的实现条件，以及依据新价值论对新分配制度的论证等等。”① 晏智杰教授的理论勇气和长远眼光是令人敬佩的，这才是为中国经济发展负责、为人类学术繁荣负责的科学态度和探索精神，我们应当向他学习。新世纪以来，中国经济学界价值理论探索兴起高潮，论文和专著陆续发表。

2002年7月，卢希悦著《劳动价值整合论——社会主义市场经济“商品价值整合”基本要素和条件》，认为应当“从活劳动是创造新价值的‘唯一源泉’的‘劳动价值论’转变到多因素共同创造新价值的‘共同源泉’的‘劳动价值整合论’”②，深入研究了诸多生产要素对商品新价值形成的共同决定作用。

2003年8月，郑克中著《客观效用价值论——重构政治经济学的微观基础》，认为“价值的本体是效用，即物对人的用处、有用性，价值的本质是交换条件下的效用需求”③。认识到价值量大小与需求相关联。

2004年3月，王志华著《大系统价值学说——变革的政治经济学》，

---

①晏智杰：《为勇于探索者叫好——王志华〈大系统价值学说〉序》第24页。见王志华著《大系统价值学说——变革的政治经济学》，广东经济出版社，2004年3月版。

②卢希悦：《劳动价值整合论——社会主义市场经济“商品价值整合”基本要素和条件》第51页，经济科学出版社2002年7月版。

③郑克中：《客观效用价值论——重构政治经济学的微观基础》首页，山东人民出版社，2003年8月版。

深刻阐述了“人类劳动的智能本质”，提出“商品的价值，完全取决于商品功能对于人类消费需求的意义，商品的所有功能都表现为统一的‘消费功能’，即消费需求意义”。①

2010年3月，李建栋著《认识价值论》，提出定义：“价值是认知的稀缺度。”② 指出商品价值与人的认知相关联。这是很有独到之处的，是对价值本质认识的一次深化。

2014年《政治经济学评论》第一期上，何祚庥院士发表了《必须将“科技×劳动”创造使用价值的思想引入新劳动价值论的探索和研究》③ 一文，引起了一些争论，丁堡骏、于馨佳发表《究竟是发展，还是背离和庸俗化了马克思科学的劳动价值论?》④ 文章进行磋商。

中国的经济学者进行了大量很有价值的探索，但也没有真正找准建立现代经济学大厦的理论基石——价值内涵。因此，我们必须从现实出发，研究人类经济现象的变化历程，探索价值概念的本质内涵。

---

①王志华：《大系统价值学说——变革的政治经济学》第136页，广东经济出版社2004年3月版。

②李建栋：《认识价值论》第136页，中国经济出版社2010年3月版。

③何祚庥：《必须将“科技×劳动”创造使用价值的思想引入新劳动价值论的探索和研究》，载《中国人民大学复印资料〈理论经济学〉》2014年第6期第44页。

④丁堡骏、于馨佳：《究竟是发展，还是背离和庸俗化了马克思科学的劳动价值论?》，载《中国人民大学复印资料〈理论经济学〉》，2014年第6期第61页。

第十四章　价值概念重构

价值概念是经济学的理论基石。当经济现实与经典理论形成强烈反差的时候，人们必然怀疑支撑经济理论体系的基石是否存在先天缺陷？我们应学习先哲们的伟大创造精神，把经典理论作为一种学说，而不是当作教条，把当代经济事实作为新的研究对象，以零起点开始进行研究。首先对商品价值内质进行剖析。

第一节　商品价值内质窥探

何谓价值？价值内质是什么？学界一直在争论。西方一些经济学家干脆说压根儿没有价值，商品只有价格。那么，到底有没有价值？怎样理解劳动价值论定义的价值呢？

在分析了人类的劳动结构以后，我们已把脑力与体力、思考与操作分开考察，这就为研究提供了很大的方便。

一、从单件商品制作看价值内质

为了说明方便，我们从较为原始的单个商品制作过程来分析其价值内质。

“陶是人类最早创造出的非自然物质，是人类文明的曙光。”从陶制品的生产过程我们可以分析商品的内质和要素。

一是对陶品的结构设想决定陶品的功能。要制造陶碗，首先，要懂得陶的制作原理。或许是人们在长期的野外生活中得知土与水搅拌成的泥土具有可塑性，可以按自己的想法捏成某种形状，然后晾干定型；或许是意外发现经火烧透的某种泥土变得坚实坚硬，不会漏水，形状适当即可当容器使用。这种特殊的泥土就是陶土，认知了这些规律就懂得了制陶最基本的要领，脑子中就能够形成某些具体的想法：若将陶泥按周边高、中间低的设想捏坯，烧制后就成陶碗，可以盛装食品或水；用更多的陶泥捏成大肚广口状的容器就可烧制成水缸。产品的结构及功能是由设计思想决定的，选用什么泥是由认知思想决定的，捏坯与烧制这种行动只是实现想法的途径和手段。若烧制中开裂，则是设计思想贯彻落空，劳动成果卖不出去，价值也就得不到实现。或者烧制成功，而不小心摔破了，价值也就立即消失。以上两种情况人类投入的劳动均没有减少，可见，价值并不完全由劳动量决定，而是由思想及其贯彻实现状况决定。

同理，工人将一块钢锭锻打成有把柄的尖劈并磨得锋利就成为刀。若将其锻打加工成小圆柱，则成为钢棒。从工程劳动看，用同样一些钢筋、水泥、砖头和沙石，可以建造教学楼，可以建造体育馆，也可以建造音乐厅，这只是设计思想的不同，泥水工的砌砖、打梁、抹灰等具体劳动是没有区别的。同样一些电子元件，工人按线路图甲组装就成为收音机，按线路图乙组装就成为监听器。工人的焊接动作是一样的，只是依据的电路图不一样，也即表达和实现的思想不一样，于是电器功能就不一样。由此可见，产品的使用价值或叫效用是由设计思想决定的。当然，功能或物性并不等同于价值，也不一定成比例；功能或物性不同也不一定就价值不同。同样的原材料，同样的劳动成本，该产品设计合理，价值就高些；设计不合理，价值就低些。价值始终与设计思想相关联。

二是工艺技术思想贯彻决定产品质量。设计思想中通常不仅包含产品的结构、式样和材料要求，而且，包括所采用的工艺技术和方法。通常工艺技术的采用状况直接决定产品的质量，人们的操作只是实现设计思想的必要手段。市场上的消费者形式上表现为对产品质量的讲究，但本质上是对采用先进工艺技术的要求。采用不同工艺生产的产品质量是不同的。同是用泥制碗，初级工艺制成的是土器碗；中档工艺制成的为陶器碗；上等工艺制成的为瓷器碗。当然所用的泥土成分构成也有所不同。工业上造一个配件，用沙铸其外表粗糙且金壤密度不高；若用压铸则既光洁度好且金壤密度高。手工打造的汽车外形与模压而成的汽车外型是差距很大的。工艺技术也是人类的思想成果，与设计思想具有共同本源。必须注意的是：凝结于产品中的人类思想包括产品设计思想、材料选取思想、工艺技术思想、企业管理思想和商品营销思想等等。思想不仅支配着人的操作，而且凝结于商品之中，决定着商品的功能或物性。思想既反映人与物的关系，同时，也反映人与人的关系，思想是劳动中的灵魂和核心部分。因此，思想凝结成价值的理论符合劳动价值论的大原则。

三是思想的涵量、难度和新度关系价值量。同样一只一元钱成本的光碟，拷入一个童话故事可卖 10 元；拷入新设计的财务管理程序就卖 3000 元；拷入磁悬浮列车制造技术资料可能卖若干亿元。拷的具体过程都是手指按一下，但灌入盘中的思想成果内容却不同，所以，价值不同。黑白电视机与彩色电视机不仅所用电子元件不同，更本质的是设计思想的复杂程度不同，因而，其价值不同。市场上当新一代产品上市后，老一代产品就迅速跌价。比如：电脑当“奔三”上市时“奔二”跌价；当“奔四”上市时“奔三”跌价。高科技新产品往往凭其先发优势，获得高额利润。科学技术等思想成果的价值与其新的程度密切相关。

从上述分析我们可以发现：商品的功能或物性主要由设计思想决定，材料使用由选材思想决定，产品的质量由工艺技术决定。生产劳动中人的体能付出只是表达和实现设计思想的中介与手段，劳动过程是工人运用工艺思想指导自己操作实现了设计思想的过程。市场上的每一件产品中必然都凝结着人类设计思想、工艺思想等思想成果。人的劳动价值是人的思想与能耗两方面的凝结和叠加，而且主要由思想的质和量所决定。在科技日益发展的今天，人的普通劳动已大量地被能源推动的生产流水线、机械手、智能化机器所代替。思考越来越成为人们劳动的主流方式。同时，思想日益成为商品价值构成中的主要成分，乃至近乎全部。据此，我们把构成和决定商品价值的核心要素——思想，称作商品的价值内质。**思想是商品价值的内质，思维是价值增值的源泉**。这是一个新发现的初步结论，也是笔者将要提出的思想价值论的第一基石。

二、从生产组织过程看商品价值内质

现在，我们从生产组织过程来看思想的作用。分析商品生产的组织过程，可以更清楚地看出，商品价值来源于思想的凝结和实现：

第一步，市场调查和产业选择。生产商在创办企业之前，首先要考察产品的市场销路，因为卖不出去就不能实现价值。消费者需要何种产品，其性能、质量要求如何等都要调查，然后，在分析论证的基础上，下决心筹建工厂投入生产。显然，这种调查、分析和判断的过程主要是观察和思考，所形成的是产业选择的思想。

第二步，科技创新和产品设计。要努力使产品结构合理、性能独到，比市场上已有的同类产品更完善，使之更受消费者欢迎。设计时，还要进行材料选择，力求性能好、成本低。这一过程主要也是思维活动，成果为关于产品设计的思想。

第三步，工艺运用和机器配置。有了较好的产品设计，没有相应的工艺技术，也是生产不出优质产品的。这里的工艺技术应包括：设备、技术资料和技工等。若工艺技术不过关，还要进行工艺技术攻关，培训员工，试制产品，选购或自行设计制造设备。这一过程也主要是思维活动，其成果可称之为关于工艺技术的思想。

第四步，在一定的经营管理思想指导下组织生产，使劳动与对象结合。要落实资金、厂房、设备，要采购原料、材料、辅料等；要开通水、电、电话、网络等，并根据生产需要将工人按一定要求和比例组织起来，确立一套组织机构和管理制度。通过工人劳动把设计思想转换成产品的功能和效用，把原材料转换成有形的实物产品。产品的生产过程也是思想支配着工人操作的过程。老板所运用的思想主要是投资思想、决策思想和经营管理思想。

在生产组织过程中，各个环节都是人的思想在起支配作用：老板和高层人员主要是出想法；中下层干部和一线职工的任务是实现想法或者说是使想法变成现实。如前所述，工人在普通思想指导下的操作，具有两重作用：从意识方面考察，是把产品的设计思想和工艺思想转换成商品的功能和效用，操作只是中间环节；从物质方面考察，就是把原材料转换成有形的实物产品。

比如：生产一只陶碗，其设计思想和工艺思想是要周边高、内中低，厚度适当，底与壁平滑连体，要上釉煅烧，有一定的牢固性，能够盛水或食物，既耐用又好看。工人的任务就是贯彻这些想法，将其转换为产品的功能和效用，使陶泥等材料转换为陶碗。其生产销售流程如下表：

表 14－1　企业生产销售流程表

产业选择	→	产品设计	→	生产准备	→	产品生产	→	产品销售
产业思想		产品思想		资源配置思想		工艺技术思想		营销思想

其中：产业选定是实业家根据自身优势结合市场需求进行思考的选择过程；产品设计是专业人员根据用户需求对新产品进行构想并论证确定的过程；工艺技术选择是对技术成果的学习运用和创新过程；生产劳动是人们思想与原材料结合，转化为产品功能和效用的过程；市场营销是设计、生产思想为消费者接受的过程……

若用 K_1 代表产业思想，用 K_2 代表产品设计思想，用 K_3 代表资源配置思想，用 K_4 代表工艺技术和操作要领思想，用 K_5 代表营销和管理思想…，那么，凝结在产品中的思想成果总量 $K = K_1 + K_2 + K_3 + K_4 + K_5 + \cdots$ 。

结论：价值内质是产品中凝结的人类思想，它由许多具体思想叠加构成。

三、从产品更新换代看思想成果价值

要实现产品的更新换代，首先，要求新设计的产品结构新颖，功能独特，质量优异。其次，要研究、采用新的工艺技术，并训练工人使之掌握。再次，要改进机器、设备和工具。有时还要采用新的材料或改变材料成分。这些步骤无一不是思维活动并获得思想成果的过程。比如，制陶就是人们在实践中思考和总结，不断发明各种新方法、新工具和新工艺的过程。方法上，“从泥团捏塑到泥片贴筑和泥条盘筑；再从慢轮修整到快轮成型”；工具上，“从陶拍、陶垫到磨光器”；材料上，从上釉到上颜料……“进而将陶运用到人类生活的全部空间，将美和智慧发挥得淋漓尽致，形成了一脉相承而异彩纷呈的陶的文明史”①。每一次进步无一不是思考的成果。

上述分析表明，产品更新和技术进步过程中的每个环节都依靠人类思想指导，新产品之中凝结着人脑创造的新思想。没有人类思想的新成果是不可能有新产品的。

劳动价值论的伟大之处是透过具体商品的表面差异，发现一切商品中均凝结着人类的一般劳动这一客观规律。可是，为什么等量时间的人类一般劳动，如做两块砖与做一只碗，商品功能和效用就不同呢？劳动价值论没有回答这一问题。显然，是由于人们用于指导操作的想法不同，是操作所表达和实现的思想内容不同。为什么复杂程度不同的等时（量）劳动的价值不同，复杂劳动等于多倍的简单劳动？经典理论未作解答，其实是因为其中表达和实现的思想的涵量、难度与新度不同。市场上稀缺而一般劳动者想不到、做不出的新产品，售价就必定高些。

---

①路东之：《陶的发生》，载《中国公务员》杂志2003年第8期，第63页。

第二节　商品价值实体：新三要素论

有了上面的研究基础后，我们就有条件分析商品的构成要素和价值了。从分析陶的生产过程可知，撇开商品的形状、结构、材料、功能和效用不说，任何商品均应由某些要素构成，现在让我们来考察这个问题。

一、人们认识商品价值的深化历程

第一个阶段，人们仅仅认识商品的物质形态价值。也就是单纯凭人类肉眼看到商品是具有功能和效用的有形实物，通常的表现特征是体积、形状、材料、重量和色彩等等，也知道不同的商品具有不同的用途。这是一般正常人都能做到的，也是人类早期认识商品的层次，这种认识持续了数千年，贯穿整个原始社会、农耕社会，直至工业化初期。如图 14－1 所示，只看到商品的物质外壳，并仅从物质层面上认知价值。

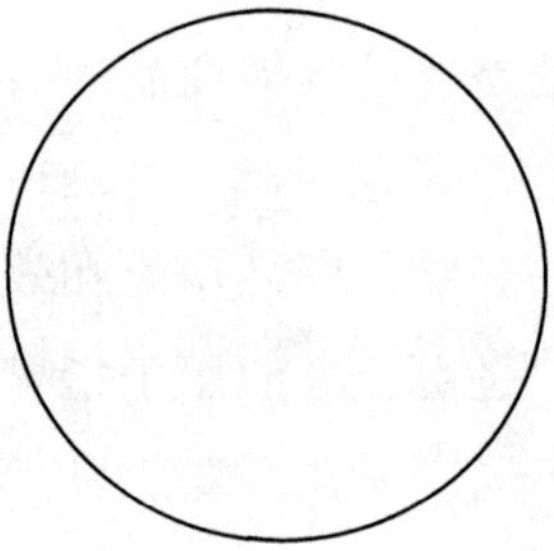

图 14－1　物质外壳

第二个阶段，透过物质外壳看到商品中包含着人类的一般劳动。认识到人类劳动作用于对象，改变了对象，提升了对象物的效用，但也消耗了人的脑力和体能。劳动是使材料变为商品的途径和手段。这第二个层次不是用肉眼能看到的，必须用抽象力。商品中包含着劳动的观点先由威廉·配第提出，后经亚当·斯密、大卫·李嘉图扩展，再经由卡尔·马克思系统全面地研究，才建立了完整的理论体系。这是人类工业化初期的事，距今已一个半世纪。这一理论突破使人类对商品的认识深化到物质外壳和人的劳动两个层次。如图 14 -2 所示，在物质外壳中看到了其中包含的劳动，并认为劳动量决定商品价值量。

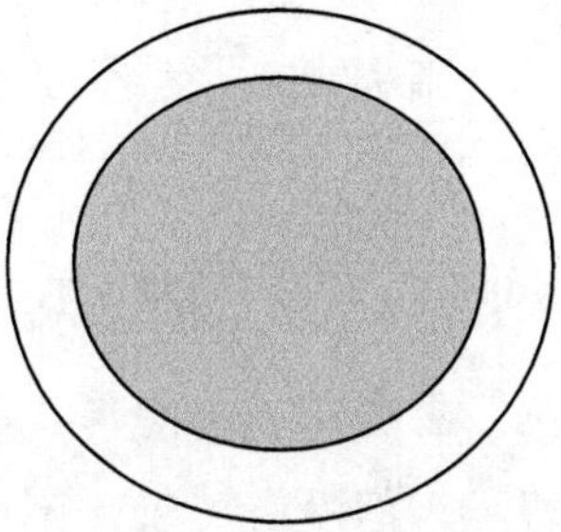

图 14 -2　物质 + 劳动

第三个阶段，看到了商品的价值内质。也就是发现决定商品功能和效用的本质要素，是凝结于商品之中的人的思想。人们的操作只是贯彻和实现思想，使之转换成商品的功能和效用的中介。这种新观点是笔者首先提出的，是知识经济和信息社会的必然产物，是现代经济的客观规律。可以认为思想内质是从马克思说的人类活的劳动中分离出的精髓。劳动包括纯体力劳动和纯脑力劳动两部分，或表述为操作（体劳）与思考两部分，其对应结果就是改变对象与思想产生两方面。人类劳动的两个方面的事实也可以从生物学上进行说明：人体生命维护的能量来自食物，即五谷等。食物经胃肠道消化转换成的能量，从劳动的角度看，一部分是用于保证大脑的运行，另一部分用于其他肢体（手、嘴、脚等）活动的能耗。脑运行是产生思想或想法，再由思想或想法支配肢体的作业活动。传统劳动的一般对象是物质，劳动中包含体劳和脑劳。这样，商品中就有了物质、体劳（能量）和思想等三个层次。值得注意的是体劳（能量）和思想都凝结于商品之中，共同决定着商品价值。如图 14 -3 所示。

详细分析图 14 -3，其实就是按照第一篇研究的把劳动截然分离为操作与思考两部分，操作所改变的是对象，思考所产生的是思想。那么，商品就可以理解为由物质、能量、思想三个层面构成。

用来交换的商品，一般是看得见、摸得着的有形物品，就是像氧气、

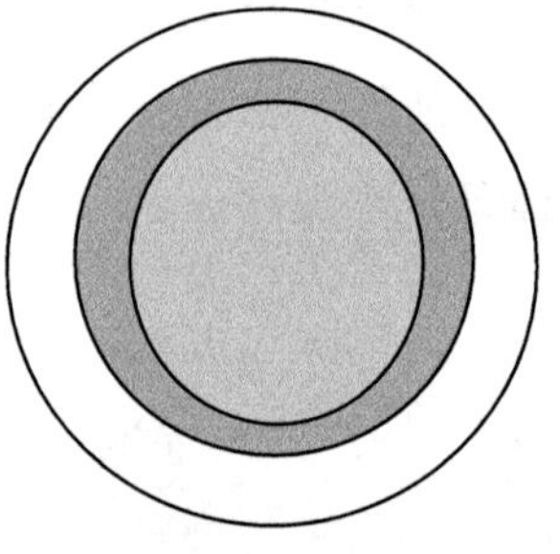

图 14－3　物质＋体劳＋思想

氢气等气体也应能感觉得到。有劳动就有思考，因为，没有思想支配是不能劳动的。许多动物体力很强，但没有思维，不会分析、判断和处置，就不会劳动。强健的牲畜只能为人类劳动所利用。劳动中思想贯彻失败也就失去产品的应有效用。如烧制中破碎的瓷壶是思想实现过程中失败而成废品，造成无效劳动的。相反，所含体劳极少而具有思想含量的物品却可以成为商品，如一块纹似嫦娥奔月的天然奇石，虽然物中基本不含人类体劳，却因为人们已赋予了想象和思想，把它给意化了，能引起一些顾客思想的回应、共鸣和认同，于是，就能卖个高价，实现较大价值。事实上，在市场上购买商品的消费者，也不大计较商品中包含多少劳动量，而是计较商品的功能和效用，也就是商品的使用价值、欣赏价值和交换价值。商品的功能效用完全取决于制造者思想的表达和实现。诚然，产品离不开必要的体劳或能源，但商品的真正内质是思想。在科技充分发展、生产能力已不成问题的现代社会更是这样。

上述分析表明，商品的内质是思想，思想、能量、物质是构成商品的三个要素，可称为新三要素。

在工业化社会初期，马克思能够透过商品的物质外壳看到商品中包含的人类一般劳动已经是足够伟大的了。吾辈决不能苛求先哲跨越一个半世纪的历史时空，看到今天的商品内质和经济规律。市场经济的高度发展和商品中思想含量的不断增加，使我们看到劳动包括两部分：本质是思想，外表是操作（体劳）；使我们能透过劳动表面形式，看到商品的思想内质。把劳动当作商品内质的时代应该过去了，因为任何劳动的本质都是思考，况且人类的体劳已大量地被能源驱动的机器所代替。我们把从各类商品中抽象出来的共同具有的物质、能量（体劳）、思想三个层面构成的图，称为商品要素结构图，如图 14 - 3 所示。物质、能量和思想就是构成商品价值的三大要素。人的智能和体能在劳动中分别释放出思想和能量，经典理论讲的劳动就包含思想和能量两方面内容。把思考与操作分离开来进行考察，抽象分解了“活劳动”，继承和发展了劳动价值论，具有划时代意义。

二、商品价值实体构成三要素

在研究了商品的内质和三个层面结构以后，我们就可以研究商品价值的构成要素了。

首先，商品生产必须有思想，这是起点和核心。因为，凡事只有想到，才会去做；只有想好，才能做好。如前所述，生产商品需要产业思想、产品思想、工艺思想和经营管理思想等为指导。这些思想最终都会反映和凝结在商品之中，影响和决定商品的功能、效用和质量。思想或想法（idea），如果我们用 i 表示，则可能在使用微积分、和号等数学工具时容易与其中的序号 i 相混淆。况且，凝结在商品中的思想是制造者对客观规律的认识（know）；自然物有价值是由于人们对其物性的认识（know）；已经表达或实现，可以传播的思想成果均可视为知识（knowledge）。鉴于此，我们用 K 表示思想。

其次，商品生产必须有物质材料和条件。劳动的对象要么是物，要么是人或事。物和人都是一种客观存在，只是人有想法、有感情，比物复杂；事为人所行，是一种客观过程，并有其对应结果，也是客观存在。物质产品生产必须有原料、材料、设备、工具等物质对象和条件；文化产品生产也不可能完全脱离物质条件。科学家做实验，作家体验生活，作曲家寻找乐感等，虽然主要依靠艰辛思考，但也必须以自然、人事、情境、现象和规律作为思考对象，况且其表达和记录总是需要笔、纸、乐器、电脑等，即使不用身外之物，思维主体也必须运用人的大脑思考，用嘴、手等器官表达。人的肌体也是物质，只不过是有灵魂和思想支配的生物体而已。物质（matter）我们用 M 表示。

再次，人类劳动包括对对象的思考和对对象的作用两方面。思考形成思想或想法，再以思想和想法支配肢体作用于对象。体力劳动最常见的方式是依照思想的要求，通过人力作用改变劳动对象，或使其变形、移位或改变性质和结构等；脑力劳动即是获取对象信息并进行加工处理，以便深化对该对象的认知，如分析、判断和处置，或推理出新的认知，或想象出新的事物。无论是体力劳动，还是脑力劳动，都必须消耗体能。若用模具定型、能源推动、机器生产，即是依靠机器稳定地表达和实现人的想法，其动力是能源（自然能）。从商品效用的角度看，通过机器作用的能源和通过肌体作用的人的体能是没有区别的。我们把自然能和人的体能统称为能量（energy），用 E 表示。

若用 W 表示商品价值，即得到价值要素构成关系式：

$$W \propto K + M + E$$

式中“$\propto$”表示“相关”，读作“相关于”，表示 W 与（$K + M + E$）相关联，在理解本式子时应该注意以下两点：

第一，物质 M 和能量 E 既有物理学量纲，即克、千克和卡、千卡等，又有市场价值量纲，如每千克多少元。思想 K 则不同，没有物理学量纲，因为它是超越物理世界的意态量，是在市场物物比较、物事比较和事事比较中做出的心理评价。思想是人脑思维的成果，思想是客观事物及其规律在人们头脑中的反映，是人对事物及其规律的认知。正因为如此，K 可以是知识运用、技能发挥，可以是经验体现、智慧释放，可以是科学、技术、文化、艺术等方面的成果。思想裂变具有无限空间，可能使价值大量增值，而物质 M 和能量 E 只能转移价值。同时，K 的价值大小也须经市场评估，转换成为量化价值，故而三者可以统一在一起。M 与 E 在生产中是物理量，但一经市场评估就立即有了价格，成为心理量，因而，价值 W 是心理量。三个要素同时结合在商品之中，随商品进入市场。上述关系式一旦进入市场语境，就成为平市（供求平衡）条件下的价值公式：

$$W = M + E + K$$

第二，物质 M 和能量 E 的增大或消失不会引起其他项的消失，故而其取值范围为 $M \geqslant 0, E \geqslant 0$。而 K 不同，可以正数也可以负数，当 K 是新奇卓越的思想时，可以使商品价值大幅度提升；而当思想 K 陈旧时，价值就较小；当思想 K 错误或贯彻失败时可以报废变零，方法不当造成严重事故，则会变成负值。因此，K 的取值可以是正数、负数和零。

市场上的生产要素有无数种，但究其根本却只有思想（规律）K、物质 M、能量 E 三方面。从生产者角度看，此式可以表示生产成本，其中，K_0 表示产品设计思想、工艺技术思想和经营管理思想等智力要素成本价值，M_0 表示物质要素成本价值，E_0 表示能量要素成本价值。能量 E_0 的作用是在思想（规律）的支配和控制下，推动物质发生变换，能量在生产过程中因转换而消耗。除能源产品外，多数不是直接以能的形式转移到商品中送到消费者手里的。因此，在消费者面前直接展现的是包含思想要求的有形物。生产商在成本核算时，会把消耗的能量成本也加进去。故而，商品的生产成本为 $W_0 = M_0 + E_0 + K_0$。值得注意的是，在平市条件下市场上商品价值 $W = M + E + K$ 中，K 与成本 K_0 是不等的，K_0 是投入的智力成本，可以称为智本；K 是产出的智力成果，可以称为智果（思想），是价值增值的源泉。因此，多数情况下 $K > K_0$，当然小于或等于的情况也会有。而物质和能量只会转移价值，故 $M = M_0$，$E = E_0$。假设思想（智果）增值为 $K - K_0 = \Delta K$，那么，平市条件下，商品价值为：$W = W_0 + \Delta K$。

以往的学者提出的三要素理论已不少。萨伊认为劳动、资本、土地是三要素，显然这是生产三要素；马克思认为劳动者、劳动对象、劳动资料是三要素，这是劳动三要素。而本书所说思想、物质、能量是商品价值三要素，因为土地、工具、劳动者等要素是进入不了商品之中的。

三、商品生产中思想对能量的支配作用

前面已述，任何商品的价值内质都是人的思想。离开了产品思想的贯彻就没有商品的功能和效用。就是在人类普通思想支配下的手工劳动所生

产的商品，其中凝结的也是普通思想。比如铁匠打造菜刀，必须锻打成尖劈状并予以开刃，不然就不能用。可见，最简单的劳动作业也必须有思想指导，哪怕是最基础、最普通的思想。操作所制造的是产品的实体，指导操作的思想转换成商品的功能和效用。这样就进一步论证了如下结论：任何产品都离不开思想，思想是产品的根本内质。

那么，商品生产能不能没有操作呢？当然不能。前面我们定义，凡是在思想支配下经人的手、脚、肩、口、耳、眼等肌体或器官作用于对象的活动均称为操作，或称体劳。完全离开了人的操作就不可能将人的思想转换为商品的功能和效用。就是科技含量最高的商品，其价值构成虽主要是思想，也必须有哪怕是一点点的体劳。比如，在一只空光碟中拷入某一信息数据，起码要将光碟插入电脑，用手指去点一下鼠标，这就是操作。没有这一操作，电脑不会让信息数据跑到光盘中去。也许，其中科技思想价值占99.99%，操作能量价值只占0.01%，但没有这0.01%，就不能实现从思想到产品效用的转换或思想成果的复制。由此可见，产品中的操作量可多可少，但绝对不能没有。所以，劳动价值论并非错误，只是存在局限性。

为什么商品制造不能没有操作呢？从前面的劳动本质理论中我们已述，劳动是使思想产生、传播、运用和实现的过程。思想的传播和运用，必须经由手、口或其他器官的操作。如果，再作深层探索即可发现，离开了基本的操作，人脑中的思想就无法外输。你冥思苦想，进行思考和理论创造，不管你有多大成果，若不能外输就不能作用于社会。外输就是写出来、画出来、说出来，用眼神或用体态语表达出来，通过政策、制度或行为表现出来。思想家最常用的外输方法是写作，最简便的外输方法是谈话或做学术报告。然而，这动手、动口全是我们所定义的操作，或称体劳。况且，思维（脑劳）本身也大量消耗能量和氧。由此可见，任何产品生产都离不开操作及能量消耗。

既然操作与思维都是消耗能量和氧的，把它们两者严格剥离还有什么必要呢？其一，操作与思维的表现形态不同，操作是肌体的物理运动，如动手、踢脚等，思维是脑细胞、脑神经的生物活动；其二，两者结果不同，操作通常是使对象物发生位移或形变，思维是反映对象、认识对象、掌握规律和运用规律；其三，两者价值转换方式不同，操作消耗体能只是转移价值，而思维消耗能量可以使价值增值。这就是操作与思维必须剥离分析的理由。

现在，经济学上有劳动密集型产品和技术密集型产品之分：劳动密集型产品一般是指以消耗人工和体力为主的产品；技术密集型产品是指以投入智力和思想成果为主的产品。假设制造各种商品的劳动量为10，那么，我们可以选取五种有代表性的商品来说明其脑劳与体劳的成分构成比例。①垒一堵结构简单的墙所投入劳动的脑劳与体劳比约为2∶8；②做一件工艺考究的大型石雕的脑劳与体劳比约为4∶6；③制一座机械摆钟约为5∶5；④制造一套电子设备约为8∶2；⑤编一套内容复杂的程序约为9∶1。按序号体劳量渐减，脑劳量渐增，可以描成曲线。每一种商品，因其思想和能量的不同比例构成，均可以从曲线上找到相应的点。

平市条件下，各类商品价值量构成分析如下：

1. 在物质价值 M_0 和思想价值 K_0 确定时，商品价值量由操作（体劳）量 E 所决定，如对智力要求较低的体力劳动。

商品价值函数就是：$W = M_0 + E + K_0$

2. 在物质材料价值 M_0 和操作（体劳）量 E_0 确定时，商品价值量由思想价值量 K 所决定，如软件设计、项目策划等智力型劳动。

商品价值函数就是：$W = M_0 + E_0 + K$

3. 在物质材料价值 M_0 确定时，商品价值量由脑劳量 K 和体劳量 E 所决定，如制作一座大型雕塑。

商品价值函数就是：$W = M_0 + E + K$

4. 在脑劳量 K_0 和体劳量 E_0 确定时，商品价值量由物质材料价值量 M 所决定，如资源转让等。

商品价值函数就是：$W = M + K_0 + E_0$

四、三要素 M、E、K 的内外解释

其一，M 是商品生产中的物质要素。可以理解为两部分：一部分为生产商品的材料和原料等，是构成商品本身的物质要素，起到承载、表达和实现思想的作用。另一部分是在生产商品过程中在外围起到辅助和催化作用的物质条件，如场地、机器、工具和人体等，在贯彻思想过程中起传导作用，这些物质条件在生产过程中既不可缺少，又不以物的形式进入商品之中，但其价值是随着磨损逐步转移到新产品中去的，生产商一定会将其计入生产成本。若定义商品内构物（substance）为 M_s，条件物（condition）为 M_c，即有 $M = M_S + M_C$，也就是说两方面的物质要素价值均应体现在商品价值之中。

其二，E 是生产过程中消耗的能量。能量 E 在贯彻思想过程中起到动力和中介作用。从物理学上看，商品生产过程是遵循能量守恒定律的，即能量只转换而不消失。本书只是站在经济和价值的角度来看待能量的转换和消耗问题。许多可燃或不可燃商品中都带有能量，但客户和市场并不把它们视作能源。我们关注的是生产商品过程中消耗的能量，包括人的体能（physical strength）E_p 和被人利用的自然能（nature）E_n 两部分。E_p 是人在思想形成、表达、传输和实现过程中所付出的体能。随着科技的发展，生产中不断以能源推动的机器代替人的体力劳动。任何产品的生产都是要消耗能量的，就是挖煤、炼油、发电等产业也必须消耗能量，包括能源和人的体能。在生产过程中消耗的两类能量之和，即 $E = E_p + E_n$ 的价值就是能量成本价值。

其三，K 是人的思维成果，也即思想，是一切价值的发端和源泉。在商品生产过程中，上到老板、下到工人的思维活动都决定着商品的功能、效用和质量。在体力劳动和手工劳动已越来越多地被能源推动下的机器所替代的时代，K 的决定性作用就更加突出。从思想的作用方式看，K 可以分为两部分：对于商品来说，K 是商品内决定其结构、功能和效用的思想（工艺），诸如选材、结构、原理等；而对商品之外的因素来说，是商品生

产的外在条件，包括采用的设备、工艺技术、流水线技术等。若定义商品的内构性思想（科技、文化等）为 K_s，外用性思想（科技）为 K_c，即有 $K = K_s + K_c$。也就是说内外思想（工艺）的价值均应包含于商品之中。如果将 K 理解为技术总含量的话，当分为商品功能性技术 K_s 和工艺性技术 K_c。功能性技术 K_s 决定产品的功能和效用；工艺性技术 K_c 决定生产流程、方法和质量。故而技术含量高低不能光看产品复杂程度，也不能光看自动化程度。薯片生产是高度自动化的，但其产品内构简单，即 K_c 较大，而 K_s 较小，总的科技含量并不高；芯片生产需要许多技术工人的手工作业，但产品内构技术很高，属于 K_s 较大而 K_c 较小的一类。科技含量高低主要看其凝聚的思想成果之多少和难易程度。

从以上分析可以看出，物质 M 和能量 E 不仅从物理上是遵循物质不灭定律和能量守恒定律，而且从价值上看是只转移不增值的，也是遵循守恒定理的。唯有思想及其创新 K 却是遵循不守恒定律的。因而，K 是价值增价的根本源泉。

若设反映大脑思维能力的脑功率为 P_K，持续时间为 t_K，那么，脑劳所做的功为 $W_K = P_K \times t_K$。人的脑功率主要表现为人脑处理信息的速度和联系相关因素进行创造性思维的能力。可以仿用计算机处理速度即单位时间的字节数来表示，即 n 字节/秒。人脑比计算机复杂，其处理能力包括感知、储存、联想、想象、比较、求证和选择等，即使 $W_K = P_K \times t_K$ 是表示人脑处理的符号量，符号只是表达和承载思想的工具和载体，还不是思想本身。即使该式能够描述人脑所做的功是多少字节的思想，思想或想法的价值又未必与字节数成正比。所以，其价值创造仍然难以用物理方法计量。但是，我们可以从经验出发来研究这一问题。经受过必要训练的劳动者，其劳动总成效应是脑劳与体劳两项之和，即 $W = W_K + W_E$，其中，体劳成效 $W_E = P_E \times t_E$。注意人是边思考边操作的，即 $t_K = t_E = t$。所以，劳动总成效为：$W = W_K + W_E = (P_K + P_E) \times t$。人的体劳能力 P_E 是差异不大的，但脑劳能力 P_K 却差别很大。人类劳动特点是体劳和脑劳结合进行的。劳动产品一进入市场，人们只根据其对商品功能和物性的认知作珍贵性评价，就是值多少钱。这样，不管是物理量、生物量还是思想量，一律变成心理量，也就是价值。于是，体功 W_E 与脑功 W_K 自然就叠加到一起。就像饮酒 5 杯、保健推拿 1 小时和点歌 7 首三者不是同类项，不可直接叠加，但在总台结账时却可据其价格相加计费一样。任何不同类、不同质的东西，一进入市场，愿卖愿买，就议出价格。价格评估是市场最基本最重要的功能之一。

五、新三要素理论的论证

（一）从五种类型劳动看三要素

前面我们已从个例出发分析了商品价值的要素构成。现在，我们可以分析人类五种类型劳动的要素状况。人类的生产劳动过程也就是这些要素的结合过程。

1. 撷取性劳动。在采集渔猎时代，人类是依靠天然品养活的，其劳动基本上是撷取性劳动，即改变物品的位置为人所用的劳动。进行撷取性劳动，首先，要对劳动对象物的物性有所认知，知道撷取对象有何效用。其次，是对撷取途径和方法的认知，即具有如何撷取的方法性思想。再次，是必须有体能付出，行动是实现思想目标的途径和手段。没有体力付出就不能使野果移位，没有体力付出就不能捕获和杀死野兽和鱼类。另外，撷取性劳动的进行，必须有野果、野兽、鱼类等劳动对象，至于工具，是人们为了省力、为了更有效地捕获和杀死野兽而采用的。显然，劳动的三要素是思想（规律）、能量、物质。

2. 助生性劳动。在农牧业时代，人类进行的主要是助生性劳动。其特征是给动植物的生存、生长、生殖提供条件，而其生长是靠禽畜和农作物自身完成的，人的劳动是生产过程中的部分环节。对农业来说，人的劳动只是在土地上播种、施肥、浇水等；畜牧业中，人的劳动作用在于把禽畜、饲料、水、围栏等组合起来。显然，人必须先要认知动植物生长的规律和生长条件，后要付出体力把各种要素物聚集起来，这也是思想（规律）、能量、物质三种要素。

3. 加工性劳动。加工业是以物为对象和基础，通过改变物的结构、形状、配比、组合等达到改进和完善物的效用的劳动。进行加工性劳动，首先，要有对物性本身的认知，要有对加工目标、工艺流程的认知；其次，要有必要的能量，或是人的体力或是水力、风力、牲畜力或电力等；再次，要有物质材料：粮食加工需有原粮，木材加工需有木头，服装缝制需有布料等。劳动过程的要素仍是思想（规律）、能量、物质。加工性劳动中工具和机器甚为重要，其中，简单工具主要纳入物质范畴，高级设备尤其是智能化设备即应纳入思想（规律）范畴。

4. 制造性劳动。制造业生产的是自然界所没有的东西。制造业虽然以物质材料为基础和条件，但是，其制成品的效用已经完全超越了原材料的物性。比如，用钢铁制造内燃机，其功能是将石油的化学能转换成机械能，已超越钢铁硬又韧的特性。再如，人们用许多种金属和非金属制造了电视机，创造优质的音像效果，这不是其中的哪种材料所具有的性能。进行制造性劳动，首先，要有一系列的认知性思想，包括产品的功能设计、工艺运用、材料选择等方面。其次，必须投入人的体能和能源，没有足够的能量投入就不足以改变物性。再次，还必须有物质材料和物质条件，人再聪明也只能改变材料或组合材料，而不能作“无米之炊”。一种新商品的首次设计叫发明，首次制造叫创造，发明创造当以设想为先，即先想到，后去做。

5. 服务性劳动。服务性劳动以劳动者为客户提供服务、满足客户某种需要为特征。在现代社会，服务业空前发达，越来越成为主导性产业。培训教学、诊病治疗、决策咨询、方案设计、信息服务、广告宣传、保健美容等都是服务产业。从事服务业的劳动者只有具备本行业的专业知识和专业技能，才能提供有效服务。具体的是：首先，服务者必须掌握客观规律，能够用正确有效的思想去指导服务，这就是三要素中的思想（规律）。其次，所提供服务的载体要么是头脑支配的手等肌体，要么是提供声音、文字、图形等表达思想的符号，而这些东西都离不开物质要素。另外，医疗、保健类服务，其主体和对象都是人，也可以理解为物的要素。再次，无论哪种类型的服务都必须思考，然后用行动去表达或实现想法，这就必定要消耗体能或利用能源。就是提供研究报告和口头咨询等服务也同样需要具备思想、能量和物质三方面要素。

上述分析表明，人类劳动必须具备三项要素，即思想（规律）、能量和物质，劳动过程就是三要素结合的过程。

（二）各类产品的价值三要素

市场上商品种类繁多，按其构成形式大体可分为物质产品、文化产品、服务产品、公共产品、知识产品等。这几类产品的价值无一不是由思想 K 、能量 E 和物质 M 三要素组成。

物质产品。物质产品就是以有形物的功能和效用满足消费者需要的产品。思想融入产品之中，表现为产品的功能效用。其特征：一是设计思想起根本作用；二是实物材料起基础和载体作用；三是在贯彻思想的制造过程必须消耗能量。市场上多数产品均为物质产品。诸如衣服、食品、家具、电器等。在要素公式（$M+E+K$）中，若是高科技产品，思想 K 在价值中占的份额很大；若是资源型产品，其物质 M 占价值份额最大；若是手工产品，则人工费用（$E+K$）占的份额很大，因而，通常手工产品的劳工成本较高。

文化产品。其一，文化产品就其结构特征上讲是以文化内容为价值重心的产品，如书籍、字画、电影、戏剧、音像制品等。人们看重的是其中的文化、思想和精神内容，不大计较其实物载体，如纸、盘、带等，因为这只是载体而已。其二，此类商品主要满足人的文化精神生活需要，满足心理需求，同时也影响人的生存和生活质量。还有一些思想、文化、精神成果能够直接促进社会物质产品生产。显然，文化产品价值要素构成式（$M+E+K$）中，主要价值份额在于思想文化内容 K ，物质材料 M 和能耗 E 所占价值份额相对较小。

服务产品。服务产品通常是指不提供或转移实物，或较少提供实物，只是为满足其某种需要或帮助认清问题、分析问题、解决问题，满足人的生理和心理需要的行为。诸如身心诊疗服务、保健休闲服务、决策咨询服务、设备修理服务等，还有推拿、理疗、陪聊、家政服务等等，其价值不在于实物，而在于过程和作用。从要素式 $W \propto M + E + K$ 中看，思想、技术、情感是价值的主要构件；E 也占有一定的份额；物质要素 M 虽然不可缺少，但份额不大。

知识产品。知识产品就是指商品价值主要由思想成果构成，物质 M 和能量 E 所占价值份额极少的产品。主要分为三大类：一类是以符号形式表达的思想成果，如预测报告、决策方案、咨询答问等文本式产品；第二类是以技术资料形式表现的专利文本等；第三类是以实物形式表现的思想产品，人们习惯于称为高科技产品，属于物质产品中的一种。其特征：一是思想内容比较新奇，一般人想不到，社会对其评价很高，内容可以包括科学技术、文化艺术、创新设计等方面，在公式 $W \propto M + E + K$ 中，价值主要份额在于思想 K，（$M + E$）份额较小。二是产品的制造成本一般以智力成本和思想成本为主。三是由于思想 K 特别优质，所以，使价值增值很大，利润率必然很高。

公共制度产品。制度产品主要是指用于社会公共管理服务的制度和政策，如法律、制度、规章、政策、公约等。制度政策的文本形态当属文化产品，只有当制度政策为人们所认知和接受，记于人们心中成为一种理念、是非标准和行为规范时，制度政策才成社会意识形态，这就是公共制度产品。其作用在于维护一种社会关系，维护社会的公平正义，建立良好秩序，其价值体现为一种社会效果。在要素（$M + E + K$）中，价值主要取决于其中的思想 K，而物质 M 和能量 E 所占份额均不大。

综上所述，劳动三要素、产品内含三要素和价值构成三要素是逻辑统一的客观实在，是不容置疑的。劳动是手段，产品是结果，价值是评价。由劳动三要素转换为价值三要素完全符合自然逻辑和客观规律。

（三）要素价值比例与产业特点的关系

三要素中不同的价值比例关系表明不同的产业类型：

若（$M + E$）/（$M + E + K$）值大，即为资本密集型产业。说明在商品生产中，机器、材料、劳动力的含量比较大，而科技、文化等含量较低。

如机器底座的沙模浇铸，铜条、钢带压延等材料产业等。

若 $E/(M+E+K)$ 值大，为高能耗或劳动密集型产业。说明这是商品生产中能耗较高的产业，如铸钢、运输等，或是体力劳动和手工劳动为主的产业，其劳动产品成本主要是能耗费、工时费等。

若 $M/(M+E+K)$ 值大，即为资源密集型产业。人的劳动所耗的脑力和体力都不是太大。产品的主要价值由材料费构成。如轧钢、压延、板材、建筑等行业。

若 $K/(M+E+K)$ 值大，即为知识密集型产业或称高智产业。产品的价值成分主要是思想成果，所包含的材料费、能耗费均不高。

（四）产业链中产品价值环节性及物质要素相对性

人们生产产品通常是先从材料到半成品，再从半成品到产品。从上线到下线，形成由许多生产企业构成的产业链。链上每个环节的厂家其产品价值构成都不同，这就是我们所说的环节性。不同环节中价值的物质要素也相对不同。对上线是产成品和总价值，对下线是原材料及成本价值。我们以钢铁制品为例进行价值要素关系分析，可分为以下环节：

第一，矿主的矿藏价值。矿藏乃自然界的慢生性物质，是靠吸收自然能量在地下慢慢演变生成的，一般需经历几万年。原矿价值要素关系式 $W_1 \propto (M_1+E_1+K_1)$ 中，K_1 是人所认知的铁矿石自身的客观规律，包括矿的物性、纯度和用途；M_1 是构成矿物的物质数量；E_1 是从自然界吸取的能量。通常矿物的品质与地理环境和矿龄相关。矿藏是天然物，人们不计较矿物生长过程中吸收能量的多少，而是主要考察矿种及品质 K_1 和矿量 M_1 两大要素。此问题后文还将继续讨论。

第二，铁矿开发商的矿产品价值。要把地下铁矿挖出来，就要投资开发，要有懂矿业知识和开采技术的组织管理者；要有矿产开采设备；需要投入劳动者体力和能源。若开采的矿物产品价值表达为：$W_2 \propto (M_2+E_2+K_2)$，显然，此处 M_2 应大于上述 W_1，即 $M_2 > W_1$，因为，必须加入设备等辅助物资；E_2 是人的体力和所用能源的价值；K_2 是开采所投入的全部技术、文化和管理等各方面的思想和智力价值，是价值增值的重要来源。

第三，炼钢厂出产的钢铁价值。购买铁矿石炼钢需要大型设备，需要专业人才和炼钢技术，需要大量能源和人的体力。钢产品的价值表述为：$W_3 \propto (M_3 + E_3 + K_3)$，其中 M_3 等于矿物价值 W_2 与炼钢中其他物质要素价值之和。所以，$M_3 > W_2$，E_3 是炼钢中消耗的能源和人的体能价值，K_3 是炼钢中投入的思想和智力（技术、管理等）价值，直接决定钢的品质和价值，是关键性的价值增值因素。

第四，制造厂的钢制件价值。把钢材制成钢配件，必须先行设计、掌握技术、组织生产、严格管理。需要设备和工具，需要能源和体力。钢配件价值表述为：$W_4 \propto (M_4 + E_4 + K_4)$，式中 M_4 为钢材价值与其他物质要素价值之和，$M_4 > W_3$，E_4 是制造中的各种能耗价值，K_4 为制造中的技术、管理、文化等方面的思想价值，决定着该钢件的质量和价值。

第五，总装厂的整机成品出厂价值。把各分厂制造的零配件集中以后进行总装，更需要技术和管理。总装不仅需要把零配件备齐，而且也需要安装、调试和检测设备，需要体力与能源。将整机出厂价值表述为：$W_5 \propto (M_5 + E_5 + K_5)$，式中 M_5 是零配件总和以及相关物质要素的价值，E_5 为总装消耗的人的体能和能源价值，K_5 是总装的设计思想、技术思想、管理思想等价值，是价值增值的源泉。

第六，经销公司整机售卖价值。销售整机属商业活动。首先，要寻找市场和客户、选择销售地点、建立销售渠道、采用合适的销售方式；其次，要有店铺、仓库等物质条件；再次，销售中要有体力和能源等能量付出。若将整机单售价值表述为：$W_6 \propto (M_6 + E_6 + K_6)$，式中 M_6 是机器出厂价值与相关的物质设施折旧价值的总和，E_6 是经营活动中运输、照明、体力等所有能耗价值，K_6 是经营活动所有智能和思想的价值，是商业性增值的源泉。

由此可见，产业链上的各个环节，其要素是存在明确的相对性的。上线的总价值只是下线物的部分成本价值。一步一步加工物品的过程，实质上是不断在新的想法指导下，以能量为动力，改变物质性状的过程。商业活动即是根据市场需求改变商品位置的过程。综合六级加工和营销，式子变为：

$$W_6 \propto [M_1 + (E_1 + E_2 + \cdots + E_6) + (K_1 + K_2 + \cdots + K_6)]$$

由此可见，深度加工的高科技产品，材料成本是较低的，其价值主要部分是技术思想的运用及能耗成本。当然，各环节思想价值的实现必须经受市场评估和检验。

（五）三要素式“$W \propto M + E + K$”的万能运用

在市场经济背景下，要素关系式：“$W \propto M + E + K$”具有万能作用。除了前面所述的产品价值构成三要素、人类劳动过程三要素、产品内涵三要素外，还可以解释生产资本三要素、生产材料三要素、生产成本三要素、人力资源三要素、宏观经济构成三要素等。

1. 生产资本三要素。当货币形态的生产资本投入经济运行后，经市场采购生产要素，即转换成物质资本、体力与能源资本、思想与智力资本三部分。物质资本和能源体力资本以其自身价值转移到新产品中去。商品生产发展到今天，凡是不需要作逐一判断的重复性操作大多可用能源推动的机器代替了，人的体力劳动和手工劳动大幅度减少。所以，在现代化生产能耗 E 中人的体能所占比例很小，其份额主要是能源，人的贡献主要在思想 K 。

所以，在 $W \propto M + E + K$ 式中 M 代表生产商品的原材料等物质要素，E 代表生产过程中消耗的自然能和人的体能，K 代表产品设计思想、工艺技术和劳动者智力等。

现代社会人力资源多数应归入智力 K 。K 属可变资本，是价值增值的本源。但是，这个变量若为负的话，也可使其与（$M + E$）相加的结果变为0，甚至负，如决策失误、经营失败等情况。（$M + E$）虽然是不变资本，自身不增值，但却是凝聚和复制思想成果的条件和载体。同一专利产品 K ，投入（$M + E$）越大，即生产规模越大，对 K 的复制越多，所带来的经济效益总额就越大。在市场有需求的条件下，若生产某专利产品数量为 n 件，则创造商品价值总计（amount to）约为 $W_a = n \cdot \Delta W$ ，由此可见，**马克思“劳动力资本是可变资本”的结论是正确的**。但是，人力资本中起增值作用的是智力资本部分，是人的想法及其实现。其中，物质和能量除了以其自身价值实现转移外，起到思想成果复制的载体和条件作用。

2. 原材料中的三要素。工业生产必须有原材料。原材料要么是上线厂家的产品，要么是所购买的自然品。上线厂家的人造产品包含三要素，那自然品是否包含三要素呢？回答是肯定的，只是其三要素是物质、能量和规律。因为，思想是人脑对规律的反映，所以，正确思想与客观规律存在内容上的一致性。由此可见，无论哪种原材料都可以用 $W \propto M + E + K$ 式进行表达。若要更好地发挥原材料的用途，就必须正确认识材料的性质。

3. 人力资源三要素。就人力资源而言，在 $W \propto M + E + K$ 中 K 为人的知识水平、思维能力、态度和精神，M 为人的物质肌体，E 为人的体能。总经理、工程师、技术员和操作工的 M 和 E 都是相近的，但是，其中的知识素养、思维能力和创造力等，即 K，却有明显区别。在劳动中人体 M 按生物规律衰老，体能 E 按物理原理转换，都不会增值，只会转移价值。而思想却大不相同，一般想法是小量增值，想错了可能负值，有了正确新奇的想法并充分发挥作用，即可创造巨大价值。企业中的人力资源可以分为四类：一是技术类人力资源，指科研人员；二是管理类人力资源，指决策、指挥等管理人员；三是营销类人力资源，指市场开发和营销人员；四是操作类人力资源，指的是一线技术员工。四类人力资源均以智能为主，只是对操作工的体力和基本技能要求要高些。

4. 劳动报酬的三要素依据。如上所述，劳动力的三要素为（$M + E + K$），劳动力报酬是与其要素结构相关联的。假设劳动者的知识智力付出价值为 K，体能付出价值 E，其间人体健康补偿价值为 M，那么，劳动力报酬表示为：

$$W \propto M + E + K$$

其一，体力劳动者的报酬确定原则。如搬运工，设短时间内的人体健康损害不明显，即所消耗 $M = 0$，在 $W = (E + K)$ 中，因动脑产生的只是简单重复性的一般性思想，价值较小，即 $E >> K$，所以，体力劳动者以体力付出 E 的价值为主。体力 E 的价格通常比自然能的价格要高，正因为如此，凡是可用能源机械力的岗位，企业均尽量用机械力，以便降低成本。在劳动力不紧缺的情况下，初级工工资只是略高于劳动力补偿价值，数量上等于劳动力再生产价值及劳动力最低发展成本价值之和。这种受教育程度不高的劳动力，通常没有多少竞争优势，其报酬量随市场供求状况波动。

其二，脑力劳动者报酬确定原则。比如一名总经理，在其人力资源价值表达式 $W \propto M + E + K$ 中，设短时间内的人体健康磨损可以忽略不计，即所消耗 $M = 0$，体力 E 与一般劳动者相近。但 K 却是其知识储备、经营理念、管理思想、决策能力等。因 $K >> E$，K 是价值增值的主要源泉，故给予他的报酬明显高于普通职工，他们与老板分享了自己思想成果的商业价值。因其知识储备多，思维能力强，市场上这种人才供不应求，显得紧俏，价值评估就比较高，于是，其身价就高。

5. 宏观经济三要素。在 $W \propto M + E + K$ 中，$(M + E)$ 是消耗的资源和能源总值，K 是科技、文化和智力的总价值，W 是国民生产总值。如前所述，$(M + E)$ 只能转移价值，那么，新价值创造主要依赖于智能因素 K。因此，世界发达国家普遍推行科教兴国战略。根据条件转换式子可得：M/W 就是资源消耗率；E/W 就是能源消耗率；K/W 就是科技贡献率。

科学结论的严密性和生命力应当体现在两个方面：一是对客观现象概括的穷尽性，不存在例外；二是可验证性，要绝对经得起实践的反复检验。上述分析表明，关于商品价值构成的新三要素理论是揭示客观规律的科学发现，经得起实践的反复验证。

第三节　价值概念重构准备

一、认知理论与商品价值

人类生活与其他动物生存具有本质区别，动物只有出于本能的条件反射和同类模仿；人类则不同，他们有语言、有思维、会劳动，能在认知事物、认识外界的过程中建立起自己的内心世界。

（一）认知与劳动

认知是以感觉为基础的对事物的现象、关系和本质的认识理解，或者说是客观事物及其规律在人们头脑中的反映。人类劳动离不开认知；在认知指导下劳动；在劳动中深化认知。认知本身也是劳动的重要内容和目的。

人类劳动包括劳和动，劳是指智力、体力的付出和消耗，动是指活动、行动，包括脑活动和肢体行动。一般劳动可简单分为思维和操作两个方面，分别属于脑劳和体劳。

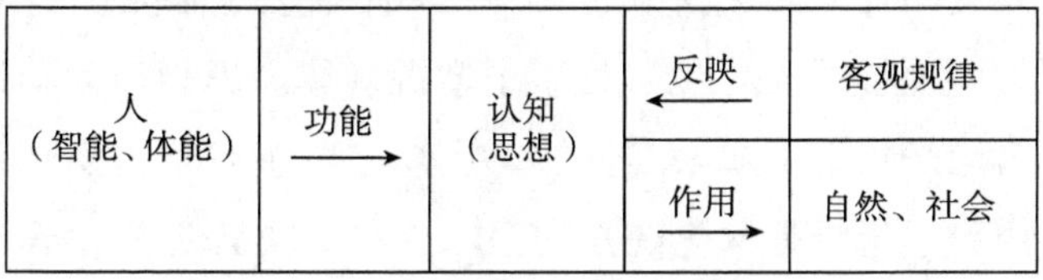

图 14－4　人的认知与外界关系

认知是人类利用自然、改造自然、保护自然，参与社会、管理社会、建立秩序的前提和基础。是认知使人明白自身与外界对象的关系，认知把人与自然、社会联系起来，如图 14－4 所示。人类劳动是有目的、有计划、有方法的活动。有目的就是对目标价值认知，知道努力的方向；有计划就是知道劳动的步骤和程序，懂得从何处入手，再向何处去；有方法就是能用正确方式和手段解决各种问题，或者说是掌握客观规律，按规律办事。科学实验、科学研究是人类极为重要的劳动，目的就是实现对客观规律的认知。人们对规律的初步认知，是其普通劳动得以开展的前提和起点。

在种植业、养殖业开辟之前，人类靠撷取野果、捕获野生动物生存。这些野生动植物，并非人类的劳动产品，是大自然的造化和上天的恩赐。然而，人类不只像动物那样凭本能寻食。人类有发达的大脑和灵敏的感官，善于观察事物，认识规律和运用规律。

如卷一第二章所述，农牧业产生是以人类认知野生动植物的生长规律为始点和基础的，是对自然界动植物生长的环境、条件和过程的模仿和复制。人类从事的农牧业生产过程是从自然过程那里学习得来的。自然界乃人类之母，自然物是人类之师。

价值是对人而言的，但在人类认知之前自然界就有了物品的化生能力，有价值创造的潜在能力。

分析表明，认知既是人类劳动的前提条件，又是人类劳动的首要内容，并且，其重要性越来越突出。

（二）认知与思想

认知作为一种思维活动是人们认识事物的过程，认知作为一种结果是客观事物及其规律在人们头脑中的反映。宋代思想家陈亮说“道在物中”、“理在事中”，就是要求在察物、处事中掌握规律。思想作为动词是指思维活动，作为名词是指思维成果。显然，认知与思想有着密切联系，认知是思想的重要内容，思维是深化认知的根本途径。离开思维，人类就只能像其他动物一样仅有感觉和反射。获得认知、深化认知是人类思维的基本目的。可以说，所有的思想成果都是解决人类对客观事物及其规律的认知问题，回答是什么、为什么、怎么做等。人类的一切经验和知识都属认知的范畴，然而，认知具有不同的类型和层面：

一是表象认知。回答“是什么”。就是对于对象物的指认。认识事物的表面特征，从而初识对象，知道该对象是什么。比如：知道大米饭是食物，可以充饥；知道桌凳是家具，可以使用等。

二是内质认知。是对表象认知的深化，在回答“是什么”的基础上还回答“为什么”。就是认识该对象的要素、结构、性质等内在规律。深入认知其元素和构成，知道其组合方式，从而把握其性质和用途。

三是外联认知。明白该事物与其他事物的关系，就是认识一事物与外界其他事物的相互关系和交互作用，以及发生作用和效果的规律。从而掌握和运用规律，更好地为他人服务。

四是扩展性认知。回答“如何利用”的问题。就是人们利用记忆、联想、想象、论证等思维方式，对规律认知一步步推向前进，从而，不断地深化认知。比如，在电的应用方面，自然界并没有收音机、电视机和电脑，是人们先造出电子管，后进化到晶体管，再发展到集成电路和超大规模集成电路后逐步发展起来的。这一切都是人的认知在思维空间中不断扩展延伸的结果。

另外，人类对自身行为动作规律的认知又有特殊性，难以用以上四个层次的认知来解释。为了研究方便，我们把它称为行为性（操作性）认知，回答的是“如何做的”问题。就是认识具体操作的要领、方法和技巧。知道用力的角度、力度、速度、时机和火候等，这种依靠训练才能达到的认知表现为一种技能。“在苏格拉底看来，智慧或知识不是一种既定状态，而是一种不断披露事物真相的过程。”① 因此，思维的基本任务是解决认知问题。认知是一切行动的指导，是价值创造的基础。这是“知识就是力量”、知识就是经济的理论依据。但是，知识经济的提法是存在问题的，因为人们习惯上把人的认知中可以表达交流的部分称为知识，而不可言传的感受和体悟不称作知识。然而，这种感受和体悟直接支配人的行为，极有价值。显然，这种感受和体悟也是人脑对感觉器官所感知的外界材料进行处理加工的结果，也都是思想成果。至此，我们可以概括：一是思想从粗浅认知开始；二是认知是思想的主要内容；三是思维的目的和作用是使认知深化；四是人类一切意识从认知发端，也即人的思想、意志和精神均以认知为基础。至此，我们已基本弄清了认知与思想的关系。

（三）认知与价值创造

人们进行价值创造，首先要对规律进行认知，只有认知，才能提出生产经营方案。一项完整的方案思想可分三部分：价值思想、行为思想、目标思想。价值思想回答的是要什么、值得否、为什么，主要解决要不要做的问题；行为思想是解决怎么做，即途径和方法问题；目标思想回答的是目的问题，并预测人的行为将产生的结果。从广义上讲，这些都是思想，或叫认知。与之对应的实践过程，则分为知、行、果三个阶段。知是人脑

---

①吴光远：《听大师讲哲学——活着究竟为什么》第 7 页，中国民航出版社 2006 年 2 月版。

对事物的反映和思考阶段，行是思想的实施阶段，果是思想要求之实现。思想是灵魂，统率着活动全过程，支配和表达于行为，凝结于成果之中。其对应关系如图 14－5 所示：

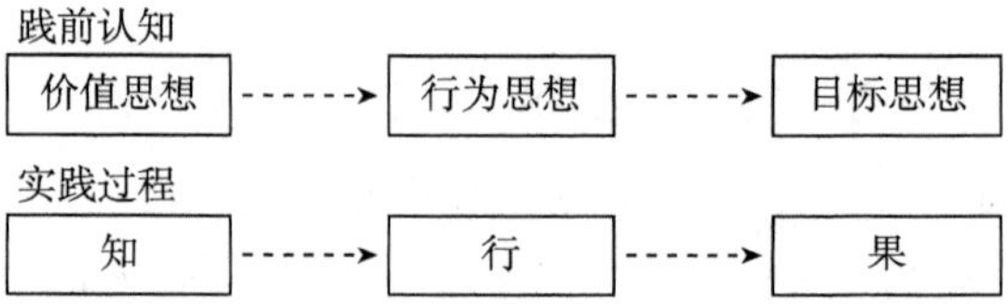

图 14－5　思想与知行果对应关系

从实践过程图我们可以看出：第一阶段是观察思考获得认知，属意态；第二阶段是行为性思想（认知）支配着行动，是动态；第三阶段是实现思想目标，成为固态，包括生产的实物成果和做事结局。由此可见，以知为内容的思想是行动的灵魂和指导，是结果的核质。此外，价值判断也是认知思想，是行为的动力。三个阶段全是认知的对象和范围。在知的阶段就有了价值、行为、目标三种思想，但随着行和果的过程发展进一步深化。值得注意的是，虽然人的动因、性格、意志与先天因素相关，但是，更重要的是与知相关，知之全、知之深、知之重，即会有坚强的意志、毅力、勇气和决心去干，反之就缺乏干劲，因此，知是根本。

三者关系：知是行的前提和动力，行是知的表达和实施，果是行的结局和检验。行有双重作用：一是实现思想；二是深化认知。因此，先哲们特别强调行动的重要性，并提出："先行后知"、"行中求知"、"实践出真知"。

总之，价值创造首先要认知，认知才会有坚定的行动，认知才会有明确目标，认知才能有正确办法。商品价值是认知性思想的凝结，认知乃价值之源，价值是认知的函数。

一座崇高峻伟、树木葱茏、延绵数十里的深谷山脉属某村集体所有。村长虽知其山好，但在造房以钢筋水泥为材料、做饭以天燃气为燃料的现代社会，树木、干柴都卖不起好价格，政府又从严控制伐木指标，不许大量采伐。故虽坐拥万亩青山，却出产不多，未能富裕。某天，村长正在望山兴叹，一位搞畜牧业的企业主路过帮他出主意："羊吃百草，可以放养羊群，若规模较大，一年可以创造经济价值几十万元。”村长叹道：“养那么多羊，圈在哪里呢？”片刻之后，过来一位药材公司总经理建议说：“此山土层肥厚，开垦低坡地块种植药材，估计一年可产价值上百万元。”村长更为难：“投资经费从何而来？种苗哪里买？开垦会使水土流失，政府会批准吗？”中午又来了一位旅游公司的老总说：“不伐木、不开垦，此山租我 20 年，每年付你 500 万，总共一亿元，同意吗？”村长大吃一惊，百思不解。莫非山中有金矿、宝石？几年前飞机航测探明山中无矿藏呀？村民们喜出望外，让村长立即签约。旅游公司投资建了山门，修了主干道；树木密集地建成了森林公园；请文化高人对奇峰、幽谷、岩洞、怪石、悬崖峭壁均起了诗意化的名字；对路边的名木古树也作了适当修整；从山脚到山顶用石头砌出了许多林间小路；建起了近千间茅屋、平房，开发休闲养生旅游。广告一出，游客云集，当年收回九千余万。旅游业同行惊呼：“年租 500 万实在太便宜了！”

自然资源的价值是潜无穷的，是认知的函数，以何种思路去开发经营，就会产生何种结果。

思想价值的源泉在于其对真理的认知与揭示，价值大小取决于其对客观真理的认知、掌握和运用状况。当年美国联邦储备委员会主席格林斯潘讲话，几分钟内就可以使道·琼斯指数迅速攀升！为什么他有如此大的影响力？为什么他能引领美国经济乃至世界经济稳步发展？为什么他被人们誉为“仅次于上帝的人”？除了因为美联储主席掌握着金融政策调控权以外，主要是由于格林斯潘对经济规律的正确认知和准确把握。在位十几年中所做的经济决策绝大多数正确，赢得了国民和股民的广泛信任和敬佩，因此，他的讲话常常有稳定人心和鼓舞士气的作用。

面对同一事物，视角不同，思维方式不同，其结论就大不相同。面对某些事物，思路不对时就成为问题和包袱，思路正确时就成为条件和优势。因此，企业界有“思路决定出路，智果决定结果”之说。

同时，必须承认实践对认知有基础性的推动作用。人类的认知过程是：

关注对象→认知规律→形成思想→指导实践→改造对象→总结经验。经验通常深化了对规律的认知，能更好地指导新一轮实践。

值得注意的是：人们的认知活动是一种主客体的互动过程。在对对象进行揭秘的过程中，有的对象在变，有的对象几乎不变，这与人获得认知的方式有关。比如：以灌肠造影或切片化验诊病，医生认知在变，即深化了对病情的了解，病人身体也因造影和切片而变。但是，若用把脉、听诊察病，医生认知深化，而病人除心理变化外身体变化不大。天文学家用望远镜观测太空，太空不因观察而改变其运行状况，而人的认知却有所深化。由此可见，人的认知是智力活动，只要认知深化，主体自身就有提升。人类实践过程既是改变对象的过程，也是改变自身的过程。实践的目的是改变对象，但是，改变对象是以改变自身认知为前奏的。可见，中国先贤倡导的“天人合一、内外双修”法则是包含深刻哲理的。

（四）认知与商品价值评估

商品生产以对相关规律的认知为前提。人的产品设计思想与工艺技术思想等决定商品的功能和效用。商品效用发挥又以消费者的认知为条件。认知程度不同，商品可发挥的效用不同，对商品的珍贵性评价也不同，因而，价值量也就不同。

20世纪40年代，有一个德国工人在生产一批书写纸时，不小心调错了配方，生产出了大批易糊字不能书写的纸，这个工人因此被解雇了。看到他生活和心情都陷入低谷，这个工人的一位朋友劝解他说：“把问题变换一种思路看看，说不定能从错误中找到某些有用的东西。”一句不经意的话，有如一束火花，引发该工人思考。不久，造纸工人惊异地发现，这批废纸的吸水性能相当好，可以很快吸干手稿墨迹和家具上的水分。于是，他从老板那里将所有废纸买下来，再切成小块，换上包装，取名“吸水纸”，拿到市场上去销售，竟然十分抢手。后来，他申请了专利，并组织了大批量生产，结果发了大财。①

从书写纸的要求看是生产了废品，损失了价值。而从一个新的角度去认知却发现它创造了新价值，这一事例再次证明价值是认知的函数。过错未必不是创新的契机。价值与认知相关，识货万物皆有用，无知宝物作废品。

有位著名的金石家，在印度市场上，被一种名贵的檀木所吸引，醉心艺术的金石家以每千克800多美元的高价买了四公斤半的一小段檀木。他把这飘溢着淡淡幽香的檀木放在家中书橱边。回国后的第二天，金石家就去北京开学术会议，开完会回家再也找不到那段檀木。他急问老伴，老伴说："那破木头有怪味，已扔给收废纸的老头了。"金石家大吃一惊！他为老伴的无知感到愤怒和无奈。第三天，收废纸的老头又来了！金石家"腾"地从床上坐起，问收废纸的老头："那块木头发哪里去了！"老头淡淡地回答："这类木头我老太婆都用来烧锅，你那块木头不仅不易着火，还有怪味，不过还好，最后烧着了，灰是白色的。"三千多美元的名贵檀木被毁了，还埋怨不易着火！真气煞人。②

商品价值的确是随认知变化的。苦瓜味苦，当不知其药用价值时是蔬菜中的下品，当知其具有清热降火之功效时，人们就视其为宝贵的药膳。人类对自然的认知是一个逐步深化的过程，就连大科学家也不例外。"爱因斯坦在1932年曾断言：'没有任何一丝迹象表明人类可以获得核能量，因这意味着原子将被随意切割。'但是，在第二次世界大战中，当他得知德国在研究核武器时，曾两次上书罗斯福总统，力主发展核武器。罗斯福总统采纳了他的意见，投入巨额资金，研究切割原子的方法，人类终于掌握了核能"③。人类用了几千年的铁锅，到了20世纪才大量采用铝锅，铝

①陈兴云：《换一个角度试试》，载《知识窗》2004年第3期。

②李启咏：《檀木的命运》，载《报刊文摘》2003年10月13日。

③沈骥如：《解决能源问题更需要哲学思维》，载《报刊文摘》2006年7月28日。

因具有导热好、质地轻、韧性强的优点而备受欢迎。但到后来，研究发现铝摄入过量易引发老年痴呆症，从此，许多人讨厌铝锅，使其价值大减。西红柿一般是作为蔬菜烧熟吃的。几年前有专家说“西红柿生吃好，可以吸收更多维生素和番茄红素等”，既可作蔬菜又可作水果，销路就广了许多。近年来，又有专家说“西红柿生吃有毒，因为含有龙葵碱和尼古丁”，使它又重新回到蔬菜行列，销路和价格都受到影响。

商品价值应当是以效用为基础的珍贵性评价，这并不是说商品价值是唯心的。但其价值大小的确与人对它的感觉和认知直接相关。泰拉泰德说：“知识就是感觉。”古希腊哲学家普罗泰戈拉说：“人是万物的尺度，是存在的事物存在的尺度，也是不存在的事物不存在的尺度。”苏格拉底表述为：“人的无形意识是世间万物的最后尺度。”[①] 诚然，物的性能和潜价值是客观的，但其效用发挥和价值评估却是随人的认知变化而变化的。

（五）认知与需求的关联

生活中人们常常只看现象、不看本质，只看结果、不看原因，简单武断地下结论：商品涨价说明供不应求，商品降价说明供过于求。这其实是用现象解释现象，不能透析深层原因。为什么一些商品当初比现在还少，但并不紧缺，可以低价买到，而现在数量是多得多了，仍供不应求呢？是什么造成如此旺盛的需求呢？根源是人们对该商品认知变化。比如，野生甲鱼，肉不多，味不美，以前食之者不多，即使没有人工养殖，市场上也不紧缺。然而，当媒体介绍“甲鱼能增加白细胞，增强免疫力和抗病能力，具有防癌、抗癌作用”时，甲鱼就遭殃了，需求量剧升，价格暴涨，供不应求。为什么有人愿出高价购买工艺品？为什么有人愿出巨资收购古董？因为认知者懂得其具有价值增值空间。

由此可见，供求状况决定交换价值还是表象。供求状况是一种表象，其背后的深层原因是人们对商品的认知状况。介绍产品、宣传产品、推荐产品，其实质是深化消费者对该产品的认知，从而，唤起人们对该产品的需求。

---

①邢贲思：《“人是万物的尺度”》，载《学习时报》2002 年 5 月 27 日。

（六）消费者认知与价格接受

商品价值原本就是对人而言的，反映的是人与物、人与人、物与物的关系。在尚未有人类的太古时代，自然界中就有森林、草原、野果等供动物们共同享用。也许当时就有黄金、宝石和野山参，但是，人类对其没有认知，就无所谓贵贱。因为，从造物主看来，任何自然物都是等价的，没有好坏贵贱之分。但有了人类以后，情况就不同，人对外界事物有认知和利用能力，用物品来满足自身的需求。不同物品对人需求满足状况不同以及获得难度不同，故而，导致人们对物品珍贵性评价不同，这就决定其价值不同。由此可见，人对物的认知是物有价值的智能前提，价值量化是商品交换的市场前提。有学者认为物的有用性是价值存在的物质前提，其实，这一前提不必说，因为在现代科技条件下，并不存在无用之物。使用价值就是效用，是商品的物质属性，价值是商品的社会属性，价格是市场对商品价值的量化评价。市场实行自愿的互利交换，并不是相同劳动（时间），而是相同的心理估值。在市场经济背景下，商品一经生产就有了价值担当。然而，商品价值量不是由商品自身单方面决定，而是与消费者对商品的认知直接相关的。世界音乐之都维也纳，那么多音乐厅仍然常常爆满，是因为奥地利国民具有良好的音乐素养和欣赏音乐的爱好。音乐价值是以欣赏者的品位来体现的，对牛弹琴就是最美妙的音乐也体现不出价值。世界名画《蒙娜·丽莎》是达·芬奇为佛罗伦萨一位少妇所做的肖像画，若没有欧洲文艺复兴数百年所培育的千百万艺术欣赏者的赞扬和传颂，显然不可能有《蒙娜·丽莎》的极品地位。世界上第一个发明电子计算机的人，怎么也想不到电脑和网络，竟然能如此强烈地改变人类生活。然而，对缺乏认知、不会运用的人来说，电脑和网络只是时髦的摆设；对了解其功能且能熟练运用者却不可或缺。认知是客观事物及其规律在人们头脑中的主观反映，但是，这种反映并不是物理学上的平面镜成像，也不是蜡像馆中的原形复制，而必须经由大脑对客观信息作去粗取精、去伪存真的提炼加工，汇总归纳、概括整合后形成概念和印象。认知结论形成必须经历以客观信息为材料的主观思考过程。在此过程中，潜藏在人眼后面的主观意识始终起着重要作用。尽管某一客体所包含和释放的信息是同一的，但是，不同主体所感受到的信息却不同，取舍、处理、加工的方式也不同，因此，所得到的认知结论就不同。认知的过程就是思考的过程，认知的结果就是思维的成果。因此，商品本身的物性是基础，人的认知是关键。商家为什么要不停地做广告？业务员为什么要不厌其烦地作介绍？甚至还要组织一些消费者作免费培训？目的都是扩大认知。好产品的市场份额是与消费者认知的广度和深度成正比的。李建栋博士说："不同的人对同一物的用途有不同的认识，所以一件物品的使用价值对不同的人是不一样的。"①

商业广告的作用在于宣传产品的设计思想，介绍功能效用，通过启发认知让消费者认可认同。推销是一种强力宣传，目的是引导客户认知。因此，一名优秀的业务员应当是宣传高手、产品专家、心灵导师和人生教练。其首要任务是以自己的知识、理念、真诚和热心为客户提供咨讯服务。介绍产品、启发认知、激发需求、沟通情感、建立信任，在客户彻底认知后，销售产品就水到渠成了。

一些新产品只有使消费者认知，才能发挥其独特效用，体现出价值，并让顾客认可价值。结构复杂、功能强大、成本不低的电脑，未经培训者不会使用。想当初有多少人愿意购买？但到如今，许多单位、许多个人离开电脑已经没法工作了。当年"可口可乐"刚登陆中国时，国人觉得这水有一股怪味，很不喜欢，而今知其为世界名牌产品而大量享用。

在商品交易过程中，卖方总是介绍商品的优点，买方总是提出自己的需求愿望和商品的缺憾。买卖双方协商的过程就是双方互导认知的过程，成交价即是双方心理估价的连接点，是双方认知的统一。

二、需求理论与商品价值

（一）需求结构理论

市场需要提供什么样的商品和服务？人们需要构建一个什么样的社

①李建栋：《认识价值论》第 135 页，中国经济出版社 2010 年 3 月版。

会？人类需要保持一个什么样的地球？这得先搞清楚人到底需要什么？现在笔者提出需求结构理论。

1. 人类共同需求的两层结构。人们的需求可以分为人类共同需求和人的个性化需求。共同需求又可以分为两个层次：一是生存条件和自然环境需求，即对水、空气、阳光、食物、服装、居所、性及赖以生存的大地、山河、森林等方面的需求。须臾不可或离的空气和水必须保持清洁，天空不能有雾霾，食物要保证安全，耕地避免污染，因为这是人类的生存根本！二是生活条件和社会环境需求，即对教育、医疗、通信、传媒、贸易、情感（包括亲情、友情、爱情）等方面的需求。在衣食无忧的时代，平安、健康、和谐是幸福的三大基石。人类应当珍惜自然，敬畏自然，爱护地球，减少自然灾害；应当保护环境，维衡生态，减少疾病发生；应当厚道诚信，公平交易，互爱互助，和谐相处。通过学习、训练和实干发展自己，不许侵害他人利益。

2. 个性化需求的内容结构。人们的需求项目数和重要性排序是不同的。有的人需求比较单一，有的人需求项目较多。有人需要权力、财富、美满婚姻；有人需要财富、影响力、自由自在；有人需要学问、名誉、历史贡献；有人需要金钱、爱情、娱乐活动……个性化的需求结构是由人生观、价值观决定的。好吃者，满足嘴巴，尝尽美味；好游者，不留积蓄，走遍天下；好书者，看中就买，手不释卷；瘾君子，抽烟开销远比吃饭多；好赌者，一注千金，输光不后悔。人们在共同需求的消费中也表现出个性化特征，对食物口味要求不同，对衣物款式要求不同，对住房的特色格调要求不同等。

3. 需求强度结构。需求强度结构不同是由其性格、特点、偏好决定的：心存意向为期求；朝思暮想为渴求；明确表达为诉求；积极行动为追求；百折不挠为力求；明知不可为而为之是强求。低强度需求通常可以替代，高强度需求大多不可替代。探索真理是科学家的毕生追求；攀登艺术高峰是艺术家的不懈追求；革命烈士为坚持信仰、为维护真理不惜牺牲生命。需求强度及其结构是由人的信仰和性格特征决定的。

4. 需求满足的主体结构。各项需求满足都能给主体带来快慰。越是迫切的需求得到满足，快慰程度就越高。当一项迫切需求满足后，待满足需求项目的迫切性排序就会发生调整。了解自己的需求，并为之奋斗，是善待自己，可终生无悔；体察他人的合理合法需求，并努力满足之，乃利人善举，属高尚和智慧。

5. 需求满足的成效结构。顺应和满足他人合理需求，可赢得感激和回报，自己感到快乐。了解市场需求，顺应之，可赚钱；了解领导需求，顺应之，得赏识；了解恋人需求，顺应之，得芳心；了解观众需求，顺应之，创精品，可引发社会共鸣；了解民众需求，顺应之，抓变革，可成就政治家的丰功伟绩……

人们需要物质和精神的双重满足。多数人内心都渴望自己拥有富裕的物质生活和充实的精神生活。但是，许多人在物质财富追求的轨道上刹不住车，并忘记了对精神生活的追求。物欲横流、道德滑坡、欺诈充斥，以至于置身高度物质化的生活中仍承受精神痛苦的折磨，没有幸福感可言。到了人生总结阶段才忽然发觉，自己所渴望的幸福生活尚未得到，已赚取的大量物质财富并不是自己最需要的。如同黎巴嫩诗人纪伯伦所告诫的那样："我们已经走得太远，以至于忘记了为什么而出发。"

（二）市场需求与商品价值

前面我们已经谈到，劳动价值论把凝结在商品中的劳动（社会必要劳动时间）定义为价值，是从生产者角度来考察的。这里有两个问题，一是价值量是否等于劳动量的问题；二是劳动量可否用时间计量的问题。此外，很关键的缺陷是没有考察需求与价值的关系。现在，我们来分析这一问题。

首先，商品属性或称潜在效用是由商品制造者的设计思想和客观规律所决定的，与构成商品的材料、结构等因素相关联，这是价值存在的基础。

其次，商品价值除了以商品属性为基础、以人的认知为条件外，还与人的需求相关联。

什么是需求呢？为什么商品价值与需求相关联呢？

需求就是人在对自身生存和发展条件欠缺认定的基础上，对相关事物获取的欲望。人希望自己生存和发展得好一些，就必须具备各种条件，因此，必然存在各种需求。对于人的需求许多学者作过专门研究：有的学者把需求简单划分为物质需求和精神需求；有的学者即把需求划分为生存需求、生活需求和发展需求；20 世纪初美国管理学家马斯洛提出需求五层次理论。商品的效用能满足人的需求，需求存在是人购买商品的基本动因。在现代商品生产中，必须根据市场上人的需求确定设计思想。在某种设计思想指导下生产的商品，必须经广大消费者认知使用，证明商品功能为消费者普遍认可接受，才能赢得较大市场。根据市场需求设计产品，运用科学技术生产产品，凭借优质产品开辟市场，这就构成了商品生产经营的循环圈。需求存在是商品生产的市场条件，需求满足是商品生产的目标归宿。

人的需求与商品价值有什么关系呢?

商品价值大小与人对该商品的需求迫切程度及需求个性直接相关。因为，人总是根据自己对该商品的需求做出价值判断的，当非常需要该商品时，就对该商品价值评估高，愿出较高价格。可以说，凡是没有强制力作用和欺诈行为的协议价均为市场价格，应视为合理，因为是双方自愿的。人对商品需求的迫切程度不同，评价结果就不同。比如，三名消费者同时面对一种新上市的止咳药。看了药品说明书，三人均认知其属性和功能，深信其具有良好的止咳作用。其中甲正患严重咳嗽，夜不能寐，服用其他多种止咳药均无效，被咳嗽折磨得痛苦不堪；乙也在咳，但并不严重，能快些治愈当然好；丙身体好，且从未咳过。该药报价为每瓶 80 元人民币。甲一见如获至宝，毫不犹豫地买了二瓶；乙认为东西虽好价格太高，犹豫了一下，等甲走后，讨价还价以 60 元价买了一瓶；丙说，我从不咳嗽，若降为 30 元我买一瓶备用，不然我不买。一对相当漂亮的花瓶，报价 500 元，正在布置新房的青年男女见之，觉得能给新房增添亮点，是价有所值，立即购买；一名教师看了，觉得东西不错，摆放书房中效果会好，只是价格太高了，还价到400元一对就买了去；一位打工者也觉得花瓶不错，但自己住的是集体宿舍，本人不大需要，若半价倾销，他就愿全买了去摆摊转卖。可见，需求不同，背后的商品运用方式也不同，商品使用获得满足的程度也不同，这就必然影响人对商品的价值判断和价格接受。

消费者需求的个性特征直接影响价值评估。商品价值既反映共性需求，也反映个性化需要。通常日用品价值以反映共性需求为主，艺术品、收藏品以反映个性化需要为主。价值是消费者对商品珍贵性的心理估测，因此，价值原本就是一种以物性为基础的心理量。例如，一张古画，认知者估其数百万元，无知者视其为废旧纸。再如，1000元钱一张的明星演唱门票，相当于普通三口之家半个月生活费，“天价”门票远离平民，但音乐爱好者却认为“价有所值”，宁可平时省吃俭用也不放过机会。有金石家将生活剩余资金全部用于收购石头，许多业外人觉得好笑。人对商品价值评估与人的认知状况有关，与其需求个性有关。价值也是以满足人的个性需求为特征的，价值大小始终与人的需求状况相关联。同一商品，不同消费者对其价值评估是不同的。然而，在大商场里为什么有统一价格呢？因为，大众消费品通常以多数人接受价为准，商家以市场信息反馈为依据作调整。特殊商品数量有限，通常是面对个性化消费者的，常以高端客户承受价为准。

经济学家们对需求与价值的关系研究已经比较深透，但是，他们中的许多人对影响需求的重要因素，认知，却忽略了。试想一个人若对自我需要和商品物性缺乏认知的话，又怎么能产生需求呢？市场上所有现实需求都是建立在消费者对己对物的双向认知基础之上的，缺乏一项都不行。收入较低的农民和工人，深知自己穿衣当以保暖为主，买不起高档服装，见了大商场门都不敢进，哪里还会有高档需求？尽管大商场里面也有普通服装，但低收入者是很少进去的。刚刚暴富的老板娘，揣着大把的钱，在商场里看遍名牌服装，觉得都很高档很喜欢，但没法下手，因为她缺乏对自己的认知，不懂得自己的体形、相貌、肤色、气质、职业适宜穿哪种款式的衣服。但经过营业员一番介绍和推荐，说“这款服装对您特别合适，就好像专门为您量身定做一般，穿上它您就显得特别的华贵”，笑得合不拢嘴的老板娘就立刻掏钱购买了。为什么在医院求医买药那么便于成交？因为，病人自己对病和药两不懂，而医生却是既知病又知药的专家，病人只好把决定权交给了医生，由医生做主。可见，需求与认知相关：有的因认知而产生需求；有的因认知而消解需求。

（三）供求关系影响价格的作用机理

市场上商品的交换价值，即价格，是受供求影响而波动的。当商品供过于求时价格就下降，供不应求时价格就上升。这是为什么呢？经典理论认为这是一条规律，而其作用机理却未予说明。

价值认知理论认为，供求变化引起价格波动是通过人们心理上的认知变化而起作用的。

当商品供过于求时，供应者为了使自己的商品比别人的同类商品卖得快，以便回笼资金，就会自动降价，因为，薄利多销比高利少销能赚更多的钱。而消费者看到商品过剩、供过于求、属买方市场、怎么也不会买不到货时，就自然降低了其对商品的珍贵性评价。电视机为什么刚上市时贵而后来便宜，因为设计复杂，是重大科技成果，刚开始生产时稀缺程度高，但后来复制越来越多，单件价值就下降，就是复制品价值递减原理。

当商品供不应求时，属卖方市场，不愁卖不出。而生产能力总是相对有限的，在卖得出货的前提下，价格高时总利润多，并且，生产商看到商品抢手就从心理上坚信自己的产品特别好，也就提高了对该商品的珍贵性评价。而从消费者角度看，商品越抢手，就越担心买不到，觉得该商品特别珍贵。人们对商品的珍贵性评价与该商品对人的需求满足程度相关联，而商品对人的满足程度与人对该商品的需求强度相关联。商品紧俏的市场氛围能强化人们对该商品需求的迫切感：一是消费该紧俏商品可获得的满足感特别强。正因为稀缺，才能满足“人无我有”的占有欲，是富裕的象征。二是紧俏商品会激发出一些备用性需求，以防急需时买不到，因而，对该商品的珍贵性评价又提高。由此可见，供求变化引起市场波动，是通过人们心理评价变化起作用的，这就是其深层机理。

（四）交换条件与价格商定

商品的设计思想决定商品的物性和功能，这仅仅是问题的一个方面。另一方面，消费者通常也有其对商品功能的期望。当设计者用图纸和文字表达自己的设想，工人读懂和领会设计思想后，方能生产出符合设计要求的商品。手工艺品设想往往先存在于制作者的头脑中，训练有素的制作者可以得心应手地做出心中设想的商品。当设计思想与消费者的期望相吻合时，消费者就认可产品，从本质上说是接受了该产品的设计思想。在此过程中贯彻始终的是人的思想，但各个阶段表现为不同形态。设计者和消费者两端是意态的思想，商品是思想的物态表现，连接其间的是符号态的思想。如图 14－6 所示：

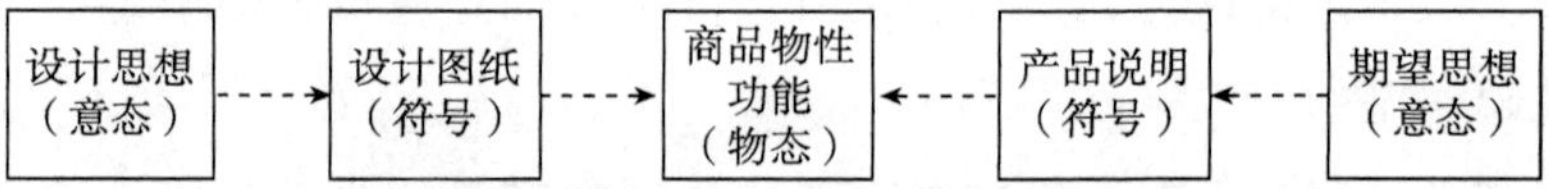

图 14－6　生产者与消费者的思想对应

商品投放市场时，生产商会根据自己的资本投入、智能投入、设计创意、工艺水平及新颖程度，提出自己的期望价，以求获得满意利润。消费者也根据自己对商品的认知和评价，提出自己的接受价。经双方博弈，最后统一形成交易价，如图 14－7 所示。

由此可见，商品接受和价格认同两个方面本质上都是思想认识的统一。

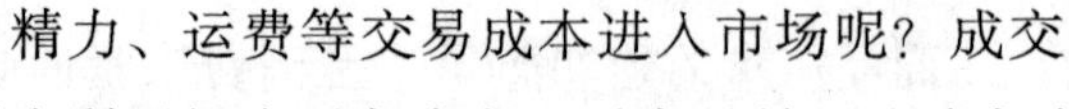

图 14－7　达成价格共识

商品交换的条件不是等量劳动，也不是等价，交换的动机和动力是获利，买方认为购买比自产合算，卖方认为卖出就有利润，若不获利人们又何必花费时间、精力、运费等交易成本进入市场呢？成交的条件是互利，买卖双方都觉得有利可得才愿意成交。对商品效用和市场行情的认知认同是交换的前提和基础。“交换价值取决于人们对交换双方信息的认识。”[①]

①李建栋：《认识价值论》，第 133 页，中国经济出版社 2010 年 3 月出版。

第四节 价值概念和总公式

一、价值概念重构的学术要求

古人云："君子务本，本立而道生。"又云："物有本末，事有终始；知所先后，则近道矣。"重构价值概念必须从当代经济现实出发，抓住根本要素，涵盖相关内容，反映各方关系。具体应达到下列要求：

第一，建立科学的价值概念，首先要认清建立价值概念的重大意义。财富价值化是商品交换的客观要求和必然产物，只有财富价值化才能进行平等交换。但对国家和全体民众来说，物质、文化财富才是真正有用的东西，价值是一种统一的衡量尺度。价值计量的目的是通过平等交换、合理分配等途径推动物质、文化财富的生产。一句话，价值计量是手段，财富增长是目的。价值概念建立要有利于社会物质、文化财富增长，有利于经济社会健康发展，有利于人们创新能力和劳动积极性发挥。

第二，经济生活是社会生活的基础，重构价值概念应当与社会生活中的价值观念相统一，使之与人们现实生活相融合，而不能让价值概念游离于人的现实生活之外。经济学的价值概念直接影响公民的价值观。

第三，重构价值概念应当从社会经济现实出发，确认土地、矿物、木材等劳动之外的生产要素在价值创造中的重要作用，把科技、文化、管理、服务等非物质生产部门创造思想和文化财富的价值理所当然地统一到经济学的价值概念之中。既看到劳动在与劳动资料结合中价值创造的源泉作用，又正视资源等自然物（非劳动产品）的商业价值，使价值与财富相统一。新的价值概念要能够圆满解释商品价值以有用性为基础并随市场供求变化而变动的客观事实。

第四，价值是以有用性为基础的，绝不能将商品的有用性（使用价值）与价值割裂开来，要把商品的有用性包含于价值概念之中。这就必须研究决定其物性及效用的构成要素，尤其要注意到其中的核心要素。同时，要看到商品构成要素与生产要素的关系和区别。

第五，必须承认价值以满足人的需求为特征，价值量大小与需求相关联。价值应当反映主体与客体的相互关系。

第六，必须正视价值不是由生产者单方决定，更不是由劳动量一个要素决定的事实。价值定义应当考虑到生产者投入、消费者认知认可、商品本身物性和市场供求等多方面因素。劳动价值论只站在劳动者角度定义价值，注意到其体力和脑力的付出；效用价值论只站在消费者角度定义价值，注意到商品对消费者带来的需求满足；要素价值论只站在商品来源角度定义价值，注意到商品生产过程中的有关要素；供求价值论只站在市场角度定义价值，注意到供求对商品价值所带来的影响。这些价值理论的共同缺陷是全然未反映人们认知对商品价值的关键性影响，在重构价值概念时必须注意到。

二、价值定义及其内涵

定义一：价值是对人们生存、生活、发展的作用和意义，凡是有益于人们生存、生活和发展的事物都有价值。这是一般意义的价值概念，或称广义价值概念。

定义二：价值是对人们需求满足的市场度量，是以商品的有用性为基础、与人对商品的认知相关联、受市场供求影响的人们对商品珍贵性的心理评价。这是经济学的价值概念，或称狭义的价值概念。

展开论述：在市场上，消费者是主体，商品是客体。客体在满足主体需求中体现价值。价值是一个心理量，而不是物理量。商品价值虽然以效用为基础，但又不是效用的直接度量。因为，同类产品尚可进行效用量和质的比较，而异类产品的效用之间却是无法比较的。而且，消费者总是从自己的需求结构和迫切性出发对商品进行价值评估。较为具体地说，价值是对商品效用给消费者带来的需求满足度的心理评价。商品价值量由思想（规律）、物质、能量三个要素和认知、供求两个因素决定。天然品在客观规律支配下形成，具有潜价值，被人认知后就可利用，具有现实价值。无论是物质的还是文化的，人造的还是天然的，有形的还是无形的，只要被人认知、对人有用的事物就有价值。简言之，价值源于物性，启于认知，基于需求，受市场供求关系影响。

具体含义可作以下五个方面解释：

其一，商品三要素决定潜价值。在商品价值关系式 $W \propto (K + M + E)$ 的三要素中，思想（规律）决定着商品的物性，能量是受思想（规律）支配使物质发生形质变化的动力，物质是表达和实现思想的载体。转换物质多少、消耗能量多少都受思想（规律）支配。在思想支配下，劳动时间越长，投入能量越多，转换物质越多，劳动成果就越大；在规律支配下，动植物在生长期内生长时间越长，从自然界吸收能量后聚集和转换物质越多，其价值量一般就越大。思想（规律）、物质、能量是商品价值构成三要素，或叫潜价值要素。值得注意的是，思想（规律）是在三要素中起灵魂作用的，支配和决定着能量和物质转换的根本性要素。

其二，认知使商品的潜价值转换为实价值。物性被一定程度认知就有了效用，从而使由三要素决定的商品潜价值转换为实价值。消费者是以效用为基础评估价值的。效用 = 物性 × 认知（百分指数）。一台高性能电脑对从未读书识字的老农没啥价值，但一旦他学会识字、上网、打字、聊天、游戏等，就懂得这是一台很有用的机器。面对确定的客体（商品），主体的需求特性是与认知直接相关的。主体不仅要对客体功能效用有单向认知，而且对主体自身的需求也必须认知，称作双向认知。商品效用总是对应于需求表现出价值。而且，人对商品效用需求越强烈，商品就显得越珍贵。不能适应消费者需求的产品，价值就要小得多。所以，产品设计和生产必须瞄准消费需求。在消费需求日益个性化的今天，设计与需求的对应性显得尤为重要。这种对应性做得越好，就越受消费者欢迎，商品的利润率也就越高。商品实物是商品价值的承载体，消费者是商品价格的接受者。价值既不能离开承载体，也不能离开接受者，前者反映商品的自然属性，后者体现商品的社会属性。

其三，价值反映的是人们对商品珍贵性的心理评价。珍贵性有三层含义：一是有用性，能满足人的某些需要；二是不可替代或难以替代；三是有限性或叫稀缺性，须经交换获得。商品的珍贵性评价即价格，是商品交换的前奏和依据，是买卖双方通过博弈取得共识的交换尺度。使用价值作为满足人的需要的一种属性是客观的，但以人的认知为基础的价值判断却具有主观性。人们进行价值判断的时候，总是自觉不自觉地遵从自己对事物的直接感受或生活体验。这种判断还始终与本人的需求相关联，不可避免地包含着自我的主观意识，同时还会与市场上的同类商品作比较。此外，人们还会受到市场上其他消费者的影响。若购买者众，便相信该商品价有所值；若退货者多，必怀疑自己也买错了商品。由此可见，价值是以客观为基础的主观判断，是主观与客观的统一。

其四，需求直接影响商品价值。同一商品的价值随时间、地点、场合而变化，是由于环境引起人们认知和供求状况变化。漂泊在大海中待救的船只，食品和淡水就显得特别珍贵；处在战争背景下，药品珍贵、房产低贱；在广袤无际的沙漠中救命之水比金子还宝贵。商品的价值量不是由商品本身单方面决定的，而始终与需求相关。因为效用的珍贵性感觉是与需求强度相对应的，没有需求就无所谓价值。人总是根据自己的需求状况来评估和判断商品价值的。同一商品，有人看得很宝贵，有人看得一文不值，原因在于他们的认知和需求不同。需求不仅影响市场状况，使价格变动，而且是商品具有价值的外部条件。所以，开发市场就是通过启发认知来开发需求。

其五，价值反映双重关系。一方面是反映人与物的关系，即消费者对商品的认知和利用关系；另一方面是反映人与人之间的劳动交换关系。卖方转让的是自己的劳动产品，买方用自己的劳动工资（货币）换取商品。货币是价值符号，是抽象财富，消费者通常就是以自己的一部分抽象财富换取某一特定财富，即商品。生产者与消费者之间是一种关怀和回报的关系。商家设计生产出公众所需要的产品以体现人性关怀，消费者认可商品予以购买，即是回报。只要是在有序、法治的市场中交易，双方就是公平、自愿的互利关系。

三、价值总公式导出

商品交换是一种量化关系，研究价值必须寻找数学表达式。

（一）关于商品价值的两大假设

假设一：商品生产中的物质 M 、能量 E 、思想（规律）K 等三要素均来自市场，由货币资本转换而来，具有成本价值。

假设二：物质 M 、能量 E 、思想（规律）K 等三要素中能够产生价值增值的唯有思想（规律）K ，其增量为 ΔK 。

有了这两个假设就可以把商品价值放到市场环境中来探讨了。两个假设成立的科学依据前面已经作过初步论述，后面还将进一步论证。

（二）生产经营方商品报价公式

生产劳动过程就是三要素结合的过程。生产要素一经结合就产生价值增值。如前所述，物质要素成本价值为 M_0 ，人的体能和自然能的能耗成本价值为 E_0 ，人的思维成果和智力成本价值为 K_0 ，那么，三要素成本为：$W_0 = M_0 + E_0 + K_0$ ，叫作生产经营总成本。因物质要素 M_0 和能耗要素 E_0 只能转移价值，而思想 K 若合乎规律，则在三要素结合中产生价值增值，若思想错误，或贯彻失败，即产品报废，价值降低，甚或造成危害。废料是否有价值，取决于下一轮的认知思想。若设思想价值增量为 ΔK ，三者结合后价值增加，总值为 $W = M_0 + E_0 + K_0 + \Delta K$ 。

应当注意，物性与效用是不同的概念。物性是商品本身的属性，具有客观性。效用是人在对商品物性认知基础上发挥的功能作用，带有明显的个性特征。在消费者缺乏认知的情况下，效用发挥可能低于物性。人类对于物性的认知是逐步深化、永无止境的，从这一意义上说，价值也是永远变化的。只有在消费者完全认知商品物性的假设下，才可以将物性与效用等同看待，互替使用。

如果（$M_0 + E_0 + K_0 + \Delta K$）表示以商品物性为基础的客观价值，或叫潜价值，即应当乘以消费者的认知指数 ε 折算成为以效用为基础的实际价值。

但是，式子（$M_0 + E_0 + K_0 + \Delta K$）中的 M_0 、E_0 和 K_0 都是市场上采购的生产要素，已经是认知基础上的市场评价，ΔK 应当是生产者期望、消费者认知认可的新增价值。商品交换中，智能投入成本 K_0 和新增价值 ΔK 都是经由市场评估确定的，两者相加成为思想成果实现总价值，即 $K = K_0 + \Delta K$ 。在实际经济生活中，生产要素结合的成效如何，当以消费者评价为准。而消费者总是以自己的认知为基础发挥效用并做出价值评估的。所以，在消费者认可的 ΔK 或 K 中已包含认知指数 ε ，公式中已不必再出现。此外，日常消费品的认知是简单的，一般均已熟知或一言即喻。高科技设备之类的专业化商品购买通常是由专业人员负责的，应当不存在认知问题。因此，人们一直以来不把认知当作问题，即 $\varepsilon = 1$，在实际经济活动中常常被省略，并习惯于把效用与物性两概念等同使用。

在构成商品价值的三要素中起支配作用的是 K ，决定价值的核心要素也是 K , ΔK 数值大小取决于思想创新品质和贯彻实现状况。作了上述分析后，我们可以得出生产经营者在平市（供求平衡）条件下的商品报价公式：

$$W = M_0 + E_0 + K_0 + \Delta K = W_0 + \Delta K \qquad (1)$$

公式（1）说明生产商报价等于生产成本加期望利润。ΔK 既是生产经营者智能活动产生的期望增值，也是消费者认知认可的商品价值增值。

（三）市场商品价值总公式

产品一进入市场，即成商品。商品价值是个心理量，随供求变化而变化。具体地说，与市场需求（demand）量成正比，与商品供给（supply）量成反比。

在商品交易中人们用价格（price）来表示价值（worth），在数值上两者是一致的。我们假设价值量为 W ，需求量为 d ，供给量为 s ，就有市场商品价值（worth）公式：

$$W = (M_0 + E_0 + K_0 + \Delta K) \cdot \frac{d}{s}$$

用总成本式化简得：

$$W = (W_0 + \Delta K) \cdot \frac{d}{s} \quad (2)$$

式（2）为市场商品价值总公式。总公式表明商品价值主要由生产经营成本 W_0、创新品质指数 ΔK 和需供系数 $\frac{d}{s}$ 三个因素决定。

当 $\frac{d}{s}=1$ 时，表示供需平衡，也叫平市，公式简化为 $W = W_0 + \Delta K$。

若 $\frac{d}{s}>1$，表示供不应求，是卖方市场；若 $\frac{d}{s}<1$ 表示供过于求，属买方市场。

（四）价值总公式解释

因 $K = K_0 + \Delta K$，市场商品通用式改为：

$$W = (M_0 + E_0 + K) \cdot \frac{d}{s}$$

如何理解通用式中的常量和变量呢?

其一，关于物质要素 M_0。公式中 M_0 表示生产经营中物质要素成本价值，是不会增值的常量。说明任何生产经营都离不开物质，这就是人类生产劳动的物质性。不仅是物质产品的生产离不开物质要素，就是文化产品、精神产品的生产和传播也离不开物质要素。书籍、图纸必须用纸印刷；程序数据需要用磁盘承载；音乐唱片需要用光碟刻录；演唱演奏要用嗓子和乐器，需有歌厅和音响设备。现代思想产品营销，如预测报告、策划书等必须以一定的承载物交给客户，就是口头咨询服务也需用脑袋和嘴巴。由此可见，生产和服务的物质性是不容置疑的。但是，这里物质概念不同于劳动价值论中劳动资料概念。这里的物质 M_0 包括劳动对象、工具、设备和主体等在生产过程中发挥作用的物质要素。

其二，关于能量要素 E_0。公式中 E_0 表示生产过程中消耗的各种能量成本价值，也是不会增值的常量。任何生产和劳动都离不开必要的能量。没有能量就不可能使物质发生位移、变形、组合，没有能量供给也生产不了文化产品和精神产品。在物理、化学、生物等自然科学语境中物质和能量是可以互相转换的，具有同一性。但是，在商品生产和商品交换中，这两者具有显著的不同，物质 M 是对象、工具或主体；能量 E 是促使物质变换的煤、油、汽、电等，对生产者来说是产品，对应用者来说是能源，而且，在生产过程中物质通常是变换的，能量通常是消耗的。因而，在商品生产的一个周期之中，物和能要分开讨论，才能清楚明了。大多数企业是消耗能量，产生思想或在思想指导下生产物质产品。而在能源企业，却通常是能态变换，即从一种形式的能变为另一种形式的能。如：煤燃烧发出了电、铀裂变发出了电等，都可以理解为 M 减少 E 增加，此消彼长；水力和风力发电是动能势能转换为电能。这些都是从事能源转换与供给的特殊产业。

从能的供给和消耗状况划分，我们可以把生产劳动分为三类：一是天人合力的生产。如：种植业和养殖业，人的劳动历程相对较短，自然生长过程相对较长。消耗人的体能的劳动是翻土、播种、施肥、备料等，但生产过程却主要依靠动植物自身汲收和转换太阳能、地力和饲料的能量完成。二是人类从事的生产劳动，指一般的体力劳动、手工劳动和脑力劳动。比如：没有使用动力设备的泥工、木工、油漆工等人工作业。三是机器运行和能源推动为主的劳动。人只是造好机器，提供能源和材料，然后，按动电钮操控机器进行自动化生产。无论哪一种生产都需要能量。

其三，关于思想（规律）要素 K。公式中 K 表示平市条件下包含在商品中的思想成果价值，是核心变量。K 中已经包括思想成本 K_0 和思想创新带来的价值增量 ΔK。从劳动过程看，任何生产劳动均离不开思想指导和规律支配。产品中的思想 K（包括科技、文化和管理等）是人的思维成果。**我们定义：商品中所包含的人类思想成果总量称为智果量，那么，决定商品价值量的核心要素就是智果量。智果量可以理解为科技、文化和管理等方面人类智果的总和。一定智果量的价值是由市场评估确定的。**当思想尚未符号化或物质化前，在人的头脑中存在的只是一种想法或意识。意识和思想也与物质相联系，具有物质性。第一，思维是人脑的机能，没有高级复杂的人脑就不会有思维。第二，人脑这生物体必须有物质和能量补充，如蛋白质、水、氧等，不然，就不能生存和进行正常思维。第三，人脑思维必须以客观外界的对象信息为材料，才能产生思维成果。这就好比电脑本身是物质，推动运行的电能是被转换的能源，经键盘、探头、话筒或网络数据输入的是源于客观外界的信息。值得注意的是，在物、能、信息结合作用下产生的思想意识是人脑对事物的认识和理解，既有客观性又有主观性，必然带有认知主体的个性特征，且具有指导、支配人的行为的作用。思想意识支配人的行为影响外界事物，这就是精神变物质。也可以用语言、符号或实物予以表达。然而，思想和意识虽然源于外部世界，反映外部世界，而其形态却与物质世界截然不同。物质和意识分属于不同的系统，它们之间的转换不存在必然的量的关系，更不守恒。同是十斤米做的饭，供一位高智者生活十天，可能创造出许多思想成果；给一位弱智者或厌学懒思者生活十天，可能毫无成就。

一项思想成果有多少价值？我们通常采取比较法来评估。具体方法有同行评价、社会评价、市场量化定价等。但是，这都是心理量，是人们主观心理的估测，若坚持公正就能比较客观一些。物质世界一吨煤、一桶油、一度电、一克金有多少价值？须经人的心理估测。物质产品和文化产品可以交换，是因为两者都对人有用，可统一于人的心理估价。当今的交易价就是以货币数量为尺度的珍贵性评估。凝结在商品中的思想（规律）K 通常发挥价值增值作用，其增量为 ΔK，但须经消费者认知认可才能实现。

思想是商品价值增值的源泉，构成产品的思想、物质、能量三要素中，为什么必须突出思想要素呢？其一，思想决定商品的性质和效用，物质、能量只是表达和实现思想的条件性要素；其二，思想决定着物质、能量的比例关系和结合方式；其三，思想 K 是非物理量，变数大，起灵魂作用。思想 K 不仅要求创新，而且必须提高创新品质。高品质创新不应只是求异，而必须求是、求真、求精、求实，真正变得更好。

综合上述分析，笔者认为：凝结在商品中的思想是生产劳动的灵魂和价值增值的源泉；物质是构成商品的有形外壳，是思想的载体；能量是在思想支配下推动物质变换的动力。

其四，关于需供比 $\frac{d}{s}$。公式中的需求量与供应量的比值 $\frac{d}{s}$ 表明商品的价值与需求量成正比，与供给量成反比，这是一个关键变量。具体地说，在供给确定时，需求越旺，价值越高；在需求确定时，与供给成反比，供给越足，价值越低。商品上市，不仅是思想成果评价受供求影响，而且，物质 M 和能耗 E 的市场价值也受供求影响。材料和能源的价格涨落直接影响商品的价格。需供比反映的是市场商品的稀缺度，搞商贸的企业家就是做 d/s 这一组变量的文章。

有读者会问，商品价值既然是一个心理量，为什么一般不会出现不可思议的高和不可思议的低呢？这里有三个原因。其一，有成本底线：$W_0 = M_0 + E_0 + K_0$。生产商能精明地计算生产要素投入的成本，若市场上商品价格低于成本，他们不会长期生产。其二，市场上的商品价格是供应者、消费者双方博弈的结果，太高了，消费者不认可，商品就卖不出去；太低了，商家做不出，停止生产。其三，市场本身的作用。定价过高，购买者相应减少；定价较低，购买者相应增多。生产商不是追求单件商品的最高利润率，而是追求商品销售的最大总利润。因此，必定会适当降低价格，以求较大销量。

（五）消费方直觉价值公式

一般商品在市场上展现时，推动物质变换的能量 E 已转换或消耗，消费者感受不到能量的存在。如果是化石能源产品通常也以固体、液体、气体的形态存在，电能在指示灯和推动电器运行时表现出来。物质要素 M_0 在思想 K 支配和能量 E_0 推动下变成了商品实体 M^l。值得注意的是：凡是交易的商品总是一份一份的。诸如：一碗面，一块肉，一尺布，一件衣，一辆汽车，一个配件，一升油，一度电，一套房子，一块砖头等，就是土地买卖也讲平方米、亩或公顷。可见，在大多数情况下，商品实体 M^l 就是单位，如碗、块、尺、件、斤、套、升、度、方、亩等，天然品形成等情况下 M^l 表现为数量。当 M^l 是单位时，其值就是1。M_0 是用于生产经营的物质要素成本，M^l 是结合了三种要素而成的商品实体，两者截然不同。而思想和智能 K 则以物质要素为载体在能的推动下转化成商品的效用和质量，可用 K^l 表示，有时表现为商品的品牌或型号。K^l 与 K 截然不同，K^l 是消费者认知认可的商品效用和质量，平市条件下其价值表现为商品价格。因此，在消费者看来，市场上商品价值为：

$$W = K^l \cdot M^l \cdot \frac{d}{s}$$

当 $M^l = 1$ 时，就有：

$$W = K^l \cdot \frac{d}{s} \quad (3)$$

公式（3）为市场上消费者直觉价值表达式。公式表明单位商品价值由基于商品效用和质量的“平市价值”和“需供比”两方面因素决定。

（六）买卖双方价值认知统一式

买卖双方对商品价值认知一致时，才可以成交。即公式（3）与公式（2）应当相等，就有：

$$W = K^l \cdot \frac{d}{s} = (W_0 + \Delta K) \cdot \frac{d}{s} \quad (4)$$

公式（4）即为买卖双方价值认知统一式。

显然，在平市条件下：

$$W = K^l = W_0 + \Delta K \quad (5)$$

式子 $K^l = W_0 + \Delta K = (M_0 + E_0 + K_0 + \Delta K)$ 表明 K^l 就是三要素结合的商品价值，表现为商品的效用和质量。公式（5）表明，平市条件下单件商品价格 K^l 就等于生产成本 W_0 与价值增量 ΔK 之和，ΔK 就是平市条件下的毛利，这与商品交换事实完全相符。是市场上买卖双方认可的单位商品价格表达式，反映了最核心最本质的价格关系。

交易中，当商品有 N 个单位时，考虑市场波动，就有：

$$W = N \cdot K^l \cdot \frac{d}{s} = N \cdot (W_0 + \Delta K) \cdot \frac{d}{s} \quad (6)$$

公式（6）就是最常用的市场商品价值表达式，即为一宗买卖的营业额。此式表明，只有扩大生产规模，才能充分发挥思想成果的运用价值。

（七）价值、使用价值、交换价值再讨论

价值问题在学术界长期争论不休。当我们初步解决了价值概念和含义后，讨论相关问题就方便多了。

1. 价值与交换价值的区别

经典理论为了分析资本主义生产的矛盾，定义“价值是凝结在商品中的无差别的一般人类劳动，即抽象劳动”。如此定义，就出现了如下许多无法说清楚的问题。例如：山上的木头靠人力砍伐并背下的有价值，被风刮倒顺坡滑下的就没有价值；手推碾子碾米有价值增值，马拉碾子碾米不增值；人造合成药品有价值，野生名贵药材无价值；手工制作的粗劣产品价值高，机械化生产的精工产品价值低；等等。这显然与经济事实不符。

根据本章定义的价值概念：劳动产品有价值，天然品也有价值，两者共同的功效就是对人的生存和发展的作用。劳动产品的价值与人类投入的思想、能量成正相关关系，天然品的潜价值由物品特性和自然力作用的能量成正相关关系，其价值实现与人类认知相关联。天然品的性能是客观的，但是，其价值却是以人的认知为条件，与人的应用能力相关联的。有人会问空气、阳光对人类生存发展有很大作用，有没有价值呢？我们回答：当然有。有多少呢？因为是弥漫性的资源，不需要从市场换取，不存在交换关系，故而不需要作量化评价。若有人围了海滩，开了泳场，在海滩上晒太阳就要收费了；有人租了青山供人休闲，到此呼吸新鲜空气也是要收费的，这不就马上产生量化价值了吗？不进入市场就没有交换价值，但不等于没有价值。大科学家、大思想家的学说无偿公布于社会，而不进入市场，不交易不定价，不等于没有价值，而是具有巨大的社会共享价值。由此可见，我们必须注意价值和交换价值两个概念的区别，还要注意价值与价值量的区别。人世间有许多事物是有很大价值的，但却难以量化，也没有必要量化的，如制度、公平、正义、亲情和爱情等。

2. 使用价值及其发挥条件

凡是商品均应有使用价值。马克思定义：“商品是用来交换的劳动产品。”① 其实，只要进入市场用于交换，就是非劳动产品也成为商品，比如

①《马克思恩格斯全集》第23卷，第48页，人民出版社1972年9月版。

天然品。要用于交换就必须有使用价值。不同的物品具有不同使用价值，同一物品可以有多种使用价值。设计思想是商品使用价值的源头性根本性因素，使用者对商品物性认知是商品效用得以发挥的前提条件。

当商品制造完成后，因三要素即思想（规律）、物质、能量已确定，其物性（潜在效用）就确定，但物性发挥（真实效用）却取决于人的认知状况。凝结在商品中的思想（规律）是对物性起决定作用的因素，影响着能的转换和物的聚散。三要素结合是凝结成潜在使用价值，消费者认知才转换为实使用价值。使用价值是对使用者而言的，使用价值大小与认知相关联。高山上一株奇异植物，对无知者只是一株异草，中草药师见之则如获至宝。使用价值实现以人认知为条件，这不仅对使用者而言，有时甚至对于生产者也是这样。比如，美国生产的药品伟哥（现译“万艾可”），药商原来作为心脏病药开发，但是，临床实践表明该药有较强的强肾功效，这是产品设计者自身也始料未及的，后来就作为性药使用了。天然品的使用价值更是认知的函数。随着人们对自然物认知的深化，自然物的使用价值也不断扩大，其价值也相应变化。一句话，商品物性（潜在效用）是客观的，但实际效用却与认知相关。

3. 量化评估是交换价值的实现前提

任何物品，无论是天然品，还是人造品，一旦有售卖意愿进入市场，就必先进行价值评估。商品一经市场贸易就有了交换价值，也称作价格。商品的交换价值首先表现为一种使用价值与另一种使用价值交换的量的比例。交换实现以消费者对设计思想认可为前提。交换价值是价值的市场表现，反映的是商品生产者与消费者的互利关系。

非量化价值是社会学概念，量化价值就是经济学概念。价值评估是商品交换的中介条件。当然，不作量化评估，价值也是客观存在的。在非市场语境中谈价值，通常只是指事物非量化的作用和意义。即使有大小概念，也只是指其作用的模糊量级。在市场语境中谈价值，就是指量化价值，即交换价值。应当看到，商品价值评估是市场的基本功能之一，先评估商定价值，尔后才有交换。商品只有成交，才算真正实现消费者对产品设计和效用的认可和接受。交换或称贸易是双赢的活动。两种商品可以交换，不是其中花费的社会劳动时间相等，也不是两者效用相等，而应理解为买卖双方对商品珍贵性心理评价的统一。

4. 商品报价和定价

交换价值，即价格，是买卖双方心理估值经市场博弈得以统一的结果。对于卖方，若单件商品拍卖，是寻求最高价的志愿者，是商品价格之上边线。高品位商场其定价原则是只寻求高端消费者；平价商场面对的是普通消费者，生产经营成本是定价的低端底线。对批量商品的销售，商家一般会比较理性而不是盲目抬高价格。定价权在商家，但买不买的决定权却在消费者，在市场上兜里揣着钱的就是大爷。单价定得过高，购买者就会减少。因此，生产商通常是用“成本加利润”的方法进行定价。即：出厂价 = 制造成本 + 期望利润。而期望利润是基于其对产品的自我评估、市场需求和客户满意度等因素确定的，故而核心要素是 K。生产商的期望价值还不是现实价值，现实价值需经市场和消费者认同并接受。

在实际交易中，标价或报价就是卖方的期望价；还价即是买方的期望价，经协商取得一致的心理认同，即为成交价，就是我们通常所说的实际价格。

那么，商品交换的实现是否表明存在等值的东西呢？作为一种实体肯定没有，若定要说有，那就是买卖双方思想上、心理上评估值的趋同。讨价还价的过程就是这一评估的趋同过程。若两者不能逐步接近并达到认同，就不能成交。可见，交换价值——价格是买卖双方对商品珍贵性估值的认同。然而，价格虽然是一个心理量却不是唯心的、随意的，而是有客观基础和依据的。

综上所述，商品成交有两个条件：一是消费者对由设计思想决定的商品功能效用的认可；二是对商品珍贵性评价双方找到接合点，即销售者的期望价格与消费者接受价格两者找到认同点。这两点均与双方的认知程度有关，认知越到位，接合点就越容易找到。

值得注意的是：不同消费者对商品价值评估是不同的。因为其认知特性、认知程度、需求状况、价格承受能力都不一样，所以，其对商品珍贵性评价也不一样。比如，1980 元一套的美国“赛青春”化妆品，使用后确实能使人的皮肤显得年轻。一位把美放在重要位置的女主管认为极合算，而对于一位靠打零工供子女上学的母亲来说，子女学费才是头等大事，虽然喜爱“赛青春”，但觉得价格过高而不会购买。通常是客户需求不同，对商品的心理评价就不同。客户是因合算而买；货主是因合算而卖，就是亏本倾销，也是因为卖了比不卖合算。

对所有人，生命都是最宝贵的。关乎生命的医和药，尽管定价较高，消费者也不得不接受。因此，政府对医和药需要进行必要的价格管理。

第十五章　思想价值论原理

理论是对实践的总结和概括，是对规律的揭示和描述，是现实问题研究的分析框架和工具。重构价值概念的目的是创立新的价值理论体系，本章阐述思想价值论原理。

第一节　思想价值论基本原理

一、思想价值论定理和推论

思想是思维的成果，是人脑对客观事物及其规律的反映和描述。人类劳动从本质上说无非是思想产生、思想表达、思想传播、思想运用和思想实现。思考是人类最根本、最重要也是最具源头性的劳动方式，思想是手工劳动和体力劳动的灵魂和指导，直接决定劳动的成效和质量。

揭示真理的思想一旦形成就必然产生影响：影响思维主体自身的观念、思路和行为；思想传播就影响他人的思想和行为，或者与他人思想相交、相融、相和而产生新思想，就是卷一所说的思想交生；一经传承则影响人类后辈的素质、思想和行为，甚至可能影响社会历史进程。

思想对人类生存、生活和发展的作用和意义，即为思想价值。以思想为商品价值核心内涵的学说，叫思想价值论。其原理和定理可描述如下：

（一）思想价值论的基础公理

人的一切言行均由思想支配，思想是人的灵魂。无论是生产劳动、服务劳动，还是事务处理，凡事要先想到，才会去做；只有想好，方能做好。思想决定人们生产劳动和社会活动的质量和效果，思想凝结在人们制造的产品和所做的事之中，决定着该商品和事项的特性和价值。

（二）思想价值论的核心定理

思想（规律）是商品和服务的核心要素，不仅决定着商品生产的物耗和能耗，而且决定着商品和服务的功能、效用和质量。因此，商品价值主要取决于凝结在商品中的思想 K 反映客观规律的程度和新度。思想创新是生产经营中价值增值的根本源泉，其增量可以用 ΔK 表示。这就是思想价值论的核心定理。

如前所述，描述思想价值论核心定理可以采用数学公式表达：

令 $K_0 + \Delta K = K$，又因　$M = M_0$，$E = E_0$，就有：

$$W = (M + E + K) \cdot \frac{d}{s}$$

上述公式称为价值分析通用式，一般讨论都可以运用此式。K 就是凝结在商品中的思想，市场上表现为消费者认知认可的思想实现价值。

根据思想价值论的核心定理，我们可以得出如下推论：

推论一：不只是较高层次的思想成果，一切有利于人们生存和发展的智力成果，即智果，都具有价值。工人农民的普通劳动也以其智能支配，劳动成果中凝结的本质内涵同样是智果。一切不便言传的经验、方法、技艺、要领等，虽然习惯上不称为思想，但都是智果。智果包括一切由人脑智能运化所产生的成果，它比思想概念要宽泛得多。从这一意义上说，思想价值论也可以称作智果价值论，知识经济更准确地说是智果经济。

推论二：人们所办的有价值的事，总是以想到为发端，以想好为基础，办事成效和价值总是与认知思想的正确程度相关联。以何种思想指导办事，就以何种思想贯彻于事中。思想决定办事的目标、动力和态度，决定行事方式和方法，思想决定办事的成效和价值。

推论三：天然品的物性由其内在规律决定，在人类认知之前就具有潜价值，当人类对其物性逐步认知之后，就转换成现实价值。天然品在形成过程中由规律决定其能量 E 转换，逐步聚集成物质 M^l 。人类认知的目的就是利用，开发利用往往要出付环境代价。若人们认知的效用指数为 K^l ，数值上就等于平市条件下的价格。天然品的物质聚集数量 M^l ，市场需供系数为 $\frac{d}{s}$ ，即其价值为：

$$W = K^l \cdot M^l \cdot \frac{d}{s} \tag{1}$$

对于一支野山参、一条野生鱼、一块天然石等，式（1）中的 M^l 就是指物品的重量大小。对于水、石油、矿藏、天然气等式（1）中的 M^l 应理解为单位，数值为1。天然品单位数量的价值为：$W = K^l \cdot \frac{d}{s}$ ，当数量为 N 份时，总价值为：

$$W = N \cdot K^l \cdot \frac{d}{s} \tag{2}$$

公式（1）与公式（2）表述形式不同，但其实质是完全一样的。

产品设计决定产品性能，商品认知关系商品价值，谋划方案决定办事成效。这些论断都是符合思想价值论基本原理的。

二、思想价值论的主要观点

（1）劳动的本质内容是人的智能活动。人们思维活动的结果是产生思想，肌体活动是为了表达思想和实现思想。思想价值论认为，劳动的主体和客体是互动的，一方面是劳动者研究、认知、改变或影响对象；另一方面是对象（客体）反作用于劳动者（主体），促进了劳动者对事物认知的深化、脑功能强化和肢体进化。恩格斯说，“劳动创造了人本身”，这首先应当从深化认知和训练智力的角度来理解。

（2）人脑先天具有对信息的接收、贮存、处理和加工的功能。凡能真实反映客观规律的就是正确思想，反之，则为错误思想。尽管表达和承载思想的符号可以用字数字节来统计，也不能用它们来衡量思想的质和量。因为，思想涵量与符号数量是不一定成比例的。思想之奥妙、思想之神圣在于其把人与客观世界（自然和社会）联系起来。因为有思想，人才能系统地反映和认知客观世界及其规律；因为有思想，人才会有自己的愿望和要求，并根据自己的愿望和要求利用自然物为人类生存和发展服务。

（3）已被认知的自然物具有价值。自然物的形成或生长是在客观规律支配下吸收天能从而实现物质聚集和变换的。价值实体要素是规律、物质和能量。人的思想是客观规律在人们头脑中的反映。思想与规律的统一性决定人造物与自然物效用的统一，从而决定两者市场价值的统一，这就是其交换的前提和基础。所不同的只是自然物是客观规律所支配，天能推动的物质聚集或变换；而人造物是人反映客观规律的思想支配，依靠人的体能或利用能源促使物质变换。

（4）未被人类认知的自然物具有潜价值。自然物是大自然造就的，先天具有潜价值，人们一旦认知其物性和效用就有现实价值。其实，人造物的价值也是以认知为前提的。认知是人思维的结果，是思想的一种形式，认知的获得过程也是劳动，而且，是最基础、最重要、最关键的劳动。在人认知规律后，可以凭借自然物自生自长实现价值增值；可以靠人工作业改变物性增加价值；也可以在人工带动和控制下利用自然能改变物性使价值增值；还可以外界事物为对象进行探索研究，认知规律，产生思想而创造价值。可见，任何价值均有赖人的认知。思考和认知是劳动的根本方式。思想价值论深化了劳动价值一元论的认识，自然物是人类劳动的重要对象，是价值增值的物质基础和载体条件。人类是靠自然养活的，人类要尊重自然、利用自然、珍爱自然和保护自然。

（5）思想价值论认为，管理者有决策思想，设计人员有设计思想，操作工人有操作思想。这些思想虽有难易之别和作用大小，但是，没有高低贵贱之分。有人提出目标思想，有人提出方法思想；有人设计方案，有人实施方案……众人共同实现经济价值的创造。这是一种社会分工，是一种合作关系。其报酬经市场机制分配，受市场供求调节。高难度思想成果创造者一般会得到较丰厚的回报，而处第一线的普通劳动者数量庞大，在“物以稀为贵”的市场法则和分配机制中会因竞争而报酬偏低。他们是思考的主体，也是操作的主体，他们的劳动既是生产的基础，又是社会活动的基础，人类精英的思想成果的巨大运用价值是依靠他们去操作实现的，对他们的劳动报酬，政府应当予以政策保护，防止两极分化。全身心投入研究的思想者，他们为社会创造了大量思想财富，虽然很多非商品化，但其共享价值是巨大的。尽管他们有强烈的责任意识和崇高的奉献精神，不大计较个人报酬与物质享受，但政府和社会却有责任保证其不低于社会中等水平的收入和生活，以便他们衣食无忧地开展学术研究和思想创造。

三、思想价值转换的三种形式

人类如果没有语言，即使有一定智力，也很难进行有序化、逻辑性地思考。语言有两大作用：第一，对于本人，它是思维的工具；第二，对于他人，它是交流的通道。第一个作用是使人能独立思考，是人的能动性、创造性的基础和重要条件；第二个作用，以其传授、交流、传播，大大加快了人类思维发展和知识积累的进程。

前面我们从分析单个商品入手，研究了思想的价值。现在，我们作进一步论证。

初论思想价值：思想凝结于商品之中

反思过去，人类最原始的产品中就凝结着思想。翻动石堆选择块石，寻找想象中那劈状石头作为石斧使用，这翻动块石的过程是支付体能的劳动，但大前提是他们要知道劈状块石可以斩断树枝，并猜想可能有劈状块石埋在石堆中，没有这一想法就不会去翻石和选择。翻动和选择的过程就是想法实现的过程。他们知道木棍舞动可以对付野兽，就用石斧斩去树干的枝丫，尽力将其加工成想象中的木棍，以便舞动，这就是表达和实现其初级思想的过程。从原始社会到工业化的初期，人类产生一个想法容易，而实现一个想法较难。原始社会人们也希望有一只体薄、质轻、不易摔破的碗来取代石碗，但是，他们做不到。到了工业革命初期就要进步一些了，投入较多体力后可以实现一项一般性的想法。比如：布可以由织布工人一梭一梭地织出来；农作物由农民一株株种出来。人类劳动中体劳占主要部分，思想只占少部分。于是，思想的价值不易被人们关注。

在手工业和工业时代，人们都懂得产品中凝结着制作者的思想和精神。一些工艺品制作大师感受就更深刻。《文汇报》曾发文介绍紫砂壶制作大师的心得："顾氏一脉的传人，永远记得顾辅导对制壶秘籍的理解：制壶时，艺人的心性、气质、手感、精神状态，会毫无保留地融入壶中。即便是同一个艺人，同时制作的几把同一款式的壶，也会因为此时与彼时手感的不一致性，心境、状态的不一致性，而产生微妙的区别。人的精神状态，决定着壶的精神状态。"①

进入现代社会，商品中思想的价值日益显现。因为，商品生产中的手工劳动和体力劳动大量地被能源推动的机器所替代，生产的困难日益减少，难点在于设计出符合需求、富有创意的产品。传统产品的价值是材料费、工时费占主体；现代商品价值是创意和科技含量占主体。一些日用品，如餐具、窗帘、茶杯等制作上诗文、字画，附加了更多文化内涵，就能增加产品的价值。商品日益个性化，以满足消费者的不同需求，思想成了商品价值的主要成分。一份只有几页图纸和文字说明的产品设计方案，获得专利后可卖几百万元，甚至上千万元。这么一套图纸成本只有几元钱，为什么画上图、写上字就价值大增呢？因为它承载了思想，主要是思想的价值。任何劳动产品都凝结着思想，没有思想就没有劳动，思想是劳动产品价值的根本源泉。

再论思想价值：思想赋予物品之上

产品既成，其中凝结的思想与体劳就已确定。但是，在不同场合和环境下，人们再赋予不同的思想内容，就会产生不同的价值增值，即赋予思想可增加产品价值，我们把这一原理称为思想赋予论。思想是有价值的，赋予思想就等于赋予价值。茅台集团老总说："茅台酒卖的不是液体，而

---

①徐风：《规矩与方圆》，载《文汇报》2014 年 8 月 27 日。

是文化。”人们喝茅台不只因为其口感好，更多的是看重其文化和品牌，以喝名酒来表明其身份、地位、富有和待客热情，是思想和精神上的满足。

世界冠军胸前挂的获奖金牌与从原厂家直销的同质金牌是否等价？其设计思想、生产工艺和含金量都是一样的，但显然是冠军奖牌珍贵。奖牌是世界冠军的精神象征，厂家直销的金牌只是优质工艺品。因为两者所赋予的思想内容不同。据媒体报道，2005 年底，奥运会金牌在国内一般每一枚可卖 50 万元人民币。聪明的商人一听直径为 60 毫米、厚为 3 毫米的金牌，即使纯金也只要二三万元钱，有十几倍利润。于是，他花 5 万多元钱，用纯金仿造了两枚奥运会金牌，以标价 90 万元兜售。他不知道真正的奥运金牌并不是纯金的，而是银质镀金，成本只有 83 美元。就含金量而言，商人仿造的是货真价实的商品；但就“奥运金牌”而言，商人造的是冒牌货，因为他的纯金奖牌根本与奥运无关。事发后，工商局进行了严厉处罚。为什么做得比正宗奥运金牌含金量高，还是假的呢？因为，这价值主要不是取决于含金量，而是取决于人们赋予的含意。经奥运获奖的金牌，尽管是银质镀金，也是冠军的象征，体现一种崇高的荣誉和奥林匹克精神，而商人私造的纯粹是一件金制品，没有那种精神价值。因此，纯金仿造金牌，政府还是要处罚的。一些城市规定挂一块摩托车牌照收 1 万多元钱，牌照成本只有 5 元钱。这是政府的行政行为，所包含的是政府的公共管理思想：为了城市交通的安全和通畅，严格控制摩托车数量，定价越高表明政府控制态度越坚决。因挂牌费贵，一些并不急需摩托车的居民会放弃购买，政府就达到了控制数量的目的。对必须使用摩托车的居民来说，还是感到价有所值：偌大的城市没有几辆摩托车，他有其一，心理上也是一种满足。

商家很懂得赋予思想可增加价值的原理，同样尺码的照片，对结婚纪念照就要加价收费，依据就是结婚照比平时照片更有纪念价值，服务对象也乐意多出点钱，似乎多出点钱能使照片更珍贵。同样一块糕点，在寒舍中吃是充饥，在豪华包厢吃是品尝，东西未变，涵意不同。后者让消费者有一种享受人生的自豪感，糕点价格就可以加若干倍；当然，顾客也消费了商家创造的良好环境和温馨服务。

人们常常在不自觉地运用价值赋予理论。美术学院招生，为了考查学生的想象力，请学生面对形状怪异的奇石题写品名：学生甲题写“嫦娥奔月”显得优雅浪漫；学生乙题为“慈母升天”，充满悲怆与伤感。同一奇石标题不同，在市场上价值就不同。山门坡地上的大松树被命名为“迎客松”便有了文化韵味，海滨高处的巨石被命名为望夫石，即被注入了思想和情感。自然物被人命名、加工，就成为表达思想的载体和工具，成为人们的作品，其价值骤然提升。一条洁白的飘带，在藏民心中是寄托吉祥的哈达；在没有这种文化习俗的人看来，只是价值普通的布条。个中原因是人们赋予的思想不同。一款中档服装在小店里标价 40 元无人问津，在大商场中标价 400 元变得抢手，其中运用的就是价值赋予原理。

有人会问，有了价值赋予论，人类是否可以不要生产劳动，专门赋予思想就可以实现价值增值了？这当然不现实。首先，创造一种能让众人接受的思想不是容易的事。消费者有头脑，他们在用自己的思想鉴别你所赋予的思想。你胡编瞎说，他们未必接受。其次，价值赋予论成立必须具备几个前提条件：一是必须具备有形实物，这个实物是思想赋予的对象，是思想的承载体。二是所赋思想必须得到消费者认同和接受，也即买卖双方当有共同的思想基础。在此前提下，商品宣传就显得相当重要，只有做好宣传，让消费者认知，才能认同价值。当然不能做虚假广告欺骗消费者。三是能以一定方式进行交换，也就是在消费者支付了费用后，可以观赏或带走，能满足人们思想上和精神上的某种需求。

三论思想价值：思想结出成效之果

思想价值在于人脑对客观规律的认知和运用。人们多动脑子就可以节省体力，比如：制造水车和风车碾米、磨麦等；懂得选择河边适当位置堆砌石块调整水流方向，以冲泻淤沙，免除人力疏浚。

古今中外军事上攻占取胜均靠正确指挥，需要指挥员在充分了解敌情的基础上，做出正确筹划和安排，临战之时，还要多谋善断。当今社会决策咨询、保健推拿、美容服务等所提供的均为服务产品，其服务质量与效果主要取决于技术水平和服务态度。技术水平来源于劳动者掌握该专业的技艺类思想成果，服务态度取决于劳动者的思想和情感，取决于劳动者的经营理念和品格精神。可见，服务产品的质量和效果更决定于思想。

一次大型活动策划、一项工程项目设计，就其实质而言均可以理解为一件系统思维产品。活动的质量、效果、影响和收益均取决于组织者的思想及其实施状况。20 世纪 90 年代前，绝大多数国家举办奥运会均亏本，只有美国人提出场馆建设时，在砖头上刻上购买者的姓名用以纪念，这一署名砖块高价出售的想法一下子就使奥运会扭亏为盈。为什么署名砖块会有很大价值？因为人们赋予了纪念性意义，使砖块立刻增值。德国柏林墙的砖块从建筑学意义上看也没有特别之处，但它见证了战争的苦难和德国分裂的历史，所以，在拆除柏林墙、实现德国统一时，市民纷纷购买砖块收藏。“售卖署名砖头”一个想法使奥运会盈利之类的例子俯拾皆是。珠海占地 10 平方公里的“世界寻梦圆”是一个总投资达 15 亿元的大型项目，经大师策划，竟用“五角钱启动”，创造了四两拨千斤的奇迹。

无视客观规律和科学原理，多走弯路或造成损失的例子也非个别。

黄万里的父亲是著名爱国民主人士黄炎培。1957 年，黄万里不肯迷信苏联权威，大胆进谏，不惜引火烧身。他认为，三门峡工程“蓄水拦沙”的设计思想违背了“水流必然按趋向挟带一定泥沙”的科学原理，三门峡高坝必将导致黄河泥沙在水库上游淤积。当时没有人能够听进黄万里的忠告。他后来因此被打成“右派”。1960 年，三门峡水库投入防洪使用，当年汛期关闸蓄水后不到一年时间，库区泥沙淤积达 15. 5 亿吨，潼关河床抬高 4. 5 米。在渭河入库口形成拦门沙，回水倒灌威胁西安和关中平原。后来，三门峡工程费尽周折多次改建，最后还是花费巨资炸开了坝底的 6 个排水孔泄淤。而无力阻止建坝的黄万里曾经退而求其次，在建坝之初极力主张不要封死这 6 个救命的窟窿。当时未被采纳，造成了本可避免的损失①。

在企业创建和发展中正确思想就显得更加重要，完全可以说是思想决定企业命运。

2001 年，安阳市政府请钟朋荣等专家为其研究市属工业的调整战略。钟带领八位专家对安阳市属工业进行了实地考察后，提出了九个字：“两减、两买、一扩、四提高。”不到半年，为安阳机床厂省下了一亿元资金。用安阳机床厂厂长韩长生的话说，“何止省了一个亿，实际上是救了机床厂，救了安阳的机床产业”。

为什么这九个字有如此之高的价值呢？因为这九个字是在调查研究的基础上得出的正确的企业发展指导思想。

安阳机床厂拥有先进的数控机床生产能力，工厂急需扩大规模，目前在市区已无扩张余地，机床厂准备在开发区建新厂，用出卖原有厂区土地的 1.2 亿元资金，购买开发区的土地，建厂房，购买设备，该项目正准备动工。

专家们认为按上述思想，搬迁后的工厂不能正常运转，容易把一个好厂搞停。专家们的观点是，做企业应当将尽可能多的钱用在流动资金上，把固定资产投资的比重降到最低限度。企业办起来以后，赚了钱，再去盖漂亮的厂房，这才是稳步发展之道。就安阳市来说，已经有大量的闲置厂房，这些厂房稍加改造，就可以用来生产机床，用不着再花上亿元的资金去盖新厂房。数控机床有 300 多个零部件，安阳机床厂用不着从头做到尾，所有的零部件都由自己来生产，许多无关紧要的零部件都不要自己搞，完全可以采取外购的办法，自己只生产关键部件，将自己的全部资金、人力、物力集中在几个关键零部件上，这就是减少生产环节。这减少前期投

①许水涛：《黄万里与三门峡工程的旷世悲歌》，载《炎黄春秋》2004 年第 8 期。

资，减少生产环节，就是所谓的“两减”。

“两买”就是买脑（技术人才）、买嘴（市场营销人才），建立一套吸引人才的机制，创造一个让机械制造业人才施展才华的平台，使安阳成为全国机械制造业的人才高地。同时还借用外脑，买图纸，买专利，买设计，买创新思维。广泛招揽营销人员，建立市场营销网络。“一扩”是扩股增资，拓展融资渠道。扩股的方式可多种多样，如兼并重组，吸引外来投资者参股，经营者和职工参股，还可以是订单股份制、设备股份制等。“四提高”是提高新产品开发能力，提高拿订单能力，提高核心零部件的生产能力，提高产品组装能力。

倘若没有专家的“九个字”，按原来方案实施，机床厂搞死的可能性很大。原计划建设周期为两年，事实上三年能建成就不错了。数控机床的设备精密度要求很高，仅设备调试就要八个月。等三年建成后，市场可能早已被别人分割完毕。没有专家们的系统论证和权威影响，机床厂内就是有人看出原方案的问题，也无力否定原方案。因为原方案毕竟是经过政府有关部门论证用两年时间做出来的，是经过各级政府层层审批过的。在当时体制下，政府领导才是企业的老板，企业管理者只能按领导的意志办。①

由此可见，企业命运取决于企业扩建和发展的指导思想，策划界有句名言：“思路决定出路”，讲的就是这一道理。正是这个原因，一些知名企业悬赏重金征集“金点子”——思想成果。

强有力的领导当以理念、方向正确为前提。若理念、方向错误，那么领导魄力越大，造成的错误后果也越严重。当理念和方向错误时，闲着不干是零效用，错误行动是负效用。

不只是企业效益、工程质量和社会活动成效由思想决定，国家建设和发展更是由思想决定。自20世纪50年代初开始，中国领导人就在探索强国富民之路。但由于受突出政治的冲击和计划经济体制的束缚，经济发展

①百度学术/学术搜索/专家说出九个字安阳节省一个亿/《中国合作经济》2002年第9期。

步履艰难。直到20世纪70年代末，邓小平提出了“以经济建设为中心”和“改革开放”思想，实行市场经济体制，才带来了中国经济的大繁荣。只有思想冲破牢笼，才有手脚挣脱束缚，进而创造人间奇迹。

总之，思想决定目标，思想决定策略，思想决定方法，思想决定行动，进而决定办事成效。要改变效果当从转变思想开始。这一原理，我们称为思想决定论。

四、思想价值表现的四种形态

构成商品核心价值的思想可以表现为四种形态：一是物质态，二是符号态，三是意识态，四是行为态。这四种形态也是思想存在的形式。物质形态的价值，主要由其结构和物性决定的功能效用所表现，能满足人的使用需要；符号形态的价值，主要由文字、图形、商标等符号所表达的思想文化内涵决定，可满足人的人文需要；意识态的价值，是指以实物为基础却超越实物，以符号为表征而又超越符号的心灵意象，如想法、寓意、名望和信誉等，主要满足人的精神需要；行为态思想价值，就是以一定的思想决定人的态度、行为，通过做产品或做事情创造价值。符号和意识有密切联系，许多情况下是以符号来表达意识或以实物表达意识。一个乔丹签字的普通篮球可以拍卖几千美元，是因签字符号寄载了乔丹精神；一支拿破仑用过的水笔可拍上万美元，是因为小小的水笔包含着不平凡的历史和杰出人物的精神。

在物质财富空前丰富的今天，人们日益重视符号消费和精神满足。因此，商品生产不能只重视产品的结构和功能，更要同时重视形象、文化等符号价值，注重商标、品牌、信誉、个性和寓意。同样布料的衬衫，若无品牌只卖几十元；普通品牌卖上百元；若是大品牌可卖几百元甚至上千元。为什么同样功能效用的产品有了好品牌就可增加数十倍的价值？因为大品牌、好品牌除了性能好以外，能给人们以心理和精神上的满足。在知识经济和信息时代，的确是精神统领物质，无形超越有形，智本主导资本，品牌重于物品。

然而，实物、符号、意识和行为四种表现形态具有共同的价值来源，那就是思想。因为，实物的结构、功能是设计思想决定的，产品质量是由工艺思想决定的；符号是表达思想的工具，文化是思想情感的表现形式；意识更是人们思想的心灵映象，是人们生活的感性体验；行为是由思想支配的，实物表达思想是通过行为实现的。可以这么说，结构决定功能价值，符号决定文化价值，寓意决定精神价值，行为决定成果价值。但结构、符号、意识和行为均统一于思想。

在生产实践中，实物功能开发是相对有限的，相反，文化价值和精神价值的开发却具有无限广阔的空间。因此，在现代产品设计中，必须充分开动脑筋，激活思维，巧妙设计，务使商品不仅具有实用的物质价值，而且具有丰富的文化、精神价值。

对社会而言，思想还可以表达为制度形态。制度最先是起草者的意态思想，变成符号后，以符号态传播，成为众人接受的理念，并规范人的行为。制度共处于意识、符号、物质和行为四态之中。政治家对社会文明进步的最大贡献是推进制度创新。

第二节　思想价值论的普适性

思想价值论总公式 $W=(M+E+K)\frac{d}{s}$，既揭示了价值与要素的数量关系，同时也揭示了价值的本质内涵；既揭示了认知对商品价值的关键作用，也注意到了市场供求对价值的影响。下列分析可以发现，其他价值学说都是思想价值论总公式描述的特例。

一、劳动价值论是特例

劳动价值论认为工人的劳动是价值增值的唯一源泉，价值量由劳动量决定，劳动量用劳动持续时间计量，价值量等于社会必要劳动时间。什么原因使经典作家得出这样的结论呢？有了价值总公式后分析就很方便了。

在卷一第一章已述，马克思创立劳动价值论暗含四个前提，对照思想价值论总公式，其实就是四项限制条件：一是生产力条件。当时，人们以体力劳动和手工劳动为主，脑力劳动隐含于体力劳动和手工劳动之中，对思想在劳动中的源头性、主导性作用认识不足，即有 $E \gg K$，故 $E + K \approx E$。二是市场条件。当时，社会生产力不发达，需求也不旺，需供大体平衡，即 $d/s \approx 1$。三是资源条件。那时欧洲可以任意圈地和采矿，无偿取用自然资源，即 $M = 0$。四是人体生理条件。人的体能和技能差异较小，劳动功率输出大体稳定，可取平均值 P。简述之：$K \approx 0$，$M = 0$，$d/s = 1$，且 $E = P \cdot t$，将此四式代入思想价值论总公式 $W = (M + E + K) \cdot d/s$，就有 $W = E = P \cdot t$，也就是说价值等于工人的有效劳动，或者说是劳功。劳动创造价值就是时间 t 的函数。劳动价值论就是上述四项条件下的思想价值论的特例，揭示的是农业社会和工业化初期的经济规律。

二、效用价值论是特例

在西方世界，许多经济学家推崇效用价值论。认为商品价值由边际效用决定，与劳动量和物质成本都关系不大，未经劳动的天然品因有效用而有价值。效用价值论认为商品的边际效用由供求关系决定，即紧俏商品其效用边际处于高位，过剩商品其效用边际处于低位。边际效用价值论的意义是较好地揭示了稀缺性与价值量的关联性。但是，边际效用价值论也遭遇不可克服的困难。诸如：不同种类商品的效用无法比较；同一商品对不同人发挥效用不同；同一人不同情况下对效用的感受也不同……此类问题均无法解释。在思想价值论公式中，不计物质和能量要素价值，即设 $E = 0$，$M = 0$，代入公式 $W = (M + E + K) \cdot d/s$，就简化为效用价值论公式：$W = K^l \cdot \frac{d}{s}$，即价值取决于效用与供求两个要素。这说明效用价值论是 $M = 0$、$E = 0$ 时思想价值论的特例。

三、要素价值论是特例

要素价值论认为商品价值是由参与商品生产的土地、厂房、材料、人力、机器、资金等一切生产要素共同作用的结果。要素价值论认为，随市场供求变化的只是价格，而不是价值。生产要素决定商品价值，在平市条件下，即 $d/s=1$ 时，价值等于价格。因此，若将 $d/s=1$ 代入总公式 $W=(M+E+K)\cdot d/s$，就得出要素价值论公式 $W=M+E+K$。式中 K 为科技、文化、管理、经营等方面的思想成果要素，M 为土地、材料、工具、设施等物质要素，E 为能源、人的体力等能量要素。显然，要素价值论是 $d/s=1$ 情况下的思想价值论的特例。要素价值论形式上与思想价值论相似，但实质上却有显著的不同，它忽视了思想、认知和需求对价值的影响。

四、供求价值论是特例

供求价值论认为，商品价值主要由市场供求关系决定。商品价值高低取决于其稀缺程度，生产商品的物质、能量和思想等要素本身是等价的，“物无善恶，多则必贱”。弥漫性分布、毫不稀缺的东西，再有效用也没有多少商业价值。价值与劳动者付出的劳动量没有关系，与物质成本也没有关系，但必须有效用物。也就是说 $(M+E+K)=\mathrm{C}$ 是一个常数。代入总公式：$W=(M+E+K)\cdot d/s$，就得出供求价值论公式 $W=C\cdot d/s$。也就是说它是思想价值论在 $(M+E+K)=\mathrm{C}$ 时的特例。

根据以上分析，劳动价值论、效用价值论、要素价值论和供求价值论等四种价值理论均有其合理成分，但都是某些条件下的特例。这些价值理论站在某一角度定义价值，必有其片面性和局限性。劳动价值论站在劳动者的角度来定义价值，天才地发现了商品中凝结着人类一般劳动，却忽视了自然资源本身的价值；效用价值论站在消费者角度来定义价值，现实地指出消费者关注的是商品效用，但无法解释效用大的水和米便宜，而效用不大的钻石贵的事实；要素价值论站在商品生产过程角度来定义价值，敏锐地看到生产过程中多种要素的共同作用，却忽视了消费者对商品的认知、需求等因素；供求价值论站在市场角度定义价值，直白地指明了供求失衡对价格的直接影响，但无法回答平市条件下的商品价值确定问题。

总之，以往的价值学说都是思想价值论的特例。唯有思想价值论，置身天地之间，立足市场之上，面向消费者，感恩生产者，全方位审视商品价值的构成，深入剖析了劳动，认清了思想的主导作用、能量的推动作用、物质的载体作用、认知的条件作用和市场的评估作用，吸纳了各种理论的合理成分，成为比较完美的价值理论体系。

至于上述理论以外的其他价值学说，皆是上述四种理论的派生，不必细述。

第三节　思想价值论的创立背景和重大意义

一、科技文化发展是思想价值论创立的时代背景

思想价值论创立归根结底是时代的产物，是社会生产力发展和经济形态变化的客观要求和必然结果。当人类社会的劳动、生产和经济等方面发生重大变化时，必然呼唤新理论的诞生。

人类劳动，由传统体力劳动为主变为现代脑力劳动为主，动脑思考越来越成为劳动的主流方式。因为脑细胞在脑袋中活动，所以，脑力劳动可以不受时空局限。嘴工劳动和指工劳动是思想表达的主要途径，于是，也就成了劳动的主要工种。

商品生产，由传统的主要依靠人工作业转变为能源推动下的机器自动化大生产。在生产过程中，人们主要是计划安排、资源配置、产品设计、机器操作、过程管理等。人们的这种安排、调配和控制的劳动又不同程度地被电脑所替代，并且在程序确定的条件下，大大超过了人脑控制的效率。商品价值由原来劳动凝结，转变为主要由思想成果凝结。科技、文化含量成为价值的主要内涵。

产业结构，由农业社会的第一产业为主，到工业社会的第二产业为主，转变为现代社会的第三产业为主。发达国家第三产业已占 GDP 总值 80% 以上。

人类经济领域的这些深刻变化已经超越了劳动价值论的一些具体论断，迫使人们探索创立新的经济理论。

二、资源稀缺和环境损坏是思想价值论创立的倒逼因素

劳动价值论是建立在无偿取用自然资源的假设基础上的。然而，自然资源取用不计成本的理论假设早已不成立了，这就使劳动价值论动摇了最原始的理论基石。长期以来，企业所有资源和生产要素均需从市场上采购，利用自然资源是要花代价的。并且，人类一个半世纪的工业发展，已把地底的矿产资源挖得所剩无几，资源存量锐减，资源价格飙升。不承认资源价值既不符合经济事实，也不利于资源的高效利用，更不利于自然环境保护。可见，是新时代新经济的发展呼唤新的经济理论诞生。

思想价值论科学认知自然资源和环境的价值，有利于促进人们节约资源和保护环境，有利于建立人与自然的和谐关系，有利于人类文明的永续发展。

三、思想价值论与劳动价值论的血脉联系

一个半世纪前，马克思以其天才的抽象力对商品进行剖析，深刻指出商品物质外壳下包含着人类一般劳动，决定商品价值的根本要素就是凝结于商品中的人类一般劳动。笔者 30 余年研究，仅仅是对人类劳动再作剖析，认为人类劳动首先是人脑关于对象的思考，尔后是思维成果即思想支配下的肢体行动。思想支配下经肌体的能量作用是劳动，人脑对于对象事物的思考本身是更普遍、更根本的劳动。其中，可以使价值增值的只有思想，非思考的能耗只能转移价值，而不会增加价值。马克思认为，只有可变资本才能增值，“活劳动是创造价值的唯一源泉”。笔者只是把“活劳动”抽象分解为纯脑劳动和纯体活动，即思考与操作。一旦把人力分解为智力和体力两部分，就立刻发现人类智能的巨大价值创造作用，思考和创新才是创造价值的真正源泉。这就很快找到思想价值论的一片理论天地。显然，劳动价值论是思想价值论的理论源头和基础，思想价值论是对劳动

价值论的继承和发展。其中，既有继承，又有深化、突破和发展。主要突破有以下几方面：

其一，思想价值论坚持劳动价值论的基本立场，研究劳动与商品价值的关系。但是，思想价值论侧重研究劳动中智能的作用，认为人类劳动的根本方式是思考。思想是人类劳动的源起、动力和主导；思想决定体力的运用状况；思想决定劳动的成效和价值。

其二，思想价值论继承劳动价值论“活劳动是创造价值的唯一源泉”的观点，但是，认为这里所说的活劳动是指广义劳动，是人类的总体劳动，包括研究、探索所获得的认知。自然物一旦被人类认知就可以利用，就有了价值。因此，在人类认知的条件下，自然界和自然物也具有价值增值能力。

其三，思想价值论正视价值量与劳动量的相关性，但认为价值量并不简单地由“劳动时间所决定”，而是“以思想（规律）为核心要素，由思想（规律）、物质和能量三个要素为基础，并与人们认知和供求状况相关联”。思想价值论认为思想价值无法用物理量描述，是一个心理量，由市场评估决定，并认为思想、物质和能量三者成本是商品价格的底线。

其四，思想价值论赞同劳动价值论“活的劳动能带来价值增值”的观点。但思想价值论进一步认为人力中只有智力（思想）是价值增值的根本要素。体力与能源的效果是一样的，只能转移价值而不增值。活劳动之所以能使价值增值是因为有智能（思想）的支配作用。鼓励人们多动脑筋，按规律办事。思想价值的本质是规律的价值，只有人们认知规律、反映规律、利用规律，才能创造和实现更大价值。

其五，思想价值论坚持“人民群众创造历史”的唯物史观。特别注重劳动大众在价值创造中的主力军作用。认为其创造价值的源泉乃是他们大量具体的操作性思想、方法和技能技巧。是他们运用科学家、工程师的技术思想，实现设计师的设计要求和思想价值。因而强调充分尊重第一线的生产劳动者，并倡导加强培训，提高员工思维能力和操作技能。

其六，思想价值论认为劳动价值论“复杂劳动等于多倍的简单劳动”

的结论并没有错，只是没有全面揭示思想价值的规律。认为重大科研成果本身价值巨大，其应用价值与推广规模有关，推广越充分，价值就越大。牛顿、爱因斯坦的科学贡献的价值量，难以用数字描述，在后人的学习、运用中不断发挥出其运用价值。

其七，思想价值论不仅坚持劳动价值论把人类劳动放在社会之中考察的方法，深入剖析了劳动中人与人的关系，而且把人看成自然的一部分，把人的劳动放在自然大环境中考察，使之既能揭示人的社会关系，又能揭示人的劳动与资源环境的关系，有利于促进生态文明建设。

其八，思想价值论认为反映客观规律的思想创新是价值增值的唯一源泉，违反规律的思想可能是零价值甚或负价值。提醒人们创新一定要坚持求是、求真、求实，而不只是求异。本书的价值理论，为什么不称作规律价值论呢？因为，价值是对人而言的，离开了人和人的认知就无所谓价值。自然界、自然物的客观规律在有人类之前就存在了，那时是无所谓价值的。只有当人们认知和利用了规律才有价值，而规律认知就成了思想，因此，应当表述为思想价值论。

总之，劳动价值论是反映体力劳动和手工劳动为主的工业化初期经济规律的理论；思想价值论是反映以脑力劳动为主的现代社会经济规律的理论。劳动价值论研究的是劳动的作用问题，思想价值论研究的是劳动的本质问题；劳动价值论回答的是如何对待劳动的问题，思想价值论回答的是如何创新和高效劳动的问题；劳动价值论解决的是对待劳动的立场和态度问题，思想价值论解决的是进行劳动的根本原则和科学方法问题。思想价值论是对劳动价值论的继承、突破和发展。此外，思想价值论超越了经济领域，适用于全社会；超越了社会科学，是自然科学、经济科学和思维科学交叉融合而产生的新学科。

四、思想价值论的创立的现实意义

思想价值论创立的现实意义可以从以下几方面理解：

（一）深刻揭示了人类劳动的本质特征是思维这一基本规律

思想价值论认为：人类劳动的主要形式是思想产生、思想传播、思想运用和思想实现。这一发现从根本上改变了人们的传统劳动观。阐明了提高劳动者素质、增强劳动者技能的根本目的是提高认知能力、思维能力和创新能力。思想价值论的创立为人类提高劳动质量和效果指明了方向。

（二）重新定义价值并剖析了商品价值核质

提出决定商品效用的三要素中，思想（规律）是核心要素，认为思想是一切价值和财富的发端和源泉，物质和能量只是表达和实现思想的物质载体和变换动力，昭示了正确思想（规律）的核心价值。这就为价值增值、价值创造指明了方向和途径，也为企业的技术创新、产品创新、管理创新、制度创新的必要性找到了理论根据。提出了商品价值是人们对商品效用的珍贵性评价，是一个心理量。提出价值量的大小与认知有关，是认知的函数。不仅为人们加强科研、促进创新指明了必要性，同时也为商品宣传和广告促销找到了认识论依据。认为思维成果是价值之源，只有保护思想创造者利益，才能保护人们思想创造的积极性，从而，也深化了人们对健全完善知识产权保护制度的重要性的认识。

（三）思想价值论揭示了社会文明进步的根本动力在于创新

认为社会文明进步的基础和动力在于国民素质，在于思想创造和思想供给能力。因此，要想民富国强，必须优先发展教育、科技、文化和传媒四项事业。使人们认清了理念创新、科技创新和制度创新之间的关系。理念创新是先导，科技创新和文化创新是重点，制度创新是保障。当今世界，国家之间竞争的重点是经济，关键是科技与文化，基础是国民素质，根本在于先进制度。社会文明的根基是制度文明。因为人是生活在制度之中的，必然受到制度的影响。

（四）思想价值论对人们生活具有现实指导意义

思想价值论揭示了“思想把人与外部世界联系起来”的重要规律，使人认清了人与自然、人与社会和谐相处的重要性。揭示了人的需求和价值判断的关系，认识到人的文化生活、精神寄托、心灵滋养的重要性。人在基本物质生活得到保证后，只有精神愉悦才有幸福感。物质丰盈的时代更加需要精神慰藉，在喧嚣的物化世界中需要寻找宁静的心灵居所。应当倡导多样化的生活观：别墅、轿车固然具有现代性，但小桥流水的田园生活也不失恬淡和舒心；热爱旅行、周游世界固然视野开阔，但足不出村、恋乡永年者也过得从容、宁静和安然。

（五）思想价值论具有重大理论意义

思想价值论从基石再造开始，创立了能够解释现实经济问题、反映现代经济规律的崭新的经济理论体系。思想价值论的创立为经济学、价值学以及相关学科研究开辟了新途径和新天地，也许可以帮助理论家们摆脱近百年来在经典理论框框中打转，把经典理论曲解得面目全非仍然解释不了经济现实问题的尴尬困境。新创立的理论或许还不成熟，或许存在许多纰漏，但是，笔者的本意是为同行提供一个新的起点，开辟一片新的空间。

（六）揭示创新本质上是对客观规律认知的深化

思想价值论揭示了人类尊重客观规律的根本要求和社会一切价值创造的根本源泉。人们只有认识规律、尊重规律和利用规律，才能创造价值。思想创新是一切价值的源泉，要大量增加价值，就得充分培育人们的智力，大力创造思想成果。人类对客观事物认知越深，规律掌握越透，思想成果就越多，可以利用的自然资源也就越广泛。只有提高科技水平，才能提高对自然资源的利用率。人类对客观规律的认知水平，也反映人类社会的文明水平。

（七）揭示了能源利用的规律和价值

思想价值论揭示了人类利用自然力创造价值的根本依据，指明了发展生产的根本途径。人类以自己的智慧创造出机器，让机器“掌握和贯彻”人的思想在能源推动下制造产品，不断创造价值。人类的种植业、养殖业、食用菌业、海洋渔业等都是利用自然力创造价值的产业。人工生产的价值来源于人的智力和体力。但生产发展的根本途径是更广泛、更有效地利用自然力来代替人力，把人从体力劳动和手工劳动中解放出来，用更多时间提高自身素质，以更大精力从事创造性脑力劳动。对自然资源的利用水平很大程度反映生产力水平。

（八）找到了商品贸易的依据和本质

市场上的各种商品为何可以交换？经典理论认为所有商品都包含共同的东西，也就是人类的抽象劳动，交换本质上是等量劳动相交换，劳动量是以劳动时间衡量的。交换以人类抽象劳动为基础这没有错，因为自然物价值也以人的认知性劳动为基础。但“等量劳动相交换”、“劳动以时间作度量”就欠准确了。人类劳动量尤其是脑力劳动量是根本无法用时间作度量的。那么，交换的本质是什么呢？表层看，交换的是效用，即产品的性能和功效。从深层看，交换的是思想成果，因为，产品的性能和功效是由设计思想和工艺思想决定的。自然物、人造品、服务产品等在市场上都可作价值评估。只要存在有用性，就有交换可能，因此，良心、权力、色相等一切有效用的东西都有可能作为交易品。鉴于此，国家必须加强立法，崇道重德，规范行为。

五、思想价值论与可持续发展

可持续发展就是现今发展不损害子孙后代发展的模式。可持续发展理论是总结世界各国发展历史和经验基础上提出的先进的发展理论。可持续发展理论解决了发展理念、发展目标、发展道路、发展方式和手段等问题，是具有重大理论价值和实际价值的思想成果。思想价值论是促进经济社会可持续发展的理论体系。

（一）思想价值论更深刻地阐释了“人本思想”

离开了人就无所谓价值，没有人的认知也就没有价值。思想价值论认为价值来源于思想。思维是人脑的机能，思想是思维的成果，任何思想成果和价值都是人创造的。因此，人的素质越高，思维能力越强，创造价值就越大。经济社会全面发展要求人首先全面发展。经典理论没有把人脑思维摆到应有高度，不利于推进人的全面发展，当然，也不利于经济社会的全面进步。应当以人的全面发展，促进和保证经济社会的可持续发展。

（二）思想价值论倡导“三个文明”协调发展

物质产品生产的发展有赖于思想成果创造和精神动力支撑，而体制机制既是思想创新的产物，又是思想创新的社会环境条件。体制机制直接推动或制约着经济社会发展，因此，必须确立和坚持物质文明、精神文明和制度文明“三个文明”协调发展的观念和原则。

（三）思想价值论重新研判了人与自然的关系

自然资源和自然环境是人类经济社会发展的条件和基础。在利用自然的同时，人类应当珍惜自然、保护自然；应当统筹经济发展与环境保护的关系。经典理论忽视了自然物的价值，不利于协调人与自然的关系，不利于资源和环境的保护。

第十六章　思想价值论实证与阐释

思想价值论认为：思维是价值之源，思想是价值之本。一切劳动产品之所以有价值，均因其中凝结着人的思维成果。一切自然物之所以有价值，均因人们具备了对该物的认知性思想，即懂得了其物性和效用。凡是真理都是揭示规律的，在前面论证基础上，聊举数例，再作实证。

第一节　思想决定产品价值

一、思想是构成作品的意态材料

在理论作品中，是作者的思想决定其概念、原理和学说内容的表述；在文学作品中，是作家的主题思想引领故事情节的展开；在雕塑作品上，是艺术家的思想主导其立体造型的构思和创作……思想是灵魂，是构成一切作品的意态材料。

在物质生产领域，人们生产商品是为了让消费者享用，这就要求具有某种或某些功能和效用。然而，商品功能是由设计思想决定的。同样多的建筑材料和工人作业可以建造宿舍楼，可以建造体育馆，也可以建造音乐厅，完全看我们按什么图纸建造。其过程是人的思想支配、能量推动、使用材料表达和实现设计要求，形成建筑物，使其具有设计师所设想的功能。设计思想、工艺思想等成为意态材料凝结在建筑物中。

无论是衣服、鞋帽等日常用品，还是彩电、冰箱、洗衣机等家用电器，人们生产的产品都是由思想决定其功能效用的，思想是商品价值的核心要素，这是铁的定律。

人类从古到今都是以想法支配行动。当年人类祖先用树枝挖取地里块根植物时，看到尖头木杆比平头木杆要容易插入土中，自然就想到戳鱼戳野兽的树枝必须有坚硬的尖头。发展到后来，就用铁打造长矛、尖刀等兵器了！人们的正确思想是从实践体悟中获得，并运用到实践中去的。

二、知识和思想的价值功能

人的思想一旦表达出来就成为知识，可以传播和传承。知识是思想的符号化和传输态表达。思想是源，知识是水；思想是根，知识是干。思想和知识内涵是一致的。研究发现，知识、思想在财富和价值创造中的功能作用主要有四个方面：

一是工具功能。知识是对客观事物规律的揭示和描述，掌握知识就是掌握规律，使之成为人们认识世界、改造世界的工具和武器，也提高人们进一步认识事物、掌握规律的能力。劳动者能够改进技术、创造设备、更新材料，提高劳动效率和质量都必须依靠知识。管理者科学决策、正确投资，严密组织、合理经营，降低消耗、保护环境，提高经济社会综合效益，也必须依靠知识。

二是动力功能。知识能够使人增强眼光、拓展视野，使人看到开发新产品、培育新产业的必要性和可行性，看到发展经济、创造效益的美好前景。知识也赋予人们解决问题、克服困难的勇气和信心，增强推动经济社会发展的动力。

三是内质功能。知识运用于产品设计，决定产品的材料、结构、功能和质量，成为商品价值的意态材料。任何物质产品、文化产品、艺术产品和精神产品均由知识和思想决定其内质，进而决定其物性、效用和商业价值。

四是本源功能。上述三项功能尚可视为知识是间接地成为价值，其实，在知识经济时代和信息社会，知识尤其是新知识本身就是财富，就是价值。软件、策划、咨询、培训、信息、传媒等产业都是直接经营知识、思想和信息的行业。

总之，知识和思想是现代经济发展的根本源泉。商品价值是人们对商品珍贵性的心理评价，是动态变化的。反映客观规律是知识价值的本源所在，人的认知是价值实现的关键因素。

三、不同产业领域的思想作用特点

商品价值的核心要素是思想或规律，对这一论断我们可以作如下实证：

第一产业即农牧业，其劳动的实质是为农作物和禽畜生长、繁殖创造条件。这首先必须对农作物和禽畜生长规律有基本的认知，劳动过程就是对规律的运用。对这些规律认知得越深透，农牧业劳动就越有成效。当然，劳动成效还与生产劳动者的积极性有关，劳动者的积极性又与管理制度相关联。

第二产业即工业，其生产劳动要求人们对客观规律的认知更深。首先，要对市场商品需求认知，尔后进行产品开发设计；其次，必须对产品的生产规律认知，懂得准备必要的技术、设备、原料和材料，然后组织生产；再次，一线工人必须认知生产工艺，具有必要的劳动技能；此外，企业管理干部还必须认知管理规律并加以运用。

第三产业即服务业，是以为对象提供服务体现价值的产业。从业者更需要知识、智力和真诚态度。要认知服务对象的需求，了解服务对象的心理，掌握服务的规律和要领。服务通常是个性化的，所以，对认知的要求就更高。商业就是买卖商品，然而，为什么有人赚钱、有人亏本呢？这里有市场需求判断和消费心理认知问题：选择什么商品、确定什么价格、以何种方式销售等等，都大有学问；如何做好商品宣传介绍、启发消费者认知也大有学问。

有学者把信息、知识和创意产业称作独立的第四产业。信息和知识都是人脑加工的思想成果，如今都直接成了商品。策划、咨询、设计、课题研究、信息服务等都属于第四产业，转让的都是思想成果。思想成果就本质而言是一种知识创新。一种创意能够给人以某种需求满足就有价值，进行商业化开发就成为产业。

从上面分析可知，任何产业的价值创造，都源于对规律的认知和运用这一根本。

值得注意的是，不仅企业家、工程师和技术员要动脑筋、出思想，而且，一线的操作者，如工人、农民也需要观察、思考、操作和处置。他们对生产原理、工艺技术、操作要领的理解掌握和经验体会都非常宝贵。他们那些常识性、经验性、具体性、细节性的想法在生产劳动中所起的指导作用也是必不可少的。没有这些想法，怎么会有技能？没有这些想法，怎么能劳动？他们的所有想法、所有操作都是为了表达和实现设计思想。

四、思想作用的发展进步

人们对思想在财富和价值创造中作用的理解，是一个逐步深化的过程。在人类文明进程的各个阶段，思想和知识作用的表现形式是不同的。

在农耕时代，人们认识到经验和知识可以增强人的生产劳动能力，开动脑筋制造工具可以提高劳动效率和质量，达到事半功倍的效果。如：掌握节气农时，按土质特点选种作物、优选种子、合理施肥，可以提高农业劳动生产率。那个时代，人类有的只是以经验为主的思想成果，通常以父子相传、师徒相授的方式传播传承并发挥作用。

在工业时代，人们认识到科学技术等思想成果是财富和价值创造的根本动力。机器大工业生产就是科学技术发展的产物。新产品开发，新工艺研发，新设备研制等从根本上看都是思想成果创造，是提高生产效率和质量的关键因素。

在知识经济时代，人们进一步研究发现，知识是人类对客观规律认知的思想表达，在商品生产中起着主导作用。懂得知识和思想本身就是财富，就有价值。

当今社会，人们称之为信息时代，笔者以为从经济形态看，应当称为智果经济时代。科研产业本质上是售卖研究成果，即研究揭示的客观规律；策划咨询业本质上是卖思想和智慧；培训产业本质上传授和销售知识；传媒与信息产业从本质上是经营信息。知识、信息和文化的共同本质都是人类的思维成果。

第二节 思想是金

思想成果的珍贵，并不是现代社会才认识到的。一些行医家族不是为了继承一个祖传秘方而亲属翻脸？一些寺庙高僧不是以一部练功秘笈作为镇寺之宝？一些武林高手不是为了保护一本拳谱刀谱而奋力拼杀？当年唐僧不辞千辛万苦，越过千山万水，历经千难万险，不就是为了求取真经？到了现代社会，思想的价值和作用进一步显现。

一、有用想法即有价值

报载：

随着人们生活实现小康和文化素养的日渐提高，收藏美妙奇石的人不断增多，经营玩石竞争越来越激烈。做盆景生意的何先生从玩石市场上看出新商机：这些珍贵的美石下均缺乏配套的底座，严重影响欣赏效果。他根据玩石的特点和主题量身定做，设计出与之配套的根雕底座。再据石与托的联合效果提炼出新主题，诸如“青山掩红日”、“碧水载轻舟”等。因何先生构思巧妙、工艺精湛，数只底座抛出后，引起玩石家纷来沓至，生意红红火火。

一个方法节省了许多劳动力和时间。新鲜的板栗最为抢手，山农谁都希望自家的板栗能先人一步运到城里，卖个好价钱。板栗成熟时，山农们争先恐后上山收取板栗，拿回家悉数倒出，全家老少围成一圈，依其大小个头筛选、分级，再马不停蹄沿乡村公路运到城里出售，就像是与时间赛跑一样。可是不管人们怎么抓紧时间，等运到城里市场时石老根都已喜洋洋开着空车返回，且年年如此。疑惑不解的山民在酒店摆了饭局请他介绍高速度的经验。石老根呷了口酒说："其实板栗的大小分级不需人工操作的。山上摘下就装在麻袋里，放在车上，专拣坎坷不平的路走，车子一路颠簸震动，自然就将小的漏到下面，大的留在上面。这就省去了人工分选的时间。"一语道破，众人愕然。一个好想法省去许多人力。①

只要留心观察，肯动脑筋，人人都能提出有价值的想法。

二、技术创新创造巨大价值

神奇的"泡沫技术"可创产值五千亿。

据《黑龙江日报》2006年2月22日报道，大庆油田自主发明的"泡沫复合驱油技术"成为世界最前沿的驱油技术，是石油开采的一场革命性技术进步。该技术已在中国、美国、加拿大、俄罗斯和英国获得发明专利。……形象地说，泡沫驱油，就是用一种泡沫把藏在砂岩中的石油给"顶"出来。经初步预测，仅大庆油田应用此项技术，新增可采储量4.2亿吨油，可新增产值5000亿元。

2003年美国《发现》杂志5月号刊登了一篇文章：

美国一家环保公司制造出了一台几乎能把所有东西都变成石油的机器。这种机器的设计目的是处理几乎所有想象得到的废品，包括火鸡内脏、废弃轮胎、塑料瓶子、纸张纸板、城市垃圾、港口污泥、炼油残渣、旧电脑、玉米秆等等。废品从一头进去，另一头就变出三种都有利用价值而且对环境无害的产品：优质油、洁净燃气和纯净矿物质，它们可用作燃料、肥料或者制造业用的特殊物质。是神奇还是荒谬？据这家名为"改变

①参见：《报刊文摘》2003年8月8日第3版。

世界技术”公司解释，该机使用了一种高温解聚程序（TDP）技术，利用涡轮来精确地增压加温，以破坏原料的长分子链，从而让物质在短时间内形成石油等物。①

倘若该技术果能成功，必有无量价值。基于人类目前对自然规律的认识，懂得石油是一种碳氢化合物，而多数有机物均可燃，是由碳氢原子构成的高分子化合物。根据这类物质分子结构的共同特征，是应当有条件变垃圾为石油的。“循环经济”理论的提出，把人们的目光引向了将生产生活垃圾当作资源开发利用上，既找到了经济增长点，又减少了环境污染。

三、巧妙方法极有价值

古人云：“事者，生于虑，成于务，失于傲。”意思是事情的发起，源于思考，才会去做，只有务实去干，才会有成。然务实去干，也需要有正确的思想为指导。

2002 年 10 月 24 日一大早，江苏省武进人民广播电台台长、记者陈东夫从新闻报道中获悉，昨晚莫斯科发生了恐怖分子劫持人质于文化宫剧场顽抗的事件。陈东夫想到若用武力硬拼必会伤及千余名平民人质，这是一个很棘手的问题。要想想办法，给普京总统出主意。果然一个好办法从他脑海中产生。设法在午夜时分往剧院内输入麻醉气体，让非法武器分子和人质在不知不觉中昏睡过去，即可一举解决危机。经中国外交部转达，俄方采用了陈东夫的好建议平稳地解决了危机，俄驻华大使馆对陈东夫大加赞扬和感谢！②

荷兰有一个城市，由于市民不能自觉将垃圾倒进垃圾桶里，弄得城市到处乱放垃圾。卫生管理部门想了很多办法，诸如加强巡逻监督、采取罚

①木马：《“万物变石油”是真是假》，载《浙江日报》2003 年 5 月 29 日。
②忠泽：《岁月如歌》/ 中国式的智慧：一个中国记者解决莫斯科人质危机 / 百度贴吧。

款措施等，但效果都很差。后来，他们想出了一个办法：设计了一种会说笑话的垃圾桶，每当丢进垃圾，里面的录音机就会自动播放一只笑话，每只垃圾桶的笑话都不一样，且每两个星期换一次。结果不论什么人，不管路近远，都愿意把垃圾倒到桶里去。城市又恢复了清洁。①

这就是正确想法的作用。

四、思想成果的市场价值

报载：

美国通用电器公司的巨型电机故障了，请了多位专家修理未成功，后来请年轻工程师斯特曼斯检修，斯特曼斯作了一番检查后，用粉笔在电机外壳某处画了一条线，叫工人沿该处拆除17匝线圈。果然，电机正常运转了。斯特曼斯要求公司付其修理费1万美元。通用公司颇为吃惊，要求开具费用项目清单。斯特曼斯说：画线工本费是1美元，但提出这一想法的价值是9999美元。

1950年9月15日，美军在仁川登陆成功，介入朝鲜战争。在美国当局为军事上的胜利得意之时，一些头脑冷静的政府官员和战略思想家都担心中国政府会出兵朝鲜。成立于1948年的智囊机构兰德公司（RAND）投入大量人力和资金对该问题进行研究。兰德专家们通过对朝鲜战争的综合分析，结合对中国民族性和中国内政、外交形势的研究，最后写出了一份重要的预测报告，核心是七个字："中国将进入朝鲜"。起初，兰德公司这一报告向五角大楼开价是200万美元出让。但最高决策层和军界高级官员认为中国不可能出兵，国防部认为兰德公司的研究报告要价过高，而没有理睬。同年10月25日，中国军队果真进入朝鲜参战，美国国防部看到兰

①《分析"荷兰城市垃圾桶改造"的广告策划中运用的思维方式》/百度知道/2004-01-23。

德的预测变成现实，追悔莫及，朝野一片哗然。1953 年朝鲜战争结束后，五角大楼为了全面检讨在朝鲜战争中的决策失误，终究以 200 万美元的价钱买回了那份早已过时的报告。当然，比之代价更昂贵的是成千上万的美军官兵命丧朝鲜半岛，而兰德公司却由此名闻遐迩。①

五、知名商标的品牌价值

质量相近的产品，为什么名牌比一般品牌价格要高得多？为什么同一服装不贴牌卖 600 元，贴牌就卖 5000 元？为什么经营商品，不如经营品牌？美国“可口可乐”商标 1967 年就明码标价 30 亿美元。杭州第二中药厂 1988 年就把口服液“青春宝”品牌作价 500 万元，向香港一家公司投资。美国可口可乐公司一位经理曾经夸口，即使企业在一夜之间被烧成灰烬，公司也可凭其商标信誉，立即向银行贷款重建，不伤元气。为什么名牌就是价值？因为名牌是全社会公认的优质产品，在广大消费者心中打下了烙印，是强化或固化了的认知。同样道理，人们因习惯和风俗所喜爱的数字也具有很高价值。长沙市一个电话号码 900001 卖 30 万元人民币。上海市首次拍卖私人轿车牌照“Z0518”得 30.5 万元人民币，其价值源自谐音“我要发”的心理暗示。这些都是符合思想价值论原理的。

英国品牌价值咨询公司 Brand Finance 公布了全球最具价值品牌排名榜，Google 以 482.78 亿美元的品牌价值名列第一，苹果、微软分列第二、第三位。②

商标、品牌是产品内含智果和使用表现经长期检验可信而广泛传播，在消费者头脑中形成深刻印象的结果。品牌为什么会有这么高的价值呢？思想价值论认为品牌价值主要源于两方面的智果：一是生产厂家方面的产品功能设计、工艺技术、质量管理、市场营销、客户服务等方面的思想成果及由思想决定的理念、行为和结果受到广大消费者认可，这是基础。二

---

①穆子：《价值 200 万美元的七个字》，载《学习时报》2004 年 3 月 15 日。

②《世界最有价值的品牌排名和世界 500 强排名有什么不同?》百度知道/2011 - 11 - 9。

是因多年的经营和宣传，已深入人心，消费者普遍认知认可其品牌，也就是说，存在大量的潜在需求，让其产品可以大量生产，即智果得以大量复制，使价值得到实现。这种品牌价值可以理解为信誉价值。

六、从福布斯富豪榜看思想成果价值

福布斯（Forbes）中文网发布 2012 年度全球亿万富翁排名：第一名，墨西哥卡洛斯·斯利姆·埃卢/Carlos Slim Helu，730 亿美元，从事通信运营，多属高科技行业，价值主要来源于科技成果运用；第二名，美国比尔·盖茨/Bill Gates，670 亿美元，产业是计算机应用，依靠高智能的脑袋开发软件；第三名，西班牙阿曼西奥·奥特加/Amancio Ortega，570 亿美元，从事商品零售和纺织服装，依靠诚信经营和创新设计；第四名，美国沃伦·巴菲特/Warren Buffett，535 亿美元，从事金融和投资，依靠价值增值创想和投资思想；第五名，美国拉里·埃里森/Larry Ellison，430 亿美元，产业是计算机应用，依靠软件开发创造价值；第六名，美国查尔斯·科赫/Charles Koch，340 亿；并列第六，大卫·科赫/David Koch，340 亿；第八，中国香港李嘉诚/Li Ka - shing，310 亿美元。后三位都是多元化经营，以符合当代市场需求的经营管理思想制胜。实践证明，只要有知识和智慧，只要肯努力，市场都会给予致富机会。当今的财富主要跟着知识、思想和智力走，资本只是商业智力发挥的载体条件。资本决定财富的时代逐渐过去，智本成为支配资本的灵魂。

第三节　思想价值论的一些观点

一、重要职位任职报酬和职位观

一些重要职位责任很重，贡献很大，薪酬不高。原因有二：一是受市场调节。薪酬不高，竞争者就已足够多了，不必再加薪，如政府首脑、荣誉职位等。二是高级人才往往并不纯粹为了钱，他们更看重发挥自己的作

用，实现人生价值。

职位是指在组织系统中所处的位置。重要职位，通常是指各级政府的行政长官，企业的董事长、总经理等。一个市只有一位市长，一个州只有一位州长，一家企业只有一位董事长和一位总经理。如果把组织系统看成是一艘大船，他们就是处在驾驶舱中的主舵和副舵。处在重要职位的人，拥有与其职位相对应的权力，掌握大量资源可支配和使用。

重要职位的社会价值体现为以下几个方面：

一是主导和统领本组织的主流思想、意识形态，决定组织的发展走向。领导人的价值观决定其规则和制度安排，影响人的思想，引领人的行为。领导人代表一级政府或一个部门单位，并集中了部分精英的智慧和思想，其观点和讲话通常不代表个人，而是代表一种主流声音。无论在什么国家，领导人的思想观念都会影响大众的思想观念。

二是决定各种资源的配置和利用。资源配置得好，可以使资源要素在结合中产生巨大的价值增值；配置不好，则会导致人力资源、物质资源、机会资源和时间资源的白白浪费。在资源要素确定的情况下，起关键作用的就是配置思想。具有卓越才能的领导人，掌握了资源配置权就可以使自己的才能得到充分发挥，使社会各种资源得到高效利用。

三是影响组织内部秩序和各方关系。相对稳定的秩序既是组织建设的目标，又是组织存在和发展的条件。组织稳定与组织结构有关，更与身居要职的领导人的作用发挥状况直接相关。唯有居于要职的领导人能营造和谐的内部和外部氛围，才能提高组织的工作效率。所以，组织的领导人是组织的核心和灵魂。

公职对于个人具有重要的作用和意义。乡长、县长、市长等政府行政长官掌握相应的政治、经济、文化、物资、土地、项目等资源，并且掌握及时全面的信息，若能正确决策、有力实施，就能大有作为，创造巨大的公共价值，造福社会。一个县可能因选择了一位优秀县长而经济振兴，一个市可能因一任强有力的市长而面貌大变。当然，也可能因选错官员而耽误发展时机。

政府官员和企业白领为什么要一步步往上走？多数人不是为了多得物质报酬，而是为了实现自己的抱负和价值。重要职位对人才作用发挥具有五方面意义：

其一，要职是个人思想发展的有利平台。任何领导人，即使先天禀赋很高也不可能在走上领导岗位之前就有系统成熟的领导思想。人的想法产生和成熟是以相关信息刺激为条件的。不在其位，不谋其政；不得信息，难有其识。无论是政治家还是企业家，人人都是在做领导过程中学会做领导的。因为，领导岗位是信息的汇集点，全方位的信息不仅为思维提供充足材料，同时也充分调动和高度激活脑细胞。另外，责任和压力迫使他们周密思考，琢磨深透，加快了思想成熟。领导人又有条件马上付诸实践，使思想的正确与否及时得以检验，正确就坚持，错误就纠正，从而进一步深化思考，使个人成长和事业发展两方面同步推进。当松下电器从一家小企业壮大成世界五百强时，松下本人也从初级文化者成长为著述颇丰的管理理论家。

其二，要职是施展抱负建功立业的舞台。聪明人的一些正确想法得到表达就有价值，若能得到实施和实现就会产生更大价值。职位就是激发思想产生的条件，更是思想得以实施的载体和平台。一名具有很高政治天赋的才子，让其在国家领导人岗位上，也许就成为一代伟大的政治家；若让其研究学术，充其量成为政治理论家，因为学者没有将其治政方略实施的机会。对于领导型人才来说，职位好比是演员的角色，不给安排角色，就是再有表演才能也没有机会发挥。当身居要职，掌握一定量的人力资源和其他资源，具有决策权、组织指挥权、检查监督权等时，即可实施自己的方略和构想，取得伟大成就。用国人语言表述就是能实现自己的理想、抱负和人生价值；用美国管理学家马斯洛的理论解释，就是满足了自我实现的需求。杰克·韦尔奇主宰美国通用电器公司20年，将一个弥漫着官僚习气的公司打造成充满朝气、富有生机的企业巨人，资产增长40倍。倘若没有通用电器公司董事长兼总经理的职位，杰克·韦尔奇就成不了“全球第一CEO”，成不了“美国当代最成功、最伟大的企业家”。杰克·韦尔奇挽救、壮大了通用电气；通用电气成就了杰克·韦尔奇。职位是工作平台，是人生舞台，是创造辉煌业绩的机会。但若做不好，则耽误组织发展机会。从政做官，不是造福，便是造孽。当个人抱负与民众需求相一致时，个人业绩就是历史功绩；而当反民意而动时，就会给社会带来危害。

其三，职位给人带来权利和尊重。“人者，生而平等！”这是上天造人时的初衷和广大民众的愿望。而行政管理和企业管理客观上要求建立等级分明的组织系统。虽然说“职位有高低，权力有大小，人格无贵贱”，但管理者拥有政策制定权、资源配置权和利益分配权，自然令人高看一眼，会得到更多的羡慕和尊重，显得比一般人体面和风光。人是情感动物，有精神满足的需求。这种体面和风光是档次极高的精神报酬，是用金钱买不来的，所以，许多领导者说“我被推举为本组织的领导人是我极大的荣幸”，这表明，任职使其获得个人尊重需求的满足。职位对团体和社会而言是一种组织资源，设置合理的职位是组织正常运行的需要。职位对个人而言是一种身份和资本，表示个人在社会组织系统中的位置。由于多数人有着掌权和支配欲望，就使升职面临竞争。中国古代的绿林好汉、江湖豪杰为其组织有序要作英雄排座次，并且，在排座次过程中要经历一番斗勇斗智的较量，因为往往有几个人想坐第一把交椅。在物质资料匮乏的古代当权者拥有支配权和优先享用权，掌权竞争更加激烈。

其四，升职是一种成功和荣耀。组织系统中都有下级服从上级的规矩，上升一级就意味着上司减少，部属增多。处于组织层级中的更高位置，就意味着拥有更大权力，管理和指挥更多的人。因此，人们都要“祝贺您荣升”。当一名职工被提名担任班组长时，他会兴奋不已；再从班组长提升为车间主任就大喜过望。尽管职务升迁和权力增长并不能说明其素质和能力的提高，但至少表明上司对他的肯定和信任，表明其在组织中的作用在扩大。所以，一个人在组织系统中往上走时，从组织看来是对他的肯定和奖赏，对个人来说是增加责任、扩大权力，在他人看来是一种成功和荣耀。

其五，职位是一种社会历史性报酬。能在人类文明发展史上留下自己印记的人就是杰出人物。自古至今，芸芸众生，能够青史留名者又有几人？供职官场，毕生奋斗，能位高身贵者比例不大；钻研学问、追求真理，能为人类文明留下精神财富者也是凤毛麟角。因此，凡能影响当代、名留青史者，均令世人敬佩和后人景仰。出一位名人就是家族的荣耀，会对后辈子孙起到鼓舞作用。中国先贤更是注重一生名节，故有“了却君王天下事，留得生前身后名”的箴言。古今中外的国家主宰者，对以身殉职的功臣还要死后追封，给予一种名号，实际也是一种精神奖赏。“英雄已安息，只有后人看”，这说明英雄后人和旁人均看重这份荣誉。

在现代社会，物质资料比较充裕，官员也没啥特权。然而，无私参与公共服务的官员仍然受到社会的尊重，职位仍然是社会等级和个人本领的象征。处在一定级别职位上有一种光荣感和成就感。因此，许多民选的官，薪酬低或没薪水也有人愿意担任。如同莎士比亚说，“得到赞扬就是我们的工薪”。

做官动机与其作为是密切相关的，且多种多样。有的人是为服务民众而做官，有的人是为青史留名而做官，有的人是为家族利益而做官，有的人是为享受特权而做官。当官可以大有作为，也可碌碌无为，甚或胡作非为。人群中想当官者多，能当上官者不多，真正当好官者就更为不易。因此，历朝历代均在择优选官。

无论什么社会，无论何种制度下，均需有与其制度规则相适应的本领才能当官和升官。但有能力当官和升官者，也未必都能成为好官。具体可分三等：一是廉能之官，政绩显著，利国利民；二是昏庸之官，酒囊饭袋，误国误民；三是贪劣之官，掌权堕落，祸国殃民。高官职位有限，官员未必都追求做大官，但应当追求做好官。

现代社会，价值观多元化了。许多人只求自食其力、健康快乐地生活，不强求功名富贵。这是很大的进步，减少了许多争斗，有利于社会和谐。

二、关于城区土地的价值

所有物品，无论是天然品还是人造品，一进入市场就有了它的价值担当。认知是交换和实现商品价值的基本前提。

作为生产资料的物，其价值始终与该物能带来的新价值潜力相关联。土地对于农牧业是动植物生存生长的场所和接收太阳光能的触面条件；对于工业和商业是生产经营的空间条件。随着人们素质的提高和思想创造能力的增强，土地单位面积能生产经营的价值不断增大。土地又是有限的不可再生资源，必定日益减少，人们越来越认知其珍贵性，故而，价格上涨是正常的。因思想、信息、物资、能量是充分发挥土地空间价值的重要因素，只有这些因素在其中结合才能更好地发挥土地的空间利用价值。单就地球表面而言，尽管是三山七水一分田，但地表概念的土地还是相对较多的。然而，其中沙漠、高原、崇山峻岭等比较难以被利用，人们选择的土地总是开阔、平整、方便之地。人是群居动物，需要相互交流、相互合作、相互帮助。人的生产、经营、生活、学习、娱乐、就医、休闲等都与他人相关联。因此，人们选地除了需要环境适宜、交通便利以外，还与人气指数相关联。一个地方人气越旺，土地利用频度就越高，人们对这块土地的需求就越迫切，竞争也越激烈，因此，心理上对其估价也就越高。一般地说，聚人方便、交通方便、上学方便、就医方便、购物方便、通信方便，自然环境和人文环境好的地块，价值较高，反之即低。这就是区位决定地价的原理所在。说穿了，地价上升是由需求增长造成的，需求又是由认知深化引起的。有学者认为是因为该地块周围投入增加、公共资源增多才使该地增值，这种说法有一定道理，但还必须注意与市民生活的相关性。国家在航天基地投入资金大否？在核电站工程中投入大否？其周围地价上涨了吗？只有学校、医院、商场、公园、地铁口等直接关系民生的设施才能使周边土地升值。地价从根本上讲还是由人们对其利用价值的认知和判断所决定。因为，这种认知、判断决定着市场的需求强度和竞争激烈程度。

三、思想价值论的人口观

“1999 年 10 月 12 日，这一天被联合国确定为‘世界 60 亿人口日’，旨在提醒各国政府和人民关注人口问题。6 年多过去了，情况并没有向理想的方向发展。据有关权威机构预测，2050 年全球人口将达到 93 亿。……假若世界人口继续这样增长下去，地球将会不堪重负，人类将遭遇毁灭性灾难。”①

对于人口问题的忧虑，多数专家是从发展角度考虑，认为教育、就业、医疗等难以解决，使不可再生资源存量锐减，可再生资源取用超出自然再生和补偿能力，从而给子孙后代的发展带来损害。

其实，人口剧增所带来的严重问题是对生态和环境的损害。地球上生物链连续和生态平衡是自然界亿万年演化的结果。生物之间是相生相克、相辅相成、相互依存的，任何生物都以其他生物的生存作为自身生存的条件，地球是所有生物的共同家园。当其他生物无法生存的时候，必定是人类的末日。第十八章谈到，人将柿子摘光了，喜鹊在冬天就会饿死；喜鹊死光了，毛虫就成灾；毛虫多了，柿就没有收成。倘若样样如此，人类如何生存？人口过度增长必然损害其他生物生存，也必然加重对自然环境的破坏。

人口问题不只是数量问题。提高人口质量与控制人口数量是同样重要的。控制人口数量有利于提高质量，提高人口质量和教育水平有利于控制人口数量。无论哪个国家，文化高、素质高的人群，往往都懂得生育后代是责任、担风险，会慎重对待，不会滥生。相反，缺乏教养的人群，却不顾社会责任，以快乐和繁衍为目的继续滥生滥育。因此，尽快提升人口素质和教育水平，不仅是经济社会发展的需要，同时，也是加强人口控制，推进文明进步的需要。

围绕提高人口素质的目标，政府有许多事情可做：一要严格实施婚前体检，发现有严重遗传疾病者当劝止生育；二要做好婚孕指导，确立为后代负责的思想和观念，并掌握科学方法；三要做好孕中检查，努力实现优生优育；四要办好家长学校，提高家长素质，让家长尤其是年轻父母学习

---

①顾玉清：《地球到底能承载多少人?》，载《人民日报》2006 年 2 月 27 日。

育儿知识和家教知识。由于血缘亲情关系，父母对子女的示范和教育作用是教师无法替代的。

四、思想价值论的人才观

社会文明进步靠人推动。然而，人才比普通人的推动作用要大一些。因为，人才的认识水平高、思维能力强，比普通人要想得早、想得多、想得深、想得好。思想是价值之源，人才是国家之宝。笔者是一名教师，当我发现学生身上的优点和潜质时，比看到黄金还高兴。什么是人才呢？思想价值论的人才观有以下要点：

（一）人才的基本特征

思想价值论认为，人才的本质特征是具有超乎常人的感知能力和思想创新能力。人才与非人才的根本区别在于智能的强弱。感知和思维能力是决定实际能力的基础和关键。没有良好的思维能力，没有一整套正确想法指导，实践是不可能成功的。实践过程是一个不断思考并深化认识的过程。实践中操作得好，完全依赖于科学分析、正确认知和准确判断。人才者，其感知、分析、判断、想象和审定的能力超过普通人。当然，作为人才还必须具有高尚的道德情操，有强烈的社会责任感，有为大众服务的奉献精神。

有时，一位年轻人在单位中崭露头角，虽然还没有多大实绩，但是领导和同事根据其表现出的感知能力和思想方法判断其能成功。所以，品德、智力、情商、志向和毅力等，都是人才素质构成的重要因素。

孔明手无缚鸡之力而威震三军；罗斯福下肢瘫痪却为政治巨擘；霍金患雷伽氏病，只能单指触击电键，然其科学成就与牛顿、爱因斯坦齐名。人才多数不是全才或通才，而是在某一方面有显著特长。就先天而言，其大脑对某类事物特别敏感，在思考处理该类问题时常有独到见解；从后天看，是具有专业知识积累，并有拼搏精神，能够做出非凡业绩。

（二）人才多样性

人才多样性，纵向表现为人才等级层次，如：中才、大才、尖端人才等。人才等级差异在于其思考问题的深入、全面和快速程度不同。所谓“棋高一着”、“计胜一筹”就是指思维上差之毫厘、实际中相距千里。战场上两军对阵，背后是双方主帅的智力较量，胜负往往取决于其情报真度、谋划精度、反应速度和攻击强度，经常是想法上的点滴之差即决定胜负。人才多样性，横向表现为人才专业类型和行业分布。智能结构的不同特点，表现为不同类型的专业人才，各行各业的骨干，或称社会精英都是人才，他们处在社会实践的前沿，或作观念创新，或作知识创新，或作技术创新，或作制度创新，从而，引领和推动社会发展。人才通常是社会各领域的组织者、领导者或业务权威。各专业领域内出现的新问题，大多依靠人才的创造性思维予以解决。

技术工人是人才。技术工人的智能特征是能解决普通工人难以解决的技术问题，因此，显得比普通工人要高出一筹。实际作业中的技术问题是相当具体化和个性化的，须经具体分析判断才能解决。技工的技能技巧貌似在双手，实际在头脑。虽然手在操作，但手的用力大小、用力角度、用力方式、力度变化，还有用力的条件、时机和顺序等都要靠脑的指挥和控制。一名熟练技工，能摸索规律、掌握要领、练就技能、灵活操作。其头脑中有大量相关技能知识和经验储备；具备一整套当条件变化时可供选择的程序和方法，这就是关于技能的思想。其要领掌握在于头脑；经验积累在于头脑；分析判断依靠头脑；方法创新依靠头脑。技术工人头脑中的思想大多是操作性、方法性的想法。正是依靠这些操作性的想法来贯彻和实现工程师的设计思想，并能解决精准操作、设备修理等方面的难题。

企业家是人才。企业家是企业的掌门人，是企业生存和发展的灵魂。优秀企业家是企业的首要竞争力，技术创新团队是企业的核心竞争力。市场资源配置和经济运行存在一种机制，而运作主体首先是企业家。资源市场、资本市场和商品市场的信息反映是通过企业家的判断和行动起作用的。那么，企业家应当具备一些什么素质呢？第一，要有对市场需求及变化的感知能力，这是商机判断的基础；第二，要有投资决策能力，能正确地选择项目；第三，要有资源整合和配置能力，即有组织和管理生产的正确思想，使人、财、物有机结合；第四，要有创新领导能力，能够带领骨干团队和员工进行技术创新、产品创新、服务创新、营销模式创新和管理制度创新。总之，企业家成功必须依靠发挥头脑的思考功能和创新潜能。

日本著名企业家稻盛和夫信奉“敬天爱人”的人生哲学，创立了日本京瓷公司与KDDI电信公司（原为“DDI”），这两家公司均进入了世界500强企业行列，稻盛和夫也因此被人尊为经营大师。当记者问“作为两家世界500强企业的缔造者，您认为企业经营成功的最大秘诀是什么?”，他回答：“人生与经营活动是相通的。最关键的是有什么样的观念、信奉什么哲学。我发现，事业成功等于三个因数相乘，就是：理念×能力×热情。”

“人应当怀有高尚的人生理念、正确的思考方式，应当通过自己的辛勤劳动获取成果，应当为他人为社会提供服务、做出贡献。只想‘轻而易举赚大钱’，会把事情弄糟。例如，职工为了你的事业拼命工作，你就应该想着为职工谋取幸福，而不是单纯地赚钱，具备这种哲学理念才是最重要的。当然在这之外还需要有能力，作为经营者，必须制定战略战术；还要具备热情与执着，有拼命努力的精神。所以，我认为实现成功经营是‘理念、能力、热情’三大要素相乘得出的结果。虽然能力平平但勤奋努力的人，要比虽有能力却以能力自居的人成果要大得多；如果一个人理念是邪恶的，那么，理念就是负数，用负数相乘所得的积也就是负数了。我认为，在这三个要素中最重要的是理念和热情。”①

显然，稻盛和夫所说的理念是一个人为人处世的原则和思想；能力是在思想指导下行动的本领；态度是在一定思想认识基础上的情绪反映和表现。

政治家和官员是人才。他们代表广大民众的利益，顺应时代潮流、担当历史重任；具有缜密的思维方式和高强的决断指挥能力，能够在权衡利

①孙东民：《经营大师的成功秘诀——访日本企业家稻盛和夫》，载《人民日报》2004年7月29日。

弊中，妥善处置各种复杂问题。

科学家和工程师是人才。他们积累专业知识，精于某一学科，富有创造能力。或创立基础理论，或发明前所未有的技术和产品。他们具有敏锐的观察力和超强的抽象思维能力，能凭借实验数据分析，展开想象翅膀，提出科学假设，进行反复验证，最后达到揭示客观规律的目的。

优秀教育工作者是人才。他们因材施教，将深奥枯燥的经典知识用生动具体的方法传授给学生；他们善于创造教学载体，把经典学理承载于其上，进行深入浅出、生动形象的演绎，取得开启心智的教学效果。

卓越的媒体人是人才。他们具有敏锐的知觉，及时洞察社会人心的新动向、新思潮，充当社会航船的义务瞭望员；他们伸张正义、抵制歪风，颂扬真善美、鞭笞假恶丑，以媒体舆论力量为社会航船导航。

社会各行业领域的精英都是人才。

（三）人才成长规律

人才成长通常有两大途径：一是读书学习；二是实践锻炼。读书为主成才者多为知识型人才，其特点是学问优长，比如博士、教授之类；实践锻炼为主成才者多为干才，具有很强的行为能力，如政治家、企业家等。两类人才的共同点是都具有很强的思维能力，包括观察问题、分析问题和解决问题能力。两类人才的不同点在于：读书学习成才者在解答学理问题中训练思维能力；实践锻炼成才者是在解决实际问题中训练思维能力。学理问题解答只求自圆其说，解答得如何只有教师或同行给予评价；实际问题解决，即马上产生好或不好的结果——或相当成功，或一败涂地，即时经受实践检验。学者型人才在读书学习中掌握真理；实践型人才是在成功启示和失败教训中感悟真理。可见，人才成长，一靠学习，二靠感悟，最好是两者结合：学者型人才要重视投身社会实践；实践型人才要挤出时间多读点书。若能如此，即成长更快，对真理的理解、掌握更全面、更透彻。

人类劳动就是智力和体力的运用，其中起主导作用的是智力。智力的一个显著特点是不因使用而减弱，并且，由于其在实践运用中得到强化、促使人才走向成熟。一位发明了许多专利的工程师身价更高；一位拥有辉煌任职经历的职业经理更受推崇。诚如人类学家所言：人是尚未完成的存在物。母体孕育、五谷滋养只造就一个半成品，另一半要靠学习、训练、实践中来完成，然后，成为一个智能健全的社会人。社会对人才的评价，最根本最可靠的依据是业绩和贡献。当然，要注意到他的平台和条件。有的人素质高、潜力大，一生不得志，原因在于平台太小，得不到很好发挥。人才等级与其业绩成正比，与其条件成反比，即：人才等级 = 业绩/条件。

（四）人才价值

人才价值指的是人才的个人价值，通常有三种表示方式：一是人才薪酬价值，表现为年薪多少；二是人才的人身价值，表现为人寿保险身价；三是人才业绩价值，表现为在单位时间（比如一年）内人才去留造成的单位业绩差额。从本质上看，第一种方式是以人才所获报酬表示人才价值，其实极不准确，许多贡献巨大的人物所拿报酬并不高，如：大科学家、大政治家、大思想家等都是如此；第二种方式体现的是保险公司对人才生命的担保评估值，也不是人才的作用价值；第三种方式从人才作用和价值创造角度反映人才价值，并且是市场评估，是相对客观的。

思想价值论认为：思想是一切价值的源泉，人才价值在于其具有高于普通人的思想创造能力。

与人才价值相关的有人才培养投入成本、人才市场价值、人才创造价值等等。

人才培养成本指的是人才培养造就过程中投入的总成本，包括教育成本、生活成本、训练和实习成本等。从成本形式看，有国家和家庭投入的资金成本；有本人投入的时间和精力成本；有社会提供的锻炼成长的机会成本等。

人才市场价值是指人才经教育、训练、实践等培养环节后的人才市场交换价值。人才市场价值与市场供求直接相关。同一名牌大学毕业的博士，紧缺专业的年薪数十万聘走，过剩专业的可能年薪几万也难就业。人才市场价值不单纯由学历决定，而是与其综合素质相关。用人单位会认真考查人才的创造潜力，并据此做出价值评估。人才市场价值是人们对其创造力的期许。高投入培养的人才也不保证有很大创造力，以实绩来判断人才是最可靠的办法。因此，做出了显著业绩的人才在市场上往往备受青睐。“真才实而有成，假才虚而多败”，做出实绩是人才能力的最好证明。

人才创造价值指的是人才在实践中为社会所创造的总价值。值得注意的是，人才带动创造的价值不全是人才个体的价值，因为其价值创造需有资源、人员、机会和其他条件，这些要素应当分得其相应的价值份额。用人才去留造成的企业业绩差额来评价人才价值相对来说是比较客观的。

（五）如何用才

能否用好人才，关系事业成败。科学用才应坚持以下要点：

一是用其所长。如上所述，人的成才在于其知识贮备、实践感悟、思维能力训练，而且，人脑的特有敏感区往往只是某一方面。因此，用人最根本的原则是用人所长，发挥人脑敏感区的潜力和优势。

如何发现和发挥一个人大脑敏感区的特殊作用呢？一个人面对其敏感的事物往往有四大表现：一是学习、熟悉、适应得快；二是对其特别感兴趣；三是能产生较多想法；四是对做好此类事特别有信心。敏感区通常就是一个人的天赋和特长区。用一个人的强项，就容易做出成绩。所以，用人者应当懂得：“因其材以取之，审其能以任之，用其所长，掩其所短。”有高山必有低谷，有强项必有弱项，使用人才不可求全责备。

二是适时起用。人才创业有其峰值年龄。生物规律决定人会从成长、成熟走向衰老，因而，人的创造力是呈抛物线形变化的，如图 16 - 1 所示。人才使用要适时，不加使用照样衰老，甚至加速退化。但不同行业的人才峰值年龄是不同的：运动员是 20 岁左右，软件专家是 30 岁左右，自然科学家是 40 岁左右，实业家是 50 岁左右，政治家是 60 岁左右，书画家是 70 多岁。这是一般情况，特别的个体不在此列。

三是予以进修。由于知识和技术都会老化过时，所以，现代教育新理念是终生教育。教育就要有成本投入，现代社会的人出点学费并不困难，但交了钱并不等于真学。真正有效的学习必须花时间和精力。人才只有坚

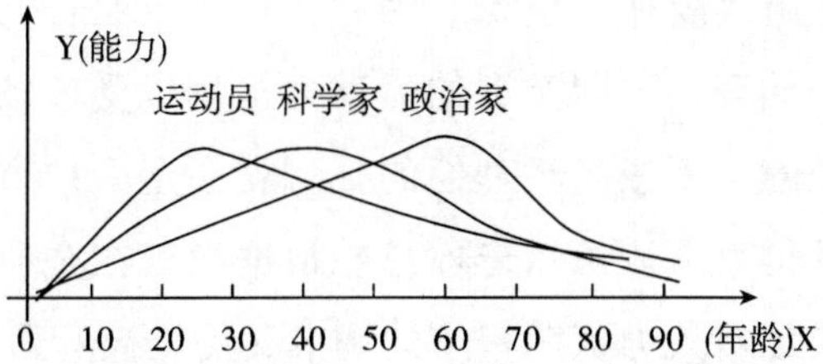

图 16－1　运动员、科学家、政治家等三种人才的峰值年龄

持学习和进修，才能不落伍于时代。

四是待遇和制度保证。既要用制度营造人才健康成长和发挥作用的环境，又要用制度确保人才不低于普通员工的生活条件，更要保证人才的生存安全。封建社会中存在"妒贤嫉能"的不良风气。"木秀于林风必摧之"、"出头的椽子先烂"，历史教科书上就有许多冤案的教训值得世代铭记：屈原力主变法而遭流放、愤而投江自尽，袁崇焕军功卓著而被凌迟处死，岳飞奋勇抗金却以莫须有罪名被杀害，林则徐虎门销烟而被发配边疆，等等。光明磊落的梁柱之才往往斗不过卑鄙小人，其中因素很多：英雄忙于公务，小人专搞阴谋；英雄擅长做事，小人工于整人；英雄为国着想，小人为己算计。但根本原因在于制度缺陷。必须加强民主法治建设，既给人才以施展才华机会，也给人才以应有保护。

五、思想价值论的市场观

所谓市场就是平等交换的关系和平台，市场除了传统理论研究的功能外，还有价值评估功能和资源配置功能。

交换是市场行为，但是实现交换有一个前提条件，就是买卖双方的价值认同。因此，一种物品准备出售时，出让方就要作价值评估，然后进行报价；有购买意向者也作估价，然后进行还价。经双方一番讨价还价形成认同价格，然后才能成交。价值评估通常进行在成交之前或者同步进行。这就是市场机制的评价功能。

市场的配置功能：当生产要素市场化后，各种资源均从市场上采购。银行资金在确保安全的前提下是哪里获利多就投向哪里。劳动力也一样，一般来说是哪里报酬高就往哪里走。因此，一家企业若低于市场价格付息就难以拿到资金。同理，不同类型的劳动力报酬也受市场机制调节。当市场上管理人才较缺时，不提高经理们的报酬就会走人；市场上技术工人奇缺时，技工工资就得上涨。虽然老板总想根据员工在企业中的贡献大小进行分配，但是，市场对人力资源报酬的调节又使老板不得不跟随。

六、老板财富的价值来源

许多老板在不多年时间里就积累了巨额财富。这是不是全部都是个人劳动的结晶呢？是否都是其个人思想的价值实现呢？

思想价值论认为，其中一部分是老板自身思考和劳作的价值回报。此外还有三个方面：一是雇员创造价值与雇员工资差额的剩余。普通员工是以劳动力再生产成本和发展成本为底线获得工资的，但其劳动创造的价值超过这个量。员工身处一线，提一个合理化建议，企业就减少许多成本、增加许多效益，而老板给予的可能只是一句表扬的话；技术人员和管理干部的工资比普通员工要高一些，这是因为老板认为他们的智慧潜能是很大的，当其尽力之时必然为老板创造出远远大于其工资的价值。二是利用公用知识获取价值。企业无论是技术上还是管理上，都在运用前人或名家的思想成果，如科学原理、管理理论、制度政策等共享成果，而这些公共知识是谁利用、谁收益的。利用现代设备赚钱，实质上也是利用了公用知识。三是资源利用的价值增值。生产性企业还有资源和能源利用的涨价增值。然而，人们习惯上把员工智慧价值增值、公用知识利用价值增值和资源利用涨价增值，统统合称为投资回报，这种说法实在是过于简单化了。

老板投资和管理获得巨额利润是不是剥削？在市场充分发育的现代社会，生产要素市场化，只要双方自愿平等交易就不应视为剥削。因为未被利用的人力资源只有创造价值之潜能。若不就业，劳动力就没有对象物可结合，也就没有劳动力价值实现的机会。同理，生产资本本身也只是存在价值增值潜能，若没有劳动力与之结合就不可能实现增值。因此，劳资双方是互利互惠的关系。科学原理、管理理论是知识资源，不因不用而剩余，不因应用而减少，被老板利用就会带来收益。所以，只要企业生产经营适应市场需求，老板的高收入是必然的。但是，政府应当利用税收，把老板所获的部分价值收回国有。

现代社会的企业家应该具有回报社会的高尚思想。200 年前的革命家托马斯·潘恩在《土地正义论》中写道：“既然个人财产的全部总和，除去亲手创造的部分外，大多来源于社会，那么，个人理当把来自社会的那部分财富归还产生它的社会。”① 比尔·盖茨和沃伦·巴菲特等世界顶尖富豪将其财产捐献给世界慈善事业，其精神是值得赞扬的。但从经济社会发展角度看，企业应当办下去，并要发展壮大，这样对文明发展更有利。

七、税收与福利观

前面我们已经阐述，劳动是创造价值的过程，也是劳动力与劳动对象结合的过程。以思维为本质特征的人类劳动具有价值创造能力，但是，只有与劳动对象结合才能生成现实价值。作为人类劳动对象的物质资料具有接受和吸纳人类思想和体力的功能，先天存在加工增值的潜能，当物受到劳动主体的作用后，物的效用就发生改变。

人生而平等，包括人格平等和资源享用平等。生产经营者凭借其智力和资本，占用了较多的自然资源，当然就占据了更多与资源结合使价值增值的机会。市场平等中常常伴随着竞争起点的不平等。资本和智本拥有者都能够组织到较多的自然资源和人力资源，因而，其价值增值机会和个人收益就比一般人多，同时，占用的公共资源和公共服务也要多，分享军队、警察带来的平安，公共设施带来的便利，政府机关的各项服务的份额都要多，所以，应交纳的税收也就多。国家发展与改革委员会宣布，从 2006 年 3 月 26 日起，适当提高成品油价格，同时，将对石油开采企业征收特别收益金。特别收益金将占其收获利润的 10% ~20%，意味着国家已开征石油暴利税。这说明作为自然资源的原油本身就有价值，应归属国

---

①转引：鄢烈山《善举的启示》，载《人民日报》2006 年 7 月 11 日。

家。失业者放弃了对自然资源进行劳动结合的个人机会和份额，把机会和份额让给了别人，使自己的劳动潜能得不到发挥，故而应当享受国家最基本的社会生活保障——失业救济金，这也是人类文明的表现和基本要求。

第四节　思想价值论语境下的《世界经济发展宣言》解读

第一次由中国倡导、组织、发表的世界性的经济发展宣言《珠海宣言》早已发表。宣言在“平等、诚信、合作、发展”主题下，凝聚着人类对经济社会发展的共同认识。2003 年 11 月 6 日，由 1980 年诺贝尔经济学奖得主劳伦斯·罗伯特·克莱因宣读了《世界经济发展宣言》，现将其放在思想价值论语境中解读和诠释。

（一）相互依存

主要指在开放基础上的商品贸易、服务贸易与合作交流，发展有赖于良好的国际关系。思想价值论认为，商品与服务的本质内涵是人的思想。商品贸易与服务贸易，交换了商品与服务，但商品与服务承载的的是人的思想，享用他国产品，其实是享用他国的思想成果。根据思想交生原理，商品服务交流的意义，不仅局限于使用价值转移，更有意义的是思想交流与碰撞，能产生新的思想，从而，有力推动人类文明进步。同理，投资所携带的也不只是资本，还有资本所承载的理念、思想、技术与管理方法等，这些思维成果的运用和传播，既获得经济成果，又交生出新的智果，推动人类文明发展。这才是开放、交流和全球化的深层意义和本质价值。

（二）科技进步

充分利用科技成果，促进经济发展，推动发达国家的先进技术向发展中国家转移。科技对于经济，为什么如此重要？因为它是可以直接转化为经济效益的思想成果。其主要形式：一是科技以先进手段改变对自然资源的利用范围，提高人类对自然资源的利用水平。二是科技从根本上改变生产方式，通常表现为以能源推动机器来代替人类一般劳动。三是科技表现为开发更多的新产品，使自然资源转换成为更多更好的实用品。知识产权保护制度，有效地保护了技术发明者的应有利益和积极性，但又不妨碍该成果的应用、交合与衍生。专利制度让人类文明成果有偿共享，应当健全完善。

（三）有效利用自然资源

思想价值论认为自然资源具有巨大的潜价值。人类社会的资源分为两大类：第一类为自然资源；第二类为人力资源，人力资源的本质是智力资源。智力资源开发利用的程度，直接决定着自然资源的利用水平。人类思想成果多了，科技发达了，才能更好地保护环境、维衡生态，才能不断拓展自然资源新的利用空间，提高自然资源的重复利用和循环利用水平。

（四）可持续发展

从思想价值论原理看，可持续发展是人类思想中应当具有的发展观，是一种正确理念。人类不能以损害长远发展为代价，换取眼前的暂时发展。人生活在自然界中，应当认识自然和社会，让自然和社会为人的全面发展服务。

（五）分配

公平分配直接影响人的思想成果创造积极性和经济发展速度。尽管许多创造者并不看重物质利益，但报酬却是社会对劳动者价值创造的一种肯定，一些脑力劳动者视之为身价。分配不合理是对劳动者的不公平，会直接妨碍劳动者创造力发挥。公平公正的分配当以劳动业绩为依据，也即以劳功大小为依据，或者说是思想价值创造为依据。可以经专家团体评估，也可由市场评估。

（六）竞争

“物竞天择，优胜劣汰”是自然法则。竞争是经济赖以发展的动力机制。人性之中存在惰性，竞争是克服惰性的有效途径；人性深处存在野性基因，只有法治，才能控制野性。竞争才能充分发挥人们的大脑潜能，创造出更多文明成果。然而，在竞争的同时，要确立共生共赢理念，坚持合作、互惠、包容和妥协。建立健全全球和解机制，便于人们超越利益冲突和主义之争，实现同生共存、同赢共利、同兴共进。

（七）发展经济的资金

在生产要素市场化的背景下，必须用资金将诸多生产要素按一定比例聚集起来，生产组织者的产业思想、产品思想、经营思想、管理思想才能得到实施。资金是前一轮劳动成果的货币表现，对资金的尊重也就是对劳动的尊重。所以，应当扩大融资范围，加快资金周转，充分发挥资金在价值增值中的母体作用。

（八）经济发展与教育

思想价值论告诉人们：人类劳动的根本特征是目的性和创造性，是智力运用。劳动产品的价值核质是智果，因此，价值创造能力的大小完全取决于智果创造能力和智果利用能力。思维能力决定智果创造能力，技能主要是思想成果的运用和实现能力。教育即是提高人的思维能力和实践技能的基本途径。接受教育将是人们在未来社会生存和发展的永恒课题。

（九）经济发展中人的因素

世界上一切动物，唯独人类有思维，这是人类成为万物之灵的根本原因。经济发展是为人的全面发展服务的，经济发展又以人的全面发展为动力。因此，为了使经济和人更好地发展，不仅要给予人物质上的满足，而且要给予其精神上愉悦和思想上自由，只有思想解放与自由，人才能创造出更好更多的智果。

（十）体制转型

经济厚道品性必然取代初级市场经济的自私性。人类必须实现人与人、人与自然的双重和谐。人与人的关系，要在初级市场经济基础上加入道德元素，使经济活动更加诚信、更加厚道，实现互利多赢。人与自然的关系，需要更加高智、绿色、友好，以自然伦理观拒斥和批判人类中心主义伦理观。地球是全人类赖以生存的共同家园，人类必须珍惜和保护这唯一的家园。

第十七章　价值增值原理

在清晰地构建了商品价值概念并初步创立了思想价值论以后，我们可以研究价值增值原理了。只有理解掌握价值增值原理，认清价值增值的要素和源泉，才能正确选择经济发展的方向、道路和模式。

第一节　价值增值过程分析

一、经典理论的有益启示与现实思考

经典理论认为，购买土地、机器和原材料的资本属不变资本，是不能使价值增值的。只有购买劳动力的资本是可变资本，可以创造超出自身价值的价值。就是说“活劳动是创造价值的唯一源泉”，这一原理是正确的。诚然，是劳动改变了对象，是劳动改善了效用，是劳动提升了物品的珍贵性。

然而，经济现实已超越了一些具体结论，这必然引发人们的深入思考。

思考之一：工业机器人、生产流水线和智能化设备能不能创造价值？经典理论认为，机器设备是人的物化劳动，没有价值增值能力。但现实经济活动中，先进设备常常带来高额利润，企业技术改造是增强企业竞争力的根本途径。智能化的机器设备可以高效率地取代人的劳动，企业引进一

条先进的生产流水线，虽然耗资上亿元，但运行一至二年就收回成本，以后就源源不断地产生利润。生产流水线是高度自动化的设备，操作极其简便，活劳动很少，其利润从何而来？

日本丰田公司的钣金工厂“员工120名，其中工人10名，机器人110名”。全球工业机器人在2011年底的存量在115万到140万台之间。2011年，韩国工业机器人的密度居世界首位，为每万名员工347台，日本机器人密度也达到了339台。①

美国、日本一些生产车间主要由机器人在操作，少量工人只是负责设备维护和质量检测，照样带来丰厚利润，原因何在？最简单的例子是国内许多城市中的小额投资者，搞一辆出租车雇人开，就能赚钱养个小富之家。许多企业主和经营者都懂得机器能赚钱的道理。

思考之二：山林、水域等自然界有没有价值增值能力？经典理论认为，人以外的自然界没有价值增值能力。但事实上自然界的林木、水产、矿藏等是可自生自长、供人利用的。一片天然林场，只要不遭野火焚烧和人为破坏，每年能增加许多木材。林场主不愿动手的话，可以指山卖树取得收入。海域和湖泊乃天然渔场，只要不过量捕捞，年年可以产鱼，鱼的价值绝对超出捕捞性劳动的成本价值。在人类认知的条件下，林场、渔场是否存在价值增值能力？如果说，林木和鱼类只是天然财富，没有凝结人类劳动的东西就没有价值，那么，其产品怎么可以交换呢？

思考之三：大自然赋予人类的土地有没有价值增值能力？经典理论认为，土地没有价值增值能力。但事实上地价尤其是城区地价却不断上涨。随着经济社会发展，世界上许多国家的城区土地都在逐步升值，其新增价值从何而来？在城市，使用土地需要很高租金，理由何在？经典理论无法解释。

秦陶、唐瓷、汉青铜器等出土文物，为什么珍贵？其价格何以与日俱

---

①孙滔、凌馨等：《机器人来袭》，载《财经》杂志2013年第3期。

增？唐伯虎的画、王羲之的字，为何价值惊人？集邮、集古钱币为什么能增值？收藏要投入一点劳动，但与其增值相比是相当微小的。软件天才一个晚上编制的游戏软件可卖几十万元，如何解释其社会必要劳动时间？

固守一些经典论断不突破、不创新，就有大量价值增值问题无法解释。现在，我们用思想价值论原理就很容易理解其价值增值的理由。

二、从生产劳动过程剖析价值增值

生产经营过程就是价值增值过程。一般的生产经营过程可以划分为要素聚集、要素结合和产品销售等三个阶段。经典理论认为“货币转化为资本是剩余价值生产的开始”。这结论有道理，但是，其含义需进一步深入理解。

第一阶段：要素聚集——为生产作准备

货币在不同的经济活动中，其功能是不一样的。货币一进入生产经营领域就成为资本，为创造利润发挥作用。在市场经济时代，生产要素分散在各种市场上，资金是生产要素的代换券，只有资金付出去，生产要素才进得来。因此，资本是生产经营和价值增值的重要条件，是硬件。另一方面，生产经营者必须有知识储备和思维活动，必须有投资思想、产业思想、产品思想、用人思想、工艺思想、经营管理思想等。有这些思想指导，才能根据需要招引人才、科学组织、正确决策、妥善经营。只有正确的思想指导，才能用资金换取结构比例合理的生产要素，诸如管理者、技术员、操作工，场地厂房、机器设备、原材料和能源等，以便正常生产，这些思想就是意态材料，属于软要素，起主导作用。这一软一硬，智本（思想）和资本两方面条件就好比自然之一天一地，事物之一阴一阳，是绝对不可或缺的。缺了智本（思想）这一软件，资本就成了没有灵魂的死货币；缺了资本这一硬件，其思想就缺乏贯彻和实施的载体。

第二阶段，要素结合——价值增值过程

劳动是价值增值的源泉，劳动能创造出超出劳动力价值的价值，这一点马克思早就作了充分的论证。现在，我们讨论它有什么特点：一个简单的事实是凡劳动均须有对象，因为，劳动是劳动者对劳动对象的作用，是劳动力与劳动对象的结合，没有对象就不能劳动。正因为如此，劳动者必须就业，必须走上劳动岗位。所谓劳动对象就是人的智力和体力作用其上的外界客体。如果只有劳动力单方面存在，没有对象就没有作用和结合的客体，就不能进行劳动，不能创造价值。劳动力作用于物，改变了物的形质和效用。时代不同其作用方式就不同。经过劳动使物在劳动力作用下实现再造，同时，也因为有物的存在使劳动力作用得到施展和发挥。也就是说，任何劳动都离不开对象，即使是不用工具和实物材料的说书、歌唱也必须有故事、有词曲为内容对象；有听众或录制设备为服务和接受对象；科学家、思想家必须有其研究和思考的内容对象。劳动是人对对象的感知、思考、利用、作用和改变的过程。这种作用是相互的，劳动者在过程中得到的改变就是深化认知、提升技术、积累经验、强化能力等。劳动过程既是知识运用的过程，更是获得感悟的过程。正因为如此，资深 CEO、资深技工、资深专家均身价很高，职业履历尤其是成功履历成为个人的宝贵财富。我们将一方面是劳动者作用和改变劳动对象、另一方面是劳动过程启发、深化认知和提升劳动技能的原理称作劳动（工作）的双向作用原理。据此原理，劳动者技能提升与其劳动成果扩展应该是同步的，企业家个人成长与其事业发展也应该是同步的。

价值增值是劳动力与劳动对象双方结合的结果。劳动对象在价值增值过程中起到条件性作用，所以，购买劳动对象的资本也必须分享企业红利。机器设备能表达、复制和实现人的要求和想法，因此就有价值增值能力。资金既可以购买人力又可以购买机器、土地和原材料，因此，资金本身具有价值增值潜力。

第三阶段，商品售卖——价值增值的实现

在劳动过程中，劳动者在自己思想支配下，通过运用自己的体能或自然能，改变了劳动对象的形质、结构、功能和效用。生产劳动的直接作用是改进、提高或再造商品的物性和效用。只有这种效用能满足消费者的需求，并让消费者认可和接受，才能实现使产品的销售价格高于成本，最后实现价值增值的目的。

当资本运行经过了以上三个阶段，才能实现价值增值。

三、新思想是价值增值的核心要素

在价值公式 $W = (M + E + K) \cdot d/s$ 中，物质 M 和能量 E 是物理量，在组合和变换中只转移价值，而思想（规律）K 是意态量，变化空间大。正确思想（规律）在商品中凝结就是商品价值增值的本源，或者说，商品价值增值的本质是正确思想的表述、贯彻和实现。这就是人们所说的“产品附加值主要取决于科技含量”、“技术创新是价值增值的主要源泉”的道理。瑞典、日本、新加坡和我国上海、江苏、浙江等省市，自然资源匮乏，都依靠技术、依靠人才创造了各自的“零自然资源发展模式”。我们可以运用思想价值论公式进行数理论证。

如前所述，生产经营成本为 $W_0 = (M_0 + E_0 + K_0)$，一经结合就产生增值，新产品价值为：

$$W = (M_0 + E_0 + K_0 + \Delta K) d/s = (W_0 + \Delta K) d/s$$

价值增量为：

$$\Delta W = W - W_0 = (d/s - 1) W_0 + \Delta K \cdot d/s$$

上式表明：价值增值与产品创新 ΔK 和市场需供 d/s 两个要素成正比。式子表明，当需求旺盛时，即使毫无创新也会增值。

平市条件下，即 $d/s = 1$，就有：

$$\Delta W = W - W_0 = \Delta K$$

结论：在物质和能量两个要素具备的条件下，生产劳动的价值增值 ΔW 取决于技术、文化、管理等方面的思想创新的价值增量 ΔK。思想创新是价值增值的根本源泉。

具体可以作如下解释：产品对消费者满足程度的本质是设计思想与消费者愿望的吻合程度，这种吻合程度关系到价值增值的增量。因为，产品创新效果如何，必须经受消费者的检验和认定。新产品设计得新颖、巧妙、实用，喜欢的人越多，喜欢的程度越高，那么，价值增量就越大。因为，深受消费者喜爱的商品，就是定价高一点也有很多人购买；定价适当低一点，销售量就更大。在宜兴紫砂壶制造基地，谁做的紫砂壶新颖别致、富有文化内涵，谁的紫砂壶就能卖出好价钱。再如，摆在市场上销售的同一类的三代产品，其物耗能耗也许相同，甚至新生代产品的物耗能耗可能更少，但是一般来说，产品设计、工艺技术是一代胜过一代的，就思想这一核心要素而言是：$K_3 > K_2 > K_1$，若 $M_3 = M_2 = M_1$，$E_3 = E_2 = E_1$，必然有 $W_3 > W_2 > W_1$，因此，在市场上就表现为新产品最贴近消费者的需求，其价值增值就最高。老一代产品也曾符合过当时的消费者需求，但随着需求变化，多数产品会过时，从而价值下跌。

没有正确思想指导的物质和能量使用不能使价值增值。消费者购买商品的直接目的是使用，没有使用价值的物品是没有人购买的，是不可能实现价值增值的。比如：一人在紫砂壶制坯工地使劲捏弄紫砂，但缺乏有效想法，捏来捏去什么也不像，几乎没有什么结构和功能，更没有文化内涵，这就没有必要拿去烧制，即便是烧制成了也没有什么价值。这样即使消耗了能量和材料，也不能使价值增值。

由此可见，商品价值增值是人的想法得到实现的结果。

四、“生产目的同一性”原理

人类的物质产品生产方式即生产作业方式的进步是一个渐进过程，是体力付出越来越小、智力发挥越来越大的过程，是一个以非人力逐渐代替人力的过程。

我们以稻谷加工（脱壳变成米和糠）的生产方式进步历程为例进行分析。人类的肠胃不宜吃稻谷，人们早已懂得以擦或舂的方式使谷壳剥离而成大米的原理，这是人们观察思考的结果。在漫长的农业时代，早期是用石臼手工舂米的，人要将沉重的石棰高高举起一下一下舂，将全部谷壳舂脱，然后筛出米，去除糠。稻谷加工道理简单，却是一种强体力劳动。后来人们设计打凿了石碾子，仍以重压和摩擦的方法使谷壳剥离，但石碾子已不一定用人力了，可以用牛、马或驴子拉，以牲畜力代替人力。虽然造石碾子消耗了人的智力和体力，却换来了长年碾米的省力。在此同时，在一些水源丰富的地方，人们还制造了水碓（简易水轮机）利用水力带动石碾子碾米。在工业化时代，先是用柴油机或电动机带动碾米机碾米，消耗的是柴油的化学能或电能，劳动者在生产过程中只起操控作用；如今，人们已经制造了全自动稻谷加工系统，进去的是谷，出来的是米，操作也越来越简便。

从上述过程我们看到，同是碾谷成米的加工，人类为了摆脱繁重的体力劳动，制造的工具和设备越来越先进，越来越高级。在能的使用上，经历了先用人的体力，后用牲畜力，再利用能源的进步历程。依靠能源推动的机器使碾米的生产率和大米加工的质量不断提高，而人在碾米中消耗的体能却在减少。

根据劳动价值论，价值是凝结在商品中的劳动，那么，必然会得出如下结论：人工一槌一槌舂出的米价值要高，而牲畜力、能源力碾出的米价值要低；或表述为一人一天舂米加工增值与开一天机器加工增值应当一样，如果劳动量相同的话。这显然不符合事实，现代设备加工大米的效率是手工舂米的几千倍。

我们再来分析加工生产的本质是什么？人工舂米是剥离谷壳；畜力碾米是剥离谷壳；自动化碾米也是剥离谷壳。用人力、畜力和能源力都是为了实现剥离谷壳的想法和要求，其中起指导和支配作用的都是人的思想。运用的工具、机器不同，利用的能量类型不同，加工的方式不同，但贯彻的想法和要求却相同：就是剥去谷壳成为大米。这些大米是具有相同使用价值的。这就是生产目的同一性原理的一个实例。

同一性原理可以表述为：**无论采用何种方式或手段生产，只要所贯彻的目标思想相同，所产商品的物性和效用就一定相同**。这是思想价值论的一条重要原理。同一性原理具有两方面含义：一是商品的效用主要由所贯彻的思想决定，采用不同的方式、工艺只会影响质量和效率；二是消费者在进行商品价值评估的时候，主要是考察商品的物性和效用，而不考察其消耗的劳动量。

根据同一性原理我们可知，人的普通劳动是创造价值最基本的方式。因为，普通劳动在常识性思想支配下行动，并贯彻目标思想使之转换成为现实价值，从而使价值增值。人用自己的体力来实现想法是创造价值，利用牲畜力或水、风等自然力来实现想法是创造价值，利用煤和石油等矿物能源带动机器实现人的想法同样是创造价值。自然界的植物和动物按其规律生长，当人们认知其属性时就可加以利用，满足人的某种需要，所以，动植物的自然生长也能实现价值增值。

五、自动化生产的价值增值原理

机械化、电气化、智能化是人类进入工业社会后科技发展和生产方式进步的三个阶段，又是人类生产方式的三种类型。这三个阶段同时也是人类用脑力劳动代替体力劳动和手工劳动的三个台阶，反映的是人类文明进程中经验、知识、科技等思想成果积累和发展的历程。

（一）机械化

机械化替代了人类的大量强体力劳动。工程中人工挖土被大型挖掘机所替代；挑土、抬石被大卡车所替代；安放巨石被吊车所替代；大量工业产品组装被流水线和机械手所替代。劳动者已不再把自己的智力和体力直接作用于劳动对象，而是在分析判断的基础上控制设备上的操纵杆，并通过机器设备表达和实现自己的想法。人们经长期研究发现了机械原理，并据此造出机器设备代替体力劳动和手工劳动，或者说是人类物化了的思维成果代替了大部分体力和手工劳动。

（二）电气化

人们运用电学原理制造机器设备来代替人的体力劳动和手工劳动。电的控制与机械有所不同，通常只用按钮来控制运行。升降机装卸货物、电动流水线生产产品等，显著减轻了人们的劳动负担。在电气化生产方式下，按哪个按钮，何时按动按钮，仍然需要人的思考与判断。机械和电器本身也都是思维成果的凝结和物化。从机械化时代到电气化时代，是人类思想成果积累和发展的重要历程。在此过程中，体力和手工劳动越来越少，但智力投入和智果创造却越来越多。

（三）智能化

在智能化时代，人类的劳动方式是：人用手指操作电脑，电脑控制机械，机械作用于材料。电脑已经具有一定的人工智能，因而，它能代替人脑进行大量可重复性的数据处理，甚至在规定程序中可进行同类型创造。人只要把有关数据和要求输入电脑，电脑就可以控制机器运行。人的劳动是在大脑指挥下的手指活动。此阶段的劳动质量更加取决于手指表达的人的想法。人的知识和智力对价值创造的主导作用得到更大发挥，并呈加快发展之势。

由于机械、电器和电脑都是人类思想成果的物化，要得心应手地运用这些作为人类手和脑延伸的设备，就必须懂得这些设备的原理、性能和使用方法。科技使人类从肩挑、手提的劳动方式转化为轻弹手指的键盘操作，劳动对体力的要求降低了，但对知识、智力和思想创造能力的要求却提高了。

六、制造业中思想主导作用及活劳动减少的趋势

不同的生产方式、不同形式的物质和能量转换均可贯彻人的思想，使价值增值。在现代制造业中，机器使用和能源推动代替了人的体力劳动，商品生产中投入的活劳动呈减少趋势，但是，人们投入的智力大幅度增加。人们先是动脑筋创造了机器，再由能源推动的机器忠实地贯彻和实现人的想法，消耗在生产中的原本是人的体能，现在被能源替代，但主导生产和凝结在商品中的思想却增加，所产商品的物性和效用均更好。可见，自动化生产商品未必使价值增值减少。当然，随着同种产品数量的增多，产品单价递减，这一规律是手工生产也是同样遵循的。详细考察活劳动在制造业中的主导作用，表现为三种不同的方式。

一是活的劳动直接或经工具作用于劳动对象。比如：手工制作、手拿

工具作业等。其特征是经人观察、分析、判断，形成想法支配人的肌体行动，使劳动对象发生形质变化，实现人的想法和要求，从而使价值增值。

二是人以活劳动操控机器设备，让机器设备在能源推动下生产产品。如：开机床的金工、生产流水线上的操作工等劳动。其特点是以能源推动机器设备运行表达和实现人的要求。当然，人的活的劳动尚需对机器实施调控，让机器和人共同实现人的思想，使价值增值。

三是活劳动点动智能化设备运行或通过操作电脑来控制机器运行开展生产。比如，以机器人为主力的无人车间中，投入的人力是很少的。其特征是人只操作键盘、点击鼠标，就是将想法、标准和要求输入电脑之中成为程序，控制机器运行。这种现代化生产是几乎完全依靠电脑和机器来表达和实现人的想法，而使价值增值的。

以上三种类型的生产中，手工生产是人自己在一次次重复运用想法；机械化生产是人操作机器复制人的想法；智能化生产是电脑控制机器复制人的想法。从劳动主体与劳动对象的关系上看，手工劳动是人手直接或用工具作用于对象；机械化生产是人手握着操纵杆控制机器作用劳动对象；电气化生产是人按动电按钮控制机器作用劳动对象；智能化生产是人点击鼠标通过电脑控制机器作用劳动对象。从按电钮到点击鼠标具有质的飞跃。从能耗上看，手工生产主要依靠人力推动物质变换；机械化生产主要依靠能源推动物质变换；智能化生产不仅完全依靠能源推动物质变换，还用电脑代替了人的可重复思考。由此可见，生产方式的一步步进化，生产劳动中人的体能消耗是一步步减少，但是，凝结在商品中的思想（规律）却是增加了。此外，人的体能与能源相比是很小的，若 E 为能源，e 为人的体能，那么 $E >> e$。因此，在现代高科技产业中，人力资源成本主要应列入思想和智力成本之中。

正确的思想是价值增值的根本源泉。思想是思考的结果，价值创造要依靠探索规律，创新思想。因此，人们要开发新产品，必先开发新技术；要开发新技术，必先开发好智力。“当苏格拉底看到德尔斐神庙金顶上刻着的‘认识你自己’的格言后，顿生灵感。他说，这才是人生的至理名言，才是哲学的最高任务。只有‘你自己’才是我们必须去面对和不断探究的。”①

经典理论“活劳动是创造价值的唯一源泉”的结论并没有错，只是尚未突出活劳动中人脑思考的灵魂作用，没有点明操作只是贯彻和实现思想的中介和手段。

第二节 商品的价值增值方式

根据社会经济现实和思想价值论原理，研究发现，价值增值有以下几种基本方式：

一、效用提升型增值

在人的思想指导下使生产要素科学结合，形成合理的结构、功能和效用，使其更好地满足人们的需要。这种生产过程是通过产生新的更高级的效用而增加价值的。根据“同一性原理”，无论是依靠人力、牲畜力，还是依靠能源推动的机器来实现想法都是一样的。一些高科技产业中往往运用了许多科学原理，使产品中凝结了大量的人类优秀思想成果，从而使价值显著增加。汽车、彩电、冰箱、飞机等产品都包含了人类大量的科技、文化、艺术等方面的思想成果。在价值公式 $W=(M_0+E_0+K_0+\Delta K)d/s$ 中，表现为因人的思想 K 的表达和实现，增量 ΔK 较大，从而使价值增值也大。

二、效用扩张型增值

效用扩张型增值就是指效用的性质、特征没有变化，但效用的数量扩大的增值状况。凡是效用量得到扩张，价值量通常也就得到扩大。比如：山上森林的生长，池塘中鱼的繁殖，产品数量增多后，价值总量也随之增

①吴光远：《听大师讲哲学——活着究竟为什么》第 6 页，中国民航出版社，2006 年 2 月版。

多。若设 1 单位商品的价值为 w_i，那么，当商品数量增加到 n 个单位时，其总价值就增加到：$W = \sum w_i$（i =1、2、3…n）。许多企业产品适销对路，就扩大生产规模，转换的物质资源 M、消耗的能源 E、投入的智力资源 K 等多了，思想实现的价值增量也就大。

三、内涵变化型增值

思想价值论认为：凝结在商品中的思想是构成商品价值的核心要素。当商品中的思想内涵变化时，其价值也变化。比如：一只原价为十多美元的篮球，有幸经乔丹签名，该篮球就可以拍卖到几千美元。仅在篮球上加一个符号为什么就增加那么大价值？是因为它记录了乔丹的气概和精神。雨果用过的笔就价值不菲，是因为它跟雨果相联系，与普通笔不同。为什么凡人用坏的物品是废物，而名人用坏的物品为文物？就是因为内涵不一样，它所见证、象征和关联的历史和人文因素不一样，因而价值就不一样。作为古代文明成果的有限作品，其价值量随市场需求尤其是认知状况的变化而变化。因其意义包含历史和文化，故其价值与保存年代成正相关，年代越久远，历史见证期越长，内涵越丰富，就显得越珍贵。因此，所经时日久远、历史积淀深厚的收藏品，人们必对其刮目相看，其价值就很高。再从供求上分析，遗产遗留越久远，通常遗留数量就越稀少，当然也就显得越珍贵。在式子 $W = (M_0 + E_0 + K) \cdot d/s$ 中人们认知的内涵 K 增加，故价值 W 增值。古董、文化艺术品的价值均应这样分析。

四、认知变化型增值

商品价值乃是认知的函数。商品的物性是客观的，而人们对此的认知却是一个渐进的过程，尤其是对天然品的认知，还是相当肤浅的。当认知变化时，必然导致价值变化。比如：当年化纤服装刚上市时，因其挺括、易洗等优点和人们的新鲜感而备受青睐；当人们认识到化纤闷气、吸水差、易过敏时，就纷纷转向用棉织品，从而使化纤服装价值骤跌。在 W =

$(M+E+K)\cdot d/s$ 中因人们对商品的认知 K 变化，导致供求 d/s 变化，进而使价值 W 变化，可见，式中 d/s 与 K 是既相对独立又紧密关联的。

五、供求变化型增值

思想价值论告诉我们，商品价值量是与需供比相关的：当需求旺盛、供给不足时，商品就涨价；当需求不足、供给过剩时，商品就跌价。商业上，长途贩运营销看似时空变化，其实是商品的供求状况变化。比如：商品从“货多客少”的原产地运到“客多货少”的市区，时空变了，商品需供比大大提高了，价值就增加。在式子 $W=(W_0+\Delta K)\cdot d/s$ 中就是由于 d/s 增加而使 W 增加。

六、资本收益型增值

不参与生产过程的投资为什么可以获得高额回报？因为资本是生产要素聚集的条件，而生产要素聚集是价值增值的前提。投入资本就是投入这种条件，理所当然地要获得回报。若产前的要素成本为 M_0、E_0 和 K_0，三者结合后实现价值增值。若消费者认知认可的增值指数为 ΔK，就有新产品平市价值为：$W=(M_0+E_0+K_0+\Delta K)$，其增值量为 $\Delta W=\Delta K$。这一增值量通常由实业家与投资者分享。如果投资项目市场需求很旺，即 $d/s>1$，价格就上涨，获得更大增值。

七、多因素增值

城市中心的房地产为什么随城区扩大而增值？首先，城区人口总量增加，使城中地块的使用频度增加，发挥效用增大。人们在该地面空间创造商业价值的机会增大，既有效用性价值增值，又有机会性价值增值。其次，从市场角度看，城郊用地可以往外扩展，市中心土地不可再生，显得特别稀缺。再次，从买主心理上分析，渴望在城中占一席之地的人数在增多，而可供之地紧缺，需供矛盾越来越突出。在如此紧俏的市场背景下能买到哪怕是一小块地，也能获得特别强的满足感。这些因素必然提高人们对市中心土地珍贵性的评价。财富虽不变，价值却提升。

在分析了价值增值的七种方式后，价值增值原理也大体明白了。从公式 $W = (M + E + K) \cdot d/s$ 看，价值增值无非是通过三种方式实现，其他都是这三种方式的派生。一是通过思想 K 的表达和实现转化为价值增值；二是通过人们深化认知，增大 K 得到价值增值；三是因为市场变化提高一定范围内的需供比 d/s 而获得价值增值。

第三节　价值增值原理推论

一、价值增值原理的四项推论

前面所说的三种增值方式中，依靠深化认知和提高需供比获得价值增值的通常都不增加实际财富。社会经济活动中最基本最重要的价值增值方式是思想的表达和实现，如生产性的第一、第二产业。第三产业虽然发展很快，但有许多是融于一、二产业之中，为一、二产业服务的，通过服务实现价值增值的。当然，三产中也有直接面向消费者的。物质产品是人类生存和发展的基础，我们重点研究生产劳动的价值增值。

生产性价值增值从根本上说是通过思想的表达和实现使效用提升，从而使人们提高了对该物品的珍贵性评价。

在生产过程中物质和能量都只能转移价值，价值增值主要由思想及其正确性和新度决定。如卷一第十一章所述，思想价值具有两部分：一是思想本身的价值，表现为成本 K_0；二是应用价值，表现为思想贯彻和实现所得增值，用增量 ΔK 表示。据此，价值增值原理可以表述为：

以思想（规律）支配能量推动物质变换，创造新效用，从而，实现价值增值。价值增量等于思想表达实现带来并由消费者认知认可的增值数量。这就是生产劳动的价值增值原理。

推论一：机器设备具有价值创造潜力，一经运用就有价值创造能力。

机器设备是一种特殊产品。机器功能是人设计的，模具形状是由人设定的，能源动力是人配置的。模具定型不断复制人对产品形状和尺寸的设想，机器忠实地贯彻人的要求，利用机械能推动使劳动对象发生改变，创造出人所设想的效用。机器运行比人的手工作业更快速、更准确、更稳定。机器即使是智能化机器也不会情绪化，能忠实可靠地执行人的意图和要求。显然，机器复制了人的思想，贯彻了人的要求，创造了预期的效用，从而使价值增值。因此，机器具有价值创造能力。自然界中的自然物、自然能，只要被人认知并加以利用就有价值和价值创造能力，而且，通常是谁利用谁受益。有的能源不用则白白流失，比如，空气中的风力、江河中的水力等。古代就有人制造风车和水碓用以碾米；现代河边的水力发电站利用水流冲击水轮机转动再带动发电机发电，创造出很大经济效益。其价值从何而来？一是水的动能 E 价值从自然获取；二是人们制造了水轮机、发电机，运用了机械传动原理和电磁感应原理，连续不断地将自然能转换成电能，其中，思想成果的反复运用创造了很大价值。由此可见，水力发电厂其价值来源有两项：即自然能 E 的价值和人的思想成果 K 的价值，当然，还有一点物质设施 M 的转移价值。机器本身是人的设计思想的实现，它的功能又能表达和实现人的思想，具有将自然物、自然能价值转移的能力。实际中的风车发电、水车发电、生产流水线等不断创造出价值都是源于本推论所述原理。

推论二：动植物具有价值增值潜力，给予生长条件就有价值增值能力。

种植业、养殖业的生产方式与手工业、制造业的生产方式具有根本性区别。在手工业、制造业中人是规律的认识主体，更是规律的运用主体。工业品是人制造的，人是物质变换的实施者和操作者。而在种植业中，人的劳动只是为植物生长提供土壤、水分、养料等生长条件，基因控制、能量汲收和生长壮大等，都是靠植物自身完成的。十年前生长在一山岙里的小杉树，现今长成了参天大树，价值增加了不少，但生长过程是杉树自身完成的。养殖业也一样，人的劳动只是安排场地、安全护卫、种崽选择、提供饲料和水等生长条件，吃料、消化、生长、交配、生育等都是动物自身在其生物规律支配下完成的。因此，几个人能管理万亩林场，一个人能放养几百只牛羊。在种植业养殖业中，人只是提供条件，以促进植物生长和动物繁育，增加效用量。因此，在人类认知并利用的条件下，动植物具有价值增值能力。正因为如此，只要不过量，大海中常年有鱼可捕，山林中长期有木可伐，而人类几乎不需什么投入。

推论三：土地具有价值增值潜力，一经利用就有价值增值能力。

土地是一种特殊的生产要素，其主要作用是为生产过程和产品放置提供空间。面积和空间意义上的土地只是占用，而不存在磨损问题，因此，也难以解释为价值转移。当然，农业上的种植用地，存在土质退化的问题；用于烧砖、制陶的土地，则挖土用作生产材料。

一块标定价格的土地，为什么有的商家感到价高无法接受，而另一商家却认为合算乐意购买？同样的厂房设备，为什么生产原产品没效益，开发了一个新产品后却效益剧增？因为同一厂房设备同期可创造的价值多少，主要取决于生产什么和怎么生产。显然，土地、厂房、设备、工具等不只具有价值转移功能，而且具有价值创造的条件功能。其价值创造作用发挥的大小取决于与之配套的产品设计思想、工艺技术思想和管理思想等。

对这一观点我们可以从两个方面来论证。从实证分析，土地、厂房、设备、原材料都是资金的转换形式，同一笔资金投入不同产业、生产不同产品，其投资回报率是不同的，这是市场经济中的常识。所以，同样的土地、厂房、设备和原材料也完全看谁使用、怎么使用，看用于什么项目、实现什么思想等。另外，从实践过程看，用地的选址、平整，厂房、围墙的设计与建筑，设备的设计与制造，原材料的选取、运输等都包含了人的思想与操作，部分地可以理解为人类思想和操作的实物化。因此，其实际应用过程是人类物化了的思想成果与新的设计思想、工艺思想交合的过程。这样想来，土地、厂房、设备、材料等是产生新价值的不可缺少的条件。正是这个原因，土地、厂房、机器、设施的投入都有资格参加收益分配。

土地以其面积大小占据地表空间，也以其面积大小接纳阳光、空气和地力。土地不只是植物的生存条件，同时也是工商业生产经营和人类及其他动物活动的空间。按照思想价值论价值通式 $W = (M + E + K)d/s$，K 为利用的规律和机会，M 为泥土、空间和空气，E 为阳光和地力，当然都有价值。若无人为去除，一般野生动植物可以自生自长，在人们认知利用的条件下就会增加价值。土地被用于工业生产、商业经营或用于居住，就失去了动植物生长的机会，土地所有者当然要收回机会成本。若征用农民土地，农民就要求支付约 20 年种庄稼的机会成本价值。其依据何在？因为土地具有价值增值潜能，一经利用就变成实际增值能力。

推论四：富有思想和文化内涵的商品，因人们认知变化而变化。

古董、名人字画和一些稀缺性物品，因人对其功能作用认知变化而影响价值。一般来说，社会和平稳定，经济文化繁荣的年代人们比较看重古董、字画的价值，因为，在生命安全、生活有保障时人们比较看重文化享受和精神陶冶。另一方面，因文化普及，认知古董、字画作用和意义的人增多，需求更旺，也使其价值增大。思想价值论认为，古董、字画的价值在于其蕴含着思想、文化、艺术、历史、精神等内涵。当人们进行审美观赏时，不仅可以获得艺术熏陶和美的享受，满足心灵审美需求，而且可以触发灵感，产生新的遐想和创意，故而，具有较大价值。

总之，价值增值源于对规律的认知，源于正确思想的表达、运用和实现。

二、价值增值的心理感受

思想价值论认为，价值是商品效用给消费者带来的需求满足的度量。要使价值增值，就必须通过改进效用来提升满足度。因此，**商品价值增值的心理感受是对需求满足度的提升。**

其一，物性改良或效用提升就是提高满足感。制造业的产品是对原材料加工，通过贯彻和实现思想而提升效用，从而提高满足感；服务性产品是借助一定的物和能，实现思想和情感表达使服务对象获得所需要的满足感。

其二，深化认知而提升效用也是提高满足感。在产品的客观属性没有变化的情况下，当消费者对商品的认知深化时，也可以提升效用，从而增强消费者对该产品的满意感。当然，也有随着认知深化，发现产品的缺陷和危害而产生不满感的。

其三，商品紧缺、一货难求也使拥有者提高满足感。商品的物性没有变化，或因需求增加，或因货物奇缺，也会带来稀缺性增值。这是因为稀缺的东西通常被最需要者购买，稀缺之物我能拥有，其满足感就特别强烈。

总之，价值增值的心理感受是提高了满足感。

三、价值增值的本源：一元二道论

劳动价值论认为，商品价值只有一个源泉，就是人的劳动，不承认自然界具有价值创造能力，学界称之为价值源泉的“一元论”。

思想价值论坚持并发展价值源泉“一元论”。认为价值本来就是对人而言的。价值是对需求的满足，是对人们生存、生活、发展的作用和意义。思想价值论认为，人造品的物性由设计思想决定，自然品的物性由其生成规律决定，但设计思想是规律的反映和认知。因此，决定自然品的规律和决定人造品的思想是客观的同一，决定着商品的潜在效用和潜在价值。无论是自然品还是人造品，其效用发挥都当以消费者的认知为条件，只有认知方能使潜价值转换成实价值。恩格斯曾说：“劳动是一切价值的创造者。只有劳动才赋予已发现的自然产物以一种经济学意义上的价值。”① 认知是客观规律的主观反映；认知是思维的成果，是人类的广义劳动；规律是认知的内容，同时也是思想的内容。所以正确思想与规律在内容上是同一的。规律（思想）、物质、能量决定潜价值，认知程度关系实价值，市场机制确定价值量。**人对商品物性（规律）的认知是商品具有价值的发端和缘由，只有认知，才能发挥效用。**这就是一元之说，是与劳动价

①《马克思恩格斯全集》第3卷，第544页，人民出版社1995年6月版。

值一元论相一致的合理拓展。

自然物在规律支配下能自发生长。比如：山上的树能自生自长，海中的鱼也能再生再长。渔民们从古到今，世世代代在海上捕鱼，屡捕屡生，取之不尽，说明在某一限度内海鱼有自生自长的能力。只是进入现代社会，渔民捕鱼设施先进，强大的捕捞大军、成群的机动船只，乱捕滥捞，甚至追捕“围歼”产卵母鱼，导致渔业资源急剧枯竭，致使许多鱼种绝迹。从1995年起，中国政府正式实行“伏休”制度，保护海洋鱼类的繁殖生长，海洋生态得到恢复，渔场产量明显回升，珍稀鱼种频繁出现。这说明自然界先天具有潜价值的增值能力，一旦被人认知就能发挥功能效用，潜价值就变成实价值。因此，在人类认知条件下，自然界是具有价值增值能力的，这是价值增值的自然途径，或称天工增值。传统理论否认自然物价值，否认自然界的价值增值能力，就必然导致不尊重自然、不爱惜自然的行为发生，从而忽视生态、环境的保护。事实表明，在人类认知的条件下，自然界具有价值增值能力，此为增值途径之一也。在农耕文明之前人类完全是靠自然养活的。

人们为什么要制造商品？在人们对自然物的效用不满意或数量不够用后，就必须开始种植养殖、加工和制造。然而，商品生产以人对自然物性质和规律的认知为前提，人造的过程就是在思想（规律）支配下，以能量为动力，使原材料发生形质变化的过程。因物质和能量转换而使价值转移，思想得到运用或复制，故而使价值增值。许多高科技、高文化和高思维的商品，所用物和能较小，其价值主要由思想（规律）所构成。这种人工创造的价值增值，是价值增值的主要途径，叫人工途径。当今社会教育发达，人的思想创造能力强，因此，自然物和能源得到转换的价值十分巨大。

简言之，所有价值皆源于人对事物规律的认知和运用。认知是一种劳动形式，是思维成果，是思想内容。价值增值具有自然生成和劳动生产，即天工和人工两条路道。“两道”归于人的智能、认知和劳动“唯一”元本。这就是“一元两道”学说。

第四节　价值增值的产业特点

在导出了价值公式后，我们就可以分析各产业的价值增值特点了。

（一）农业

农业中的主要产业是种植业和养殖业。种植业养殖业的发芽、繁殖和生长都是由生物规律即基因支配，由动植物自身完成的。人的劳动只是为动植物生长提供条件。这些条件创造得如何，关键在于人对动植物生长规律的理解、掌握和运用。对生物生长的规律掌握并运用得好；即条件创造得适应动植物生长之需要，动植物生长也就好，反之则差。所以，种养殖业的价值增值源自人们对生物规律的认知、掌握和运用，其中思想是核心，物质、能量是条件。

（二）工业

工业主要是制造业。制造是使物质发生形质变化、形成新效用的过程。商品生产要素（$M+E+K$）中，K 是关键变量，只有新颖、实用的思想成果才能在市场上实现较高价值，因此，只有其中的思想 K 才有比较大的价值增值潜力和空间。事实上，也只有新设计、新工艺生产的新产品，在市场上才能独领风骚，赢得高额利润。其中，产品设计思想起根本性作用，工人的操作技能起基础和关键作用。技工水平高低，直接影响设计思想的贯彻，决定产品性能和质量。在制造性企业中，所有物质要素都只是价值增值的条件，能量是贯彻思想、实现物质变换的动力，只有科技、文化等思想成果才是价值增值的源泉。

（三）商业

商业是经销售把商品交到消费者手中的行业，是商品生产者价值实现的必经途径。消费者直接向生产商购买商品是不方便的，也是不合算的。商家以其资本为依托，以其经营思想及对商品的专业认知和需求判断为指导进行专业化经营，这就要投入其思想 K；经营活动各个环节均需消耗人的体能、运输时消耗能源，消耗总能量为 E；产品和物质设施为 M。在 $(M+E+K)$ 中，商机判断、经营思想、产品介绍、环境布置等智能活动和新颖想法都是价值的重要源泉。通常是最新产品和独家经销的产品，商业利润比较大。

为什么法国香水、南非宝石到了中国以后价格成倍上升？因为除原物和商用设施成本 M 以外，要投入运输能源和人的体能 E，经营者在商机判断、宣传广告、营销方法和技巧等方面都要动脑筋，从国外采购和运输商品就更费脑筋，这就是思想 K 的投入更大。从市场角度看，跨国移动后，商品直接面对消费者，需求 d 大为扩展，而供给量 s 却不多，因而，价值 $W=(M+E+K)d/s$，显著升高。

（四）运输业

商品运输并没有使商品发生形质变化，但是，使商品在空间上发生了位移。运输业也是智能要求较高的行业，经营者需要投入运输管理思想，如运输线路选择、车辆安排、专业化调度等。其价值来源是老板以投资为依托的运输管理思想和理念，在能 E 的推动下，实现了商品在空间迁移的目的思想。在价值变化过程中，我们任何时候都不能忘记施体和受体两个方面。运输业既有智力付出 K，又有各种能量消耗 E 和一定的物耗 M，其价值就理所当然地要增值，但物耗能耗只是转移价值，唯独思想 K 有超成本的价值增值。

我们再看物流的价值增值根源。使货物发生位移是人类最古老的劳动内容。为什么符合人们需要的物流业能创造巨额价值呢？因为只有恰当地移位方可使资源整合利用。正确方向的移位，把货物送到更需要的地方，提高货物的利用率，人们对其价值评价就提高。由此可见，商品价值是随时间、地点、买主的变化而变化的。承担包装、装卸、运输、存储、配送、信息处理等任务的物流业当然必须得到应有利润。

物流本身承载着信息流、思想流。物流实际上是物质、能量和信息的一起流动。

全球每年用于物流的费用约为数万亿美元，是一种营业额很大的行业。物流第三利润说认为：“人类历史上提供利润的领域，第一是资源领域；第二是人力领域；有人认为物流是第三领域。”

（五）科研、教育和传媒行业

思想价值论认为，人类思想成果具有两个层次的价值：一是思想成果本身价值；二是其应用价值。科学的使命是探索未知，达到认知，获得思想成果。其成果揭示客观事物规律的程度、实用性等决定其价值大小。教育是培养人才的崇高事业，既要消耗物资 M 、能量 E ，同时，要投入教育思想、方法和技巧 K 。要提高教育效果，必须研究个体对象，因材施教，开发潜能。教育的价值是使受教育者健全人格，掌握知识，训练思维能力，提高发现问题、解决问题和创造新思想的能力。媒体的价值创造在于其传播知识和信息，启发人们认知、指导实践活动，或者说信息、知识和思想被传播到人的头脑中变成一种潜能，随时可以变成现实价值。教育和传媒在传播知识的同时对人具有开智作用。信息、知识和思想被人接受，成为其头脑加工的材料和工具，往往产生出新思想，也就是卷一所讲的思想交生原理，所以，也能够有效地创造价值。

（六）信息产业

人们常说，信息就是财富，信息就是经济。思想价值论如何解释信息的价值呢？信息在生产生活中的作用和价值，早已被人们所认知：在经济领域，一条信息可能带来巨大经济收益；在行政领域，一条信息利用可以避免一次重大损失。

信息是客观事物规律的反映，其本质和特性可以从以下几方面理解：一是凡处于传输态的思想、知识、材料和情报均是信息。二是凡是信息均有价值，对这些人可能没有价值，对另一些人就可能很有价值。三是信息价值与物质产品价值的基础一样，在于其有用性。四是信息价值大小由信息本身的含意 K 直接决定，但信息作用发挥的大小却与运用者的思想、能力和条件相关。

在思想价值论看来，信息可以分为知识性信息和材料性信息两大类：

知识性信息包括公共知识、专利技术、法律政策等。要么可以运用，要么严格遵守。这些信息的价值均等于知识价值，也就是思想价值。公共知识由于不作交换，因而，不必作价值评估，谁利用谁受益。专利知识应当有偿使用，所以须作价值评估。至于它们的运用价值，即与运用次数和运用中创新状况有关。因知识有价值，知识性信息当然有价值。材料性信息通常不直接使用，而是作为人脑思维的材料。材料性信息按其原真程度可分为原真性信息、直取性信息、整理性信息三个层次：原真性信息是直接发自对象自身的信息，比如：天气冷热，刮风下雨，直面山水风光，直面民众反映和呼声等；直取性信息已不是原形对象了，如照片、录像、原始数据等，其取材、角度均已掺入选取者的意向和价值观；整理性信息就是对原真性、直取信息进行加工整理，或以其为依据所做的决策等，比如研究报告、行动方案等。这三个层次的信息均为信息获取者智能作用的结果。思维成果有价值，思维材料也有价值。这就是信息价值之依据。

当今社会，信息成了人们生活和工作的基本需要了，居家生活、生产经营均离不开信息。

上网把各自关注的信息拉到面前，成了年轻人甚至相当一部分中老年人生活中的重要部分。“收看电视、阅读小说、定位导航、上网冲浪……不断推出手机新功能，使人们对手机依赖越来越强，手机已经成为他们的个人空间的延伸。”① 的确，手机极大地扩展了人们的视听空间，加快了信息传输的速度，以其即时、方便、经济令人们喜爱甚至着迷。人们面谈减少，但交流却大幅度增多。带上一只上网手机就把各自的世界抓在手上。

人们接收信息的器官主要是眼睛和耳朵。表达思想的器官原以嘴为主。如今，鼠标和键盘使手指的表达功能日益得到强化。信息的快速传递不仅是生产、经营和工作的需要，而且是人们日常生活中沟通协调、联络感情所不可缺少。

---

①龚唯伟：《日本：手机催生拇指一族》，载《钱江晚报》2004 年 2 月 25 日第 5 版。

（七）投资业

投资可以赚大钱，道理何在？所谓投资，就是将资金投入某一行业，用于经营活动。若投资正确，即回报丰厚；若投资失误，即造成亏损。为什么这样呢？思想价值论认为：价值始终同需求相联系，该事物市场上有需求，就显得有价值；市场上有高需求就有高价值。投资到市场需求很旺的领域，人们愿出高价购买，投资回报率就高，投资到不需要的领域，回报率就低甚或亏损。所以，投资回报是对其投资思想 K 的正确性评价和奖赏。比如房产业，在经济社会发展到一定阶段，人们要求住房宽敞一点，且有购买力，在此阶段投资于房产开发必定赚钱。但投得过早，人们购买力有限，利润会低些；若投资过晚，需买房的都买了，投资成效也未必好。另外，就是同样投资房地产也看你做什么产品，如套房、别墅、商铺等，与设计的式样、功能有关，与产品质量有关，并且，还与营销方式方法有关。但这些都源于投资者的想法。投资于同一产业也有人赚钱有人亏本，关键是看你怎么做。决定怎么做的就是思想 K。可见，投资回报是对决策思想价值的兑现。投资于市场所需产业是投资的一大要诀。

有学者把投资收益说成是“风险报酬”，这种解释值得商榷。资本是广义劳动的剩余产品，是思想与行动的凝结。业主在进行投资的时候是经过调查、分析、论证、判断而做出决策的，但是，任何商机都存在变数，也即存在风险。把投资回报说成是对业主承担精神负担、心理压力的报酬，即“风险报酬”。这貌似有理，实难说圆。投资成功是“风险报酬”，投资失败过程中精神负担和心理压力不是照样很大，甚至更大吗？怎么不仅没有报酬，且连本也亏掉呢？思想价值论认为，投资收益是正确的决策思想价值的实现。因为，投资决策是基于对商机的判断，是与灵感有关的经深思熟虑的思想成果：一是与投资者获取信息的真实、及时、全面程度有关；二是与投资者的预测、分析和判断能力有关；三是与投资者的决策理念和应变能力有关，同时，其中也有一点机遇性。但是，其中最重要的是投资者具有的相关知识、经验和能力。投资性收益是思想与资本结合的产物，或叫在资本承载下实现投资思想所结出的成果。倘若操作失误使投资思想贯彻落空，或情况变化应对失策，就会虚耗资本，造成损失。

第五节　创新是价值增值的根本源泉

一、价值增值中创新的特殊作用

在分类分析了商品价值增值规律后，我们有必要也有条件对价值增值的实现途径进行研究。

前面已经论证商品生产的价值增量为：

$$\Delta W = W - W_0 = (\mathrm{d}/s - 1)W_0 + \Delta K \cdot d/s$$

式子具有 ΔK 和 d/s 两项变量，含义可以解释为价值增值与创新思想（科技、文化）ΔK 和市场需供比 d/s 两者成正比。然而，实际需求 d 又与创新思想 ΔK 成正相关。若设 C 为客观潜在需求，并将 ΔK 理解为消费者认知认可的创新指数，设某类产品现实需求与创新指数呈线性关系，即可表达为 $d = C \cdot \Delta K$，其中 C 为常数，就有单件商品的价值增值：

$$\Delta W = C/s \cdot \Delta K^2 + C/s \cdot W_0 \cdot \Delta K - W_0 = (\Delta K^2 + W_0 \cdot \Delta K) \cdot C/s - W_0$$

式子显示 ΔW 与 ΔK 成二次方关系，说明创新对价值增值具有特别重要的意义。创新的增值作用有两个方面：一是增加价值；二是开发市场。真正符合需求的创造性产品不仅产品增值，而且能够有力地开拓市场。如电脑、网络、手机等当初都是具有强大的市场开拓力的产品。

式中 ΔK 的大小由创新状况决定。企业必须大力创新并正确创新，主要是要做到三个方面。

一是要瞄准需求。价值增值的最后实现是要经受市场检验、要由消费者认可的，因此，要开展市场需求和需求变化趋势研究，尔后，把市场需求作为产品创新的目标，把需求变化趋势作为后续创新的方向。

二是要提高科技含量。科学家们的基础理论科研成果，通常不能直接为消费者服务，只有通过应用性研究，把科学技术转换为实用产品才能满足消费者需求。把科研成果融入产品之中，就是要把理论成果转换成实用技术和新产品。开展新产品开发和新工艺研发是企业提高核心竞争力的根本途径。

三是要创新营销方式。企业生产出好产品理应让全社会的消费者知晓，了解该产品的人越多，产品的市场就越广阔，思想复制和价值扩张的空间也就越大。要开展新产品宣传和市场开发研究，根据企业和产品特点，创造最有效的营销方式。

做到以上三条，创新就能获得很大的商业价值。

二、创新是商品设计的根本要求

任何商品其价值均可表述为 $W = (M + E + K)\mathrm{d}/s$ ，但是，站在生产者的角度理解公式与站在消费者角度分析公式是不一样的。从消费者角度看，认为自己对商品的认知 K 是准确的，商品价值取决于商品中的思想要素 K 、物质要素 M 、能量要素 E 和供求因素 d/s 。商品质量好，供不应求，价值就高；反之即低。商品质量影响供求，是通过认知起作用的。

凡是有益于人们生存发展的新想法都有价值，所以，要鼓励人们大胆创想。所谓创新就是创造符合客观规律的新想法。思想价值论已经揭示：思维成果就是财富之源、价值之本。

前面我们已经谈到，从生产和经营领域中看要素式（$M + E + K$）中的 K 是生产经营者的设计思想、工艺思想、经营思想、管理思想等智力成果的总和。现在，我们研究从消费者角度看公式中的思想（规律）K 。

呈现于消费者面前的商品，是经历了生产和流通后的最终商品，E 应包括生产、运输、包装和展示所消耗的一切能量，生产经营必须关注这些能量 E 的成本；M 包括呈现于消费者面前和生产经营商品过程中的一切物质要素，消费者却只关注面前商品的物质要素，而不关心制造商品相关的其他辅助性物质要素。消费者不是技术专家，对 K 一般不可能全面认知，但消费者对产品性能 K 的认知程度，决定其对商品和价格的接受程度。

商品成交的过程是经营者与消费者之间对商品价值互导认知的心理博

弈过程。经营者是以其成本为底线、以利润总额最大化作为定价原则的。

消费者对商品的评价是以其认知为前提，以物物比较为参照的。由于心理上的差异，不同消费者喜欢不同品牌。产品广告宣传，就是为了让消费者充分认知该产品的优点。消费者认知该产品的性能和优点越多，其心理认可的价值就越高。

当人们认为甲鱼骨多肉少、食之不经济时，甲鱼价格还不如草鱼。当人们得知食用甲鱼能增强免疫力、起防癌抗癌作用时，甲鱼价值就飙升。一张宋代黄庭坚的字，被一文盲者捡之视为废纸；被一识字人捡之知其为一幅好字；被字画鉴定专家捡之，才真正知道其为墨宝、价值巨大。

商品上市时，应当使消费者对商品认知尽量全面深入，这样有利于消费者接受商品和价值。商品销售需要做广告，需要业务员进行推销。K 包括生产经营全过程所运用的一切思想成果，它指导生产经营并凝结于产品和服务之中，表现为商品的功能和效用。一般情况下，商品的功能效用是由设计思想决定的，但是，也有可能存在设计者未知的功能，也就是说，有时消费者认知的功能效用超出设计思想。这在思想价值论看来是正常的，因为思想成果 K 的价值是不完全确定的。商品客观上存在的功能效用是随着人们认知深化而变化的。消费者之所以可能发现超出设计的功能，是因为消费者对商品的认知是实际使用中获得的。美国药品伟哥制造商是以心脏病药开发的，是患者在用药过程中发现该药还有强肾壮阳之功效，后来才被作为壮阳药销售的。

客观效用往往存在一些未知空间，随着社会实践和科技发展，人们可以深化认知，但很难真正全知，所以，任何商品的效用都是认知的函数。生产者设计的功能和效用是以其认知为基础的，但并不等于其潜在的功能。消费者运用的功能和效用是以自己认知为基础的，也不等于设计功能。一般来说，消费者发挥效用小于产品设计效用，产品设计效用小于客观潜在效用。在双方讨论价格时，销售者尽力介绍商品优点，购买者尽力指出其不足之处，其实就是互导认知，统一认识，从而在价格上达成共识。效用与价值虽然不一定成比例，但却是价值存在的基础。

随着科技普及和发展，市场竞争日趋激烈，对商品设计的要求越来越高。近百年来，商品设计的发展大体经历三个阶段或称三个层次：一是迎合和追踪消费者需要。消费者需要什么就生产什么，消费者喜好转移，产品设计方向也随之转移，始终追踪消费者的需求变化。商品设计不仅要解决产品的结构、效用问题，而且，要讲究选材和工艺流程，以保证质量。二是预测和引领社会消费需求。根据社会时尚流行变化趋势，预测市场需求变化，并设计生产出相应产品，始终走在时代前列，引领社会消费新潮流。这种设计要不断超越同类产品，要考虑示范用户的选择和培育，要安排足够的力量开展广告宣传。三是开发和创造消费需求。在一些高新技术领域，消费者是外行，不可能首先提出该方面的消费需求。要依靠技术专家开发出日用新产品，通过宣传使消费者认知，甚至还要给予辅导和培训，让消费者学会使用，方能开发出消费者的实际需求。当年刚有计算机时，有几个人会用？有几个人肯买？如今，人们已离不开它。

现代产品设计要为商品的整个生命周期负责，即对结构、功能、用料、加工、组装、储运、销售、维护、检修、报废处理和环境保护等全部考虑在内。设计过程是创新的过程，是新知识产生的过程，是价值创造的首要步骤和中心环节。市场竞争首先是设计能力竞争。现代设计不仅要运用知识，还要创造知识，并要缩短研发周期，以抢占先机。

三、关于利润来源的数理分析

（一）定价与期望利润

在实际生产经营中，商品定价大多是以成本为基础的。许多企业产品在批量销售前均经过新闻发布会进行宣传，在一定范围内进行试用和试销。企业通常会根据自己对市场的需求预测，确定适中的利润率。

若把利润率理解为利润与成本的百分比，并用 p' 表示利润率，即有 $p' = (W - W_0)/W_0$，可得商品定价为 $W = W_0(p' + 1)$。式中 W 为商品单价，W_0 为商品成本，p' 为期望利润率。

（二）售价与实际利润

企业的商品定价程序是先由企业向市场报价，经过与消费者协商认可才成为实际成交价格。商品流通经过许多环节，经销商、批发商和零售商，每一级经营者都会根据市场供求状况进行适当调整。因此，$W=W_0(p'+1)$ 中市场交换价值 W 和利润率 p' 都不是生产者和销售者单方面可定的，而是买卖双方协商的结果。

（三）利润率及其利润来源数理分析

根据公式 $W=(W_0+\Delta K)d/s$，价值增值应当等于产品市场交换价值与成本的差。在平市情况下，$d/s=1$：

$$\Delta W=W-W_0=(W_0+\Delta K)-W_0=\Delta K \qquad (1)$$

式（1）表明商品的价值增值等于其创新思想 ΔK（技术、文化）的增值。由此可见，技术、文化等思想创新是企业价值增值和利润的根本来源。

将式（1）代入利润率式 $p'=(W-W_0)/W_0$ 得：

$$p'=\Delta W/W_0=\Delta K/W_0 \qquad (2)$$

式（1）中 ΔK 是科技、文化等思想成果的新增价值。在没有创新的一般性产品生产时，产品科技附加值 ΔK 就小一些，若是创新型产品 ΔK 就要大一些。生产商在考虑技术开发成本、管理成本、技术新颖度、消费者喜爱程度等因素后，对 ΔK 作某一估值，但最后必须经消费者检验和认可。$p'=\Delta K/W_0$ 表明，利润率高低与创新思想带来的价值增量成正比，与生产经营成本成反比。要提高利润率就必须增加 ΔK，就要充分发挥智力资本和技术的价值创造作用。可见，利润率可以理解为创新率，或者说，创新是商品利润的根本源泉。

（四）企业总利润

若某企业年度生产商品 n 件，并适应市场需求全部卖掉，其当年总利润等于价值增值总量：

$$\Delta W_n=n\cdot\Delta W=n\cdot\Delta K$$

在单件产品有利润的情况下，生产销售量越大，总利润也就越多。

四、新思想供给直接影响经济社会发展

思想成果是人们对客观事物规律的认知、揭示和描述。思想成果一经创造，即有价值，不传播也影响本人。思想成果一经公布，通常就产生一系列价值，经媒体传播即产生传播价值，经教育机构传授即产生培训价值。人们学习掌握了反映客观规律的思想成果就达到了对该规律的认知，且可运用，从而提高认知能力和实践能力。传播使思想成果拥有更多的运用主体。受传媒、教育等传播掌握了某一思想成果的人，把思想成果运用到生产实践和生活实践之中，即产生新的价值，称为运用价值。此外，思想成果在运用中常常引发产生新的思想成果，这叫再生价值。这再生价值通常被看作是新成果的价值。

熙熙攘攘、纷繁复杂的社会，发展慢即有慢的贫困，发展快又有快的问题。问题产生是不可避免的，怎样来研究问题和解决问题呢？解决人与自然间的关系问题必须依靠自然科学，解决人类自身个体与个体、个体与群体、群体与群体间的关系问题则依靠社会科学。解决人与自然关系问题固然不易，解决人类自身问题则更难。经济领域中解决生产问题固然不易，解决销售和分配问题就更难。在社会领域中，贫困、疾病等问题已被人类基本解决，但局部战争、国际冲突、恐怖主义、贩毒、吸毒、车祸、凶杀等问题尚未彻底解决，人口过量、资源匮乏、环境恶化、气候反常、贮核风险等全球性的安全问题，需要用社会科学去研究和解决。社科工作者任重道远。正如习近平所说："一个没有发达的自然科学的国家不可能走在世界前列，一个没有繁荣的哲学社会科学的国家也不可能走在世界前列。"①

世界上最富裕的国家，除了美国、日本、新加坡等外，多数集中在欧洲。欧洲是人类思想成就创造最多的地方。历经文艺复兴和工业革命，不

①习近平：《在哲学社会科学工作座谈会上的讲话》，载《人民日报》2016年5月18日第1版。

仅产生了牛顿、麦克斯韦、爱因斯坦、诺贝尔、霍金等世界上最优秀的科学家和发明家；同时，也有苏格拉底、柏拉图、亚里士多德、康德、尼采等哲学大家和思想大家；还有达·芬奇、贝多芬、米开朗琪罗等艺术大师。近百年来，美国比较强大，因素固然很多，但是，最关键的是他们聚集了大量人才，科技、文化、社科等各方面思想成果的生产和供给相当充足。任何国家都一样，只有脑力强大，才有国力强大；只有思想充足，才能财富充足。

一国要持续快速发展，就要不断发现问题、研究问题和解决问题。这就必须有繁荣发达的社会科学和文化艺术，必须有充足的新思想供给。没有充足的思想供给，就会出现老问题未解决新问题又产生的不良状况。于是问题积累、矛盾激化，最后，引发剧烈的社会震荡，使民众受苦，使发展受阻。何谓思想供给充足？就是没有问题时预测问题，未出问题时预防问题，出了问题时能及时解决问题。

国家和地区无论处在何种基础、何种阶段、何种条件下，其治理和发展都有规律可循，都能找到合适的发展道路、方针、模式和办法，关键是想不想得到，想不想得好。因此，无论是国家和团体，还是家庭和个人，优质新思想的产生和供给都是决定其发展的根本性因素。社会不发展必然是问题成堆，社会发展又必然遭遇发展中的新问题，能否有充分的新思想供给，有效地解决各种问题，直接决定着社会发展速度。发扬民主、广开言路，让人们自由地去感觉问题、敏锐地去发现问题，并公开和暴露问题，把事实情况公之于众，供大家研究讨论，寻求解决问题的好办法，肯定比几个人关门处理要好一些，能更好地解决问题和推进社会进步。提出问题就能引起人们的关注和思考，是创新的开始，通过研究和讨论产生了正确的新思想通常就能解决问题。所以，决不能剥夺人们提出问题的权利。凡是政治开明、环境宽松、思想自由的时代，必定创意频出、新说风起、学派林立，智慧之花盛开、思想供给充分，助问题解决、促百业兴旺；凡是政治专制、环境高压、堵塞言路的时代，必然人人自危、万马齐喑，致使问题堆积、社会昏暗、百业凋零，阻碍文明发展进步。政治家、理论家陆定一临终前说："让孩子读书，让人民说话。"那是他思考了一辈子的诉说，对社会文明进步意义重大。

如何促进和保证充足的思想供给？主要应当抓好教育、科研、文化、传媒等四大行业，同时切实加强各级各类智库建设。教育为科研、文化、传媒和社会所有领域培养人才；科技和文化为经济社会发展、民众生活提供新的思想成果，同时，也为教育和传媒补充新内容；媒体不仅极大推进思想成果的传播运用，而且也为思想再生创造机会和条件。教科文媒发展和高端智库建设关系国家的软实力增强。

落后的国家、衰败的企业、贫困的家庭、无为的人生，无一不是思想短缺和智力不足所致。"知识贫困是最根本的贫困，思想稀缺决定新产品稀缺"这话一点不假。但影响和决定教育、科技、文化和传媒（信息）发展的又是制度，制度是关系社会文明进步的根本因素。制度创新是政治家最崇高、最根本的任务，是影响最深远的伟大历史功绩。

五、培育思想市场

思想价值论认为，在经济领域：先有思想，再有生产，后有产品。思想市场是最前沿最始端的要素市场。思想市场经营的是思想产品和智力服务。广义的思想市场，包括理论创新、科技成果、发展规划、政策建议、对策研究、设计方案、策划咨询、问题诊断以及文化艺术等一切思维成果的交换和交流，它是一种客观存在。培育思想市场既可更好地展示、传播、评估、比较和交换思想成果，实现思想成果的各种价值，又能在交流和碰撞中有效激发人脑思维，促进新的思想成果产生，从而推动全社会智造业大发展，推动经济社会健康发展。培育思想市场，需要搭建更加广阔、自由、开放和规范的交换交流平台，需要依法保护一切善意思想者的应有权益。

1991 年诺贝尔经济学奖得主、百岁老人科斯曾表示有重要的话要对中国说："如今的中国经济面临着一个重要问题，即缺乏思想市场，这是中国经济诸多弊端和险象丛生的根源。……开放、自由的思想市场，不能阻止错误思想或邪恶观念的产生，但历史已经表明，就这一方面，压抑思想市场会招致更坏的结果。一个运作良好的思想市场，培育宽容，这是一副有效的对偏见和自负的解毒剂。在一个开放的社会，错误的思想很少能侵蚀社会的根基，威胁社会稳定。思想市场的发展，将使中国经济的发展以知识为动力，更具可持续性。而更重要的是，与多样性的现代世界相互作用和融合，能使中国复兴和改造其丰富的文化传统。假以时日，中国将成为商品生产和思想创造的全球中心。”① 如同北京大学教授袁刚断言：“思想市场会使中国更有前途。”

六、防止“反文明”思想的危害

人类社会，芸芸众生，绝大多数人所具有的都是建设性思想和文明思想，但是，极少数人由于性格怪僻、心理疾病，或经受委屈、怨愤积郁，或因私心蒙蔽、物欲诱惑，可能滋生反文明思想。后者往往表现为：厌恶人生、仇视社会；巧取豪夺、违法谋利；嗜血成性、残害同类；崇尚暴力、热衷战争；等等。恶性思想一经产生和传播，就会造成危害。

（一）恶性思想的危害

凡是反人类反文明的思想和行为都给人类带来危害和灾难。小偷盗走钱物引起居民人心恐慌；官员私心驱使的错误决策可以使纳税人的资金白白浪费；歹徒纵火可以制造严重火灾；恐怖分子作案可使无辜市民遭殃；恶魔挑起战争会导致成千上万人流血牺牲。

犯罪者通常有其违法思维和作案动机，犯罪行为由其犯罪思想支配。凡是团伙犯罪，必定需要有头目进行组织和策划，提出目标和办法。其头目没有目标就不足以蛊惑人心，没有办法就不足以实现目标。古代绿林好汉打家劫寨、占山为王，却声称“英雄聚义、劫富济贫、替天行道”。头领们以此思想统领喽啰思想，并以此为旗号聚集更多的喽啰。

法西斯头子希特勒挑起了第二次世界大战，给包括德国人民在内的欧

①资料来源：凤凰网／凤凰财经／2011 年 12 月 15 日。

洲人民及全世界人民带来了深重灾难。其实，在上台之前，他的头脑中就充满了侵略思想和好战意识。他在《我的奋斗》一书中写道："家族没有界限，民族为什么要有界限?""日耳曼民族是全世界最优秀的民族，理应统治整个世界。"成为国家元首后，他又声称："作为国家元首，理应领导人民不断争取生存空间。"后来的侵略行径就是他侵略思想的实践。二战中日本的侵略行为与日本明治时期的著名人物中江兆民鼓吹的社会达尔文主义直接相关。"他提出日本对外政策的基本取向是，要成为世界一流强国必须实行对外征服政策。日本地域偏狭、资源不丰，必须侵占另一大国。中江兆民还鼓吹社会达尔文主义，将人类的不同民族等同于动物的不同种类，用动物界的弱肉强食来证明欺侮弱小民族的合理性。受中江兆民思想的蛊惑，有一批日本人丧失人性，放纵野性，以猎取谋生存，发动侵华战争，大肆屠杀中国人。"① 他们都犯下滔天罪行。

当今世界上的恐怖分子，建立组织和基地，训练暴徒，鼓励自杀性攻击，宣扬反文明思想和理论，严重威胁世界人民的生存安全和文明进步，给人类带来灾难。要从根本上解决恐怖主义问题，就必须设法撤销其组织和基地，阻止其训练暴徒、传播恐怖主张。只要有人在传播恐怖主义思想，就必有一些人受影响，就难以彻底消除这一祸害。因此，终止恐怖主义思想的传播和毒害是关键。

就是在接受过高等教育的高智人群中，也有人头脑中存在着破坏性思维。黑客在全球互联网中输入病毒，以制造混乱和恐慌为乐事，其头脑中产生和包藏的就是不健康思想。

人类社会各个领域的正确思想是相互联系、相辅相成的。某一领域落后，往往会影响其他领域发展，进而影响人类文明发展进程。其直接危害表现为社会各领域进步不均衡。科学管理与技术运用的不对称，导致世界各地事故多发；人文学科与自然科学不对称，导致人们滥用科技；道德修养与功利追求不对称，加剧行为失范和社会矛盾；国际主义与国家主义的

①叶成林：《一个鬼子兵的思想家》，载《北京日报》2002 年 12 月 23 日。

不对称，引发民族矛盾和国际纷争，导致世界不安宁。当今社会许多人不自觉地陷入物质主义和利己主义泥潭，这对人类文明发展是极为不利的。

（二）恶性思想的判别

一种思想是良是恶，是建设性还是破坏性，是促文明还是反文明，多数是泾渭分明的。凡是智力正常、人格健全、心理健康者都能判别。按理说，优良思想能广泛传播，邪恶思想必遭抵制。可是一些反文明的破坏性思想，往往披上合理化的外衣，以达到其骗人之目的，更何况炮制者尽是选择一些性格偏激、心态异常的人从小接受其灌输，进而控制他们的思想和行为。必须看到，在人类极少数人头脑中仍在产生和发展反文明思想，并在一定范围内传播。这种思想严重危害人类的文明与安全。网络犯罪给经济带来损失，恐怖活动使民众不得安宁，军国主义与强权政治使世界战争不断。

人们必须判别思想的良恶，并采取措施传播良性思想，抑制恶性思想。至于中性思想，多数不需是非判断，而在效用评价，其识别和鉴定一般是通过二条途径：一是采用民主化和市场化的选择机制，让民众鉴别，让市场检验。正确者自然能传播、弘扬和传承，无价值者自然销声匿迹；二是经受实践检验，大凡新的正确思想，即使产生者自身不去实践，也必然有后人去实践。实践是检验思想正确性和价值性的根本标准，在实践的基础上，人民必然做出选择。

（三）恶性思想的预防

邪念是万恶之源，是人类文明的毒瘤。社会成员中极少数人会滋生恶性思想，一些社会成员中不同程度地存在不良思想。这些恶性或不良思想的存在，会给人类文明带来危害，理性社会应当阻止传播，予以消除。

第一，应当建立平等、友善、和谐的国际秩序。只有做到国家之间不以强凌弱，才能做到世界各民族和平共处。各国政治家尤其是大国政治家，既是全人类的人格楷模，又是国际社会的管理者和国际秩序的维护者。应当超越国家主义的狭隘立场，更要反对大国沙文主义和强权政治，反对核讹诈和军备竞赛；不能以发动战争、打赢战争为业绩，而应以维护国际秩序、捍卫自由平等、推进世界文明为己任。许多国家的小学教科书教育孩子“关爱动物、保护生态，任何动物都是地球上的平等公民”，地球是所有动物的共同家园。孩子们都需要有这份良知和爱心，身居高位的政治家们又怎么能发动战争，残杀同类呢？造成国家之间的敌对关系因素很多，但政治家的态度是起关键作用的。只要他们有诚意，就能化解对抗，达成谅解，实现自主平等、和平共处。消解冲突和对抗是制止人类破坏性思维的有效途径和措施。因为，双方一对抗，情绪就恶化，必然调动自身全部智能，设法整垮对方，此时，恶性思想就喷涌而出。一进入争斗，就以胜败论英雄，争取你死我活的结果。

第二，要引导社会成员怀正念、走正道、做正事。思想价值论认为，价值是对人类生存和发展的作用及意义。凡是对他人及人类生存、生活和发展没有作用与意义的事就没有价值；凡是对人类生存发展有损害的事就有破坏作用。不劳而获，就是得了不该得的利益；巧取豪夺，就是侵占他人财富；偷抢拐骗，就是违法犯罪；以行贿手段买通官员、大肆侵占国家利益，更是人民公贼，应当严惩不贷。“君子爱财，取之有道。”违法的事，违纪的事，有损国家利益的事，缺德害人的事，就是有钱可赚也不能做，甚至，想都不应该想。想就是灵魂犯罪，做就是真正犯罪。

第三，社会管理既要形成竞争机制，又要营造和谐氛围。各国政府在国家和社会管理中，必须引入竞争机制，以激励国民勤奋劳动和工作，以实现民富国强。竞争可为优秀分子提供脱颖而出的机会；竞争也使一些能力弱者惨败下来。社会需要有一定的竞争机制，使人们发挥潜能。但要防止恶性竞争出现，尤其不能把人逼到难以生存的绝境，否则，就会使其产生恶性思想。那些并非主观原因在市场经济或就业竞争中失利的公民，在得到社会保障体系支持外，还应得到更多的人性关怀。社会越文明，就越应有爱心。

一些国家以建立福利社会为目标，为弱势群体提供基本生活保障，这是十分必要的，可以避免一些失业者因生存危机铤而走险。人类社会与动物世界有本质不同，不可以强欺弱，其竞争应该是合法平等的竞争。要让劳动者感到有适度的竞争压力，又要让劳动者感受到社会的温暖与关爱，防止仇视社会、厌恶同类的不健康思想和情绪滋生。

政府和官员要把社会成员中的强者和弱者均视为平等的公民，既鼓励强者成就事业，又帮助弱者生活安康，并允许他们自由地选择自己的生活方式。这样做更能使公民热爱生活、热爱社会和同类。

第四，对社会成员要教育从重、管理从严、处罚适当。政府对社会成员必须从小加强教育，不仅传授文化科学知识，更重要的是抓好文明教育，使之热爱人民、热爱社会、热爱生活。有理性、爱心和情怀的人不易产生破坏性思维。从严管理主要是在体制、政策、方法上能防患未然，这既是对社会负责，也是对个人关爱。管理严密，不留漏洞，就能使人不生妄想，从而自动中止不良思考。社会管理必须有处罚，处罚的轻重要适当。轻罪重罚、处罚太狠，易使受罚者不服，产生敌意，可能将其推向反面；处罚太轻、不痛不痒，无以体现法纪威严，将产生怂恿反文明思想滋生的严重恶果。

第十八章　统一价值论

一个社会由许多行业领域组成，各行业领域的劳动者都以自己的一技之长为他人和社会服务。思想价值论认为，人类社会的所有行业领域都在以各自的特有方式创造价值，这些价值本质上是相统一的，叫统一价值论，也叫广义思想价值论。

第一节　天然物与人造品的价值统一

一、价值系统的两大部类

人们都在自然和社会两大系统中生活。自然界是人们的生存空间和原始物质材料宝库；社会是人们群居生活中具有基本公平和秩序的互联、互助、互信、互赖而又相互竞争的大系统，是情感温暖和精神关爱的公共家园。

思想价值论认为，在价值系统中价值当分为天然价值和人工价值两大部类。不只是人造物有价值，人做的事和人的知识同样也有价值；调查、预测、决策、服务等活动均有价值。因此，用“人工”这个词比“人造”概念上要全面和贴切一些。人工价值是由人的智力和体力付出转换而来的；天然价值即自然价值是在自然规律支配下，经自然力作用慢慢演化生成的，因而，也可称为天工价值。无论是天然价值还是人工价值，均以满足人的需求为特征，以人的认知为条件。

人工价值按其形态可以分为实物产品价值、符号产品价值、服务产品价值、制度产品价值和思想产品价值等。天然价值可分为天然物价值、自然力（能源）价值和自然环境价值等。天然价值因人的认知而得以转换和运用，人工价值是人的思想的表达、传播、运用和实现。

前面“一元二道论”已说明：认知和思想是一切价值的发端和源泉。人类有认知、有思想，才使世界上的事物为人所用。当然，也因人的认知物才有价值。是人脑把万物万事联系起来进行比较和评价，才区分它们的珍贵和普通。价值系统由天然价值和人工价值两大部类构成，如图 18 – 1 所示：

- 价值系统
  - 自然价值
    - 自然物价值
    - 自然力（能）价值
    - 自然环境价值
  - 人工价值
    - 实物产品价值
    - 符号产品价值
    - 服务产品价值
    - 制度产品价值
    - 思想产品价值

图 18 – 1　价值系统两大部类结构

思想价值论有广义与狭义之分。狭义思想价值论属经济学范畴，认为一切商品价值均以思想和规律为内质。广义思想价值论当属哲学范畴，认为人类一切价值均主要由思想和规律决定，与认知相关，价值概念绝非局限于经济领域，而是遍布整个社会生活之中。

思想价值论认为，天然物中包含着物质、能量、规律三要素，人造物中包含物质、能量、思想三要素。天然水晶是自然规律支配，靠天能作用生成的；人造水晶是人根据自己对规律的认知，在人工控制下合成的。思想是人脑对客观规律的反映和描述，两者虽然不完全相同，但存在同一性和相似性，因此，其价值是可以统一的。

人是自然的一部分，但是整个自然又为人类所面对，并被人类所利用。自然物是指直接取自自然界的物品，如土地、砂石、矿产、原油、水和野生动植物等等；人造品是指在人的思想支配下以自然物为原材料加工制作的产物；种植养殖的农副产品是人工天工各占半的生产物品。

二、人类利用自然物的进步历程

在进化为猿人以前，人类祖先就像其他动物一样生活。人类在地球上生存、进化、生活和发展，对自然有依赖关系，离开自然是无法生存生活的。但是，人与其他动物不同，不是消极地依赖自然，而是积极地进行适应、利用和理性改造。人与自然的关系，特别是人对自然物的取用状况经历了四个阶段：

一是依赖自然物生存阶段。原始社会及其以前，人类是靠摘取野果、猎取野味进行充饥，以维持生存的。采撷渔猎是人类生活资料的唯一来源。这一时期人类是依靠自然养活的，人们之间有交换也只是自然物的交换。人类依靠自然物生存的境况，决定其心理上敬天畏神，崇拜自然。

二是向自然界有限取材并初级加工阶段。人类在观察植物生长规律基础上开创了农业；在掌握动物生长规律基础上开创畜牧业；随着农牧业的逐步发展，又开创了手工业。在此阶段人类取用自然物还停留在地球表面。少量铜铁冶炼主要是为农牧业和手工业提供制造工具的材料。就是在工业化初期，虽然对自然已构成一定的损害，但仍控制在自然补偿能力和可恢复范围内。

三是向自然疯狂索取并严重损害环境和生态阶段。当人类发现了煤和石油可以燃烧，懂得能的转换和守恒定律，并发明了蒸汽机、内燃机、发电机和电动机以后，就开始用能源代替人的体力进行生产，即用自然之能攻取自然之物，从而大大加快了对自然物的取用和转换速度。大量采用矿物燃料使空气受到污染，对自然环境及生态之破坏到了无法补偿和恢复的地步，同时，也损害了人类自身的生存条件。

四是爱护自然并与其和谐相处的阶段。进入知识经济和思想经济时代，人们认识到：破坏自然环境就是伤害人类自身；只有保护好自然和生态，才不致损害人类生存、损害子孙后代发展。可持续发展成了人们共同的发展理念和活动准则。人类是懂得总结经验的，在经历了曲折和失误后必然更加理性。

三、自然物价值的客观性

劳动价值论认为："商品价值量等于凝结在商品中的劳动量。"按此论断，未经人劳动的自然物就没有价值，被人获取而进入市场的自然物价值只等于人们获取过程中付出的劳动的价值。这样就产生了许多令人费解的问题：其一，按此论断，投入等量劳动打出的油井应当是等价的，但两眼油井地穴不同，产油能力大不相同，创造的价值必然不同。其二，如果地下的石油、矿藏本身没有价值，开采的石油、矿藏的价值等于开采的劳动量价值，那还有谁愿意投资开采呢？其三，若自然物没有价值，那么，村际山界纠纷和两国争夺资源的战争又怎么会发生呢？

事实表明：只要被人认知，没有经过人的劳动的自然物本身也有价值。自然物价值可表述为：自然物价值 = 市场交换价值 - 劳动创造价值。劳动创造价值又等于劳动成本与劳动（思想）增值之和。比如：山农从自家山上砍了一株树运到市场上，卖了 100 元，若雇工砍运费用需 30 元，那么，这树自身价值是 70 元。显然，若买主找到山上，愿自砍自运，山农指山卖树出售同样大小的树要价就是 70 元。也许有人会说，这 70 元是山农种树劳动创造的；我说，是自生自长的。或许又有人说，是护林的劳动。我说，既然树自身没有价值，哪会有人偷呢？必须承认，树木、石油、煤炭、矿藏等，只要人类已经认知，即使没有开采，也有价值。许多国家就是靠卖资源致富的！市场上资源价值绝对不是获取资源过程中的劳动价值，而主要是它的天然价值。从俄罗斯看，其油田开采的成本，通常只是油价的 16%，另外 84% 中的多数应当看成是石油的天然价值。若不承认自然资源价值就没法解释资源未开采就可卖的事实。沙里淘金，为什么淘到金块可以卖个高价，而淘到石块却一分不值呢？两者投入劳动是等量的呀！因为人们认知，金与石两者物性、效用、稀缺程度都不同。自然物的价值以其自然属性为基础，以人的认知为条件，以满足需求为特征。自然物价值是人的主观与客观的统一。

自然物经第一次交易，就被价格化了。自然物被人购买时，他人是用前一轮的劳动成果（有时也包含自然物价值）与之交换的。因此，自然物的交换价值表现为市场价格，其值等于自然物价值加上人在获取过程中的劳动价值，而不是单纯由人的劳动凝结的价值。当自然物经过交易而价格化后，它与人造产品就无差别地进入了流通领域，继而被使用消费。

资源是经济社会发展的重要基础。没有资源，人类生产劳动就没有对象和资料。资源未被开采也可卖，指地卖矿、指山卖树、指树卖果都是可以的。南非、澳大利亚等国出售矿石，中东许多国家出售原油，这是这些国家的主要经济来源。同时，日本、新加坡等科技发达国家同样离不开资源支撑，它们必须向资源富国购买。否认自然物价值，等于否认资源价值，这对于珍惜资源和实现可持续发展是极为不利的。

此外，把“空气”、“阳光”等弥漫性分布的物质说成只有使用价值而无价值，并不符合人类的概念习惯，应该说是有价值而无需交换。之所以无需交换，就是因为其弥漫性分布，是非稀缺性资源，可以任人获取，共同享用，但不是没有价值。在工业化初期不计自然物成本，无视自然物价值，把价值创造归因于劳动单方面因素的理论，对鼓励社会成员积极劳动是很有意义的；但在后工业化时代无视自然物价值，却不利于资源、环境和生态的保护。

四、自然物的生成规律及其价值表达式

自然物为什么有价值？其价值从何而来？我们可以作如下分析：

同时开始生长的两株松树，一株位于泥土缺乏的山顶岩石边，另一株处于泥深土肥的山坳里，在同样的气候与光照下，前者经历 10 年仍是小树，后者却长成了参天大树。同一树种其生长规律 K 是相同的，但是，所作用的地力 E 却不同，聚集的物质 M 就不同，其价值当然不同。农业、林业、牧业、渔业等发展都与自然力的作用密切相关。在巴西、日本、印度

等国，土地肥、光照足，农业就差不了；在非洲沙漠化国家，农业就很难好。所以，自然力是自然物价值生成的重要因素。

一株人参与一株藤蔓生长在同样土质的一块山地上，50 年后人参极为贵重，藤蔓价值不大。如果是一片草坪，它春生、夏荣、秋衰、冬枯，循环往复；也就是说在自然力作用相同的情况下，自然规律 K 即生物基因起决定性作用。

如上述分析，松树也好，人参也好，自然规律支配下的自然力作用均需时间，一种矿藏的形成也需要一定时间。地球原本是一个巨大的气团，在自然力作用下逐步硬化。泥土也先由石头风化变为成土母质，然后再成为泥土的。地球上任何自然物生成都要经过一定的时间历程。

在未被人类认知或影响的情况下，自然力就在其客观规律支配下，创造潜在价值。生物在基因控制下生长、成熟和衰亡，矿物在自然规律支配下逐步演化。

根据思想价值论原理，物种确定的同时，生长规律 $\tilde{K}$ 就确定，但是，一年四季、白天黑夜的能量转换和生长速度都是不同的。在 $\tilde{K}$ 支配下，以时间 t 为自变量、以自然能量 E 为中间变量，遵循物质聚集规律生成物品，物量 $\tilde{M}$ 的多少与生长时间 t 有关，与转换的能量 E 有关。这里 $\tilde{K}$ 是依据，E 是动力，$\tilde{M}$ 是结果。自然物量 $\tilde{M}$ 在市场上就是商品实体 M^l，即 $M^l = \tilde{M}$。

自然物生成过程不像人工生产那样可以机械地分为思想、物质、能量三部分，人们很难考察也不必考察其能量作用和转化过程，而只需关注自然物的物种品质 K^l 和物量 $\tilde{M}$ 两个要素，如海鲜看鱼种与重量，矿藏看矿种质量与贮藏量。参照思想价值论通用公式，其价值量 W 为：

$$W = K^l \cdot \tilde{M}$$

式中 K^l 表示已被人类认知的自然规律，如植物生长规律、矿石演化规律等，也可以理解为被认知的原生物天然品质，而 $\tilde{K}$ 是客观规律，两者不完全相同，$\tilde{M}$ 表示自然物的物质数量。

进入市场，其价值则与需供相关联。又因 $M^l = \tilde{M}$，就有：

$$W = K^l \cdot M^l \cdot d/s$$

值得注意的是，人对自然规律的认知和利用是一个渐进的过程，一般情况下 $K^l < \tilde{K}$，随着实践发展 K^l 逐渐接近 $\tilde{K}$；而永远不等于 $\tilde{K}$；因此，自然物的认知价值始终不等于其潜价值。随着认知深化，自然物价值是不断变化的，诚如爱因斯坦所说，“对于大自然最微末的部分我也只能谦逊地跟随而已”。

种植业和养殖业生产过程很大程度上是依靠生物基因控制的自然过程，消费者评估价值主要由品质与数量两个要素确定。

讨论至此，我们发现，不管什么商品，无论是人造品还是天然物，均可以通过人的心理评价统一起来。市场上的商品都可以按一定量的比例关系进行交换，从逻辑上说，其中必然存在共同的东西。那么，这共同的东西是什么呢？从消费者的角度看，是抽象的有用性，没有这种有用性就绝对不会有人购买。这种有用性从何而来呢？根据以上分析，人造品是在思想支配下依靠人力和能源改变劳动对象做成；天然物是在自然规律支配下依靠自然力作用生成。思想是规律的反映，规律是思想的内容，两者是统一的，是决定产品性能的核心要素。无论是人力还是自然力都是表达和实现思想（规律）的动力和媒介。这样理解两者就能够统一了。

五、自然物利用以人的认知为前提

在人类出现前乃至更早，地球上就有了水、空气、阳光、植物、鱼类和禽兽等自然物，也有矿物、泥土、石头和其他资源。类人猿在进化为猿人前与动物区别不大，尚无思维，凭本能生存，只知充饥和避寒，大量自然物没有发挥作用，无所谓价值。人与自然的关系首要和关键的是对自然物的认知。中国古代神农尝百草就是对天然植物物性的广泛探索，是最原初的植物学研究；动物学就是对动物门、类、科及其生长繁育等规律的研究；矿物学就是对矿物种类、性质和提炼方法的研究；土壤学就是对土壤种类、性质和用途的研究。对自然物的认知是人类科学研究的重大任务之一，属于自然科学范畴。未被人类认知的自然物，原本具有潜价值，其潜价值是由其属性决定的。自然物的属性又是由其分子结构、生物基因，即物理、化学或生物性质，决定的，是一种客观实在。自然物的价值与生长时间 t 有关。为什么野山参比萝卜要贵？除了稀缺的因素，也与其生物特性、生长时间、汲取的天地精华等有关。

当人类进化到懂得利用石器、木棍等简单工具时，很快就有了简单的语言与思维；施行取火烤食，促进人类进化，并加速认知和利用自然物。在开展农耕养殖以后，人类就更加扩展了对自然的认知，知道土地可以耕种、草原可以放牧、木头可以造房。当时人口稀少，可以各取所需，过原始共产主义生活。

一片裸露在山边的矿脉，对山农来说，只是有点奇特的岩层，而矿产专家则知道其巨大价值。人类靠采摘野果生存的时候，不懂得土地的价值；人类在没有斧头、锯子的时代，不懂木头的作用。当人类发明了金属冶炼技术、制造了铜铁工具以后，就大大扩展了自然物的利用范围。对人类而言，真可谓“万物皆备于我”。梁衡先生在其名作《人与石头的厮磨》中写道：“人们喜欢将附着了人性的石头叫石文化。这种文化之石又可分两类。一类是人们在自然界搜集到的原始石块，不需任何加工。因其形、其色、其纹酷像某物、某景、某意，暗合了人的情趣，所谓奇石是也。这叫玩石、赏石，是天工为主。还有一类是人们取石为料，于其上或凿，或刻，或雕，或画，只将石作为一种记录文明、传承文化、寄托思想情感的载体。这叫用石，是人工为主。这也是一种石文化，石头与人合作的文化。”① 我们前面所述的天然奇石“嫦娥奔月”就是因其纹其色暗合了人的想象，故而就有了价值。总之，自然物的潜价值是客观存在，人的认知是潜价值转换成实价值的必要条件。

在人类出现以前，地球上的自然物是无所谓价值的。对上苍来说任何

①梁衡：《人与石头的厮磨》，载《学习时报》2003 年 10 月 6 日。

物品都是等价的，都是根据能量守恒定律和物质不灭定律变来变去的。是人类认知以后，发现不同的自然物具有不同的效用，对人的满足状况不同，且稀缺程度不同，才有不同的珍贵性评价。

人类的任何活动均以相应的思考作为逻辑起点，并以思想支配和主导着活动的全程。人与自然资源的关系也一样，资源首先要被认知，然后再被利用。任何自然物的价值都源于人的认知，认知是人类的广义劳动。生产实践和生活实践是认知的基本途径，科学研究是认知的典型方式。没有人类的认知，自然物就无所谓价值。

六、自然物价值是人们认知的函数

一种自然物不管有多少潜价值，当人们未认知时就没有现实价值；当人们知之甚少时，只有较少价值；当人们知之较深时就有较大价值，其价值是认知的函数。比如：当不懂得三七的药用价值时，把它看成是很差的食品；当知道其药用价值时，就知其比地瓜珍贵得多，因为，它天然地具有人所期望的效用。倘若何时发现有新的性能，那么就有新的用法和新的价值评价。当然，人类若误认了其价值，就会出现价值高估的情况，一旦认清就会降低价值评估。比如：当人们知道蛇胆的明目作用时，其价值就上升，当发现其大量带菌时，其价值就骤降。潜价值是客观的，实价值即是主观对部分客观的认知和利用。自然物价值随人的认知深化而发展变化，是潜无穷的过程，从这个意义上说，地球上没有无用之物。

人对自然的认知是渐进的，认识深化一步，其价值就变化一次。人们长期以来只认识到大豆是营养价值较高的食物，但近几年科研人员利用生物工程技术开发出一种大豆纤维，用它做衣服具有比重轻、耐酸碱、杀菌抗菌、抗紫外线等优点。人类认知的深化，使大豆价值提高了。市场上常有这种情况，当媒体说某食品如何有益健康时，该食品价格就上升；当另有专家发现该食品危害健康时，该食品价格就下降。

自然物价值具有鲜明的历史阶段性。随着科技发展和人的思维水平提高，人类对自然物的认知和利用能力不断增强，自然物价值也不断变化。

目前小有用途的东西，以后可能大有用途；今天是废物，明天成瑰宝。浩瀚的海水将成为有益人类生存和发展的重要资源。石墨在人工高压下，可以改变分子结构成为金子。任何自然资源的开发利用均以思想成果即科技进步为先导。在人的认知未到位之时，人们因无知而将许多宝贵资源视为废物被遗弃。人的认知是一切自然物价值发现、发挥和利用的主观条件，当主观符合客观之时，自然物客观的潜价值就转换成现实价值。地球上的自然资源从量上讲是巨大而有限的，但人的智力和思想资源是无限的。必要的物质材料是人类思想价值实现的基础和载体，思想价值的无限决定了物质资源再利用的无限。

综上所述，我们必须确立几个观点：第一，人类对自然资源效用的认知只是一部分，今后将随着人类科技发展和认知水平提高而不断扩展；第二，人类实践无限，科学研究无限，对自然的认知也就无止境；第三，随着认知深化和科技进步，人类可用资源包括可循环利用资源种类也必然不断扩展。人类的科技成果有点石成金的威力，因此，在智果经济时代和未来，人类既要节约资源，又不必为自然资源有限而悲观！

七、自然资源的有限性和宝贵性

地球上的自然资源总量是有限的，并且正在快速减少，因此必须珍惜。自然资源尤其是矿物资源生成缓慢，不能随人的意志在短期内再生。构成世界上成千上万物种的最小颗粒是元素。在化学家眼中，这 100 多种元素没有高低贵贱之分，但是，由这些元素构成的单质或化合物在地球上的贮藏量是不一样的，人们对它们的需要程度也不一样；因而，其在市场上表现的价值就不一样。

在对自然物的物性认知的条件下，自然物的价值与需求相关，需求越旺价值越高。《人民日报》2005 年 1 月 10 日第六版报道：

禁采了四年江砂的长江安徽段开始解禁。2005 年 1 月 9 日，安徽省水利厅公开拍卖了位于芜湖市东梁山上游长江航道以东黄泥滩段的开采经营权。开采细则规定：准许开采量限定为100万吨，时间限制在2004年12月至2005年汛期前。经过一番激烈的争夺，一竞拍者以2268万元拍走。①

一片砂滩何以有如此大的价值？因为，人们皆知河砂是重要的天然建筑材料。自然资源用了一部分就少一部分，因此，价格会不断上升。

《解放日报》2004年8月12日报道：中国宜兴紫砂壶誉满全球。20世纪80年代初紫砂泥尚且丰富，通常是几元人民币一斤，质量好点的十几元一斤；21世纪初因贮量锐减，质量好的猛升到上万元一斤。

人类对石油价值的认知也经历了漫长的历程。在18世纪中叶，人们把石油叫作石头油。最早时，这种石头油漂浮在美国宾夕法尼亚州西北偏远森林山谷的泉水里或水井中，人们认为它是一种妨碍庄稼生长的黑液体。这“又黑又臭的东西”先期用于制药，治疗头痛、耳聋、反胃和风湿等，后来，人们知道它能燃烧，可以用于取暖、烧饭，就将其制成用于照明的蜡油。当人类发明了内燃机后，石油就成了推动汽车、火车、飞机等交通器具运行的主要能源。由于全球石油日用量剧增，近几年，其价格就一直处于上升态势，而今，变得越来越稀缺。

地球就这么大，任何自然资源都有限。自从有了动力机械以后，人们以能源为动力开采资源，使自然资源以惊人速度减少，地球46亿年演化成的煤炭、石油、燃气和其他矿物资源在不到两百年时间中就被挖得所剩无几。理智的人类再也不可以向自然疯狂索取了。可再生资源使用要节约，不可再生资源使用更要节约。

由于人力资源具有能动性和创造性，人力资源的发挥决定着其他自然资源的开发和利用。人能够有目的、有计划地利用自然资源，因而，人的智力应当转向研究既保证目前的正常生活，又重视环境保护和生态平衡，实现可持续发展。

---

①杨萍、沈翀、王春夏：《安徽：长江首例采砂权拍出天价》，载《人民日报》2005年1月10日第6版。

八、生物主要在基因支配和自然力作用下生长

如前所述，种植业和养殖业更直接更典型地利用自然力。农民种庄稼，把种子和肥料埋在地里，只是把农作物生长的各种要素和条件进行组合。庄稼生长是靠农作物自身的基因支配，靠植物与阳光的光合作用，靠土地中肥料和水分的滋养。作物产量和质量都与生长期有关，粮食、蔬菜、药材、林木等莫不如此。养殖业中，牧民把禽、畜圈在某一范围内，提供草料、水等，并使其不受猛兽侵害，人工也只是提供生长条件，而不能代其生长；其交配、繁殖，长大等均靠动物自身在生物基因支配下进行。酿酒也是把麯、水、粮放在一起，靠自然力作用完成酿造。

一切能量来自太阳。在生物界，植物是对太阳能量的第一级汲收和转换，叶绿素经光合作用转换成碳水化合物，以生物能的形式贮存；素食动物是第二次转换，禽畜吃草后将其转换成脂肪和动物蛋白；食肉动物已是第三次转换，食了脂肪和蛋白，再生脂肪和蛋白。食草动物吃植物，丝毫不受抵抗，食肉动物吃动物，必经搏斗与残杀，故而，食肉动物一般比食草动物要凶狠。人处在二、三级转换中，人有思想和理性，应懂得只有生态平衡，人类才能永续生存。

九、非人力的利用依靠思想指导

能源是一种特殊资源，在物质、文化产品生产中起动力作用，其本身具有使用价值和商业价值。

人类生产劳动中对牲畜力和自然力的利用是逐步发展的。比如：农业上翻土，早期是用锄头、凭人力；后来制造了犁，利用牛、马、驴耕地；现代人制造了大型拖拉机，用石油燃烧产生的动力犁地。这三个阶段的工具是从锄头到木犁，再到拖拉机；投入的是从人力到牲畜力，再到机动力。这里的机动力就是石油燃烧经内燃机转换成的机械动力。再如：工业上织布，起初为人力织布机；工业革命后，用蒸汽机带动织布机；当今全部是电动织布机。

价值是对商品功能和效用的心理评价。凭什么说，人力耕地创造价值多，而牛耕、机耕就创造价值小？凭什么说人工织布创造价值多，而机器织布就创造价值小？

显然，牲畜力和其他自然力原本就存在价值转换的潜能，当它与人的智能结合、受人的想法支配时就能转换成现实价值。

能源推动的机器代替大量的人工劳动是以人的思想成果指导为条件的。一方面要运用科学技术设计并制造出机器设备，如生产流水线；另一方面要依靠利用能源推动机器运转。这两方面都必须运用一系列科学技术知识即人类思想成果。比如电动织布机织布：一要有水轮机把水的动能和势能转变为机械能；二要有发电机将水轮机的机械能转换为电能；三要经升压和降压传输把电能送到车间；四要用电动机将电能转变为机械能；五要以电动机带动织布机代替人的手工织布。这样一整套机器设备的设计、制造中不仅要用现代人的科研成果，而且也用了前人研究的理论成果，如牛顿经典力学、麦克斯韦电磁理论等。电动织布速度快、效率高、质量好，其中既包含现代技术价值，同时也包含许多经典理论价值。

十、能源推动机器运行创造巨大价值

人类劳动是价值增值的根本源泉，但是，不只是活劳动能够创造价值，在活劳动的操控下物化劳动也能创造价值。对应于第十七章活劳动运用工具、机器创造价值的三种不同方式，可以分析发现，机器的先进程度不同，决定其价值创造能力不同：

一是活劳动经工具作用于劳动对象创造价值。工具不仅有效保护人的手，而且能明显提高劳动效率。根据价值要素公式 $W=(M+E+K)$，当人们在思想指导下，将人的体能经工具作用于劳动对象，三者结合生产出新产品时，该产品就应当具有平市价值 $W=(M_0+E_0+K_0+\Delta K)$，这里的 $\Delta K>0$ 就是价值增量。工具增大了活劳动创造价值的作用。比如：人们最初做砖是徒手制作的，速度很慢、大小不一、形体不方，后来动脑筋发明了木模，就做得又快又好了。

二是活劳动通过操纵机器创造较大价值。机器是人的劳动成果，属物化劳动。机器的关键功能是能复制人的想法。古人复制文稿是一份一份誊抄的，后来发明了刻版技术才开始手工印刷，再后来又发展为机动印刷，速度更快、质量更好，比手工抄写可创造更大价值。

三是活劳动通过调控智能化设备利用能源创造更大价值。人们早期打造铁脸盆是先在头脑中想象出一个铁脸盆的形状，再按其想象将铁皮裁成一个圆形，然后用铁锤敲打使其中间低周边高，于是就成了脸盆。现在是先将想象脸盆的形状和尺寸画在图纸上，再按图纸要求刻成模具，然后利用压机压制脸盆，又快又好。手工打造时是人脑以设想为参照，人脑支配人手用力一锤一锤实现人的想法。如果满意的话，每一只脸盆都反复以同样思想控制，但可能不标准。现在，人把自己的想法和要求固定在模具上，让压机代替人工，以电能代替了人的体能进行生产，速度快、质量好。现代智能制造，只要把要求输入电脑就可以在电脑控制下生产产品了。公式 $W=(M_0+E_0+K_0+\Delta K)$ 中，ΔK 是机器贯彻人的思想所获得的价值增值。无论是手工贯彻人的思想，还是机器复制人的思想，ΔK 都是思想与劳动对象结合的价值增值。根据思想成果应用价值不因复制而减少的原理，机器不断复制脸盆，创造价值。

经上述分析我们发现，人们利用能源创造价值与三方面因素有关：一是人对规律 K 的正确认知和运用，包括原理、技术、设计，有的应当融入机器和模具中；二是发挥自然能 E 的推动作用，当然员工也需消耗一定的体能；三是具备必要的物质条件 M，包括劳动对象和工具设备等。必须说明的是，自然力自身只起推动物质转换的作用，只转移价值，不增加价值。对自然力利用必须有一定活劳动，主要是思想的支配。

人脑创想、模具定型、能源推动、机动生产、流水作业是现代化工业生产的基本特征。

至此，我们可以理解：一条生产流水线只要一两个人操作就能源源不断地创造出价值；一个机器人车间也能创造大量价值。其价值来源是人的思想价值，包括科学家创造的基础理论价值。水力发电、风力发电、潮汐发电都是既转移了自然能价值，又因机器反复运用机械原理和电磁感应原理而产生价值。当利用自然力转换为价值时，市场给予生产组织者以应有回报。

生产商品从本质上讲是推动物质变换，必须遵从规律，也就是有正确思想指导，同时，也必须有能的推动。只要认知和遵从规律，只要有能量参与作用，物质是可以相互转换的。科技具有“点石成金”的威力，指的就是人类利用思想成果指导和能的推动可以使物质发生根本变化。所以，生产开展和经济发展离不开能源。“占有能源越多才有可能获得更多的财富和提高生活质量。”① 各国经济发展的经验都证明，能源乃是经济发展的战略重点，能源是特殊资源。

在自然界，阳光的热能加热了空气，水蒸发升空增加势能。下雨、流水、蒸发的循环中，蒸发环节就靠太阳能。台风、海啸、地震、火山爆发等皆是地球对来自太阳的能量积聚的一种释放。地下物质的逐步嬗变既有物理变化，也有化学变化，均离不开能的作用。人类起初只知道用自己的体能去改变自然物，后来才逐步懂得用牲畜力、风力和水力为生产服务，现在是广泛利用矿物能、原子能、太阳能及其他能源来为经济社会发展服务。能源利用的变化历程反映了生产力发展的历程。

十一、从产品特点看人和自然的关系

人们制造产品，有时是变形，但变形也是为了改变物质效用。实现劳动对象的性能和效用改变是人类劳动的直接目的。我们可以从价值的角度来分析人与自然的关系。

其一，手工劳动产品的价值特点。人造产品的价值是劳动资料的价值与人工创造价值的总和。作为劳动资料的自然物，首次进入市场后，就成了前一轮劳动成果的等价物，也就是被价格化了。比如：一根木料价值为

①王东京、赵振华、韩保江主编：《2004′中国经济热点调查》第 4 页，中共中央党校出版社 2004 年 12 月版。

50 元，是人们用前一轮劳动的成果 50 元交换而获取的。用此木料制成一张桌子卖 120 元，增值的 70 元是人的脑力和体力所创造的价值。人们劳动，首先要有想法，知道要做什么、怎么做。木匠制作桌子，要先想象桌子的形状；要知道需要有桌面、桌腿、横档及其尺寸；还要懂得制作的程序和方法；需要掌握基本的技能技巧。因此，当木匠必须经过学习和训练。当然，人的脑力和体力转换成价值的过程中离不开物质要素。劳动对象是劳动加于其上的东西，劳动工具是人的智能和体能从人传导到对象的中介。因此，70 元增值中还包含工具磨损所转移的价值，也就是说人造产品的价值增值离不开物质条件。

其二，机制产品的价值特点。比如：电动织布机织布，必须有棉纱、织布机、电动机和电源等，电源又必须由水的动能和势能转换，或由煤或石油的化学能转换，或由铀的原子能转换。工人只是进行上纱、开机等操作。其价值来源有：原材料价值、能源转换价值、工人劳动付出的智力和体力价值、织布机不断复制和实现人的想法价值，还有利用力学、电学理论实现的价值。酿酒也是利用自然力生产的，必须有粮食、水和菌种等，没有这些物质要素，酿酒就无从谈起。当然，决定酒价值的关键因素，还有酿酒工艺和技术，这就是人的思想成果（规律）。

其三，自然物的价值特点。自然物一旦被人认知就有了价值，但是，在被认知以前，它就有潜价值。其潜价值来源是在一定规律支配下的能量转换及其物性变换或数量增长。其物质性能是由客观规律 $\tilde{K}$ 决定的。其现实价值与人对规律的认知 K^l 相关联。

从上述三类产品分析，我们可以得出如下结论：

任何商品的价值均离不开的思想和认知，离开了人的思想和认知就无所谓价值。同时，商品价值不能离开物的基础，物是表达思想的载体。离开了必要的物，大量应用性思想是无法实现价值的，这些物包括原材料、辅料、工具、书籍、硬盘等。就是尚未表达的思想也需以人脑这种高级的物质为基础，因为思维是人脑的机能。自然物的潜价值是一种客观存在，而人的认知却在不断变化，这样，思想和认知就成了价值的活性源泉。同一物料在不同的思想和能量作用下，可凝结和实现不同的价值。不论是人造品还是天然品，其价值都是物质和精神、客观与主观、物量与能量、存在与意识的统一。这一理论我们称之为价值辩证法。

自然物一进入市场就成为物化劳动的交换物，但它可以交换，是因为它原先就有潜价值，一旦被认知就有价值。只有把人类劳动放在大自然中来考察，才能得出思想价值论的正确结论。

万物的物性决定于规律，一切能量来源于太阳。天地生成万物，万物均有潜价值。随着人的认知深化，价值也不断变化。垃圾也是宝贵的资源，看你如何认识和利用。在合乎规律的思想指导和一定能量推动下，垃圾可以转换出大量新价值。

思想价值论是建设性的理论。它既研究人与自然的关系，也研究人与人的关系，注重开发和发挥人的创造潜能，倡导高效利用自然资源，是为人类谋福祉的理论体系。

十二、生存环境比经济数字重要

人们需要呼吸空气，需要喝水吃饭，需要明媚的阳光，需要适宜的气候。人类只有一个地球，是生存、活动、栖息和繁衍的场所，是全世界人民的共同家园。环境和生态是人们生存生活的基础条件，也是人类文明进步的根本前提。

矿物能源过量使用引起的温室效应，正在使全球气候变暖、南北极地冰川融化、海平面逐渐升高，持续干旱和森林减少加剧了土地沙漠化。2005 年 1 月印度洋海啸给人类造成十多万人的伤亡。人类破坏自然已经遭到自然的残酷报复，这种生命的教训应当使人类警醒！人类生存和发展仰仗自然，自然理应得到珍惜和保护。人类必须重视保护环境和生态，要确立一些理念：生存比富裕重要，安全比速度重要，和谐比利益重要。

（一）森林植被的价值

在原始社会，人们肯定不会感到森林、空气的宝贵和特殊价值。人们为了发展制造业而冶炼金属，同时，产生残渣、废水、废气等污染物；为了开展各类施工而扬起一浪浪尘土；汽车运输同时排放了大量废气。许多文明鲜果附带着苦涩的副产品。

克罗地亚的萨格勒布，13世纪前是一片苍苍茫茫的大森林。在城市开建之初，当时公国的大公规划出1300多公顷的原始森林保护起来，昭告天下，禁止毁坏林木，禁止在森林中搞任何建筑。经几百年发展，萨格勒布成了中欧名城，这城中的森林公园成了城市的一大特色和亮点。

当游客悠闲漫步在这森林公园中，呼吸着清新甘甜的空气，沐浴着斑斓锦绣般的阳光之时，无不感激怀念当年保留这自然恩泽的大公。①

这原始森林虽然属于大自然的恩赐，但当年的罗克地亚大公若没有一点生态意识或远见卓识，就留不下来。所以，这片原始森林已蕴涵了人类的智慧、理念和精神。“马克西姆森林公园是一种文化的象征，是充满生机和活力的有生命力的文物。”②

（二）植物对人类的友好

人类不仅需要与动物们和睦相处，还必须爱惜整个植物世界。人类祖先是在植物丛中生存生活的。人对健康植物有一种天然的生理依赖。英国《金融时报》载文介绍电脑前的一盆仙人掌给人带来的神奇变化：“在整整一周，这位专栏作家随身带着仙人掌去办公室，进图书馆，又把它带回家中书桌上。最终他发现，自己一周的撰稿量增长了13.6%。而且在数周后，已困扰他多年的微恙也消失了。由此，他对风行欧洲十国的‘让健康植物走入办公室’的态度，从狐疑转向推崇。”③“美国的研究表明，办公室内的健康植物能够吸收热量、噪音和空气中的有害物质，能使空调费用开支减少20%。并且，由于健康植物能间接调节员工情绪、减少疲劳感，特别有助于‘提升士气，减少争执’，美国公司的年产值能借此增长1290

①②梅岱桥：《有生命的文物》，载《人民日报》2006年1月18日。

③吴绮敏：《带着仙人掌上班》，载《人民日报》2006年3月28日。

亿美元。”[①] 因此，风行于英国、德国、奥地利、比利时、法国、意大利、瑞典、丹麦、芬兰、荷兰的“让健康植物走入办公室运动”所传播的“健康植物能够提升生产力”理念不无道理。凝聚了大自然真气和阳光的植物，默默地使人类受益。[②] 从古到今，人类离不开自然，离不开植物。

仙人掌对人们工作的促进作用是从微观角度说明植物对人类生活的影响；森林植被对气候和降雨量的调节作用则是从宏观角度反映植物与人类生活的关联。

（三）保持生态平衡才能实现可持续发展

韩国北部的农村，在金秋采摘柿子的时节，总会留一些柿子在枝头，说是作为喜鹊过冬的食物。果农为什么这么做呢？导游给大家讲了一个故事。这里是喜鹊的栖息地，每到冬天，喜鹊们都在果树上筑巢过冬。有一年冬天，天气特别冷，下了很大的雪，几百只找不到食物的喜鹊一夜之间都被冻死了。第二年春天，柿子树重新吐绿发芽，开花结果了。但就在这时，一种不知名的毛虫突然泛滥成灾。柿子刚刚长到指甲大小，就都被毛虫吃光了。那年秋天，这些果园没有收获到一个柿子，直到这时，人们才想起了那些喜鹊，如果有喜鹊在，就不会发生虫灾了。从那以后，每年秋天收获柿子时，人们都会留下一些柿子，作为喜鹊过冬的食物。喜鹊仿佛也会感恩，春天也不飞走，整天忙着捕捉果树上的虫子，从而保证了当年柿子的丰收。

在收获的季节里，别忘了留一些柿子在树上。因为给别人（喜鹊）留有余地，往往就是给自己留下了生机与希望。[③]

各种动物都是地球这一大家庭的天然成员，人类不给喜鹊以生的机会，毛虫就会泛滥成灾。喜鹊虽然吃了果农一些柿子，但它保护了果农更多的柿子。生物链的连续是生命世界得以正常运行的必要条件。

---

①吴绮敏：《带着仙人掌上班》，载《人民日报》2006 年 3 月 28 日。

②同上。

③《感动：留一些柿子在树上》，载《报刊文摘》，2006 年 6 月 26 日。

（四）环境成本核算

有许多人认为环境好坏只是模糊的感觉，无法量化评估，而企业经济效益是明明白白的数据。目前，某城市环境是多少价值，这无法量化评估，也没必要评估。但是，我们对环境质量的变化量是可以评估的，只要我们设定一个参照标准，就可以用补偿法来评估环境变化的价值。比如，把 A 城市的环境指标，包括水体、空气、植被、安静、气候、土壤等几个主要方面，治理到二十年前水平需要多少亿元资金，通常需要几亿、几十亿，甚至几百亿。这个数目就是近二十年 A 城市环境损害的直接代价。此外，影响居民健康、影响生活质量、影响外资引进等尚属间接损失，间接损失也可以评估。在国家对诸多城市作环境损害价值评估时，通常选取某一地域的环境指标作为参照。比如，以东海普陀山的环境标准，即可评估出一城市的环境损失价值，进而可以评估一企业的水污染、气污染和声污染所带来的环境损失价值。

（五）生产的综合价值核算

人类经济发展必然会对环境产生影响，但是，必须把对环境的损害限制在自然可以恢复和补偿的限度内。一些污染严重的企业，其生产为企业赢得了经济效益，但是，同时给社会带来了严重的环境损害。有时，环境损失价值高于其经济价值，其综合价值就是负值。此种情况下，劳动付出了，人类社会的综合价值减少了。尽管企业获得了效益，政府得到了税收，但人类社会总体是受害的。这种状况是劳动价值论无法解释的。因为经典理论创立在工业化初期，那时对资源、能源的取用量很有限，对环境的损害也不明显。社会进入市场经济时代后，生产要素从市场上获取，由企业支付资源成本和能源成本。但是，环境没有市场化，环境是社会的公共品，所有企业都在无偿利用环境，或轻或重地损害环境，是社会和公众在默默地承受。经济效益企业获得，环境成本却无人支付。于是，对环境只有人为破坏，而没有人为修复，这就容易使环境一步一步恶化下去。可怕的是：一些企业至今没有环境成本意识，更没有承担环境保护责任。职工干活为了报酬，企业经营为了效益，环境保护依靠政府。政府必须采用法律、经济和行政手段保护环境，责令企业支付必要的环境成本。

十三、本节小结：三大统一规律

总结前面所述，人与自然的关系可以归纳为三大统一规律，其内容为：正确思想与客观规律的价值统一；手工制作与机动生产的价值统一；人造产品与自然物品的价值统一。

（一）正确思想与客观规律的价值统一

哲学原理告诉我们：人的正确思想是客观事物及其规律在人们头脑中的反映；也就是说，当主观符合客观时，人的思想才有价值。当以符合客观规律的思想指导行动、生产和工作时，思想成果的应用价值就得到发挥和实现。这就像自然物质在自然规律支配下不断转换而增加价值一样。

（二）手工制作与机动生产的价值统一

人类劳动始终以思维为指导，思维本身就是劳动。思想为先、思想主导、思想决定，是人类劳动的本质特征。生产性劳动是人的思想支配肢体施力于劳动对象、按照人的愿望改变物性的过程。在自动化、智能化机器运行制造产品时也遵从公式 $W = (M + E + K)$ 所表达的原理。机器是人的劳动产品，是人的意志体现；人制造机器，让机器代替人的劳动，包括代替体力劳动和部分重复性的脑力劳动。无论是手工生产还是机动生产，都是依靠贯彻实现人的想法才使产品具有预想的功效。多数情况下，机动制造的产品与手工制造的产品效用是相同或相近的，价值是统一的。

（三）人造产品与自然物品的价值统一

在市场上，常常有同一类的天然品和人造品在卖，诸如：野山参与种植参，天然水晶与人造水晶，野生甲鱼与养殖甲鱼，等等。显然，野生品只包涵获取性劳动，而人造品除了获取性劳动外，还包涵大量的种、养、造的劳动。当今市场上表现的价值与劳动价值论的观点恰恰相反，通常是天然野生物品比人造品价值明显要高，这是对劳动价值论的又一超越。值得注意的是：人的生产劳动是对客观规律的认知和运用，是一种模仿。于是，种植参也是参，人造水晶也是水晶，养殖甲鱼也是甲鱼，因而具有同类性质的效用。这也就是我们前面所述的同一性原理。

为什么人工种养殖的产品多数没有野生的好？一方面是人对规律的认知通常不能等同于规律本身，另一方面是人们追求速度，使生长期缩短，吸收和转换的能量较少；最后表现为人工养殖种植的产品品质没有野生的好，因此，其价值也就没有野生品大。有人要问那电视机呢？网络呢？这些东西自然界中没有，是人们按照自己的需求和意愿进行创造的。创造新产品是掌握和运用规律，而不是创造规律；当思想符合规律时，思想指导的创造就成功，当思想不符合规律时，创造活动就失败。因此，创造性商品的价值同样遵循 $W = (M + E + K)$ 定律。人造产品与自然物品价值能够统一才可以交换，当然，统一不等于相等。还有出卖智慧的“头脑公司”，其价值在于一种创造性的思想成果，但也必须以一定方式表达出来，或说，或书，或画，或输入电脑，无论哪种表达方式都必须利用能量推动来实现传输和转换，因此，同样遵循 $W = (M + E + K)$ 描述的规律。

第二节　文化产品与物质产品的价值统一

一、文化产品价值的产生原理

人类社会无论是物质产品还是文化产品，均以思想为实质和核心，物质产品是思想的贯彻和实现，文化产品是思想的表达和描述。

经典理论认为，只有物质生产部门才创造价值，非物质生产部门不创造价值。事实上，文化产业是一个重要产业。作为万物之灵的人，不仅需要衣食住行等，而且需要认知、审美、情感和精神等方面的满足。丰富多彩的文化产品是人类精神生活不可或缺的财富。美国是世界上头号经济强国，其出口量最大的不是汽车、冰箱之类的工业品，而是文化产品。文化产业在其国民生产总值中占很大份额，泰坦尼克号沉没是和平年代人类航海史上最大的海难，美国人拍过6次，第6次投入2个亿，由于拍得好，创造票房价值19亿，加上录像片、录音带、纪念品，共卖了二三十亿。①

文化产品是指以某种符号形式来表达思想、情感和审美愿景的人类劳动成果，如：小说、诗歌、散文、音乐、书画、电影、电视、戏剧、动漫作品等等；其功能和效用是满足人的审美需要、学习需要和发展需要，用于人的精神消费。文化产品中部分可以纳入精神产品类，纯粹的精神产品主要指名人赠品、冠军奖品之类既体现精神又用于激励精神的物品。文化产品的价值更直接决定于其思想性、艺术性和原创性。价值要素（$M+E+K$）中，主要取决于思想（艺术）K，当然也与（$M+E$）相关。比如：一部电影，其价值大小主要取决于主题、情节和表演艺术等智力性因素，但同时也与投入的物资、人力和能源等要素有关，就是制作完成的片子，是在现代影院放映，或在简陋影场放映，还是在电视里播放，其效果都是不一样的。因此，其价值要素中，思想是核心，物质、能量起到载体和动力作用。这就是文化产品与物质产品价值统一的依据。

二、文化产品的价值表现形式

首先，文化产品直接满足人们的文化消费需要，如：文学以其丰富多彩的艺术形式对真善美进行颂扬，对假恶丑进行鞭笞，抒发人的爱和恨，用形象生动的手法揭示人生哲理，净化人的灵魂，构建人的精神世界；自然科学掌握后表现为工具和手段，作用于外部世界；人文学科、文学艺术则不同，是通过汲收和内化来塑造、完善人的人格和道德，唤醒人的良知和爱心，从而调节个人与他人及社会的关系，促进社会的和谐与文明。艺术是用形象反映现实但比现实更有典型性的意识形态，以个性化和精细化为特征，在审美创作活动中表现和实现情感理想。消费者在欣赏作品过程中实现审美主体和审美客体的相互对象化。音乐、美术、书法等艺术以其

①温元凯：《21世纪的赢家战略》，载文池主编《在北大听讲座》第2集，第15页，新世界出版社2002年5版。

特有方式抒发、传播思想和情感，使人的内心产生美的感受、获得审美满足，让人的灵魂回归精神家园，获得心灵的慰藉、振奋和欢欣，获得人格和精神上的自由和舒展。

其次，文化璧合于物质产品之中，增加物质产品的价值。现代消费者对许多产品的要求是既有实用价值，又有欣赏价值。家装、服饰、食品包装均十分需要文化内涵。消费者文化素养的提高，对物质产品提出了更高要求。产品设计者只有提高文化素养才能增强灵感、丰富想象，设计出能充分满足消费者需要的具有文化意蕴的物质产品。

其三，文化事业发展推动人们生产生活方式进步。公民文化素养提高，可优化意识和观念，改变精神面貌。《周易·贲卦》讲“观乎人文以化天下”。这里的“化”既对人又对物：对人是教化、对物是制化；物的制化总是通过人的教化而得以实现。因此，文化的作用首先是化人，然后是化事、化物，最后达到化天下。

发达国家的文化产业，在20世纪后半叶就相当繁荣，进入90年代后又提出了“文化创意产业”新概念，后来演变成为文化产业发展的新理念。所谓文化创意产业就是：以创意为核心，以文化为灵魂，以科技为支撑，以知识产权的开发和运用为主体的知识密集型、智慧主导型产业，主要有信息服务业、动漫游戏业、设计策划业、现代传媒业、艺术品产业、教育培训业、文化休闲旅游业、文化会展业等，这些大门类下又可以分上百个子类。文化创意产业将是社会新的经济增长点。①

服务产品或满足消费者的精神需要，或满足消费者的物质需要。服务产品大体可以分为三类：一是以实物为基础的服务，如交通运输、住宿餐饮、器械修理等；二是行为活动服务，如保健推拿、理发美容、办事代劳等；三是智力成果服务，如决策咨询、方案设计、导游讲解等。服务产品的突出特征是满足服务对象的心理需求。决定服务质量和效果的是人的想

①王佳佳、顾怡：《杭州全力打造全国文化创意产业中心》，载《都市快报》2008年4月19日第3版。

法和情感。服务者必须从顾客的需要出发，想顾客所想，急顾客所急，以真情投入，辅之以必要的技能和物质条件，创造出高质量的服务产品。服务产品的价值由想法、技能、情感、态度及所耗的物和能等因素决定，也是与物质产品价值相统一的。

三、各种文化产品的价值特征

（一）文学的价值

文学是以文字语言为工具，形象化地表达思想观点的文化艺术形式，包括小说、散文、诗歌、戏剧和电影剧本等。

其一，文学的直接价值。文学的直接价值可分为两个方面：一是人文价值。文学以其艺术化的语言和形象化的表现手法，表达对自然、社会和人生的感悟和思考。人们通过对文学文本或其他形式作品的欣赏，陶冶情操、净化灵魂，从而塑造美好的人性，确立正确的人生观和价值观。文学与科学不同，文学不是人们的工具，而是人们的精神食粮。当人们视读文学作品时，道德和人格得到提升。有序安定的社会、和谐友善的环境，既需要法律和制度约束，也需要良好的人格修养。因为法律和制度只是框架式的刚性体系，人格修养却是蕴含于内心、表现于时时事事处处的自觉修为。社会文明进步不应只表现于物质生活的富足，更应表现于精神生活的充实，尤其是人性的美好与高尚。文学家以其鲜明生动的形象塑造，表达和实现情感理想，常使人心绪激动和心灵震撼，从中获取精神力量。因此，很多人的生活中离不开文学，文学是他们精神生活的必需品。二是文本价值，也就是符号形态的书稿和出版的书籍价值。出版部门获得作者的书稿，必须付给作者以稿酬，这就是书稿的直接价值。此外，凡是优秀作品均受大众欢迎，具有广阔市场，可以发行几十万册乃至几百万册，因而，具有很大的经济价值。一部好书通常就产生几百万元乃至几千万元的商业价值。“2014 年位居《福布斯》榜首的仍然是推理作家詹姆斯·帕特森，年收入 9000 万美元；丹·布朗年收入 2800 万美元，排在第二位。帕特森每天早上 5 点 30 分起床写作，每周工作 7 天。65 岁，每年写出 8 本书，至今已出版《伦敦罪》等 90 多本小说，被美国《时代周刊》誉为‘从不失手的人’。”①

其二，文学的间接价值，也可以理解为社会生产力价值。受文学熏陶的人，能正确看待和理解自然、社会和人生，具有纯洁、高尚的品德，对他人、对社会充满挚爱，怀着强烈的责任意识，因此，工作更努力，能更有效地推动经济社会发展。文学的间接价值可以表现为几个方面：一是通过改善人性，促进人际关系协调，调动人的劳动热情，提高劳动效率，从而促进价值创造。二是文学精品与物质产品嫁接增加价值。在茶杯、窗帘、房柱上印上诗句等添加文化内涵，可使价值增加。三是文学作品衍生出其他文化产品、服务产品和实物产品，形成产业链。比如：将小说故事拍成电影、电视剧，或改编戏剧；按文本描述修造建筑物，如《红楼梦》中的大观园、《三国演义》中的三国城等开发旅游；拍摄地因影视播放扩大知名度成为旅游景点；旅游业发展又带动当地住宿、餐饮、地方特产等相关产业发展。可见，文化产业的价值增值链是很长的。四是因文学的强力宣传引导认知，促进某些产品销售，拉动经济。五是文学的丰富想象触发人的灵感，有力促进产品创新与开发。

文学颂扬真善美，塑造人类灵魂，具有特殊的作用和影响。科学与人文是人类文明发展中两条并行不悖的学术主线，犹如车之两轮、鸟之两翼。科学以其逻辑和理性认识自然规律，直接提高生产力，提高人们的生活质量；人文学科以形象塑造和情感传递，给人们以正确的价值导向，确立先进理念，促进社会和谐。人文学科的作用在于净化灵魂，培育世风。凡是有益于世道人心的好作品都具有很大价值。

（二）音乐的价值

为什么一场大型乐团演奏能吸引无数音乐爱好者？为什么一场明星演唱会入场券价值上千元？为什么歌星能让那么多迷恋者为之倾倒？仅仅解释为“音乐是美妙绝伦的艺术”是不够的。

---

①杨珍：《如何研读〈资本论〉》，在浙江行政学院讲学课件，2016 年 1 月 7 日。

作曲家强调："要想让我将曲作得好，首先词要写得好。要有深刻的思想和丰富的情感。"拿到好词后，作曲家要反复吟诵、烂熟于心，接受思想、酝酿情绪，引起心理共鸣，激起高度个性化的内省和感悟。只有到了激动难抑、情绪高昂的状态时才能产生音乐灵感，符合主题思想的旋律和音符才会喷泻而出，从而，产生美妙的乐章。

歌唱何以能打动听众？歌唱家须理解领会词曲作者的思想和情感，并激发自身的思想和情感，通过控制嗓子发音，调动全身器官进入表达状态；与其说是用嗓子唱，还不如说是用心在唱。当然，唱好歌离不开必要的发音条件，需要娴熟的方法和技巧，然而，方法和技巧的核心是对歌唱规律的领悟，也以人脑的思想和认知为基础。思想价值论认为：情感是人的思想的情绪反映。思想是源、情感是流；思想是根、情感是本；思想是枝、情感是叶；思想是蒂，情感是花。情感因思想而生；人乃感情动物，因怨而生恨，因亲而生爱，这是众所周知的道理。歌唱家只有接受思想、酝酿情绪、全心进入角色，才能真正演绎和表达出词曲的思想和情感。只有自身理解，才能让听众理解；只有自身激动，才能使听众激动。因此，音乐是一种思想传播和情感流淌，或欢乐或忧伤，或高亢或低沉，或激愤或惆怅，用音乐来表达复杂的思想和情感比其他任何形式都更为精彩，更具有不可抗拒的感染力和震撼力。许多复杂的思想情感用什么话语都表达不明白，但用"一段从心底涌出来的音乐就可以把人们带到某种境界。音乐抒发人的感情的能力是巨大的甚至是无穷的"。①

而对听众来说，欣赏音乐的语义基础要求不高。不像听那些用专业词汇串成的学术报告，必须有一定的专业知识。音乐欣赏的基础要求较低，也就是认知起点低。婴幼儿时听过母亲的歌谣，幼儿园和小学上过音乐课，甚至，只要听觉正常者有过几次体验，均能不同程度地欣赏音乐。当沉浸于悠扬愉悦的音乐情境中时，必会引发情感共鸣和心灵激荡。在音乐厅中的听众常常因音乐的感染和打动难以自抑，激动得热泪盈眶甚或伴随

①孔祥庚：《今天怎样学习聂耳》，载《人民日报》2005年5月10日。

着音乐节奏潺潺流淌。“让人们从理性的认知达到感性的体验，由理幻化为情，由觉升华为悟。”①

如此精美的艺术品，对思想表达、情感渲染、灵魂净化、智慧开启，其价值不是显而易见吗？

具体我们可以从以下几个方面来认识音乐的价值。

音乐可以养德。古人云：“惟乐不能为伪。”汉朝班固曾说：“琴者禁也，所以禁止淫邪，正人心也。”高雅神圣的音乐似一泓清泉缓缓流进人的心田，以其美、其静、其雅滋养人心，使人心沉气静，平和真诚，心旷神怡，进入一种超凡脱俗的境界。音乐能提升人的审美情趣和精神高度。贝多芬音乐以其气势恢宏、激昂豪放，震撼人的内心，荡涤人的灵魂。

音乐可以励志。热情、奔放、铿锵、雄壮的音乐，其旋律和节奏常能引发人的心理共鸣；令聆听者热血沸腾，充分调动其内心的勇气、决心和力量。利尔的《马赛曲》、冼星海的《黄河大合唱》均曾在呼唤觉醒、引发共鸣、号召民众、激励斗志中发挥过历史性作用。当年，忧患于民苦国难的聂耳“用血液中奔腾的爱国激情，呼唤着不愿做奴隶的人们，起来！奔向拯救中华民族的战场”②。他的《义勇军进行曲》如战鼓、似号角，激励仁人志士为国家独立和民族解放而斗争，其雄壮有力的旋律在亿万中国人心中永久回荡。

音乐可以调心。为生活而奔波的人们面对竞争、承受压力，常常身心疲惫。优美的旋律、柔和的音符如朝露滋润心田，似晨风轻拂情柳，足以舒缓神经、调理气息，大有解除疲劳之功效，能保健、可疗疾。欣赏音乐是人们发自内心的一种需要。因此，一些医院采用音乐治疗疾病。

音乐最能动情。音乐以其旋律和音符有节奏地打动人们沉睡的心，唤醒内心深处的情感，并转换为一种不可抗拒的力量。楚汉战争末期，张良用一支楚歌吹散了项羽的十万大军。一支楚曲何以有如此巨大的威力呢？

---

①孔祥庚：《今天怎样学习聂耳》，载《人民日报》2005年5月10日。

②孔祥庚：《今天怎样学习聂耳》，载《人民日报》2005年5月10日。

因为绝望迷茫中的楚兵，被那熟悉的楚曲，唤起了对家乡的情、对亲人的爱，唤醒了求生的欲望，于是纷纷脱离战场，逃回家乡。音乐最能传情，音乐乃思想的表达、情感的诉说。中国历史上有俞伯牙、钟子期高山流水遇知音的友情故事，感人至深。我国一些民族的年轻人就以情歌对唱的方式沟通心灵，表达爱意，约定终身。

音乐触发灵感。音乐以其特殊力量拨动人的心弦，激活大脑皮层细胞，故而能唤起人的灵感。音乐常和科学相联系，科学巨擘爱因斯坦就是一名优秀的小提琴演奏家，他自己甚至认为其“音乐上的成就超过物理学”。杂交稻之父袁隆平说：“有专才，就有方向；有爱好，不但让你的世界更丰富，还可以让自己‘杂交’起来，互相启发。”“杂交”现象不仅存在于自然界中，也存在于思维领域。科学和音乐结合，可以相互促进，相得益彰。我国著名地质学家李四光不仅能演奏，而且能作曲。李四光的小提琴曲《行路难》就是描写和诉说自然奥妙和科研艰辛的作品。

总之，音乐乃精神甘露、心灵药石。音乐能唤起人们的情感，消解人们的苦恼，抚慰心灵的创伤，激励人的斗志，触发人的灵感。不同的乐曲有不同的功能，一位懂音乐的人，必能在不同心境下选取不同乐曲进行欣赏。

音乐分创作、表演和欣赏三个阶段与方式。三个阶段都有价值，创作者、表演者自我欣赏、自我陶醉，乐在其中。音乐主要的价值实现在于听众欣赏。若没人欣赏，创作、表演的大量潜价值就实现不了。发展先进文化，推进社会文明，不仅需要培养人民的音乐家，而且需要培育具有欣赏能力的听众，要提高全民族的乐曲素养和审美水平。人的音乐听觉是比较容易开发和培育的，只要学习一点乐理知识，参加几次音乐会，就能不同程度地培养出乐感来；就能兴趣盎然地领略高雅乐曲的无穷美妙与魅力。但是，要深刻理解音乐所蕴含的思想和感情，达到“高山流水遇知音”的境界，则必须具有较高的音乐素养。“音乐的耳朵是音乐造就的”，生长在维也纳的孩子是没有不懂音乐欣赏的。人若懂得音乐必爱上音乐，并离不开音乐。

现在，我们可以讨论音乐演唱演奏的门票定价问题了。为什么歌星演出门票定价那么高？经济学家解释："歌星太少，而有需求的听众太多。"这话说得有道理。从市场角度看，主要是两方面原因：其一，音乐是一种高雅、美妙的艺术，是高度个性化的智力成果。嗓子好，只是先天条件，还要在理解要领的基础上，经严格训练。唱歌，多数人会，但能唱出水平、能攀登艺术高峰至极境者很少。而且，真人演唱又不能像工业品一样批量复制，这就使名家演唱在市场上显得稀缺。其二，音乐是一种大众艺术，其突出特点是能够满足不同层次欣赏能力听众的需要，能给人以思想、情感和精神上的满足。不管哪种风格的顶尖歌唱家都有自己的崇拜者和听众群，这就决定市场上总是音乐家少数，音乐欣赏爱好者多数，从而，出现供不应求的局面。音乐是高度个性化的艺术品，难以用成本加利润的方式来定价，只能由市场确定。每位顶尖艺术家都有自己独特的风格和特征，其价值高低，要看观众听众的喜爱程度，看其作品满足消费者心理需求的状况。这些迷恋者视名家演唱如闻天籁、饮琼浆，其钟情和崇拜到了近乎疯癫的程度。他们中的一些人以拿到门票为目标，全然不顾价格高低。这样的市场状况票价怎么能不高呢？

其实对于财力不足的音乐爱好者，也未必一定要去音乐厅欣赏名家演唱，完全可以通过光盘、磁带等电子设备播放音乐，同样能给人以美的享受。在中国这样人口众多的国家，更应推广发行碟片、网络之类的音乐产品。

音乐属文化产品，其价值源于思想和情感的表达和接受。

（三）艺术品价值

美术、书法、雕塑等，以其图形、色彩、线条、空间分割和结构像点的组合等来表达思想、情感，寄托一种遐思与想象。艺术以她最典型的方式，刺激人类最为敏感的视觉和听觉神经，满足人的审美需要，具有特殊价值。

据《人民日报》报道，2010 年 6 月 3 日，北京保利"在一连串的高价竞标之后，黄庭坚书法作品《砥柱铭》最终落槌在 3.9 亿元。加上 12% 的佣金，《砥柱铭》总成交价高达 4.368 亿元”。之所以能拍出这么高的价格，北京保利公司古代书画部业务经理左昕阳认为有三个原因：“第一，从实际造诣和书法影响而言，黄庭坚是宋四大家之一；第二，《砥柱铭》内容来自唐代魏征，意在勉励后人，在中国书法史、艺术史乃至文化史上有着非同寻常的地位和意义；第三，有专家鉴定，从《砥柱铭》卷现在的外观形式看，应该为宋代原裱之作，后在流传过程中被补接。此外，在此卷的前后接缝及空白处盖有自宋以后各时期收藏印鉴近 300 方，记载了书作流传情况和后人评论。”

中国国家画院前副院长赵榆也表示，这样的价格是在情理之中。他说：“毕加索油画作品《拿烟斗的男孩》曾卖到 1 亿美元，而中国艺术家的作品才卖到 4 亿元人民币，相差甚远。东西方艺术家的作品在艺术价值和经济价值上应该是相等的。这不能算是一个奇迹，而是一个正常的市场发展过程。当然这还需要中国艺术品市场与世界接轨。而这需要一个过程。”①

左昕阳讲的三个原因分析是符合思想价值论原理的。第一个讲的顶尖艺术品价值；第二个讲的是思想内涵价值；第三个讲的印鉴记录的历史积淀价值。加上独一无二，特别稀缺，价格必高。

决定文化艺术作品定价的因素较多：一是对商品内涵的认知程度。包括专业基础、欣赏能力、爱好程度等都影响其价值判断。二是经济基础。文化精神生活总是以物质生活为基础的。缺乏经济基础，即使喜欢也出不起高价。三是市场供求情况。紧缺就价高，反之则价低。

许多人不解的是，由一些笔画构成的书法作品何以有那么高的价值？思想价值论认为，书法既是表达思想和情感的载体，其自身又是艺术思想的体现。专家介绍，“通过书法表达自己，运用线条运动的轨迹和空间的分割，以及平面的布置等来表达一种对美学的追求，这就是书法艺术”。

一个刚劲丰满、充满生机的“寿”字，既表达亲人或朋友对老人的美

①吴月辉：《“天价”，升温还是高烧》，载《人民日报》2010 年 6 月 18 日。

好祝愿，又能树立老年人强身健体、延年益寿的信心。一幅气势磅礴、充满进取之势的“将军本无种，男儿当自强”书作，可激励年轻军官奋发努力，忘我工作，自觉学习各种军事知识，带好部队，为国防事业多做贡献。这就是其价值所在。

艺术，思想无限，情感无限，意境无限，其价值当然很大。

“书法更讲气魄、气势和气脉，笔断意连，笔断气不断”，中国汉代就有所谓的“一笔书”，要求一气呵成，这一气就是生命的完整状态，是力量和精神的体现。“学中国传统书法，就要理解传统的美学，理解它的概念，它的核心，它的思想以及它的整体性”。“中国书法就是紧紧围绕这一点在练功夫、做文章，是在写你生命的气象、气势、气质。即生命的活泼的感觉。”“我们看毛泽东的字，都会觉得它龙飞凤舞，气势磅礴，这就是毛泽东的个人气象。”①

艺术创作需要一种环境、氛围、心绪和情态。只有思想、情感无拘无束，随意自然地宣泄和表达，才能收到浑然天成的神奇功效。因之，李白酒后作诗常得旷世名篇；王羲之醉作《兰亭序》成为千古一绝。

（四）文物的价值

文物是历史、文化和精神的现实载体。每一文物都记录着相关历史，蕴含着某种文化与精神，是在时代更替中保留下来的文明足迹，显得弥足珍贵。

“2004 年 7 月 4 日下午，在上海举行的‘2004 春季大型艺术品拍卖会’上，全球首次殷墟甲骨拍卖创下天价——20 片‘殷墟甲骨’被一神秘买主以 4800 万元人民币拍走。”②文物为什么有如此巨大的价值呢？

思想价值论认为，文物的价值在于其让人睹物生情、产生新的思想，具体有四个方面价值。

一是研究价值。文物常常与考古研究联系在一起。文物是古人创造的

①梅墨生：《中国书法的欣赏与技巧漫谈》，载文池主编《在北大听讲座（第 7 辑）——思想的乐章》第 248 页，新世界出版社 2004 年 10 月版。

②徐颖、钟和：《殷墟甲骨拍出 4800 万》，载《浙江日报》2004 年 7 月 6 日。

物质文化产品或他们使用过的物品。思想价值论认为，人造产品是在人的思想支配下经能的推动改变了用途的物品。文物记录着当时人的设计思想、工艺技术和使用状况；文物记录着历史和文化，是我们考古研究的重要对象，可以搞清楚当时人的想法、理念、技术及文明程度。早期人类遗址考察可以搞清若干历史问题，推进人类学和历史学研究深入。殷墟甲骨的研究可以丰富甲骨发现史和文字发展史的内容。

二是教育价值。文物是很好的教学材料。它记载着人类过去的辉煌和文明进步的轨迹，印证历史唯物主义观点，让人自觉拒绝封建迷信，确立对历史和科学的热爱。有的文物是民族遭受外强凌辱的见证，是极好的爱国主义教材。文物即使其上没有文字，也是最好的历史材料，具有不可替代的教育作用。

三是观赏价值。文物一般已保存较长时间，因此，与现代物品存在较大差异，能引发人们的好奇和观赏。人们旅游考察是求异，是寻求和了解世界事物的多样性。观赏价值可以转换成旅游经济价值。各级政府都十分重视世界文化遗产申报，一个重要原因就是为了扩大知名度，开发旅游；或为了争取资金、进一步保护文物，提升地方文化品位。

四是启发价值。任何新思想产生都是以传承为基础的。原创性创新更需要坚实的知识基础。文物具有丰富的历史内涵，可让人产生许多历史联想，或创作出许多历史题材的文化艺术作品。文化遗产即是历史文化的遗留物，包括物质文化遗产和非物质文化遗产；包括人文遗产和自然遗产，以及人类生活遗址。文化遗产是先人留给我们的文化遗作，内涵是先人的思想成果。它不只是古文明的见证，更是文明提升的台阶。为什么名人日记可以拍卖出高价？因为它记录着名人事迹、相关历史事件真相、名人当时处理事件的想法和技巧，可以供人们研究，澄清历史事实，探究名人的思想观点和性格特征，或有助于撰写名人传记，或可取得其他形式的富有价值的研究成果。

“一条肯尼迪穿过的米色棉质拳击短裤，于2003年7月19日在肯尼迪夫妇私人物品拍卖会上以5000美元高价成交。这条短裤只是二战期间美国海军海员所配的普通服装，但是，由于肯尼迪当年在美国海军服役时曾经穿过，加上短裤腰间绣有‘杰克·肯尼迪’几个字，身价倍增。”① 价值在于其隐含着故事、历史和名人精神。崇拜者收藏它，可以寄托敬仰和思念之情，并受到其精神鼓舞和激励。

古字画为何有很大价值？能经数个朝代流传下来的一般是古代名家之作，蕴含深刻的思想内容、精湛的艺术技法，原本就具有很高的价值；历代收藏者通常又会记字、题跋或加印模，这些印记都记录着作品流传的经历和相关人物与藏品的关联，这就增加了其历史和人文价值；如其间伴随要人，或经历劫难、见证了重大历史事件，则其历史和思想含量更高，因而价值就更大。

由此可见，文物之所以有价值是因为它不仅记录着历史，而且凝结或记录着人类的思想、文化和精神成果；它不仅可以传承思想，更重要的是可以启发人们产生新的思想。

为什么越古老的东西价值越高？因为，经历时间越长，隐含的历史内涵越丰富；另一个原因是越古老的东西保存下来的往往越少，也就显得越稀缺。

四、艺术与科学的深度关联

词典解释：艺术是用形象来反映现实但比现实更有典型性的社会意识形态，包括文学、绘画、雕塑、建筑、音乐、舞蹈、戏剧、电影、曲艺等。科学是反映自然、社会、思维等客观规律的知识体系。表面看艺术和科学是两个完全不同的领域，然而，各国的实践表明，两大领域间存在密切的联系。20 世纪 50 年代，当苏联卫星发射成功时，自认为头号科技强国的美国卫星发射却失败了。美国组织了大批专家分析原因，经长时间调查研究，他们得出了让人惊讶的结论：是美国包括工艺、技能等方面的艺术教育落后了。

---

①资料来源：《今日早报》2003 年 7 月 31 日，标题：《肯尼迪短裤展出，看客踏破门槛》。

为什么艺术教育落后会妨碍科技发展呢？为什么艺术和科学具有紧密联系呢？按传统观点的确难以解释。但是，在思想价值论语境下来讨论这一问题就方便多了。

对于艺术与科学的区别是人们容易理解的：科学是知识体系，艺术是方法技巧；科学求真，艺术求美；科学揭示客观规律，艺术创造审美效果；科学是确定性的规律，艺术是不确定的技巧；科学存在标准答案，艺术解读见仁见智；科学是是非判断，艺术是价值评判；科学规律存在于物象之中，艺术形式却是心绪表达；科学的目的是改变物性，艺术的目标是改善人性。

然而，在思想价值论看来，科学是对客观规律的揭示，艺术是对心理感受的描述，科学和艺术的本质均为人脑的思维成果。离开了人类智能就没有什么科学和艺术可言。正如爱因斯坦所说："科学、宗教和艺术是生长于同一根的果实。"这个根就是人类智能。

艺术与科学的关联性在于以下四个方面的相通：

其一，艺术的纯真感性通于科学的敏锐悟性。艺术成果价值在于其视听欣赏效果。音乐受风啸鸟鸣等悦耳的自然之声启发而萌生；美术从绿叶红花的观赏体悟中始发。人只有感知，方有审美。审美教育就是视听直觉能力的训练。科学乃是对客观规律的揭示，科学规律的获得离不开人的敏锐知觉和深切感悟。通过感知和体悟来认识真理，是探索和把握客观规律的基本途径。因此，保持一个人天赋中儿童般的纯真品性和敏锐的感知能力，既是艺术工作的职业要求，又是艺术训练的必然结果，这些同时也是科学工作者不可或缺的宝贵品格。

其二，艺术的浪漫情怀通于科学的无边想象。艺术创作与人的心理状态直接相关，只有在自由浪漫的状态下才能产生灵感。这种毫无拘束的心灵激荡，可至如痴如醉，近乎癫狂，其思维之潮如无边海浪汹涌澎湃，没有任何框框和束缚。因而，有的艺术家会不修边幅；有的艺术家会违反常俗；有的艺术家会狂妄不羁。其实，唯其如此，才有灵感喷泻。这种毫无拘束的状态才产生各种宏思遐想。爱因斯坦说："想象比知识更重要。"科学突破就需要想象，科学想象是科学突破的基础，想象力越丰富，科学突破的可能性就越大。因此，艺术的浪漫情怀与科学的无边想象是完全相通的。

其三，艺术的倾心陶醉通于科学的智力聚焦。艺术是人们的精神食粮，创造和欣赏艺术使人的灵魂回归精神家园，躲避世俗喧嚣，消解内心焦躁。沉醉于音乐世界中的心灵，能拒绝外界的一切诱惑和骚扰，使心灵得以从容、宁静与安然，使精神得以集中，智力得以聚焦。当天才之光汇聚于一点，即如激光具有巨大穿透力一样，能攻克思维中的难点，科学研究离不开这种专著和执着。因科研而疲劳的大脑转向音乐欣赏，是一种积极的休息，是一种心态调整和心灵陶冶。两者交替进行，恰恰可以相得益彰。

其四，艺术的优雅品性通于科学的崇高境界。大凡能欣赏高雅艺术精品的人们，往往以获得美的享受而备感满足。乐于在精神世界中徜徉的灵魂，能自觉躲避世俗的纷争，拒绝功利的诱惑，舍弃奢华的享受，抛开一切私利的包袱，专注地奔走在求美的征途上。从事科学研究，孤寂而艰辛，得不到实惠，需要有奉献精神。无论是艺术大师，还是科学巨匠，都具有崇高的境界和纯洁的心灵；有为人类、为社会无私奉献的宝贵品格。思想成果是心灵活动的产品，科学求真、艺术求美均能产生至善的结果，可谓殊途同归。

总之，艺术是人类创美的科学，科学是上苍造物的艺术。但要探知上苍的奥秘，同样需要运用人类的心智。因此，艺术与科学是人类心灵沃土中培育生长的连理树和并蒂花。

第三节 社会科学与自然科学的价值统一

自然科学和哲学社会科学均有直接价值和应用价值。

人类生产力水平提高和工业化社会到来，首先得益于自然科学发展和实用技术运用。发达国家的实践表明，经济发展的第一动力是科技进步。

正如邓小平所说，“科技是第一生产力”。科学技术的经济价值是不言而喻的。那么，哲学社会科学和人文学科是否具有经济价值呢？思想价值论认为，哲学社会科学、人文学科与自然科学一样都是人类的思想成果，根据要素公式 $W = (M + E + K)$ 决定其同样具有价值，只是哲学社会科学和人文学科的价值表现方式不同于科技而已。

一、科技改变人类生产生活方式

古典经济学家认为，“劳动是财富之父”，一分辛劳一分收获。美好的生活全靠劳动创造。然而，先哲们所说的劳动主要是指手工劳动和体力劳动。当今世界的事实是富裕国家劳动者的劳动强度和劳动时间都大大小于贫穷国家。休闲、度假和旅游占了他们一年中的大量时间。按照经典理论，“价值是人的活劳动的凝结”原理，一国人民投入的劳动总时间减少，那么，该国国民创造的总价值必然减少，而事实并非如此。何也？运用思想价值论就不难理解。

自然科学理论，如数学、物理、化学、生物等，是人的思想成果，包含巨大的潜价值，一经利用就变为现实价值。科学家们创立的科学理论，为人类创造了巨大的价值和潜价值，他们无偿地贡献给社会，使其成为社会共享价值。发电机发电是连续不断应用电磁感应原理；烧制石灰是运用化学原理。这些都是将自然规律的潜价值转换成现实价值的例证。

科学技术运用，使手工制作变为机动生产，既加快了财富创造，也加快了价值实现。在手工制作时代，手工产品凝结的是人的想法价值、人的体能价值和材料价值。现代工业生产是模具定型、能源推动、机器制造，可将大量的原材料转换成能满足人们需要的商品。其价值来源是反复运用和复制人的思想而创造价值，充分利用了自然能的价值，并大量利用和转换了自然物的价值。因此，机动生产比手工生产价值创造肯定要快得多。机动生产使产品中凝结的手工劳动量减少了，但产品中凝结的人的知识、智慧、思想却增加了。注入的能源也增加了；利用和发挥科学理论的应用价值也增加了。其价值总量应为：

商品价值 = 人类思想价值 + 自然物价值 + 能源价值 + 人的体能价值

其中，人类思想价值包括科学理论价值、工程技术思想价值、工人想法价值以及管理和文化等方面思想价值。

诚然，在消费者认知确定、市场需求确定的情况下，机械化生产单个产品的价值会呈递减趋势。这一方面是生产成本降低，另一方面是商品供给充足，人们心理对商品珍贵性的评价会下降。因此，经典理论“商品价值量始终与这种商品的劳动生产率成反比”的结论在一定条件下仍然适用。

我们再来讨论一些单靠机器人运行的无人车间的价值创造问题。机器人从本质上说是智能化的机器，或者说是电脑控制下的机器。现代电脑能代替人脑进行重复性和逻辑性的思维，其实质是一种计算和处理能力。生产中人的许多想法原本是靠人直接一次次地操控机器来实现的，而今可以让机器人操作来实现价值实现。思想价值论可以有说服力地解释这个问题。消耗能源、转换物质是转移价值，而机器一次次地复制和应用着人的思想是创造价值，电脑模拟人脑处理程序化、逻辑性的问题，同时运用了一些科学家、工程师的思想成果，使许多理论应用价值转换为经济价值。此外，老板的投资决策、经营管理等方面的思想成果也转换成经济价值。科技专家的技术创新与企业家的经营管理创新，同样是思维的成果，但两者是有很大区别的，且不能相互代替。专利技术发明者多数不能自己搞生产，因为他们的生产经营能力不如企业家。两者结合就产生巨大的价值创造能力，开拓出广阔的经济发展空间。

至此，我们已不难理解，为什么美洲、欧洲许多国家大量的人在休闲和享受，却物资充足，过着富裕生活。“瑞典等北欧国家人均国内生产总值和人均收入都居世界前列，但这些国家同时又是世界上生活最悠闲的国家，一个瑞典人一生只有 8% 的时间在工作。生活如此悠闲，为什么还能创造如此巨大的社会财富呢？答案除了认真、高效外，还有创造；而高效的一个重要来源也是创造。……瑞典是专利申请数目最多的国家之一。在全球‘最有创造力的国家’排行榜中，北欧国家在创新能力方面正在赶超美国，瑞典已经超过美国而位居榜首。”① 新加坡也是资源贫乏的国家，但其劳动者素质高，运用技术创造价值。他们连水都需要进口：在新加坡与马来西亚的交界处有三条很大的管道，当地人介绍说，其中两条是新加坡向马来西亚买淡水的，另一条是新加坡将净化后的淡水回卖马来西亚的。然而，回卖价格是买水价格的 2 倍，新加坡人就是依靠技术赚钱。为什么思想成果创造会有如此大的价值作用呢？一是大量的思想成果本身就有巨大的经济价值，如专利、软件、方案等。二是一项思想成果被创造出来后可以广泛传播，同时参与任意多的生产过程，即可以任意复制和扩散而不减其效。思想成果的复制和反复使用成本极低，与物质要素结合即生成新价值。三是思想成果不仅在生产技术上起作用，在提高管理效率、扩展营销市场以及社会其他方面也创造价值。以思想创新不断开辟新项目、新服务、新的产业领域，使大量非物质生产部门也创造经济价值，比如文化产业化，旅游普及化等。四是经思想成果指导，用能源推动物质变换，使有限的物质材料凝结更多的思想价值，也就是人们所说的使产品提高科技含量而大幅度提高附加值。五是引领潮流的新成果，因其新而具有先发优势，在世界市场上赢得超额利润。六是技术创新越多，运用科学家的理论成果也越多，理论应用价值发挥就越大。

可见，劳动者休闲时间多的国家，以其思想创造带动着能源利用和高效率的物质转换，故而财富充足；同时，也因其有较多休闲，及时消解身心疲惫，使人脑处中悠然灵动的状态，从而更有利于创造力发挥。

考察人类自古至今的发展历史，我们可以预测将来。祖先遗留的“日出而作，日落而息”的生存方式，应当过去了。国民劳动和工作时间将不断减少，休闲时间将不断增加，人们的作息安排将日益个性化。人们在努力创造财富和价值的同时，也将更充分地享受美好生活。

二、哲学社会科学的价值

哲学社会科学是关于人、社会和自然等规律的概括和总结。哲学社会

①马宏伟：《为什么休闲多的人反而富有》，载《人民日报》2005 年 7 月 8 日。

科学、人文学科在指导人们做人、修身、正确处理事务方面发挥很大的价值作用。由价值要素式 $W = (M + E + K)$ 可以看出，其成果价值也主要由思想内容所决定。但哲学社会科学思想的表达也需消耗能量，并且也需要一定的物质条件，如纸、网络等，即使讲学也需用嘴。哲学社会科学作为人类思想成果的重要组成部分，对国家经济社会发展影响重大。哲学社会科学的价值作用主要表现为以下几个方面：

其一，定向导航作用。哲学是自然科学和社会科学的概括和总结，是系统化理论化的世界观。如第十四章所述，凡可称为科学的思想成果，一般具备两方面特征：一是概念对现象概括的穷尽性，即概念必须准确。二是理论具有“吾道一以贯之”的先天品格，即具有普遍真理性和恒久性，经得起时间的检验。哲学社会科学研究的优秀成果，通常成为社会主流意识，成为政府制定方针政策的基本原则，成为重大决策的理论依据。第二次世界大战后，德国能重振雄风，因素固然很多，但与德意志民族的文化底蕴和哲学根基是分不开的。他们的国度里毕竟产生过歌德、康德、黑格尔、马克思、爱因斯坦、尼采、马克思·韦伯等泰斗级大师，因而能检讨过去，吸取教训。哲学社会科学武装人的头脑，通常转换为人的生活理念和价值观，直接决定一个人观察事物的视角和思考问题的方法；决定人的价值判断和价值取向；对其人生具有定向和导航作用。一般来说，回答要不要做、为什么要做，依靠社会科学；回答何时做、怎样做，依靠自然科学。哲学社会科学主要解决的是理念和价值观问题，自然科学主要解决方法论问题。著名学者曹文彪教授在浙江人文大讲堂上说：“我认为科学是手段，人文是目标；科学提供依据，人文选择价值；科学是发动机，人文是方向盘。”他把人文学科与科学技术的关系表述得十分准确和明了。社会科学和自然科学也非截然分离，而是有着紧密联系。自然科学发展和现代设施采用，直接影响社会科学专家和人文学者的思想、观念和方法。社会科学又从社会视角出发指明自然科学的社会需求和方向，人文学者从人性关怀出发以其丰富的想象、真挚的情怀，提出科学研究的方向和思路。航天事业、冷冻复活等科学项目都是文学家首先提出的。

其二，明规立制作用。社会科学是人们社会实践经验的总结，是人类智慧的结晶。科学是工具，是把双刃剑，要靠人文理念确定其价值目标和使用原则。哲学社会科学的发达程度，影响国民的判断标准和价值取向。一国国民哲学社会科学的整体素养是该国制度和政策变更的民意基础，并以此为准则调节人际关系，建立社会秩序。社会科学对于官员，乃是开展行政管理的理念和依据；社会科学对于民众，乃是为人处事的原则和指导。德国公民的制度意识、规范意识特别强，这与其繁荣的社会科学是分不开的。从这个意义上说，社会科学影响着自然科学的发展。

其三，方法手段作用。有了正确的理念和目标，还必须有正确的策略和方法，方能实现目标。有人说："细节决定成败。"的确，处理事情总是要根据当时的时间、地点、人物、环境等特点做出科学分析和正确判断，拿出因时、因地、因人、因事的具体办法予以施行，方能收效。"谋定之后，行之坚毅"，前提是谋深、谋细、谋定、谋好。这谋定谋好就要充分运用社会科学。社会科学素养既影响人的世界观、人生观和价值观，又影响一个人的思想方法、行为方式、积极性和办事成效。

其四，价值本源作用。前面我们已经论述，思想成果本身就有价值。在知识经济和思想经济时代，社会科学运用可以带来巨大价值，同时社会科学成果本身就包含重大价值。经济预测为宏观调控提供依据；经济发展规划可使国家和地区经济更加协调、持续、高效地发展。这些包含丰富思想内容的预测报告、规划方案文本就有很大经济价值。然而，社会科学的论文、著作等更多的成果，通常作为共享价值，无偿公布于社会。

作了上述分析，我们就不难理解理论的价值了。理论是人们在对事物认知基础上概括出的关于自然和社会规律的知识体系。理论常从一些个案着手研究，但它必须超越个案，能解释大量的事实，是对事实一般规律的描述；理论体系通常由概念、原理、原则和解释所构成。必须对概念之间的关系，尤其是变量间关系，以及运动变化规律进行阐述。理论既不是事实的复制，也不是终极真理，而是人们对规律认知部分的系统描绘，是以实践为基础的一定社会历史阶段的产物，必然体现其时代特征。创立者对规律的认知程度，决定着理论的正确程度。

理论价值在于其为符合客观规律的思维成果，是人脑对客观事物及其规律的反映。理论的文本价值在于其对规律的揭示或描绘；理论的运用价值在于理论能影响人们观察问题的视角和处理问题的思路和方式，成为人们研究问题的分析工具。理论的再生价值在于理论可以在实践和思考中得到深化和突破，成为进一步研究的基础。

学者的天职在于发现规律、探索真理、产生思想、形成理论、创造知识。然而，学者对真理的追求应该是超越功利，非商业性的。他们创造的价值和潜价值大多是社会的共享价值。

习近平说："一个没有发达的自然科学的国家不可能走在世界前列，一个没有繁荣的哲学社会科学的国家也不可能走在世界前列。"① 哲学社会科学水平是一国综合实力的重要组成部分，直接影响其经济社会发展的速度和水平。

人文与科学是统一的，均为人类的思维成果、智慧结晶。"西方直到文艺复兴时期，科学依然被包括在人文当中，如牛顿习惯于按古希腊的传统把物理学称为自然哲学，即研究自然的哲学。"②

三、自然科学、社会科学和人文学科的关系

自然科学揭示自然规律，反映人对自然的认知，如数学、物理、化学、生物等。广义的自然科学还包括工程科学和实用技术等。然而，自然科学的研究和表述却以语言文字为基础和载体，因为语言文字是科学思维、科学表达不可替代的工具。以准确简洁的文字描述科学，能使科学严谨，使枯燥的内容变得易懂有趣。科学成果的获取、科学精神的传播与颂扬又极大地丰富和拓展了文化艺术的内容和发展空间。

社会科学是研究人类社会规律、调节人们关系的学科，如法学、经济

①习近平：《在哲学社会科学工作座谈会上的讲话》，载《人民日报》2016 年 5 月 18 日第 1 版。

②曹文彪：《科学是发动机，人文是方向盘》，载《浙江人文大讲堂第 72 讲》2006 年 7 月 30 日。

学、社会学、伦理学和管理学等。这些学科研究同样需要语言文字表述。国家、地区和单位以社会科学为指导，调整关系、建立秩序、整合力量。人们学习社会科学是为了更好地发挥个人作用、实现人生价值。价值观、生活理念、人际关系、社会秩序、制度文明等大量问题，不是用自然科学和技术可以解决的，社会科学具有其不可替代的作用。社会科学专家善于把握社会脉搏，判明发展趋势，创立系统理论，为制定合理政策、建立文明制度提供理论支撑，并通过理论研究来引导人们理念，引领社会航船驶向正确航道。他们研究社会，产生思想，运用各种媒介传播思想，谋划和推动社会进步，力求建成人类美好和谐的社会。这是社科工作者对人类社会文明发展的责任担当和应有贡献。

人文科学是研究人类的信仰、道德、情感和审美等方面学术的总称，主要包括文学、历史和艺术等。文学主要指以灵性文字塑造人物形象，表达思想情感，反映社会、人生和人性的艺术作品，其功能在于教化人心、净化灵魂。文学通过个体接受并内化为一种自觉的道德力量，使社会走向有序与和谐。历史通过对过去事实的记载，传授成功经验，记取失败教训，以提高人们的实践能力。艺术通过审美欣赏丰富生活、陶冶性情、提高精神境界。没有这些精神食粮，人们必定会遭遇精神饥荒。人的文化艺术素养，有助于开发人的想象力和创造力。

第四节　事务处理与生产作业的价值统一

事务处理就是办事情，生产作业就是做产品，两者价值是可以统一的。随着自动化大生产的实现，人以双手直接改变物质性状的劳动已日益减少，物质产品生产的劳动越来越多地被机器所代替。人们上班工作主要是沟通协调、汇总信息、分析判断、做出决定，即处理各种事务：工厂里非一线员工在处理事务，非生产性企业员工上班在处理事务；政府机关工作人员每天都在处理事务，诸如接听电话、阅处文件、接待来访、参加会议，等等。员工做事与做产品有何关联呢？不难理解，企业干部订购材料、保障供给，安排车辆、组织运输，联系订单、销售发货，催收货款、回笼资金等，都是车间持续生产不可缺少的条件。同样道理，如果没有政府机关公务员在处理事务，社会就会无序、混乱，使物质生产领域、文化生产领域、思想生产和传播领域以及社会其他领域运转失常。管理部门、职能部门为一线生产创造条件，是一线生产赖以运行的基础。根据思想价值论要素理论，做事者要有想法 K 、能量 E 和物质条件 M ，同样要有三要素（$M+E+K$），因此，做事也同样创造价值。办事情与做产品的价值是相统一的。

（一）生产作业与事务处理两种劳动的基本特征不同

一是对象不同。生产作业主要以实物作为劳动对象，包括手工生产、操纵机器、在流水线上作业等形式；事务处理通常以人和符号载体为对象，包括与人沟通、看材料、批意见等。二是对劳动主体素质要求不同。生产作业者必须具有较强的体力和操作技能；事务处理者必须具有较阔的知识面、人际沟通能力和决断能力。三是劳动方式不同。生产作业通常以重复性思维支配肢体活动；事务处理一般是个性化思维的脑力劳动。四是劳动作业的直接程度不同。生产作业是以智力和体力直接作用于劳动对象；事务处理是间接地为商品生产服务，诸如整合生产要素、协调各方关系等，是为生产作业创造各种条件。

（二）生产作业与事务处理两种劳动的相互关系

生产作业是各种生产要素结合，使物质发生变换。做出新产品往往是许多事务处理的最后表现。就企业而言，总体上是事务处理决定生产作业，因为生产前的要素聚集、生产中的调度安排和生产后的产品销售都表现为事务处理。另一方面，生产作业又影响事务处理。第一线的生产作业能认真、细致，做到合格和优质，就可以减少许多事务，降低管理成本；相反，生产作业质量低下、事故频出，就会不断地给管理者提出许多难题，会多出许多事务，从而增加管理成本。可以说，两者是互为因果、相辅相成、相互依存的。

（三）生产作业与事务处理两种劳动的价值统一

企业中生产过程和管理过程是融合在一起的。从劳动方式看，随着技术进步，车间工人劳动只是操纵智能化设备，与管理人员操作电脑键盘和鼠标已经没有什么区别，蓝领工人与白领工人劳动方式逐步趋同。从市场角度看，两者都是为了生产出好产品，占有更大的市场份额。从本质上看，把产品生产好和把事务处理好都必须坚持创新，就是要了解需求、深入思考、把握规律，产生正确想法并贯彻和实现想法，使产品具有更好的性能和效用。从价值上看，既要创造思想成果自身价值，又要获得和实现思想成果的应用价值，因此，无论是生产作业，还是事务处理，其价值目标都是相统一的，都是实现价值增值。

实践表明，不仅是企业中做产品与做事情的价值相统一，而且，全社会各行各业所创造的价值都是相统一的。

第五节　上层建筑和经济基础的价值统一

一、人类社会价值创造统一图

学界把社会各行业领域和部门划分为经济基础和上层建筑两大部分。所谓经济基础就是社会生产部门与生产关系的总和。所谓上层建筑就是指建立在经济基础上的政治、法律、宗教、艺术、哲学等方面的理论及以这些理论为基础的政治法律制度与社会意识形态。不只是经济基础内的各产业，即物质生产部门的农业、工业、商业服务业、文化产业、信息产业和科研产业等部门，价值统一，可以相互交换；就是整个经济领域与上层建筑之间也是相互影响和价值转换的，即对人类生存和发展的推动作用和意义是相统一的，如图 18 –2 所示。

在人们的传统观念中，只有经济领域是能为国家创造税收的部门才是创造价值的，而上层建筑领域里的政府机关、军队警察、立法司法、国民教育、基础科研等部门都是不创造经济价值，相反，是消耗国家财政经费

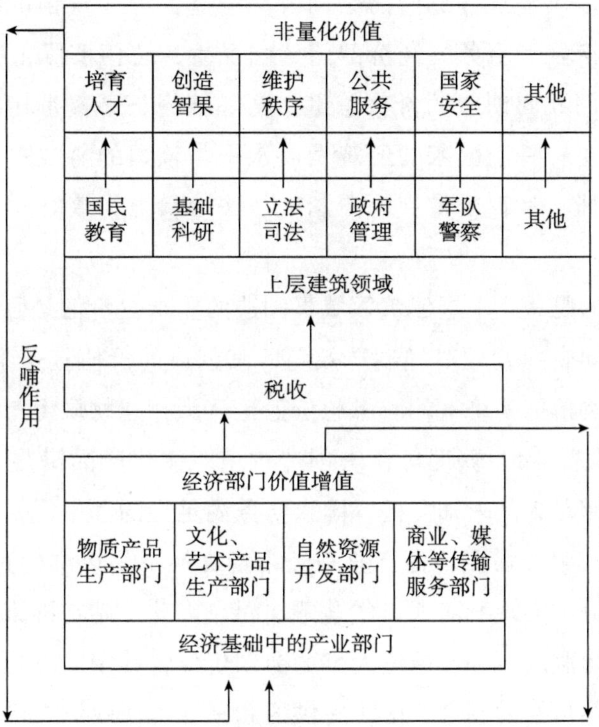

图 18-2　上层建筑与经济基础价值统一图

的。思想价值论认为：上层建筑领域创造思想，实现思想目标，且有一定物质、能量投入，根据价值要素公式 $W=(M+E+K)$，就具有价值。这价值就是其对人类生存、生活和发展的作用和意义。因其不投入市场，故不作量化评估。但它直接或间接地作用于经济基础，其价值叠加到经济部门后一起表现为经济效益，同时也以自己部门特有的方式发挥社会作用。如军队保卫领土、领空、领海，是经济发展的国防条件；法律维护市场秩序，是经济发展的社会环境要求；行政负责公共事务管理，为经济运行服务；科研为产品创新提供理论和技术支持，是经济发展的根本源泉；教育提高国民素质，为经济发展培养人才。经济基础与上层建筑之间进行着一种非商业化的交换，并互为条件、相辅相成、相互促进。经济部门把创造的价值一部分用于依法纳税。国家将税收大部分用于社会公共建设、公共事业和国民福利，同时，也为上层建筑的正常运行提供财力保障。上层建筑各部门的劳动者又创造各种非量化价值反哺于经济部门，为经济发展服务。经济部门的国民生产总值实际上是经济部门和上层建筑部门共同创造的价值总量，这一结论与事实是相符的。世界各国的实践表明：一个国家的经济发展水平是该国的科技水平、创新能力、劳动者技能、教育质量、政治制度、法治状况、政府效率等方面的综合体现。

值得注意的是，在上层建筑领域里创造的非量化价值是巨大的。必要的政府管理如同企业管理一样创造效益，其创造的价值量是不可低估的，做事价值与造物价值是统一的。思想价值论认为：非物质生产部门，如文化、教育、国防、社会管理等，均创造价值。文化产品满足人的精神需要，教育产品满足人的求知需要，国家防务满足人的和平需要，社会管理满足人的秩序和服务需要。各行业间经市场交换不足以维持正常运行的，就经政府二次分配实现所需人员的薪酬支付。因此，站在国家角度看，一件衣服不只包含服装厂一个单位人员的劳动价值，其中同时隐含着教育传授的知识、媒体传播的理念、国防提供的和平环境、政府提供的公共服务等方面要素的价值。站在市场的角度看，各行业之间都是交换关系。在20世纪东半球的一些计划经济国家，所有生产资料和生活资料都由政府统购包销、统一调配，无论是经济领域的生产单位，还是上层建筑的管理部门，员工的劳动工资全部都由政府统一安排，这就是全社会劳动价值统一的最好证明。在市场经济条件下，劳动创造的价值由市场机制定价，打破了分配上的平均主义和“大锅饭”，各部门的劳动交换更顺畅了。

上层建筑领域与物质生产部门的劳动交换，形式上表现为一种服务和管理。比如：在巩固国防的劳动中，人民子弟兵付出了脑力体力、聪明才智，甚至冒着生命危险保卫领土领海和领空，保证了国家安全，换取了工人农民安心劳动、学生安心读书和企业家放心发展生产经营，从而，为经济社会发展做贡献。国防卫士为社会提供的是人们共同需要的产品——和平环境与国家安全。在雇佣兵制国家，士兵报酬是引入市场机制的，但在义务兵制和志愿兵制国家，国家仅仅给士兵发津贴，军人为国家和人民做奉献。

广义地说，在商品化、市场化的条件下，任何有用劳动都可以视为创造价值的劳动，因为都是以自己的劳动同其他不同功用的劳动相交换。如果只承认物质生产部门创造价值、否认非物质生产部门创造价值，就会使非物质生产部门人员的报酬分配失去理论依据。

价值来源与分配依据不应等同，这是对的。但必须承认分配与价值创造具有关联性，若不承认属非物质生产部门的上层建筑领域也创造价值，那么，就会得出这些部门的人员是“靠他人养活”的荒谬结论。那样，政治家、科学家、思想家、教育家、艺术家还有什么贡献可言呢？分配依据应当是在价值创造、价值实现过程中所起作用或所做贡献的大小。毛泽东说：“我们这些人不生产粮食，也不生产机器，生产的是路线和政策。”①正确的路线和政策价值巨大。然而，有大作为的政治家也不会要求政府按其贡献付给报酬；最有成就的科学家也不会索要高额奖金。相反，他们常常将其有限的薪金也捐助给慈善事业，充分体现人类精英为社会为大众服务和奉献的崇高品格。

二、政府施政的价值创造

政府虽然是非生产部门，其主要职责是管理社会公共事务，但是，一切必要的行政行为都是创造价值的。良好秩序是社会发展的必要条件，因此，社会管理具有价值。当然，失当的行政行为会给社会生产力带来束缚。国家对宏观经济是否实行调控、如何调控，其结果是大不一样的。宏观调控的价值就是调控所带来的价值增值，可以表述为：

调控价值＝调控状态下的国民生产净值－失控状态下的国民生产净值

计量周期通常为一年或数年。上述公式表达的是调控方案及其实施的总价值，或叫运用和实现的价值。其中，不仅包含调控方案设计者的思想

①毛泽东：《关于人的认识问题》，载《毛泽东文集》第8卷，第393页。人民出版社1999年8月版。

价值、政府官员实施中创造性的思想和行为价值，而且包括相关企业单位和社会成员配合实施所创造的价值。

思想价值论认为，在调研论证基础上形成的调控方案文本就有自身价值。若是官方自行制订的往往不做文本价值评估，若是民办机构的研究成果则要进行评估转让。

政府职责是制订公共政策、负责公共管理、提供公共服务、创造公共价值等。政府行政活动必然要消耗行政成本。高效率的政府均以较低成本提供优质的公共服务，创造巨大的公共价值。政府应当学习企业精神，节约行政成本，提高工作效率，服务广大民众。

有学者认为，税收是公共管理的成本，谬也！公共管理要这么高成本还得了？税收也不只是行政管理创造的价值。税收应当理解为既是对公共管理、公共服务和国防投入等方面的补偿，又是对自然资源开发利用和环境损害的补偿，还有劳动大众对公共事业的奉献，以及科学家、技术专家、政治家、思想家、教育家、文学家、艺术家等人类精英创造的大量公共价值的转换和实现。

三、开放政策的价值

开放通常指国家门户开放，即开展对外交往，包括商品贸易、文化交流、技术合作、移民进出、友好交往等。开放是一种理念，一种政策，一种体制，一种方略。一套合理的政策制度实施能够产生巨大价值。

哈佛访问学者郎遥远说：“统观世界各国，凡移民国家普遍发达，凡移民城市普遍繁荣。”何也？社会学者认为，移民国家民主基础好，是先进制度保证了平等竞争，使人的聪明才智得到充分发挥；管理学者认为，移民进入一个新环境，不努力拼搏就无法生存，是环境逼出创造力；人口学者认为，移民国家人口素质高，因为移民是来自世界各国的精英；而思想价值论认为，移民国家和移民城市开放程度高，包容性强，各种思想、文化、习俗等交流碰撞，特别有利于新的思想成果产生。

开放的国度能够更好地汲取世界其他国家的优秀文明成果，在外来文化与本土文化的结合中实现创新和发展，使国家充满生机和活力。美国、新加坡、澳大利亚等移民国家外来人口占多数，国家形成本身就是开放的产物，往往具有先天的包容性和开放传统，其制度和政策均相对公平和完善，通常是政治民主，经济繁荣，法制健全，社会有序，生活富裕。一个国家闭关锁国之日，必是停滞不前之时；开放搞活之际，必是民富国强之机。

一个系统只有保持开放状态，始终与外界进行信息交流、能量交流和物质交流，才能日有所新，保持活力。若系统封闭，不接受外界新风，必然使系统退化而落伍于时代。

个人也只有保持开放的胸怀，保持与外界的信息交流，包括阅读、上网、交友等，才能了解社会变化，跟上时代潮流。若以邻为壑、封闭自我、夜郎自大，必然使自己才力萎缩，逐步被时代所淘汰。

为什么开放交流有如此重大的作用？因为人脑活动是需要信息刺激的，思维是需要信息材料的。思想交生理论告诉我们，当外来思想、信息与头脑中的原思想发生碰撞交融时，就能产生新的思想。国与国之间文化交流、友好访问、技术合作等其实都是思想交流，即使是商品交换、贸易合作，实质也是以物为载体的思想成果交流。

世界各民族都有自己的特色、长处和优势。开放交流的成效可以分为三个层次：初步开放是商品贸易，货物交换，互通有无；中度开放是技术交流，发挥优势，取长补短；深度开放是思想文化的融合与交生，也就是通过技术、文化、观念、习俗和生活方式的传播、碰撞，产生新的思想成果，以大量创新促进社会文明进步和生产力发展。这是思想价值论对开放交流作用的深层理解。

人们是在实践比较中深化认识的。开放，使人看到他人的成功，从而激起奋发直追的动力；开放，使人看到他人的好方法，从而学习过来为我所用；开放，在与别人比较中发现自己的优势和缺陷，从而更好地扬长避短；开放，在与他人交往中得到激励和启发，从而增强自己的创造力。

开放带来跨国教育，促进东西方文化的交流和融合。在一个半世纪以前，出生在广东省香山县农民家庭的容闳于 1847 年赴美留学。1854 年容闳从耶鲁大学毕业后，于 1872 年至 1875 年间先后组织了四批共 120 名中国少年赴美留学，学习西方的科学技术和文化，试图“以西方之学术，灌输于中国，使中国日趋于文明富强之境”①。那些留美学生回国对中国理科和工科知识的教育传播起到了很大作用。

四、教育培训价值及其概算

教育培训创造价值在于其提高人才和一般劳动者的素质。教育培训的产品就是人的素质提升，就是提高人们的创造性思维能力。当这种能力与职业岗位结合时，就转换成现实生产力，创造出经济价值。因为国民教育通常不直接创造商业价值，所以一般不纳入国民经济收入体系中，而被视为公益性事业。当然，也有一些营利性的培训机构，政府可视为服务性产业，令其交纳税收，这些机构则属于国民经济收入部门。

2013 年 9 月 25 日，习近平主席在联合国“教育第一”全球倡议行动一周年纪念活动上的视频贺词中指出：“中国将坚定实施科教兴国战略，始终把教育摆在优先发展的战略位置，不断扩大投入，努力发展全民教育、终身教育，建设学习型社会，努力让每个孩子享有受教育的机会，努力让 13 亿人民享有更好更公平的教育，获得发展自身、奉献社会、造福人民的能力。”② 教育为什么必须摆在优先发展的战略地位呢？联合国为何发起“教育第一”全球倡议行动呢？我们通过对教育创造价值的概算方法研究，提出新的理解。

（一）教育重要性和“收益率计算”综述

几乎所有发达国家都实施“科教兴国”战略。教育在经济社会发展中的作用何以如此重要？人们已经懂得教育的目的和作用是培养人才，而社会的经济、文化、科技、传媒、行政管理等各领域的发展均依靠人才支

①引自：邹德浩《容闳重返耶鲁》，载《人民日报》2004 年 12 月 31 日。

②习近平：《在联合国“教育第一”全球倡议行动一周年纪念活动上的视频贺词》，载《人民日报》2013 年 9 月 27 日第 3 版。

撑。因此，国家必须把教育作为优先发展的战略重点。在20世纪80年代初，中国改革的总设计师邓小平就高瞻远瞩地提出要加大教育投入。在他的倡导下，党中央、国务院于1993年制定的《中国教育改革和发展纲要》明确提出了在2000年全国公共教育经费投入占国民生产总值4%的要求。文件下发后，一些地方政府教育经费投入仍然不足。原因固然很多，但一个重要因素是一些地方政府官员对教育的价值创造作用认识不足，没有把教育的战略重点地位摆到应有高度。他们集中财力扩大投资以拉高GDP，这种就经济抓经济的思路，可以获得一定的短期效应，却影响了教育、科技和文化等事业的发展，阻碍了经济转型升级和发展模式转变，最终影响了经济的高质量发展。

一个家庭培育出一个人才，家族境况就得到根本改变；一家企业聘用几个优秀人才，就使企业走向繁荣；一个国家只有全面提高国民素质，培养出大批优秀人才，才能真正实现富强。当今中国多数家庭对孩子教育培养的重视程度是空前的，总想让孩子上最好的学校，找最好的老师，受最好的教育，就是双休日也送孩子去学习训练各种技能，且不惜血本。我国“城乡居民储蓄目的调查反映，子女教育费用被排在第一。”① 许多中小学的学生学得很苦，有的到了令其害怕的地步。而一些不准备考研的大学生却不用功读书，只是混个文凭，这直接影响中国科技、文化的发展后劲。与家庭对教育的重视程度相比，一些地方政府官员对教育的重视和投入是不够的。

导致一些人对教育重要性认识不足的原因较多。一方面与教育学界长期以来对教育价值的研究成果宣传和普及不够，使社会上绝大多数人只是抽象、笼统、非量化地评价教育作用有关；另一方面是与从事教育经济学研究的专家们搞的教育收益率测算数学模型过于复杂、使大量读者看了以后不容易懂有关——教育收益率测算模型变量较多：“明瑟收入函数”是那么复杂；Granger Causality 因果关系检验法也足够高深。决定教育收益的

①周大平：《治理教育乱收费：官方结论与民众感受为何不同》，载《瞭望》2005年9月。

相关因素是很多的，如：受教育者的学习能力和学习态度影响其学习成效；岗位和工作环境影响劳动者特长和积极性发挥；劳动力市场状况和社会背景因素影响劳动者价值实现状况；等等。尽管如此，也应当抓住主要变量，采用相对简便和明了的方法来进行概算，以便让绝大多数人一看就懂。

美国经济学家，1979 年诺贝尔经济学奖得主舒尔茨提出了比较简便的高等教育收益率计算方法："先计算高等教育毕业生与中等教育毕业生的就业收入差额，该差额与高等教育费用之比就是高等教育的收益率。"①

其实，教育的经济价值是通过市场评估确认的，未必一定要运用很复杂的数学模型进行统计。现在，我们借用舒尔茨的差额概算思路，探讨教育的价值创造作用，以期加深对教育在经济社会发展中的战略重点作用的理解。

（二）受教育者劳动力价值增加概算

教育是一国的经济之基、文明之本和发展之源，这是为什么？因为，教育通过培养品德、传授知识、训练技能、提高人的劳动能力，进而发挥人的价值创造潜能。大教育家夸美纽斯强调："凡是生而为人的人都有受教育的必要"，"教育是生活的预备"。②

教育所产生的价值增值具有若干类型。

其一，知识教育获得的劳动力价值增值。

一个人掌握知识不同，其劳动能力和劳动成效就不同。人们初始就业的劳动薪酬差别就是其知识和技能掌握的差别。比如，一家快速扩张中的传统产品生产企业在大批量招工，前来应聘的有三人，分别拥有初中、高中和本科学历，虽然人事部将三人都招收，但其岗位和薪酬是不同的：初中文化者可能搞勤杂、送开水，月薪 2800 元；高中文化者可能任办公室职员，负责文件和报刊收发，月薪 3400 元；本科文化者可能任总经理秘书，

---

①参见：厉以宁主编《教育经济学研究》第 466 页，上海人民出版社 1988 年 8 月版。

②［捷］夸美纽斯著，傅任敢译：《大教育论》第 43 页、第 64 页，人民出版社 1985 年 11 月版。

月薪4000元。这三人初始薪酬差距就是知识贮备的差距。

知识教育价值=知识掌握后薪酬－知识掌握前薪酬

劳动力市场上各类不同知识层次的劳动者的薪酬，受到市场供求状况影响。市场上缺乏的劳动力薪酬较高，市场上过剩的劳动力薪酬较低。有学者还认为："劳动者收入差别中只有3/5是由受教育不同引起的，其他为个人天赋、经验、能力、家庭背景、社会等级、性别、年龄、健康状况和种族等非教育因素的影响（3/5的教育作用开始是一种假设，后来得到调查数据支持）。"① 社会调查统计显示，教育作用占3/5，其他一切非教育因素只占2/5，已经足以说明教育的重要性了。

其二，专业人才培养的市场价值。

高级专业人才培养需要基础教育、高等教育、专业教育和实践锻炼。校方采取的一切教育活动均是为了提高受教育者的素质，增强其职业能力和创造能力。人的能力多种多样，但最核心、最宝贵的是创造能力，也即创造性思维能力。

知识和技能被人掌握就转化为人才价值，人才履职和作用发挥就转换为现实价值。所以，可以根据专业人才学历、学位、专业技术等级以及市场供求状况进行评估，确定量化价值。

杰克和考特妮是大学同学，他俩还没毕业就结婚成家。毕业后两人决定考特妮先工作，供丈夫杰克深造。在杰克读医学博士期间，考特妮不得不拼命加班以多挣点钱，支付两人生活费用和杰克的学费。后来杰克告诉考特妮，他外面有女朋友，考特妮冷静考虑后同意离婚。密歇根州法院认为，杰克念医学院是婚后的事，考特妮拿出自己全职工作的所有收入供杰克学习生活之用，可以说既出钱又出力，功劳苦劳不在杰克之下，所以，杰克的医学博士学位也有考特妮一半，属夫妻婚后财产。经评估杰克的医学博士学位为50万美元，法院将其一半，即25万美元判给考特妮所有，

①邓峰、丁小浩：《中国教育收益率的长期变动趋势分析》，载《统计研究》2013（07）。

考特妮用这笔款念完医学院，搬到芝加哥做了一名小儿科医生。①

由此可见，专业教育创造的价值是很显著的。然而，值得注意的是教育培训的对象是人，教育培训效果是由教与学双方决定的。教育培训价值的形成与受教育者自身的基础条件和努力程度密切相关：在教师同样的施教状况下，天资高、肯努力的学生收获大，反之则小；在教育对象和努力程度既定时，教学效果取决于教师的教学方式、方法和管理。也许有人会问：杰克的医学博士学位价值50万美元主要是由作为教方的学校创造，还是主要由作为学方的杰克创造的呢？这需要作具体分析。一些便于自学的知识，主要取决于学生自己的学习能力，或叫自学能力。自学能力主要由智力与努力两方面因素决定。我们把学生自学能力的强弱用自学指数衡量，把离开教师辅导不能学习者自学指数定为0，把不需要教师辅导就能很快学会者自学指数定为100，其余的取值在0与100之间。一些不便于自学的知识，主要取决于教师的教学方法、技巧和管理，我们把学校和教师在教学过程中所起指导和启发作用大小用教质指数衡量，取值也在0和100之间，教质指数为0者就是差到极点的课，教质指数为100的就是最优秀的课，包括大课和个别辅导。教学双方各取最优为100是为了便于分别打分，同时，也符合人们的评价习惯。这样，表现为学生学习成绩的教学成效可以表述为：

$$教学成效 = 自学指数 + 教质指数 \tag{1}$$

式（1）表明，学生自学能力强，即自学指数高，教师上课质量一般也可以有较好的教学成效，所以，重点中学和名牌大学都要选拔优秀新生；若教师教学方法好，即教质指数高，可以弥补学生自学能力不足，因此，学生家长总想为孩子寻找好学校和好教师。校长们总是通过测试学生成绩来检测教师的教学成效。同一教材，同一教师，同一课堂，其教质指数是一样的，而各个学生的学业进步大不相同，这是由学生个体的自学指

①资料来源：《报刊文摘》2005年4月4日，题为《离婚分财产精细到“学位”》。

数不同造成的。值得注意的是，只有学生智力正常、态度端正、基础具备的条件下式（1）才适用。如果是弱智、厌学、毫无基础时，教师教学水平再高也难以奏效。当然，励志劝学、基础补课等也是教师职责范围内的事。最优秀的教师教育最优秀的学生，其教学成效指数为200。

式（1）反映了决定教学成效的两大因素，但教学成效指数最高为200就不易看出单方作用所占的百分比。下面，我们研究一名学生受教收获的师生作用占比。在每一分教学成效里，总有一部分靠自己，一部分靠老师。我们定义：收获中依靠个人自学所占百分比，称作自学分比；把依靠教师指导收获所占百分比，称作教益分比；两者相加为100%，即为1。这样就有：

$$1 = \text{自学分比} + \text{教益分比} \quad (2)$$

式（2）反映的是学生与教师在教学联合活动中的作用份额百分比。

我们再来研究式（1）与式（2）的关系。式（1）两边除以“教学成效”得：

$$1 = \frac{\text{自学指数}}{\text{教学成效}} + \frac{\text{教质指数}}{\text{教学成效}} \quad (3)$$

比较式（2）和式（3）可得：

$$\text{自学分比} = \frac{\text{自学指数}}{\text{教学成效}}, \qquad \text{教益分比} = \frac{\text{教质指数}}{\text{教学成效}}$$

显然，自学指数是由学生单方面确定的，自学分比是由师生结合确定的；同理，教质指数是由教师单方确定的，教益分比是由师生结合确定的。教学成效是师生共同努力的总效果。有的教师的教学方法特别适合某学生，该师生契合度特别高，其教学效果也就特别好。因而，常有人说，“某老师发现我、肯定我、鼓励我，使我树立信心，不断进步，不断超越。这老师改变了我的人生”。学生才质是根本，老师教育是关键。

这些式子既符合数学公理，也符合教育实际状况，能正确反映学与教两方面的作用和贡献，但在具体运用中却需要细化评估。

舒尔茨论证过教育投资是经济增长的一个重要源泉。他说：“就美国经济增长而论，已有大量证据表明学校教育和大学的科学研究乃是经济增长的主要源泉。”① 的确，当代经济主要依靠科技文化创新推动。乔布斯创办的美国苹果公司创造了多少科技经济价值！袁隆平研究推广的中国杂交水稻又增加了多少农业经济价值！其数额都是巨大的。

其三，技能培训获得的劳动薪酬增值。

未经任何教育培训的文盲技盲只能干些粗活，劳动成效较低。接受一定教育培训后就业者劳动薪酬的市场价值就得到提升，表现为就业者受训前后的薪酬增加。概算公式为：

技能培训价值 = 培训后薪酬 − 培训前薪酬

此式说明技能培训价值等于就业者薪酬增加值。同样道理，培训是教与学双方相互配合完成的。那么就有：

培训方创造价值 = （培训后薪酬 − 培训前薪酬） × 教益分比

然而，在没有学校和教师指导的情况下，多数人的自学能力是得不到充分发挥的，或者表述为，学员个人的自学能力是被学校和教师开发的。这样，自学分比即使可不纳入教育培训机构的单方成效，也应纳入教育培训的活动成效。当我们定义：培训成效指教育培训的活动成效时，就不需要分解为自学分比和教益分比了。

培训价值大小与该项技术的紧缺程度、掌握难度有关，同时，也与运用该技术持续就业的年数有关。比如，一位青年人，未经汽车驾驶技能培训时只是担任停车场保安，月薪 2600 元；经驾驶技能培训后，任专职司机月薪 4200 元，这每月增加的 1600 元就是技能培训获得的劳动力增值。

受训者个体劳动力增值，表现为受训者个人的薪酬增加。一定时期薪酬的培训增值可以表示为：

薪酬性培训增值 = 一定时期内薪酬增量 − 培训成本价值（时间成本价值 + 费用成本价值）。

时间成本价值可以理解为培训期间所耽误的原工酬量。周期计算方法为：一般实用技术取 3 ~ 5 年，中等教育取 5 ~ 10 年，高等教育可取 10 ~

---

①转引自：厉以宁主编《教育经济学研究》第 466 页，上海人民出版社 1988 年 8 月版。

15 年，也有的技能和知识是终身受用的。

花 4000 多元钱参加汽车驾驶技能培训，上岗几个月就可赚回来，且一生便利。

其四，继续教育带来岗位变化和业绩增大。

受教育者工作业绩增大是指个人在经受继续教育后的业绩价值增加。同一个人经受不同的教育，其工作和创业能力是不同的，因此，其业绩也将不同。比如，某青年本科毕业时在某公司任收发秘书，年薪为 5 万元。念了硕博连读后，受聘某研究所所长，年薪 20 万元。任职三年后，他领导下的研究所成果突出，专利技术发明就有五项，共创市场价值 2.8 亿元。另有某人原是一家年产值不满百万元的小企业主，念了某大学 MBA 后，素质全面提升，五年时间把企业搞成产值超亿元的中型企业。年业绩增加值可以表述为：

受教育者年业绩增量 = 教育后年业绩总值 - 教育前年业绩总值

通常情况下，人们的年业绩量是不同的，增量也是不同的。设继续教育前年业绩价值量为 b，受教育后某年业绩价值量为 W_i，那么，n 年累计业绩增量 ΔW_n 为：

$$\Delta W_n = \sum_{i=1}^{n} (W_i - b) \qquad (i = 1, 2, 3, \cdots, n)$$

这业绩增量主要是由继续教育带来的，还有部分与国家政策、经济形势有关。这种业绩增量通常是经市场机制检验的量化评估。即使是不面向市场的基础理论研究成果也是可以评估的。

业绩性教育增值 = 一定时期内业绩增量 - 教育成本价值（时间成本价值 + 费用成本价值）。

一般以 10 ~ 15 年为周期。由于教育的经济成本与企业家业绩比往往微不足道，所以，业绩性教育增值就约等于一定时期的业绩增量。

古往今来，社会上有些人没有经受什么继续教育却很能干，并做出很大的业绩，这是因为他们边干边学，在实践中学，悟性高、善总结，依靠自学实现了个人成长与事业发展的同步进步。若个人成长跟不上事业进步，那么，其事业是迟早要掉下来的。

其五，进修教育价值和高级人才身价。

工商管理硕士、博士大多数成为各类企业领导人。许多在职的中青年企业领导人每年花费若干万元攻读高级经理研修班（EMBA），在花钱的同时，还在百忙中挤出时间、投入精力。笔者问他们“合算不?”答道：“很合算，知识多了，思路广了，创造力强了。知识是无价的，老师一句话启发，就可能引爆我提出亿万元价值的项目方案创想，一个案例警示就让我避免数千万元的失误。”这么大的价值增加，教育至少起启发和指导作用。夸美纽斯在论述人才作用时引用了圣路德的话：“我们在建造城市、炮垒、纪念馆与兵工厂上用一个杜克，我们就应当在正确教育青年上用一百个杜克，因为青年成长后，他就可以引导他的伙伴做出有用的工作。因为一个善良聪明的人是国家的一件至宝，较之宫殿、金银、铜门与铁闩还要贵重得多。”①

进修教育价值概算可以表述为：

进修教育价值＝原项目改善增收值＋新创项目收入值＋避免失误价值－进修成本

若把新创项目收入值和避免失误价值理解为都是企业家经营管理改善增值的话，那么，企业家进修教育价值应当表述为：

进修教育价值＝经营改善增值－进修成本

显然，与进修教育获得价值相比，进修成本是很小的。正是这一原因，使许多中青年企业高管都坚持在职进修，甚至终身学习，以期持续增强实力，持续扩大业绩。

卓越的企业领导人通常是经教育培养和实践锻炼而成长起来的，以其知识、经验、智慧和胆魄所做的战略选择和经营决策，以及个人魅力带动企业发展。其个人去留直接影响股民对该企业的前景判断和信心，因而，直接影响股票涨跌。在工商企业界中通常把人才作用和影响所产生的价值

---

①［捷］夸美纽斯著，傅任敢译《大教育论》第259页，人民出版社1985年11月版。

增量作为人才身价。比如，某著名总经理掌门时该企业总资产（包括虚拟资产）达3000亿元，该掌门人离任即降为2000亿元，人们将其差额1000亿元理解为掌门人身价。

高级人才的身价形成一部分是教育的作用，与教益分比相关；另一部分是其智力、历练和个人努力的结果，是自学自悟中获得的。这样，其身价中教育所带来的增值可表述为：

身价教育增值＝（教育培训后身价－教育培训前身价）×教益分比

在同样的教育背景下，个人学习努力程度不同，掌握知识量不同，得到思维训练状况不同，其学业价值增量就不同。毕业工作后，对行业敏感性不同，努力程度不同，其作为也不同。所以，即使同一课堂听课，教质指数相同，但培养出来的人才价值是不同的。

教育培养人才的价值发挥还与使用状况有关。倘若一位教育培养相当好、创造潜力很大的人，得不到恰当使用，或未能充分调动积极性，那么，发挥作用就要小得多。

人才使用价值是可以测算的，对于用人单位来说：

人才使用价值＝人才创造价值－人才使用成本

值得注意的是，企业不恰当地压低人才薪酬，虽然可以降低使用成本，但可能挫伤人才工作积极性，直接影响其创造潜能发挥。人才闲置则更可惜，是最大的浪费。

（三）教育培训产业的商业价值概算

教育可否产业化？学术界长期在讨论。大量学者认为，教育是塑造人格、传播知识、培养人才的崇高事业，不应当产业化。然而，随着市场经济的发展，许多职业教育、专业培训和技能训练的机构应运而生，有的还全国连锁，搞得很大，上缴税收数额不小。不管人们怎么看，培训已经产业化了。以提高人的谋生能力和职业能力为直接目的的技能培训，很大程度上是个人和家庭的事，可以实行产业化。当然，基础教育和公共教育也提高谋生能力，适度产业化能聚集社会资金，弥补政府教育经费不足，促进教育事业发展。但是，全面产业化又会导致教育不公平，进而导致人们就业和发展起点的不公平，就会引发许多社会问题。

第一，教育培训创造商业价值概算。

教育创造商业价值 =（生均教学收费 - 生均办学成本）×人数。通常以一期、一年或一届作为时间周期进行计算。办学收费包括学生学费、政府公助款、办学赞助费等；办学成本包括校园校舍、教学设施等折旧，教师工资，教材资料费及教学耗材费等等。

第二，单项知识传授的教育价值概算。

教育的一项最基本功能是将人类已有的经验、知识等思想成果传授给受教育者，为受教育者所掌握。知识具有应用价值，在复制和应用中其价值得到不断发挥。因此，学校将一项知识传授给越多的人，该项知识得到应用的机会就越多。也就是说一项知识的应用价值与被传授人数相关，但各人的运用能力不同，其成效也不同。设接受知识的人数为 n，某一时期个人运用该知识的成效价值为 x_i，即单项知识传授给 n 个人在该时期可创造的总价值可表述为：

$$W_n = \sum_{i=1}^{n} x_i \qquad (i = 1, 2, 3, \cdots, n)$$

式子说明单项知识传授所形成的价值与受教人数成正相关。

第三，教育机构创造的人才价值概算。

一个人掌握的知识越多，素质越全面，在工作实践中运用知识创造价值的能力就越强。所以，个人运用知识创造价值的能力与其掌握知识总量成正相关。值得注意的是在知识传授过程中，教师不是单纯传授学生以知识和经验，凡是高效率的教育都必定因材施教，必须运用教师自己特有的教育思想、方法和技巧。教学过程是教师再创作的过程，是创造个性化、艺术化载体传播经典知识的过程。

教育机构施教所提升学生的素质价值，是实行市场化评估的。在毕业离校时，若市场评估一名学生人才价值为 λ_i，培养学生人数为 n，学校对各学生的教益分比为 μ_i，即学校教育创造人才总价值可以表述为：

$$W = \sum_{i=1}^{n} \mu_i \cdot \lambda_i \qquad (i = 1, 2, 3, \cdots, n)$$

式子表明学校教育创造人才总价值与教育质量、生源素质和学生数量三方面因素相关。

第四，教育效率概算。

教育是创造巨大现实价值和潜价值的事业，需要投入成本，必须注重效率。教育效率就是教育创造价值与教育成本的比。即：教育效率 = 教育创造价值 ÷ 教育成本（时间成本 + 资金成本）。教育成效与消耗时间的比，称为教育时间效率；教育成效与消耗资金的比，称为教育资金效率。

教育价值就受教育者本身来说，是知识增加和能力增强。教育成本尤其是时间成本是极宝贵的，因为人生时间有限，教育活动务必提高时间利用率。

（四）教育的社会价值

除了上述讨论的一些可量化的经济价值以外，教育还可获得许多不便量化的社会价值。

1. 品德教育的精神价值

梁启超说："少年强，则中国强。"基础教育的主要对象是儿童、少年和部分青年。其首要任务是：塑造人格，培育品德，提升人的精神境界。引导他们把自己的人生目标定位于推动人类文明进步上，把自己的生活意义定位于有利于他人和社会上。教人守法律、重道德、讲诚信，坚持仁爱、友善、正派；做到热爱劳动、自食其力，崇尚创造、促进文明；以自己的德行促进良好社会秩序和风气的形成。教育并不单纯为谋生和求财服务，教育的根本目的是促进人的全面发展。因此，社会不能因大学生没有全部就业，就认为教育过剩。一个以人为本的文明社会，不仅是就业者需要通过教育获得劳动知识和技能，而且，无业者也需要通过教育获得良好素养。一位官员说："多办一所学校，等于少设一所监狱。"减少犯罪、维护稳定只是教育最初级的作用。教育具有很多职能，最主要的职能是提高人的素质和创造能力，推进社会的文明进步。

2. 知识教育的社会价值

知识的运用价值前面已述。培根说"知识就是力量"，这从一个侧面说明了知识的作用。从来源上看，知识是人们劳动、工作和生活的经验总结，是人对客观事物规律的揭示和描述，是人脑的思维成果。人们把正确的思维成果以某种形式表达，可用于交流和传播即成为知识。教育传播知识的社会价值可以从三个方面来理解：其一，知识武装于人，即提高人的整体素质，增强认知能力、分析判断能力和解决问题能力。其二，知识指导生产劳动，即凝结于物，提升物的功能和效用，转换为经济价值。其三，知识指导办事，办事成功，产生社会效果。文明进步需要社会成员的共同推动，而人对知识的需要就如同需要阳光、空气和水一样。可见，知识的广泛传播，对于社会文明进步是何等重要！

3. **传承性教育的历史价值**

人类社会能够加速度发展，是由于人类文明成果的传承和积累，这在卷一第九章已谈到过。教育对文明发展的推动作用主要表现为三个方面：一是教育把人类历史上大量优秀文明成果和经典知识传授给人类的新生代，免得重复探索，使他们的素质发生积累效应。二是教育传播人类历史知识，让后人掌握成功经验，吸取失败教训，便于正确选择方向、道路和方法。三是颂扬历代先贤，继承崇高精神。中华文化塑造了许多伟大人物，这些人物不仅对当代做出了卓越贡献，而且对历史和后人产生持续影响。万世师圣孔子教育了孟子；孟子“舍生取义”思想塑造了文天祥；文天祥坚贞不屈的精神和品格又影响了亿万后人。包拯“秉公执法”、海瑞“清廉刚直”、柳下惠“坐怀不乱”等等，这些历史人物的精神哺育了一代又一代的新生辈，其社会价值不可低估。

4. **创新性教育的开发价值**

教育传授知识、训练思维，提高学生的联想、想象、求证和创新能力。创新的类型很多：解决未曾解决的问题；有所发现、有所发明、有所创造；以行为和业绩为他人作榜样；以进步思想影响他人思想；以新观念、新时尚引领时代新潮流；等等。这些均对社会发展进步起到推动作用。一个人水平的高低主要取决于其对客观规律的认知程度；一个人能力的强弱主要取决于其掌握和运用规律的状况。工商企业界善于进行技术创新、产品创新和管理创新者；学术界善于进行观点创新、思想创新和理论创新者；政界善于进行理念创新、制度创新和政策创新者。各界精英均是具有强大价值创造能力的卓越人才。社会各行业领域的创新型人才成长都有赖于教育培养。

（五）知识分子对物质生产的作用方式和途径

中国传统社会人们普遍认为知识分子没有参与物质产品生产，而只是社会物质财富的消耗者。认为知识分子即使有创造，也只是文化和精神财富创造。而思想价值论认为：知识分子是以各种不同方式参与物质产品生产的。他们既是文化、精神产品的直接创造者，也是物质产品的间接生产者。

为了说明这一问题，我们分析人的思想从意态转换成物态的具体方式和途径。

1. 手工转换或称直接转换。劳动者头脑中的，包括产品的结构、功能和实现方法等想法，靠头脑支配双手操作得以实现。雕塑家对自己的作品先要进行想象、构思，然后，运用其专业技巧和手法完成创作，这样就是由产生想法到实现想法的创作过程。工人、农民的劳动也是这么一个直接转换过程。工程师和管理者就不同，工程师先将自己的想法画在图纸上，再让工人按照图纸要求做出产品；管理者通常是先制定规章制度，然后让员工按制度执行等。凡此种种，都是通过影响操作者思想来改变操作者行为，最后使想法凝结在产品和行为之中。

2. 经能源推动的机器转换或称间接转换。为将某设计产品做好，工程师要选用或制造设备，把想法和要求固定在机器和模具上，机器在人操纵下依靠能源推动制造产品，实现人的思想要求，思想也就凝结在产品之中，变成产品的功能和效用，从而，将人的想法转换成为商业价值。

3. 经人们头脑多级转换。基础理论、实用技术和操作方法都是人的思想成果。科学家创立基础理论；工程师运用基础理论发明实用技术；技术员根据实用技术制定操作方法；最后经工人的操作将这多层次的思想成果全部凝结在产品之中。人们的思想成果级级叠加，思想价值也得到叠加。

4. 人文社科类思想成果的价值转换。哲学社会科学影响人们的理念、价值观；影响制度设计、劳资关系和劳动积极性；管理科学原理运用使生产有序、协调和高效，降低生产成本，促进价值创造；文化艺术作品在被欣赏过程中影响设计者思想并改变设计理念，影响操作者的观念和情绪，让人文内涵融合于产品之中，成为产品价值的一部分。

5. 知识信息的传播性转换。教师、记者、编辑、网站员工对物质产品生产起什么作用？教育就是传授各种知识；媒体就是传播各种信息，成为一线劳动者头脑中的思维材料，然后凝结于所生产的产品中。也就是说，教育、传媒工作者是通过传输知识和信息给一线操作者，改善操作者的劳动状况来发挥自己作用的。企业家遇到管理和决策困境时问计于大学教授；技工遇到技术难题时求教于技校教师。知识分子都是间接地参与物质产品生产，或者说指导物质产品生产。

综上所述，无论是科学、技术，还是哲学社会科学、人文学科全部都是人脑思维的成果。人类社会各行业领域的成就都是同一根上开出的花朵。这一“根”就是人脑之根、思维之根、生活之根，这花朵就是灵性之花、思想之花、智慧之花。社会各界的思想者虽然有许多人没有亲手操作制造产品，但却决定或影响着产品的功能、效用和人文内涵；影响着劳动者关系、情绪和积极性；影响着人们的劳动方式和生产方式。可以说，物质产品生产的第一线其实是人类总体劳动的最后的集中表现。产品从工人手上或流水线上产出，但其背后有着强大的人类智力集团在支撑，大量的知识分子从各个方面在动脑筋，在提供思想、知识、信息和智力服务。他们运用头脑创造价值，这也是近几十年来智力服务业得到迅速发展的原因所在。这些第三产业的思想、知识和信息均流向生产第一线，并转换成现实价值。有形产品中凝聚着无形思想。产品之中既渗透着操作者的汗水，也包含思想者的心血。物质产品是这样，文化产品、思想产品就更是知识分子思维的直接成果了。此外，任何产品都程度不同地包含人类科学先驱、思想先驱和文化先驱们所创造的经典知识价值。

思想价值论重新审视了知识分子的价值创造作用。思想者读书思考不只是修炼自身的一个“雅”，其舞文弄墨也不只是生产文化产品满足人们欣赏和审美的需要，更为重要的是，思想者能精细观察、精微体悟、精确表达，发现真理、高瞻远瞩、引领潮流，从而改进人们的生产方式、生活方式、思维方式和行为习惯，有力地影响当时社会物质生产的质量和效率。思想者以直接或间接方式创造经济价值，思想供给状况直接关系国家经济社会发展状况。

思想价值论认为：教育、科研、传媒是人类精神文明的三大支柱，也是经济社会发展的根本动力。教育传授和传承知识，增强人的思维能力，培育社会各界所需人才；科研包括自然科学、社会科学和人文学科的研究，是知识和文化创新的主要源泉；传媒反映社会实践前沿状况，颂扬新事物、传播新思想、引领新潮流。三者结合推进人类精神文明发展，同时推动物质文明进步。

五、学校的教育职能

现代社会，人们对人才素质构成的理解已进一步深化，认为人才必须德才兼备；对学校职能也有了新的领悟。主要有五个方面：

其一，确立正确的世界观、人生观和价值观，是学校教育的首要职能。因为这是人生的总开关。当学生选定了自己要成为一个什么样的人，做什么样的事，即人生目标确定，以后的发展就有了方向和动力。志定则路明，路明则心安，心安则慧生，慧生则劲足，劲足则行力，行力则业成。品德培育、人格塑造是教育的根本。境界高度决定视野广度，器局胸襟决定事业规模。教育的首要任务是塑造健全正派的人格，让学生确立有利他人和社会的人生观，尔后，学习内容选择、学习方法探索、学习经验总结等问题就能自行解决。

其二，基础知识传授、基本技能训练是教育的主要任务。凡事只有学习，尔后理明，理明尔后行通。从人的一生看，无论是基础教育、高等教育，还是专业教育，在学校里都是打基础。基础扎实者，在社会实践中就适应得快，成长得好。基础知识传授既关系学生的能力培育，也关系学生的品德培养。

其三，学习方法、体悟能力和良好习惯的培养是教育的关键职责。在校学习总是有限的，人需要在长期学习中成长，在实践体悟中成熟。善于学习和体悟者，善于总结经验者，无论放在什么地方都能成长和成功。习惯支配着人的绝大多数行为，习惯优良才有业绩优异。要具有开放的头脑，阔广的胸怀和海纳百川的包容性，人就能日进日新。

其四，思维能力和创造能力培育是教育的根本目标。要爱护学生强烈的好奇心，使其能关注各种新事物新现象。要培养学生的独立思考能力，使其不盲从、不迷信，敢于挑战权威的既有结论。要培育学生丰富的想象力，使其展开万向思维，提出尚未有人发布过的新想法，创造出有利于人类生存和发展的新智果。

其五，情境感知与合作能力培育是教育的必要课题。教育既要开发智力以解决思维难题，又要培育情商以体察他人感受，既要增强创新能力，又要提高合作技能。不善合作者，个人能力再强也带领不了团队，成就不了大业。

思想价值论认为：道德观养成，看问题视角选择，获取知识方法的掌握，思维方式和行为习惯的培养等，都是教育的重要任务，其重要性都不亚于考试分数。现代大学生要具有良好品质、健康心态和思考兴趣；要坚持表里一致、言行一致、理论与实践相统一。

第六节　经验积累与知识储备的价值统一

大型企业聘任总经理和营销员为什么要给予高薪？因为他们凭借其经验和能力在企业价值创造中发挥了重要作用。名牌大学的博士为何尽管年轻却身价不低？因为他们有深厚的专业知识储备和创造潜力。知识是能力的基础，理论知识与生产经营实践相结合就能很快转换为实际能力，工作能力一经发挥就创造出业绩。由此可见，知识储备和运用的价值与经验能力发挥的价值是相统一的。积累经验与获取知识同样重要。

一、实践经验的价值

世界上许多著名企业家原先只有初中文化，没有多少生产、经营和管理方面的知识，就凭其对商机的敏感性和对成功的执着追求，创办企业，由小到大，逐步发展。他们在经营中学习经营，在管理中学习管理，在不断总结经验、吸取教训中提高能力；在事业发展的同时，其个人也同步成长。他们虽然缺乏理论知识，却有丰富的源于实践的体验、感悟、经验和思想。凡有成就的企业家都是思想家，其业绩就是其思想的实现。

聘任企业高管必须考察其经验和能力，因为，经验和能力发挥可产生很大价值。总经理适应市场需求的投资决策，让其项目思想支配资金运行，必然带来巨额利润。其中，资本是载体和条件，思想是核心和灵魂。富有经验的市场营销人员根据自己对产品和消费者的认知，采取有针对性的营销方法，让大量消费者接受产品，使商品价值得以最终实现，使资金及时回笼，使生产经营得以持续。训练有素的技术工人能理解和领会工程师的设计思想，凭借其专业技能，按照图纸要求进行得心应手的操作，准确表达和实现工程师的想法和要求，确保产品的效能和质量。经验和能力创造价值很容易理解，不必细述。

二、读书的价值

思想价值论认为，书本知识是人类思维成果的符号表达。著书立说是人类思想成果传授、传播和传承的主要方式之一，故而人们夸赞书籍是人类文明进步的阶梯。莎士比亚说：“生活里没有书籍，就好像没有阳光；智慧里没有书籍，就好像鸟儿没有翅膀。”这形象地说明了书的重要性。

一本书的商业价值是有限的，通常由出版成本加利润构成。但决定书籍的运用价值、社会价值和历史价值的是其思想内容。思想内容在传播、传承和运用中的作用是无法估量的。然而，这一作用发挥的前提就是读书。

苏格拉底道，“知识即美德”，说明读书与品德培养密切相关。培根曾说："读史使人明智，读诗使人灵秀，数学使人周密，科学使人深刻，伦理使人庄重，逻辑与修辞使人善辩。凡有所学，皆成性格。"① 中国的先哲们则说："书犹药也，善读之可以医愚。"就是说读书开智，能使人聪明起来。

思想价值论认为读书的收获可分为三个层次：即泛读长知识，精读强能力，研读促创新。

其一，泛读长知识。一般性的读书称为浏览，或叫泛读，仅了解书本的大意，初懂作者所表达的思想。掌握了一些信息，达到了增长知识的目的，是谓"开卷有益"。有的把书中文字读得烂熟于心，倒背如流，但因思考不够，也未解其文字背后的真意，虽是多了知识，却未转化为能力。清帝康熙谈读书的价值作用时说："以天下之耳目为耳目，以天下之心思为心思，何患闻见之不广。"增广见闻是读书最直接的收获。

其二，精读强能力。子曰："学而不思则罔。"用心读书必然伴随思考，只有深入思考方能跟上作者的思路，理解作者的本意，品得书中真味。真正懂得作者所表达的思想，不仅要知道书中说的是什么，而且要知道为什么，获真知、得真传。读书的过程是思维能力训练的过程。读书既增长知识，又增强能力。人的思维能力是同知识相关的，许多知识既是思维的材料，又是思维的工具。知识武装是促进思维能力提升的，凡读书能理解真意，便能学得书中知识，懂得书中道理。真正读懂书，就是要不仅知其然，而且知其所以然。若能联系实际，便能经世致用。

其三，研读促创新。知识不等于能力，能力不等于业绩，有才不等于有为。成才并不是人生的终极目的，贡献才是人生的价值所在。社会只承认业绩，一般不承认能力，因为，只有业绩才有服务社会推进文明的真正作用。况且，业绩是明摆的事实，能力是身上的潜质，只有交往者方知其知识和能力状况。因此，读书的最高境界是启发思维、激发灵感、促进创造。学者读书要创造新的学术成果；商人读书要创造新的经济效益；官员

①转引自：孙中信《学习是一个严重的问题》，载《学习时报》2006 年 6 月 12 日。

读书要创造新的理念、制度、政策和政绩。读书要质疑，要发现问题、解决问题；读书要联想，要由此及彼、触类旁通；读书要创新，大胆想象、论证求真。

人类的一切创造均以思想创造为先，以思想创造为本。离开了思想创造，就绝无其他创造。而人脑这一思想园地是需要读书这一雨露滋润的。不读书、不交流，停止信息供给，头脑就会“沙漠化”，即知识老化、思维僵化、智力退化、人格庸俗化，严重时，将导致思想之地寸草不长，创造之泉彻底干枯。

也有书生死读书，只会死记硬背，把书本知识看成千古不变的教条，使活生生的人变成食古不化的收录机，古人叽之为两脚书柜，那样读书是误人误事。符号之书只可做活脑之辅助，若本末倒置，让书妨碍人的思考、代替人的思考，那就必败无疑。书若成为思维的天梯，乃无价之宝；书若成为思维的枷锁，那就没有必要。

三、读史的价值

人常说，历史是凝固了的现实，现实是流动中的历史。历史是人类思维活动、社会实践的记录和总结，历史是一种经验性的知识，其中每一历史事件和人物均有其自身的特质。

读史有何价值？思想价值论认为：历史知识是人类的经验总结，学之使人聪明，增强思维能力，可以结合现实情况创造出更多思想成果。

具体可以从以下几方面来理解：

一是寻根作用。人的理性决定人必然追问“我们从哪里来？我们祖先如何生活？”。这种寻根究源的天性使人具有母亲依恋、生命感恩和故土情怀。人的这种寻根意识和感恩意识呼唤人们寻觅人类祖先。一条由无数事件和人物构建的历史隧道，穿越古今时空，让人们得以搜寻和回访，回眸过去，认祖寻根，求得心灵的清明和慰藉。

二是借鉴作用。任何个人都是历史舞台上的匆匆过客。人生经历难逾百年，千年历史演变已不能参与，但可以读史浏览，增加自己的虚拟经历。悠悠千年，芸芸众生，成为史传者均是典型的人和事，既有成功经验，又有深刻教训。唐太宗云：“以铜为鉴，可正衣冠；以古为鉴，可知兴替；以人为鉴，可明得失。”能知兴替、明得失就可更好地把握人生。

三是预见作用。从古代、近代到当代，历史发展具有逻辑性和规律性。熟悉历史，站在历史的制高点上，从社会发展规律和趋势出发就能更好地把握现在和预见将来。抓住机遇，强化自我，为人民为社会做更多的事。熟知历史是产生新思想的重要条件，历史是今天发展的基础。学地理使人增强空间概念，读历史使人增强时间概念，从而更好地把握事物发展的方向、节奏和规律。

四是励志作用。读史可以励志，可以增强动力。人类几千年文明史，靠勤劳拼搏创造生活，靠聪明才智创造奇迹。伟大祖国曾有雄居世界的辉煌，也有遭受侵略的屈辱。历史呼唤人们为民族富强而奋发！历史上，有舍生取义的民族英雄；有贡献巨大的科学大家；有力挽狂澜的政治领袖；有清正廉明的爱民官员；有弄潮商海的大商巨贾。他们的品德、他们的意志、他们的智慧和才情、他们的事迹和精神可净化吾辈灵魂，提升吾辈境界，激励吾辈努力奋斗。

总之，历史是一部伟大的教科书，了解过去可以更好地把握未来。

四、提问的价值

人的认识深化是从提出问题开始的。因为有问题，所以要研究、要探索，问题解决了，认识就深化了。因此，提出重要的、根本和关键的问题是很有价值的。

问题是思考的起点。面对一事物只有感觉到了问题，人们才会去思考，去分析产生问题的原因，寻找解决问题的办法。倘若感到十分圆满和完美，提不出问题，就不会去思考，也就不会有新的进步。

问题是研究的动力。问题是人们学习和实践中发现的矛盾、缺陷和困难，挑战困难、解决问题是人的天性和追求，发现了问题就有予以解决的冲动。所以，问题是人的智力作用的对象。

问题是成果的花蒂。任何成果都是从问题上开始生长的，许多情况下成果就是对问题的解决办法。因此，问题的性质和类型就决定了成果的性质和类型。如果说：成果是苗，问题就是芽；成果是果，问题就是花；成果是花，问题就是蒂。大量学术成果均从问题开始萌发。

问题发现是智慧灵光的闪烁。要及时发现问题，必须专注观察事物：需要平静的心态；需要敏锐的知觉；需要进行抽象的概括，问题提出就是思维活动的成果。数学界的哥德巴赫猜想吸引了许多数学家去论证，而提出猜想本身就是对数学发展的贡献。试想：人云亦云、麻木不仁者能提出问题吗?

总之，提出问题本身就是感知和思维的成果，问题的研究和解决将创造出更大的思想成果。如此说来，有见地的提问不是很有价值吗?

第十九章　思想价值论的实践观

思想价值论揭示了思想的价值和作用，为社会各领域创新找到了理论依据。那么，思想价值论是如何看待行动的呢？思想价值论是否与辩证唯物主义实践观相统一呢？现在，我们来探讨这一问题。

第一节　思想价值论的认识论

经典哲学认为，“实践是认识的基础”，人的正确认识来源于实践。这说法也对，但这仅是认识问题的一个方面。实践包括生产实践、生活实践、社会活动和科学实验等。认识是对自然和社会及其规律的认知与理解。“人的认识从实践中来”，所以，科学研究要做实验。我们的疑问是：“科学家为何要做实验？”“为何做这个实验，而不做另外实验？”“为何知道这么做，而不另样做？”哲学家解释说：“是前人或前面的实践使其有了认识。”问题是许多全新的实验是从前没有人做过的。为什么这样做，显然是依靠想象的引领，是思维的作用。若只有实践才是认识的唯一途径就难以有创新，尤其是难以有原创性创新。所谓原创是指此前没有同类基础的，这就不可能有其相应的实践。在认识问题上，忽视实践必然不利于认识的深化和检验；而过分强调实践的作用，忽视想象和逻辑推理的作用，必然阻碍人的创造力发挥。应该看到人是认识的主体，在认识获得过程中，实践是基础和条件，联想和想象是根本和关键。在科学发展史上，爱因斯坦和霍金有多少亲手实验？在社会科学领域，亨廷顿等院校中成长起来的理论家又有多少直接实践？传统认识论的确存在一些问题。思想价值论认为：实践是认识获得的基础，思考是认识深化的关键。我们可以从以下几个方面来论证：

一、认识与实践的相对独立性

"认识来源于实践，主观反映客观"，这是基本的哲学原理。然而，认识之于实践又有相对独立性。并不是所有认识都是实践的总结，也不是所有实践者都有经验总结能力。思想家能够进行理论概括和理论提炼，但其亲身实践却不一定最多，而且也不需要事事参与实践。他们可以通过综合、总结广大人民群众的大量实践而形成理论。舒尔茨在获得博士学位后，终生从事教学和研究工作，没有多少时间亲身参加实践，但他创立了人力资本理论而获得诺贝尔经济学奖。当然，理论也不能代替实践，创立了再多的管理理论也代替不了管理实践，研究了再多的实用技术也代替不了实际生产。由此可见，认识与实践既紧密联系，又是相对独立的。一个人不可能事事亲力亲为，然而，人们未经实践获得的认识同样可以广泛而深刻。这是因为，认识与实践可以作社会分工。电器厂的焊接工，知道那些电子元件要怎样安装焊接，而电学原理却未必全懂，这并不影响其电器产品质量；工程师对焊接操作也许不如普通工人熟练，但不影响其电器产品设计。工人农民在生产第一线实践而没有去概括理论，专家仅经调查研究却著书立说，这也说明认识与实践可以相对独立。丘吉尔曾写道："人的一生在思想和行动的交叉口上，只能选择一个方向。"① 说明人可以思考为主，也可以行动为主。

认识和实践难以分离，但是可以分工。有些人以行动为主，有些人以思考为主。司令部的指挥官和作战参谋以思考为主，前线战斗员以行动为主；工程师和管理人员以思考为主，一线工人以操作为主；理论物理学家

①斯迪文·哈沃德著，梁景宇译：《丘吉尔论领袖素质》，海南出版社，2000 年 3 月版。

以思考为主，实验物理学家以动手为主。但理论家的思考并不是背离实践，而是运用他人的大量实践成果和材料来提炼理论；实验物理学家也不是盲目实验，而是充分利用他人的理论指导实验，并且，也要对自己的实验进行整理、分析、对比和总结。

为什么人类社会能加速度发展？为什么从事脑力劳动的人越来越多？因为人类文明的传承和积累，有大量的实践结果供人们作为思考的材料。

二、观察分析是认识深化的基本途径

科学家是以研究、认识和揭示客观规律为主要任务的。物理实验、化学试验可以说是一种特殊实践，而天文研究却主要依靠观察和分析，难以开展天文实验和实践。人类正确认识的获得和深化除了依靠实践以外，关键是运用想象求证、逻辑推理等思维方式。爱因斯坦创立的相对论不是实践的产物，而是观察的启发和想象的创造。许多科学成果是靠想象产生，靠实验证明的。真理可以被发现，不可能被创造，但发现离不开观察和思考。

新发现和新思想是一种新的生产力。“生产力决定生产关系，经济基础决定上层建筑”，这是经典理论的基本定理。然而，引导和推动生产力发展的是什么呢？思想价值论认为是思想成果，即新的理念、科技和文化等。新潮意识引领新潮消费；新的技术开发新的产品；新的文化产品满足新的需求。产品开发商根据市场需求开发的新产品必然引领消费新潮流。

同理，社会存在决定社会意识也是有条件的。社会新潮意识，往往引导着人的行为，从而有效改变社会存在。

人类比之于其他动物的根本优势是思维。牛耕田、马拉车，其力量均比人力大，但都不能独立劳动，只能在人驱使下起作用。牛马经人训练，可增强其条件反射能力，但因没有思维，就不能独立劳动。

三、各界精英认识事物的视角不同

哲学家把世界划分为物质世界和精神世界两大部分，且物质决定精神，精神源于物质；物理学家认为：能量是物质存在的形式，物质和能量是相互统一、可以相互转换的，物质变换中遵从物质不灭定律和能量守恒定律，核裂变遵从 $E = mc^2$ 质能转换定律；实业家认为：世界上的资源无非是原材料、土地、厂房、设施、能源、科技和人力等，根据市场需求组合资源就能创造价值；思想价值论却认为：只有人认知规律、把握规律，按客观规律要求使物质和能量发生变换，生产出市场所需求的产品，才能实现价值增值。自然是物质世界，遵从自然规律；市场是商品世界，遵从价值规律。信息是物质、能量、规律三者的外在反映，但不等于规律；思想可以反映和描述规律，但不等同于规律。

四、认识与实践的先后讨论

哲学家认为，“实践是认识的基础，一切认识来源于实践”，这话有道理。人们认识深化不能离开实践，而成功的实践又离不开正确认识的指导。

世界上的人是先有认识还是先有实践呢？我们可以作简要分析：第一，人类祖先最早是采集野果充饥的，凭的是本能。从自然界中看到落地种子发芽生长过程中得到启发，懂得播种土中会长出农作物。有了这种认知，才有种植行动，这就是先知而后行。第二，现实生活中，多数事是先认知，后实践。“要干一件事，首先要树立一个正确的理念、思路。”① 也就是先想到，后想好，再行动。当然，实践中会有新的发现和体悟，可以指导新的实践。建设一个工程项目是先设计方案、描绘图纸，再备料施工。第三，从人的出生成长看，并不是马上在社会中实践。幼儿时随母亲认识世界，入学后经教师指导和书本介绍认识世界，皆是非实践的认识过程。实践是成长到一定阶段后的事情，当然是先知而后行。第四，从现代教育看，从小学到大学，学生主要是在教师指导下学习，即是认知，尽管

①王伟光：《在全国党校经济学教学科研协调工作座谈会上的讲话》，载王东京、赵振华、韩保江主编《2004′中国经济热点调查》第 1 页，中共中央党校出版社 2004 年 12 月版。

有些内容是通过实验来学习的，但社会实践还是较少的。

为什么认识可以超前于实践呢？因为人脑具有感觉能力和想象能力。在事物未产生之时就有感觉，事物发展到某一阶段时就感觉到下一阶段的来临，这固然与经验有关，但脑功能是基础。跟着感觉走，走成了就继续走下去：感觉一步、实践一步、验证一步，有新感觉，再有新实践。世界上原本没有汽车、彩电、冰箱，这些全部是人的创造。创造依靠想象，先设想出一个新对象，然后去造出来。任何物质创造均源于思想创造，没有想象到又怎么可能去制造呢？总之，许多认识是走在实践前面的，但不实践又难以产生新认识。对人类整体而言，实践是基础，认识是指导，思考是关键。倘若把学习当作实践，那么，认识与实践概念就没法区分了。就认识与实践的关系，我们可以得出如下结论：

第一，就个人和某件事而言，是先认识，再实践。有了认识，才会有做事的冲动，作出做事的决定，再把事做起来。正如朱熹所言："论先后，知为先；论轻重，行为重。"（《朱子语类》卷九）一项初步认识总是在行动之前，一些需要反复研究和论证的事更是这样。凡大事均要先设计好方案再行动。今人与古人行为方式不同，古人有什么想法要凭手工去做；现代则是机器作业、能源驱动，关键是要提出新的想法。行动主要是把想法表达出来，比如：编出程序、输入电脑，让电脑控制机器生产。思想是行为之动力，思想是行为之先导，新思想是人们实践的总结、想象、论证和升华。

第二，就人类整体和人的一生而言，实践出真知，实践是认识的基础。实践对思考和研究的推动作用主要有三个方面：其一，实践对思想提出需求，迫使人思考并提供思想，即实践对思想产生拉动作用。其二，实践发现矛盾、提出问题，为思考提供对象和材料。其三，实践过程展现事物的内在本质，便于总结和提高。因此，就全人类而言，离开实践，人类认识就难以深化和发展。人总是经过感知、整理、想象和求证等思维方式深化认识，超越以往实践，再指导新实践的。

总之，作为个体的人，其认识主要是通过学习获得；作为人类整体，认识的基础和来源是实践。

由于脑的结构、功能差异，人的阅历、知识和性格的差别，经历同样的实践可以得到不同的认识：有人感受不深，有人感受特深；有人从正面总结经验，有人从反面汲取教训。

认识与实践，总体保持平行并辔、源流共济的关系，但到具体的时候，有时是认识在前指导实践，有时是实践探索深化认识。值得注意的是，敢于试行也是思想指导的结果。

第二节　思想价值论的实践观

思想价值论虽然强调思想的重要性，但更强调行动，因为，思想本身固然有价值，但其更大价值却在于运用。思想本身的价值可称为直接价值，运用所产生的价值可称为运用价值，巨大的运用价值转换成现实价值就依赖于实践。此外，实践是认识的基础，是思想产生、深化、发展的条件和途径。

一、行动的四大作用

行动对于思想来说具有四大作用：一是表达和实现作用；二是检验和评价作用；三是传播和传承作用；四是对认识的深化作用。

一是行动对思想的表达和实现作用。做事和造物要先想到，这固然很重要，但是，更重要的是要行动，只有积极行动才能做成。荀子曰："道虽迩，不行不至；事虽小，不为不成。"（《荀子·修身》）有很多事想到比较容易，但要做成却需要大量的时间、精力和体力。比如：要修一条两村之间的路，这想法并不复杂，但古代农民就要破高坡、填洼地，花费大量劳动力。若修路的想法只停留在脑子里、口头上或书面上，那就永远也成不了路。"一次，美国通用电器公司原首席执行官杰克·韦尔奇应邀来我国讲课。一些企业管理人员听完课后，感到有些失望，便问：'您讲的那些内容，我们也差不多知道，可为什么我们之间的差距会那么大呢？'

杰克·韦尔奇听后回答说：‘那是因为你们仅是知道，而我却做到了，这就是我们的差别。’”① 由此可见，要实现思想目标就必须行动，使思想（规律）、物质和能量三者很好地结合。没有行动就不能实现思想的运用价值。综观历史，人们深知“清谈误国、实干兴邦”。因为脱离实际的清谈会引偏思想，于事无补的清谈是浪费精力，漫无边际的清谈会贻误时机。这是清谈的三大危害。高效的行动一定在正确思想指导下进行，表现出及时、务实、细致的特点。温州人在市场经济竞争中，表现出非凡能力，他们有一种“想好了，就行动”的果敢。这行动的动力从何而来？来自他们对成功的强烈渴望。为了成功，不怕苦，不怕累，不怕一切困难。很显然，“想到”是行动的前提，“想好”是做好的基础，“渴望成功”是行为动力和意志力的源泉。想法以行动表达，靠行动实现。

二是行动对思想的检验和评价作用。人们有想法后就行动，然而，想法是否正确靠行动检验。若想法指导行动富有成效，则证明想法正确；若想法指导行动连连失败，就证明想法有问题。并且，想法的正确程度、价值大小也在行动中表现出来。人们总是从思想对行动的指导效果来评价思想价值的，因此，哲学上有个重要原理：实践是检验真理的唯一标准。

三是行动对思想的传播与传承作用。以思想指导制造商品，思想凝结于商品之内；以思想指导办事，即思想贯穿于办事过程，寓于结局之中。生产过程和办事过程，产品性能和办事结局均记录、反映和凝结着思想，并展现在社会公众面前，让公众了解和流传。因此，行动的过程即是思想的传播和传承过程。

四是行动对思想认识的深化作用。人们对事物规律的认识是一个渐进过程，往往需要经过多次反复才能完成。就认识主体而言，认识总是受一定社会历史条件局限的。正如恩格斯所说：我们只能在我们时代的条件下进行认识，而这些条件达到什么程度，我们便认识到什么程度。另一方

①黄小平：《知道了不等于做到了》，载《知识窗》2003 年第 9 期。

面，客观事物的本质和规律也是在运动变化过程中逐步显露的。因此，人们对事物的认识不可能一次性完成，而是必须经历多次反复的过程。人们的行动既是表达、实现和检验人的想法的有效方式，又是进一步观察、认识、探究事物本质规律的途径。唯有坚持行动才能对事物的发展变化作同步跟踪，从而，更好地认知事物和掌握规律。世纪巨人毛泽东说："人的正确思想是从哪里来的？不是从天上掉下来的，也不是人们头脑中固有的，而是从社会实践中得来的。"[①] 这就是辩证唯物主义的认识论。苏俄十月革命之后不久，列宁曾指出："现在一切都在于实践，现在已经到了这样一个历史关头：理论在变为实践，理论由实践赋予活力，由实践来修正，由实践来检验。"[②] 人们在实践中检验理论并修正理论。思想价值论要求多调研、多试验、多实践，使认识得到深化，使思想得到完善。

文学家搞创作离不开必要的生活体验。传世名篇《岳阳楼记》的作者范仲淹虽然没有到过岳阳，但因其父亲曾在澧县相邻的安乡县做官，在澧县、安乡生活过几年的范仲淹自然对洞庭湖十分熟悉，感悟颇多，所以写起《岳阳楼记》驾轻就熟，一气呵成，于是，就有其高度艺术概括："衔远山，吞长江，浩浩汤汤，横无际涯，朝晖夕阴，气象万千。"[③]

世界上，事物和规律是客观存在，感觉是客观事物在人们头脑中的反映。感觉重复多次就逐渐被提炼为概念。"词汇是一切事物、行为和性质的名称"（王力），词汇是对头脑中概念的表达。学生的学知与实践者的悟知两者其逻辑顺序是截然不同的，理解、掌握的程度也不尽相同。学知是先记词汇，后理解含义，再建立概念，就是刻意理解，还是与实际有距离。有时，词已烂熟于心，理却不甚明白，这种粗知浅识就不大管用，若能透彻理解就要好些。而悟知则不同，是先在实践中获得对事物的感知，经多次反复获取心得，从中悟出规律，从而形成概念，然后再寻找词汇予

---

①毛泽东：《人的正确思想是从哪里来的?》，《毛泽东文集》第八卷，第 320 页，人民出版社 1999 年 6 月版。

②转引自：张绪文《在检验和完善原有认识上用力》，载《学习时报》2002 年 11 月 4 日第 3 版。

③资料来源：《今晚报》2005 年 12 月 4 日，作者尧山壁。

以表达。若归纳、提炼得准确，即一语中的而揭示真理。即使不善表达，或词不达意，只要有心得有感悟，其头脑中的感受就是真切、深刻地反映事物规律的。虽然未能用符号准确表达，但头脑中却清楚地知道该怎么做。其实，这也是一种思想成果，是一种非词汇化的感悟。亲身感悟的个人心得，运用起来更加得心应手，通常百灵百验。正是由于这一原因，个人的实践心得比书本的理论条文要管用得多。

书生以学知为主，实践者以悟知为主。我们可以将学习获得的知识称作学取性知识，是他人总结提炼的，属间接经验；把自己在实践中总结概括的知识称为悟知性知识，属直接经验。两类知识是同样宝贵的。与事业发展同步成长的实践者往往很厉害。他们通常有大量直接感悟，事业发展迫使其向书本和他人学习，艰难曲折的实践激发他们的悟知，于是，知之全面，知之深刻，能力特强。书生通常以掌握的概念去解读新的概念，这种学习缺乏实际事物刺激，对概念的理解往往与事物规律有一定距离，因此，运用起来并不自如。书生必须经历一定的实践磨炼，增加一些切身感受，消化和检验书本知识，然后才变得更有实际能力。

二、实践的相对性

实践是人们在思想认识指导下改造自然、改造社会的有意识的活动。实践成果不同于思想成果，思想成果的应用、凝结和实现，表现为制成产品或做成事。实践成果与实践活动相联系，并依赖于实践活动。离开了实践活动，就不可能有实践成果。正确理论指导能取得圆满的实践结果；错误理论指导导致错误后果；没有实践活动就毫无成果，此谓实践原理也。所以，通常是先有考虑，后有行动。真正把事想明白了，想深想细想透了，做起事来效果就好。当然，实施过程还是一个再创作的过程，必须有具体、准确的想法指导实际行动的每一个细节方能成功。然而，想到的未必马上做得到，想好的也未必马上做得好，因为，思考所用的信息材料受到事物发展阶段的局限，也就是说，想的东西未必完全符合实际发展状况。而且，行动中受到物质、能量、时空等方面条件限制也不可避免。所以，总体而言，做比说难。人类社会具有大量职业岗位，分工极为细致，社会生产领域由一系列产业链构成。理论与实践存在明显的相对性，某一事对甲来说是理论学习，对乙来说或许是实践活动。譬如：建筑工程学院的教师讲授“建筑工程设计”课是教学实践，但对参加培训的建筑设计师来说，教师讲的是建筑设计理论；建筑设计师根据业主要求构思并画出图纸是设计实践，而在一线施工的技术员看来，图纸所画所写是理论要求；施工技术员强调坚持“规范操作，线要直、面要平、角要方”是指导实践，但在建筑工人看来又是理论要求。由此可见，一般情况下一项思想成果对接受者来说是理论，而对传播者来说是实践。设计师培训、工程师设计、技术员和工人施工是建筑行业产业链中的几个环节，每个环节均存在理论学习和实践操作两个层面。只有对理论要领理解得深，才能在实践中做得好，这是人类劳动的突出特点。这些环节的链接就像儿童积木中的凹凸衔接一样，使理论与实践、思想与行动相辅相成，相依互动，并行发展。

从上述分析，我们可以看出实践相对性中有几条规律：

其一，所有行业都有自己的实践。理论皆是思想成果，实践是思想成果和多种资源的结合，具有许多不同方式。体察民情、科学决策、资源整合、组织实施是政府官员的实践；理解要领、科学构思、画出图纸是设计师的实践；配比备料、合理用工、按图施工是项目经理的实践；理解要领、按规操作、精工细活是建筑工人的实践。值得注意的是，并不是只有工人、农民的物质产品生产才是实践，科研人员、教师、医生、记者、商人、官员、企业管理者等均有各自的实践。“资本家是依靠工人养活的”“脑力劳动者是依靠体力劳动者生存的”等观点不符合当今社会现实。这种观点不纠正，不利于人类创造力发挥。

其二，所有行为主体均有知和行两个侧面。通常是先知而后行，因知所以行。学习、理解、领会理论属于知，运用理论指导实践即为行。教师自己在师资培训班中听教育理论课属于知，自己走进课堂给学生讲课就是行；学生在课堂上听写作课属于知，听完后自己写作文就是行。任何主体的知行关系都是多样化的：先知后行、边知边行、行中增知、新知促行。

其三，上线主体的行通常是下线主体的知。业主购地、筹资、提出建筑要求是行，设计师听明业主要求是知；设计师构思画图是行，施工员解读图纸是知；施工员放样并说明要求是行，工人听懂要求是知。

由此可见，知与行、理论与实践都是相对而言的。社会各行业的人有各种方式的行，也有各种方式的知。行是人们的自觉行动，知乃人脑对事物及其规律的反映。人们为了指导实践，必须学习理论知识；为了更好地学习理论，必须掌握学习方法；为了掌握学习方法，必须进行总结和研究；为了使研究富有成效，又必须坚持以正确的原则作指导……这里边既有知也有行，是知和行的交叉和融合。但知和行的共同本源是人类的智能作用发挥。

思想价值论认为，人类劳动的本质特征是用脑思考。所以，以自然、社会和人为对象的思考和研究都是实践，只有向书本、网页、他人学习才属于理论掌握。思想价值论将实践的含义大为扩展了，研究、传播和运用理论成果均属实践活动。比如：在医疗领域中，临床医生、科研医生、指导医生同样都是在从事实践活动，同为人类健康服务，都是创造价值的。

三、实践、行动和思想等概念区分

实践就是在思想指导下行动。实践过程包括观察、思考、决定和行动。对理论与实践的关系，中国古代思想家就有深刻论述。王阳明说："知是行的主意，行是知的功夫；知是行之始，行是知之成。"人的思想支配人的行动，行动也促进人的思想完善。

作为动词的思想是指思考，就是比较深刻周密的思维活动。思维是在表象、概念基础上进行分析、综合、判断、推理等认识活动的过程。作为名词的思想是指客观事物在人们头脑中反映的成果，其中，相对简单的零星成果也叫想法。

行动是指为实现某种意图而采取的行为和举动。行动表现为在人的思想指导下，嘴、手、脚等器官和肌体作用于外界的活动。

思想决定行动的动机、目标和目的，决定行动的步骤、过程和方法，决定行动的速度、力度和结果。行动体现思想、表达思想、实现思想，人的行动一刻也离不开思想指导。即使是言行不一者，也或是一种策略，或是一种诡计，同样都是思考的结果，仍属于思想的范畴。

理论是思维的成果，是人们关于事物性质和规律的理解和论述，是概念化、系统化的知识体系，它表达思想但不等同于思想。实践中有行动，但实践也不等同于行动，实践中还伴随着思想。理论是相对于实践而言的。然而，不只是理论创造依靠思考，而且，实践过程也时刻离不开思考。可以说，实践是在理论原则指导下再思考和在具体思想指导下行动的过程。理论具有概括性和抽象性，属于普遍原理，往往不能成为解决具体问题的现成答案。运用理论解决实际问题，还需要一段与实际相结合的苦心筹谋功夫，还需要进行具体情况具体分析的应用性研究。把理论当作教条，必然处处碰壁。因此，理论指导实践，必须有一个结合实际、思考再造的环节，这就是具体细化的思想。可以说，实践中包含着理论、思想和行动。理论构成是思想成果，但理论创立的过程也是一种实践。这个过程就是思考的过程，是思想表达的过程，没有表达，就无法传播。尽管理论能指导实践，思想能支配行动，但理论的产生是思考，理论的内容是思想，理论与行动的中介也是思想。思想要比理论普遍得多，广泛得多，丰富得多。

总之，思想价值论不是不重视行动，而是强调要用正确思想指导行动。以正确思想确定行动目标、制订行动方案和激发行动动力。思想价值论强调以行动来实现思想的运用价值，并指明行动和实践是思想价值作用得以充分发挥的根本途径。

四、思想对行动的指导

思想价值论认为，思想对行动具有灵魂般的指导作用。没有正确思想指导的行动，是盲目的行动，必然失败。具体可以从以下几方面来理解：

第一，思想是行动的先导。什么事都要先想到，才去做。若压根儿想不到，怎么可能有行动呢？朱子曰：“义理不明，如何践履？”曾国藩说：“知而不行，非真知也。”倘若真知，必定能行。清谈不干本身是思想问题，是思想认识不到位，没有认清实干的重要性。有时就是有了好的想法，也自我否定，没有行动。雅利达电脑公司创办人诺兰恩·布希奈尔说：“我自认为是行动主义者，相信跟我有同样构想的人必定为数不少，只是我能付诸行动，而他们什么也没做。”没有做自然就没有电脑公司。问题是为什么许多有同样构想的人不行动呢？我们猜想：或许是想不到办好电脑公司是一项如此辉煌的事业；或许是想创造辉煌业绩但怕苦怕累；或许是担心办不好会投资亏本，于是不敢行动。从人的思维逻辑上分析，当人发现一个目标，如想到一件事时，决定是否付诸行动有两个关键因素：一是价值判断，就是对该事物的价值有正确和充分的估计，觉得该事值得做，甚或感到必须做，这就奠定了愿意行动的心理基础。二是成功信念，就是坚信自己的目标一定能实现。若把困难看得过大，认为成功的可能性极小，就不会行动。因为，行动是有代价的，不成功就意味着损失，失败就损失更大。这样没有信心就不可能采取行动。由此可见，由设想上升为行动，必须经过“很值得，能成功”两个台阶的思想提升，缺一步就不会行动，思想决定是否行动和如何行动。列宁说：“一打纲领也不如一个行动”，这并不是说纲领没有作用，正确的纲领是行动的指南，没有纲领指导的行动，往往是盲目、无效甚或是错误的行动。但是，如同列宁强调的，纲领确定的目标只有通过行动才能实现。纲领本身只有理论价值和文本价值，只有用行动去贯彻实施纲领，才能创造出纲领的巨大指导价值和现实价值。

第二，思想决定行动的目标和方法。凡事总有动机和目标，人的思想不同，确定的目标就不同。思想是行动的指南，人们在行动过程中的步骤、方式、手段和方法都是由思想决定的。行动是成功的台阶，成功总是依靠一步步行动来实现的，但前提是行动正确。怎样的行动才能接近目标呢？错误的行动，反方向的行动，只会离目标越来越远。这就说明要使行动接近目标，应当有正确思想指导。卡尔·韦克说：“凌乱的行动总比有秩序的不行动好”，这话应该是有前提的，就是具体行动本身没有错，因为错误行动会带来反作用，比不行动还糟。有时甚至行动的部署稍不严密就会遭受惨败，因此，成功的行动必须有正确严密的思想指导。

第三，思想决定行动的持续力。人在行动中会遇到困难，是什么使人坚忍不拔、坚持到底？“美国俄亥俄州大学心理学家史蒂文·赖斯研究了成功背后的动机。是什么原因促使许多人发狂苦练，力图创新纪录，为获取一枚奖章忍受痛苦折磨？是哪里来的力量驱使他们这样做？答案只有一个：力量来自意志，亦即来自动机。动机不仅仅为高水平高速度工作和发展进步创造前提，而且，还是一种原始自然力，使我们受益匪浅——大到战胜疾病、实现一生追求目标，小到坚持每天黎明即起、形成好习惯。”①动机和意志的内容是什么？就是一种追求目标的思想。是知难而退，还是坚持到底，根本的还是思想问题。若想通、想透，真正认识到重要，就必然具有排除万难的勇气，有坚忍不拔的意志和百折不挠的精神。

第四，思想决定行动的结果。只有想好，才能做好。社会实践表明：思想决定行动，行动决定结果。客观事物是有内在规律的，若能正确认知规律、反映规律，那么其行动就能有良好的结果。故古人有“业荒于疏，行毁于随”之说。思想成果的运用价值是在运用中实现的。运用价值是思想成果与对象结合过程中产生的价值增值。若支配造物即凝结于物中，若指导行事则贯彻于事中，因此，运用价值的产生离不开对象。人的思想凝结于所生产的商品之中，表现为商品的结构、功能和效用，思想决定了该商品的属性和品质。正因为如此，懂行的非生产者拆看商品就能看懂其设计原理和工艺技术。同理，思想对指导人们办事来说，思想贯穿于办事全过程并体现在结果之中，决定该事的成败与质量。正因为如此，后人和史学者考察该事时，能解读当事人的处事动机、方法和技巧。

认识发展决定实践发展。思想认识上突破是实践中突破的前提条件，尤其是对新一轮实践来说，更是先有思想上的认知，才会有新的行动。决

①参见：《报刊文摘》2003 年 2 月 17 日，《科学家在探究——成功背后的动机》。

不能错误地认为认识来源于实践就必然滞后于实践，即使是试验也必须先有试验的想法。如前所述：任何行动都离不开思想，要么事先想好，要么边想边干。实干家和思想家都有思想，只不过是实干家以行为表达思想，思想家以语言、文字等符号表达思想。

如果说是劳动创造一切的话，思考则是人类劳动的根本方式。思考不仅是一切实践的先导，思考还使实践得到总结和概括，是使认识得到深化和升华的根本途径和方式。

第三节　处事能力与操作技能

一、运用知识处理信息即为思考

知识是概念化符号化条理化了的思想成果。如上节所述，知识可以分为两大类，即学取性知识和自悟性知识。知识之所以有用，是因为它是头脑处理信息的工具。

能力是做事的本领，是思路、方法、技巧、行动力度和效能的表现。有的人知识不多，但善于思考，富有智慧。敢于去干，并有办法干成干好，这种本领就有能力。能力与学取性知识的多少有关，但与自悟性知识关系更直接。人的感悟离不开实践，因此，能力增长更依赖于实践。

理论与实际相结合是十分重要的。在实际工作中只有调查研究，才能掌握真实全面的信息。为什么必须注意理论联系实际？理论是知识，是分析工具；实际是现时信息，属分析材料。理论掌握得全面透彻，信息获取得准确及时，并正确思维，方能在头脑中加工出解决问题的有效方法。若比之于学生解题，理论就是基础知识，现时信息就是题意。基础知识掌握不扎实就解不了题；题意理解不透，更做不对题。有的地方官员为何决策失误？因为他们缺乏调查研究，不解题意，胡乱做题，哪能不错？

实际工作中，解决问题的方案是怎样产生的呢？首先是要对当地当时的情况、因素、条件等作全面了解。但人的阅历、经验、知识储备不同，对因素、条件关注的侧重点就不同。其次，要对新的信息材料运用头脑中已有知识进行加工处理，分析问题成因及发展趋势，做出正确判断。再次，在深入思考的基础上提出创造性的解决方案。由此可见，方案形成过程可分为获取信息、处理信息、形成思想等三个步骤。三个步骤中，信息是基础，知识是工具，思考是关键。盲目决策是肯定要失败的。

二、技能及其重要性

设计思想的运用价值只有通过操作方能实现。一线操作者可以分为两类：第一类为原初工，指基本上没有经受专业训练的原初型劳动者；第二类是技术工，是经过一定的专业技术训练的劳动者。根据所掌握专业技术技能的程度不同，又可分为若干等级。随着各行各业生产要求的提高，各行业都要求具有较高专业技术水平的员工，原初工尤其是低文化的原初工比较难以就业。

技能就是专业技术操作能力，是知识和经验运用于动作或活动的表现。通常指工艺技术和文化艺术等方面的本领，由于多数表现为手上或嘴上功夫，故其中一部分俗称为手艺。

技术熟练程度较高后的巧妙表现叫技巧，高超的技巧称为艺术。技能技巧熟练到近乎本能的程度就是艺术。动作协调虽然离不开意识，但是，到了得心应手、挥洒自如的程度时就近乎本能，这就进入了神奇美妙的艺术界境。技能成熟的标志是快速灵活，准确恰当。

技能可以分为三大类：一是动作技能，是由若干细小动作构成的组合体系，表现为动作准确、连贯、巧妙，如体操、跳水、机器操作、乐器操演、绘画手法等。二是智能技巧，通常不表现为手上功夫，而是大脑的智慧水平和专业思维能力。如棋艺、心算等。三是交际技能，即待人接物、与人交往的方法和技巧，对他人感想的认知和判断能力及处理方法。

技能是一种技巧性的本领。人们一般认为是人脑掌握要领后经长时间训练而形成的脑体协调的功夫，是一种操作能力。譬如：工厂里的铸工、金工、钳工等；建筑工地上的泥工、木工、水工等；艺术界的书法、绘画、雕刻、器乐演奏等；体育界的跳水、体操、滑冰等。工农业生产以及各种服务业中，除了最初级的工种、正常的成年人模仿一下就会的以外，大多数工种都需要训练，并积累一定的经验，也就是说必须掌握一定的技能。长期以来，人们习惯于把凭技能劳动的人员称为技术工。虽然承认他们创造物质财富，但是在“劳心者治人、劳力者治于人”的旧时代，这些物质财富的创造者得不到应有尊重。因此，在社会财富分配上也不合理，报酬过低，致使相当一部分人不愿学习和训练技能。21 世纪初，随着我国制造业的蓬勃发展，广东、浙江等地各类技工供不应求，一些企业因技工缺少而不得不放弃一些利润可观的订单，这时，人们才忽然认识到技工的特有价值。的确，没有高级技工，哪怕有最科学的设计、最优质的材料也生产不出精密优质的产品。因此，要提高生产力，就必须重视培养技术工人，并保证他们的应有报酬。在科技发达的德国、日本、瑞士等国家，技术工人都是待遇较高、很有地位的。

三、劳动技能的价值

技工的价值创造从何而来？技能的本质是什么呢？思想价值论可以作如下解释：

第一，方法思想是技能的本质和灵魂。

技术性操作同样依赖大脑的指导、支配和控制，是思考决定动作。中国有句俗语叫“心灵手巧”，心指的是脑，脑子灵光手才灵巧。学技术的人，要听师傅指导，看师傅演示；要理解操作要领，尤其是理解和掌握其中一些关键性的细节。如果是自己摸索，则需要长期实践、不断观察，细心体悟、寻找感觉、总结经验和教训，逐步形成概念，归纳成系统化的想法。其实这就是思想，是一种操作性、方法性的思想。当要传授他人时，就必须寻找恰当的词句进行表达，这就是一种技术性、经验性的知识，是人类宝贵的思想财富。由此看来，技能从表面看是一种手上功夫，从本质上说是对技术要领的理解和感悟。真正要达到得心应手、炉火纯青的程度，非经一番心手协调的训练不可。技术性劳动大多有对象和工具。具体技术问题千变万化，需要观察、分析、判断，需要开动脑筋，机动灵活，做出恰当的处理方案，这种方案和想法也是思想。因此，是成为优秀的技工，还是成为一般技工，主要取决于一个人的智能。杰出的吊车司机许振超说："干活不能光用力气，还要动脑筋，……咱当不了科学家，但可以做个能工巧匠。"①

"能工巧匠"关键是"能"和"巧"，"能"即他人不能者我要能，"巧"即比他人更巧妙。这靠什么？靠动脑筋，靠想多一步、想深一步，想细一点、想实一点。当然也要在想透彻的基础上反复实践、反复演练，才能练出一手绝活，练就一套本领。

技工的细节性操作依靠细节性思考，这种思考的结果就是操作性思想。这种思想决定着劳动质量和成效。台球天才丁俊晖说，台球之所以有吸引力在于它的思维，漂亮的球路是清晰奇妙思路的演绎。打球似乎是手上功夫，实为智慧运用。

第二，技术水平提高依靠要领理解深化。

不动脑子，盲目训练，技能提高就不快。篮球巨星乔丹上中学时，有一次在比赛中做出了一个完善的扣篮动作，震惊了全场。事后有人问他"以前也没怎么看你练习过扣篮呀，怎么做得那么好呢？"乔丹说："虽然我没怎么练过，可是我每天都在心里想着扣篮的全部动作，每个细节都能想到，就这样在心里一遍遍地练着，所以，在球场上才会表现得很好。"人们更是吃惊，难道只在心里想也可以练好扣篮？

美国有人曾做过一次实验。把一个班的男生分成三组，第一组在20天内每天练习实际投篮20分钟，并把第一天和最后一天的成绩记录下来。第二组学生记录下第一天和最后一天的成绩，但在此间不做任何练习。第三

①参见：李丽辉、宋学春《新时代的中国工人许振超》，载《人民日报》2004年4月12日，第1版。

组学生记下第一天的成绩，然后每天花 20 分钟做想象中的投篮，如果投篮不中时便在想象中做出相应的纠正。实验结果是：第一组学生进球增加了 24%；第二组毫无进步；第三组进球增加了 26%。这就是著名的“心理意象”实验。①

这说明动脑筋想透想通，就能提高技能水平。由此可见，任何技能性劳动都包含一定的支配肌体的方法性思想，这种方法性思想就是技能价值的本质和源泉，是构成技能价值的第一要素。

第三，体力是表达和实现思想的能量。

知道了要领，理解了操作思想，甚或可以倒背如流，也还不等于真正掌握了技能。要正确地传导、表达和实现头脑中的方法思想，神经、肌腱和韧带都必须经过特别训练。只有真正达到“得心应手”，才能使能量按照思想要求运用得恰到好处。经训练的双手只是准确表达和实现要求的肌体条件。比如：用力的技巧，包括何时用力、何处用力、用多少力，角度、速度如何等，都是根据人脑对情况的判断进行调节和控制的。然而，要掌握技能，训练与实践必不可少，所以，技校学生毕业前必须安排实习。而实际技能的提高要靠长期实践锻炼。技能、艺术与科学不同，科学是一种知识体系，技能是操作中的方法和技巧，有的技能没有多少理论可说；有的只可意会不可言传，只可神通不能语达。因此，只能靠实习者在实际训练中去慢慢领会，慢慢体悟，逐步培养过硬本领。现在培养技工最快的速度也要半年时间，而一名初级工成长为高级工，一般需要 8 ~ 9 年，且方法要得当。从上述分析我们看到，技能训练的原则是：一要理解掌握要领，务必烂熟于心；二要反复刻苦训练，达到得心应手；三是寻找感觉、细心体悟、积累经验，这是成才的关键。因此，技能的价值来源表现为思想支配下的能量使用和对象改变。

---

①大海之边：《心理技能练习实验》/体育教育心理案例——深思熟虑/http：blog. sing. com. cn/ab28. 2007 - 09 - 23/0216 - 06 - 11.

第四，技能使多要素价值得以转换、组合和实现。

在技工上岗作业之前，通常由企业家把工程师的设计图纸、原材料、机器、设备、能源等生产要素准备停当。只有经过技工劳动，才能把原材料、机器设备、能源的价值转移到产品之中。同样，只有经过技工劳动，才能把工程师的设计思想体现在产品之中，使产品性能达到设计要求。由此可见，技工劳动，实现的不只是自身的思想和能量（K + E）价值，它是商品整体价值（K + M + E）得以实现的必不可少的环节。值得注意的是，此处的K既包括技工的思想，也包括设计师的思想，还包括老板的经营管理思想等，E既包括技工的体能，也包括所消耗的能源。

第五，技术决定价值的公式分析。

两名工人制作同样的工件，甲工人技术优良使工件变为精品，从而价值得到增值；乙工人技术较差，工件报废，仅留废料价值。原因何在？

因在 $W_{甲} = (M_0 + E_0 + K_0 + \Delta K_{甲})$ 中，$\Delta K_{甲}$ 为正值，要素结合后人们的价值评价增加，故 $W_{甲}$ 就增大。

而 $W_{乙} = (M_0 + E_0 + K_0 + \Delta K_{乙})$ 中，$\Delta K_{乙}$ 为负值，人们心理评估的技术思想价值 K 小于成本 K_0，甚至可能抵销了 $(M + E)$ 的部分价值，故 $W_{乙}$ 减小。有时成为废品，将毛坯中包含上线的 E 和 K 价值也给冲销了，余下的纯粹是一块废料的价值。

据此分析，人们绝不可小看工人、农民、服务员等基础劳动者的价值创造。从常识出发也可以理解，没工人农民的劳动，怎么有饭吃？怎么有衣穿？怎么有房住？因此，社会必须转变人才观念，认识到，不仅从事决策和经营的管理者是人才，搞设计、画图纸的科研人员是人才，操作机器和工具，直接生产产品的技工也是不可或缺的宝贵人才。思想价值论认为：不只是思想家在思考，包括工人农民在内的所有劳动者都在思考。所有合乎规律的思想的产生、运用和实现均凝结为价值。民众在劳作中面对具体情况进行分析、判断，其操作不断将想法转换成现实价值。他们投入的智能和体能理所当然地必须得到其应有报酬。

第二十章　劳动大众是思想创新的基本主体

习近平指出："坚持以马克思主义为指导，首先要解决真懂真信的问题，核心要解决好为什么人的问题，最终要落实到怎么用上来。我国哲学社会科学要有所作为，就必须坚持以人民为中心的研究导向。脱离了人民，哲学社会科学就不会有吸引力、感染力、影响力、生命力。我国广大哲学社会科学工作者要坚持人民是历史创造者的观点，树立为人民做学问的理想，尊重人民主体地位，聚焦人民实践创造，自觉把个人学术追求同国家和民族发展紧紧联系在一起，努力多出经得起实践、人民、历史检验的研究成果。"①

在卷一第五章第二节提出思维二段结构理论后，就可以进一步深入分析思想创新与普通劳动的关系了。也可以近似理解为是脑力劳动与体力劳动的关系。思想价值论认为：思想是目标和指导，行动是实现目标的手段。思想是灵魂，能量是动力，物质是载体。

所有产品都是劳动的成果，人们怎么可以轻视操作性劳动呢？所有创新都是知识和智慧的结晶，人们怎么可以不开动脑筋呢？

①习近平：《在哲学社会科学工作座谈会上的讲话》，载《人民日报》2016 年 5 月 18 日第 1 版。

第一节　再论思想与劳动的关系

生产劳动是人类最基本的实践活动，是人们生存、生活和发展的基础。

一、员工思想与劳动行为的关系

任何生产劳动首先必须有思想。比如，铁匠师傅打造一把菜刀，头脑中必须有以钢为材料、打成尖劈状、有柄可把握、重量恰当、刀口锋利等思想作指导。同时，还必须有程序和方法思想：或烧红锻打成形，或钢板冷斩成形，或机动模压成形，再开出刀锋等。当然，光有思想是不够的，还要有打制行动，没有行动钢铁不会变形。思想与行动两者缺一不可。然而，是否行动，如何行动，又取决于思想。若打造出售要有赚钱动机；若打造送人需有礼赠思想；若是打工者作业则要有职业精神。

二、管理思想与员工劳动的关系

企业家的经营管理思想是企业的灵魂，决定着企业的发展方向。视质量为企业生命的企业家，必以其优质产品和优良服务赢得消费者信赖，这就必定重视员工操作的程序化和标准化；决心以低价占领市场的企业家必定着眼于企业的规模效益，而在经营活动中尽量给消费者让利。企业员工的劳动离不开必要的管理，只有科学管理才能使企业内部各员工均按照标准和程序操作，以保证产品质量；只有科学管理，才能使企业中的人、财、物等资源得到合理配置，并取得最佳效益。管理思想影响着员工劳动；员工劳动表达和实现了企业的生产、经营和管理思想。

三、国家建设思想与公民基础性劳动的关系

国家建设必先确立明确目标，并进行计划安排。政治家们根据国情确立的正确的建设思想是很有价值的，这是思想本身价值，或叫文本价值。

但是，更大的价值在于国民各种劳动实现政治家制订的计划和目标，这是思想的运用和实现价值。要让国民配合和执行国家计划，就必须做好以下几方面工作：一是通过宣传和号召，让国民了解、接受和执行国家计划；二是依靠政策约束和利益机制引导，使各企业行为符合国家宏观调控要求；三是根据多数国民的意愿，制定法律法规，并经行政执法部门和司法机关进行刚性束约。人民是国家的主人，是国家建设的行为主体，政治家是设计者、组织者和领导者。政治家提出的目标和任务，必须依靠全体人民的共同奋斗来实现。

四、一线劳动者的双重贡献

思想价值论既肯定人类精英的引领作用和历史地位，又注重人民群众在社会实践中的主力军作用。一线劳动者在国家建设中具有双重贡献。其一，思想创新贡献。能够进行观察、思考和判断是一个人成为劳动者的根本条件，具有一定的体力只是基础条件。劳动者作业无一例外地依靠思想支配行动，使智力、体力与劳动资料很好地结合。他们必须动脑子，凭借经验和知识进行分析判断，因时、因地、因事形成操作思想支配其肌体活动，处理生产劳动中的具体问题。其二，思想实现贡献。劳动者以自己得心应手的技能运用着科学家发现的科学原理，贯彻实施工程师的设计思想，使产品达到设计要求，从而，使科学家和工程师的思想成果凝结在产品之中成为功能和效用，使人类高级思想成果的应用价值得到发挥并转化为现实价值，同时，也使自己的操作性思想转换成为实用价值。正是由于劳动大众有着这样的双重贡献，历史唯物主义才认为人民群众是历史的创造者，是社会和国家的主人。他们应该共享劳动创造、改革开放和文明进步的现实成果，应该过上物质富裕、精神富有的幸福生活。

现在，我们再来讨论工人的劳动问题。马克思把支付工人工资的资本称为可变资本，认为是价值的源泉，这一发现是了不起的。显然，工人在一定时间里创造价值的多少，与产品的设计思想、工艺思想和工人自身素质直接相关。设计思想、工艺思想均十分超前，且工人技术精湛，其劳动创造价值就大，反之则小。另外，工人素质达不到基本要求，就必然影响产品应有价值的实现；若工人素质相当高，则能帮助设计者弥补和完善设计方案的不足，能够改进工艺流程，提高产品质量，降低生产成本，从而，创造出更大价值。可见，全面提高劳动者素质是发展社会生产力的重要途径。

第二节　大众劳动及其价值创造

在人类传统劳动中，以手工作业改变劳动对象的操作者是劳动者队伍中的大多数。在科学技术充分发展和普及的今天，人类劳动正发生两大变化：一是直接施力于劳动对象的操作者比例在降低，以动脑研究为主的筹划者、设计者、组织者和管理者数量比例在提高；二是社会劳动岗位对操作者的思维能力和专业技术要求越来越高。在从事操作的原初工和技术工中，技术工越来越成为操作者中的主要部分，未经训练的原初工岗位越来越少。工人、农民、营业员等的素质要求日益向专业化技术化方向发展。

一、操作型劳动的基本特征

当今社会，传统意义上的体力劳动尤其是强体力劳动如挑、抬、背等已基本上被机动设备所替代。以脑手并用为基本特征的劳动是操作工劳动的基本形式。这种操作型劳动通常需要经验指导并作即时判断，且需要一定的技能技巧。不易实行机械化和电器化运作的职业和工种，如：工业的机器维修，农业的田间作业，营业员的说货议价，以及理发、修脚、治病、烹饪、汽车驾驶、蔬菜选洗、电脑操作等等，都是现代社会的操作型劳动。

手工和指工的操作型劳动具有以下特征：一是基础性。操作型劳动是人类生产劳动的基础，制造产品是要动手去做的。高度自动化、电气化的生产仍然离不开必要的手动开启，比如：按动电钮、调试机器、调控状态、排除故障等。况且，机器设备也靠人们动手制造出来。二是差异性。

手工操作能适应各种差异化的劳动需要，因为手工作业都有对应的人脑主导和支配，能在观察、思考、判断中做出差别化处理。三是智能性。虽然是操作性劳动，但同样需要思维主导，就是边思考边操作，并且只有较高技能者才能实现快速度、高质量的操作。四是普遍性。手工作业是人类最古老的原始劳动方式，在工业、农业、牧业、渔业、商业、服务业中都普遍适用。五是大众性。操作性劳动是一种大众化的劳动方式，工人、农民、营业员、驾驶员、打字员都属于此类劳动。六是长期性。一些日常性、个性化的操作性劳动，如理发、推拿、化妆等行业，永远无法用机器代替，因此必然长期存在。

二、操作型劳动的基础性作用

首先，工人、农民、营业员等普通劳动者的操作型劳动是最基本的实践活动，是人类生存、生活和发展的基础。面朝黄土背朝天的农民，劳动方式虽然古老，但为城乡民众提供了粮食和蔬菜；整日不离缝纫机的制衣女工，作业虽然单一，却不断为城乡居民提供服装；起早摸黑的城市环卫工人，工种虽然普通，但及时清除垃圾，维护城区清洁；孤独单调的灯塔养护工，技术虽然不难，却指引船只航行，避免触礁……大量平凡的职业岗位担当着不可或缺的社会职能和责任，具有很大现实价值。墨子认为生产劳动是最重要的，只有创造出大量的物质生活资料，才能实现“饥者得食，寒者得衣，劳者得息”。（《非命下》）

其次，脑力劳动者的许多设想依靠操作者来贯彻和实施，使思想的潜价值转换成现实价值。建筑设计师的方案设计得再好，没有建筑工人施工，就只是蓝图而已；企业的发展规划再好，若不为广大职工所接受和实施，就只是空中楼阁。正确思想的运用价值是依靠操作者去发挥和实现的。

再次，脑力劳动者自身也不同程度地包含一定的操作型劳动，或作示范，或发指令，或以操作性行为表达和传播自己的思想。另外，操作型劳动是肌体活动，既锻炼手、指和相关肌体的灵活性，又提高人脑的敏锐性。是谓“劳动创造了人类自身”。

劳动创造世界，劳动创造生活。一切劳动都值得颂扬和讴歌！

劳动是美好的，维纳斯雕像是对人类劳动的颂扬。

2003年8月5日，著名雕塑作品维纳斯女神的断臂在克罗地亚南部的一个地窖中被找到了。但发现神秘断臂的考古学家坎贝尔·霍舍尔却说：“一个在解剖学上有着如此高天赋的艺术家竟然连合乎比例的手指都塑造不出来？这哪儿像是一个女神的手啊，怎么看都像是水管工的手！”①

考古学家往往难以理解雕塑家的深刻思想，美丽的维纳斯必须用劳动来创造美好生活，这就必须有一双善于劳动的手。粗大有力的手才有利于传输能量，有利于表达和实现美好想法。维纳斯之美，其实是劳动之美！

三、劳动大众是社会财富创造的主力军

是劳动大众创造历史还是英雄人物创造历史？这是历史唯物主义和历史唯心主义争论的焦点。在生产、建设实践中创造物质财富的行为主体是劳动大众，但组织者和领导者是社会精英；在社会变更、民主活动中，参与主体是人民群众，但制度设计和实施组织者却是社会精英。离开了工人、农民和其他行业的劳动者，社会成员所需的一切物质资料就丧失了来源，一切基础工程和社会活动就无法实施。

我们可以从思想价值论原理出发来分析劳动大众在人类文明史中的主体性和主力军作用。

第一，民众是客观事物及其规律的一级感知主体。劳动大众处于生产劳动和社会实践的最前沿，最能对事物和规律产生直接感知。但由于他们忙于实际操作并分散于不同岗位上，对关系全局的规律，往往不便进行汇总、归纳和提炼。因此，反映全局的系统思想，还有赖于社会组织管理者和专家学者去总结和提炼。然而，不得不承认，官员、专家的二级感知是

---

①维纳斯雕像为何断臂. http：//zhidao. baidu. com/link. 2014－9－24/2016－05－06.

来自民众的一级感知的，因而，官员、专家均需要进行社会调查，民众的实践活动是官员和专家产生新思想的基础。

第二，民众是思想创新的直接主体。许多新工艺、新技术和新方法是由一线的操作者直接创造的。他们在长期实践中获得深切感受，对规律具有深刻认知，经过总结和归纳就能有所发现、有所创造。因而，一部分专利技术并非源于专家的创造，而是源于劳动者的发明。

第三，民众是思想成果的传播和接受主体。思想成果的传播和接受必须有对象，只有经人脑接受，并用以指导行动或激发出新的思想才能充分发挥其作用。比如：某思想者通过刊物发表了论文，如果该刊物文章无一人看，就不会产生社会效果；若有一大学教师看了，理解接受了，就可能在学生中讲解传播；若在教室里讲解，但没有一名学生到课，也就又一次没有对象，达不到再传播的效果。一名工程师发明的新工艺新技术如果不能传播给一线工人就不会提高劳动生产率和经济效益。由此得出结论：一是思想成果价值扩张是通过传播、使众多对象接受加以运用而实现的。或者说是通过人的接受、传播和运用来实现的。二是思想成果价值扩张与接受运用的人数成正相关关系，传播运用越广泛，价值扩张就越大。民众既是思想成果的传播主体，又是思想成果的接受主体。

第四，民众是思想成果的运用主体和思想要求的实现主体。人类精英的思想成果，无论是科技方面，还是政策制度方面，均需要民众去接受、去执行、去实施，并且在民众的施行中体现、实现其价值和作用。社会变革、基本建设和技术推广都必须依靠民众的主体力量。民众是社会物质生产的行为主体，没有他们的生产性劳动，人类的物质生活就难以为继。劳动大众是全人类的衣食父母，理所当然地应该得到全社会的尊重。同理，人们所需的文化产品、艺术产品和精神产品生产也依靠广大文艺工作者创作。总之，劳动大众是社会物质文化财富的创造者。

充分尊重人民群众的首创精神，就能最大限度地发挥社会成员的智能，汇聚更大智量促进社会生产活动和生活实践的发展。

四、大众劳动与精英劳动的关系

人类社会的文明进步，依靠劳动大众推动，同时，也有赖精英和骨干的带动。我们分析大众劳动与精英劳动的关系。

其一，大众劳动与精英劳动的差异性。大众劳动通常指工人做工、农民种地、营业员的商业服务等，是以手工作业为特征的劳动。虽然工人要有生产技术，农民要有耕作经验，营业员需要服务技能，在劳动过程中也需要观察、分析、判断，要动脑筋处理劳动中的问题，但是，其思维多数是基础性、重复性的。劳动中以动脑为先、以动手为主，能量消耗主要是体能。精英劳动通常指研究、设计、筹划、决断、组织、领导、创造发明等，以动脑思考为基本特征。虽然精英思考到一定程度，必须以某种形式表述出来：或写成研究报告，或绘成设计图纸，即必须具有一定的体力或手工劳动予以表达；但是，决定其价值的是脑力劳动的成果，即思想，劳动时投入的主要是智能。无论是大众劳动还是精英劳动都必须思考，但两者还是有明显区别的：大众思考所得的多数是具体、单项和直觉的想法；精英思考所得出的大多是相对宏观、系统、抽象和深刻的思想。大众思维以具体、重复的居多；精英思考以系统、创新的居多。劳动大众以行为和实物成果表达思想为主；精英以语言、文字、图形等符号形式表达思想为主。

其二，大众劳动与精英劳动的同一性。一般而言，大众劳动以手工和体力劳动为主，但也有大量普通的脑力活动；精英劳动以脑力劳动为主，也包含一般性体力活动。思想价值论认为，人类社会的所有劳动者都得思考，都在思考，思维是人类劳动最本质的共同特征，离开了思维，任何劳动均不能开展。只是不同职业的劳动者思考的对象和问题不同，产生的思想成果也不同。工人思考的是如何把零件做准，使之符合工程师的设计要求；农民思考的是如何把农活干好，使之更适应庄稼生长；营业员思考的是如何根据不同顾客介绍推荐产品，使之接受和购买产品；教师思考的是如何因材施教，使学生获得更好的学习成效；医生思考的是根据症状判断病情，并制订正确的医疗方案；官员思考的是如何提高社会服务和管理成效，促进经济社会有序健康发展，并保持公平正义、平安和谐。至于科学家、政治家、思想家、理论家和文学家，都是社会分工中的专职思想者，理应创造出更多的思想成果。思维并非思想家的专利，在劳动过程中的思考是大众劳动和精英劳动的共同特征。其同一性主要体现为以下几方面：首先，劳动受大脑支配，均需运用知识和技能，因之，所有劳动者均需学习和训练；其次，劳动过程是思考的过程，不同劳动必定产生不同的思想成果；再次，思想成果或凝结在实物产品中，或体现在事务处理中，或以符号形态表达出来；另外，思想成果的运用和实现决定着劳动成果的价值。

其三，大众劳动与精英劳动的互补性。精英思想通过大众实施才能实现其巨大价值；大众劳动只有接受精英的正确思想指导才能获得更大成效。大众劳动与精英劳动之间存在紧密的相关性和互补性。伟人固然是先进思想的探索者和创立者，指明社会发展方向，引领时代潮流，然而，真正潮流的形成依靠亿万民众的认同和响应，而不是依靠少数精英独行或结伴同行。社会变革实现是精英思想与民众想法结合实施的产物，既靠精英领导，又靠民众行动。工业、农业、商业等大生产的开展，既需要精英的组织，更需要大众劳动；专家的科技发明有原创性、源头性、主导性的价值，但科技运用价值的发挥必须依靠劳动大众，只有经大众的掌握运用才能实现其巨大的运用价值。袁隆平培育的杂交水稻，如果不推广到全中国全世界上去，而只局限在农科院，其运用价值不是大为减少吗！大千世界，芸芸众生，无论是精英还是普通人，都依靠一线劳动者创造生活资料。亿万民众在普通思想支配下的普通劳动，是整个社会赖以生存和发展的基础。由此可见，精英固然卓越，但大众在数量上却占绝对优势，是社会机器的底座和主件。超然于利益格局之外的学者创立社科理论只有被公众接受才能产生社会效益；政治家的政治理念、制度和政策，只有被多数人接受，才会转换为公民的行动；科学家的科技成果被企业家所采用，才能转换成现实生产力；企业家的经营决策又需第一线的操作者去实施才能转换为商品价值。一个社会的高端思想和普通想法从比例结构上看是呈金字塔形的，如图 20 - 1 所示。

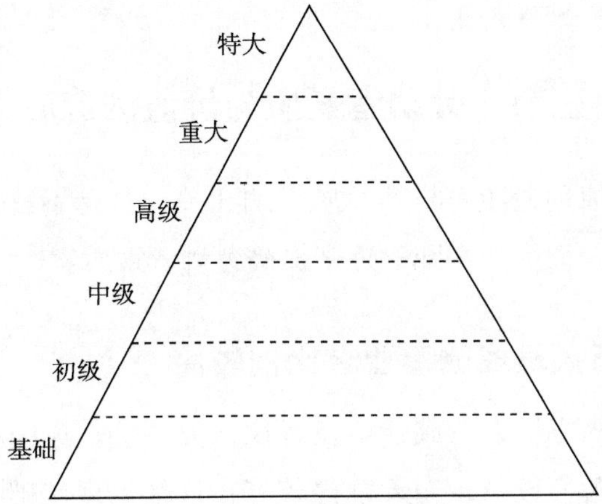

图 20 - 1　思想成果金字塔

社会成员的思想有难易之别，有深浅之分，但同样都是社会所需要的。一个社会若不产生精英必然混沌停滞，一个社会其精英与大众若不能很好地结合，必然无序和混乱。故而，历史唯物主义认为，历史靠人民群众创造，但杰出人物起着不可替代的作用。

社会精英发挥历史作用的条件：一是必须正确把握社会发展的趋势和潮流；二是必须了解大众的需求和愿望；三是必须使精英思想与大众思想相结合，也就是说，只有顺应历史潮流，方能大有作为。

劳动报酬分配应当兼顾两端。一是对确有贡献的思想成果生产者要确保其衣食无忧；二是对运用和实现思想的一线劳动者，应当使其凭劳动实现丰衣足食。

五、平凡劳动是社会正常发展的基础

社会成员都要生存、生活和发展。做饭、缝衣、补鞋、理发、修理自行车，木工、泥工、水工、电工、油漆工、清洁工等，都是市民生活中不可缺少的行业和工种。从事这些行业虽然是平凡的，但却是社会生活的基础。一处味道可口、价格合理、待客热情的早餐供应点，对于上班族来说是多么必要。做早点的师傅凭其一技之长，自食其力、服务社会，理应得到人们的尊重和关爱。

第三节 劳动者素质与价值创造能力

劳动者的价值创造能力与其素质密切相关，这是不言而喻的。这就要求我们通过教育、训练、实践锻炼来提高劳动者素质。

一、高学历人员成就事业者比例较高

在社会上，高学历人员成就事业者比例要高些。原因在于：一是能取得高学历者一般智商较高，先天条件较好，这是生理基础。二是高学历者知识丰富，接受了较多的间接经验，可结合实际运用，这是知识基础。三是读书求学过程中思维能力得到了训练和增强，这是能力基础。四是十几年读书出类拔萃，树立了信心，坚信自己有能力成就事业，这是心理基础。五是有一批高智能朋友的鼓励和帮助，这是其社会基础。有此五方面基础就使他们具有较大发展潜力和有利条件。因而，他们只要勇于实践、勤于实践、懂得在理论与实践的结合上作再思考，就会变得很有能力。高学历者在实践过程中，总结经验、实施创新的能力也相对较强。在校时的刻苦学习，也培育了他们的进取心、谋划力和坚韧性等方面的优良品质。因而，他们中的许多人能够创造辉煌业绩。

二、学历不高者同样可以大有作为

古今中外的大政治家，相当一部分是上学时间不大长的人；许多行伍出身的将领特别善于指挥打仗；全球 500 强企业的工商巨子很多人没上过大学。这些都说明干大事光靠在校读书是不够的，更需要在实践中锻炼成长。这些成功人士可能上学时间不长，但实践历练深厚。是实践迫使其学习，并在实践中学习。他们有敏于思考、勤于实践和勇于尝试的品格。古人云“理在事中”，在做事中，他们把“理”领会得更透彻，学取性知识

虽有限，自悟性知识却很多。而这自悟性知识与思维力是实践能力的决定性因素。如上一章第二节所述，获取性知识是从词汇开始的，其认识顺序是“词汇→概念→内涵”，对许多内容理解不深透，运用不灵活，可见，学习代替不了实践。而自悟性知识的获得顺序是“感觉→概念→词汇”，是自己在实践中的切身感受和体悟，当然理解深刻，用起来得心应手。人总是在解决问题中提高、在困难磨炼中成熟、在成就事业中成长的。实干家虽然未必掌握系统的理论，但是，他们有自己的独特见解和个性化思想。通常情况是：学过与未学过不一样，学过就要懂得多；干过与未干过更不一样，干过的比学过的要更有数。读书是增长知识，实践既长知识又长能力，是综合素质和实际本领的提升。

三、高分低能者难有成就

有的书生只会读书、背书，擅长应付考试。他们从本本出发，坐而论道、口吐莲花、眼高手低，会说不会干，中看不中用。死读书、读死书用处不大，危害不浅。他们把理论当作教条生搬硬套，接手一家企业进行管理，不懂得具体情况具体分析。只会套用教科书上的 A 模型、B 模型、C 模型，殊不知三个模型均不适合该企业的实际状况，结果管理得一塌糊涂，远不如学历不高的企业创办者。成功的企业创办者坚持一切从实际出发，看一步、想一步、走一步，在探索中前进。教条主义者脱离实际，是不可能成功的，正如孟子所言，“尽信书，则不如无书”。学历不高的创业者读书不多，只能用心观察、动脑思考、找准感觉，想出一套切合实际的办法来，这办法就是思想成果。因此很多情况下，观察和思考比读书重要，新思想比理论条文管用。另一方面，“读书无用论”也是应当批判的。“玉不琢不成器，人不学不知义。”人们必须通过学习增长知识，提高素质。总的来说，饱学之士要成为干才，必须经受一番实践磨炼，增加自悟性知识，提高实践能力；高学历者要取得事业成功，同样有很长的实践之路需要走。

人的成长进步离不开学习、实践和思考。学习是基础，实践是根本，思考是关键。人若无欲无求，倒也安逸，既不干也不想，就无痛苦。怀着强烈追求的失败者是痛苦的，他们可以分为两类：一类是专想不干的空想主义者，第二类是浅想蛮干的盲目实践者。前者不干事，后者难成事。

四、成果比文凭重要

时下流行的文凭热有积极意义：让学子们发奋读书，求取知识；让在职者业余学习，积极深造。但有的单位却规定非“硕”不招，非“博”不聘。有的大学规定无博士学位者不可评教授。于是，逼得一些50多岁的副教授还放下手头的教学任务和科研项目去攻读博士学位。其实，这是本末倒置。因为教学科研的实践过程，就是最好的学习途径。

学历是一个人在校读书的合格经历；文凭是一个人完成某阶段学业的书面证明。读书学习，长知识增本领，提高综合素质，其最终目的是提高创造能力，服务社会，为人类文明进步做贡献。显然，求学是手段、是途径，最终目的是出成果。若能出优秀成果或重大成果，你何必管他什么学历？光有博士学位，若教不好书，不出成果，又有什么用呢？学历学位只能说明在校读书获得合格学分；不计学分的自学也可以学到大量有用知识！因用而学，边用边学，学用结合，往往针对性实用性更强。况且，读书只是思想创造的条件之一，绝不等于创造了成果，科研成果才是对学术的真正贡献。对于社会来说，培养是投入，成才是产出；教育是手段，创造是目的；文凭属获取，成果属贡献。适当的投入是必要的，但优质丰硕的产出更有用。一些学历嗜好者，只靠是什么学历、什么学位显摆，没有写过一篇有价值的文章，没有讲过一堂好课，没有办过一件有成效的事。他们只讲投入，不讲产出；只重手段，不重目的；只要获取，不做贡献。真是糊涂得可以，片面得到家。当年鲁迅先生只念中等医专且未毕业，沈从文先生只有小学文凭，他们均成为大师受聘于北京大学和西南联大任教。他们凭什么？凭其社会公认的学术成果和水平，凭其自学获得的扎实学问。深入研究，我们可以发现：其一，“文凭不等于水平”。做学生可以读书，在职也可以读书，只是在校读书可拿到文凭，而在岗位上自学没有文凭。其实，在岗位上读书更能针对实际需要。其二，“学历不等于实力”。许多在实践中的学习者虽然没有学历，却往往更有实力。因为创业迫使他们汲取前人和他人的知识精华，实践使他们获得深切的感受和体悟。其三，“成果价值胜过学分价值”。成果证明比文凭证明更可靠、更有效。一个人获取高文凭，可证明其学习能力不错，但学习能力还不是创造能力。毕业后一无所成的高学历者绝非个别。而凡能创造卓越成果者，必有卓越才能，因为，成果是不可能靠死记硬背取得的。因此，社会在重学历的同时，更要重创造、重实绩。余秋雨先生说赵本山，“如果来读几年书，会浪费他创作的黄金年华”①，这真是既识才又惜才。

唯学历、唯学位的体制和风气危害不小，会引导人们重文凭而轻创造，使社会读书热热闹闹、创新寥若晨星。尤其是处于创造高峰期的壮年和中年，若放下创作的责任，花几年黄金时间去谋取一套博士衣帽，对自己来说则是一种虚荣和浮华，对社会来说则是莫大损失！倘若当年让曹雪芹、鲁迅、赵树理等念博士去，很难想象中国文学史会怎样！对于读书和研究已经成为生活方式的人来说，学历和学位已经不重要，考核也不必要，唯一重要的就是出成果。若再催他们拿学历和学位，那只能说是外行者的瞎弄和胡搞。

五、成长道路与成才模式

不同的人有不同的成长道路：可以通过校园求学成才，也可以通过实践锻炼成才。在求取学历学位的道路上，是以读书能力和学习成绩为依据优胜劣汰的；在实践竞争中，是以实际能力和业绩为依据比拼胜出的。业绩成就不同于学习成绩，实践能力也有别于学习能力。实践中成长起来的人才，其能力是与事业同步发展的，必然具有真才实干。凡有大成者皆善于总结经验。毛泽东只是中师毕业，却成世纪巨人；李瑞环只读过职工大学，却成卓越领导人。爱迪生有多高学位？比尔·盖茨只念了两年大学。

①余秋雨：《赵本山何须补文凭》，载《解放日报》2006年4月14日。

人才成长离不开克服困难和解决问题的实践历练。当然，必要的知识储备、先天的敏感和悟性及后天的不懈努力都是十分重要的。人有多种多样的成才模式，切不可强求一律。社会需要各种各样的人才，不必要求人人都高学历高学位。

六、人才组合与智量叠加

法国人比奈和他的学生发明了智商概念，用以表示人的智力水平高低。智商包括观察、记忆、想象、分析、判断和应变能力等，指人认识客观规律和运用知识解决实际问题的能力。然而，同样是智商较高的人才也有许多不同类型。比如，有的人数理方面智商很高，而对艺术并不敏感；有的人全局上具有雄才大略，而微观操作并不擅长；有的人善于解决技术难题，而不善于处理人际关系。一个人只有搞清楚自身智商类型，并发挥其智能强项，才能大有作为。一个领导团体或者一个组织机构只有实现人才科学组合，并协调好关系，各自扬长避短，才能使智能相互叠加，扩大团体智量。如果团体组合得不好，人才智能结构单一、性格脾气互不相融，闹矛盾、窝里斗，必然导致智能抵消、智量减少。人才团队组合只有根据任务要求，注意安排合理的智能结构、专业结构、年龄结构、性格结构和性别结构等，才能更好地发挥整体效能。一个人口大国的潜在智量是巨大的，只要通过教育把人们的智力开发出来，通过科学组合把人们的智量叠加起来，通过改革把人们的潜在智能发挥出来，就一定能达到民富国强，实现民族的伟大复兴！

智本论

（第三卷）

智果经济论与共生文明

俞鼎起　著

中国经济出版社
CHINA ECONOMIC PUBLISHING HOUSE
·北　京·

目 录 | 卷三

第四篇　智果经济论：走向共生文明

第四篇

智果经济论：走向共生文明

开篇词

前篇思想价值论得出一个推论：商品价值的本质是智果价值。人脑就是制造智果的车间，这里的制造，实为智造，人们习惯称之为创造。现代经济的特征和源泉是智果创造。只有大量创造对人们生存、生活、发展具有作用和意义，能满足人们需要的智果，才能促进经济社会和人类文明的健康发展。由于智果经济的价值构成和要素构成都与物质经济大不相同，因此，宏观和微观的经济规律也大不一样。

城市化伴随着工业化，把长期分散在乡村的人们聚集到城镇过上物质化生活，加快推进了人类社会的文明进程。然而，两百年工业化，在给人们带来繁华城镇生活的同时，也把地下亿万年缓慢生成的矿物资源消耗得所剩无几。好端端的地球被弄得千疮百孔，污损不堪。空气混浊了，水体污染了，一些土地重金属化了。虽然市民住着高楼，开着轿车，但在雾霾笼罩的世界中生活。蓝天白云难得一见，喝口干净水也成了一种“奢侈”。高碳和污染导致环境毁坏，气候反常，生态失衡，灾难频发，恶病增多。人类过度侵害自然已遭到了自然的无情报复！人们需要反思反省：工业化社会的到来，是否必然导致自然生态的毁坏？矿物资源枯竭是否必然导致经济发展的停滞？工业文明是否就是人类文明的顶点和终结？

老子云：“其致之也，谓天无以清，将恐裂；地无以宁，将恐废。”“谷无以盈，将恐竭；万物无以生，将恐灭。”（《道德经》第39章）古人尚且心怀忧患，今人怎可麻木不仁！

面对大生产、大数据、大变局，多少人聚财享受，沾沾自喜；多少人左右为难，进退失据；多少人深陷困境，惶恐不安！然而，在初级市场经济的利益诱惑下，一些人利己、贪婪、疯狂的个性得到充分张扬。自私恶流冲击道德堤岸，过度竞争导致行为失范，欲望魔障使人不择手段。

自然环境毁坏，社会矛盾显现，市场欺诈频发，道德诚信缺失等乱象是相互联系的，总根子在于人们的人生观、价值观的扭曲。比钱比权比占有的世俗追求已经狂热化了，而法治和道德跟不上，这是最关键的社会根源。有多少争名夺利者正在伤害同类？有多少醉心财富者仍在毁坏自然？致使人与人、人与自然的正常关系遭受严重破坏。

然而，面对发展中的问题，人们也不必恐慌。百病皆有药，万事均有法。高人有高招，大师有大法，办法总比困难多。思想者应当心忧天下，情系大众，寻找救治良方。只有心凌九霄，鸟瞰全球，思接千载，奋勇求索，方可认清大本大源，把握大局大势，谋求地球平安、人类长生的大功大利。

文明发展路在何方？改良环境必先改良人性，拯救地球必先拯救心灵！

如果有更多人能像雾霾调查纪录片《穹顶之下》的自费拍摄者柴静一样去查找问题和原因，去思考和研究对策，怀着善意和建设性去奔走、去宣传、去呼吁，必能使民众进一步增强环保意识，为改善环境做出自己的努力。诚如柴静所说：“我不满意，我不想等待，我也不再推诿，我要站出来做一点什么。我要做的事，就在此时，就在此刻，就在此地，就在此生。”① 能像她那样做一名环保卫士、反污英雄当然最好；然而但对于多数人来说，能克制一些自私和任性，多存一些公心和道德，使自己的生产和生活方式尽量少一些公害就是进步了。人们若能戒贪重德，义利并举，从“聪明”升华为“智慧”，那么，富裕生活和美好环境两者是可以兼得的。

①柴静：《柴静雾霾调查：穹顶之下》/ 腾讯网 / 首页 / 纪录片/ 2015－2－28 / 2016－3－5。

智果价值论认为：认知决定价值，思想支配行为；诚信高于利益，责任重于生命；成功不蔑视平凡，竞争要遵守规矩；进取还讲礼让，收获懂得分享；奋斗不忘合作，受益知道感恩；赚钱要讲道德，致富依靠勤劳。生产、营销、管理、教育、医疗、科研、文化、传媒、司法、行政等行业，依据社会分工各有不同的宗旨、使命和职能。应当恪守本分，各负其责，尽心服务，个人收益也在其中，社会才能有序和谐，怎么可以人人追求发财？教师应当为人师表，教书育人；医生应当救死扶伤，悬壶济世；记者应当捕捉新闻，客观报道；法官应当秉公执法，主持正义；官员应当清正廉明，服务民众。许多行业和职业不应当发财，也不可以发财，应由国家给予适量薪酬，让他们衣食无忧地为人民工作。

精心制作、认真做事是一国经济持续发展的基础。若只想一夜暴富，不求创造精品，那是肯定不可持续的。因此，在大力加强科技文化创新的同时，对提高员工技能，培养认真习惯，切不可忽视。员工素质决定产品品质。劳动者技能提高是经济持续发展的重要条件。

法治厚道的经济才真正增加人民福祉，绿色环保的发展才能保证可持续。生态文明建设需要人们抵御私利诱惑，谋求人类公利。人类文明之舟必须时刻瞭望、正确判断，方能拨正航向、避免触礁，驶向理想彼岸。

商品是现态财富，直接供人享用；资源是原态财富，是劳动转换的材料；知识是精神财富，是人类智果的符号表达；思想是意态财富，产生和传播就有价值；智力是潜在财富，作用于对象便结出智果。人类不能为了多用现态财富而疯狂挥霍原态财富，不能偏重物质财富，忽视智果财富。

农业经济以土地和人力为基础，工业经济以资源和技术为基础，智果经济以科技、文化、信息、数据和智力为基础。此处所说的

"智"是以道德为统领，以社会公共利益、人类长远利益和环境生态保护为目标的人类思维活动。"智"不是自私短视的小伎俩，"智"是人类深谋远虑的大智慧。本篇内容对智果经济发展的特点和规律进行探讨；对智果经济背景下的宏观调控作初步阐述；对初级市场经济条件下的道德诚信缺失和环境伦理缺失的经济品性作分析批判；并提出了至诚至善、亦大亦公、绿色环保、万物共生的厚道经济品性的愿景。人类文明进步首先表现为人的道德素养提高，因此，厚道经济和分享经济是人类推进全面文明的基础，也是人类走向共生文明和美好生活的必由之路。

人们追求的是福祉，而不只是富裕。物质利益是一坛醇香美酒，饮之酣畅，但容易醉。有责任感的学者应当做到众人皆醉我独醒。因此，学者应当自觉抵制物质利益诱惑，寻求解决问题方法，并冷静预见将来，为人类发展指明方向。

第二十一章　惊喜：智果经济应运而生

邓小平指出："世界形势日新月异，特别是现代科学技术发展很快。现在的一年抵得上过去古老社会的几十年、几百年甚至更长时间。不以新的思想、观点去继承、发展马克思主义，不是真正的马列主义者。"①

人们的工作、生活需要更多智力成果，商品价值日益智果化，从而催生了智果经济。

智果经济是以人的智力成果作为商品价值来源和内质的经济。商品具有更多的科技含量、文化内涵，所凝结的人类智果更丰富，所消耗的物质资源和能源更少；人们的经济活动更理性、智慧、公平；人与人之间关系更加平等、友善；人与自然之间冲突减小。有效促进了人与人、人与自然的双重和谐。

学者们说，现代经济已由资源要素型转变为创新型，依据何在？智果经济理论予以很好的回答。

第一节　从知识经济到智果经济

商品价值主要来自对自然物的获取、加工和利用的经济形态就是物质经济。物质经济对物质资源存在直接的依赖性，物质资源紧缺必然导致物

① 《邓小平文选》第 3 卷，第 291 - 292 页，人民出版社 2001 年 4 月版。

质经济发展的停滞。价值主要源于知识产生、知识传播、知识运用，即商品价值构成主要来自人的知识的经济，就是知识经济。

一、“知识经济”释义

从20世纪90年代开始，新闻界、学术界热衷于炒作“知识经济”概念。成千上万人不停地跟着大做知识经济的文章，但大多数是人云亦云，盲目跟风，犹如鹦鹉学舌，赶赶时髦。

何谓知识经济？人们在分析现代经济的时候，始终离不开几个重要词汇，一个是“data”，就是数据符号；一个是“information”，即信息；还有一个是“knowledge”，就是知识。这三个概念是相互联系的。数据，通常指一些词、数字、声音、图象这样的符号；信息，是指按照一定含意排列起来的信号组合；知识，是可以被人们掌握、传播和运用的人类认识客观世界的成果。在那个年代的国际文献中常常出现“信息经济”（information economy）和“知识经济”（knowledge economy）概念。培根提出的“知识就是力量”这个古老的真理，在知识经济时代被赋予了全新的内涵。知识和信息成了当今世界经济发展的重要资本。一方面这种知识资本和传统的物质资本具有某种相同的属性，同是带来收益的源泉，即它是资本；另一方面它又是一种特殊的资本，是唯一一种在使用过程中不被消耗并且通过不断应用不断创新，能不断增值的资本，是全人类可以共享的资本。这一点与传统意义上的资本是很不同的，所以说知识正在逐步取代传统资本成为世界经济发展的支配力量①。基于此，多数学者认为：知识经济就是以知识资源为基础的经济形态，是相对于物质经济而言的。在知识经济时代，知识成为最根本、第一位的生产要素，成为支配其他要素的核心和灵魂。凝结在商品中的知识成为决定商品价值的主要因素，甚或知识直接决定价值。

---

①闵维方：《知识经济与大学教育》，载文池主编《在北大听讲座——思想的声音》第257页，中国城市出版社2000年5月版。

比尔·盖茨是世界首富，可以直接和白宫通电话，其影响力相当大。他在谈到微软资本在什么地方时，指指脑袋说："我们的几千亿美元都在这里面。"不像铁路大王拥有的是铁路线，石油大王拥有的是油田，纺织大王拥有的是纺织厂，微软公司的资本全在充满智慧的脑袋里。①

笔者要问：比尔·盖茨指指脑袋，是指大脑中的既有知识、新的想法还是创造能力？笔者以为主要是指后两项。因为，在知识大爆炸的时代，既有知识产品复制多后很快就贬值。在软件、电脑快速更新换代的背景下，只有新的想法或叫新创知识和创造能力才最有价值。

二、"智果经济"概念

知识经济概念的提出具有进步意义，这是无疑的。但是，知识经济概念尚不能概括当代经济的全部内涵。知识是指人类认识事物及其规律的成果或结晶，是可以学习、交流和传播的精神财富。知识不等于能力、不等于思想、不等于信息、不等于技艺、不等于制度、不等于精神品格，更不等于智慧和创造力。总之，知识不能涵盖人类大量的智力成果。然而，现代经济不只是知识经济，还有凭思想、凭能力、凭专门技艺、凭缜密谋略、凭制度机制、凭精神品格、凭大智慧和创造力产生的各种成果，而这一切都是人类智能运化的结果，可称之为智果。智力不仅具有价值，而且有潜价值，但其价值量评估较难，因为智力发挥才能创造出现实价值，而智果是可以经市场评估定价进行交换的。基于此笔者提出智果经济概念。

定义：以思想、文化、艺术、创意、策划、信息、制度等所有人类智果为价值本源的经济，及以人的智能为基础，由品德、才干、技艺、谋略、习惯、毅力、作风、创造力等方面素质发挥所产生的经济就是智果经济，也可叫智慧经济。智能是人类一切智果创造的基础和源泉，具有现实价值和潜价值，我们可以进一步深入分析：

其一，知识价值在于运用。学习、理解、记忆人类认识事物的成果就

①同上。

是掌握知识。知识若不能活学活用，不能转化成实际能力或产生新的思想成果，其价值是不大的。一颗只会记住知识而不善于运用知识进行创造的大脑，充其量只像一部生物辞典，比印刷辞典稍微好一点而已。有的人学了一肚子知识，别说是什么创造，就是传授给别人都缺乏应有的方法和技巧，这种知识又能转化成多少经济价值呢！知识经济概念试图表达的是知识被运用而凝结在产品和服务之中实现价值。值得注意的是，运用就不只是针对既有知识，而是必须动脑筋，创造新智果。在讨论经济价值的时候不反映智力活动过程不要紧，问题是知识概念不能涵盖商品和服务中的所有智果。

其二，信息价值在于利用。信息转化为经济价值，条件是与知识、智力相结合。同样一条信息，传播到有悟性的企业家头脑中就可以转换成经济成果，而传播到一位缺乏敏感性的人耳中，甚至传到一位有知识而无想法的饱学之士耳中，都不会产生经济效益。信息之所以有价值是因为信息是人脑产生新智果的材料。信息利用所产生的价值远远大于信息本身的价值，是由于人脑利用信息、运用知识、发挥智力，创造了新智果，所以，信息经济的主要价值来源于新智果。当今，“大数据”成了使用频率很高的热词，笔者以为大数据之“大”，一是指信息总量大，简直是铺天盖地，浩如烟海；二是指信息内容种类数目巨大，无论什么方面信息都有；三是利用价值空间大，就看受体如何选取和利用信息。大数据时代为思想成果的大量产生提供了材料条件。

其三，思想运用和实现的价值巨大。邓小平经济思想的贯彻有力推动了中国的经济大发展，其作用之巨难以估量。有人说，没有知识和信息，哪来的思想。诚然，知识和信息是思维的材料和工具，任何功能强大的大脑也不能离开知识和信息而产生思想。但是，对思维主体来说，思维成果早已不是知识和信息本身。当然，对接受者来说，思维成果就是知识，这也说明知识经济的本质和核心是新的思想。

其四，非知识型智果价值不菲。人类智果大体可以分为两大类：一类是知识型智果，可用符号表达、交流和传播。另一类是非知识型智果，如人的感受和体悟，可以体现在行为和动作中，但难以用符号表达，就是人们常说的“只可意会、不可言传，只可神通、不可语达”的那一类，把这些智果称为技能型智果也不准确、不全面。任何类型的知识都是人类智果，但是，有大量的人类智果是很难成为可传播知识的，人的一些特殊技能是凭敏感与悟性、靠长期训练实现脑体高度协调而获得的，如：歌唱艺术、书法艺术、演奏艺术、体育竞技等。此外，也有凭一时灵感创造出新智果、赢得经济效益的，可用符号表达者归属“知识经济”还说得过去，不能用符号表达者就必须定义为智果经济了。

其五，能力的价值作用巨大。能力是处理事务、做出决策和解决问题的本领。知识不等于能力，知识渊博者未必个个有能力。日本著名实业家松下幸之助，读书不多；美国微软公司总裁比尔·盖茨，只读到大学二年级；在中国三十多年改革开放中成长起来的大批农民企业家，多数文化程度不高。这批人学问不多，但却思维活跃、想象丰富、能力很强。他们有雄心、有谋略、有毅力，敢于实践、善于实践。是能力让他们创造出辉煌的经济业绩，实现巨大的市场价值。这也不是知识经济所能概括的。老板的壮志、能力、办法和恒心等都关系其智果的产生。

其六，制度施行价值巨大。制度条款文本是文化产品，制度的文字内容是人类知识。国家制度、企业制度等都是通过一定的利益机制影响和规范人们行为的，从而产生巨大的经济价值。正因为如此，经济学说体系中有一制度经济学分支。制度价值是实施以后释放的。制度实施需要相关人员的认知、领会和接受，需要管理者的表率、推行与监督，需要培育自觉遵守制度的理念、习惯和氛围，需要建立循规受益、违规受罚的监督机制。显然，制度实施中的相关因素和丰富内涵并非一般的知识概念可以涵盖。

综上所述，现代经济中大量的经济现象不是“知识经济”概念所能概括的。非物质经济正在迅猛发展，名称越来越多，诸如：知识经济、信息经济、技术经济、软件经济、网络经济、文化经济、艺术经济、创意经济、策划经济、设计经济、动漫经济、培训经济、健康经济、旅游经济、休闲经济、制度经济、智慧经济等等，举不胜举，且相互交叉，难以界定，用了许多个词还有遗漏。然而，这一切全部都是人的智力成果，只要用“智果经济”一词就概括穷尽，因此，现代经济更准确地说是智果经济。

三、智造与智造业

为了清晰描述“智果经济”的来源，我们定义：“智造”是指人脑思考获得思维成果的过程。知识、信息和数据等是智造业的原材料，人的脑袋就是智造的车间。科研成就、编制程序、文化作品、艺术成果、策划方案、创新设计等智果都是智造的产品。科技产业、软件产业、文化产业、艺术产业、创意产业、策划咨询等一切智力服务业都是智造业。一切智果创造和智力服务都是智造，智造业是智果经济时代的主导产业。运用工具和机器在车间中改变劳动对象的生产是工业；利用信息和知识在头脑中生产思想成果的产业是智业。智果经济也可以称作智业经济。农业经济以土地和人力为基础；工业经济以资源和技术为基础；智果经济以知识、信息、数据和智力为基础。

智果智造是工业制造的前奏、核心和指导。在组织工业品生产前，先要作市场需求调研和分析，进行产品开发设计，开展工艺技术攻关，做好生产安排、设备采购和员工培训等。在生产过程中，要抓好资源配置、程序控制、质量管理和检测等，这一切都是智力活动和智果智造。制造业的上游和过程都离不开智造业，智造业指导和统领着制造业，现代高端制造业中智造的价值比重越来越大。工业化国家制造业发达本质上是智造业发达。

四、智果经济的基本特征

知识是智果最基本的表现形式。我们可以从智果经济比之于物质经济的特征进一步探索智果经济的本质。

第一，智果经济的基础是知识。在智果经济时代，知识对于经济的基础性作用，就如同物质经济时代的生产资料一样：农业经济离不开土地、种子、肥料和农具等；工业经济离不开原料、材料、工具和设备等；智果经济的最基本要素是知识。在IT产业里的一些大学生，他们创办的无资公司在市场经济大潮中游刃有余，靠的就是知识和智力。许多信息服务公司、决策咨询公司都在买点子、方案和思想，虽然都是新的思维成果，但是，均以信息和知识为基础。

第二，智果经济的产品价值主要源于新的思维成果。物质经济时代，产品的价值主要取决于原材料和人工费。比如：一套家具的价值构成主要是材料费、人工费，再加上税收和利润；一枚戒指的价值主要取决于金的重量、纯度，再加上工艺成本。智果经济则不同，其价值主要取于凝结商品中智果的容量、难度和新度。一只空白光碟只值一元钱，拷进一套实用程序后就卖数千元。美国兰德公司帮政府搞决策，一套方案卖几百万美金，承载这一方案的只是若干页稿纸或一只光碟。新创的思想成果在传播后，人们习惯于称其为知识。非公开运用的思想成果则通常称为密谋、计划、方案或诡计，其实全部是人类智果。

第三，智果经济时代产品周期缩短。智果经济时代的产品周期与物质经济相比，大为缩短。在物质经济时代，新式家具问世了，老式家具照样可用，也有人用；新款戒指推出后，老的款式照样卖，因为，金还是那样的金，仅仅是审美的对象外形有了些变化。况且，消费者本身就是前卫型和传统型同时并存：前卫型的喜欢新潮，赶时髦；传统型的喜欢古典，大众化。而智果产品中物质含量少、智果含量多，人们需要购买是因为自己想不出。智果经济的特点是：其一，人们需要的是最新思想成果；其二，思想产品首创成本较高，复制成本较低；其三，当新一代思想成果出现时，老一代就成了陈旧知识，其价值大跌。因此，老一代产品就迅速失去市场，也就是说，智果产品生命周期普遍较短。比如，计算机486出现时，386就没多少市场；586出现时，486就没多少市场。当压库产品有收藏价值，或是绝版产品时，随固定资产价格提高而增值；而无收藏价值的商品，因被更好的商品替代而不再为人们所看重。

第四，智果经济发展的动力在于创新。物质经济增长，主要依靠生产资料和劳动力投入的增加；智果经济增长的动力却来源于智果的不断创新。"这种知识经济均发展的特点是通过一个创新去开发一个产品，通过一个产品去启动一个市场，通过一个市场去发展一个企业，通过一个企业去创建一个基地，通过一个基地去促进一个产业，带动整个经济的发展，不管是国内、国外，知识经济均具有相类似的发展模式和发展特征。"① 产品创新、技术创新和管理创新是智果经济时代企业的生命力所在。国外企业有句名言："要么创新，要么死亡。"意思是不创新就意味着死亡。智果经济的竞技场就像是一个被许多高坎分级的梯田，每跳上一个级，就有一段辉煌与平坦。但是，如果不能创新，跳不上去，就只能掉在原地上摔得粉碎，宣告破产。只有不停地创新，跳上一个又一个层级的企业，才能步步高升，不断创建新的发展平台，并在新的平台上再创辉煌。智果经济发展，要求进行高频率创新。美国的硅谷每年有上千家新公司注册，同时，也有几百家公司破产。任何新思想都离不开旧知识，但是，市场上最能实现交换价值的是新思想。因为，思想成果的复制和传播比较容易。鉴于此，世界各国都出台知识产权保护制度。

长足的经济增长主要依赖于科技创新和文化创作，其关系可以表述为：

经济增长 ∝ 技术创新 + 文化创作

式中"∝"表示相关，读作"相关于"。

等人口红利、城市化红利释放过后，经济发展主要依靠科技创新和文化创新拉动。美国的一只苹果手机赚了多少钱！一部《泰坦尼克号》赚了多少钱！商业模式创新固然也重要，但首先是产品做得好。

第五，智果经济发展具有光明前景。在物质经济观念中，由于物质资源和人类劳动力的有限性，引发经济发展的有限论。人类长期以来无法摆脱资源干枯的恐惧。而今，用智果经济观念武装的人们，已认识到知识使

①闵维方：《知识经济与大学教育》，载文池主编《在北大听讲座——思想的声音》第264页，中国城市出版社2000年5月版。

用的可重复性和人类认识深化的无限性，为经济发展开辟了光明前景。智果生产无限性决定经济发展无限量。人们坚信智果与物质的结合就能变成新资源、创造新的经济成果。展望未来的技术，空气中的氮可以转化为蛋白质，一吨海水可以顶上若干吨优质煤。知识的这种点石成金的威力，彻底粉碎了传统经济学的“极限原理”和“投资回报率递减定律”。一份物质资源，A 厂占有了，B 厂就没有了；知识则不同，A 厂有，B 厂不仅可以有，而且可以更新。人类对客观世界的认识是无限的，所以智果也是无限的。智果经济消除了人们对自然资源“枯竭”的恐惧，因为智果经济的低物耗和高附加值大大降低了对自然资源的依赖。更为重要的是资源利用是人们认知的函数，随着人们认知性智果的增加，可利用资源的范围将大大扩展。但是，这绝不能成为人们浪费资源的理由。

第六，智果经济带动社会生产方式转型。人类的生产方式，是从原始农业时代的刀耕火种，到工业化初期的车间劳动，再到现代的自动化生产，逐步发展变化的。智果经济的产生是以知识、技术、文化的高度发展为前提的。现代信息技术、生物技术、纳米技术、氢能技术、3D 打印和智能制造等技术的应用，将从根本上改变人类已有的生产方式。粮食生产可以在实验室中规模化进行；动物已可实现单亲繁殖；人体器官可运用克隆技术生产。物质经济时代的商品生产方式，主要表现为人们直接改变物的性能、形状、位置和组合形式等；智果经济时代则要求人们侧重对知识和信息进行加工处理。大量的一般性劳动已被智能化的机器设备所代替。工业和农业的高度自动化，使一线工人大幅度减少，出现许多无人车间和无人工厂。据浙江省直机关干部网络学院讲座介绍：美国制造业的工人，30 多年前占就业总人数的 33%，现在不到 20%，预计 10 年以后降为 12%，20 年后可能降到 2% 以下。工人劳动，由原来的动手制造，变成主要从事信息处理和过程管理。生产方式变化，直接导致生产组织形式和管理模式变化。企业组织更加精干而严密；所有人员的技术素质和创新能力要求更高；以计算机为主要设施的管理系统更加精密、严格、高效。从而使组织成员对决策过程和管理过程的参与成为必要和可能，使经济决策和企业管理更加民主和科学。

第七，智果经济导致人们生活方式变更。由于科学技术和先进设备的采用，大批工人和农民从简单重复的无味劳作中解放出来，而适应生产中信息处理和过程监控需要的技术基础和综合素质要求更高。学习和进修，在智果经济社会中既是需要又有可能。工作之余，人们将时间用于学习、进修、锻炼和休闲。通过学习和进修不断提高自身素质；通过锻炼与休息保持身心康健。人们不仅要保养自我，而且要发展自我，学习成为人们的重要生活方式。人们重视家庭教育、重视子女培养，以增强家庭成员的发展后劲和潜力。专业培训、远程教育、网络学校遍布各地，学习型社会真正到来。

第八，智果经济促进政治制度和社会意识形态进步。人类社会生产、生活方式的变化，必然引发人们的思想意识和价值观念的变化。这就不可避免地引起社会意识形态的逐步变更。当科学技术发展，人们从土地上、车间中解放出来以后，有了更多的时间学习和思考，就必然要关心人人生活其中的社会管理体制，具有更高的热情参与社会的制度安排和政策设计。随着教育程度提高，民众参政议政意识增强，社会系统的政治民主和管理民主都将成为民众的普遍诉求，从而有力推动社会民主的发展。

第九，智果经济将多方面思想成果转化为经济。智果经济的实际形成，有着知识的创造、加工、传播和应用等诸多环节。其中，知识创新是智果经济发展的源头，这是不言而喻的。然而，光有知识创新，没有应用性研究、生产组织、研发管理、市场开发，仍很难产生经济效益，也就形不成现实的生产力。由此可见，一项技术创新要转化为现实生产力，还必须有应用研究、市场营销、售后服务等许多思想和劳动与之配套组合。总体上看，智果经济就是思想经济，且不是单方面的思想而是多方面思想成果的集成组合。这是智果经济时代智造业的显著特征。

第十，智果经济发展倒逼体制变革。智果经济的发展动力在于创新，这就要求具备有利于创新的体制环境。技术、文化等创新是基础，成果转化是关键，因此，要建立健全有利于成果转化的体制机制。发达国家知识创新转化率约为40%～50%，并且在不断提高；而我国尚未达到10%。这说明光讲创新，不讲转换是不够的。成果转化率低的主要原因是体制因素。在计划经济时期形成的科研、高校、企业等部门的条块分割、彼此隔离，严重妨碍了成果的创造、加工、应用以及商业性转化。近几年形成的企业、高校、科研院所的广泛联合，即产学研一体化的体制，有力促进了科技成果的转化。可见，体制创新进程，直接影响智果经济发展的速度。

五、智果经济与新生产力观

马克思所处的时代是人类社会的工业化初期。社会生产基本上是物质产品生产，人们消费基本上是物质产品消费。那时定义的生产力就是物质产品生产力。因此，一般认为，生产力是人们认识自然、改造自然、利用自然的综合能力，这已经比较全面了。① 但是，其基础是人们的认知能力、思维能力和创造能力。

当今社会，人们的消费结构发生了显著变化。在衣食住行解决后，人们越来越注重精神消费，如音乐欣赏、休闲旅游、文化娱乐、保健养生、新闻浏览、学习进修等。许多人在文化精神生活方面的开支已经超出其物质消费开支。此时，文化产品、服务产品、精神产品和传情商品等生产成了生产的重要部分。原本一些公共事业部门和行业也纷纷产业化了，如文化产业化、体育产业化、科技产业化、艺术产业化、娱乐产业化、传媒产业化、专业培训产业化等。这些行业由原来的政府拨款单位，变成了创利和纳税单位。文化、科技、医药、体育、娱乐、传媒、旅游、培训、保健、服务等行业的产值、利润和税收已经不低于物质生产部门了。在美国等发达国家的第三产业，不论是产值、税收，还是就业人数，都占总量的80%以上。由此可见，生产力的主要内容已进一步转入科技、文化、信息和传媒等行业，也就是说，生产力主要指人类的智果生产能力了。可见，传统生产力概念含义已过于狭窄，不足以涵盖已经扩展了的广泛外延。

①郑志国：《泛化生产力不可取》，载《学习时报》2005年5月2日。

综上所述，我们可以发现：一是文化、科技、信息、传媒等方面的智果产品生产日益成为社会生产的重要部门，不得不予以重视。二是文化、科技、信息、传媒等智果生产，越来越多地渗透到物质产品之中，成为物质产品的内质和性能，影响和决定着物质产品的价值。三是无论物质产品，还是文化产品，决定其价值的都是凝结其中的人类智果。因此，我们应当定义：生产力是人类创造思想成果，生产以思想成果为内质的物质产品、文化产品和各种服务的能力，其核心是思想成果（智果）的生产能力。

生产力概念含义的扩展，使得生产关系、经济基础等概念的内涵也发生相应变化……

物质财富生产力、文化精神财富生产力归根结底就是思想成果的生产力。

生产力发展的表现形式：

从市场角度看，生产力发展表现为具有更优质、更多样和更充足的商品和服务供给，以满足消费者的需要。

从民众角度看，具有较高的收入，更富足的物质和精神生活。

从政府角度看，就业充分，税收充足，物价稳定。

从生产方式看，具有更高的机械化、电气化、自动化、智能化水平。能够更高效、低污染地利用机器代替人类劳动。重复性的思维活动也被电脑代替，人类精力更多用于智果创造。

从环境保护看，经济发展与环境保护同步加强。

从资源利用看，更高效、更经济地使用已知资源；循环利用废旧资源；研究开发更多可利用的新型资源；广泛使用清洁能源。

劳动价值论的基本原理没有错，是现代劳动内容和方式扩展超越了其概念范围，在当时的历史条件，经典理论作家不可能把认知纳入人类劳动范畴。事实上，任何资源的利用都是以人类认知为前提的。认识世界、认识自然物的功能和效用就是人类的重要劳动，是高级的脑力劳动，这应当成为人们的共识。

生产力发展的集中表现，是人们大脑创造出更多的思想成果；更有效地利用自然界能源推动机器代替人的体力劳动；更经济更高效地开发利用自然资源，使之转化成更多的有用产品，增加经济总量。生产力发展使人类更加有条件集中精力从事创新性劳动，脑力劳动成为人类的主流劳动方式。在思想价值论语境下，我们可以得出这样的结论：工业时代的主导产业是制造业，智果经济时代的主导产业是智造业。

第二节 智果经济的价值本质

人类文明史表明，充足的智果供给是经济社会持续发展的根本动力。只有思想供给充足，才能及时解决经济社会发展中面临的各种问题；只有不断创造新思想并转化为现实生产力，才能不断开创价值增值的源泉、增强经济竞争力；只有不断创造新思想，才能满足人们的物质和文化生活需要。无论是国家、地区、单位，还是家庭和个人，决定其发展状况的关键因素都是正确思想的产生和运用。

一、人类智能运用的进步历程

不只是科技文化产品生产依靠人的智能，就是物质产品生产也从来都依靠智能指导，受智能支配，由智能决定；并且，在商品中智能创造的价值所占份额越来越大。

一是采集、渔猎时代。人们对事物有了粗浅认知，劳动行为由思想支配，超越了动物本能。其他许多动物虽然也懂得采集、猎取和收藏，但绝不能像人类一样有目的、有组织、有计划，并采取多样化的方法进行。

二是农耕和手工业时代。人类观察、认知和掌握了动植物的生长规律，并加以运用。种植业和养殖业从本质上看，是人创造条件帮助动植物繁育和生长。手工业领域的铁匠、铜匠、石匠、木匠、篾匠、泥水匠等，主要是依据人的想法要求对自然物进行加工。在此阶段，人们掌握运用的主要是经验性知识，是人类生产实践的初智阶段。

三是工业化时代。人们开采、利用地下矿物资源，以能源为动力改造自然物。工业生产已实现模具定型、能源推动、机动生产。机械化生产大大提高了劳动生产率，减少了人的体力劳动和手工劳动，工人主要从事机器操作和过程管理。人们将大量的科技运用于生产，使科技转化为经济成果。此属人类生产实践的中智阶段。

四是智能化时代。网络传输信息，电脑控制机器，能源推动生产，设备不仅代替人的体力劳动，而且代替了人的很大一部分重复性脑力劳动。人脑主要从事研究工作，开展各种创新。创新成为经济社会发展的根本动力。人类生产实践进入智能化阶段。

五是仁德高智时代。从今往后的时代，人们更加透彻理解了生活的意义。懂得获取财富是手段、得到幸福生活是目的。降低了物欲，注重了品行；在衣食无忧的基础上，追求心愉身康；共赢利他成为普遍认同的价值观；大量人进入了大彻大悟、智慧仁德的境界。此乃人类文明的仁德高智阶段。

智果经济是人类经济发展的历史必然。因为地球上资源有限，依靠资源支撑的物质经济不可持续。世界上一些依靠出卖资源而暂时富裕的国家通常好景不长，因为国民变得懒惰、厌学、缺乏创造性，而资源总是要卖光的。一些资源奇缺的国家，如瑞士、日本、新加坡等国则重视教育，培养了大批高端人才，再依靠人才创造智果，使经济持续增长。

二、经济价值源于人的智果

哲学家告诉我们：人是高级动物；人脑是物质高度发达的产物；人的思想是客观外界事物在人们头脑中的反映。

面对商品，消费者通常是先看其外观是否让人喜欢，再看其功能和效用是否符合自己的需求，后看商品价格是否符合自己的心理设想。

面对商品，工程师所想到的是材料（物质）、工艺（规律）、劳动者（智能与体能）。物理学家或许批评说：在自然界中，物质和能量是统一的，爱因斯坦早已揭示了它们的关系。物质变换会吸收或释放能量，相反，消耗能量可以推动物质变换。生产商争辩说：我从市场上购买的，材料就是材料，能源就是能源；在生产过程中材料是构成商品形体的物，而能源和人的体能是在生产过程中消耗的，两者不能混同。

哲学家将世界划分为物质和精神、存在与意识两个方面，这已经是常识了。为什么精神能反映物质、意识能反映存在呢？思想价值论认为：存在本身就有不可分割的两部分，即：物和物的规律，这就是中国古代先哲所说的“道在物中”，“道”就是规律。人脑是特殊的物，思维是人脑的机能。思想是思维的成果、是规律的反映，而不只是对物的反映。当然，这种反映可能是较全面的，也可能是不全面的。因此，物是物，人是特殊的物；道是道，思想反映道。两者比照，人与物对应，思想与规律（道）对应。思想反映道，就是人认识了规律。

未经人手的天然品，必然包含物质、能量和起支配作用的规律等三个要素。因此，如前书所述，天然品价值的构成要素为：“规律 + 物质 + 能量”；人造品的构成要素为：“思想 + 物质 + 能量”。

因为思想是规律在人们头脑中的反映，人利用天然品是因为人认知其规律，人制造产品是因为人运用其规律，两者的本质内容是一致的。故而，天然品和人造品均可在市场上交换，也同样有效用。

另外，规律是否等于信息呢？不等于。因为，所有规律都会有信息反映，但信息不一定真实全面地反映规律。人们把自然原生信息、传输态的知识和人对事物的感知都称为信息。可见信息概念比规律含义要宽泛得多。所以，式子中“规律”不能用“信息”代替。只能说，人造品所凝结的智果中有信息成分。

商品的功能设计、外观设计、工艺技术和产品质量反映社会生产力状况，是由科技、文化等方面的水平决定的。科技发展使自然资源利用率不断提高，使仅有资源可以承载更多的智果，从而大大降低物质资源的消耗；商品贸易反映人与人之间的交换关系和互助关系；商品的流通、交换和分配，以及劳动者积极性发挥等属社会科学范畴。可见，商品与自然科学、社会科学和人文学科等相关联。

当今商品的经济价值主要来源于智果价值。比尔·盖茨曾说：“微软的车间就是高级员工的脑袋；公司2000多亿美元的资产就存在于高级员工的大脑之中。”而目前世界上厂房设施、实物存量最多的美国通用汽车公司，其资产总值也只有400多亿美元。企业竞争力取决于其创新能力。企业的战略规划人员、设计人员、工程师、经济师、会计师、管理专家、营销人员、律师等都源于智果创造的重要人员。

当斯蒂芬·乌茨尼亚克发明苹果机的时候，市场研究员们认为PC微机只是玩具式的产品，没有推向市场的可能性。是史蒂夫·乔布斯以其独断专行“不要只听市场研究员的话”，“走自己的路”，才全面打开PC微机的广阔市场。而今，有多少亿人离不开苹果产品！思路决定出路，行为决定作为，一切经济成果都源于思想成果。

三、生产、经营和管理中的智果价值

思想价值论认为：无论是发达地区还是欠发达地区，经济发展都要解决发展思路问题。落后地区应当采取区域小循环，先从扶持传统产业上等级开始，因为，缺乏技术、人才和资本等方面的条件。发达地区可以采取大循环，发展外贸经济，汇入全球经济大系统之中。

思想支配人的行为，规律决定事物变化。木偶表演的幕后是艺人熟练的牵手；物种生命的轨迹是基因密码的掌控；自然规律支配是万象演化的根由；世人一切表现都是思想支配的行动。本质决定表象，信息反映规律，抽象衍生具体，虚拟影响实体，无形决定有形。现实世界的背后有一个对应的信息世界，信息世界的数据揭露了现实世界的真情。一名企业家若能深入理解上述本源大道，就能从哲学高度正确地认知和处理资本与智本、设备与人才、财富与价值、实物与信息、硬件与软件、自然资源与人类智果等关系，真正掌握智果价值论的真谛与要义。智果价值论同时继承了中国先贤阴阳辨证学说的学理血脉。

凡事需要琢磨，一琢磨就觉察到问题；凡事依靠琢磨，一琢磨就会找到方法；凡事必须琢磨，一琢磨就会有创新。

许多企业从卖产品转向卖服务，而服务质量取决于服务思想和技术水平。

人有智力，追求更好。创新能满足人们追求更加美好的需求。支撑当今经济发展的有三大因素：一是智本，二是资本，三是资源。可是，有的企业和个人没有把智力投放于新产品研发等创新之上，而是把金钱投资于言过其实的广告宣传；有的人不是努力提高自己的产品质量，而是挖空心思制假卖假。殊不知搞歪门邪道终遭惩罚，虚假广告终被识破。企业智力一定要用于正道，用于市场调查，用于技术改造，用于产品创新，用于服务改善。

另外，企业家应当具有时间成本意识。经营好企业需要知识、能力、智慧和经验。一个人扣除天真未凿的童稚岁月和体力衰弱的风烛残年，可以精力充沛地进行奋斗的时间只有几十年。企业家生命有限、时间有限，一定要以尽量短的时间做尽量多的事。以单位时间，如一年、一月，创造多少财富、发展多少事业作为创业速度的度量，努力提高时间利用率。

第三节　商品内含智果价值分析

思想价值论突出了思想（规律）在商品中的价值作用。使“精神变物质”的哲学原理在商品生产和商品交换中进一步显示出作用和威力。思想价值论并不否认物质的价值，而是认为物质是商品中思想价值的载体和依托。深入研究，我们可以发现商品之中许多全新的规律。

一、商品价值认知与经济理论发展

人类社会商品生产的变化历程是：从天然到人造、从野生到养殖、从简单到复杂地发展的。商品发展史大体可以分为三个阶段，与之对应的商品价值认知也可分为三个阶段。

第一阶段，人们认为商品价值由有用性和稀缺性决定。在长期的农业和手工业时代，人类主要依靠从事采集、渔猎、农业、畜牧业和简单手工业获得生活资料。用于交换的大多是天然、野生物品和初级农产品，手工业品只是初级的加工产品。人们认为，物品价值是由物本身的性质、用途决定的。这一阶段，人们认为商品价值主要是由有用性和稀缺性决定。其实，物的有用性是以人对商品的物性认知为前提的。物的效用是随人对商品物性认知变化而变化的。

第二阶段，人们认为商品价值由劳动量决定。农业进入规模化生产经营，手工业、加工业发展为初级工业。用于交换的商品多数是工业品和农副产品。初级工业化阶段，由于工业材料充足，几乎可以任意取用，因而，材料成本极低，商品中科技含量和文化内涵有限，商品价值主要决定于劳动量，即工时量。因此，理论家们就认为商品价值主要取决于生产该商品所花费的劳动时间。在此背景下，创立了劳动价值论，这是人类经济思想史上的伟大成就。其实，人们尚未发现，在其中起决定作用的是人的智能，劳动的本质特征是思考。

第三阶段，人们认为商品价值主要由凝结在商品中的智果决定。科技发达、文化繁荣，汽车、彩电、冰箱、空调、电脑、网络、手机等高科技产品生产，原材料成本价值占比不大，流水线作业耗时不多，商品价值构成主要是由所包含的科技和文化即人的智果决定。人们进而认识到设计、品牌、商标、信誉等均是无形资产或叫智产，具有现实价值。科技文化等无形财富的价值内质是智果，有型实物财富的价值内质同样是智果。并且，天然品和野生物的运用也是以人的认知为前提的，包含智力成果，由此，创立了思想价值论或称智果价值论。

人类需要切实转变财富观和资源观。社会最源头的财富是智果财富，社会最根本的资源是智力资源。当人们充分重视了非物质财富创造和智力资源开发后，就能够有效促进经济的转型升级。

为了赢得大批忠诚、坚定的客户，生产经营者必须保证产品优质，努力达到行业标准。若是世界顶尖的品牌产品，企业当创造行业标准。

思想价值论认为：任何物品，一旦成为商品，就必定包含人类的思维成果，即智果。要么物性被人认知，如天然品；要么智果被表达，如音像、图文资料；要么智果被运用，如各种服务；要么智果被凝结，如工业产品；等等。商品价值量由人们对商品中智果的珍贵性评价所决定。

值得注意的是，这种评价不仅是由主体对商品物性的认知决定，而且还与主体对市场供求状况的认知和判断有关。这种认知和判断本身又是一种特殊的思维成果，并且是人们社会生活中最普遍最常用的智果，但与商品内含智果在类型上是不同的。

二、生产消费历程中的商品二元结构

哲学是深刻的，运用哲学原理可从大本大源上分析事物的本质。用哲学的透视力剖析商品生产、流通和使用历程，我们可以看到一幅清晰的二元结构图景。物质是载体，思想是灵魂；物质是外壳，思想是核质。

劳动是财富的源泉。开展劳动，首先要有劳动主体。我们可以看到商品生产和流通全程的二元结构：劳动主体必须是有思维能力和一定能量的生命体；劳动过程是在某种思想指导下，改变物的性质和形态的过程；劳动产品包括物质外壳和思想内容；交换前提是物的有用性和消费者认知相统一；交换实现是心理上认同与物质上的接受；消费是物质上消耗和精神上的满足；分配依据是劳功之量和思维成果的价值；报酬形式既有物质报酬又有精神报酬。我们可以从图 21 – 1 看清商品流转历程中的二元结构图景。看看二元结构图，对智果价值认识就会明白得多。

在分析了商品流转历程的二元结构图以后，我们就不难看出：任何有形商品都具有物质材料和智果内质两个方面的要素。结构原始的传统产品，其价值构成以材料价值为主、以智果价值为辅，如木板、棉被、锄头等。结构复杂的人造品价值以智果（技术）价值为主，以物质（材料）价值为辅，如图纸、软件、电脑、手机等。

三、智果经济的商品价值表现特点

1. 同质物品因赋予或表达的含义不同，市场价值就不同。比如：一条红绸带挂在家中表示吉祥喜庆，挂在马路上则是代表危险示警。再如：电

商品流转历程	内构		
1.主体	人的智能	+	人的体力
2.生产	智能智果	+	物质材料
3.商品	科技文化	+	物质外壳
4.流通	智果传播	+	物质转移
5.交换	智果认可	+	物质接受
6.消费	需求满足	+	物质消耗
7.分配	智能贡献	+	资本收益
8.报酬	精神报酬	+	物质报酬
二元	智	+	物

图 21－1　商品流转历程二元结构

话号码、汽车牌照其功能作用是一样的，但广东人特别喜欢 8，连续 8 数的号码就可拍卖出高价，因为他们赋予它以“发”的含义。

2. 同质材料所表达和实现的设计思想不同，其产品的效用和价值就不同。比如：同是大众系列轿车，桑塔纳与帕萨特用材是基本相同的，因技术档次不同，所以价值不同；一只劳力士手表所用钢材不比螺丝刀多，但其价值却是螺丝刀的上万倍，原因就是内含的人类智果大不相同。

3. 同质产品因消费心理不同，导致价值判断不同。音乐会的连场演出，尽管内容一样，但许多富人宁可票价高一些，也要买首场。因为这样在欣赏音乐的同时，还能获得欣赏在他人前面的满足感。消费者个体需求项目排序状况，直接影响其对商品和服务的价值判断。

智果运用不同于物质产品消费，智力产品大多可以低成本复制而不降低使用价值，但通常会被新的成果所替代。

四、商品价值内构与经济质量

生产商品、提供服务都要消耗资源。资源可分为两大类：自然资源和人力资源。自然资源又可分为物质资源与能源。人力资源包括人的知识（经验）、智能（技能）和体质三个方面。

商品要素价值包括：物质资源价值、所耗能源和体力价值以及人的智果价值。智果价值主要是由投入智本产出的。就业者智本由知识和智能两方面构成；企业智本由人才资源、技术文化资源、信息资源和高科技设备等构成。高科技设备能够表达、实现和复制人的想法，可以看成物化智本。人的智能统领着商品生产过程中的产品设计、工艺技术、生产流程、销售方式等各个环节。凝结在商品中的人类智果是商品价值实质，决定着商品的结构、特质、功能和效用。名牌轿车与普通轿车所消耗的原材料相差无几，但价格相差若干倍，主要是由于其设计思想和工艺技术等智果满足消费者需要的差别很大。轿车总值减去物质资源和能源的成本价值，基本上就是智果价值，因为在机器大生产背景下，劳动者体能主要是承载其智能和对想法的表达，而改变物品的目的实现主要依靠能源推动。也就是说，在机械化、电气化、自动化生产中体力劳动贡献比例不大，可用智能贡献代为概算。若设消耗的物质资源成本为 M，消耗的能源成本为 E，人的体能成本为 E_1，凝结在商品中人的智果价值为 K，商品总价值为 W，即 $W = M + E + E_1 + K$，因 $E >> E_1$，即 $E + E_1 \approx E$。

于是，式子简化为：$W = M + E + K$

显然，智果价值 K 应包含产业思想、设计理念、工艺技术等一切人类智果。智果价值比例 K/W 反映智果价值在商品总价值中的份额，叫含智率，用百分比表达，可以反映经济质量。K/W 越高，说明科技文化含量越高，反之则低。值得注意的是，此处所说含智率仅是指原材料进厂后到产品出厂阶段的含智率，不包括原材料本身的含智率。

卷二中已谈到过，式子 M/ W 反映商品单位产值所消耗的物质资源价值，叫物耗率。物耗率越低说明经济的资源代价越小；W/M 是反映单位价值资源的产出率，能反映经济的物质资源利用状况；同理，式子 E/ W 可叫能耗率，反映单位产值中的能源消耗状况。E/ W 越大，说明单位产值中能源消耗越多。

地球上的自然资源，包括物质资源和能源都是有限的，人的智力资源是相对无限的。智力资源不会因为开发利用而减少，相反，通常是因开发利用而增强和提高。智力成果复制成本低，容易增加供给，因此，人类经济发展的方向是大力发展智果经济，将更多科技文化成果转化为经济价值，并使自然资源得到节约和高效利用。

由于智果商品可以低成本复制，智果复制品的商业价值随数量增加逐渐下降，所以，大量高智产品，虽然物质材料涨价，但商品总价却下降。只有不断创新、推出新一代产品才能提高或保持市场价值。电脑、手机等商品都体现这一规律。

从宏观经济视角看，若一国经济能以智果经济占主导，即对自然资源的依赖减轻，就能减缓资源价格的过快上涨。资源价格的大体稳定是经济持续发展的重要条件。所以，智果经济代表着当代经济可持续发展的根本方向。

五、智果组合增值原理和企业效益多元函数

我们先讨论智果的类型、功能、组合和价值发挥。

一项智果直接价值多少？通常是由同行专家评估或市场机制确定。其实，智果价值发挥是有很大空间和不确定性的。通常智果推广运用创造的价值，将大大高于智果本身的价值。

譬如：科学家在某领域的基础理论突破，属理论性智果，具有重大学术价值，无偿公布于科学杂志上；工程师运用该科学原理发明的应用技术，属实用技术智果，可以申请获得专利；实业家基于其商机判断，购买专利，附加文化创意，开发出新产品，可直接转换为商业价值；经销商的广告形式、营销战略和定价策略，属经营性智果，决定营销状况和销售总额。可见，一个成功产品的开发、营销是多类智果的嫁接和集合。一类智

果中又包含许多子智果。由此发现：人类智果有许许多多类型，不同类型智果均有其特殊的功能和作用。一种智果的价值实现状况与相组合的其他智果作用相关联。关系一个组合智果价值实现状况的因素有两个：一是被组合的单项智果的作用和价值；二是组合中各类智果的配套状况，组合得好就可以使价值大增，否则相反。这就是智果组合增值原理。所以，创新型企业需要汇集多种优质人才，并使各种人才配套互补。

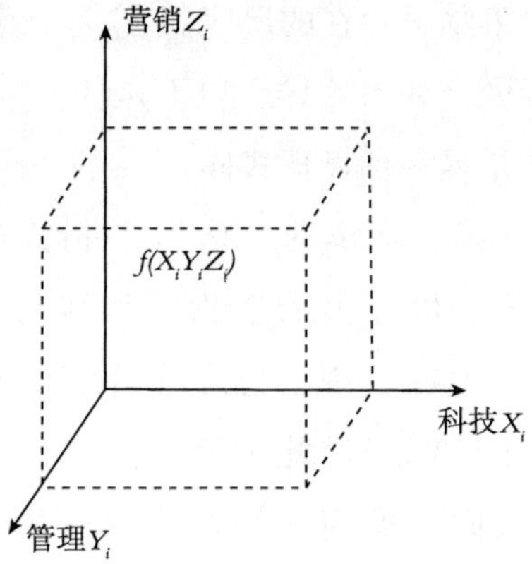

图 21－2　企业效益三大要素

影响企业生存和发展的因素是相当复杂的。为研究方便，我们假设核心技术是向科研单位购买的。在人才、资本等条件既定的情况下，企业的生存和发展主要取决于技术、管理、营销三个方面。具体说：一是设计思想和工艺技术。这些智果决定产品的结构、功能、款式等，即效用状况，可用 X_i 表示。二是企业管理思想。管理决定资源配置和组织系统的运行效率，影响员工积极性发挥、生产状况和产品质量，用 Y_i 表示。三是市场营销思想。营销策略、广告宣传、商品定价和资金回笼等决定企业的营销规模和市场占有率，用 Z_i 表示。三者构成的立体坐标如图 21－2 所示。很显然，技术、管理、营销的核心要素都是人的智能，实质内容都是智果。所以，我们在每个变量中都加脚标 i，用 i 表示企业里一件件具体事项中人的想法。其函数式可表达为 $W = f(X_i \cdot Y_i \cdot Z_i)$，用三维坐标表示，其体积就是效益大小。显然，企业效益由企业各配套部门的智能因素决定，且三维中任何一维为零均可使总额为零。这就是企业效益多元函数，它进一步说明智果组合原理的重要性。

这是与企业家素质结构相对应的，同样遵循“缺一不可”定律。

六、智果价值认知的个人差异

古希腊哲学家普罗泰戈拉说：“人是万物的尺度，是存在的事物存在的尺度，也是不存在的事物不存在的尺度。”这是一个认识论命题。苏格拉底对这个命题提出质疑说，如果这样，岂不是任何事物的存在，对于我是一种显现式样，对于你是另一种显现式样？

笔者也有自己的解读：这里的“人”是指人的认知。人的认知是万物价值的尺度。因为，世界上的事物，其结构、性能是复杂的。一种物品通常存在许多种潜在效用，也存在许多潜在价值。但人们只懂得自己认知的价值，并只愿支付此价格。同时，人们对同一事物认知能力的差异性，决定人们价值判断的差异性；并且，人是根据其对事物的认知来利用和处置事物的。人类对事物的认知是逐步深化、永远不会完结的。

任何商品的价值实现，都以消费者对商品内含智果认知和价值认可为前提，认知差别决定估价差别。就单个购买者而言，影响其购买决心的因素：一是对商品的认知和评价，这是购买行为的思想和心理基础。一只唐代古陶碗，古玩收藏家和考古学家会掏出数千元；一位不懂古董的少女，怎么也宁愿买根金项链。一幅唐伯虎的画，文化人视为珍宝愿意高价收藏；业内商人会作为炒作发财的机会和对象；不懂字画的老农就是五角钱一斤也不愿买。尽管文人与商人均看重字画，但两者的思想动机是截然不同的：文化人看重的是艺术价值；商人看重的是商业价值。文化艺术作品的价值，与购买者的认知水平关联更紧密。其实，实物产品也一样，其价值基础在于人们的认知。比如：同是一只鲜红的火腿，老中医认为“火腿色鲜味美，清热化湿”，价有所值；而西医内科医生却认为“含黄曲霉素多，易致癌”，就是白送也不愿多吃。二是购买者对该商品需求的迫切程度，如果他急需这种商品，其心理对该商品的价值评估就高。小伙子购买传情玫瑰花时，明知被高价所斩也在所不惜。饿极之时饭贵也买，渴极之际不问水价。人的需求迫切程度的不同，决定其接受的价格不同。

七、智果价值认知的同一性与差异性

商品的效用是以物性即客观属性为基础的，物性是人认知的对象。认知扩展就使利用范围扩展，也可以使需求得到扩大。对同一商品，各个人的认知程度是不同的，但是，认知的个人差异性并不能否认物性和效用的客观性。比如，老鼠药有毒，不管是否完全认知，食之皆中毒。然而，认知者有意利用其毒是需求的满足，价值得以实现；而无知者误食是受害，是价值的损失。因此，三者关系中物性是客观基础，需求满足是效用发挥的目的，认知是物性得以利用的关键。

值得注意的是，现代社会人们的需求结构发生了变化，文化和精神需求在增长。同质服装贴了名牌，人们就愿出高得多的价钱，其高出部分就是品牌的价值，实质是符号和含义的价值。

智果生产者和消费者认知对象既存在同一性也存在差异性。生产商在研发新产品时，首先要认知市场的消费需求，再根据市场需求设计产品的结构、性能和样式。工人的劳动成功表达和实现了设计思想，使产品具有了设计要求的物性和功能，或者说是商品中已包含消费者所需要的智果。若是天然品就是开发者认知了其所具有的物性和功能。一些药物试验就是寻找人们所期望的具有某种性能和效用的物质，若经反复试验证实，就成功开发了一种新药。消费者何以购买某产品？因为他们认知、认可并需要该商品的物性和效用。购买就是对该产品的认可，或是对试验结果的认可。由此可见，生产者和消费者认知的对象都是智果，这就是认知对象的同一性。然而，单个消费者多数不是商品专家，况且信息不对称。他们对产品设计、工艺流程和使用材料均不了解，容易发生认知错误。因此，大量消费者喜欢购买大众公认的老品牌和名牌产品，以减少认知错误。另一方面，使用同一产品的消费者众多，其中往往有人对该产品的物性和效用有独到认知，甚至超过专业技术人员的认知水平。这也是生产者与消费者认知的差异性。

值得一提的是，产品创新智耗通常与创新难度成比例，要解决难题，就得投入智力成本，但产品创新的智果价值却需由市场审定。

第二十二章　崛起：智果经济展现光明前景

物质经济时代人们普遍认为，商品价值取决于效用或其中包含的人类一般劳动。智果经济时代人们认识到决定商品效用、销售状况和价值评价的核心要素是凝结在商品中的人类智果。本节就此展开讨论。

第一节　各类商品中的智果

现代市场商品种类繁多，我们可以对其作分类分析。

一、各种形态商品中的智果

人类的劳动产品，按其表现形态可分为以下四大类：

第一类，实物产品。第一产业、第二产业和第三产业的部分产品均是实物产品。其特征是以物质资源为材料，在人的思想指导下加工制造，使产品具有特定的结构、性能、效用，能满足人们的某些消费需要，具有一定的价值。其中的指导思想、设计理念、材料选择、工艺技术等都是智果。另外，一些由政府投资建造的桥梁、隧道、道路等公共设施虽然较少买卖，但也属有形的固定实物产品，为广大民众所使用。

第二类，文化信息产品。文化产品的价值内涵主要是文化成果，其中物质要素只起载体作用。如文学、音乐、舞蹈、雕塑、书画、影视作品等。信息产品也需要有实物信道传递，这种实物信递的价值只占整个产品价值的小部分。产品的主要价值和效用取决于其所传递的信息的质量和数量，以人们一般通用的符号来记录和表达信息。比如：报刊书籍以文字表达信息；设计图纸以线条、图形、色彩等表达构想方案；摄影作品以取景照片记录信息；咨询服务以语言表达答问；影视作品以画面声音描述情节；等等。相当一部分文化作品可归为信息产品。许多学者把信息产业归属第四产业。主要包括电视、广播、电信、网络、电话、新闻、出版、卫星通信、咨询服务等行业。现代信息产业主要以电子计算机为技术基础，从事信息的生产、传递、储存、加工和处理。其中，决定价值内涵的主要是人的信息性智果。

第三类，服务产品。服务产品的作用在于其过程和效用。以劳动者的知识、智慧、体力和技能提供策划、咨询、教育、医疗、保健、旅游、修理、运输等服务。其效果主要取决于技术水平、工作态度和沟通能力，其特点是解决问题、满足需求。服务质量评估在于客户的内心感受和认可程度，服务人员投入和运用的主要是智果。

第四，无形公共产品。国家机关制定的法律、规章、制度和政策等，文本有形，内容无形。让人们认知领会后成为理念和规矩保存在头脑中，对人的行为起规范和约束作用，其内容是制定者的智果。

二、不同来源商品中的智果

按产品来源或人的智能投入程度可分为自然品、加工产品和高智产品三大类：自然品是指来自自然界、人们只是直接取用的产品，如沙石料、泥土、花岗石、木材、野生动植物等；加工产品是指在自然资源基础上进行加工，使其性能、形态更符合人的需要的产品，如家具农具、棉纺产品、加工食品等；高智产品是指主要依靠科技、文化成果构成价值的商品，如彩电、冰箱、手机、电脑、音像制品等，其材料已不是原生的自然品，而是深度加工的产物。

自然品按一定规律演变而成，初看似乎与智果没有关系；其实，任何自然品的利用均以人的认知为前提，没有认知就不能利用、没有价值，而这认知就是一种智果。普遍的认知，人们就习以为常，容易忽略其认知的价值，而对某事物的首次认知就被公认为科学发现，如青霉素发现、青蒿素发现、遗传基因发现等，都是价值巨大的智果。可见，一切自然品的价值均与智果相关联。人造品是在人力作用下，根据一定的思想指导制成的。

有学者认为未进入流通的物品，只有效用，没有价值，这种观点是不对的。只要是具备规律（智果）、能量、物质等要素的物品就有价值，进入流通领域就有了价格。

效用虽然也与人的认知有关，但它首先要有客观的物性。价值与人的认知相关联，主要是一个社会性概念；价格是商品交换的比例尺度，属经济学概念，但在以思想价值论为基础的现代经济学中，价格与价值是相统一的。可见，效用偏重于自然属性，价值即属于社会属性。

三、不同效用商品中的智果

商品按功能效用大体可以分为三类：

其一，内服品。即食品、药品、水和饮料等，属人体维持生命活力所需的补充品。此类商品必须对人体有益，不可霉变，毒素残留不能超标，不然就会损害人的健康，甚至危及生命。医疗上用的针剂，直接注射入血管或肌肉中，其质量要求更高。所以，食品、药品、饮用品等生产者和经营者必须真正懂行、精通业务，并守法纪、重道德、负责任，并接受国家相关部门严格监管。其过程中的取材、制造、销售和监督等都需要运用智果。

其二，外用品。可以分为两大类：一是生活用品，如衣裤、鞋帽、被褥、笔墨、纸砚等，为人们日常生活和工作所需。二是生产资料，如工具、设备、原料、材料等，用于商品生产。生产过程中的设计、取料、制造等每个环节都需要运用智果。

其三，文化精神产品。其作用是满足人们学习和文化精神生活的需要。产品要求正确性、艺术性和创新性，不能以文化的形式毒害人们思想。所以，书籍、刊物等出版都要审查，实行责任编辑制度。正确性和健康性依靠责任编辑能把关，但是，艺术性和创新性却常常被疏忽。一些文化作品毫无创意和新见，属重复抄袭，几乎毫无价值，也在出版。要知道文化精神产品消费是需要花费双重成本的，即购买成本和使用成本。比如，一本书购买成本通常只要几十元钱，而读者投入的阅读成本，即时间和精力比购书成本要高得多。再如，看电影，买票成本几十元钱，花费时间两小时，其时间成本远不止几十元。发表毫无价值的作品浪费别人的时间精力，的确是一种罪过，所以鲁迅批评说，写内容空洞的长文章“无异于谋财害命”。文化产品生产者更加应当增强责任意识，使作品中包含尽可能多的新智果。

第二节　智果产业的价值分析

思想是灵魂，任何产业都离不开思想。随着思想重要性的日益显现，思想成果已经开始分离出来成为独立产业，并引领其他产业发展，比如：发展规划研究院、战略研究公司、策划公司、编程公司、信息公司、咨询公司、文化创意公司、技术开发公司等都可以介入任何产业，推动相关产业的发展。可以说，21 世纪经济是思想经济或叫智果经济。知识经济、信息经济、循环经济、网络经济、跨国经济等，其内质均为思想成果，都属智果经济。以高智量为价值特征的产业就是高智产业，或称为智业。本节我们分析各种智业的价值本质。

一、文化产业价值

广义的文化是指人类在社会历史发展过程中所创造的物质财富和精神财富的总和。狭义的文化主要指文学、艺术、传媒、影视、出版、文化创意等，包括小说、散文、诗歌、戏曲、音乐、美术、书法、雕塑和影视作品等，也有的学者习惯于把音乐、美术、书法等艺术从文化中分离出来。有了互联网以后，互联网与传统文化嫁接催生了大量网络文化。文化作品是作者对社会实践体验的艺术性描述，是对人类美好事物的颂扬和对丑恶现象的鞭笞。人是高级动物，在物质生活基本满足的同时，需要文化精神生活。文化陶冶性情，提升人的精神品质和人文素养。无论是东方还是西方，无论是古代还是现代，都有大量的文化艺术界人士依靠生产文化产品和艺术作品换取个人收入，保证自己的生活。

美国、日本、韩国等发达国家，文化产业相当发达，在国民经济和出口中占比较高。文化产业大发展代表着一种方向，因为当人们衣食无忧后，需要丰富优质的文化精神生活，享受服务、体验快乐、追求健康和长寿。

一个成熟的民族应当珍惜自己的文化血脉。“观乎天文，以察时变；观乎人文，以化成天下。”（《周易·彖传》）中华民族具有重德的文化传统，但初级市场经济的重利思潮冲击了一部分人的道德堤坝，造成一些缺德的现象，迫使我们对初级市场经济作历史反思，对道德传承作冷静反省。多数人意识到，在物质富裕的同时，应提升人的精神和品格。中华文化积淀深厚、源远流长，传承文脉、创造价值，具有取之不尽的宝贵资源和精神财富。

文化产品消费是满足人的心理和精神需要的。对文化产品质量应当具有更高的要求。因为，一方面，其在人们的文化生活和文化消费中丰富人民生活，发挥商业价值，促进经济繁荣。另一方面，文化要发挥塑造人格、净化灵魂的作用，必须保持其超越于商业价值的高贵品性，傲然独立、超凡脱俗、崇道重德，并以道德为纽带建立人与人之间的信任合作关系。对物质主义的价值观，应当以一分为二的态度对待，不可完全认同。在市场经济背景下，文化当有自己的道义担当，始终保持自己的清高个性和精神脊梁的特质。同时，缺乏精神品格的文化，通常也不会有很高的商业价值。商业化绝不是庸俗化，所以，文化产品创作者任何时候都不能忘记自己作品对精神文明建设和思想道德建设的神圣使命和社会责任。要处理好文化产业与文化事业的关系。发展文化产业不能玷污文化事业，抓了经济效益不能不顾社会效益，传播传承文化成果不能忘记甄别和清除文化垃圾。

文化引领着大众思想，影响大众的价值观、习性和风俗。文化不可放弃自己推动人类文明进程的神圣责任。文化的使命和追求应当是涵养情趣，培育道德、提升精神、激发智慧、创造人文价值。文化工作者切勿放弃自己的良知和天职。

文化只要不过分追求金钱，就不必自我作践、恶意搞笑；不必取悦少数观众；不必满足市场上的低俗需求；不必屈服广告商及其背后的资本。挺起文化脊梁，保持文化尊严。文化成为商品，应当是高贵的商品。文化既可璧合于物质产品之中；又须超然于物质商品之上。她必须致力于人类崇高精神的培育。

电影、电视具有直观、形象、逼真的特点。作为一种文化形式，它是中性的，正义者利用它，能为人类正义事业服务；侵略者利用它，就为其侵略战争服务。

二战初期，德国以闪电战侵占波兰，并将此事拍摄成纪录片《火的洗礼》。1940 年 4 月的一天，德国驻挪威大使请挪威军政要员、工商巨头观看该片，把他们吓得胆战心惊、魂飞魄散。这部简短的纪录片，使这个只有 1.5 万人军队的挪威政府丧失斗志、放弃抵抗。德国于 1940 年 4 月 9 日仅派了一支人数不多的空降部队就占领了机场，随后，1000 多人的步兵队伍在音乐的伴奏下，以征服者的姿态占领挪威首都奥斯陆，实现了不战而屈人之兵的目的。①

一段影片胜过数万雄兵，征服了一个国家，这就是文化的力量。

二、信息产业价值

信息是人们思维的材料，是决策的依据。信息具有现实利用价值和直接的商业价值。市场信息指导企业的生产经营，使其更加适销对路；民情

①金鑫：《一部影片征服一个国家》，载《新闻世界》2007 年第 8 期。

信息让政府的政策措施更加适应民众需求；气象信息提示人们防灾、避灾和抗灾，减少损失，并可利用气象条件带来经济效益。一些信息具有直接经济价值。报载 2010 年香港某公司将 200 多万户客户资料转售给其他公司，用于电话推销，从中获利 4400 多万港元。此事在香港社会引起强烈反应，在社会舆论的强大压力和私隐专员公署的强力介入下，该公司最终认错。信息革命，使信息生产、收集、传播、存贮和服务成为经济的重要部分，同时，也有力促进了物质经济的发展。更为重要的是，现代信息丰富了人脑的思维材料，提高了思维成效，促进多出成果。

正因为信息有用，获取信息成为人们的生活必需。我国国民平均每人每年要在电视、报刊、书籍、网络等途径获取信息过程中花费 800 小时，平均每天 2.2 小时。美国人平均每年花 2700 小时看电视或听收音机，人均每天 7.4 小时。英国人的统计结果是，一天将有近 10 小时花在接收信息上，成为信息的受众①。当前在广播、电视、报纸、网络四种媒体的基础上，短信成为第五媒体，发挥巨大威力。

脑力劳动者与体力劳动者的根本不同，是信息利用和智力运用量的不同；能人与凡人的区别在于面对信息所产生的新思想的质量和数量不同；富人与穷人的区别通常是对信息的占有程度和利用状况不同。信息利用能力是人的素质的重要方面，直接决定工作成效和业绩。在农业社会，教育不普及，书籍只是为统治阶级和教书匠们生产，知识和信息主要为社会精英阶层所垄断。而今，社会有包括计算机程序员、电视制作人、广告作者、业务经理、记者、秘书、会计和档案管理员等信息工作者，还有成千上万人不只是从网上接收信息，而是直接在网上工作②。信息享用平等化，为社会成员成长和生活水平提高同步化创造了一项重要条件。

除了风、雨、气温等自然信息依靠受众直接感受外，绝大多数信息数据是人们选取、加工、制作的产物，带有一定的主观色彩，是人的智力运

---

①②［美］约瑟夫·斯特劳巴哈，罗伯特·拉罗斯．熊澄宇，等，译．《今日媒介：信息时代的传播媒介》，清华大学出版社 2002 年 4 月版。

化的结果。根据智果价值论原理，信息属智果范畴，当然具有价值和利用价值。

信息有价值就决定信息传播具有价值。信息传播具有融智功能，信息与受体智力融合，刺激智力运化产生新思想。思想价值论认为：从某种意义上说，融智比融资更重要。思想是金，思想是宝，新思想具有更大价值。融智才能实现思想的交合而产生新思想。信息产业之所以能迅速崛起，是因为人们懂得了思想成果的价值，如新技术价值、新产品价值、新商业模式的价值等，而信息是产生新思想的材料。从总体上看，信息传播具有两方面作用：一是传播思想成果，供人们直接运用；二是让信息成为思维的对象和材料，催生新的思想成果。从事创造性工作的人每天要看别人的材料，目的不只是吸收，更是碰撞、交合，激发出新的想法，就是人们所说的受启发。因此，信息传播是很有价值的。

信息本身价值大小由市场认定，信息利用价值大小由运用者的水平和能力决定。当面对外来信息时，既有知识通常是思维工具。人脑运用知识加工处理信息的过程，通常就是产生新智果的价值创造过程。同一档次知识水平的人面对同样的信息，由于关注重点不同，思考问题的思路不同，思维所得结果就截然不同。提出并实施的方案不同，其创新价值必然大不相同。由此可见，人脑创造的新智果价值也不单纯取决于知识，还有另外因素是智慧和信息。其关系可以写成：

新智果价值 $\propto$（智慧 + 知识）$\times$信息。

式中“$\propto$”读作“相关于”，就是说一个人创造的新智果价值相关于其具有的智慧、知识以及所利用的信息。

三、服务业价值

有数据显示，近些年来，美国、英国等发达国家服务业在经济中的比重均在85%左右，服务业的就业人数占社会从业人数的86%以上。服务业已然成了经济和就业的主要部分。

发达国家的现代服务业主要指研发、设计、策划、咨询、金融、培训、提出标准、创立品牌等，均是知识化、智慧化的产业。高智服务业的繁荣是对思想价值论的肯定和佐证。服务业较少消耗物质资源，运用的是知识和智慧，服务过程也就是智果产生、传播或运用的过程。所以，现代服务业所创造的价值几乎全部都是智果价值，服务业相当一部分是高智行业。

人的智能并不因为运用而减弱，智果也不因为运用、传播而减少。相反，人脑越用越聪明，智果在传播、运用中，因碰撞、交流而刺激思维，促进新智果的产生。因此，现代服务业发达的国家创新成果普遍较多。

现代服务业大发展是历史的必然。其一，电器化、自动化和智能化的工业大生产，使统一规格的物质产品制造已被能源推动的生产流水线所代替，从而解放了大量劳动力，使大批劳动者从物质生产部门转入服务部门，就是人们通常说的劳动力从第二产业转入到第三产业。其二，人们对生活质量要求不断提高，更加重视娱乐、休闲和艺术欣赏等，以享受美好生活；更加重视自学、进修和获取信息，为自身发展创造实力条件。在灯光下缝补破衣的减少了，服装更换周期缩短了；单身者开火做饭的减少了，以商业途径解决用餐的增多了。甚至给孩子辅导功课请家教，拖地板、擦玻璃请钟点工，家务劳动社会化了，这种需求推动了服务业的大发展。其三，智力型服务通常是个性化的，必须由人脑思考来完成。功能强大的电脑只是程序化的处理系统，难以独立完成原创性的工作。其四，富有创造力的大脑是上苍对人类的恩赐，接受过现代教育和创造性思维训练的新生代均喜欢承担富有挑战性的智力服务工作，以发挥和检验自己的大脑潜能。现代研究表明，人脑有 140 多亿个神经元，是地球上最完善、最高效的信息获取和处理系统，具有巨大的创造潜力。

服务业给予客户的通常不是有形的实物产品，而是一种有用方法、一种感官感受，一次心灵抚慰。比如，心理咨询、音乐欣赏等服务在许多情况下是一种无形的、非物质的消费。服务有时是一份知识、一些信息，有时是一种符号、一次启迪，但所给的都是有用智果。

现代服务业比制造业有突出优势，如附加值高，资源消耗少，且不损害环境。

劳务产品的价值由什么构成呢？主要取决于三个因素：一是劳动者的服务技能；二是劳动者的服务态度；三是服务条件与环境。综合表现为服务的质量与效果。在身体检查、信息服务、决策咨询，理发、推拿、伴舞等服务行业，服务对象要求服务人员技术水平高、态度热情、投入真诚。其实，手上的技艺是靠脑支配的，任何技巧性活动，头脑中都必须有方法和要领，人们学习的技术知识是人类的思想成果。其情感投入与态度表现也与其经营服务的思想和理念直接相关。确立了顾客是上帝的理念，就能自觉训练提高技术水平，就能有良好的服务态度，就能提高服务质量和效果。

为什么一瓶原价 3 元的啤酒，上了五星级大酒店就要卖 10 元、15 元？为什么一份普通的水果拼盘在高档歌舞厅要卖 60 元、80 元？差别并不在商品本身，而在于环境和情境。同样的食品在陋室中使用就是饿汉充饥，在豪华包厢的温馨情境中就是品尝小吃、品味人生，享受高档生活。许多有钱人，踏进布置豪华、环境温馨的场所之中，受到年轻、健康、洁净的侍员热情导引，面对晨阳般温暖灿烂的笑容，听到一些恭维、颂扬的赞语（无论是发自内心，还是夹杂着商业目的），总能使心灵愉悦，感到片刻快慰与欢欣，甚至产生一种人生得意的峰巅体验、一份支配财富的成功感受，心灵和思想上获得极大的满足！这就是这种服务的价值所在。

应该说明的是，这种服务只要没有违反法律和伦理的举动，服务者就属于以自己的劳动换取正当报酬。

四、旅游业价值

人为什么要旅游？旅游有什么作用、意义和价值？

有人认为旅游本质是“求异”，去看看彼处的山水风光有何不同，人文景观有何特色，风土人情如何别致等。其实，求异的目的是求知。人者为人，有其广阔丰富的内心世界，内心世界是外部世界的反映。人的求知需求和冲动，驱使其了解一些原本尚不了解的东西，扩展认知领域，增加知识总量，增强思维能力，让人脑更广泛更深刻地反映外界事物，让个体更自然地融入客观世界之中，从而改进生活方式，提高生活质量。通常内心世界越广阔的人，求知欲望就越强烈，总想探索未知世界，以进一步充实和丰富自己的知识。人生因为知才变得丰富多彩；因为知才富有情趣；因为理解人生才活得更有意义。可见，旅游的真正目的是求知。文人学士对旅游往往具有更浓烈的兴趣，因为他们博古通今，学识丰富；了解历史沿革，知晓著名典故；熟知先贤名士，喜品名句佳联；识得古树名木，辨得野草鲜花。知识渊博者的旅游趣味和收获比知识贫乏者要大得多。

"自然风光游"—— 浏览山水风光、自然美景，包括山川、河流、海疆、怪石、奇洞等。旨在了解人生于斯、长于斯的美好大地。为什么不论少年、成年和老年都喜欢自然风光游呢？因为人是自然的一部分，当然希望融于自然之中，一方面是将自身投入自然怀抱，抒发人对自然的情感；另一方面是将自然之美融入自己心中："天地有大美而不言"，上苍造就的秀山丽水、怪石峻峰、高崖瀑布、沟壑溶洞等自然景观是靠人的内心去领略的。旅游既加深对自然的认知，又扩展人的心胸和襟怀，从而激发人对自然的热爱，确立人的正确的自然观，改善人与自然的关系。

"历史文化游"——人类文明发展必然留下丰富的历史和文化积淀。观看名胜古迹、考察历史文化，旨在了解人类文明的进步历程。人是高级动物，试图探索事物的奥秘。人天生就关心"我们从哪里来，将到哪里去"！关心自己的祖先是谁、他们怎样生活、面对怎样的环境！一位具有较高文化素养和历史责任感的人，就更加关注"人类将向何方去"这一终极问题。想了解异国他乡同类的思想、文化、生活、风俗、习惯与自己有何不同，从中获得借鉴和启发。历史文化游会直接影响一个人的世界观和人生观。

"名胜古迹游"——瞻仰圣贤、英雄、名士遗迹；缅怀他们为人类的自由、解放、进步和福祉做出贡献的事迹。历史名人是前人中的精英，缅怀和纪念英杰业绩，能从精神上受上鼓舞和激励。

"工业名企游"——了解现代化工业生产，观赏科技在造福人类中的巨大威力。“一日饱览新工业”，目睹科技所带来的巨大价值创造作用，从而更加重视学科技、用科技，坚定科学态度、弘扬科学精神。

“生态农业游”——走进绿色世界，观赏田园风光，呼吸新鲜空气。了解他人怎样从一名农民变为千万富翁，怎样从个体农户发展为上规模的农业企业，既学到致富经验，也学到创业精神。

五、健康产业价值

健康是人全面发展的基础，智果经济时代人们更加注重健康。

首先，要发展健康文化产业。以文化为载体传播和树立正确的健康理念。人，只有健康，才能更好做事；只有健康，才能高质量生活。要研究保健课题，编写健康材料，发行保健书籍，普及保健知识，增强保健意识。

其次，切实加强食品药品质量管理。食品药品质量直接关系国民健康和福祉。要健全和完善食品药品管理的相关法律法规，并加大执法力度。真正落实生产经营各个环节的责任，把好食品药品检测关，严禁违规使用添加剂和有害物质，严厉打击假冒伪劣等一切违法行为，对缺德经营者要进行严肃处罚。

再次，要发展健康服务产业。组织保健训练，指导保健锻炼，培养健康习惯，开展健康活动。要加强行业监管，提高推拿、理疗、足浴等行业的服务质量和水平。“医者仁术”、“大医精诚”，医疗服务本来就是技术、情感和精神的结合，是智力的综合体现。

另外，要开发生产健康用品。研发保健食品，保证商品质量；研制保健器材，促进强身锻炼。

六、休闲产业价值

休闲，不同于休息。休息是劳动的止息，休闲则是在没有劳动压力和精神负担的条件下度过轻松愉快的时光。在生产力尚不发达的时代，人们终日为生活而奔波，极难有闲暇时光。现代社会，休闲是人们日常生活的重要组成部分，也是社会文明的重要标志。古人云：“流水之声可以养耳，青禾绿草可以养目，观书绎理可以养心，弹琴学字可以养脑，逍遥杖履可以养足，静坐调息可以养筋骸。”的确，休闲具有许多重要作用和意义。

一是使人的体能和精力得到恢复。人在休闲状态中，心情平静、精神轻松、肌肉放松、呼吸和缓、血液循环通畅。人的视觉、听觉和触觉以及神经系统也处在宽松自在中，人体器官处于相对平静状态，使紧张得以缓解、神经得以放松、疲劳得以消除、精力得以恢复。如古人所说，“疲惫得息，人生一乐”！

二是让人领略自然风光和生活之美。人生虽美，好而不显。终日忙于生计者往往埋怨人生的苦和累，领略不到人生之大幸和自然之大美。其实，美是一种感觉、美是一种心态、美是一种情境，美需要发现。休闲使人有时间和兴致审视生活，欣赏自然，调整心态。领略自然山水的秀丽风光，感知生命的优雅与珍贵。休闲让人发挥兴趣、爱好和才情，让个性自由伸展，充分享受快乐人生。

三是休闲可以修身养性。古人云：“君子之行，静以养身，俭以养德，非淡泊无以明志，非宁静无以致远。”休闲使人离开激烈竞争的角斗场，获得片刻轻松与平静，更清醒地认知生命的价值和意义，深刻认知人与人、人与自然和谐关系的重要性，提升思想品德和精神境界。

四是休闲有助于提高人的创造力。休闲给人带来轻松和自由，这一方面是思维能力的恢复和增补，保证后继思维的正常展开；另一方面是创造更加广阔的思维空间。人们在轻松的氛围中，心无旁骛、精力集中、思维敏捷、思想自由，往往更富有想象力和创造力。休闲能放任思维潜能的自由流淌，提供思想驰骋的广阔空间。

休闲对人的生活质量提升具有不可低估的作用和意义。正如英国著名思想家罗素所说，能否聪明地用闲是对文明的最终考验。

文化休闲以游览名胜古迹、考察历史文化为基础，陶冶性情、砥砺精神。中国的诗词曲赋、灵性文字和琴棋书画等皆为传统休闲的高雅内容。

景致休闲把人置身于风光秀丽的环境之中，使其回归大自然的怀抱，抒发人对自然的热爱，有利于人的精神放松，促进心胸豁达。

渔区休闲通过观赏渔港风光，体验渔村风情，品尝渔区海鲜，参与渔舟载歌及舟游垂钓、水面运动等，融游览、渔趣、健身为一体，促进身心健康。

七、循环经济价值

传统经济是从资源到产品附加污物排放的线型模式；循环经济是在从资源到产品的同时，将排放物转化为再生资源加以利用的新模式。循环经济实现资源利用率的最大化和污物排放最小化。比如：鱼塘养鱼，塘中污泥作为桑树培植肥料，桑叶喂蚕，蚕粪喂鱼，这种鱼塘蚕桑模式就是典型的循环经济。①

其实，传统农业对环境和生态没多少损害，是得益于其氮素循环。农户种植农作物供自家人、畜、禽食用；人、畜、禽的粪便即农家肥，全部用于种植庄稼；伴随粮食、蔬菜生产获得的植物根、枝、茎、藤、叶撒回地中作为有机肥，涵养土质、保持地力。

值得研究的是：现今城市里数十万、数百万人口生活的大量粪便和有机垃圾没有回归农田。城区粪便虽经化解处理流入江河中，仍然污染水域；农村土地却因长期使用化肥致使土壤板结、地力退化。城市若能建成有机肥公司，用管道把社区各户的大小便集中充分发酵后运到田头，低价卖给农民，就可以取消或减少化肥厂。既能提高农产品质量，又有利于保护环境。经营单位若亏损可由政府补贴。

社会发展了，中产阶层人员比例提高，未富起来的人也已经普遍脱贫。但是，少数不珍惜财富的人已经染上了奢侈浪费的毛病。这些毛病主要有以下几类：一是过量性浪费。买饭买菜宁多不少，剩余倒掉。垃圾桶里馒头、油条常常可见。二是阔气性浪费。节日摆阔，待客摆阔，满桌的菜吃一半倒一半，以示高规格。三是更新性浪费。新代产品出品了，老产

①闻过：《从鱼塘桑基模式到循环经济》，载《人民日报》2005 年 1 月 5 日。

品就不要了。许多行政机构、事业单位和企业管理部门的办公人员，常常把六七成新的电脑、打印机、电话机等淘汰了。四是礼品性浪费。他人送礼的食品，档次高、数量多，吃不了，一过保质期，未开封就整箱扔掉。五是半用性浪费。临时停电点过一次的蜡烛、只写到一半的笔记本、只印过一面的打印纸、仅翻过几页的书籍都被当作垃圾处理。六是停用性浪费。如玩具、婴儿车，小孩的衣、帽、鞋等，孩子长大后用不上了，留着占地方，送人没人要，通常就扔掉。七是新潮性浪费。追逐服装流行新款式，老款式就不穿了；新款手机上市，老的不要了。八是配套性浪费。搬新房了，旧家具、旧电器等全部不要。九是包装性浪费。月饼、名酒、药品等过度包装，好端端的铁桶、木箱、纸盒等用一次就扔了。十是搬迁性浪费。搬家、搬办公室等，一些东西带着不方便，就扔了。当然，一些形象工程、重复建设、决策失误所造成的浪费可能更令人震惊。

造成一些民众生活中的浪费现象原因是多方面的：一是民众消费观出了问题。认为钱是自己的，爱怎么花就该怎么花。殊不知，钱虽是自己的，但资源是社会的，浪费了实在可惜。有的还错误地认为，乱花钱有利于拉动消费。其实，浪费并不是有效消费，有违生产的目的和初衷，而且许多资源浪费了就不可再生。就是可再生资源也是节约一分劳动者就少辛苦一分。还有一种错误观念是认为东西总是新的好，不愿用别人使用过的物品。其实谬也！房子、家具等许多东西都是旧的更环保。二是市场旧物回收的体制缺陷，网点太少。许多人知道旧家具、旧家电、旧玩具都还是很好的东西，但要拿到旧货市场去卖不方便，考虑到时间成本不如扔掉。社会要加强旧物品回收体系建设：要培育旧货市场；推广旧货折价换新营销模式；组织回收公司上门收购旧货物。要加强宣传教育，让消费者认识到用旧货的好处和光荣。旧货物利用应会成为一种时尚。在自然资源日渐紧缺的地球上，人们住旧房、穿旧衣、使用旧家具是十分值得倡导的。因为，利用旧货对社会来说，既不再取用资源，又减少生活垃圾；对个人来说，省钱、环保、利健康，且有历史感，属利国利民的文明善举。

人们过日子，消费是手段，受用是目的。旧物品只要功能效用未减，不一定比新货差。物品要新纯粹是观念问题。房子只要牢固安全，便可住；家具只要不坏，便可用；衣服只要不破，便可穿。“以人为本”是以健康开心为本，而不是以虚荣、面子为本。美国人那种吃得简单、穿得随便、住得安全、活得开心的生活理念是值得倡导的。

倡导用旧货，首先是要转变观念，以节约、低碳为荣；其次，要加强旧货市场培育，以免税和低税促进贸易；再次，是搞好维修和服务，让使用者方便、实惠。

促进循环经济发展，关键在政策。资源节约与经济增长同样重要。铝铁桶、玻璃瓶、塑料盒、纸板箱、旧教科书等，旧物回收利用都几乎不影响使用效果。但是，由于资源材料定价过低，劳动力价格上升较快，在这样的价格体系下，回收旧货还不如购买新料搞自动化生产合算，企业当然不愿利用旧材料。可是，从长远看，劳动力可以再生，许多资源难以再生。政府、企业和社会都要确立资源宝贵的理念，即使政府作价格补贴也要鼓励企业循环利用资源。

第三节　智能无限决定智果经济无限

物质经济是以物质资源为基础的经济形态。物质资源的有限性决定了经济增长的有限性。许多人认为人类经济是不可能无限增长的，因为受到资源有限性的制约。甚至一些人已为地球资源的逐渐枯竭感到担忧和恐惧。思想价值论认为：由于人的智能无限，决定人类智果无限，人类经济可以随着智果增多而发展，或者说是创新的可持续性决定经济发展的可持续性。因为，人类的科技文化具有点石成金的价值创造能力。随着人类科技文化发展和认知深化，地球上的可用资源和替代材料应会逐步增加，但这不能成为滥用和浪费资源的理由。智果经济无处不在，融合于几乎所有产业领域。其源头部分主要有四大类，即教育、科技、文化、信息。

一、教育发展不可限量

在卷二统一价值论一章中，作者对教育的直接价值、间接价值、市场价值、社会价值和历史价值及其来源作了比较详细的描述。教育为各行各业培养人才，是基础中的基础。社会要持续发展，首先必须使教育持续发展。

一是现代社会人人需要接受教育。在新世纪的高科技、大数据、网络化和现代化背景下，没有接受系统教育的人，不仅难以找到工作，甚至很难融入社会。不仅是工作需要知识和技能，而且日常生活也需要基本的知识和技能。一位没有接受过教育的人，在通行方面，不知如何办手续进入候机厅和高铁站；不知如何运用通信设备与远方的亲人和朋友联络；更不知如何获取生活所需的信息。

二是人们需要终身接受教育。社会发展很快，新知识产生也很快。不学习跟不上社会发展，学习慢也跟不上社会发展。生产设备在更新换代，交通工具在更新换代，通信设备在更新换代，家用电器在更新换代，不培训不学习就不会用。就是社会道德伦理、基本礼仪也是随着社会发展而变化的，不学习就会失礼。生活要开心、要健康、要长寿也必须接受教育，于是，老年大学也生源如潮。

三是教育内容不断扩展。现代教育的内容十分丰富，不只是基础知识、专业知识，基本技能、专业技能，几乎全社会的所有部门和行业领域的知识、经验、技术和方法都是教育的内容。与其他动物比，人的最大优势是有思维，经过观察、实践和思考，人们就能创造出新的知识、经验、技术和方法。这些将成为现代教育的新内容。

人们的实践无止境，知识生产无止境，教育发展也无止境。

二、科技发展不可限量

邓小平说，“科技是第一生产力”，是经济增长的根本源泉。人的解放和全面发展也依靠科技。当人们都怀着科学态度、掌握科学方法、坚持科学精神时，人类文明必然加快发展。人们的实践和思考无限，科技创新就无限。

教育发展培养了越来越多的科研人才，极大地增强了科研队伍的整体实力。一方面教育的普及面在扩大，几乎使所有人都受到了程度不同的教育和培养；另一方面教育的层次也逐步提高，越来越多的人被培养成为高层次人才。这将促进社会多出成果，出大成果。

人类千百年的科技成果为科技创新奠定了坚实基础。根据卷二介绍的交生理论，既有科技成果越多，产生新成果的机会也越大。尤其是网络普及以后，信息交流更加畅达，思想碰撞与启发，科技嫁接与融合，将有力推进科技创新。

能源推动的机械化、自动化大生产，大量取代了人的体力劳动和手工劳动，使更多劳动者有足够的时间精力从事技术创新。学习、调查、实验和思考成为人们的主流工作方式，这将有力推动科技创新。

实验设施和产业基础也为科技创新提供良好条件和产业支撑。科学技术的发展速度与一国的经济基础和产业基础密切相关。因为科研必须有必要的经费投入，技术成果转化为现实生产力的途径是使科技成果产业化。尤其是实用技术的推广应用，更是依托于产业化。

正因为如此，当上一轮技术成果群产品的市场价值基本释放以后，就会产生新一轮技术创新成果，成为新的经济增长点。当前主要有：移动互联网、物联网、云技术、纳米技术、高智机器人、基因检测与生物技术、3D 打印技术、清洁能源与储能技术、新材料技术等。

新一轮技术的推广运用将进一步改变人们的生产劳动方式。大量的软件运用使一些知识创造和知识运用自动化，至少可以加快速度，提高劳动效率；高智机器人的大量运用，显著减少人的体力劳动和服务性劳动。人们迫切需要学习掌握新知识和新技术。不注重知识和技术更新的劳动者容易被淘汰，没有学习新技术前，难以再找到工作。技术培训成为社会成员的普遍需求。

根据思想价值论原理，多种技术的相互交合和支撑，显著扩大技术的应用范围，从而也增强技术的价值创造作用。移动互联网和云计算使全社会信息资源共享，可以催生更多智果，更有利于人们创业。人才流动更畅达，要求领导者管理方式人性化、开明化和制度化。

科技发展能不能保证经济增速不减？难以保证。因为：一是物质资源紧缺和环境损坏后，经济发展受到资源成本提高和环境因素的制约；二是社会富裕后，人们追求财富的热情有所降低，人们求财态度变得平和了，冲劲就减小了。

三、文化发展不可限量

文化是源于生活又高于生活的艺术创作。社会生活实践是文化创造的根本源泉，人类生活实践无限，决定文化发展无限。

文化产业在全球经济危机中常常表现出顽强的抗衰退能力。其原因在于：一是文化消费通常不是大宗消费，不大受金融危机和银根紧缩的影响；二是文化消费是千家万户的大众消费，若有好产品，容易形成热潮；三是当人们在实业界打拼遭遇挫折时更需在文化欣赏中寻找精神慰藉；四是文化产业兴旺常带动其他产业发展，有影响的电影和电视剧，因其明星效应，常常掀起相关的时装热、美容热和美食热，带动相关实体性产业发展。此外，文化产业还具有资源消耗少、环境代价低的独特优势。

另外，文化创意产业价值创造不可限量。人们通常把广告、时装、装潢等设计，工艺品设计制作，影视创作，软件开发，数码产品功能组合等均列为创意产业。其特点是资源消耗小，内含智果多，增加价值显著。而且，个人或少数人就可以进行，既创造财富又扩大就业。文化产业是智果经济的重要方面，如动画、漫画、动漫游戏、动漫影视、动漫资讯、动漫新闻等均属动漫产业，其中包含的全部是智力成果。

创意既可以独立成为创意产业，同时又可渗透到各行各业之中。创意产业发展，人才是根本，知识产权保护是关键。

创意产业是一个产业链，具有广阔前景和独特优势。一项富有创意的设计成果推出后，先要进行登记，经专利部门等机构实施知识产权保护；

入市前要进行评估；专利购买者要进行市场需求调查和论证；要转化为商业价值就必须策划；投资生产就需要融资；产品生产后经营销送到消费者手中。整个过程中给予服务的政府机关、司法、评估、中介、策划、咨询、金融、营销等服务机构都得奉献出他们的知识和智慧。由此可见，一个有市场潜力的创意可以带动一系列的经济成果。

并不是只有决定产品功能和效用的核心技术才是智果。其实，产品结构功能是否合理、外形设计是否让消费者喜爱等都影响商品价值。一些创意设计不属于技术范畴，但都是人类智果。在同类产品核心技术同质化的背景下，产品设计就显得尤为重要。设计出惹人喜爱的商品，就能提升价值，拓展市场。“一只设计精巧的苹果型削笔刀年销售70多万只，创造了文具销售奇迹”。实践表明：“市场从来不缺少消费需求、但是，缺少足以吸引消费者的创新产品。”① 特别是像服装厂之类的企业，关键在设计师的智慧和才华。因为，决定价值量和竞争力的主要是设计艺术和文化内涵。意大利艺术家米开朗琪罗·罗西尼创造的超级流行文化符号“G”可使商品价值倍增。据有关资料介绍，原来价值为30元的女式布质提包，印上“G”的符号，可以卖到300元，因为文化内涵增加了。可见，创意产业离不开文化。

生产是表达设计思想的基本途径。要使产品畅销，首先要组织科学的设计与生产。设计必须有前瞻性，努力推出目前有需求、将来会有更大需求的产品，力求使该产业成为新潮产业，并随时代发展不断更新换代。在使产品具有更高科技含量的同时，使产品具有更丰富的文化内涵，体现更温馨的人文关怀。比如，在饮料包装盒上印一段动人的爱情故事，成为“爱情饮料”，就可吸引更多的青年男女饮用。产品设计中要充分发挥专利性知识的效用，又要做好专利性知识产权的保护，要合理、广泛、有效地利用一切普惠性知识，以增加产品的价值。工艺流程设计其实是一种生产方式和方法的选择，这种方式方法型智果的容量、质量和新度也直接影响

①杜海涛：《设计就是竞争力》，载《人民日报》2009年4月15日。

产品价值。产品设计者的目标不仅是使产品具有更优良的功能，尽可能满足消费者的需求，而且要考虑投入产出的效益，考虑生产经营者的利润收获。

产品优质是营销扩大的基础。产品设计师要倾听消费者意见，吸收消费者智慧。消费者最了解自己的个性需求和大众的普遍需求，是设计者最好的老师，许多最合理的设计和改进都是消费者提出的。不要以为未用过该产品的消费者就对该产品一无所知，他们完全可以从媒体上获得相关信息，或从相关用户处获知该产品的优缺点。因此，切不可低估消费者的认知能力。与营销员的推荐相比，消费者更愿意相信用户的体验介绍。若经言过其实的推介得以销售而使消费者后悔的话，一名消费者的后悔话语可以减少数十名客户。因此，应当致力于改进自己的产品，务使客户满意。

四、信息产业发展不可限量

信息价值源于其为思维的材料，是决策的依据，一些信息还是长期有用的人类知识。社会上任何部门、行业和产业都离不开信息。信息当然有其运用价值。

从受体角度看，信息无非两类：一是间接信息，也就是经过通信、传媒、人际交流等渠道获得的，是他人感知的表达，多少包含他人的主观色彩。二是直接信息，就是自己亲自感知的信息，同样受到自身认知水平的局限。

在信息生产和信息消费成为社会生活重要内容的时代，信息的价值作用越来越受到人们重视，并推动信息产业不断发展。其主要原因在于：一是教育普及和人的素质提高，使人们对外界事物和自身的感知能力不断提升，所以，源头信息不断增多。二是由于照相、摄像、录音、检测、传感等现代技术的运用，使人们捕捉、制作可传播信息的能力不断增强，使各类信息总量大幅度增多。三是电话、传真、报纸、电视、网络等现代通信和传媒的发展，为信息传播提供了方便通道，大大提高了信息传播的速度和效率。四是专业传媒和大众自媒体结合有力推动信息产业发展，使人们每天面对海量信息，可自由选择。

总之，教育、科技、文化和信息等是与其他产业行业密切相关的前沿性产业，是智果经济的基础性产业。世界各国发展的实践表明，科技、文化、信息等产业的发达程度决定国家的强弱，教育发展和人才聚集又决定着科技、文化、信息等产业的发展。人类智果生产无限，决定智果经济发展无限。只要人类发挥着眼长远的大智慧，就不必为资源日渐匮乏而感到担忧。

第二十三章　揭秘：智果经济运行规律

物质产品里凝结的是人的智果；经营管理中运用的是人的智果；投资的本质是表达和实现智果；脑力劳动的本质内容是创造智果。

智果经济时代的到来，使传统经济学的一些论断纷纷破产。新时代的新经济现象和经济活动呈现出其自身的特有规律。

第一节　智果经济的运行特征

智果经济运行与物质经济相比具有许多不同特征。

运行特征之一：经济的互利性和隐蔽性

当我们沉迷于电视节目观看、获取信息和享受愉悦时，万想不到已经成为电视台做广告的资本，为其经济收益提高起到了作用。因为观众越多、收视率越高，广告业务就越好，广告价格也越高。电视观众在不知不觉中成为广告宣传的对象和受体，成为电视台利用的资源。可见，观众与电视台之间是互利关系，但具有一定隐蔽性，多数观众未曾察觉。

运行特征之二：利用和发挥了经典智果价值

统计部门习惯于把当年的经济成果简单地归功于该年度的生产和经营。实际经济成果与经典智果作用发挥和资产积累利用直接相关。他们通常解释已扣除了资产折旧，但是，大量智果利用和无形资产作用发挥是不会扣除也不必扣除的。因为思想成果与无形资产并不会因利用而减少。但是，不可否认，其中包含前人的大量劳动和创造。比如：药厂开发利用了一个汉代医方，赢得巨额利润，这就是利用先贤的思想成果创收；机械产品的开发运用了牛顿力学原理；电器产品开发运用了麦克斯韦电磁理论；核能和平利用运用了爱因斯坦的相对论；等等。伟人之所以伟大，在于其思想成果在与后人思想交合中不断地实现和增生价值，经典智果价值作用发挥具有恒久性。人类的经济成果和文明成果大都包含着伟人的思想遗产。社会无法给思想伟人确定价值和支付报酬，但是人们可以采用命名、树碑、塑像、建纪念馆等方式永久纪念他们。

运行特征之三：智果经济的空间特性与物质经济不同

物质经济时代，生产场所是车间；经营场所是商店；生产经营活动在上班时间进行；商品是实物产品；材料是取自地球上的自然资源。智果经济时代，企业是以生产经营为目的的组织；生产车间是那些富有创造力的脑袋；脑力劳动者思考不分上下班时间；产品就是有益于人类生存和发展的合乎规律的想法；资源就是人的智力、知识和信息数据；智果生产突破了物质生产的空间界限。现代经济是在光速时空中运行的，而且覆盖全球。网上签单，即时到达；网上付款，即时到账；股票市场上几分钟就可涨跌千百亿。想法正确赚钱很快，想法错误顷刻破产。

运行特征之四：智果价值创造不由劳动时间决定

智果创造需要时间，但是，其价值大小又难以用时间衡量。同是知识面广、专业基础扎实的研究人员，若思路正确，来了灵感，也许时间不长就有重大突破，创造巨大价值；若思路错误，或许花了若干年时间仍没有成果。这种现象用劳动价值论“价值量等于社会必要劳动时间”的理论是无法解释的，因为人的智能及其发挥状况是相当个性化的。

运行特征之五：企业规模不由人员数量决定

现代高智企业的规模不是由人员数量决定的。传统工业中，100 名工人比 10 名工人创造的财富一般要多 9 倍。而今，软件开发公司只需要若干名年轻博士攻关。如果创造力缺乏的话，人再多也没用。思想成果创造，不是取决于人员数量而是取决于人员质量。创造了几十亿美元票房价值的美国大片，参与创作的演职员也不是很多。在智果经济时代，无论是企业经济、区域经济，还是国家经济，都会出现经济增长高于就业增长的状况。

运行特征之六：经济增长不由投入资本决定

智果经济的价值是依靠智力、知识和信息相结合产生的，不像物质经济那样以高投入获得高产出。科研院所、软件公司和咨询公司，只有一批高智商又敬业的研究员，资本和资产总量都不多，每年却创造巨额经济价值。

运行特征之七：智果经济增长依靠创新

物质经济时代，经济增长方式通常有两种：一是劳动密集型产业依靠增加劳动力投入扩大生产规模，经济增长与就业增长成正比；二是技术密集型产业依靠增加机器设备投入扩大生产规模，经济增长与投资增长成正比。在智果经济时代，经济增长虽然离不开劳动力和资本，但并不依赖劳动力和资本的增加，而是依靠对市场需求变化的敏锐把握，依靠能够创造智果的人才和智力。或者说，不靠劳动力数量靠人才，不靠资本靠智本。智本包括智力、知识和信息等。智果经济时代，经济增长的主流方式是创新，要不断创造出适应市场需要的新技术、新文化和新产品。

运行特征之八：智果经济导致市场环境和运行方式变化

智果经济促进经济运行方式变化主要表现为：一是智果成为商品价值主件，使人们从依赖自然资源，转向依靠开发智源；二是智能化设备代替人控机械作业进一步提高了劳动生产率；三是产业工人减少，服务业成为主导产业，工作岗位对从业人员的知识和智力要求更高；四是互联网普及和交通发展加快了信息交流和商品流通的速度，并降低了交易成本；五是产品生命周期缩短，迫使企业不断创新；六是利用大数据决策，更加正确和及时。

运行特征之九：智果经济与物质经济存在宏观区别

传统经济从形态上说是物质经济，也就是以物质为基础的经济。比如，用铁矿石炼铁、用钢铁造机器、用木材造家具等。其物质材料、实物设备是生产经营的基础。此时，在经济繁荣期，高就业、高增长，必然带来高通胀。因为，从生产资料市场看，高就业、高增长就是生产迅猛扩展，必然导致原材料、机器设备、资金投入的大量增加。材料和设备的阶段性紧缺，使生产性需求更旺，甚至导致原材料和机器设备抢购，必然导致物价上涨、货币贬值。从生活资料市场看，就业率高了，居民家庭收入增加，购买力增强，容易出现阶段性供不应求，导致消费品价格上涨，于是，出现“两高带来通胀”的现象。

智果经济是以智力为基础，以知识、信息为材料，以思维成果为核心的经济。软件开发、文化产业、信息服务等，其价值增值源自思维成果，物耗较小，对生产资料市场没什么冲击。另外，智果经济增加的就业者一般是高智力、高学历者，高智人群的生活方式通常是文化型的，物质消费一般不大。许多专家学者颇为有钱，而个人消费较小。正是由于这些原因，高就业、高增长，还能保持低通胀。

运行特征之十：“互联网 +”催生新经济

互联网不只是机站互联、信息共享，同时也是经过终端的人与人相连。它横向覆盖世界，纵向贯通古今。在物品上植入微型感应芯片使其智能化，再借助无线网络传输，即可实现物人交流和物物互联，就是人们所说的物联网。有了物联网后，地球上几乎任何物品都可互联，并可将其信息提取并呈现于随处可见的屏幕上。网络将整个世界链接起来，展现在人们面前，不仅推进全球一体化，而且也推进世界的智慧化。网络时代更有条件获取全面信息，更有条件把握全局，更应作整体性思维。

一键知天下，便于克服以往的拍脑袋决策。网络的巨大威力在于任何终端都可以成为信息汇聚和展示的中心。上网查询可以摆脱情况不明的困境，网上的信息数据可以作为科学决策的依据，使决策更加正确和可靠。

一键跨千里，深刻改变人们的学习、工作和生活方式。有了网络，人们可以相隔千里听课学习和交流，可以接受远程诊断，可以经网上商谈签署协议。生活中，可以网上购物、网上支付、网上交友；可以足不出户办好大量事情。

一键越千年，可以穿越历史时空与先哲对话。网上古籍名著可供阅读；历史典故可供借鉴；古人智慧可供汲取。在纸印文字时代，人们说，“读报读新，看书看旧”，如今，有了网络，无论是新闻还是古籍都可以在网上浏览。

一键联万家，既可给予服务又可求得救助。消息发布、个人开博、网络言论等顷刻间可传至千家万户。倡导、呼吁等信息可在网上发布，遭遇怪病等特殊困难可以通过网络得到救助。

在功能多样化的手机可以上网以后，全球40多亿手机用户大部分已成为网络用户。手机上网可以看新闻、查资料、看电视、复短信、写微博；可以订货、付款、签合同等。几乎无所不知、无所不及、无所不能，真可谓“世界就在手掌中”。手机已经成为人们生活中不可或缺的忠实伙伴。

信息产业和网络经济已然成为现代经济的重要支柱之一。信息化不仅提高了当代经济活动的速度和效率，而且改变了经济活动的方式和途径。“互联网 + 传统商业”成为电商；“互联网 + 传统银行”成为网银；“互联网 + 传统培训”成为网校；“互联网 + 传统打车”成为“滴滴打车”；“互联网 + 传统传媒”开辟了泛传媒时代…… 网络几乎可为任何产业服务，几乎可与任何产业嫁接，给各产业带来巨大活力和新的生机。“互联网 +”前景广阔，不可估量。

值得注意的是：互联网是知识、思想、信息流通和商品、服务交易的平台，而不是制造业本身。利用互联网信息资源发展制造业是必需的。在实体经济这颗“大树”上，技术创新和产品开发是根；精密制造和智能制造是本；现代营销模式是枝和叶，要利用互联网为各个环节服务。但是，如果大家都只想利用互联网快速赚钱，不愿去搞制造业，忽视制造业发展，那就是方向性的偏差。制造好产品、创立好品牌永远是第一位的。对一国经济而言，农业是基础，制造业是根本。没有好产品，电商卖什么？诚然，电商发展为制造业发展开辟了广阔的市场平台。在“互联网 +”十分火热的时候，需要冷思考。

在智能制造的工业 4.0 时代，“计算机 +”的制造业发展模式更加具有基础性意义。纳米技术、生物技术、氢能技术、光伏技术和石墨烯的应用，3D 打印、无人驾驶汽车、机器人作业以及传统产业转型升级等，都离不开智能计算机的测算和控制。

做精制造业，创新为引领。只有“计算机 +”的制造，才有“互联网 +”的赚钱。毛光烈说：“物联网的发展和利用，必将有力推进现代制造业发展。”① 的确，物联网使“世界空间缩小”，可以光速将人们各自关注的各种资源展现在面前，极大地方便了人们的生产经营和决策活动。为了发展制造业，必须用好物联网。

第二节　市场功能的现代扩展

一、市场概念变化

在市场经济初期，人们把市场看作商品交易的场所。随着对市场机制认识的深化，人们意识到市场是一种买卖关系。而今，人们把市场理解为

①毛光烈：《抓住机遇，迎接并创造物联网时代的辉煌》，在浙江省委党校作专题报告，2013 年 10 月 11 日。

一种需求，只要有需求就有市场，于是认识到：

第一，必须研究和探索人的需求，善于发现新的需求。要根据人们的需求来研究和开发新产品。需求决定论者认为，是需求决定经济发展，因为产品卖不出去就必须停止生产；供给决定论者认为是生产与供给决定经济发展，但供给必须是顺应人们需要的供给。新颖的好产品推出，必定有需求，没有人要的产品对市场而言就不算好产品。好产品生产的同时，伴随着就业机会的提供。增加就业就是增加购买力，就是产生现实需求。可见，需求决定与供给决定两者是对立统一的。

第二，必须坚信人群就是市场。生活着的人必定有需求，只是不同的人其需求不同。市场总需求等于各消费者个体需求之和。通常情况是人气越足，需求就越旺，因此，大商场要开在城市里。由于中国有六七亿网民，因此，阿里巴巴淘宝网能够做得那么大。

第三，必须坚信市场依靠人的开发和培育。只要开发培育得当，就能开拓和扩大市场。许多新技术应用、新产品开发，消费者是不大知道的，这就需要做广告宣传。还有一些好产品的使用是需要培训的，培训就是开发市场；培训就是唤起需求。没有计算机操作培训，哪有这么多人使用计算机呢！

第四，必须理解，需求反映一种关系。消费者对产品的接受，实际上是对生产者或企业的接受。信任是客户接受产品的重要前提。许多消费者看看产品是相当喜欢，听业务员介绍也觉得符合自己的要求。但是，市场上欺诈现象颇多，怕受骗上当，最后还是不敢掏钱购买，就是因为缺乏信任。清华大学EMBA教学资料《老客户的价值》述说：“发展一位新客户的成本是挽留一位老客户的3～10倍。客户忠诚度下降5%，企业利润下降25%。向新客户推销产品的成功率是15%，而向老客户推销产品的成功率是50%。如果将每年的客户保持率增加5%，利润增加将达到25%以上。60%的新客户来自老客户的推荐。”其实，这里所反映的就是信任的价值。客户对产品的接受以认知和信任为条件。因此，可以理解为：

需求 = 认知 + 信任 + 支付能力。

二、市场功能扩展

与传统市场相比，现代市场增加了许多功能。

一是市场的产品展示功能。新产品推出，只有让消费者认知，才有可能让消费者购买。市场为商品集散地，面对大量消费者，是商品最好的展示场所。生产商开发了一种新产品，通常会召开新闻发布会，以图通过媒体告诉消费者，但是，需要该商品的消费者未必都能知道。而需要这种商品的消费者通常会到市场上去寻找。商品展示是商品让客户认知的基本途径。

二是市场的产品价值评估功能。经典经济学认为：市场功能就是聚集商品进行交易。这种集贸功能的背后暗含着一种更基础的功能，就是定价功能。一件准备出让的商品到底值多少钱，不是凭主观臆想的，而是经市场商议定价的。若商品一报价就被人抢购，说明定价太低；若所有顾客均嫌价高而走，说明定价过高。市场对新产品的评估分两个层次：一是看商品是否受欢迎；二是看价格是否可接受。凡是开发得很成功的产品，必定在市场上备受青睐；若无人问津，就说明该产品不符合消费者需求；若询问者多，成交者少，就可能是因为定价偏高。

三是市场的信息传导功能。市场是生产者供给信息与消费者需求信息的聚集地。市场既可引导生产者生产市场所需商品，也可引导消费者购买事先未曾想到而一见喜欢的商品。需要什么新产品，往往是消费者先提出愿望在市场上进行表达。消费者是厂家和设计人员的最好导师。有一些产品，厂家和设计者受个人视野的局限，始终未想到，而消费者却在市场上到处找了。是消费者的愿望表达让商家得知应当开发该种产品。市场是消费者与生产者的联系点，消费者对产品的性能、质量、价格、服务有何意见和建议也主要在交易时反映出来。消费者是商品和服务的权威审定者，往往最富有见解和发言权。他们的挑剔和不满形成了对生产经营者的压力，这是产品创新和服务创新的动力。聪明的商家总是跟着消费者的意愿走，不断改进产品、创新产品、完善服务。这种信息交汇既促进了贸易发展，也促进了产品创新和产业提升。

四是市场的产业融合功能。融合功能是指不同产业相互结合、相互渗透而形成新的产业。这种融合使产业得以优化、创新和升级。优秀的企业通常融合上游的研发和下游的销售，甚或延伸到售后服务，这样，使产业的价值增值链明显延长。旅游购物、现代物流、电子商务等新型企业都是产业融合的结果。现代市场信息畅达，通常是先售后产、以销定产，根据需求组织生产。市场的广阔平台不仅将经销与生产融合，而且将生产领域的上下线融合，将运输、仓储、批发、广告、售后服务等产业融合。现代市场不仅为产业融合提供平台，而且也为产业融合提供动力。

五是市场的商务电子化和产业拓展推动功能。现代市场概念早已突破地摊、商店、商场的范围，而是通过互联网构建了无边无际的虚拟市场。在网上可以展示商品、洽谈业务、签署订单、交付货款等，显著减少了流通环节，提高了经济运行的效率。市场发展对产业具有拓展功能；市场发展推动广告业的发展；市场发展推进了电子商务发展；市场发展推动运输服务业发展。

三、贸易原理新解

贸易是市场经济最基本、最普遍的活动。深入理解贸易的本质对推动经济发展具有重要意义。

其一，利己是贸易的目的和动因。劳动者凭特长吃饭，比如：教书匠擅长传授知识，不懂种粮、制衣，拿教书工资换取粮食和衣服比自己种粮、制衣合算；农民善种地、裁缝会做衣，但不懂得教书，就出钱把自己的子女送到学校接受教师的教育。我为人人的目的是为了换取人人为我。

其二，利他是贸易的手段。亚当·斯密在《国民财富的性质和原因的研究》一书中说："不论是谁，如果他要与旁人做买卖，他首先就要这样提议。请给我以我所要的东西吧，同时，你也可以获得你所要的东西：这句话是交易的通义。"① 在平等自主的市场上，没有利他内容，交易是做不

① （英）亚当·斯密：《国富论》第13页，商务印书馆1997年版。

成的。这是一切商业活动都必须遵循的法则。

其三，互利是贸易的应有结局。贸易只是手段，获利和满足需求才是目的。在贸易完成后，双方会自觉不自觉地评估交易的盈亏。人们常说“只有买错，不会卖错”。卖方若利用信息不对称，欺骗消费者、高价兜售商品，消费者使用后，觉得物无所值，就会感到吃亏而后悔。一种商品买错只有一次，第二次决不会再买，还会建议旁人也不买。也就是说，偏离了互利原则，交易难以为继。若是独家产品，垄断经营，如医疗手术、水电供给等，消费者没有选择余地，价格就得依靠政府监管了。

其四，诚信是贸易的应有守则。尽管任何商品都要由消费者来检验和评价，但就专业而言，消费者多数是外行，加上信息不对称，就使生产经营者欺骗消费者存在可能。一般来说，只能骗人一次，不能骗人多次；只能骗人一时，不能骗人永远。商业欺诈不仅会伤害客户，失去市场，甚至会受到法律制裁。不讲诚信者，先损人，后害己，必然在商场上败北。所有成就大业的企业家一定坚守诚信。利己目的的实现当以利人为前提，以不损人为底线。若能从观念上把利他从手段升级为目的，诚信就成为道德自觉。

其五，认同是商品贸易的基础。商品效用发挥以消费者对商品性能的认知为前提，交易实现以买卖双方达成共识为基础。生产者根据自己对产品结构、性能、外观的设想组织生产，购买者因对产品结构、性能的认知和认可而购买。人造品是劳动者以自己的动作表达和实现设计思想而形成效用的，天然品则是人们认知其物性符合人的心理期望而被攫取或购买。

消费者为什么愿花钱购买某一商品？经济学家说是因为产品的性能和效用能满足消费者的需求。其实，更深层的原因是思想之间的认同。市场上的消费者，对其将购买的商品的性能和效用必有自己的期望。当其认知该产品、确信该产品的设计思想与自己的想象相一致时，就认可了该产品，不相对应就不认可该产品。认可后余下来的就是价格问题了。

前面我们谈到，商品的价值核质是人的思想，或者说是商品中包含的智果。其价值量大小很大程度上取决于产品思想的新颖程度、实用程度和对消费者心理的满足程度。

商品要成交，消费者除了对商品性能认可外，还要对价格认可。购买前，消费者不仅对商品性能有心理预期，对价格也有心理预期，两者均符合愿望才购买。当他们认为商品性能比预期的更好时，就感到超值，反之，即感到买错。在懂得了购买者的思想和心理后，就能理解供求关系背后的深层原因：当供过于求时是卖方急，因知钱的重要，表现为急于把货物抛售以回笼资金，于是就主动降价；当供不应求时是买方急，因知商品稀缺，表现为急于得到商品，于是认可卖方涨价。

在市场上，卖方以物换钱，期望高价；买者以钱换物，期望低价。双方协商不断拉近，其接合点就是成交价格。商品贸易过程是一次次心理回应和认同的过程。制造商设计制造出消费者所需的产品，就是设计思想对消费需求的回应；新产品上市，经介绍让大量消费者了解产品、认可产品、接受产品，即是消费者在认知基础上对设计思想的认同；产品成交即是消费者对商家报价的认同。贸易实现的基础，是思想的认同和对应，即产品设计与消费预想的对应。这可以称为对应性原理。

人们对市场交易原则的理解已发生变化。在马克思所处的时代，人类社会正处在工业化初期，尽管人类已经制造和运用了一些机械，但是，生产过程主要依靠人的体力劳动和手工劳动完成。由于人的体能和手工能力差别不大，特别强者也只是普通人的一两倍而已，因此，可以取出平均值。只有在此前提下，人类劳动才可以用劳动时间计量。市场上劳动产品进行等价交换，即以等量时间的一种劳动产品换取等量时间的另一种劳动产品。后工业化时代，市场交易所遵循的是对应性原则，也就是心理接受原则。此阶段，商品中技术、文化等智果的含量大幅度增加，并且成为商品价值的主要部分。文化、技术的智果价值难以用劳动时间衡量，特别是在高度个性化的情况下，智果价值评估更困难。此时商品成交的基础和依据是产品的设计思想与客户的心理愿望相吻合，商家报价与消费者期望价相吻合。

四、商品议价合理化的条件

市场上成交的商品价格是买卖双方协商决定的。市场主体越众多，竞争越充分，价格就越合理。因此，买卖双方市场主体众多、竞争充分是价格合理化的必要条件。从这点出发，政府对市场的管理，应当尽量打破垄断性经营和垄断性收购。

当买卖双方或一方数量少时，竞争是不充分的，价格也容易不合理。这是因为：一是讨价还价的过程是互导认知的过程，参与主体少，讨论不多，认知往往不充分。二是买卖双方主体数量失衡必然导致议价权的失衡。多个买家要买一家产品，卖者就会涨价；多个商家要卖一个顾客，顾客就容易砍价。三是质量标准和评价权的垄断。如古董、钻石、野山参、古字画等只有靠专家评价的商品，消费者就没有多少话语权了。当市场上有众多买家，也有许多卖家时，市场是表现为自由平等的。在竞争充分的状况下，价格一般比较合理。

医院医疗费用、学校教育费用、垄断企业的商品和服务价格、大商场的非议价商品等都没有给消费者讨价还价的机会。虽然成交，也可分为几个层次的情况：

一是消费者满意价。认为价有所值，甚或感到捡了便宜货，消费得很开心。若称顾客勉强接受的价格为勉强价、消费者乐意接受的价格为乐意价，那么，销售者的让利值等于两者之差，即：让利值 = 勉强价 - 乐意价。其实，销售者的让利值就是消费者的高兴值，或叫愉悦值，关系顾客的回头率。懂得让利，往往赚得更多。

二是消费者认可价。认为这样定价总有它的道理，尤其是在信息不对称、消费者缺乏认知的情况下，相信生产经营者和管理部门总是能根据质量、成本和稀缺性合理定价的，这是出于对社会对他人的信任。

三是消费者无奈价。明知是不合理的斩客价，但因刚需或急需不得不买，心里极为不满，有的甚至愤怒，市场上缺乏了平等互利、诚信和谐的氛围。这样，首次生意是勉强做成，但消费者内心反感，一般不会有第二次生意，也不赞成他人购买该产品。

五、贸域概念和理论

经济学家的经典结论是：商品价格由市场供求决定。这话没错，但是，这里的市场概念太宽泛了，没有时空限制，容易造成错觉。现在我们提出贸域概念。

所谓贸域就是一定时间内（半天、一天、一周、一个月等）进入交易圈诚心出售的某种商品和诚心购买该种商品的实有资金共同构成的市场领域，也可称作单种商品交易圈。贸域内的供给应是当时的真实供给，只来探探行情、目前实际不卖的就不是域内供给，我们把域内供给商品称作域物；同样，资金不能落实的需求也不算贸域内的有效需求，我们把已决定用于购买该种商品的钱叫作域钱。决定价格的关键因素是贸域中的需供比，而与域外的钱和物关系不大。就像军队打仗一样，决定胜负的是参加本次战斗的力量对比，机动性不强的外围兵力只起威慑作用。

商品价格变化就由该域中的钱物比变化所决定。价格与域钱成正比，与域物成反比。表达成算式就是：

$$价格 = \frac{域钱}{域物} \times 基价$$

式中基价是平市条件下的商品价格，也就是思想价值论价值通用式 $W = (M_0 + E_0 + K) \cdot \frac{d}{s}$ 中的 $(M_0 + E_0 + K)$，$\frac{域钱}{域物}$ 就是通用式中的 $\frac{d}{s}$。可见，贸域理论与思想价值论原理是一致的。

行情总是波动的。当外钱入域，即域钱增多时，价格就上扬。有时，域物外流即减少，就使价格继续或加快上扬。譬如：当房价快速上涨时，许多人买涨不买跌，于是，域钱骤然增多；同时，不急于用钱者捂房不卖，就必然使价格再上涨。值得注意的是并不是全社会房屋同时增值，若所有可卖房子都挂出来卖，那么，价格就会下跌。行情下跌时，情况较复杂，不同商品表现也不同。

房产开发商很懂得贸域理论的基本原理。他们不停广告、不停预约，将上千人约到同一个上午来定房，却只抛出几十套房，实施“饥饿销售法”，制造当天严重的供不应求市面，人为提高钱物比，就能顺理成章地提升房价。倘若整个楼盘一起卖，那就绝对不会有这么高的价格。有的甚至雇用一些退休老人做“房托”，营造虚假需求以便抬高价格。1990 年日

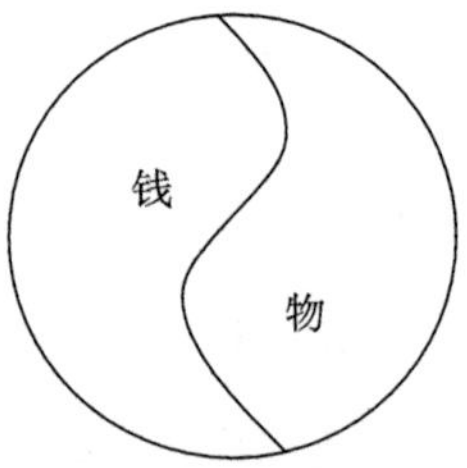

图 23 - 1　贸域（实时交易圈）

本土地资产价格处于高位，也是由于当时可卖的地少，而要买的人多，所以价格飙升。有学者说，当时日本土地总值达 15 万亿美元，竟比美国土地资产总值多 4 倍（美国的土地是日本的 25 倍），相当于当年日本国内生产总值的 5 倍多。这种算法不妥。因为任何时候大多数房地产是无论什么价都不卖的，不会进入交易圈，或说不入域的。若全部入域，价格肯定大跌。

价格机理既复杂，又简单。最简单地说就是由入市的意向币与意向物的比决定，如图 23 - 1 所示。精细一点说，凡与这两者相关的因素均影响价格。

根据贸域原理，政府应当制定反垄断经营的相关政策。市场经济发展到一定阶段后，有的市场主体有足够的货币从一级市场买下全部某种商品，然后以少量逐次投入二级市场。在一级市场，他们以批量优势压价收购；在二级市场，制造商品紧缺假象，以垄断价格牟取高额利润，严重损害消费者利益。政府应当进行严格监管。

六、智果定价与交换

智果价值相对难确定。原因在于：一是源于大脑的思维成果，其生产成本较难估算，当灵感闪现时，也许一会儿就解决；当思路不对头时，可能几年心血全白花。二是运用方式不同，价值发挥大不相同。也就是说，智果价值发挥同与其相结合的开发利用思想密切相关。三是智果本身成为思维的对象或工具时，往往会产生新的智果，这又增加了评估难度。四是其价值大小与评估者的认知水平密切相关。智力产品（智果）不能像物质产品那样用成本加利润的算式来确定，而通常是由市场定价或同行评价。

以思想为价值内容的商品交换，与经典经济学描述的商品交换规律大不相同。在劳动者以重体力劳动为主的情况下，W =（M + E +K）中，E 是指人的体能；在现代自动化生产中，E 主要指能源，其单位与物理学上能量单位相同，能源消耗量及其价值也比较容易计量。但是，思想 K 是被认知和运用的规律，表现为商品的物性、功能和效用，必须通过市场来评估。当一种刚开发的新产品展现在消费者面前时，若其设计思想完全符合消费者愿望，就往往能卖个高价。而且，新产品刚出品，市场上稀缺，可能在竞相购买中被抬高价格。高智产品的这个特点，容易使生产者以高科技名义报个高价，其高的程度可以是生产成本的数十倍乃至上百倍。所以，政府在进行专利保护的同时，有必要出台反暴利法。

劳动价值论认为，市场上商品的价格以其价值为中心上下浮动。这一浮动是由市场供求关系决定的。按照这一理论，商品价值的货币表现应当是：生产成本即工资、原材料、设备折旧等，再加劳动增值。事实上，现在的消费者，不大计较商品中凝结的劳动量，也不大关心生产成本。消费者计较的主要是商品的功能和效用，也即凝结在商品中的思想（智果）。决定价格的两大要素是：智果的效用和供求状况。至于售卖者，愿意转让商品的底线通常是不低于成本。当然，有时出于经营需要，亏本也要倾销，但主观上是为了多赚钱。

应该看到效用与供求二者中，效用是价值实现的根本，供求是决定价格的关键。没有效用就不会有价值和价格。同时，自然界毫不稀缺的东西，即使有效用、有价值，也不需购买。

七、个性化商品定价

在市场上，消费者需求的多样化，要求商品必须体现个性化和人性化。

所谓个性化，就是不单一规格地大批量复制同种产品，而是根据不同客户的个性化需要进行制作。这样，客户的满意度高，获得的利润也必然要比批量化产品高。在工业化的初期和中期，由于模具和工艺的关系，个性化产品生产成本会大幅度提高；在信息化时代，利用电脑控制进行个性化产品生产已不再困难。网络和无线通信的发展，为商品个性化生产提供了便利条件。只要客户把自己的要求告诉厂家，并在网上签约，就可以生产出商品，经快递送达。这不仅成了最低碳的商业模式，而且是新的经营方式和利润生成模式。

所谓人性化，就是使商品尽力满足人的本性需要和心理需求。这样，生产厂家就必须调查了解人们的消费心理需求。在物质生活问题得到解决以后，人们更加注重精神生活，追求精神上的满足。因而，商品生产在注重商品的物质性能的同时，更要包含文化内涵和人性关怀，给人以一种良好的心灵感受。

当今的许多智力产品是独一无二的，诸如某城市的发展规划、某企业重大问题解决的对策方案、某单位事务和财务管理的程序软件，等等。非批量商品无法评估其社会必要劳动时间。应需而作的单件产品，其定价无法用传统理论做圆满解释。那么，如何定价呢？需求者向服务机构或生产者提出订购某智力产品，是对该机构或生产者的信任，相信对方能创造出自己所需要的智果。订购者对智果或产品的效用有明确的要求，服务方也深知自己能否创作订购者要求的智果。创作者通常根据作品的难度、新度、获利愿望以及市场商品类比进行报价，订购方对智果的运用价值是最能正确估算的，必须远远大于购买价格，同时，也以市场商品类比进行还价，最后，经双方协商定价成交。

八、商品定价依据变化

后工业化时代与工业化初期的商品定价原则是根本不同的。

在工业化初期，经济形态属于物质经济。通常以成本加利润的方式确定商品价格。生产成本是不难计算的，生产商根据产品的市场需求状况来确定利润率：若需求很旺则利润率定得高些，若需求疲软则利润率定得低些。

后工业化时代，人们称为知识经济时代，经济以知识和信息为基础。商品价值量主要取决于所包含的知识和信息。比如：智能化设备、应用软件、设计图纸和决策方案等。其中，原材料成本价值不高，耗费的劳动时间和劳动量也难以计量。其价值主要是依据产品中思想、技术、文化的含量、品质和新度进行评估。一般是首批产品定价较高，随着同类产品的增多价格逐步下降。

九、商品合理定价的市场因素分析

商家力图追求利润最大化。市场上的销售者总是以可售最高价作为该商品的价值，消费者却不愿认同。商家一般不把价格定得过高，不是因为他们不要高利润，而是因为他们懂得卖得多比卖得贵更有利；占领市场比保持高价更重要。经营实践告诉他们，为了多赚钱，必须考虑消费者的承受力。单件商品利润率要服从营销总利润。

销售收入总额可以表述为：

$$销售总额 = 单价 \times 销售商品数量$$

营销所获总利润可表述为：

$$总利润 = 单件商品利润 \times 销售商品数量$$

当单价定得偏高时，销量就减少。其减少程度与消费者对商品价格的敏感系数相关联。所谓敏感系数，就是广大消费者在商品涨价时少买、商品减价时多买的表现强度，是消费者对商品价格波动反应的灵敏程度的度量。敏感系数大小是由商品种类决定的：可替代商品的敏感系数较大，价格稍上调，销量即下跌；不可替代商品的敏感系数小，价格上调照样购买；生产生活必需品的敏感系数小，非必需品的敏感系数大。商家为了卖出更多商品，不会无限度抬高价格，而是会把价格降到客户可以接受或乐意接受的程度。商品合理定价是市场机制作用的结果。

第三节 智果经济时代的营销新理念

智果经济时代与工业化初期相比，市场营销环境已经发生了巨大变化。经营管理者必须具有先进的营销思想和营销理念，并且，采取符合科学规律的营销策略，才能取得优异的营销业绩。营销理论构成一个独立学科。可口可乐销售手册中有九个部分内容。其中，一项拜访客户要求就分八个步骤，做得细致、周到、有效。不能认为好产品销路必然好，无论怎样好的产品也需要方法得当的营销。

一、市场营销新理念

1. 购物还图开心。从消费者的角度看，不只是文化娱乐方面的消费，如电影、电视、音乐、舞蹈等是一种精神上的享受和满足，而且，购买许多物质产品也包含着一定的文化、情感和心理方面的满足。购买商品，不只是要买个好用的东西，还要买个高兴，买个好心情。女士们买了件心仪的服装，就特别开心；儿童买了件心爱的玩具，更是喜不自胜。消费者除了要求商品性能、质量、品牌、价格合意外，还希望得到各种优质服务。如此说来，营销人员的素质是多么重要。消费者在优雅、舒适的购物环境中，见到热情、友好的微笑，听到通晓商品知识的耐心介绍，享受到及时周到的递送方式、优质可靠的售后服务……所有营销环节都是商品价值构成的重要部分。消费者所支付的商品零售价格，其实是对商品内含价值和所有服务价值的总和。在营销过程中，营销人员支付了知识、智力、技能、情感和体力，这种劳动同样是创造价值的劳动。虽然，这一过程基本上不改变实物形态，但它使商品价值得到很好的实现。

2. 保证消费者权益，努力实现双赢。市场贸易是平等的活动，若只顾营销者单方利益，不惜损害消费者利益，必然不能持久。从长远看，营销者利益与消费者利益是一致的，现代营销的利益原则是实现双赢。因此，营销既要不忘本企业的效益，又要时刻关怀消费者的利益。只有不断让消费者获利，才能真正赢得消费者对产品和企业的钟爱。“帮助客户成功，同时成就自己”，这一营销理念的贯彻必能赢得大批客户。前面我们已经分析，商品价值应反映并实现消费者的心理期望，帮助他们获得物质和精神上的满足。

3. 营销员应当大气、灵气和豪气。营销员要始终面带微笑，自信而坚定。要有商业头脑，对客户需求变化保持特有的敏感。面对市场环境变化和竞争对手的行为做出自己的对策反应。这首先要求营销员对自己的职业意义要有积极的理解。美国强生管理学院培训时，老师给学生们出了一道题：“你认为军人、工人、农民、教师、医生、法官、律师、警察、演员、推销员、运动员、飞行员……哪种职业最好？”一位来自海南的营销主管选择了推销员。他解释说：“如果没有销售员，商品就不会有流动，工人没有粮食，医生没有药品，农民没有生产工具，整个社会就会停滞。因此，销售员是人类文明的推动者。”没有销售员，产品就到达不了终端。营销员应当为自己能跻身这一行业而感到骄傲！

4. 推进经营方式创新。报载：浙江有人根据现在的孩子面对琳琅满目的玩具极易喜新厌旧，常常是一个几百元的玩具玩了几天就扔在一边不再理睬，家长买高档玩具很不合算的现实状况，提出“开一家玩具出租店”的创意思想，投资三四万元购置千件玩具和一套消毒设备，出租回收后消毒再出租，具有良好的经济效益和社会效果。北京、上海、杭州的“玩具出租店”的经营实践证明其创意思想的可行性和有效性。

二、智果经济时代市场营销新变化

1. 更加注重消费者的愿望满足和成本降低。生产经营者深深懂得消费者是自己的衣食父母，若不能满足消费者愿望，不能降低成本、给客户以实惠，就无法扩大客户群。

2. 从传统大众营销到一对一营销及顾客关系管理。客户成为企业的特殊资源。市场营销坚持以人为本，不只着眼于一次生意，而是着眼于建立长期的互利合作关系。

3. 不只关注终端顾客，还要关注包括供应商、分销商、员工、银行、政府、同盟者、竞争者、传媒及一般民众的感受。竞争者间也不是你死我活，而是力求共赢。

4. 从产品营销到品牌营销。品牌成为企业重要智产或称无形资产。营销专家 Larry Light 预言："未来的营销是品牌的战争！"

5. 从本地营销到全球化营销。世界互联网、全球快递为营销全球化搭建了基础平台，好产品就能销售到全球每一个角落。

6. 从企业对顾客的单向营销到企业营销职能外部化，实行网络互动营销，就是客户需要什么款式就给他们生产供应什么款式。

三、网上营销的优势和趋势

电子商务是指整个贸易活动的电子化过程。它借助电子信息技术、互联网络技术和现代通信技术，按照法定原则和管理规范，完成商品贸易和远程运作的全过程。现代互联网平台，创造和提供了新的销售模式。

"网络诞生的种种购买奇迹，大大超出了我们想象。奔驰 Smart，整个亚太地区一年只卖几百辆，去年在淘宝网上进行团购，3 小时 24 分钟卖了 205 辆，世博英国馆的'种子'，两分钟卖出去 8000 份。"① 马云创办的阿里巴巴，2016 年天猫"双十一"日成交额达 1207 亿人民币。在没有网络的时代，这是很难想象的。

网络化不仅是知识、技术、信息的快速传播，而且也提供了最低碳、最高效的商业模式和产业基础。客户可以足不出户逛商店；可以对自己所需的商品进行"云搜索"；可以网上签署购销合同；可以网上支付相关费用；可以网上委托送货到家。商家可以运用"云计算"统计产品需求量，以销定产，真正实现零库存。电子商务是一种划时代的创举，从根本上颠覆了传统商业模式。网络化的商业模式大大节省了时间、人力、交通和交易成本，也改变了人们的思维方式和生活方式。"虽然网上零售占比在中

---

①张丹丹：《马云：永不做帝国》，载《浙江日报》2011 年 1 月 12 日。

国和美国都是6%，但在2012中国网上零售增速为85%，美国是15%，差别已经很明显了。”[①] 只要网络营销坚持诚信经营，保证商品质量，切实做好服务，就将强势挤压商场商店的商品零售，并逐步扩大所占份额。

四、现代营销策略

商品、市场、信息、社会背景和消费心理等方面因素变化，要求营销策略变化。

营销策略之一：引导认知

消费者购买商品的直接目的是获取商品的效用。虽然商品的物性和功能是客观的，但其效用发挥却以用户对商品的认知为前提。广告的作用就在于引导人们的认知，具体地说是：

1. 扩展对商品认知的人群范围。让尽可能多的人知道有这么一个好产品、有这么一个好厂家，让广大消费者了解这种产品的性能与效用。

2. 提高对商品的认知程度。消费者对商品只有初步的了解是不够的，一定要让消费者对其性能和效用，尤其是有别于同类产品的特殊优点，有足够认知。

3. 建立客户对产品和企业的信任。引导认知不仅要从科学原理上对产品的性能、效用和质量进行介绍，更要从市场热度和反响以及用户体验等方面来培育和建立消费者的信任。消费者信任产品，就是信任企业，就是信任生产经营者。

4. 唤起需求的迫切性。购买者的迫切性与其对该产品的认知深度和认知人群广度直接相关。自身认为该产品好，众人均认为好，就能激发其对该商品的需求。当消费者头脑中形成“早一日购买，早一日受益；早一日购买，少一分损失”的想法时，必生购买的迫切感！

营销策略之二：培训消费者

培训不只是对现代产品生产者有必要，对现代产品的消费者也同样有

---

①李彦宏：《互联网给传统产业无限机会》，载《人民日报》2013年7月29日第10版。

必要。试想：一个文盲怎么会需要电子书？一个不会使用电脑的人怎么会需要电脑？对消费者进行电脑运用和上网技能培训，实质就是拓展市场。

1. 培训能提高消费者的整体素质，促使消费观念变化并使他们在作消费选择时更有眼光。懂得赚钱是为了懂得花钱、懂得享受生活，使房子按揭、汽车按揭为人们所接受，拉动社会消费。

2. 培训使消费者掌握现代产品的使用方法，增强对商品的购买欲。除了最常见的汽车、电脑使用需要培训以外，医疗仪器、工业设备等销售都必须负责使用培训。

3. 培训提高人的知识水平，引导消费结构变化，促使消费者向文化消费方面作重心转移。比如，欣赏音乐、购读书籍、听取学术报告等。

4. 培训有力促进教育消费和发展消费增加，让人们重视新潮技能的学习，重视自身的知识更新和健身，重视子女的教育培养。

营销策略之三：欲得先予

开拓市场首先要使新商品让消费者认知和接受。赠送产品使用，待客户对产品满意后再建立购销关系，这是一种极为重要的营销策略。

俗话说，百闻不如一见。许多优质产品在未被使用以前，人们根本无法理解其优点。越是超前设计的产品就越是这样。况且，人的兴趣、爱好是靠培养的，甚至人的味觉也靠培养。比如可口可乐，当初很多中国人都不爱喝，觉得“像是药水一样的味！”，但是，可口可乐的老总说：“你们不喝，我们大使馆的人喝呀，送你们几条生产线！”几年培养下来，有多少人喜欢喝！他们先予后夺的战略开拓并占领了中国的广阔市场。

营销策略之四：顺应和引领市场

不同地域、不同类型消费者对产品的需求不同，所以，同种产品也当制造不同型号、款式和版本，以满足不同消费群体的需要，市场具有其自身的一种力量，企业应当顺应市场，根据市场需要调整企业行为，在此过程中还应努力提高对市场的反应速度。同样服装在其款式流行期可以卖个高价，款式过时就变成处理品。一家技术和智力贮备充足的服装企业应当把握趋势、引领潮流。

第四节　智果经济的收益分配

人与自然、社会的关系，最基本的是信息和能量的交换。思维和操作是主体智力和体力的付出，社会必须给予物质和精神两方面的回报，这就是劳动报酬。对劳动者的报酬，从社会角度看，就是收益分配。只有利益分配得以实现，才能满足劳动者的物质文化生活需要，使劳动者体能和智能得到恢复，使劳动力生产和再生产得以实现。正如马克思所说："人们为了能够创造历史，必须能够生活。但为了生活，首先就需要衣、食、住以及其他东西。因此，第一个历史活动就是生产满足这些需要的资料。"①人们以自己的劳动生产所需的资料，又以报酬形式分配得到这些生活资料。

一、生活资料争夺趋于缓和

在奴隶社会和封建社会，物质资料相当缺乏，而生存是人们最基本、最重要的需求。为了争夺有限的生活资料，人与人之间激烈争斗，并且是武力争夺。随着社会生产力发展，获取必要的生活资料相对容易，矛盾趋于缓和。因为人们求富的争斗没有求生的争斗那么强烈和残酷，这是一个方面。另一方面，在市场经济体制中，能人和强人可以通过市场竞争来达到自己的目的。人与人之间矛盾斗争转化为市场竞争，武力争夺变为智力较量。

职业平等化趋势，给予了精英们在不同领域施展才华、出人头地的机会，有效缓解了人们对权力的争夺。在封建社会，农业、手工业、商业、演艺、塾师等行业地位低下，科技、教育、传媒等行业尚未形成，想要出人头地就只有当官，然而，官场职位不多。一些精英分子为了"做人上人"，在权力场中斗得你死我活。如今不同，成不了高官，可以成为富豪，

①《马克思恩格斯选集》第 1 卷，第 32 页，人民出版社 1972 年版。

为社会创造各种物质财富；可以成为科学巨匠，为人类文明发展做出贡献；可以成为理论家或学术大师，影响人类思想和文明进程；可以成为艺术明星，受到发烧友追捧；可以成为媒体主持人，天天与观众见面……而且，你的成功不妨碍他人成功，这就大大缓解了同代精英间的争斗。一个时代的精英人物各得其所，是社会稳定和有序发展的重要条件。

人的素质普遍提高，社会民主法制逐步健全，使官员和富人均能理性处事，坚持多赢原则，社会矛盾趋于缓解。价值观的多元化，使人们的生活目标多样化，许多年轻人只追求自由的个性化生活，减少了许多争夺。社会保障体系和福利国家建设，也使一些找不到合适工作的人衣食无忧，有利于社会稳定。

稳定有序才能引导社会成员能量正向释放，让各界精英在创造成果、服务民众、推动社会进步过程中实现个人目标。市场经济的社会稳定作用发挥，关键在于实施合理的收益分配。

二、分配方式正在变化

当人类社会从自然经济向商品经济、从计划经济向市场经济、从物质经济向智果经济转变以后，分配的依据、内容、机制和方式均发生重大变化。

（一）分配依据变化，从“按劳分配”转向“按绩分配”

在计划经济和物质经济时代，社会一般采取“按劳分配”为主的分配原则，这里的“劳”是指劳动量。只有在生产力尚不发达、人类劳动仍以体力劳动和手工劳动等为主的条件下，才可以用劳动持续时间来计算劳动量。在质量合格的条件下，以劳动产品的件数来计算劳动量。以简单劳动为主是计时工资制和计件工资制适用的基本前提。生产力充分发展后、手工劳动和体力劳动日益被智能化的机器所代替。当以脑力劳动为主、劳动的直接产品是思想成果的时候，就再也无法用劳动时间和产品件数来统计劳动量了。此时就必须以思考创造的绩效或叫“贡献”来分配。一些 IT 产业公司，一名打字员年薪 5 万元，一名硕士业务员年薪 10 万元，一名博士程序员年薪20万元。公司在招收新员工的时候就要开个基础工资价码，依据是什么呢？依据的是接受教育的程度、专业水平、任职履历，因为这几项要素决定着员工智果创造的能力。这样，他们就把报酬分为两部分：一是以文凭为依据确定的基础工资，可理解为按“智”分配。二是按业绩或贡献确定奖金。倘若能力较弱，不能创造业绩，老板就会将其辞退。事实上，“按劳分配”的出发点也是“按绩分配”，只是那时多数劳动者的“劳”能够与“绩”对应成比例，可以用“劳”来计量“绩”，而今复杂的脑力劳动，其“劳”与“绩”是不一定成比例的。

（二）分配内容变化，从单一物质报酬变为物质和精神并重

在生产力尚不发达的时代，人们的生活消费主要侧重于一些最基本的需求，如衣、食、住等，因而，劳动者所追求的报酬主要是物质报酬。随着生产力的发展，劳动方式脑力化，价值构成智果化，生活方式现代化。在基本生活资料有保障后，劳动者越来越注重精神生活。物质条件越优厚，人们对文化和精神的需求就越迫切。人们生活质量的提高，直接表现为文化精神消费所占比重增大。因此，劳动者相当重视组织给予的精神报酬和自身的心理感受。精神报酬的主要内容有：荣誉、职位、职称、权力、上级肯定、同事赞扬、下属遵从以及后人评价等等。精神报酬与文化消费不同，电影、戏剧、音乐会等文化消费可以从市场上获得，而精神报酬却主要是与组织肯定、上司评价相关联的内部分配，花钱买不来。

许多从事社会公共事务管理的知名人士，他们得到的物质报酬并不高，个人生活也不自由，但是，还是十分热衷此道。这除了一部分人境界崇高、甘愿奉献外，一些人是为了实现个人心理上受尊重需求的满足。从经济学角度看，没有个人需求的满足是不可能有持久性和后续力的。美籍华人赵小兰女士是小布什政府的交通部长。赵小兰说自己从政多年，很少时间有点工资，多数是义务服务。公务活动，包括参加会议的交通费、住宿费等全是自己掏腰包的。她说自己的从政生涯用了先生很多钱。当记者问她为什么愿意这么做时，她回答：“为民众服务是很受民众尊重的。”显然，她把民众的尊重视为珍贵的回报，并从中获得很大满足。这成了她多

年奋斗的内在动力。

其实，精神报酬的内容和形式甚为丰富。诸如生日祝贺、定期谈心、公开表扬、选派进修、出国考察等等，都属精神报酬。善于运用精神报酬的企业管理者，在给予员工并不太高的物质报酬的同时，能使员工达到精神上的满足，从而产生凝聚力和归属感，有效发挥员工积极性和创造力。

（三）分配机制变化，从计划型变为市场化

在计划经济体制下，一切资源均经政府计划配置，人员依照计划调配，原材料和产品根据计划调拨，劳动者工资由政府计划发放。政府劳动管理部门根据职务、级别、工龄、学历等硬条件确定工资。这种“干多干少一个样”的分配制度难以充分调动劳动者的生产和工作积极性。

在市场经济体制下，人力资源及其他一切资源均由市场配置。学有所长、业有所精的人才，在市场上比较抢手，通常是哪里综合报酬高就往哪里走。人事管理部门不能按自己的主观意志给劳动者确定报酬，而是必须根据市场行情确定，不然就留不住人才。市场化分配机制充分体现了公开、平等的竞争原则，获得高报酬旁人不忌妒，所得报酬低自身也无怨言。

市场分配机制具有层次性。企业老板的投资回报是企业在市场竞争中赢得的直接结果，但是也受到国家政策，比如：产业政策、税收政策、金融政策等经济杠杆，的强力调控。企业员工凭自己的能力和业绩，经市场竞争获取报酬，但却与上司的工作分派和评价直接相关，受到上司的直接管控。市场机制的运用和运行使各类劳动者“按绩分配”得以实现。

应当指出的是：依靠国家政策保护的垄断性企业，其效益的相当部分是政策保护的结果，而不是市场竞争的成效，理应通过评估将其政策性赢利部分交还给国家，不可任由企业自由支配。政府机关代表国家征税、收取各种规费和管理费。公务员是公共事务和公共财政的管理者，各级政府机关的公务员均须遵循“薪酬他定原则”，不宜自主决定发放奖金和津贴。

（四）分配结果变化，薪酬收入差距拉大

在体力劳动为主的时代，由于人的体能差异不大，所以，劳动者的收入差异也不大，唯有资本家才能成为富翁。在脑力劳动为主的时代，根据“按绩分配”原则，劳动者收益及其财富的多少就与个人才智相关联。

资本所有者是价值增值的主要占有者。企业老板是资本所有者，通常也是投资决策人，所以，老板既获得货币资本增值，又获得自身的智本增值，也就是说，其知识、智慧和行为能力均转换成现实价值。在企业运行过程中表现在投资决策、市场战略、管理方式等方面的智果直接决定其价值创造。并不是每个人都能成为出色的商人，商人必须具备两项特殊素质。一是对商机敏锐准确的判断能力；二是对市场变化的快速反应和行动能力。在亚洲金融危机的时候，李泽楷制订并实施一个维纳斯计划，获得成功，使他控制的股份在一天内升值了 306 亿港币。后来他又充分发挥其智慧，历尽艰辛收购了香港电讯，成为香港第三大富豪。要做到成功经营，第一是获得有价值的信息；第二是能正确判断下对决心；第三是有可投资本；第四是正确操作。第二条和第四条是企业家素质，信息为机会和资源，资本是条件和载体。在社会劳动产品剩余较少的时代，社会可用资本也较少，资本就稀缺。有的人准确判断商机，但筹集不到资本，就白白失去商机。可见，信息的确是财富之始，是重要资源。信息作为经营要素可以参与收益分配。世界上多数企业的崛起都是资本与智本很好地结合所创造的成果。

企业首席执行官（CEO）是高级打工者。美国 CEO 的薪酬从 20 世纪 80 年代晚期开始快速上涨。各公司为了吸引最好人才，免费提供给他们公司股票，让他们获取巨大的个人收益。1996 年，美国 200 家最大的公司首席执行官们的平均年收入是 580 万美元。到 2001 年时，达到了 1170 万美元。在五年里，首席执行官们得到的红利比以往增加了两倍。另一项研究表明，在 1960 年，美国企业老总的平均工资只是美国总统艾森豪威尔的两倍，而小布什任期，企业老总的平均工资已经是美国总统布什的 60 倍，是美联储主席格林斯潘的 60 倍。1980 年，美国 200 家最大企业 CEO 的每小时工资是他们所在企业员工的 40 倍，21 世纪初已经达到了 500 倍。2001 年，企业 CEO 的平均现钞工资收入虽然比上一年度下降了 3%，但是加上红利和股票期权等福利，他们的平均收入还是上升了7%。[①]

为什么企业CEO薪酬迅猛上涨呢？为什么老板愿意免费赠送公司股票呢？显然是由企业生产经营管理的重要性所决定的。其一，正确的投资决策、正确的市场战略和科学的内部管理越来越重要。其二，随着生产力发展，货币资本的稀缺程度在减轻，智力资本的核心作用在增大。素质全面的综合型人才在企业经营中处于主导地位。智本的威力超越了资本的作用。其三，CEO的薪酬是市场机制作用的结果，不以老板意志为转移。因为竞争激烈，企业老板总是想吸引和遴选到最优秀的管理人才，而一再提高CEO的年薪。哄抢人才，必然抬高CEO身价。

为什么领导美国的总统和掌控经济大局的美联储主席，其薪酬远比不上CEO呢？这里主要是两大原因：一是CEO的薪酬是市场竞争形成的，而元首和政要的薪酬是按计划调整的。二是元首和政要的精神报酬人所共知，而CEO职位的精神报酬容易被人忽视，CEO自身则有意避谈。事实上，使其心理得到满足的一切待遇，包括职位、权力、荣誉、尊重、出人头地的风光机会等都是精神报酬，但其社会历史影响的广度和深度无法与元首和政要相比。

CEO拿天价高薪对社会文明进步是否有利呢？决定企业成败的因素比较复杂，CEO虽然起着关键作用，但毕竟不是一人定乾坤。CEO的正确决策要靠部属去贯彻，更不可忽视一线员工的基础性劳动，是他们的劳动使CEO的经营思想转换为现实效益。CEO已享有丰厚的精神报酬，其物质报酬与员工的差距不宜拉得太大。因为过大的薪酬差距会拉开CEO与员工的心理距离、情感距离，甚至引起员工反感，不利于管理工作的展开。科学家、政治家之所以能得到民众的特别敬重是因为他们贡献大、拿得少。

此外，高收入群体储蓄太多的钱，有损社会购买力提升，不利于消费增长。政府应当对他们适度增加税收，多多给予荣誉。

---

①厉胜勇编：《CEO天价薪酬的背后》，载《今日早报》2002年10月10日31版。

三、收入不均衡现象和近市优先原理

思想价值论认为，一切劳动者均以自己的智能和体能创造财富、提供服务，换取所需报酬；但各种就业岗位的薪酬是不一样的。其主要原因是劳动者个人的智能差异，在智能相同或相近的条件下还存在行业差异和机会差异。

（一）劳动者的智能差异决定收入不均衡

劳动者的智能差异是其报酬收入不均衡的主要因素。就业者的劳动力价值是由市场评定的，基础就是劳动者的智能。劳动力市场上有招聘高层主管的，年薪数百万，但岗位责任重、工作难度大，若承担不了，你就只能去应聘要求低些的岗位，拿较低的薪酬。决定一个人职业能力的因素很多，包括教育程度、专业水平、工作履历、创新能力和努力程度等。

同是大学毕业的年轻人，择业志向却大不相同：自认为对市场需求有敏感性和判断力且具有带团队能力者，通常会千方百计筹集资金，“招兵买马”开办公司，自主创业；自认为有较强的执行、协调和管理能力又不想承担投资风险者，往往去协助老板搞管理，成为职业经理人；自认为具有研究能力、可能会有发明创造者，往往选择搞专业，试图在人类学术史上留下印记；自认为独立创业的主客观条件不具备者，通常先应聘做个普通员工。在某行业的一个组织机构中，职位薪酬与其智能要求相关联。工作难度越大，智能要求越高；业绩贡献越大，薪酬也就越高。能够不断提出新理念、发明新技术、创造新文化的高智劳动者，创造价值多，理应得到高报酬。他们也有能力为社会担当更多责任，社会对他们所做的贡献也应表示肯定和赞赏。

当然，社会各领域中都有许多岗位不能实现充分竞争，机会不完全平等。有的岗位已经有人履职，即使智能条件相同甚或更好的人也一时难以替代，个人职业发展中还存在几分机遇因素。政府应当通过职业技能培训、税收调节等手段缩小收入差距。

（二）行业效益差异导致薪酬收入不均衡——近市优先原理

同等层次的人才在不同行业就业，其薪酬收入是不同的。在社会各行业中，普通员工的收入大体均衡，而不同行业的精英收入却差距很大。从全社会看，较难做到按绩计酬，更难做到按贡献计酬。政治家、科学家、思想家对人类文明进步贡献是很大的，但他们所得的薪酬并不高。大量精英并不是以薪酬高低作为自己择业的唯一标准，他们在能保证正常生活的前提下，选择自己喜欢做的工作，着眼发挥自己的特长，努力为人类文明进步做贡献。对这些无私、高尚的精英群体，政府有责任关心其生活和健康。

市场经济背景下的行业分配法则是：薪酬与市场货币的距离有关，从事生产经营，尤其是直接从事货币资本运作者，收入较高；不直接参与或远离市场经济活动的行业薪酬较低。同样的管理规模，政府高级公务员薪酬不如实业公司高管；实业公司高管薪酬不如金融证券公司高管；搞基础理论研究的科学家收入不如搞实用技术开发而卖专利的工程师；有专利成果的工程师收入不如买专利项目生产的实业家；职业作家收入不如出版商，出版商收入不及图书批发零售商；作曲家收入不如歌唱家，歌唱家收入又不如举办演唱会的剧院老板；电影编剧的收入不如制片商，制片商的收入不如影片发行放映公司。虽然源头创作出智果是最难的，但因其离市场较远，商业价值往往不明朗。后续各环节运用的一些方法性智果逐步接近市场，面对消费者的最后环节是直接获取金钱的，往往在收益回报过程中有优先权和主动权。像政治家、科学家、思想家等要靠工商企业上缴税款，经政府机关二次分配获取工资者，就必定薪酬不高了。

政治家、科学家、技术专家、实业家和银行家等都是脑力劳动者。科学家研究的是科学基础理论，最抽象，其成果必须经应用技术研究方可转换为现实生产力，离市场货币比较远；工程师搞实用技术研究，较具体，其创新成果运用于生产即转换为经济效益，离市场货币较近，有的可以直接卖专利；实业家筹划和组织生产经营活动，是市场的直接主体，拼搏在市场上；银行家更是直接运作货币资本，以钱生钱，活跃在“铜钱孔”

中。这些精英人士离市场货币的距离不同，报酬收入就大不相同。如图23－2所示。

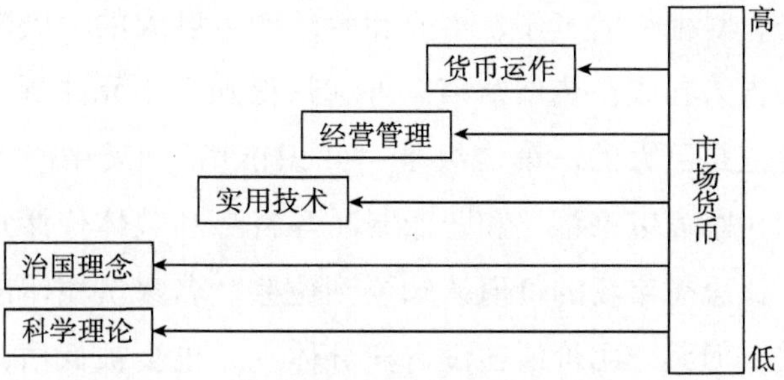

图 23－2　薪酬近市优先

凡符合客观规律的思想成果均有价值，但与市场和货币关系越直接的就越便于获得收益。因为越靠近市场货币的智果，就越早得到验证和评估；直接进入市场交换的智果，立即使价值得以实现。在社会精英群体中，靠近市场直接从事生产经营或从事货币资本营运者报酬普遍较高，远离市场的脑力劳动者薪酬普遍较低。也就是说，智果创造者的报酬收入同其行业职业与市场货币的接近程度成正相关。这就是个人薪酬行业分配的市场倾斜原理，叫**近市优先原理**。

科学家的基础理论成果价值是在被人们运用过程中慢慢释放的。基础性的科学成果通常不是直接投放市场，而是无偿公布于社会，让全社会共享。科学家们的经济收入和物质生活必须予以保障，应当实行项目补贴或成果奖励。

政治家的社会管理思想、制度变更和政策创新思想，能够推动一国经济大发展。20 世纪 80 年代，邓小平把中国引向市场经济体制，带来了中国经济大繁荣。其价值难以估量，全国人民受益，他却并未从中拿取一分奖金，只能以功绩形式为人民和历史所铭记。

思想价值论认为，市场可以分为三级：第一级是“思想市场”①，属源

①郎遥远：在杭州“第五次变革”研讨会上的讲话，2015 年 5 月 24 日。

头市场。新思想发布时，认知者不多，其作用也未得到验证，最容易把价值低估。一场富有原创性新思想的学术报告，给千余听众洗脑开智，使其沐浴真理阳光，对他们的工作、事业和生活产生巨大的积极影响，其价值无法估量。报告人在收获热烈掌声以外，只得到几千元课酬，其实，课酬以外的潜在价值是巨大的。第二级是“知识市场”，属中间市场。教师以口头传播知识，书商以书籍、和音像制品等符号和载体传播知识，因为可以大量复制，比思想市场的价值认知要到位些。名家讲稿印出十万份，就卖几十万元钱。但其应用价值还没有充分体现，也会被低估，仍存在大量潜价值。第三级是“实物商品市场”，属终端市场。实物商品是以原材料为载体的思想凝结和实现，思想已经转换为商品的结构、功能和效用。生产者和消费者都能充分认知，其价值最为明确，也最能被认可。当然，对产品分拆研究可得到较大启发，仍存在一些潜价值。这就是思想市场分级学说，也是近市优先原理的理论依据。

科学家、政治家、思想家对社会贡献巨大，其创造的价值不易计量，他们个人通常并不因贡献大而富裕。这是个人收益的近市优先原理在起作用。因感觉到这一原理，就有高官下海经商，也有的科学家和发明家自己办起实业。

技术发明人可以将其成果直接以专利形式在市场上出售，所以，通常相对富有。银行家搞信用创造和乘数效应扩大业务规模，搞金融衍生物大量赚钱。但当金融创新不能为客户和企业的生存与发展起积极作用时，就使虚拟经济脱离实体经济基础。一般地说，做实业比做金融更累，因为做实业是通过做产品赚钱，而做金融是直接运作钱；做实业比做金融更苦，因为，当实业做得产销两旺、利润良好时，必须由银行大量放款，任其分享利润，当企业销售不畅、资金紧缺时，银行就抽回资金以求自保；做实业比做金融更透明，实业家乐于向社会公布产品销售数量，以说明消费者对其产品的信赖，而银行家就是赚得盆满钵满也秘而不宣。

精英人才聘用按市场化原则进行，人才当从低薪行业向高薪行业流动，使低薪行业因人才紧缺而增薪、高薪行业因竞争者众而降薪，从而使薪酬趋于平衡。按理说人才市场应当具有这一功能，但事实并非如此。原因有四个方面：一是部分精英选择服务社会、实现价值、立志奉献，不计较薪酬高低；二是隔行如隔山，一部分想改行的人因教育背景、专业特长和经历限制等原因，想转也转不了；三是面对市场竞争，或赚或亏，风险很大，不确定因素多，许多有条件转行的人又不敢贸然转行；四是人才密集行业往往得到超常发展，占有更多社会公共资源，从而收益只增不减。

（三）新兴产业和创新性收益导致个人收入不均衡

顺应社会潮流的新兴产业领域往往能获取高额利润，从而使先行进入的投资者和参与者收益较高。比如，当一国城市化浪潮初起之际，进入房地产业或建筑行业者通常能获得丰厚利润。因为大量农村人口迁入城市，促进房地产业和建筑业的大发展。

从无到有的新兴产业在中前期也常获得高额利润。电脑和网络产业、软件产业、手机产业等在中前期利润率较高，收益很好。这些产业领域的领导人都尝到了创新的甜头，懂得思想成果就是价值增值的源头。他们努力推动产品的更新换代，在一代产品中加入新创智果，形成新的卖点，以保持其较高的利润率。

在收益分配上，国家一方面要保证那些能够创造新思想的精英们衣食无忧地从事研究工作；同时，要保证数量最大的劳动大众的收入和生活，因为是依靠他们运用思想成果来创造各种社会财富的。在消费决定生产的时代，只有劳动大众有钱消费，才可能以消费拉动经济。

第二十四章　智源：人才及其创新能力培育

人才是创新的关键主体，是各行各业的骨干，是智果的主要创造者。人才是智果之源，经济之基，兴业之本。无论是家庭、团体，还是地区和国家，事业兴旺发达都依靠人才支撑。人们认为，能够产生创造性智果者即为人才，只能复制智果者为普通劳动者。智果经济发展的事实表明，无论是人的生物智能还是设备的物理智能，都具有价值创造的作用和潜力。

第一节　人才是智果创造的生力军

一、人才是智果的主要智造者

当今社会，重复性的手工劳动、体力劳动尤其是重体力劳动，已基本上被能源推动运行的机器所代替；信息、数据的程序化处理也大都由电脑来完成。不得不由人直接去做的主要有：个性化服务，如诊病、教育、咨询、理发等；动态变化事项的追踪调查和处理，如新闻报道、应急事务处理等；不确定因素和不完全信息条件下做出决定，如公共决策、项目投资、气象预报等；不规则、无先例事务处理，如案件侦破、罪犯应对、灾难解救等；具体问题的分析解决，如修理服务、纠纷调解等；科学技术突破、文化艺术创作、新产品设计、思想理论探索和创新等。这些都必须由具有观察、分析、判断和独立处置能力的人来完成。一切新现象都依靠人的思维分析判断；一切新问题都依靠人脑来解决；一切新技术、新文化、新理论、新方案、新产品、新政策、新制度都依靠人的思维来创造。凡事只有先想到才能做到，先想好才能做好。值得注意的是，创造性思维是一种能力，是运用知识结合实际进行思考的结果。知识不等于能力，能力是对知识的运用，已不是知识本身。其中，从无到有、从差到好、从低级到高级的进步必须通过创新来实现。

人们习惯于将高学历者视为人才，因为高学历者善于读书；把高职位者视为人才，因为能升迁至高位必有其过人之处；把工商巨子视为人才，因为在市场竞争中连连取胜需要能力。然而，人才最本质的特征是勤于思考、善于思考。具有敏锐的直觉和快速反应能力；具有渴望成功的进取之心；具有诗人般的丰富想象力；敢于创新而不墨守成规；信念坚定且具有冒险精神。

“拔尖人才”是在科技攻关、文化创造、发展领导、市场拓展中起主要作用的杰出人物。欲创非常之业，必得非常之人。拔尖人才往往想象力和创造力非同寻常，其头脑能产生切实有用的奇思妙想。

人才与普通人的主要差别在于思维能力，而不是体力。审视各行业的知名人士，凡有大成者均有一套自己独特的想法，也就是有自己的特有思想。当然，各界精英的思想均具有自己的行业特点，他们之所以选择从事这一行业，正是由于其大脑对此行业问题具有敏感性，有较强思维能力或有较多的知识和思想储备。但是，不能因此错误地认为，思想是思想家的专利。普通人也有自己的普通思想，可以说，凡是智能正常的人都有思维能力和一定的思想。只是一般的劳动者所具有的主要是普通思想，仅仅支配自身的日常劳动和生活，缺乏创造性。

二、智果经济发展依靠人才

日本、瑞士、新加坡、以色列等国家都是矿产资源匮乏的国家，尤其是以色列，一半多地域是沙漠。但他们重视发挥人的聪明才智，把科技、文化发展作为立国之本，改变了穷山恶水。缺乏资源禀赋也能走上快速振兴之路。世界上许多资源奇缺的国家和地区都依靠人才优势而实现经济富裕和文明发达。“现代管理之父”彼得·德鲁克在1999年出版的《21世纪的管理挑战》一书中，“预言管理方式将出现新的范式。其中，四点内容颇为深刻：一是未来成功的关键在于培养出能走在21世纪变革前面的企业领导者；二是应当重新定义‘信息’的内容，特别是针对‘过去注重的都是IT（信息技术）里面的T（技术）层面的问题’，而今要重点思考‘I（信息）的内容和实质’；三是世界舞台的经济领导地位，将会转移到那些最能系统地成功提高知识生产率的国家；四是‘知识工作者’应当制定管理自我的方案，以便应对全新的挑战。”① 德鲁克讲的四点内容实质是两方面，即人才培养和智果生产。

全世界的文明成果，无一不是人脑思维的产物。管理的核心问题是合理配置资源，尤其是人力资源。任何企业、地区、国家，创新皆是其活力的源泉。未来引领世界经济的就是在理念创新、技术创新、文化创新、产品创新、制度创新等方面走在世界前列的国家。诚如丘吉尔预言：“未来的帝国是头脑的帝国。”

比尔盖茨说：“如果把我们公司20个顶尖人才挖走，微软就会变成一家无足轻重的公司。”美国钢铁大王卡内基说：“就是把我弄得一无所有，只要我的原班人马在，四年后我还是钢铁大王。”这充分说明骨干人才和核心团队的重要性。

在传统工业社会，人们首先想到的是拥有土地、厂房、设备等物质资本；而在智果经济时代，在新生产力系统中，人们首先关注人才，及其知识、技能和智力。智力资本是核心资本，人才资源是第一资源。

思想和理论创新是国家改革发展的先导。人类现代化是从欧洲一场名为“文艺复兴”的思想解放运动开始的。随后的现代化成果也都是人类思想成果的凝结。一切文明成果都源于人类头脑的思维。认知科学研究表明：对人的体能、技能、智能的培育，社会为其支付的成本比是1∶3∶9，

①吴绮敏：《德鲁克的思维“领跑”》，载《人民日报》2005年11月24日7版。

而体能、技能、智能对社会财富增长的贡献比则为1∶10∶100。可见，一个兼具体能、技能、高智能的人才对社会财富的贡献是很大的[①]。

国家与国家、企业与企业之间的竞争归根到底是人才竞争。而决定人才竞争胜负的根本因素是制度和机制。因为人才总是希望自己充分发挥作用、实现人生价值，制度机制直接决定人的积极性和聪明才智的发挥。

三、民众是智果创造的基本主体

创新并不是科学家的专利，民众是创新的基本主体。不只是复杂的工程项目分解到末端依靠普通工人来完成，就是技术发明也有大量的是由工人农民和各行业的能工巧匠完成的。山西农民王衡研究地下工程水害防治新技术，获国家技术发明二等奖，在国内工程项目中得到广泛应用，“小人物”也有大发明。[②] 许振超所在的“青岛港每年举办‘我为港口两个文明建设献一计’活动，工人们无不踊跃参加，从成本核算到设备配置，十几年里职工提的合理化建议达76565条，创造经济效益12231万元”[③]。这些建议就是职工的思维成果，经采用后就转化为经济效益。

地位高、名气大的“大人物”也许已经创造过或正在创造重大智果，但地位低、名气小的“小人物”人数更多、潜力更大。许多诺贝尔科学奖得主在获奖前都是名不见经传的小人物。“大人物”是由“小人物”成长起来的，社会各界要更多关注和扶植那些有独立思想和独创精神的“小人物”和年轻人，营造善思考、敢创新的氛围和风气。

人类科技发展史表明，大量的人具有创造发明的潜质。教育只是装备基础知识，创造发明关键在于观察、思考、想象、求证。只要开动脑筋，很多人可能搞出技术发明。开动脑筋即使没有创造发明，也能把事办得更好。所以，单位和社会都要营造宽松氛围，坚持宽厚待人，做到宽容失败。尊重和采纳一切合理化建议，对成效显著者予以奖励，营造勇于创新

---

①刘永福：《人才资本是核心资本》，载《学习时报》2003年7月28日。

②唐宋：《“小人物”也有大发明》，载《人民日报》2005年12月13日。

③宋学春、李丽辉：《许振超成长的那片沃土》，载《人民日报》2004年4月14日。

的好风气。诚如陶行知先生所言：“处处是创造之地，天天是创造之时，人人是创造之人。”

英雄不问出身，创新贵在有用。无论身处什么职位、从事什么职业，凡是通过学习、思考，观察、实践，有所发现、有所发明、有所创造，在群体中对其他人起到带领和榜样作用者均属精英。人类群体通常通过社会学习使好方法得到广泛传播。

第二节　人才素质与类型

一、人才素质“五行说”

人才的核心素质是创造力，其内构要件主要是五个方面：德、志、识、能、体。

人才素质要件之一：德。德是一个人的品性，是灵魂。人才应当具有良好品德和健全人格。德行可分几类：缺德者，分显恶与伪善，显恶者接触便知，伪善者具有欺骗性。人才须厚道有德，做事守规。道德可分守德、重德、施德三个层次：道德底线是不害人，谓之守德。以诚实劳动换取应有报酬，坚持自食其力、不图分外之利。道德中线是共劳共享，谓之重德。人才当有与人分享的气度和胸襟。名之所成与人共享，利之所有与人共分。同时，分享知识、分享智慧、分享理念、分享成功。贪心独得，失去伙伴。分享是人才的一种重要品德。道德高线是利人济世，谓之施德。取得卓越成就的人才，离不开社会各方面的帮助，当以感恩之心回报社会。担任公职、履行责任、服务人民；对有特别需要者当予以救助。把让世人生活得更好作为自己的生活目标和意义。从分享到助人，再从助人到济世，是人才的人格升华。施振强说：“构成一个人独立而完整的人格有许多方面，但不外乎三个：即智慧、仁义、勇气。……‘知者不惑’，智慧比知识重要；‘仁者不忧’，善良比聪明重要；‘勇者不惧’，正直比权谋重要。”① 有道德的人能够服务国家和社会。

人才素质要件之二：志。指人的志向。志是人生有为之起点，是做事的目标和动力。志决定其做什么样的人和干什么样的事。许多平凡之人也有良好道德，但胸中无志，缺乏动力，故无大成。德志互含，相辅相成。大德即志，爱国利民、服务社会是大德，也是远大志向；良志属德，倾囊助人、投身慈善、救苦救难的志向是德的体现。志德又不等同。比如，追求个人目标，不惜危害他人者，就是有志而缺德；存善心、怀善念，但不求有为者，就是有德无志。人才当有德有志，为人类社会文明进步贡献自己的智慧和力量。科学家应当奉献科研成果，政治家应当推进制度完善，企业家应当为消费者提供好产品，教师应当致力培养人才，学者应当创造文化精神产品。志向、梦想和进取心是一个人学习、进步的动力之源。天道酬勤，勤源于志。一个人只要不学坏、不偷懒，专心做事、勤奋为之，终将有成。勤与志相关：勤是志的表现，志是勤的根源。考察一个人的勤，很大程度上是为了识别其志。

人才素质要件之三：识。就是对事物的认知。人生而有求知之欲，知之越多，思之越畅。识的途径有三：一是学习理解。通过读书、上网、听人讲解、看人行动等方式进行学习。二是观察分析。经深入、细致、全面、客观、公正地观察事物，并作综合分析，认识事物。三是实践体悟。通过劳动、工作和生活实践获得体验与感悟，认识事物、把握规律。有了体悟的基础，人们就往往能有所创新。能根据具体要素和条件解决实际问题，寻找新途径，创造新方法，或有所发现和发明，这是创造能力的体现，是人类知识的扩展。人是通过学习、观察、体悟，实现自我提升、从普通变得优秀的。正确认知是正确决定的前提。教育的任务不只是增加知识，更要提高人的认知能力和创造能力。人才应当识广器大：识含知识、见识、胆识，识的要求是物理通晓、世事洞明、高瞻远瞩；器，为物器、容器和格局，器局宜宏、器量宜大。熊十力先生说：“立成器以为天下

①施振强：《在浦江县教育系统干部学习会上的讲话》，载《今日浦江》2015 年 9 月 9 日。

利”，“我辈堕落而不自知罪，岂非全无器识之故耶？”然而，器与识相关，无大识者何以成大器！要成大才、有大为，就要大勇大智，形成大格局。

人才素质要件之四：能。是指行为能力，即解决实际问题的本领。行动和实践是实现目标、取得实果的唯一途径，不行动什么成果也不会有。所以列宁说“一打纲领也不如一个行动”。行还是深化认知的根本途径，诚如毛泽东所说“一切真知都从直接经验发源”。然而，行需要有深切的知，需要有实际行为能力。能虽与识相关，但知识不等于能力。能力是分析问题和解决问题的真本领。能力提高主要依靠实践锻炼。实践是增长才干的根本途径，也是增加实用知识的有效方式。人才的根本特征是能从事创造性劳动。能提出正确想法的是人才，善于实施想法的更是人才。人才不仅聪明善思，且肯干、能干和善干。肯干是指具有干事业的积极性，是一种人生态度；能干是指有能力、有勇气、有办法干成事；善干是指充满智慧，能把事干得圆满和漂亮。绩，是指行之成效，是个人对社会的贡献。社会和历史最终以绩评价人，考绩是把握一个人的实际能力的根本依据。行由德、志引领，绩与识、能、勤相关。政治家在管理国家和服务人民中出政绩，学者在科研中出成果，艺术家在为观众创作中出精品，这些都反映人才对社会的真正贡献。

人才素质要件之五：体。就是身体。古人云：“德智皆寄于体”，体也是人才素质的重要方面。具体有三：一曰体质。一个人要才思敏捷就必须精力充沛，良好的体质是基础。人才要有健康的生活方式和习惯。二曰体能。体育、军事、公安等方面的人才除了要有良好的体质外，还必须具有强壮的体能，因为有许多时候与对手是一种体能的较量。三曰体貌。就是壮健的体魄和良好的精神面貌。人才要会打理自己，以整洁面貌示人，既给自己以信心，也给他人以信心。古人倡导“立如松、坐如钟、行如风”，就是要体现人才充足的精、气、神。

识别人才的途径：从品行察其德，从勤懒观其志，从业绩量其才。

在信息时代，人才应当确立较强的信息观念和信息意识，懂得信息是宝贵资源，并善于获取和利用信息。信息是反映事物本质、特征的迹象和信号，可传播的信息是迹象和信号被人们接收后的表达形式，是人脑对客观事物的反映。美国科学家申农将信息定义为："信息是人们对事物了解的不确定性的消除或减少。"信息不论对经济社会发展还是人们生活都关系极大。所以现代人必须学习使用信息工具，提高获取和利用信息的能力。善于获取、辨别、评估和选取信息，在海量信息中选取有用的，汰除伪劣和无用的。要善于利用信息进行创新，并坚守信息道德，做到不侵权、不剽窃。

二、人才类型及思维特性

人才概念的核心内涵并不是学历、学位和职称，而是其提出有用想法、解决实际问题的能力，也就是创造有用智果的能力。因此，学有所长、思有所得、干有所成，对社会有贡献之人即为人才。每个界别，每一领域都有人才，"三百六十行，行行出状元"，各类人才均有其思维特性。一位研究某专业问题智商很高的人，其辩证观察、谋划决断、沟通协调、语言表达和体会他人感受等方面能力不一定很强，也即其情商、胆商、财商未必很高。一位感觉灵敏、事事聪明、行为能力强的人，其专业智商不一定很高，但其智量一定不小。现根据不同人才类型分述如下：

科学家型。科学家一部分从事基础理论研究，也有一部分从事应用性研究。其专业基础要扎实，背景知识要丰富，并具有较强的抽象思维能力。科学家通常以自己的特有思想指导科学实验和探索行为，总结科学规律，形成正确思想，以其科学成果服务社会。恩格斯说："一个民族想要站在科学的最高峰，就一刻也不能没有理论思维。"科学家的突出品格是高尚无私、思维专注。通常具有以下特质：一是敏感，敏于观察、感知和发现；二是怀疑，对既有结论不迷信，坚持独立思考，力图有所突破；三是客观，面对任何信息都能冷静、客观、公正地作出判断；四是善于联想和想象，有想象力才能构建新的科学概念和理论；五是严谨，真理的把握不只是想象，还必须反复验证，方能确保结论正确；六是有恒，靠坚强意志去克服困难，坚持不懈地努力探索，最后取得成功。科学技术是推动经济社会快速发展的根本力量。科学发展的速度又与科学家的数量直接相关。在社会所培养的人才中，具有科学家潜质的人比现有科学家人数肯定要多。只有充分肯定科学成果的应有价值，给予科学工作者以较高待遇，才能鼓励和吸引更多优秀人才从事科学事业。

政治家型。政治家是依法掌握公共权力、可以合法调配社会资源、以一定的理念服务和管理社会的人。领导人是组织前进的领袖、群体行动的导师。社会是一个庞大而复杂的系统，政治家要有大局观，善于处理各种复杂问题。头脑中要有一幅清晰的图景，作为国家建设和社会建设的蓝图，并且，要有高效的方法、手段和措施。全局思想、战略思想、组织思想、决策思想、管理思想、制度思想等都是政治家思想体系的重要内容。政治家对社会现实问题和历史发展趋势怀有自己独到的见解，通常以法律、法规、政策、指令、行政手段等方式进行表达和实施。他们既需要有正确的目标思想，又需要有清晰的途径思想，还需要运用政治智慧进行社会治理、推动全面发展。唯有如此，才能确保经济、政治和社会建设目标的实现。他们通常用语言、文字、行为等方式表达思想和主张。

政治家是一种通过运用法定权力整合社会资源、推动经济社会进步、促进人类文明发展的顶尖人才。其思想有以下几方面的特征：

一是社会性。其思想来源于社会，又作用于社会。政治家的思想或治政理念大多从青少年时期开始逐步形成，很大程度上与其经历相关，充分体现其对社会和历史的认识与理解。他们在解决问题、处理事务时，依据其所获的信息，运用其知识和智慧，经分析、判断而形成决定。其思想多数是回答对问题怎么看、行动上怎么办等，通常表现为一项决策、一个政令、一种措施。

二是人事性。政治家必须对权力有深刻的理解，能充分发挥权力的作用。任何权力都是人运用并通过人发挥作用的。政治家对人性的理解特别深刻，具有超强的人际关系处理能力，其号召力、凝聚力和亲和力都是以对人性的洞察和理解为基础的。只有对人、对权理解透彻，才能选好人、用好权，推动政务展开，这也是政治家思维的重要特征。

三是公益性。政治家是人民的公仆，公正、公平、公益、公开是其基本的行为准则。他们始终坚持为最广大的人民群众谋利益，或者说是谋取公共利益。社会成员之间最根本最重要的关系是利益关系，政治家能站在公正立场，运用高超艺术，正确处理社会成员之间的利益关系。

政治家应当具有多种能力：一是见微知著的社会洞察力，能敏锐地发现社会问题。二是对民众需求和社会发展趋势的把握能力，顺应历史潮流，作出重大贡献。三是战略思维和把握大局的能力，眼光长远，抓住根本和关键开展工作。四是解决实际问题的能力，善于组织、沟通和协调。五是政策制度的创新能力，坚持制度创新，推进制度文明。

企业家型。企业家虽然只管理企业，不管理社会，但是，其思想也必须比较全面。需要有正确的产品思想、经营思想和管理思想。与之对应，企业业绩可表达为：企业业绩≈科技运用×市场营销×内部管理。

成就较大的企业家大多数是思想家。他们往往对商机特别敏感，具有自己独到的投资思想和商业思想。松下幸之助登上世界电器生产经营的巅峰，也创造了自己特有的管理理论。马云创立了阿里巴巴，也形成了反映其个性和理念的一系列观点和思想。许多人认为，因为实业家事业成功，才使他们有了人们愿听愿学的理论。其实相反，是因为他们有正确的思想指引，才使他们获得成功。实业家的思想通常表达为决定和行为，凝结为产品和业绩。当然，其中许多人还善于讲、善于写，擅长用符号表达其思想。

企业家人才通常具备以下素质和能力：一是商机的发现、捕捉和把握能力。以全局性、前瞻性和动态性的眼光观察市场，善于应对市场变化。二是调动和运用资源的能力。以组织、领导和管理，整合利用企业内外资源；以合作与分享为团队拧紧发条，配足动力。三是学习和创新的领导能力。紧跟时代发展趋势和潮流，带领团队创新。以技术创新实现产品创新，以企业制度创新增强企业活力。四是战略指向和企业文化培育能力。企业家为自己的团队指明战略方向，带领员工创造财富；以新潮思想去铸造企业灵魂，培育企业文化和提炼企业精神；确立质量第一、坚持诚信、珍惜声誉的价值观。五是具有坚强意志和冒险精神。不怕困难、风险和挫折，坚忍不拔，争取胜利。此外，企业家的人际沟通和营销能力也相当重要。因为他们的事业很大程度上依靠别人的配合和支持。他们往往具有较高的情商，善于处理各种人际关系，诸如联络感情、说服别人、化解矛盾、组织力量、争取合作等。主要依靠口头说理、真情感化、行动争取。在社会活动过程中，企业家投入的是知识、智慧、情感、精神和毅力等。生产优质产品不易，搞好市场营销更难。企业家还要增强环境保护意识，懂得发展经济是为了造福，毁坏环境是造孽，排污散毒是对他人、对社会、对子孙后代的犯罪。企业家要多造福，不造孽；多修功，不犯罪。

能工巧匠型。社会物质财富主要是依靠劳动者动手创造的。粮食蔬菜要动手去种；衣服鞋帽要动手去做；房屋路桥要动手去造。就是建设工程的机械化施工也需要许多挖土机、推土机、压路机、铺路机等司机操纵；需要测量技工、爆破技工、砌石技工等作业。这些工种都必须懂得技术、理解要求、掌握要领、熟练操作。能工巧匠表面看是手上功夫，但本质上是脑的支配，其技能来自实践体悟和经验积累。要生产高质量的产品，不仅需要一大批优秀的研发人员，同时需要大量的技术工人。即使是流水线生产、机械手作业，最后也需要技术工人进行安装、调试和检测。现代生产必须重视技术工人培养和劳动者素质的整体提高。

教育家型。教育家的使命是以自己的教育思想为手段教育人和塑造人。教育家应当懂得教育规律，这是天经地义的。教育家的智能要求是具有人性洞察能力、情绪感知能力、启发引导能力。同时，教育家必须是品德高尚的人，因为教育的首要任务是对受教育者进行人格塑造，若自身不正又如何塑造他人？教育家必须言行一致、表里一致，若内心龌龊，必然在教育行为中表露出来，影响教育效果；教育家还必须是心怀大爱的人，受教育者是多种多样的，应当宽厚包容，并因材施教。

文学家型。文学家除了要有良好的文字基础和表达能力外，必须具有深厚的生活积累。因为文学创作必须建立在对社会生活的深刻理解之上。只有了解生活、了解民众，并利用这些生活素材进行加工、整理和提炼，才能创作出富有价值的文化成果。作家若有机会经受人生苦难的磨砺，其对生活的感受会更深刻。文学家的任务是认知生活和社会，并能描绘生活和社会。他们试图改变现实，推动社会进步，但通常又不把改造社会作为自己的直接任务。他们用文字或通过故事情节来表达思想，因而其思想表达的方式通常是符号化的。马蒂斯曾说过，“毕加索想挑战这个世界，震撼这个世界，毁灭和重建这个世界。”① 毕加索用画表达他的思想。作家的作品，虽然要以真实生活为基础，但必须经提炼、想象，以其合乎生活逻辑的情节构思来表达思想。新作品的价值，在于超越和突破，原创性作品最有价值。

艺术家型。艺术家用艺术化的方式表达自己的思想和情感。艺术形式包括音乐、美术、书法、雕塑、表演、摄影、舞蹈、手工制作、艺术创意等。艺术家智能要有敏锐的艺术感觉、健康的审美情趣和高强的艺术表现力。艺术修养主要是解决作品表现的形象化和生动性问题，而作品的深度和丰富内涵是由思想决定的，因此，大艺术家应当是思想家。要先有想法，有创作的意图和冲动，然后再寻找表现方式和手法。艺术家只有激情奔放、大胆想象，才能创造出独特的艺术珍品。

……

总之，人才是多种多样的。凡是能够从事创造性劳动的人就是人才。他们具有较高智能，爱动脑筋，善于把握要领，善于发现和总结规律，其头脑中能产生较多创造性思想。但不同类型的人才其智能特征是不同的。比如：产品研发员的智能要求，主要是具有市场趋势感知能力、设计想象能力、产品创新能力等；商品营销员的智能要求，主要是具有客户心理感知能力、市场需求分析能力、商品推介能力等；管理干部的智能要求，主要是具有识人用人能力、决断指挥能力、沟通协调能力等。

---

①吉恩·N. 兰德勒姆著，张军，等，译：《改变世界的13位男性》，四川人民出版社1997年8月版。

第三节　人才使用和人岗匹配

充分发挥人才作用，必须坚持一些重要原则。

一、提高个人适岗度和全员适岗率

子曰："知之者不如好之者，好之者不如乐之者。"（《论语·雍也》）无论是学习，还是工作，只有感兴趣、有乐趣，才能不知疲倦地去努力。

做感兴趣的事是人才潜能得到充分发挥的重要前提。兴趣是最好的老师。一个人对某一事物感兴趣，通常就是其特长和天赋所在，就是其大脑对该事物的特殊敏感区的作用，是什么，为什么，怎么做，都感觉得一清二楚，于是就跃跃欲试，试图验证自己想法的正确性，这就是兴趣的由来。做感兴趣的事，人就能集中注意力，发挥想象力，富有创造力；就能克服各种艰难险阻，坚持到底，做出成就，奉献社会。"美国有机构曾对2000多位著名科学家进行调查，发现他们中间很少有人为谋生而工作，而大多数出于对某一领域问题的强烈兴趣，从而，不计名利报酬，忘我工作。他们的成功与他们的兴趣紧紧联系在一起。"①

一般来说，能让人才感兴趣的岗位就是适合人才能力发挥的岗位。一个人在全社会的千百种职业岗位中，通常只有一种岗位是最适合干的，几种岗位是比较适合干的，而其他大量岗位是不适合干的。我们把人与岗位的适合程度称作适岗度。通常情况下适岗度越高，人才的特长和优势发挥就越充分，对社会贡献就越大。因为这个最适合的岗位通常就是该员工最感兴趣、最有敏感性和创造力的工作岗位。把人安置在最合适的岗位上，他会不仅工作效率高、工作业绩大，而且心情愉悦，状态优良，有利于家庭、单位和社会的和谐。许多人在不感兴趣的岗位上成绩平平，一旦改做感兴趣的工作就如鱼得水，尽情发挥。当年陈景润做中学教师并不适应，

---

①过哲峰：《做你喜欢做的事》，载《劳动报》2005年4月18日。

进入中国科学院数学研究所就成了大数学家。魏书生当工人平平淡淡，打了十七次报告，调去当教师，当年出名，后来成了著名教育家。由此可见，适岗是人才作用发挥的重要条件。我们定义：适岗人数与就业总人数的比，称作适岗率。即：适岗率 = 适岗人数 / 就业总人数。显然，一个单位员工适岗率越高，对企业发展越有利。一地区、一国家也是适岗率越高，经济社会发展越快，可见适岗率高低关系到社会文明进步的快慢。但人岗配置现状常有不尽人意。据国外一家调查机构就"职业与兴趣"对1000名职场人士进行调查，结果令人惊讶：竟有38%的人对自己从事的职业不感兴趣，而最终能脱离不感兴趣职业的人不足3%。① 当然，一个单位、一个国家对各种职业从业人数有其客观的比例要求，不可能完全服从就业人员的兴趣。在服从单位和国家就业结构客观需要的前提下，提高适岗率是很有意义的。途径有两条：一是人岗互择，增进匹配；二是实施培训，开发潜能。

二、人才界别分布合理化

工商业发展不仅为国民生活提供物质资料，同时，也为科技和文化发展创造物质基础和需求动力；学术进步为经济发展、社会管理和国家强盛提供智果支持；政治进步和制度完善又是工商、科技、文化发展的社会条件和秩序保障。社会各领域的发展进步，依靠精英引领和支撑。精英密度较高的行业通常发展较快。社会文明进程与各行各业的协调发展直接相关，越是均衡协调，总体发展就越快，反之，则出现木桶效应。社会各行各业要协调发展，就要求精英人才合理分布。人才、智力的行业分布合理化是经济社会健康发展的重要条件。如果吸引过多的人才从事行政和金融等行业，就会使科教、工商等部门拔尖人才数量不足。然而，这种分布又与分配制度和利益导向直接相关。各行各业的智果既有自身理论价值，同时，还有实践指导和运用价值，而对经济和民生而言，后者价值作用更直

①过哲峰：《做你喜欢做的事》，载《劳动报》2005年4月18日。

接，因为人们日常生活所消耗的物质资料是必不可少的。由此看来，教育、科研、信息、农业、制造、工程、医学等都是一国发展之基础，应当吸引足够数量的精英人才参与。为什么多数国家都选择科教兴国战略？因为商品生产、工程建设、保健医疗等所有行业都需要人才支撑，需要科技成果支持。一国科技成果生产能力与科技人员数量、素养及积极性相关联，应当健全相关的制度机制。一国科教后劲大小与青少年学生以科教为择业志愿的人员比例直接相关，科教职愿比越高，科教发展后劲就越大。科教职愿比＝科教职愿人数/各业职愿总人数。国家应当用制度和政策鼓励青少年学习科技、以科研作为自己的择业志向。这样，就可以逐步提高从事研究的科学家和工程师数量及其在就业总人数中的比例。

三、健全市场化的人才竞争机制

人才与用人单位双方应当“双向互择”，让岗位选到最合适的人才，让人才选到最能发挥潜能的岗位。人才选拔“不怕不识货，只怕货比货”，要从“相马制”转向“赛马制”，因为人才是在实践中展现才华的。业绩是才干与岗位联姻的结晶，人才选拔应当坚持“重业绩”原则。人才之间既要有竞争，又要讲合作。竞争才有动力，使人不敢懈怠；合作才能取长补短，发挥优势。要疏通人才正常流动的渠道，以便人才找到最适合自己的工作岗位。

四、事业激励和薪酬激励相结合

大凡人才均有很强的事业心，有发挥聪明才智的欲望和冲动。为其提供干事业的职位平台，实现人生价值，是人才的第一需要。此外，薪酬等物质利益分配也影响人才积极性发挥。职业、岗位、权力、地位、荣誉和物质报酬等都关系人才的去留。依靠行政命令难以真正调动人才积极性，必须运用市场与法治这两大机制实现平等竞争和激发活力。因此，国家、地区和企业都应坚持制度创新，依靠先进制度吸引人才和留住人才。

第四节 人才价值评估

马以力论优劣，人以智分高低。人皆有价值，不同的人有不同的价值，人才通常具有更大价值。尊重知识、尊重人才当向犹太人学习。他们世代相传的观念是：书是甜的，智慧是丢不了抢不走的，学者的社会地位是最高的，与科研人员结婚是很荣耀的。有此种理念和氛围，必能珍惜人才，爱护人才。

一、人才价值评估的一般方法

道德乃人性之魂，人才评价当以德为先。人才者，不光有才，首先有德：正品行、重操守、讲诚信、有修为，愿为他人、为社会、为国家、为人类做出服务和贡献。

人才价值的本质在于其智果创造力。智果创造力等级不同，其价值量也就不同。如卷二所述，人才包含多方面的价值：①社会价值。就是人才对当代社会所起的作用、贡献和影响，社会各界自有评价和公论。②历史价值。指人才对社会进步所产生的长远影响，这需要经受时间检验。马克思创作《资本论》在人类思想史和社会制度变革史上产生重大影响，所以，一个半世纪后，人们仍然评选他居于千年思想家之首。③市场价值。是由市场人才价值评价机制确定的。有时表现为身价，有时表现为年薪或月薪。职业经理人求职时会向董事会介绍自己的简历、业绩，对该企业现状和前景的认识判断以及未来经营方略等，董事会愿支付的最高年薪就是他的年度劳动力价值。一位在普通大学教书屡遭解聘的教授，通常不是顶尖的学者；一位许多世界名牌大学竞相聘任其为终身教授者，必是旷世英才。

那么，社会上人们是如何评估人才价值的呢？无非是三种方法：

一是业绩考核法。通过对人才在一定时期内业绩的考核，分析判断人才所创造的思想成果价值或业绩价值，从而做出大体评估。

二是团体考评法。如同面试一样，通过听取人才对工作思路、战略选择和应变对策等方面的自我介绍，由董事会或同行专家团队评估人才的创造潜力，这样，临场状态和表现能力就成为重要因素。通常没有业绩考核法可靠。

三是个体预测法。对一些刚出校门的学士、硕士和博士，人们只知道其学业成绩好坏，尚无实际业绩可考，但可从其学业成绩和个人品性上来预测其潜能和实际创造能力。应当看到多数优等生是人才，因为基础知识、智商、进取心、意志力等是读书和创业所共需的。当然，手持学位证书而终生碌碌无为者也非个别。有的人，脑袋只是书柜，只汲收知识，不产生思想，也不会求证和检验思想，在实际工作中很难有成就。

由于人才素质的复杂性和可变性，评估人才的创造潜力难度较大，因此，就是有公正用人的主观愿望也难免有失误。

二、薪酬是人才价值的市场评价

就像智果定价必须通过市场一样，创造智果的人才价值评估也必须通过市场。对人才价值的评估，其实是对其劳动能力尤其是创造能力的评估。

人才使用方是根据人才层次和市场供求状况来确定薪酬的。人才自身也经常将自己置身市场或模拟市场之中，以测试自身的市场价值，看看自己是否抢手。当其感到所在企业的报酬高于市场上一般价格水平时，就不想走；当其感到目前报酬明显低于市场价格水平时，就很想跳槽。而雇主通常也是根据其对市场行情变化的了解来调整雇员薪酬的。雇主愿意支付的薪酬，一般控制在市场价格上下浮动的范围内，若雇员要价过高，则宁可让其走人，然后到人才市场上另找。由此可见，雇主和雇员双方均是以市场价格作为参考依据的，都不能胡乱开价，因为雇主和雇员双方均是市场主体。

马克思说：“人们奋斗所争取的一切，都同他们的利益有关。”给予人才必要报酬是对人才贡献的肯定。一位年纪轻、素质高的雇员，做出一定成绩后，就想晋升，这是很正常的。因为其工作成效证明了他的实际能力。其能力提高，在市场上的身价自然也就升高，雇主若不能及时提升其职位和待遇，他就会提出“跳槽”。企业只有坚持业绩导向，该升职的升职，该加薪的加薪，才能留住人才并将其潜能转化为实际业绩。用人在看学历的同时，更要看能力；在看职称的同时，更要看业绩。

智果价值论揭示：智果是商品价值的根本源泉。尽管一般员工的劳动也需用脑，但重大智果多数是由人才创造的。因此，人才薪酬就必然超过普通员工。经营管理者，如总经理，其待遇是由市场机制确定的。企业董事会把任务、目标、要求和条件等内容制作成职位说明书向应聘者公告，应聘者把自己的经历、特长、优势、履职思路和态度决心讲清楚。当董事会选中后，按市场行情议定待遇。经过一定的任职周期，就能证明该总经理是否价有所值。董事会愿支付高额年薪，是因为董事会相信总经理能把企业做大做强，能利用企业平台创造实现董事会所期望的经营业绩。董事会是资本的代表，懂得资本只有与优秀企业家结合才会增值，必须认真选择能够真正对资本负责的企业家人才。经济学家魏杰说：“难以替代的职业经理人和技术创新者一样，构成了企业的核心竞争力，他们的财富创造力不亚于货币资本。所以，他们不是简单地拿工资，而是要遵循资本分配的规律。”这话说得很到位。有眼光、有胸怀的老板，应视支付给人才的报酬为一种投入，只有舍得投资、找到高智人才，才能创造更大的经营业绩。

报载：一位在国企为总经理开车的司机说，我每天上班比老总早一小时，下班比老总晚一小时，但收入只是老总的1/10，感到很不合理。他看不到经营管理者的劳动与司机劳动的不同；看不到能力差别、工种区别和工作方式的差异。管理者不仅需要有丰富的知识和经验，且其心智活动是不受上下班及时间、地点限制的。司机只要开好车就行，总经理却整天有想不完的事。总经理思考的结果决定企业的效益和命运，责任重大。计件工资、按智计酬、按绩计酬是企业的一般分配方式。但有时总经理少拿点报酬更有利于管理工作的开展。其实，司机薪酬也是市场化竞争的结果，既然几万年薪可以聘到好司机，企业又怎么肯出更多呢！

国际性人才的价值是由国际人才市场竞争确定的，所以，卓越人才薪酬必高。然而，既是人才，则不仅施展才华以达己，还要兼济天下以达人，为社会文明进步担当更多责任，如依法纳税、帮带员工、参与公益活动、支持慈善事业等。

人才，尤其是杰出人才，在具有一定的个人经济积累、衣食无忧之后，薪酬就变成成第二位的东西。他们主要是追求个人作用发挥和人生价值实现，追求对社会、对人类作出贡献。许多国家的政府官员薪酬较低，照样尽心尽力为公众服务。有的大企业 CEO 也只是象征性拿点工资。美国纽约证券交易所 2003 年 9 月 29 日上任的临时董事长兼首席执行官约翰·里德，只接受 1 美元的年薪。① 他们更看重的是在岗位上发挥作用。

三、大师的贡献和价值

《现代汉语词典》解释："大师是在学问或艺术上有很深造诣，为大家所尊崇的人。"在文化、科学、艺术、教育各领域中创造经典，为人类奉献了重要思想成果的人，即为大师。大师提出正确理念和价值导向，指引人类社会沿着正确方向前行；大师发现真理、表述真理，指导人类按真理办事，提高劳动生产率；大师总结规律，创立学说，为人类进一步深化对客观世界的认识提供原则、途径、工具和方法；大师创造经典作品，颂扬真、善、美，为人类提供精神食粮。人类后辈成长，离不开大师的指引。大师虽权位不高，却忧国忧民，担当人类文明发展的精神责任。他们放弃了许多常人的享受，艰辛探索、坚持不懈，独辟蹊径、登峰造极，揽取一方学术胜景。

一个人要成为顶尖人才，一定要找准定位，弄清自己最擅长的是什么。只有把自己的第一强项发挥到极致，并努力到极致，才能成就一个最好的自我，为人类文明做出贡献。同时，也必须舍弃其他多余的东西，才

①张伟群：《年薪一美元的 CEO》，载《钱江晚报》2003 年 10 月 8 日。

能雕刻出特色鲜明的自我。

大师价值巨大，贡献巨大，社会应当给予应有报酬和充分尊重。但大师通常又品格崇高、淡泊名利，专注创造、倾心奉献。唯其重创造、轻名利，才使其心无旁骛，全身心投入事业，做出巨大成就。

第五节　人才培育与资金投入

智果创造完全靠人，人才培养有赖教育。1957 年苏联第一颗人造地球卫星发射成功，美国举国震惊。美国人检讨自己为什么落在苏联后面时，得出结论是教育落后了，于是在第二年颁布了《国防教育法》。该法强调“国家安全要求最充分地发展全国男女青年的智力资源和技术技能”，并要求各级政府加大投入，加强基础教育，提高各级学校的科学、数学和外语的教育水平。

一、开智必须舍得投入

开发智力的资本投入包括：人员的教育培训；人才的培养性使用；人才薪酬投入；人的保健性投入；思想观点交流的条件创造投入；等等。这些方面的投入在劳动者身上转化成素质和能力就成为人力资本。

人所共知，“人才是最宝贵的资源”，在重才、惜才、用才的同时，还需要造才。投资教育虽然收益周期稍长，但却是回报率很高的战略性投入，教育是国家经济持续发展的根本动力。19 世纪末 20 世纪初美国对英国的经济赶超，20 世纪中叶日本对美国的经济追赶，无一不是以教育追赶为先导的。世界发展史证明，发展经济须教育先行。这一结论是完全符合思想价值论原理的。

企业发展依靠人才。名牌企业生产名牌产品，产品在设计、用材、制作、组装、调试等每个环节都富有技术和文化含量，也即包含大量的人类智果。高素质的员工才能生产出高质量的产品，正如日本著名企业家松下幸之助所言：“欲造物，先造人。”知名企业对骨干、员工的培训很舍得投入资金，甚至可以说是很慷慨。培训是造就人才的有效途径，是留住人才的重要手段。

（1）**教育发展经费指数**。一国经济社会持续发展的原动力在于教育。因为教育培养人才，人才创造智果，进而决定科技、文化等各方面的发展。可见教育是基础的基础。教育与科技文化是国家发展的战略重点。这些基础性项目投入多少决定发展动力的大小。一般来说，教科经费是随着国家 GDP 增长而增加的。但社会发展对劳动者的教育程度要求越来越高，需要有一个指标反映教育经费投入力度，为此，我们用政府和家庭教育经费投入总量与当年政府和家庭支出总额的比来表示教育发展力度的大小，称之为教育发展经费指数。三者关系如下式：

$$\text{教育发展经费指数} = \frac{\text{教育发展经费投入总量}}{\text{当年政府和家庭支出总额}}$$

一般认为，教育经费增加投入收效周期较长。初见成效需要五年，中见成效需要十年，大见成效需要十五年。科学研究也一样，基础理论研究起作用周期较长，应用性研究起作用周期较短。但更关键的是，要让科研经费花在有价值的地方。这就需要建立注重效率的科研管理体制。

（2）**家庭教育经费指数**。现代社会，人们越来越重视培养高素质的孩子，懂得人的素质差异主要在智力。当然，体质差也不行，因为体质是智力的基础和载体。居民家庭越来越重视教育投入，孩子教育培养费用快速上升，尤其是学习声乐、器乐、舞蹈、外语、体育，以及请家教、作早教、出国留学等费用很高，成了一些家庭年度开支的重要部分。家庭教育经费指数表述为：

$$\text{家庭教育经费指数} = \frac{\text{子女教育培训费用}}{\text{家庭年度开支总额}}$$

此式既反映家庭对子女教育的重视程度，也反映家庭经济状况。有的工薪阶层节衣缩食、积蓄资金，主要用于子女教育培养。

（3）**个人进修指数**。人才要使自己不落伍，就必须投入时间精力坚持自学和进修。个人进修时间指数可用周中或月中学习时数来表示。

$$\text{个人进修时间指数} = \frac{\text{培训学习时数}}{\text{一周时间}}$$

培训学习时间应包括参加培训时间和个人自学时间。

（4）**勤奋度**。人才的工作、学习用时状况可用勤奋度来表示。勤奋度不足会影响工作和学习的成效，但勤奋度过高又会透支身体、损害健康，使奋斗不可持续。可用日中工学时数或周中工学时数来表示勤奋度。

$$\text{勤奋度} = \frac{\text{一天工作学习总时数}}{24}$$

一般人的勤奋度是0.3至0.4之间；0.5就是12小时，已经较高；0.6就是14.4小时，会使睡眠、运动、吃饭、洗漱等休息和生活时间不足。

（5）**个人进修相对指数**。单位职工的整体素质可用职工平均教育年数反映。员工技能培训状况可用年培训天数和人均培训经费投入量衡量。企业员工培训进修与全国平均水平比较可用员工进修相对时间指数和进修费用相对指数来衡量，式子为：

$$\text{员工进修时间相对指数} = \frac{\text{企业员工年进修时间}}{\text{全国员工平均年进修时间}}$$

$$\text{进修时间} = \text{自学时间} + \text{培训时间} + \text{实习性工作时间}$$

现代社会员工学习进修、技能培训都必须有相应费用投入，可用培训费用相对指数表示：

$$\text{员工进修费用相对指数} = \frac{\text{企业员工年学习培训费用}}{\text{全国员工人均年培育费用}}$$

费用包括员工个人投入和所在单位投入的培训经费总额。

二、大学的知识创新职能与现代教育

大学在智果生产中具有基础性和主力军作用，是经济社会发展和科技进步的思想库和动力源。思想成果包括科技成果、社会科学成果和人文学科成果等。大学之所以是思想成果的主要产地原因有四：一是具有坚实的学科基础。一所大学的立校基础是具有自己的重点学科和强势专业，适应经济社会发展之人才培养需要，并随经济社会发展而发展。大学是知识生产和知识传播的殿堂，而知识又是思维的材料和工具，所以，大学是人类高端思想成果的主要产地和人才培养主渠道。二是有教师引领。大学教师不仅具有突出的学术成就，而且擅长以自己的专业知识教授学生。大学教师应当具有实事求是、尊重规律的科学精神；具有不计名利、献身科学的崇高品德；具有刻苦钻研、不懈求真的治学态度；具有抓住要领、讲求实效的科学方法。尤其是其中一些大师的德行风范、观察视角和思维方法引领和启发广大学生进步成长。三是思想的交流、碰撞促进创新。大学师生不仅个体思维能力强，而且思想观点的交流和碰撞也十分频繁，各种新观点交合机会多，促使他们产生新的思想火花，产生更多新智果。四是大学不断补充智力生力军。一批接一批思维活跃的年轻学生走进大学，他们往往具有新知新觉，产生新的疑问，提出新的想法，创造新的智果。其实，大学教授也经常从学生的狂想中得到启发、激活思维。

教育培训既要给受训者武装知识，同时，也要启发有实践体验者将直接经验升华为理性认识。有影响的培训还会改变受训者的思维方式。一些纯粹凭经验工作的人员虽有能力，但往往缺乏预计性，等有了问题时再设法解决；有理论武装的人却能进行预测并防患未然。所以，培训是提高人才素质和竞争力的重要措施和途径。

教育是人才培养的基本途径。教育早已突破一地区公共事业的范围，成为全国性乃至全球性的事业。因为人才和一定技能的劳动者可以在全球流动。人才和劳动者就是财富的创造者，不仅推动就业地经济社会发展，而且增加就业地的税收，所以吸引人才和劳动者的地方是受益的，相反，投入教育成本而人才外流的地区是智力流失。

教育部门应当加强需求预测，克服专业人才培养滞后性问题。由于市场竞争和利益机制的激励作用，工商企业界是发展变化最快的社会领域。当一种新技术转化成为一种新产业、需要该产业的批量专业人才时，教育界往往还没有把该产业的专业人才培养出来，甚至可能还缺乏这方面的师资。因此，人才培养常常比经济社会发展慢一拍。这就是教育相对于经济社会发展的滞后性现象。当然，产业创始人也是经教育培养，然后在实践中成长起来的。批量新型人才培育是教育的责任，所以，大学对人才需求要进行预测，并根据预测安排专业学科。

要克服传统教育方式的缺陷，切实加强创造力培育。爱因斯坦以其深刻的观察指出："缺乏奇迹是因为现代教育方法完全扼杀了人的神圣的好奇心。"乔治·吉尔德进一步对名牌大学作了这样的评论："近年来，再也没有比名牌大学的毕业生在美国企业界无所作为更为常见的了。"

加强定向培育，减轻学习负担。人类知识总量在爆炸式增长，各科知识浩如烟海，谁也不能把人类创造的全部知识学完哪怕万分之一。每个人都只能按照自己的成才目标和工作需要，汲取一些对完成任务、实现目标来说很重要的知识。当然也有欣赏性、消遣性的非功利阅读。教育主管部门和大学都在研究课程体系，就是为了根据培养目标，把学生的专业支撑起来。围绕成才目标和事业需要，有选择地学习知识，可称作定向学习。不作定向学习，无论怎样勤奋刻苦也学不完，而且也难有成果。

科学技术是国家经济发展的动力源。美国、德国、日本等经济强国首先是科技强国。要建设科技强国，必须把大量优秀人才吸引到科技战线上来。做企业家有财富有影响，做政治家有权力有名望，这些职业足以吸引人才；但是，从事科学研究、技术操作是苦差事，成名者较少，赚钱也不多，许多人不愿参与，社会不给予足够的尊重和优待就不足以吸引一流人才。大量父母协助子女选择专业和职业的目标是：第一志愿是当官、第二志愿是发财，希望"身居高位、念稿开会，上班签到、数数钞票"，既不愿开动脑筋研究科学，也不愿苦练技术动手操作。报考技术类专业的很多是不爱读书、成绩不大好的学生，这样，国家的技术水平又怎么能提高，怎么能制造出享誉全球的高科技产品呢！国民对科学技术重视不够，青少年对科技学习兴趣不浓，必然影响一国经济社会的持续发展。

三、学习和研究能力培养

在 20 世纪末，"学习型"三字成了使用频率很高的热门词汇。"学习型企业""学习型组织""学习型城市""学习型社会"等到处可见。意思是要求从个人学习扩展为团体学习和全员学习，使个人与组织共同进步、一起成长。通过学习，掌握新知识、接受新理念、跟上新潮流。学习能力是一个人成长进步的基础条件，是人才最重要的基本素质。凡是人才都勤于学习，拔尖人才更是善于学习。

各行各业的先锋人物都是自觉学习的典范。一个人要想跟随时代脚步、不落伍不掉队，就必须不停地学习。因为社会发展方向是思想先知指引的，科技奇迹是科技专家创造的，人文成果是文化艺术家创作的，社会文明进步是全体社会成员共同推动的。个人再聪明，又怎么能跟全人类相比呢！当今社会，新观点、新理论、新科技、新文化如雨后春笋遍地生长。不学习肯定跟不上，学得慢也跟不上，不懂得根据自己的职业正确选择内容也根本学不了。所以，现代人必须不断学习、善于学习、终生学习。

然而，要想站在社会进步前沿，光学习还不够。学得再好也只是跟随别人，不是超越和创新；只是跟踪潮流而不是引领潮流。只讲学习还容易使人误解为照抄和模仿，难以实现创新和突破。21 世纪必须倡导建设研究型社会，鼓励人们研究式工作。如今，无论是企业、媒体，还是机关、学校，都强调人人要“用心工作，追求卓越”，这里的“用心”意思就是动脑筋，也就是研究。要想出别人从未有过的好思路、好方法、好产品、好服务，产生高质量的智果。创新源于研究，研究离不开学习，但学习代替不了研究。学习是掌握他人的研究成果，可以避免或减少重复研究。学习是研究的基础，研究是学习的动力，是创新的唯一途径。若要研究有成就，先得学习有成效。

在 21 世纪，快乐学习、快乐研究、快乐工作应当成为人们的习惯和常态。学习成为日常生活的重要内容，研究成为人们工作的主流方式。个人若实行研究式工作，不仅成效更高，且往往会有独到发现和创造，并从中获得更多乐趣。研究型企业，调动全员思考，必有更多技术创新、产品创新、管理创新和服务创新；研究型学校，学生研究式地学、教师研究式地教，必能更有效地探索真理和传播真理；政府机关成为研究型组织，必能更及时掌握民众需求和社会发展趋势，更有力地推进行政管理理念创新、公共服务创新和政策制度创新。研究型社会必将到来。

第二十五章　创新：遵循规律讲究方法

思维乃文明之始，思想是文明之源。人类的一切思维成果都称为智果。创新是产生新智果的思维活动。发展社会生产力，让一切劳动、智慧、技能、管理、资本的活力竞相迸发；让一切创造社会财富的源泉充分涌流，首先在于解放思想，让人脑创造出更多智果。本章探索智果创造的规律和方法，以期促进人类智造业的大发展。

第一节　智果类型

经千百年社会发展和文明进步，人类知识已形成了许多专业领域，智力成果更是丰富多彩。

一、智果的形态性分类

人类智果以不同形式展现在人们面前，主要有以下几种：

第一，商品型智果。根据消费者的需求，运用经验和科学技术创新产品，或发明创造出从无到有的全新产品。商品型智果，通常表现为知识、经验、技术、文化等智力成果凝结于实物商品之中。

第二，技术型智果。运用现有基础科学理论，创造出新的实用技术，为产品创新提供技术支撑。有时是科学原理的应用性研究孕育出新产品；有时是新产品开发中遭遇技术难题急需解决，催生新技术。近代的技术创新很快转换为丰硕的经济成果。电的发明和应用，电影、电视、电脑、网络和手机等都是技术密集型产品，带来很大的经济效益。

第三，基础理论型智果。大科学家、大思想家经大量的研究，使基础理论产生重大突破，形成一套新的系统化学说。基础理论描述的是最普遍最根本的规律，不仅能解释许多原来不能解释的现象，而且可以带动一系列的技术发明。基础理论突破意义重大，获取成果难度也很大。有时，基础理论研究发展是技术发展倒逼的结果。

第四、文化艺术型智果。文化艺术包括小说、诗歌、散文、音乐、美术、书法、电影、戏剧、电视剧等。文化艺术形象生动地反映人们的社会生活，颂扬真善美，鞭笞假恶丑，表达人的审美理想和价值追求。文化艺术智果是人们的精神食粮，当然具有经济价值。物质商品添加文化元素，也能增加附加值。

第五，理念型智果。理念是人们对事物性质和价值的感觉判断，也就是人对事物的看法或思想。人类先知总是能冲破传统观念的束缚，在实践感悟中产生一些新理念。人之言行，理念为先。人类生产、生活实践的发展，必然导致人们理念的变更，而理念变更导致生产生活方式进步和消费方式变化。

第六，方式模式型智果。马云把传统商业与现代网络结合，创造了中国阿里巴巴的商业经营模式，颠覆了传统商业，取得巨大成就；郎遥远在山东聘请学术名家作报告，邀请当地有购买能力的商业精英和文化精英免费听报告，创造了高档房产营销广告的全新形式，做得非常成功；王健林建造融商业、餐饮、娱乐、健身等于一体的万达广场，创造了商业地产经营的高效模式，成为首富。

第七，制度型智果。制度是在一定的历史条件下形成的政治、经济、法律、文化、社会管理等方面系统化的体制机制，是要求成员共同遵守的按一定程序和要求办事的规矩，主要包括社会政治制度、国家经济体制、法律制度、产权制度、土地制度、收入分配制度、组织人事制度、知识产权保护制度、企业管理制度等等。制度调节社会阶层及人与人之间的关系，关乎人的地位、权力、收入分配等利益关系，影响人的心态、积极性和创造力发挥。由于社会生产力发展，社会环境和关系不断变化，因此，要求制度不断创新。制度创新先要理念创新，当起主导作用的精英群体意识到制度已严重阻碍发展时，就会努力推动制度变革，并创造出一整套适应发展需要的新制度。人们都在制度中生活，当他们迎来了自己盼望的新制度的时候，制度就能引导和规范人的思维和行为，激发劳动和工作的积极性。

世界经济社会发展史表明，国家应当长期探索和完善各项制度，包括政治制度、司法制度、产权制度等。先进制度是经济社会发展的条件和基础。政策可以理解为短期性的制度，一些关键性政策至关重要，如货币政策、财政政策、科技政策、外贸政策、移民政策等。

二、智果的功能性分类

中国的学界先贤把人的活动分为知和行两大类。知是认知，行是行动。人的行是由知支配的，但行又可深化知。思维活动的成果是思想，思想成果可分为知性思想与行为思想两种。

知性思想又可分为价值思想和认知思想。价值思想就是认知范围内的评判标准或称为价值观，影响人的取舍决定。在情况明了时，价值思想决定人的判断，决定人们做事的目标选择。认知思想是指人们认识事物的视角选取，认识的目的要求，认识的方法和途径等。面对同一事物，观察视角不同，对事物的描述和对规律的理解也大不相同。只有正确认知，才能揭示事物的客观规律。

行为思想按功能分则可分为目标思想和方法（路径）思想。两类思想具有密切联系，两者的顺序和因果关系存在两种情况。

第一种情况，先产生目标思想，再形成方法（路径）思想。也就是行动之前思考确定目标，包括总目标、分目标和期望成效等；然后，为实现目标而逐步形成一整套行为思想。比如：工厂里提出开发某种功能的新产品，然后设计图纸、选用材料、创新工艺，再试制出样品来；作家先确定作品的主题思想，然后构思故事情节来表达思想；工人农民干活也要先有干活的目的要求，然后再凭借自己的经验和技能进行操作，可以称为操作性思想。此种思想产生，往往基于其观察、分析并与以往的经验相关联。

第二种情况，先产生路径思想，再逐步形成目标（结果）思想。这种目标思想通常表现为一种结论或成果。比如：数学上的演算和推导，最后求出结果；警察对案件的侦破，先是选择几个方案进行侦查，然后再去得出结论；经济社会在改革中发展演化，尔后由人们去总结规律；等等。

三、智果的社会属性分类

1. **公益性智果。**政治思想、宗教思想、社会科学、人文学科，自然科学基础理论，法律条文、制度文本、公益文化，等等，都是由国家机关或作者公布于社会、让社会成员共享的公益性智果。

2. **商业性智果。**实用技术、建筑设计、文化创意、策划咨询、艺术作品等，要么申请专利，要么直接投放市场，是让生产者直接获得商业利益的。

3. **自给性智果。**对个人的学习、锻炼、生活所作的妥帖安排，给恋人或家人带来惊喜的创意，为自娱自乐而展现的个人智慧和才艺所作的，以幽默、诙谐的言语营造的愉悦氛围，等等，都是自给性智果，不追求商业价值。

四、人类智能的多样性

1. **商品内质技术和生产流程技术的区别。**商品内质技术与生产工艺流程技术是两种不同的智果。薯片生产从取料、切片、加工到包装，高度自动化，产品内含成分和结构却很简单；芯片生产车间却有大量工人在流水线上作业。科技含量哪个高？细细想来，产品内质技术含量是芯片高、薯片低。因为芯片制造技术复杂，需要有功能设计技术、集成电路技术，手工安装技术等。生产的自动化程度高低不等于产品技术含量高低。

2. **技术之智和管理之智的区别。**高速列车、大型飞机、城市地铁、航天工程等任何大规模的高科技项目都离不开高智慧的系统管理，所运用的都是分解和合成的组织技巧。任何一项大型产品或工程，无论多么复杂，经逐步分解都会变得简单，尔后由一线工人和技术人员来完成。等所有零部件制作完成后，再集中组装成一个有机的整体，发挥其原先设计的强大功能。这些大型产品或工程的生产和实施就是技术智果与管理智果两者结合的产物。由此可见，企业中的精英和骨干只起设计和组织领导作用，而任务的完成主要依靠一线的技术工人。

3. **文化艺术之智与市场营销之智的区别**。一部新书出版有多少商业价值？作品的思想内容和文字水平是基础，但宣传发行工作的好坏是关键。许多作者只善于写书，而不善于卖书；经销商不善写书，却善卖书。写书是一种创作能力；卖书需要商业思维。这是两种不同类型的智能。许多明星艺术上有很高造诣，但不善营销，因而他们大都委托经纪人进行市场运作。

人类智果是多种多样的。不只科学家的科学发现、文学家的文学作品是人类智果，各行各业都有自己的发现和智果创造，都为人类的文明发展做出了自己的贡献。

第二节　智果智造

一、创新的三层次

人类的智力成果产生通常是在一定基础上发展起来的。根据新创部分与既有基础的比例不同，可以把创新分为三个层次和类型。

第一，原创性创新。就是实现从无到有的开创。即新创成分比例很高，既有基础很少。通常是根据实验或实践的观察、总结，直接得到的新发现、新发明和新创造。或创立新理论；或遵从基础理论进行的技术、文化和产品等方面的创新。难度很大，价值很高。

第二，改良性创新。在既有成果基础上，进行一次次研究、一次次改进：或把理论进行一步一步深化和完善；或随客户需求变化而变化，把产品做得一代比一代好。即使在原理上无变化，也要在细节上有改进。哪怕是一点小小的创意，也十分珍贵。因为可能就凭这一点创意超过他人、赢得市场。所以，做产品要花心思，结构要精当，功能要精到，材料要精良，工艺要精细，尺寸要精准，外表要精美，内涵要精妙。努力做到极致，实现整体完美。

原创和改良经常相互交叉，整体原创中可能有局部是参考他人成果的改良；整体改良中可能局部有原创。

第三，组合式创新。一些元素的恰当组合，就可以产生具有新的功能效用的产品。若干元素的不同组合，就可表达和实现不同的思想要求。一是组合的元素数量不同，组合品的性能就不同。汽车发动机单缸、双缸和多缸，产生动力和运行平稳程度是不一样的。二是组合元素的种类和比例不同，性能就不同。如抓中药所依据的中药方不同，其药性作用就不同。三是同样一些元素组合，排列次序不同，其性能功效也不同。同是五千个常用汉字，排列组合不同，文章所表达的内容就截然不同。

二、原创智果的特殊价值

原创也叫首创，是从无到有的第一次开创，往往具有巨大的价值和意义。人的想象力和创造力是十分神奇的。一些原创性智果就是人的奇思妙想，令人叹为观止。诚如唐朝诗人白居易诗云："灵珠产无种，彩云出无根。"拔尖人才在各个领域创造的原创成果具有特殊价值。一是原创智果为人类社会起到开天辟地、填补空白的作用。二是为人们的进一步研究开创新起点，指明新视角，打开新思路。当一项原创成果发表以后，许多同行以其为基础，进行扩展性创新，迅速创造出外围系列化的成果群。三是系列化成果群与商业智慧结合很快转化为经济成果。四是与其他专业技术嫁接和组合带来更多创新。总之，原创智果通过社会学习和传播，使大量人掌握，进而引发产生更多的思想成果。人类社会中的优秀分子对同伴起到示范和带动作用，从而加快文明发展进程。

因此，原创性智果的价值和意义是巨大的。复制他人智果，只有商业价值，没有理论价值。

创新并非只限于高科技领域。有时一个想法、一个创意、一个点子都有很大的价值。创新也不只是技术上的发明创造，还包括认识深化、规划制订、问题解决、方法改进等等。只要善观察、爱思考、多琢磨，人人都可以有创新。

三、发展需要持续创新

首先，人类文明进程中必然遇到一些从未出现过的新问题，只有通过创新才能予以解决。其次，随着社会进步和人们认识水平提高，对商品、服务、文化、政策制度等都会提出新的更高要求。再次，多数创新成果当被新一代创新成果所取代。其原因有三：一是从效用上看，保健药久用失灵；物品久存不鲜；好歌久听平淡。同种商品多了，价格就便宜。在求真求是的前提下，求新求异是人类的天性。二是从目标上看，创新并非排斥传承。祖传秘方、地方特产不能超越，则予保留，而不可以“创新”的名义将其弄差。三是从人类潜能上看，人的思维无限，认识深化无限，永远没有最好、只有更好，所以，中国先哲强调：“苟日新，日日新，又日新。”（《大学·释新民》）

产品生命周期缩短，技术更新换代加快，这是智果经济时代的突出特征。坚持学习、持续创新是企业的生存之本。原本技术领先的企业稍一停顿就被他人超越。1991 年跨国巨头柯达公司在技术上领先同行 10 年，到 2012 年 1 月却申请破产；曾经是手机霸主的诺基亚，近些年被苹果等品牌超越，风雨飘摇，陷入困境①。国际企业界有个说法：“要么创新，要么消亡”，别无选择。

新的行业、产业和工种正随着市场需求变化而不断新兴。在温饱问题解决以后，居民就有了比较普遍的文化生活需求，一些文化个体户和民营

①资料来源：清华大学《EMBA 教学材料》。

剧团应运而生，并且，具有良好的经济效益，演员们的收入逐步提高；当就业竞争使在职人员工作紧张、下班回家需要放松与休息时，就使家务劳动社会化成为一种需要，于是，家政服务、保姆和钟点工工种大有市场；当人们因剧烈竞争变得心身疲惫的时候，就需要有心理咨询、休闲、保健、氧吧等新型服务业，以缓解他们的心理压力。新行业、新服务、新工种将层出不穷。

四、新产品开发的三级追求

市场机制运行和社会生活体验，大大强化了人们的商品观念和交换意识。商品概念在不断扩展，因而，与之相对应的新的产业领域不断产生。马克思说："商品首先是一个外界的对象，一个靠自己的属性来满足他人某种需要的物。"由此看来，以思想、科技、文化、艺术为内容的各种服务也理所当然地成为商品，因为服务具有满足他人需要的属性。然而，从市场规律分析，任何新产业的产生均以需求为前提和动力。需求就是市场，有什么需求，就有什么市场；有什么市场，就通常有什么商品。人们习惯于通过市场观测需求，市场上从未有过的产品和服务，往往看不到其需求。新产品开发通常有以下几类：一是市场上尚无但人们生产生活需要的，设计生产出后一定会有市场。二是生产出后要经过广告宣传、启发认知甚或培训才有市场的。三是超前性的商品，目前没有市场，一定时间后就会大有市场的。

下面我们分析新产品开发三个层级的目标追求。

（一）新产品开发的初级要求：顺应顾客心愿（互应性原理）

消费者对某一商品的物性、功能和款式具有某种期盼，若这种期盼代表相当一部分甚或大部分客户的需求愿望，那么，我们就把按此设计的产品称作主流客户愿品。市场调研的一个重要目的就是摸清和掌握客户愿望。客户是设计人员最好的顾问，遵照客户愿望进行设计，并生产出最完美的客户愿品，就是商家对客户需求的顺应。这种符合客户愿望的新代产品大多拥有很好的市场。消费者通常是带着头脑中的愿品到商场选购的。

当看到某新代产品与心中愿品相同或相近时就喜出望外——“我找的就是它!”这就是消费者内心对商品的回应。如同年轻人遇到自己心中偶像一样欢喜。如果价格可以接受，就能成交。我们把上述两方面的对应关系称作**互应性原理**。互应性原理告诉我们，新产品开发的任务是了解客户的心头愿品，创造出足以让客户动心的新代产品。外形要一见动心，内质要一用不忘。

投资者之所以要研究生活在社会上的人们还需要什么，就是因为未来市场需求就是投资的方向。所以，李嘉诚说：要用心思考未来。

（二）新产品开发的中级要求：超越顾客愿望

消费者根据其生活中对商品使用的感受提出自己的愿望，但他们毕竟不是专业人员，没有产品方面的专业知识。而企业新产品研发人员几乎过着与消费者一样的生活，消费者所具有的商品使用体验同样具有，同时，还兼有专业知识，了解技术潜力，知道哪些方面可以做得更好，所以有能力设计和生产出超越顾客愿望的更好新产品。只要稍加介绍，顾客就喜出望外，高兴接受。比如，有了有线电话后，又创造了无线手机，消费者当然喜欢。

（三）新产品开发的高级追求：开创常人意想不到的原创产品

运用科学基本原理发明创造出对人们生活和社会生产非常有用的产品，这不仅是对经济发展的贡献，而且是对人类文明进步的贡献。1939 年 10 月，当美国爱阿华大学物理学教授约翰·阿塔那索夫发明计算机时，世界上绝大多数人不知其为何物，全球也没有几个人敢设想创造一种能模仿人脑进行计算的机器。但后来人们逐步学会使用它，到现在多数人的工作和生活都离不开它。计算机对人们工作效率和生活质量的提高，以及对世界经济发展的贡献，是难以估量的。

原创性产品开发是新产品开发的最高层次，是最难的，也是价值最大的，常常能开创新的行业产业。

第三节　创新的要义、历程与模式

创新的价值在于有利于人们的生存和发展，或者说是能让他人生活得更好一点。

一、创新的要义

创新源于人们对客观事物本质认识的深化，源于更好地把握和运用规律。

1. 创新不只是求异，更是求真、求是、求实、求优。不可把“新”简单地理解为“异”，“新”的本质是“更好”。其实，创新就是创优，至少要有改良。若改变原来格局，让它变差，就不是创新而是毁坏。文化界有的人自己搞不出好作品，又想赚钱，就动歪脑筋，一边借助名著的影响占领市场，一边又进行篡改和歪曲，将其搞得滑稽、低俗、可笑。这绝不是创新，而是糟蹋国粹。

2. 创新以现实为基础，并超越现实。创新要从实际出发，认清问题，解决问题。若只有目标，没有途径和方法，必定是空中楼阁，貌似新鲜，实无用处。搞形式主义、摆花架子，没有意义。

3. 从A模式变为B模式，再从B模式恢复为A模式，也不算创新，是循环复原。在仅有的两种模式中比较选优，是万不得已。根据思想交生理论，以两种模式为基础，应该创造出更加优质的第三种模式。

4. 另辟蹊径，从基础做起，搞出全新一套，且真有价值，叫原创性创新，是最宝贵的。要搞原创性创新，必须摆脱“路径依赖”，必须寻找最原始的要素条件和相关规律。

5. 外表弄得好看，内质却变差了，是伪创新；包装换一换，内容不变化，叫假创新。

二、创新的一般历程

产品创新的一般历程如下：

第一步：从市场需求出发，大胆提出设计要求。

创新者不可安于现状，墨守成规。要根据市场需求大胆设想，脑子里先要形成基本轮廓，并逐步使其清晰化，最后创造出实用性成果。人们交流以说听为主。距离远了，人耳听不见，古人就希望有顺风耳，经几百年努力，人类先有电报，后有电话，再有现在的手机，实现了顺风耳的功能。现代的摄像、传输、视频技术，实现了古人企盼的千里眼的功能。许多创新都是先选定目标，再寻找途径和办法的。好比先决定要渡河到对岸、再搭桥或造船一样。

第二步：全面搜集事物所释放的信息，发现问题。

观察事物，不仅要用眼，而且要用心。更重要的是要“会看”，这里说的“会看”就是要懂行，要有专业知识，有思维能力。观察的成效主要取决于大脑。要细心观察，并选取正确视角，关键是要深入思考。听也一样，不单是要听觉健全，而且要懂专业，有敏感性，也就是“会听”。高明的医生用听诊器能听出病人心肺有何毛病；汽车修理工程师凭耳朵能听出汽车发动机有什么问题。要从市场上摸清消费者对已有产品存在哪些意见，然后实行改进。

第三步：要多作假设，大胆想象。

爱因斯坦说：“想象力比知识更重要，因为知识是有限的，而想象力概括着世界上的一切。”想象是人类思维的翅膀，是创新的关键环节，可以让人的智能穿越时空，思接千载，视通万里。产品改进和开发要设计多个方案，以便进行比较和鉴别。

第四步：反复论证，求是求真。

人们认识真理不可能一次性完结，只能在失败和重复中深化认知，求得真知。创新要“大胆设想，小心求证”，努力创造出最有价值的智果。

产品创新效果是由市场检验的，凡在市场上备受欢迎的新产品都是创新成功的好产品。

三、创新思维的自由模式

大量创新是在自由心境中萌生的。

1. **自发选题**。人的智能结构、学习经历和知识储备不同，决定其大脑敏感区和兴趣点不同。一个人对某事物特别感兴趣，是因为其大脑对该事物敏感，具有相关的天赋和特长，这通常是自发选题的内生动因。有了想法就要去试验、去研究、去实践，这种冲动就是创新的起点。

2. **自由思想**。创新从求异开始，以求是为本。还要勇于平视权威；敢于怀疑既有结论；敢于突破任何框框。还要勇于标新立异，让想象的翅膀在思维空间自由飞翔。要敢思敢想，有奇思妙想，甚至可以“胡思乱想”。当然，最后要认真求证。

3. **自流交汇**。信息的充分交流，创意的汇聚和融合，思想观点的碰撞和交锋等等，都是思维深化的重要手段。许多科学理论都是在争论与反驳中得到完善的。

4. **自觉提炼**。创新需要科学态度和科学方法，只有把一些纷繁、杂乱的新想法进行整理、概括和提炼，才能创造出真正有益于人类生存和发展的新成果。

5. **自主发布**。创新成果当由创新者自主决定发布时间和方式。尚未成熟的成果就要再研究再打磨，等到比较成熟、基本可靠后方可公布于世。直接为企业服务的决策、规划和方案可有偿转让；实用技术成果可申请专利；基础理论成果则无偿公布于社会。

四、组团创新成就大业

现代创新形成了新的趋势：

一是专业创新高深化。各行各业的创新，尤其是一些学科领域的创新已经向高、精、尖方向发展。创新难度更大、品质要求更高、专业项目更加尖端，要求创新主体的专业基础更加扎实。

二是改良创新大众化。政府号召“大众创业，万众创新”，社会各界掀起创新热潮，要求人们开动脑筋，充分发挥聪明才智，研究新现象、提出新方法、解决新问题，共同推进经济社会发展。万众创新把人们的智慧充分释放出来，使创新所需的总智量大大增加。

三是创新导向市场化。企业的技术创新和产品创新要顺应市场需求，跟踪市场变化。消费者的需求就是企业创新的方向。公共服务创新则要顺应人民群众的愿望。

四是项目专业集成化。一些重大项目创新覆盖许多学科专业。就是研究一辆汽车性能的改进，也涉及机械、动力、材料、化工、热学、光学、电力、电子等学科和专业，若是高铁、核电、人造卫星等重大项目研究，其专业集成化程度就更高，需要智量也更大。

五是创新主体团队化。现代创新大量的任务不是个人能够承担的。就是一个高铁站、一个飞机场的设计也必须有一个较强的团队。20 世纪中叶美国紧急研制原子弹，1945 年进入实验室工作的就有 2000 多名文职研究人员和 3000 多名军事人员，其中包括 1000 多名科学家。在整个“曼哈顿工程”实验区中工作的总人数达 15 万人①。大量研究人员参与，可以使创新团队的总智量得到大规模叠加。

当今时代，单打独斗成效有限，组团创新方有大成。

第四节　智造的条件和相关因素

在英国剑桥大学校园里，有一棵从牛顿家乡移植来的苹果树，树旁的牌上写道：“牛顿的天才猜想发生在苹果坠落的最寻常的一瞬……”世界上不知有多少人见到过果实坠落的景象，唯独牛顿从中发现了“地心引

①曼哈顿计划．百度文库／专业资料．http：//baike. baidu. com/link/2011 - 11 - 03/2016 - 03 - 07。

力”，进而总结出万有引力定律。足见仔细观察、用心思考、联想和想象是多么重要！若观察、思考、体悟成为人们的一种习惯，创新之花就会到处绽放。当思考的习惯贯穿于学习、工作和生活等一切活动中，坚持研究式学习、研究式工作、研究式劳动，就是没有重大创新，也能改进学习和工作，提高劳动效率。

一、智造的基本条件

人的思想成果从何而来？显然，思维活动是人类思想成果的唯一源泉，然而并不是任何人在任何条件下都能产生有用的思想成果。现在，我们来分析思想成果产生的各种条件。

第一，必须具有思维能力。思想是思维的成果，思维是人脑机能的运用和发挥。创造性思维需要有一定的智力条件，也就是要有良好的观察能力、记忆能力、理解能力、联想能力、想象能力和验证能力等。弱智的大脑就像一架出了故障的机器，因其不能正常运行，当然难以产生有用的思想成果。

第二，必须具备思维材料。人的思维必须运用知识和信息。电脑是人脑的模拟，人脑是电脑的原形。在人脑功能确定的条件下，通常是给予什么样的知识和信息，就会产生什么样的思维结果。一个人的思想形成与其生活经历、教育背景和实践感受直接相关。可见，学习和实践是人们思想产生和成熟的重要途径。

第三，必须具备必要的实验条件。许多经典的思想成果是从科学实验中产生的；一些科学猜想成为科学定律是经实验证实的。大量社会管理和社会生活的思想则来源于社会实践的亲身体验与感受。正因为如此，研究科学技术的人要在实验室里做实验，搞政策研究的人要在某区域或单位搞试点。

第四，必须具有正确的思维方式和方法。人脑针对某一问题的思维活动，其思维成果的大小和质量与思维的方式方法直接相关。人们上大学、攻读研究生，除了学习专业知识以外，极为重要的是学习掌握思维的方式和方法，即人们俗称的研究方法。方法得当，则效率较高，易出成果。

第五，必须具有锲而不舍、步步深化的思维品质。凡重大思想成果的取得都不是一日之功。人的认识深化是要经历多次循环往复的，因而一些重大成果的取得需要坚持几年、十几年乃至几十年时间。人们从事研究工作的积极性与环境相关。当物质条件和环境氛围都比较有利时，研究者的热情就受到激发，否则就会受到抑制。思维主体是凭个人兴趣、为完成任务，还是受某种动力激励，其思维的速度和质量是大不一样的。

一个人思维成效的大小与其思维品质直接相关。要有敢于怀疑的思维勇气、不受束缚的思维张力、富有条理的思维方式、寻根究底的思维习惯。有了这种品质的思维就比较容易出成果。所以，人们需要坚持学习、实践和训练，不断提高自己头脑的智造能力。

二、影响思维的内因和外因

1. **先天与后天。**必须承认人的思维能力与先天因素相关。因为人的感知能力、记忆能力、联想能力、想象能力和创造能力等都与基因遗传、大脑发育等先天因素相关联的。人的灵气、敏感和悟性一定程度上取决于天赋。正因为如此，社会要倡导优生优育。有的人在小学阶段就有科技发明而申请专利；有的人学历不高，一个金点子就能带来巨额经济效益。但是，后天的教育、培养和训练则起到更为重要的作用。教育增加人的知识总量，学习过程就是人的观察能力、理解能力、记忆能力、联想和想象能力的培育和训练过程。学习和训练中还掌握了一些思维的方法和技巧。一位没有接受过正规教育和训练的人，要在汽车、电脑、航天等高科技领域里有所创造几乎是不可能的。由此可见，创造性思维是先天条件与后天努力相结合的结果。

2. **主观与客观。**任何领域取得的工作成就都是主观与客观相统一的产物。事物规律是客观的，通过各种信息显露出来。人们通过观察、试验获取相关信息，大脑以信息为材料、以知识为工具开展思维活动，不断深化认识和把握客观规律。这一使主观符合客观的过程，就是思想成果产生的过程。在认识的征途上，人的主观努力是十分重要的，主观努力多一分，客观认识就深一步。

3. **必然与偶然**。科学研究有时依靠一种偶然的发现取得成果，但更多的是依靠选取正确的方向，作不懈努力，最终取得成果。古希腊的国王让阿基米德计算结构复杂、形状怪异的皇冠体积时，阿基米德苦苦思考而不得结果。但当他置身于澡池中时，就忽然想到可以用皇冠的排水量来计算其体积。这看似偶然，实为必然。因为他长时间思考，在思维空间中处处寻找，总会在某一思维方位上找到答案。阿基米德此前也要洗澡，但没有思考任务就不会把排水量与皇冠体积联系起来，这就是必然。当然，也许不泡在水里受人体排水的启发，就可能还想不到，这可以理解为偶然。袁隆平的助手发现雄性稻是偶然，袁隆平能不懈地研究，取得巨大成功则是必然。从总体上看，科技也好，文化也好，其思想成果都是必然与偶然相统一的结果。

4. **灵感与努力**。大道至简，真理朴素。许多极有价值的思想并不复杂。古往今来，有些思想成果，尤其是奇妙而精要的思想成果，很多是凭灵感产生的，依靠人的敏感、悟性等天赋。一些小窍门、小发明，一些妙语名句，一些凭直觉判断的决定等等，通常与灵感联系在一起。然而，怎样才能产生灵感呢？当然是要观察思考，注重积累。凡是容量较大的思想成果都是靠长期努力取得的。要使以灵感开启的思想成果变得成熟和完善，就必须作艰苦卓绝的加工再造，不然，就难以有实际应用价值。“黑洞不黑”这一伟大成就来源于一个闪念。黑洞是一种极端的天体，大质量的恒星死亡坍缩后变得极小，当引力强到连速度最快的光子也无法逃出来时，结果就成了没人能看到的“洞”。在 1970 年 11 月的一个夜晚，霍金在慢慢爬上床时开始思考黑洞的问题。他突然意识到，黑洞应该是有温度的，这样它就会释放辐射。也就是说，黑洞其实并不那么黑。这一闪念经过 3 年思考后形成了完整的理论。1973 年 11 月，霍金正式向世界宣布，黑洞不断地辐射出 X 光、伽马射线等。这就是著名的“霍金射线”。在此之前，人们认为黑洞只吞不吐。① 由此可见，多数思想成果都依靠长期努力；依靠大量知识和信息作为思维材料予以支撑；依靠多次试验、刻苦钻研、反复验证而取得。人造卫星、宇宙飞船等都是这类成果。

5. **环境宽松与个性解放**。生产力解放的根本是人的解放，人的解放首先是思想解放。欧洲“文艺复兴”运动倡导把人作为人，实现人的平等。“当我们跪在统治者面前时，我们是渺小的，当我们站起来时，我们才发现我们与他们一样高大。”坚持学术民主，营造宽松氛围；倡导人格独立，保证思想自由。只有宽松、宽广、宽容、宽厚的社会环境，才能使人的创造力得到充分发挥。要强化创新意识，宣传创新事迹，营造创新氛围，增强创新信心。

个性是指作为生命个体的人区别于他人的性格特征，通过人的思维方式和行为特点表现出来。人的个性是创造性的基础。大凡具有创造才能的杰出人物都是个性鲜明的人，往往具有不同于常人的另类思维，或叫超常思维。他们好奇并专注于一些神秘难解的问题，具有挑战难题的勇气、决心和毅力。宋代大文豪苏轼云：“喜为异说而不让，敢为高论而不顾。”探索真理的人应当具有“敢”字当头的科学勇气，敢为人先、敢走新路、敢立新说。他们思维奔放、富于想象、思潮澎湃、毫无框框，甚至有的表现为狂妄不羁。社会应当尊重和接受创造型人才的特殊个性，多一分宽容，少一分指责；多一分开放，少一分禁锢。科学研究须经千回百折，失败者也有其探路作用，所以，理应得到宽容。只有环境宽松、待人宽容、言路宽广的时代，才能使人们个性张扬、思维活跃、智慧绽放；才能新说风起、百家争鸣、人才辈出；才能让人们头脑的智造能力得到充分发挥。

三、实践是创新的基础

在智果经济时代，知识是生产力，知识可以转换成经济价值。然而，缺乏实践经验的书生通常有一个致命弱点，就是眼高手低，清淡误事。他

①若尘：《一个人的宇宙·自由》，载《都市快报》，2002 年 8 月 11 日第 8 版。

们由于缺乏实际事务处理的切身体会和感受，缺乏困难和挫折的艰苦磨炼，因此，遇事心中没有数，就会怕会躲，没有必胜信心。有的人善于高谈阔论，却不会具体操作；有的人自以为有知识，放不下架子，不愿求助于人，因此，不会办事，办不成事。此等书生就是名牌大学毕业也可能在社会上碌碌无为。

陆游说："纸上得来终觉浅，绝知此事要躬行。"这并不是说知识不重要，而恰恰说明一些书生知识不全面、不配套，没有转化为实际能力，实践中不知如何下手、如何操作，或者头脑中的想法不符合客观实际，行而无果。对于一个人来说，书本知识和自身感悟两者都是不可缺少的。光有书本知识、不参加社会实践，很难提高实际能力。实践与思考是创新的源泉。

当然，我们所说的实践不只局限于工人做工、农民种地、商人做生意，而是社会各行各业，如：教育工作者的教育教学实践、科研工作者的科学研究实践、文字工作者的写作实践、管理者的管理实践，等等。无论哪个行业领域，要做出一番成就，读书学习是基础，实践实干是根本，方向正确、专心致志、不懈努力是关键。

处在实践中的人，要坚持读一些书，且有选择地加以运用，就能如虎添翼。因为在亲身体验的基础上借鉴他人的经验和教训，通常会有新的感悟、新的发现，取得新的思维成果。

第五节　案例启示与创新方法

创新，需要有广阔的眼界和思路。研究者横向要有世界视野，纵向要有历史眼光。敢想是创新的开始，思维主体一定要胸襟开阔、视野开阔、思路开阔。

创新，需要有阳光的心态。只有以积极、热忱、自信的心情观察和思考，才能使思想放飞，富于想象。要有科学的批判精神，既不偏激，也不保守；既不固执，也不盲从。心理年轻、胸怀梦想、新潮时尚、与众不同等，都是创新者的性格特征。

创新，需要研究对象。爱因斯坦说："只有你的眼睛能看见东西，那是不会发现什么的，还要你的心能思考才行。"创新从质疑开始，要善于发现问题、提出问题，敢于多问几个为什么。满脑子问号的人，通常是富有创造力的人，每个问号解除都可能是创新成果的获取。

一、创新案例启示

事物有规律，创新有方法。研究下列成功案例可以感悟许多创新技巧。

创新案例之一：瞄准对象

房产开发商一般通过电视或报纸做广告，费用很高，但往往针对性不强。许多看了广告的人没有购买能力，而有购买能力的人又往往没有看到广告。2014 年，商业思想家郎遥远受一位房产开发商邀请，去山东某市做高档楼盘营销策划。郎先生到场看后说："房子不错，但有能力购买的只有本市的商业精英和文化精英两类对象。应当把广告做到他们那里去。"老板说："只有电视广告继续做，再花两三千万元。"郎先生说："缺乏针对性。我给你想了个办法：请香港著名经济学家郎咸平先生来作中国经济形势分析报告，印 2000 张票送到本市规模以上企业老板手上，他们一定会来听的，开讲前先参观一下楼盘。然后，安排个双休日请著名文化学者于丹教授作一次国学讲座，同样印 2000 张票分发给本地的名师、名医，校长、院长、行长和一些官员，请他们到楼盘听课。这样就把 4000 名有购买能力的对象一票召定，效果会好，总开支不超过 30 万元，可以节省几千万元广告费。"老板听后乐不可支，感激不尽。这一广告方式创新，收到了奇效。

创新案例之二：自主保护

工厂里原先的冲床是用脚控制电源开关的，以便让工人双手抓住工件操作，但是，这样常常发生冲断工人手指的事故。

工程师力图让冲床在工人手触冲头时自动停机，他用红外线超声波等技术作了许多控制试验，但还是不很成功。一天，有人出了个绝妙主意："让工人坐在椅子上操作，并在椅子两扶手上装两只串联开关，只有工人两手同时按开关时，冲床才启动，这样，事故怎么会发生呢?" 工程师一听，喜出望外。①

创新案例之三：顺应需求

发现需求就是发现价值。凡是能满足他人需求的想法和创意都有价值，因此，善于观察和发现人们需求，并设法予以提供，就能创造价值。

报载：某青年大学毕业后在广州工作。一天因迷路，在一家宾馆拿出地图对方位。让他想不到的是，如此有名的宾馆地图上竟然找不到。青年当天就想应当印一张新地图，把宾馆和重要商业机构都标上。这既可便于外来者使用，也有助于商家经营。他很快想出了一个方案，并计划让入选单位出资500元。青年先跑到那天迷路歇脚的宾馆，总经理不仅愿出500元标注在图上，而且愿再加1000元在名称边上加上宾馆的形象标志。青年想法很成功，他在跑完广州市后，又做珠三角其他城市。半年的奔走签单，让他得到业务提成30多万元，同时，他编制的《商用地图集》正式出版。

创新案例之四：科学组合

有大量的创新源自科学组合。

正为找工作四处奔波的美国青年罗尔斯，在夏威夷海滩上听到了游客的怨言"该死的手机又没电了!"罗尔斯想：要能在海滩上充电多好。思考多天后，罗尔斯从网上购买了一款太阳能充电器并把它缝到了背包上。当罗尔斯将此背包挂到一旅行网站出售时，竟吸引了许多购买者。2005年，罗尔斯开办公司生产销售自己的"瑞特"牌太阳能背包。罗尔斯在接

①傅永红：《非常简单的创造》，载《报刊文摘》2005年1月26日。

受电视采访时说：从开始到现在，我都没做什么，我只不过是把触手可及的阳光加入了想象。①

创新案例之五：统筹利用

报载：美国的金门大桥建好后通车不久就发生了堵车现象，为此，当局开始筹资准备兴建第二座金门大桥并征集方案。此时，一位年轻人观察发现：上班高峰期 8 车道均分的桥面半幅十分拥挤，而另外半幅却利用不足；下班高峰期则反个向。据此，他提出改变原来的“4 + 4”的 8 车道模式，采用可移动的中隔栏，按不同时段的交通流量调整为“6 + 2”和“2 + 6”模式。当局采纳其建议，堵车问题迎刃而解，省去了再次建桥的上亿元经费，节约了公共资源。当局给这位献计的年轻人重金奖励。这种尊重创新、鼓励创新的做法，使该年轻人特有成就感。能引导更多人开动脑筋、发挥智慧、服务社会。②

创新案例之六：简约转换

简约化往往是大智慧，越是简约出错机会越少。

一次爱迪生让助手测量一只梨形灯泡的容积。助手拿标尺测量，运用数学公式计算，几个小时过去，弄得满头冒汗，结果还未出来。爱迪生看到后接过灯泡，往里灌满水，然后倒入量杯，答案就出来了。简约的方法往往最高效。

创新案例之七：利害关联

通过完善利益机制，对相关人员实施制度约束。

二战时期，巴顿将军通过一份来自前线的战报了解到，在牺牲的盟军士兵中竟有一半是在跳伞时摔死的。这令他十分恼火，立刻赶到兵工厂。当时负责降落伞生产的厂商考文垂，见到前来兴师问罪的巴顿将军，赶忙

①感动：《把阳光加入想象》，载《女子文摘》2007 年第 3 期。
②敬毅：《激励出点子》，载《人民日报》2006 年 7 月 25 日。

汇报说："这些年我一直在狠抓产品质量，降落伞的合格率已达99.9%，创造了世界最高水平。"巴顿怒斥道："每只降落伞都关系到士兵生命，你就不能做到百分之百合格吗?"考文垂苦笑说："我已尽力了，99.9%是最高极限，再没有提升空间。"巴顿怒不可遏。他走进车间，从流水线上随意抓起一只降落伞，对考文垂严肃地说："这是你制造的产品，现在我命令你抱着它上飞机跳伞!"这只伞包刚刚下线，根本未经过检验，万一是次品，自己就将粉身碎骨！考文垂怕得要命，可是迫于将军权威，只得胆战心惊地拿着伞包登上了飞机……

运气还算好，考文垂有惊无险地回到地面。看着一脸狼狈、吓得几乎快要尿裤子的考文垂，巴顿大笑一声，随即严厉地说："从今天起，我将不定期来这里，命令你背着新做成的降落伞从天上跳下去，用你自己抽检。"从那以后，盟军士兵再也未发生过跳伞伤亡事故。

多年之后，下属疑惑地问将军："您是怎么想到那个主意的?"巴顿慢悠悠地答道："考文垂他们并非不具备制造完全合格产品的能力，只是他惯于惰性思维，按一般标准行事，只有把他和前线士兵的性命拴在一起，把他的安全和产品质量拴在一起，他才会竭尽全力。"①

研究一些创新案例，对掌握创新方法是很有启发作用的。

二、智力聚焦是发挥创造潜能的关键技巧

能不能将注意力集中到一点，乃是决定智力发挥成效的关键因素。执着、专注是智果创造者的心理特征。有时，注意力不能100%集中，抽象深奥的问题就思考不清。有些人的确很聪明，但老是解错题、做错事，就是没有高度集中注意力，没有把题目或事物琢磨透，没有真正把握客观规律，这就不可能成功。聪明人既不犯法，也不犯傻。犯法有人管，犯傻已吃亏。没有没办法的事，只有没办法的人。只要目标正确、思路正确、方

①张小平：《把性命和质量拴在一起》，载《环球人物》2011年第13期。

法正确，事总是可办成的。生活中遇到难事，有人总是叹息“没办法”。这三个字其实是说得很准确的。它道出了难办的原因，就是办法不够。因此，需要我们打开思路，想出好办法。

三、思想交流是促进创新的有效途径

思想价值论认为，思想与思想交合就能产生新的思想成果。思想成果的产生和成熟都需要交流。英国剑桥大学自17世纪始，就在校园安排“下午茶”，让师生在自由、宽松的氛围中进行信息交流、观点交锋和见解争论，以激发灵感，产生思想。有人说，“下午茶”喝出了众多诺贝尔奖获得者。

对外开放的真正意义不在于进出口产品、互通有无，更重要的是信息互通、智果互用、文化璧合和思想碰撞，引发各种新智果的产生。引进先进技术和设备，不能只是会用，而要消化、汲收，激活国人的大脑，创造出高于其上的智果、技术和设备。

思想交流，必有观点争辩。汉朝名臣韩婴说：“有谔谔争臣者，其国昌；有默默谀臣者，其国亡。”司马迁在《史记·商君列传》中也说：“千人之诺诺，不如一士之谔谔。”谔谔者，直言争辩也。诺诺之言尽是赞美奉承，以示讨好，常是别有用心；而谔谔之士往往是无私志士，具备独立思想、真知灼见。谔谔之言是观点碰撞，是思想交融，往往可以提炼出更正确的思想。所以，谔谔之辩是正确思想产生的重要途径和有效方式，是智果产生的正道。

真知难求，诤言可贵。20世纪50年代，马寅初先生提出新人口论，建议控制人口数量，没有被采纳，反遭到严厉批判。良方不被采纳，造成后来严峻的人口问题。三峡工程论证，只有水利专家黄万里坚持直言劝阻，许多专家领会领导意图而不吭声，结果工程建成了，却泥沙堆积。诤言价值无量，诤言提供了观点比较、选择和取舍的机会，促进了思想的成熟、完善和提高。

“人无弘量，但有小谨，不能大立也。”搞学术研究的人要大胆、大气、大度，形成大格局。理论工作者不能满足于提出一个新概念、使用一个新术语，而是要有新视角、新理念、新学说、新体系，要从基础做起，研究大本大源，把握大局大势，努力构建独树一帜的理论体系。

当前，一些社科工作者的最大软肋是不够了解社会。社会是社科工作者的研究对象，不了解对象，又怎么深入研究呢？不从社会现实中发现规律、创新理念、提炼概念，就只能永远复述或整合别人的观点，不可能获得有开创性意义的成果。用名家观点佐证自己观点，以诸多引证代替科学论证；只介绍名家怎么说，不介绍自己怎么想，文章成为读书文摘……如此种种，其作用顶多是整理和传播他人思想，甚至可能是传播谬误。

科学工作者、理论工作者、研发人员、设计人员、策划人员、作家、艺术家等专门从事创新的人们，应当不断总结创新经验，研究创新方法，以提高自己的创新能力。

第六节　创新的制度保证

一、制度的本质

制度是在一定历史条件下政治、经济、文化、利益分配等方面的规则体系，是一种要求社会成员共同遵守的特殊形态的思想成果。

制度是社会管理思想的表达形式，是社会进步程度乃至文明水平的最高尺度和第一标准。制度效力即是这种思想成果的价值表现和实现。制度文本是一种符号态的思想成果，公告后生效实施。制度施行前是一种观念和规则，施行中是一种行为规范，施行后是一种处罚依据。制度通过人的心理起作用，规范人的行为，协调人际关系。

人性与野性何张何束、公义与私利何扬何抑、民权与官权孰重孰轻等分野都需要法律予以申明。健全的法制是社会制度先进性的核心内容。道德教育、人格塑造、风尚培育等固然重要，但制度和法律才是根本保证。

二、制度的价值形式

制度是调整社会成员或组织成员之间关系的规则体系。制度观念对制度形成起主导作用。当制度生效时，就发挥了制度的多种价值。

一是制度思想的文本价值。制度文本具有思想和理论价值，但是，当制度得到施行时，制度设计主体的思想被人们接受，成为人们的理念和规则，促进社会秩序稳定和人类文明发展，具有巨大的社会价值。如果说制度本身就是一种思想，那么制度公布施行就是一种强制性传播。

二是制度施行的秩序价值。有了制度规则就使社会有序、关系和谐、效率提高。制度表达的规则思想成为人们头脑中的理念、习惯和行为自觉，是制度制定的真正目的；照章处罚只是为了警示人们更好地执行制度。

三是制度思想的育人价值。以强制力让人们执行制度，经历一段时间后就使制度中的规范思想成为人的理念、风尚和习惯，并内化为人的素质，促进人的全面发展。

四是制度思想的社会历史价值。人类社会文明最根本的是制度文明，因为制度文明是其他文明的基础和保证。制度总是承先启后、历史发展的。每一次制度创新都是人类社会文明史上发展进步的一个台阶。

三、创新与制度的关联

现代经济从市场化、信息化、全球化，又进入了智果化阶段，经济中科技、文化含量进一步提高。科技、文化创新本质是思维成果创造，科技成果产业化使科技思想与经营思想交合生成市场价值。

进入智果经济时代，社会已很难区分经济领域和非经济领域了。政治制度影响管理体制，体制机制影响教育，教育影响人才，人才关系创新，创新决定经济，社会各部门都联系在一起。

发展经济学的研究对象，主要集中于生产要素，如劳动、资本、资源等投入产出分析，而今转向研究制度发展和技术分析，特别强调政府运用公共政策手段为经济增长提供高质量的教育、较好的健康保障体系、合理的金融和法制等。经济要又好又快发展，各个部门和行业都必须创新。

创新包括观念创新、技术创新、文化创新、管理创新和制度创新等。技术创新和文化创新决定商品价值。技术和文化创新需要制度创新的支持，制度安排直接影响技术演进和文化发展。同时，技术和文化创新又通过影响人们的生产生活方式及思想观念促进制度创新。观念创新是其他一切创新的先导，制度创新是包括观念创新在内的一切创新的保证。只有破除一切妨碍科学发展的体制机制弊端，才能激发全社会的创造活力。

智果经济发展离不开制度支撑。智果经济运行必须要有明确的“规则”。动脑筋搞创意必须掌握好方向和原则，不可为了赚钱就不顾社会效果。凡对人的生存发展和社会秩序有损害的事，就不允许做。智果经济发展与在市场竞争和法治秩序基础上的经济自由直接相关。创新需要思想自由，自由需要制度规范，不然就会导致道德缺失和秩序混乱，妨碍人们创新能力的发挥。

制度管理是根本性的管理，而其他如人财物管理都属枝节部分。因为制度调节人们关系，约束人的行为，关系人的积极性。制度成果的作用通常在科技文化成果之上。制度创新应当先于科技、文化创新，这不仅是因为创新依赖于制度，而且因为科技、文化创造、传播、整合和运用的效率很大程度上取决于制度。但是，制度创新比科技、文化创新更难。一是因为长期形成的体制结构存在历史惯性，打破既定构架需要强大力量。二是既得利益者不愿放弃，他们要固守旧制、阻碍变革。

人类文明的基础和根本是制度文明，国家的持续竞争力在于制度的公平性和先进性。制度创新任重道远。

四、知识产权保护与专利发明

公平是效率的前提。只有制度公平、分配公平、竞争公平、人际关系和谐，才能让人们高效率地劳动和工作。劳动创造财富是社会赖以进步的基础和动力，保护人们的劳动积极性是加快社会进步的有效措施。社会不仅要保护人们的劳动工作积极性，更要保护人们的创新热情。知识产权法的制定目的就是激励人们积极创新。

知识产权制度给专利发明人以法律保护，让投入大量知识、智慧、时间、精力的创造主体获得应有的物质和精神回报，是对创新的尊重、肯定和激励。在年轻时因发明专利获得一笔财富的亚伯拉罕·林肯，当上美国总统后提及此事时说：专利制度为天才的火焰添加了利益的燃料。人都要生活，若没有专利制度的利益保障，很多人不敢冒旷日持久研究而无日常收入的风险。

科学论文数量与科学家、工程师人数成正相关关系。但专利数量却不一定与科学家、工程师数量成比例，而是与当地的成果市场化程度相关联。这主要是因为专利发明不单纯决定于知识，而主要是决定于智慧，也就是智造能力。有许多专利技术并不是运用多少高深的科学原理，而是靠想得巧、想得好。有的专利项目，其认识平台并不高，一些接受过中初等教育的人，只要肯动脑筋也能够想到。

专利保护法和成果利用市场化，使发明者能及时拿到丰厚的经济回报，因此，一些人愿意花时间和精力去冥思苦想。

五、以人名命名品牌是知识产权尊重的传统形式

人们为什么用人名命名品牌？黄应光版刻、张小泉剪刀、埃菲尔铁塔、波音飞机、奔驰汽车等，品牌创始人对品牌产品做出了特殊贡献，使产品质量优异，让消费者满意、铭记甚至感激。用人名命名品牌的好处是：其一，产品优势是由品牌创始人的创造性智果凝结而成的，产品特征也反映创始人的思维和性格特征，用创始人姓名命名反映的特征最直接。其二，用人名命名明确了一种责任，迫使创始人及其继承者继续努力完善产品，以维护创始人声誉。其三，表达消费者对品牌创始人的肯定、尊重，以及对其突出贡献的怀念，是一种知识产权保护的有效形式。其四，用创始人姓名命名品牌，让创始人有成就感和自豪感。此举有利于鼓励人

们开动脑筋，创新创造，做出新产品和好产品，既对人类文明发展做贡献，也使创始人名利双收。

署名，最重要的作用是落实责任。楼房、桥梁、隧道等重要建筑物都应当立一块石碑，刻上设计、施工和监理等单位负责人姓名，刻上设计工程师、施工工程师、监理工程师和主要技术工人的姓名。质量好的分享荣誉，出了问题承担责任。

六、企业理念转变和创新

要确立现代企业理念：过去企业的基础是资本，未来企业的基础是智本；过去经营靠机会，未来经营靠创新；过去营销靠广告和活动，未来营销靠品牌和诚信；过去生产靠现代设施，未来生产靠高智人才；过去企业是生产本位，未来企业是市场本位；过去企业靠优质材料，未来企业靠创新设计；过去企业靠网点营销，未来企业靠网络营销；过去激励靠薪酬，未来激励靠股份；过去用人凭学历，未来用人凭能力。

大企业决策不能单纯依靠个别人的天才和经验，而必须由一支各类专家组成的战略决策团队来承担。若无这一团队，则无论其资产规模有多大，本质上还是一个传统企业。

第七节　创新的注意事项

一、创新并非放弃传承

多数创新离不开传承，创新通常是在前人基础上的突破性提升。另一方面，优秀文明成果失传是很可惜的。例如：中华医药宝库中，有一些优秀成果没有传承下来，这不仅会增加许多重复研究，而且可能花几十年也未必研究得出来。在此同时，许多有文字记载的优秀成果也没有被掌握和运用，其中一些是很宝贵、很有价值的，是人们继承不够，传播不够，开发运用不够。

对优秀智果的传承应注意三条：一是应翻印保存，以备查考和深入研究。比如：中医的《黄帝内经》《千金方》《圣济总录》等均十分宝贵，必须确保传承。二是要传播使用，既验证效果，又创造价值。三是在传承基础上创新。效果好的，忠实传承；效果不佳的，予以改进。创新必须比原来更好，力求极致，成为极品。

从人类发展史看，传承和传播状况影响文明发展进程。有智果生产，才有传播和应用，而传播和应用又促进智果生产。

二、克服惯性，超越成见

把一只凶猛的秃鹫放在一只没有盖子的大盒中，它绝对不会振动一下翅膀尝试飞走，因为它习惯在起飞前有三五米助跑。灵敏度极高的蝙蝠，若落在地上也只有艰难地爬行寻找陡壁，因为它已习惯于从侧空起飞。动物也许另有生物原因，但人的成见、习惯和既有观念却总是牢牢地束缚着思维翅膀。成见和习惯是懒惰的化身，总是拉着人的思维在老路上走，学者们称之为“路径依赖”。面对这种思想禁锢，我们往往难以意识到而甘愿受困。其实，只要我们抬眼一看，就会惊讶地发现，生命天堂的广阔苍穹就在自己上方①。千万注意，别让习惯和成见磨灭了自己的创造潜能。

三、师徒传授的优势与局限

敬仰大师主要是学习大师的科学态度、创造精神和研究方法。

在打基础的学习阶段，一般是有老师指导要学得快些。由此，人们的惯性思维就认为，从师越久，所获越多，成就会越大。其实大谬也！成就乃创造，学习是吸收。创造固然与学习有关，但绝非等同。随大师学习大半生者，多数成不了横空出世的另类大师。

原因在于：一是大师的经验、方法既是阶梯，又是枷锁；既有奠基作

---

①陈胜编译：《秃鹫和蝙蝠的启示》，载《环球时报》2012 年 6 月 5 日。

用，也有束缚作用。被老师带授越长、受其影响越深，即使得了真传也只是大师的嫡传高足，充其量也是门派传人，而不可能有全新创造。如同让熟人带你走路一样，一直跟着他走，你何以另辟蹊径呢？二是“学毕大师方可超越大师”是谬论。既成大师，便是专业中顶尖人物，虽然也有通用技法和扎实功底，但其独特风格是以其个性、天赋和努力造就的。后人与其个性不同，若学其风格，一般难以超越。相反，学了一些基本功后就自己艰辛探索，也许会多走些弯路，但往往能发现一片新景象，开创一方新天地。就像漫漫山野中，在没人走过的地方往上爬，往往能看到他人看不到的珍稀树木和绚丽奇葩。划时代的伟大成就都是在艰辛探索中创造的，而不是大师辅导出来的。

因此，顶尖大师往往只有青少年时代的启蒙老师和奠基教师，未必有名师扶持。有时，导师扶送越远，弟子个性发挥就越差。

牛顿、爱因斯坦的导师有名吗？达·芬奇、毕加索的导师有名吗？贝多芬、莎士比亚的导师又是谁？老子、孔子的导师是谁？苏格拉底、马克思的导师又是谁？

可以站在导师的肩头上，但不可躺在导师的臂弯里；可以把导师成果作为研究基础，但不可把导师指导当作复制模具。

四、年轻无畏富有活力

李光耀先生是为新加坡建国和繁荣做出卓越贡献的著名政治家，在功成身退后，仍在世界上保持较大影响。在全球化、信息化的智果经济时代，他分外推崇年轻人和全球价值。“他在达沃斯就餐时曾与计算机业巨子戴尔邻席，当时他问戴尔是否真的是有史以来第一个在 30 岁以前跻身《财富》500 强的首席执行官。戴尔回答说：‘是，但我今年 35 岁，已经老多了。’李说：‘在信息时代，年轻和一个灵光的脑子是巨大的优势。在我们的国家里，做决定的是老人，他们行动迟缓，他们会错过机会。’李光耀的反思涉及作为儒家核心价值的孝道。他在接受美国《国际先驱论坛报》的采访时说：‘尊重老人在信息时代似乎管不了什么用。父亲未必知

识最多，孙子也许懂得更多。’①

在智造领域，为什么年轻人更有优势呢？

第一，敏于信息。年轻人处于求知年龄，好奇心强，记忆力好，善于吸纳各种新知识和新信息，并将其当作创新思维的材料。

第二，反应快捷。多数人对外界信息刺激的反应都随年龄增长而变得迟钝。年轻人反应敏捷，优势明显。

第三，富有胆魄。年轻人血气方刚，经受困难挫折少，往往藐视困难，设想大胆，这恰恰是获得成功的重要动因和保证。许多事敢做就有成功的可能，困难并不像预想的那么大。

第四，万向思维。年轻人经验缺少，框框也少；老年人经验较多，框框也多；年轻人的万向思维容易获得创新成果，老年人的单向思维通常导向老路；年轻人只依据现实材料进行思考，其智果更符合实际需要，老年人把经验当作信条，而经验在处理同类问题时可能是指导，处理另类问题时往往是束缚和误导。

第五，行动迅速。有许多大好时机稍纵即逝，行动迟缓就会错过机会。而年轻人说干就干，行动迅速，就能抓住机会。实践是最有效的学习，不懂专业又有何妨！重大创造往往始于外行！

开足脑动力，加快智果智造吧！

①李慎之：《全球化和全球价值》，载《改革内参》2002 年第 16 期，第 35 页。

第二十六章　新论：资本和智本的功能

马克思说："资本是带来剩余价值的价值。"经济学的传统观点认为，资本是指用于营利目的的资金和资产。资本既是上一轮生产经营的价值剩余，就应当是财富而不是罪恶；资本既是新一轮生产经营的载体条件，就不只反映"血淋淋的剥削关系"。当今社会，随着科学技术进步和智果经济发展，技术、文化、知识、能力和人才对企业发展的主导作用日益凸显，人们逐渐认识到人的智果、智力才是真正的财富之源，是起灵魂作用的特殊资本，可谓智果资本和智力资本，统称为智本。其实，智本一直在起主导和增值作用，只是在科技、文化尚不发达时其作用表现隐而不显，而今，智本作用表现日益直接化、主力化、彰显化。当智本成为核心资本的时候，物质资本起的载体和辅助作用也显现得更加清楚。

第一节　资本再认识

一、资本概念的经典含义

经典理论中资本是指用于营利目的的货币、资产等物质资本。资本是生产经营的基础条件。在市场经济条件下，场所、设备、工具、技术、原材料和劳动力都分散在各生产经营要素市场上，要把它们按比例有机地组合起来就必须按等价交换原则支付资金，这种以营利为目的的资金投入就是资本。资金是资本的货币形态，而场所、设备、材料等是资本的实物形态，雇佣劳动是资本的智能形态。无论是物态还是智态，都是货币资本的转换形式，因为经市场交换，实物和人力均可换回货币资本。事实上，拥有一定场地、设备、材料和劳动力的人，只要能力具备，都可以通过实践摸索做起老板的。从生产要素的聚集过程看，资本是生产经营得以开展的基础条件。再者，我们从生产的持续过程看，要使生产得以循环和周转，就必须有货币资本、生产资本和商品资本，缺乏资本生产就会中断，因此，资本还是生产得以持续的基础条件。必须承认，物质财富增长是由所有生产要素组合后共同作用创造的。生产中的土地、厂房、机器、工具、原材料、劳动和技术等都是不可或缺的。马克思充分肯定了各生产要素在财富创造中的各自作用。他说："劳动并不是它所生产的使用价值即物质财富的唯一源泉。正像威廉·配第所说，劳动是财富之父，土地是财富之母。"① 事实表明，资本是生产经营得以开展和持续的必备条件，这一观点为生产要素参与收益分配提供了理论依据。

二、资本的本质特征和职能

上述分析表明，资本不同于日常流通的一般货币和商品，它具有几方面的本质特征：其一，逐利性。资本具有追求增值的先天本性，其本质是带来价值增值的价值，不用于牟利目的的资产不叫资本。其二，基础性。资本可以货币形式出现，也可转换为相关生产要素并使其有机结合，是价值增值的基础。其三，相对性。资本是相对于一定所有者而言的。比如：食品店的饼干，对店主来说是产品资本；对消费者来说，是消费品。对于同一资本，不同的经营主体视其资本价值是不同的。制造商或经销商租用别人房子生产经营，只把租金视为投入资本；房子主人却把厂房价值视为自己的资本，把租金视为资本带来的利润。同理，老板把雇佣劳动力的工资视为投入资本；劳动者把自己的劳动技能看作资本，工资是资本的利

① 《马克思恩格斯全集》第44卷，第56页，人民出版社2001年6月版。

润，或叫劳动报酬。

进一步深入分析可以发现资本具有下列职能：

一是组织职能。货币资本为了实现自身增值，就必须把各种生产要素组织到一起，我们之所以称之为组织，就是因为要按一定比例有机组合。

二是承载职能。资本以自身为载体，运行着生产和经营，使生产经营者的想法得以表达和实现。

三是增值职能。资本运行，也就是生产中的循环和周转，是以增值为目的和动机的。它通过吸纳和发挥劳动力的作用，实现智果的使用价值和商业价值。

四是享利职能。既然是资本，在利润实现之后，就必须享有。如果利润产生后不享有，那么就不算资本，而只是被利用的生产要素。

三、物质资本的增值潜能

货币资本随时可以在市场上转换为物质资本，可以购买土地、森林、水塘、厂房、机器设备和劳动力等等。资本是社会劳动成果的剩余产品，是人类的物化劳动。经典理论认为价值增值是活劳动的凝结，所以，任何物化劳动或资本都不能增值。这一结论也有合理成分，因为离开人的认知就没有价值可言。但是，也有其局限性：森林、矿藏、鱼塘等的价值虽然基于人的认知，并是认知的函数，但并不取决于劳动量。本书定义，价值是对人生存、生活、发展的作用和意义。这样就突破了原来价值概念的局限。资本不能离开活劳动的支配，但是，资本具有客观的价值增值潜能。比如：一片森林能自然生长；一方鱼塘的鱼能自然繁殖；一套投资六千万元的板材生产流水线，只有几个工人在操作，每天产值近30万元，利润约5万元；一家塑料制品厂十几个机器人在操作，负责控制和检修的只有两名技术员，机器人就能源源不断地生产出产品，带来巨额价值。

森林生长、野鱼繁殖依靠自然力，机器设备为什么能创造价值呢？

第一，机器是人手的延伸，电脑是人脑的模拟。机器，尤其是智能化机器能代替人工劳动，原因在于机器可以重复表达和实现人的想法与要求，甚至比手工更忠实可靠和严谨精密。人脑支配下的手工操作使劳动对象上凝结了人的思想，能创造价值。那么，电脑控制下的机器不断复制人的想法当然也能创造价值。若不承认其价值，而只承认其使用价值，那谁还愿意去创造机器、更新设备?

第二，机器运行生产从本质上看是人的劳动，只是劳动方式改变，是人用脑力劳动代替了手工劳动。就是人动脑筋造出机器，动脑筋将水的动能变成电能，再用电能推动机器运转，机器代替了人的直接劳动。除了在机器旁操作、控制外，人已事先设计、制造了机器和模具，提供了能源，让机器在能源推动下表达和实现人的思想，从而生产出符合人的要求的产品。

第三，机器创造的新价值大大超过其自身价值，其价值从何而来呢?如卷二所述，机器凝聚着大量的人类思想成果，包含大量的思想价值。比如：手工打造铁皮碗，靠人脑支配手用锤敲打，使打造的碗符合脑中设想的形状。而机械化生产是用模具定型、能源推动，靠机器不断复制和实现人的想法。所以，机器制造是充分发挥人的想法的运用价值。另外，工程师在设计机器的时候，不单是运用自己的技术思想，也运用了牛顿的经典力学、运用了麦克斯韦的电磁理论、运用了高等数学定理才完成的。机器生产厂家在核算成本的时候，只会考虑工程师的创新价值和生产工人的劳动价值，而不会考虑牛顿、麦克斯韦等伟人们的思想价值。因此，机器的市场价格或叫交换价值是大大低于其所凝结的思想价值的。许多伟大科学家、发明家的思想价值就在机器的运转中源源不断地转换出来。伟人之所以伟大，在于其思想价值无法估量，在于其应用价值不断衍生。从此，我们可以看到，机器超出其自身价值的价值来源，实际是前人思想运用价值被经营者所发挥，并且为经营者所享有。

从上述分析我们发现：一是物化劳动确实存在创造新价值的潜能。二是物化劳动潜能的发挥离不开活的劳动带动，包括管理者劳动和操作者劳动。投资开展生产经营，是人与物的结合、劳动与对象的结合。三是物化劳动可能包含着大于交换价值的价值，内中可以包含前辈伟人的思想价值，这些思想在与管理者思想和操作者劳动的交合中，能够创造出新价值。思想价值论不是单从体力劳动方面考察人类劳动，更从思维与操作两方面来考察人类劳动；不是孤立静止地考察个人劳动，而是从广泛联系和思想交合中考察人类劳动；不只从现阶段考察人类劳动，而是从整个文明史中考察人类劳动。这就是思想价值论之所以深刻全面的原因所在。

在认清物质资本的价值增值潜能后，我们就可以得到以下推论：

其一，工具与机器一样都是人类的劳动成果，包含人类的知识和智慧。如一些工具运用了杠杆原理，当人使用工具表达想法时，就发挥了双重思想成果的运用价值。原材料是人的想法加于其上的对象，在价值增值中起载体作用。

其二，土地在清理平整过程中体现了人的思想要求，包含了人的精力。同时，土地主人享有自然力生产植物等价值增值的权利。自然风播散树籽和花粉，阳光、雨露和地力作用可以长出木头和柴草，人们只要认知就可利用，甚或指着地上长出的东西出售。改变土地用途，将其面积、空间、阳光、空气等用于工商业后，其对植物价值增值机会的放弃必须受到补偿，使用土地者当然要支付代价。

其三，资本所有者在雇佣员工进行生产经营的过程中，虽然支付了由市场竞争决定的劳动报酬，但员工创造和实现的思想成果价值远远超过劳动力报酬价值。

四、资本是思想表达和实现的载体

思想价值论如何看待资本？资本是上一轮劳动成果的消费剩余。当货币资本置换成劳动工具时，可以节省人力，提高劳动生产率；当货币资本置换成机器设备时，可以不断重复表达人的思想，实现价值增值；当货币资本置换为土地或厂房时可以让人反复利用；当货币资本置换为原材料即劳动对象时，就有了表达和承载思想的载体。在市场经济体制下，一切生产要素分散在市场上，物有其主，必须有偿转让。资本能将各生产要素有机组合到一起，进行生产经营，实现增值。思想价值论认为，劳动对象是人的智果（想法）凝结其中的载体，劳动工具和设备是表达思想的条件，物质资本是思想得以表达和实现的条件。当物的要素与人的智力融合在一起时，就相合相和、交融交生，实现价值增值。比如，购买使用的机器设备，其中包含决定机器功能的设计思想，你用它加工设计图纸所要求的工件，必须运用你所掌握的操作要领和技巧才能完成。可见，一个合格工件里就凝结有至少三方面思想：一是机器运转不断表达其设计者的功能思想，操作者只是对他人思想成果的发挥利用；二是依照图纸要求加工，是表达和实现绘图人员的设计思想；三是技工操作运用的是对图纸的理解和自己的操作思想。这多种思想的结合，就是价值的创造和叠加。此外，整个生产过程中相关人员运用了许多基础科学理论，这些已成为人类公共财富的思想成果是谁利用、谁收益的；新交生的思想成果价值，多数被业主所享有。

组织生产经营需要资本。就生产而言，当有了适合市场需求的商品设计想法和制造方法后，若停留在大脑中，仅是意态的智果，唯有本人知道；画成图纸、写成文本也仅是可供交流的符号态成果，仅有理论价值；只有运用工具和机器，按照想法改变原材料，把想法凝结于物中，使物具有相应的功能和效用，才使思想成果转换为实用产品。

现代科研需要资本。有了资本才能将科研要素汇聚起来，即用资本聘请人才、租用场地、购置设备、开展试验等。科研成果属智果，但并不是凭空想产生的，而是经调查、试验、思考、验证后获得的，离不开必要的资金支持。

资本具有价值增值潜能，合理运用就能增值。在思想价值论看来，其理论依据可以总结为两个方面：一从资本的实物形态看，机动设备以人的设计思想 K 为指导，经能源 E 推动作用于劳动对象，能够获得价值增量 $\Delta W = E + K$。再从传承作用看，一些旧物品被专业技工一拆看，掌握原理，就能制造出跟原来一样甚至更好的产品；被同行专家拆看，就可以产生许多思想成果，撰写出有价值的研究论文。二从资本的价值形态看，资本是上一轮劳动的剩余成果。其中，包含一定量的思想价值 K 和能的价值

E。能的价值 E 只能转移，但思想价值 K 却是可以增值的。物化了的思想与活劳动中的思想一经交合，即会产生新成果，实现价值增值。如此想来，物化劳动确实具有价值增值潜能，在活劳动带动下能创造出新的更大价值。

五、资本增值与剥削

资本天生具有追求增值的本性。在生产经营过程中得到增值是资本的潜在作用和功能，因为资本为劳动与生产资料的结合创造了载体和时空条件。价值增值的确离不开人的劳动，为了使资本增值就必须拿出一部分资本进行雇工。

利用资本进行生产和经营，既要用物，又要用人。物具有可塑性，能承载和表达思想。物在人的思想指导和体能或能源的作用下发生形质变化，即物性改变，从而改变人们对它的心理评价，即实现价值增值。劳动力具有思想和能量，本身具有价值，且有改变物性的能力，故而劳动力具有价值创造能力。只有两者结合，才能实现价值增值。

在传统理论中，雇工必然剥削，是资本家发财的基本手段。其实，雇工要达到剥削目的必须具备一定的社会历史条件。马克思定义，剥削就是资本家无偿占有工人的剩余劳动。在他那个时代，雇工确实存在一定剥削。但深入分析剥削得以实现的制度背景，明显存在三大特征：一是人在政治制度面前不平等；二是工人除了打工收入没有其他生活来源；三是资本与劳工在市场上供求严重不平衡。前两条为环境条件，第三条是市场因素。然而，剥削不是资本的先天本性和必然后果。随着社会生产力发展和人类文明进步，雇工的社会环境已发生了根本性变化。实行市场经济体制以后，资本所有者总想充分发挥资本的作用，使资本更快增值。试图用较少的工资报酬换取雇员较大的劳动贡献。实际结果也是雇员所得到的劳动工资肯定少于自身创造的价值。然而，这只是问题的一个方面，另一面则是，雇员是智能正常的人，同样追求自身利益的最大化，他们在劳动力市场上寻找报酬最高的岗位。在市场上，雇主与雇员之间是一种平等的博弈关系。

如果说，雇主有剥削的动机，那么，雇员就有反剥削的能力。掌握资本的雇主拥有派工和定薪的权利；雇员也有劳动自愿、留走自主和人多势众的优势。无论是雇主还是雇员都是社会中人，其博弈结果与社会制度的进步程度直接相关的。雇员反剥削需要有三项条件：一要政治平等、人身自主；二要有发育成熟的劳动力市场；三要有法治公正的政府和社会监督机制。第一个条件是保证雇员的人身自由；第二条件是让雇员能获取职业信息，以便选取较高待遇的就业岗位；第三个条件是当出现劳资纠纷时，有主持公道的第三方予以裁决。在具备此三项条件的现代社会，绝大多数雇员不会有受剥削的感觉。剥削和反剥削的博弈结果，说到底还取决于市场竞争。但是，各国社会均有待业者和失业者在紧盯着就业岗位，给在职人员带来可能被替代的压力。这就使雇员在就业薪酬谈判时处于不利地位，从而增加了被剥削的机会。市场经济一切遵循平等交换原则，雇主给雇员提供就业机会，雇员当为雇主创造利润；资本为雇员提供劳动的物质条件，雇员当为资本创造高于工资的价值增值；政府为国民提供公共服务和平安生活的环境，国民当向政府缴纳法定税收。双赢、多赢和共赢是市场经济的利益分配原则。

雇主们是否会联手压低员工工资呢？在市场经济条件下，即使有此愿望也难以实施。因为市场经营竞争是企业与企业之间的竞争，是老板与老板之间的竞争。对学有所长的员工，同行雇主间还会争夺人才。激烈的市场竞争愈来愈需要员工的过硬技术和真诚配合，雇主也将愈加乐意给予雇员合理的物质和精神报酬。

在政治清明、劳工有产、资本市场供求矛盾日渐缓和的社会背景下，劳资双方是可以建立平等的互利合作关系的。雇工未必是剥削，而是联合创造财富，实现劳资互利的自愿合作。毫无疑问，业主雇工是为使其资本增值，劳动者打工是为使劳动力转换成经济价值。两者是相互依存、相辅相成的。

现代资本所有者可以不依靠剥削赚钱。他们通常有两项收入：一是资本增值收入，二是自身劳动收入。应当承认资本营运是一种复杂的脑力劳动，能够创造很大价值。纯粹的资本增值收入应是以利息、地租等形式出现的。资本是前一轮生产经营的剩余价值，属物化劳动。物化劳动在活劳动带动下，与活劳动一起实现价值增值。可见，业主自身有活劳动报酬和物化劳动增值两项收入。

我们知道，生产能力具备的企业，在其追求利润的过程中，市场是战场，车间是后方，企业家们认为更为重要的是市场。产品卖得出去就有利润，卖得高价就有高额利润。因此，企业主在资本增值过程中，一方面是依赖于员工的精心制作，另一方面是依赖于客户的认可和信任。其利润既来源于车间产出，又依靠从市场上实现。与其说是来自对工人的剥削，还不如说是来自用户的酬谢！

随着社会生产力的发展，劳动者的剩余劳动成果会越来越多。在满足日常消费之后，人们必然会将一部分积蓄用于投资。这就是资本的大众化趋势。若将投资回报视为剥削，就会得出剥削和剥削者与日俱增的荒唐结论。在平等竞争的市场经济条件下，勤劳动、善积累的劳动者可以成为资本拥有者；企业主若经营不善、竞争失败，也随时可能变为贫困者。

六、股份制与资本大众化

恩格斯说过，“交易所朝着集中的方向改变分配，大大加速资本的积聚，因此，这是像蒸汽机那样的革命的因素。”为什么资本的集中有那么巨大的作用和意义呢？因为只有大量资本才能组织大规模生产和经营，才能对设计思想的使用价值进行大批量复制。显然，资本金越大，可以聚集的生产要素越多，复制规模就越大。

许多学者认为，先进制度是生产力。建立有利于资本集中和发挥作用的制度，对推动经济社会发展意义重大。股份制就是一种筹集资金的有效方式。

随着社会生产力发展，国民劳动收入逐步增加，在正常消费支出后，很多人会有节余。在节余数量尚且不多的情况下，不大可能自己单独找项目创办企业，况且，做老板还要有能力、经验、产业知识等方面的条件。因此，劳动者中许多人是有一定的闲置资金的。企业股份制的实行和证券公司的开设，使闲置资金得以聚集并发挥作用。这一制度具有以下几方面的意义：其一，从企业角度看，可以尽可能多地聚集社会零散资金，为企业创办或扩大规模提供资本条件。其二，从零星资本所有者角度看，可让持有少量资本的居民，按自己对产业和企业的认知状况投资做股东，实现资本增值。有利于发挥闲置资金的作用，增加家庭收入，提高生活水平。其三，从社会角度看，所有权与经营权的分离，既保证了资本所有者权益，同时，也使企业总经理享有独立决策权力。劳动者成了小股东，增强了其主人翁意识和社会责任感，同时，调节了分配，稳定了社会。现在，有一些股份制企业就允许员工入股，做到"劳动者有其股"，大量的劳动者皆成了企业的股东。资本劳工化和大众化使打工者实现了做股东的梦想。市场经济发展的结果模糊了业主与劳工的界线，使他们可以自由转换和阶层跃迁。由此可见，股份制对个人、对企业、对社会都是有利的，应该鼓励企业推行与自身实际相适应的股份制。

证券交易的目的是利用人们的投资需求吸纳资金。其作用是吸引人们把零星资金汇入社会资本，使社会资本扩大。然而，这种投机性经营是成功者占了失败者的价值，两者是零和博弈，并不增加财富，因此，炒股不宜过热。

七、应当尊重和珍惜资本

如前所述，资本把各种生产要素聚集起来，为财富创造提供了物质和时空条件，不仅建立了劳动者与劳动资料的关系，而且也建立起资本所有者、企业管理者及一线操作工之间的合作关系。所以，资本是财富创造和价值增值的基础条件和运行载体，这是第一。第二，从静态看，凡是以资产形态存在的物质财富，皆是人类文明的实际成果，也是人们生活和社会进步的基础。第三，从资本的来源看，资本是人们脑力劳动和体力劳动的结晶，是一种人格化的价值。从以上三方面看，社会应当尊重和珍惜资本。对资本的尊重即是对人们劳动的尊重，对资本的珍惜就是对人类劳动成果和发展基础的珍惜。

加强对资本的尊重、珍惜和保护有三大好处：一是有利于促进人们勤俭节约，遏制挥霍浪费，鼓励人们积累财富，为经济社会发展打造更坚实的基础。二是有利于教育人们珍惜资本，减少盲目投资、无效投资和负效投资，提高投资效益。三是有利于引导人们创新创业，创造更多的物质和文化财富，为人类文明多做贡献。

人类文明史表明：凡是对资本和产权加以尊重和保护的年代，财富创造者就具有光荣感，人们就会积极劳动，从而实现产品丰富、市场繁荣、百业兴旺，经济社会快速发展；凡是仇视资本、产权模糊的年代，必然经济萧条、百业凋敝，人民生活困苦。个中道理十分简单，歧视资产的制度和环境，使人们不愿艰苦创业，难以积聚财富，更难增加投资发展产业。由此可见，资本政策和产权制度是经济社会中一项起根本性作用的制度。

第二节　投资思想决定资本增值

货币资本是人们最常见的资本形态。货币资本在经济活动中的特殊作用在于其可以将人才、技术、场所、设备、原材料等生产经营要素聚集起来，以表达和实现生产经营者的思想，创造新的财富，实现价值增值。也就是说，资本具有价值增值的潜力。正因为如此，别的东西请人保管要支付保管费，而把钱存在银行却可以获得利息。

然而，不进入运行，没有思想与之结合，资本不会自发增值。

一、资本增值中的智果作用

（一）单只产品生产

前面我们已经研究了单只产品的生产过程。首先，要有产品思想，即生产什么东西、有什么效用。同时，要有方法思想，即用什么工艺技术和流程来生产出产品。其次，要安排场地，采购设备、工具和原材料，招收劳动工人等。再次，组织指挥工人以场地、设备、材料为物质条件，以劳动为媒介，使产品思想在产品上得到表达和实现。如果说第一步的市场调查、论证和决策，投入的主要是人的想法和精力的话，那么，第二步、第三步组织生产则是投入资本，并实现思想与资本结合的过程。

（二）企业生产经营

我们分析一家新办企业的开办过程。

第一，企业主通常把生产产品选择和市场前景联系在一起进行考察、论证，做出产业选择，也就是投资决策。这一阶段运用的是投资思想和产业思想。

第二，根据产品生产需要在生产要素市场上把货币资本转换成人才、技术、场地、设施、原材料等，并按恰当比例组合起来。此时必须以产品思想和生产方法思想为指导。

第三，生产经营过程中实现产品思想与物质资本的结合。要制定技术要求、生产程序、质量标准等，确保产品生产合格。为了使生产能持续进行，必须投资广告，让客户了解产品，以打开并占领市场。此过程中还有包装、运输，售后服务等等。企业运行就当有经营管理思想和市场战略思想为指导。

这样，我们可以画出三者关系如图 26－1 所示：

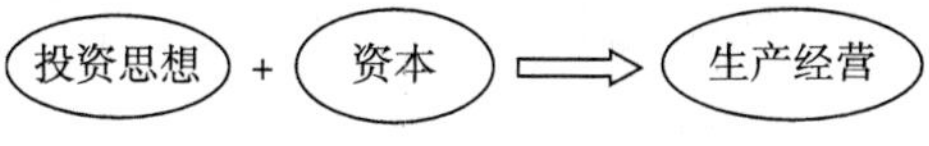

图 26－1　投资思想与资本结合

不仅是生产过程，就是决策前的调查论证过程和产出后的商品宣传推销过程都同样离不开资本支持，更离不开人的正确思想指导。

企业的产业思想、产品思想、技术思想、经营管理思想、企业文化、企业精神、市场战略、商标、品牌、信誉等一切智果，才是决定企业命运的核心要素。

（三）全国的扩大再生产

1. 国家要使经济得到较快发展，就要制订一定时期的经济社会发展目标和规划，要健全完善经济体制，采取恰当的货币政策和财政政策，实现产业转型和升级等等。所有这些宏观调控的思路和政策都是思想成果。

2. 以宏观调控思想为指导，进行资金和资源配置。只有思想和资金资源同时投入，才能有效推动经济社会健康发展。

宏观调控思想影响经济运行状况，可表达为图 26－2：

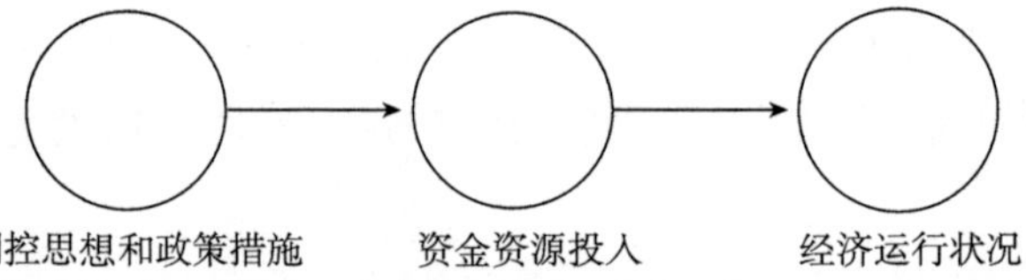

图 26－2　调控思想影响经济状况

结论：宏观调控思想决定政策措施，政策措施决定发展态势。

二、思想决定投资成效

我们来分析投资增值的内在机理。

思想、物质、能量既是价值构成要素，同时又是价值增值的要素，其中，思想是源泉性要素，物质和能量是条件性要素。资本运作者根据其对市场需求的判断，尤其是对产业价值增值态势的判断进行投资，表达投资思想，实现价值增值。其增值量就是投资思想在资本载体上大量复制生成的市场价值。

应当看到，资本是实现投资思想的物质条件。投资者看中某一项目的良好前景，如果缺乏资本就难以实施。投资规模受到资本量的制约。例如：一位年轻人外出谋生，去时身无分文；等打工积了一点本钱之后开始小本经营，实现的是小规模投资思想，发点小财；等资本积累到一定程度之后，就有了本钱去实施较大的经营计划，获得较多的收益；唯有筹集了足够多的资本才能实施大项目，成就企业家的大手笔。

显然，投资思想、操作思想和经营管理思想是根本，资本金只是条件。因此，面对一个项目，当判断其具有较高利润率时，即使是借贷高息资金也是要投资的。马克思曾说资本是“发动整个过程的第一推动力”；如今，情况已发生了很大变化，第一推动力应当是老板的商机判断和创业冲动。

在公平的市场条件下（垄断经营、暴力控制和政府政策优惠除外）总收入中扣除了成本、税收等费用后，所余下的利润应当理解为企业家投资思想和付出劳作的回报。决定市场前景的核心要素是所开发产品和服务的科技、文化含量，也即产品和服务适应市场需求的程度。客户的欢迎程度就是市场的广阔程度。投资回报利润率是与市场需求的迫切性和广泛性成正比的，商家可以获大利的产业领域就是市场需求最迫切最广大的领域。投资要成功就必须做到：一是千方百计把需求搞对，真正了解消费者需求；二是瞄准需求投资，务使产品和服务适应消费者需要；三是要做好细节操作，切实提高产品和服务的质量；四是定价不可过高，要让更多消费者接受，以便获得更大利润总额。瞄准未来市场需求可以说是商家投资的第一原则，**叫适应需求原则**。市场的这一机理使商家赚钱动机、民众消费需求、社会文明进步三者实现统一。

资本增值离不开思想指导，闲置资本不可能自动增值。思想与资本相比，思想始终处于主导地位。具体可以从以下几方面来理解：

(1) **思想决定市场需求判断和资本投向**。资本投入能否增值、增值多少，取决于投资决策思想。投资思想是资本增值的灵魂和根本，是决定投资成败的关键因素。是投资工业制造产品还是投资商业搞经营，或是投资于资本市场直接搞资本运作，投资选择关系投资成败。决定投资行为的主要因素是投资者对该项目前景的预期和判断，也即对项目的市场需求和效益的估测。人们普遍认为：具有广阔市场前景的项目效益不会差。一般情况下回报率越高的项目，其风险也越大，也即不确定性越大。如果是高回报率而又没风险，那么很多人会借款投入。然而，若决策失误，就可能血本无归。投资是一种以资本为载体的智力活动，投资回报来自主体对投资项目的正确认知、判断、运筹和操作。投资效益大小主要看贯彻实施了什么投资思想。若项目是创新性思想含量高的，投资不大也效益很好，比如软件开发；若是微利行业，如日用品生产，通常利润率不高，必须依靠规模经营。资本运行就好比是矿井到地面的输送带，增值多少主要看输送带送上的是什么东西，是钻石或黄金就价值巨大；若是烂泥、沙石就价值较小。

（2）**思想决定生产经营要素组合**。生产经营要素的随意组合，通常不能获得较好的增值成效。要使要素按比例有机组合，资本自身是做不到的。只有在正确思想的支配下，才能根据行业特点和要求，实现要素的科学组合。生产经营要素不成比例，就会出现短板效应，使资本的价值增值潜能得不到充分发挥。

（3）**思想决定要素协调和效能发挥**。在确定投资项目以后，投资成效如何，还与市场战略、经营思想、管理水平等直接相关。企业内部要协调，使各部门配合，使各环节衔接，确保生产正常。企业与市场要适应，与社会各界要和谐。企业联合和并购为什么往往能做大做强、实现多赢？其关键因素在于资产重组、人员重组，实现优势互补，使资本、产品、品牌、管理、文化和人才等相互融合，产生整体效能；使资产和人员的潜力得到充分发挥，大大促进其价值增值和财富创造。

（4）**思想决定投资运作方法**。正确决策后还需要认真实施、仔细运作，方能取得好的成效。项目投资的方法思想是否成熟、可靠和细致，以及操作是否周密、及时、到位，能否随机应变等，都影响投资效果。方法思想是投资的细节指导，若粗心大意、运作失误也会招致失败。正因为运作重要，所以同样的投资也有人赚钱、有人亏损。若将投资获利比作烧制瓷器的话，资本是瓷泥，投资思想是制胚、绘画、罩釉、烧制等工艺技术。胚做得好、彩釉罩得好、烧制得好，各环节的想法都得到实现，价值就高。若其中一个环节搞坏，瓷器就废了，就把瓷泥也浪费了。同理，投资失败，本也亏了。资本是为投资思想服务的，在市场经济条件下，有大智慧的人，往往能小本赢大利，甚至空手套白狼。

投资的高效增值点在于创新。要有新理念、新思路，有创造性新产品、新服务，就通常能获得高回报。是原创性的新项目，难度大风险也大，若新产品开发成功了，打开了新市场，吸引了大量消费者，即效益很大；若开发失败，就损失惨重。传统项目也需要创新，产品、服务质量要改进，通过创新提高品质，通过创新降低成本。

现代投资的核心要素是思想而不是资金。指导投资的创新思想稀缺而资本并不稀缺。现在，有许多资金在等待好项目，在寻找出路。凡有好的项目思想和方法思想者大多能找到资金。若缺乏思想和智慧，即使拥有资金也只能是捂钱贬值或投资失败。所以，思想和智慧是决定投资成败的根本因素。

三、智物匹配原理

知识和智力是资本运作的灵魂。资本增值不仅要求物质资本配置具有合理的比例结构，而且要求具有与之对应的系列化思想作指导，包括产业思想、技术思想、经营管理思想等。由于思想成果的关键作用，有些不景气的企业因研发了一只新产品而扭亏为盈，有些濒临倒闭的企业因聘请高人而起死回生。然而，有的企业老总虽具备雄才大略，手下人才济济，但因资本所限，短时间内经营规模扩展不了；也有的企业产品对路，经济效益不错，规模扩张迅猛，但从老总、骨干到员工，人员素质跟不上，到一定阶段就出问题，甚至一败涂地。前者为物短智长，物限人智；后者属物长智短，人败企业。由此可见，要使人才和智果价值充分发挥，使物质资本更快增值，就要求智优物足、智物匹配，使人才随事业发展而成长，使企业随人才成长而扩张。其两者关系可以称为**智物匹配原理**。匹配原理再次证明，智果是灵魂，是价值源泉，但是，物质资本的增值潜力和载体作用也不可忽视。这里的智也包含人的品德，有的人得益于某种机缘，事业发展很快，而个人品德没有随事业发展而提升，结果迅速败落。可见，德与业也必须匹配，叫“德业匹配”，就是先哲们所说的“厚德载物”。

智物匹配原理告诉我们：智果智力是价值增值的第一本源，物质资本是投资思想得以实施的载体条件。两者相辅相成，共同作用。一笔资本没有思想主导就会闲置和贬值；受错误思想支配就会亏损。只有在正确思想支配下才会增值，增值大小又与思想价值直接相关。同样，一名投资者或实业家，没有资本就“巧妇难为无米之炊”，其思想就得不到实施，思想运用价值就得不到实现；当资本数量较小时，其思想的运用价值只是部分实现，有时甚至会因资金链断裂而破产。所以，资本是企业家的命根子，企业家对资本的积聚和扩张有一种强烈渴望。优秀企业家对商机有一种先天的敏感性，但是，绝大多数企业家一生中都要遭遇因缺乏资本而放弃商机的痛苦。这种痛苦又进一步激发起他们积聚并扩张资本的欲望和激情。当然，从整体上看，多数企业家都是从初学逐步走向成熟，资本也是由小到大逐步积聚的，企业在生产经营中逐步扩展。智物匹配是企业发展的良好状态。

人们都懂得“有本长得利”、不投资就较难赚大钱的道理，而市场上资本是有限的，使用资本就必须给资本所有者以一定的回报。但是，需要认清的是，有些投资回报并不是即时的财富增加，而是一种虚拟的价值增值，要经过许多环节的工作和劳动，才能转换成真正的社会财富；也就是说，炒作性价值增值不一定是财富的增加。这是宏观经济发展存在风险的一大因素。

如果说人类劳动是价值创造的唯一源泉，那么劳动应当包括人们对自然物价值的认知。思维是人们劳动中的高级部分，智果可以独立成为商品出售、实现价值。若有人再问，资本是不是价值增值的源泉呢？思想价值论认为资本存在着价值增值的潜能，但不能自动增值。资本增值过程离不开正确的思想指导及其与劳动的结合。如果将资本比作土地，那么投资思想就是种子。同样 1 亿元资本，按甲方案投资可获 1000 万元利润；按乙方案投资可能获 3000 万元利润；这 2000 万元差额就表明决策思想的差距。同类投资项目，投入 1 亿元资本获利 3000 万元；投入 2 亿元获利 6000 万元，这表明资本对规模扩张的决定性作用。在某时间地点，资本市场有大致确定的利率；而资本作用发挥的效益是不确定的，完全取决于与其结合的思想与市场需求的适应状况。项目思想越适应市场需求，资本增值就越显著；反之则反是。

四、产品纪代创新对经济增长的轮番推动

从某一历史阶段看，人们消费可以划分为两大类。第一类是传统生活消费，如穿衣、饮食、住房、医疗等等。随着生活逐步富裕，这类消费不断提升品质和档次，数量也有所扩大。第二类是现代生活消费，这是古人所没有的。当人类发明制造了汽车、火车、轮船、飞机以后，人们就开始有了交通消费；当发明制造了彩电、冰箱、洗衣机以后，人们就有了家电消费；当普及使用了电脑、网络、手机的时候，人们又开始了通信信息消费。每当出现某一轮的技术成果群后，就为居民增加一类消费，同时，给国家经济总量带来一轮较大幅度的增长。每一轮创新型产品推广必然带动服装、食品、住房、医药等传统产业的更新升级和规模扩展。可见，人类经济飞跃性增长是靠以科技为基础的创新产品集群推动的。所以，一轮经济危机后的真正复苏，还有待一批技术创新产品的出现。

从历史上看，具有巨大商业价值的创新型产品集群的产生，有赖于相应的科学基础理论的创立。汽车、火车、轮船、飞机均基于经典力学和电学理论；电灯、电影、电话、电报等基于电磁学和电工学理论；而现代电脑、网络和手机等离不开电磁理论、量子理论、半导体理论和光纤材料技术等；氢能利用离不开爱因斯坦创立的相对论。

为了说明方便，我们将从无到有的原创技术应用创造的产品集群称为“纪”，把非原创的一次次改良产品集群称为“代”，那么，与上面对应的可以划分为机动纪、电气纪、电子纪，每一纪中又可划分若干代。换纪性的技术成果群创造往往需要几十年时间孕育，一旦出现，就对经济发展产生一轮重大推动作用；换代性技术更新几乎年年都有许多，对经济发展也有一定推动作用，但力度没有换纪那么大。所以，全球经济的再次大发展，有赖于新的科学理论突破和原创型技术集群出现，或者说，新一纪原创型新产品集群出现，必定带来新一轮经济的高增长。

值得人们注意的是，这些物质产品哪怕是高科技产品都是对自然物质的加工转换，必然消耗资源。而地球上各种资源都有限，储存量日益减少，因此，世界各国都应尽力节约资源。

第三节　智本成为核心竞争力

智果智力在经济和企业发展中起到灵魂作用，处在核心地位，是价值增值的本源，所以谓之智本。

一、经济演变与资本概念扩展

在工业化初期和中期，人们经营的大多是传统产业，容易忽略智果智力的灵魂作用，而把价值增值完全归功于资本。此时，想做老板的必先积攒足够的本钱，也就是要有原始资本。可见，资本原指资本金，或叫货币资本。有了货币资本后才可购置或租用各种生产要素，组织生产和经营。经营收入扣除各项成本，留下的利润由资本所有者即资本家独享。在工业化的中前期，资本最基本的两大特征：一是始发性，就是先有资本，然后把各生产经营要素聚集起来；二是享利性，经营所获利润为其享有。

随着市场经济发展和股份制产生，土地、机器设备、技术技能、经营管理能力均可以折价入股，分享红利。于是，资本概念得了扩展，称为土地资本、实物资本、技术资本等。近百年，尤其是近几十年来，教育、文化、科技、艺术、创意、策划等加速发展，人的知识和智力的价值创造作用日益凸显。卖专利、卖方案、卖作品、卖软件等成了常事，于是，以专利成果折价入股，以管理能力折价入股，以企业商标品牌折价入股等频频出现，使智果和智力均成为资本、可以享受分红。1960 年，美国经济学家西奥多·舒尔茨首次提出了“人力资本”概念。他研究发现在美国经济中对智力资本的投入产出远远超过了对物质资本的投入产出。他把人力、人的知识和技能定义为人力资本，并认为其在经济发展中起着决定性作用。20 世纪，经济学家库兹涅茨以美国官方公布的数据为例，指出国民收入中大约有 3/4 由雇员报酬所组成，余下的 1/4 可分解为财产所有者收入、租金收入、净利息和公司利润 4 项。而在这 4 项财产性收入中，依然包括相当多的工资收入，因为有一部分人在从事自我雇佣的工作和自己财产的管理。20 世纪末，美国经济学家和美国劳工部曾对美国经济增长源泉作过估算，结论是人力资本的贡献率占 2/3。这与世界银行同时期对 192 个国家的资本存量分析结果是基本一致的。[①] 后来的实践进一步表明，经济发展模式已从以实物资本投入为主逐步转向依靠劳动者素质提高和科技进步。企业中人才必须当作资本来认识和配置。许多高学历、高知识、高智力的人参与企业工作不仅拿工资，而且要享受一定比例的利润分红。

20 世纪后半叶，有一些发明了技术专利的专家，因同时具有经营管理能力，凭借知识、技术、能力和个人声誉，通过熟人集资或银行贷款来开办公司，进行自主创业；也有一些具有决策和管理能力的人才，凭自己个人的能力和声誉借贷到资金，组织团队进行创业；还有一些年纪很轻的本科生，凭自己懂电脑技术、软件开发，从亲属、朋友处暂借一定量的资金注册创办企业，然后以企业名义贷款还债。这些毫无自有资金的创业者，其第一动力是什么？靠什么起家？信心从何而来？就在于知识和智力。这些人凭借知识和智力筹措到资金，再用资金筹备场地、设施和招聘员工，开展生产经营活动。被他们筹集或借贷的资金按市场行情只得到利息，而不享受利润分红，在此，资金只是给智本“打工”的生产经营要素。场地、房子所有者只得到租金；员工只得到工资；这些要素都是为智本“打工”的。唯有智果和智力是真正的“资本”。知识和智力的拥有者——智主，是企业的真正老板，独享经营利润。由此可见，在智果经济时代，从始发性和享利性两方面看，知识和智力才是企业第一位的“资本”，即智本。

由此可见，在智果经济时代，许多创业者不是靠拥有货币资本办企业，而是凭其知识和智力进行创业的。

---

①王忠明：《让需要知识的人拥有知识》，载《学习时报》2002 年 5 月 27 日。

表 26－1　不同经济形态的资本特点比较

	物质经济	智果经济
核心资本	资金	智力、智果、信息
生产经营要素	场地、机器、原材料、劳动力	人才、智果、信息、资金
利润分配依据	按物质资本股份	按智果价值和人才贡献

表 26－1 足以说明智果经济与物质经济的显著区别。

二、智本核心作用发挥

在工业化初期，通常是自主经营的资本拥有者才独享企业利润，其他人，如凭能力去搞管理、凭技能去打工、用厂房设备去出租等，都只能得到按市场行情确定的价值回报，而老板把这些项目支出均视为成本。这说明生产要素被资本有偿使用，只是为资本“打工”，唯有资本能独享利润。

随着社会文明进步，资本已经越来越智果化和虚拟化了。高层管理者的智能、项目技术、文化创意、品牌商标、销售渠道、商业信息都可以估值作为企业股份，获得分红。企业股份按智果价值和智力贡献确定，而资金可以通过贷款解决。许多企业，如软件公司、策划公司、咨询公司等，本来就是靠知识和智力支撑，靠出卖思维成果赚钱，货币资本仅起到辅助作用，只能得到利息而不分享红利。软件大王、世界首富比尔·盖茨讲过，微软公司的生产车间就是一批高级技术人员的头脑，公司资产大多在员工的脑子里。这不仅讲出了智果经济的本质特征，也指明了智本在现代企业中的核心地位和作用。

如今，智本市场和资本市场均相当发达。许多投资公司和资本运营公司，从本质上讲是借助货币资本来表达和实现其投资思想的，效益如何主要取决于其想法的合理程度、巧妙程度和新颖程度；也就是说，智本与资本的结合状况决定着价值增值状况。

在现代社会，虽然货币是经济的血液，但起灵魂作用的智本才是企业利润的首要源泉。当然，我们也不否认货币资本的载体作用和增值潜力。两者关系是：资本是载体，智本是灵魂；资本是条件，智本是核心；资本是渠道，智本是源泉。智本统率和支配着资本。深入分析发现，智本具有四方面的突出特点：其一，尚未符号化、物质化的智能须臾不能离开本人头脑，智力资本属于个人、依附大脑。其二，智力资源的作用发挥虽与任务环境等因素有关，但首先受本人意志支配。若本人消极，即可能点滴不出，甚或出歪主意。其三，智力资本总是自发地寻求发挥和实现价值的机会。因为它不因使用而减少，不因不用而永存。其四，技术、文化、信息等智果价值的实现和发挥存在很大的弹性空间，取决于负责操作并与之结合的其他智果和智能。

在物质经济时代，资本是核心，聘用人才、利用智果；在智果经济时代，智本是核心，筹集资本和其他生产经营要素。有智本而无资本者，可以集资或借贷；有资本而无智本者却不敢贸然行动。有人会说，人才可以聘请，智果可以购买。问题是聘用人才、购买智果都需要正确认知和判断，统领人才、运用智果就更需要具备很高的智能，这就决定智本统领资本了。

2000 年 10 月，软银集团董事长兼总裁孙正义在与马云面谈 6 分钟后就决定投资 2000 万美元，2004 年 2 月又追加 6000 万美元。是什么使孙正义对当时没钱、没名、没经验的马云充满信心呢？与其说是马云的梦想、激情和创业疯狂感动了孙正义，还不如说是阿里巴巴全新的商业模式吸引了孙正义。是马云对企业发展的方向选择、目标定位、战略思路赢得了孙正义的认同，使其坚信为中小企业服务、让消费者受益的网络营销具有广阔前景。从而，实现了智本与资本的优化组合，既让阿里巴巴迅速崛起，也使软银获得投资的高额回报。同样的先例是 1995 年，雅虎初创之际就获得孙正义投资 200 万美元，一年后孙正义又对仅有 6 名员工的雅虎追加 1 亿美元投资。到 1999 年网络股高涨之时，软银持有的雅虎股份市值高达 84 亿美元。孙正义说：“我相信杨致远，能发现他，我很幸运！当时仅仅

5分钟时间，我就从他眼睛里看到热情，看到力量。”① 真是资本找智本，好汉识英雄。

三、智本价值实现与收益

如果我们把人类劳动抽象分解为思维和操作的话，生产经营的收益分配就大体可分为思想价值收益、操作劳动收益和资本增值收益三部分。

劳动者在由资本转换的物质和时空条件下表达和实现各种思想，直接创造物质和精神财富，按市场原则，必须给予报酬。这方面我们在前面已作了讨论，此处不再重述。企业经营的效益很大一部分是企业家思想价值的转换和实现。西方有学者认为，“企业利润是市场对企业家才能付出的报酬”，这说法有一定道理。企业家形成思想成果的过程是一种复杂的脑力劳动过程，其思想创造就是价值创造。本书提出的思想价值论，为企业家的劳动报酬提供了理论依据。资本由于为生产经营思想的表达和实现、为劳动力发挥提供了物质条件，它在思想和操作的价值创造中发挥着载体作用，当然也须给予收益回报。技术成果、管理能力之所以可折价入股、享受分红，是因为技术、文化、信息、能力、智慧等都是价值创造的源泉，均属智本范畴。

传统理论在研究收益分配时，把资本所有者、经营管理者与资本合一并论，这甚为不妥，因为经营管理者和资本所有者是可以分离的。大量实力雄厚的企业聘请职业经理，经营管理者所拥有的首先是知识、思想、能力和智慧，或者说其真正属于自己的是知识、思想、能力和智慧。资本有时是股东的自有资金；有时是通过筹集得到的。现代银行就是专门筹集资本、借贷资本的机构。实业家在利用他人资本来发挥和实现自己的思想价值时，要支付利息。在扣除税收后，把经营收入中的价值增值视作由经营管理者、操作职工和投入资本等三方面的贡献，并据此分配，这对生产力发展有利，对价值增值有利，对社会文明进步有利。其实，三者都是劳

①佚名：《孙正义：因为马云疯狂6分钟敲定投资》，载《京华时报》2008年6月5日。

动：研发员和管理者是高级劳动，操作工是基础性劳动，资本是物化劳动。三者分配的比例受市场供求影响，哪种紧缺，哪种的收益分配值就上涨：当市场上资本紧缺时，利率就上升；当劳动力过剩时，职工工资就难以随经济发展同步增长；当技术专家和管理者在市场上紧俏时，他们的薪金就增高。此外，也与企业的类型有关，如劳动密集型、技术密集型、资本密集型等都有各自不同的分配结构。但是，在此之前，人们尚未真正认清思维成果在价值创造中的源头性、主导性和决定性作用。

四、智本地位变化的三个阶段

在人类经济发展史上，智本一直在起灵魂作用。随着科技、文化和信息产业发展，智本的价值和作用也在发展。从工业化初期到现代社会，智本的价值增值的本源作用日渐凸显。在其发展过程中经历了物质资本、资智两本和独立智本三个阶段。

（1）**资本主宰并独享红利阶段**。在工业化初期及以后较长的历史阶段中，人们尤其是老板对人类劳动中的高级部分即知识、智力的指导作用认识不足，于是，把货币、财产等物质资本看作是经济发展和价值增值的唯一本源。主要原因有三：第一，传统产品在市场上占据主要地位，技术含量高的产品不多，即使有也未起到举足轻重的作用。企业主把所有员工均视为普通劳动者，根本不把人才和智果看作价值增值的源泉。第二，货币资本是社会剩余劳动。在生产力尚未充分发达的时候，由于社会剩余产品有限，因此，社会资本也相对紧缺，资本成了决定生产能否组织和扩大的关键因素，这使人们特别看重物质资本。第三，当时社会上的企业主大多数依靠在实践中成长，而不是依靠高校和培训机构培养。他们在经营中只感到物质资本缺乏，而不感到知识和智能缺乏，因而容易忽视投资决策、经营管理等方面智果的作用。由于以上三方面原因，老板均把货币资本及其转换形式，诸如土地、设施、原材料、雇佣劳动等，看成资本。这就是单一资本阶段。在经营收入中扣除了材料、工资、折旧、税收等费用外，所得利润全部被看作是物质资本带来的。其中，投资决策、科技运用、经营管理等回报混合在资本收益中一并被资本所有者获取。股份制企业即按货币资本份额分红。资本独占红利，智果和智力只给资本“打工”。

(2) **智本主导“两本”分利阶段**。物质资本与智力资本联合经营、并重共用且分享红利。随着社会生产中知识、信息和智能主导作用的不断凸显，专利成果创造者已不愿将其技术成果一次性卖给企业，而是要以技术入股，以便源源不断地分得红利。市场竞争激烈，企业管理者的发展战略、经营决策等直接决定企业的成败。具有管理知识、经营能力和创新精神的职业经理们前期还拿高工资，后来就拿公司的股份了。科技、文化和高级人才成为企业生存和发展的根本。企业必须依靠智本和资本二者来共同支撑。在此阶段，资本以生产要素的形式出现，智本以知识、技术、信息和能力等形式出现。若是物质资本组织和利用了智本，那么，物质资本就处于核心地位；若是智本组织和利用物质资本，那么智本就处于核心地位。既是“两本”共同支撑，必是“两本”共享红利。

(3) **独立智本利用物质资本阶段**。随着智果经济时代的到来，智果产品在市场上处于越来越重要的地位。人的思维成果越来越成为价值的主要源泉。这时，人力资本的实质内容——智能和知识已处于核心地位。物质资本虽然在生产经营中起载体作用，但是相对于智本，它处于从属地位。比如：一名计算机软件专业的硕士，以自己的软件开发能力为支点创办一家公司，金融机构或朋友出于对其智果创造能力也即软件开发能力和经营管理能力的信任，愿意借贷一笔资金供其使用，并只拿利息，不享分红。这笔资金也许起到履行资本职能的作用，但却没有享受资本的“分红待遇”。这就是智本主导、独享红利阶段。为什么不叫人力资本而叫智本呢？因为能驾驭资本、使资本增值的是人的智力和智果，即创造性思想，而不是普通思想。人力资本概念过于宽泛，既不分体力与脑力，也不分普智与高智，难以解释当今多数经济现象，已经相对落后了。

此外，对企业而言，其品牌、信誉和市场占有量也是一种无形资本，这已经被普遍认同，在拍卖、入股和兼并时均被认可。这种无形资本是建立在员工和管理人员的科技水平、文化底蕴、工作能力、质量意识和服务成效等基础上的，其本质是由智果构成的，也属智本。

以上三个阶段，也是资本和智本组合的三种结构形态。虽然三种结构形态的出现有阶段上的先后，但是由于社会有众多的产业，不同产业对资本、智本的结构状况要求不同，因而，在经济社会上三种形态都将长期并存。但有一点可以肯定：智本比之于资本越来越起主导作用；尤其是一些以创造性为特征的行业职业，如创作、设计、编程、策划、咨询等都在工作室中完成，对物质资本占用较少，但对专业基础和智力的要求却很高。

五、智本主导的进步意义

价值增值本源结构形态变化，既是社会文明进步的结果，又是经济社会发展的动力。其意义是：

其一，技术成果成为智本，是对智果创造者的利益保护和极大尊重。人们只要经过一番努力，搞出一项创造发明，就可以成为拿有企业股份的富翁。由此必将鼓舞和激励人们学习科技、运用科技，能有效促进创新和科技发展。

其二，经营管理能力成为智本，是对知识、能力和人才的肯定和尊重。由此必将鼓舞和激励人们去学习、实践和锻炼，不断增长才干。知识和能力成为核心“资本”，使许多人不需要经过长期资金积累就成为企业家。这既大大降低了创办企业的门槛，又缩短了企业家起步和成长的历程。在 IT 产业和经营管理领域许多年轻人成了富豪，这种结果出现是由智本的主导性和价值作用所决定的。

其三，智果智力资本化使社会总资本大大增加，不仅增强了企业资本周转的空间和活力，而且也增强了企业员工的信心和动力，将有力地推动和促进经济大发展。

其四，品牌、信誉和市场份额成为企业的无形资本——智本，在企业的重组与兼并中予以确认，将有效促进企业产品质量和服务质量的提升，从而带动经济质量提升。

其五，智果商品化、智本核心化是社会生产力发展的客观要求，同时，也是资源节约和环境保护的要求。经济转型升级从本质上说，就是更好更多地创造和运用人类的思维成果。

当智果和智力均成为经济增长之本——智本以后，企业价值增长的本源将得到大幅度扩展。技术创新、产品创新、管理制度创新、营销模式创新、产品名牌形成等，都是企业的无形资产——智产的增加。做好产品、搞好服务、赢得了声誉，企业智产就增加；粗制滥造、坑害消费者、声誉损坏，企业智产就减少。

总之，智果智力资本化及资本范围的扩展，对经济的快速增长具有巨大的推动作用。

第二十七章 经略：中国经济与宏观调控

经济稳定发展关系国计民生。经济增长乏力直接影响国民收入和生活质量提升，影响国家税收和公共事业发展。经济大幅度波动还会引发企业分化重组，因为经济衰退使一些困难企业破产，并失去在市场上的话语权，只能低价盘点转让给他人，助人扩张。政府实行宽松的货币政策时，资产多的企业可以抵押借贷以兼并他人企业和投资好项目。由此可见，经济大幅波动不仅直接影响民众生活，而且会加剧企业分化。若能够借此时机淘汰落后产能、发展新兴产业尤其是高科技产业、推动转型升级，就能使经济较快复苏，且为持续增长打好基础；若转型升级缓慢，那么经济的寒冬岁月将会比较漫长。

社会经济发展总是存在波动，并呈周期性变化。世界上许多经济学家在研究导致经济周期变化的原因；各国政府在探索把握经济周期性变化的客观规律，以便采取有效的宏观调控措施，保持经济持续、优质和稳定发展。智果经济背景下，宏观经济规律也发生了重大变化，尤其是在信息化时代，经济信息在光速时空中传播，政府调控政策一公布，几分钟即生效。这对调控政策的预见性、针对性、精准性要求特别高。力度不足，不能生效；力度过大，又会造成新的问题。

第一节　经济周期再认识

一、经济周期性变化的主要原因

经济学家对经济周期成因有不同的解释，而以下几方面原因是肯定起作用的。

其一，市场主体对某些商品饱和状况感知的滞后性。

或因前阶段买多了，或因消费热潮转向了，或因被新型产品替代了，在消费者那里某些商品会出现阶段性饱和。由于零售商一般不能提前感知，因而照常向批发商或生产商进货；同样，由于零售商和批发商照常进货，生产商照常生产。等到生产商感到库存增加、销售不畅时，已经是厂家、批发商、零售商等环节上均有大量存货了。此时，生产就不得不缩减，甚或停止。

部分企业缩产或停产就使这些企业少进或不进原材料、零配件，使产业链的上游企业销售受阻，必然跟着缩产或停产。这种连锁反应，由一些企业连带到另一些企业，使许多企业生产经营遭遇困难。

另一方面，企业缩产和停产必然导致降薪和裁员，使一部分家庭收入明显减少，从而使很多消费者手中缺钱，降低了购买力，导致更多商品难卖。商品卖不出，资金回笼难，生产就难以为继，于是，经济总量就开始下降。

其二，技术成果集群开发运用周期决定经济周期。

当一系列的技术成果陆续运用时，就必然出现一个经济高峰期，如：电气化过程中彩电、冰箱、空调、洗衣机等家电集群；信息化过程中网络、电脑、手机等集群，均足以带来几年甚至几十年的经济繁荣。由于自动化生产速度过快，因此市场很快饱和。即使进行更新换代，经济增长也远不如原创时期。若连续几十年没能创造出实用技术成果集群，则经济增长速度将明显减慢，甚或下降。

其三，红利性经济周期。

比如，人口红利期：当高峰人口进入青壮年时，社会劳动力充足，经济总量当然会大些；当人口进入老龄化、劳动力供给不足时，经济总量也就下降。再如，城市化红利期：当大量乡下人口向城市迁移，需要住房、就业、生活用品等时，城区面积快速扩大，经济就得到大发展；当城市化进程减缓时，通常引起经济停滞和下滑。

其四，金融危机引发经济危机。

金融创新、虚拟经济适度发展能有效推动实体经济发展，但当金融创新失当时，泡沫化的价值链断裂，就会出现金融危机。金融危机传导至实业界，就使部分实体企业资金链断裂，从而使金融危机演变为经济危机。

其五，今后，会出现资源性经济周期。

人类经济发展已经受到了资源匮乏的制约。当人类几乎用尽了内陆资源后，就逐步去开发海洋资源；当化石资源紧缺后，将去开发生物资源。这种资源来源和类型的转换性波动，容易导致经济周期性波动。由于资源开发有赖于技术研发，因此，还与技术创新周期相关联。

总之，经济周期性波动不可避免，导致波动的因素很多，且相当复杂。

二、宏观经济分析模型的不同特点和产生背景

（1）**新古典学派模型的特点和产生背景**。在人类生产力尚不发达、生产和供给比较短缺的时代，宏观经济主要由生产决定。其模型分析结论是“生产决定消费”。当个人和家庭经济并不富裕时，花钱会相对冷静理智，宏观经济可依靠市场调节。新古典学派的理论分析模型是在此种时代背景下提出并逐步完善起来的，必然有其局限性。

（2）**凯恩斯模型的特点和产生背景**。当人类进入工业化社会后，在生产上已是模具定型、流水作业、能源推动，生产供给能力很强。企业发展的难点不在生产，而在销售。此时，对宏观经济起关键作用的是消费，因而，其模型分析结论是“消费决定生产”。此阶段多数人的温饱问题已经

解决，生活相对富裕，经济主体的非理性行为必然增多。必须依靠政府干预经济活动，方可确保经济持续稳定发展。然而，政府应主要致力于制定有利于经济发展的长效性政策。因为诸如增加货币发行量、加大基础设施建设投资力度、强压物价等一些短期政策措施往往会引起反弹，扩大波动幅度，且有损政府公信力。

(3) **思想价值论模型的特点和产生背景**。在工业化社会的中后期，传统产业往往产能过剩、销量难增，且日益受到资源环境制约。经济增长主要依靠新技术、新文化支撑；依靠新产业开创和传统产业转型升级；依靠新理念新方法提供的新服务。为保持经济持续稳定增长，必须保持总供给与总需求的平衡、流动性与物价稳定的平衡、就业率与经济增长率的平衡。此时的宏观经济调控模型当以创新和平衡为主导。

三、宏观经济调控的平衡目标

对于智果经济运行，用传统的物质经济调控方式肯定不行。因为科技产业化、文化产业化、信息产业化、思想成果产业化后，价值创造主要依靠创新；依靠发挥人的知识、智慧和智能的价值创造作用。一家投资不大的软件公司，依靠几个高智员工就创造出很大价值。公司的投入产出、资产结构等状况都与传统的物质经济大不相同。因此，智果经济背景下的宏观调控的思路和重点与物质经济时代也不相同。在物质经济时代，就应当建立统一开放、竞争有序的市场体系，以便充分发挥市场在资源配置中的决定性作用。在智果经济时代，智力资源就在人们头脑中，难以进行计划配置，就更加需要充分发挥市场对资源的配置作用。经济体制改革的核心问题是处理好政府、市场、企业和劳动者四者关系。宏观调控的主要平衡目标有以下诸多方面：

第一，智果经济时代，宏观调控的根本要求是实现智、资“两本”配置的产业行业均衡，这是智果经济发展所需的根本性平衡

各产业的均衡发展当以行业间资本均衡配置为条件。资本的行业分布不合理必然导致产业发展不平衡。资本的趋利性决定哪个产业利润率高大

量资本就往哪个产业流。利润率高的行业必然吸引过多资本，而使产能过剩。要实现资本配置均衡就必须保持各产业行业投资利润率的大体平衡。产业发展速度通常与资本流入速度成正比；产业资本增长率通常与产业经济增长率成正相关。一定时期的资本总量是确定的，投入一些产业的多，投入其他产业的就少。某些产业过剩发展，必然影响其他产业的正常发展，从而导致产业发展不平衡。从理论上说，某行业利润率高就会吸引过多资本，生产过热就会使产品过剩、价格下跌、利润下降，导致资本转向其他产业，使资本分布和产业发展回归平衡。但实际运行中往往存在滞后性，一般是该行业利润率降低到社会平均水平时，才会使部分资本退出。但到这一阶段，经济发展失衡就已经明显了。21 世纪头十几年，中国正处城市化高峰期，房地产行业利润率较高，吸引了大量资本从而快速发展。买房炒房也成了很好的投资选择，吸引了过多资本流入该行业，这不仅一轮轮推高房价，同时，也导致其他一些实业空心化，直接影响经济的协调发展。要监管资本流向和分布结构，就必须监测和调控行业利润率。要调控行业利润率又必须监测和引导市场预期及消费需求。

此外，尤其应当重视的是：在智果经济时代，各产业行业的发展张力取决于其创新能力。要想产业行业发展平衡就必然要求人才智能的行业配置均衡，或者说，要求人才尤其是精英人才的行业分布比例恰当。收入分配直接影响人才分布，只有克服行业分配不公、实现行业之间分配的大体平衡，才能实现人才的合理分布，一个国家要稳步发展，就必须做到人才智力在经济、教育、科技、文化、传媒、信息、医疗、行政、法律等界别的合理分布，使各界别都具有适量的精英作为骨干，以带领和支撑一个界别前行。封建社会官本位盛行，多数人才热衷于做官。一方面使官场能人过于密集而加剧争斗；另一方面使经济、教育、科技、文化、医疗等界别人才不足而影响发展。为保持国家宏观经济健康、稳定、持续发展，必须做到人才智力在各界别的合理分布、实现资本和智本行业配置的双均衡。这是政府在宏观调控中必须坚持的首要原则，可称为“两本行业均衡”原则。

只有实现智本配置和资本配置的行业均衡，才能保证发挥智造业的思想成果对制造业的指导和引领作用。社会归根到底还是生产决定消费。凯恩斯“消费决定生产”的论断，只在封闭国度中才适用，在充分开放的国家是生产决定消费。以世界市场之大，只要产品好，绝对不缺乏有购买能力的人群。瑞士手表、德国电器、日本汽车、美国波音飞机等有几成卖在国内？不是多数销售到世界各地吗？产品真正做得好，必定有销路，所以，必须把“两本”配置重点放在制造业上。制造业是源，商贸业是流，源喷涌才有流滔滔；制造业萎缩，商贸业就会成为无源之水。

第二，保持总产出与总需求的平衡

社会若产出不足，即商品短缺，不仅适应不了消费需要，而且会引起物价上涨和消费者恐慌；若需求不足，产能过剩，则必然导致销售受阻、产品积压，使生产难以继续。要保持各产业行业发展的总体平衡，也就是各产业行业要形成合理的比例结构。对需求量大的产业必须引导其加快发展；对需求量不大的产业要引导其适当压缩。比如：城市化前期的房产业刚性需求较旺，应当加快发展；钢铁工业等产能过剩且需求增长不快的行业，应当适当控制。过剩生产不仅难以赢利，而且浪费自然资源和人力资源，理应压缩。虽然市场具有平衡功能，但管理部门、行业协会等机构对产业和行业的市场需求量、发展状况及趋势要进行分析和预测，并利用互联网进行公告，提供相关信息数据。“互联网 + 制造业”就是要利用互联网信息数据指导生产，并经互联网平台销售产品，实现产销对接，以保持产与销的大体平衡。

第三，专业人才培育与对应行业发展的平衡

产业行业发展以人才为基础。新兴产业是从无到有、由小到大的，中前期通常受人才不足所制约。教育部门应当开展新兴产业行业发展趋势研究，提前培养即将大量需要的新兴产业专业人才。世界不同国家的经济发展有其个性，但也存在许多共性。发达国家经历过的多数发展阶段，发展中国家也会经历。所以，经过对不同国家的比较研究，新兴产业行业发展趋势和专业人才需求趋势都是可以预测和把握的。

第四，经济中高速增长与技术、文化创新的平衡

经济大幅度增长主要靠消费、投资和出口拉动。消费拉动是最基本的拉动。消费者付钱购买商品和服务，提高了生活水平；国家收取了税收；企业回笼了资金实现再生产和扩大再生产。劳动者在就业中挣钱，在消费中花钱；投资拉动也是重要的拉动；出口拉动有赖于外国经济状况和政策，促销手段有限。

积极的财政政策通常表现为政府增加投入建设项目和增加公共消费，从而解决一部分产品的销路和部分劳动力出路问题。政府投资基本建设，一方面方便公民生活，另一方面为经济发展创造交通、通信等基础条件，但多数不带来直接产出。这在公共设施缺乏的地区是需要的；而在发达地区公共设施建设已基本完成，倘若纯粹为了造景而花费巨额资金，那就浪费社会财富了。

过量的公共投资会带来负面效应。公共设施投资，如道路、桥梁、公园等，若不收费，即只投入不产出，也没有下游产业；不像投资生产经营那样直接产生经济效益。公共设施投资只是促进生产性消费，把钢筋、水泥、砖头等建筑材料卖出去。若产业性投资过量，即可能导致产能过剩而使经济失衡。工商业基础设施建设投资过量则企业负担过重；政府投资过量，最终靠税收偿还，加重民众负担。

从经济增长的方向和潜能上看，根本出路在于创新。商品价值主要依靠人类智果凝结，创新能以较少资源消耗换取较大经济成果。在智果经济时代，经济增长主要依靠新产品开发和生活方式升级；经济中高速增长更是依靠科技创新、产品创新和商业模式创新等驱动。人们物质生活富裕后，精神生活也应富有，需要欣赏文学、音乐、美术等文化艺术作品，促进人的全面发展。因此，文化生产和文化消费必然成为经济发展的重要方面，文化、艺术创新也是经济增长的重要源泉。

创新是经济社会发展的根本动力。国内外企业的经营实践表明，高利润率一般不能持久，但是，一家企业若能不停地研发、不断地创新，始终保持技术、文化发展的领先地位，即可能维持较高利润率。

第五，保持经济增长与就业的平衡

就业乃民生之本，因为家庭经济收入主要依靠家庭成员就业。从经济学视域看，就业关系到生产、分配、消费各个环节。首先，只有多数人的劳动就业，才能创造足量的物质文化产品和各种服务。其次，只有充分就业，才能保证居民家庭的经济收入；过多的人依靠政府补助，政府财政承受不了；过度救济还容易引发一些人的懒惰习性。再次，就业不足，即家庭收入不足，直接影响购买力。消费减退将导致经济总量减少。另外，充分就业、减少闲散人员，还有利于社会稳定。可以说，就业稳定是经济稳定和社会稳定的重要前提。就业是分配最基本的途径，就业不足是导致两极分化的重要原因。

与就业相关的因素主要有：一是就业与投资成正相关关系。就总体而言，投资增加越快，就业增长也越快，当然还与投资结构有关。二是就业与产业自动化程度成负相关关系。生产性企业自动化程度越高，资本有机构成越高，所需员工越少。三是就全社会而言，就业与劳动者的劳动技能相关联。劳动者素质越高，找到岗位越容易，即便找不到工作也有能力自谋职业。就一家企业某类工种而言，劳动者素质越高，人员需要量越少。目前，劳动力市场上供需错位问题比较突出：紧俏专业，企业往往招不到人才；过剩专业，人才常常找不到岗位。企业需要的骨干人才难以找到；缺乏特长的初级人员严重过剩。

经典经济学认为，经济成果是人创造的。一般情况下，经济高增长总是与高就业相联系。但是，从20世纪后半叶开始，经济高增长常常不能同时带来高就业。分析其原因主要有三方面：其一，传统产业升级，工艺得到改进，实行流水线作业，生产规模扩大了，所需人员却减少了。人的智能更好地发挥，体力劳动进一步减少。“2013年，牛津大学曾经对美国702种工作进行调查，他们预测未来10至20年，将有47%的员工肯定会被机器所取代，19%的员工有可能被取代。”① 其二，高新技术产业，资本

①李强：《在第二届世界互联网大会“互联网+”论坛上主旨演讲》/新浪新闻/2015-12-17.

有机构成高，员工素质要求专业化、高智化，但人员数量却不必多。其三，当以政府投资拉动经济时，往往是交通基础设施、能源基础设施建设等方面，施工的机械化程度高，对 GDP 拉动显著，而对就业拉动并不明显。可见，智果经济发展不一定增加就业人数，但一定提高对就业者的素质要求。然而，政府决不能因此而忽视就业问题，要摸清用工需求、公布就业信息、加强就业培训、实施就业指导、努力提高就业率。

第六，保持流动性与物价稳定的平衡

货币是经济的血液，货币供应量和流动性不足，经济就缺乏活力。提高利率，增加资金使用成本，就可以降低流动性；同时，还可吸收更多的货币储蓄，缩减人们的购买行为，导致商品滞销、厂家减产或停产，进而使经济降温。在产业链中，一产品生产为市场创造了供给，同时，为上线产品生产创造了需求。因此，企业的扩张或缩减，都会引起许多企业的连锁反应。

宏观经济调控的中心任务是寻找经济的平衡点。宽松的货币政策使市场上货币增多，降息可以降低企业的资金成本，使一些利润率偏低的企业得以生存；可以让需要购置住房而资金不足者实现贷款购房的愿望，同时，有利于拉动消费。其副作用是保护了一些落后产能，使低技术产品过剩。倘若提高利率、紧缩银根，企业融资成本增高，就影响投资和就业，甚至导致一些微利企业倒闭，使经济萎缩。高利率通常是引发经济衰退的重要因素。

保持适当的流动性、保持货币供给和需求的平衡是宏观调控的基本要求。货币需求分交易性需求和保存性需求。现在银行营业网点密布，存取款十分方便，货币的保存性需求量很少。电子商务发展和银行业务网络化，导致对实际流通货币需求量相对减少，但计价货币或叫账面货币却随着经济发展而增加。若设商品交易电子化率为 φ，实际流通货币为 M'，理论需求货币为 M_d，则：

$$M' = (1 - \varphi) M_d$$

根据经典理论，设物价水平为 P、产量为 Q、货币流通速度为 V，纽

科姆方程为：

M_d = （P×Q）／V

考虑到电子化率为 φ ，公式改为：

M' = （P×Q）（1 - φ ）／V

上式说明：商务电子化后即使货币流通速度不变，流动现金需要量 M'，就是经济学上讲的 M_0，也应当相对减少，何况互联网使货币流通速度大大加快，就更应当慎重增加货币投放量。马克思曾引用威廉·配第的话说，“货币不过是国家躯体的脂肪，过多会妨碍这一躯体的灵活性，太少会使它生病”①。

以光速运行的网上银行可即刻完成资金的跨地区、跨国界流转。金融行业的触角延伸到市场和社会的每个角度，给投资决策和经营管理带来许多便利。电子商务、电子货币等从根本上改变和拓展了贸易的市场时空。从宏观经济的角度看，网购这种新型商业模式的迅猛崛起，不仅为生产企业提供了无边的销售平台，加强了生产与消费的对接，而且大大缩短了商品流通时间，显著加快了资本的周转和循环。

增加货币发行量通常是国家遏制经济下滑的有效措施，但又往往引起随后一个时期的通货膨胀。货币发行过量，不仅导致物价上涨，而且可能带来不公平的后果：其一，货币发行量增加是一次利益调整。货币贬值使资产性商品价格上涨，资产多者大为受益；而使银行存款含金量降低，所占的财富份额减少。其二，货币发行的出口处先受益。财政性发行时，或有新项目可做，或给公职人员加薪；金融性发行让银行增大贷款规模，增加利息收入。而工薪阶层将余钱储蓄者，因利率抵不上通胀率，财富就会缩水。

第七，保持实体经济与虚拟经济发展平衡

在把握宏观经济大局的时候，确立正确的财富观和价值观是十分重要的。就国内经济而言，政府应当确立财富本位理念，即必须注重创造出有

---

①参见：《资本论》第 1 卷 170 页，注释 114，人民出版社 1975 年 6 月版。

益于人们生存和发展的物质产品和文化产品。证券公司、金融产业、期货市场等要适度发展，目的在于促进实体经济增长。若过分追求虚拟经济发展，搞过多金融衍生品，股市过热，靠炒作使价值膨化，使虚拟资产多、实物财富少，则必然导致价值与财富不对应，最后损害实体经济发展。

值得注意的是，作为财富之母的土地，是上苍对人类的恩赐。人们用了它，并把它一步一步炒高，其实财富是没有增加的，只是估值提高了。若炒地、炒股、炒房赚钱太容易，还有谁再愿搞制造业！必然导致实业空心化。实业家转向炒作，甲赚一手卖给乙，乙再赚一手卖给丙，GDP是拉高了，财富却没增加，接手最后一棒者肯定倒霉。

国际市场上的财富却不同，其金钱多少决定财富分配份额，赚不到钱就分不到财富。

保持国际收支平衡也是宏观调控的重要目标。从其他国家赚回的外汇，只有采购回资源产品、实物产品、科技成果、文化产品等真实物品才真正实现价值。当世界货币国加紧印钞、扩大货币发行规模，全球保持温和通胀、货币不断贬值时，国家储存太多外汇是不合算的，因为随着时间推移，含金量在逐渐降低，在国际上的财富份额将日渐减少。

第八，保持政策调整及制度变更与经济发展的平衡

宏观调控的目的，是通过引导市场主体即消费者和生产者的认知、判断、行为来调节经济活动。当社会经济实践发展变化时，要求政府的政策调整和制度变更及时跟进，不然，必然出现或轻或重的经济乱象。人们的行为是由思想支配的，追求利益最大化是其行事原则。因此，政府出台政策措施必须首先预测人们的认知和判断。

在光速时空中运行的现代经济，对经济主管部门提出了新的更高要求。政府出台调控政策要做到：一是选准切入点，把握好政策向度，使效果与调控愿望相一致。二是注意政策作用的继发性，把握好力度和尺度，防止矫枉过正、走向反面。三是严防政策执行引发新的问题，政策既要有利于解决眼前问题，又要尽量不损害长远发展。四是政府经济管理部门一

定要加强宏观经济的监测，见微知著，增强对经济发展趋势的预见性，使政策出台具有提前量，努力通过预调和微调保证经济平稳运行，力避大起大落。

实践表明，当经济下滑时，若政府救市力度过大、投资过巨，当年可以拉上经济总量；但随后出现的后遗症会比较严重，诸如物价上涨、通货膨胀、资金行业分布不合理、产业发展不平衡等等。

宏观经济是全局经济、大众经济、认知经济和预期经济，所以政府在制定宏观政策时，一定要着眼大局，做好大众的认知引导和预期管理。其引导和管理效果与政府自身的公信力密切相关，政府务必增强自己的公信力。

政府制定政策应当经过下列步骤：一是先做民情调查，不可只看统计报表，要把握真实情况；二是要召开听证会，以汲收民智；三要科学设计政策方案，尽力考虑周全；四要做好政策评估，预测政策成效；五要选点试验、检验并完善政策，等试点效果好后再全面推开。

与经济社会发展相适应的制度变更，必须从全局出发，着眼长远。要准确把握经济发展趋势，注重培育新的经济增长极，用制度机制来规范、促进和保证创新型经济的健康发展。

第九，保持国民收入提高与经济总量增长的平衡

劳动者薪酬收入是消费支付能力的根本来源。公平合理的分配制度关系到经济的持续发展，关系到全体劳动者的积极性发挥，关系到社会的和谐与稳定。分配不公历来是社会矛盾激化的重要根源之一。

分配应坚持的基本原则：一是坚持做事与做工、服务与生产、动脑为主与动手为主的价值统一。要公正评价各种劳动的价值和贡献，并以此作为分配的基本依据。二是采用公正多元的评价机制。应当坚持市场评价、社会公众评价和同行评估相结合。自由竞争充分的行业当以市场评价机制决定为主；政府机关、教育部门、基础科研等社会公共部门当以同行专家评估和社会公众评价为主，以评价档次确定分配等级。三是坚持依据业绩、兼顾公平和精英礼让原则。各界精英对经济社会发展起到重大作用，

理应担当更多社会责任，要把带领和帮助普通员工过上好生活视为义务和荣幸，未必完全按作用和贡献拿足高额报酬；社会和团体当给予他们荣誉和精神褒奖。在第一线操作的生产劳动者应当得到充分尊重和应有报酬，精英思想运用价值是靠一线操作者劳动来实现的。同时，他们也是市场消费最广大的主体。四是坚持劳动工资总额与国民收入总值的合适比例：占比过高，会使企业利润偏低，影响企业扩大再生产；占比过低，不仅挫伤劳动者积极性，而且导致大量劳动者购买力不足。五是保持行业间劳动报酬的大体平衡。同等层次不同专业的人才，从事不同行业的综合报酬应当大体平衡，不然，人才就会过多流向高收入行业，导致人才行业分布不均衡和行业发展不均衡，严重影响经济社会协调发展。人才是事业发展的根本，人才分布合理化比货币资本配置合理化更重要。

经济周转和发展，需要国民足量消费。这里的关键是要让占比最大的、最需要消费的一线劳动者有钱可花。初级劳动者往往数量过剩，市场竞争使他们薪酬偏低，鉴于此，政府应当组织和实施劳动者技能培训，使他们的技能得到提升，让一部分人成长为技术骨干，实现阶层跃迁。

第十，保持资源要素供给与经济发展的平衡

土地、矿产等自然资源属国家或集体所有，当地人民当有平等的享用权利。然而，在实际运作中，或国营或私营均需有经营主体，且通常由私人经营开发和利用，政府应当利用税收实施调节。确定资源开发税应考虑三大因素：一是自然资源的宝贵性、有限性和难以再生性，开采就是消耗。二是资源开发对环境的破坏性，可能一代人富足，多代人受苦；小片地块被开发，大片地区受污染。三是自然资源的公共性，本应国民共同享有的自然资源由一家企业开发，就是给予获利机会，发生本该补偿给其他国民让渡的机会成本。较高的资源开发税有两大作用：其一是使自然资源的部分价值回归国家、让全民受益，体现资源价值享用的公平性；其二是有助于遏制掠夺性开发和低效率使用。另外，要对不可再生资源征收使用税，使相关企业节约使用资源。

在互联网时代，政府管理部门应当充分利用大数据、云计算技术，强化对经济运行信息的预测和监控。创新和完善宏观调控的方式和方法，提高调控的及时性、准确性和有效性。

在智果经济时代，宏观调控的视野不能局限于传统经济领域，因为教育、科技、文化、传媒和劳动者技能培训等都成为经济部门，并且与全社会的创新紧密关联，直接影响经济价值创造。宏观调控应当着眼于社会各领域的统筹发展。

第二节　中国经济基本问题

经济问题因素复杂，但是，最基本、最重要的总归只有几个方面。

一、基础：提高国民素质和劳动者技能

经济的短期爆发可以依靠政策刺激，经济的长期繁荣必须依靠优良的国民素质。从长远看，一国的经济实力与其国民素质和创新能力成正相关。国民的国家观念、法治观念、道德观念，秩序意识、诚信意识、纳税意识，劳动态度、合作精神、劳动技能、学习和创新能力，以及共享理念、互助和利他精神等，都直接关系经济持续发展。

中华民族具有悠久的文化，中国人民勤劳勇敢，这些优点是毫无疑义的。但是，在国家从农业国走向工业化过程中，原本文化不高的农民从乡村走进城市就业，其知识储备、专业技能、劳动方式和行为习惯都不同程度地不能适应劳动任务和环境。这不仅影响就业，更影响劳动质量和效率，从而影响经济发展。数据分析师汉斯·罗素林说："欧洲和北美，人口只占人类 1/7，但他们创造财富占全球 2/3。投入科研经费也约占全球 2/3。就平均而言，美国工人的工作效率是中国工人的 7 倍，1972 年尼克松访华时是 22 倍。"① 员工素质决定产品品质。守法诚信、爱国爱企、敬业履职、担当责任、技术娴熟、精益求精等都是合格员工的基本要求，是

①资料来源：浙江省领导干部网络学院省直机关分院课件中心。

经济持续发展的重要基础。由于经济社会发展很快，城市长大且受教育程度较高的人也必须不断进行知识更新和技能训练，进城打工的农民工就更需要进行专业技能培训了。通过培训，提高劳动技能，培养“工匠精神”，确立“质量立企”理念，避免粗制滥造，这是促进经济优质发展的基础工程。其理论依据是思想价值论原理：劳动是人的想法的产生、传播、运用和实现，是人的脑力和体力对劳动对象的作用或关系。培训能够提高这种能力。

企业家是企业的组织者和领导人，必须具有更高的素质。应当守法律、重公德，富有社会责任感；应当勇于创新，追求卓越，创造名优产品和服务；应当诚信经营，立足企业长远发展，而不是追求个人一夜暴富；应当上有益于国家，下有利于员工，中普惠于客户。经济持续发展需要培育大批高素质的企业家。当然，科研人员、教师、医生、公务员和媒体人等方面劳动者的素质也关系经济社会发展。

很有必要在全国开展一场持续十年、二十年的全民学习运动，进德修业，提升素质。人人都想一想自己能为国家、为社会、为他人做点什么，让国家和社会变得好一点，让他人过得好一点；人人都学文化、学科学、学技术、学业务，提高自己的劳动技能和工作水平；人人都学习古代先贤、当代先锋、身边先进，培养精心操作、认真做事的负责精神和优良习惯；人人都学法律、守纪律、守规矩、重诚信，做一个厚道、正派、正直的人；人人都学会细心观察、选取信息、专心思考、反复验证，促进各行各业的创新。若能如此，民焉能不富，国焉能不强，社会焉能不和谐！当代新经济的本质是学习经济和创新经济。

教育事业是提高国民素质的基础工程。报载：2015 年中国高等教育毛入学率达 40%，学前三年幼儿毛入园率达 75%，九年义务教育巩固率达 93%，高中阶段毛入学率达 87%①。我国自己纵向比较是发展很快的了，但与发达国家相比，尚有距离。当今国际竞争是高新技术竞争，是尖端人

①董洪亮、张烁、丁雅诵：《我国高等教育毛入学率达40%》，载《人民日报》2016 年1 月16 日要闻版。

才竞争，高级人才的质量和数量直接关系经济社会发展。

二、根本：重视科学技术增强自主创新能力

中国的教育、科技和文化事业，近几十年来得到很快发展。但是，在封建社会国人只把“修身、齐家、治国、平天下”作为大学问，而把科学技术视为雕虫小技。受此传统观念和当今分配制度的影响，许多国民对科学技术重视程度不够，而把做官看得特别重。家庭教育中，鼓励子女学科学、学技术，掌握一技之长的比例不高。在科技方面成就显著的英才在社会上影响不够大，学科技、用科技、重科技的氛围不够浓，这严重妨碍科技人才成长和科技事业发展。目前，中国城乡许多中小企业没有技术科室，没有研发机构，怎么可能有很强的科研能力呢？必须健全完善激励创新的用人体制和利益机制。要充分尊重创新型人才，鼓励一流人才从事专职研发工作，对创新贡献大者应予重奖。当以创新业绩论英雄，不以职位高低定贵贱，坚决克服“官本位”的陈规陋习。要营造“宽容失败”的科研环境，对未有成果的科研人员，只要他们是在专心研究，就要保证其衣食无忧地生活。要强化企业吸引人才、留住人才、充分发挥人才创新潜能的政策措施。企业创造财富，政府创造环境。要营造全国人民学科技、用科技、重创新的环境和氛围，鼓励人们进行技术创新、产品创新和服务创新。要特别重视扶持创新型中小企业的发展，认识到今天的小企业往往就是将来的大企业。要为创新型中小企业发展创造良好环境，包括创业辅导、创新指导、资金扶持、税收优惠、信息服务等，帮助它们把创意创新转换为社会财富和经济效益。

与创新相关联的是科技成果转化与高端制造业发展问题。经济社会发展，生产是根本。供给侧拉动，归根结底是要制造出更多更好的产品，提供更多更好的服务。美国的波音飞机、苹果手机、微软软件、好莱坞电影等几乎占领整个世界市场；日本的丰田汽车、索尼摄像机，德国的西门子电器等都进入各国的千家万户。中国是拥有十三亿人口的大国，虽然也有高铁、大飞机制造技术，也有华为、联想、海尔等品牌公司，但是，远远

不够。如果本国制造业不升级，主要依靠进口，或者国民纷纷跑到国外去采购物品，去拉动他国消费，那样，必将导致民族工业萎缩和退化。开发实用技术，发展高端制造业，重点抓两头：一是抓好研发人才队伍建设，培养和用好研发人才；二要抓好技术工人的操作技能培训，培养大批能工巧匠。即使实现了智能化生产，也照样需要大批工程师和高级技工在流水线上调控和维护。

经济发展归根结底要表现为商品数量增加，质量提升，尤其是创新型产品增多。所以，制造业发展和高新技术产业化是根本。

三、保证：健全完善法治公平的管理体制，严格规范经济行为

"坚持以经济建设为中心""允许一部分人先富起来"，全面实施社会主义市场经济体制等政策措施，已把人们发财致富的积极性充分调动起来了。想发财、要富裕都没有错，但你得从"让他人生活得好一点出发"，根据市场需求提供好产品、好服务。乔布斯创造了苹果占领国际手机市场；比尔·盖茨开发软件销售到世界各国；马云做阿里巴巴淘宝网既为中小企提供销售平台，也让消费者得到实惠；王健林创造新型商业模式"万达广场"，为消费者提供综合服务；更多的人是发挥自己的一技之长服务他人和社会，虽然平凡却自食其力，得到社会的普遍尊重。遗憾的是一些人"一切向钱看"，无视法律、不讲道德、不择手段，企图一夜暴富。利用高利息吸引，搞非法集资、实施诈骗者有之；通过贿赂官员圈地发财者有之；制造假冒伪劣产品发财者有之；食品中违法添加色素、激素、防腐剂者有之。还有手法多样的诈骗十分猖獗：电话诈骗、短信诈骗、广告诈骗、组团诈骗等等，常常有人上当受骗、蒙受损失。市场上的违法、违规和缺德行为，成了文明社会的毒瘤，严重损害经济社会稳步、健康、和谐发展。迫切需要进一步健全完善法治、公平、有序的市场经济体制，严格规范市场行为，严厉打击各类经济犯罪。人们务必认清：惩治违法缺德的经济行为，绝对不会损伤经济活力，而是会克服阻力、增添动力。

四、警惕：贫富悬殊直接阻碍经济发展

经济学原理告诉我们：合理分配是经济持续发展的重要条件。萨伊定律说：生产为产品创造了需求，因为在生产产品的同时，劳动者获得了收入，具备了支付能力。如果消费者缺乏支付能力，想买而没钱买，产品压库，企业资金不能回笼，生产就难以为继。经济增长既依靠供给推动，也依靠消费拉动。从供给侧看，要增加投资，提高资源利用率，尤其是通过新产品开发和产品更新换代，唤起人的需求。但从需求侧看，购买欲望被唤起还得有支付能力！况且，人们的日常消费需求是客观存在的，如果有钱，谁不想日子过得好一点？

中国经济消费拉动乏力，与分配体制直接相关。“占人口 70% 的低收入者”（樊纲）很多人没有套房、轿车，甚至没有彩电、冰箱和洗衣机等，是最需要消费品的群体。问题是恰恰这个群体普遍缺钱，稍有一点钱也用于储蓄，以备急用。一边是占人口大多数的最需要消费的群体缺钱消费；另一边是占比较低的高收入者家里应有尽有，日常消费不大，其高档消费和奢侈品消费又转向国外。这样，国内消费拉力怎么可能充足呢？这已经成为影响经济发展的重要因素。

为什么大部分第一线的劳动者收入偏低呢？原因主要有：其一，农村农民在村里种地，自给为主，多余的粮食、蔬菜、瓜果上市卖掉一点，收入不高。其二，进城打工的农民缺乏专业技能，每月只有两三千元的工资收入，其中，约 1/3 用于租房，另加吃饭、水电、交通、医疗等费用，一年也余不了多少钱。在市场经济体制下，通常是按能力和业绩分配的，技能不高就决定其收入不高。其三，在劳动力市场上，懂专业、会管理的高端人才供不应求，其薪酬一加再加；缺乏技能和特长的普通劳动力供过于求，工薪难以提升。可见，劳动者收入差距是由其智能差距和市场机制决定的。其四，在一些不够正常的行业领域是“凭技能劳动，按身份分配”的，正式工干活轻，拿钱多；临时工干活重，拿钱少。有门路进入供电、供水、燃气等单位者，就是做个抄表员也收入不低，身份差别拉开了收入

距离。值得注意的是，还存在一些特殊的再分配方式。譬如：非理性炒股，其结果通常是想赚点钱补贴生活的散户大多亏钱，而资金雄厚的机构却赚大钱，进一步加剧两极分化。少数部门权力腐败，让一些需要办事的百姓送钱，让掌权的贪官收钱。钱对于百姓是生活消费所必需的货币，对于贪官只是宅中的高档纸。这些方式的货币集中，都直接影响正常消费增长。社会贫富悬殊，必然导致富人有大量资金囤积，贫民却无钱可花。经济学原理指出，一个时期社会有多少资金积聚，商家就有多少商品积压，从而阻碍经济的循环和周转。可见，缩小贫富差距、实现共同富裕，是实现经济持续发展的重要条件。

另外，还应该注意到，富裕者将大量资金转入投资获利，再次拉大贫富差距。法国经济学家托马斯·皮凯蒂著的《21 世纪资本论》谈的主要就是资本增值导致贫富差距扩大的问题，各国政府应当引起警觉。为了增强消费拉动，一是要在提高劳动技能基础上增加工人、农民等一线劳动者的薪酬收入，保证其基本消费。二是要适当增加高收入者的税收，让社会精英为国家做出更大贡献。要引导和鼓励富人参与慈善事业，并给予充分尊重和荣誉。三是要增加国民收入中劳动者报酬的比例，以提高全社会的消费能力。四是要健全社会保障体系，让国民在医疗、教育、养老等方面有基本保障；让社会老弱病残者共享社会文明进步成果；让广大国民积极劳动、放心消费。

五、协调：转变农民生产生活方式，实现城乡统筹发展

毛泽东说：“农业是国民经济的基础。”13 亿人口的大国，吃饭问题马虎不得。

目前中国的城镇化率虽然已过 50%，但其中一部分是在集镇。从全国看，多半人口仍然生活在农村和集镇，经济发展离不开他们的劳动，消费增长也离不开他们的拉动。中国 30 多年改革和经济发展走的是“农村包围城市”的道路。改革从农村联产承包责任制开始；工业化从农民办乡镇企业开始加快；城市化和工业化的人力资源依靠农民工支撑。发展中国经

济不能忽视这占大半数的人口，必须切实加强新农村建设和小城镇建设，实现城乡统筹发展。要发展现代农业就必须提高农民的科技水平和劳动技能。一部分从农村转移到城市或集镇定居的新市民，不仅要转户籍，而且要转职业，由原来农业转变为工业、商业或其他服务业，真正从村民变为市民。不必把人口众多单纯看成负担，他们能劳动、会消费，是经济发展的动力和条件。要逐步解决劳动就业的结构性矛盾问题。一方面，许多缺乏技能的劳动者找不到工作；另一方面，许多专业岗位又招不到合格员工。这一问题只有通过教育培训才能解决。社会产业结构变化，是顺应市场消费结构变化造成的，源头是人们生活方式变化。当人们过着过于物质化的生活时，地球资源消耗承受不起，应当引导城乡居民转变生活方式，去过文化型的生活。经济转型的基础是消费转型，消费转型的前提是生活方式转型。无论是城区市民还是农村农民，都必须淡化高物质的生活观念，倡导绿色、健康、文明的生活方式。教育普及使人们普遍有了文化，必须倡导人们过文化人生活。只有培养人们的阅读习惯，才有繁荣的图书市场；只有培育人们欣赏音乐的耳朵，才会有音乐厅里听众满堂；只有培育喜爱审美的眼睛，才有书画展中大量观众欣赏。舞蹈、体操、广场舞、健美训练等，既陶冶性情、让人开心，又能强身健体、延年益寿，其团体活动又增进人的感情和友谊。当人们普遍追求公正、真诚、健康、开心生活的时候，社会就变得更加有序、友好、和谐与文明。

总之，就中国经济的持续健康发展而言，提高国民素质与增加经济总量同样重要；提高劳动者技能与提供就业机会同样重要；破除官本位迷思与培育创新能力同样重要；实施精密制造与扩大对外贸易同样重要；坚持公平分配与鼓励合理消费同样重要；整顿经济秩序与增强市场活力同样重要。

第三节　中国经济“热词”的思想价值论解读

中国领导人根据经济社会发展实际状况，不断提出一些新概念和新举措，指引全国改革和发展，充分反映出他们治国理政的高超智慧。从思想价值论的视角解读可以理解得更深刻。

一、“经济新常态”解读

“新常态”就是新的正常状态。进入“新常态”就是告别“老常态”和“不正常状态”。“经济新常态”的基本特征有三：一是经济从高速增长转变为中高速增长；二是经济结构从传统产业为主向高新技术产业为主转型升级；三是从要素和投资驱动转变为创新驱动。“经济新常态是一种状态，一种心态，也是一种理念，一种指导思想。”①

新常态将给中国带来新的发展机遇 。“新常态”概念向世界发出信号：走向新常态的中国将给处于艰难复苏中的全球经济带来新动力。

用思想价值论思考，中国经济从此前的高速度转变为当前的中高速是完全正确的。一是改革开放之初的“开闸效应”已经过去，即计划经济时期压抑已久的经济能量已经释放完毕；二是中国人口红利期已过，廉价劳动力优势已经成为过去；三是中国已进入城市化中期，今后进程开始逐渐减缓；四是中国经济总量大了，同样的增量，其增长百分值也会降低。世界上没有一个经济体可以几十年坚持两位数增长。“新常态”下中国经济稳步发展具备很多有利条件，诸如：经济基础更厚实了；高等教育发展使人才更多了；产业结构比以前更合理、更有活力了；外贸经济发展、人民币地位提升了；科技发展使自主创新能力增强了；互联网经济、高铁经济等一些新的经济增长极正在迅速壮大；等等。中国能够对先前存在的失衡因素和矛盾进行调整和化解，所以，中国经济能够持续发展。

二、“供给侧改革”解读

“侧”字在这里是“端”的意思。“供给侧”改革是相对于“需求侧”改革而言的。需求侧主要有投资、消费、出口三驾马车拉动，决定短期经

---

① 何毅亭：《做习近平总书记要求的“四有”干部》，载《学习时报》2015 年 1 月 19 日 A1 版。

济的增长率。而供给侧主要有劳动力、土地、智本、资本、科技、政策、制度、创新等要素配置，决定商品产出、市场供给和经济中长期发展。资源配置和结构调整是“供给侧改革”的主要任务，目的是使生产要素实现最优组合，以提高全要素生产率。具体措施是通过体制机制创新、技术创新和产品创新，扩大有效供给。说到底是用更多新创产品、优质产品和优质服务唤起人们需求，促进经济社会持续健康发展。改革过程中，产业结构调整、投资结构调整和消费结构引导等都是关键。思想价值论认为，思想是行动的指导，结构调整首先要改变人们的认知，让人们认清产业结构不合理的重大危害，坚决缩减过剩产能、淘汰落后产能。“2016 年 4 月 13 日，记者在某市大润发商场上看到大葱价格是 8 元钱一斤，即一吨达 1.6 万元，而一吨螺纹钢价格仅为 2600 元左右，大葱价格为钢材价格的 6 倍。”① “一亩地可产大葱 4000 至 6000 斤，种植成本约为三四千元，每斤大葱生产成本为五六毛钱。”② 试想，生产螺纹钢是多少成本？需要挖矿、碎矿、炼铁、炼钢、轧钢等多道工序；需要消耗资源、能源和劳动力，且污染环境；需要采矿、冶炼、轧钢等多项技术和大量设备。虽然种葱也需要经验，但与炼钢和轧钢技术是没法比的；大葱生长期是 3 至 5 个月，铁矿石生成却需要 26 亿至 30 亿年；大葱可以年年种，铁矿石不可再生。市场，一些经济学家信其为万能的市场，竟然会如此本末倒置、贵贱反估！难道这就是市场失灵？其实，市场原本就没有头脑，所以需要有头脑的政府调控。但是，市场主体是应当有头脑的。钢铁行业产能过剩不只是使本行业企业遭遇困难，更大的危害是导致人们的挥霍和滥用。工棚、车棚本该用砖瓦盖的，改用铁棚了；门窗、家具本该用木头做的，也用钢铁了；围栏、报窗、路灯杆、公交站等全部用钢铁做了。木头可以再生，铁矿石挖一吨就少一吨。无论是为当代经济发展，还是为子孙后代着想，都必须调整产业结构，压缩过剩产能。当然，“去库存”“去杠杆”“降成本”

①②吕倩倩编《山东：大葱价格是钢材的 6 倍 葱农每亩最多挣 1.5 万元》山东商报/2016－04－15.

“补短板”等措施也都相当重要。

三、“创新驱动”和“转型升级”解读

《中共中央 国务院关于深化体制机制改革 加快实施创新驱动发展战略的若干意见》共9个部分，包括：总体思路和主要目标，营造激励创新的公平竞争环境，建立技术创新市场导向机制，强化金融创新的功能，完善成果转化激励政策，构建更加高效的科研体系，创新培养吸引人才机制，推动形成深度融合的开放创新局面，加强创新政策统筹协调等①。

习近平总书记强调指出：“实施创新驱动发展战略，最根本的是要增强自主创新能力，最紧迫的是要破除体制机制障碍，最大限度解放和激发科技作为第一生产力所蕴藏的巨大潜能。”② 实施创新驱动发展战略，要把立足点放在自主创新上。

从思想价值论视角观察，各领域的创新就是各领域新的思想成果创造，就是对新规律的探索、发现和运用。凡是符合客观规律的思想成果都有价值，原创性的思想成果更有价值。技术创新、产品创新、商业模式创新、管理制度创新等都是经济发展的源泉。同时，也只有坚持创新，才能实现转型升级。转型升级包括经济转型升级、产业转型升级和企业转型升级。那么，转什么、升什么呢？经济形态，当从物质经济转变为智果经济；经济类型，当从劳动密集型转到技术密集型；增长方式，当从要素和投资驱动型转变为创新驱动型；经营方式，当从粗放经营转变为集约经营。升级主要是指技术升级、产品升级、质量升级、生产方式升级、商业经营模式升级、经济和社会效益升级、生态环境保护升级等。创新是转型升级的内生动力，转型升级是创新的结果和成效，同时，转型升级也为创新提供机会和条件，两者是相辅相成、互相促进的。

①《中共中央 国务院关于深化体制机制改革 加快实施创新驱动发展战略的若干意见》，http：//baike. baidu. com/item/ 2015 - 03 - 13/2016 - 03 - 26.

②《习近平在两院院士大会上的讲话》，载《人民日报》2014年06月11日第1版。

四、“中国制造 2025”解读

制造业是国民经济的支柱，是立国之本、兴国之器、强国之基。中外历史一再证明，没有强大的制造业，就没有国家和民族的强盛。打造具有国际竞争力的制造业，是我国提升综合国力、保障国家安全、建设世界强国的必由之路。①

2015 年 5 月 8 日，中华人民共和国国务院正式印发《中国制造 2025》。“新一轮科技革命和产业变革与我国加快转变经济发展方式形成历史性交汇，国际产业分工格局正在重塑。必须紧紧抓住这一重大历史机遇，按照‘四个全面’战略布局要求，实施制造强国战略，加强统筹规划和前瞻部署，力争通过三个十年的努力，到新中国成立一百年时，把我国建设成为引领世界制造业发展的制造强国，为实现中华民族伟大复兴的中国梦打下坚实基础。”②

怎样理解制造业的基础性和重要性呢？其一，人们日常生活使用消费的是实用产品，没有优质产品拿什么消费！其二，利用互联网的现代电商只是无处不及的销售平台，没有产品又卖什么！其三，中国人口众多，消费日用品也多，发展制造业正可发挥劳动力优势，若依靠进口商品过日子如何承受得起！其四，凡是经济强国都应是制造业强国。中国必须经过 10 年努力，改变制造业“大而不强”的局面，迈入制造业强国行列。思想价值论认为：制造业的上游是智造业，制造的灵魂是智造。要提高中国的制造业水平，必须依靠理念创新、技术创新、产品创新和管理创新；依靠科学设计和新技术、新工艺。这就要求研发人员提高创新能力，一线工人提高操作技能，管理人员提高管理水平。

---

①《国务院关于印发 < 中国制造 2025 > 的通知》. http：//www. gov. cn/zhengce/content/2015 - 05 - 19.

②同上。

五、“新型智库建设”解读

习近平说：“我们进行治国理政，必须善于集中各方面智慧、凝聚最广泛力量。改革发展任务越是艰巨繁重，越需要强大的智力支持。要从推动科学决策、民主决策，推进国家治理体系和治理能力现代化、增强国家软实力的战略高度，把中国特色新型智库建设作为一项重大而紧迫的任务切实抓好。”“重点建设一批具有较大影响和国际影响力的高端智库，重视专业化智库建设。”这既为中国智库发展提出了任务和要求，也为各类智库发挥作用提供了广阔空间。①

在经济社会发展中，指导思想是灵魂。虽然科技和资本都起到巨大的推动作用，但是科技和资本都是双刃剑，利用不当即会造成危害。

思想价值论认为，智库就是思想库，是高级脑库。智库由许多思维能力强、理论基础好，善于调查研究，能够抓准问题、认清原因，能够提出解决问题的有效办法的人组成，是思想成果的生产机构，或叫智造机构。智库智造的产品就是思维成果，也就是思想。人类文明史表明，经济社会发展与思想供给密切相关，加强智库建设就是要保证思想供给。各类专业化智库就是在各行业领域内发现问题、分析原因、研究对策、制订方案的团队。创新是智库的任务，智库是创新的主体。

胡鞍钢说：“我们要加快建设中国特色新型智库，广泛参与全球智库竞争，在世界舞台上更加鲜明地展现‘中国思想’，响亮地提出‘中国主张’、及时地发出‘中国声音’，在全面建成小康社会、实现中华民族伟大复兴‘中国梦’的过程中，做出更具独创性和重要性的、更高质量的知识贡献、思想贡献。”②

---

①转引朱书缘：《习近平为何特别强调“新型智库建设”?》人民网/中国共产党新闻网/2014 - 10 - 29.

②同上。

第四节　人民是保持经济持续发展的根本力量

一、民众力量是经济持续发展的根本保证

孙中山说："世界潮流，浩浩荡荡；顺之者昌，逆之者亡。"这潮流就是人民的认识和行动，是人民力量的汇聚和爆发。人民愿望就是历史发展的大趋势，政治家只有听民声、顺民意、聚民力、应民求才能大有作为。

国家是人民的国家，人民共同努力是实现国家经济振兴的根本保证。广大人民群众既是生产劳动的主体，同时也是消费的主体。发展经济是为了人民，同时也必须依靠人民。抗战时期，日寇对边区实行经济封锁，人民领袖毛泽东发出号召："自己动手，丰衣足食。"组织边区军民开展大生产，很快克服了当时的经济困难。改革开放以后，邓小平提出"发展是硬道理""允许一部分人先富起来"，并实行社会主义市场经济体制，才带来中国经济大发展。1933 年 3 月以后，为推行新政，美国总统罗斯福陆续发表"炉边谈话"，诚恳地说："伟大的全国性计划能不能完全得到成功，当然要靠大众的合作——要靠大众对这项可靠的制度给予明智的支持和妥善的利用。"在他的号召下，全国民众共同应对金融危机和经济危机，美国经济很快得到复苏。

二、宏观调控需要民众配合

没有国，哪有家？爱国持家，家国两兴；害国利家，家国两害。肯尼迪在总统就职誓词中说："不要问国家能为你做些什么，要问问自己能为国家做些什么。"民众心中要有国，官员心中要有民，上下一心，才能抵御金融风暴和经济危机。企业要发展，个人要致富，这都没有错，但是，必须以不损害国家利益为前提。当国家宏观调控政策出台时，企业和个人都应当积极配合。只有宏观经济稳定健康，微观经济才有生机、活力和后劲。爱国不

能只表现在抵御外敌时的英勇参战，也应体现在经济活动中对国家政策的积极配合上。

三、中国经济持续发展的诸多优势

一是人力资源优势。人口是负担，人力是资源；事是人做的，财富是人创造的。正常人都有劳动能力和创造潜力，人口众多，潜力就大。中华民族具有优良传统，民众普遍勤奋好学。目前，经济较发达省份已普及高中教育，劳动者中专以上学历者比例逐年提高，各行各业都有大批高智能的人才作为业务骨干，起到主导和带领作用。

二是市场需求优势。人都有消费需求，中国有 13 亿人口，消费旺盛，是世界上最大的市场。就是立足国内建立自循环系统也可以把经济总量做得很大，国际上某些势力企图遏制中国发展的阴谋是不可能得逞的。

三是地理和资源优势。中国有 960 万平方公里陆地，300 多万平方公里主权领海，地处温带和亚热带，海岸线总长达 3. 2 万多公里，各种资源比较丰富。虽然人均占有量不算大，但只要合理配置，是完全能够建设成为经济强国的。

四是文化历史优势。中国具有五千年文明史，文化积淀深厚。科技上是四大文明古国之一；哲学上老子、孔子学说传播整个世界；经济上也曾经是世界头号大国；人民具有勤劳传统和创造精神，经济发展潜力巨大。

五是经济基础优势。经新中国成立后六十多年，尤其是改革开放四十年的建设，中国已经建立起系统、配套、厚实的经济基础。科技兴农成效显著；工业基础全面增强；教育科技迅猛发展；交通和通信空前发达，城镇化建设进展稳健；社会主义市场经济体制不断完善，生机和活力充分展现。

总之，中国具有自身的独特优势，尽管世界经济增长困难不少，也不能阻挡中国经济的持续发展。

第五节 预期管理与政府作用

民众对商品价格变动总是有其心理预期，对国家调控政策也有期盼和推测。这些心理预期直接影响着人们的经济行为，进而影响宏观经济的发展态势。所以，引导和管理好人们预期是十分必要的。

一、预期效应

人们对日后经济发展前景和市场行情趋势的分析和估测就是心理预期，直接影响其消费行为和经营决策。当人们对经济发展前景不乐观而捂钱不花时，厂家商家却降价抛售商品以求回笼资金，市场上货多钱少，必然导致价格下跌；当人们感到货币发行太多而担心货币贬值时，就不愿储蓄，反而借钱消费，厂家和商家因感到原材料、劳动力、水电等成本增加，利润减少，就提高销售价格；有的甚至看到上涨趋势，而囤积不卖，这就造成市场商品交易圈中钱多货少的局面，使价格继续上升。商品价格是相互关联的，大量商品连在同一产业链上，上线产品是下线生产的原材料或零配件，上线商品价格上涨就提高了下线商品的生产成本。为了不亏本，下线商品也只能涨价。更为可怕的是商家轮番涨价和消费者的恐慌性抢购，两者相互推动必然造成市场混乱，使经济发展受挫。

人们的心理预期直接影响人们的投资行为。当市场上资产价格出现上涨势头时，很多人就预期资产价格还会继续上涨，于是，纷纷组织资金抢购资产以图增值。当市场炒作过度，商品价格暴涨时，经济就出现了泡沫。然而，当资产价格涨到一定高度时，一些理智者就认为太高了、要跌了，不再跟进；一些投机者就迅速抛售变现退场；一些并不急需的购买者就预期资产价格将下跌而持币观望。抛售者多，购买者少，资产价格就暴跌，这就是泡沫破裂。人们预期资产价格上涨可以找到很多理由，预期下跌也同样可以找到很多理由，关键是市场主体自己如何判断。当然大量的人是怀着从众心理，买者多时跟着买，卖者多时跟着卖，就是人们常说的买涨不买跌。比如：当人们预感到国家会出台房产救市政策，有购买意愿者就会等候优惠政策，而开发商必捂盘惜售。当政府出台与预期一样的政策时，预期阶段积蓄的经济能量就充分发挥出来；当政府做出超过预期的政策时，就会产生更加显著的效果。

充满信心的预期对经济复苏有积极意义，缺乏信心的预期则对经济复苏具有消极影响。居民有信心，才会去消费；厂家有信心，才愿再生产；投资商有信心，才会去投资。社会成员普遍有信心，经济复苏就快些，反之，复苏就缓慢。恢复信心是宏观经济走向复苏的心理基础。这种由于预期而产生的市场变化，学界称之为**预期效应**。

加强对经济预期的引导，确实是宏观调控的有效手段，这是符合思想价值论原理的，经济学家把它称作预期管理。人们的消费和投资行为总是受预期影响的。通常是有怎样的预期就有怎样的消费和投资行为。要想改变人们的消费和投资行为，就得改变人们的预期。美国前总统里根有句名言："改变经济状况有50%要靠心理学。"① 人们是通过认知判断来决定投资和消费行为的。政府进行宏观调控时要得到民众的配合，就必须在出台政策的同时，搞好政策宣传，把握好舆论导向，使政府意图成为民众共识和主流意识，真正实现引导心理预期、统一民众认识、增强复苏信心的目的。

当市场主体的心理预期形成之后，政府的某些温和政策的调整作用通常较小。比如，当经济疲软时，政府常用宽松的货币政策予以刺激，然而，人们仍然对增长缺乏信心，就没有投资和消费的热情，即使利率一再降低，还是收效甚微。政府在制定政策时必须考虑到民众预期的心理因素，采取多方面措施使人们改变预期。

政府政策对宏观经济发展常常起主导作用。国家高层的一种思想、一个决心、一项举措都直接影响宏观经济状况和产业走向。

---

①张国庆：《为什么投资需要健康的心理?》，《华夏时报》2009年11月7日—11月13日，第31版。

二、价格体系内部的关联性

价格体系由各类各种的商品价格构成。各类各种商品生产、营销、服务之间的关联性，决定其价格之间也存在关联性。一类商品涨价就可能引发许多商品价格上涨，经济学家称之为商品涨价的传导效应。这种涨价可以分为两大类：一是关联性带动，即一商品涨价引起相关商品成本增加。如钢铁涨价，以钢铁为原材料的机器因成本增加必然涨价；同时，因机器涨价，机器所制造出的产品也相应涨价。就这样，一级一级传导下去，影响到很多商品。二是类比性涨价。功能效用相同或相近的商品，一种商品涨价会引起另外几种商品涨价。比如：大米涨价会引起麦粉、玉米、大豆等涨价，原因是它们之间有一定替代性。同是食物，大米涨价后就会有一些人选择购买未涨价的麦粉、玉米，从而带动麦粉、玉米也涨价。

三、市场“逆心定理”

商品市场的一大特点是：你担心什么，它偏来什么。消费者担心某种商品涨价就真会涨。因为一担心就抢购，一抢购市场就缺货，一缺货就涨价。而且，越有人抢购，就越有商家囤积居奇。买方抢购、卖方囤积，必然加剧供求矛盾，导致价格暴涨。消费者担心货币贬值，就真会贬值。因为担心贬值就纷纷取钱置业，而原业主怕货币贬值而守业不售，于是就出现大量货币追逐少量物业的通胀性“局市”。建立“局市”概念甚有必要。我们定义：拥有各类各种商品的市场称作“全市”，仅有某类某种商品的市场称为“局市”，“局市”是“全市”的局部。房地产业价值量大，其“局市”对“全市”影响重大。

消费者心理决定其消费行为。一些消费者担心涨价的情绪会感染其他消费者，于是，一些人抢购就会带动许多人抢购，从而加剧涨价风潮；相反，人们担心商品价格下跌时，其拥有者纷纷抛售，而需求方等待再跌、暂不购买，于是，市场商品就供过于求，真的出现下跌。这种“担心什么，偏来什么”的市场规律，可称为“逆心定理”。“逆心定理”成立的总根源在于资源有限性和商品稀缺性。

四、消费者认知局限与政府责任

从长时间看，商品质量好坏是由消费者在使用后认定的。经大量消费者长期使用证明优质的产品就逐步形成有影响的品牌。然而，就短期而言，消费者的认知是有局限性的。原因有二：一是信息缺乏；二是未必懂行。他们不了解生产过程，不知道使用的材料，又缺乏专业知识和检测手段，与生产经营者相比消费者大多是外行。于是，有的不法商人和缺德者就搞假冒伪劣，制造一些问题商品，坑害消费者。等到问题暴露时，受害者已是一大批了。也就是说，等到消费者真正认知时，早已遭受损害了。这种监管责任应由政府主管部门及行业协会来承担。老子云："圣人常无心，以百姓心为心。"（《道德经》第49章）政府应当为全体民众负责。又云："为之于未有，治之于未乱。"（《道德经》第17章）经济主管部门与行业协会必须履行自己的职能：一是制定产品质量标准。行业协会应当协助政府相关部门制定质量标准，并监督本行业相关企业执行。二是发布信息公告，包括：历年某产品的销售总量及当年已有投产规模，以免商家盲目投产。比如：全国一年需要多少大蒜，当年已种植多少亩，按一般产量是否已够全国民众使用，等等。此类信息通报可以预防大小年的大幅震荡。服装一年可以销售多少？目前生产能力有多少？此类信息通报可以减少失衡。三是通报区域需求。让商业、运输等部门将产地商品运送到所需地区，实现供求对接。四是加强企业产品质量监控并建立检测纪录和诚信档案。经济主管部门和行业协会做好这些工作，既有利于保护消费者权益，又有利于经济有序均衡发展。

在经济转型升级中政府能做些什么？一是致力于制度和政策创新，促进经济转型升级。二是搞好资源开发的计划、管理和控制，不可低效率消耗资源和低价出口资源。三是引导消费转型，让民众逐步转入文化生活和健身益智方面的消费。四是控制货币发行量，切实稳定物价。五是管好市场秩序，确保健康运行。六是监管污、毒、废物排放，切实保护环境。

五、不同目的需求的市场效应

需求是购买的动因。需求可以分为几种类型，而不同类型需求对市场秩序和经济发展所产生的影响是不一样的。

一是消费性需求。这是最基本的需求。消费者是为了自己使用而购买商品。食品、药品、日用消费品是在使用过程中消耗的；房子、家具、汽车等虽不会很快消耗，但因其自用，一般不会在短期内回流到市场。

二是置业或收藏性需求。中国人有置业传统，当有钱时总想购置些家业。如：有的房子、高档家具等，也有的喜欢购买古董、名人字画等。置业和收藏者虽然也是看到该商品涨价而高兴、跌价而沮丧，但增值并不是他们的初衷和首要目的，其商品也一般不轻易回流市场。

三是投资性需求。投资性需求是以资本增值为目的的购买行为。投资者根据其对市场行情的判断，认为该商品价格有上涨趋势和空间，就决定买进，等到该商品涨到一定价位后就抛出，以赚取增值。投资性购入的商品不久后就要抛出，回流市场。当有少量投资性购买时，对该商品价格有抑峰填谷的作用。因为他们在低价时买进，增加了需求；高价时抛出，增加了供给。然而，如果有太多资金进入市场作投资性购买时，其效果就不是抑峰填谷，而是持续拉高价格、造成市场恐慌、破坏市场秩序。

四是垄断炒作需求。即以巨额资金集中收购某种产品，特别是季节性产品。规模大者可占据某地该产品半数甚或更多，能够垄断和控制该产品的局市价格，以牟取暴利。这样，必然导致消费者恐慌而抢购贮备。垄断炒作直接破坏市场秩序，危害很大。

综上所述，消费性需求是人们生活所必需的；置业和收藏是财产保存和文化传承的需要；投资性需求应当加以引导和管理；垄断性炒作应当依法制止。

六、控制价值炒作

物质文化财富是人类生存和发展的必需品，具有实用价值。而一些没有对应财富作依托或没有效用基础的价值增值，乃是虚拟价值。虚拟价值中有一部分既无益民众生活，也不促进实体经济发展，实为虚空价值。有些金融衍生品，纯粹是一种价值炒作，像爆米花一样仅仅是膨化，使价值数字扩张，而可供消费的物质文化效用毫无增加。当虚拟价值增加过量时，就直接影响到实体经济发展。

商业炒作可使价格攀升。贸易存在，炒作就难以避免。适度炒作使经济增加一些活力，过度炒作肯定是有害的。炒与贩不同，贩是将商品从产地运到更需要的地方，送到消费者手中，是经济运行不可或缺的环节，是价值增值的过程。炒作只是集中货币追逐某商品，使商品价格一次次不合理的抬高。炒作不增加财富，也不一定改变商品的空间位置，过分炒作只会扰乱市场环境和经济秩序。因此，对炒地皮、炒房产、炒股票、炒期货等，政府都应当予以适当限制和严格规范。如果炒作者赚钱太容易，谁还愿意制造物质文化产品？大量资金转向炒作，就使制造业空心化。尤其是炒项目、炒标书危害更大，必须坚决杜绝，违法犯罪的要予以严惩。

心理预期直接影响炒作。当炒作者中有人认为还有商品上涨空间、抛出后会有人接手时，炒作就能继续下去；当人们普遍认为价格太高时，就没有人肯再接手，于是就套在接最后一棒的人手上。

股票市场设立确实为大企业筹资和民众购股提供了机会，从而发挥筹集闲散资金、服务经济发展的作用。但是，在炒股从投资蜕变为投机的背景下，许多试图赚点钱改善生活的散户将节衣缩食所积的几万元资金投入股市，当亏得所剩无几时就变得更加没钱消费了；而机构赚了再多的钱也与消费关系不大。这不仅加剧两极分化，而且直接影响社会消费增长，进而影响经济发展。股市对宏观经济发展具有正作用，但也必须警惕其副作用发生。

价值是市场对商品的珍贵性评估，是以商品的有用性为基础的。生产和服务的过程是创造有用性的过程。炒股、炒地、炒房，虽然是促进流通、增加价值，但都不增加财富，大多是使原始价值膨化和虚化，当市场恢复正常时立刻贬值。

对民众个人来说，赚到了钱就可以买东西，计较的是钱。对国家来说，主要是要引导人们创造出更多的物质文化财富。增加货币发行量是经济发展的需要，是宏观经济管理的手段。在物与钱、财富与价值的关系上，国家更应注重前者。因为决定国力的是财富而不是虚拟价值；国民生活实际需要消费的是产品。政府既要关注 GDP 和税收增长，更要注重物质文化财富的产出。正因为如此，美国提出重新回到实业救国的道路上。

财富创造和服务供给主要依靠实业和服务业，而金融是实业发展的条件。金融业发展当以有利于实业潜力发挥和民众生活水平提高为目的，金融衍生品的过度发展，会形成泡沫，产生风险，到头来给经济发展带来危害。

第六节　金融稳定关系经济稳定

一、储蓄与经济发展的关系

凯恩斯理论过分强调消费的重要性。其实，比例恰当的储蓄是经济持续发展的重要条件。

在币值正常的条件下，资金总是与财富相对应的，储蓄意味着财富的储备与积累。银行储蓄为投资积聚资金，财富储备为投资提供生产经营的物质要素。没有钱的积聚，没有物质资料的储备是无法扩大再生产的。超前消费必然是物质财富的透支；超过储蓄量的大规模投资，必然引起生产资料价格的过快上涨。民众普遍超前消费，固然可以推动经济一时增长，但必然引发通货膨胀，甚至可能导致经济危机。

在通胀率高于存款利率的情况下，储蓄者的财富份额是日渐减少的，这就是我们平时所说的实际负利率，应当尽力避免。不然就会挫伤储蓄者的积极性，利率过低也使贷款者占了不应有的便宜。

适量储蓄不仅有助于生产，也有助于消费。居民家庭经济主要由其成员劳动力报酬和理财收入组成，上缴税款后，一部分用于生活消费，一部分用于储蓄。存放银行的钱贷给企业，就是支持扩大再生产。储蓄或民间借贷获得的利息，通常是人们最放心花费的钱，因为有本在，可以再生利。有些地方的老人，退休金不高甚或没有退休金，就将仅有的一笔存款用来生息，他们想得长远，每年只用利息而不动本金。如果没有利息收入，他们就更不敢花钱。如果民众过量储蓄，甚至节省到将利息收入再储蓄，那么必然导致消费不足，不利于经济增长。

存款因生利而增加，商品因压库而贬值。物与钱反向消长，使社会上物钱不对应的状况加剧。储蓄总量过大对物价稳定也构成威胁，因为一旦物价尤其是资产价格形成上涨之势，并引起恐慌时，人们纷纷取款购物，没有谁可以阻拦，不仅物价暴涨，还易引发金融危机。

过多的企业储蓄会影响经济发展。宏观不平衡是由微观不平衡叠加而成的。比如：一家生产性企业销售收入为 100 万，其中，原材料 35 万，机器厂房折旧 5 万，利息 5 万，税收 5 万，工资 30 万，老板通常将利润用于扩大再生产。如果老板暂时不扩大再生产，不需更新设备，就有 25 万元的储蓄，同时导致市场上 25 万元生产资料暂时卖不出去。在物价稳定的情况下，储蓄量等于存货量，企业和家庭一样，过量储蓄对经济发展是不利的。在经济快速增长的时期，大多数企业是通过贷款使企业生产扩张，而不会有钱储蓄。

二、货币资本作用的两面性

辩证地看待资本，它的作用具有两面性：经济发展需要资本，但过量资本又会扰乱市场秩序。

一方面，资本是贯彻生产经营思想的载体条件。在市场经济条件下，没有资本，各种生产要素就没法聚集到一起，无法实施和实现生产经营者的想法。在一定的社会历史阶段，若资本紧缺，就影响生产经营开展，阻碍社会经济发展。因此，必要的资本是经济社会发展的重要基础和条件。一个国家在经济发展的初期，总有一些创业者虽然有很好的想法，但因找不到资金而终止创业。

另一方面，社会资本过量也会给市场秩序带来冲击和扰乱。具体影响有四个方面：一是容易造成一些产业产能过剩、产品过剩。当大量资本急于寻找出路且看到某产业利润率较高时，就会一哄而上，很快使该产业产能过剩。二是容易导致对市场某产品的围追炒作。游资总是在寻找增值机会。大量游资集中追逐哪种商品，哪种商品价格就暴涨，并带动其同类商品和相关商品的上涨。比如：某资本拥有者关注市场上的大蒜，在资本金足够大时，就可以把当时市场上的大蒜全部收购，然后，抬高价格，逐步出售，实现对大蒜价格的全面控制，这种操控市场的垄断经营必然损害广大消费者的利益。三是易引起稀缺商品和非鲜商品的囤积和涨价。因存量资本多，资本拥有者会收购黄金、白银、有色金属、文物古董等稀缺商品以图增值。市场上此类商品短缺，价格自然上涨。在资本扰乱市场的情况下，加强资本监管是非常必要的。四是资本可能以大吃小，加剧两极分化。可见，在自由市场上，游资并不是越多越好。

资本需求量与产业结构有关。一个国家、一个地区在某一时期，以多少资本为宜，当看产业结构状况。若主导产业是机器设备、工业材料生产等投资大的产业 ，则资本需求量大些；若主导产业是一些高智能产业，如软件、文化、创意、策划等，资本主要用于雇佣一些高级专业人才，固定资产投入并不多，资本量就可以少些。

三、金融业盲目扩张的风险

2008 年 9 月，以美国雷曼兄弟公司破产为标志，暴发了金融危机，结束了美国经济连续五年的增长期。美国经济衰退，失业率居高不下，年轻学生不仅承担助学贷款的压力，而且担心毕业后工作难找，更兼目睹父母的房产被银行收走，感到前途迷茫，情绪沮丧。摆在他们面前的是“黑洞一般的未来（Black Hole Future）”。民众对政府用纳税人的钱救助金融机构极为不满，对华尔街的员工照样领着高薪过花天酒地的生活更感愤慨，于是，2011 年 9 月在加拿大杂志《广告克星》引导鼓动下掀起了声势浩大的“占领华尔街”（Occupy Wall Street）运动。9 月 17 日，约有 5000 人参加了第一天示威，300 多人就地留宿。①

①张妮：《占领华尔街：我们要民主不要金主》，http：//theory. people. com. cn/GB/2011 - 11 - 08.

民众把华尔街作为泄愤对象有一定理由。金融的厚道经营是实体经济发展的重要条件。金融机构所搞的业务恶性扩张，过度的衍生产品和乘数效应，让他们自己增加了很多钱。银行家赚得盆满钵满，必使实体经济部门成本增加、利润减少。一些撑不下去的实体性企业和借款人把不良资产甩给金融机构，最后，将金融机构也拖垮。经济发展史表明，经济部门之间是紧密关联的，大家共赢是最好的方案。若一家独赢、他人多垮，最后是自己也垮。

银行家总想多赚钱，在上交一定比例的存款准备金后，剩余资金全部用于贷款；而放出去的贷款不论是使用还是暂存，均大部分以存款形式回流到银行，尽管可能不是同一银行；银行在提取准备金后再贷给企业……重复上述过程，使银行存款量成倍扩张，业内称之为信用创造，若存款准备金率为 ρ，则存款通货增长为 ρ 的倒数倍，这 $1/\rho$ 就叫信用乘数①。

现在，我们分析银行的信用创造过程。

设 A 户有 10 万元钱以一年期存入银行，若法定准备金率为 10%，银行就可以用 9 万元钱贷给 B 户；B 户经市场支付材料费给 C，C 暂时不用又把 9 万元存入银行，银行将扣除存款准备金后的 8.1 万元贷给 D 户；D 户经市场买机器支付给 E 户，E 户又将其存入银行……

按等比数列求和得存款总额：

$10+9+8.1+7.29+\cdots=100$ 万

所提准备金总额为：

$1+0.9+0.81+0.729+\cdots=10$ 万

如图 7－1 所示，以框内虚线划分金融、企业和市场三领域，就可以看清银行是如何通过信用创造扩大贷款规模的。

看图分析我们可以得出如下结论：

1. 银行的信用创造，即存贷款数量扩张是与存贷次数相关的，存贷多次，信用也扩大多次。

---

①参见：王国强编著《完全图解：宏观经济学》第 150 页，南海出版公司，2008 年 7 月版。

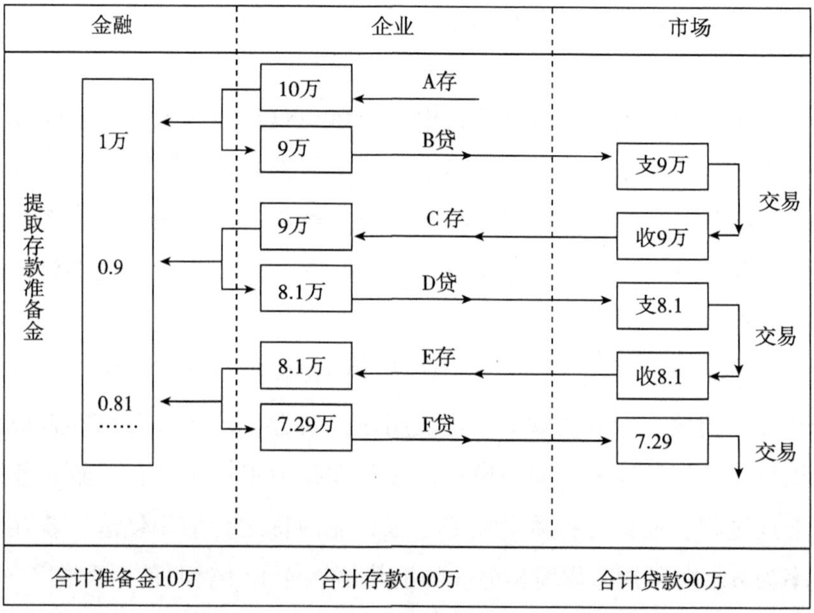

图 27－1　银行信用创造

2. 若存款准备金率为 ρ，创造的信用乘数就是 1/ρ，同时也以乘数法则扩张存贷款规模，获取更多利润。

3. 银行把资金放贷至实业领域，是按信用创造总额收取利息的。借款人拿到钱去采购，得到自己所需要的生产要素，实施智、物、能三者的创造性结合而增值，可见，实业发展离不开金融。

4. 金融业与工商业的获利风险是不同的。银行以信用创造后总额按存贷利率差安全获利，只要贷款企业没破产；工商企业却不同，在向银行交付本金和利息时，还不知道自己的经营是赢利还是亏损。

5. 银行可以依靠信用创造使数量扩张，实业却不能。银行业在存取款之间就可赚取利润，实业却必须经过许多环节的生产经营。银行靠大批实体企业为其创造利息，实体企业却靠自己创造利润。

6. 金融衍生品价值炒高，往往脱离实体经济基础，很可能引发通货膨胀。

由上述分析可见，决定金融脆弱性的因素很多，但有两个方面是特别重要的。其一，债务人总是试图以最小的自有资本做最大的项目，实现“四两拨千斤”的目的。这种高负债率的规模扩张，一旦失败即殃及银行。其二，银行为了自身发展和应对竞争，不断扩张业务，当虚拟经济扩展脱离了实体经济基础时就必然出现泡沫，不可避免地出现金融风波甚或经济危机。思想价值论认为：只有真正有益于人们生存和发展或有益于实体经济发展的金融智果才有真实价值。银行家往往只顾自己赚更多的钱，而不顾市场秩序，开发一些金融产品纯粹是实现价值扩张，无助于民众生活和实体经济发展。这种价值炒作，没有财富增加，只是一些经济泡沫，严重到一定程度，必然造成金融危机和经济危机，所以，政府要加强监管。

四、通胀常常拉大贫富差距

基尼系数（Gini coefficient）是用来反映居民收入分配差异状况的重要指标，只能表明当年新增财富的分配状况。然而，在房地产、收藏品等资产价格暴涨时期，富裕家庭存量财富大幅增值，远远超过当年劳动收入。而没有什么资产、省吃俭用的储蓄者因货币贬值而个人财富迅速缩水。结果是未富者变穷，富裕者更富，两极分化加重。所以，通胀是财富再分配不公正得以实现的重要途径。通胀通常具有劫贫济富的作用。计算公式如下：

存款缩水量 = ［储蓄额 × 通胀率］ − 利率

式子表明：通胀率越高，存款缩水量越大。

资产增值量 = 涨价前实物财富价值 ×（通胀率 + 利率）

式子表明：通胀率越高，实物资产增值量越大。实物资产虽然不存放银行，也必不闲置，其租金收益率一般不低于利率，因此必须加上。

衡量贫富差距指标：

$$1.\ 贫富比 = \frac{某区域前10\%的富裕者户均财富额}{某区域末10\%的贫困者户均财富额}$$

就是用富裕者户均财富是贫困者户均财富的多少倍来反映贫富差距。

$$2.\ 首富富裕度 = \frac{某区域占1\%的顶尖富豪的财富总额}{某区域社会财富总额}\%$$

用顶尖富豪占社会财富总量的百分比可以反映其富裕程度。贫富差距过大是社会稳定的不利因素。

政府应当要求居民把个人资产和企业资产相对分离。企业资本积累通常是用于扩大再生产的；而非企业的个人生活剩余资金，要么用于私人置业，要么投资于企业实现分红。因自然资源有限，在居民有一套房、一辆车以后，应当不鼓励他们非生产性置业，努力缩小贫富差距。就业者报酬主要是由劳动者个人工作能力和专业技术稀缺性决定。市场只能按能力、业绩和供求状况分配，缩小贫富差距要依靠政府税收调节。低收入者要低纳税或微纳税，纳税有助于培育公民的国家观念和主人翁意识；对中高收入者要收取累进税，优秀劳动者为国家多做贡献是很光荣的事。

五、国际贸易与资本流转

国际贸易不仅扩展了产品的销售市场，而且可以使世界各国扬长避短、发挥优势。在国际贸易中最得利的是技术、文化产品的输出国，如美国、日本、德国等出口的软件、影视作品、科技产品等。这些商品的价值主要是思维成果，在专利制度保护下得到不断复制。科技和文化成果不因转让而减少；自然资源却是卖一斤少一斤。发达国家用不断复制的智果来换取他国的不可再生资源，是最合算最得利的。

从世界各国赚回一些外汇，若不从国际市场上买回本国所需的资源、商品和技术，那么，国人劳务输出换来的实际价值就会大减。聪明的国家都从他国购买资源，贮备后用。

在国际资本流转中，一国资本流出对本国是损失，因为，资本流失等于财富流失。流出去的资金迟早是要从流出国购买商品的，这就是用你们国家的钱买你们国家的商品。这种流失严重的可以致使一国贫穷。商界精英带着大量资本移民国外对本国来说是莫大的损失。这与跨国投资完全是两码事。

出口贸易顺差固然很好，但更重要的是还要看出口什么产品。如果出口的是不可再生资源，或资源型产品，那就少出口甚至不出口也罢；如果出口的是科技、文化成果或劳动密集型产品，是可以再生的，赚一些钱回来当然是好事。在全球货币日渐贬值的背景下，外汇储备过多意味着接受财富缩水。

第七节　推进幸福城市建设

城市化过程不仅是城区面积扩张、城市人口增多，而且带来经济高增长。城镇化是国家现代化建设中的历史性任务。大量新市民是城市发展的动力和活力。城市发展很大程度上是依靠新市民推动的。要解决身份平等和待遇平等问题，以调动新市民的劳动积极性。城镇化红利带来的经济发展成效显著，但是，有几方面难题需要破解。

一、实行科学规划 根治城区车堵①

世界各国的大中城市普遍存在“城市病”。诸如：城区堵车、垃圾围城、污水泛滥、空气污浊等，尤其是汽车太多，成了空气污染的元凶。细细想来，只要转变观念、打开思路、抓好实施，这些问题还是可以解决的。

（一）城区堵车的根本原因在于规划和布局

据史学家考证，中国古代的长安城比现在的西安市还要大，那时没有汽车，城市照样运行，人们照样生活。没有汽车，就按没有汽车搞规划。可是，现在城市官员和规划人员的潜意识中有了个“人们都是乘车或开车”的假设，这假设成了他们搞规划的思维前提。这种“仗车思维”主导的城市规划必然导致：

一是公共资源布局中心化。城市功能布局安排通常是市中心最强，环形分级，四周辐射，梯次减弱。大量居住在城郊的市民不得不赶往城中上

①参见俞鼎起：《消解城区拥堵的速效措施和治本之策》，载《鲁东大学学报》（社科版）2016 年第 7 期。

班或办事。

二是“工住远离”和功能分区化。在汽车不多的年代，官员和规划者头脑中有着“工住就近”的理念。多数单位都有自己的员工宿舍，且宿舍区与工区相邻，上下班步行可达，根本不需要乘车。而今，官员和规划部门假设“大家都乘车”，把城区严格划分为办公区、工业区、商贸区、金融区、文教区和生活区等，用专业眼光看城区图的确是功能清晰，赏心悦目。问题是这种规划迫使广大市民满城跑，活动半径普遍较大，无论上班、上学，还是求医、办事都必须乘车。当公交车不够方便时，市民大多选择买私家车。

三是公共服务集中化。由于“仗车思维”作祟，公共管理和服务的思路也出现了偏差。其一，办事地点过于集中。投入了大笔资金建设规模很大的“便民服务中心”，其主观愿望是集中政府的相关部门，让市民在一个地方“一条龙”办完事，初衷是好的。但是，通常全城只有一两处办事中心，全市要办事的人都往那里跑，增加了交通流量。这种办事机构应当分散、多点、就近，让市民步行或骑车可达，才是真正便民。在信息时代，网络一联都是可以解决的。其二，热衷于办重点。有的地方政府热衷于办重点小学、重点中学、重点医院、重点敬老院等。市民总是希望得到优质服务，于是舍近求远赶往重点，这就不得不依靠汽车。

四是项目建设规模化。在“仗车思维”影响下贪大求阔之风盛行。一些官员和规划人员热衷于“搞就要搞大”：造全城最高的高楼，供数千人办公；造全城最大的商场，商品应有尽有；造全城最大的医院，科室齐全床位多；造全城最大的校园，师生活动必须乘坐校内公交。殊不知大不等于强，更不等于优。人员过度集中，增大了通行距离和车流量。规划人员已习惯于把交通放到末位考虑，城区用车就越来越多，堵车越来越严重，空气质量也越来越差。

（二）城区治堵可采取四项措施

如果不从规划、布局和市民生活方式上进行调整，任由汽车流量不断增加，那么，就是道路再拓展、高架再多修、隧道再多建，也还是要堵车的。同时，汽车排污也不断增加。“据 2012 年北京环保局公布的数据，北京市 PM2. 5 的污染源占比结构为：机动车 22. 2%，燃煤 16. 7%，工业及溶剂使用 16. 3%，扬尘 15. 8%，农业及畜禽养殖秸秆燃烧 4. 5%，区域污染传输 24. 5%。这意味着，如果排除 24. 5% 的区域污染传输，机动车在北京本地 PM2. 5 污染源中的占比为 29. 4%，排在本地污染源的第一位。”如果扬尘中汽车作用占一半的话，其污染占比就是 37. 3%。许多学者直指汽车就是空气污染的元凶。面对城区堵车、石油渐枯、温室效应、气候变暖、冰川融化、雾霾不断、灾害频繁、生态失衡、怪病多发等严峻局面，控制汽车上路量，已是关乎人类命运的严肃课题。

1. **调整规划布局是治堵的基础工程。**要坚持城市区块功能综合化和公共服务就近化的规划理念。无论是新区建设还是老区改造，都要使区块具有相对独立、比较完整的综合配套功能。大城市中的区，地域很大，功能还不齐全；街道地域偏小，更缺乏综合配套功能。应以整合街道的方式，设置半径约为 1. 5 公里的综合功能区，可称为“城中镇”，行政管理机构相当于处级。“城中镇”内不仅有企事业单位、居民社区，而且设有学校、医院、商场、银行、停车场、健身场馆、文化娱乐场所及其他服务机构等。使“镇”内市民上班、上学、购物、就医、办事及日常活动均不必用汽车，这种功能齐全且步行或骑车可达的“镇”可称为“步行镇”。老城改造时，密集富余的行业和设施就迁出一些；缺乏的项目就补建一些，使之功能配套齐全，实现供需平衡。一家大医院每日门诊量为一二万人次，还有大量陪同人员和医护人员，好几家医院集中在一条街上，高峰期能不堵车吗？若每个行政区都由几个“步行镇”组成，城市就会畅通。城市扩建不能搞辐射式渐次扩张，而应一次规划建设一个“城中镇”。如果规划人员把“市民是走路的”这一假设作为规划前提做方案，建城后肯定不会堵车，甚至可以大量减少汽车。

2. **缩小“工住距离”是治堵的关键措施。**现行城市布局“工住远离”问题十分突出，可以步行上班的人不到 2%。一座城市要在行车高峰期不堵车，最好是让半数以上的人能够步行上班。现在看来，20 世纪六七十年代，单位建造员工宿舍的做法是很人性化，也很低碳的。鉴于城区的交通拥堵和空气污染状况，政府应当批准和支持有条件的企事业单位，尤其是就业人数百人以上的较大单位就近建造员工宿舍，供在岗员工租住，可叫工租房。实施要点是：其一，工租房单套面积以 70～140 平方米为宜，让住房要求高且有购买力者自己购买附近的商品房。其二，工租房套数以员工总数的 50% 左右为宜，因为夫妻双方一方有房租住就行。其三，工租房属单位所有，房管部门不做单套房产证，永不出售。其四，工租房只供本单位在职在岗人员租住，其他人员不得占用。其五，租金与市场价格相近，过低则易导致竞争激烈。其六，要制定地方性法规，严格规定：离岗之日就是退房之时。拒不遵守协议按时退房者，单位可申请法院强制执行。或许有人会问，双职工住一方单位，配偶上班不是更远吗？解决办法是：若夫妻双方单位都有房可租的，应当住责任重、工作忙、收入高方的单位，以减少人才在途时间。任务轻些、收入低点的配偶，有条件的安排同单位工作，没条件的就近找份工作。只要坚持批准有地单位建造“工租房”、无地单位就近逐步收购二手房、先由员工就近买房再在退休后卖给单位、政府免税鼓励员工换近房等政策，经过若干年努力，让半数员工住在单位边上是可以实现的。这样就可从根本上消除高峰期堵车，更有意义的是可以减少途中时耗、减少排污、减缓石油消耗。

3. **控制行车流量是治堵的中心任务。**多数市民认为堵车的主要原因是私家车上路太多，多数人拥护私家车限购政策。随着经济发展，居民有能力买车者越来越多。目前，许多小区车满为患，私家车应该控制了。公车改革大幅度减少了单位接送领导的专车，成效十分显著。与私家车相比，公车占用的资源更多。私家车是自驾的，一天上下班只跑一个来回；公车是雇司机驾驶的，接送领导一天至少跑两个来回。可见，一辆公车占用道路、消耗汽油、排放废气都比私家车多一倍，更应从严控制。公车管理改革不仅是转变作风、提高效率、节省支出的重要措施，同时，也是城市治堵治霾的有效途径之一。

值得倡导的是，市民拼车上班可以有效减少上路车辆数量。一人开一辆五座车上班很不经济，车辆、汽油、道路等利用率都很低，这是人所共知的，拼车减堵潜力很大。拼车难以实施的主要原因在于：一是安全责任顾虑。搭带他人，出事故时还要担责任，觉得犯不着。其实，在城区上班途中，车速慢，即使有刮擦、追尾、倒撞等事故发生，绝大部分较轻，不至于伤及乘员，车损由保险公司理赔，这一问题基本不存在。二是有关部门担心出现出租车市场秩序混乱问题。其实，开车上班的绝大多数人不愿带生客，搭车上班的本地人也不会轻易付出过高路费。政府准备放开出租车市场、打破垄断经营的决策是正确的。三是拼车需要相互等候，没有独来独往自由，诚然，开私家车上班就是图个快速自由，但是，大家都追求个人开车自由，结果是大家都堵在路上，还有什么快速自由可言？两三人等上三五分钟，总比长时间堵在路上好。有人认为拼车和限号都剥夺了公民自由。当汽车不多、道路资源够用、空气质量良好时，开车的确是个人的事；但当大家都有车、道路拥堵、环境恶化时，堵车和雾霾就成为社会问题，人人都有义务参与治理。与其大家承受堵车之苦和环境灾难，倒不如大家都让出一点自由，换取道路通畅和环境好转。社会问题解决需要社会成员共同努力。拼车上班的好处至少有三：一是可以明显减少汽车上路量。全面实现两人拼车上班，私车上路量就减少一半；三人拼车上班，私车上路量就减少 2/3。可以想象，这样道路会通畅很多。二是可以节能减排，利于保护环境，减轻雾霾。三是搭车者和开车者双方有利。搭车者付费远比自驾车成本低，且避免了开车的劳神；开车者既增进了与搭乘者的友谊，又收回部分汽油费。拼车双方同时都在为治堵治霾做贡献，是素质高的表现。西方世界，过度崇尚“自由”，忽视“合作共享”，人手一辆车，以极高的人均“碳足迹”，加剧温室效应和气候恶化。同向共路的人为什么不共享一辆车呢！

拼车的具体实施方法：其一，社会倡导拼车。要大力宣传拼车的好处，增强市民环保意识，号召市民“自愿拼车，减堵减排”。同事或邻居长期搭车不付费，搭乘者不好意思。车管部门可以提出搭车付费指导价，原则是能耗费的半价。开车者带一人上下班收回一半能耗费，带两人上班收回全部能耗费，带三人以上者回收费用就有剩余了。其二，拼车当以自愿为原则，一般由同工作单位或同居住社区者拼车。居住同一社区、上班同一方位者拼车，可经社区联络；上班同一单位、居住同一方位者拼车，可经单位联络；同社区同单位者拼车，可任选一边；居住同一区域、上班同一方位者拼车可通过网络平台联络。目前有顺风车拼车软件，联系就更加方便。其实，只要解决积极性问题，自己都有办法联络。其三，拼车与开车。二人、三人或四人拼车，可以轮流开，只要平等互利、处理好关系就行。无车者搭乘他人车，也可付费搭车。其实，很多人有拼车愿望，只要工、青、妇、社区等机构发出号召并予以组织，是能够实施的。一些城市道路用黄线标明公交专用道，私家车不得进入，体现其公交优先的原则，但有时浪费一些道路资源。可以把规定反过来，划出一条“独人车道”，凡一人自驾一辆车者只准走此车道，多人车可走任意车道，这样既可充分利用道路资源，又可减少道路上的独人车数量，促进人们拼车出行。

4. **发展优质公交是治堵的根本出路**。公共交通运载率高，应当坚持优先发展原则。要在深入观测上下班人员流量和流向的基础上增加公交线路；人员流量大的线路，要增加车辆；要增强公交线路的合理性和衔接的紧密性。上班路上转一次车还可以，转多次就耗时太多。路线长、站点多、乘客多、车辆也多的公交线路，可分为 A、B 车，途中实行隔站停靠，即 A 车停的站 B 车不停，B 车停的站 A 车不停，这样能够提高速度，市民可以根据自己需要选乘。社会调查显示，目前约有三分之一左右的人乘公交车上班，更多人希望加强和改善公共交通。说明若公交方便，很多人是愿意停开私家车的。公交发展要在提高质量上下功夫。要实行政府补贴，以低价吸引更多市民乘用公交，使市民少买车、少开车。若使市民公交出行率达到 70% 以上，城区堵车一般不会发生。

（三）治堵需要观念理性回归

思想是行动的先导。要改变人们的行为，必先改变人们的观念。发明家创造汽车的时候是让人们出远门时乘用的，而今大量的人开车上班，开车送读，开车就医，甚至，“打瓶酱油也开车”，人们普遍患上“汽车依赖症”。一个家庭几辆车，汽车多到与人争路、与人争地、与人争气的地步。汽车虽好，但数量过度就走向反面，带来许多危害。汽车使用已走入误区，停止使用已不现实，原路返回是历史倒退，但理性回归却是新一轮文明进步，属后现代生活方式。

1. **建城理念，当从“仿效西方”回归到“从国情出发”**。西方国家街区功能清晰的城市规划理念并不完全适合中国国情。我国拥有十三亿人口，如果像美国那样几乎人人有车，道路、车位难以解决，汽油供应不了，汽车废气对环境污染也会特别严重。中国城市即使规模与西方国家的一样，其交通状况也大不相同。一是由于人均土地少，城区人口密度和建筑容积率都比较大，若人人有车路上挤不下；二是由于国家大、人口多，乡下和外省车辆进城也相对多些；三是人多资源少的竞争环境往往有损秩序，从而降低交通效率。要从根本上解决城区堵车和雾霾问题，不能照搬人口密度不高的西方城市的做法。因为过分疏散建筑和拓宽道路，土地占用不起；多修高架路，既损害市容，又加重噪音；修建地下公路，财力和资源都有困难。从我国国情出发，必须从规划抓起，努力减小人们活动半径和通勤距离。

2. **居住理念，当从“单一私宅”回归到“双轨制”**。就业、居住和通行是城区居民生活的三要素。就业，才能发挥个人作用，获取劳动报酬；居住，是人的休息和生活所需，如同鸟需要有个窝一样；出行必不可少，上班、上学、购物、就医、办事等都得出行。如何处理三者关系？城里人原来有住房的只要就近择业；初进城者先择业，后租房。高峰期堵车是由上班族造成的，要减少汽车上路量就必须实行住房“双轨制”：即就业人员多数在单位或就近租房住；非就业人员多数居住市民私人所有的商品房，包括社区套房、公寓、排屋和别墅等。居者有其屋是指有房住，不要理解为一定有私宅。其实，租房更灵活，工作调动了，就租到别处去就近上班，不像私宅那样固定和令人牵挂。有为人生，时间最宝贵；快乐人生，堵车最烦恼。能住在单位边上，步行上班，那实在是很幸福的。中国人有着“重家”传统，追求成功又必须“重业”，两者并重就很难兼顾，那就年轻时“重业”，退休时“重家”吧！上班岁月租房住，临近退休再买房！如果上班族多数步行的话，就可以大幅度减少汽车上路量。住房“双轨制”改革应当试点，后酌情推行。生活在城里的人们深受堵车之苦，对住在单位或住单位附近步行上班是十分羡慕的。其实，古代以居住为中心的北方农民就以“土窑、近地、破棉袄”为农家三宝。窑洞易造，且冬暖夏凉；近地方便，不浪费路上时间；破棉袄保暖，又不会招贼惦记。现代以职业为中心的市民也有“三宝”：和睦的家庭，喜欢的职业，住所与单位邻近。从资源和环境保护角度看，全世界劳动者都应当“工住就近”，以减少能源消耗和空气污染。人生正确的居住程式是：幼小时期与父母住，便于受呵护；学龄时期在校住，便于学习和锻炼；上班岁月在单位住，利于事业和健身；退休要与儿女住，居家养老享天伦。这样，既节省一生在途时耗，又高效利用既有住房。

3. **用时理念，当从以时间换空间转变为以空间换时间**。当今，人们总是想要一份自己最适合的工作，选择一处自己最喜欢的住房。工住距离远的就必须早出晚归，以十分宝贵的时间去穿越每天重复的空间。生命延续是由时间组成的，浪费时间就是浪费生命。现代人应当居住就近，旅行可远。旅游是观察没有见过的外部世界，花时间穿越新鲜空间，增加了阅历，这是有价值的。在教育落后的旧时代，各地农民，别说是外语，就是普通话都不会，更没有专业知识，其生活必定以住宅为中心，就近种地，当地学艺，借以谋生。在教育发达的现代，人们不仅通晓语言，而且学有专长，不仅可以靠专长谋生，而且靠专长立业，靠专长为人类文明发展做贡献，这就必须以职业为中心。在普遍堵车的城市中，工住距离远，日常活动半径大，代价是很高的。途中耗时多，工作时间少，就直接影响工作业绩。科研人员、名医名师、企业高管、行政要员等从事创造性劳动的社会精英每天消耗在上班路上的时间，是一种智力资源的浪费，是高级生命的虚耗。这些时间，用来研究可以多出成果；用于教学可以多育人才；用于运动可以健身益寿。高端人才，时贵如金。日常居住当就近，学习交流跨时空。一位普通工人回家要走一个多小时，让家人等着多揪心！自己心里多烦恼！可见，无论是工作成就还是幸福指数，都与“工住距离”和活动半径成反比。

4. **用车理念，当从“偏爱汽车”回归到“计量成本”**。汽车扩大了人们的活动半径，改变了人类生活，然而，使用汽车至少有四方面的代价和成本。一是资源代价。制造汽车需要钢铁、合金、玻璃、橡胶等资源；用车需要道路、桥梁、隧道、车位、加油站、修理厂等公共设施；汽车运行消耗石油、氧气等自然资源；经数亿年形成的石油，仅一百多年就消耗得所剩无几，后辈子孙还有油可用吗？二是环境代价。汽车排放污染、扬起灰尘、发生噪音、减少绿化，消耗公共资源，付出公共代价。三是时间代价。用车本来是为了省力省时，但因活动半径扩展得太大，加上堵车和等车，人们消耗途中时间比无车时代还多。人们将越来越认识到工余时间是多么珍贵。人的一天只有 24 小时，8 小时睡觉、8 小时上班，另外 8 小时要洗漱、吃饭、通信、览媒、学习、健身、团聚、交友、娱乐、休闲等等，把太多时间消耗在路上，实在可惜。人的通勤时间可分为两类：一是乘车或驾车时间；二是步行时间。乘车驾车时间既不能工作和学习，也不能娱乐和锻炼，且蜷曲身体、承受颠簸、承担安全风险，是无为、无趣和无奈的时间消耗；适量步行却是锻炼身体。四是健康代价。患了“汽车依赖症”的人们，出门不离车，这不仅导致人们下肢退化、颈腰椎损坏、男性前列腺病多发；同时，使人的肌肉、骨骼、韧带、关节、血管、神经等功能衰退；使人的体能、协调性、柔韧性和敏捷程度都逐步降低；使今人的强健程度不如前人。可见，汽车并非只有优点，用车并非只有益处。

5. **通勤理念，从“追求便捷”回归到“绿色出行”**。从通勤伦理上说，出行首选应是步行和骑车，因为排碳等公害最少，谓之绿色出行；其次，是乘用公交车或校车厂车等，因为运载率高，人均排碳较少；再次，才是用自驾车和专车，人均排碳量较大。据初步测算，自驾车的人均排碳量为公交车的 10 倍以上，大排量豪车就更多。开车费用虽然自己支付，但排放污染是公众承受的。重伦理、讲公德，就应当尽量绿色出行。在体力劳动为主的时代，劳动过程就是健身过程，人们不需要专门抽时间锻炼；在脑力劳动为主的现代，人们以指工和嘴工劳动为主，身体运动太少了，必须抽出时间锻炼。保健专家洪昭光倡导“日行八千步”，认为“人的寿命与所走的路程成正比。”① 减少用车、增加步行是聪明的选择。

总体而言，汽车改变了人类生活，但由于过量，人们也为其付出了太大的环境代价和时间成本，这是需要人们清醒认识的。

二、切实转变观念 科学利用垃圾

市民要生活，城市要运行，就必然会产生大量垃圾。有专家估计城市垃圾人均年产400公斤左右，每个城市都有处理垃圾的沉重负担。现行方法都存在诸多弊端：“集中填埋”出现积累效应，大量侵占土地，造成垃圾围城，并且污染土地、水体和空气，影响周边人的生活和健康；“高温堆肥”既占地，又生污染；“焚烧发电”把一些有价值的废弃物也烧了，资源得不到充分利用，垃圾焚烧厂定址也会引起周围村民不满。我们必须从国情和市情出发，寻找一条既充分利用废弃资源，又能清洁和美化环境的好办法。笔者提议：正面看待垃圾，发展垃圾利用公益事业，充分利用垃圾资源，既有利于促进循环经济发展，又有利于城区城郊环境改善，同时还有利于农副产品质量提高。

（一）正面看待垃圾：97%废弃物有利用价值

笔者在农村长大，家里世代务农，亲眼看到父亲多少年来从未讨厌过垃圾。每当垃圾坑要填满的时候，他就喜滋滋地进行清理，拣出废旧金属、玻璃瓶、塑料袋和其他可以派用场的东西，然后，把一切可燃物全部用于烧焦泥灰，变成种庄稼的肥料。他几乎每次都嫌垃圾不够，希望再多些。垃圾是城市生活的代谢物，约97%的垃圾都是有利用价值的。金属、塑料、玻璃、木板、纸类等都是可以回收利用的资源；瓜皮果壳剩菜剩饭等食物垃圾是喂养禽畜的好饲料；柴草树叶木屑等烧成焦泥灰就是农业肥

①洪昭光：《天天健康方案》同程旅游网／2012年12月20日。

料；砂石、碎砖、泥土、破陶瓷等可以用于建设填方。废电池、废灯管、过期药品等必须特殊处理的垃圾比例很低，不到3%。总体而言，垃圾属混杂资源，关键在及时分选。

（二）我国城市垃圾的特点

欧美国家市民食用西餐，食物垃圾不多。而我国城区市民食用的是中式饭菜，家庭中瓜皮果壳剩菜剩饭等食物垃圾比较多，纸质、塑料等包装物较多；街道清扫垃圾主要是树叶、纸屑、沙土等；单位垃圾主要有办公垃圾、工业垃圾和医用垃圾等；农贸市场垃圾基本是植物性垃圾；商场垃圾多数是包装物垃圾。工业垃圾、医用垃圾部分可以回收利用，生活垃圾和办公垃圾也多数可回收利用。从总体看，城区是有机垃圾和可燃垃圾比重大，多数具有利用价值：可燃的可以焚烧发电，不可燃的可以用于建筑填方。及时利用好食物垃圾至关重要，因为容易发臭，并污染其他垃圾，影响分选利用。

（三）垃圾利用新理念新思路

第一，对待垃圾要从重处置变为重利用。只有充分利用，垃圾才能不成为城市的累赘和负担。第二，确立垃圾是“混杂资源”理念，从讨厌它变为珍惜它，讨厌就会越来越难办，把它看成资源就不觉得烦。第三，变定期处理为及时处理。垃圾处理越及时，可循环利用成分就越多，垃圾价值就越高；处理越及时，分选越方便，操作越不臭。第四，变集中处理为分级分散处理，越集中运送路途越远，处理周期越长；越集中，腐烂程度越严重，分选就越困难，可利用价值就越低，对周围环境危害越严重。第五，变垃圾单纯处理为综合治理，要从限制一次性用品、减少过度包装等抓起，减少垃圾来源；垃圾处理终端必须落到利用上。

总思路是：确立垃圾利用是公益事业的理念，把一切废弃物尽量利用起来。

许多废弃物分选利用是资源，不加利用是污染。比如，一只刹车片回收就是材料，扔在地里就污染大片土地。由于目前价格体系不合理，垃圾分选的商业效益不大，其实，社会效益是很大的，因此，必须当作公益事业来做，达到循环利用、变废为宝的目的。

（四）分级分类处理

具体实施中，可作三级分类处理：

第一级，家庭分类处理。这是垃圾分类利用的首要环节。家中分类最方便，最不臭，有用成分损失最小。实施要点：一是要以社区培训，以资料、报纸、电视宣传等方式普及剩余物、废旧物利用和垃圾分类相关知识，使垃圾正确分类成为市民的自觉行动。二要让废旧物品回收公司增设网点，并扩大回收品种范围，让居民家庭把废旧纸品、废旧木品、废旧玻璃、废旧塑料、废旧金属等分选出来直接卖给回收商。三是家庭中至少分放两只垃圾桶：一只在厨房收集食物垃圾，另一只在客厅收集其他垃圾。城区市民的食物类垃圾比较多，约占总量的60%，主要有蔬菜根叶、瓜皮果壳、剩菜剩饭，过期的面包、饼干、蛋糕等，扔在垃圾堆里腐烂发臭，污染环境。其实，这些东西都是禽畜的好饲料，不利用实在可惜。应当学习农民用来喂养猪、鸡，猪、鸡的肉质比配合饲料喂养的要好。鉴于“同类勿食”的生态安全原则和生物伦理，厨房垃圾桶应由一大一小两只构成。把猪肉、猪油类的放入小桶，用于喂鸡；非猪肉类食物垃圾放入大桶用于喂猪。食物垃圾容易发臭，应在当天晚上七八点钟由楼道保洁员带专用桶上门回收。对食物垃圾分类好、数量多的住户可放几角钱，以示鼓励。在城郊合适地带建立养猪场和养鸡场，一般来说，二三十户居民的食物垃圾喂养一头猪是没有问题的。猪和鸡的排泄物可用作农作物肥料。四是把干燥的非食物垃圾放到社区垃圾房。

第二级，社区分选处理。在居民家里一只螺帽、一只药盒、一只药瓶是不可能一一分类的，一般扔进非食物垃圾中。把食物垃圾用于养猪养鸡后，社区非食物垃圾基本上是干的了，可安排一二名分选员进行人工分选。大体分为几类：一是能腐烂垃圾可用作肥料；二是分选出可利用垃圾进行回收；三是把碎砖、砂石、破瓷、泥土等建筑垃圾直接拉去填方；四是把可燃物运到垃圾焚烧厂；五是把需特殊处理的垃圾运到郊外垃圾场作无害化处理。

第三级，城郊多点处理。对垃圾处理场而言，垃圾是一种物质回流，过于集中社会会承受不了。垃圾焚烧厂在城郊可以建几个，但垃圾处理点可以多设。每一个区都应在郊区设两三个处理点。多点可使运输就近；多点便于堆肥服务于农业。

以利用为主旨的垃圾处理方式，要增加人员。这应当从正面看，就是增加就业。因为废旧物回收、养猪养鸡、发电、有机肥生产等都有一些收入，也不是单纯增加财政负担。

（五）垃圾分级分类处理的好处

三级处理能够最大限度地利用垃圾中的有用物。其实际价值：一是发展垃圾利用事业可以实现资源循环使用，既节省资源，又保护环境。二是用废弃食物和食物垃圾喂猪喂鸡，畜禽肉质好。三是垃圾转化为有机肥不仅可以提高郊区农产品质量，而且可以改良土壤。四是利用和消化垃圾，可以避免垃圾围城、垃圾占地等问题。五是抓好垃圾利用事业，发展循环经济，增加一些就业岗位。

在人们理念和价格体系尚未调整转变以前，垃圾利用事业是需要经费投入的，这是资源和环境保护的需要。具体实施中可以选择一些社区进行试点，然后推开。各个环节还需要一些配套政策支持。

（六）城区居民排泄物应当作为农作物肥料

在长期的农耕文明时代，广大农民逐步形成了传统循环经济的经典模式，可以最大限度地节约资源和保护环境。传统中好的做法丢弃、失传是十分可惜的，应当重新恢复起来，传承下去。

前书已述，应该把化肥厂改为农家肥公司。让他们负责从社区化粪池抽取粪便运到农田边低价卖给农民培育庄稼。专家们不赞同的理由是担心有传染病人的粪便未经充分发酵就到庄稼地上，容易传染。若是这样，只要改良一下化粪池的结构，分多级发酵，从最后一级抽取就是了。由专业公司操作能够保证充分发酵。

三、加强市民培训 提高专业技能

农村农民家家户户都一样，都是在地里种粮种菜，在家中养鸡养鸭。城市就不同，各单位、各岗位具有明确的专业分工，新老市民都得靠自己的一技之长吃饭。凡找不到工作或容易失业的人员，通常是缺乏特长，劳动技能不足，又没有自谋职业能力的人。初进城市的农民工就往往缺乏专业特长和劳动技能，这使他们较难找到工作，即便是找到了保安、保洁之类技术要求较低的工作也薪酬不高。在市场经济条件下，造成贫富差距的因素很多，但其中的重要原因之一，就是劳动者素质和技能的差距。因此，无论是解决易失业者的就业问题、提高消费支付能力，还是缩小贫富差距，都必须从抓好就业培训入手。政府花钱救济失业人员生活固然没错，但只供一时之需；而投资培训、提高素质，学得一技之长，就不愁找不到工作，也才是长远之计，说不定还能自主创业，从根本上改变一生。人以自己的特长服务社会，就足以安身立命。社会要鼓励人们自食其力，更要鼓励人们学有所长、业有所精，成为某一方面的专业人才。

社会实践表明：要想经济上脱贫，首先必须知识、技能上脱贫；要想缩小贫富差距，必先缩小智能差距。政府应当抓好劳动和服务技能培训，提高劳动者就业能力，使他们以自己的劳动收入换取所需消费品。就全社会而言，人力资源结构应与产业结构发展相适应。

四、完善政策体系 稳定城区房价

一宗城市房产的价值大小主要由四方面因素决定：一是房产所处地段的自然环境，即离市中心的距离远近、是否傍山依水等。二是房产周边拥有的公共资源，如学校、医院、菜场、商场、车站、公园、地铁口等。拥有的公共资源越多价值就越高。三是楼盘整体品位，包括容积率、绿化率、建筑密度、道路、车位、活动设施等。四是房产本身品质，包括幢位、面积、户型、楼层、层高、光照、安静度、施工质量等。人们对这四方面的认知评价大体上是一致的，因而对其价值评估也会大体一致。许多行家说，决定房产价值的关键因素是地段，指的也是周围的自然条件和公共资源。房产价值构成主要是两个部分：即土地价值和非地价值。土地价值就是上述第一、第二项；非地价值或叫内构价值，主要由开发商、设计师、工程队、施工员、技术工人等创造和运用的理念、科技、设计、文化和技艺等智果含量决定，材料费也占较大份额，就是前述第三、第四两项。土地价值及增值主要应当属于土地所有者，内构价值增值应当属于开发者，出售后都归业主所有。房产价值增值，由市场行情决定，是随人们认知变化而变化的。

房价高低还与货币政策有关。国家采取宽松的货币政策，货币发行总量大，货币缓慢贬值，多数商品价格上涨，那么，房价又怎么能不上涨呢？若房价上涨率不高于通胀率就不是房价本身上涨。

房地产价格大幅度下跌会导致一系列后果：一是开发商利润率下降；二是贷款购房者还款能力和意愿降低，银行风险增大；三是政府税收减少；四是土地市场疲软；五是 GDP 下降。稳定房价是宏观经济调控的重要任务之一。

第二十八章　反省：初级市场经济品性批判

市场经济运行以自由贸易为特征，可分初级阶段和成熟阶段。初级市场经济体制以自利性调动人的积极性。无论是从自然经济发展过来，还是从计划经济发展过来，部分曾经穷怕过的人，对财富有着特殊的渴望，金钱追求的狂热使一些人不择手段，加之法治不够健全、制度尚未完善，从而出现许多不良现象，这就使人们不得不研究经济品性问题。等改革深化、法治完善、人们道德素养提高以后，市场经济体制就进入高级阶段，经济品性也将得到改良。

第一节　初级市场经济的自私性

市场经济体制富有动力、充满活力，但在其初级阶段却存在许多问题。

一、初级市场经济体制的优势

第一，动力优势。在缴纳税收后，生产经营所得归己所有，各企业和个人均有发展生产和经营的积极性。这种利益机制充分激发了几乎所有市场主体的发财动力。

第二，活力优势。作为市场主体的企业和个人均能自主经营、自主择业，充分发挥自己的特长和优势。当发现所从事的行业职业不适合自己的知识结构和智能特点时，可以改行。自由自主是发挥个人特长的重要条件。

第三，自由竞争。市场经济是法治经济，打破垄断、平等竞争、大众选择。质量评价、价格讨论、是否购买，一切由消费者说了算。大企业与小企业之间也是平等的互利协作关系，而不是从属关系。

二、初级市场经济中存在的自私成分

为了表述方便，我们定义：人们在某一项生产、经营、服务等经济活动中表现出的性质和特征，主要指产品性能、商品定价、服务质量、经费信用等方面所反映的道德诚信状况，称作该项经济活动的行为品性，简称经济品性。主要反映市场主体的道德素养、守法意识和秩序观念等。

初级市场经济的发展动力在于市场主体的自利性。谁能瞄准消费者的需求，多生产、多销售产品就能多获利。“主观为自己，客观为他人”是初级市场经济的基本特征。多数国家都经历过先混乱、后有序，先污染、后治理的曲折历程。由于市场主体众多庞杂，不可避免地会产生一些品性不良的经济行为。

（1）不顾产品过剩和比例失调。商品流通过程中有产品出厂、批发、零售等许多环节，如同河流上有许多坑湾和水潭一样。当市场上销售形势好时，生产商加紧生产；当发现库存增多、销售不畅时，流通渠道上早已积满商品，也即产品过剩。由于对其他行业的业务不熟悉，明知本行业产能过剩也难以及时实行转产。

（2）不顾资源枯竭和环境损害。投资者总是追求利益最大化。矿山承包者竭力挖取该矿区最后一块矿石，至于人类后辈的发展就不会顾及了。环境污染不是故意为之，但是，为了减少成本、增加利润，污染环境也顾不得，尽管自身也在同一环境中生存。只有政府强制，才不自愿地花钱治理，较难确立自觉治污的责任意识。有的企业甚至利用渗井、渗坑把污水不加处理排入地下，污染了区域范围很大的地下水，危及子孙后代。这些企业缺乏起码的社会历史责任感。获利归自己，受害是公众；收益于一时，危害在长远。这种产出对企业自身是经济，而对全社会是不经济，甚至是危害。

（3）不顾消费者的基本利益。市场经济体制下国有、民营、个体和股份制等所有制经济同时并存。少数尚未在理念、精神上成长的生产经营者，只考虑自己的产品容易卖、多赚钱，不是真心实意为消费者负责。有的食品生产经营者，或者为把产品弄得好看，或者为了防腐，或者为了节省成本，乱放一些添加剂，虽然不会立即毒死人，但会产生积累性毒害，损害消费者健康，而生产者经营者自己是绝对不吃的。

（4）不顾价格合理性。价格由供求关系决定，当商品紧缺、供不应求或被垄断时，价格必然上涨，让消费者只得忍痛购买。初级市场经济是无情的，有时甚至是缺德、残酷的。就是在商品充足的情况下，也会有意缩小入市商品数量，实行“饥饿营销法”，制造供不应求的市场假象，让消费者恐慌，以便其抬高价格，获取高额利润。垄断性行业利润过高，原因在于其市场竞争不充分、单由商品供应方定价。

（5）不顾价值与财富的不一致。经济归根结缔在于商品和服务，经济发展应当是商品和服务的量的增加和质的提升，是社会物质财富和文化精神财富的不断增加。货币是价值符号，是印钞厂的产品，只是流通和分配的手段，而不是经济本身。经营者只追求价值增值，而不考虑有用财富的增加。

当拜金主义、利己主义风行之时，有的人不择手段地搞钱。开的黑心店、经营黑心货、做些黑心事、赚的黑心钱。违法乱纪、道德沦丧，严重损害社会和谐与稳定。虽然最终受到法律制裁，但受害者已经为数不少。

人类经济需要法律规范、制度约束；需要政府管理和社会监督。经济发展不仅需要有利益理性，还需要有道德理性。切不可钻法律漏洞、唯利是图，而是应当确立诚信、厚道和共享的理念，实现经济的文明发展。

三、初级市场经济衍生出“非福经济”

在初级市场经济机制推动下，一些人对金钱的追求几乎到了疯狂的地步。生产物质文化产品的实体经济得到大发展了，同时，也出现了过度虚拟、过剩、重复、无奈、含毒和恶搞的经济，其中一些经济活动和经济数字无益于人类福祉，我们暂且称其为“非福经济”，据其虚假、欺诈和违法的特征，也可称为“伪经济”。有必要进行审查和清理。

一是过度虚拟经济。虚拟经济是经济虚拟化的产物，是相对于实体经济而言的。虚拟经济并不是虚假经济，虚拟经济是具有实体经济根基的。虚拟资本是实体资本的所有权证，价值并不确定。其原先投入的实体资本进入实体经济领域，而资本的符号化形式即虚拟资本保留在流通领域。虚拟经济是以价值符号及其衍生产品如股票、证券、电子货币、期货合约等为基本交易对象的经济，也就是不以实物商品为交易对象的经济。虚拟经济运行在资本市场。实体经济的价值是以成本为底线，以效用为支撑，以创新求增值的。虚拟经济虽然与其对应的实体经济为基础和后盾，但更大程度上是以市场主体的预期和信心为支撑的，很容易使价值膨化。虚拟经济的适度发展，有助于资源的优化配置，使闲散资金转化为生产经营资本，从而促进实体经济发展。但虚拟经济毕竟不直接增加实用财富，过度发展必然造成经济波动和危机。虚拟经济过度扩张会吸走大量产业资本，从而使实业空心化，直接影响实体经济发展。

二是过量经济。其特征是使用价值真实但因数量过剩，边际效用锐减。房产过量，闲置率高，造成资源浪费，GDP 是统计进去了，但对人民的福祉作用降低了；衣服数量多了，利用率就低，有的款式过时就不要了。过量经济产生与利益机制有关：营销员实行业务提成，推销越多，个人获利越丰，于是，说上千言万语、用尽千方百计，或请客送礼，或回扣行贿，手段无所不用其极，结果导致许多单位“过量采购”；学校搞各班成绩排名，师生苦教苦学搞“过量练习”，为了经济利益推销“过量资料”；医院对医生下达业务量指标，医生就搞小病大医、无病用药的“过量医疗”。过量经济无益民生，损害社会和谐，浪费各种资源。

实践表明，许多超过实际需要的过量商品，其边际效用是显著降低的。一些需要配套设施且使用容量受限的商品不是越多越好，有的甚至随着量的扩展，副作用增大。我们以城市汽车数量增加为例进行分析：

在一个城市的道路设施既定时，处于某一临界车辆数范围内，上路车辆增多，运力是增强的。但过了某临界点，上路车辆数再增多，就是越多越堵，单位时间可通过某路段的车辆随上路车辆数增多而减少。我们可以建立数学模型来研究城市交通运力与上路车辆数之间的关系。

在公路交通中，单位时间内通过道路某横线的车辆数就是车流量。可表达为：车流量 = 通过车辆数 / 时间。车辆运力还与车的载重量、运载率等因素有关。在城区，90% 以上是小型车，运力与车流量基本成正比。现定义：在单位时间里通过道路某横线的车辆数量为运力，用字母 F 表示。在一个城市道路总面积和红绿灯道口数量确定的情况下，上路汽车数量 X 越小，车速 V 可越快。随着上路车辆数 X 增多，车速 V 略为减小，但总运力是逐渐增加的。当车辆数增至某临界点 X_0时，运力已达到最大值 F_m，若上路车辆数 X 超过临界点后继续增多，即随着车速 V 减慢，运力 F 也逐步减小，上路车辆数增加到一定程度，可以造成交通瘫痪。准确描述运力与上路车辆数关系应当运用概率论中的正态分布等，为了简便，用人们熟知的二次函数予以粗略表示，有：

$$F = -k(X - X_0)^2 + F_m$$

其中，$F_m = kx_0^2$；$k > 0$，k 取值由交通管理水平等因素决定。绘成坐标图线如图 28 –1 所示：

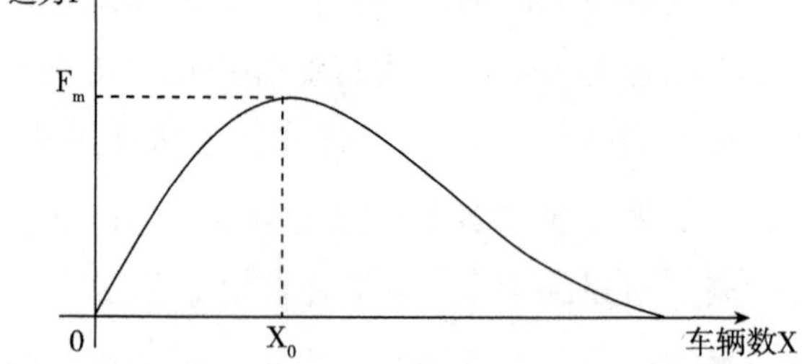

图 28 –1　运力与车辆数关系

可见，若上路车辆数超过临界点 X_0，车流速度会明显减慢，总运力迅速下降。所以，政府应当加强引导和管理，控制汽车上路数量。要教育人们懂得，通行和运输是目的，造车和买车只是手段，不能错把手段当作目的。一个城市汽车过多，不仅道路堵、停车难，而且空气污染严重。

三是重复经济。好端端的大楼推倒重建，半旧宾馆重新装修，以投资拉动经济。工程公司的产值、利润有了，税收上交了，可是，不可再生的自然资源浪费了。有的城区道路，修建时不重质量，使用不到两年就重建，市民批评说："道路年年在开挖、人们年年在绕弯、政府年年在买单、工程队年年有钱赚，噪音刺耳、灰尘弥漫，包工头在笑、老百姓在骂。"

四是含毒经济。为了赚钱违背道德原则，生产有害社会的产品。蔬菜种植滥用生长素，瓜果生产滥用膨大素，禽畜喂养滥用激素，食品加工乱添色素；为了防腐，大白菜上洒甲醛。一些生产经营者只有自己食用的东西才注重安全，凡是卖给别人的就胡乱添加。"工业污水流入近百亩麦田，当地村民说，'这些地产的麦子都卖了，自己是肯定不吃的'。""种麦的不吃自己的毒麦，但每天吃别人加工的毒大米；炮制毒米的不吃自己的大米，却天天吃别人加了漂白粉的馒头；做馒头的不吃自己做的馒头，却吃加三聚氰胺的奶粉。"①一些人道德缺失到了"相互欺骗"、"相互放毒"、"相互加害"的地步，以致"相互提防"、"相互怨恨"，此时，市场虽在买卖，诚信荡然无存。如此状况，就是物质富有，又有什么文明和幸福可言？诚信缺失必然降低企业家的投资勇气，消减市民的消费热情，影响银行的放款胆量，从而，妨碍经济社会发展。

五是贿赂经济。在"没好处，不办事"的不良风气下，许多企业和个人用金钱打通关节。工程项目、政府采购等虽然是公开招投标，但也有的买通相关人员做手脚。根本不懂专业的关系户以挂靠名义借用他人公司执照拿到重大工程项目，然后，层层转包，层层赚钱，其施工、监督和验收过程中依靠金钱摆平，最后，搞出个豆腐渣工程。商品进入大商场得先交通道费，推介一位大客户得先交介绍费。几乎是雁过拔毛、层层盘剥，经营成本明显提高，最后都转嫁到消费者身上，经济数字被扩张了，而财富

---

①王石川：《粮食"只卖不敢吃"的无奈》，载王宝梅编《报刊文摘》2013 年 3 月 27 日。

却没有相应增加。党的十八大以后，行贿受贿等违法现象已显著减少，社会风气正在逐步好转。

六是闲置和废用经济。城区道路拥堵，已经限号通行了，照样大量购买汽车，甚至有人为应对限号再买一辆车。当年产值、税收都上去了，但市民是有车高兴、堵车扫兴，幸福指数提升不大。房子过剩了还造房、卖房，只增加产值和税收，而不提高市民生活质量。根据思想价值论“价值是对人类生存和发展的作用和意义”的定义，闲置和废用都是不经济。还有一些一次性用品，造成资源的严重浪费。如：一次性木筷、一次性餐巾、一次性泡沫碗等大量使用，经济增长了，资源浪费了。再如：南方人出殡，数十甚或上百人穿着白布衫送行。在贫困年代，用这些表达过孝意的白布做成衬衫穿着是很吉祥的；如今富裕了，送到墓地就全部烧了，钱可以不在乎，资源浪费是可惜的。

七是强迫和无奈经济。就是改变原有条件和环境，迫使公众产生某种需要的经济。美国波士顿学院社会学教授查尔斯·德伯曾举例：“上世纪20年代，洛杉矶有巨大的有轨电车系统，人们在市内出行几乎不需要私人汽车。通用汽车公司解决这个问题的办法是，买下整个系统，并将它废除。因为选择少了，所以更多人开始购买汽车。这是‘强迫消费’的一个典型案例，也是美国‘非自由’的一种表现。”[①] 那时人们对堵车之烦、停车之难、尾气之害认识还很缺乏；现在人们懂得有轨电车是比较环保的城市交通工具。无奈经济的特征是因一些人为公害引发无奈需求。如因空气污浊和沙尘暴，不得不购买使用雾霾口罩和连帽风衣；因自来水质量差，不得不使用净化器和饮用桶装水；因食物不安全，不得不长期服用排毒胶囊；因偷盗白闯时有发生，不得不安装防盗门、防盗窗等。这些原本都是不需要的，是一些公害逼出来的需求。如果把雾霾治理好了，就不需要生产雾霾口罩；把水治好了，就不需要净化器和桶装水；把社会治安搞好

①［美］查尔斯·德伯：《消费至上主义需要改变》，载《人民日报（国际论坛）》2013年04月25日。

了，就不需要那么多防盗窗和防盗门。减少这些无奈经济，老百姓的幸福指数会更高。

八是恶搞经济。2005 年 2 月 24 日，《人民日报》刊登了四川省成都市郎嘉的短文《实现目标的方式更重要》。

“一个商人到北美的森林中去办工厂，碰到了一只驯鹿。驯鹿对商人说，森林的动物都能自给自足，不需要工业制品，你的厂肯定没市场。商人笑着说，你们一定会需要我的产品的。不久森林里的工厂开工了，烟囱冒出浓浓的黑烟，动物们都被呛得够受。这时，商人开始在森林里推销防毒面具了，动物们都争相购买。驯鹿在付钱给商人时顺便问了一句：你的厂是生产什么的？商人说，防毒面具。这当然是一个故事，但它深刻地警示我们，也许实现经济现代化的方式比经济现代化本身更重要，不考虑可持续发展的经济现代化是虚假的经济现代化。”①

当今社会类似这种边排毒烟边造面具，先造需求再给予服务的经济还真不只是故事。有的人先在前面车道上倒碎玻璃，再在后边开店补轮胎，缺德行为制造他人需求，产生了产值，但轮胎比原来差了，时间和材料浪费了，人心变坏了。小事情人们看得清楚，但大的事反而未加注意。一家企业大量排放污染相当于“倒玻璃”，另一家企业制造排毒胶囊就如同补轮胎。其实，政府让两家企业关闭了，民众生活就更好。许多地方的人本该冬穿棉袄夏穿绸，不必打空调的。但为了好看，一年四季男着西服、女着裙装，就不得不用空调。夏天空调机将大量热气排到室外，使小区气温升高，迫使一些本不想用空调的市民也不得不装空调，过上高碳生活。只顾自己凉爽而把热气排给他人，是有公害的生活方式，不大符合社会道德伦理，但大家都这么做了，无人感到不妥。

另外，集资诈骗，电信诈骗等明目张胆，相当猖獗，既破坏市场秩序，又严重挫伤守法经营者的积极性。

---

①郎嘉：《实现目标的方式更重要》，载《人民日报》2005 年 2 月 24 日。

发展经济的目的是增加百姓福祉，而上述梳理的许多经济，虽有产品、有产值、有税收、有利润，但只让经营者受益，而使多数人受害。因为没有增加百姓福祉，所以，我们称之为“非福经济”，或称“伪经济”。“伪经济”表面看是增加经济总量，但实质上是扰乱市场秩序，损害经济社会的健康发展。世界上多数发达国家在初级市场经济阶段都有过这一经历，只是时间长短不同，这也许是经济发展中躲不过的烦恼历程。

第二节　初级市场经济的负效应

一、初级市场经济无法克服三大矛盾

初级市场经济体制的威力在于利用了人的利己特性。在物质产品匮乏的年代，利用人为自己们赚钱的动机加快经济发展是很有必要的。而今不同，农业生产科技化，工业生产自动化，经营管理网络化，生产力空前强大。人们已普遍衣食无忧，在发展生产的同时，需要关注的重点是如何保持人与人、人与自然的双重和谐。但单靠初级市场经济体制已经无法克服三大矛盾。

其一，难以克服资源匮乏与产品过剩的矛盾。地球上数十亿年形成的矿物资源经二百余年开采已所剩无几，人类面临资源匮乏的危机和恐慌，几代人几乎用光了陆地底下的矿物资源，后辈子孙怎么办？而追求利益最大化的资源开发商和产品制造商，仍不遗余力地挖掘、加工、制造，致使商品过剩。许多未被及时利用的产品正在老化、氧化、腐化，最后报废，白白浪费自然资源和人力资源。用钢筋混凝土建造的房子，即使不住也照样变旧、风化、衰败、倒塌。有的地方筹资造新城，而居住者寥寥无几，那不是市场失灵，而是决策失误。

其二，难以克服环境保护与经济扩张的矛盾。商家追求效益不可能把废水、废气、废物和噪音治理到完全无害；居民为了自身生活质量，住高楼、开轿车，使用冰箱和空调，过高碳生活，排放生活废水、废气、噪

音，有损公共环境。科技运用给人类带来了效率、富足与便利，同时，由于环境保护技术运用和经费投入不到位，使损坏的环境得不到修复。更为可怕的是水、空气、食品等人类生存须臾不可或离的入口物也被污染，已经损伤人类生存根本，完全背离了人类以发展求幸福的初衷。人类已不可能完全回归到农耕生活，人们也有权把市场上赚来的钱用于个人消费。然而，为了保护公共环境，个人是否应该克制一点私欲？企业是否应在环境保护上多投一点钱？

其三，难以克服收入有限与欲望无限的矛盾。低收入人群渴望过上富裕生活，辛勤劳动；高收入的富人渴望得到更多财富，或投资或投机赚大钱；金融家则不断翻新花样实现价值扩张。尽管市场经济具有法律制度和规则体系，但一门心思搞钱的人，总能找到规制漏洞，获得分外之利。无限私欲可以使一些人做出许多缺德违规的事情，甚至走上犯罪道路。一个社会在物欲横流、假货充斥、诚信缺损的历史阶段，人们内心是紧张、烦躁甚至苦恼的。必须通过法治建设和道德建设，促进社会全面文明发展。

二、初级市场经济背景下人心变狠的不良后果

不良后果之一：道德滑坡、人心变狠，严重损害人与人之间的和谐关系

经济利益的诱惑使一些人相信“狠心做财主，黑心发大财”的歪经。他们唯利是图，不顾道德底线，变得越来越凶狠。生产商牟利狠，企图以超低成本牟取暴利，全然不顾消费者受害，于是，就会有地沟油上餐桌、黑心棉做冬装、破皮鞋做空心胶囊等丑闻发生；经销商要价狠，从出厂价到零售价要乘三、乘五甚至乘十，利用消费者的信息不对称，赚百分之几百的利润，消费者事后得知往往心生怨恨；购买者砍价狠，讨价还价时先砍 2/3 再说，让一些厚道经营者十分恼怒；单位采购回扣狠，业务员把高额利润一半返还给主管人员；老板对员工活压得狠、薪卡得狠，年底还要赖不给钱；员工对老板报复狠，破坏机器，绑架小孩，走向违法犯罪。有人错误地认为：我做狠，让你怕。其实他人不是怕，而是恨。你越狠，他

越恨；恨积累，变成狠；恨至极，命相拼。面对纠纷，良善者总是礼让一步，以求化解；凶狠者总是强逼一步，企图征服，结果往往是激化矛盾，争凶斗狠，甚至闹出人命来。倘若“狠”和“恨”相互推动，轮番强化，那就很可怕了。黄石公《素书·道义章》说：“决策于不仁者险”，“厚敛薄施者凋”，早就给人们提出警示了。

不良后果之二：资源速耗，环境毁坏，严重损害人与自然的和谐关系

工业生产是在人的思想指导下，通过资源获取、能源推动，创造大量财富，使人们过上了物质化生活的过程。心狠时做什么都狠。为了经济效益，人们狠劲挖掘地下矿物，狠命扩张生产规模，狠心猎吃野生动物。因此，使地球上资源快速消耗。

凶狠的工业化也使地球遭受前所未有的侵害。地底挖空、地面塌陷、耕地被重金属污染；自然界的水平衡遭受破坏，一方面是缺水干旱，湖泊干枯、江河断流、湿地缩小、部分土地沙漠化；另一方面是冰山融化使海平面升高，陆地面积减少。汽车尾气和工业排污使空气污染、温室效应、气候反常。逐步恶化的环境使一些动植物灭绝，环境生态已发出危急信号！

资源枯竭和生态环境恶化，已经影响人类生存和发展。对此有人提出：“依靠航天技术，也许可以迁往另外一个星球。”同时，有网民担忧：“如果我们在毁掉一个美好星球之后，可以如此轻易迁往另一个星球，那么，谁能保证我们不会同样毁掉那一个？”

三、经济品性不良发展不可持续

为了自己赚钱，生产经营中人与人之间不讲商业伦理，人与自然之间不顾环境伦理，这就是个体自私，最后，人见人怕，难以立足；只顾本企业眼前利益，不重质量、不讲诚信，不承担社会责任，破坏行业规则，污染自然环境等均属企业自私，最后是同行反感、客户离散、政府惩罚、企业破产；政府官员明知开发方式落后，造成资源浪费和环境破坏，还是挖

矿、卖矿追求 GDP，这是任职自私，对社会和历史不负责任；发展过剩产能，只顾当代人的富足而不顾人类后辈的生存和发展，可称为本代自私，导致后代埋怨；一些国家政府也与市场主体一样，总是追求自身利益的最大化，只顾本国繁荣昌盛，不履行国际义务，不承诺减少排碳，不愿为共同应对环境恶化尽责，甚或破坏国际经济秩序，强迫不平等交易，以强凌弱，掠夺他国资源，均属国家自私，必然导致国际社会共愤，在世界上孤立、衰败；人们若任由自己恣意横行，掠夺挥霍自然资源，滥捕滥杀其他动物，任性糟蹋地球，此为人类自私，最后，必然遭到自然的无情报复。人类务必警惕自己智者不智。

“务善策者无恶事，无远虑者有近忧。”（黄石公：《素书·安礼章第六》）无论是个人自私、企业自私，还是国家自私、人类自私，都是不可持续的。凡自私行为都是既损毁前人的成果，又透支后辈的资源。结果是对社会风气和自然环境同时带来不良影响。

第三节　认清是非　转变观念

一、初级市场经济道德滑坡的原因

初级市场经济体制施行后，人们重视生产，勤劳致富，那是很好的。接着也发生了一些偏差：有的重利轻义，不够诚信；有的唯利是图，丧失道德；有的巧取豪夺，争凶斗狠。许多人已发生道德滑坡是不争的事实，其原因是多方面的。

其一，生产力因素。在初级市场经济阶段，物质条件还不那么好，贫困和较贫困的人口数量占一定比例，相当一部分人还愿购买价格便宜的劣质商品。一些曾经穷怕了的人不择手段搞钱，他们心中追求的目标是发财致富，对道德、诚信缺乏自我要求，因此，市场风气不够好。当进入成熟市场经济阶段后，生产力大为发展，人们普遍衣食无忧。管仲曰：“衣食足则知礼仪，仓廪实则知荣辱。”人的道德、品位和境界有条件提高，绝大多数人不愿赚黑心钱，也不愿要灰色收入。劣质产品无人问津，缺乏诚信者没人理睬，人们逐渐懂得只有重道德、重质量、重诚信才能在市场上站稳脚跟。能够理解：需求 = 需要 + 支付力 + 信任。诚信缺损，直接影响销售扩展。

其二，观念因素。在初级市场经济阶段，人们刚刚纠正了“越穷越光荣”的偏向，又很快滑入“笑贫不笑娼”的泥潭。很多人用羡慕的眼光看待富人，全然不管他用什么手段致富。把富裕等同于成功，以金钱衡量人生价值，逐步形成一种重钱轻德、见利忘义的不良风气。很多人疯狂敛财，展开了一场聚集财富的竞赛。无论什么职业的人都在求富，不择手段致富，甚至利用自己的职位权力、亲属势力和专业权力大捞好处。有人把造假售假不被抓视为一种本事；有人将收受重礼看成是岗位有权力、办事有能力、社会有影响的象征。传统道德丢失，利己主义盛行。自私恶流冲垮道德堤坝，过度竞争导致行为失范。一些人蜕变成经济动物，心灵失去了方向标，只要赚钱可以不顾一切。到了成熟市场经济阶段，人们认识到，在有房有车的条件下，富裕程度不是最重要的。人们更看重身体健康、生活开心、公众评价、所作贡献、社会影响等，希望环境友好和谐，得到广泛尊重。更多人乐善好施，仗义济困。这种精神境界的提升，使人们更加努力地做好本职工作，为他人、为社会服务。

其三，体制因素。制度成熟需要一个过程。初级市场经济体制下，产品质量标准、检验制度、市场规则、金融体制、税收制度等不够健全和完善。资源和财富分配体制也存在缺陷，缺德违规者占便宜、诚实守信者吃大亏的事时有发生。一些颇有成就的老板给孩子们传授“真经”：“无论企业怎么样，你遇到银行行长都要说‘生意相当好！’不然，你就贷不到款；遇到税收官员都要说‘生意不好做！’不然，你就得多纳税。财务科还得准备几套不同账本，以便应对各种检查。”在“歪得利、正吃亏”的环境下，许多不想说假话的人学会说假话，许多原本不坏的人也学坏，风气就一步步变差。其实，老板也知道教孩子说假话并不好，但是，为了企业生存，为了适应环境，没有办法！市场经济体制成熟后，商品质量标准明确，检测手段完备，经济法律法规健全，对不法商人和缺德经营者打击严厉，违法缺德者无利可图，就使人们认识到守法重德的必要性和重要性，市场风气就日渐朗正。制度和环境促使人们为富行仁、义利并重。另外，随着社会保障体系完善和物业税征收，衣食无忧的人们不顾道德底线巧取豪夺的行为将逐步减少。

道德良心是百善之源，是文明基石，是人的尊严所在。

二、为富不仁损害世风

人们本应在守法、通情、合理的前提下追求利益；应当确立“做好自己的事，报酬也在其中”的理念。倘若人类能更加科学、理性地安排发展，即可避免许多自我折腾，从而过上富足、快乐、安然的生活。

可是，一些人尝到了市场经济自由和富裕的甜头后，就一发不可收拾，以至于把致富作为人生追求的唯一目标。于是，不可避免地出现重财富、轻素养，重物质、轻精神，重利益、轻道义的倾向。社会变得金钱至上，人际关系变得冷漠。当一个社会道德缺损、诚信缺损、责任缺损和公正缺损时，邪恶就会如瘟疫般蔓延，欺诈充斥每个角落，人为祸害频繁发生。缺乏安全感和信任感的人们就会失去安然、宁静的精神家园。虽然物质生活相当富裕，但同样缺乏幸福感。社会成员在追求利益时坚守道德底线，就可以减少一些过度竞争和行为偏差：不追求农业的超高产量，农产品的毒素含量也许就不会超标；不去强求分外利益，就不至于千方百计去行贿；做官不贪财，就不至于陷入腐败泥沼；保障员工利益，尊重员工人格，就可以减少许多劳资冲突。由于私心作祟和观念偏差，人类社会多出一些矛盾冲突和人为灾难。

有学者认为，人均生产总值达到某一程度必定是社会矛盾的高发期，经济再增长一点就会好的，这种观点笔者不敢苟同。在人们过分追求钱、权、名的时候，通常是只重目标不择手段的。必定亢奋、急迫、焦躁；必定费尽心机、损人利己；必定相互摩擦、相互挤压、相互踩踏，其冲突和争夺不可避免。解决的办法是：加强法治建设，增强法制观念，规范人的行为；加强道德建设，倡导厚道经营，坚持义利双行。

三、爱护地球珍惜资源

人类以科技为手段追求财富与享受，同时，造成对环境和生态的破坏。这种对科学技术的功利性运用，违背了科学精神。

美国科学家奥尔多·利奥波德著的《沙乡年鉴》创立了大地伦理学说，把地球和自然界放入道德视野中进行考察。告诫人们放弃人类中心主义伦理观，确立大地伦理或叫地球伦理观。把人看成是土壤、水、植物、动物等构成的共同体中的一个成员，带着热爱和尊敬来使用土地，而不可蹂躏土地。一切存在的都是有用的，切不可只用经济价值来评判地球上的东西是否有用。上苍赐予人类和所有生物的地球，原本是物质资源有序存放的宝库，由于人们的掠夺性开发，成了千疮百孔的垃圾场。对自然资源不能只看到其经济价值，更要看到其环境价值、生态价值、文化价值和社会价值。森林、草地和所有植被，其涵养水土、净化空气的作用和价值远远超过其经济价值。自然景观、珍稀物种、各类遗产等也主要体现为文化、生态和社会价值。人类为了自己的生存和发展，必须自觉实施“拯救地球”行动。

生态文明是人与自然、人与人双重和谐的文明。为了人类后代的长远生存，人们应当节制自己的物质欲望。人们应当致力于消除经济发展对环境生态所构成的损害和威胁。这不仅需要转变生产方式和经济增长方式，而且需要人们确立人是自然的一部分的理念，克服极端的人类中心主义世界观。告别高物质、重奢华的生活方式，倡导在衣食无忧后，注重文化精神生活，追求人的全面发展，增强人的幸福感。

地下矿物资源已经缺乏，难以再生，应当尽量减少取用。政府应当加强对地下矿物资源开采的监管，制定并坚持资源取用的正确原则：

其一，地表资源开发利用应当低税赋。利用土地、沙石、林木、草原和水进行商业活动的，要收取一定的环境保护税，以促使人们节约资源。

其二，地下资源开发利用应当高税赋。要收取环境保护税、资源取用税。引导人们尽量用地表资源代替地下矿物资源，以减缓矿物资源的消耗速度。

其三，在定价上，对以种养殖产品为原材料的商品定价可低些，以鼓励消费者使用，因为其资源可以再生；对以地下矿物资源为原材料的商品定价应高些，以便引导消费者节约使用。

人类必须倡导低碳绿色的生产生活方式，目前一些国家已经迈出了步伐。英国正在积极推行"零碳排放"的生态住宅，中国上海市崇明岛东滩正在建造不排碳的生态城。许多国家都建立环境治理和生态补偿责任机制，让损害环境和生态的企业和个人支付环境成本。

第二十九章　共生：培育厚道经济品性

在初级市场经济不规范竞争的氛围下，商业行为夹杂一些欺诈性，必然导致社会信任危机；疯狂索取各种资源损害自然环境，必然带来人类生存危机；利益争夺的无情和残酷，必然造成社会成员的心理危机。解除危机当从法治与立德开始。

道德乃人性之魂、百善之根、立世之本、文明之基。人者，先有道德，尔后怀公心、持公道、秉正义、负责任、守秩序、存大爱、讲诚信。商家有德，才诚信经营，商品和服务均有质量保证；官员有德，才秉公办事，廉洁从政，服务百姓；学者有德，才追求真理，不为利和名所累；医者有德，才仁术济世，精心救治每个患者。个人缺德，胡作非为；团体缺德，几近匪队；商场缺德，欺诈充斥；行政缺德，民众受害；强国缺德，称霸世界；社会缺德，退回野蛮时代！习近平说：“国无德不兴，人无德不立。”[①] 为了建设文明社会，对犯罪分子要依法惩处，对缺德行为要照章处罚，对厚道者要给予保护和优待。要逐步建立“厚道不吃亏，缺德没便宜”的利益机制，努力营造崇德向善的风气和氛围。

经济固然是人们生存生活的基础，但经济不能离开道德的统领。缺德的经济必然唯利是图、丧失底线，损害人们利益和社会文明发展。唯有法治、厚道、互利的共生经济才能真正给全体人民带来福祉。

---

①习近平：《在山东曲阜考察时讲话》，载《人民日报》2013 年 11 月 27 日。

人类文明发展不可抗拒。经济形态必然要从物质经济转变到智果经济；经济体制必然要从自然经济转变到市场经济；经济品性必然要从自私经济转变到厚道经济；经济生态必然要从争赢经济转变到共生经济。

拯救地球，拯救人类，必先拯救灵魂！

第一节　厚道经济品性的本质内涵

初级市场经济体制已经表现出创造巨额财富的神奇魔力，为什么还要提出厚道经济和共生经济理念呢？

一、厚道经济品性培育的必要性

第一，决定商品和服务质量的首要因素不是技术，而是道德。加三聚氰胺的毒奶粉、施用膨大素的巨形瓜、用破皮鞋做的空心胶囊等商品，都是有技术含量的，其中缺失的是道德良心。没有道德良心就会滥用技术，只有在道德统领下的技术应用才能使消费者受益。

第二，决定买卖公平的首要因素不是商业技巧，而是道德。有道德者决不会炮制虚假广告，误导消费者；决不会以假乱真、以劣充好，蒙骗消费者；决不会缺斤少两、天价斩客，坑害消费者；决不会欺行霸市、强行买卖，欺负消费者。只有经营主体讲道德、重诚信，才能使贸易守法合规、公平有序。

第三，决定商品售后服务的首要因素不是技术条件，而是道德。有道德的商家能信守承诺，履行三包等合约，能竭诚为客户提供各种服务，对自己生产销售的商品负责到底。决不会“货款到手，再不回头”。

第四，决定生产经营对环境生态公害大小的根本因素不是技术，而是道德。许多企业对排放污水、毒气和污物不是没有办法处理，而是需要花钱，不愿处理。具有道德良知的企业能够对社会负责，对子孙后代负责，对环境生态负责，宁可企业效益低一些，也要花钱把排放物处理好，把公害降到最低限度。

值得注意的是，市场贸易的本质要求是平等互利，商业欺诈是市场的恶性毒瘤。经济生活是一切社会生活的基础，经济品性不良既败坏社会风气，又阻碍财富创造。商业领域的缺德行为是损害经济增长的重要因素。毒奶粉事件一曝光，人们纷纷跑到国外境外购买奶粉，国内奶粉业遭受致命打击；记者暗访查明某市某店火锅底料有问题，且餐余调料集中回用，黑幕揭开后该市火锅店几乎全部关门；食品安全事件屡发，使市区许多居民甚至有的大学教授在郊区租地种菜，退回自产自给的原始生产方式；"保姆毒死老人"案再发，令许多人不敢雇保姆，家政业大为受伤。缺德经营不仅使本企业倒闭，而且连带同行业全线遭殃。更为严重的是一些商界和学界精英，担心食品有毒危害其健康和生命，带着巨额财富和所干事业移民国外，造成我国人才和财富双重流失。那些认为"经济发展要快，市场监管要松"的观点是大错特错的。

中国先贤讲的道德文章，是先道德后文章，道德是根本。他们奉行"内不欺己，外不欺人，上不欺天"的人生哲学，守持"富贵不能淫，贫贱不能移，威武不能屈"的坚贞气节。其实，在经济领域道理相同，一位著名企业家讲过，"企业创办靠才能，企业办大办强靠道德"。缺德经营，人皆躲避，甚至唾骂，终将破产。利用消费者的外行和信息不对称搞商业欺诈，只能骗人一次，不能骗人长久。要使企业长期兴旺、经久不衰、成为"百年老店"，必须具有道德之根和技术之本。中国传统文化的思维方式是"天人合一、心性体验、道德优先、和而不同"，每个人都发挥自己的特长和潜能为社会服务，就有厚道经济的大发展。

人类的经济形态、经济体制、经济品性和经济愿景的发展都有其自身规律。当经济形态从物质经济发展到智果经济时，就能以较少的物质资源换取较大的经济效益；当经济体制从自然经济、计划经济发展到市场经济时，各种生产要素和资源就能得到高效配置；当经济品性从自私经济发展到厚道经济时，人与人、人与自然的关系就能更加和谐；当经济生态从争赢经济发展到共生经济时，创业创新和经济繁荣必将呈现出更加美好的景象。厚道品性和共生经济可理解为市场经济高级阶段的品性特征，是人类经济发展的正确方向和愿景。

二、厚道经济及其构成元素

初级市场经济的法则是：在法律监督下，主观为自己，客观为他人。然而，今人的智谋、技巧都不同以往，法律又难免有疏漏之处和滞后之时，遂使一些“经济人”游走在合法与违法的边界上就足以干成许多损人利己的事，从而影响社会公平与和谐。

随着生产力发展，社会成员绝大多数已达到衣食无忧，部分人已经相当富裕。现代人应当具有更高的思想境界和精神追求，即：义利并重，以义为先；人己互利，利人为乐。在市场经济中更加注重道德自律，坚持真诚地为消费者着想和服务，而自己的收益来自消费者的回报。其实，坚决“诚欺”，不负客户，从长远发展看，对经营者有利。百年老字号，经久不衰，靠的就是“诚信”两字。具体地说，就是要确立正确理念，不要把赚钱作为直接目标，而是致力于搞好企业的生产和服务，把自己的事做好了，利润也就在其中。

人类为了使今后社会更加和谐幸福，为了使自然得到更好保护，为了精神上更充实、人格上更完善，必须改变生活方式和消费观念；必须改变经济体制、形态和品性。在市场经济体制基础上增加道德元素和更严格的法治精神；在物质经济形态中增加文化和科技含量。人类未来的经济应当是厚道经济，或称为高级市场经济。思想价值论定义的价值是：“对人们生存、生活和发展的作用和意义”，其中就包含厚道的本质要求。为了自己赚钱而损害他人利益就是偏离了厚道；为了自己企业多赢利而毁坏环境、造成公害也偏离了厚道；只顾本代生活富裕掠夺性地开发，透支本属后辈子孙的资源，同样是偏离厚道。厚道经济当以道德为灵魂、以法治为保证、以科技为手段、以文化为内涵，循环利用物质材料等多方面元素构成。这些元素基本上都是人类智果。其中，道德表现为生产经营者对消费者的良善之心和责任意识，法治是对商业行为的刚性约束，文化决定商品和服务的品位，科技决定商品的功能效用，循环用材是珍惜资源和保护环境，使人类文明永续发展。其间关系可以表述为：

厚道经济 = 法治道德 + 科技文化 + 循环材料。

三、道德是厚道经济的灵魂

厚道经济是以法治约束和道德自律相结合作为经济行为规范的经济体制。其商品、服务之中包含足量的道德元素，道德成了商品和服务的主导和灵魂。道德统领着文化要素、科技要素和物质要素等。厚道经济要求对同生共处的同类他人要厚道，对赖以生存的自然世界要厚道。

道德信誉是决定企业命运的关键因素。誉满天下的名牌产品就是道德与技术很好结合的产物，企业是否具有良好的道德声誉是消费者考虑的重要因素。因为，在信息化时代，绝大多数厂家的技术均已成熟，消费者就选择最富道德信誉的产品，选择具有社会责任感的企业。道德信誉决定客源和市场份额，缺乏信誉者没有人愿意与之交往；道德信誉决定商品价值实现、企业经济效益和发展前途。

道德在经济活动各环节中起主导作用。明末清初的大学问家顾炎武在其《廉耻》一文中说："不耻则无所不为。"倘若道德缺损，欺蒙拐骗必然发生。如前所述，商家要糊弄消费者，可以利用信息不对称和不懂行两个因素达到目的。但是，糊弄消费者必然产生严重的不良后果：一方面消费者可以通过法律、媒体、消协等途径进行维权；另一方面在其亲戚、朋友、同事中诉苦，使产品和企业名声扫地。企业信誉是企业安身立命之根本。信用等级降低，不仅减弱企业融资能力，而且可直接损害企业在市场上的生存基础。具有权威性的信用评级机构，降低一企业的信用等级即可使其股票大跌甚至破产。"一个最著名的例子是：2003 年，德国施罗德政府对美国发动伊拉克战争说'不'，结果，包括德国最大的钢铁制造商蒂森克虏伯公司在内的一些德国企业信贷评级被标准普尔降至垃圾级，股价跌到历史最低。"①

---

①宋媛：《标准的政治"猫腻"》，载《国际先驱导报》2011 年 4 月 29 日。

厚道经济以不损害他人利益为道德底线。生产者当以自己的聪明才智制造符合市场需要的产品，而获取价值增值；经销商当根据自己对市场需求的判断，组织货源服务用户获取利润；服务业当以自己的爱心和专业技能满足客户需要，获取应得报酬。诚实劳动、诚信经营、诚心创造，诚恳服务，是厚道经济的利润来源。厚道经济不是不要利润，而是不干缺德事，不要黑心钱。市场主体都能厚道经营，坚守诚信，就能逐步形成良好秩序。

厚道经济以尽力不造成公害为道德自觉。初级市场经济体制下许多人只有经济理性，没有道德理性。为了人类福祉，为了保护地球，人们应当从长远利益出发，保持厚道经济品性。即在企业和个人获取经济利益时，要以不损害自然环境和后辈发展为原则。人类社会每个成员均应关照人类的未来。世界各国都要确立“人类大家族，全球同一村”的理念。克制物质欲望，提升道德素养。保护动植物，保持生态平衡；转变经济发展方式，节约资源能源，实现可持续发展。

四、诚信与厚道经济的价值关联

初级市场经济的动力源于利益刺激。学者们认为市场经济是法治经济，有规制保障，问题是存在许多法所未涉的领域。若生产经营者缺乏道德自律，为赚钱不顾道德底线，就会使商业行为失范违规。

不管多么严密的法律体系都会有疏漏之处，而且会陆续出现法所未及的新现象，缺德者都会钻法律的空子，使消费者受害。缺德经济的典型特征有两个方面：一是为了钱全然不顾危害他人和结怨树敌；二是为钱不惜资源耗尽和环境破坏。消费者多数是外行，若生产经营者存心欺诈，消费者是容易受骗上当的。以市场范围之大，欺诈者也能在市场上生存一定时间，但肯定不会长久。

对弈者多思多胜，少思小胜。经商者需要用智谋，但不能动歪脑筋。香港李嘉诚先生成为世界级富豪，其秘诀有多条，核心是“肯用心思考未来”，想一想未来消费者需要什么？只有懂得消费者的需求才能认清方向，把握商机。需求就是市场，商机就是财富。用心思考未来的李嘉诚不看重眼前利益，而是着眼于企业的长远发展。将诚信作为经商根本，努力打造百年品牌。他说："有些生意，已经知道对人有害，就算社会容许做，我也不做。""如果单为赚钱而损害名誉，我不做。"做大事者有大才，成大业者有大德。李嘉诚的成功不只是凭其超人智慧，更在于其恪守诚信。大智之大，德在其中，并以德为先。

诚信具有特殊价值。"诚"是指真实无妄，不虚伪；信是指讲信用、守住"诚"。诚信，即诚实守信。就是真心待人，践行诺约，注重信用，不骗人、不损人、不坑人。诚信是一种实事求是和守法、守纪、守信的精神。诚信之于个人，乃立身之本；之于团体，乃立业之本；之于国家乃立国之本。

诚信是行为准则，国家制定法律、法规、规章、制度和公约等规范，只有人们讲诚信、去遵守，才能产生效果；诚信是秩序的基础，市场经济建立统一、开放、竞争、有序的市场，必然要求人们诚实守信，不虚伪、不欺诈；诚信是效率的前提，唯有守信，生产活动各个环节才能紧密衔接，生产才能顺利进行，并有较高效率。"信，国之宝也，民之所凭也"；诚信是文明要件，经济活动讲诚信，是社会稳定和谐的重要基础。

从经济领域看，诚信具有许多价值。可分为直接价值、间接价值或称机会价值。

其一，诚信是商品价值获得认可的根本前提。商品有价值是以确信不受害为前提的。一名因毒害亲夫获罪、如今刑满释放的悍妇在家旁开个餐饮店，就是食材精选、技术优良、价格公道，邻里街坊又有几人敢来就餐？她已失去了大量机会价值。商家诚信才有声誉、客源，才能获得商品价值的实现。

其二，诚信是商品价值增值的重要基础。多数商品移位和转手就要增值，进入高档商场就有较大幅度的增值。大店名店重诚信、不售假、负责任，消费者放心，明知价格高一点，也要到名店来购买。这高出的差价就可以理解为诚信带来的直接价值。诚信可以引发更多的消费需求、更多的经营业务。

其三，诚信是商务活动的宝贵资源。无形的信誉可以转换为有形的资本。一个企业如果拥有优良信誉，其进货商可以打给预付款，供应商可以先发货，工人可以先干活。诚信可以大大减少资金、时间和精力等消耗量；诚信可以大大提高商务活动效率；诚信是双赢甚或多赢的行为品性。这也是诚信的直接价值。

其四，诚信可以带来许多新的商机。诚信不仅可以节省资金、时间、精力，用于其他项目的经营活动，而且可以赢得一些合作伙伴的加盟，提供更大商机，做出更大项目，从而创造出更大的经济价值。

其五，诚信才能营造良好的创业环境。任何人办事创业都离不开社会各界的配合、支持和帮助。个人与社会是互应的，你对他人怎么样，他人就对你怎么样。事业成功，与其说是靠别人帮助，倒不如说是靠自己诚信。因为诚信，声誉良好，同行愿意合作，金融部门愿意放贷，政府部门愿给予扶持和帮助。没有这些环境条件，就难以成功。诚信者为自己创造了大量的机会价值。

由此可见，诚信是一种十分宝贵的无形资产，诚信的最大受益者是诚信者自身。

第二节　经济厚道品性提高的必然性与条件

一、人的德行决定经济品性

产品是人们生产劳动的成果，经济是人们商业活动的成效。市场之广阔，商品之丰富，主体之众多，人员之庞杂，决定经济品性必然呈现多样性。人是商业活动的行为主体，人的素质和品性决定经济品性。是谓人品决定产品，技能决定性能，智量决定质量，人格决定价格。市场主体人品多样化决定经济品性多样化。市场主体行为品性细分种类是很多的，粗分即可分为守法经营、厚道经营和缺德经营等。与之对应的经营主体可称为守法商人、厚道商人和缺德商人。缺德商业行为又可分为商业欺诈、经济纠纷、互不满意等三个层次。商业欺诈是违法犯罪，必须依法惩处；经济纠纷是一些利益矛盾，可以调解或仲裁；互不满意即是贸易完成后买卖双方的心理感受，若消费者不满意，下次就不来了。俗语说的“无商不奸”是很片面的，古往今来都是多数商人守法和大量商人厚道。守法商人不干违法事，厚道商人不赚黑心钱。他们坚守“不义之财，一文不取”的传统商德，信奉“顾客是上帝”、“公道在人心”的恭敬理念，坚持“良心品质、合理价格、老少无欺”的经营原则和商业承诺。在古代市场，经济的厚道品性依靠原德支撑；在现代市场，经济的厚道品性依靠法治保障；在未来市场，厚道、互利、分享、共生等都将成为理念、原则和行为自觉。经济的厚道品性从来就有，但随着文明发展必须不断加强。

二、经济厚道品性提高是文明发展的必然要求

初级市场经济的动力是“主观为自己”，这充分调动起人们赚钱的积极性，但是，同时也使一些市场主体私心膨胀，追求利益和财富的打拼几近疯狂。市场争夺疯狂、技术滥用疯狂、资源抢占疯狂。既损害广大消费者利益，又损害后辈子孙利益。初级市场经济虽然已有法律法规，但是法律法规须要有良好道德素养的人去执行。生产经营者缺德就会无视规则、蒙骗客户、违法犯罪；执法者缺德就会有法不依、执法违法、胡作非为；监督者缺德就会以权代法、权钱交易、大发横财。少数坏人就可以买通关节、花钱消灾、继续横行。况且，法律体系总会有缝隙，存在解释空间；法只有惩恶作用，缺乏扬善功能。一个社会当缺失良好道德风尚的时候，法律法规在执行中容易走样。正因为如此，初级市场经济活动中不文明、不道德、不公平、缺诚信的问题多有发生。虚假广告、制假卖假、高价暴利、商业欺诈等现象屡见不鲜。当人们温饱问题未解决时，初级市场经济体制是一种很有效率的体制，但当人们衣食无忧以后，就很快感到初级市场经济并不文明，取而代之的将是法治严格、道德主导的厚道经济。

当初级市场经济的自私坏水淹没道德正义、人间真诚的时候，就是钱

再多人们照样感到痛苦和冷漠，必然想到道德重要、渴望人性回归；当为了经济数字疯狂开发、严重破坏环境和生态、给人类带来生存危机的时候，人们必然想到大地伦理，呼吁保护自然。总之，在人们对缺德现象厌恶、对生存环境担忧时，必然迫切地呼唤厚道经济时代到来。人类经济运行和发展具有规律性和必然性：一是商业欺诈终遭法办，假冒伪劣终被识破，牟取暴利既做不久也做不大。凡大企业家都懂得，做企业根本是做人，要以德为先。二是道德水平提高虽有反复，但属人类文明发展之大势，谁也无法逆转。三是教育发展，人们道德素质提高，对商家的道德要求也提高。四是信息化使缺德经营者臭名远扬，必被消费者抛弃。

企业的仁德本色、责任意识、良心品质、真诚服务和公道价格才是真正的金字招牌，足以赢得消费者的钟爱和口碑，口口相传的赞语是无形的天字广告，直透公众心底。花费巨资做虚假广告、令消费者反感，难有成效。

三、经济厚道品性提高的条件

在生产力落后的农业社会，人们普遍缺衣少食，厚道经济品性难以保持；在工业化初期和中期也只能建立初级市场经济体制。厚道经济发展必须具备一定的基础条件：

(1) **生产力条件**。保证自身正常生活是一般人讲道德、重礼仪的基本前提。能坚守“若失德，毋宁死”信条者毕竟比例不高，“荒年出盗贼”、“盛世多慈善”是千百年历史经验的总结。社会进入后工业化时代，工业生产是模具定型、机器作业、能源推动，生产效率相当高；农副产品生产运用生物技术和农业机械，劳动生产率显著提高，市场上的生产生活资料相当丰富。一方面是机器大量取代了人的手工劳动，另一方面是为人们生产、生活、求知、健康和享受服务的第三产业得到充分发展。只要学习掌握几种或一种劳动和服务技能并愿意参加劳动，混个温饱生活绝无问题。在市场经济平等竞争的环境下，只要发挥个人特长并努力工作，就能够过上小康生活。这是经济厚道品性提高的第一条件。

（2）**社会法治条件**。在现代社会，有关经济活动的法律、法规、标准和细则日益健全。什么事可做、什么事不可做、违法违规如何处罚、执法主体由谁监督等方面规定越来越明确和具体。公民的法制观念、规则意识和维权意识普遍较强，监督、执法机构职能健全，能够对违法犯罪者进行依法严惩，对缺德违规者进行严厉处罚。违法缺德者得不到便宜，守法厚道者不至于吃亏。法治保证是经济厚道品性提高的刚性条件。

（3）**人的素质条件**。公民普遍接受过正规教育，懂得公平、正义、秩序的重要性，理解厚道做人、认真做事是文明的基础。人们大多选择了文化型生活方式，只求基本生活有保障，置业热情不过高。崇尚简朴、和谐、礼让和奉献的生活，不追求高物质的享受。“天行健，君子以自强不息”，积极做人、勤实劳动、努力创造，为社会文明发展做出自己的贡献；“地势坤，君子以厚德载物”，企业人以自己的良心品质和诚信经营赢得市场份额和适量利润。多数人自励：做不了圣贤，也得做一名君子。坚信“好人无大亏，坏人有恶报”。这是经济厚道品性提升的人员素质条件。

（4）**社会保障条件**。在后工业化时代，经济总量扩大，国家财政殷实，且基础设施建设基本完成；国家在医疗、教育、养老、失业救济等方面的社会保障体系比较健全；社会慈善机构和许多好心人也能为遭受灾难者提供各种救助；等等。这些都为人们履行道德责任解除了后顾之忧。这是经济厚道品性提高的社会条件。

（5）**信息媒体条件**。在传统社会，经济主体之间的交往通常是随机的，了解对方情况基本上凭自己交往的感受，经济组织和个人均没有诚信档案可供查考。在市场上受骗上当只能怪自己判别能力不强，或运气不好。在信息社会，传媒发达，企业和生产经营者均有信息资料可查，只要上网搜索就一目了然。诚信记录优者可以大胆与之交易，诚信记录差者应当敬而远之。政府管理部门的监督电话、公务网络、监控探头等触角延伸到市场的每一个角落，使缺乏诚信者难以立足。这是厚道经济运行的信息条件。

此外，更为重要的条件是：深知初级市场经济弊端，屡遭缺德者暗算的广大消费者强烈呼唤厚道经济时代的到来。

诚信规范的网络营销就是厚道经济的先行行业和成功范例。网购逐步成为商业零售的主流模式，将一定程度上取代传统的商店买卖。其优势在于快速、便捷、中间环节少、价格透明、可以退货，消费者获得更大的利好。利用信息不对称天价斩客的商业暴利时代即将过去，公平、互利、文明的厚道经济时代必然到来。谁不尊重生产者，谁不关爱消费者，谁就发达不了。生产者利薄、消费者吃亏、倒腾者赚大钱的状况必然改变，无商不奸的历史必将结束。

四、厚道经济的主体素养

厚道经济的行为主体秉持平等互利的道德自觉，做到上对得起国家，不违法、不漏税；中对得起客户，质不次、价不欺；下对得起员工，保安全、厚酬劳；前对得起先贤，重传承、多创新；后对得起子孙，不掠夺资源、不破坏环境。在厚道经济时代，道德自觉贯穿到经济活动的全过程。

一是动机端正，起点厚道。“君子爱财，取之有道。”不会不择手段地弄钱，而是为经济社会发展发挥自己的作用。努力做好自己的事，正当收益在其中。有为消费者负责到底的责任意识，“修合无人见，存心有天知”，坚决不干缺德事，坚决不要黑心钱。具有千方百计搞好生产、服务的职业品格和工匠精神。

二是良心品质，制作厚道。自觉拒绝使用任何违法违规的添加剂，决不生产销售有害消费者健康的食品和用品。设计科学、用料精良、工艺先进、制作考究，各生产环节的质量均以良心保证。坚持创新，不断提高产品的技术含量和文化内涵。如同百年老店北京同仁堂守则：“炮制虽繁，必不敢省人工；品位虽贵，必不敢减物力。”产品质量达到品牌标准，经得起检验，让消费者放心。

三是价格合理，经营厚道。不做虚假广告，不以次充好，坚持诚信经营。引导客户正确认知商品物性，不利用信息不对称欺骗客户。即使产品很好、销售很旺也要保持价格公道。假如产品虽好，狠价宰客，客户照样愤然走开。只有保证消费者利益，才能赢得更大市场。

四是服务真诚，待客厚道。厚道经济品性要求生产经营者做好售后服务，为客户负责到底。不可利用产品保养维修、零件配售、耗材更换、使用培训等环节牟取暴利；不可用传销手段控制和垄断价格；不可利用顾客急切需要迫其无奈接受高价。过高价格必然导致部分意向客户转向购买替代产品，从而流失客源。

五是善待员工，分配厚道。厚道经济的根本理念是多为他人着想，不取分外之利。老子云："既以为人，己愈有；既以与人，己愈多。天之道，利而不害。圣人之道，为而不争。"（《道德经》第81章）既善待顾客，也善待员工。阿里巴巴创始人马云说，"利益分配原则是顾客第一、员工第二、股东第三"，厚道老板在员工面前有长者风范和帮带意识。既坚持奖优罚劣，也注重分配公平，从而赢得员工的敬重和爱戴。

六是回报社会，待民厚道。好企业善待客户和民众。生产经营赚取适量利润无可厚非，但利润与责任相关联，必须担当道义、负起责任。上对国家负责，守法律；下对市场负责，重质量；内对员工负责，不欠薪；外对社会负责，做慈善。

七是节约资源，取用厚道。地球上的矿物资源相当有限，用一分就少一分。树木、竹子等可再生资源也有限，透支使用就破坏自然生态平衡。节约资源是对后代负责。

八是自觉环保，排放厚道。厚道经济要求生产经营者要对人类共同生存的环境负责，对排放的污水、污物、毒气要按标准进行净化处理，并尽力减少排放量。要坚守大地伦理，不伤害地球，不损害后辈子孙生存、生活和发展的条件。

市场文明归根结底是人的文明，所以，人的素质尤其是道德素质是第一位的。中华文化将诚实、守法、善良、同情、互助、友爱等作为个人必备的道德素养，市场主体必须自觉坚持道德修为。

第三节　厚道经济运行

一、厚道经济运行的体制框架

我们并不否认市场经济体制的积极作用，只是试图克服初级市场经济体制的诸多弊端。构建厚道经济的运行体制只是在市场经济体制基础上加入道德元素，使道德成为统领经济的灵魂。其约束机制主要由三方面构成：一是依靠法律制度约束，运用法律、规章、政策等方面的强制力规范经济行为。二是依靠市场主体自身的道德自律，塑造厚道经营者。三是依靠社会舆论监督，形成强大的舆论声势。逐步营造重道者客户信任、生意兴隆，缺德者人人唾弃、无法持续的局面。其中，首要的是增强经济主体的道德意识，唤起经济主体的道德自觉。当然，法治建设必须加强，生产经营者的守法自觉性、消费者维权能力和媒体监督力度都需要提高。其体制框架为：

其一，进一步完善法治体制，规范经济行为。要健全完善各种经济法规，制定产品质量标准，落实监督措施。对生产、经营、服务每个环节都制定细化的法律规范，并严格执行。对生产经营者，应当确定准入门槛：道德信誉差、技术实力不具备者应当阻止进入；缺德经营者，违法的要严惩，对违规的要处罚；不具备准入条件者应当令其退出，不许其生产经营。

其二，进一步明确和落实生产经营者的法律、经济和道德责任。每件商品的选料、生产、检验、运送、批发、零售等各个环节都要让相关的行为主体署名，哪个环节出质量问题必须记录得一清二楚。尤其是食品和药品，在注明成分构成、性能效用、生产日期的同时，要贴上生产者、检测者、批发者、零售者的实名标签，使其切实承担责任。哪怕是一把青菜也应标明生产者和销售者。要逐步培育经济主体的责任意识和道德自觉，形成一种机制，使有道德、重质量、买卖公平者深受消费者欢迎，同时，使其获利也多；使缺乏道德诚信者没人理睬，难以维持。

其三，进一步健全生产经营者诚信档案，以备查考。企业诚信档案由政府主管部门、劳动仲裁机构、行业协会、消费者协会和银行等部门负责建立。个人诚信档案由所属企业、行业协会和工会等机构建立。内容包括质量鉴定结果、获奖或受罚记录、客户评价、定价公平合理程度、有无商业欺诈行为、客户投诉史、商业纠纷史等。要让所有企业和生产经营者的信誉资料保留在网上，方便消费者查考。2013 年 7 月 19 日，中国《最高人民法院关于公布失信被执行人名单信息的若干规定》，决定从 2013 年 10 月 1 日起全国法院系统建立失信被执行人名单制度，“在政府采购、招标投标、行政审批、政府扶持、融资信贷、市场准入、资质认定等方面，对失信被执行人予以信用惩戒”。[①] 此举必将对培育社会诚信、营造崇德向善风气产生很大作用。

其四，进一步加强对垄断性行业企业的监管，保证消费者权益。凡是可以引入竞争的行业产业，均应打破垄断、引入竞争，以充分竞争促使价格合理化；不便引入竞争的，政府要在生产、服务、定价、分配等环节上加强监管。只允许企业获取适当利润，维护市场公平；出台实施反暴利法，以保障消费者权益。

其五，进一步加强舆论引导，转变思想观念。文明社会的人应当以德为先，以德服人，以德招客，以德统驭企业。社会精英应当义利并重，爱惜声誉，赢得全社会的尊敬和爱戴。精英应当追求有功于人类，布德于天下，而不只是热衷于自己多置家业。媒体不要只宣传老板有多少个人财富，而是应宣传其如何开辟新产业，如何创立新品牌，如何引领企业发展；宣传其上缴多少税收、如何善待员工、做了多少公益事业等。也就是引导他们讲道德、讲高尚、讲奉献。

厚道经济体制运行，要求进一步强化法治，并以法治作为根本保证。

---

①徐隽：《“黑名单”如何管住“老赖”》，载《人民日报》2013 年 7 月 31 日 19 版。

二、厚道经济的运行原则

厚道经济应当关照他人利益、社会利益和人类长远利益，其运行应遵循以下基本原则：

一是利己与利他相统一。厚道经济，无论是生产还是经营，均以诚信为本。生产经营者应懂得：客户是自己的衣食父母，是自己生存和发展的市场基础。生产经营者要有适当利润，但必须同时考虑消费者利益。若一味利己不顾他人，最终不仅赚不到钱，还可能走上违法犯罪之路。

二是市场竞争与守法重德相统一。竞争不可弄虚作假、竞争不可违法、竞争不可缺德。必须依靠产品优质、服务优良、价格优惠来赢得消费者。竞争应当使资源配置优化、价格确定合理化。

三是资源取用与补偿再生相统一。以取用可再生资源为主，且在可补偿范围内，尽量不用或少用不可再生资源。为了经济社会的可持续发展，不可以掠夺性地取用本应属于后代的自然资源。

四是经济增长与环境保护相统一。不可因经济高增长带来人类环境危机。要努力减轻空气污染、水质污染和土地重金属化。不可因工业化损害自然环境这一人类生存根本，不因市场化毁坏道德诚信这一社会文明根本。

五是科技创新与理性运用相统一。科技给经济开辟了增长源泉，但滥用科技却给人类带来灾难。比如：滥用食品添加剂，直接危害食用者健康；瓜果滥用膨大素，人们吃后也不好。科研成果创造后要反复验证是否可用、如何运用，切勿滥用。

六是文化创新与人格提升相统一。文化创新不可哗众取宠，不能只求经济效益，更不可低级趣味。文化工作者应当更有良知，要创作有益世道人心的好作品，以促进社会成员的精神进步和人格提升。厚道经济要求人们性命双修、神形兼修，实行心身全面修炼。“性”主要是指人的心性、秉性、思想和精神等；“命”主要是指人的身体、生命、能量和物质等。提倡“内圣外王”：“内圣”的要求是修身养德，做人格高尚的人；“外王”的要求是齐家治国平天下，做一个有功于世的人。要有实践智慧，先修“心灵秩序”，后修“社会秩序”，并珍重和保护“自然秩序”。

厚道经济体制不单重视物质资料供给，同时关注人的文化、精神生活。人们从注重物质占有转向对心灵感受的关怀，使内心宁静、充实和欢欣。

三、厚道经济的机制引导

纵观人类发展史，制度体系中最有效的莫过于利益机制，其导向作用直接决定社会风气演化的走向。趋利是人的本性，人都会自觉不自觉地进行成本收益分析。“得利多者效仿多”，这是**社会运行第一定律**。倘若社会让缺德妄为者得便宜，就必然出现羊群效应，使许多人跟着学坏。社会风气演变遵循阶段惯性定则。恶者得利的“向恶机制”一旦形成，就必定会道德滑坡，世风日下。因为，以恶获利者会愈发疯狂；正者为保护应有利益，也不得已走歪门邪道，其微恶行为客观上也为不正之风蔓延推波助澜。善者在社会上一次次受骗受害，就可能做出报复行为，以致品行变坏。当善者荣光的社会“向善机制”形成后，人们纷纷感受到他人和社会的诚信、关爱和帮助，经受“人好不吃亏”的生活体验，必生感恩之心，善待他人，报效国家，从而，仁德遍布，风气日正。恶者如过街老鼠人人喊打，不得不收敛或改过。社会必须从变更制度机制入手，使缺德违法行为及时得到严惩，唯有如此，方可遏制不良风气蔓延。在社会管理中利益机制比道德说教更加有效，这种例子比比皆是。

制度设计的力量——犯人船的故事

18 世纪末，英国政府决定把犯了罪的人统统发配到澳洲去搞开发。一些私人船主承包了这大规模的犯人运送业务。起初，英国政府以上船的犯人人数支付船主费用。当时那些运送犯人的船只大多是一些破旧货船改装的，设备简陋，没有医疗药品，更没有医生，船主为了牟取暴利，尽可能地多装人，使船上条件十分恶劣。一旦船只离了岸，船主按人数拿到了政府的钱，对这些犯人能否远涉重洋活着到达澳洲就不管不问了。有些船主为了降低费用，甚至故意断水断粮。3 年以后，英国政府发现：运往澳洲的犯人在船上的死亡率达 12%，其中，最严重的一艘船上 424 个犯人死了 158 个，死亡率高达 37%。英国政府费了大笔资金，却没能达到大批移民的目的，并且承受全社会强烈的道德谴责。英国政府想了很多办法，比如：每一艘船上都派一名政府官员监督，再派一名医生负责犯人的医疗卫生，同时对犯人在船上的生活标准做了硬性的规定。但是，死亡率不仅没有降下来，有的船上的监督官员和医生竟然也不明不白地死了。原来，一些船主为了贪图暴利，贿赂官员，官员如果不同流合污就被扔到大海里喂鱼了。政府支出了监督费用，却照常死人。政府又采取新办法，把船主都召集起来进行教育培训，教育他们要珍惜生命，要理解去澳洲开发是为了英国的长远大计，不要把金钱看得比生命还重要。但是情况依然没有好转，死亡率一直居高不下。一位英国议员认为是那些私人船主钻了制度的空子。而制度的缺陷在于政府给予船主报酬是以上船人数来计算的。他提出从改变制度开始：政府以到达澳洲上岸的人数为准计算报酬，不论你在英国上船装多少人，到了澳洲上岸的时候再清点人数支付报酬。如此一改，问题迎刃而解。船主们主动请医生跟船，在船上准备药品，改善生活，尽可能地让每一个上船的人都健康地到达澳洲。因为一个人就意味着一份收入。自从实行上岸计数的办法以后，船上的死亡率降到 1% 以下。有些运载几百人的船只经过几个月的航行竟然没有一个人死亡。①

四、厚道经济的商品多利性

商品具有利他性、利己性及利主性。商品是被人认知或设计生产的有用品。开发设计时的出发点就是服务于人，尽量使其实用，让人喜爱。即使是假冒伪劣产品也力图做得好看，以便更有欺骗性，这就是它的利他

①来源：《制度设计的力量（犯人船的故事）》百度文库/专业资料/2011 - 10 - 18.

性。当然，假冒伪劣是虚假的利他。同时，商品又有利己性，商品的研发者、生产者、经营者都是为了利用商品的效用、品牌获得利润，为自己创造效益，这就是它的利己性。一项精妙的创意，设计者可申请专利；以专利形式转让到生产商手中，生产商就有利可图；厂家批发给经销商后，经销商也有钱可赚；到了消费者手中，能够发挥其良好的功能效用。好商品谁拥有就对谁有利，即对商品主人有利，这就是商品的利主性。

商品市值是指商品的交换价值。新研制、新开发或独家生产经营的产品定价，存在很大的弹性空间。商品所有者若把它定价过高，只有少数急需者和富人购买，销售量不大，利他作用就得不到充分发挥，总利润也不大。若定价过低，一方面不利于研发、生产和经营者扩大规模，发挥最大利他作用；另一方面也使一些不是真正需要者购买贮备，发挥不了应有作用。可见，定价适当、让需要者皆愿买，可以发挥商品的最大利他性。

五、厚道定价与愉悦价值

商品交换以自愿为前提，平等互利是基本原则。人人都需要生存、生活和发展，人人都以自己的劳动付出换取正当利益。“双赢或多赢”应当成为文明社会决策和处理国家关系、地区关系、企业关系和人际关系的基本准则。唯有如此，方可建立平等、共享、和谐的文明社会。

一种优质产品，必然受到消费者喜爱，定价权往往在商家手中。厚道的商家明知定价再高些也还卖得出去，但是下意识定得低一些，明显让利以吸引更多客户，让更多客户使用该产品；有的商家却明知定价过高客户会减少，也坚持不降价，表示宁可少销售也不降价。他们认为，有高端客户就行了，不很忙也能赚些钱。生意做大必然辛苦，利润率低要赚钱就更辛苦。这体现出不同的经商理念。

其实，任何商品在消费者心目中都有一个综合价值。

综合价值 = 交换价值 + 愉悦价值

在厚道经济背景下，综合价值应当等于交换价值与愉悦价值之和。这个愉悦价值就是购物付费后的好心情和满意度。同一商品和服务，其综合价值是确定的，当把价格拉高时，愉悦值就减小。若把价格拉高到极点，只留下不得不买者才买，愉悦值就成为零，甚至负值。客户评价必定是“东西不错，要价太狠！”内心根本没有感激和谢意可言。若定价低一些，就使商品保留一定的愉悦值以转化成买方的谢意和念想。在商品交换的同时也包含情感交流，让人快乐。其实，让一点利使客户对企业怀有好感是企业最有效最可信的广告，因为，消费者最相信用户的介绍。可见，“让利定价、厚道经营”，既是经营者的品德和境界，又是一种智慧与高明。“我有利、你受益，我生活得好，让你也生活得好”，这种品性厚道的经济就是下一节讲的共生经济。

文明社会的商业伦理要求是：定价权的行使者要有让利精神，体现一定的风格。比如，医院虽然是商业化运作，但绝不能把价格定得太高。尤其是一些性命攸关的病，不治是不行的。医师不应以生命无价为由要求患者支付离谱的高费用。一位亿万富翁得急病上医院，医生说：“你的财产分一半给我，我就救你一命！”这时病人也会答应的，但不会感激。价格合理，不仅是愿卖愿买的成交，还有局外人的普遍认同。你救富翁一命就拿富翁一半财产，公众认为不合理。有的商人只讲盈利，不讲道义，更不做公益，铁着脸儿进来一个斩你一个，把钱不够者全部挡在门外。那些忍痛购买商品解决问题的人也怀着钱物两清、互不亏欠甚或带着被斩的怨恨离去，不到万不得已，不会再进你店门。开店若只认钱不认人，纯粹成为经济动物，恐怕也开不太久。

中国古代名医，术精药纯、治病救人、悬壶济世是出发点和归宿点，然基本报酬也在其中。他们决不以此作为榨取钱财、发家致富的资本。病人在得你医、用你药的同时，病好后还有一份感恩和敬意！医患之间，除了治病与报酬之外尚有一层情义。名医不是唯利是图，而是重义轻利、以义统利、义利双收。这需要有一种纯洁、高尚的情怀和奉献精神。在现代社会，人们的医疗需求在提高，需要培养更多名医为患者服务。政府和患者应当让名医们过上衣食无忧的生活，同时也感谢他们为社会作出的突出贡献。

“夫人之所行，有道则吉，无道则凶，吉者，百福所归；凶者，百祸所攻。”（黄石公《素书·安礼章第六》）秉持厚道经济理念者，无论生意如何繁忙，决不偷工减料；无论产品如何畅销，决不随意涨价；无论技术如何领先，决不停止创新！正因为如此，国内外许多百年老店老厂都能经久不衰。

第四节　共生经济品性厚道

一、共生经济与和谐发展

学者们所说的共生经济，是指两个以上独立的经济体之间以资源共享和优势互补为基础而形成的组合体经济，这种共生体的形成促进了资源配置效率提升和经济规模扩展，这是狭义的共生经济。

广义的共生经济，当从理念、愿景、情怀、目的和出发点上来考察。共生是经济体智慧生存和持续发展的客观要求。过去，人们片面地理解市场经济就是竞争经济，是对抗、是巧取豪夺、是尔虞我诈；其实，“物竞天择，适者生存”无论在丛林里还是在市场上都是非常态，“和平共处，和谐共生”才是常态和主流。人们懂得：多数情况下，“和则双赢，斗则两伤”，且斗得越狠，伤得越重。故而，中国有以和解、和平、和睦、和善、和谐、和为贵、和气生财等为主要内容的“和合”文化。平等交易、互利共生是市场的本原功能，经济理念从竞争转向共生是一次进步、一次提升、一次飞跃。

生产力水平提高决定人们利益关系处理思维方式的进步。在原始社会和封建社会，由于生产力落后、生活资料匮乏，人与人、团体与团体之间的争斗目标是你无我有、你死我活，其思维方式是象棋思维——杀死对方，取胜独占；在工业化社会，物质产品丰富，但人们具有较强的物质占有欲望和置业思想，人与人、团体与团体之间的争斗目标是我盈你亏、我多你少，其思维方式是围棋思维——巧取豪夺，多得多占；[①]在共生文明时代，生活资料充裕，社会保障体系健全，人们衣食无忧，价值取向多元化，生活方式个性化，通常以健康快乐、和睦友善、服务社会为人生目的，尽管还有竞争，但能坚持互惠互谅、躲避冲突、超越前行，其思维方式是跳棋思维——追求卓越，共生发展。

诚然，人们参与经济活动最基本的目的就是生存和生活，谋求发展的最终目的也是为了更好地生存和生活。然而，唯我独生肯定不是最好的生存状态，甚至无法生存。

共生经济的本质特征是：平等互利、合作共享、厚道礼让、共生共长、和谐发展。其生命力在于：一是资源共享，使有限资源在多元主体作用下创造出更大附加值；二是优势互补，使合作成员的特长得到充分发挥；三是力量聚集，促进经济体的集团化规模化发展；四是促进创新，合作可以产生任何单方不可能产生的第三种事物，且能“二生三，三生万物”（老子），释放无限潜能。对此，卷一“交生理论”已作了充分论证。

共生不只是一种经济生存形态，更是一种先进理念、一种现代智慧、一种崇高境界、一种思维方式，理应成为全体社会成员的共识。

共生经济的含义可以从以下几个方面加深理解：

一是与消费者普惠共生。经济主体当以“先让别人生活得好一点，然后自己也得到应有回报”作为经济活动的出发点。先是做出好产品、提供好服务，且价格公道，赢得大量消费者，自己收益也就在其中。

二是与合作者互利共生。合作者是自己事业的搭档，压制了合作者就是自己制造短腿，削弱本企业的生机和活力。把合作者当作对手的独食狼通常组织不成强有力的团队，更不可能建立强大的企业集团。

三是与同行企业竞争共生。要懂得与同行企业共生是自己发展进步的重要条件。铲平同行、一家独生之时，就是自己停滞甚或退化之日。比如：手机行业，如果只有一家“苹果”，没有“三星”、“华为”等众多品

①郎遥远：《草根，不主义》第207页，中国经济出版社2009年8月版。

牌，苹果就会失去创新的动力。

四是与不同行业相辅共生。 不同行业之间的生产经营是相互依存、相辅相成的关系。其他行业发展是本行业发展的环境条件和市场基础。没有其他行业产业发展，市场就没有对本产品的购买力。民众需要消费各种各样的商品，社会各行业产业应当均衡发展，实现共生共荣。

五是与世界各国平等共生。 国家与国家之间不应当以强凌弱、以大压小，更不可种族歧视。国际贸易和国家关系必须坚持平等互利、和谐共生的基本原则。国际分工应当各展所长、发挥优势。

六是与自然万物共存共生。 地球上万物共生是人类得以生存的生态条件。万千生物毁灭之时，就是人类消亡之日，保护自然生态，就是保护人类自身。共生经济不是只求一时产值，而是要保证可持续发展。因此，共生经济必须注重生态平衡和环境保护。

共生经济所遵循的是自然法则，是人类历经数千年探索后作出的明智选择，是经济发展中不可抗拒的大趋势。

二、分享共享皆为万众共生

当今世界，无论是西方还是东方，共享经济蓬勃发展。

西方人定义的共享经济，原是指将个人独享的资产、设施与人共享而获利的商业经营模式。

Airbnb 是 AirBed and Breakfast 的英文缩写，中文名为：空中食宿。是一家联系旅游人士和家有空房出租的房主的服务型网站，它可以为用户提供各式各样的住宿信息，并进行旅游线路预设服务。Airbnb 是一个短期房屋租赁网络社区，客户可通过网络或手机应用程序发布和搜索旅游、度假房屋租赁的各种信息。Airbnb 成立于 2008 年 8 月，总部设在美国加州旧金山市。Airbnb 用户遍布 167 个国家近 8000 个城市，发布的房屋租赁信息达到 5 万条。2011 年，Airbnb 服务难以置信地增长了 800%。Airbnb 被时代周刊称为“住房中的 EBay”。

这种经营模式的出现，使户主空余的房间、短期闲置房屋都用于出租，让闲置资产与人共享，并从中得到回报。

费雷德里克·拉尔森是一位63岁的摄影师，2009年被旧金山纪事报裁员。现在每个月里有12天的住所闲置时间，拉尔森在房屋租赁网站Airbnb上将其位于马林县的住所以每晚100美元的价格出租，其中97美元归他所有。每周有4个晚上，他会通过汽车共享服务网络Lyft将他那辆普锐斯出租，每晚收入100美元。

共享观念改变了人们以往的消费模式，人们可以同时作为生产者和消费者存在。这场经营模式革命正在悄然展开，它把数百万人都变成兼职创业者，即资产所有者可以通过中介机构的网络平台，利用他们已有但并未使用的财产来赚钱。

2013年Airbnb已经有30万个房源，Airbnb所经手出租房的过夜天数累计将达到1亿天，可能产生超过10亿美元的收入。根据《福布斯》估计，2015年通过共享经济，个人直接获得的收入将超过35亿美元，增速达到25%以上，在工资增长停滞的背景下，共享的方式将会变成颠覆性的经济力量。①

西方经济学界定义的分享经济，是从收入分配侧面描述的经济模式。"1984年，美国麻省理工学院经济学教授马丁·威茨曼著述出版了《分享经济》一书，认为产生经济'滞胀'的原因在于资本主义制度中现存工资结构的不合理，提出了采用分享制度以代替工资制度的主张。威茨曼所说的分享制度，指在资本家和工人就工资问题所进行的谈判中，确定的不是具体工资的数额，而是分享比率，也就是在企业未来的收益中，多少归资本家所有，多少归工人所有。在这种制度下，工人的工资同某种能够恰当反映厂商经营的指数相联系，而不是像工资制度那样同货币或生活费用指数相关。"威茨曼认为：在分享制度下，即使市场需求下降，资本家也不

---

①量子投资分析，《Airbnb以及共享经济势不可挡的崛起》，http：//www. icaijing. org/entrepreneurship/article65101 / 2014 -09 -22.

是裁减工人，而是降低商品价格，因为降价成本是与工人分担的，这样就有利于抑制通胀和失业发生；由于保持充分就业，当经济失衡时有利于反回均衡。分享制度下工人更加具有人格尊严，从而增强了主人翁责任感。他还认为，不可以一家企业单独实施分享制度，不然，这家企业工人数量会增加。同时，他认识到自私自利之心会扰乱分享制度实施，国家必须采取全国性的政策措施，并营造一种有利于分享制度实施的舆论氛围①。

上述资料表明：共享经济以相互信任和人的善良、厚道的心理品性为前提；分享经济即需要以人的平等、尊重、互利的心理品性为基础。显而易见，就其经济品性而言，共享经济和分享经济都属厚道经济。正因为如此，国内许多学者干脆把分享经济等同于共享经济。

从工具和技术层面上看，共享经济崛起得益于无所不及的互联网的推动。首先，互联网消除了从前的信息不对称性，只有实行互利共享，才能赢得更多客户。商业利润不再是依靠纵向的价格控制，而是依靠横向联合扩展。其次，以互联网为平台的智力成果共享，几乎不增加成本，人人都可免费获取，在信息共享以后，可以获得实物财富共享。再次，以互联网为载体的资源整合利用，极大地降低了交易成本，让买、卖、中介三方共同受益，所以，其发展必定很快。

共享是一种先进理念，是一种经济品性，是一种崇高精神，是一种文明进步。共享的心因在于人类灵魂中的厚道品质。在共生文明时代，共享应当成为人们的共同理念，贯穿人类经济活动的全过程。

从共享内容上看，首先，实行成果共享。好产品卖给消费者，是技术、文化成果即产品效用与消费者共享，让消费者共享文明进步带来的共同福利。这与专利保护并不矛盾，因为这是有偿转让。其次，实行服务共享。以自己的厚道、技术、文化和真挚情怀为广大消费者提供服务。再次，实行价值共享。厚道定价是生产经营者与消费者的价值共享。这种互利共享理念可以赢得更多的客户群。厚道、智慧的生产经营者懂得共享和

①来源：好搜百科 / 编辑词条 / 分享经济学。

分享的重要性，不会贪婪地追求过高利润率，不会狠心地盘剥顾客。

从共享主体上看，一是坚持团队共享。在企业内部，利益共享、共同富裕是团队合作的基础。以共享理念实施分配能够有效增强企业的凝聚力和向心力，更好地调动全体员工的劳动积极性。二是坚持社会共享。依法纳税是企业和个人的义务，建立健全社会保障体系是政府的责任。要让全社会不同阶层人群共享文明发展成果，让低收入人群拥有基本的生活保障。三是坚持代际共享。依法保护环境、切实节约资源，坚持不损害后代的发展，就是实现跨代共享。地球不只是今人的居所，也是后辈的家园。人们不能做贻害儿孙的事。

分享经济、共享经济品性厚道，益于当代，利在千秋。

三、共生经济的关系理性

共生经济以诚信、互利、礼让、奉献的态度处理国家、集体和个人三者利益关系，是公民理性、企业理性与国家理性的统一。

公民理性。中国传统文化是：不尚思辨，讲求体验；不尚功利，讲求德行；不尚竞争，讲求礼让。公民在守法的前提下为个人和家庭的生活、发展负责，谋取家庭幸福、推进家庭成员事业发展。在国家倡导下，关心生态平衡、环境保护和人类命运；支持节能减排，坚持低碳生活。他们愿意为国家分忧，同时操持家庭事务。关心后辈儿孙的生存状况，但先维护目前家庭成员的生活。为生活方便开车排了碳，为控制室温开了空调。在为个人和家庭奋斗的同时，能顾及国家、社会和他人利益就是具有理性的良好公民。

企业理性。企业以创造利润为目标，追求资本增值，这是企业生存的基础。企业深知自然资源日渐减少，但是，制造物质产品就离不开物质资源，扩大生产规模就必须多用资源。企业也知工业化带来环境损害，但有生产就得有排放，对污水、废气、废物进行处理就要增加生产经营成本。节能减排，污物处理，在市场经济体制下依靠国家政策法令强制执行，而在共生经济时代，应当成为企业的自觉行动。

国家理性。国家机关当为国民乃至全人类负责。既为当世民众负责，又为子孙后代负责。面对资源匮乏的状况，致力节约资源；为了保护环境，管控污物排放。既保证当代人的生活供给，又不损害人类后辈的发展。国家理性应当是人类的高级理性。

三者关系应当是以国家理性统领企业理性和公民理性。通过法律约束、政策引导和理念传播影响企业和公民。比如，加收资源税以促进节约资源；加收排污费促进减排；发展公交、适当提高油价、电价以减少公民开车和用电；倡导绿色低碳生活，保护自然环境。

四、保护资源和环境以利人类共生

人类有史以来的几千年，都把节俭当作一种美德来颂扬。因为，当时社会生产力低下，商品都是手工生产的。手工织布、手工舂米、手工制作各种产品。物品数量少，满足不了人们的需要。

进入工业化社会，生产效率大幅度提高。对企业来说，生产不是问题，问题在于产品卖不出、资金回笼难，制约着企业发展。1936 年凯恩斯著的《就业、利息和货币通论》发表后，经济学家们认为，在工业化时代是消费决定生产；扩大消费才能发展经济，现代社会已不必再倡导节俭了。问题是任何物质产品都是物质资源转换的，人类不缺少生产能力，但自然提供不了那么多资源。在凯恩斯时代，人类还几乎没有资源枯竭和环境恶化的担忧。到 20 世纪末，尤其进入 21 世纪后，人们忽然发现，地球上贮存的资源已不多，按目前的消耗速度，不够一个世纪使用了。于是，就提出资源节约型、环境友好型的“两型”社会建设。人们消费不节约，又怎么能节约资源呢？瓷碗是瓷泥烧制的，瓷泥有限；花岗石墙砖是花岗石锯的，贮量也不多；车用汽油是石油提炼的，地下贮藏的石油只可用几十年了。地球矿物资源存量是一个收敛级数，一年比一年减少，为子孙后代着想，我们必须珍惜资源并保护环境。

市场化的重要功能之一是让有限的物质资源配置到最需要的领域，得到高效利用，同时，让人力资源在各行业间合理配置，并各尽所能发挥专长。但是，市场经济追求利润的冲动往往不顾资源节省和环境保护。

节约是人的优良品德。从全社会看，自己节约就意味着把有限物品留给他人享用。崇俭抑奢、厉行节约是中华民族的传统美德，养成节俭习惯，适当节制物欲，有助于提升人的品格和境界，是个人修为的重要方面。克己节俭、让物于人，有利于节约资源及全社会的和谐共生。

第五节　共生经济时代的技术伦理

当今社会对经济影响最直接的莫过于科技，正如邓小平所说“科学技术是第一生产力”。科学技术是对客观规律的认知和揭示，反映人与自然的关系。科技本身只有自然属性，但科技运用却有社会属性。科技运用应当讲伦理道德，不能只认钱、不要德。

一、端正科研动机，秉持科学良知

科技威力巨大，如果缺乏良知，使用不当，即危害不小。二战后期，当美国原子弹在广岛、长崎炸死大量日本平民后，曾经指点原子弹研究的爱因斯坦后悔说：“早知如此，我还不如做个钟表匠。”科技工作者应当是品德崇高、人格伟大的人，科技研究和运用应当利国利民，决不可危害人民。电子产品孩子都喜欢，但若有害，就应停产停售。有的科研人员帮助养猪企业搞瘦肉精，管理部门检测禁止后，他们又研究出另一种更难检测的药品。如此，企业增收了，研究者获利了，但广大消费者受害。科技工作者要重道德、有良知、守法律。科技研究和运用的首要原则是：不可反自然、反人类。克隆动物、转基因植物等对人类健康是利还是害，要进一步验证，不必急于推广应用。

二、坚持科学精神，坚定科学立场

科学的根本精神是：探索规律，求真求是。科学技术问题的认识有争论是正常的，但必须坚持实事求是、客观公正的科学立场；不可为了经济利益违背科学精神，放弃科学立场。人是饮用纯净水好，还是饮用矿泉水好？必须客观全面辩证地进行科学分析，不能哪家企业给好处就帮哪家企业说话。

三、怀抱科学态度，坚守技术诚信

科技工作者应当是最实诚的人。宣布的科学结论一定要有实验基础，有事实根据，有数字依据，经得起实践检验，不可以行家身份胡编瞎说，误导人们；更不可为了钱，搞伪科学骗人害人。要以科学态度面对科学问题，承认真理的相对性和发展性，不把动态事物固态化，不把相对问题绝对化。

四、担当技术责任，保证优良后果

科技成果研发在发挥正作用的同时，必须预防和控制副作用产生，对不可避免的副毒作用要研究出科学的处置办法。比如，主要由锑、铅、铜、锌合成的刹车片制动效果是好，但其中主要成分锑和铅对环境污染危害很大，严重影响人的健康；若废弃于地上，可使周围数十米内寸草不生，应当采取恰当的回收和处置办法。① 一些技术产品运用应当严格培训，持证操作，以免伤人。在化学农业时代滥用化肥、农药和添加剂就会生产出一些有毒有害食品，严重损害消费者的健康。

五、理性运用技术，以利人类共生

在初级市场经济背景下，经济效益是技术运用的重要动力。能够转化为经济效益的技术往往被大规模运用，如开采技术、冶炼技术、萃取技术等。中国是稀土资源较丰富的国家，20 世纪 70 年代以前，由于缺乏提炼技术，只能廉价出口稀土原料。几年后，北京大学化学系徐光宪教授发现了“恒定混合萃取比规律”，创造了“串级萃取法”，并在矿区得到广泛运

---

①张筠：《刹车片含重金属致土壤“绝育”》，载《扬子晚报》2013 年 4 月 30 日。

用，大量提纯的稀土被低价卖到国外，致使国内存量锐减。[①] 而许多需要花钱的公益性技术，如环境保护技术等得不到充分运用，甚至一些已经建成的污水处理厂也停止运行。

共生经济灵魂在德。为人缺德必不行，坏事干多受严惩；企业缺德必不发，失去客户定破产；社会缺德必不安，坑蒙拐骗民遭殃。道德滑坡不仅损害经济社会发展，而且损害民族形象和国家强大。

鲁迅说："中国文化的根底，大抵在道家。""道"乃天地万物的本源，是灵魂，是根本规律，即终极真理。然而，今人大多为了眼前利益，忽视了"道"，轻视了"学"，重视了"伎"。科学技术、工艺技术、行为技巧等都不能离开"道"的指引，不然，就会发生方向偏差，造成很大危害。

当经济品性从自私经济转向共生经济、科技运用从功利化转向公益化时，人们应当放弃高碳的生产生活方式，转向绿色无公害的生产生活方式。应当从物醉钱迷中醒悟过来，过上精神富有的智慧生活。然而，光靠说教和劝导效果难以保证，要推进社会共生文明建设，必须依靠体制变革。

诚然，旧体制禁锢人们头脑，旧习惯支配人们行为，旧观念绑架人们思想。改革既要增强生机活力，又要强化行为规范。改革就是以体制变革推动观念变更，使人们变得更加诚信、勤劳、公正和智慧；使社会变得更加友善、公平、有序和文明。改革是解除当下的时弊，然社会发展得很快，以往的新方案，而今成枷锁；过去的改革成果，往往成为现在的改革对象。因此，改革不可能一劳永逸。社会发展无止境，改革也就无止境。

---

①郝俊：《"稀土之父"晚年的心痛》，载《中国科学报》2013 年 5 月 17 日。

第三十章　天问：人类将走向何方

苍天无言，生灵有感；触目愁肠，山河为证。人类文明是否走入了误区？

2015 年 2 月 28 日，原中央电视台记者柴静推出了她花一年多时间自费拍摄的雾霾调查纪录片《穹顶之下》。从“雾霾是什么？从哪儿来？该怎么办？”三个问题切入，深入浅出地向观众讲解了雾霾的危害、产生原因、治理困难以及其他国家的经验教训等，立即引起社会强烈反响。短短两天时间全国各网站播放达 1 亿多次，在微信、微博等社交网络上更是引发“刷屏”效应。这充分说明国人对生存环境和生命健康的关注和担忧。“以 PM2. 5 之微小，人眼无法看到，这是一场看不见敌人的战争。”“我们生活在同一片天空下，雾霾已经成为每个人必须应对并亟须解决的问题！远离雾霾，呼吸同一片纯净天空”① 成为国人共同的强烈愿望和诉求。

汽车给人们带来便捷，高楼让人住得宽敞。但资源紧缺、环境恶化、气候反常、生态失衡、恶病多发，成了全人类面临的共同挑战，令人们普遍感到焦虑和惶恐。难道工业化必然导致生态环境破坏和自然灾害增多？难道人类要走自毁之路？文明将走向何方？苏格拉底说过“未经省察的人生没有价值”②，现在，确实需要人类反思反省了。继续物质化地发展，自

①陈文：《柴静拍雾霾纪录片，以女儿病情开场引质疑》，载《新闻晨报》2015 年 3 月 1 日。
②转引彭俐：《勿因娱乐反智识》，载《人民日报》2014 年 9 月 2 日。

然资源供应不了，环境生态承受不了。而享受惯现代生活的人们又无法回归到农耕文明时代。人们的生活水平必须继续提高，经济社会必须继续发展。人类文明发展路在何方？

不甘毁灭的人类必须思考了！沉醉于物质享受的人们必须警醒了！可否在富裕与环保之间找到一个平衡点？

可以肯定，法治厚道、绿色环保、统筹协调的发展，虽然不是高速度，但实际上是最健康、最持久、最优质、后遗症最小的发展，是真正又好又快的发展。

第一节　冷眼看热潮：现代化反思

主要由工业化、城市化、信息化所构成的现代化，几乎成了世界各国追求的共同目标，并已成为风靡全球的建设热潮。对于“现代化”热潮我们应当冷眼观察、冷静思考、智慧迎接。现代化是需要的，但要防止误入歧途。

一、工业化：利耶弊耶

人类两百多年的工业化，发展如此迅猛，具有它的优势和机理。一是依靠科学技术的巨大威力。人们不再依靠体力和手工劳动改变对象物，而是利用自然之力（能源）攻取自然之物。于是，矿物开采相当快，商品生产相当快，建设速度相当快。二是利用市场机制的强力推动。只要扩大生产经营就能获得规模效应，带来经济效益，从而，充分调动了人们迅速扩大生产的热情。市场机制和科技手段的结合就使工业化快速发展，给人们带来富裕生活，但也存在许多弊端。

工业化的弊端之一：“耗”

即资源高消耗。工业化是以物为本的，都是在思想支配下对物的加工、改造和组合。人们不加克制地挖掘地底矿物，致使大地塌陷；过量利用氟利昂使天空臭氧层穿孔，真可谓“天塌地陷”。现行的生产生活方式使资源逐渐耗散。

在原始社会，人类依靠采集野果和捕鱼猎兽维持生活，排放粪便成为植物生长的肥料，呼吸吐出的二氧化碳被植物吸收。长期的农耕时代人类对自然环境没有多少侵害。开垦土地种粮，采伐林木造屋，利用草叶养禽畜等，均在自然可补偿的范围内。炼铁主要是制作刀、锄、犁等农具，炼铜主要用于制造炊具，人类生活只求风调雨顺、五谷丰登。进入工业社会，人类在科学理论指导下，发明制造了蒸汽机、内燃机、电动机等动力机械，用能源推动的机器来代替人的大量体力劳动，一方面大大提高了劳动生产率，另一方面加快了地球矿物资源的挖掘和消耗，同时，也使环境和生态遭受严重破坏。

工业化的弊端之二：“热”

工业化使气温变热、赚钱狂热、人心燥热。机器大工业生产的关键在于利用自然界的能源推动物质变换。任何形式的能源在做功过程中都有相当部分转化为热能。致使气温升高、气候反常、冰川融化、海平面上升、低岛被淹没、陆地缩小、物种减少、生态失衡。地球是所有动植物生存的共同场所，但这一场所正在日渐变热。

能态就是能量存在的形态，诸如热能、光能、机械能、化学能、电磁能、生物能、原子能等。根据能量转换和守恒定律，在任何系统中能量都不能创生，也不能消灭，只能从一种形态转换成另一种形态。工业化和人们的现代生活把大量其他形态的能转换为热能，严重破坏了地球的热平衡。

地球上有今天这样丰富多彩的生物种类，除了因为有充足的水分、空气、阳光和土地以外，很重要的因素是因为有合适的温度。从本源上讲，地球上一切能量均来自太阳。地球的空气层每天从阳光中接收能量，为什么地球温度不会明显增高呢？因为除了向宇宙空间辐射外，还消耗于植物生长和地球物质转换。绿色植物通过光合作用生长，将太阳能转化为生物能；部分植物成为动物和人类的食品，维持其生命活动；动植物死亡后被微生物分解，同时，也部分地转化为土地化学能和热能。大地吸收太阳能后，又推动物质变换，如矿物成熟、岩石风化等。根据相对论“质能关系”定律 $E = mc^2$，不断从阳光中获取能量的地球，质量应当逐步增加。

地表气温保持适当并变动幅度不大，才有动植物生存。笼罩地球表面的大气层每年从太阳光中获取的能量是大体稳定的，气温保持基本稳定，得益于地球温度自平衡系统的作用。这一系统主要由三部分组成：大地、空气和水。大地以其博大与植物一起在地表温度高时吸收热量，温度低时放出热量，具有吸放能量和转换物质的作用，所以，人们觉得地洞总是冬暖夏凉；空气弥漫于地球表面的广阔空间，体量巨大，具有存贮和释放热量的功能，空气流动成为风可以快速传递热量；海水覆盖了地表 70% 以上的面积，陆地中还有大量江河湖泊，水的比热大，能吸收和释放的热量多，不仅可以贮存能量还可以通过蒸发、下雨、流水等传送能量，保持地球的热平衡。

工业化打破了地球的热平衡，使地表温度逐步升高。主要的人为因素有：一是人类工业过多运用氟利昂，使天空臭氧层穿孔，导致地球从阳光中吸收了比以前多的能量。二是工业生产诸如烧煤发电、金属冶炼、热轧压延、金属切割、热处理、烧制砖瓦、烧制陶瓷、烧制水泥石灰等都排放大量热量。三是人类建造房屋、道路、桥梁、运动场等建筑物大量减少了地表的绿色植被，降低了地表对太阳热量的吸收和转换能力。四是现代生产和生活耗能转化为大量热量，如汽车、空调和冰箱等不停排热。“更糟糕的是，全部交通运输能耗中只有 5% 是用来把我们从一个地方送到另一个地方，其余的都用来驱动低效率的内燃机，或者作为废热从排气管中排掉。……95% 的能源都浪费了。”① 人们不加克制地使用煤炭、石油、天然气、核能等，使亿万年物质化了的能量转化为热能。这就严重改变了地球的能态平衡，从而使地表温度升高。“据《财新周刊》2016 年第 2 期报道，

①马克・德・维利耶著，唐奇译：《人类的出路》第 32 页，中国人民大学出版社 2012 年 12 月版。

2015年12月30日，北极温度史无前例地达到了0℃即冰点以上，此前，北极冬季气温平均水平为-28.9℃。"① 2010年，美国国家研究委员会的一份文件称："气温每上升1摄氏度，北美洲东南部、地中海和南非的降水将减少5%~10%，部分农作物将减产5%~15%，包括玉米和小麦，美国西部遭受自然火灾的地域面积增加200%~400%。"② 人类劳动的目的是为了自己生活得好些，但是，过分贪婪就会造成灾难性后果。人类要保持生态平衡，首先必须维护能态平衡。

工业化弊端之三："混"

混就是本不该有的杂质与纯净物混合在一起，变得混沌或浑浊，明显改变纯净物的性质，也就是时下所说的污染。我们定义：杂质在非纯物或叫混合物中的比例称作混度。式子表达为：混度=杂质/（纯净物+杂质）。混度概念含义与纯度相反，混度高就是纯度低。工业废气、汽车尾气等把空气弄混；生产生活的污水废水，尤其是高污染企业的排放物把水弄混；冶炼和加工产生金属粉末、金属制品的氧化脱落、雨水和空气流动播撒金属分子等把泥土弄混。混与杂不同，混比杂更难办，不同种类的东西杂在一起通常可以分选出来，而混是难以分选的。

中国古代神话"盘古开天"说：宇宙之初，天地混沌，盘古出生时，四周灰蒙蒙一片，甚觉压抑，便扔起开山斧连砍数十斧，将混沌破开。轻灵之气上升而为天，重浊之气下沉而为地。地面上逐步有山川河流、风霜雨雪，并生长出了草木森林及其他植物，后来才产生动物和人类。这固然是神话传说，但是，有一条不可否认，地球是逐步演化的，自然物质是有规律贮存的。

上苍对自然物质的放置法则总体上是分类贮存，各尽其用，减少危害。大致可分为三类状况：

---

①转引：《报刊文摘》2016年1月20日第2版，标题《全球遭遇超强厄尔尼诺事件：北极冬季气温一度升至0℃即冰点以上》。

②马克·德·维利耶著，唐奇译《人类的出路》第19页，中国人民大学出版社2012年12月版。

一是原生为资源，污染即无用。尤其是混杂性质相异的物质通常就是污染，甚至是毒化。比如，耕地可以种植农作物，是宝贵资源，是人类的生存基础，但一旦受重金属污染，再种粮食和蔬菜供人食用，其危害就很大。近年来，许多专家关注这方面问题，提出了“耕地‘中毒’，我们吃什么?”的警告。

二是提纯有用，耗散有害。许多物质聚集贮藏或使用时就是宝贵资源；一旦散落于土地、漂浮空中或溶解于水即成污染。矿物成分过度溶于水，使水体富矿物化，就不可供人饮用；空气中排放过多二氧化碳、二氧化硫、一氧化碳等，就严重损害人类健康；铬、锑、铭、铅等都是稀缺金属，但散落于土地中即成污染。

三是深埋危害小，挖取危害大。一些自然物质当它分散深埋于地下时对人类危害不大，如放射性物质铀、钴等。而人类为了开发利用核能将其提炼，即使用于发电，其核废渣也很难处理。人类如何和平利用核能值得研究，保证安全是根本前提。

人类应当认清：地球是一个相对封闭的生态系统，虽然与宇宙间有着能量交换，但是，地球上的矿物等不可再生资源用尽以后是难以从外星球运入的。人们怎么讨厌垃圾也只能扔在地球上，这可是人类后辈千秋万代都要居住的星球。然而，人们总是为了把家弄得干净，将垃圾抛到小区；为了把城市弄得整洁，将废弃物扔到郊外；金属冶炼废渣填埋；化工废水排于地下；核电废料埋于沙漠……虽然动了脑筋，还是糟蹋地球。土地、森林、空气和大海对人类垃圾的降解、转化是有限度的。工业思维真不是大智慧。

人类工业化疯狂地打乱自然物质的贮存秩序，严重违背自然物质的存放规则。各类资源耗散殆尽之时，就是自然回归混沌之日。

众所周知，人类的所有物质产品生产，都是对自然物质的加工和转换。动植物生长速度有限，地下矿物贮存量更有限。石油快抽干了，煤也不多了，多数矿物紧缺，就是烧制水泥的石灰石、烧制红砖的红壤土也日渐匮乏。这些资源都用光后，拿什么去转换？显然，传统的工业化模式难以持久。

诚然，人类智能无限，决定科技文化成果无限，可望经济发展也无限。但是，必须转变经济发展方式。

难道文明发达就是城市高楼林立、路上汽车拥堵？就是将地球挖得千疮百孔？难道一定要走“污染致富，富后治污”的老路？为了眼前的经济数字，弄得气污、水脏、土壤重金属化，产出的粮食不能食用，让子孙后代如何生存？人类不可把一个好端端的地球糟蹋得伤痕累累、危机四伏，险象环生。以牺牲环境生态为代价的经济增长是本末倒置，得不偿失。自以为辛勤拼搏的这一代人，在人类后辈看来也许是糟蹋地球、毁坏环境的疯子和罪人。

有学者提出用“足迹”概念描述人类活动对自然环境的侵害，并把工业和生活排放的二氧化碳称为“碳足迹”。诚然，在采集渔猎时代，人类吃的是野果野味，穿的是兽皮，人类活动对自然侵害唯一的就是践踏野草的足迹；农耕时代，建造砖瓦房，修建马车道；工业时代，建造钢混结构的住宅、厂房、学校、医院、商场等楼房，修建街道、运动场、铁路网、地铁网和高速公路网等。人类对地表植被的侵害由小小“足迹”变为体量巨大的“筑迹”。人们大量挖掘地下矿物资源制造工业品，不仅挖空大地，并且使许多有毒有害物质散落于空气、土地和水中，造成了广泛“污迹”。

老子云：“天地所以能长且久者，以其不自生，故能长生。”（《道德经》第7章）保持一个宜居的地球是人类当前的第一要务，不太受伤的地球是人类共同的最大财富。拯救地球，就是拯救人类。

二、城市化：得耶失耶

城市发展比工业发展要早。古代农业社会就有城市，是当时的政治、经济和文化中心。城市是人口、商品和产业的集聚地。当时城市的主要优势是：汇百工、集百业，发挥各类手工业者和艺人的特长，平等交换、互通有无。铁匠专门打铁、鞋匠专门做鞋，不像农村农民那样家家户户都种粮、种菜、种瓜果，自产自用。凡有好产品、好服务，在城里必定有市场，从而，促进生产服务大发展；需要好商品、好服务者也能找得到、买得到，因而，可以提高生活质量。现代城市功能更强大，不仅能让有钱人过上高品质生活，而且能够充分发挥其物质与信息的集聚、扩散和辐射功能，能够推进工业化进程，能够带动区域经济发展，能够引领人们价值观进步和生产生活方式转变。

城市为什么具有不同于乡村的强大功能？思想价值论认为：首先，是各类优秀人才得到集聚，这些人才支撑和引领着教育、科技、传媒、工业、医疗和各类服务业的大发展。其次，现代城市高度专业化的劳动分工和个人特长发挥，强有力地推进技术进步和文明发展。一家医院不仅分内、外、骨、眼、牙等几十个科室，科室当中又分哪位医生专攻哪一种病，使专业研究加快深化。再次，人才集聚和信息交流，有力促进了新理念、新思想、新技术、新文化和新产品的创造，所以，城市既是人才高地，也是创新基地。正是因为城市既能创造新事物，又能解决大难题，所以，城市能够引领经济社会发展。另外，城市使科技资源、教育资源、文化资源、信息资源和卫生资源等得到整合，能不断培育出新的经济增长点；能不断开创新产业和新商业模式；能依靠尖端人才开辟新的社会财富增长极。从空间布局上说，城市是人类文明的制高点，也是现代文明成果的发源地。

城市，尤其是大城市，除了人们常说的人口过密、交通拥堵、垃圾围城、房价高涨等城市病外，主要还存在两大弊端，即资源消耗加速和环境污染加剧。

城市化生活使人类消耗资源明显增多。文化教育、工商活动、家居生活都在高楼，不仅所用钢筋、水泥、砖块等物质材料多，而且需要灯光、空调和电梯等许多物耗和能耗。交通方面的汽车、道路、车位、红绿灯等设施物耗能耗都很大。学校、医院、商场、公园、公交、地铁、机场等公共设施每年运行、整修和维护无不消耗物质资源。大量农副产品从农场批发，大量工业品从园区运入，工商业物资流通等都消耗了很多资源和能源。城市居民的高品质生活是以其资源的高消耗为代价的。

大城市对自然环境的损害也特别明显。城市运行代谢物集中、量大，远远超出大自然的消解能力。生活垃圾数量巨大、处理困难；人畜粪便化解排放后仍然污染江河；生产生活火烟、汽车尾气等排放的大量挥发性有机物与空气中尘埃结合成为 PM2.5，形成雾霾。远远看去许多城市上空都被雾霾所笼罩。可以说，人类城市既污染大地江河，又污染上方天空。

城市里碳、尘、废水、废气、人的病气浓度高，容易得病，城市化不是没有弊端。在资源匮乏、排碳成灾的时代，对自愿留居乡村者应当认同和赞许。

城区社会应当尽量减少价值增加而财富被毁的情况发生。比如：将市中心一家并不落后的医院卖给某公司开发房地产，医院搬到郊区换了大院子。房产公司赚足了钱，但原医院的所有楼房和固定设施全部被毁，社会财富浪费惊人。患者就医极为不便，开车赶往郊区，既消耗能源和又排放污染。人们应当懂得：财富比产值重要，环境比财富重要。财富是资源转换的，许多资源是不可再生的。

三、信息化：喜耶忧耶

不可否认，网络将世界联成一体，已经改变了人类的生产、劳动和生活方式。尤其是手机成为网络的移动终端后，手机上网人数迅猛增加。2016 年底中国的手机上网用户总量达到 6.95 亿户①。手机成为年轻人的信息中心、文化中心、娱乐中心和社交中心。

对于多数年轻人来说，手机远不只是用于即时通信：早上醒来，他们在被窝里看新闻、短信、微信和微博；出门前，查看城区道路通行状况；出差前，预订机票、车票和旅馆住宿；开车去陌生地，利用手机导航；在火车、汽车上，观看网上影视和网络小说……许多年轻人在忙完单位急活，其他时间就是玩手机，手机成为他们时刻不离的亲密伙伴。

除了通信以外，手机还具有社交沟通、信息获取、手机银行、电子商

---

①《第 39 次中国互联网络发展状况统计报告（全文）》中国互联网信息中心 / 2017 - 1 - 22.

务、网上娱乐、文化生活、艺术欣赏、生活服务、事务处理、数据搜索、网上求医、网上听课、网上谈判等功能，手机已然成了掌中世界，应有尽有。现代手机不同程度地取代了电话、传真、报纸、电视、电脑、收音机、导航仪等许多电子设备的功能，甚至还有代行商场、书店、学校、银行、售票处、挂号室等单位的部分职能。手机以其功能强大、携带方便、不受时空限制等优势赢得大量用户。我们经常看到候车室、公园里、火车上、地铁中、车站、码头，甚至在排队时、会议前，大量的人都在埋头拨弄手机，真可谓："十个手机九个点，另外一个是没电！"应当警惕，指尖上的网络生活存在许多隐忧。

其一，许多人染上网瘾，沉醉上网，成为网迷。中国互联网信息中心调查显示，网民人均每周上网时长达 25.9 小时，具有网瘾者占 16.2%，有专家称之为"电子海洛因"①。截至 2014 年 6 月，中国网络游戏用户规模达 3.68 亿②。令人担忧的是：这一代青少年在埋头玩手机后，还是否有时间、兴趣和耐心去阅读经典和名著？会不会影响他们学业功底和发展后劲？不可否认：过分痴迷于上网，尤其是电子游戏，学生会影响学习；职员会影响工作；管理者会影响领导效能。甚至有的人因为开车看手机造成交通事故。

其二，海量信息和耗时过多会窒息人们的创造力。手机上网占用了太多时间，直接影响人们专注地思考。有效信息刺激本应产生更多的好想法，但是，信息过量又可能导致人们醉心信息、疏于思考，使研究难以深入。因为：一是海量信息大大增加了人们选择和分类的难度，甚至使人对信息麻木。虚假信息曾使人上当，导致许多人怀疑网络信息的真实性，就不得不花时间进行甄别。二是习惯于依靠网络的人，遇到问题或接受任务，总是试图从网上找一个现成的答案，逐步养成不愿思考的惰性，直接损害人的记忆力、想象力和创造力发挥。三是深入思考需要时间上持续，

---

①赵婀娜：《别让生活'被碎片化'》，载《人民日报》2013 年 1 月 24 日第 17 版。

②魏博：《第 34 次中国互联网络发展状况统计报告（全文）》中国互联网信息中心 / 2014－7－23.

而手机信息的“雷阵雨”，把整体的时间打成了碎片，让人无法连续思考，思维的一再中断降低了人的想象力和创造性。有专家估算，手机用户每天接到的电话、短信和微信是300次左右，平均每小时20次。其中，广告、推销、社会新闻等占95%以上，领导指令、亲友联系等占不到5%。为了不漏过与己有关的5%，人们不得不收受所有入机的视听信息。的确，不关闭手机，就是做到半小时连续思考也困难。庞杂的海量信息让人分散了注意力，而创造性思维是对信息的深度加工，心浮气躁、精分神散，还谈什么研究。四是探索性、求证性的思考需要多次反复，而信息时代的快节奏和浮躁性，让人们缺乏耐心、轻信感觉，不愿反复求证。人们的研究实践表明，信息是思维的材料，没有信息就不能研究。但是，当信息大潮淹没思维高地的时候，通常很难长出创新小苗。总之，信息时代创新的特别障碍是浏览和筛选信息占去了过多时间，信息让人心乱神散。浏览信息个个会，思考创新几人能？

其三，影响人们当面交流。手机和网络使人们的远距离交流增加了，面对面交流减少了。长期沉迷于在线交流的人，往往忽视与人的当面交流，导致社交技能退化。他们通常表现为面无表情、肌肉僵硬、心不在焉、待人冷漠。因此，一些在线交流得很好的网友，相约见面时却不知所措。

其四，手机和电脑的长时间使用会导致许多疾病。手机和电脑成为人们不可或离的帮手和伙伴，然而，长时间注视屏幕，其电磁辐射对眼睛有损伤；长期低头拨弄手机和操作电脑，会导致颈椎、腰椎不适，逐步产生病变；操作手机、键盘和鼠标使人的手和肘处于弯曲状态，容易使关节和肌肉麻木、酸胀、无力，甚至变形。

电子产品很有诱惑力，但还是应当有所节制，尤其是儿童和青少年。

总之，工业化挖空地下矿物，在制造工业产品的同时排放浓烟、污水和废物；城市化平地起高楼、空中设高架、底下建地铁，大量人口聚居导致交通拥堵、垃圾围城；信息化视频招眼，音频充耳，空间充满电磁辐射；现代交通穿山填壑建设高铁和高速公路网。工业化、城市化、信息化等“三化融合”的现代化既破坏地壳受力平衡，又破坏生态环境。现代化必定反自然，稍不慎就会反人类。所以，一定要把握好现代化的方向，谨防现代化从造福人类开始、以祸害人类终止！

四、文明误区与现代化的代价

反思反省近百年历史，可以发现人类现代文明已步入误区：

误区之一：生活过于物质化。许多人把现代生活误解为住高楼、开豪车、穿名牌、吃大餐。奢侈品，高消费，物品半旧就扔掉，新款上市弃旧款，这种生活方式造成大量资源浪费。

误区之二：聚居过于城市化。人类是需要聚居的，但是，城市化进程推进过快，容易使教育、医疗、产业发展及市民素质都跟不上。城市建设规模过大，必然导致“城市病”加重，幸福指数降低。空间拥挤、上班路远、空气污浊、果蔬不鲜，碳足迹高、堵车、噪音等等问题危害加剧。从长远看，过度城市化并不合适，而是应当加快新农村和小城镇建设。

误区之三：信息过于海量化。网络信息铺天盖地，电视频道数目众多，一份报纸几十个版面，这些尚可自主选择；而手机上强行进来的电话、短信、微信每天几百次，不接怕误事，接了就误时，其中多数是与己无关的。手机是个时间切割器，把一天时间切碎了，把人的思路打断了。信息狂潮淹没天才智慧，人的创造力渐渐被瓦解了。

误区之四：人生过于功利化。在现代社会，速度、效率、出彩、取胜、升职、暴富、成功、辉煌等成为人们追求的价值目标，成了时代的主题词。人人都为了金钱、权位、名气而拼搏，冲淡了许多亲情、友情，减少了许多真爱。道德良知被利益绑架了，人性之中的美好精神丢失了，教育之圣洁、医疗之仁德、学术之崇高、法律之正义、为官之奉献等都遭受逐利歪风之侵蚀。

误区之五：竞争过于剧烈化。市场竞争激烈决定社会竞争激烈。市场就那个总量，名校就那么几所，可升职位就那么几个，谁不拼搏就被淘汰。学生不补课怕考不过同学，员工不加班怕干不过同事。于是乎，每天起早贪黑，快节奏生活，且凡事早准备：大二就要准备找工作；恋爱就要准备买婚房并且是学区房；怀孕先胎教、出生抓早教、上学请家教，未出生就已卷入竞争。竞争激烈的时代，很少有人能从容恬淡地生活，在喧嚣嘈杂的背景下，难以寻找宁静、安然、舒适的心灵居所。多少人内心烦躁，多少人睡眠不佳，多少人心情忧郁。

现代化虽好，但人类为此付出了沉重代价：一是资源代价。矿物资源消耗太快，使人类面临资源枯竭的挑战。二是生态环境代价。自然环境遭受严重破坏，使人类生存面临各种危机。三是人的健康代价。空气混浊、水质较差、食品残留毒素等，危害人类健康。

五、乡村古老文明的现代断裂

人们创新的目的和意义在于创优、求真和求是。乡村文明中一些优良传统丢弃是十分可惜的。

就社会关系而言，以血缘关系为基础形成的长幼之序和同族亲情、以邻里关系为基础的生活相依和生产互助、以民俗文化为基础的尊重人才和尚礼好客等等，都是相当可贵的。村里哪家有红白喜事都是全村相帮；谁家杀猪宰羊也会把猪羊杂碎分遍村中邻里。相近相亲、相依相扶，其乐融融、温暖无比。但是，迁移到城镇生活后，家族不再聚居，亲情逐渐淡化；干活不再相帮，人心逐渐离散；城镇之中满目生人，也没法好客；商业化的生活，让人变得十分冷漠。

就人与自然的关系而言，山村农民贴近自然、尊重自然、敬畏自然和爱护自然。传统农业的许多做法就是古老的循环经济：其一，农民世世代代均用人和禽畜的粪便等农家肥培育庄稼，农产品质量好，有利于保护地力，有利于农村卫生，一举多得。食用、消化、排泄、施肥、生长、收获、再食用，是最古老的氮素循环模式。其二，传统农民家庭既是生活单位，又是生产单位，农作物的枝、藤、叶、根，剩饭、剩菜、刷锅水等全部用于养猪，米糠、麦麸、青草等喂养鸡鸭鹅。农家生产的肉、禽、蛋品质好，绿色环保。分散经营不再受鼓励，循环利用值得倡导。其三，传统农家门前都有垃圾坑，他们会定期清理。在拣去金属、石头、塑料等物后，把纸屑、稻草、树叶、破布及其他可燃垃圾统统用于烧焦泥灰，培育庄稼。其四，传统农家使用的木桶、竹篮、草袋、草鞋等，绿色有机，用破了会腐烂降解变成肥料，比塑料制品好多了。这些无公害的生产生活方式都被所谓的现代化替代了，极为可惜。

第二节 新千年的前三百年发展预测

近百年来，由于科学技术进步及广泛应用，人类生产方式发生了根本变化；由于社会信息化，商品贸易方式和智果交换方式发生重大变化；由于生产力发展和物质条件改善，人们的生活方式发生了显著变化。社会在快速发展，但也面临严峻挑战。

公元纪年以来，人类文明已经发展了两千多年。但是，工业化只有200多年历史，却已消耗了地球亿万年演化生成的多数矿物资源，资源紧缺令人担忧。对新千年我们可以作粗略预测：

一、第一个百年：陆地矿物基本挖尽，工业增长减缓

地球上的物质资源大体可分为三大类。第一类是地表资源，如：水、沙、石、泥土、森林等，江河湖海中的鱼、高山草原上的野生动植物等，这些都在一定程度上可以再生，有一定的补偿能力。第二类是地下资源，如：金属和非金属矿物，石油、煤炭、天然气等矿物能源。地下资源演化生长极慢，就是最普通的煤也需经3亿年才能生成，也可以认为基本不再生，用光就完结。第三类是空中资源，包括太阳光能、风能、空气、空间、飞机航线、卫星轨道等，还有月球、水星等太空资源。

从20世纪80年代开始，人们因发现自然资源消耗过快，开始控制开采，提出了可持续发展的观点。出于对环境的考虑，国家对一些资源消耗多、环境污染严重的产业进行限制，并把人们的注意力转移到以创新为核

心的服务业上。

然而，尽管人们已经懂得节约，再经过百年开采，陆地下的铁、铜、铝等矿产和煤、油、燃气等矿物能源也基本用完了。

资源消耗与环境毁坏是紧密相连的。粗放型的资源利用方式必然严重破坏环境。1943 年，在美国洛杉矶市，因汽车尾气形成光化学烟雾事件，使 400 多人严重中毒、呼吸衰竭而死亡；1952 年，英国伦敦因工业废气和居民煤烟造成重度雾霾，致使两个月内 12000 多人死亡。这就是史上被称为“20 世纪十大环境公害”的灾难性事件。然而，令人遗憾的是，一些人常常因物欲和私心的蒙蔽，总是对环境保护重视不够。2001 年 3 月美国政府竟然以“减少温室气体排放将会影响美国经济发展”为由拒绝在《京都议定书》上签字，招致全球声讨。人们纷纷道，“美国人口仅占全球 3%，而所排放的二氧化碳却占全球排放量的 25%”。在已有 140 多个国家和地区签署的情况下，作为汽车王国、工业大国的美国不作减排承诺，这对全球环境保护的影响是很大的①。这些年来，全球资源消耗尚未减缓，人类汽车快速增加，二氧化碳等温室气体排放有增无减。若一意孤行，不转变生产生活方式，人类在今后 50 年内可能会出现重大环境灾难。也许只有在经受更大环境灾难的惨痛教训后，一些国家才会真正醒悟。环境保护关系人类生存，没有全球安全，哪有一国发达？人类必须达成共识，共同努力，做到少挖地底矿物，转变生产方式；缩短“工住距离”，减少汽车使用；增加文化生活，减少物质消费。

资源紧缺将成为工业增速减缓的重要因素，然而，人类文明发展难道只是工业化吗？

二、第二个百年：开采海底和极地矿物，资源成本增加

海底矿产资源可分为以下几种类型：一是砂矿。主要来源于陆上的岩

①黄安年：《小布什政府利己主义的环境保护政策——从拒绝〈京都议定书〉谈起》/学术交流网/2005－02－28.

矿碎屑，经过水的搬运和分选，最后在有利于聚集的地段形成矿床。砂矿中主要包含金、铂、锡、钍、钛、锆、金刚石等成分。二是海底自生矿产。这类矿产资源是由化学作用、生物作用和热液作用等在海洋内生成的，或直接形成，或经过富集后形成。包括锰、铁、镍、铜、钴等金属，已被确认为“人类的共同财富”。三是海底固结岩层中的矿产。这类矿产资源大多是陆上矿床向海底的延伸，主要有煤、石油、硫矿等。[①]

现已初步探明，地球南北两极冰雪之下，贮藏着丰富的矿物资源：煤、石油、天然气、铁矿石等贮量很大，还有金、银、铜、镍、铂、锡、铝、锰、钛、锌、锑、钚等矿产。

海底和极地的矿产资源，开采成本高，能促使人们节约使用，一般可供人类使用一百年左右。

三、第三个百年：依靠废材回炼维持生产生活，替代资源难找

随着地下铁、铜、铝、煤、汽、油等矿物资源逐步减少，传统工业的源头产业矿产开采冶炼业将快速萎缩。人类再也没有那么多钢铁可造汽车，没有钢筋去造房子，更不会鼓励报废旧车用新车。人们十分重视金属防氧化技术，铁门、铁窗、铁栏杆都涂上防锈漆，企业将高价收购废铁、废铜、废铝等金属回炼。这时，人们会从垃圾堆中寻找钉子，会从建筑废墟中敲取钢筋，连办公室中一枚生锈回形针都舍不得扔掉。由于氧化作用，废旧金属回炼提取率通常只有百分之六七十，甚至更低，一次次回炼，使保有量呈收敛级数递减。人类只能将仅有的钢铁用来保证打造菜刀、饭锅等生活必需品；打造锄头、镰刀、斧头等工具；将紧缺的铜、铁、铝等用于机器工业，用于航空航天、高铁、地铁等公共事业。

废材回炼，维持百年。人们将更多使用塑料、陶瓷和木材等制造工业品，并努力寻找其他替代材料。但是，毕竟有许多东西是不可替代的。另

---

①谢彬贤：地球海底矿产资源介绍 / Baiyi 百亿科技的博客 / http：//blog. sina. com. cn/u/2189601520，2012－07－20.

一方面，即使有替代材料，也会很快用完。必将迫使人类工业转型，从制造工业转向维修工业和农副产品加工业。器械类工业产品在维修中使用，以便节约材料；木器、竹器、皮革、棉纺、食品加工等产业得到大发展。其实，人类少挖一些矿物资源也可以生活得很好。

四、三百年内人类必将回归新农耕文明，文体生活占主导

人类将地底矿物基本挖光后，部分资源逐渐枯竭。因为运转的机器磨损不可抗拒，裸露的金属氧化不可抗拒，加工的材料耗散不可抗拒。大量稀缺金属以粉末的形态散落在土地中，其中一些经雨水冲洗送入江河、湖泊和海洋，沉淀于海底，既不可回炼，又难以分选。

工业生产材料奇缺，人类不得不回归到新农耕文明（或称共生文明）时代。说其为新农耕文明，是因为这工业化后的农耕文明与工业化前的农耕文明大不相同：农业科技和生物科学发达；农业设施齐全、农业机械齐备；工业支农早已到位；社会成员受教育程度高、素质普遍良好；人们不再迷恋物质享受，而是注重文化精神生活：阅读经典、唱歌跳舞、运动健身、旅游观光等成为人们主流的生活方式；文化产业得到空前发展；造房子还是用石头和木料；穿衣以棉织品为主；电动汽车成为主流交通工具；飞机、高铁、轮船票价昂贵。显然，人类越早自觉进入新农耕文明，就越能消解资源匮乏、环境毁坏的困扰。新农耕文明才是人类的永久文明，因为主要取用地表资源，并在可补偿限度内。地球沧桑变化，水、土、砂石、草木是可以再生的。地球无论怎样变化，总有土地、阳光和水分，能够种植出农作物养活人类。

人类经济能否持续发展？出路何在？一是生物学和农业融合的生物产业发展，使农副产品和食品更安全、更优质。二是文化艺术产业发展，人们从文学、音乐、艺术中获得审美感受；以体育、舞蹈等活动实现快乐和健身。三是广义健康产业大发展，包括医疗、保健、旅游等。四是网络经济大发展，人们从网上获取信息、学习知识、了解世界，“互联网 +”成为新的经济增长极。

第三节 苍天诘问

人类文明进步历程艰辛曲折，在利益迷惑下容易步入误区。超然于世俗的苍天，对人类损害自然的行为有许多诘问。

诘问之一：人类的无限欲望可否有所克制？

智能高超的人类必定追求不断发展，但发展是否就是物质财富的无限增长？在部分人富裕、多数人小康、少数贫困者可通过政府救济和乐善好施者帮扶实现解困的情况下，还需要物质财富增长的高速度吗？有人说，市场机制就是利用人的自私、贪婪和欲望无限，只要有市场经济，就必定只能在危机、萧条、复苏、高涨、再危机的循环往复中打转，所以，市场经济是财富追求的不归路。经济高增长是好事，问题在于物质产品都是从物质资源转换而来，而自然界能提供的物质资源是有限的。人类对地球过分开发，造成环境破坏、生态失衡，使部分物种濒临灭绝。过量使用矿物能源污染了空气、影响了气候。地球上的物质资源满足不了人类的无限欲望。老子云："祸莫大于不知足，咎莫大于欲得。故知足之足常足矣。"（老子《道德经》第46章）自然要求人们善良、平和、知足。

地球是人类的永久家园。其中，一部分土地用于耕种粮食，一部分建成城镇和道路，一部分建成工业基地，一部分建设成为机场和球场……还能保留多少原生土地？

满足欲望需要付出资源代价！人类住房从远古时代的草木房进步到中古时代的砖瓦房，再从砖瓦房发展到现代社会的钢混结构房。房子不仅坚固、安全，而且宽敞、豪华。除卧室、客厅、厨房、卫生间、书房外，还有健身房、音乐厅、储藏室等。人类可以发展到有足够的经济实力来建造奢华住宅，但地球供应得了那么多资源吗？

人类原本是用脚走路的。农业时代用了马、马车和牛车；工业化初期慢慢普及自行车；工业化中期较快普及摩托车；工业化中后期以极快速度普及轿车。给人们带来便捷的机动车辆以加速度的态势增多，同时，也致使大气污染、交通拥堵、资源紧缺、生态恶化。上苍担忧：人类是否不顾环境恶化和资源枯竭，再普及家用飞机？

“知足不辱，知止不殆，可以久矣。”（老子《道德经》第 44 章）人们对财富的追求不能太过。在生产力相对落后、大量的人过着贫困生活时，号召人们大力发展经济是十分必要的，但是，如果人们过分追求物质享受，人与自然的冲突就会加剧。人们不择手段地获取财富，必然导致竞争过度，损害社会和谐。空气有霾、水质有污、食物安全无保证，人类生存面临严重威胁，这样，经济增长速度再快又有什么意义呢？2013 年 2 月 22 日，第十三届亚布力中国企业家年会在黑龙江召开。阿里巴巴创始人马云在会上说：“现在，我们需要考虑的是什么样的行动。我相信十年以后三大癌症将会困扰着每个家庭：肝癌、肺癌、胃癌，肝癌很多可能是因为水；肺癌是因为我们的空气；胃癌是因为我们的食物。”“很多人问我什么东西让你睡不着觉，阿里巴巴、淘宝从来没有让我睡不着觉，让我睡不着觉的是我们的水不能喝，我们的食品不能吃。”① 马云的担忧值得重视。要加强环境保护立法和执法力度，以完备的税制抑制人们过高的求富热情。只要有理念，就会有办法，社会发展目标应是公平、和谐、幸福，而不单是富裕。自然资源有限，无法保证地球上数十亿人口的高物质生活，能够做到衣食无忧就好了。人类不可以盲目自信，一味相信科技发展和创造能力能够带来取之不尽、用之不竭的各种资源。

当然，人们克制物欲不是不要发展，如同邓小平所说“发展是硬道理”。我们讲克制物欲就是倡导节约；是要求转变发展方式，使发展不损害自然；是用更多的智造来代替制造，依靠科技和文化来减少物质消耗。

诘问之二：人类准备给后辈子孙留点什么？

这是一个需要人类冷静思考、认真回答的问题。留些文化遗产？留些

①马云：《亚布力论坛演讲：十年后三大癌症将会困扰中国每个家庭》/上海中国平安/2014 年 6 月 18 日。

科技成果？都没有错！都可以提高后辈文明的起点。然而，细细想来，文化和科技成果少一点，他们自己可以去创造。若是留下一个千疮百孔、环境恶劣、气候反常、灾害多发的地球，让他们怎么生存？怎么修复？怎样去别的星球运材料？如此想来，为子孙后代留下一个宜居的地球才是最根本、最重要的。破坏自然，祸生当代，贻害子孙，必然成为千古罪人。

节约、珍惜并高效利用资源，是对自然的尊重。资源匮乏要求人类建立节约型社会，以减慢资源消耗速度。只要人类肯动脑筋，发展科技和文化，转变经济增长方式，就能提高资源利用率。

人类要实现永续发展，就不可把本应由后辈子孙所用的资源挥霍殆尽。只顾本代富足，以拼资源的方式换取高增长，是一种自私，是对子孙后代不负责任。人类当以最低的资源代价换取经济社会持续发展。思想者要有责任意识和道义担当，即使遭人讨厌也要大声呼吁：地球是人类及所有生物共同的永久家园，地球不是一代人的私产！给后辈子孙留点资源并保护好环境吧！

任何产品都是劳动成果。生活消费节约就是对他人劳动成果的珍惜，也是对劳动者的尊重。也许有人会说，钱是自己的，商品是自己花钱买的，我爱怎样就怎样。然而，我们是有精神、讲文明的人，无论是他人的劳动还是自己的劳动同样需要珍惜。物品，哪怕是很一般的物品，都是资源转换的，是不应该浪费的。

也许有人会问：消费决定生产，大家节俭生活，经济如何发展呢？笔者倡导物质消费节约些，文化消费多一些，生活质量会更高。比如：文学阅读、音乐欣赏、健身锻炼等，既充实生活内容，又较少消耗物质资源，也不损害环境。发展文化产业，前景十分广阔。

针对地球上自然资源的有限性，在20世纪60年代美国经济学家波尔丁在谈生态经济时首先提出“循环经济”概念。他认为地球是一个远离其他天体的独立系统。蕴藏资源有限，像如今这样高速开采，地球上资源很快枯竭。只有实行资源循环利用，才能使人类常兴、地球长存。波尔丁指出，如果人类不合理地开发资源，肆意破坏环境，将会使地球走向毁灭。

循环经济是相对于以往线性经济而言的。线性经济是："资源开采→生产消费→废物排放"的单向流程模式。就是把自然界的物质和能源开采出来，加工利用，最后又把大量废物排放回自然之中，形成"高开采、低利用、高排放"的模式，必然导致资源日益缺乏，环境逐步恶化。而循环经济的模式是："资源限量开发→生产消费并再利用→废物再生资源"的循环式流程。倡导控制开采、高效利用，清洁生产、保护环境，绿色消费、旧物再用。循环经济使不同生产部门的废弃物互为资源，互相交换，最大限度利用进入生产生活领域的物质和能量，实现"低开采、高利用、低排放"的目的。循环经济发展，让铁、铝、铜等上百种废旧材料回收再炼，大大提高了资源利用率，可以为后辈子孙保留更多资源，留下一个不大受伤的地球！

倡导节约资源和旧货再用，会影响一点 GDP 增长，但不影响国民的生活质量和幸福指数提升。

诘问之三：人类生活所需要的到底是什么？

在温饱、平安、健康的基础上，不同的人具有不同的追求。有人全力追求财富，期望富可敌国；有人追求权力，试图步步高升；有人追求学术，力求著作等身；有人追求爱情，渴望得到真爱……

人类不可能人人皆富裕，也不是每个人都指望富裕。各自都有其个性化的生活追求，社会当以包容的态度认可多样化的生活方式。人类应当保护环境，因为清洁、宁静的美好环境是富人和穷人都同样需要的。在德国城市汉诺威，睡在超市走廊里的流浪汉对前来送发红包的市长愤懑地说："我们最需要的不是红包、食物、棉被和关心，而是安宁！需要只有星光的宁静夜色，讨厌没完没了的汽车喇叭声吵得难以入眠。"① 流浪汉也讨厌噪声，富人和知识分子就更加强烈。可是，人们为了扩大活动范围，汽车越造越多，道路越修越宽，空气越来越差，电磁辐射越来越强。生活节奏急迫，

①木梅：《流浪汉的需求》，载《羊城晚报》2011 年 12 月 23 日。

精神高度紧张，内心极端疲惫。忙碌的人们已经不知道自己需要什么了。

人们糊涂地将物质富裕等同于生活幸福，这是严重的误解。依靠挖掘地下资源创造的经济高速发展，既不可持续，又严重破坏人的生存环境。以环境毁坏为代价换取的豪车阔宅、大鱼大肉、腰缠万贯、挥金如土，有什么幸福可言！如同黎巴嫩著名诗人纪伯伦所说："我们已经走得太远，以至于我们忘了为什么而出发！"

其实，对于绝大多数普通人来说，其生活需求主要是：

一求衣食无忧。基本物质生活资料要有保障，不能像野生动物一样经常受寒挨饿、居无定所。有此基础，方能追求其他方面。

二求平安吉祥。需要安全、吉祥，无灾难。若破坏自然环境，导致天灾人祸频发，那么，物质资料再丰富，也没有幸福可言。

三求情感亲和。在家庭、单位、社会中，人与人互相尊重，关系和谐。人们需要温暖的情感生活，需要亲情、友情和爱情的关怀和滋养。物质生活有保障后，许多人的内心痛苦来自人与人之间的冷漠，来自家庭和单位的矛盾与冲突。

四求精神愉悦。人类是有思想的灵长动物，应当有丰富的文化、精神生活，活得开心是人们的普遍追求。

五求健康长寿。即有病能得到治疗，保持身体健康；并在身心健康基础上尽量长寿，见证社会的文明进步。

一个社会，只有顶尖精英才有能力成就自己的辉煌人生和伟大人生。大多数人所追求的是健康人生、有为人生和快乐人生。健康是有为和快乐的基础。但是，人的人生观和价值观不同，快乐的由来就不同。有的人以钱为乐，有的人以权为乐，有的人以学为乐，有的人以创造为乐，有的人以奉献为乐。社会各界精英通常有着较高层次的追求。

人生意义何在？终极目标为何？只要自食其力，有益于他人，有益于社会和国家，有益于人类文明进步，就很有价值。只要守法、善良、勤劳、认真、负责、创新，无论是工人、农民，还是教师、医生，各行各业的人都在为社会发展作贡献。当然，成为伟人和名人，其贡献更大。

第四节　人类文明的发展尺度

人类文明进步的动力，从文化层面看，是思想成果的智造和传承；从物质层面看，是物质财富的创造和积累；从社会层面看，是人们素质的培养和提高。现在，我们来研究人类文明的衡量尺度。

某一区域内，社会文明程度以什么来衡量或从哪些方面来考察呢？总体看有五个方面：

一是物质尺度

从物质方面衡量社会文明程度，应当考察可供人们享用的物质财富的数量和质量；考察其是否能充分满足人们的生活需要。既要考察存量财富，又要考察增长能力；既要考察物质生产能力，又要考察物质财富的生产方式；既要考察基础设施建设，又要考察生活资料产出。值得注意的是GDP不等于财富，比如：房屋、桥梁、隧道等建筑物和基础设施，质量不好就不能使用，建筑业产值是创造了，却未变成有用财富。大楼造好后几年就拆除，产值统计了，财富却没有了。衡量文明程度要看有用财富的积累，而不只是看GDP。

二是文化尺度

从文化方面衡量社会文明程度，应当考察可供人们享用的文化、科技、艺术等方面的思维成果，即智果。因为人脑发达，具有思维，需要精神滋养。一个文化、科学、艺术等产品匮乏的国家和民族，其精神生活的品位必定不高。人的物质生活需要虽然是最基本的，但并不是人的需求的全部。在基本的物质条件具备后，是文化精神生活状况决定人的幸福指数。

三是人本尺度

衡量文明程度的根本标尺是人自身全面发展的状况，即作为社会成员的人的素质高低。具体的就是人接受教育的程度、道德品质、法治观念、知识水平、劳动技能、思维能力等。社会文明归根到底是人的内心和言行的文明，人的文明程度决定社会文明程度。

四是自然尺度

就是看人类与自然的关系是否和谐。人是自然发展的产物，是自然的一部分。文明人应当热爱生于斯、长于斯的自然和大地。习近平说，“生态兴则文明兴，生态衰则文明衰”，“生态环境保护是功在当代、利在千秋的事业”。[①] 人对自然资源的取用应当尽量控制在自然补偿能力范围之内。尽量利用可再生资源，少用不可再生资源。切实加强环境保护，维护生态平衡。作为万物之灵的人类已然成了地球霸主，但应当开明、友善、目光长远；应当具有与其他生物同生共存的理性和襟怀，决不能成为灭绝其他物种的无情杀手。万物灭绝，人类也亡！人与自然的关系也是文明程度的重要标尺。

五是制度尺度

社会制度体系尤其是利益机制，引导、约束和决定着多数人的言行，直接影响社会成员的素质提高；影响物质、文化生产力的发挥和发展；影响社会的公平与正义；影响社会的秩序和风气，甚至影响人与自然的关系。只有制度文明才能带来社会的全面文明。

综上所述，社会文明程度可以表述为：

社会文明 $\propto$ 制度文明 + 人的素质 + 生态环境 + 物质文化财富

---

①习近平：《在十八届中央政治局第六次集体学习会上的讲话》，载《人民日报》2013 年 5 月 25 日第 1 版。

式中“∝”读作“相关于”。其中物质文化财富是指目前的存量财富。对上述四个项目进行评估即可以对一国或一地区的文明程度进行量化评价。

在人类文明大道上，经济社会发展和人们生活水平提高是历史发展的必然。但是，一定要坚持经济发展与环境保护相平衡，追求成功与坚守道德相平衡，物质文明与精神文明相平衡，鼓励劳动与完善制度相平衡。

第三十一章　觉醒：主动转向共生文明

难道工业化必定损害自然，市场化必然搞坏人心？难道生产商品就可糟蹋环境，追求发财就可不讲道德？难道经济发展与环境保护就互不相容？难道物质富裕与精神高尚不可兼得？人类应当心怀忧思，深刻反省，放眼未来，谋划长远。

人们应当懂得：空气、阳光、水质、食物、气候、植被等生存根本远比经济数字重要；学校、医院、道路、桥梁、城市公交等公共设施远比私家财产重要；国家安全、社会稳定远比家庭富裕重要；诚信友善、社会文明远比个人成功重要；户外大环境远比室内小环境重要。如何保持人与自然和谐、人与人和谐、个人内心和谐，实现幸福愉悦地生活？人类必须主动实施文明转型，超越工业文明，走向共生文明。唯有绿色环保地发展，才是真正可持续地发展。

“天人之道，未尝不相为用，古之圣贤皆尽心焉。”（宋·张商英《素书原序》）人们真正觉醒，即当付诸行动！

第一节　文明转型：从工商文明转向共生文明

“2012 世界末日”，这曾令人恐慌的玛雅预言已经破产了，值得庆幸！但由人类工业化疯狂所导致的温室效应以及冰川融化、气候恶化、空气污化、耕地重金属化的危机能化解吗？人为灾难能避免吗？

按照人类目前这种任性的生产生活方式，运用大数据和云计算，可以很快测算出人类尚能生存多少年！

人类，要么文明转型，要么走向毁灭！

清新空气、洁净水质、原生土壤、绿色植被和低辐射空间等，都是人类千秋万代生存的根本条件。若为眼前经济增长毁坏这一根本，必然带来人类的环境灾难和生存危机，违背人类文明发展的初衷！

在环境良好、生态平衡的前提下，人类住高楼、开豪车，使用冰箱、彩电、洗衣机当然是很好的。但是，如果蓝天白云久违了，秀水青山不见了，喝的水、吃的食物、呼吸的空气都脏了，无处不在的电磁辐射伤人了，现代产品再多又有什么意义呢？人类不可舍本求末，本末倒置。

在遭受极端气候、生态危机、环境灾难和同类缺德伤害后，人类必须觉醒！必须从根本上转变生产生活方式！

一、文明转型的含义

文明转型是指人类文明从一种形态向更高级形态跃迁，转型的本质是文明档次提升。人类从长期的渔猎时代转向农耕文明是第一次文明转型；从农耕文明转向工业文明是第二次文明转型；从工业文明转向信息文明是第三次文明转型；从信息文明转向共生文明将是第四次文明转型。

人们对规律的认识是逐步深化的，科技和文化是逐步发展的，社会生产力是逐步增强的。人类文明转型升级是不可抗拒的历史发展大趋势。

引领人类文明升级的国家通常就是当时的强国，学者们称之为文明中心，必定是思想成果创造最丰富的国家。历史表明，世界文明中心是转移的：就时态而言，有的文明古国成了过去时；有的文明强国已处完成时；有的文明国家正处复兴进行时；有的后发国家等待将来时。一个国家发展如何，关键取决于其文明是否及时转型、如何实现跃升。

共生文明不只是指自然生态，还有人类的经济生态、政治生态、文化生态、社会生态等都要文明，进入全面文明的新阶段。人与人之间要更加讲道德、重诚信、求和谐、遵守社会伦理。共生文明首先在于人的生存态度，要无害他人、无害社会、无害后辈子孙。

就人与自然的关系而言，共生文明就是人要更加遵从自然规律，爱护自然环境，珍惜自然所赐，坚守大地伦理。要发展绿色产业，建设绿色城镇，倡导绿色消费，坚持绿色生活。

中国国家主席习近平在致生态文明贵阳国际论坛2013年年会的贺信中指出："走向生态文明新时代，建设美丽中国，是实现中华民族伟大复兴的中国梦的重要内容。中国将按照尊重自然、顺应自然、保护自然的理念，贯彻节约资源和保护环境的基本国策，更加自觉地推动绿色发展、循环发展、低碳发展，把生态文明建设融入经济建设、政治建设、文化建设、社会建设各方面和全过程，形成节约资源、保护环境的空间格局、产业结构、生产方式、生活方式，为子孙后代留下天蓝、地绿、水清的生产生活环境。""保护生态环境，应对气候变化，维护能源资源安全，是全球面临的共同挑战。中国将继续承担应尽的国际义务，同世界各国深入开展生态文明领域的交流合作，推动成果分享，携手共建生态良好的地球美好家园。"① 世界上每个国家都应当为保护全球生态环境做出积极贡献。

二、第四次文明转型的必然性

文明为什么必然转型呢？人类为什么必然进入厚道经济和共生文明时代？

(1) 矿物资源枯竭和环境恶化，迫使传统工业不得不转型。两百多年的工业化已把陆地矿物资源多数消耗。如果在资源紧缺、环境恶化、气候反常、恶病增多等严厉警告面前，仍不醒悟的话，人类或许会遭受更大灾难。现在，许多人已经认识到："自然资源有限，人类不可以无止境地追求物质享受。"一切掠夺性开发，都将直接损害子孙后代的生存和发展。以牺牲环境和人类未来为代价的经济增长与文明发展初衷是背

①摘自《习近平致生态文明贵阳国际论坛2013年年会的贺信》，载《人民日报》2013年7月21日。

道而驰的。然而，停止或缩减对地下资源的挖掘，又意味着工业经济的萎缩。要不降低人们的生活水平，就必须将智力和心思指向生态农业和文化产业。

如果说刀耕火种的农耕文明只是对地球表层的皮毛梳理，那么靠挖掘矿物支撑的工业文明就是对地球的敲骨吸髓。自然资源尤其是不可再生资源贮藏量是有限的。地球经40多亿年演变生成的石油资源，在不到200年时间就被人类挥霍得所剩无几了①。

如果人类不想吸臭气、喝污水、吃含毒食物，不想在风沙、雾霾、酸雨、严寒酷暑等恶劣环境下生存，就必须克制自己、放弃贪婪，珍惜资源、保护环境，转入共生文明的智慧生活。

（2）**教育发展及人对幸福生活理解深化，使人类自觉实施转型**。人类尽管聪慧，也曾经历过千百年的物产短缺。目前生活的过分物质化及对财富追求的狂热或许与曾经穷怕过有关，是人们追求物产储备的惯性延续。现在已经有许多人认识到不必过多占有和享用物质财富。在基本的物质生活有保证后，当以人际关系和谐、自然环境清洁为基础的健康快乐为人生追求。这种内悦外谐的价值追求，使人们自觉选择健康、友好、快乐和长寿的人生。把享受文化带来的快乐，把文明、和谐、互爱、亲情等看得高于财富积聚。人们把更多时间用于阅读文学作品、观看影视节目、欣赏音乐艺术、参加旅游健身等活动，真正体现以人为本。文化产业、健康产业将成为朝阳产业。人类将大量精力转向文化创造和文化享受，大大减少对自然生态的侵害。

（3）**科技与文化发展为人类生产生活方式转型提供了可能**。科学技术发展极大地提高了工农业劳动生产率，即使在经济萧条时，人类绝大多数人的基本生活资料也能保证供应。现代生物技术发展，为经济增长开辟了广阔空间，文化产业发展更是潜力巨大。工业文明所创造的大量财富，为共生文明建设奠定了坚实基础。诸如：公路、桥梁、隧道、高楼、街道、飞

①王宏甲：《站在经济发展的平台上看世界文学》，载《学习时报》2004年5月3日。

机、火车、汽车、电脑、手机等等，人们只要维修、复制就可使用，与新开发相比可省许多人力和资源，有条件减少矿物开采量。完全可以依靠生物学成果，发展生态农业、绿色工业和健康产业等。

总之，人类文明转型既是资源、环境所迫，同时，也是人的文化自觉。矿物资源枯竭趋势迫使人类不得不转型，人类对自身生命本质的认知深化使人类自觉自愿地转型，而科技和文化发展为文明转型创造了智果条件。

三、共生文明的内涵

生态文明发展的结果必然逐步达到共生文明。共生文明代表人类社会发展的根本方向。共生之共，乃共同、一起、平等之意；共生之生，乃生命、生存、生活、生长之义。共生是指共同生存、共同生长、共同生活，共住地球村，共惜共用自然资源，共享科技文化成果，实现包容性共同发展。其要义就是习近平主席说的："要谋求自身过得好，必须也让别人过得好。"① 人类与其他生物应当平衡共生；人与人、企与企、国与国应当共处共赢共享；人与天地万物应当共存共容，使万物为人类所共享共用。共生应当成为一种理念，一种思想，一种智慧，一种胸怀，一种境界，一种思维方式，一种价值追求，一种行为准则。

首先，共生是自然规律的客观要求。大自然原本就是一个共生场，万物万事共生其中。"对立物存在是自身存在的条件"，这是哲学常识，世界上没有任何"唯我独生"的领域。现代社会，人们普遍懂得高尚的"利他主义"最后结果是有利于己。"一个人用胸口温暖他人时，同时也获得他人的温暖"，这让人们懂得相拥互爱、抱团取暖的朴素道理。

其次，共生文明是一种发展必然和认识进步。人类从远古走来，生产力不断增强，人与人之间的关系也不断变化。在古代，生产力落后，人们依

---

①习近平：《携手合作 共同维护世界和平与安全——在"世界和平论坛"开幕式上的致辞》，载《人民日报》2012 年 7 月 8 日。

靠野果野味充饥，其生活资料争夺多属零和博弈，是你无我有、你少我多、你死我活的争斗。而今，生产能力和创造力提高，人们各有所长、各有优势，通常是你帮我兴，我助你发，实行相互合作，实现共赢共享，已是非零和博弈占主导。在人与自然的关系上，科技不够发达时，资源利用率低，开采量大，对自然伤害严重；在高智时代，科技发达，资源利用率高，开采量少，对自然的伤害较轻，人与自然和谐共存，更加友好。人们更加懂得地球是人类与万千生物的共同家园、共栖之地、生存之所，其他生物是人类的生存伙伴，资源是人类的生存基础；人类当与万物共生共存。

再次，共生是维护世界秩序的客观要求。当今世界有核国家不少，若不确立共生理念，你想灭了别人，别人同样可以灭了你。核弹引爆，一起灭亡；不是共生，便是共亡。人与自然之间，因科技发达改造自然能力巨大，但台风、海啸、地震、气候变化等自然力更大。爱护自然人类兴，破坏自然人类亡。

共生共赢应当成为理念、原则和思维方式。古人征战总是以消灭对手为目标，其实是反文明的。个人成功未必建立在他人失败基础上，合作互助则共赢共进，互相加害则两败俱伤。一国振兴不应以掠夺和侵害别国利益为手段。不同国家、不同民族、不同类型的文化和文明，不存在根本性冲突，应当和解包容、相互认同。唯有共生互融，“和而不同”，才能实现人类文明的“多元一体”。要充分尊重各国人民的选择，不要把主观意志强加于人。

人类文明发展当以生态统领，共生为魂；决策共商，大事共襄；利益共享，有难共助。“大自然的慷慨，不是为了任何物种、族类的奢侈浪费，而是让我们生而知晓健康、节制、优雅地共襄生活在一起，完成生命运行的美丽与尊严！……赫尔岑说：‘生活的终极目的就是生命本身。’这样，共生就应当成为一切科学、艺术、宗教、哲学、组织、文化、种族、民族、国家存在与建构的出发点和落脚点，并且成为处理从人与自然、人与生物、人与自身，到人际、代际、社际、国际、洲际、联合国，乃至全球关系的常识和终极价值取向！”① 这样，对一切反共生、反文明的思想和行为都要作坚决斗争。

四、共生文明是人类的持久文明

在采集渔猎时代，人类吃的是野果、野兽和野鱼，穿的是兽皮和树叶，住的是石洞和草棚，其生存条件与其他动物差别不大。自从有了铜、铁冶炼，告别石器时代后，就快速推进农耕文明发展。用铁打造了锄头、镰刀、犁等农具，开创传统农业；用铁打造锯、凿、刨等工具，能用木头造房子、做家具等，开创了手工业；用铁打造了饭锅、菜刀、剪刀和针，用铜制造炊具、用陶瓷做餐具，改善了人的日常生活。人类少量开采矿物，不至于严重伤害赖以生存的地球。

当人们停留在翻土种粮、伐木搭屋、种棉织布的阶段时，人类对自然的破坏是极其微小的。人类取用地表资源是在自然能够恢复和补偿范围内的。所以，持续了数千年的农耕文明，没有给自然带来重大破坏。

“农业是国民经济的基础”，也是人民生活和社会进步的基础。农业是生物性产业，是养育人类生命的产业。尽管现代工业和服务业在经济总量中占更大比重，但农业在国民经济中的基础地位没有变，农业生产时刻不能松，在智果经济时代更是这样。因为：其一，农业所提供的是人们日常生活最基本的必需品，诸如粮食、蔬菜、瓜果、禽和蛋等，直接影响人类的生存生活。人可以住得简陋、穿得随便、安步当车，吃饱肚子却不能含糊，饿上一天就会两眼发花、浑身乏力。城乡住房建设发展至今，就是停止几年造房，挤一点、修一修，照样过日子。持续三年不织布，旧衣补一补，也能过几年。但是，若无食物，就是一天也难熬。可见，粮食安全关系人的生存，关系社会稳定。农副产品质量关系人的健康，食品安全事关人命。种粮食者重良心，做食品者示人品。万万不可乱用农药和添加剂。其二，农业生产的粮、油、棉、畜、禽、蛋、鱼、桑、麻、蔬菜、瓜果、

①公陽子：《人类为什么亟需回归哲学?》 / 凤凰博报 / 2015 - 09 - 28。

木材、皮革等，为部分加工业和服务业提供原材料，直接影响相关产业发展。其三，农业为生物科技发展提供广阔平台和需求动力。就对人的生命和健康而言，农副产品、食品药品比日用工业品要直接得多。人类生命保护和生活质量提高迫切要求生物学大发展。当生物科技与农业紧密结合时就能产生巨大的经济发展动力。其四，农业发展、农民富裕、农村美丽可以缩小城乡差距，减少农村人口向城市转移的数量，减轻城市压力。其五，农业发展虽然要开垦土地，但其利用的均为地表资源，生态环境便于恢复和补偿；不像矿产冶炼业，掏空地球给自然环境造成永久损害。

共生理念的重要内容是“人与自然和谐，经济与环保共进”。生态农业发展要求人们头脑中增强共生观念。空气、水分和土地在阳光照射下，既生长了植物，也繁殖微生物，在水域中养育了鱼类；草叶果实饲养着食草动物、昆虫和微生物，昆虫又吃着微生物；食肉动物又吃别的动物；微生物又集体侵蚀或吞噬哪怕是最凶悍的食肉动物。当某物天敌灭绝，其物就恶性繁殖，最后必然遭受过量性灾难而灭亡。虎为百兽王，虎多百兽尽，虎必多饿死，百兽复得生；草原羊过多，草必被吃尽，无草羊饿死，野草得再生。可见，整个生物界是相生相克、互依互制，形成完整的生物链，并保持平衡，实现共生共存的。此谓自然万物“共生法则”。

动植物保持多样性及生态平衡是人类健康生活的重要条件。人类医学、药学等方面的试验，大多在动物身上进行，动物对人类科研成果的取得做出了不小贡献和牺牲。然而，人工合成的许多化学毒品，既损害人类自身健康，也杀害了大量动物，甚至使许多物种灭绝。这些有害物质的生产和滥用为生态文明所不容。

亿万年的自然史和社会史都是失去平衡而又恢复平衡的历史。“兴尽而衰，盛极必亡”是不可抗拒的自然规律。产品若过剩，必然大减价，企业多转产，价格渐回升。人为万物之灵，人为地球之主，若放纵自我，糟践自然，必然遭受灭顶之灾。多少年来，人类自恃无所不能，无视自然法则。疯狂挖掘地下资源，严重破坏自然环境。常常不加克制地捕杀和食用各种野生动物，结果带来了艾滋、SARS、猴痘等细菌和病毒的报复。人类不能忘记人是自然的一部分，破坏生态和环境无异于糟践自己的家园。人类应当懂得与其他生物之间是休戚相关、相互依存的关系。人类想要生活得好，必须让其他动植物也生存生长得好。尤其要懂得珍惜动物生命，遵守自然秩序，遵循自然法则。人们当以宽广胸襟和博大情怀来理解“共生”的内涵，“共生”即是万物共生，万众共享。人与人之间要认识到：他人的生活状况就是自己的生活环境，自己想要生活得幸福、宁静和安然，就得让他人也生活得幸福、宁静和安然。如此，他人必然认同共生、接受共生、扶助共生。

人类社会当以生态农业代替传统农业。传统农业只是在种子、水分、肥料、土质等方面给庄稼生长创造条件，对自然环境损害在可以补偿的范围内。生态农业以生物科技为支撑，生产的农副产品更适合人的食用，对环境的损害也更加微小。生态农业还将为绿色工业提供原料和材料，以减少工业对矿物资源的依赖。促进农业经济大发展关键是五个方面：一是切实加强农民培训，提高农村劳动力素质，提高智果创造和运用能力。二是加强农业科研，推广运用生物科学技术，提高农业劳动生产率。三是调整农业投资相关政策，坚持工业反哺农业、城市支持乡村的发展方针，加大财政支农力度，搞好农田水利基本建设。四是形成相关制度机制，吸引优秀人才在农业领域创业。五是改革完善地权制度，切实保障农民利益，鼓励农民在土地上投资。

五、以绿色工业取代传统工业

当代工业的基本特征是模具定型、机动制造、电脑控制、能源推动、流水作业、批量生产。工业化的巨大威力之一是以能源为动力用机器开采矿物，借自然之力去征服自然。人类对地球的疯狂索取，尤其是对地下矿物的开采，既导致了地面塌陷，也污染了地表和地下环境，使人与自然的关系急剧恶化。沉溺于物质享受的人类，在吃够环境恶化之苦后忽然惊醒，才有1992年在里约热内卢召开的世界环境与发展大会，并提出了共同保护环境和可持续发展问题。然而，从理念到实施，还有很长距离需要跨越，更为关键的是需有科学的方法。所幸的是人类的绿色技术革命正在兴起，能够将传统工业改造成绿色工业。有社会责任感的企业家都能坚守法律和道德，坚持无公害或微公害地生产。

水力发电、风力发电、海浪潮汐发电、太阳能汽车、太阳能房屋等在大批兴建，将很快减轻人们对矿物能源的依赖。优质塑料、硬质陶瓷可以代替许多金属，使人们向地下挖矿的需求量大为减少。以地表资源代替地下资源是绿色工业的题中应有之义。

人类要进入绿色工业时代，必须确立生态理念、强化生态意识、传播生态文化；必须发展生态农业、生态林业和生态养殖业；必须大力开展生态旅游、建设生态家园。生态经济是新的经济生长点：生态农业，其生产方式使人与自然的关系更加和谐；生物医学，让人们更加健康长寿地生活；生态旅游，让人们热爱自然、回归自然，体验大自然给予人类的恩惠；生态住宅，仿效自然、通体绿化，让人仿佛居住于山川林木丛中。生态经济发展存在巨大空间。

然而，生态总是与环境相关联。良好的生态当以动植物的宜生环境为基础，生态文明建设当从环境保护抓起。习近平指出：保护生态环境就是保护生产力，改善生态环境就是发展生产力。良好的生态环境是最公平的公共产品，是最普惠的民生福祉，青山绿水、碧海蓝天，必须加倍珍爱，精心呵护，为子孙后代留下可持续发展的“绿色银行”①。

当人们确立了生态经济思想后，就会终止高污染、高消耗的经济行为；就会尽量减少废物、废水、废气的排放；就会注重废物利用，发展循环经济；就会自觉治理环境，保持经济与环保的协调发展。以牺牲环境为代价的企业效益，是与社会效益相矛盾的，应当整顿和严控。

厚道经济是以道德为统领的经济。评价一家企业，不能只站在企业的

---

①习近平：《在中国共产党十八届三中全会上的讲话》，载《人民日报》2013年11月13日。

角度计算收益，而是应站在社会发展角度和人类文明高度来进行统计。即企业创造的价值扣除劳动力、资源、能源等成本外，还要扣除环境成本（环境成本核算，就是恢复原状态所需要的费用）。有的企业，若扣除环境成本就是负值。若社会经济效益是负值，即使企业经济效益是正值，也应关闭。多少年来，不良企业不顾民众痛骂赚黑钱，百姓无奈地为其承受环境痛苦，而政府也默默地为其支付环境成本。政府环保部门必须组织专家团对企业进行逐个评审，制定标准、敦促整改，令其环保达标，并向相关企业每月收取环保费用；一些污染严重的企业应当责令关闭。

六、共生文明时代的能源取用顺序

为了保护环境，应当倡导使用清洁能源。

人类活动何以影响地球温度与气候稳定？因为，大规模建设显著减少植被面积，使大量太阳能得不到植物性转换；用煤烧制水泥、石灰及其他工业生产排放大量热量；用石油驱动汽车、轮船、飞机等交通工具运行，用燃气供给城乡居民烧饭、烧水等，使贮存地底亿万年的化学能转换为热能。这样地球的温度又怎么能不升高呢？

一切能源皆来自太阳。由于受太阳光照射，各处空气受热不均，造成气压差，于是形成了风能；太阳照射使地面和水面受热蒸发，蒸汽到达天空，遇冷下雨至地面高处，形成水的势能和动能；光合作用吸收了太阳光能使地表植物生长，转换成生物能；人类和一些动物吃了植物（也有肉食）而生长，转化为生命体能；森林植被和动物遗体深埋地下亿万年而演变为矿物能，如煤、石油和燃气等。

矿物能源生成时间相当漫长，取用完后难以再生，人类应当尽量节约，对能源使用要确定科学顺序。

太阳能量进入地球的顺序是：太空→空气层→地表→地下。因此，从爱护地球、保护环境的目的出发，应当遵循图 31 - 1 所示顺序取用能源。

首先，人类应当尽量直接取用太阳能。“科学家们公认，太阳能是未来人类最合适、最安全、最绿色、最理想的替代能源。……太阳能开发利

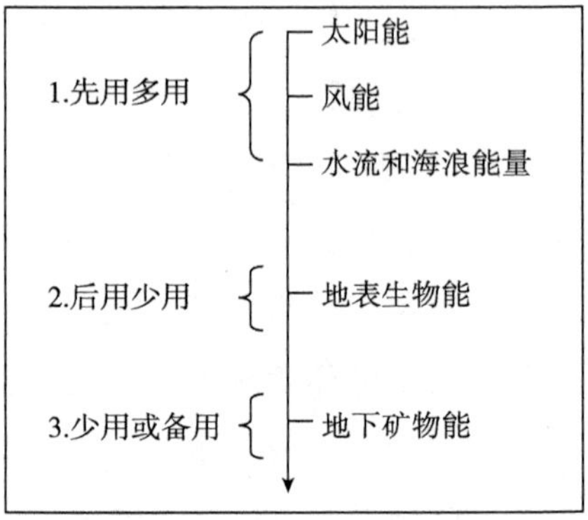

图 31－1　能源取用顺序

用的潜力十分巨大”①。传统农业中晒谷、麦、豆、粟，生活中晾衣服，冬天人们晒太阳等都是直接取用的方式。现代的太阳能取用设施有：太阳能热水器、太阳能汽车、太阳能发电站等。由于太阳能的清洁性和丰富性，光伏技术发展具有广阔前景。“科学家指出，太阳光线一个小时的照射所传送的能量足以支撑全球经济运行一整年。”②

其次，要多利用自然界的动能。如：空气中的风能、江河水流的动能和势能、海浪和潮汐的动能等，用其发电，为生产生活服务。大自然中的这些能量既清洁又丰富，应当大量取用。

再次，可以适量取用生物能。地表生物，尤其是植物，生长周期短，只要几个月至几年，可以在可补偿范围内取用。第一代生物燃料是玉米、小麦等粮食作物，有“与人争食”之嫌；第二代生物燃料是麻风树、亚麻荠、藻类、盐生植物等，可在半干旱和贫瘠土地上种植。生物燃料可以转化为质量良好的燃油。生物能源虽然数量有限，但其清洁性和可再生性均比矿物能源要好。

此外，取用地下矿物能源是万不得已，因为其燃烧排放出许多有害物质，直接损害空气质量和人的健康。而且，矿物能源难以再生，补偿周期

①王硕：《走出燃火时代》，载《人民日报》2004 年 2 月 5 日第 16 版。

②［美］杰里米·里夫金著，张体伟、孙豫宁译《第三次工业革命——新经济模式如何改变世界》第 35 页，中信出版集团股份有限公司 2012 年 9 月出版。

需要亿万年。更为严重的是挖空地下，直接伤害人类赖以生存的地球。

人类享受过科技带来的便捷和福利就没法停止，这增加了许多能量消耗。夏日天热人们本该在树荫下吹吹自然风，可如今他们躲在家里开空调，消耗大量能源，排放大量热量；冬季白天当在太阳底下取暖，晚上备点炭火，但如今家家用空调，同样消耗能源。人们在考虑开发新能源的同时，也应注意节能。“开源节能”两者缺一不可。

世界各地的能源取用应当因地制宜。在海边和岛屿，海风、海浪、潮汐等具有巨大能量；在江河流域，水流中存在巨大能量；平原和沙漠上，灼热的阳光中包含巨大能量；广大农村和山区，柴草秸秆中包含很大能量。在欧洲冰岛村庄和市镇周围的大片荒原上，此起彼伏地飘荡着袅袅白烟，那是温泉和蒸汽，居民们用以洗澡、洗衣、取暖和发电。那里没有煤、油燃烧的污染，成为世界上最干净的国家。人类不能过分依赖于煤、石油和天然气，天然气虽然比煤和油相对清洁，但燃烧同样排放污染，且贮存量有限。

第二节　生活方式转型：从物质享受型转向文化学习型

人类社会因为有需要而组织生产。生活方式决定消费方式，消费方式决定生产方式。人类只有在饮食、穿戴、居住、交通等方面减少资源消耗，才能达到保护环境，拯救地球的目的。

社会不能鼓励人们追求过分物质化的豪华生活，这不是人类生产能力不具备，而是自然资源提供不起，地球承受不了。在共生文明时代，人类应当回归绿色生活，倡导绿色消费。

一、消费类型比较

我们分析当代人的消费特性：

（1）生理消费的有限性与心理消费的无限性。人者，七尺之躯，最基本的物质生活要求是吃、穿、住。填饱肚子的费用是很有限的，吃好、吃精、吃名气的费用就高了，但是，这已经不是生理满足，而是精神满足；衣着遮体、用以保暖的费用是有限的，而衣着高档，穿必名牌，费用就高了，也是满足心理需求；住也同样，适当宽敞还属生理需要，追求豪华就不再是生理需要了。满足精神需要的物质消费，因其无止境，资源消耗很多，对环境、生态伤害很大。

（2）物质消费的高物耗与文化消费的低物耗。从物质消费看，一套房子住得年久了，就需要翻造，就是修缮也需要新材料；一件衣服穿破了，就需要买新的。文化消费则不同，可以低物耗。一本书我看了，别人还能看；一张影碟片，你播放过了，我还可以再播放，物质材料消耗较少。

（3）物质消费的高碳性与文化消费的低碳性。任何物质产品生产都是思想指导、能量推动和资源转换的结果，所以，物质产品消耗总是排碳并影响环境气候的；文化产品消费，如看书、上网、听音乐、看演出等，其排碳和对环境气候的影响就要小得多。

（4）物质消费的独享性和文化消费的共享性。一份物质产品一人享用了，他人就没有了。而文化产品就不同，可以让很多人共同享用且不影响效果，还可以发布在网上让网民共享。

（5）物质消费的公害性和文化消费的公益性。空调使用在夏天为己降温、排热室外，冬天为己升温、排冷室外，改善小环境、损害大环境，是一种有公害的利己主义电器；使用汽车，自己是便捷了，但是，“每辆汽车每行驶 10000 公里将产生相当于自身重量的碳排放，”① 而且，发出噪音、扬起灰尘，明显损害公共环境；使用手机和网络，“发短信、发微博，或者下载音乐，使用搜索引擎寻找谁在排放二氧化碳，这些并不是零排放的活动，互联网也有其自身的碳足迹。根据谷歌自己的估计，上网搜索一次会产生 200 毫克的二氧化碳。这个数字非常小，但是 1000 次这样的搜索所产生的排放相当于普通汽车行驶一公里，而现在每天有几十亿次的搜

①马克・德・维利耶著，唐奇译《人类的出路》第 19 页，中国人民大学出版社 2012 年 12 月版。

索，并且还在以每年40%的速度增长”①；无线通信，使用者方便了，但空间电磁辐射增强了，也是有公害的；住豪宅占用土地和空间大，使用钢筋、水泥、砖头等资源多，运行中消耗能量大，其碳足迹是很高的。而文化产品消费，能丰富知识、陶冶情操、净化灵魂，使个人得到提升、社会更加和谐，促进精神文明建设。开汽车、打空调、用手机等有公害的生活方式不用鼓励；阅读经典、欣赏音乐、运动健身等几乎无公害的文明生活应当倡导。

用哲学观点看，主体和客体是互联互动、互束互控的。人占有物，物牵制人；物为人用，人为物累。超越需要者求财往往成为财奴，不备财力者求房往往成为房奴。人世间不知有多少人，遗忘了人生意义的追寻，只顾世俗利益的争夺，结果是忙忙碌碌、辛辛苦苦，一生为钱所困，为权所困，为名所困，但就是不幸福。要告诉人们不要依靠高物质来满足精神需求。

二、物质资源有限要求人类节约

物质产品生产就是对自然物的形、质和功能进行改变。其变换方式主要是分解、组合、提纯、混合等等。然而，这些物质变换均离不开资源和能源。人类进入后工业化社会，这些资源越来越稀缺。人类为子孙后代着想就不能放纵自己的物欲，不可挥霍和浪费资源。

地底下的煤、油、气、核燃料均有限，挖一吨就少一吨。水能、风能、生物能、太阳能虽然可以再生，但是，也必须用物质设备转换。如：水力发电需要有水轮发电机，风力发电需要有风力发电机，垃圾发电需要有焚烧发电系统，太阳能电站要有太阳能电池板等。生产这些设备同样需要消耗物质资源和能源。所以，人类生活需要节约资源和能源，不可无节制地多占滥用。三口之家，置四五处房产，一人上班开辆五座轿车，有了

①马克·德·维利耶著，唐奇译《人类的出路》第19页，中国人民大学出版社2012年12月版。

轿车再买越野车，就造成严重浪费。钱虽自己付，但所占资源是社会的。能从自己想到他人，从家庭想到社会，从现在想到将来，从本代想到后辈子孙，是现代文明人应有的品格、责任、担当和智慧。人们应当戒除贪婪习性，做到节俭生活、快乐生活、智慧生活。

目前，人类生活的物质资源消耗，使地球承受不了。由世界自然基金会（WWF）于2010年10月发布的《地球生命力报告》显示："人类对自然资源的需求已经超出了地球生态承载力的50%"，"换言之，以人类目前的生活方式，世界人口需要1.5个地球才能维持"。①

人类过于物质化的生活，给地球造成太大的伤害。

需求决定生产。人类只有理性地转变生活方式，进而转变生产方式，才能减少消耗、节约资源、保护环境。

三、注重愉悦感受 克制占有欲望

承受了千百代贫穷的人们，当遇到市场经济发展的大好时机就拼命追求财富，这是正常现象。但是，随着经济社会的持续发展和社会保障体系的健全，人们会很快意识到，生活质量高低与占有财富多少并非成正比。世界上，有一些富人精神空虚，富不开心；一些文人和艺人却是精神富有，穷而不苦。因为人是情感动物，其心灵需精神琼浆的滋养。

基本的物质生活资料虽然必不可少，但在吃饱穿暖以后是内心的愉悦感受最重要。当人们对生命的意义、生活的真谛透彻理解后，对物质占有的欲望就会降低。多数人愿意接受低碳绿色的生活理念：住房上，温馨重于豪华；交通上，安全重于快速；服饰上，舒适重于高档；饮食上，健康重于排场。

物质生活将返璞归真：越来越多的人喜欢绿色环保的木头房子；喜欢傍山依水的农家小院；喜欢可为秋风所破的茅屋草舍。山区、海边、森林

①王奎庭：《2010年〈地球生命力报告〉发布地球生命力指数下降30%》，载《中国环境报》2010年10月20日。

公园等，空气质量好的地方都将成为人们的向往之地。

现代教育和生活观念进步使人们将注意力转向对精神生活的追求：阅读自己喜爱的名著，欣赏音乐和相声，观看电视和电影，浏览国际国内新闻，坚持健身、养心、美容。文化娱乐让人精神愉悦、获得快感：你看诗人吟诵诗作时的澎湃激情、音乐家演奏乐曲时的深沉陶醉、乐队指挥情绪高昂时的痴迷和狂癫；就是自娱自乐的业余歌手唱起卡拉 OK 也是那样的悠然自得！旅游考察可领略大自然的无限风光和不同民族的千年文化；健康长寿的奥秘值得人们终生探索。然而，文化精神生活消费也要有支付能力。这就需要调整收益分配，缩小贫富差距；需要培训专业技能，提高工作效率。只有高品德、高文化，才会有高层次的心灵感受，才能实现高智、高尚、高兴、高寿的人生追求。

地球供不起人类过度物质化的生活，豪华和奢侈更不应鼓励。人们当以节俭生活、珍惜资源、热爱自然为荣。社会应当倡导吃得简单、穿得随便、住得安然、行得绿色，选择无公害的生活方式。

人们生活是否幸福，物质条件是基础、内心感受是关键。一个人同时生活在外部世界和内心世界之中，两个世界是相互影响的。外部世界的富裕和友善可使内心世界富足甜美；内心世界的阳光积极又可改善与外部世界的关系。人所感知的外部世界事物是十分丰富的，包括自然环境、公共设施（道路、桥梁、学校、医院、公园、文体娱乐场所等）、职业岗位、工资待遇、发展前景、家庭关系、同事关系等；人的内心世界同样极为丰富，甚至可以说是更丰富，因为，除了人所直接观察、感知和反映的外界事物外，人脑还有联想、想象和创造性思维。内容包括所学知识、生活阅历、人生感悟，价值观、兴奋点、观察问题的视角、思维的方式和方法等等。解构人的内心世界可分为几大系统：一是认知系统，包括观察、感知、学习、吸收和体悟的能力，以及看问题的视角等。二是存储系统，储存已经获取的知识和信息，为思维提供材料和工具。三是价值系统，即世界观、人生观、价值观，对是非和价值的判断。四是处理系统，能对外界事物及信息进行分析，其功能决定思维的方式、方法和习惯，影响思维的广度和深度。五是情感系统，即个人对家人、亲属、朋友、同事、同类、动植物、自然界的态度和感情。人有几多爱、几多恨，直接关系其幸福感。六是关系系统，即个人与家人、亲属的关系，与朋友、同事及社会各界相识人员的关系。内容包括生活关系、工作关系、利益关系等。一位内心世界突出自我的利己主义者，很难构建和保持良好、和谐的关系。另外，一个人内心世界的广阔和光明程度，也是十分重要的个性特征。心胸狭窄者容不了大事，内心阴暗者看不到光明美好的未来。

人的内心世界是由人对外部世界的观察、感知、体悟和思考所构建的，是对外部世界的反映和记录，是动态变化的。一般始于婴幼儿时期，形成于儿童少年时期，定型于青年时期，但是，到中老年也还可以有变化。决定人的内心世界的因素很多，主要有：一是先天遗传因素。脑的特征决定其对外界信息的接收效率和选择性，生物的遗传特性不可抗拒。二是儿时的成长环境。通过观察、感悟，以自主选择的方式存入大脑，逐步形成观念。三是所接受的教育。教育者总是以自己的主观标准，选择养德益智的材料进行灌输或开展训练，然而，受教育者也是有选择地接受和吸收，这种选择总是与既有知识和教前观念相关联。在教育上，无论是道德教育还是知识教育均存在“同纳效应”，即头脑中已有什么就便于接受什么，是谓“有善根者纳善言”，一些邪恶之人是很难听进善言的。专业学习也一样，基础好的人，学习、理解、掌握要快些，缺乏基础的人学习理解会慢些。教育的首要任务是构建“广阔、光明、正直、善良”的内心世界，也就是教育家们说的培育健康人格。四是主体对现实生活的感悟。生活实践不断充实和丰富人的内心世界，并逐步改变其内部结构。

四、幸福指数与“薪福”曲线

幸福是一种心理感受，取决于其实现值与期望值的比。

$$\text{幸福指数} = \frac{\text{实现值}}{\text{期望值}}$$

由于各种条件和因素的限制，实现值总是有限的；期望值由人的欲望决定。人们节制一点欲望，降低一点期望值，也许就可以提高一点幸福指数。

现在，我们来考察薪金收入与幸福指数之间的关系——**“薪福”曲线**

人皆追求幸福。有基本的收入，保障衣食住行等基本消费，这是幸福的基础。在贫困阶段，收入稍有提高，幸福指数就迅速提高；进入小康、富裕阶段后，收入增加的边际福增就逐步降低。多数人并不是完全为了钱，而是要干自己喜欢的事，发挥自己的作用，实现人生价值。与幸福指数相关的因素很多，如身心健康、职位升迁、家庭和睦等，但最基本的因素还是劳动的薪金收入。

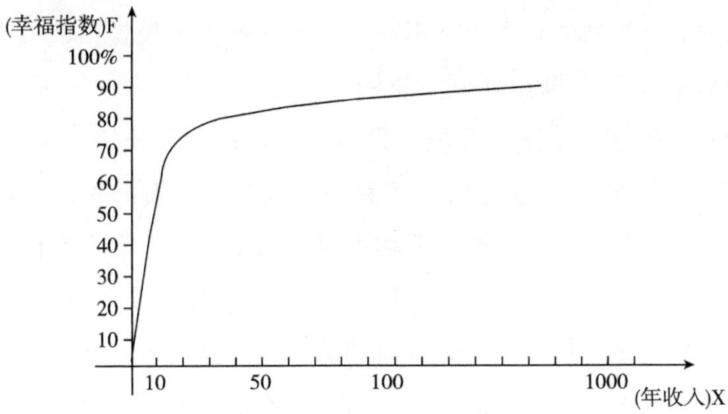

图 31 －2　“薪福”曲线

若把幸福增量 ΔF 与收入增量 ΔX 的比 $\frac{\Delta F}{\Delta X}$ 称作福增率，那么，福增率是随着薪金收入增加逞递减之势的，如图 31 －2 所示。福增率就是薪福曲线的斜率。这条反映薪金收入增多与幸福指数提升之间关系的曲线称为薪福曲线。

年收入达到一定程度以后的薪金增加，对幸福指数的提高并不显著，这时候人会有更高的文化和精神生活追求。人们追求的是幸福，而幸福不单纯是物质富有。幸福中还有健康、亲情、友谊、尊重、公平、自我实现等。在衣食无忧以后，降低一点对物质财富占有的追求是很必要的，可减缓资源消耗和环境压力。

就现在的物价水平，当一个人年收入在 5 万元人民币以下时，每增加 1 万元收入都能显著提高幸福指数，迅速缩小实现值与期望值之间的距离。从 5 万元到 10 万元之间也还相当需要。但再提高，从 20 万到 30 万、从 40 万到 50 万对于生活质量提高关系就不显著了；从几百万到上千万对生活质量提升基本上没什么影响。若干年前，一些旨在拉动消费的工资调整，往往是物足钱多者增加较多，再加薪也不增加消费；而物缺钱少，很需要增加消费者又往往涨不了几元钱，所以，工资涨了，消费却没拉上。

幸福指数高的人群通常不是最富有的人群。钱不多的人合理安排开支可以快乐生活，缺钱的日子当然不好过。钱多的人不投资怕贬值，要投资就必须动脑筋、用心思。可见，缺钱，伤心；钱多，操心；钱不多但够花，最舒心。俗话说，良田万顷，日食三顿粮；豪宅千间，夜睡一张床；服装百套，出门只穿一身衣裳。好食品吃过量，有损健康；好房子住过大，人气不旺；好服装怕弄脏，活动不爽。人生一世，吃得有限，住得有限，穿得也有限。此谓“个人消费有限论”。切莫赚黑心钱，发缺德财。为富不仁者后果必不佳。人生的价值和意义是有益于他人和社会。企业家赚钱是其事业所在，由使命使然，其财富数额反映其事业规模。但是，成功的企业家不是为赚钱而赚钱，而是搞好自己的产品和企业，收益自然有保证，目的是服务他人、回报社会。

五、认可平凡与生活方式多样性

有哲人说：“幸福的人生，多数是平凡的人生。”大量的普通人都在简单而幸福地生活。2010 年 8 月 6 日《报刊文摘》转载了周国平的文章《幸福指数比 GDP 更有价值》，摘录如下：

德国诺贝尔文学奖获得者波尔写过一个故事：一位旅游者到意大利一个偏僻的小渔村旅游，他在海边看到一个青年渔夫躺在渔船上晒太阳打瞌睡。他觉得这个场景很美，他俩便聊起天来。旅行者对渔夫说：“你这么年轻，不应该躺在这里，应该出海打鱼。”渔夫问：“然后呢?”“卖钱。”“然后呢?”渔夫又问。“买一条大渔船，然后再打鱼，再买一条大的渔船。”“然后呢?”渔夫还问。“然后……就可以在船上打瞌睡。”渔夫笑笑：“我现在不就在晒太阳了吗?”我们应该正视平凡的生活。我们大部分人的生命不会是可歌可泣、轰轰烈烈的，而只是由平凡组成。这种平凡的生活，包括心情、人与人之间的交流、踏实地做自己喜欢做的事，它们构成了人类生活的基础和核心。

我去年去了一趟不丹。这是一个弹丸之地，只有几十万人，但是很有意思。他们把幸福作为治国目标——政府每做一个决策，一定要调查一下，这个决策能否让人民快乐。这个国家治理得相当有序，医疗、教育全免费，自然环境保护得非常好。不丹的一项重要国家收入是靠旅游，但他们限定每年旅游入境人数只有5000人左右。并且他们的签证是要国王亲自审批。这说明在一定程度上，国民的幸福指数比GDP更有价值。生活过得快乐，生命更有意义。真正值钱的东西是钱买不来的，健康的身体和心理，深切的亲情，纯洁的友情，刻骨铭心的爱情，温暖如春的同事关系和邻里关系等等。

上述文章告诉我们，多数人追求的是幸福生活而不是巨额财富。

拿破仑说“不想成为将军的士兵不是好士兵”，但多数士兵是肯定成不了将军的。假如所有士兵都成为将军，那么，将军带谁呀？没有士兵可带还算什么将军！人生能有大成就、获得大成功、造福天下人固然是辉煌、伟大、值得尊敬，但一个社会总是以多数人的平凡衬托起少数人的辉煌。人类精英起到了领航、解难和组织作用，这很重要。普通人在平凡岗位上，各司其职、服务他人、自食其力，虽算不得辉煌，却是社会正常运行的基础。只要职业稳定、衣食无忧、平等无欺、平安健康、家庭和睦等，就可开心和幸福。

认可平凡不是鼓励平庸，更不是容忍懒惰。拿破仑讲话的本意也是鼓励士兵积极上进。其实，人在平凡岗位上同样可以钻研本行、努力进取、争当优秀；同样可以有益他人、服务社会、为文明发展作贡献。没有修路工人劳动，道路不会延伸；没有清洁工人辛苦，城市不会干净。成不了将军的士兵，可以成为勇敢的兵、机智的兵、专业化的兵、大有作为的兵。

正视、认同多数人的平凡生活，可以减缓人们的过度竞争，减少人与人之间的摩擦、挤压和踩踏，有利于社会和谐；可以降低生活的物质化程度，有利减缓资源的过快消耗，减轻对自然环境的侵害。绝大多数人能自食其力，简单、安闲、幸福地生活，其实是回归本真，是人类大幸、地球大幸。

事业辉煌者，争取实现自己的人生目标和价值，其意义在于“帮助他人生活得更好”“让众多人分享自己的成果”。确立这种理念有利于促进社会各领域的创新和文明进步。

社会本应认可多样化的生活方式，不必人人追求大富大贵。在衣食无忧的基础上，人们可以在其乐融融的家庭中幸福生活；可以在健康向上的文化活动中过得天天开心；可以在大自然怀抱中享受美好时光。

诚然，社会文明进步是与人们各自追求成功密切相关的。但这种追求超出某一限度就会让人感到疲倦和痛苦，如果方式失当就会侵害他人，有损社会和谐。所以，平凡固然不需倡导，但鼓动成功也不必过头，更不必以财富多少和级别高低作为衡量人生价值的唯一标准。对于社会的文明和谐来说，其成员的守法、诚实、敬业、负责、优秀、创造、互助等都比个人成功更重要。社会精英之间不要比占有，而应比贡献、比品格、比境界、比对人类文明的推动作用。社会分工虽各不相同，但人人都应努力工作，可以平凡，不可平庸。在平凡岗位上做出不平凡的成绩，就是对社会的贡献，就是个人的成功。这样理解更利于和谐社会建设。

六、幸福生活需要闲暇时间

人的幸福生活不仅要有德有才、有为有钱、有情有义，而且还要有闲。保持闲暇时间和劳动时间的合适比例，不仅是人们幸福生活的需要，同时也是保持经济社会持续发展的一项重要因素。

杰出人物大多忙碌一生，他们通常在奋斗中获得乐趣，在成功中享受喜悦，就是这样也必须有一定的个人自由支配时间。而普通人就业是为了谋生，保留必要的自由支配时间是生活质量提高的一种表现。

为了生活，人们必须参加劳动和工作。社会生产力越发展，劳动生产率越高，创造必要生活资料所需时间越短，人们可以自由支配的非劳动时间就越长。闲暇时间可用于旅游观光、音乐欣赏、名著阅读、网上浏览、健身运动、休闲养生、美容美体等，带来身心愉悦，提高生活质量。然而，进行生活消费必须有闲暇时间，如果没有闲暇时间，就是有钱也不能消费。锻炼、阅读、上网、观看影视作品等花钱不多，但耗时不少。如果说消费发展是生产发展的重要前提的话，那么，消费时间的保证就是服务业和部分制造业价值得以实现的必要条件。我们定义：为获得报酬而劳动和为他人服务的时间叫劳动时间；支付费用参与活动和接受他人服务的时间叫消费时间，消费时间是闲暇时间的重要组成部分。为了居民生活水平提高和经济持续发展，社会成员的消费时间与劳动时间必须保持合适比例。每年的十一长假成为旅游黄金周，拉动了多少消费！

七、学习和文体活动成为生活的重要内容

人们生活离不开物质资料，同时也离不开文化。在餐有其食、穿有其衣、居有其房后，人的幸福感主要取决于文化、精神和情感生活。劳动之余，人们需要观看影视、浏览新闻、欣赏音乐、参与娱乐活动；需要先贤品格、英雄故事、先进事迹的精神激励；需要亲情、友情和爱情的关爱和温暖。当一个人文化、精神和情感缺失时，就是物质生活再富裕也照样感到空虚、迷茫和苦恼。

缺乏物质资料不行，缺乏文化和精神生活同样不行。因此，人类在消除了贫困、从温饱进入小康以后，就应当加快文化产业发展。这一方面是为了满足人们文化精神生活的需要，另一方面是为了减缓资源紧缺和环境毁坏的压力。物质资源消耗较少的文化产业发展存在巨大空间，要鼓励更多人过文人式的生活，并与此相适应大力发展文化产业。

在基本生活问题解决后，再作物质上过度追求，只是精神上的满足。既是精神满足又为什么不从文化生活中获取呢？人类是富有思想的情感型动物，应当在文化生活中得到高层次的享受。

当物质生产劳动大量被机器所取代后，就可以有更多的人从事文化产品的创作和欣赏。人类物质产品生产增长速度需要适当减缓，文化产品、服务产品生产必须大力加强。文化产业是一项新兴的朝阳产业，不仅成为经济的新增长点，同时，将显著丰富人的文化精神生活并提升生活质量，更为重要的是可有效转变人们的生活理念和生存状态。21 世纪，思想、文化、艺术等智果类产品的价值总量必然超过物质产品。

一是传统文化受到人们的广泛热爱。文化发展既以物质条件为基础，又是经济发展的重要部分。当人们生活基本达到小康水平后，对传统文化的热爱就会进一步增强。欣赏音乐、观看戏剧、参观画展、阅读文学、诵读诗词、练习书法成为人们业余生活的重要内容。学习声乐演唱、器乐演奏、舞蹈体操和美术创作的青少年甚或老年人大量增加，且多数人并不作为谋生手段，只是作为个人素养和生活质量提高的一种途径。于是乎，艺术大师身价倍增，书画名作价格飙升，人们在艺术创作和艺术欣赏中获得精神满足。

二是现代传媒成为人们消费的重要渠道。网络、电视、电影、手机、报纸、电台等以快速海量的信息传播吸引着广大受众。许多人在家里离不开网络和电视，在单位离不开网络和报纸，在途中还是用手机上网或收听电台广播音。网上购物、影视点播、无线通信、手机付款等现代消费方式，既给人们带来了方便，同时也给人们带来愉悦和欢欣。聪明的人类以高度信息化、智慧化的生活方式纠正和替代了高物质的生活，有效实现了物质资源节约。人们日常消费更多的将是思想和文化成果，这就是智果经济时代的重要特征。

三是健身益智活动成为生活重要内容。社会生活水平提高以后，人们更加重视健康和长寿。群众性健身活动广泛开展：广场舞、健身操、太极拳到处可见；推拿、气功、足浴等保健服务迅速发展；舒经堂、艾灸馆等养生机构应运而生；养生知识讲座、养生资料学习、养生科学研究为人们所喜爱；棋牌竞技、健脑益智，徒步旅游、回归自然……这些都丰富了人们的生活内容，提升了人们的生活品位，而消耗的自然资源却很少。

四是人们更加重视情感生活和关系和谐。物质生活有保障后，人们更注重亲情、珍惜友情、追求真爱，对心灵感受的关注超过其对物质财富的追求。家庭生活的和睦与温馨、人际关系的友好与和谐等都成了生活的重要目标。网聊、短信、微信、电话等感情联络的现代方式被人们时时运用。同学会、战友会、同乡会、社区邻居会等成为人们联络和聚会的重要形式。

五是学习成为人们生活的重要方式。古人云："富不学，富不长；穷不学，穷不尽！"今人说，要富口袋，先富脑袋。有学历者不学习、迟早被淘汰；无学历者肯学习，早晚赶上来。现代社会是不断创新的社会，人们必须坚持学习。新概念层出不穷，不学习就不能理解和交流；高科技的新产品不断推出，不学习就不会使用；新理念新思想不断产生，不学习就跟不上时代潮流。人们生活需要知识，工作需要知识，创新需要知识，只有坚持学习，提高素质，才能适应工作和现代生活的需要。学习将成为人们重要的日常生活内容，崇智主义成为主流观念，"学习型社会"已经到来。其实，人与人之间的差距很大程度上是由习惯决定的。没有学习习惯的人，知识原本就较少，知识遗忘又不可避免；具有勤学习惯者原本知识就相对较多，因坚持学习知识就越来越多。如此，两者距离就越拉越大。读书学习促进成才和成功，但读书作为一种消遣和享受，也未必过于功利。比如：阅读中外名著、浏览史书传记、欣赏故事趣闻、吟诵诗词美文等，大多是非功利性的，是审美满足、消闲遣闷、陶冶性情、滋养心灵。读书以娱乐，求知非求利。人们的生活观将演变至"有暇读书即富贵，无烦生活赛神仙"的境界。

六是未来多数人将过文人式生活。不同的人具有不同的生活方式，生活方式不同反映其价值追求不同。以学习作为重要生活方式者总会有长进；热衷社交者朋友必众多；热衷赚钱者大多有财富；热衷权力者大多有官职。要引导人们增加文化生活，逐步成为文化人。古代文人把很多时间花在练习“琴、棋、书、画”上，以濡养其高雅的名士气质。当代文化人的濡养内容更多：音乐欣赏、书报阅读、上网浏览、运动健身、旅游观光等，消耗资源不多，却陶冶性情，提升素质和品位。适当克制物欲，不过分追求财富，既有利于社会和谐，又有利于资源和环境保护。中国传统文化强调“性命双修”，也可理解为：心性要愉悦，生命要健康。倡导重生、健生、乐生、有为人生、追求长生；让生命更持久，人性更达观。这样，人们日常生活应当更加注重文化娱乐、身心保健、获取新知、情感交流等许多方面。

人们享受和消费人类自己创造的文化成果，把对自然资源的开采和消耗降到最低限度，这是科学理性的生活方式。其实，古代游牧民族的生活方式就是很低碳的。放牧之余，唱歌跳舞，基本不置产业，不太需要开采矿物资源。游牧民族千百年来对自然环境没啥破坏，长期的农耕文明对自然环境破坏也不大，这才是人类生存的大智慧。诚然，人类不会放弃都市生活，但一定程度上回归“以文化为主导”的生活方式，这是大势所趋，是最低碳并可持续的，也是先圣所倡导的。孔子曰：“饭疏食饮水，曲肱而枕之，乐亦在其中矣。不义而富且贵，于我如浮云。”物质生活要简约，要重文化、讲信义。本书认为，最根本最重要的是要改变人们的生活理念，倡导“物质生活保基本，文化生活高追求”。

人类必须过文人式的生活，这一方面是由人性决定的，因为人们将逐渐懂得健康、快乐、友好、和谐才是人生的高境界，大多数人会成为守法、重序、创造、利他的人。另一方面是由自然资源有限性所决定的，因为地球无法长期提供人类高度物质化的生活资料。

第三节　劳动方式转型：从重复型转向创新型

在工业化时代，市场上的多数产品是工业品。大批量的工业品生产决定大多数劳动者所从事的是重复性劳动和工作。在智果经济时代，大量的研发性企业应运而生，诸如：软件公司、策划公司、健康管理公司等，这些企业都在直接售卖智果产品。教育系统、卫生系统、科研院所、文艺创作机构、行政管理机构等行业人员都在从事研究式工作和创造性劳动。在工业企业中按用户要求制作的个性化产品比例提高，从事研发工作的人员大量增加。在重复性劳动大量被机器所替代以后，创新型劳动将成为人们的主流劳动方式。

思想是一切价值创造的发端和源泉。思想成果产业化和产品价值智果化是当代经济的显著特征。

一、知识智力的核心作用愈加突出

思想价值论认为，劳动就是思想的产生、传播、运用和实现，思考是人类劳动的根本方式。这里有几层含义：其一，思想是劳动的指导，决定劳动的目的和方向。其二，思想决定劳动的内容，以及实现劳动目的的方式、方法和手段。其三，思想决定劳动的成效与结果，所以，提高劳动质量和效率需要多动脑筋。其四，提高劳动能力，主要依靠学习知识、实践锻炼、总结经验、增强本领。

随着劳动过程的完成，人的思维成果即思想，就凝结在劳动产品或劳动成果之中。不同劳动只是表达、运用和实现的思想内容不同而已。

农民田间劳作、工人操纵机器、营业员商场售货、运动员场上竞技等，都伴随着动作在思考，心理学上称为动作思维。这种思维的成果决定着动作的效果和质量，并体现在劳动的成效之中。思维成果决定劳动的质量和效果，从而决定劳动的价值。

画家作画、设计师绘图、文学家描写人物、雕塑家创作造型均以直接形象或表象为思维元素，心理学上称为形象思维。他们的思维结果——思想体现在作品之中，决定作品的质量和水平，成为作品价值的主要因素。

哲学家和自然科学家，通常运用概念，以判断、推理为主要思维方式，心理学上称为抽象思维和逻辑思维。这是人类复杂而高级的思维方式。他们的思维成果经专业词汇表述而成为科学成果，具有理论价值和运用价值。

教师、医生、律师、企业管理者等，根据工作对象反映的信息，运用自己的专业知识，进行分析判断，解决面临问题。他们以抽象思维和逻辑思维为主，其工作成效主要取决于其思维的广度和深度。

人们通常不会只采用一种思维方式，而是根据不同的思维对象，综合运用多种思维方式。

与传统劳动相比，现代脑力劳动具有三方面特点。

其一：突破了劳动的时空界限。可以从两方面来理解：一是突破了劳动对象的时空界限。农民的劳动对象是地上的庄稼，其生产劳动一般是白天在土地上进行；工人的劳动对象是工件，其劳动一般是上班时间在车间里进行。而脑力劳动的对象是信息、资料、问题、计划、方案等，只要记在大脑里就可随时思考，不受场所和上下班时间的限制。他们常常会在某一放松的休闲场所茅塞顿开、灵光闪现、获得突破。这一特点在卷一已经作过叙述。二是突破了知识和信息运用的时空界限。依靠知识的传承和传播机制，人类可以学习、掌握和运用古今中外的知识和经验，解决各种现实问题。有了网络以后，对相关的知识和信息可以随时搜索和查对。正是由于这一原因，作家、编辑、研究员、设计人员、大学教师、软件开发者、网店经营者等大量的人员多数时间可以在自己家中书房上班。

其二：突破了个人的思维局限。当今时代，人们思维的一个新特点是团体式思维，就是组织一个由若干人组成的专家团队共同研究一个问题。组团式研究的意义不只是这些专家研究成果的简单叠加，更重要的是通过意见交流、观点交锋、思想碰撞，促进成员思维深化，产生更多有价值的思想成果。

其三：实行人机联合思维。比尔 · 盖茨预言智能电脑最终是“能看会想，能听会讲”。当今社会，智能化电脑已然成为人类思维的重要辅助。人类大量重复性、模拟性和程序化的思维都由电脑所替代。人们操作电脑、运用电脑的能力，直接影响其研究和创新的成效。虽然人脑思维是起主导和灵魂作用的，但电脑运行具有效率高、准确性和可靠性高的特点。

在没有故障的前提下，电脑不会像人脑一样发生失误和情绪化。所以，人机联合思维可以显著提高思维效率和创造力。

二、指工和嘴工劳动成为当代主要工种

动脑思考是人类劳动的本质特征，任何方式的劳动都离不开思考。卷一已述，人类劳动过程主要有三个环节：一是获取对象信息，主要通过眼看、耳听和手的触觉；二是大脑对信息的加工处理，提出解决和处置的办法；三是人脑指挥嘴、指及其他器官去表达和实现想法。

以动脑思考为主的当代劳动，主要有以下几类工种。

（1）**手工劳动和体力劳动**。农民的农业劳动、手工业者的劳动、车间工人的操作劳动等，都是用眼观察、用脑思考、用手操作，是以改变对象物为目的的手工劳动。装卸工、搬运工、伐木工、人力车夫等体力劳动者，其劳动成效虽然与体力大小相关联，但也离不开必要的观察和思考。

（2）**嘴工劳动**。传统理论认为动嘴不属劳动，这是莫大的错误。比如：在车站里，A 女工坐问讯台，B 女工临窗售票，C 女工在闸口检票，D 女工打扫卫生。搞卫生的主要以手的动作表达和实现想法；售票员以手口并用表达和实现想法；问讯台女工靠脑和嘴运用回答顾客各种提问；检票员则主要检验车票班次是否正确和维护正常秩序。四样工种都得用脑，但有明显区别。搞卫生的消耗体力多些，但也要招呼旅客避让挪动；售票员要热情待客交流，会用电脑、数钱快速；检票员要审核车票，维护秩序做好管理；问讯台的咨询服务员要求态度热情、反应敏捷、知识面广、说话流畅，其素质必须更高，她们一天到晚回答旅客的各种提问，动脑动嘴、辛苦劳累，怎么就不是劳动呢？教师、律师、播音员、主持人、心理医生、话剧演员、营销人员、管理干部等，都是以思考为主导的嘴工劳动。

（3）**指工劳动**。现代社会，大量物质产品已经由能源推动的生产流水线产出了。电脑运用、键盘操作是当代最常用的思想表达形式，也是最基本最普遍的劳动方式。窗口售票、银行营业、医院挂号、商场结账、作家写作、编辑改稿、设计师绘图、网上业务洽谈、单位内网办公等都是指工

劳动。传统的中医把脉、乐器演奏、算盘拨珠，现代的手机、遥控器、电子游戏器使用等都是指工劳动，是以手指表达和实现想法的，其技能高低在于脑的智能和学习训练状况。

（4）**综合性劳动**。教师、医生、官员、科学家、企业家等，都是用眼看、用耳听、用脑想，想好后再用嘴表达思想的，或用手指操作电脑、用文字表达思想。管理者有时也以脸部表情和体态语表达思想。他们的劳动质量、成效和价值由思想成果决定。

复杂脑力劳动通常创造新的思想，一般脑力劳动多数是复制、传输或实现思想。对社会文明进步贡献最大的人，是从事科学理论创新、实用技术创新、思想理念创新和政策制度创新的人们。

思想价值论揭示：人类劳动的本质是思想产生、思想传播、思想运用和思想实现。提高劳动质量和效果的根本方法是多动脑筋；增强劳动能力的根本途径是丰富知识、开发智力。

三、创新研究成为劳动主要内容

在新世纪，科研人员以研究为职业，其他劳动者若要有成就也得研究式地工作，创造性地劳动。

中国“飞人”刘翔曾连连夺冠，并创造新的纪录，这固然靠其自身努力和条件，但是，不可忽视的是其背后有一支由若干人组成的“刘翔科研组”在工作。他们每天在拍摄刘翔的训练和比赛实况细节，对刘翔的技术动作进行电脑分析，得出刘翔跨栏角度、跨栏周期和状态波动等有关数据，供孙海平教练指导时参考，这大大提高了训练的效果。正如其科研人员李汀所说：“打个比方，竞技体育就是一场没有硝烟的战争，具体到110米跨栏，孙海平教练是指挥官，刘翔是突击队员，而我们科研小组是参谋部，就是要收集情报、研究方案、向指挥官提供参考意见，以便更好地制订作战计划。科研其实是运动员和教练员的支持和保障。”①

---

①王媛：《刘翔背后的科研团队》，载《青年周末》2007年9月6日。

现代社会，不只是科研人员在研究，培训公司、写作公司、策划咨询公司、影视制作公司、文化传播公司、律师事务所、审计师事务所等公司员工都在专门从事研究工作。此外，大量职业岗位都必须研究式工作：政府官员在不断地调研社会问题，才能提出科学的政策方案；实业家在不停地研究市场变化和技术改造，才能发展企业；教师只有研究教育对象和教育规律，才能提高教学效果；医生必须研究病人个案，方能有针对性地施医用药；传媒工作者只有研究受众需求变化，才能办好自己的媒体。在21世纪，研究已经成为人们的主流工作方式。若不研究是无法搞好工作的，因为，不研究就弄不明白工作的对象和内容；不研究就不可能把握事物的规律；不研究就不可能取得创造性的成果。

单纯学习只是掌握他人创造的发现，不会有自己的体悟和新发现。人们不仅要学习知识，更要运用知识、用活知识，并创造新的知识。只有创造出新的知识，才能赢得更大价值。俄国物理学家列别捷夫曾说过一句令人深思的话："书柜比我懂得多，然而物理学家不是它，而是我。"知识是思维的材料和工具，教育的表面目标是传授知识，但其真正目的是塑造健全人格，并提高人的思维能力和创造力。方法不当的教育，以超负荷的知识灌输使大脑处于疲惫状态，压抑并窒息了与生俱来的智慧和灵性，从而扼杀了人的创造力，必须予以纠正。

第三十二章　民求：人类安全与和平发展

当今世界，资源日渐匮乏，国家之间有可能发生资源争夺战。凡是冷静、理智、真正为人类负责的政治家都不应当为争夺资源而发动战争，而是应当通过国际市场贸易和外交途径协商解决。

20 世纪发生的两次世界大战已给各国人民带来了深重灾难，几千万人付出了生命的惨重代价；如果第三次世界大战爆发，必定更加惨绝人寰。世界需要和平，人民反对战争。

人类务必警惕：核弹一旦引爆，文明退回蛮荒！自然回归混沌！人类自取灭亡！

第一节　世界经济发展趋势与人民的和平愿望

一、世界经济发展趋势

趋势之一：商品价值智果化

人类社会发展到今天，经济发展并不是依靠强化劳动、增加投入来实现。有人认为当今经济依靠科技推动，有人认为依靠人才推动，有人认为依靠教育推动，有人认为依靠知识推动，有人认为依靠消费拉动，有人认为依靠政府权力推动，更多的人认为依靠市场竞争机制推动，也有人认为依靠制度创新推动，等等。众说纷纭，莫衷一是。

深入分析发现：科技成果就是人们思维活动创造的智果。科技成果转化为现实生产力，就是科技成果的产业化；应用性成果要经企业转化变为实用品，就是新产品开发；新产品要为消费者认知和接受，就必须做产品宣传和营销策划。只有这一系列创新完成后，才能在市场上实现经济价值。

另一方面，科研依靠人才，人才依靠教育。人才培养、教育发展和知识传播均与创新相关联。提高整个民族的创新能力当从教育抓起，人才培养是根本。

技术创新和文化创新等智果生产，是世界经济增长的根本源泉。在未来世界上，有两类国家是最富裕的：一是高级人才密集、智果生产力强，保持科技、文化发展领先的国家，因为他们可以凭其强大的智果创造能力推动经济的高效增长。二是自然资源存量大的国家，因为日益稀缺的资源将越来越宝贵，贮存的资源在快速增值。科技经济发展不是不需要资源，而是可以用较少的资源来创造更大的经济价值。显然，至今仍在低价滥卖资源是不聪明的。今后，国家经济发展潜力主要取决于智果产出能力和资源存量两项指标。

趋势之二：工业生产智能化

2013 年 4 月，德国在汉诺威工业博览会上首次发布《实施“工业4.0”战略建议书》。德国学术界和产业界认为，“工业 4.0”概念即是以智能制造为主导的第四次工业革命，或叫革命性的生产方法。该战略旨在通过充分利用信息通信技术和网络空间虚拟系统——信息物理系统（Cyber - Physical System）相结合的手段，将制造业向智能化转型。该概念包含了由集中式控制向分散式增强型控制的基本模式转变，目标是建立一个高度灵活的个性化和数字化的产品与服务的生产模式。在这种模式中，传统的行业界限将消失，并会产生各种新的活动领域和合作形式。创造新价值的过程正在发生改变，产业链分工将被重组。其项目主要分为两大主题：一是“智能工厂”，重点研究智能化生产系统及过程，以及网络化分布式生产设施的实现。二是“智能生产”，主要涉及整个企业的生产物流管理、人机互动以及3D技术在工业生产过程中的应用等。① 电气化、自动化适应统一规格的产品生产，智能化可满足用户对产品的个性化需求。

趋势之三：工商两业一体化

网络将世界联成一体，消费者足不出户可知各地有什么商品；业务员在网络终端了解客户需求并承接业务。信息在网上互通，谈判在网上进行，协议在网上签订，资金在网上划拨。市场范围扩展了，交易时间节省了，交易速度大大加快了。网络化、信息化从根本上改变了经济活动的时空特点。网络作用不限于贸易，企业与社会的关系、企业与客户的关系、企业与协作单位的关系等，都通过网络维系。市场信息从网上获取，投资决策依靠网络辅助，机器、原材料在网上采购，人员招聘利用网络实施，企业内部管理采用内网自动化办公系统。在21世纪，越来越多的经济活动在网上进行。网络信息的海量、即时、互动和低成本，可以打破各种垄断，让消费者最大限度地受益。尤其是移动互联网的普及，彻底消除了生产者、营销者、消费者三方的时空间距，让消费者与生产者可以即时对接。消费者预订的个性化产品是厂方直销的。这种“预订直销”模式可以省去传统的营销环节，或者表述为“去商业化”。智能化生产的简便使厂方有精力也有人力搞直销，必将给商业包括电商行业带来强烈冲击。网络时代电商颠覆了传统商业，“工业4.0”的“工商一体化”可能颠覆电商行业，因为网上销售门槛低，生产性企业可以自己做。工业时代使社会分工细化，信息时代让产业走向融合。

趋势之四：国家影响公司化

随着人类文明进步，国家行为将更加理性化。为了全球和平与发展，任何国家都不应以武力强大称霸世界。国家概念将淡化，跨国公司、国际企业将更加活跃，其影响继续扩大，逐步与其国家名声等量齐观，甚至知名度超过其国家。许多用户因熟知其名牌产品了解制造公司，然后，再打

---

①引自：好搜百科 http：//baike. haosou. com/doc/，创建者：*jpqvyt/* 更新时间：2015－04－29.

听该公司在哪个国家。国家影响力很大程度上靠一些著名大公司支撑，如：美国的波音、通用、微软、苹果、美孚、可口可乐等，德国的奔驰、西门子、蒂森克虏伯等，日本的松下、丰田等，中国的华为、海尔、联想等。由于世界各国的资源禀赋不同，智力智果强项不同，扩大贸易与交流，有利于各国扬长避短、发挥优势。全球将成为一个世界市场，专家们称之为世界经济一体化。由于品牌和公司影响的扩大，世界工商巨子名声与各国政治家不分高下。实业家组织领导的是实物产品生产经营，但本质内容是其团队智力成果的市场价值实现。国家强大不再在于军事上攻占地盘，而在于名牌产品占领市场。依靠技术和文化输出，在国际市场上获得的利益既巨大又合法。真正的强国均以科技、文化等智力成果换取别国物质资源和产品。

趋势之五：国际竞争人才化

一个国家竞争力大小主要取决于其各领域人才的质量和数量。国家经济、科技、文化、军事、金融等各项事业发达都依靠人才支撑。经济竞争、科技竞争、文化竞争、军事竞争、金融竞争等归根到底都是人才竞争。一个尖端人才密集的国家，一定是竞争力很强的国家。决定一国人才贮备状况的因素很多，但教育是基础，制度是根本。公平先进的教育不仅能有效提高国民素质，而且能够培养出大批具有创造力的人才。发挥作用、实现价值是人才的第一需求。人尽其才、才尽其用的制度机制，不仅有利于人才在实践中成长，而且有利于留住人才和吸引人才。一个能吸引世界各国人才为其效力的国家肯定具有他的制度优势。国家与国家之间的竞争，主要是比拼国民素质和先进制度。

此外，由于信息技术和交通的发展，全球各国联系更加紧密。资本相互融通，技术相互交流，文化相互渗透，资源相互交换，人才相互流动，产业相互合作，商品开放贸易，市场联成一体。任何国家的经济发展都与全球经济发展相联系，哪一国都不可能远离世界经济体系，获得独立发展。因此，找准本国定位、发挥本国优势、赢得恰当的国际分工、保持与世界经济的有机联系等都是十分重要的。另外，人类所面临的共同挑战，不是单独一国应付得了的，世界各国必须携手共对。

二、人民渴望和平与发展

人的非正常死亡莫过于战争，疯狂杀人者莫过于战犯，古代战争惨烈莫过于改朝换代，近代大规模战争莫过于20世纪的两次世界大战。争夺统治权的战争使万千官兵和广大平民流血牺牲。杜甫诗记古代战后悲凉景象："白骨露于野，千里无鸡鸣。"现代战争的实质是拼科技、拼经济、拼信息、拼人才。运用的导弹、卫星、战机、航母等皆是两国科技实力的较量和比拼；战争的武器装备成本极高，是两国经济实力的较量；看屏幕、点鼠标成为现代战争的作战方式，是信息化水平的较量；现代设备、现代技术背后依靠人才支撑，最根本的是人才较量。现代战争爆发的危害是多方面的：一是造成军人和平民的大量伤亡，毁灭神圣的生命；二是大肆摧毁建筑物等文明成果，延缓人类社会发展进程；三是导弹打击不分前后方，严重破坏生产发展和经济运行；四是造成民众心理恐慌，严重破坏平安生活和人民幸福；五是制造民族仇恨，破坏国家关系，践踏平等、友善、和睦、互利的国际关系准则；六是无端消耗物资，浪费人类劳动成果；七是消耗大量自然资源和能源，破坏环境与生态；八是核战爆发导致人类彻底毁灭，文明退回蛮荒。

军备竞赛实是战争的预演，是不文明的表现。以武力制衡为由开展的军备竞赛，实是加大战争能量的积蓄，是杀伤力、摧毁力的大幅度增强。核军备竞赛在战争边缘获得恐怖性平衡并没有降低战争的潜在危险，当然，不平衡又存在有核国对无核国的威胁。爱好和平的国家加强国防力量，是为了保卫和平，抵御霸权主义的侵略。

2005年前后，在以色列和巴勒斯坦两国关系紧张、冲突时发期间，"约旦河西岸杰宁城郊有一位叫尤素福的巴勒斯坦青年，他用了几乎整整一年的时间，写了一封超长的信，申请'世界最长信'吉尼斯纪录。信包含洋洋洒洒20亿个单词，全篇都是对巴以双方停止暴力、实现和平的企盼和诉求。尤素福每天坚持写作5个小时，点完近千支蜡烛，用坏了86支笔。他说：'我做这件事的最终目的就是想向世界表明，巴勒斯坦人民渴望和平，也愿意通过不懈努力，促成中东地区的全面和平。让我们大家每天都为和平而虔诚地祈祷!"[①] 尤素福的超长信深刻反映了人民的所思所想、所忧所虑和所求所盼。

和平是人民的愿望，是各国经济社会发展和人民幸福的重要前提。老子云："甘其食、美其服、安其居、乐其业。"（《道德经》第80章）这既是民众的心愿，又是政治家的责任。

第二节　共生文明时代的政治家

一、真诚为民是政治家的首要素质

成为政治家的人通常具有高智商和坚强领导能力。然而，政治家的历史贡献，不只与能力成正比，更重要的是取决于其政绩观和真诚度。政绩观很大程度取决于其价值观。能认清什么事应该做、值得做，什么事不该做、不必做。政治家不仅要为本国人民谋利益，而且要为世界和平负责任。为本国人民谋利益也绝不能损害世界其他国家人民的利益。若不顾损害他国利益为本国谋利，必然引起国际纷争，损害世界和平。历史上发动侵略战争的国家元首，不仅给他国人民带来严重伤害，而且也给本国人民带来灾难，是对人类的犯罪。

真诚为民至关重要。由于国家管理与政治关系的复杂性，政治家必须有远见、有胆识、有谋略，讲究方式和方法。然而，站在人民立场上看，历史上最伟大的政治家通常是最真诚最无私的政治家，即真心实意为人类、为人民、为国家谋利益，而不是利用权力、利用下属、利用人民，追求自己个人的所谓"事业"，把国家和人民推向战争的苦难深渊。后者最终必将被人民视为政治骗子和罪人。美国的华盛顿、林肯、罗斯福，中国

①黄培昭：《尤素福之梦》，载《人民日报》2005年6月1日第7版。

的孙中山、毛泽东、邓小平、习近平等都是极为真诚的大人物，所以，历史给予极高评价。希特勒、东条英机、墨索里尼等欺骗愚弄了本国人民，成了人民的罪人。玩火者必自焚。历史表明：发动战争、草菅人命的战犯必将落得个可悲的下场，要么被正义审判，要么被厌战的部属所杀。希特勒一生遇刺43次，其中多数是其部属和民间反战刺客所为。

政治家要真实不作假，诚实不虚伪，务实不作秀。

二、新生代政治家的先进理念

在人类文明进程中，政治家起到引领和主导作用。共生文明时代的政治家，需要具有与时代相适应的先进理念。

权源：封建帝王及其大臣依靠武力和强权统治人民；当代国家领导人和地方官员依靠民意、信任和选举走上岗位。

权力：好人掌权是担当造福民众的责任，权力具有激励作用；坏人掌权是获得胡作非为的条件。习近平说，"把权力关进制度的笼子里"，就是要以细则明确规范，以公开保证公平，以监督保证公正。要充分发挥权力服务人民的正效用，尽力减轻权力的负效应，严防权力滥用的危害。一个机关如果"办事必须找熟人，掌权只是帮熟人"，那还有什么公平公正可言，平民百姓日子怎么过？

定位：政治家是国家公共事务的管家，公务员是广大民众的公仆。必须代表绝大多数人的利益。政治家成就大业的关键，是先把人民的愿望和需求搞对，尔后带领人民去实现。人民的愿望就是社会发展的大趋势；人民的追求是不可抗拒的历史潮流。因此，政治家应当"向人民学习"，"跟着人民走"。

使命：适时创新政策和制度，维护社会公平正义，促进教育、科技、文化和经济发展，改善民众生活，提高幸福指数，增强国家综合实力，全面推进社会文明进步。

动力：邓小平说："科技是第一生产力。"科技改变生活、改变世界、改变人性。凡封建社会持续时间长的国家往往"拜权主义"、"拜金主义"

遗毒较深，人们难以冲破“官本位”、“钱本位”的观念束缚，总是企望自己和后辈子孙做大官、成富豪。国民若对教育、科技和文化发展不够重视，社会若对科学家、技术专家、技术工人、文学家、教育家和思想家等不够尊重，家长愿望和孩子志向都不愿从事科技和学术工作，那么，经济发展就后劲不足，国家也难以真正富强。“科教兴国”战略应当强力实施，并持之以恒。

目标：对人民、社会和历史负责；赢得当代民众的赞许、尊敬和爱戴；得到人类后辈的好评和怀念。

管理：以制度管理社会及部属是政治家最明智的选择。制度公布于众，有利于公众监督执行。单纯依靠层级节制，虽然有力，但不可靠。

表率：政治家既是人民公仆，又是人民领袖，是部属和民众的天然榜样，必须做好表率。习近平说：“打铁还需自身硬。”① 夏宝龙说，“上有引领，下必赴焉。从古到今，以上率下都是最大的带动力、贯彻力、执行力”，“上下同欲者胜，风雨同舟者兴”。②

正义：官员乃社会大厦之梁柱，是公共赛场之裁判，必须一身正气，主持正义。“我站在那里，因为我在，天空中就多一点星光；因为我在，社会正义就多一分力量；因为我在，百姓就多一分温暖和安详。”“心中坚定理想，血液流着善良，肩膀扛起责任，腰板挺着坚强。”③

要求：一个市只有一位市长，一个县只有一位县长，地方行政长官是当家人、责任者，只许成功不许失败，只能优秀不能平庸。官员无功便是过，平庸也是错，因为：占位无为，耽搁时机，误国误民；不能造福，等于造孽。利国利民的成功者万民敬仰，流芳百世；祸国殃民的使坏者贻害百姓，遗臭万年；误国误民的平庸者丢失时机，遭人唾骂。想要偷懒别做官，不够优秀别做官，不愿奉献别做官！

---

①习近平：《在中国共产党十八届中央一次全会中外记者会上的讲话》，载《人民日报》2012年11月16日。

②夏宝龙：《掌握正确的工作方法》，载《今日浙江》2014年第13期，第10页。

③施振强：《在浦江县干部作风建设会议上的讲话》，载《今日浦江》2015年2月27日。

选官：好官用权是造福，坏人掌权是造孽。从政为官本应是服务民众、克己奉公的崇高职业。应当选拔重品德、守节操，有能力、肯干事，高境界、愿奉献的人担任。战时入伍必须经受流血牺牲的考验，吓退了许多投机分子，便于选出不怕吃苦、不怕吃亏、不怕牺牲的好官；和平建设时期选官，应当设置一些吃亏和奉献的考验，以挡住一些利己主义者的钻营。倘若当官就可以掌大权、享特权、滥用权，那么，必然诱使一些缺德自私者不择手段谋取官位，绝不能指望这些人为国尽忠、为民尽责。

戒贪：贪官掌权、绝无公正，为非作歹、残害百姓。守得清贫、立得官品，造福一方、人人钦敬。人生一世，吃、穿、住、行都有限，用不着的钱财贪得做啥？贪官者愚不可及也！

思路：绝大多数人拥戴是政治家的执政基础。代表、实现和保障多数人利益的可靠途径是：让人民说话，由人民作主。

民主：如果说，国家是人民的国家，权力是人民的权力，那么，坚持人民主体地位就是基本前提。社会主义民主作为政治制度，是国家政权性质的体现，人民是国家的主人，应当依法行使国家权力；民主作为决策体制，是集中民智、减少失误的有效途径，人民有能力进行正确选择和决定；民主作为一种工作方法，可以听取民声、了解民情、摸准民意、汲取民智、赢得民心、汇聚民力。现代政治家乐意根据国情逐步推进民主，民主可以减轻官员承受的压力和质疑。要拓宽民主渠道，丰富民主形式。权力的本质是责任，对权力须有敬畏之心。在民主制度下，利用民主力量做大事者，才是真正的现代政治家。

民主是对人民的尊重，民主是对政治家的爱护。将重大事项决策权交给一个真正代表人民利益和意志的团体具有许多好处：一是使政治家的决策方案得到论证和完善，使重大决策更稳妥。二是讨论过程就是统一认识的过程，是动员和组织力量的过程，有利于决策的落实和贯彻。三是团体决策人员众多，减少被人游说或收买的可能性。四是团体决策的公意性和可靠性可以有效减少政治家私敌，增加政治家的安全与自由。民主法治既是对公平正义的维护，又是对政治家自身的爱护。民主制度下，位高权不重，照样有大为。有政争、无私敌，政治家卸任后可以自由快乐地生活。

法治：法律代表人民的意志，法治依靠多数人的力量维护公平正义。“促进社会公平正义是政法工作的核心价值追求。”[①] 坚持依法治国、依法行政不仅是维护社会大局稳定、促进社会公平正义的需要，而且可以提高行政效率、减轻官员工作压力。民主法治、制度创新，任重道远。

三、推进制度文明是政治家的根本贡献

政治家的重大贡献主要在三个方面：一是把握大局大势，实施制度变革，推进国家制度文明，这是根本。二是根据社会发展健全法律法规，主持公平正义，维护社会秩序，这是关键。三是在国防巩固、科教优先、创新趋动、绿色环保条件下推进经济社会发展，造福民众、改善民生，这是重点。

变革完善制度，以制度文明推进社会全面文明，既是政治家最有效的手段，又是政治家最重大最恒久的历史功绩。数千年的人类文明史表明，凡是普遍且重大的社会问题，本质上都是制度问题。先进制度具有四大功能：一是统一规则，保障社会公平正义；二是照章办理，提高办事效率；三是公平制度，调动社会成员的劳动积极性，加快社会进步；四是制度化运作，减轻官员压力和私怨。制度在人类文明进程中起到根本性作用，而把握时机、变革制度的任务只有政治家才能组织人民去完成，这是政治家的历史性贡献。孙中山唤醒国人推翻帝制，建立共和；毛泽东领导人民翻身解放，当家作主；邓小平领导中国改革开放，实行市场经济体制……全部都是制度变革。

只有制度设计者公正无私，才会有公正无私的制度。推进制度变革，必须有公正无私的行为主体。

推进共生文明建设必须具备制度基础。发展绿色工业和生态农业必须有制度规范；形成无公害生活方式必须有制度引导；资源的计划开采和高

---

① 习近平：《在中央政法工作会议上的讲话》，2014 年 1 月 7 日。

效利用必须有制度约束；自然环境和生态保护必须有制度保障。法律是相对成熟、稳定、刚性、有力的制度规则，法治是社会文明的基本内容、重要标志和根本保证。

四、从一国政治家升级为人类政治家

研究世界各国战争挑起者，发现其公开宣称的共同理由是“为国家争取利益”，其真实动机是为个人创建功绩。以争得利益而显其能，以赢得战争而成其业，以功绩显著而扬其名。封建帝王常以征服他国、拓展疆域、扩大版图作为自己的终生志业。国家存在已有近万年，人类文明史已有几千年，政治家的从政理念和利益立场却进化缓慢，很多人仍然停留在只为本国谋利益的狭隘观念中，奉行国家本位主义而不是国际主义。因而很多政治家也只是国家级政治家，而不是世界级政治家。于是，许多政治家不像科学家、文学家、思想家、实业家、教育家和艺术家那样，超越国界而受到全人类的普遍尊敬和爱戴。

政治家是人民领袖，是社会公仆，理应为本国人民谋利益。但是，必须以和平共处、平等互利为原则处理国际关系，以双赢或多赢的理念处置利益关系。政治家当以推进人类文明进步作为自己的功业；以推进全球经济、文化、科技进步为己任，真正为全球负责，致力造福全人类。如此，国家级政治家就升格为世界级政治家。

人类主义和全球主义的国际关系学说，不仅愿望良好，而且也有益于人类文明，充分强调了国际道义和国际伦理的公平性意义。

各国政治家应当具有对人类文明负责的崇高境界，增强全球意识，自觉将自己从一国领袖升格为人类领袖。在为本国负责的同时，为全人类负责。秉持国际伦理、履行国际法规和公约，以人类共生价值观调节国际国内利益关系。坚持为本国谋利益和为人类谋利益相统一。要在无损国际秩序、无损他国利益、无损全球环境的前提下为本国谋利益。人类历史表明，用战争为本国谋利益，只能给包括本国人民在内的世界人民带来灾难。二战前，希特勒、东条英机、墨索里尼不是口口声声要为本国人民谋利益吗？结果，将本国人民推入战争的苦难深渊，也在世界人民面前犯下滔天罪行。描述所谓“军神”故事的日本影片《芋虫》（2010），在最后播放战犯绞刑画面时，配上解说词：“他们因为报效祖国而被宣判为战犯，他们被承认是为国效忠却还是被处以死刑。”该片依然在鼓吹战争①。笔者要问：难道报效祖国就可以屠杀他国人民吗？为国效忠就可以反人类吗？报效祖国当以不侵犯他国为前提，为国效忠当以爱护人类为底线。

为了促进政治家确立全球意识，联合国、诺贝尔奖评委会应当创立一套人类政治家评价体系，对各国政治家提出“和平与发展”的领导责任，制定国际准则引导政治家的行为。主要内容包括：①对世界和平事业起到积极作用；②为全球共同发展做出重要贡献；③为人类可持续发展做出应有努力；④按照平等互利原则处理国际事务；⑤以不侵害他国利益为前提谋求本国利益，坚持本国利益与人类利益的统一；⑥秉持法治、平等、民主、自由等先进理念；⑦重视自然环境和生态保护；⑧促进经济发展、热心公共服务，致力改善民生；等等。人类政治家值得全世界人民尊敬。国际社会尤其是联合国，应当对各国政治家在卸任后做出公正评价，客观地评估政治家在位期间对人类文明进步事业所做出的贡献。对具有全球观念、为世界和平和发展做出卓越贡献的政治家应当予以表彰，使他们名垂青史。而对为一国之利和一己私名而破坏世界和平的政客当予以警告和鞭笞。

大政治家应当具有世界大同思想。要自觉克服国家本位主义，更不可恃力狂妄，以强凌弱。武力威胁常使国际社会失去公平；强权政治破坏国与国之间的平等关系。因为强者容易失去平等姿态，弱者可能放弃平等要求。

地球是世界人民的地球。涉及全球的世界和平、共同发展和环境保护，没有全球各国的共同努力是难以达到目标的。

---

①夏芯：《日本反战片，与历史相距多远》，载《廉政瞭望》2015 年第 15 期。

五、人类大政治家胸怀全球

各国民众的安心生活需要保持和平友善的国际环境。倘若国际社会的国家关系也遵循丛林法则，弱肉强食、武力侵吞，那么，弱小国度的人民就不可能过上安定幸福的生活；倘若“谁落后，就打谁”，那么，国家为了民族生存就只能强化军事、搞核贮备，以强大军力捍卫国家安全和民族尊严。这既消耗各国大量财力，又给全世界的和谐与稳定埋下隐患。

人类社会发展至今，政治家们应当确立一些文明、至善、崇高的理念。

（一）增强全球意识

各国政治家在考虑本国事务和发展战略时，一定要顾及全球共同利益，因为任何国家都是全球的一部分。只顾一国发展，排碳过量、环境污染、气温升高、气候反常、危害全球，本国受害也在其中。因此，各国均应为生态和环境改善做出自己的努力。

人类社会，无论是东方还是西方，在古代都是以武力夺取政权，并以强权统治百姓的。实行民主政治后，政治家们是以民意和法制为基础领导国家和人民，这是人类文明进步的重要标志。

在现有文明程度下，以警察对付社会上的少数不法之徒是必不可少的。因为一国之中难免有违法犯罪之人，须作强制性管理。但是，国际事务大都由执掌国权的精英负责处理，应当讲诚信、重秩序、守规则。国际纷争应当通过外交协商来解决，一般不应采取军事行动。任何军事行动都将造成官兵甚至民众伤亡，造成财力消耗和经济损失，并且也不可能心悦诚服地解除纷争。除非出现某国政权被希特勒一般的战争狂人窃取，对话协商已无法取得和平，人类才需要以战争制止战争。因此，现代国防的职能不只是为维护国家主权和领土完整而赢得战争，更重要的是要能够制止战争。随着文明发展和民主政治实行，人类各国今后应该不再有希特勒式的人物登上政治舞台，即使上了台，人民也应有力量将其拉下台。

当今世界的局部战争是一些政治家“以实力说话”的行事逻辑造成

的，而其根源在于政治家的利益立场和政绩观偏差。目前，有的国家政治家只站在本国立场谋利益，不顾公平正义和国际秩序，甚至不惜发动战争，用武力侵占他国利益。人们为了利益发动战争，与动物世界的弱肉强食没有区别，是有悖文明的。随着人类文明进步，应当减少直至避免战争，获取他国物质产品和文化成果，应当通过世界市场公平贸易。

（二）端正立国理念

建立一个什么样的国家，就是立国理念问题。力图建设一个富裕强大的国家没什么不对。但是，国家强了就胁迫弱国接受其意志，推行霸权主义甚或发动战争，向别国掠夺资源，就是破坏和平，给人民带来灾难。一战时德皇威廉二世叫嚷：要争夺“阳光下的地盘”，他的主张和行径均与他错误的“立国理念”直接相关。

理念和思想直接决定人的言行。当一种理论和思潮出现时，人们应当及时予以甄别，对错误的思想和理论应当批判，并阻止其传播。第二次世界大战给各国人民带来了深重灾难，其罪魁祸首希特勒受当时的社会达尔文主义思潮影响，提出“日耳曼民族是全世界最优秀的民族，理应统治整个世界”；公开叫嚷：要“不断争取生存空间”。可见，一种错误思潮的流行，必然带来灾难性后果，人的思想端正是何等重要！正如伏契克提醒的：“善良的人们，你们要警惕！”各国人民应当警惕个别野心家对人类文明的严重危害！

种族歧视、发动战争、互相残杀，历史上人类所做的错事并不少，应当通过历史教育，让后辈子孙吸取教训，不再重犯，使人类回归文明正道。

习近平主席指出：“战争是一面镜子，能够让人更好地认识和平的珍贵。今天，和平与发展已经成为时代主题，但世界仍很不太平，战争的达摩克利斯之剑依然悬在人类头上。我们要以史为鉴，坚定维护和平的决心。……为了和平，我们要牢固树立人类命运共同体意识。偏见和歧视、仇恨和战争，只会带来灾难和痛苦。相互尊重、平等相处、和平发展、共同繁荣，才是人间正道。世界各国应该共同维护以联合国宪章宗旨和原则为核心的国际秩序和国际体系，积极构建以合作共赢为核心的新型国际关系，共同推进世界和平与发展的崇高事业。……让我们共同铭记历史所启示的伟大真理：正义必胜！和平必胜！人民必胜！"① 世界各国都应牢记习近平主席的讲话，坚定确立人类命运共同体意识。

（三）确立正确的政绩观

和平是世界人民的福祉所系。只有和平，才有经济的振兴与繁荣；只有和平，才能建设富强的国家和温暖的家庭；只有和平，才能安宁幸福地生活。无论是富强国家还是弱小国家，人民都不需要战争。和平是人类文明发展的基本条件，和平本身就是文明发展的重要标志。

史学家习惯于将战争划分为正义战争和非正义战争。为维护国家主权和领土完整、为制止战争而作的均为正义战争，说其正义，是因为以战争制止了战争。凡侵略战争均为非正义战争。

哲学家习惯于用矛盾分析法来研究战争。他们认为战争是国家和地区间矛盾发展的必然结果，是不可避免的。笔者则不以为然。虽然关系冲突、利益矛盾是不可避免的，但未必用战争来解决。

战争一般由政治家决定，由军事家实施。政治家们发动战争通常以下述理由：其一，他方侵害我方利益，是一种公然挑衅，不打不足以捍卫本国利益和尊严。其二，为了改变他国或地区落后制度，解救该地区人民，往往美其名为“共同繁荣”“文明输出”。其三，受他国某一政治势力委托，以武力干预他国事务。

细细推敲三方面理由均站不住脚。第一，国力对比大体是清楚的，一般弱国不敢向强国挑衅和叫板。倘其真有不妥举动，强国以其实力作后盾，是能够协商解决的。第二，一国制度当以其生产力水平和科教文化发展为基础。违背该国民意强行输入制度未必能给该国人民带来幸福。第三，他国政治团体之间的竞争，当由该国人民自主选择，不必由外国武装

①习近平：《在纪念中国人民抗日战争暨世界反法西斯战争胜利 70 周年大会上的讲话》，载《人民日报》2015 年 9 月 4 日要闻版。

力量去强行干预。由此可见，挑起战争，没有理由，只有罪过。

有的政治家是政绩观发生了偏差。认为只有发动战争、赢得战争才能建立丰功伟绩。殊不知发动战争给人民带来深重灾难，造成大批孤魂野鬼。战争多为造孽，人民需要和平。

（四）遵守国际伦理

世界各国均应坚守国际伦理，互相尊重主权和领土完整。对基本制度和意识形态应当尊重本国人民的选择，如同习近平主席所说，“鞋子合不合适，只有脚知道”。任何国家不得以强权侵占他国利益；对环境保护、全球治理等关系人类福祉和命运的国际事务，各国均应承担道义、履行责任；当一国遭受自然灾害时，其他国家应当予以救助。无论在经济、政治、外交、军事上，均不能以强凌弱。要建立平等、友善、互助的国际关系新秩序。

不以强凌弱，不以武力争夺资源，这种理念是否过于理想化？是否近乎宗教？如果各国政治家都能够超越单为本国谋利益的狭隘思想，成为着眼于全球的世界政治家，那么，坚守国际伦理就应当是自觉行动。

合法宗教诫除物欲，追求内心的宁静、安然与开心，指明了人类理念文明的一条途径，其教理和主张果真成为人类主流意识，或许可减少世间大量纷争。

（五）坚持合法竞争

世界各国发展过程中有竞争是正常的，是人类文明进步的动力之一。但是，竞争不应当是战争、谍战、武力威胁等非法手段。老牌资本主义国家英国在19世纪中叶至20世纪初，曾经占领的殖民地相当于其本国土地面积的150倍；西班牙、葡萄牙、荷兰、比利时等国曾占领过大量的殖民地；欧洲怪杰拿破仑也曾指挥军队占领过许多国家。但是，这一切都在被占领国人民的反抗斗争下被推翻。第一次、第二次世界大战的挑起国不仅皆以失败告终，而且给本国带去了灾难性的后果。发动侵略战争绝非兴国之道，而是祸国殃民的恶行。富有远见和竞争力的国家，今后将致力于发展教育、科技、文化、金融等。他们懂得：产品占领优于军事占领；文化渗透胜过武力威胁；资本流动就是财富转移；观念传播胜过强权统治。没有武力和强权的商贸获利让人不易察觉。世界市场贸易当以互利共赢为原则，切实维护和谐友好的国际关系。各国取长补短、互相帮助，才能促进人类共同发展。

第三节　去核化：世界人民的共同诉求

文明发展要求人类制止战争。冷兵器时代的战争是兵对兵、将对将，比的是人的武功、勇气和用兵之策；近代战争既比智力，更比火力，比的是炸药和钢铁；现代战争与以往战争又有很大不同，以信息系统控制的导弹为代表的远程攻击器或威力无比的核弹，均用高科技手段毁灭对方，战争一旦爆发，难分前方与后方、军人与平民、军用与民用，比以往任何时候的战争都更残酷、更惨烈。由于军备竞赛，世界上几个国家的核弹贮存量已经足以将地球表面摧毁几遍。人类尽管精明，能保证核弹管理万无一失吗？万一自爆了怎么办？核大国造出那么多核弹干什么？倘若杀光了别人，自己能独生吗？不致力于协商与谅解，靠核弹吓人，这算是文明吗？核小国是为防御而搞核，核大国拼命贮核又是为何？难道意欲毁灭地球吗？

显而易见，要么制止战争，要么残杀同类；要么销毁核弹，要么毁灭地球！各国首脑均应深思。

造福人类乃科学初衷，尊重生命是文明起点。世界级的大政治家、大科学家和大思想家，更应怀抱人类大爱，保持高度良知，为全人类前途命运负责！为全人类生存安全负责！为文明持续发展负责！

二战前期，当有消息说法西斯德国正在研究原子弹时，爱因斯坦出于对人类命运的热切关注，于 1939 年 8 月 2 日写信给罗斯福总统，建议美国务必抢在法西斯德国之前制造出原子弹。当时，他希望原子弹成为降魔的法宝。后来，原子弹在日本的广岛、长崎爆炸了，也许加快了第二次世界大战的结束；核弹消灭了部分军人，同时也害及大量平民。爱因斯坦立即陷入痛苦和后悔之中，自认建议研制原子弹是他一生中最大的错误。他痛心地说："早知如此，我宁可当个修表匠！"爱因斯坦对核弹研制的懊悔，代表着人类的良知！是人类渴求和平与安全的发自心底的最强音！政治家们怎么可以为狭隘的一国之利发动战争和核竞赛呢？当年爱因斯坦为何后悔自己推动了核武器制造？因为人类不应当残杀同类，更不可用高科技作为残杀手段。爱因斯坦的后悔和担心是有道理的。从 1945 年第一颗核弹爆炸开始，地球上核弹研制迅速发展。"截至 2011 年 9 月 1 日，美国拥有核弹头 1722 枚，俄罗斯拥有核弹头 1499 枚……作为'冷战'时代的对峙两极，美俄拥有世界 90% 的核武器。2010 年 4 月，美国总统奥巴马与时任俄罗斯总统的梅德韦杰夫签署新版《削减战略武器条约》，2011 年 2 月条约正式生效。"① 但目前地球上的核弹存量仍然足以将人类毁灭多次。

虽然核弹均受到严格管理，一些国家的核按钮箱是由总统保管的，但是，谁能保证同样是人的总统，不会因哪一天情绪失控而摁动核按钮？谁能保证那箱子不被精神错乱、仇视社会者或恐怖分子盗走？即使这些都可排除，机器又怎么能保证百分之百不出故障，甚或遭雷击、地震而使其接通？那样的话，不是威胁别人，而是毁灭自身。也许核按钮箱只是一种权力象征，核弹管理是多级分权制约的，但也不能保证百分之百安全。

科学技术只是一种威力巨大的手段，怀着价值观的人们才是手段的运用者。为自身安全计，为人类安全计，理智的人类应当拆除并销毁核武器，并将其核能转为民用。

目前，世界上核大国所贮备的核武器是人类生存安全的巨大隐患。首先，各国即使有冲突也不应该使用核武器把对方毁灭。小学生都懂得"地球是所有动物的共同家园"，人类与其他动物都要共存，怎么可以用核弹大规模残杀同类呢？其次，核爆炸打击的是一个区域，但核辐射、核污染

---

①德永健：《美国公布拥有 1722 枚核弹头超出俄罗斯 223 枚》/ 新华新闻 / 新华国际/ 2002 - 10 - 04.

却渐次扩散，没有边界，几乎危害全球。1986 年 4 月乌克兰切尔诺贝利核电站爆炸、2011 年 3 月日本福岛核电站事故，都给当地带来灾难，给全球造成恐慌，而且，其环境破坏和后遗症持续多年。凡有理性和良知的政治家、军事家均不会动用核武器。再次，贮核就是危险，就是人类生存的安全隐患。当今，有核国家研制核武器、贮备核武器的理由都是为了本国安全、抵御核威胁、实现核平衡，好像没核就会亡国灭种。关注“国家安全”并没有错，然而，没有“人类安全”，哪有“国家安全”？为人类安全计，世界各国政治家应当统一认识，共同销毁核武器，核大国更应带头。

联合国于 1968 年 6 月通过了《不扩散核武器条约》（Treaty on the Non - Proliferation of Nuclear Weapons - NPT）。同年 7 月 1 日，该条约分别在华盛顿、莫斯科、伦敦开放签字，有 59 个国家签约加入。1970 年 3 月 5 日该条约正式生效，有效期为 25 年。1995 年 4 月，条约缔约国在联合国总部召开审议和延长《不扩散核武器条约》大会，决定无限期延长这个条约。189 个国家参与签署的条约，虽然起到了积极作用，但全世界核武器贮量尚未减少，这的确是人类的悲哀！

“二战结束后，曾有人问爱因斯坦，第三次世界大战会使用什么武器？爱因斯坦说：‘我不知道第三次世界大战用什么武器，但我知道第四次世界大战用的武器是石头。’暗示核战必定将人类打回蛮荒时代。这一回答，残酷而清醒。”① 如今，人们普遍认识到核战争没有胜利者，参战双方乃至全人类都是受害者。大规模核战必然导致人类毁灭。

人类生存面临的最大危险：一是核战或核事故；二是环境、气候和生态恶化；三是天体灾难。这三项危险中，人类至少对前两项是可以有所作为的，尤其第一项是由有核国的政治、军事首脑们决定的。

近百年来，世界上很多国家将最新尖端技术用于军事，政府称之为加强国防建设。为何需要强大国防？因为面临强大外敌的入侵威胁。战争是

①王恬：《多米诺“核”牌倒下的危险》，载《人民日报》2006 年 11 月 13 日第 3 版。

对和平的破坏，侵略是对文明的践踏。国家与国家之间为什么不坚持用协商、对话、调解等和平方式来解决纷争呢？

联合国应当把保和平、销毁核的责任落实到各国政治家身上。对一些为世界和平和核弹销毁做出卓越贡献的政治家，给予崇高荣誉，让世界人民永远铭记他们的功德。

江阔水平好扬帆，和平与稳定是人类文明发展的重要前提！

第四节　强化全球治理体系的初步构想

纵观世界近代史，可以得出一个结论：各国国力发展总是不平衡的。列强争霸，世界不得安宁；一国独霸，世界既不安宁，更不公平。因为，列强争夺利益，必然发生冲突和战争，导致军人和平民大量伤亡，经济秩序遭受严重破坏；个别超级大国称霸世界，虽然打着维护秩序幌子，扮演世界警察角色，但其骨子里是维护霸主地位，谋求本国利益最大化，而受欺压、受掠夺的国家和人民必然奋起抗争，于是，局部战争不断。若以武力说话，则无公平可言。

在经受了一战和二战的苦难煎熬以后，世界各国政治家深刻认识到有必要建立一个公共性的国际组织，以制止侵略，维护和平与安全，促成国际合作。1945 年 4 月 25 日，50 国代表开始在旧金山举行“联合国国际组织会议”，6 月 25 日一致通过了《联合国宪章》（以下简称《宪章》），并于次日举行签字仪式。《宪章》的制定和联合国的诞生是现代国际关系史上的一件大事，也是二战后和平体制建设的一项重大成就。它反映了各国人民的和平愿望，也是人类对和平事业及全球治理机制的实践探索。

《宪章》作为联合国组织的总章程，表达了人类不愿再遭受战祸的决心，并且为防止战争、维持和平建立起一套完整、可行的运作机制。宪章规定，联合国的宗旨是“维护国际和平与安全”、“制止侵略行为”、“发展国际以尊重各国人民平等权利和自决原则为基础的友好关系”并“促成国际合作”。《宪章》规定，为实现上述宗旨，联合国及其会员国应遵循下列原则：联合国组织建立基于所有会员国的主权平等；各会员国应忠实履行他们依宪章规定所承担的义务；各会员国应该以和平方式解决他们的国际争端；各会员国不得对别国使用武力或武力威胁；联合国对任何国家采取防止或强制性行动时，各国不得对该国提供协助；在维护国际和平与安全方面，联合国应要求非会员国遵循上述原则；联合国除执行决议外，不得干涉任何国家国内管辖的事项。《宪章》规定联合国成员一律平等，相互尊重主权、领土完整和政治独立，反对使用武力或武力威胁解决彼此间的纠纷，提倡通过对话和谈判方式化解争端。《宪章》强调安理会在维护世界和平与安全方面的权威性，规定只有安理会有权采取包括军事手段在内的一切必要措施维护世界和平与安全，而且强调只有所有非军事手段被证明无效时才可诉诸武力①。

应当肯定，联合国自组建以来为维护世界和平发挥了重大作用。然而，当今世界各国经济相互依存，文化相互融合，科技相互交流，许多信息实现共享，全球经济一体化要求国家与国家之间加强深度合作；大数据、云计算的网络触角延伸到世界每个角落；人们的教育、就业、商务和旅游等跨国活动大幅度增加；飞机、高铁、轮船等现代交通工具运用使人类洲际访问相当方便。世界各国联系更加紧密，人们普遍认为不同种族的人类同住一个地球村。

然而，在和平与发展主题下，世界面临许多全球性的突出问题：军备竞赛愈演愈烈，武器杀伤力比以前增强了千百倍，有核国的核贮量有增无减；国际纷争不断，缺乏公正权威裁决，世界不得安宁；环境污染、温室效应、生态失衡、气候反常，严重威胁人类安全；美元等具有国际货币功能的发行国，只要多印钞票即可平衡财政赤字、稀释贸易逆差和国际债务，获得巨额“铸币税”，影响世界财富的公平分配；资源紧缺，公海和南北极地资源开发、太空和平利用以及月球资源开发等容易引发国际纠

①参见：《联合国宪章》/百度文库/专业资料/人文社科/2011－12－07.

纷；科技理性运用迫切需要管控；国际贸易、国际分工与合作十分需要协调。总之，面对全球事务、共同发展、生存安全和人类命运，拥有六大机构的联合国原先的职能已经远远不够了。联合国大会的决议无法迫使许多国家尤其是实力强大的国家服从。联合国大会建议只是引领世界舆论的一种呼声，代表国际社会的道德主张。20 世纪初，孙中山先生提出“天下为公”，康有为先生主张“世界大同”，先哲们是具有远大眼光的。中国领导人倡导的“人类命运共同体”理念，要求世界各国停止争斗，要求全球人民达成共识，凝聚力量，共同开创美好未来。现在确实需要在联合国的基础上强化和重构全球治理体系了。

一、修改补充联合国宪章，制定联合国法典

我们定义：有权领导全球所有国家和地区，有权对地球及人类飞船所及星球进行开发管理，对全世界人民负责的组织领导机构，称作联合国，即名称不变，权力扩大。为保证联合国机构权力运行有章可循，必须在原《联合国宪章》基础上制定《联合国法典》，成为世界各国和全人类的根本大法。主要补充有关世界和平捍卫、全球环境保护、全球经济调控、国际市场管理、公海极地太空等公共资源开发利用、科技研发及其合法运用管理、人类生存安全、人类文明发展等方面的内容。

二、强化全球治理，建立世界政府

建立具有全球治理职能的联合国组织机构。一是在联合国大会基础上建立世界人民代表大会制度。世界人代会成为全球重大事项的最高决策机构。世界人民代表除了各国派驻代表外，当由世界上最公正、最有全球心和责任感的政治家、法学家、科学家和企业家等方面人士担任。其名额分配当与国家人口数量相关联，因为，“人生而平等”，且在公海、极地、月球及其他太空资源开发利用中，应按各国人口比例分享收益。二是建立联合国政府作为全球政府，推选联合国主席成为全球最高行政长官，负责处理全球国际事务。三是设立联合国法院，裁决国际纷争。四是设立其他国际服务和

管理机构。让原先联合国系统中的一些国际组织成为联合国的部分组成机构。

现有联合国机构在国际事务中已经发挥了重要作用。但是世界格局变化和全球一体化发展，迫切需要人类建立全球政府，这是大势所趋。不仅有利于世界和平，更有利于全球环境保护和各国经济协调发展。

三、明确联合国职能，赋予相应权力

联合国应当具有以下主要职能和权力：

一是维护世界和平。要从根本上消除战争，实现人类持久和平，各国军力和核弹一律服从联合国处置。裁撤世界各国所有军队，军工科技人员一律转向工业和民生服务；各国军用飞机、船舰、战车及其他设施全部改为民用，核武器中的核燃料转为民用能源，不能改为民用的武器一律销毁。这样，既增加大量民用财富、减轻税收负担，又解除军事强国对他国的武力威胁，消除担忧、安心生活。人类不再有战争，就没有战争的人员伤亡、资源消耗、建筑破坏、环境污染，这是全人类的共同愿望和福祉。

二是共同保护和治理人类生存环境。当今世界，哪一国的污物排放都影响整个地球，汽车王国、工业大国对全球环境影响很大；哪一国的核电站爆炸事故都造成环境灾难，引起全球恐慌。联合国政府负责全球环境生态保护的总协调，组织各国共同行动。有权落实减碳任务，追究排污责任；致力推广环保技术，传播环保理念和文化。

三是裁决国际纷争。各国领导人为本国人民负责，争取多得利益，这是很正常的。然而，这就必然引起边界之争、岛屿之争、海域之争和资源之争，引起经济贸易摩擦、意识形态分歧、信息获取纠纷等。没有公正、及时、权威的裁决，就容易引起矛盾、冲突的升级与激化。联合国应当进行调解或由联合国法院裁决。

四是调控和管理全球经济。国际货币基金组织和世界银行都应成为联合国政府的经济管理职能机构。要由世界银行统一发行世界货币，避免代行国际货币职能的货币发行国通过多印货币占取他国财富。要根据市场需求合理安排国际分工，使各国产业扬长避短，促进世界经济协调发展。要依据各国的国民收入征收适量税收，以增强联合国政府财力、影响力和控制力，也便于在发展教育、科技、医疗事业和实施扶贫等方面发挥更大作用。

五是开发利用公共资源。公海、南北极地、月球等处的资源开发，太空和平利用等，都应由联合国负责组织，以便做到适度、环保，并供全人类共享共用。若任由强国抢夺，必然引发争端。

六是坚持科技运用的人本原则。人类文明进步离不开科学技术，但科技运用必须坚持“以人为本”原则。一些新技术的突破与运用给监管和法律带来挑战：燃油汽车普及使用已导致严重温室效应；氟利昂过量使用引起太空臭氧层穿孔；克隆技术用于人类繁衍将带来许多伦理和社会问题；转基因食品生产食用尚未证明无害；核试验和核贮备造成毁灭人类的潜在危险……为了人类的生存安全，联合国对科技运用必须制订相关法律和公约，进行严格管理和控制。

七是组织受灾救助。联合国政府对受灾国家应当以各种方式实施救助，而不只依靠他国自发的人道主义援助。

八是做好世界人民期望的其他服务和管理。

四、健全监督体系，防止权力危害

联合国政府无实权不足以管理全球，权力过大又容易损伤各国人民利益。所以，必须严格规范和监督。

（1）所有联合国机构都必须在《联合国法典》规定的权力范围内活动，切实维护好、实现好全世界人民的利益。

（2）国际法规修订、重大事项决策、重要人事任免都应由世界人民代表大会表决决定，联合国政府只有行政决策提案权和行政执行权。

（3）联合国政府主席当由最公正、最有全球心、最有责任感和领导能力的世界著名政治家担任。

（4）联合国对重大事项的决策目标、决策程序、决策结果、执行情况等，都应及时公告世界各国人民，坚持公正、公平、公开。

（5）各国政府和全球媒体都要密切关注联合国机构的一切活动，给予严格监督。

主要参考文献

[1]马克思恩格斯全集第23—46卷[M]. 中共中央马恩列斯著作编译局,译. 北京:人民出版社,1972.

[2] 马克思. 资本论第1卷[M]. 郭大力,王亚南,译. 北京:人民出版社,1975.

[3] 习近平. 在联合国“教育第一”全球倡议行动一周年纪念活动上的视频贺词[N]. 北京:人民日报,2013-9-27(3).

[4] 习近平. 在哲学社会科学工作座谈会上的讲话[N]. 人民日报,2016-5-18(1).

[5]习近平. 之江新语[M]. 杭州:浙江人民出版社,2007.

[6](英)亚当·斯密. 国富论[M]. 文熙,等,译. 武汉:武汉大学出版社,2010.

[7](英)约翰·梅纳德·凯恩斯. 就业·利息和货币通论[M]. 宋韵声,译. 北京:华夏出版社,2005.

[8](美)海曼·P. 明斯基. 凯恩斯“通论”新释[M]. 张慧卉,译. 北京:清华大学出版社,2009.

[9]文池. 思想的声音——在北大听讲座[A]. 闵维方. 知识经济与大学教育[C]. 北京:中国城市出版社,2000.

[10](美)约瑟夫·斯特劳巴哈,罗伯特·拉罗斯. 今日媒介:信息时代的传播媒介[M]. 熊澄宇,等,译. 北京;清华大学出版社,2002.

[11] 陆立军，王祖强，杨志文．义乌模式[M]．北京：人民出版社，2008.

[12] 厉以宁．教育经济学研究[M]．上海：上海人民出版社，1988.

[13] 郎遥远．草根，不主义[M]．北京：中国经济出版社，2009.

[14] 郎遥远．中国涅槃[M]．上海：上海三联书店，2014.

[15] 郎咸平．郎咸平说——谁都逃不掉的金融危机[M]．北京：东方出版社，2008.

[16]郭祥才，郑仓元．社会发展理论与现代化实践[M]．杭州：浙江人民出版社，2011.

[17]盛世豪，徐明华，等．浙江经济社会发展若干问题研究[M]．杭州：浙江人民出版社，1999.

[18]吴锦良．政府改革与第三部门发展[M]．北京：中国社会科学出版社，2001.

[19]孙雄．圣俗之间——宗教与社会发展互动关系研究[M]．哈尔滨：黑龙江人民出版社，2005.

[20]徐邦友．中国政府传统行政的逻辑[M]．北京：中国经济出版社，2004.

[21]石婷婷．人力资本产权制度分析[M]．北京：中国经济出版社，2005.

[22]曹文彪．中国古代文学批评通论[M]．武汉：长江文艺出版，1998.

[23]刘明．学术评价制度批评[M]．武汉：长江出版社，2006.

[24]何炼成．深化对劳动和劳动价值论的研究和认识[M]．北京：经济科学出版社，2002.

[25]卢希悦．劳动价值整合论——社会主义市场经济《商品价值整合》基本要素和条件概论[M]．北京：经济科学出版社，2002.

[26]郑志国．劳动价值论坚持和发展研究[M]．北京：人民出版社，2002.

[27]刘永佶．现代劳动价值论[M]．北京：中国经济出版社，2005.

[28]郑克中．客观效用价值论——重构政治经济学的微观基础[M]．济南：山东人民出版社，2003.

[29]王志华．大系统价值学说——变革的政治经济学[M]．广州：广东出版集团，广东经济出版社，2004.

[30]李建栋．认识价值论[M]．北京:中国经济出版社,2010.

[31]中共中央党校研究室．28位专家学者谈劳动价值论再认识[C]．北京:中共中央党校出版社,2001.

[32]管德华,孔小红．西方价值理论的演进[M]．北京:中国经济出版社,2013.

[33]拉斯·特维德．逃不开的经济周期[M]．董裕平,译．北京:中信出版社 2008.

[34]弗·冯·维塞尔．自然价值[M]．北京:商务印书馆,1982.

[35]陈桂玲,娄岩．解读诺贝尔经济学大师[M]．北京:现代出版社,2004.

[36](奥)卡尔·门格尔．国民经济学原理[M]．刘挈敖,译．上海:世纪出版集团上海人民出版社,2007.

[37](美)大卫·哈勒,利里克·休斯·哈勒．世界经济大趋势[M]．周子平,译．北京:石油工业出版社,2013.

[38]关力．一口气读完经济学[M]．北京:中国华侨出版社,2010.

[39]袁志刚,樊潇彦．宏观经济学[M]．北京:高等教育出版社,2008.

[40]李健,左玉秀．货币银行学[M]．北京:当代世界出版社,2001.

[41]胡希宁,步艳红．前沿经济学理论要略——当代诺贝尔经济学奖聚焦[M]．北京:研究出版社,2009.

[42]赵化南．莫为尊者讳[N]．报刊文摘,2003-9-5(3).

[43]陈兴云．换一个角度试试[J]．知识窗,2004(3).

[44]邢贲思．人是万物的尺度[N]．学习时报,2002-5-27.

[45]张绪文．思维方式的历史感——〈反杜林论〉的方法论启示[N].学习时报,2004-5-15.

[46]宋惠昌．谈谈社会科学理论创新的几个问题[J]．理论动态,2004(总1489):7-8.

[47]盛世良．俄罗斯:国企转制八条教训[J]．环球,2004(3).

[48]喻言．诺贝尔奖的遗憾——遗漏的五大发现[J]．新华文摘,2002(5):155-156.

[49]许水涛．黄万里与三门峡工程的旷世悲歌[J]．炎黄春秋,2004(8).

[50]东仁．释放猛犸和我们冰冻的灵魂[J]．瞭望,2003(36).

[51]戴念祖．牛顿学说影响中国社会变革[J]．科学新闻,2003(4).

[52]邢贲思．“言”“意”之辩(下)[N]．学习时报,2002－9－23.

[53]顾玉清．地球到底能承载多少人[N]．人民日报,2006－2－27.

[54]张景勇．揭秘“寒武纪大爆发”[N]．浙江日报,2004－2－27(10).

[55]潘岳．直面中国资源环境危机——呼唤以新的生态工业文明取代旧工业文明[N]．环球时报,2004－02－06(1).

[56]中国人民大学复印资料编辑部．理论经济学[A]．何祚庥．必须将“科技×劳动”创造使用价值的思想引入新劳动价值论的探索和研究[C]．北京:中国人民大学复印资料编辑部,2014(6).

[57]中国人民大学复印资料编辑部．理论经济学[A]．丁堡骏,于馨佳．究竟是发展,还是背离和庸俗化了马克思科学的劳动价值论[C]．北京:中国人民大学复印资料编辑部,2014(6).

[58]（捷）夸美纽斯．大教育论[M]．傅任敢,译．北京:人民出版社,1985.

[59]刘昕．劳动经济学教程[M]．北京:中国人民大学出版社,2012.

[60](英)约翰·坎尼．最有价值的阅读[M]．徐进夫,宋碧云,匡晓林,译．天津:天津教育出版社,2006.

[61]司马云杰．价值实现论——关于人的文化主体性及其价值实现的研究[M]．西安:陕西人民出版社,2003.

[62]金歌,张伟民．阅读大师(人文社科卷)[M]．北京:中国发展出版社,2003.

[63](美)阿尔伯特·爱因斯坦．相对论[M]．易洪波,李智谋,译．重庆:重庆出版集团,重庆出版社,2009.

[64]钱俊生,王克迪,冯鹏志．当代科技简明教程[M]．北京:当代世界出版社,2000.

[65]吴以义．科学革命的历史分析:库恩与他的理论[M]．上海:复旦大学出版社,2013.

[66]吴光远．听大师讲哲学[M]．北京:中国民航出版社,2006.

[67] 老子．道德经[M]．饶尚宽，译注．北京：中华书局，2015.

[68]（英）纳菲兹·摩萨迪克·艾哈迈德．文明的危机[M]．谭春霞，译．北京：新华出版社，2012.

[69]吉恩·N. 兰德勒姆．改变世界的13位男性[M]．张军，等，译．成都：四川人民出版社，1997.

[70]刘玉君．第三次飞跃——人类社会认知境界新探[M]．北京：五洲传播出版社，2013.

[71]马克·德·维利耶．人类的出路[M]．唐奇，译．北京：中国人民大学出版社，2012.

[72]张晓芒．正确思维的基本要领[M]．北京：中央编译出版社，2008.

[73]堂目卓生．解读亚当·斯密《道德情操论》与《国富论》[M]．杨玲，译．北京：求真出版社，2012.

[74]唐浩明．曾国藩[M]．长沙：湖南文艺出版社，1994.

[75]唐晋．大国崛起[M]．北京：人民出版社，2006.

[76]何帆．《21 世纪资本论》导读本[M]．北京：中信出版集团股份有限公司，2015.

[77]（英）理查德·怀德曼．正能量[M]．李磊，译．长沙：湖南文艺出版社，2012.

[78]《新经济时代解读哈佛》编委会．The times of new economy Elaboration of Harvard 知本扩张[M]．北京：中国工商联合出版社，2001.

[79]第37次中国互联网络发展状况统计报告[EB/OL]．搜狐新闻网，2016－01－22.

[80]中共中央国务院关于深化体制机制改革加快实施创新驱动发展战略的若干意见[EB/OL]．http://baike.baidu.com/item/ 2015－03－13/2016－03－26.

[81]国务院关于印发《中国制造 2025》的通知[EB/OL]．http://www.gov.cn/zhengce/content/2015－05－19.

[82]张妮：占领华尔街：我们要民主不要金主[J/OL]．http://theory.people.com.cn/GB/2011－11－08.

后　记

三卷《智本论》书稿在我手上完成了，但实质并非我一人之力，更非我一人之智，而是许多人的智慧聚集。常与我一起探讨的老师、领导、同事和朋友都为本著作创作付出了大量心血。

在本著作即将出版之际，首先要感谢浙江行政学院省特级专家陆立军教授、马克思主义研究院院长胡承槐教授、经济学教研部主任王祖强教授、原报刊部主任吴锦良教授、文化学教研部曹文彪教授、教学研究处邵旦萍处长等老师在我学习经济学研究生课程和书稿写作中给予的精心指导。

衷心感谢中央党校陈云奎教授在我提出研究本课题时，就充分肯定其理论价值和现实意义，并一再鼓励我完成本著作，在本著作出版前又不辞劳苦，精心作序。衷心感谢全球共生研究院院长钱宏先生百忙之中为本书撰写推荐序。

衷心感谢在我从事理论创作期间经常与我进行问题探讨和思想交流的浙江行政学院副院长郑仓元教授、浙江行政学院原经济学教研部主任李炯教授、浙江行政学院公共管理教研部副主任高抗教授、浙江省浦江县委书记施振强博士、经济思想家郎遥远先生、缙云技工学校原校长郎明法先生、永康市审计局局长陈琦先生、永康市委党校原副校长高级讲师何爱春女士、永康市委党校高级讲师李跃进先生、永康市芝英中学原副书记副校长俞和平先生、浙江行政学院经济学教研部副教授俞顺洪博士，以及朱建一博士和我的儿子俞济操等，是他们在百忙之中挤出宝贵时间审阅书稿并提出了许多宝贵建议。尤其是郑仓元教授、郎遥远先生以其前瞻视野和高度睿智为本书建言，增添了许多新的亮点。

衷心感谢浙江行政学院陆发桃、季盛清、黄华章、徐明华、杨仲林、何显明、陈立旭等院级领导，刘振华、孙雄两位处长，周育海、林平两位副处长对我写作的重视、关心和支持；衷心感谢我的同事张骏主任、杨日鹏博士、胡弋弋副处长、王力平科长、刘加坤科长、严达乐老师、祝红霞老师、徐伟老师、汪程微老师、吕娟老师为本书写作所提供的许多帮助。

衷心感谢《中国发展观察》杂志编辑部主任徐迅博士，国家行政学院研究员、处长胡仙芝博士长期对我的关心、鼓励和帮助；衷心感谢北大出版社高桂芳编辑、浙江行政学院韩国火副调研员对本书出版的关心和帮助。

郑重感谢中国经济出版社编辑部李煜萍主任不辞劳苦、夜以继日地编审书稿并纠正了书中的一些错误，促进了著作成熟。

对关心、帮助本书写作出版的所有朋友，作者在此一并致谢！

另外，需要焚香敬拜的是：我的良师益友吕振挺先生和胡岩生先生对本课题研究的积极肯定和鼓励。令人悲伤的是，在本著作即将完稿之际，他们却先后不幸去世。愿以本著作出版告慰他们的在天之灵。

限于作者的学识和水平，书中必定存在一些错误和不妥之处，敬请读者和专家批评指正。

作者

2017 年 4 月 27 日